Thür

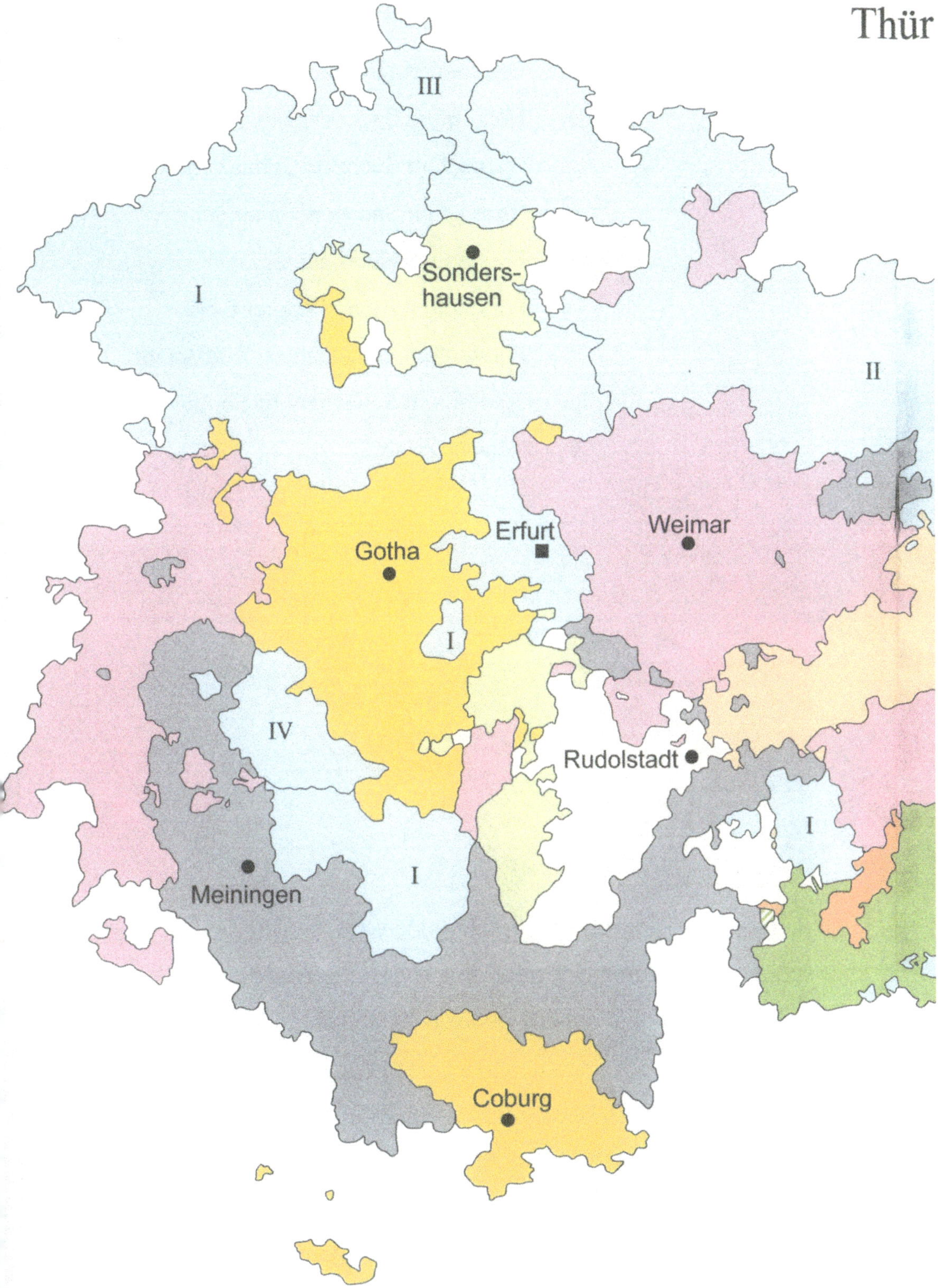

III
Sonders-
hausen
I
II
Erfurt
Weimar
Gotha
I
IV
Rudolstadt
I
Meiningen
I
Coburg

ingische Staaten und preußisches Thüringen 1918

- Großherzogtum Sachsen-Weimar-Eisenach
- Herzogtum Sachsen-Altenburg
- Herzogtum Sachsen-Coburg und Gotha
- Herzogtum Sachsen-Meiningen
- Fürstentum Reuß älterer Linie
- Fürstentum Reuß jüngerer Linie
- Fürstentum Schwarzburg-Rudolstadt
- Fürstentum Schwarzburg-Sondershausen
- ● Residenzstadt

- Königreich Preußen (thüringische Anteile)
- I Regierungsbezirk Erfurt, Provinz Sachsen
- II Teil des Regierungsbezirkes Merseburg, Provinz Sachsen
- III Teil des Regierungsbezirkes Hildesheim, Provinz Hannover (1932 an Regierungsbezirk Erfurt)
- IV Teil des Regierungsbezirk Kassel, Provinz Hessen- Nassau (1944 an Regierungsbezirk Erfurt)
- ■ Regierungssitz für den Regierungsbezirk Erfurt

VERÖFFENTLICHUNGEN
AUS THÜRINGISCHEN STAATSARCHIVEN

1

VERLAG HERMANN BÖHLAUS NACHFOLGER WEIMAR 1624

VERÖFFENTLICHUNGEN
AUS THÜRINGISCHEN STAATSARCHIVEN

1

Veröffentlichung
des Thüringischen Hauptstaatsarchivs Weimar

THÜRINGEN-HANDBUCH

Territorium, Verfassung, Parlament, Regierung und Verwaltung in Thüringen 1920 bis 1995

Herausgegeben von Bernhard Post und Volker Wahl
Redaktion Dieter Marek

1999
VERLAG HERMANN BÖHLAUS NACHFOLGER
WEIMAR

Herausgegeben im Auftrag des Thüringischen Hauptstaatsarchivs Weimar
von Bernhard Post und Volker Wahl

Redaktion: Dieter Marek

Verantwortliche Bearbeiter: Frank Boblenz, Grit Graupner, Dieter Marek, Bernhard Post und Volker Wahl. Unter Mitarbeit von Wolfgang Bock, Gisela Börnert, Karin Durand, Karin Johannes, Bernhard Lißner, Doris Schilling und Katrin Weiß.

Karten: Thüringer Landesvermessungsamt nach Vorlagen von Frank Boblenz.

Die Deutsche Bibliothek - CIP-Einheitsaufnahme

Thüringen-Handbuch : Territorium, Verfassung, Parlament, Regierung und Verwaltung in Thüringen 1920 bis 1995 / [Veröffentlichung des Thüringischen Hauptstaatsarchivs Weimar]. Hrsg. von Bernhard Post und Volker Wahl. - Weimar : Verlag Hermann Böhlaus Nachfolger Weimar, 1999
(Veröffentlichungen aus Thüringischen Staatsarchiven ; 1)
ISBN 978-3-7400-0962-5

ISBN 978-3-7400-0962-5
ISBN 978-3-476-02965-2 (eBook)
DOI 10.1007/978-3-476-02965-2
ISSN 1430-3620

Zum Auftakt der Schriftenreihe

Die mit der Wiederentstehung der Länder im Osten Deutschlands neu organisierten staatlichen Archive des Freistaates Thüringen werden durch das Thüringer Archivgesetz verpflichtet, an der Erforschung und Vermittlung der von ihnen verwahrten archivalischen Quellen mitzuwirken. Als Stätten landesgeschichtlicher Forschung haben sie deshalb die neue Schriftenreihe VERÖFFENTLICHUNGEN AUS THÜRINGISCHEN STAATSARCHIVEN eröffnet, die an die von den Weimarer Archivdirektoren Prof. Dr. Willy Flach (Direktor der Thüringischen Staatsarchive bzw. des Thüringischen Landeshauptarchivs Weimar 1934-1958) und Dr. Hans Eberhardt (Direktor des Thüringischen Landeshauptarchivs bzw. Staatsarchivs Weimar 1958-1973) initiierte Forschungs- und Publikationstätigkeit der thüringischen Landesarchive mit ihren Reihen THÜRINGISCHE ARCHIVSTUDIEN (1951 bis 1971 in zehn Bänden) und VERÖFFENTLICHUNGEN DES THÜRINGISCHEN LANDESHAUPTARCHIVS WEIMAR bzw. DES STAATSARCHIVS WEIMAR (1958 bis 1975 in neun Bänden) anknüpfen soll. Das Thüringische Hauptstaatsarchiv Weimar und die Thüringischen Staatsarchive Altenburg, Gotha, Greiz, Meiningen und Rudolstadt wollen in dieser gemeinsamen Schriftenreihe Veröffentlichungen vorlegen, die hauptsächlich auf der Grundlage von Archivquellen entstanden sind. Dazu gehören vorrangig Editionen und Monographien zu Themen aus der historischen Landesforschung, in denen Dokumente aus Thüringer Archiven ausgewertet und publiziert werden. Hinzu werden Arbeiten zur Archivgeschichte und zu archivwissenschaftlichen Themen treten. Auch die aktualisierten und erweiterten Beständeübersichten der Thüringischen Staatsarchive sollen in die neue Schriftenreihe aufgenommen werden.

Die Schriftenreihe VERÖFFENTLICHUNGEN AUS THÜRINGISCHEN STAATSARCHIVEN wird gemeinsam von den Landesarchiven des Freistaates Thüringen verantwortet und aus den vom Thüringer Ministerium für Wissenschaft, Forschung und Kultur bereitgestellten Publikationsmitteln für die Staatsarchive bestritten. Mit ihr soll die Einheitlichkeit des thüringischen Archivwesens in der Gegenwart dokumentiert werden. Die Herausgeberschaft liegt beim jeweiligen Staatsarchiv, unter dessen Federführung der betreffende Band erarbeitet wird. Der traditionsreiche Thüringer Wissenschaftsverlag Hermann Böhlaus Nachfolger in Weimar, in dem bereits die vorangegangenen Archiv-Schriftenreihen und auch die Edition von Goethes Amtlichen Schriften als Veröffentlichung des Staatsarchivs Weimar erschienen sind, ist für die verlegerische Seite verantwortlich. Angestrebt wird, daß jährlich mindestens ein Band in der Schriftenreihe der Staatsarchive erscheint.

Den ersten Band dieser neuen Schriftenreihe bildet das vorliegende THÜRINGEN-HANDBUCH, das aus Anlaß des 75jährigen Gründungsjubiläums des Freistaates Thüringen im Jahre 1995 begonnen worden ist. Veröffentlichungen über die Geschichte aller thüringischen Territorialstaaten werden ihm folgen. Inzwischen liegen bereits seit 1996 als Band 2 die Edition »Die ältesten Lehnsbücher der Grafen von Henneberg« (Veröffentlichung des Thüringischen Staatsarchivs Meiningen), als Band 3 das »Inventar der Prozeßakten des

Reichskammergerichts in den Thüringischen Staatsarchiven« (Veröffentlichung des Thüringischen Hauptstaatsarchivs Weimar) und als Band 4 der erste Teilband von »Friedrich I. von Sachsen-Gotha und Altenburg. Die Tagebücher 1667-1686« (Veröffentlichung des Thüringischen Staatsarchivs Gotha) vor.

Die Staatsarchive des Freistaates Thüringen verbinden mit der neuen Schriftenreihe und ihrem darin konzipierten Publikationsprogramm die Zuversicht, daß sie wie die vorausgegangenen Veröffentlichungsreihen die thüringische Landesgeschichtsforschung bereichern und von der Leistungsfähigkeit der Archive in der wissenschaftlichen Publikationstätigkeit Zeugnis ablegen. Sie sehen darin auch eine Verpflichtung gegenüber ihren Vorgängern, die das thüringische Landesarchivwesen seit 1920 aufgebaut und zu Anerkennung im deutschen Archivwesen geführt haben. So gilt für diese Schriftenreihe noch immer das, was Willy Flach vor fast einem halben Jahrhundert zum Auftakt der Reihe THÜRINGISCHE ARCHIVSTUDIEN formuliert hat: »Wenn mit diesem Bande zugleich eine Reihe von Publikationen aus den thüringischen Landesarchiven eröffnet wird, so mag damit zum Ausdruck kommen, daß die auf archivalischem Material aufgebaute strenge wissenschaftliche Forschung entscheidend zur vertieften Kenntnis geschichtlicher Vorgänge und Entwicklungen beizutragen vermag.« Auf diesem Weg wollen auch heute die Landesarchive des Freistaates Thüringen und ihre Mitarbeiter fortschreiten.

Die Schriftenreihen der staatlichen Archive Thüringens seit 1951:

THÜRINGISCHE ARCHIVSTUDIEN. Herausgegeben von Willy Flach [Band 9 und 10 herausgegeben von Hans Eberhardt]. Erschienen in 10 Bänden im Verlag Hermann Böhlaus Nachfolger Weimar 1951-1971.

Band 1: Hans Eberhardt, Goethes Umwelt. Forschungen zur gesellschaftlichen Struktur Thüringens. (1951) 104 S.; Band 2: Wolfgang Huschke, Die Geschichte des Parkes von Weimar. (1951) 234 S.; Band 3: Willy Flach, Goetheforschung und Verwaltungsgeschichte. Goethe im Geheimen Consilium 1776-1786. (1952) 165 S.; Band 4: Karl-Heinz Hahn, Jakob Friedrich v. Fritsch. Minister im Klassischen Weimar. (1953) 158 S.; Band 5: Fritz Wiegand, Das Stadtarchiv Erfurt und seine Bestände. (1953) 108 S.; Band 6: Hans Patze, Recht und Verfassung thüringischer Städte. (1955) 299 S.; Band 7: Die Schöffenspruchsammlung der Stadt Pößneck. Teil I: Der Text der Sammlung. Bearbeitet von Reinhold Grosch unter Mitarbeit von Karl Theodor Lauter und Willy Flach. (1957) XIX u. 359 S.; Band 8: Die Schöffenspruchsammlung der Stadt Pößneck. Teil II: Studien über die Entstehung und die landesgeschichtliche Bedeutung der Sammlung. Von Willy Flach. (1958) XI u. 147 S.; Band 9: Die Schöffenspruchsammlung der Stadt Pößneck. Teil III: Die Bedeutung der Sammlung für die allgemeine Rechtsgeschichte. Ordnung der Sprüche nach Rechtssachen. Von Gerhard Buchda. (1962) XII u. 150 S.; Band 10: Die Schöffenspruchsammlung der Stadt Pößneck. Teil IV: Wort- und Sachregister. Zugleich ein Beitrag zur Erfassung des frühneuhochdeutschen Wortschatzes und Sprachgebrauches. Von Gerhard Buchda. (1971) 377 S.

VERÖFFENTLICHUNGEN DES THÜRINGISCHEN LANDESHAUPTARCHIVS WEIMAR [Band 9 VERÖFFENTLICHUNGEN DES STAATSARCHIVS WEIMAR]. Herausgegeben von Hans Eberhardt. Erschienen in 9 Bänden im Verlag Hermann Böhlaus Nachfolger Weimar 1958-1975.

Band 1: Forschungen zur thüringischen Landesgeschichte [Friedrich Schneider zum 70. Geburtstag am 14. Oktober 1957]. (1958) VIII u. 522 S.; Band 2: Übersicht über die Bestände des Thüringischen Landeshauptarchivs Weimar. Herausgegeben von Hans Eberhardt. (1959) XV u. 207 S.; Band 3: Übersicht über die Bestände des Landesarchivs Gotha. Bearbeitet von Ulrich Heß. (1960) XII u. 313 S.; Band 4: Übersicht über die Bestände des Landesarchivs Meiningen. Bearbeitet von Ernst Müller. (1960) XII u. 130 S.; Band 5: Übersicht über die Bestände des Landesarchivs Altenburg. Bearbeitet von Ulrich Heß unter Mitwirkung von Herta Battré und Walter Grünert. (1961) XII u. 186 S.; Band 6: Ulrich Heß, Geheimer Rat und Kabinett in den ernestinischen Staaten Thüringens. Organisation, Geschäftsgang und Personalgeschichte der obersten Regierungssphäre im Zeitalter des Absolutismus. (1962) X u. 438 S.; Band 7: Übersicht über die Bestände des Landesarchivs Greiz. Bearbeitet von Rudolf Diezel. (1963) XI u. 147 S.; Band 8: Übersicht über die Bestände des Landesarchivs Rudolstadt. Bearbeitet von Hans Eberhardt. (1964) XI u. 256 S.; Band 9: Elisabeth Schwarze, Soziale Struktur und Besitzverhältnisse der ländlichen Bevölkerung Ostthüringens im 16. Jahrhundert. Mit einer Einführung von Hans Eberhardt: Die Land- und Türkensteuerregister des 16. Jahrhunderts und die Möglichkeit ihrer Auswertung. (1975) 216 S.

VERÖFFENTLICHUNGEN AUS THÜRINGISCHEN STAATSARCHIVEN. Erscheint im Verlag Hermann Böhlaus Nachfolger Weimar.

Band 1: Thüringen-Handbuch. Territorium, Verfassung, Parlament, Regierung und Verwaltung in Thüringen 1920 bis 1995. Herausgegeben von Bernhard Post und Volker Wahl, Redaktion Dieter Marek. [Veröffentlichung des Thüringischen Hauptstaatsarchivs Weimar] (1999) 747 S.; Band 2: Die ältesten Lehnsbücher der Grafen von Henneberg. Bearbeitet von Johannes Mötsch und Katharina Witter. [Veröffentlichung des Thüringischen Staatsarchivs Meiningen] (1996) 367 S.; Band 3: Inventar der Prozeßakten des Reichskammergerichts in den Thüringischen Staatsarchiven. Bearbeitet von Torsten Fried. [Veröffentlichung des Thüringischen Hauptstaatsarchivs Weimar] (1997) 312 S.; Band 4/1: Friedrich I. von Sachsen-Gotha und Altenburg. Die Tagebücher 1667-1686. 1. Teilband: 1667-1677. Bearbeitet von Roswitha Jacobsen unter Mitarbeit von Juliane Brandsch. [Veröffentlichung des Thüringischen Staatsarchivs Gotha] (1998) 488 S.

Inhaltsverzeichnis

Vorwort

Auf dieses Buches erste Seite
Schreib ich drei Namen zum Geleite
Dem heutigen, dem künftigen Geschlecht:
Frieden, Freiheit und Recht.

Es sei dem Lande Thüringen beschieden,
Daß niemals mehr im wechselnden Geschehn
Ihm diese Sterne untergehn:
Das Recht, die Freiheit und der Frieden.

Ricarda Huch, Widmung im »Goldenen Buch«
des Landes Thüringen (1946)

Das 75jährige Gründungsjubiläum des Freistaates Thüringen im Jahre 1995 regte in vielfältiger Weise die historische Forschung über ein Dreivierteljahrhundert thüringischer Geschichte an, das in seiner Komplexität und Vielschichtigkeit einzigartig ist und sich nur unter den Prämissen deutscher Geschichte im 20. Jahrhundert begreifen läßt, zu der auch Unrecht, Unfreiheit und Unfriede gehört haben. Das Land Thüringen - 1919/20 im Aufwind freistaatlicher Verfassungsentwicklung nach der Überwindung der Monarchie in Deutschland entstanden - hat im Laufe seiner jungen Geschichte »das Recht, die Freiheit und den Frieden«, wie es ihm die greise Dichterin Ricarda Huch 1946 ins »Stammbuch« (das als »Goldenes Buch« bezeichnete Gästebuch der Landesregierung) geschrieben hat, insgesamt nur etwas über ein Jahrzehnt während der Zeit der Weimarer Republik für sich in Anspruch nehmen dürfen.

Gewissermaßen zwischen zwei Diktaturen formulierte die nachmalige Alterspräsidentin der Beratenden Landesversammlung von Thüringen diesen Anspruch, der auch das Fazit ihrer Eröffnungsrede des thüringischen Vorparlamentes am 24. Juni 1946 beherrscht: »Es ist zu hoffen, daß unser Unglück die Grundlage des Entstehens einer wahren Demokratie wird, in der sich jeder als belastetes und tragendes Glied des Ganzen fühlt, in der jeder über die Parteien hinaus den anderen als Menschen in seiner Freiheit ehrt und zu verstehen sucht.« Nach der gerade überwundenen nationalsozialistischen Diktatur der Jahre zwischen 1933 und 1945 war die Hoffnung auf Frieden, Freiheit und Recht auch in Thüringen der Gedanke der Gegenwart und die Verheißung für die Zukunft. Es vergingen jedoch 45 Jahre, bevor Richard von Weizsäcker als Präsident der Bundesrepublik Deutschland, zu dem das neu und wieder entstandene Bundesland Thüringen seit 1990 gehört, am 17. April 1991 »im deutschen Herzland Thüringen« nach »totalitärer Gleichschaltung in den vergangenen sechzig Jahren« die »Wiedergeburt des Landes mit seiner sechzehnhundertjährigen Identität im

Zentrum des geeinten Deutschland und eines offenen Europa« würdigen konnte und dabei an dessen reiche Geschichte und das ungebrochene historische Bewußtsein der Thüringer erinnerte.

Die Geschichte des noch jungen Landes Thüringen seit 1920 in all ihren politischen, wirtschaftlichen, kulturellen und sozialen Bezügen ist noch nicht geschrieben. Sie setzt voraus, alles zu wissen über seine staatsrechtlichen Grundlagen und die Formen, in denen das Land seitdem regiert und verwaltet wurde. Unter dieser Zielsetzung entstand vor dem Gründungsjubiläum von 1995 die Idee für das THÜRINGEN-HANDBUCH, anhand dessen die Entwicklung von Territorium, Verfassung, Parlament, Regierung und Verwaltung in Thüringen seit der Landesgründung nachvollzogen werden kann. Die Konzeption für ein solches Nachschlagewerk entstand im Vorfeld des Jubiläumsjahres des nunmehrigen Freistaates Thüringen, als die Gründung des Landes 75 Jahre zuvor, aber auch die Ereignisse des Kriegsendes von 1945 und die Nachkriegszeit verstärkt in das öffentliche Interesse rückten. Ihre Verwirklichung setzte einen entsprechenden Quellenfundus und ein sachkundiges Bearbeiterteam voraus. All das war im Thüringischen Hauptstaatsarchiv Weimar gegeben, wo seit der Landesgründung von 1920 dem gesetzlichen Auftrag zufolge (Thüringische Archivordnung vom 15. April 1932; Thüringer Archivgesetz vom 23. April 1992) das Archivgut des Landes aufbewahrt und für die historische Forschung sowie die amtliche Nutzung bereitgestellt wird. Auf der Grundlage archivalischer Quellenforschung sollten über ein Dreivierteljahrhundert hinweg das Territorium des Landes in seinen äußeren Grenzen und der inneren Gliederung des Verwaltungsgebietes dargestellt, seine verfassungsmäßigen Grundlagen in ihrer Entwicklung seit Aufhebung der Monarchie und der freistaatlichen Formierung der thüringischen Territorialstaaten nach der Novemberrevolution von 1919 dokumentiert sowie Parlament, Regierung und Verwaltung des Landes und Freistaates Thüringen in seiner Existenz als Gliedstaat des Deutschen Reiches (1920-1945), der Sowjetischen Besatzungszone und der Deutschen Demokratischen Republik (1945-1952) sowie der Bundesrepublik Deutschland (seit 1990) im Überblick vorgestellt werden.

Das THÜRINGEN-HANDBUCH hat kein eigentliches Vorbild. Seine Konzeption entstand aus dem praktischen Bedürfnis der Archivarbeit heraus, ein Handbuch für den Archivar und Landeshistoriker zu schaffen, das als Nachschlagewerk für thüringische Geschichte im 20. Jahrhundert, aber auch allgemeinen Zwecken dienen soll. Trotz erweiterter Recherchemöglichkeiten auf der Grundlage sachorientierter Informationsverarbeitung erschließt sich der Zugang der historischen Forschung zu den archivalischen Quellen weithin nur aus der Kenntnis der Verwaltungsgliederung des Landes innerhalb bestimmter historischer Zeitabschnitte und deren Widerspiegelung in der Tektonik (Beständegliederung) im zuständigen Archiv. Die Zeitgeschichtsforschung kommt deshalb nicht ohne das Wissen über institutions- bzw. verwaltungsgeschichtliche Entwicklungen und Strukturen aus. Für den Archivar ist dieser Zustand im Provenienzprinzip als dem für die Bildung und Abgrenzung von Archivbeständen maßgebenden Regularium verkörpert. Der beste Kenner thüringischer Behördengeschichte, der Archivar und Landeshistoriker Dr. Ulrich Heß, hat dies 1967 so ausgedrückt: »Seit sich die Behördenprovenienz als das archivwissenschaftliche Ordnungsprinzip durchgesetzt hat, ist die Erschließung und Benutzung der Archivalien ohne genaue Kenntnis der behörden- und verwaltungsgeschichtlichen Einzelheiten kaum noch möglich. Die Kenntnis, welche Behörde für die Bearbeitung einer beliebigen Aufgabe in einem bestimmten Ort zu einer bestimmten Zeit zuständig war, stellt weithin den Schlüssel für die archivarische Ermittlung von Tatsachen der Vergangenheit dar.« [Forschungen zur Geschichte Thüringens

1945-1965 (Literaturbericht), in: Wissenschaftliche Zeitschrift der Friedrich-Schiller-Universität Jena, GSR 16 (1967), S. 269] Darüber für das Land Thüringen in seiner Entwicklung von 1920 bis in die Gegenwart ein Nachschlagewerk zu schaffen, schien deshalb dringend geboten.

Das vorliegende THÜRINGEN-HANDBUCH hat Elemente anderer historischer Nachschlagewerke übernommen, ohne sie allerdings einfach zu kopieren. In einzelnen Kapiteln finden sich solche Bestandteile vor, auf denen auch verwaltungs- und parlamentsgeschichtliche Handbücher, historische Ortslexika, Chroniken und Zeittafeln, biographische Handbücher, Bibliographien und Dokumenteneditionen basieren. Für Thüringen seien beispielhaft die Publikationen von Ulrich Heß [Geschichte der Behördenorganisation der Thüringischen Staaten und des Landes Thüringen von der Mitte des 16. Jahrhunderts bis zum Jahre 1952 (= Veröffentlichungen der Historischen Kommission für Thüringen, Kleine Reihe Band 1)], Thomas Klein [Grundriß zur deutschen Verwaltungsgeschichte 1815-1945, Reihe B, Band 15: Thüringen], Jochen Lengemann [Parlamente in Thüringen 1809-1952 (= Veröffentlichungen der Historischen Kommission für Thüringen, Große Reihe Band 1)] und von Jürgen John/Reinhard Jonscher/Axel Stelzner [Geschichte in Daten. Thüringen] genannt. Daß bisher ein Historisches Ortslexikon für Thüringen fehlt, kann nur bedauert werden. Wenigstens hinsichtlich der verwaltungsmäßigen Zugehörigkeit der thüringischen Orte im 20. Jahrhundert kann hier das THÜRINGEN-HANDBUCH Abhilfe schaffen. Ein künftiges biographisches Lexikon für Thüringen findet in dem umfangreichen Abschnitt mit den Biographien der Regierungsmitglieder seit 1920 die neuesten Forschungsergebnisse vor.

Das THÜRINGEN-HANDBUCH ersetzt nicht die noch fehlende Monographie zur Geschichte Thüringens im 20. Jahrhundert, die bisher nur von Friedrich Facius für die Zeit bis zum Ende des zweiten Weltkrieges umfassender bearbeitet worden ist [in: Geschichte Thüringens. Herausgegeben von Hans Patze und Walter Schlesinger. Band 5/2: Politische Geschichte in der Neuzeit]. Thüringen in der Sowjetischen Besatzungszone und vor allem in der DDR ist das noch weithin unbekannte und ungeschriebene Kapitel aus der jüngeren Vergangenheit. Trotz neuer Forschungsbemühungen in den zurückliegenden Jahren, die sich vor allem auf die NS- und frühe Nachkriegszeit konzentriert haben, bleibt die thüringische Landesgeschichte in diesem Jahrhundert ein Desiderat der Forschung. So schien es geraten, im vorliegenden THÜRINGEN-HANDBUCH in einem einleitenden Abriß [Kap. I, 1.] die Entwicklung seit der Landesgründung in ihren Konstituierungsakten, Umbrüchen und Zäsuren festzuhalten, wobei besonders die Handlungen der obersten legislativen und exekutiven Ebene in ihrer politischen Zielstellung und Bedingtheit besonders dargestellt wurden. Auch hier ist trotz jüngerer und vermehrter Literatur manches neu und aus den Quellen heraus erarbeitet worden. Das gilt auch für die Spezialstudien zur Staatssymbolik und über die Landeshauptstadt [Kap. II]. Die sich daran anschließende Chronik von 1918 bis 1994 orientiert sich eng an den für das THÜRINGEN-HANDBUCH gewählten thematischen Bereichen und bietet deshalb nur eine Zeittafel der für die Entwicklung von Territorium, Verfassung, Parlament, Regierung und Verwaltung relevanten Daten [Kap. III].

Der erste Dokumententeil [Kap. I, 2.] beinhaltet bislang meist ungedruckte Texte, hauptsächlich aus dem Thüringischen Hauptstaatsarchiv, aber auch aus anderen Archiven, die als Schlüsseldokumente für die historische Entwicklung des Landes zu charakterisieren sind. Sie werden im wesentlichen unkommentiert und ohne Sacherläuterungen geboten, lassen sich sich aber weitgehend durch die einführenden Darstellungen zur historischen Entwicklung des Landes, in denen auf die Dokumente hingewiesen und Bezug genommen wird, in ihrem inhaltlichen Kontext erschließen.

Auch in der Dokumentation zu den staatsrechtlichen Grundlagen [Kap. IV, 3.] werden Texte ediert, die in dieser Zusammenstellung und einem solchen Umfang bisher an anderer Stelle nicht zu finden sind. Die Landesverfassungen von 1920/21, 1946 und 1993 sowie die vorläufige Landessatzung von 1990 werden komplett mit den nachfolgenden verfassungsändernden Gesetzen abgedruckt. Die Rechtsgrundlagen für Regierung und Verwaltung erfassen alle relevanten Gesetze und Verordnungen für diesen Bereich, stellen aber wegen des Umfangs des thüringischen Gesetzeswerkes im Abdruck notgedrungen nur eine konzentrierte Auswahl der jeweiligen gesetzlichen Grundlagen der Staatsgewalt dar. Diese werden in den betreffenden Abschnitten zu Parlament [Kap. IV, 1.2], Regierung und Verwaltung [Kap. IV, 2.3] sowie in dem über die Territorialentwicklung [Kap. IV, 4.3] dann im einzelnen aufgelistet.

Die im THÜRINGEN-HANDBUCH enthaltenen Übersichten [im Kap. IV] sind zum Teil neu und werden erstmalig in dieser Zusammenstellung geboten. Im Abschnitt Parlament bieten Angaben zu den Wahlen und Landtagen in Thüringen (1920–1933, 1946–1952, ab 1990) und zu den Vorparlamenten (1919/20 und 1946) neben der Wahlstatistik auch die personelle Zusammensetzung der Volksvertretungen [Kap. IV, 1.1]. Sie greifen so dem künftigen Band aus der von der Historischen Kommission für Thüringen verantworteten Reihe zur Geschichte des Parlamentarismus unter der Herausgeberschaft von Jochen Lengemann vor, werden dieses umfassendere Werk aber nicht ersetzen.

Die Übersichten zu Landesregierung und Verwaltungsaufbau [Kap. IV, 2.1 u. 2.2] stellen in mehrfacher Hinsicht ein Novum dar. Da in Thüringen nur 1926 und 1931 ein Staatshandbuch veröffentlicht wurde, sind diese Angaben überwiegend aus den Quellen erarbeitet worden. Für die Regierungsorgane der thüringischen Freistaaten vor der Landesgründung, die über acht Staaten hinweg ein sehr differenziertes Bild bieten, konnte dabei an die Forschungen von Dr. Ulrich Heß angeknüpft werden. Für die Zeit von 1920 bis 1945 lagen entsprechende, wenn auch nicht umfassende Forschungsergebnisse im Zusammenhang mit der Beständebearbeitung im Thüringischen Hauptstaatsarchiv vor. Die Zeit der Landesverwaltung und -regierung nach Kriegsende bis zur Auflösung des Landes 1952 wurde, eigene Untersuchungen fortführend, weitgehend neu bearbeitet. Das gilt auch für die personelle Besetzung an der Spitze der Bezirksverwaltungen von 1952 bis 1990 und für die neueste Entwicklung seit 1990 mit zwei Kabinetten in der ersten Wahlperiode nach der Wiedererrichtung des Landes und der seit den Landtagswahlen von 1994 amtierenden Landesregierung. Erstmalig kann damit eine komplette personelle Übersicht über die Regierungsmitglieder in Thüringen seit 1920 mit ihrer Ressortzugehörigkeit gegeben werden.

In diesem Zusammenhang ist auch auf die biographische Forschungsarbeit zu verweisen, die in einem beachtlichen Umfang neu und mit Hilfe zahlreicher Archive und Auskunftspersonen geleistet werden mußte. So ist eine inhaltsreiche biographische Datensammlung zu allen 85 Ministern und 55 Staatsräten (Regierungsmitglieder ohne Geschäftsbereich) der thüringischen Landesregierungen von 1920 bis 1995 entstanden, auf der die im THÜRINGEN-HANDBUCH enthaltenen Biographien der Regierungsmitglieder aufbauen [Kap. V]. Ungeachtet aller Probleme der Quellenüberlieferung können die hier zusammengetragenen biographischen Angaben in vielfacher Hinsicht die Forschung befruchten, besonders wenn es um die Verdeutlichung bestimmter Karrieremuster in den Zeiten totalitärer Staatsentwicklung vor und nach 1945 geht.

Trotz ausgedehnter Recherchen weisen die biographischen Artikel hinsichtlich ihres Umfangs und ihrer inhaltlichen Aussagen erhebliche Unterschiede auf, was allein der vorgefundenen Quellenlage geschuldet ist und zunächst noch nichts über die (landes-)politische Bedeutung der betreffenden Persönlichkeit aussagt. Obwohl die nach 1933 berufenen Staatsräte, entgegen ihrer ursprünglichen verfassungsrechtlichen Stellung, nur noch nach repräsentativen Gesichtspunkten ernannt wurden, sind sie aus Gründen der Vollständigkeit hier mit aufgenommen worden und werden zum Teil sogar in umfänglichen Kurzbiographien vorgestellt. Um jedoch den Gesamtumfang dieses Handbuchs in benutzerfreundlichen Grenzen zu halten, wurde von einem Quellennachweis für die in den Biographien enthaltenen Angaben an dieser Stelle abgesehen. Die bei der Erforschung der Biographien entstandene Datensammlung wird im Thüringischen Hauptstaatsarchiv ständig aktualisiert und ergänzt, so daß sich dieser Teil des THÜRINGEN-HANDBUCHES lediglich als Zwischenresultat eines permanenten Arbeitsprozesses versteht. Für weiterführende Hinweise und Ergänzungen zu den vorliegenden Kurzbiographien sind wir dankbar.

Beträchtlichen Umfang erreichte auch die Arbeit für die Zusammensetzung der Stadt- und Landkreise in Thüringen, wie sie seit der Landesgründung von 1920 bestanden haben und heute bestehen. Die jüngsten Veränderungen durch die 1993 beschlossene Kreisgebietsreform mit ihren gesetzlich verbindlichen Auswirkungen von 1994 bis 1998 haben in dieser Übersicht den Untersuchungszeitraum für das THÜRINGEN-HANDBUCH bis in das Jahr 1998 ausgedehnt. Die Einleitung zu diesem Abschnitt [Kap. IV, 4.1] beginnt mit einer Überblicksdarstellung zu den territorialen Veränderungen des Landes Thüringen, wobei unter diesem Aspekt die historischen Umbrüche in der Entwicklung des Landes seit der thüringischen Vereinigung von 1919/20 besonders sichtbar werden. Ergänzt wird diese Darstellung durch eine statistische Zusammenstellung zur Entwicklung von Gebietsumfang und Einwohnerzahl in den einzelnen historischen Entwicklungsabschnitten (basierend auf den vorhandenen statistischen Erhebungen zu bestimmten Stichtagen), wobei auch hier die Zeit der Bezirksverwaltungen ab 1952 nicht ausgespart wird.

Erstmals werden in einer solchen Übersicht [Kap. IV, 4.2] die Kreise mit ihrem Gebietsstand (Städte und Gemeinden) in der historischen Entwicklung dargestellt, wie auch umgekehrt die Zugehörigkeit einer jeden Gemeinde im Land Thüringen zu dem Verwaltungsgebiet eines Kreises in ihren Veränderungen erkennbar wird. Allerdings setzt die Beschreibung der Kreisgebiete erst mit ihrer Zugehörigkeit zum Land Thüringen ein, wobei die »Gebietsreformen« sich an folgenden Stichjahren festmachen lassen: 1922 (Kreiseinteilung als Ergebnis der thüringischen Vereinigung und Landesgründung), 1945 (Erweiterung des Landes durch die bisher preußischen Stadt- und Landkreise), 1950 (Neugliederung des Landes), 1952 (Gliederung der bisherigen Länder in Bezirke mit neuer Kreiseinteilung), 1990 (Anschluß von drei Kreisen außerhalb der ehemaligen Bezirke Erfurt, Gera und Suhl an das wieder eingeführte Land Thüringen) und 1994 (Kreisgebietsreform des Freistaates Thüringen). Außerdem gehören hierzu acht Karten, die die Entwicklung des Gebietsstandes des Landes Thüringen in seiner Kreiseinteilung im Hinblick auf den Gesamtraum Thüringen veranschaulichen sollen.

Die Bibliographie der Verwaltungsdrucksachen [Kap. VI] stellt sich nicht als bloßer Ausschnitt der bisherigen Bibliographien zu dem in und über Thüringen erschienenen Schrifttum [Hans Patze: Bibliographie zur thüringischen Geschichte (1965/66); Thüringen-Bibliographie (ab Erfassungsjahr 1961), bearbeitet von der Zentralbibliothek der deutschen Klassik Weimar, ab 1983 von der Universitätsbibliothek Jena] dar, zumal diese einen derartig kompletten Überblick für die amtlichen Drucksachen nicht bieten. Sie ist vielmehr in Anknüpfung und Fortsetzung der von Friedrich Facius vorgelegten bibliographischen Übersicht zu den Verwaltungsdrucksachen der thüringischen Staaten vom 18. Jahrhundert bis 1922 [Zeitschrift des Vereins für Thüringische Geschichte und Altertumskunde 1938/39] erarbeitet worden.

Außerdem erwies es sich als notwendig und vorteilhaft, daran ein Verzeichnis der Archivbestände der Parlamente und Zentralbehörden des Landes Thüringen von 1920 bis 1952 [Kap. VII] anzuschließen, das die im Thüringischen Hauptstaatsarchiv Weimar vorhandenen archivalischen Quellen aufführt, deren Überlieferung eine wesentliche Grundlage für die im THÜRINGEN-HANDBUCH erfaßten Angaben zu Territorium, Verfassung, Parlament, Regierung und Verwaltung bildete. Diese Notwendigkeit ergab sich auch aus der Tatsache, daß die 1959 veröffentlichte Beständeübersicht des damaligen Landeshauptarchivs Weimar die Archivbestände nach 1945 noch nicht enthielt und auch sonst nicht mehr den neuesten Erschließungs- und Bearbeitungsstand bietet.

Im anschließenden Literaturverzeichnis [Kap. VIII] werden nur die wesentlichen, für die Erarbeitung des THÜRINGEN-HANDBUCHS unentbehrlichen Veröffentlichungen genannt. In diesem Sinne stellen die dort zusammengestellten Werke keine Spezialbibliographie, noch weniger aber einen Kanon weiterführender Literatur zur thüringischen Geschichte im 20. Jahrhundert dar.

Die für das THÜRINGEN-HANDBUCH ausgewählten Bild- und Kartenbeigaben ergänzen den Text und illustrieren ihn zugleich [Nachweise im Kap. IX]. Neben einigen als fotografische Reproduktionen wiedergegebenen Schriftdokumenten wurde besonderer Wert auf eine Bilddokumentation der Vorsitzenden Staatsminister bzw. Ministerpräsidenten und der Regierungskollegien (wobei bei den Kabinetten Vollständigkeit nicht zu erreichen war) gelegt. Die als Vor- und Nachsatz verwendeten farbigen Karten wurden in Zusammenarbeit mit dem Thüringer Landesvermessungsamt erarbeitet. Auch die Karten zu den Kreiseinteilungen wurden so nach Vorgaben aus dem Hauptstaatsarchiv - hierbei hat sich Dr. Frank Boblenz verdient gemacht - neu gezeichnet.

Das Register - bestehend aus Personen- und Ortsregister - dient der Erschließung und dem besseren Zugang zu den Angaben und Nachweisungen des THÜRINGEN-HANDBUCHS. Das Personenregister erfaßt demzufolge alle im Text genannten Personen, das Ortsregister lediglich die Orte (Gemeinden, Ortsteile), nicht jedoch Staats- und Verwaltungsgebiete oder überörtliche geographische Räume.

Das THÜRINGEN-HANDBUCH in seiner nunmehrigen Gestalt und mit seinem hier dargebotenen Inhalt ist in einem mehrjährigen Arbeits- und Forschungsprozeß entstanden, an dem vor allem die Mitarbeiter des Thüringischen Hauptstaatsarchivs Weimar, die in der Archivabteilung für die Betreuung der neueren Bestände des Landes und Freistaates zuständig sind oder spezielle Forschungsrichtungen vertreten, beteiligt waren. Hinzu kam die Mitarbeit der Dienstbibliothek, der Fotowerkstatt und weiterer Hilfskräfte für Schreibarbeiten. Ihr aller Anteil an dem nun vorliegenden Werk sei dankbar erwähnt.

Gewürdigt werden muß nicht zuletzt die Unterstützung der auswärtigen Archive für unser Forschungsvorhaben, wobei hier die Thüringischen Staatsarchive in Altenburg, Gotha, Greiz, Meiningen und Rudolstadt sowie das Archiv des Thüringer Landtags zuerst zu nennen sind und besonders die Hilfe des Bundesarchivs (einschließlich der Stiftung Archiv der Parteien und Massenorganisationen) hervorzuheben ist. Als außerordentlich hilfreich und sachdienlich entwickelte sich die Zusammenarbeit mit dem Landesvermessungsamt bei der

Herstellung der Karten. Hier ist insbesondere Frau Dipl.-Ing. (FH) Angela Grunke und Herrn Dipl.-Ing. Hans-Jürgen Steinbrück zu danken. In Verfolgung gemeinsamer Forschungsinteressen verband sich die biographische Recherchetätigkeit für das THÜRINGEN-HANDBUCH mit den Zielen, die Herr Jochen Lengemann, Vorstandsmitglied der Historischen Kommission für Thüringen, für das Kommissionsprojekt zur Geschichte des Landesparlamentarismus »Parlamente in Thüringen 1809-1952« anstrebt. Dankbar zu erwähnen sind auch die Auskunftsbereitschaft von zahlreichen Familienmitgliedern ehemaliger Minister und Staatsräte der thüringischen Landesregierung vor 1952 sowie die Selbstauskünfte von Regierungsmitgliedern nach 1990.

All diese Hilfe und Förderung durch Personen und Institutionen verdient unseren Dank, der hier nachdrücklich ausgesprochen werden soll. Nicht zuletzt habe ich die wissenschaftliche Arbeitsgemeinschaft der Mitarbeiter im Thüringischen Hauptstaatsarchiv hervorzuheben, die nach mehreren Jahren angestrengter Arbeit und Forschung das THÜRINGEN-HANDBUCH zum Ziel geführt hat. Damit wird in bester Weise an die Forschungstradition des Archivs aus der Zeit der Archivdirektoren Prof. Dr. Willy Flach (1934 bis 1958) und Dr. Hans Eberhardt (1958 bis 1973) angeknüpft.

Das THÜRINGEN-HANDBUCH erscheint zum 70. Deutschen Archivtag, der vom 21. bis 24. September 1999 in Weimar stattfindet, und ist zugleich ein wissenschaftlicher Beitrag des Thüringischen Hauptstaatsarchivs Weimar zum Ereignis WEIMAR - KULTURSTADT EUROPAS 1999.

Weimar, im Oktober 1998

Dr. phil. habil. Volker Wahl
Direktor des Thüringischen Hauptstaatsarchivs Weimar

I Thüringen 1920 bis 1995. Von der Gründung des Landes bis zum Freistaat

1. Grundzüge der Entwicklung

Die historischen Wurzeln der Länder, die heute das Staatsgebiet der Bundesrepublik Deutschland bilden, reichen weit zurück. Ihre moderne Entwicklung setzt allerdings erst nach der Aufhebung der Monarchie infolge der Novemberrevolution von 1918 ein. Nur wenige der heutigen Bundesländer können aber diese historische Zäsur zum Ausgangspunkt ihrer heutigen Existenz erklären, denn die Mehrzahl von ihnen ist erst im Ergebnis der territorialen Neuordnung nach dem Ende des zweiten Weltkrieges entstanden, als die Auflösung des preußischen Staates über ganz Deutschland hinweg neue Gebietszusammenschlüsse ermöglichte. Das Land Thüringen - 1920 durch den freiwilligen Zusammenschluß von sieben Kleinstaaten ins Leben getreten - gehört somit wie Bayern und Sachsen, beide seinerzeit als Freistaaten aus bisherigen Königreichen hervorgegangen, gewissermaßen zu den »Altländern« im heutigen Deutschland, obwohl es seinen endgültigen Gebietsumfang erst 1945 erreicht hat.

Der heutige Freistaat Thüringen besteht also bereits mehr als ein Dreivierteljahrhundert. Bemerkenswert ist dabei jedoch, daß nicht ganz die Hälfte dieser Jahre auf die staatliche Nichtexistenz des Landes fällt, denn in der Zeit von 1952 bis 1990 bestand Thüringen im staatsrechtlichen Sinne nicht mehr. Insgesamt 38 Jahre existierten an seiner Stelle die zentralistisch organisierten DDR-Verwaltungsbezirke Erfurt, Gera und Suhl, bis die politische Wende in der DDR 1989/90 den Boden für die Wiederentstehung der Länder im Osten Deutschlands und die deutsche Einigung bereitete. Das 1920 gegründete und 1945 um preußische Gebiete erweiterte Land Thüringen gehört heute wie selbstverständlich mit zu den 16 Ländern der Bundesrepublik Deutschland. Mit 2,7 Millionen Einwohnern und einer Fläche von 16 200 km^2 reiht es sich allerdings unter die kleinen Länder ein und steht, gemessen an diesen Daten, nur an zehnter bzw. elfter Stelle unter ihnen.

Thüringen verdankt seine heutige Gebietsstruktur der territorialen Neuordnung des Jahres 1945, als größere Teile aus dem »preußischen Thüringen« (Regierungsbezirk Erfurt und Kreis Herrschaft Schmalkalden aus dem vormaligen Regierungsbezirk Kassel) mit dem seit 1920 bestehenden Land Thüringen vereinigt wurden. Anders als bei den nach 1945 zusammengefügten großen Ländern in den westlichen Besatzungszonen (Niedersachsen, Nordrhein-Westfalen, Baden-Württemberg, Rheinland-Pfalz) und in der Ostzone (Sachsen-Anhalt) wirkten in Thüringen historisch gewachsene Strukturen nach, konnten Identitäten aus einer geographisch, demographisch, wirtschaftlich und kulturell geprägten historischen Landschaft eingebracht werden. Am ehesten vergleichbar ist diese Situation unter den alten Bundesländern mit Hessen und in den neuen Bundesländern mit Mecklenburg-Vorpommern, wenn man das Jahr 1945 zum Ausgangspunkt der neuen Territorialentwicklung nimmt.

Bis zum 20. Jahrhundert bildete Thüringen weder in politischer noch in administrativer Hinsicht einen geschlossenen Raum, sondern läßt sich am besten als Kulturraum in der Mitte Deutschlands begreifen. Als politischer Großraum trat Thüringen in früheren Jahrhunderten nur selten in Erscheinung: als Königreich der Thüringer um 500 sowie später vom 11. bis 13. Jahrhundert zur Zeit der Thüringer Landgrafen. Schließlich kann man nur noch die Jahre des ungeteilten ernestinischen Kurfürstentums nach der Leipziger Teilung im Haus Wettin zwischen 1485 und 1547 zu den historischen Zeitabschnitten zählen, als in Thüringen ein größeres Herrschaftsgebiet politisch dominierend war. Trotzdem war der Thüringer Raum zu allen Zeiten mit zahlreichen anderen Herrschaftsgebilden durchsetzt: in Südthüringen die gefürstete Grafschaft Henneberg (bis 1583), in Ost- und Nordthüringen die reußischen und schwarzburgischen Fürstentümer. Kursächsische (albertinische), kurmainzische und später preußische Herrschaftsgebiete traten hinzu. Lange Zeit galt Thüringen als die klassische Landschaft, in der die politisch-staatliche Zersplitterung vorherrschte. Heute ist man geneigt zu sagen, daß diese Situation eher identitätsstiftend als trennend gewirkt hat.

In der Geschichte der deutschen Länderstruktur bis 1945 stellte die Gründung des Landes Thüringen im Jahre 1920 den bedeutendsten Vorgang dar. Sie war die größte aller innerdeutschen Gebietsveränderungen seit 1866 und gilt als einer der bemerkenswertesten staatspolitischen Fortschritte in Deutschland, da insgesamt sieben Territorialstaaten in diesem neuen Land aufgingen. Mit der Landesgründung von 1920 - so unvollkommen sie ohne das preußische Thüringen mit dessen Hauptstadt Erfurt auch blieb - fand die kleinstaatliche Struktur Thüringens ihr Ende. Zwar lösten das Ende des Kaiserreichs, Revolution und Republikgründung sowie später die nationalsozialistische Machtergreifung eine Fülle von Reichs- und Territorialreformplänen aus, in die Thüringen und Mitteldeutschland immer wieder einbezogen werden sollten, doch nur im Falle Thüringens folgten den Plänen am Anfang der Weimarer Republik auch Taten.

Die widersprüchliche Entwicklung des Landes in den zurückliegenden acht Jahrzehnten, auch als Reflex der großen politischen Bewegungen in der deutschen Geschichte seit der ersten Republik in Deutschland, ist am besten in ihren Umbrüchen erkennbar. Totalitäre Herrschaftsverhältnisse markieren allein fast sechs Jahrzehnte seiner Entwicklung. Die historischen Umbruchsituationen fokussieren in den grundlegenden Zäsuren der thüringischen Landesgeschichte: die Gründung des Landes Thüringen 1919/20, die nationalsozialistische Machtergreifung 1932/33, Erweiterung und Neuaufbau 1945, die Auflösung des Landes 1952 und seine Neubildung 1990. Die Zeit danach ist noch nicht Geschichte.

Vorgeschichte und Gründung des Landes 1919/20

Als Land und Freistaat ist das heutige Thüringen ein Produkt des 20. Jahrhunderts, obwohl die thüringischen Einigungsbestrebungen weit in das 19. Jahrhundert zurückreichen. Das kleinstaatliche Thüringen hatte jedoch im Unterschied zu anderen deutschen Regionen alle territorialen »Flurbereinigungen« des 19. Jahrhunderts überstanden und bildete noch bis zum Ende der Monarchie in Deutschland ein »Musterland« deutscher Teilungsgeschichte, deren Ursachen als Folgen territorialpolitischer Entscheidungen seit dem hohen Mittelalter zu begreifen sind. Den politischen und staatsrechtlichen Zusammenschluß Thüringens hatten seit den Revolutionstagen von 1848 die demokratischen Kräfte des Landes gefordert, doch erst der Sturz der Dynastien in der Novemberrevolution von 1918 konnte einem solchen Verlangen die reale Chance der Verwirklichung einräumen und die Bahn zum Einheitsstaat frei machen.

Die Revolution der Arbeiter und Soldaten lief auch in den thüringischen Territorialstaaten - dem Großherzogtum Sachsen(-Weimar-Eisenach) und den Herzogtümern Sachsen-Altenburg, Sachsen-Meiningen und Sachsen-Coburg und Gotha, den Fürstentümern Schwarzburg-Rudolstadt und Schwarzburg-Sondershausen sowie denen von Reuß älterer Linie (Greiz) und Reuß jüngerer Linie (Gera) - konsequent auf die Abdankung der Fürsten hinaus. Die damit verbundene Staatsumwälzung gestaltete sich aber weit weniger konfrontativ und dramatisch als in anderen Landesteilen des Kaiserreiches. Für Preußen lag der revolutionäre Schwerpunkt in Berlin und nicht im »thüringischen« Regierungsbezirk Erfurt.

Im Laufe von wenigen Novembertagen - zwischen dem 9. und dem 25. November 1918 - verschwanden die thüringischen Duodezfürsten mehr oder weniger widerstandslos, indem sie auf Grund von Forderungen und Verhandlungen der Revolutionsvertreter formell abdankten und die Macht in die Hände neuer Regierungsorgane legten, in denen nunmehr die Vertreter politischer Parteien dominierten. Lediglich in Gotha wurde die Absetzung des in Coburg residierenden Herzogs durch den Arbeiter- und Soldatenrat zu einem revolutionären Akt erhoben, da dieser von sich aus nicht abdanken wollte. So war innerhalb von 16 Tagen die Monarchie in der thüringischen Staatenwelt beseitigt worden, und der Weg für ein geeintes Thüringen schien endlich geebnet zu sein. [Dokumente 1 bis 8]

Seit der Jahrhundertwende hatten sich die Stimmen gemehrt, die eine Territorial- und Verwaltungsreform mit dem Ziel des staatlichen Zusammenschlusses in Thüringen durchsetzen wollten. Insbesondere sozialdemokratische und liberale Parteivertreter fachten die Diskussion an, die mit der 1906 veröffentlichten Schrift »Thüringer Kleinstaatenjammer« von Arthur Hofmann einen beredten Ausdruck erhielt. Obwohl das Zukunftsbewußtsein der Fürsten und ihrer Hofstaaten bereits im Schwinden war, hielten die von ihnen abhängigen Staatsregierungen starr an den überkommenen Machtstrukturen fest. In den Landesparlamenten regte sich jedoch bei entsprechender politischer Mandatsverteilung der Wille nach einer Demokratisierung des Wahlrechts und mit ihm die Zielstellung für Reformen, die auf einen Abbau der kleinstaatlichen Zersplitterung und auf ein Einheitsthüringen gerichtet waren.

Der erste Weltkrieg hatte bereits den Spielraum der Einzelstaaten eingeschränkt. Mit der Kriegswende seit 1917, der innenpolitischen Krise des Kaiserreiches und den im Oktober 1918 einsetzenden Verfassungsänderungen im Reichsmaßstab verbanden sich Reichs- und Territorialreformpläne, die in Thüringen sehr schnell über das Diskussionsstadium hinausführten. Hier verknüpfte sich das Verlangen nach einer Demokratisierung der Verfassungen der Einzelstaaten mit den Forderungen nach Beseitigung der Kleinstaaterei. Die Stimmen dafür waren schon vor den Revolutionsereignissen im November 1918 zu vernehmen. Aber erst das damit besiegelte Ende der Monarchie machte den Weg zur Gründung des Landes Thüringen frei. Der erste Schritt dazu war die Neuformierung der Zentralregierungen in den nunmehrigen Freistaaten. Der nächste sollte die Neugestaltung der Verfassungen durch auf neuer Grundlage zu wählende Landesversammlungen sein. Der so geschaffene Zustand wurde aber weitgehend als ein provisorischer angesehen, weil ein baldiges Aufgehen der überkommenen Kleinstaatenwelt in einem thüringischen Gesamtstaat erwartet wurde.

Tatsächlich gingen nicht alle Staaten den Weg ausführlicher verfassungsmäßiger Fixierung des neuen staatsrechtlichen Zustandes. Zwar fanden überall zwischen Januar und März

1919 Landtagswahlen nach neuen Wahlgesetzen, die sich eng an das Gesetz für die Wahl zur Nationalversammlung anlehnten, statt; neue freistaatliche (= republikanische) Verfassungen im eigentlichen Sinne des Wortes kamen jedoch nur in zwei Staaten zustande (Schwarzburg-Sondershausen, Sachsen-Weimar-Eisenach). In Sachsen-Weimar-Eisenach wurde das Staatsgrundgesetz nach einem Entwurf des Jenaer Staatsrechtlers Eduard Rosenthal allerdings ausführlicher gestaltet, um so für die künftige Verfassung Gesamtthüringens ein Vorbild zu schaffen. Als Abgeordneter der liberalen Fraktion des weimarischen Landtags hatte er bereits am 29. November 1917 einen auf Vereinheitlichung der Gesetzgebung und Verwaltung in den thüringischen Staaten hinzielenden Antrag eingebracht, der nahezu einstimmig angenommen worden war. In fast allen anderen thüringischen Staaten fanden ähnliche Forderungen gleichfalls die Zustimmung der Volksvertretungen. Diesem Vorstoß folgte 1918 mit programmatischer Bedeutung die nationalliberale Denkschrift über »Die Thüringer Frage« mit der erklärten Zielstellung, Gesetzgebung und Verwaltung in den thüringischen Staaten zu vereinheitlichen.

Außerhalb der parlamentarischen Tribüne hatte bereits sehr früh die Sozialdemokratie für die radikale Beseitigung der Kleinstaaterei gewirkt. Nach den Revolutionsereignissen vom November 1918 nahmen diese Überlegungen konkretere Formen an und wurden nunmehr mit der Forderung nach dem Einheitsstaat Thüringen unmittelbar auf die Tagesordnung gesetzt. Dabei spielte auch die Tatsache eine Rolle, daß die am 30. November 1918 im Reichswahlgesetz vorgenommene Wahlkreiseinteilung für die verfassungsgebende Nationalversammlung einen Wahlbezirk geschaffen hatte, der außer den thüringischen Staaten auch die preußischen Gebietsteile Thüringens umfaßte. Die Bildung des 36. Wahlkreises zeigte klar, welche Vorstellungen in dem sozialdemokratisch dominierten Rat der Volksbeauftragten in Berlin über eine künftige »Reichsprovinz« Thüringen herrschten.

In der Presse wurde die Thüringer Frage schon vom Oktober 1918 an eifrig erörtert, wobei sich die aus dem Parteivokabular der Sozialdemokratie stammende Bezeichnung »Großthüringen« als Zusammenfassung von bisher wettinischen, schwarzburgischen, reußischen und preußischen Gebietsteilen in diesem geographisch abgegrenzten Raum in den Vordergrund schob und nun auch die öffentliche Diskussion beherrschte. [Dokument 9] Es waren zuerst sozialdemokratische Funktionäre, die in den Revolutionstagen mit Forderungen nach dem Zusammenschluß der thüringischen Staaten unter republikanischer Staatsform zu einem Großthüringen an die Öffentlichkeit traten: bereits am 8. November Wilhelm Bock in Gotha, am 10. November Albert Rudolph in Jena und Emil Vetterlein in Gera, schließlich am 14. November August Baudert in Weimar. Mit dem 36. Reichstagswahlkreis war seit Ende November 1918 auch zum ersten Mal ein fester territorialer Rahmen für den bisher verschwommenen Begriff »Großthüringen« abgesteckt worden.

Während anfänglich im preußischen Thüringen, besonders in Erfurt, eine verhältnismäßig große Neigung zum Zusammenschluß mit den thüringischen Kleinstaaten zu dem gedachten Großthüringen erkennbar war, begannen in der meiningischen und coburgischen Presse bereits im November die Erörterungen darüber, ob diese südthüringischen Gebietsteile nicht besser mit Bayern vereinigt werden sollten. Im ostthüringischen Altenburg und in den beiden reußischen Staaten ließen sich zur gleichen Zeit einzelne Stimmen für einen Anschluß an Sachsen, im nordthüringischen Sondershausen, das ganz von preußischem Gebiet umgeben war, solche für Preußen vernehmen. Eduard Rosenthal war es, der am 1. Dezember 1918 öffentlich seine Stimme gegen die »Gefährdung Großthüringens« durch kleinliche Interessentenwünsche erhob und die Absonderungsbestrebungen mit Nachdruck verurteilte.

Es könne nicht um eine Neuverteilung der Thüringer Staatenwelt gehen, sondern die allein für sich zu schwachen Kleinstaaten müßten zu einem leistungsfähigen neuen Staat Großthüringen zusammengeschlossen werden, in dem eine vielhundertjährige gemeinsame geschichtliche Zusammengehörigkeit und die Gemeinschaftlichkeit eines langen kulturellen Lebens als starke Bande der Zusammengehörigkeit dominieren sollten.

Von parteipolitischer Seite her ist der Beschluß der Landeskonferenz der Sozialdemokratischen Partei in Sachsen-Weimar-Eisenach vom 17. November 1918 über den Zusammenschluß der gesamten Thüringer Kleinstaaten unter Einschaltung von Preußisch-Thüringen zu einer einheitlichen Republik als erster positiver Schritt zu sehen. Als am 24. November 1918 von liberalen Politikern die »Demokratische Partei Großthüringen« (zuvor im Reichsmaßstab als Deutsche Demokratische Partei entstanden) in Weimar gegründet wurde, gehörte der »Zusammenschluß der thüringischen Lande zu einer Republik Großthüringen« zu ihren Forderungen. Als entscheidend für den weiteren Verlauf des Einigungsprozesses wird auch die Forderung der Jenaer Sozialdemokraten vom 29. November 1918 angesehen, daß die sozialdemokratischen Regierungsvertreter aus allen thüringischen Einzelstaaten zu einer vorbereitenden Konferenz zusammenkommen sollten, um die Vereinigung auf den Weg zu bringen. Die für den 30. November 1918 von der republikanischen provisorischen Regierung von Sachsen-Weimar-Eisenach nach Weimar einberufene Delegiertenversammlung der Arbeiter-, Soldaten- und Bauernräte sollte in einer Entschließung gipfeln, wonach die Arbeiter- und Soldatenräte von Thüringen alsbald den Verwaltungsbezirk Großthüringen gründen sollten.

Obwohl es wegen anderer Schwerpunkte in der Diskussion auf dieser Delegiertenversammlung nicht zu einer solchen Beschlußfassung gekommen war, stand für August Baudert als Staatskommissar von Sachsen-Weimar-Eisenach und vormaligem Mitglied des Weimarer Arbeiter- und Soldatenrates sowie für den Vorsitzenden des Arbeiter- und Soldatenrates in Jena, Albert Rudolph, fest, daß den theoretischen Erörterungen in den Räteorganen nunmehr praktische Schritte folgen mußten. So wurden sie die eigentlichen Initiatoren für eine Konferenz am 10. Dezember 1918 in Erfurt, auf der die Abgesandten der Arbeiter- und Soldatenräte aus ganz Thüringen mit den Vertretern aus den Regierungen der thüringischen Freistaaten und der in Frage kommenden preußischen Gebietsteile über die Form der neuen staatlichen Organisation Thüringens verhandelten. [Dokument 10] Baudert, der nach Absprache mit mehreren einzelstaatlichen Regierungsmitgliedern für die Regierung von Sachsen-Weimar-Eisenach nach Erfurt, in das Zentrum Thüringens, eingeladen hatte, leitete die Verhandlungen, während Rudolph das einleitende Referat hielt. Nach eingehender Aussprache wurde von den anwesenden Vertretern der thüringischen Arbeiter- und Soldatenräte eine Resolution angenommen, die vorschlug, »das von ihnen vertretene Gebiet zu einer Provinz Thüringen als Teil der Einheitsrepublik Deutschland zusammen zu fassen«. Aber dieser Beschluß hinkte bereits hinter der reichspolitischen Entwicklung her, denn die Berliner Konferenz der einzelstaatlichen Regierungsvertreter mit dem Rat der Volksbeauftragten am 25. November 1918 hatte die Vorentscheidung für den Fortbestand der Länder im neuen Deutschland mit einer föderalen Staatsform gefällt.

An der Abstimmung vom 10. Dezember 1918 hatten sich die anwesenden Ministerialvertreter nicht beteiligt. Auch der vorbereitende Ausschuß, der die weiteren Verhandlungen mit dem Reich und mit Preußen übernehmen sollte, setzte sich bei der Wahl nur aus den Rätevertretern zusammen. Diesem später als »Zwölferausschuß« bezeichneten Gremium gehörten bei Beendigung seiner Arbeiten im April 1919 an: Albert Rudolph (Sachsen-Weimar) als

Vorsitzender, Arthur Hofmann (Sachsen-Meiningen), Wilhelm Tell (Sachsen-Altenburg), Heinrich Wolf (Sachsen-Gotha), Johann Stegner (Sachsen-Coburg), Carl Freiherr von Brandenstein (Reuß j.L.), Ernst Finke (Schwarzburg-Rudolstadt), Wilhelm Bärwinkel (Schwarzburg-Sondershausen), Paul Kiß (Reuß ä.L.), Paul Reißhaus und Ernst Hefter (Regierungsbezirk Erfurt), Karl Schirmer (Landkreis Herrschaft Schmalkalden). Seine Arbeiten wurden flankiert von weiteren Kundgebungen, in denen die großthüringische Lösung gefordert wurde. Im Gegensatz zu den Vorstellungen der Arbeiter- und Soldatenräte verlangte eine Versammlung der Vertreter der thüringischen Handels-, Handwerks- und Landwirtschaftskammern sowie des Verbandes Thüringer Industrieller am 5. Januar 1919 in Erfurt die Zusammenfassung Thüringens zu einem selbständigen Bundesstaat, wofür die wirtschaftlichen und kulturellen Grundlagen gegeben wären.

Die Aufnahme von Verhandlungen über den Zusammenschluß in Thüringen wurde auch durch das Vorgehen der zwei reußischen Kleinstaaten befördert, die sich bereits am 21. Dezember 1918 zu einer Gemeinschaft in Gesetzgebung, Verwaltung und Rechtspflege beider Länder verbunden hatten. Der nunmehrige Volksstaat Reuß mit der Hauptstadt Gera wurde am 4. April 1919 vom neugewählten gemeinsamen Landtag bestätigt, so daß ab 17. April 1919 das gesamte Reußenland als Volksstaat mit einer parlamentarischen Vertretung unter der Bezeichnung »Volksrat« und einem »Staatsrat« als Regierung existierte. Dessen staatsrechtliche Schöpfung war das besondere Verdienst des Ministers Carl von Brandenstein und gewann in Thüringen schon bald exemplarische Bedeutung.

Unabhängig von den anfänglichen Bemühungen des »Zwölferausschusses« setzte sich künftig der Wille der gewählten Volksvertretungen in den thüringischen Freistaaten und der von ihnen gebildeten neuen Regierungen durch. Nachdem die Umsturzaktionen im November 1918 nicht sofort zu der als Revolutionsziel geforderten Republik Großthüringen geführt hatten, war im Frühjahr 1919 auch der Versuch der kleinstaatlichen und preußisch-thüringischen Arbeiter- und Soldatenräte gescheitert, dieses Versäumnis nachzuholen. Auf Anregung der Regierung von Sachsen-Altenburg trafen sich deshalb am 24. und 25. März 1919 erstmals bevollmächtigte Vertreter aller kleinstaatlichen Regierungen zu einer Verwaltungskonferenz in Weimar, um zu der Frage der staatlichen Neuordnung Thüringens erneut Stellung zu nehmen. Ihre Entschließung bekräftigte den Willen »für den Zusammenschluß dieser Staaten zu einem thüringischen Einheitsstaat unter Einbeziehung preußischer Gebietsteile«, wobei dieser Zusammenschluß auch unabhängig von Preußens Stellungnahme betrieben werden sollte. [Dokument 11] Mit den dafür notwendigen Schritten wurde die Regierung des Freistaates Sachsen-Weimar-Eisenach betraut, der zu dieser Zeit noch August Baudert als Staatskommissar vorstand, bevor ihm im Mai 1919 als Vorsitzender des neuen Staatsministeriums Dr. Arnold Paulssen (DDP) folgte. Dieser nahm fortan eine Schlüsselstellung im thüringischen Vereinigungsprozeß ein, und mit ihm sicherten sich die liberalen Politiker der neuen Deutschen Demokratischen Partei in Thüringen den notwendigen Handlungsspielraum für ihren Teil des bürgerlichen Lagers.

Seit dieser Verwaltungskonferenz war die weimarische Regierung auch beauftragt, an Preußen heranzutreten und mit der dortigen Regierung über deren Haltung zu den Einigungsverhandlungen in Thüringen zu beraten, nachdem die ersten derartigen Aktivitäten des »Zwölferausschusses« der Arbeiter- und Soldatenräte nicht weit gekommen waren. Im Ergebnis aller Bemühungen scheiterte jedoch der ursprüngliche Plan, einen Staat Großthüringen unter Einbeziehung der preußischen Gebiete in Thüringen zu schaffen. Einerseits war es der nicht zu übersehende Widerstand in der preußischen Bevölkerung Thüringens selbst, die überwiegend an ihrer Zugehörigkeit zu Preußen festhalten wollte. Die preußische Regierung folgte diesem Votum im Interesse einer Erhaltung der Machtstellung Preußens im Deutschen Reich, anderenfalls forderte sie einen vollwertigen Ersatz für die abzutretenden preußischen Gebiete und die damit verbundene territoriale Beschneidung. Als Gegenleistung wurde eine enge wirtschaftliche und verwaltungsmäßige Bindung des neuen thüringischen Staates an Preußen erwogen. Nicht nur dieses drohende Abhängigkeitsverhältnis bewog die thüringischen Regierungsvertreter, den Gedanken an eine Provinz Großthüringen in einer Einheitsrepublik Deutschland erst einmal aufzugeben. Ausschlaggebend dafür war schließlich auch die Entwicklung innerhalb des Reiches, da sich die verfassungsgebende Nationalversammlung, die im Frühjahr 1919 in Weimar zusammengetreten war, nicht zum deutschen Einheitsstaat bekannte, sondern den alten Föderalismus im ungeschmälerten Bestand seiner Bundesstaaten fortsetzen wollte.

Das Thüringen-Preußen-Problem beherrschte indessen den gesamten Einigungsprozeß, weil es auf beiden Seiten handfeste Interessen gab, den jeweils anderen Partner für seinen Standpunkt zu gewinnen. Es kam zu kontroversen öffentlichen Diskussionen, die von Kundgebungen, Verhandlungen und einer Fülle von Publikationen begleitet wurden. Vor allem waren es zwei programmatische Veröffentlichungsreihen, die 1919/20 das Für und Wider breit diskutierten. »Das neue Thüringen« (herausgegeben von Edwin Redslob, später von Karl Rauch und Albert Rudolph) erschien in neun Heften in Erfurt, während die von preußischer Seite verantwortete Reihe, »Die Thüringische Frage«, mit vier Heften in Halle verlegt wurde. Die widerstreitenden Konzeptionen für ein künftiges Thüringen waren von Interessenkonflikten und politischen Gegensätzen geprägt; die Erörterungen über die angestrebte Einigung Thüringens drohten in einem Meinungswirrwarr unterzugehen. Die außerordentlich vielschichtigen Schwierigkeiten wurden schließlich durch den Weimarer Beschluß der kleinstaatlichen Vertreter überwunden, aus freiem Willen und unabhängig von der Haltung Preußens den Zusammenschluß ihrer Staaten zu betreiben.

Die Weimarer Entschließung vom 24. März 1919 hatte als praktische Maßnahme auch »die Ausarbeitung eines ersten Verfassungsentwurfs für den thüringischen Einheitsstaat« festgelegt, womit die weimarische Regierung beauftragt worden war. Er sollte in den nächsten drei Monaten entstehen und einer Konferenz der thüringischen Regierungen vorgelegt werden. Nachdem am 28. April 1919 eine Besprechung von Vertretern der thüringischen Staaten mit Mitgliedern preußischer Ministerien und Provinzialbehörden die Unmöglichkeit der Einigung auf die großthüringische Lösung bestätigt hatte, verfolgten die acht Regierungen in Thüringen - Sachsen-Weimar-Eisenach, Sachsen-Meiningen, Sachsen-Gotha, Sachsen-Coburg, Sachsen-Altenburg, Schwarzburg-Rudolstadt, Schwarzburg-Sondershausen, Reuß - die auf der Weimarer Verwaltungskonferenz eingeschlagene Richtung konsequent weiter. Allerdings setzte sich danach eine andere Vereinigungsstrategie durch, die von den Parlamenten und nicht von den Regierungen bestimmt wurde. Seitdem wurde der konföderale Weg über eine Thüringer Verwaltungsgemeinschaft favorisiert, wie er bei der Bildung des Voksstaates Reuß bereits gegangen worden war.

Bereits am 18. April 1919 hatte eine Beratung der Präsidenten der thüringischen Landtage auch die Beteiligung der Volksvertretungen angemahnt und dieses Vorgehen vorgeschlagen, um den bisherigen provisorischen Staatszustand schneller zu überwinden. Die Konferenz der sozialdemokratischen Landtagsabgeordneten aus ganz Thüringen am 22. April forderte ebenfalls einen größeren politischen Einfluß der Parlamente. Schließlich berieten am 29. April die Landtagspräsidenten in Gera Grundzüge für die Aufstellung des Entwurfs eines »Gemeinschaftsgesetzes« im Sinne eines Staatsvertrages über den Zusammenschluß der thüringischen Staaten, dessen Ausarbeitung der reußische Minister Carl von Brandenstein übernommen hatte. Was in den reußischen Landen im Kleinen gelungen war, die Verschmelzung von zwei fürstlichen Einzelstaaten zu einem Volksstaat, sollte nun zum Paradigma für die Vereinheitlichung der thüringischen Staatenwelt werden. Brandensteins Entwurf für einen Gemeinschaftsvertrag wurde am 19. und 20. Mai 1919 in Weimar, zunächst auf einer Verwaltungskonferenz der Regierungen der thüringischen Staaten und unmittelbar danach auf der Konferenz der Landtagspräsidenten mit den Regierungsvertretern, beraten und angenommen. Er sollte nunmehr den Einzellandtagen zur Beschlußfassung vorgelegt werden.

Die Sitzung vom 20. Mai 1919 brachte den erwarteten Durchbruch. [Dokument 12] Nach den Vorstellungen des Gemeinschaftsvertrages sollten sich die bestehenden acht thüringischen Staaten zu einer Staatengemeinschaft vereinigen mit dem Zweck der Vorbereitung der gänzlichen Verschmelzung aller dieser Staaten zu einem Gesamtstaat Thüringen, wobei allerdings noch die Option auf eine Verbindung mit den preußischen Gebietsteilen in Thüringen durch weitere Verhandlungen mit dem Freistaat Preußen offengehalten wurde. Der angestrebten Gemeinschaft wurden bereits weitgehende Rechte zugesprochen, indem sie zu einheitlicher Regelung auf dem Gebiete der Gesetzgebung und Verwaltung für alle Einzelstaaten ermächtigt wurde. Die gesetzgebende Gewalt innerhalb der Gemeinschaft sollte von einem Volksrat ausgeübt werden, der sich aus 42 von den Volksvertretungen gewählten Abgeordneten der Einzelstaaten zusammensetzen sollte. Die laufende Geschäftsführung der Gemeinschaft sowie die Vollziehung der Gemeinschaftsgesetze und -beschlüsse oblag dem Staatsrat, der aus insgesamt zwölf Vertretern der Regierungen der Einzelstaaten zu bilden war. Schließlich hatte die Gemeinschaft das Recht, ihre Verfassung und Organisation, das Verhältnis zum Deutschen Reich und zu anderen Gliedstaaten des Reiches selbst zu regeln, eine Landesversammlung einzuberufen und die Wahlordnung für diese zu erlassen. Da die Aufhebung der Gemeinschaft nur im Einverständnis aller Staaten oder durch einstimmigen Beschluß des Volksrates erfolgen durfte, ist dieser Gemeinschaftsvertrag bereits vor der späteren Landesgründung durch Reichsgesetz als Geburtsurkunde des neuen Thüringen anzusehen.

Es war vorgesehen, diesen Vertrag am 1. Juli 1919 in Kraft zu setzen, den Staatsrat bis zum 15. Juli zur ersten Sitzung einzuberufen und den Volksrat bis spätestens 15. August zusammentreten zu lassen. Die auf der Verwaltungskonferenz vom 24. März 1919 mit der Ausarbeitung eines Verfassungsentwurfs für den thüringischen Einheitsstaat beauftragte Regierung des Freistaates Sachsen-Weimar-Eisenach erklärte sich konsequenterweise am 25. Juni 1919 dafür nicht mehr zuständig, da die Initiative dazu nunmehr beim Staatsrat als dem neuen Regierungsorgan der Gemeinschaft liegen müsse. [Dokument 13] Der Staatsrat von Thüringen konstituierte sich provisorisch am 14. Juli 1919, noch bevor der Gemeinschaftsvertrag endgültig wirksam geworden war. Nunmehr versuchte dieser, mit Preußen erneut über den Anschluß preußischer Gebietsteile an die neue Gemeinschaft zu verhandeln. Am 31. Juli 1919 erklärte der preußische Innenminister Heine in der Nationalversammlung, daß Preußen an eine Annexion Thüringens nicht denke, während umgekehrt eine Hingabe preußischer Teile an Thüringen aber nur in einer politischen Interessen- und Verwaltungsgemeinschaft des neuen Landes mit Preußen möglich sei. Für Thüringen hätte die Zustimmung zu einem solchen Weg allerdings die allmähliche Verwandlung in eine preußische Provinz bedeutet. Überraschend erfolgte dann am 16. August 1919 durch das preußische

Staatsministerium eine endgültige Ablehnung für weitere Verhandlungen über die Angliederung preußischer Gebiete an Thüringen, welche schließlich das Ende der Pläne für die großthüringische Lösung bedeutete. Fortan war nur noch die kleinthüringische Lösung auf der Basis des bereits vorliegenden Gemeinschaftsvertrages zu erreichen.

Der Gemeinschaftsvertrag wurde in den Monaten Mai und Juni 1919 in sechs der acht thüringischen Staaten von den Volksvertretungen angenommen und als Landesgesetz ausgefertigt: in Sachsen-Gotha am 31. Mai, Schwarzburg-Rudolstadt am 2. Juni, Sachsen-Weimar-Eisenach am 5. Juni, Reuß am 12. Juni, Sachsen-Altenburg am 17. Juni, Schwarzburg-Sondershausen am 26. Juni 1919. In Sachsen-Coburg und Sachsen-Meiningen hegte man Bedenken, trat der Gemeinschaft zunächst nicht bei, entsandte aber Vertreter in den Staatsrat und in den Volksrat, um an den weiteren Verhandlungen beteiligt zu sein. In Coburg war die Neigung zum Anschluß an Bayern ständig gewachsen, nachdem die bisherige Union mit Sachsen-Gotha am 12. April 1919 aufgelöst worden war. Im Coburger Land überwog seitdem fränkisches Gemeinschaftsgefühl und sprachen vermeintlich wirtschaftliche Gründe für die Orientierung nach Bayern. Die Regierung in Coburg, die sich noch ständig an den Verhandlungen der thüringischen Staaten beteiligte, hielt es dann doch für angebracht, die Bevölkerung des Landes selbst durch Volksabstimmung entscheiden zu lassen, die am 30. November 1919 stattfand und im Ergebnis Coburgs Loslösung von Thüringen und den Anschluß an den Freistaat Bayern mit sich brachte.

In Sachsen-Meiningen, wo sich ebenfalls ein großer Teil der Bevölkerung als Franken fühlte und das benachbarte Coburger Beispiel nicht ohne Einfluß blieb, war man lange unentschlossen. Als sich die zum Volksrat von Thüringen gewählten Abgeordneten der Einzellandtage zu einer ersten unverbindlichen Besprechung am 6. August 1919 in Weimar trafen, ging von hier eine gemeinsame Erklärung des Staatsrates und des Volksrates zu den kulturellen Aufgaben des zukünftigen Gesamtstaates aus, die bereits artikulierte Befürchtungen über die Nivellierung des in den Einzelstaaten erreichten Kulturniveaus abbauen sollte. [Dokument 14] Da Volksrat und Staatsrat von Thüringen zu dieser Zeit wegen der fehlenden Bestätigung des Gemeinschaftsvertrages durch Coburg und Meiningen formell ohne rechtliche Grundlage agierten, wurde in dieser Sitzung der Entwurf eines Nachtragsgesetzes beschlossen. Durch ihn galt der Gemeinschaftsvertrag zwischen den bisher beigetretenen sechs Staaten nunmehr als abgeschlossen. Für Sachsen-Coburg und Sachsen-Meiningen wurde der Beitritt weiterhin offengehalten, wobei ihre Vertreter in den Organen der Gemeinschaft bis dahin beratende Stimme haben sollten. Dieser Nachtrag wurde von den Einzellandtagen der seitherigen »Signatarstaaten« des Gemeinschaftsvertrages zwischen dem 22. September und 5. November 1919 verabschiedet.

Erst mit der Annahme dieses Nachtrags war die Möglichkeit gegeben, die Gemeinschaft der thüringischen Staaten, zu der bis dahin die Freistaaten Sachsen-Altenburg, Sachsen-Gotha, Sachsen-Weimar-Eisenach, Schwarzburg-Rudolstadt und Schwarzburg-Sondershausen sowie der Volksstaat Reuß gehörten, praktisch tätig werden zu lassen. Demzufolge trat nun der Staatsrat von Thüringen am 19. November 1919 zu seiner ersten ordentlichen Sitzung zusammen und berichtete anschließend an den Reichsminister des Innern über den Stand der Vorbereitung des Zusammenschlusses der Thüringischen Staaten. [Dokument 15] Der Volksrat von Thüringen tagte am 16. Dezember 1919 zum ersten Mal als gewähltes »Vorparlament« der Gemeinschaft. Inzwischen war am 12. Dezember 1919 im Meininger Landtag beschlossen worden, dem Gemeinschaftsvertrag unter gewissen Bedingungen, die in einer Denkschrift vom 11. Dezember 1919 zusammengefaßt waren, ebenfalls beizutreten.

Obwohl diesem Staat damit außergewöhnliche Sonder- und Reservatsrechte eingeräumt wurden, entschlossen sich der Staatsrat am 16. Dezember und der Volksrat am 19. Dezember 1919, die Meininger Bedingungen anzunehmen, um das Fernbleiben Sachsen-Meiningens unter allen Umständen zu vermeiden. Zu dessen Forderungen hatte auch die Weiterführung der Verhandlungen mit Preußen gehört, was jedoch nach einer erneuten ablehnenden Erklärung der preußischen Landesversammlung vom 4. Februar 1920 zwangsläufig unterbleiben mußte.

Am 4. Januar 1920 tagte der Staatsrat in Gotha und gab nunmehr den von sieben Volksvertretungen angenommenen Gemeinschaftsvertrag über den Zusammenschluß der thüringischen Staaten bekannt, dessen Abschluß somit unter diesem Datum rechtskräftig wurde. Aus den bisherigen Einzelstaaten war innerhalb eines Jahres eine Staatengemeinschaft entstanden. Nächstes Ziel mußte es sein, die gänzliche Verschmelzung aller dieser Staaten zu einem Gesamtstaat Thüringen zu erreichen. Dieser bedurfte als Gliedstaat des Deutschen Reiches zudem noch der Legitimation durch ein Reichsgesetz, das auf der Grundlage der am 11. August 1919 in Kraft getretenen neuen Verfassung, insbesondere ihrer Bestimmungen über die mögliche Neugliederung des Reichsgebietes, zu ergehen hatte. Dabei ging die Reichsverfassung von der Gliederung des Reiches in Länder als unselbständigen Teilen des größeren deutschen Staatswesens aus. Außerdem formulierte sie, daß jedes Land eine freistaatliche, d.h. republikanische Verfassung haben müsse.

Der Gemeinschaftsvertrag sah als ersten Schritt auf dem Weg zum Gesamtstaat die Wahl einer thüringischen Landesversammlung vor, die ihrerseits die Verfassung des Staates Thüringen beschließen sollte. Um den Zusammenschluß Thüringens voranzutreiben, hatte der Staatsrat bereits am 6. Dezember 1919 »die sofortige Vorlage eines Verfassungsentwurfs und damit die Gründung des neuen Landes Thüringen« für die dringendste Aufgabe erklärt und den Jenaer Staatsrechtler Eduard Rosenthal, der selbst Mitglied des Volksrates von Thüringen war, um einen Vorentwurf dazu gebeten. [Dokument 16] Am 28. Januar 1920 wurde die Änderung des Gemeinschaftsvertrages in dem Sinne vom Volksrat beschlossen, daß die Gemeinschaft ihre Verfassung und Organisation sowie das Verhältnis zum Deutschen Reich und zu dessen Ländern selbst regeln konnte. Rosenthal, der schon die Verfassung für den Freistaat Sachsen-Weimar-Eisenach entworfen hatte, wurde nun auch vom Volksrat mit der Ausarbeitung des thüringischen Verfassungsentwurfs betraut. Die Beratungen des Staatsrates über das Grundgesetz des künftigen Landes Thüringen begannen am 4. März und endeten Mitte April 1920. Am 23. April 1920 legte der Staatsrat von Thüringen dem Volksrat den Entwurf einer vorläufigen Verfassung des Freistaates Thüringen mit Begründung zur Beschlußfassung vor. [Dokument 18] Sie wurde bereits im neuen Land Thüringen vom Volksrat beschlossen. Endgültig sollte sie der erste gewählte thüringische Landtag verabschieden.

Parallel dazu begannen im Januar 1920 die Verhandlungen des Staatsrates von Thüringen mit der Reichsregierung zwecks Erlaß eines Reichsgesetzes zur Bildung des Landes Thüringen. [Dokument 17] Die neue Reichsverfassung hatte im Paragraph 18 bestimmt, daß die Gliederung des Reiches in Länder »unter möglichster Berücksichtigung des Willens der beteiligten Bevölkerung der wirtschaftlichen und kulturellen Höchstleistung des Volkes dienen« sollte. Der bisherige Weg des thüringischen Volkes zur Bildung des Einheitsstaates Thüringen, obwohl er lediglich in die kleinthüringische Lösung mündete, war diesem Grundsatz gefolgt. Da die unmittelbar beteiligten Länder alle zugestimmt hatten, bedurfte es zur Gründung des Landes Thüringen nur eines einfachen, nicht eines verfassungsändernden Reichsgesetzes. Der Reichsminister des Innern erklärte bereits am 3. Februar 1920, daß die rechtsförmliche Bildung des Landes aus innenpolitischen Gründen zu beschleunigen sei. Am 6. April legte er das Verfahren und die mögliche Textfassung eines Gesetzentwurfs fest. Der vom Staatsrat von Thüringen vorgeschlagene Text des Reichsgesetzes wurde am 13. April dem Reichsminister des Innern zugestellt und am 22. April im Reichsrat behandelt. Am 23. April wurde das von diesem eingebrachte »Gesetz betreffend das Land Thüringen« in der Nationalversammlung in Berlin bei Anwesenheit von 300 Mitgliedern einstimmig angenommen. Ausgefertigt wurde es am 30. April 1920 durch den Reichspräsidenten, Friedrich Ebert, und den Reichsminister des Innern, Erich Koch, und trat mit dem Tag seiner Verkündung im Reichsgesetzblatt in Kraft. Durch dieses Gesetz wurden die Länder Sachsen-Weimar-Eisenach, Sachsen-Meiningen, Reuß, Sachsen-Altenburg, Sachsen-Gotha, Schwarzburg-Rudolstadt und Schwarzburg-Sondershausen mit Wirkung vom 1. Mai 1920 zu einem Land Thüringen vereinigt. Die Bezeichnung Land entsprach den Bestimmungen der Reichsverfassung, die nur Länder als Gliedstaaten des Deutschen Reiches kannte. Damit war die staatsrechtliche Einigung Thüringens nach außen hin vollendet.

Die Beratungen über die vorläufige Verfassung für das Land Thüringen wurden erst nach der Landesgründung zu Ende geführt. Ihre Annahme durch den Volksrat am 12. Mai 1920 bedeutete aber noch nicht die Bildung einer thüringischen Landesregierung. Daher wurde durch Gesetz vom 13. Mai 1920 bestimmt, daß die einzelnen Staatsregierungen die Regierungsgeschäfte in allen Angelegenheiten bis zu dem Zeitpunkt weiterzuführen hätten, an dem sie der Staatsrat oder die neu gewählte Landesregierung von Thüringen übernehmen würde. Die Wahlen zum ersten thüringischen Landtag am 20. Juni 1920 ergaben keine sichere Majorität, sondern nur eine knappe bürgerliche Mandatsmehrheit, was die Regierungsbildung erschwerte. So führte der Staatsrat einstweilen die Geschäfte weiter, bis es dann doch am 10. November 1920 nach schwierigen Verhandlungen zur ersten Regierungsbildung unter Dr. Arnold Paulssen als Vorsitzendem des Staatsministeriums kam. Erst danach konnte die Neugestaltung der Regierungsverhältnisse in die Hand genommen werden. Die vom Landtag verabschiedete endgültige Landesverfassung trat schließlich am 11. März 1921 in Kraft. Damit hatte die Landesgründung auch ihren verfassungsmäßigen Abschluß gefunden.

Der Neubildungsprozeß war tatsächlich erst 1922/23 beendet, denn die Verschmelzung der Einzelstaaten erforderte ein schrittweises Vorgehen. Obwohl die sieben Freistaaten bereits mit dem Inkrafttreten der vorläufigen Landesverfassung ihren Staatscharakter verloren hatten, bestanden sie in ihren Grenzen als »Gebiete« (unter dem Namen der bisherigen Hauptstadt) in der Eigenschaft von Kommunalverbänden höherer Ordnung mit Gebietsregierung und Gebietsvertretung weiter. Deren staats- und verwaltungsrechtliche Sonderexistenz erlosch erst zum 1. April 1923. Reste der alten einzelstaatlichen Verhältnisse erhielten sich in der Regierungsstruktur, nachdem die Verfassung bestimmt hatte, daß für einen Zeitraum von 15 Jahren jeder ehemalige Freistaat durch einen Angehörigen in der Landesregierung (Staatsministerium), entweder als Minister oder als Staatsrat (Minister ohne Geschäftsbereich), vertreten sein mußte.

Erst 1922 folgten neue Verwaltungsstrukturen im Inneren des Landes, die Thüringen zu einem modernen Einheitsstaat formten. Mit dem Gesetz über die Kreiseinteilung, das zum 1. Oktober 1922 in Kraft trat, erlosch eigentlich erst die thüringische Kleinstaaterei. In 15 Landkreisen, einer selbständigen Kreisabteilung und neun Stadtkreisen hielt die einheitsstaatliche Organisation ihren Einzug. Diese Neugliederung Thüringens wurde bald zum stärksten Faktor für das Zusammenwachsen sämtlicher Landesteile, das die alten inneren Grenzpfähle im Laufe der nächsten Jahre vergessen machte. Aber trotz des entschlossenen

Auf- und Ausbaus der neugewonnenen Einheit blieb das junge thüringische Staatswesen unfertig und in den politischen und wirtschaftlichen Krisen während der Zeit der Weimarer Republik immer anfällig. Nicht abzusprechen ist ihm allerdings das Verdienst, daß es nach der Aufhebung der Monarchie in Deutschland der einzige große, freiwillige konstruktive Beitrag zur territorialen Reichsreform war.

[Volker Wahl]

Nationalsozialistische Machtergreifung 1932/33 und ihre Folgen

Dem 1920 gegründeten Land Thüringen war im Rahmen der Weimarer Republik wie allen deutschen Ländern nur eine kurze Existenz unter demokratischem Vorzeichen beschieden. Bis zur Machtergreifung der Nationalsozialisten in Thüringen vergingen nur 12 Jahre. Thüringen war 1930/31 das erste deutsche Land, in dem Mitglieder der NSDAP in einer Landesregierung vertreten waren. Bereits 1932 stand ihr Gauleiter, Fritz Sauckel, an der Spitze des Thüringischen Staatsministeriums.

Der Weg dahin war in der allgemeinen Entwicklung des Landes nicht unbedingt vorgezeichnet. Wie überall kennzeichneten harte wirtschaftliche Belastungen und daraus resultierende soziale Spannungen den Verlauf der zwanziger Jahre. Die politischen Konflikte zwischen 1920 und 1933 waren scharf konturiert. Linke Reformtendenzen in den Anfangsjahren gipfelten im Herbst 1923 in der sogenannten »Arbeiterregierung« - einem Bündnis zwischen SPD und KPD - und der dadurch heraufbeschworenen Reichsexekution gegen die Thüringer Regierung. Die danach schwankende Politik bürgerlicher Koalitionsregierungen gab der NS-Bewegung frühzeitig Raum in Thüringen. Hitler konnte 1926 in Weimar den ersten Reichsparteitag der NSDAP veranstalten. Die Nominierung von Wilhelm Frick als Innen- und Volksbildungsminister in der ab 23. Januar 1930 amtierenden thüringischen Landesregierung wurde als Generalprobe legaler Machtergreifung verstanden, die nach einem Mißtrauensvotum des Landtags am 1. April 1931 zwar von relativ kurzer Dauer, aber auch von beträchtlicher öffentlicher Wirkung war.

Die »Machtübernahme« im Lande wurde später von der NSDAP auf den 26. August 1932 datiert. Es war der Tag, an dem die erste rein nationalsozialistische Landesregierung unter Fritz Sauckel gebildet worden war. Sie liegt also ein halbes Jahr früher als die reichsweite Übernahme der Macht durch die NSDAP. Nach Anhalt, Oldenburg und Mecklenburg-Schwerin wurde an diesem Tag in Thüringen als viertem Land im Deutschen Reich eine Regierung unter nationalsozialistischer Führung gewählt. Zwar hatte dieser Regierungswechsel zunächst noch nicht die demokratische Landesverfassung formal außer Kraft gesetzt, jedoch frühzeitig den Weg für das totalitäre NS-Regime in Thüringen geebnet.

Die NSDAP war am 31. Juli 1932 aus den Wahlen zum VI. Landtag von Thüringen als klare Siegerin hervorgegangen. Sie erhielt 42,5 Prozent der Stimmen, in vielen Orten sogar die absolute Mehrheit, und stellte damit 26 der insgesamt 61 Landtagsabgeordneten. Mit Unterstützung der sechs Abgeordneten des Landbundes wurde am 26. August 1932 die neue Regierung gewählt, in der alle Fachressorts unter der Leitung von Nationalsozialisten standen. Dem Landbund wurde lediglich die Nominierung eines Staatsrates zugestanden. Für Fritz Sauckel, Gauleiter der NSDAP in Thüringen und jetzt Vorsitzender des Staatsministeriums sowie Innenminister des Landes, bildeten »die Entfaltung und Gestaltung aller geistigen Kräfte in Rasse und Volkstum«, getragen von einem »Geiste nationalen Lebens-, Aufbau- und Wehrwillens« die Ziele der neuen Regierung. [Dokument 19] Diese Vorstellungen wurden auch von den rechtsbürgerlichen Kreisen unterstützt, die dem Landbund, der DNVP oder als Rechtsintellektuelle völkischen Organisationen angehörten. Sie alle standen dem nationalsozialistischen Gedankengut trotz aller Vorbehalte gegen Hitler und seine SA-Truppen näher als den sozialistischen Reformversuchen in der ersten Hälfte der zwanziger Jahre. Auch gab man sich noch der Hoffnung hin, die NSDAP in der Regierungsverantwortung gewissermaßen zähmen zu können.

Die Regierung Sauckel konnte an die bereits von Wilhelm Frick eingeleiteten Maßnahmen anknüpfen, der als Innen- und Volksbildungsminister von 1930 bis 1931 das Land Thüringen als »Experimentierfeld« zur Durchsetzung nationalsozialistischer Politikziele benutzt hatte. Aus den Schlüsselpositionen in Verwaltung, Polizeidienst und Bildungswesen wurden die nach den »Säuberungsaktionen« Fricks noch verbliebenen Mitglieder demokratischer Parteien, vor allem der SPD, entlassen und durch Gefolgsleute der NSDAP ersetzt. Um die Jugend auf die Ziele des Nationalsozialismus einzuschwören, ordnete Volksbildungsminister Wächtler in den Schulen Wechselsprüche gegen die »Kriegsschuldlüge« und den Versailler Vertrag an, nachdem die einstmals von Frick eingeführten Schulgebete nationalsozialistischer Tendenz durch Reichsgerichte verboten worden waren.

Sauckels Landesregierung war jedoch ungeachtet aller Anstrengungen auf dem Höhepunkt der Wirtschaftskrise in Deutschland nicht in der Lage, deren wirtschaftliche und soziale Auswirkungen auf das Land Thüringen abzuschwächen. Die Arbeitslosenrate erreichte trotz aller improvisierten Arbeitsbeschaffungsprogramme mit 11,5 Prozent bis zur Jahreswende 1932/33 einen neuen Höhepunkt, was einen Vertrauensverlust in der Wählerschaft nach sich zog. Bei der Reichstagswahl vom 6. November 1932 lagen die Stimmenverluste der NSDAP in Thüringen mit 6,1 Prozentpunkten deshalb sogar noch über dem Reichsdurchschnitt. Da auch das Ergebnis der Gemeindewahlen im Dezember ähnliche Tendenzen zeigte, zwang dies die Partei zu einer Umstrukturierung ihrer Propagandaarbeit. Anstelle von politischen Großveranstaltungen intensivierte die NSDAP nun die Mitgliederwerbung und -betreuung im engsten sozialen Umfeld, in Betrieb, Wohnhaus und Straße. Mit der auf diese Weise forcierten Durchdringung aller Lebensbereiche wurden gleichzeitig Grundlagen für eine umfassende Überwachung der Bevölkerung geschaffen, die nach der reichsweiten Machtergreifung des Jahres 1933 einsetzte.

Trotz der Wählereinbußen war der politische Durchsetzungsprozeß zugunsten der NSDAP in Thüringen zu Beginn des Jahres 1933 bereits so weit fortgeschritten, daß die neuen Machthaber und die alten Ordnungskräfte der Kaiserzeit bereits zwei Wochen vor dem Regierungsantritt Hitlers in der Landeshauptstadt Weimar öffentlich einen symbolischen Schulterschluß vollziehen konnten. In den Abendstunden des 18. Januar 1933 nahm aus Anlaß des Gedenkens an die Reichsgründung von 1871 auf dem Marktplatz ein feierlicher Fackelzug seinen Ausgang: Reichswehr, Polizei, SA, SS, Hitlerjugend und Stahlhelm bekundeten gemeinsam ihr Eintreten für die nationalsozialistische Bewegung. Sie demonstrierten damit gleichzeitig, daß zu diesem Zeitpunkt in Thüringen die Grundstrukturen für die nationalsozialistische Diktatur bereits weitgehend geschaffen waren.

Schon zwei Tage nach der Machtergreifung Hitlers (30. Januar 1933) verbot Sauckel durch eine Polizeiverordnung Versammlungen unter freiem Himmel und kommunistische Aufzüge. Er griff damit der am 4. Februar 1933 erlassenen Verordnung des Reichspräsidenten »Zum Schutze des deutschen Volkes« vor, welche reichsweit die Presse- und Versammlungsfreiheit einschränkte und gleichzeitig den Nationalsozialisten die Legitimation zur Verfolgung politischer Gegner an die Hand gab. Bei diesen ersten Verfolgungsmaßnahmen, die sich vor allem gegen Kommunisten richteten, stand Sauckel eine »Hilfspolizei«, gebildet aus Mitgliedern der SA, SS und des Stahlhelm, zur Verfügung. Die nach dem Reichstagsbrand erlassene »Notverordnung zum Schutz von Volk und Staat« vom 28. Februar 1933 erhob schließlich ohne formale Aufhebung der Reichsverfassung den Ausnahmezustand und die Abschaffung demokratischer Grundrechte für die gesamte Zeit der zwölfjährigen nationalsozialistischen Herrschaft zum Rechtsalltag.

In Erweiterung der Verordnung des Reichspräsidenten verbot die Regierung Sauckel in ihrer tags darauf erlassenen Durchführungsverordnung (aufgehoben am 30. April 1937) für Thüringen ausdrücklich Versammlungen der KPD sowie darüber hinaus Druckschriften, Fahnen und Abzeichen von KPD und SPD wie auch des »Reichsbanners Schwarz-Rot-Gold«. Zusätzlich konnten von der staatlichen Polizei Flugzeuge und Autos zur Überwachung dieses Verbots requiriert werden. Allein in Thüringen wurden ca. 400 KPD-Funktionäre, unter ihnen alle kommunistischen Reichstags- und Landtagsabgeordneten, verhaftet. Da die Gefängnisse für diese politischen Häftlinge, die aus Gründen der »Staatssicherheit« in »polizeiliche Sicherheitsverwahrung« genommen worden waren, bald nicht mehr ausreichten, entstand schon Anfang März auf dem Fliegerhorst Nohra, nahe der Landeshauptstadt Weimar, das erste provisorische Konzentrationslager Deutschlands. Die Verhaftungen dauerten an, so daß noch im Sommer 1933 in Bad Sulza ein größeres befestigtes Lager eingerichtet werden mußte. Ab Sommer 1937 ließ die SS schließlich bei Weimar das zunächst für die Aufnahme von 8000 Häftlingen geplante Konzentrationslager Buchenwald bauen, in dem bis zur Befreiung des Lagers im April 1945 rund 250 000 Menschen inhaftiert waren.

Die parlamentarische Arbeit des Landtages von Thüringen war bereits seit Jahren durch das obstruktive Verhalten der Abgeordneten des extremen rechten und des linken Flügels behindert worden. Nachdem die Nationalsozialisten ab Sommer 1932 neben der Regierung auch den Landtagspräsidenten stellten, war an eine ordnungsgemäße Parlamentstätigkeit kaum noch zu denken. Sitzungstermine wurden nicht eingehalten und die Abgeordneten der oppositionellen Parteien bei der Ausübung ihres Mandats massiv behindert. Die letzte Sitzung des VI. Landtags fand am 14. Februar 1933 statt und stand bereits unter dem Vorzeichen der bevorstehenden, von Hitler vorgezogenen Reichstagswahlen. Die Abgeordneten der NSDAP nutzten den Landtag als Wahlkampfforum und verabschiedeten gegen den Willen der Opposition, die demonstrativ den Sitzungssaal verlassen hatte, eine Ergebenheitsadresse an den neuen Reichskanzler. Als sich schließlich die Abgeordneten auf »unbestimmte Zeit« vertagten, sollte dies für lange Zeit die letzte Sitzung eines zumindest noch unter demokratischen Bedingungen gewählten Landtags in Thüringen gewesen sein.

Trotz ihrer neuerrungenen Machtposition und eines ungeheuren Wahlkampfeinsatzes konnte die NSDAP bei den Reichstagswahlen vom 5. März 1933 die erhoffte absolute Mehrheit nicht erringen. Im thüringischen Wahlkreis 12 lag sie mit 47 Prozent immerhin rund drei Punkte über dem Reichsdurchschnitt. Zur Sicherstellung der für Verfassungsänderungen erforderlichen Mehrheitsverhältnisse schloß sich die NSDAP daher mit der Deutsch-Nationalen Volkspartei und dem Stahlhelm zur »Kampffront Schwarz-Weiß-Rot« zusammen. Zur Demonstration dieses Wahlsieges hißte die NSDAP in Thüringen bereits am 6. März 1933 die Hakenkreuzfahne auf dem Landtag sowie allen Dienstgebäuden des Landes - fast eine Woche vor dem Gesetz, das die Parteifahne reichsweit als gleichberechtigt neben der Nationalflagge erklärte. Gleichzeitig wurde die Ausschaltung der politischen Gegner des NS-Regimes verstärkt fortgeführt. KPD-Angehörige gab es im thüringischen Landesdienst bereits seit 1930/31, der Amtszeit von Minister Frick, nicht mehr. Ab dem 18. März 1933 war es dann auch generell für Beamte, Angestellte und Arbeiter im Landesdienst verboten, der Sozialdemokratischen Partei anzugehören, also fast drei Wochen bevor mit dem Gesetz zur »Wiederherstellung des Berufsbeamtentums« am 7. April ein entsprechendes reichsweites Verbot erging. Das Tragen »nationaler« Abzeichen war in thüringischen Amtsstuben und auch den Schulen bereits seit Anfang April ausdrücklich erwünscht. Nach außen hin demonstrierte das Staatsministerium die politische Ausrichtung der Landesverwaltung mit einer Verfügung vom 6. April 1933, nach der künftig alle ausgehenden Sendungen, sowohl die Umschläge als auch die Schreiben selbst, mit einem Stempel zu versehen waren, der die Verantwortung Deutschlands am Ausbruch des ersten Weltkriegs bestritt: »Wer behauptet, Deutschland sei am Kriege schuld, lügt. Diese Lüge ist die Wurzel unserer Not.«

Den 1. Mai 1933, von der NS-Reichsregierung als »Tag der nationalen Arbeit« zum gesetzlichen Feiertag erklärt, beging man auch in Thüringen mit Aufmärschen und Kundgebungen. Es handelte sich dabei einmal mehr um eine Demütigung der Arbeiterparteien, die diesen Feiertag, wenn auch unter völlig anderem Vorzeichen, seit Jahrzehnten vergeblich gefordert hatten. Vor allem aber war es den Nationalsozialisten gelungen, die traditionell an diesem Tag ungeachtet bestehender Demonstrationsverbote stattfindenden Arbeiteraufmärsche als Jubelfeiern für ihr Regime zu instrumentalisieren. Am Tag darauf besetzten SA und SS im gesamten Reich alle Gebäude der Gewerkschaften, beschlagnahmten deren Vermögen und nahmen ihre Funktionäre in »Schutzhaft«. An die Stelle der somit zerschlagenen Gewerkschaften trat ab dem 10. Mai die Deutsche Arbeitsfront (DAF). Das Vermögen der KPD wurde durch Reichsgesetz am 26. Mai, das der SPD am 14. Juli 1933 mit der Begründung eingezogen, es »einer staatsfeindlichen Verwendung für die Dauer zu entziehen.« Aber auch die bürgerlichen Parteien wurden von solchen Zwangsmaßnahmen nicht verschont. Angesichts des wachsenden Drucks durch die nationalsozialistische Regierung lösten sie sich im Frühsommer 1933 auf. Die Abgeordneten der DNVP im Reichstag und in den Länderparlamenten wurden in die NSDAP übernommen. Schließlich erging am 14. Juli 1933 ein reichsweites Verbot aller Parteien und politischen Gruppierungen außerhalb der NSDAP. Mit dem »Gesetz zur Sicherung der Einheit von Partei und Staat« vom 1. Dezember 1933 wurde die Stellung der NSDAP als alleiniger Staatspartei und »Trägerin des deutschen Staatsgedankens« festgeschrieben.

Als Werkzeug zur endgültigen Zerschlagung der parlamentarisch-föderalen Demokratie im Deutschen Reich diente Hitler das »Gesetz zur Behebung der Not von Volk und Reich«, das sogenannte »Ermächtigungsgesetz«, vom 24. März 1933 (verlängert am 30. Januar 1939). Fortan war für Gesetze der Reichsregierung die Zustimmung des Reichstags nicht mehr zwingend erforderlich, selbst wenn sie ihrer Intention nach von der Reichsverfassung abwichen. Bereits eine Woche später, am 31. März 1933, wurden durch das »Vorläufige Gesetz zur Gleichschaltung der Länder mit dem Reich« auch die Länderparlamente entmachtet. Der demnach auch offiziell als »gleichgeschaltet« bezeichnete VII. Landtag von Thüringen konstituierte sich entsprechend der festgelegten Sitzverteilung des Reichstages ohne die zwar gewählten, aber bereits in »Schutzhaft« befindlichen kommunistischen Abgeordneten.

Das zweite Gleichschaltungsgesetz vom 7. April 1933 unterstellte die Länder unmittelbar der Reichsaufsicht und beraubte damit die Länderparlamente ihrer letzten Kompetenzen. Zur Durchführung der Reichsaufsicht über die Ministerien bis hin zur untersten staatlichen Verwaltungsebene in den Ländern und preußischen Provinzen wurde die Institution der Reichsstatthalter geschaffen. Am 8. April vollzogen die Nationalsozialisten in Thüringen durch ein Landesgesetz auch die »Gleichschaltung der gemeindlichen Selbstverwaltung mit

Land und Reich«. Zuvor war hier bereits am 15. März 1933 ein »Notgesetz zur Änderung der Gemeinde- und Kreisordnung« in Kraft getreten, welches das Recht zur Einsetzung und Bestätigung gewählter Bürgermeister oder Beigeordneter auf die Landesregierung übertragen hatte. Den Bürgermeistern, die der SPD angehörten, war in Thüringen schon seit den Reichstagswahlen vom 5. März die Polizeigewalt entzogen worden. Zu künftigen Kommunalwahlen durften Mitglieder der KPD oder Angehörige »Sozialistischer Kampfgemeinschaften« nicht mehr als Kandidaten zugelassen werden.

Der Landtag von Thüringen kam der Verreichlichungspolitik des NS-Regimes durch einen Akt der Selbstentmachtung entgegen, indem er am 3. Mai 1933 der Landesregierung gestattete, ohne parlamentarische Mitwirkung Gesetze zu beschließen, selbst wenn diese nicht mit der Landesverfassung im Einklang standen. Dieses Landesermächtigungsgesetz sollte erst dann außer Kraft treten, »wenn die gegenwärtige Landesregierung durch eine andere abgelöst wird«. Letztmalig trat der Landtag am 16. Mai 1933 zusammen, um sich danach »auf unbestimmte Zeit« zu vertagen. Schließlich erklärte ein Reichsgesetz vom 14. Oktober 1933 die Länderparlamente für aufgelöst; es war »von Neuwahlen einstweilen abzusehen«.

Auf der Grundlage des »Zweiten Gesetzes zur Gleichschaltung der Länder mit dem Reich« vom 7. April 1933, auch »Erstes Reichsstatthaltergesetz« genannt, war der Vorsitzende Staatsminister und NSDAP-Gauleiter, Fritz Sauckel, am 5. Mai 1933 zum Reichsstatthalter in Thüringen ernannt worden. In dieser Position war Sauckel mit einer großen Machtfülle ausgestattet: er konnte den Landtag auflösen und die Landesregierung einsetzen, Landesgesetze bedurften seiner Zustimmung. Weiterhin hatte er die Landesbeamten zu ernennen oder zu entlassen und das Gnadenrecht auszuüben. Gemäß Reichsstatthaltergesetz mußte Sauckel selbst jedoch aus der Landesregierung ausscheiden. Aufgrund seiner Befugnisse berief der Reichsstatthalter am 8. Mai 1933 eine neue Regierung, an deren Spitze nun Willy Marschler stand. Ungeachtet der sich überdeutlich abzeichnenden Zentralisierungsbestrebungen verkündete Marschler in seiner Regierungserklärung vom 16. Mai 1933, die Ernennung Sauckels zum Reichsstatthalter sei ein »Akt, der die politische Selbständigkeit des Landes Thüringen, unserer herrlichen Heimat im Herzen Deutschlands, erneut bestätigt ...«.

Anstelle der bis dahin üblichen Bezeichnung »Vorsitzender des Staatsministeriums« als Ausdruck der kollegialen Regierungsstruktur führte Marschler nunmehr den Titel »Ministerpräsident«. Die Durchsetzung des Führerprinzips auf allen Ebenen kam dadurch weitaus stärker zum Ausdruck und wurde für die thüringische Landesregierung schließlich durch das »Gesetz über die Landesregierung« vom 17. Oktober 1933 festgeschrieben, das die zuvor nicht vorhandene Weisungsbefugnis des Ministerpräsidenten gegenüber den Fachministern regelte. [Dokument 20] Dienstgeschäfte, die der Landesregierung zu unterbreiten waren, wurden ab dem 23. November 1933 in einer sogenannten Ministerialberatung erledigt, für die gelegentlich auch die Bezeichnung »Ministerrat« Verwendung fand. Auch die Berufung von Staatsräten, die nach der thüringischen Verfassung eine ursprünglich bis zum Frühjahr 1936 befristete Repräsentation der ehemaligen Teilstaaten des Landes wahrnehmen sollten, wurde zum Instrument des »Führersystems« und damit ihrer eigentlichen Funktion beraubt. In einer ersten Ernennungswelle im November 1933 verlieh Sauckel gleich elf »verdienten« Nationalsozialisten und Wirtschaftsführern den Titel »Thüringischer Staatsrat«. Bis zum Jahre 1942 fanden insgesamt 29 solcher Ernennungen statt.

Das »Gesetz über den Neuaufbau des Reichs« vom 30. Januar 1934, dem Jahrestag der Machtergreifung Hitlers, hob die Institution der Landtage völlig auf und unterstellte die Landesregierungen der Reichsregierung. Landesgesetze bedurften aufgrund der Ausführungsverordnung vom 2. Februar 1934 der Zustimmung durch das zuständige Reichsministerium. Landesbeamte konnten nur noch mit Zustimmung des Reichsstatthalters ernannt werden. Die Thüringer Landesregierung bestand zwar weiterhin fort, war dadurch aber zur Mittelinstanz herabgesunken und faktisch nur noch Ausführungsorgan für die Reichsregierung in Berlin. Die Dienstgeschäfte, die im Normalfall dem Kollegium der Landesregierung zu unterbreiten gewesen wären, erledigten nun unmittelbar die Fachressorts und brachten das Ergebnis dem Staatsministerium lediglich noch zur Kenntnis. Im Jahre 1936 lagen lediglich drei Beschlußfassungen in der Kompetenz der Präsidialabteilung des Staatsministeriums; 1938 sogar nur noch ein Beschluß. Die Landesgrenzen Thüringens kennzeichneten somit praktisch einen Reichsverwaltungsbezirk. Am 14. Februar 1934 wurde auch der Reichsrat als föderale Verfassungsinstitution aufgelöst. Systematisch zog nun die Reichsverwaltung die Fachkompetenzen der Landesministerien an sich.

Durch ein Landesgesetz vom 14. Dezember 1933 wurde ein Geheimes Staatspolizeiamt in Weimar gegründet. Noch am 21. Dezember 1933 unterstellte der Reichsstatthalter diese Landesbehörde dem Reichsführer der SS, Heinrich Himmler, und machte diesen damit zum Kommandeur der politischen Polizei in Thüringen. Die Gestapo-Leitstelle in Weimar fungierte als Schlüsselbehörde im dichten Netz zur Überwachung und Verfolgung von tatsächlichen oder auch nur vermeintlichen Gegnern des Nationalsozialismus. Ein Erlaß Hitlers vom 17. Juni 1936 unterstellte schließlich alle Polizeiverbände und -strukturen Himmler in seiner neuen Funktion als »Reichsführer SS und Chef der Deutschen Polizei im Reichsministerium des Innern«.

Drei Gesetze (16. Februar 1934, 5. Dezember 1934, 24. Januar 1935) regelten die »Überleitung der Rechtspflege auf das Reich«. Das Thüringische Justizministerium in Weimar war vom 1. Januar 1935 an nur noch eine Zweigstelle des Reichsjustizministeriums unter dessen Abteilung Thüringen/Sachsen in Dresden und wurde schließlich am 1. April 1935 ganz aufgelöst, so daß alle Gerichte und Justizbehörden direkt dem Reich unterstellt waren. Die oberste Justizbehörde Thüringens war von nun an das Oberlandesgericht in Jena. Die bis dahin ebenfalls in föderaler Verantwortung liegende Richtlinienkompetenz für das gesamte Schul- und Unterrichtswesen einschließlich der Universitäten übertrug ein Reichsgesetz vom 1. Mai 1934 auf das neue Reichsministerium für Wissenschaft, Erziehung und Volksbildung. Das damit im Grunde überflüssig gewordene Thüringische Volksbildungsministerium existierte zwar weiter, aber nach der Ernennung des Ministers Wächtler zum Gauleiter in Bayreuth (NSDAP-Gau Bayrische Ostmark) wurde dessen Posten nicht mehr neu besetzt, sondern gemäß Führerbefehl vom 22. Januar 1936 vom Ministerpräsidenten Marschler mitverwaltet.

Durch eine Änderung der Reichshaushaltsordnung vom 17. Juni 1937 war auch keine eigenständige Finanzverwaltung des Landes mehr möglich. Der Thüringische Finanzminister war damit letztlich nur noch Buchhalter des Reichsfinanzministeriums. Weitere Reichsgesetze nahmen den Ländern die Hoheit über das Forst- und Jagdwesen (3. Juli 1934) sowie das Bergwesen (28. Februar 1935).

Auf der Ebene der Kommunalverwaltungen wurde das zentralistische Führerprinzip durch die »Deutsche Gemeindeordnung« vom 30. Januar 1935 festgeschrieben. Die Bürgermeister konnten fortan nicht mehr gewählt werden, sondern es waren dem Reichsstatthalter vom örtlichen Beauftragten der NSDAP über das Reichsinnenministerium bis zu drei Kandidaten zur Ernennung vorzuschlagen. Ebenso wurden die übrigen Gemeindevertreter ohne vorherige Wahl ernannt, und es kam ihnen lediglich noch eine beratende, aber keine beschließende Funktion mehr zu. In gleicher Weise wurde ab 1. Januar 1939 mit den Kreisämtern verfahren, die als Ausdruck des Führerprinzips keine Selbstverwaltungskörperschaften mehr waren und nun reichseinheitlich unter der Bezeichnung »Der Landrat« zu firmieren hatten.

Das für den Verwaltungsaufbau des nationalsozialistischen Staates charakteristische Nebeneinander verschiedener Machtträger mit sich überschneidenden Kompetenzen führte alsbald zu erheblichen Reibereien und Machtkämpfen zwischen den Reichsstatthaltern, den Reichsministerien und den Landesregierungen. Eine grundlegende Neustrukturierung fand niemals statt. Vielmehr wurde versucht, mit isolierten Gesetzen, notfalls auch auf dem Weg des Führererlasses, einzelne Auswüchse zu bekämpfen. Aus diesem Grund wurde auch die Stellung des Reichsstatthalters durch ein Gesetz vom 30. Januar 1935, das sogenannte »Zweite Reichsstatthaltergesetz«, formal geschwächt und etwa der eines preußischen Oberpräsidenten angeglichen. Die Reichsstatthalter waren nun nicht mehr Hitler als Reichskanzler direkt unterstellt, sondern neben der Dienstaufsicht durch den Reichsminister des Innern gleichzeitig auch an die Weisungen der übrigen Reichsfachministerien gebunden. Zudem wurden ihre Ausnahmerechte beschnitten. Da gleichzeitig auch die Hoheitsrechte der Länder auf das Reich übergegangen waren, fungierten sie fortan formal nur noch als Mittelinstanz der Reichsregierung ohne eigene Gestaltungsbefugnis.

Die Reichsregierung versuchte mit diesem Schritt auch der Tendenz gegenzusteuern, daß sich die Reichsstatthalter, die in der Regel gleichzeitig NSDAP-Gauleiter waren, zu einer neuen Art von Regionalfürsten entwickelten. Sie verstanden sich in ihrem persönlichen Ehrgeiz geradezu als die »Vizekönige des Reiches«. Fritz Sauckel verkörperte dabei diesen Typus in besonders ausgeprägter Weise. Durch die Verknüpfung der Befugnisse der höchsten Partei- und Regierungsämter im Land sowie als Führer eines von ihm durch die Enteignung jüdischer Vermögenswerte gebildeten Wirtschaftsimperiums schuf er sich die Machtposition, um Thüringen nach seinen Vorstellungen zum nationalsozialistischen »Schutz- und Trutz-Gau« des Reiches zu formen. Mit einer Bevormundung durch die Berliner Ministerialbürokratie wollte er sich dabei nicht abfinden. Sein Bestreben war es vielmehr, die Position des Reichsstatthalters von der reinen Überwachungsfunktion über die Ausführung der Direktiven aus Berlin zu der einer Gauselbstverwaltung auszubauen. Sauckel kritisierte in zwei Denkschriften aus den Jahren 1935 und 1936 die direkte Einflußnahme der schwerfälligen Reichsministerialbürokratie auf die Geschicke der Länder. Er plädierte dafür, daß »eckige[n] und eigenwillige[n] Persönlichkeiten«, die wie er selbst mit den Verhältnissen vor Ort vertraut waren, mehr Entscheidungskompetenzen eingeräumt werden sollten.

Da Sauckels Denkschriften keine generelle Lösung des Problems herbeiführten, konterkarierte er die reichsrechtlichen Beschneidungen des Statthalteramtes zumindest in seinem Herrschaftsbereich. Um das Innenressort mit seinen vergleichsweise noch weitgehenden Befugnissen wieder an sich zu ziehen, was ihm als Reichsstatthalter eigentlich nicht möglich war, verfiel Sauckel für Thüringen auf eine recht eigenwillige Behördenkonstruktion: Willy Marschler war ab Ende Januar 1936 in Personalunion sowohl Ministerpräsident als auch einzig verbliebener Fachminister für die Ressorts Wirtschaft, Finanzen und Volksbildung. Das Innenministerium jedoch wurde – zwar gegen den Willen des Reichsinnen- und des Reichsfinanzministers, dafür aber mit der ausschlaggebenden Billigung Hitlers – mit dem Amt des Reichsstatthalters verbunden. Die Leitung des Ministeriums übertrug Sauckel an Walter Ortlepp, bis dahin Polizeipräsident von Weimar, der allerdings nur den Rang eines Staatssekretärs bekleidete. Da Sauckel nach seinem Zugriff auf das Ministerium des Innern jedoch nicht gegenüber dem Ministerpäsidenten als Reichsstatthalter weisungsbefugt und ihm gleichzeitig als Innenminister unterstellt sein konnte, wurde dieser Widerspruch durch die ab 4. Juni 1936 gültige Amtsbezeichnung »Der Reichsstatthalter in Thüringen - Der Staatssekretär und Leiter des Thüringischen Ministeriums des Innern« zu lösen versucht. Durch diese Bündelung von Ämtern gelang es Sauckel, bis zum Jahre 1939 die Reichsstatthalterbehörde in Thüringen in eine Art Regionalregierung zu verwandeln.

Gleichzeitig strebte Sauckel die bei der Landesgründung im Jahre 1920 versäumte Arrondierung Thüringens an und brachte dies ebenfalls in seinen Denkschriften zum Ausdruck. Vorläufer dieser Idee einer territorialen Neugliederung Thüringens waren Raumordnungspläne für Mitteldeutschland aus der Mitte der zwanziger Jahre sowie die schon seit längerem erhobenen Forderungen nach einer Neugliederung des Reiches. Die Reichsreform vom Januar 1934 war jedoch in dieser Hinsicht ebenfalls enttäuschend ausgefallen. Auch hier zeichnete sich das NS-Regime weniger durch tiefgreifende Veränderung der Strukturen als vielmehr durch ein Flickwerk häufig konkurrierender Einzelmaßnahmen aus. Sauckel konnte immerhin auf die Pläne zur Errichtung von Reichsgauen verweisen, wie sie bereits auf dem Nürnberger Parteitag der NSDAP im Jahre 1933 geäußert worden waren. Diese Reichsgaue sollten die »durch dynastische Zufälle entstandenen Länder ablösen«. Als geeigneten Ausgangspunkt für einen erneuten Vorstoß in diese Richtung sah Sauckel die auf Gauen basierende Struktur des NS-Herrschaftssystems, die ohnehin zunehmend die Ländergrenzen zu überdecken begann. Je mehr die Länder bzw. preußischen Provinzen an Eigenstaatlichkeit verloren, um so stärker wuchs der politische Gau in seiner Bedeutung. Gegenüber dem Reichszentralismus trat so immer deutlicher ein Gaupartikularismus hervor.

Nach Sauckels Vorstellungen sollten die künftigen Gaugrenzen »die des thüringischen Stammes sein«. Gemeint war damit ein Gebiet, das noch weit über den Bereich des thüringischen Reichswahlbezirks 12 hinausging. Dies bedeutete zwangsläufig auch die Einbeziehung preußischer Gebiete, allen voran das des Regierungsbezirks Erfurt, welche allerdings Hermann Göring als preußischer Ministerpräsident vehement ablehnte. Gleichzeitig aber mußte sich Sauckel gegen Arrondierungsabsichten der Gauleiter im benachbarten Hessen und Bayern zur Wehr setzen, die ihrerseits auf thüringisches Gebiet reflektierten. Zwar scheiterte Sauckels Initiative an der Ablehnung durch Hitler und Reichsinnenminister Frick, die den Zeitpunkt für eine grundsätzliche Neugliederung des Reiches noch nicht gekommen sahen, trotzdem setzte er aber seine Bemühungen fort. So ernannte er beispielsweise den 1935 zum Regierungspräsidenten im preußischen Erfurt berufenen früheren thüringischen Justizminister Dr. Otto Weber zum Staatsrat, wodurch dieser gleichzeitig als nominelles Mitglied in der thüringischen Landesregierung verblieb. Als Bindeglied zwischen Erfurt und Weimar fungierte Weber auch als Mitglied der im Jahre 1936 gebildeten »Landesplanungsgemeinschaft Thüringen«.

Eine Vielzahl von gesetzgeberischen Einzelmaßnahmen kam der angestrebten territorialen Abrundung Thüringens weit entgegen. Im Zuge der Kriegsvorbereitungen wurden zusätzliche Verwaltungsstrukturen für den zivilen Bereich geschaffen. Bereits am 30. August 1939, also zwei Tage vor Beginn des Zweiten Weltkriegs, berief Hitler einen »Ministerrat für die Reichsverteidigung«, der für Fragen der Kriegswirtschaft, Volksernährung und Mobilmachung verantwortlich war. Diesem wurde in den Wehrkreisen jeweils ein ziviler Reichsverteidigungskommissar unterstellt, bei dem es sich fast durchweg um einen NSDAP-Gauleiter handelte. Für den Wehrkreis IX, der neben Thüringen den Regierungsbezirk Erfurt, die preußische Provinz Hessen-Nassau sowie Teile der Provinzen Westfalen und Hannover sowie der Länder Hessen und Bayern umfaßte, wurde Sauckel als Reichsverteidigungskommissar mit Dienstsitz in Kassel berufen.

Die sich abzeichnende Wende im Kriegsverlauf machte Ende 1942 eine Neuorganisation der zivilen Kriegsverwaltung sowie eine Neugliederung der Reichsverteidigungsbezirke erforderlich. Sie wurden verkleinert und den Gauen der NSDAP angeglichen. Schließlich wurden im November 1942 die Zuständigkeitsbereiche der Reichsverteidigungskommissare mit den Grenzen der Wirtschaftsverwaltung in Übereinstimmung gebracht. Nachdem am 1. Dezember 1942 der Reichsverteidigungsbezirk Thüringen gebildet worden war, verlegte Sauckel seinen Dienstsitz in die Reichsstatthalterei nach Weimar. Als Reichsverteidigungskommissar für Thüringen leitete er damit offiziell auch die kriegswirtschaftlichen Maßnahmen für den gesamten Gau Thüringen einschließlich des Regierungsbezirkes Erfurt und des Landkreises Herrschaft Schmalkalden. Zur weiteren Anpassung der Verwaltungsbezirke an die Reichsverteidigungsbezirke kam es durch zwei Führererlasse vom 1. April 1944 zu einer Neugliederung der beiden preußischen Provinzen Hessen-Nassau und Sachsen mit Wirkung zum 1. Juli 1944. Hierbei wurde der Regierungsbezirk Erfurt mit seinen im Land Thüringen liegenden Exklaven Schleusingen und Ziegenrück aus der Provinz Sachsen ausgegliedert und Sauckel mit den Befugnissen eines Oberpräsidenten unterstellt. [Dokument 21] Der Landkreis Herrschaft Schmalkalden wurde »aus dem Regierungsbezirk Kassel und der Provinz Kurhessen in den Regierungsbezirk Erfurt und die Provinz Sachsen umgegliedert«. Wiederum war damit an die Stelle einer grundsätzlichen Flurbereinigung der Führererlaß als Notbehelf getreten. Im Ergebnis hatte Preußen zwar formal keinen Verlust erlitten, da die Erlasse vom 1. April 1944 den Umfang seines Gebietsbestandes nicht berührten, faktisch war es aber Sauckel damit gelungen, noch kurz vor dem Untergang des NS-Regimes seinen Herrschaftsbereich zu erweitern.

Bereits im März 1942 hatte Hitler den Thüringer Gauleiter und Reichsstatthalter zum Generalbevollmächtigten für den Arbeitseinsatz im Reich ernannt, was dessen Aufstieg in die Führungselite der NS-Hierarchie bedeutete. Neben zentralen Reichsbehörden unterstanden ihm in dieser Position die übrigen Gauleiter, die ja meist auch gleichzeitig Reichsstatthalter waren, als nachgeordnete Verwaltungseinheiten bei der Beschaffung und Zuteilung von Arbeitskräften in ihren jeweiligen Herrschaftsbezirken. Die seit 1933 bestehende Vertretung des Landes Thüringen in Berlin, das »Thüringen-Haus«, bauten Sauckel und sein aus dem ›Heimatgau‹ mitgebrachter Arbeitsstab zu einer Zentrale aus, von der aus in ganz Europa Freiwillige für den Arbeitseinsatz im Deutschen Reich angeworben wurden. Vor allem aber beschaffte er der Rüstungsindustrie und Landwirtschaft zivile Zwangsarbeiter, Kriegsgefangene und Insassen von Konzentrationslagern als nahezu völlig entrechtete Ausbeutungsobjekte.

Thüringen war aufgrund seiner zentralen geographischen Lage in der ersten Kriegsphase von Bombenangriffen verschont geblieben. Diese Lage war neben anderen Faktoren auch ausschlaggebend für die umfangreiche Ansiedlung rüstungswichtiger Industriebetriebe gewesen. Deren Standorte gerieten ab 1944 aufgrund verbesserter Flugzeugtypen mit größeren Reichweiten bei gleichzeitig näherrückender Front in den Aktionsradius der alliierten Bombenangriffe. Seit dem 1. April 1945 besetzte die 3. US-Armee unter General George S. Patton vom Westen her das thüringische Gebiet und stieß bis zum 16. April zur Ostgrenze Thüringens vor. Damit war das NS-Regime in Thüringen beendet und das Land stand unter alliiertem Besatzungsrecht.

[Bernhard Post]

Erweiterung und Neuaufbau 1945

Als im Frühjahr 1945 das Deutsche Reich unter den militärischen Schlägen der Armeen der Antihitlerkoalition unterging, war staatsrechtlich eine völlig veränderte Situation geschaffen worden. Infolge der Übernahme der obersten Gewalt durch die alliierten Siegermächte stand der Neuaufbau der Staats- und Kommunalverwaltung unter dem Diktat der Besatzungsmächte. Die Bedingungen dafür waren in den einzelnen Besatzungszonen unterschiedlich. Sie waren vor allem in den zunächst von westalliierten Streitkräften besetzten Gebieten anders als in dem von der Sowjetarmee unmittelbar eingenommenen Territorium. Thüringen stand vorübergehend unter der Befehlsgewalt der amerikanischen Armee, bevor es endgültig in die Sowjetische Besatzungszone eingegliedert wurde.

Am 1. April 1945 begann die Besetzung der thüringischen Stadt- und Landkreise durch amerikanische Truppen, die somit weit über die zuvor von den Alliierten festgelegten Demarkationslinien vorstießen und bis zum 16. April den gesamten thüringischen Raum mit dem Land Thüringen und dem preußischen Regierungsbezirk Erfurt unter die Kontrolle ihrer Streitkräfte und der bei diesen gebildeten Militärregierungen für die einzelnen Stadt- und Landkreise brachten. Erst Anfang Juli räumten sie das der Sowjetischen Besatzungszone zugewiesene Gebiet. Bis dahin beeinflußten die von den Militärbehörden der USA verfolgten politischen Ziele maßgeblich die von den antifaschistischen Kräften initiierten politischen und administrativen Maßnahmen zur demokratischen Umgestaltung des staatlichen und gesellschaftlichen Lebens in Thüringen. Erst nach der Übernahme der Besatzungsfunktionen durch die Sowjetische Militäradministration begann die Eingliederung des Landes in den ganz anders gearteten Prozeß der Entwicklung im Gebiet der Sowjetischen Besatzungszone. Das gilt auch für die bereits Ende April 1945 eingeleiteten Schritte zum Neuaufbau der Landesverwaltung in Thüringen.

Für die frühe Entwicklung in diesem Gebiet ist der maßgebliche Beitrag der politischen Häftlinge des am 11. April 1945 befreiten Konzentrationslagers Buchenwald bei Weimar hervorzuheben. Es bildete in der ersten Zeit der amerikanischen Besetzung des Landes bis zur Entlassung der deutschen politischen Häftlinge Mitte Mai 1945 ein wichtiges Wirkungszentrum zur Überwindung des Nationalsozialismus und zur Neugestaltung des gesellschaftlichen Lebens in Thüringen. Dabei gewannen die antifaschistischen Volksfrontorgane in Buchenwald und Weimar entscheidenden Einfluß auf die Vorbereitung einer neuen Landesverwaltung, in der ehemalige politische Häftlinge aus Buchenwald führende Positionen erhielten.

Die Landeshauptstadt Weimar wurde durch die Nähe des befreiten Konzentrationslagers der Ort, an dem sich die tragenden politischen Kräfte des Landes in den antifaschistischen Gruppierungen und in den im Aufbau befindlichen Parteiorganisationen zusammenfanden. Hier nahmen auch die militärischen und administrativen Kommandostellen der Besatzungsmacht für Thüringen ihren Sitz. Unter den Bedingungen der »politischen Quarantäne« während der amerikanischen Besetzung des Landes lag das Schwergewicht der zentralen Arbeit zunächst auf der Schaffung einer einheitlichen Verwaltung für das Staatsgebiet des bisherigen Landes Thüringen und des preußischen Regierungsbezirkes Erfurt. Ziel war es, möglichst schnell eine einheitliche Behördenorganisation in Thüringen aufzubauen, um im ganzen Land die Voraussetzungen für die demokratische Umgestaltung der Gesellschaft zu haben.

Der Zusammenbruch der nationalsozialistischen Gewaltherrschaft hatte die administrative Tätigkeit der vorhandenen Behördenstruktur im Landesmaßstab unterbunden. Durch die Flucht der Verwaltungsspitzen der thüringischen Landesregierung in Weimar und die sich aus der Besetzung zwangsläufig ergebende Aufhebung der Bindungen zwischen der Zentrale und den nachgeordneten und unterstellten Behörden in den Stadt- und Landkreisen war die Verwaltung des Landes praktisch funktionsunfähig. Ähnliches gilt auch für die preußische Bezirksregierung in Erfurt, die seit 1. Juli 1944 infolge der Herauslösung des Regierungsbezirks aus dem Verband der Provinz Sachsen bereits eine mehr oder weniger unabhängige Stellung von der preußischen Verwaltungsorganisation außerhalb Thüringens einnahm, da dem Reichsstatthalter in Thüringen die Befugnisse des Oberpräsidenten übertragen worden waren. Auch die übrigen Reichs- und Landesbehörden in Thüringen, Post, Eisenbahn und die Justizorgane waren außer Tätigkeit.

Von entscheidender Bedeutung für die weitere Entwicklung der thüringischen Landes- und Kommunalverwaltung waren jedoch die Maßnahmen, mit denen die Besatzungsbehörden direkt in den Verwaltungsaufbau eingriffen. Durch die Errichtung lokaler Militärregierungen in den Stadt- und Landkreisen schufen sie die Voraussetzungen für die Dezentralisierung der administrativen Struktur des Landes. Indem sie alle in den Stadt- und Landkreisen bestehenden Reichs- und Landesbehörden der Verfügungsgewalt der jeweiligen Oberbürgermeister und Landräte unterstellten, erweiterten sie deren Machtbefugnisse in einer Weise, die eine künftige überlokale Aufbauarbeit während der amerikanischen Besetzung beträchtlich erschweren mußte. Dabei blieb der vorhandene Beamtenapparat in den Landes- und Kommunalbehörden auf Grund der Weisungen der Besatzungsmacht zunächst weitgehend intakt.

Als die amerikanischen Streitkräfte am 12. April 1945 die thüringische Landeshauptstadt Weimar erreichten, waren die führenden Ämter des nationalsozialistischen Staates bereits verwaist. Die Reichs- und Landesbehörden wurden am 19. April 1945 durch eine Verfügung der lokalen amerikanischen Militärregierung dem kommissarischen Oberbürgermeister von Weimar unterstellt. Dadurch wurde zwar dessen Verantwortungsbereich beträchtlich erweitert, in der Praxis blieb diese Maßnahme jedoch folgenlos, weil eine Tätigkeit im Landesmaßstab unterblieb. Das wirkte sich sofort auf die seit der Besetzung rasch zunehmenden Schwierigkeiten in der Wirtschafts- und Ernährungslage des Landes aus. Weil der Eisenbahnverkehr ruhte und die Nachrichtenverbindungen unterbrochen waren, konnte das Landesernährungsamt die Lebensmittelversorgung in Thüringen nicht mehr steuern, so daß chaotische Zustände auf ernährungswirtschaftlichem Gebiet eintraten. Dieser Situation war nur durch die Wiederaufnahme einer geregelten Tätigkeit der Landesverwaltung zu begegnen.

Die Analyse der Lage in Thüringen nach der amerikanischen Besetzung des Landes lenkte schon frühzeitig den Blick der politischen Häftlinge in Buchenwald auf die Probleme des Neuaufbaus einer zentralen Verwaltung in Thüringen. Das betrifft in erster Linie das Thüringer (Volksfront-)Komitee als regionales Koordinierungsorgan für die Häftlingsselbstverwaltung. Aber auch die aus dem illegalen Widerstand hervorgegangene provisorische Bezirksleitung der KPD für Thüringen in Buchenwald und der Kreis sozialdemokratischer Häftlinge, die sich im »Bund demokratischer Sozialisten« gesammelt hatten, verfolgten solche Ziele. Da es in Weimar und in anderen Orten Thüringens zu schweren Störungen der öffentlichen Ordnung gekommen war, wandten sich am 15. April 1945 die beiden ehemaligen thüringischen Reichstagsabgeordneten Dr. Hermann Louis Brill (SPD) und Otto Schiek (KPD) an den amerikanischen Lagerkommandanten von Buchenwald und ersuchten ihn, die Entlassung der politischen Gefangenen aus Thüringen alsbald verfügen zu wollen, um eine geordnete öffentliche Verwaltung in Thüringen wiederherzustellen. [Dokument 22]

Die Aufmerksamkeit der amerikanischen Militärbehörden konzentrierte sich seitdem auf Dr. Hermann L. Brill, der von dem politischen Mithäftling Eugen Kogon dem amerikanischen Kommandanten in Weimar als der für die Übernahme der Verwaltung des Landes geeignetste Deutsche vorgeschlagen wurde. Als Verwaltungsjurist und ehemaliger Ministerialbeamter im thüringischen Staatsdienst vor 1933 erschien er auch den US-Militärs besonders geeignet, die Reorganisation der Verwaltung in Weimar und Thüringen in Angriff zu nehmen. Am 23. April wurde ihm von amerikanischen Offizieren in Buchenwald die Frage vorgelegt, ob er bereit wäre, unter Aufsicht der Militärregierung am Wiederaufbau Deutschlands mitzuarbeiten. Nachdem er sich zustimmend geäußert hatte, ernannte ihn der Kommandeur der amerikanischen Militärregierung für den Stadt- und Landkreis Weimar zum Berater dieser lokalen Militärregierung. Am 27. April wurde er auf Anweisung des Militärregierungsoffiziers als erster deutscher politischer Häftling aus dem ehemaligen Konzentrationslager Buchenwald offiziell entlassen und nahm seinen Wohnsitz in Weimar, wo er in der Folgezeit eine breite Aktivität entfaltete, um die von ihm entwickelten Pläne mit Unterstützung der amerikanischen Militärbehörden und der bereits bestehenden antifaschistischen Organe in Weimar in die Tat umzusetzen.

Im Auftrag der Militärregierung in Weimar verfaßte Brill am 26. April eine Denkschrift an den Military Government Officer, worin er erstmals die von ihm verfolgten Ziele beim Neuaufbau der Verwaltung in Thüringen präzisierte. [Dokument 23] Ihr lag der Gedanke zugrunde, durch eine Reorganisation der zentralen Landesinstanzen die Reform der lokalen Behörden vorzunehmen. Er schlug vor, die bisherige Regelung, durch welche die Reichs- und thüringischen Landesbehörden dem kommissarischen Oberbürgermeister in Weimar unterstellt worden waren, aufzuheben und für sie besondere Beauftragte einzusetzen. Zur Überleitung in eine endgültige Regelung regte er an, das Verwaltungsgebiet Thüringen einem besonderen Kontrolloffizier zu unterstellen. Die mit der Wahrnehmung der Geschäfte der ehemaligen Landesregierung Beauftragten könnten dann in Gemeinschaft mit dem amerikanischen Kontrolloffizier für das thüringische Verwaltungsgebiet den Aufbau einer neuen demokratischen Verwaltung organisieren und durchführen.

Brills Vorschläge gingen jedoch weit über die Zuständigkeit der Militärregierung für den Stadt- und Landkreis Weimar hinaus. In seiner Beraterfunktion wurde er zunächst auf die unmittelbaren Aufgaben bei der Reorganisation der kommunalen Behörden in Weimar hingelenkt. Nach seinen Vorschlägen erfolgte am 1. Mai die Berufung eines neuen Stadtvorstandes durch den Military Government Officer. Da der Oberbürgermeister im Hinblick auf die ihm übertragenen Vollmachten in der Unterstellung der Reichs- und Landesbehörden eine wichtige Schlüsselstellung einnahm, war seine Mitarbeit eine wesentliche Voraussetzung für die angestrebten Ziele. Seine Berufung erfolgte mit der Maßgabe, zu einem späteren Zeitpunkt Brill mit der Wahrnehmung der Geschäfte der dem Oberbürgermeister unterstellten Reichs- und Landesbehörden zu beauftragen. Am 7. Mai übertrug er ihm die Führung der »Geschäfte des Thüringischen Staatsministeriums und der Geschäfte der Vorstände der Thüringischen Fachministerien sowie der diesen Ministerien im Stadtkreis Weimar unterstellten Staatsbehörden einschl. der berufsständischen Körperschaften«. Durch die Ernennungsurkunde des Oberbürgermeisters war Brill berechtigt, zu seiner Hilfe die ihm nach seinem freien Ermessen geeignet erscheinenden Personen mit der Wahrnehmung der Geschäfte einer oder mehrerer der genannten Behörden weiter zu beauftragen. Damit war eine wesentliche Voraussetzung für dessen weitere Tätigkeit bei der in Aussicht genommenen Reorganisation der thüringischen Landesverwaltung erfüllt.

Noch am gleichen Tag trat Brill seine neue Funktion an. In den nächsten Tagen ließ er sich eingehend über die Situation der Landesverwaltung unterrichten. Am 9. Mai berichteten die verantwortlichen Ministerialbeamten über die Geschäftslage und die personellen Veränderungen seit dem 12. April, dem Tag der Besetzung der Landeshauptstadt durch amerikanische Truppen. Das Finanzministerium wurde beauftragt, eine Vermögens- und Schuldenaufstellung des Landes Thüringen per 31. März 1945 zu erarbeiten. Über die Lebensmittelversorgung erstattete das Landesernährungsamt am 11. Mai einen ausführlichen Bericht, der auf die wachsenden Schwierigkeiten aufmerksam machte, die durch die Aufhebung der administrativen Bindungen zwischen der Zentrale und den nachgeordneten Dienststellen in den Stadt- und Landkreisen entstanden waren.

Die vordringlich zu lösende Aufgabe war die personelle Neubesetzung der Vorstände der Fachministerien, da die seit der Besetzung die Geschäftsführung ausübenden Ministerialbeamten ohne Ausnahme Mitglieder der NSDAP waren. Am 10. Mai beriet Brill mit dem »Politischen Beirat« des Oberbürgermeisters die eingetretene Wirtschafts- und Finanzlage des Landes. Gleichzeitig informierte er über seine Pläne zur Bildung einer neuen Landesverwaltung, wozu die Ernennung von Bevollmächtigten für die Landeszentralbehörden und die berufsständischen Vertretungen ein erster Schritt sein sollte.

Noch am 12. Mai nahm Brill die ersten Ernennungen der Bevollmächtigten für die Fachministerien vor. Die kommissarische Leitung des Volksbildungsministeriums übertrug er dem aus Buchenwald entlassenen Lehrer Walter Wolf (KPD), die des Finanzministeriums dem Weimarer Kaufmann Leonhard Moog (Demokratische Partei). Er selbst übernahm die Leitung des Innenministeriums. Am 19. Mai beauftragte er Dr. Max Kolter (Zentrumspartei) mit der Wahrnehmung der Geschäfte des Vorstandes des Wirtschaftsministeriums und Dr. Alphons Gaertner (Demokratische Partei) mit der Leitung des Landesernährungsamtes und des Landeswirtschaftsamtes. Mit ihrer Ernennung hatte Brill die Vorarbeiten für die Wiederaufnahme der administrativen Tätigkeit der genannten Behörden abgeschlossen. Seine Bemühungen waren in der Folgezeit darauf gerichtet, die für die Reorganisation der Landesverwaltung und den Neuaufbau einer thüringischen Regierung notwendigen Vollmachten von der amerikanischen Besatzungsmacht zu erhalten.

Bis zum 20. Mai beschränkte sich die Vollmacht Brills allein auf die Wahrnehmung der Geschäfte der Reichs- und Landesbehörden im Stadtkreis Weimar. An diesem Tage wurde er vom Militärregierungsoffizier im VIII. US-Korps, dessen Hauptquartier sich seit Ende April 1945 in Weimar befand, aufgefordert, einen Plan für die Organisation der Verwaltung Thüringens auszuarbeiten. Die zu diesem Zweck ausgestellte Vollmacht berechtigte ihn, »die Reorganisation der Verwaltung des ehemaligen Gaugebietes Thüringen (Land Thüringen, Regierungsbezirk Erfurt und Kreis Schmalkalden) durchzuführen und zu diesem Zweck im ganzen Gebiet Tag und Nacht zu reisen«.

Brill war als ehemaliger Vorsitzender des seit 1944 im Konzentrationslager Buchenwald illegal tätigen deutschen Volksfrontkomitees mit den Aufgaben für den Aufbau einer demokratischen Volksrepublik in Deutschland vertraut. Die Ergebnisse der Diskussionen im Buchenwalder Volksfrontkomitee waren nach Kriegsende ein wichtiger Ausgangspunkt für die Überlegungen und Pläne zur staatlichen Erneuerung in Thüringen während der Besetzung des Landes durch amerikanische Truppen. Das Volksfrontkomitee hatte sich bereits 1944 mit dem »Aufbau der Verwaltung in der Deutschen Volksrepublik« eingehend befaßt und einen »Plan für die Neueinteilung des Reiches in Verwaltungsbezirke (Länder)« entworfen. Dem Grundgedanken einer einheitsstaatlichen Regelung folgend, sollte die neue Verwaltungseinheit Thüringen als »Provinz« innerhalb eines künftigen deutschen Gesamtstaates errichtet werden. Wenn sich die politischen und staatlichen Verhältnisse Deutschlands nach dem Zusammenbruch der Nazidiktatur auf Grund der völkerrechtlichen Gegebenheiten anders entwickelten, als es von den Mitgliedern des Volksfrontkomitees erwartet worden war, so kann man in ihren theoretischen Überlegungen doch unschwer das Ziel einer völligen Umgestaltung ganz Deutschlands zu einem demokratischen Rechtsstaat erkennen.

Die ersten zentralen thüringischen Behörden, die wieder für eine Tätigkeit im Landesmaßstab autorisiert wurden, waren das Landesernährungsamt und das Landeswirtschaftsamt in Weimar. Der einsetzende Konsumgüter- und Nahrungsmittelmangel sowie die durch das Zerreißen der administrativen Bindungen zwischen den Landesbehörden und den Ernährungs- und Wirtschaftsämtern auf kommunaler Ebene eingetretenen autarkischen Zustände auf diesem Gebiet erforderten geradezu eine zentrale Lösung dieser Aufgaben. Unter dem Zwang der Situation mußten die amerikanischen Militärbehörden das Landesernährungsamt als zentrale Dienststelle zur Steuerung der gesamten Lebensmittelversorgung in Thüringen autorisieren, wobei seine Zuständigkeit auch auf die amerikanisch besetzten westsächsischen Gebiete übertragen wurde. In der gleichen Weise wurde das Landeswirtschaftsamt zur Bereitstellung von Verbrauchsgütern in ganz Thüringen und Westsachsen ermächtigt. Mit der am 18. Mai 1945 verfügten Autorisierung der zentralen Ernährungs- und Wirtschaftsverwaltung des Landes wurde der Dezentralisierung der wirtschaftlichen Struktur entgegengewirkt. Mit diesen Maßnahmen wurden die Autokratie der lokalen Militärregierungen und in deren Gefolge die von der Besatzungsmacht geförderten Autonomiebestrebungen der Stadt- und Landkreisverwaltungen eingeschränkt. Noch vor Errichtung der neuen Landesverwaltung war damit der Zustand eingetreten, daß Thüringen in zwei lebensnotwendigen Bereichen wieder ein geschlossenes Verwaltungsgebiet bildete.

Zur gleichen Zeit begannen die konkreten Planungen für den Neuaufbau der Landesverwaltung in Thüringen. Seit dem 26. Mai kam Brill mit den Bevollmächtigten der Fachministerien zu regelmäßigen Sitzungen zusammen. Neben den unmittelbar zu ergreifenden Maßnahmen auf dem Gebiet der Finanzverwaltung standen zunächst die Ausarbeitung des Planes für den Aufbau der Verwaltung Thüringens und von Richtlinien zur Reinigung der Verwaltung von nazistischen Elementen im Vordergrund der Beratungen. Der von Brill vorgelegte Entwurf seines Aufbauplanes wurde am 31. Mai von den Bevollmächtigten beraten, wobei es nur in bezug auf die Abgrenzung des Verwaltungsgebietes zu unterschiedlichen Meinungen kam. [Dokument 24] Am 6. Juni trug Brill den »Plan für den Aufbau der Verwaltung Thüringens« im amerikanischen Obersten Hauptquartier in Frankfurt/Main vor, wo sein Vorschlag über die Neugestaltung Thüringens im wesentlichen zustimmend aufgenommen wurde.

Brills Planungen gingen von den geographischen Voraussetzungen aus und befaßten sich mit den wirtschaftlichen und sozialen Grundlagen des betreffenden Verwaltungsgebietes. Sie berücksichtigten die politischen Voraussetzungen und verwiesen auf erste personalpolitische Maßnahmen, die im Zusammenhang mit der Neuorganisation der Verwaltung zu treffen waren. Kernstück des Planes waren die Vorschläge für die Gestaltung der künftigen Behördenorganisation und für die Schaffung der juristischen Grundlagen des neuen Verwaltungsgebietes. Weiterhin enthielt er eine Übersicht über die Arbeitsgebiete der Landesverwaltung in den nächsten Monaten sowie Vorschläge für die Durchführung unmittelbar praktischer Maßnahmen. Ziel des auf Grund dieses Planes angestrebten Neuaufbaues der thüringischen Landesverwaltung sollte es sein, das durch die geschichtliche Entwicklung

Thüringens bedingte verwaltungsorganisatorische Durcheinander zu überwinden und die Verwaltungseinheit so zu schaffen, wie sie sich aus ökonomischen und soziologischen Notwendigkeiten ergab.

Die vorgeschlagene neue Verwaltungsorganisation wurde von den amerikanischen Militärbehörden als vernünftig und rationell bewertet. Ihre Zustimmung zur Bildung der Provinz Thüringen erstreckte sich aber nicht auf die im Zusammenhang mit dem Neuaufbau der Verwaltung notwendig werdenden politischen Maßnahmen der Entnazifizierung und der materiellen Vernichtung der NSDAP. Die Bedeutung des »Planes für den Aufbau der Verwaltung Thüringens« liegt darin, daß er aus der Situation des Zusammenbruchs der nationalsozialistischen Herrschaft heraus konsequent die Gelegenheit wahrnahm, die staatliche Zersplitterung des thüringischen Territoriums zu beseitigen. Damit wurden organisatorische Voraussetzungen für die künftige Entwicklung einer neuen demokratischen Staatlichkeit in Deutschland geschaffen.

Damit die künftige Regierung des Landes eine Basis im Volk besaß, sollte aus Vertretern der vier wichtigsten bürgerlichen und Arbeiterparteien aus der Zeit vor 1933 (Demokratische Partei, Zentrumspartei, KPD, SPD) ein Beirat als beratendes Organ anstelle des fehlenden Landesparlaments geschaffen werden. Diese Aufgabe wurde dem »Thüringen-Ausschuß« zugewiesen. [Dokument 25] Er war nach der Auflösung des im befreiten Konzentrationslager Buchenwald tätig gewesenen »Thüringer Komitees« (der Volksfront) am 15. Mai innerhalb des Anti-Nazi-Komitees Weimar neu gebildet worden. Bis zur Errichtung der neuen thüringischen Landesregierung betrachtete er sich als Führungsorgan der zahlreichen örtlichen antifaschistischen Komitees und Ausschüsse in Thüringen, ohne jedoch tatsächlich eine das gesamte Gebiet umfassende Organisation auszubilden und von Weimar aus zentral wirken zu können. Anfang Juni 1945 erhielt dieser »Thüringen-Ausschuß im Anti-Nazi-Komitee Weimar« jedoch eine neue Zweckbestimmung.

Am 4. Juni berief Brill auf Vorschlag der führenden Parteivertreter in Weimar acht Mitglieder für den zu schaffenden Beirat der Landesregierung, in dem Exponenten der sich neu herausbildenden demokratischen Parteien vertreten waren. Sie schlugen in einer konstituierenden Sitzung am 8. Juni vor, den schon bestehenden Thüringen-Ausschuß zu reorganisieren und künftig wieder organisatorisch selbständig tätig werden zu lassen. Gleichzeitig beschlossen sie seine Erweiterung auf zwölf Mitglieder und eine paritätische Besetzung. Demzufolge nahm seitdem der neugebildete »Thüringen-Ausschuß« die Aufgaben des geplanten Beirates wahr, indem er als politische Vertretung gegenüber der zu bildenden Thüringer Regierung beratende und kontrollierende Funktion ausüben sollte. Mit dem aus seiner Mitte gebildeten »Personalausschuß« hatte er Anteil an der Einleitung der ersten Maßnahmen des demokratischen Neuaufbaus in Thüringen. Er ist als ein vorparlamentarisches Gremium zu betrachten. Die seinerzeit als Entwurf entstandene Landesverwaltungsordnung sah einen »Landesrat« vor, dessen Funktion dann auf den »Thüringen-Ausschuß« übertragen worden wäre, der jedoch nur bis Juli 1945 existierte.

Die Aufbauarbeiten für die neue Landesverwaltung traten nach Brills Vortrag im Obersten Hauptquartier in Frankfurt am Main am 6. Juni in ein neues Stadium. Von besonderer Bedeutung war die Besetzung der Funktionen der Regierungsdirektoren in den neuzubildenden Landesämtern. Brill hatte den Vorschlag über die personelle Besetzung der Landesämter mit der Begründung zurückgestellt, daß er sich erst mit seinen politischen Freunden beraten müsse. Die Vertreter der Parteien im »Thüringen-Ausschuß« waren sich darin einig, daß die Bildung einer Regierung nur auf der Grundlage einer Konzentration aller antifaschistischen Parteien vorgenommen werden sollte. Einigkeit bestand auch darin, daß Brill als Kandidat für das Amt des Regierungspräsidenten in Frage käme, wobei die Entscheidung darüber allerdings allein bei der Besatzungsmacht lag.

Am 9. Juni 1945 wurde Dr. Hermann L. Brill vom Militärregierungsoffizier des VIII. Korps, Colonel Azel F. Hatch, in Vertretung des Militärgouverneurs für das Gebiet dieses Korps zum vorläufigen Regierungspräsidenten ernannt und damit »autorisiert und ermächtigt, zu einer Regierungsbildung für die Provinz Thüringen zu schreiten«. Die Organisation der Regierung sollte in Übereinstimmung mit dem »Plan für den Aufbau der Verwaltung Thüringens« erfolgen, wobei allerdings Einschränkungen hinsichtlich der territorialen Vorschläge verfügt wurden. Außerdem wurde Brill beauftragt, die Personalunterlagen der in Aussicht genommenen Behördenleiter zur endgültigen Bestätigung einzureichen. Nunmehr konnte die neue thüringische Verwaltungsorganisation in Kraft treten. An die Stelle der bisherigen Ministerien traten nunmehr Landesämter mit Regierungsdirektoren (später Landesdirektoren) an ihrer Spitze. Diese Behördenstruktur existierte bis zu der im Ergebnis der ersten Landtagswahlen 1946 neu gebildeten Landesregierung.

Schon am 9. Juni stand die Besetzung der Landesämter im wesentlichen fest. Das Hauptquartier des VIII. Korps genehmigte in den nächsten Tagen die von Brill eingereichten Vorschläge für die Ernennung der Regierungsdirektoren, so daß er in seinem Amt als Regierungspräsident der Provinz Thüringen am 12. Juni die ersten Ernennungen für die Leiter der Landesämter vornehmen konnte. In Ausübung der ihm übertragenen Vollmachten ernannte er zu Regierungsdirektoren: Ernst Busse (KPD) für das Landesarbeitsamt, Walter Wolf (KPD) für das Landesamt für Volksbildung, Dr. Georg Appell (SPD) für das Landesverkehrsamt, Dr. Alphons Gaertner (Demokratische Partei) für das Landesamt für Industrie, Handel und Gewerbe, Leonhard Moog (Demokratische Partei) für das Landesamt für Finanzen. Die übrigen Landesämter sollten bis zur Ernennung der Regierungsdirektoren kommissarisch verwaltet werden, das Landesamt des Innern vom Regierungspräsidenten selbst, das Landesamt für Land- und Forstwirtschaft von Dr. Alphons Gaertner. Die Vertreter der Christlichen Demokraten forderten in der 2. Sitzung des Thüringen-Ausschusses am 15. Juni die Berücksichtigung von Dr. Max Kolter (Zentrum), den Brill daraufhin am 21. Juni zum Regierungsdirektor des Landesamtes für Land- und Forstwirtschaft ernannte. Zum Regierungsdirektor des Landesamtes des Innern berief er am 2. Juli den Juristen Dr. Friedrich Buchwald (SPD). Die Regierungsdirektoren traten mit Ausnahme von Appell und Buchwald, die wegen der noch bestehenden Verkehrsschwierigkeiten Weimar nicht sofort erreichen konnten, noch am Tag ihrer Ernennung in ihre neuen Funktionen ein.

Am 13. Juni stellte sich das Regierungskollegium bei der inzwischen neugebildeten amerikanischen Militärregierung für die Provinz Thüringen vor. Damit war die neue Provinz Thüringen konstituiert. Sie umfaßte das bisherige Land Thüringen, den bisher preußischen Regierungsbezirk Erfurt mit dem Kreis Schmalkalden (bis 1944 Regierungsbezirk Kassel) und die westsächsischen Stadt- und Landkreise im Bereich des VIII. US-Korps. Die neuen Landesämter nahmen am 16. Juni ihre Tätigkeit auf. Von diesem Tag an wurde ihre Zuständigkeit für den ihnen übertragenen Verwaltungsbereich begründet. Alle Behörden wurden verpflichtet, der Provinzregierung den gesetzlichen Gehorsam zu leisten.

In ihrer Gesamtheit muß die von Brill gebildete Regierung für die Provinz Thüringen als Ausdruck der nach dem Zusammenbruch des Dritten Reiches in diesem neuen Verwaltungsgebiet vorhandenen politischen Interessenlage gesehen werden. Die Vertreter der wieder hervortretenden politischen Parteien in der Regierung äußerten Gemeinsamkeiten in den Grundfragen des antifaschistischen Kampfes und einer neuen Friedensordnung, unterschieden sich jedoch vor allem in ihrer Staatskonzeption. Während die Mitglieder der beiden Arbeiterparteien den Sozialismus als künftige Gesellschaftsform anstrebten, sahen die bürgerlichen Parteienvertreter in dieser Landesregierung ihr Ziel darin, zu einer Demokratie nach dem Muster der Weimarer Republik zurückzukehren. Es war eine antifaschistische Regierung mit stark bürgerlichem Einschlag, deren Tätigkeit unter dem besonderen Aspekt der zeitweiligen amerikanischen Besetzung zu sehen ist. Da die Regierung der Provinz Thüringen vielfach an den bisherigen Behördenapparat des Landes Thüringen anknüpfen konnte, war es ihr möglich, nach dem Anfang Juli 1945 erfolgten Besatzungswechsel schnell ihre Tätigkeit im Landesmaßstab aufzunehmen und die Verbindung zu den kommunalen Verwaltungen in den Stadt- und Landkreisen herzustellen. Bis zu diesem Zeitpunkt hatten sich allerdings die lokalen Verwaltungsorgane durch die autokratische Organisation der amerikanischen Militärregierung weitgehend der Zuständigkeit und Einflußnahme der Landeszentralbehörde entzogen, so daß die angestrebte Einheit der Verwaltung während der Zeit der amerikanischen Besetzung des Landes noch nicht verwirklicht werden konnte.

Das Abkommen zwischen der UdSSR, Großbritannien und den USA vom 12. September 1944 über die Besatzungszonen in Deutschland hatte bestimmt, daß Thüringen zu der Zone gehört, die nach der bedingungslosen Kapitulation Deutschlands von den Streitkräften der Sowjetunion besetzt werden sollte. Durch den tatsächlichen Kampfverlauf war in den letzten Kriegsmonaten eine Demarkationslinie zwischen den alliierten Streitkräften entstanden, die nicht der ursprünglichen Besatzungsplanung entsprach. Die Berliner Beratung der Oberkommandierenden am 5. Juni 1945 bestätigte noch einmal die Einteilung der Besatzungszonen gemäß den Vereinbarungen von 1944 und der Konferenz von Jalta im Februar 1945. Diese Ergebnisse waren auch in Thüringen bekannt geworden, die Frage des Abzugs der amerikanischen Truppen blieb für die deutschen Verwaltungsorgane und die Bevölkerung bis Ende Juni aber weithin ungeklärt und widersprüchlich.

Das Problem der Rückverlegung der westalliierten Streitkräfte in die vereinbarten Besatzungszonen trat Mitte Juni in ein entscheidendes Stadium. Auf Grund einer Vereinbarung der Regierungschefs der UdSSR, Großbritanniens und der USA begann am 1. Juli der Abzug der amerikanischen Truppen aus Thüringen und den besetzten westsächsischen Gebieten. Sowjetische Vorauskommandos sollten an bestimmten Orten bereits am 1. Juli eintreffen, alle Truppenbewegungen, nach Tageslinien gestaffelt, jedoch bis zum 4. Juli beendet sein. Am 2. Juli verließen das Hauptquartier des VIII. Korps und die amerikanische Militärregierung für die Provinz Thüringen die thüringische Landeshauptstadt. Mit ihrem Abrücken endete die vorübergehende Besetzung Thüringens durch amerikanische Streitkräfte. Zu einem Kontakt zwischen ihnen und den einrückenden sowjetischen Truppen kam es nicht.

Unmittelbar nach dem Abzug der amerikanischen Truppen begann der Einmarsch der sowjetischen Streitkräfte in Thüringen. Aus Sachsen kommend, dessen Gebiete östlich der Mulde bereits seit Ende April 1945 unter sowjetischer Verwaltung standen, besetzten sie zunächst die ostthüringischen Stadt- und Landkreise. Offiziere der Politabteilung der 8. Gardearmee hatten den Auftrag, Verbindungen zu den Verwaltungsorganen aufzunehmen, die von den Amerikanern eingesetzt worden waren, sowie auch zu anderen politischen Gruppen und Ausschüssen, die in der Zwischenzeit in Westsachsen und vor allem in Thüringen tätig waren. In Gera, Jena und Weimar informierte sich eine solche Gruppe bereits am 1. und 2. Juli über die bis zum Besatzungswechsel eingetretene Lage.

Die ostthüringische Industriestadt Gera war die erste größere Stadt Thüringens, die am 2. Juli die Sowjetarmee empfing. Noch am gleichen Tag rückten die sowjetischen Einheiten in Richtung Rudolstadt, Jena und Apolda vor. Am 3. Juli erreichten sie die Landeshauptstadt Weimar und die größte thüringische Stadt Erfurt. Die Besetzung der süd-, west- und nordthüringischen Stadt- und Landkreise erfolgte in den nächsten Tagen bis zum 6. Juli. In den ersten Tagen fand noch ein reger Wechsel innerhalb des gesamten Truppenbereichs statt. Die Lage konsolidierte sich erst, nachdem die Sowjetische Militär-Administration für das Land Thüringen ihre Tätigkeit aufgenommen hatte. Bis dahin übten die örtlichen Truppenstäbe durch ihre Militärkommandanturen die Besatzungsfunktionen aus.

Auch in den durch die Streitkräfte der UdSSR besetzten Gebieten hatten diese die oberste Regierungsgewalt übernommen. Nachdem am 6. Juni der Rat der Volkskommissare der UdSSR die Anordnung über die Verwaltung der sowjetischen Besatzungszone bestätigt hatte, wurde am 9. Juni die Sowjetische Militär-Administration in Deutschland (SMAD) errichtet. Erst nach dem Besatzungswechsel konnte auch in Thüringen deren administrativer Apparat geschaffen werden. Durch den Befehl Nr. 5 der SMAD vom 9. Juli 1945 wurde die Sowjetische Militär-Administration des Landes Thüringen (SMATh) errichtet. An ihrer Spitze stand der Kommandeur der 8. Gardearmee, Gardegeneraloberst Wassili I. Tschuikow, während zum Chef der Verwaltung der SMATh, die für die zivilen Angelegenheiten zuständig war, Gardegeneralmajor Iwan S. Kolesnitschenko ernannt wurde. Der Stab der Sowjetischen Militär-Administration des Landes Thüringen befand sich vorübergehend in Jena, nahm aber am 11. Juli endgültig seinen Sitz in Weimar. Die Errichtung der Militär-Administrationen in den Ländern und Provinzen der sowjetischen Besatzungszone war mit der im Befehl Nr. 5 formulierten Aufgabenstellung verbunden, sofort zur Organisierung eines normalen Lebens überzugehen. Auf diese Aufgabe war Thüringen besser vorbereitet als alle anderen Länder, da es bereits eine zentrale Landesverwaltung gab. Nunmehr auch auf Thüringen übertragen wurden die Prinzipien der sowjetischen Besatzungspolitik, die letztlich auf die »Sowjetisierung« des besetzten Teiles von Deutschland hinausliefen.

In Weimar vollzog sich der Besatzungswechsel am 2. Juli 1945. Der Militärregierungsoffizier des VIII. Korps hatte dem Regierungspräsidenten geraten, dem ersten Offizier der sowjetischen Besatzungstruppen die Gebäude und Akten der von der amerikanischen Besatzungsmacht eingesetzten Provinzialregierung zu übergeben. Voraustruppen der Sowjetarmee erreichten noch am gleichen Tag das Kreisgebiet. Am 3. Juli übernahm der Kommandeur der eingetroffenen Militäreinheit die Funktion des Stadtkommandanten und war bis zur Einsetzung der SMATh auch für die Tätigkeit der thüringischen Provinzialregierung verantwortlich. In seiner ersten Besprechung mit dem Oberbürgermeister von Weimar verfügte er, daß der Regierungspräsident der Provinz Thüringen anerkannt werde und alles nur im Einvernehmen mit der Provinzialregierung zu geschehen habe.

Der erste offizielle Kontakt zwischen dem Regierungspräsidenten und Vertretern der sowjetischen Militärbehörden fand am 4. Juli statt. Brill berichtete vor dem sowjetischen Stadtkommandanten und einem Vertreter des Oberkommandos der Sowjetarmee über die Zuständigkeit der Regierung für die Provinz Thüringen. In Ergänzung zu seinem Vortrag verfaßte er noch am gleichen Abend einen »Bericht über die Lage in Thüringen«, den er am 5. Juli den sowjetischen Militärbehörden übergab. [Dokument 26] An einer weiteren Unterredung am Vormittag dieses Tages nahmen der Politische Berater der SMAD, Generaloberst Wladimir S. Semjonow, sowie Walter Ulbricht als Vertreter des Berliner Zentralkomitees

(ZK) der KPD teil. Die von Brill geführte Regierung wurde in ihrer Zusammensetzung und in ihren administrativen Befugnissen anerkannt. Die Gültigkeit der bisher ergangenen Verfügungen wurde bestätigt. Gleichzeitig wurde der Regierungspräsident ermächtigt, für das gesamte thüringische Verwaltungsgebiet rechtsverbindliche Verordnungen zur Reinigung der Verwaltung von nazistischen Elementen und zur Sicherstellung und Beschlagnahme von Nazivermögen zu erlassen.

Die Autorisierung der administrativen Tätigkeit der Regierung der Provinz Thüringen durch die Vertreter der sowjetischen Militärbehörden gab der thüringischen Landesverwaltung die Möglichkeit, die Aufbauarbeiten für das Land ohne Zeitverzug weiterzuführen. Im Vordergrund der Tätigkeit der Provinzialregierung standen zunächst der weitere Aufbau der Landesverwaltung sowie die Einleitung der ersten gesetzgeberischen und organisatorischen Maßnahmen zur Demokratisierung der Verwaltung und der Wirtschaft. Von größter Wichtigkeit war die personelle Neubesetzung der Stadt- und Landkreisverwaltungen, die sich während der amerikanischen Besetzung des Landes gänzlich dem Einfluß der Regierung entzogen hatten. Bereits in den ersten Tagen nach dem Besatzungswechsel wurden deshalb aus eigener Initiative oder auf Veranlassung der sowjetischen Militärkommandanten in den Stadt- und Landkreisen die Oberbürgermeister und Landräte ihres Amtes enthoben, deren politische Einstellung nach Ansicht der Besatzungsmacht nicht die Gewähr für die angestrebte antifaschistisch-demokratische Entwicklung bot.

Die Entscheidung der SMAD über den künftigen politisch-administrativen Aufbau der Landes- und Provinzialverwaltungen im Gebiet der sowjetischen Besatzungszone fiel Anfang Juli 1945. Sie bedeutete für Thüringen insofern keinen völligen Neubeginn, da an den bereits unter der amerikanischen Besetzung begonnenen Aufbau der Behördenorganisation im wesentlichen angeknüpft wurde. Aus den neuartigen politischen Verhältnissen und aus der Zielstellung, unter den veränderten ökonomischen und gesellschaftlichen Bedingungen eine neue antifaschistisch-demokratische Staatlichkeit zu errichten, wie es der programmatische Aufruf der von der Besatzungsmacht protegierten KPD vom 11. Juni 1945 verkündet hatte, ergaben sich jedoch zwangsläufig Konsequenzen für die künftige personelle Besetzung der Landesverwaltung. Der von den amerikanischen Militärbehörden eingesetzte Regierungspräsident gewährleistete nach Auffassung der Berliner Parteizentrale der KPD für die Zukunft nicht die Durchsetzung antifaschistisch-demokratischer Maßnahmen auf revolutionärer Grundlage. Die Ablösung des Sozialdemokraten Brill von dieser Funktion und die Umbildung der Landesverwaltung Mitte Juli 1945 waren ein erstes Ergebnis der Machtverschiebung nach dem Besatzungswechsel.

Die Frage der Regierungsumbildung trat nach Einsetzung der Landesmilitäradministration in ihr entscheidendes Stadium. Bereits am 10. Juli führte der Chef der SMATh Aussprachen mit den Mitgliedern des Regierungskollegiums. Am gleichen Abend fand in ihrem Stab eine Besprechung mit Vertretern der KPD und der SPD über den Aufbau der Verwaltung in Thüringen statt. Zugegen war auch der Oberbürgermeister von Gera, Dr. Rudolf Paul, der von dem Beauftragten des ZK der KPD für Thüringen, Georg Schneider, als Kandidat für das Amt des Landespräsidenten vorgeschlagen worden war. Eine Vorentscheidung fiel bereits einen Tag später in einer Besprechung des Stabes der SMATh mit dem Politischen Berater der SMAD, Generaloberst Semjonow. Von deutscher Seite nahm nur Georg Schneider daran teil, der sich entschieden gegen Brill als Landespräsident aussprach. Nachdem am 12. Juli eine interne Unterredung zwischen dem Chef der SMATh, dem noch amtierenden Regierungspräsidenten und dem Geraer Oberbürgermeister stattgefunden hatte, fiel am 14.

Juli die endgültige Entscheidung über die Berufung von Dr. Rudolf Paul zum Präsidenten des Landes Thüringen.

Zuvor hatte es aber noch von seiten der politischen Parteien verschiedene Aktivitäten im Hinblick auf eine Umbildung der Landesverwaltung gegeben. Diese Frage führte sogar zu einer ernsthaften Krise in den Beziehungen zwischen den Landesleitungen von KPD und SPD, nachdem diese seit dem 6. Juli in erste Verhandlungen über die Organisation der politischen Zusammenarbeit zwischen beiden Arbeiterparteien eingetreten waren. Der Landesvorstand der SPD erbat sich am 10. Juli bei der Bezirksleitung der KPD Unterstützung für die Fortführung der Regierungsgeschäfte durch Brill. Mit einer entsprechenden Entschließung trat er am 12. Juli an den Chef der SMATh heran. Am gleichen Tag wandten sich die vorläufigen Leitungen der Demokratischen Partei und der Zentrumspartei in Weimar, da eine Neugründung im Landesmaßstab noch nicht erfolgt war, mit einem Schreiben an die SMATh, um die Kandidatur des bisherigen Regierungspräsidenten zu unterstützen. Die Entscheidung der sowjetischen Besatzungsorgane fiel jedoch gegen Brill. Sein politisches Programm für den Neuaufbau, begründet im »Manifest der demokratischen Sozialisten des ehemaligen Konzentrationslagers Buchenwald«, dessen darin enthaltenes Bekenntnis zum Sozialismus nach Auffassung der KPD mit bürgerlichen und sozialreformistischen Zielstellungen gemischt war, bot ihnen auch deshalb genügend Angriffsfläche, weil es nicht den Auffassungen des Berliner Zentralausschusses der SPD entsprach. Außerdem war Brill ein entschiedener Gegner der Einheit der Arbeiterbewegung unter kommunistischem Diktat.

Am 16. Juli wurde die neue Verwaltung des Landes Thüringen von der SMATh eingesetzt. [Dokument 27] In einer Nachtsitzung in Weimar wurde zuerst der Befehl über die Errichtung der SMATh bekanntgegeben. Dann setzte Gardegeneraloberst Tschuikow »im Namen und auf Befehl des Marschalls der Sowjetunion, Shukow, dem Hauptchef der Sowjetischen Militär-Administration und Oberbefehlshaber der sowjetischen Besatzungstruppen Deutschlands, eine neue Verwaltung des Landes Thüringen ein mit folgender Maßgabe: 1.) Präsident des Landes Thüringen Dr. Rudolf Paul, 2.) 1. Vizepräsident Herr Ernst Busse, 3.) 2. Vizepräsident Dr. Georg Appell, 4.) 3. Vizepräsident Dr. Max Kolter.« Damit hatte die Tätigkeit der von der USA-Besatzungsmacht am 9. Juni 1945 eingesetzten Regierung der Provinz Thüringen unter Dr. Hermann L. Brill ihr Ende gefunden. Ein neuer und erster Schritt zum Aufbau einer von der KPD bestimmten antifaschistisch-demokratischen Staatsmacht in Thüringen war getan.

Obwohl die seit 12. Juni 1945 tätige Regierung der Provinz Thüringen aus Mitgliedern aller antifaschistischen Parteien gebildet worden war, erhielt das neue Bündnis unter kommunistischem Führungsanspruch mit der von der SMATh eingesetzten Landesverwaltung seine nunmehrige politisch-staatliche Gestalt. Im Präsidium der seit 16. Juli 1945 amtierenden Landesverwaltung war der künftige Block der antifaschistisch-demokratischen Parteien verkörpert. Dem vor 1933 der Demokratischen Partei zugehörigen, nun aber offiziell parteilos gebliebenen Landespräsidenten Dr. Paul stand als 1. Vizepräsident der Kommunist Ernst Busse zur Seite. Der 2. Vizepräsident, Dr. Georg Appell, wurde von der SPD gestellt, während der 3. Vizepräsident, Dr. Max Kolter, vor 1933 der Zentrumspartei und nunmehr der neu gegründeten CDU angehörte. Wie alle anderen Landes- und Provinzialverwaltungen in der Sowjetischen Besatzungszone war die thüringische Landesverwaltung ihrem Charakter nach eine provisorische demokratische Koalitionsregierung. Sie stützte sich auf die gemeinsamen politischen und sozialen Interessen aller zugelassenen Parteien, wobei das politische Programm des Neuaufbaus nunmehr von der KPD im Einklang mit der Besatzungsmacht dominiert wurde.

Im Juli 1945 stand die neue Landesverwaltung von Thüringen jedoch noch am Anfang dieses Entwicklungsprozesses. Aufbau und Wirksamkeit der neugeschaffenen Organe der Landesverwaltung vervollkommneten sich erst durch den Fortgang der grundlegenden und auf die Veränderung der Eigentumsverhältnisse gerichteten Umwälzungen, die in allen Bereichen des gesellschaftlichen Lebens in Angriff genommen wurden. Der Neuaufbau der Landesverwaltung in Thüringen 1945 stand am Beginn eines Prozesses, in dem neue Macht- und Besitzverhältnisse geschaffen wurden, die als »Diktatur des Proletariats« in die Gründung der Deutschen Demokratischen Republik einflossen.

Unter den veränderten politischen Bedingungen in der Sowjetischen Besatzungszone waren auch dem weiteren Wirken des »Thüringen-Ausschusses« Grenzen gesetzt. Nach der Zulassung politischer Parteien auf der Grundlage des Befehls Nr. 2 der Sowjet-Militär-Administration in Deutschland vom 10. Juni 1945 konstituierten sich die thüringischen Parteiorganisationen der SPD (8. Juli 1945), der KPD (15. Juli 1945) und der beiden bürgerlich-demokratischen Parteien - CDU (22. Juli 1945) und Demokratische Partei (später Liberaldemokratische Partei) Thüringens (29. Juli 1945) - im Landesmaßstab. Damit war zugleich der Weg frei, nach Berliner Vorbild auch in Thüringen zur Bildung eines Landesblocks der antifaschistisch-demokratischen Parteien überzugehen, der am 17. August 1945 von den Thüringer Leitungen von KPD und SPD sowie der Demokratischen Partei Thüringens und der CDU geschaffen wurde. Damit war wie in allen anderen Ländern der Sowjetischen Besatzungszone ein neues Organ der Vertretung der politischen Parteien entstanden, das eine parlamentsähnliche Kontrollfunktion gegenüber der mit legislativen und exekutiven Befugnissen ausgestatteten Landesverwaltung ausüben sollte.

Die 1933 unterbrochene parlamentarische Tradition in Thüringen wurde erst 1946 mit den Gemeindewahlen (8. September) und den Landtags- und Kreistagswahlen (20. Oktober) fortgesetzt. Danach entstand ein neuer Behördenaufbau in der Landesverwaltung, indem wieder Ministerien gebildet wurden und ein Ministerpräsident an die Spitze der Landesregierung trat. Die auf dieser Verwaltungsorganisation basierende föderale Struktur im Osten Deutschlands wurde 1952 mit der Auflösung der Länder in der inzwischen aus der Sowjetischen Besatzungszone gebildeten Deutschen Demokratischen Republik zerschlagen.

[Volker Wahl]

Verwaltungsreform 1952 und Auflösung des Landes

Der Föderalismus existierte auf dem Gebiet der Sowjetischen Besatzungszone (SBZ) bzw. der nachfolgenden Deutschen Demokratischen Republik nur für kurze Zeit. Die Entwicklung, welche im Jahre 1952 zur Bildung von 14 Bezirken und damit zur faktischen Zerschlagung der bis dahin bestehenden Länder Brandenburg, Mecklenburg-Vorpommern, Sachsen, Sachsen-Anhalt und Thüringen führte, beruhte fast ausschließlich auf überregionalen Determinanten. Sie ist daher nur noch bedingt als eigenständiges Kapitel der Landesgeschichte Thüringens anzusehen. Mit dem Ende des zweiten Weltkrieges mußte Deutschland seine politische Souveränität zunächst an die alliierten Siegermächte abtreten. Je stärker das Verhältnis zwischen der Sowjetunion und den Westmächten ab 1947 zum sogenannten »Kalten Krieg« eskalierte, desto mehr wurde Deutschland zum Spielball der machtpolitischen Interessen dieser Staaten. Die Grenze zwischen der östlichen und westlichen Besatzungszone Deutschlands entwickelte sich zur Trennlinie zweier politischer Weltsysteme. Im Jahre 1949 wurde die deutsche Zweistaatlichkeit begründet, die sich zunehmend verfestigte. Die DDR wurde zu einem Vorposten des Sowjetsystems ausgebaut. Der Zentralismus als ein konstituierendes Element dieses Systems höhlte die ursprünglich föderale Struktur der DDR in mehreren Entwicklungsschritten vollständig aus. Als die 2. Parteikonferenz der SED im Jahre 1952 den Aufbau des Sozialismus in der DDR verkündete und damit einhergehend eine grundlegende Verwaltungsreform beschloß, waren die Länder lediglich noch geographische Begriffe, die ihre politische Eigenständigkeit längst verloren hatten.

Bis zur Gründung der DDR am 7. Oktober 1949 stellten die Länder auf dem Gebiet der SBZ die höchsten staatlichen Instanzen dar. Für die Bewältigung der dringendsten Nachkriegsprobleme bildeten sie zunächst den geeignetsten Rahmen; zudem verboten die noch gesamtdeutschen Politikziele und die staatliche Struktur in den westlichen Besatzungszonen eine grundlegende Abweichung vom föderalen System gleichsam von selbst. Die Sowjetische Militär-Administration in Deutschland (SMAD) als oberstes Machtorgan räumte den Ländern sowie Kreisen und Gemeinden als kommunalen Gebietskörperschaften zunächst umfassende Selbstverwaltungsrechte ein, ohne hierbei jedoch nahtlos an die Rechtsordnung der Weimarer Republik anzuknüpfen. Zwar wurde Thüringen in Artikel 1 der am 20. Dezember 1946 verabschiedeten Landesverfassung - analog zu den Verfassungen der anderen Länder und Provinzen der SBZ - als »Glied der Deutschen Demokratischen Republik« bezeichnet. Damit wurde allerdings kein Unterstellungsverhältnis zu dem erst 1949 gegründeten Teilstaat vorweggenommen, sondern vielmehr einer gesamtdeutschen Option Ausdruck verliehen.

Obwohl die Landesverfassungen sowie auch die 1946 erlassenen Kreis- und Gemeindeordnungen in Abschwächung des Prinzips der Gewaltenteilung bereits Ansätze zur Vereinigung von legislativer und exekutiver Macht aufwiesen, bedeutete dies noch keine wesentliche Einschränkung des Handlungsspielraumes der Länder innerhalb der von der SMAD gesetzten Grenzen. Als Beispiel für gewisse rechtsstaatliche Sonderentwicklungen in Thüringen seien das Wiedergutmachungsgesetz vom 14. September 1945 sowie die Wiedereinführung der anfangs uneingeschränkten Verwaltungsgerichtsbarkeit genannt. Die durch Befehl Nr. 17 der SMAD vom 27. Juli 1945 in Berlin gebildeten und ursprünglich für Gesamtdeutschland vorgesehenen Deutschen Zentralverwaltungen stellten noch keinen zwingenden Vorgriff auf einen zentralistischen Staatsaufbau dar, da sie als Koordinierungsbehörden anfänglich nur geringe Befugnisse gegenüber den Ländern und Provinzen besaßen. Erste Eingriffe der Zentralverwaltungen in die Länderkompetenzen veranlaßten am 29. Oktober 1945 einen Protest des Thüringer Landespräsidenten Dr. Rudolf Paul gegenüber dem Chef der SMAD, dem zu diesem Zeitpunkt noch entsprochen wurde.

Wegweisend für die politische Entwicklung in den Ländern und Provinzen der SBZ war das Ergebnis der am 20. Oktober 1946 durchgeführten Landtagswahlen. Aus ihnen ging die von der SMAD favorisierte SED überall als stärkste Partei hervor; in Thüringen verfügte sie zusammen mit der von ihr dominierten Vereinigung der gegenseitigen Bauernhilfe, einer zur Landtagswahl zugelassenen gesellschaftlichen Organisation, auch über die absolute Mehrheit der Landtagsmandate. Die Besetzung von Schlüsselpositionen in den Landesregierungen durch die SED und die sukzessive Ausschaltung oppositioneller Kräfte in den bürgerlichen Parteien CDU und LDP schufen das Transmissionselement, mittels dessen die SMAD ihre von den jeweiligen deutschlandpolitischen Konstellationen abhängige Politik in den

Ländern durchsetzte. Je stärker sich die SED zu einer straff zentralistisch strukturierten »Partei neuen Typus« nach sowjetischem Vorbild entwickelte, desto mehr kamen in der von ihr beherrschten Verwaltung in der SBZ antiföderalistische Tendenzen zum Tragen.

Der II. Parteitag der SED im September 1947 beschloß den Übergang zur Planwirtschaft in der SBZ und begründete dies mit dem hohen Anteil des staatlichen Sektors in der Industrieproduktion, der auf die Sequestrierung und Enteignung der Großindustrie im Zuge der Entnazifizierungsmaßnahmen zurückging. Im Dezember 1948 entfielen bereits 50,2 % des Arbeitskräftepotentials der Thüringer Wirtschaft auf Staatsbetriebe in der Form von Volkseigenen Betrieben (VEB). Die im Juni 1947 gebildete Deutsche Wirtschaftskommission (DWK) erarbeitete im Anschluß an einen für die gesamte SBZ verbindlichen Halbjahresplan für 1948 nunmehr einen Zweijahresplan für 1949 bis 1950. Der dem Übergang zu einer langfristigen und zentralen Planwirtschaft immanente Widerspruch zum Wesen des föderalen Staatsaufbaus der SBZ wurde deutlich, als die DWK durch Befehl Nr. 32 der SMAD vom 12. Februar 1948 neu strukturiert und vor allem mit einer faktischen Gesetzesbefugnis gegenüber den Zentralverwaltungen und den Ländern ausgestattet wurde. Somit erhielt die DWK gewissermaßen den Rang einer SBZ-Wirtschaftsregierung. Da sich das ursprünglich auf den wirtschaftlichen Sektor begrenzte Weisungsrecht der DWK gegenüber den Ländern immer mehr auch auf andere politische Bereiche ausdehnte, entwickelten sich die Landesverwaltungen zunehmend zu bloßen Exekutivorganen der DWK. Damit einhergehend wurde das Gesetzgebungsrecht der Landtage schrittweise beschnitten.

Der Föderalismus in der SBZ war somit bereits ab Februar 1948 im Niedergang begriffen. Ihren äußeren Ausdruck fand diese Entwicklung in der Neustrukturierung der Wirtschaftsverwaltungen der Länder unter weitgehender Anpassung an den Aufbau der DWK. Die Länder hatten durch die im April 1948 erfolgte Bildung zentralgeleiteter Vereinigungen Volkseigener Betriebe unter Zusammenfassung ehemals landeseigener Betriebe ohnehin die Verfügungsgewalt über einen Großteil ihres Wirtschaftseigentums verloren. Dieses Vordringen zentralstaatlicher Elemente war auf eine Wende in der Strategie der SED sowie grundlegend veränderte deutschlandpolitische Konstellationen zurückzuführen.

Hatte die KPD/SED noch im Jahre 1946 die Möglichkeit eines »besonderen deutschen Weges zum Sozialismus« unter Verzicht auf Übernahme des sowjetischen Modells propagiert, so vollzog sie 1948 eine Hinwendung zur Sowjetisierung und Adaption der Stalinschen Sozialismuskonzeption. Dies ging einher mit der zunehmenden Konfrontation zwischen der Sowjetunion und den westlichen Besatzungsmächten, die vorläufig in der Berlin-Blockade in Reaktion auf die am 20. Juni 1948 in den Westzonen sowie den Westsektoren Berlins durchgeführte Währungsreform gipfelte. Die gegensätzlichen Konzeptionen der UdSSR und der Westalliierten in der Deutschlandpolitik mündeten schließlich in die Gründung der Bundesrepublik Deutschland und der Deutschen Demokratischen Republik im Jahre 1949.

In der am 7. Oktober 1949 von der Provisorischen Volkskammer in Kraft gesetzten Verfassung der DDR wurde zwar die Existenz von fünf Ländern festgeschrieben, gleichzeitig aber deren politische Eigenständigkeit bereits stark eingeschränkt. Die Gesetzgebungsbefugnis der Länder war für wichtige Gebiete (z. B. Arbeitsrecht, Gerichtswesen) auf die DDR übergegangen und die Länder konnten mit dem Vollzug von DDR-Gesetzen beauftragt werden. Durch die Ansiedlung der Abgabenhoheit bei der DDR-Regierung wurde der finanzielle Handlungsspielraum der Länder begrenzt. Der Kompetenzverlust der Länder in ihrer verfassungsrechtlichen Stellung als Glieder eines Einheitsstaates konnte bei weitem nicht dadurch ausgeglichen werden, daß die Länderkammer der DDR mit eigener Gesetzgebungsinitiative und lediglich aufschiebendem Vetorecht gegen Republikgesetze (von dem sie nie Gebrauch machte) ausgestattet war. Indem die Verfassung der DDR die Volkskammer als »höchstes Organ der Republik« bezeichnete, war dies ein weiterer Schritt zur Einheit von Legislative, Exekutive und Jurisdiktive und damit zur Abkehr von der klassischen Gewaltenteilung.

Der endgültige Übergang zur langfristigen und zentral gelenkten Wirtschaftsplanung mit der Verabschiedung des Fünfjahrplanes 1951 bis 1955 durch den III. Parteitag der SED im Juni 1950 und die politische Gleichschaltung mittels Wahlen auf der Grundlage von SED-gesteuerten Einheitslisten der Nationalen Front am 15. Oktober 1950 stellten die in der DDR-Verfassung garantierte Existenz der Länder zunehmend in Frage. Die Landtage und Landesregierungen sanken immer mehr zu nachgeordneten Organen von Volkskammer und DDR-Regierung herab. Einen gewissen Endpunkt dieser Entwicklung markierte das DDR-Gesetz über die Reform des öffentlichen Haushaltswesens vom 15. Dezember 1950. Durch dieses Gesetz verloren die Länder sowie auch Kreise und Gemeinden ihre ohnehin schon beschnittene Finanzhoheit, indem deren bislang formal selbständige Haushalte in den Staatshaushalt der DDR eingingen. Faktisch war damit die Eigenständigkeit der Länder bereits zu Beginn des Jahres 1951 beseitigt. Bei der Verwaltungsreform von 1952 traten sie zwangsläufig nur noch als Objekte übergeordneter Entscheidungen in Erscheinung.

Der expandierende Zentralismus im politischen System der DDR sollte daher bald an die Grenzen der überkommenen Territorial- und Verwaltungsstrukturen stoßen. Ab 1951 übten die Führung von SED sowie die DDR-Regierung in verstärktem Maße Kritik an unzureichender Durchsetzung zentraler Weisungen auf untergeordneten Verwaltungsebenen, an der ausufernden Praxis von Rundschreiben und mangelnder Volksnähe der Behörden, ohne damit nachhaltige Änderungen zu bewirken. Im Ergebnis der 8. Tagung des Zentralkomitees der SED im Februar 1952 erfolgte ab Mitte April 1952 die Umgestaltung der Verwaltung von zwölf Großstädten der DDR, deren Territorium in mehrere Stadtbezirke mit eigenen Verwaltungen (Räte der Stadtbezirke) und Volksvertretungen (Stadtbezirksversammlungen) aufgeteilt wurde. Im Land Thüringen betraf dies die Städte Erfurt (Bildung von fünf Stadtbezirken) und Gera (drei Stadtbezirke). Die prinzipielle Stoßrichtung künftiger Reformen war damit vorgegeben.

Ebenfalls im Frühjahr 1952 begann unter strenger Geheimhaltung die unmittelbare Vorbereitung einer tiefergreifenden Verwaltungsreform, die neben anderen Veränderungen vor allem auf die Zerschlagung der Länder abzielte. Es war für den Charakter dieser Reform bezeichnend, daß sie unter Federführung der Abteilung Staatliche Verwaltung des ZK der SED konzipiert wurde und den Volksvertretungen und Verwaltungsbehörden ihres Bezugsfeldes zunächst keine und später nurmehr formale Mitwirkungsrechte einräumte, soweit sie über das Ausführen zentraler Beschlüsse hinausgingen. Neben der genannten ZK-Abteilung waren eine Arbeitsgruppe des Ministeriums des Innern der DDR sowie die Spitzen der SED-Landesleitungen an den Vorbereitungen der Verwaltungsreform beteiligt.

Am 29. April 1952 faßte das Politbüro der SED einen Beschluß über »Maßnahmen zur Änderung der staatlichen Struktur in der Deutschen Demokratischen Republik«, der erstmals die Grundzüge der Verwaltungsreform deutlich sichtbar werden ließ. [Dokument 28] Auf dem Gebiet der fünf Länder sollten 14 konkret benannte Bezirke mit Bezirkstagen und Räten der Bezirke als Volksvertretungen bzw. Verwaltungsorganen gebildet werden. Damit ging die Aufgliederung und teilweise Neubildung von Landkreisen einher, wodurch sich deren Gesamtzahl erhöhen sollte. Obwohl man die detaillierte Grenzziehung der neuen Verwaltungseinheiten einer zentralen Regierungskommission übertrug, waren mit diesem Politbüro-Beschluß Vorgaben formuliert, die dann auch bis auf eine Ausnahme (Bezirk Cottbus statt Neuruppin) ihre praktische Umsetzung fanden.

Das am 30. Mai 1952 auf Beschluß des Sekretariates des ZK der SED gebildete »Zentrale Organisationskomitee zur Durchführung des Beschlusses über die Neugliederung der Bezirke und Kreise«, als Organ der SED in seiner personellen Zusammensetzung mit der zentralen Regierungskommission nahezu identisch, leitete den Übergang von der Konzipierung zur Realisierung der Verwaltungsreform ein. Als Vorsitzender beider Gremien fungierte Werner Eggerath, seit 1947 Ministerpräsident des Landes Thüringen. Eggerath stand daneben im Range eines Staatssekretärs an der Spitze der am 9. Mai 1952 geschaffenen Koordinierungs- und Kontrollstelle für die Arbeit der Verwaltungsorgane, die dem DDR-Ministerrat direkt unterstellt war und als Bindeglied zwischen DDR-Regierung und den Ländern tätig werden sollte. In dieser Eigenschaft fungierte die Koordinierungs- und Kontrollstelle als zentrales Steuerungsorgan der Verwaltungsreform. Dem zentralen Apparat zur Durchführung der territorialen und verwaltungspolitischen Umgestaltung waren entsprechende Komitees, Kommissionen und Unterkommissionen auf Länder-, Bezirks- und Kreisebene nachgeordnet, wobei die SED schon frühzeitig die Anpassung ihrer eigenen Organisationsstruktur sowie jener der von ihr gelenkten Massenorganisationen an die neuen Verhältnisse vorbereitete.

Neben der organisatorischen Durchführung bedurfte die Verwaltungsreform der juristischen Flankierung durch ein System von Gesetzen und Verordnungen, bei dessen Erarbeitung die Abteilung Staatliche Verwaltung des ZK der SED auch vor der Aufgabe stand, verfassungsrechtliche Probleme der geplanten Bezirksbildung zu umgehen. [Dokument 29] Nachdem die SED-Führung den gesetzlichen Grundlagen für die Verwaltungsreform ihre Zustimmung erteilt hatte, wurden auf einer Sitzung des Zentralen Demokratischen Blocks am 7. Juli 1952 erstmals auch die Vertreter der Blockparteien von Ministerpräsident Otto Grotewohl über die bevorstehenden territorialen und verwaltungsorganisatorischen Umgestaltungen informiert. Somit vor vollendete Tatsachen gestellt, blieb den bereits weitgehend SED-konformen Führungen der Blockparteien zur Wahrung eines demokratischen Anstrichs nur noch ihre Einverständniserklärung übrig. Obwohl die Blockparteien den Auftrag erhielten, personelle Vorschläge für die Besetzung der neuen Verwaltungen und Volksvertretungen auf Bezirks- und Kreisebene zu unterbreiten, war auch diese Mitwirkungsmöglichkeit von vornherein eingeschränkt, da der Parteienproporz für die Mandatsverteilung in den Bezirks- und Kreistagen sowie die Besetzung der Vorsitzenden und Sekretäre der Räte der Bezirke nach Richtlinien der SED bereits feststanden. Neuwahlen der Volksvertretungen waren nicht vorgesehen. Die Schlüsselpositionen der Vorsitzenden und Sekretäre der Räte der Bezirke blieben ausschließlich SED-Mitgliedern vorbehalten; der Modus für die Mandatsverteilung in den Bezirks- und Kreistagen (je ein Drittel der Mandate für SED, Blockparteien und Massenorganisationen) führte zu einer Benachteiligung der CDU und LDPD zugunsten der Massenorganisationen (u.a. FDGB und FDJ) sowie der Demokratischen Bauernpartei Deutschlands und der Nationaldemokratischen Partei Deutschlands. Die von der SED beanspruchte Vorherrschaft wurde somit weiter ausgebaut. [Dokument 30]

Vom 9. bis 12. Juli 1952 tagte in Berlin die 2. Parteikonferenz der SED. Der auf ihr von SED-Generalsekretär Walter Ulbricht verkündete planmäßige »Aufbau des Sozialismus« in der DDR beinhaltete auch die Durchführung der Verwaltungsreform, die mit der Rede von Ministerpräsident Otto Grotewohl am 10. Juli 1952 erstmals der Öffentlichkeit bekanntgemacht wurde. Durch ihre Einbettung in die am sowjetischen Modell orientierte Sozialismuskonzeption erhielt diese Reform durchaus eine deutschlandpolitische Dimension, indem sie zur Verfestigung der deutschen Zweistaatlichkeit beitrug. Eine derartige Entscheidung lag außerhalb des autonomen Handlungsspielraumes der SED und bedurfte der Zustimmung durch die Sowjetunion. Diese lag erst vor, als durch die ablehnende Haltung der Westmächte gegenüber der »Stalin-Note« vom 10. März 1952, die auf die Bildung eines unabhängigen und neutralen Gesamtdeutschland abzielte, die Einheit Deutschlands in vorerst weite Ferne gerückt war. Um die tiefgreifenden Folgen der Verwaltungsreform zumindest verbal zu verschleiern, wurde sowohl auf der 2. Parteikonferenz als auch in späteren offiziellen Verlautbarungen von einer »grundsätzlichen Aufrechterhaltung der Länder« auch nach Bildung der neuen Bezirke gesprochen.

Nach den Grundsatzentscheidungen der 2. Parteikonferenz und während des bereits angelaufenen Prozesses der Bezirksbildung sowie der Neugliederung der Landkreise verabschiedeten Volkskammer und Länderkammer der DDR am 23. Juli 1952 einstimmig das »Gesetz über die weitere Demokratisierung des Aufbaus und der Arbeitsweise der staatlichen Organe in den Ländern der Deutschen Demokratischen Republik«. Die darin nur allgemein formulierten Grundzüge der Verwaltungsreform wurden in den am 25. Juli durch die Landtage der DDR angenommenen Landesgesetzen für das jeweilige Territorium präzisiert. Auch der Thüringer Landtag nahm das »Gesetz über die weitere Demokratisierung des Aufbaus und der Arbeitsweise der staatlichen Organe im Lande Thüringen« einstimmig an, das von Innenminister Willy Gebhardt begründet wurde. [Dokument 32] Dieses Gesetz, mit dem die faktische Selbstauflösung des Landes Thüringen vollzogen wurde, beschrieb die territoriale Gliederung der neuen Bezirke Erfurt, Gera und Suhl sowie der Landkreise. Es legte weiterhin fest, daß die Abgeordneten des Landtages ihre Tätigkeit als Volksvertreter in den Bezirkstagen fortzusetzen hatten und die Aufgaben der Landesregierung den Organen der Bezirke übertragen wurden.

Während das »Gesetz über die weitere Demokratisierung des Aufbaus und der Arbeitsweise der staatlichen Organe in der DDR« und die entsprechenden Landesgesetze vorwiegend die territorialstrukturelle Seite der Verwaltungsreform regelten, beinhalteten die am 24. Juli 1952 von der DDR-Regierung erlassene »Ordnung über den Aufbau und die Arbeitsweise der staatlichen Organe der Bezirke« sowie eine analoge Ordnung für die Kreise grundlegende verwaltungstechnische Neuerungen. In diesen Ordnungen, denen das Prinzip des »demokratischen Zentralismus« zugrundelag, kam die politische Zielrichtung der Verwaltungsreform unmittelbar zum Ausdruck. Die formal erweiterten politischen Mitwirkungsrechte der Bevölkerung wurden vor allem durch das Prinzip der doppelten Unterstellung als einem konstituierenden Element des neuen Verwaltungsaufbaus wieder eingeschränkt. So war der Rat des Bezirkes als vollziehendes und verfügendes Organ sowohl dem Bezirkstag als Volksvertretung als auch dem Ministerrat der DDR unterstellt. Gleichermaßen waren die einzelnen Abteilungen des Rates des Bezirkes einerseits an die Weisungen der Ratsführung, andererseits aber auch an die der DDR-Fachministerien oder Staatssekretariate gebunden. Dieses Prinzip setzte sich bis auf die Gemeindeebene fort und sicherte somit einen einheitlichen Befehlszug von der Zentrale bis in die kleinste Verwaltungseinheit.

Auch die Volksvertretungen als »oberste Organe der Staatsgewalt« im jeweiligen Territorium waren Teil eines hierarchischen Systems, an dessen Spitze die Volkskammer der DDR stand. Reale legislative Befugnisse besaßen sie nicht. Da sich das gesetzlich festgeschriebene Unterstellungsverhältnis der Räte unter die Volksvertretungen in der Praxis umkehrte, die Volksvertretungen also faktisch von den Räten angeleitet und kontrolliert wurden, war damit der Niedergang des Parlamentarismus in der DDR vollendet. Die Trennung von Exekutive und Legislative war endgültig beseitigt. Den neugeschaffenen »Ständigen Kommissionen« bei den Volksvertretungen, die eine Kontrollfunktion gegenüber den Räten wahrnehmen sollten, kam lediglich dekorative Bedeutung zu. Der »demokratische Zentralismus«, der den Föderalismus in der DDR faktisch schon seit 1950 vollständig verdrängt hatte, erhielt durch die Verwaltungsreform des Jahres 1952 den passenden strukturellen Wirkungsrahmen, in dem die SED ihre Führungsrolle effektiver wahrnehmen konnte.

Neben der Bildung von 14 Bezirken auf dem Gebiet der DDR wurden die Territorien der Kreise verkleinert und ihre Anzahl durch Neubildungen erhöht (Landkreise: 121 auf 194, Stadtkreise: 22 auf 23). Die dadurch engmaschiger gewordene politisch-administrative Struktur ermöglichte einen wirksameren Durchgriff zentraler Weisungen auf allen Verwaltungsebenen. Der neuen Territorialstruktur lagen neben ihrer übergreifenden politischen Zielrichtung auch jeweils verschieden gewichtete ökonomische, sicherheitspolitische, verwaltungstechnische und geographische Überlegungen zugrunde. [Dokument 31] Für das Land Thüringen kam aufgrund seiner heterogenen Wirtschaftsstruktur die Bildung von Bezirken, in denen ein bestimmter Industriezweig konzentriert war, nicht in Frage. Diese Konzeption, mit der den Erfordernissen der zentralen Planwirtschaft Rechnung getragen und die »Schaffung neuer Zentren der Arbeiterklasse« angestrebt wurde, kam dagegen in einigen Bezirken außerhalb Thüringens zum Tragen (»Kohlebezirk« Cottbus, »Chemiebezirk« Halle). Ein ursprünglich angedachter »Kalibezirk« erwies sich wegen der Streulage der Kalireviere im Südharzgebiet/Sondershausen und um Bad Salzungen als nicht realisierbar. Mit den Bezirken Erfurt, Gera und Suhl wurde die zentrale Vorgabe, das Gebiet jedes Landes der DDR in möglichst drei annähernd gleichgroße Bezirke aufzugliedern, nur teilweise umgesetzt.

Der Bezirk Erfurt mit der größten Stadt Thüringens (seit 1815 Sitz einer preußischen Bezirksregierung, seit 1950/51 Landeshauptstadt) als relativ zentral gelegenem Verwaltungszentrum umfaßte den nördlichen und westlichen Teil Thüringens. Als größter thüringischer Bezirk nach Fläche und Einwohnerzahl wurde sein ökonomisches Profil durch die metallverarbeitende Industrie entlang der Ost-West-Städtelinie von Apolda nach Eisenach sowie die Landwirtschaft des Thüringer Beckens geprägt. Auf dem Gebiet des Bezirkes Erfurt wurden die Kreise Heiligenstadt (durch Teilung des Kreises Worbis), Langensalza (durch Teilung des Kreises Mühlhausen), Sömmerda (nördliche Teile des Landkreises Erfurt, südliche Teile des sachsen-anhaltinischen Kreises Eckartsberga einschließlich der Kreisstadt Kölleda) sowie Apolda (aus Teilen der Landkreise Weimar, Jena und Eckartsberga) wieder- bzw. neu gebildet.

Der im östlichen Teil Thüringens gelegene Bezirk Gera war neben den Bezirken Leipzig und Suhl der flächenmäßig kleinste Bezirk der DDR. Bei einer relativ ausgewogenen Wirtschaftsstruktur wurde er von den Industriestädten Gera und Jena geprägt, wobei der Verwaltungssitz Gera im Nordosten des Bezirkes sehr dezentral gelegen war. Die nordwestliche Randlage von Jena als ebenfalls in Erwägung gezogener Bezirksstadt bot hierzu jedoch keine bessere Alternative. Die Kreise Stadtroda (aus Teilen des Landkreises Jena), Eisenberg (aus Teilen des Landkreises Jena und dem südlichen Teil des sachsen-anhaltinischen Kreises Naumburg), Pößneck (südlicher Teil des Landkreises Jena und nordöstlicher Teil des Kreises Saalfeld) sowie Lobenstein und Zeulenroda (beide aus Teilen des Kreises Schleiz und kleineren sächsischen Gebieten) wurden hier neu gebildet.

Der Bezirk Suhl als südwestlichster und flächenmäßig kleinster Bezirk der DDR war in den ersten Planungen für die Verwaltungsreform noch nicht vorgesehen. Hier ging man von einer Zweiteilung Thüringens in die Bezirke Erfurt und Gera aus, wobei der Bezirk Erfurt jedoch mit 21 Kreisen erheblich die zentral vorgegebene Orientierungsgröße (12 bis 15 Kreise pro Bezirk) überschritten hätte. Andererseits wurde auch im Bezirk Suhl mit seinen acht Landkreisen diese Vorgabe nicht annähernd erfüllt. Es verdeutlicht die Widersprüchlichkeit und Inkonsequenz vieler Entscheidungen der Verwaltungsreform, daß die Schaffung des Bezirkes Suhl auch der Bestrebung entgegenlief, möglichst große Abschnitte der DDR-Staatsgrenze in einem Bezirk zu konzentrieren (wie dies mit dem »Küstenbezirk« Rostock realisiert wurde). Im Bezirk Suhl wurde ein großer Teil des Thüringer Waldes sowie der Rhön zusammengefaßt. Neben der Forstwirtschaft bestimmten hier die über den gesamten Bezirk verteilte metallverarbeitende Kleinproduktion (mit der renommierten Jagdwaffenherstellung in Suhl) sowie der Kaliabbau im Werragebiet die ökonomische Struktur.

Daß bei der Bezirksbildung die Berücksichtigung territorialgeschichtlicher Traditionen eine insgesamt untergeordnete Rolle spielte, zeigte die vieldiskutierte Entscheidung für die Stadt Suhl als Bezirksverwaltungszentrum. Für diese Funktion hätte sich aufgrund ihrer vorhandenen Infrastruktur die alte Residenzstadt Meiningen angeboten, die jedoch wegen ihrer Grenznähe aus Sicherheitserwägungen letztendlich nicht als Bezirksstadt in Frage kam. Darüber hinaus sollte mit Suhl ein »neues Zentrum der Arbeiterklasse« entstehen, wofür Meiningen nicht über die notwendige industrielle Basis verfügt hätte. Im Bezirk Suhl erfuhr die hergebrachte Kreisstruktur im Vergleich zu den anderen DDR-Bezirken die geringfügigsten Änderungen. Lediglich die Kreise Ilmenau (aus der Teilung des im Bezirk Erfurt liegenden Kreises Arnstadt) und Neuhaus am Rennweg (aus dem nördlichen Teil des Kreises Sonneberg und dem südlichen Teil des Kreises Rudolstadt, Bezirk Gera) enstanden neu. Sonneberg war die einzige Kreisstadt der DDR, die sich im besonders abgeschirmten Sperrgebiet in unmittelbarer Nähe der Grenze zur BRD befand, was auch die Teilung des alten Kreisterritoriums erforderlich machte.

Die Bildung des Bezirkes Suhl sowie der Übergang des ostthüringischen Kreises Altenburg an den Bezirk Leipzig (wo aus Teilen seines Gebietes der Kreis Schmölln entstand) waren die gravierendsten Einschnitte in die Territorialstruktur im Zuge der Verwaltungsreform auf dem Gebiet des Landes Thüringen. Einige Gebietsveränderungen an den Grenzen zu Sachsen und Sachsen-Anhalt besaßen dagegen zweitrangige Bedeutung. Während das Land Thüringen im Jahre 1945 insgesamt 15 634,15 km^2 umfaßte, betrug die Gesamtfläche der Bezirke Erfurt, Gera und Suhl 15 137,6 km^2 (Stand 1956). Seit 1950 war Thüringen in 25 Kreise (4 Stadtkreise, 21 Landkreise) gegliedert; auf dem Gebiet der drei Nachfolgebezirke bestanden im Jahre 1952 insgesamt 36 Kreise (vier Stadtkreise, 32 Landkreise). Die Erhebung der Bezirksstadt Suhl zur kreisfreien Stadt im Jahre 1967 blieb bis zur Neubildung der Länder im Jahre 1990 die einzige wesentliche Veränderung der aus der Verwaltungsreform von 1952 auf dem Gebiet Thüringens entstandenen verwaltungspolitischen Gliederung.

Die organisatorische Durchführung der Verwaltungsreform warf angesichts der relativ kurzen Vorlaufzeit sowie der zahlreichen hiermit befaßten Organisationskomitees und Kommissionen erhebliche bürokratische, materielle und personelle Probleme auf. Obwohl bei der Auswahl der neuen Bezirks- und Kreisstädte vielfach auf traditionelle Verwaltungszentren oder auch alte Residenzstädte zurückgegriffen werden konnte, war vor allem die Bereitstellung von Verwaltungsgebäuden und Wohnungen angesichts der sieben Jahre nach Kriegsende noch stark dezimierten Substanz äußerst schwierig. Die Stellenbesetzung in der Verwaltung kam teilweise nur schleppend voran. Diese Situation wurde noch dadurch verschärft, daß neben den staatlichen Behörden und Volksvertretungen auch alle Parteien und gesellschaftlichen Organisationen ihre Strukturen den Vorgaben der Verwaltungsreform anpassen mußten. Das hochgesteckte Ziel, durch die Reform Kosten und Personal einzusparen, wurde mit Erreichen des Gegenteils absolut verfehlt.

Am 1. August 1952 konstituierten sich die Bezirkstage Erfurt (75 Abgeordnete), Gera (69 Abgeordnete) und Suhl (61 Abgeordnete) und »wählten« die bereits auf zentraler Ebene bestätigten Vorsitzenden der Räte der Bezirke (Erfurt: Willy Gebhardt, Gera: Lydia Poser, Suhl: Fritz Sattler). Die am 4. Dezember 1952 vom DDR-Ministerrat erlassene »Verordnung zur Änderung von Bezirks- und Kreisgrenzen« war das Ergebnis der insgesamt verhaltenen und nie prinzipiell geführten Diskussion der neuen Gebiets- und Verwaltungsstruktur in der Bevölkerung. Die Verordnung änderte die Bezirks- und/oder Kreiszugehörigkeit von insgesamt 183 Gemeinden; auf dem Gebiet der drei Thüringer Bezirke waren 45 Gemeinden hiervon betroffen.

Im Frühjahr 1953 hatte die Bildung der Bezirke ihren organisatorischen Abschluß erreicht. Die Länder auf dem Gebiet der DDR führten jedoch aus deutschlandpolitischen Erwägungen heraus trotz ihrer faktischen Zerschlagung eine fiktive verfassungsrechtliche Existenz weiter. Die Verfassungen der Länder waren nicht aufgehoben worden und auch die DDR behielt über das Jahr 1952 hinaus unverändert ihre föderale Verfassung von 1949 bei. Gemäß der »Bekanntmachung über die einheitliche Bezeichnung der örtlichen Organe der Staatsgewalt« vom 16. August 1952 war hinter der Bezeichnung einer Bezirksbehörde in Klammern das Land hinzuzufügen, auf dessen Gebiet der betreffende Bezirk lag, z. B. »Rat des Bezirkes Erfurt (Land Thüringen)«.

Als institutionelles Bindeglied zur bundesstaatlich verfaßten BRD blieb auch die Länderkammer der DDR bestehen. Als deren erste Legislaturperiode im November 1954 abgelaufen war, fokussierte in dem Verfahren zur Neuwahl ihrer Abgeordneten die ganze verfassungsrechtliche Widersprüchlichkeit der Verwaltungsreform von 1952. Laut Verfassung der DDR mußten die Abgeordneten der Länderkammer von den Landtagen gewählt werden, die im November 1954 allerdings nicht mehr existierten. So traten statt dessen die Bezirkstage der Nachfolgebezirke der Länder zwecks Wahl der Länderkammer-Abgeordneten zu gemeinsamen »Länderversammlungen« zusammen. Nachdem die deutsche Teilung infolge des Beitritts der DDR und BRD zum Warschauer Pakt bzw. zur NATO in ein qualitativ neues Stadium getreten war, wurde die Länderkammer als überflüssig betrachtet. Ihre Mitglieder waren im Herbst 1958 ohnehin in eindeutig verfassungswidriger Weise direkt von den einzelnen Bezirkstagen gewählt worden. Das Auflösungsgesetz vom 8. Dezember 1958 beendete schließlich die Existenz der Länderkammer der DDR, die zeit ihres Bestehens kaum mehr als ein Repräsentationsorgan ohne wirklichen Einfluß gewesen war. Doch erst mit der neuen Verfassung der DDR aus dem Jahre 1968 verschwanden auch die letzten staatsrechtlichen Rudimente des Föderalismus. In Artikel 1 dieser Verfassung wurde nun die führende Rolle der SED festgeschrieben, deren Durchsetzung letztendlich das Wesen der Länderauflösung im Jahre 1952 bestimmt hatte.

[Dieter Marek]

Neubildung des Landes 1990

Wie schon der Gründung des Landes Thüringen im Jahre 1920 gingen auch seiner 70 Jahre später erfolgten Neubildung systemverändernde politische Umwälzungen voraus. Die Mitte der 80er Jahre einsetzende Erosion des kommunistischen Herrschaftsbereiches in Mittel-

und Osteuropa griff im Jahr 1989 auf die DDR über. Mit den im Herbst 1989 in Leipzig und anderen ostdeutschen Städten stattfindenden Massendemonstrationen unter dem Motto »Wir sind das Volk« begann der Zusammenbruch des SED-Staates. Die Öffnung der Grenzen zur Bundesrepublik Deutschland ab dem 9. November dieses Jahres ließ Ansätze zu einer Reform des politischen Systems der DDR bald hinter das Ziel der deutschen Wiedervereinigung zurücktreten. Eine massive Ausreise- und später Übersiedelungswelle in die Bundesrepublik schuf Sachzwänge für die politischen Entscheidungsträger, die dem Umwälzungsprozeß eine ständig anwachsende Dynamik verliehen. Auch im Ablauf der Neubildung des Landes Thüringen sowie der anderen vier Länder in der DDR als einem Teilkomplex der deutschen Wiedervereinigung spiegelte sich diese Dynamik wider. Die 14 Verwaltungsbezirke, mit deren Bildung im Jahre 1952 die faktische Auflösung der Länder in der DDR einherging, hatten in der Bevölkerung nie identitätsbildend gewirkt und waren 1989 als Erbe der zentralistischen SED-Diktatur moralisch diskreditiert. In ihrer neuerrungenen politischen Freiheit artikulierten die Bürger nachdrücklich ihr Selbstverständnis als Angehörige der zwar administrativ beseitigten, im Bewußtsein aber immer lebendig gebliebenen Länder und historischen Kulturlandschaften im Osten Deutschlands. Die über Jahrzehnte unerreichbar geglaubte, nun aber in geradezu atemberaubenden Tempo greifbar gewordene deutsche Einheit setzte auch die Wiedereinführung föderaler Strukturen in der DDR auf die politische Tagesordnung. Mit dem Ländereinführungsgesetz vom 22. Juli 1990 und dem zum 3. Oktober 1990 erfolgten Beitritt der DDR zum Geltungsbereich des Grundgesetzes für die Bundesrepublik Deutschland wurde die Neugründung der Länder Brandenburg, Mecklenburg-Vorpommern, Sachsen, Sachsen-Anhalt und Thüringen vollzogen. Sie sind seitdem gleichberechtigte Glieder eines föderalistisch verfaßten demokratischen Staatswesens, das sich nun den Herausforderungen des europäischen Einigungsprozesses stellen muß.

Da die Länder als staatsrechtliche Subjekte in der DDR nicht mehr existierten, konnte ihre Wiedereinführung nur durch ein von der DDR-Volkskammer als einziger rechtssetzender Instanz verabschiedetes Verfassungsgesetz erfolgen. Obwohl der im November 1989 umgebildete DDR-Ministerrat unter Hans Modrow (SED) zunächst nur eine Verwaltungsreform unterhalb der Bezirksebene für erforderlich hielt, wurde die Bildung von Ländern durch die Parteien und politschen Gruppierungen außerhalb der SED bzw. SED-PDS sowie nicht zuletzt infolge des Drucks der öffentlichen Meinung zur Tagesforderung. Auf den auch in den drei Thüringer Bezirken Erfurt, Gera und Suhl regelmäßig durchgeführten Bürgerdemonstrationen für eine Forcierung der Reformen in der DDR, die schon bald durch den Ruf nach schnellstmöglicher Wiedervereinigung geprägt wurden, kam das Verlangen nach Ablösung der zentralistischen Bezirksstrukturen durch eine Neubildung des Landes Thüringen zum Ausdruck. Dies wurde flankiert durch entsprechende Meinungsäußerungen in einer schnell expandierenden Medienlandschaft. Über die fortbestehende Bezirksgliederung hinaus bildeten sich auf der Ebene von Parteien, politischen Bewegungen und Interessenverbänden Strukturen im Landesmaßstab. Den Auftakt hierfür bildete die Gründung der Thüringer Landesverbände der CDU, der FDP (in der DDR) sowie der Bürgerbewegung Demokratischer Aufbruch (DA) am 20. Januar 1990. Am 29. März 1990 konstituierte sich dann auch der Thüringer Gemeinde- und Städtebund.

Die am 18. Dezember 1989 eingesetzte Regierungskommission »Verwaltungsreform« beim Ministerrat der DDR hatte dieser Situation Rechnung zu tragen. Zunächst unter Leitung des Stellvertretenden Vorsitzenden des Ministerrates für örtliche Staatsorgane, Peter

Moreth (LDPD), nach den Volkskammerwahlen am 18. März 1990 dann in Verantwortung des dem Bund Freier Demokraten (BFD) angehörenden Ministers für regionale und kommunale Angelegenheiten, Manfred Preiß, befaßten sich dort Vertreter verschiedener Verwaltungszweige sowie Wissenschaftler mit Vorarbeiten für die Bildung von Ländern auf dem Gebiet der DDR. In Vorlagen für die Regierung formulierte die Kommission Vorschläge zur Struktur künftiger Länder sowie zu den Aufgaben der Länderparlamente und -regierungen. Die Regierungskommission bereitete damit die notwendigen gesetzlichen Grundlagen der Ländereinführung vor. Ihre Arbeit vollzog sich unter engagierter Anteilnahme einer politisch hochsensibilisierten Öffentlichkeit, was sich in mehr als 2 000 Vorschlägen und Meinungsäußerungen aus der Bevölkerung niederschlug.

Mit den Wahlen zur Volkskammer am 18. März 1990 begann ein neues Stadium der Entwicklung in der DDR. Der klare Sieg des konservativen Wahlbündnisses von CDU, Deutscher Sozialer Union (DSU) und DA »Allianz für Deutschland« bei einer für freie Wahlen außergewöhnlichen Beteiligung von 93 Prozent war vor allem ein nachdrückliches Votum für die schnelle Wiedervereinigung Deutschlands. Die daraufhin gebildete Koalitonsregierung aus CDU, DA, DSU, BFD und SPD unter Ministerpräsident Lothar de Maizière (CDU) setzte sich u.a. die Schaffung einer »föderativen Republik« zum Ziel. Durch die nunmehr unanfechtbare demokratische Legitimierung von Volkskammer und Regierung der DDR verlagerte sich der politische Umgestaltungsprozeß von der basisdemokratischen zunehmend auf die parlamentarische Ebene. Die fortbestehenden Verwaltungsbehörden und Volksvertretungen, im alten DDR-Selbstverständnis sämtlich »Organe der Staatsgewalt«, mußten strukturell und personell umgestaltet werden, um unter Abkehr vom SED-Zentralismus die Integration in das föderalistische System der Bundesrepublik Deutschland vorzubereiten. Eine spezifische Institution aus der Anfangsphase dieses Übergangsprozesses waren die »Runden Tische«, die sich ab Ende 1989 sowohl auf zentraler Ebene (»Zentraler Runder Tisch« in Berlin) als auch in Bezirken, Kreisen und Städten bildeten und in ihrer breitgefächerten Zusammensetzung den neuentstandenen Parteienpluralismus widerspiegelten. Die Runden Tische dienten einerseits als Dialogforum der Parteien, Organisationen und Bewegungen, verstanden sich andererseits aber in Ermangelung demokratisch legitimierter Volksvertretungen als Kontrollgremium der Verwaltung und nahmen somit konkreten Einfluß auf die Tagespolitik.

In den drei Thüringer Bezirken Erfurt, Gera und Suhl hatten die Runden Tische bereits im Januar 1990 ihre gemeinsame Konstituierung auf Landesebene erörtert. Angesichts der in diesen Gremien repräsentierten politischen Interessengegensätze nahmen hier die Kirchen eine Vermittlerrolle ein und sicherten dadurch oftmals hart umstrittene Konsensbeschlüsse, die eine Außenwirkung der Runden Tische überhaupt erst ermöglichten. So war es auch der Vorsitzende des Landeskirchenrates der Evangelisch-Lutherischen Kirche in Thüringen, Werner Leich, der für den 18. April 1990 zur Konstituierung eines Runden Tisches für ganz Thüringen einlud. Seitens der CDU und des Demokratischen Aufbruchs wurde jedoch angesichts der in den Volkskammerwahlen zum Ausdruck gekommenen politischen Willensbildung die Notwendigkeit dieser Institution in Frage gestellt. Stattdessen erging am 9. Mai 1990 durch den CDU-Landesvorsitzenden Uwe Ehrich der Vorschlag an alle Parteien und Vereinigungen, die bei den Volkskammerwahlen sowie der Kommunalwahl am 6. Mai eine größere Anzahl von Stimmen auf sich vereinigen konnten, einen »Politisch-Beratenden Ausschuß zur Gründung des Landes Thüringen« einzurichten. [Dokument 34] Dieser Politisch-Beratende Ausschuß trat erstmals am 16. Mai 1990 in Erfurt zusammen. In ihm waren elf Parteien und Vereinigungen mit einer von den Ergebnissen der Volkskammer- und Kommunalwahlen abgeleiteten Sitzverteilung vertreten. Die Leitung oblag dem Landesvorsitzenden der CDU, die im Politisch-Beratenden Ausschuß mit 13 Sitzen am stärksten vertreten war; der stellvertretende Ausschußvorsitzende wurde von der SPD als zweitstärkster Partei gestellt (6 Ausschußsitze). In seiner Geschäftsordnung stellte sich der Ausschuß die Sicherung der strukturellen und technisch-organisatorischen Vorbereitung der Bildung des Landes Thüringen zur Aufgabe. Seine lediglich Empfehlungscharakter tragenden Beschlüsse waren an den künftigen Landtag und die Landesregierung gerichtet; die Tätigkeit des Ausschusses wurde bis zur Wahl des Landtages terminiert. [Dokument 35]

Zwischen dem 16. Mai und dem 21. September 1990 hielt der Politisch-Beratende Ausschuß insgesamt zehn Sitzungen ab. Von seinen 16 Arbeitsgruppen bildete speziell die Tätigkeit der »Arbeitsgruppe Verwaltungsstruktur« einen Schwerpunkt der Beratungen, wobei hier wiederum die Problematik des mehrstufigen Aufbaus der künftigen Landesverwaltung intensiv diskutiert wurde. Weiterhin nahm man zur Frage der Landeshauptstadt Stellung und legte einen Verfassungsentwurf vor. Wenn die Tätigkeit des Politisch-Beratenden Ausschusses auch zeitweise von internen Personal- und Verfahrensfragen bestimmt wurde, so konnte er sich doch durch Einbeziehung von Vertretern der Verwaltungsbehörden und externen Sachverständigen sowohl in Vorarbeiten für die künftige Landesverwaltung als auch in tagespolitische Entscheidungen der Umbruchsperiode einbringen.

Die konzeptionellen Vorarbeiten auf (vorweggenommener) Landesebene gingen mit Entscheidungen der Volkskammer und Regierung der DDR über wesentliche Strukturänderungen in den Verwaltungen der Bezirke einher. Per Volkskammerbeschluß vom 17. Mai 1990 wurde die laufende Legislaturperiode der Bezirkstage zum 31. Mai für beendet erklärt. Gleichzeitig beauftragte das Parlament den Ministerpräsidenten de Maizière, zur Sicherung der Regierbarkeit des Landes bis zur Länderneubildung in den Bezirken Regierungsbevollmächtigte einzusetzen. Während damit auf Bezirksebene der Übergang zur Landesbildung verwaltungstechnisch eingeleitet wurde, erfolgte durch ein ebenfalls am 17. Mai 1990 verabschiedetes Gesetz die Wiedereinführung der kommunalen Selbstverwaltung in den Landkreisen und Gemeinden. Die letzten Sitzungen der drei Bezirkstage fanden am 16. Mai in Gera, am 18. in Erfurt und am 31. Mai in Suhl statt. Gleichzeitig erfolgte die Abberufung der Räte der Bezirke. Obwohl die Bezirkstage und -räte in Anpassung an die neuen politischen Verhältnisse noch Anfang 1990 um Vertreter der neuen Parteien und Bürgerbewegungen erweitert worden waren und ihre Entscheidungsprozesse demokratisiert hatten, besaßen sie als letzte Einrichtungen ohne legitimes Mandat der Bürger keine Existenzberechtigung mehr.

Am 6. Juni beschloß der Ministerrat die Einsetzung von Regierungsbevollmächtigten in den Bezirken, in denen die Bezirksverwaltungsbehörde (der bisherige Rat des Bezirkes) seit 1. Juni lediglich von geschäftsführenden Vorsitzenden geleitet wurde. Die Regierungsbevollmächtigten für die Bezirke Erfurt, Gera und Suhl wurden im Zusammenhang mit einer Beratung des Ministerrates mit allen Regierungsbevollmächtigen der DDR-Bezirke am 8. Juni in Berlin eingesetzt: für Erfurt Josef Duchač (CDU), für Gera Peter Lindlau (CDU), für Suhl Werner Ulbrich (CDU). Sie traten damit an die Spitze der Bezirksverwaltung. Für die Übergangszeit bis zur Bildung der Länder besaßen sie alle Entscheidungsbefugnisse in ihrem Zuständigkeitsbereich; bei voller Personalhoheit hatten sie zudem die Beschlüsse der DDR-Regierung unter sukzessiver Auflösung der alten Verwaltungsstrukturen durchzuführen. [Dokument 36] Sie bedienten sich dabei der Bezirksverwaltungsbehörden, die sich im wesentlichen aus den Mitarbeitern der Räte der Bezirke zusammensetzten, und sollten von einem regelmäßig tagenden Gremium aus Volkskammerabgeordneten des jeweiligen Bezirkes beraten werden. Angesichts der Dynamik der politischen Entwicklungen standen die Regierungsbevollmächtigten und ihr Behördenapparat bei der Umwandlung ehemals zentralistischer Strukturen in eine funktionstüchtige Landesverwaltung vor immensen Aufgaben. [Dokument 38]

Im Sommer 1990 lief die Diskussion über den Beitrittsmodus der DDR zur Bundesrepublik immer stärker auf die Regelung nach Artikel 23 des Grundgesetzes zu; am 1. Juli trat der Vertrag über die Wirtschafts-, Währungs- und Sozialunion mit Einführung der Deutschen Mark (ausgegeben von der Deutschen Bundesbank in Frankfurt am Main) auf dem Gebiet der DDR in Kraft. Aus dieser Situation heraus kam es trotz des noch offenen Zeitpunktes für den endgültigen Vollzug der Wiedervereinigung zur Forcierung der Vorbereitungen für die Länderneubildung. Bereits am 17. Juni hatte die Volkskammer ein Gesetz zur Änderung und Ergänzung der Verfassung verabschiedet, in dem die DDR zu einem föderativen Rechtsstaat erklärt wurde, dessen konkrete Ausgestaltung unter einem Verfassungsänderungs- und Gesetzesvorbehalt stand. Daran anknüpfend erfolgte am 22. Juli 1990 nach dritter Lesung in der Volkskammer die Annahme des Ländereinführungsgesetzes, mit dem der Föderalismus im östlichen Teil Deutschlands konkrete Umrisse erhielt. [Dokument 37] Damit war auch die staatsrechtliche Grundlage für die Bildung des neuen Bundeslandes Thüringen mit eigener Verfassung und Landesverwaltung gegeben. In diesem Gesetz wurden die Zahl der Länder, deren Gebietsumfang sowie - in enger Anlehnung an das Grundgesetz - ihr Verhältnis zur Republik geregelt. Ursprünglich sollte das Ländereinführungsgesetz am 14. Oktober 1990 in Kraft treten, da für diesen Tag der Beitritt der DDR zur Bundesrepublik vorgesehen war. Als jedoch in einer Sondersitzung der Volkskammer am 23. August 1990 dieser Zeitpunkt auf den 3. Oktober vorgezogen wurde und auch der am 31. August unterzeichnete Vertrag zwischen der Bundesrepublik Deutschland und der Deutschen Demokratischen Republik über die Herstellung der Einheit Deutschlands (Einigungsvertrag) von dieser Terminierung ausging, mußte eine entsprechende Änderung auch für das Inkrafttreten des Ländereinführungsgesetzes erfolgen. Daneben erfuhr das Gesetz im Rahmen des Einigungsvertrages weitere inhaltliche Modifizierungen, wodurch es an die durch diesen Vertrag neu entstandene Rechtslage angepaßt wurde. Das ebenfalls am 22. Juli verabschiedete Länderwahlgesetz legte den 14. Oktober 1990 als Termin für die Landtagswahlen in den neuen Ländern sowie die jeweilige Zahl der Abgeordneten fest.

Als die rechtlichen Grundlagen für die Länderneubildung als Bestandteil des Einigungsprozesses geschaffen worden waren, ernannte die Regierung der DDR nach einem Beschluß des Ministerrates vom 8. August aus dem Kreis der Regierungsbevollmächtigten der Bezirke fünf Landessprecher. Ab dem 24. August 1990 nahm Josef Duchač neben seinem Amt als Regierungsbevollmächtigter für den Bezirk Erfurt diese Funktion für das neuzubildende Land Thüringen wahr. Die Landessprecher waren gegenüber der Regierung für alle mit der Länderbildung zusammenhängenden Aufgaben direkt verantwortlich; sie organisierten und koordinierten die Tätigkeit der Regierungsbevollmächtigten und Bezirksverwaltungsbehörden im Gebiet des künftigen Landes. Aufgrund ihrer umfassenden Kompetenzen bei den verwaltungstechnischen Vorbereitungen für die Länderbildung wirkten die Landessprecher im Sinne von Landesbevollmächtigten und übernahmen dann auch diese Firmierung für die Übergangszeit vom Inkrafttreten des Länderneubildungsgesetzes bis zur Wahl einer Landesregierung. [Dokumente 39 und 40] Hinter der Berufung von Landessprechern stand jedoch auch die Absicht der DDR-Regierung, die zwischen den Regierungsbevollmächtigten der einzelnen Bezirke zwangsläufig auftretenden Interessengegensätze und regionalen Egoismen bereits im Vorfeld zu kanalisieren und somit Reibungsverluste auf Regierungsebene zu vermeiden.

Von allen Problemen der Wiedereinführung des Föderalismus auf dem Gebiet der DDR standen Zahl und Zuschnitt der einzelnen Länder ganz besonders im Blickpunkt des öffentlichen Interesses. Zwar basierte das Ländereinführungsgesetz weitgehend auf jener Verwaltungsgliederung, wie sie bis zur Auflösung der Länder im Juli 1952 bestanden hatte, doch waren die im Vorfeld der Gesetzgebung von der Regierungskommission »Verwaltungsreform« angestellten Überlegungen nicht von Anbeginn auf diese Variante beschränkt. Der Kommission ging zudem eine Vielzahl von Vorschlägen privater und amtlicher Provenienz zu, die teilweise in die Gesetzesvorbereitung einbezogen wurden, zum anderen aber auch von vornherein als unrealistisch verworfen werden mußten. Letzteres war der Fall, wenn das in einzelnen Städten oder Kulturlandschaften besonders ausgeprägte Heimat- und Geschichtsbewußtsein in Forderungen nach Bildung selbständiger Länder oder Stadtstaaten mündete, die in dieser Form kaum überlebensfähig gewesen sein dürften (z. B. Land Vorpommern, Land Lausitz, Freie und Hansestadt Rostock, Freie und Messestadt Leipzig). Zumindest theoretisch bestand aber auch die Möglichkeit, verschiedene Disproportionen der bis 1952 existenten Ländergliederung in der DDR zu korrigieren und damit einer gesamtdeutschen Reformdiskussion Impulse zu verleihen. Praktisch standen einem großen reformerischen Wurf allerdings der überaus große Zeitdruck sowie politische Implikationen entgegen, die schon in der (alten) Bundesrepublik mehrere Reformansätze im Sande verlaufen ließen und so auch zur relativ unverbindlichen Abschwächung des grundgesetzlichen Verfassungsauftrages zur Neugliederung des Bundesgebietes (Artikel 29 Grundgesetz) führten. Auch durfte die Anpassungsbereitschaft der DDR-Bevölkerung nicht überstrapaziert werden, die im Prozeß der deutschen Wiedervereinigung nahezu täglich neue und tiefgreifende Veränderungen ihres Alltagslebens zu bewältigen hatte.

Im Februar 1990 hatte die Regierungskommission dem Ministerrat der DDR eine »Vorlage zu den Grundsätzen der Länderbildung sowie zu den Grundzügen der Aufgabenstellung künftiger Länderparlamente und -regierungen« unterbreitet, die noch zwei Varianten für die Ländergliederung beinhaltete. Beide Varianten unterschieden sich hauptsächlich dadurch, daß das Land Sachsen-Anhalt entweder als selbständiges Land wiedererstehen oder sein Gebiet auf Sachsen und Brandenburg aufgegliedert werden sollte. Eine neue Vorlage dieser Kommission, die von der Regierung am 2. Mai 1990 bestätigt wurde, ging dann allein von der Bildung von fünf Ländern (einschließlich Sachsen-Anhalt) auf dem Gebiet der DDR aus, obwohl nach Meinung vieler Sachverständiger eine Vier-Länder-Variante durchaus tragfähiger gewesen wäre. [Dokument 33] Der Neubildung des Landes Thüringen gingen solcherart prinzipielle Diskussionen nicht voraus, obwohl fast zwangsläufig auch wieder das aus den zwanziger Jahren stammende Reformprojekt »Mitteldeutschland« in der publizistischen Debatte auftauchte. Von vornherein galten die DDR-Bezirke Erfurt, Gera und Suhl als Basis für ein Land Thüringen, dessen selbständige Existenz nie ernsthaft in Frage gestellt wurde. Klärungsbedarf bestand hinsichtlich der Landeszugehörigkeit der Kreise Altenburg und Schmölln (beide Bezirk Leipzig), des Kreises Artern (Bezirk Halle) sowie von Teilen der Kreise Sömmerda und Nordhausen (Bezirk Erfurt). In den Vorarbeiten der Regierungskommission war ursprünglich davon ausgegangen worden, daß die Klärung strittiger Gebietsfragen bis zur Verabschiedung des Ländereinführungsgesetzes durch Bürgerentscheide erfolgen sollte. An die Stelle der Bürgerentscheide trat jedoch im weiteren Verlauf der Gesetzesvorbereitung das plebiszitäre Element der Bürgerbefragung, deren Ergebnisse noch durch die betroffenen Volksvertretungen bestätigt werden mußten.

Diese Regelung erlangte bei der Entscheidung über die Landeszugehörigkeit des Kreises Altenburg eine gewisse Brisanz. Hier hatten sich in der Bürgerbefragung am 16. Juli 1990 über 53 Prozent der Abstimmungsteilnehmer für die Zugehörigkeit zum Land Sachsen ausgesprochen. Zwei Tage später setzte sich der Kreistag jedoch mit 38 zu 25 Stimmen bei zwei Stimmenthaltungen über dieses Bürgervotum hinweg und besiegelte damit die Rückkehr des Kreises Altenburg zum Land Thüringen. Die ebenfalls am 16. Juli durchgeführte Bürgerbefragung im Kreis Schmölln ergab mit 81,9 Prozent eine deutliche Option für Thüringen, welcher sich der Kreistag anschloß. Bereits in Verbindung mit den Kommunalwahlen am 6. Mai hatten sich die Bürger des Kreises Artern zu Thüringen bekannt. Die Unterzeichnung der Verträge über die Eingliederung der Kreise Altenburg, Artern und Schmölln in das Land Thüringen durch die betreffenden Landräte erfolgte am 11. Oktober 1990. Insgesamt wurden im Frühjahr/Sommer 1990 in 15 Kreisen der DDR Bürgerbefragungen über die zukünftige Landeszugehörigkeit durchgeführt, wobei drei Kreistage deren Ergebnisse nicht bestätigten.

Während der Ausgang von Bürgerbefragungen und die nachfolgenden Kreistagsbeschlüsse im Ländereinführungsgesetz ihren Niederschlag fanden, blieben die Probleme hinsichtlich der Landeszugehörigkeit mehrerer Gemeinden ungeklärt. In einigen zum Bezirk Halle gehörigen Kreisen (u. a. Naumburg, Weißenfels, Nebra und Sangerhausen) forderten zahlreiche Orte den Wechsel nach Thüringen, was nachfolgend zur Gründung einer »Bürgerinitiative Nordthüringen« führte, die sich mit der Bitte um Rechtshilfe bis an das Bundesverfassungsgericht wandte. Aus dem Thüringer Teil des Vogtlandes zog es dagegen 16 Gemeinden nach Sachsen. Ebenso wurden Überlegungen laut, das Gebiet des Thüringer Obereichsfeldes (Kreise Heiligenstadt und Worbis, Gemeinden des Kreises Mühlhausen) mit dem des Untereichsfeldes im Kreis Göttingen des Landes Niedersachsen zusammenzuführen und damit einem bereits bestehenden (alten) Bundesland anzugliedern. All diesen Forderungen lagen mehr oder weniger stichhaltige historische Argumente zugrunde, die teilweise durch naturräumliche Gegebenheiten untermauert wurden. Unabhängig von den Chancen für ihre praktische Umsetzung zeigten sie jedoch, daß trotz der Bildung der DDR-Bezirke im Jahre 1952 das Bewußtsein für historisch gewachsene Gebietsstrukturen und -zusammenhänge stets lebendig geblieben war.

Der 3. Oktober 1990 als Tag des Beitritts der DDR zum Geltungsbereich des Grundgesetzes für die Bundesrepublik Deutschland war gleichzeitig die Geburtsstunde des neuen Landes Thüringen. Zwischen dem Höhepunkt der politischen Wende in der DDR und diesem Tag hatte gerade einmal ein knappes Jahr gelegen. Der rechtliche Rahmen des Vertrags- und Gesetzeswerkes aus dem Vorfeld der deutschen Einheit mußte nun durch den Aufbau einer Landesverwaltung und die Verabschiedung einer Landesverfassung ausgefüllt werden. Am 14. Oktober 1990 fanden die Wahlen zum Thüringer Landtag statt, der sich am 25. Oktober im Deutschen Nationaltheater Weimar als bewußt gewählter historischer Reminiszenz konstituierte. Der Landtag wählte am 8. November 1990 Josef Duchač (CDU) zum Ministerpräsidenten einer Koalitionsregierung aus CDU und FDP. Nachdem die Landesministerien am 12. November ihre Arbeit aufgenommen hatten, erfolgte die Auflösung der nunmehr obsolet gewordenen Bezirksverwaltungsbehörden durch Regierungsbeschluß vom 20. November. Noch ungeklärt blieb die Frage der mittleren Verwaltungsinstanzen, die bereits im

Politisch-Beratenden Ausschuß zur Gründung des Landes Thüringen ausführlich thematisiert worden war. Obwohl der Ausschuß eine Empfehlung zur Bildung von Regierungsbezirken und entsprechenden Verwaltungsbehörden ausgesprochen hatte, wurde dieser Vorschlag - auch angesichts weit drängenderer Probleme - nicht weiter verfolgt. Auf keinen Fall sollte über die Schaffung von Regierungsbezirken die gerade überwundene Zerschlagung des Landes in die drei DDR-Verwaltungsbezirke konserviert werden, zumal auch die Größe Thüringens die Einrichtung mehrerer Regierungspräsidien oder Bezirksregierungen nicht unbedingt nahelegte. Sieht man von der Instanz der beiden Verwaltungsinspektionen Ost- und Westthüringen, die nur von 1945 bis 1946 bestanden, einmal ab, bot hierfür die Verwaltungsgeschichte des Landes auch keinerlei Anknüpfungspunkte. So erfolgte schließlich im Juni 1991 die - wiederum nicht unumstrittene - Errichtung eines Thüringer Landesverwaltungsamtes in Weimar als zentrale Bündelungsbehörde der mittleren Verwaltungsebene, neben der noch verschiedene ressortgebundene Mittelbehörden (z.B. Oberfinanzdirektion) existieren.

Bereits Mitte 1990 hatte sich der Politisch-Beratende Ausschuß mehrheitlich für Erfurt als Landeshauptstadt ausgesprochen. Obwohl die Regierung des Landes hier auch ihren Sitz genommen hatte, war die endgültige Festlegung der Landeshauptstadt erst mit der Wahl des Parlamentssitzes beschlossen. Um ihn bewarben sich Erfurt, Weimar, Gera, Jena und zeitweilig auch Nordhausen, wobei die Entscheidung von vornherein auf eine der beiden erstgenannten Städte hinauslief. Über die in der Öffentlichkeit engagiert diskutierte Hauptstadtfrage entschied somit die Abstimmung am 10. Januar 1991 im Thüringer Landtag, in deren Ergebnis Erfurt zum Sitz des Thüringer Landtags und damit zur Landeshauptstadt bestimmt wurde.

Die Neubildung des Landes Thüringen war mit der Wahl des Ministerpräsidenten und der Bestätigung der Landesregierung durch den Landtag im staatsrechtlichen Sinne abgeschlossen, da auch ohne die noch ausstehende Verabschiedung einer Landesverfassung die Existenz der Länder grundgesetzlich verankert war. Aufgrund der bewußt angestrebten Teilnahme der Öffentlichkeit an den Verfassungsberatungen sollten sich diese über mehrere Jahre erstrecken. Das Ländereinführungsgesetz hatte den erstgewählten Landtagen ausdrücklich die Funktion einer verfassungsgebenden Landesversammlung übertragen und damit die verschiedentlich aufgekommenen Spekulationen über die fortbestehende Gültigkeit der ostdeutschen Landesverfassungen aus den Jahren 1946/1947 gegenstandslos gemacht. Auch der Politisch-Beratende Ausschuß zur Gründung des Landes Thüringen hatte dem künftigen Landtag empfohlen, einen Verfassungsausschuß einzurichten, in dem ein vom Ausschuß erarbeiteter Verfassungsentwurf unter Einbeziehung der Öffentlichkeit diskutiert werden sollte. Bereits seit Mitte Mai 1990 lag ein Privatentwurf für die Landesverfassung vor, der in einer Arbeitsgruppe unter Leitung des Dekans der Juristischen Fakultät der Friedrich-Schiller-Universität Jena entstanden war. Hinzu kam im Oktober ein Entwurf aus dem Justizministerium von Rheinland-Pfalz, dessen Akzeptanz allerdings durch Meinungsverschiedenheiten über seine Thüringer Initiatoren beeinträchtigt wurde. Keine dieser Vorarbeiten sollte jedoch im späteren Verlauf der Verfassungsdiskussion eine wesentliche Rolle spielen.

Um für die Dauer des Verfassungsgebungsprozesses die Arbeit von Parlament und Regierung auf die Basis eines provisorischen Staatsgrundgesetzes zu stellen, beschloß der Thüringer Landtag am 7. November 1990 eine »Vorläufige Landessatzung für das Land Thüringen«. Diese Rumpfverfassung sollte bis spätestens 31. Dezember 1992 außer Kraft treten und an deren Stelle eine endgültige Verfassung verabschiedet worden sein. Es spricht für die Intensität der Verfassungsdiskussion in Thüringen, die so nur noch in Sachsen zu verzeichnen war, daß die Gültigkeit der Vorläufigen Landessatzung am 15. Dezember 1992 auf unbestimmte Zeit verlängert werden mußte.

Zwischen April und September 1991 brachten die Landtagsfraktionen von CDU, SPD, Linke Liste-PDS, FDP und Neues Forum/Grüne/Demokratie Jetzt jeweils eigene Verfassungsentwürfe in das Parlament ein, die bis Januar 1993 in einem Unterausschuß des Verfassungs- und Geschäftsordnungsausschusses beraten und zu einem neuen Entwurf zusammengefaßt wurden. Der Verfassungsentwurf des Landtagsausschusses stand ab April 1993, wo er auch mittels Zeitungsbeilage verbreitet wurde, in der öffentlichen Diskussion und war Gegenstand von Expertenanhörungen. In deren Ergebnis erfuhr er lediglich geringfügige Änderungen, deren einprägsamste die Bezeichnung des Bundeslandes Thüringen als »Freistaat« war. Damit wurde jedoch keine besondere staatsrechtliche Qualität des Landes festgeschrieben; im Unterschied zu den Freistaaten Bayern und Sachsen hatte diese Bezeichnung keine Konsequenzen für die Behördenfirmierung. In den sich anschließenden Verfassungsberatungen des Landtages fanden weitere Änderungsvorschläge keine Mehrheit. Während der 95. Sitzung des Thüringer Landtages am 25. Oktober 1993, der die Wartburg bei Eisenach einen festlichen Rahmen verlieh, erhielt der Verfassungsentwurf die erforderliche Zweidrittelmehrheit. Er wurde damit als »Verfassung des Freistaats Thüringen« vom Landtagspräsidenten ausgefertigt, die zum 30. Oktober vorläufig, d.h. unter dem Vorbehalt der Bestätigung durch einen Volksentscheid, in Kraft trat. Dieser Volksentscheid fand im Rahmen der Landtagswahlen am 16. Oktober 1994 statt, wo sich eine Mehrheit von über 70 Prozent der Abstimmungsteilnehmer für die Verfassung aussprach. Sie trat daraufhin als letzte Verfassung eines neuen Bundeslandes endgültig in Kraft.

Mit dem Volksentscheid über die Landesverfassung hatte die Neubildung des Landes Thüringen ihren endgültigen Abschluß gefunden. Bis zu diesem Zeitpunkt waren auch die Behördenstrukturen des Landes weitgehend konsolidiert, wozu die Verwaltungshilfe aus den alten Bundesländern (vor allem Hessen und Rheinland-Pfalz) wesentlich beigetragen hatte. Für die Verwaltungs- und Territorialstruktur bedeutete das zum 1. Juli 1994 in Kraft getretene Gesetz zur Neugliederung der Landkreise und kreisfreien Städte in Thüringen noch einmal einen gewissen Einschnitt, da in seiner Folge aus den noch auf das Jahr 1952 zurückgehenden 34 Landkreisen 17 neue gebildet wurden. Die Zahl der durch Eingemeindungen vergrößerten kreisfreien Städte (5) wurde bis zum Jahr 1998, als auch Eisenach diesen Status erhielt, festgeschrieben. Die unter anderen politischen Vorzeichen in der DDR entstandene Gebietsgliederung wäre zu kleinteilig gewesen, um den Landkreisen und Städten eine ausreichende Leistungsfähigkeit zu sichern. Ob die so seit 1990 bzw. 1994 bestehenden äußeren und inneren Verwaltungsgrenzen Thüringens von Dauer sind, hängt neben wirtschaftlichen und finanziellen Entwicklungen auch von den Perspektiven des Föderalismus beim Zusammenwachsen Europas ab.

[Dieter Marek/Doris Schilling]

2. Dokumente

[1]

Urkunde über die Abdankung von Großherzog Wilhelm Ernst von Sachsen-Weimar und Eisenach, Weimar 9. November 1918

Dem mir von der Vertretung der Soldaten und Arbeiter ~~wie der Bürger~~ in Weimar aufs ausdrücklichste ausgesprochenen Wunsche, für mich und meine Familie auf den Tron zu verzichten, um dem drohenden Bürgerkrieg vorzubeugen, leiste ich Folge und erkläre hiermit, daß ich für mich und meine Familie für alle Zeit auf den Tron und die Tronfolge im ~~bisherigen~~ Großherzogtum Sachsen-Weimar-Eisenach verzichte.

Weimar, den 9. November 1918

Wilhelm Ernst

Quelle: ThHStA Weimar, Urkunden 1918 November 9 (Ausfertigung; Streichungen von der Hand des Großherzogs).

[2]

Urkunde über die Abdankung von Herzog Bernhard von Sachsen-Meiningen, [Meiningen 10. November 1918]

Bei dem heute stattgefundenen Vortrage des Arbeiter- und Soldatenrates lege ich die Regierungsgeschäfte des Herzogtums Sachsen-Meiningen nieder. Diese Absagung bescheinige ich mit meiner Unterschrift und dem zu dieser Stunde noch bestehenden Herzoglichen Siegel.

Gott segne das Land Meiningen.

Bernhard.

Quelle: Meininger Tageblatt und allgemeiner Anzeiger Nr. 265/1918 vom 11. November 1918, S. 3 (Druck; als Ausfertigung nicht überliefert).

[3]

Urkunde über die Abdankung von Fürst Heinrich XXVII. Reuß für Reuß jüngerer Linie, Gera 10. November 1918

Ich entsage hiermit für mich und mein Haus der Regierung des Landes.

Schloß Osterstein, den 10. November 1918.

Heinrich XXVII.

Frhr. von Brandenstein.

Quelle: ThStA Greiz, Ministerium Gera Nr. 21 (Ausfertigung); Gesetzsammlung für das Fürstentum Reuß jüngerer Linie 1918, S. 95 (Druck).

[4]

Urkunde über die Abdankung von Fürst Heinrich XXVII. Reuß für Reuß älterer Linie, Gera 11. November 1918

Wir Heinrich der Siebenundzwanzigste Fürst Reuß entsagen für den an der Regierung dauernd verhinderten Landesherrn Seine hochfürstliche Durchlaucht den Fürsten Heinrich den Vierundzwanzigsten Reuß älterer Linie der Landesherrschaft.

Schloß Osterstein, den 11. November 1918

Heinrich XXVII.

von Meding

Quelle: Gesetzsammlung für Reuß älterer Linie 1918, S. 79 (Druck; als Ausfertigung nicht überliefert).

[5]

Urkunde über die Abdankung von Herzog Ernst von Sachsen-Altenburg, Altenburg 13. November 1918

An die Bewohner des Herzogtums.

Die inneren politischen Verhältnisse und Ereignisse, die auch in unserem Herzogtum nach einer Neuordnung gewaltsam drängen, haben mich nach reiflicher Prüfung und in der wohlmeinenden Absicht, schwere innere Kämpfe und Opfer zu verhüten, zu dem Entschluß geführt, für mich und meine Nachkommen dem Throne des Herzogtums Sachsen-Altenburg zu entsagen, den mein Haus seit nahezu 100 Jahren in guten und in bösen Tagen - getragen von der Treue seiner Altenburger - innegehabt hat, stets bestrebt von dem einen Wunsche, das Wohl seiner Bewohner zu fördern.

Dieser Gesichtspunkt allein hat auch mich zu diesem Verzicht geführt.

Allen Altenburgern, die in Treue meiner gedenken, sage ich zugleich im Namen meiner Familie ein herzliches Lebewohl und wärmsten Dank für ihre Anhänglichkeit. Möge auch unserm engeren Vaterlande bald der äußere und innere Friede zu einer gedeihlichen Entwickelung und einem segenbringenden Wiederaufbau beschert sein. Dies ist der Wunsch, mit dem ich scheide.

Gegeben zu Altenburg, den 13. November 1918.

Ernst

Quelle: ThStA Altenburg, Herzogliches Hausministerium Loc. 5 Nr. 16 (Ausfertigung); Altenburger Zeitung für Stadt und Land Nr. 268/1918 vom 15. November 1918, S. 1 (Druck).

[6]

Erklärung des Staatsministers Hans Barthold von Bassewitz vor dem Gemeinschaftlichen Landtag über die Abdankung von Herzog Carl Eduard von Sachsen-Coburg und Gotha, Gotha 14. November 1918

In einem am Morgen des 9. November eingegangenen Schreiben hat die sozialdemokratische Fraktion des Landtags die alsbaldige Einberufung des gemeinschaftlichen Landtags beantragt. Diesem Antrag ist so schnell, als es die schwierigen Verkehrsverhältnisse erlaubten, entsprochen worden. - Unterdessen ist Deutschland eine auf sozialistischer Grundlage beruhende Republik geworden, in deren Rahmen kein Raum für das Weiterbestehen von Einzelmonarchien ist. Damit hat der Herzog aufgehört, in den Herzogtümern Koburg und Gotha zu regieren. Er hat alle Beamten von dem ihm geleisteten Eide entbunden.

Auch weiterhin ist er beseelt von dem aufrichtigen Wunsche für das Wohl seiner bisherigen Landeskinder und unseres armen geschlagenen Vaterlandes.

Quelle: ThStA Gotha, Staatsministerium Gotha Dep. I Loc. 1a Nr. 51, Bl. 7 (Entwurf von der Hand des Staatsministers); Verhandlungen des gemeinschaftlichen Landtags der Herzogtümer Coburg und Gotha 1913-1918, S. 420 (Druck).

[7]

Urkunde über die Abdankung von Fürst Günther zu Schwarzburg für Schwarzburg- Rudolstadt, Schwarzburg 23. November 1918

Wir Günther, von Gottes Gnaden Fürst zu Schwarzburg, Graf zu Hohnstein, Herr zu Arnstadt, Sondershausen, Leutenberg, Blankenburg u.s.w. tun kund und zu wissen:

Nachdem Seine Majestät der Deutsche Kaiser die Regierung niedergelegt hat und die meisten deutschen Bundesfürsten seinem Beispiel gefolgt sind, haben Wir Uns entschlossen, die Regierung im Fürstentum Schwarzburg-Rudolstadt niederzulegen und für Uns und Unser Fürstliches Haus auf die Krone zu verzichten.

Allen Unseren getreuen Dienern und allen Staatsbürgern danken Wir für ihre langjährige Treue und Anhänglichkeit. Wir entbinden alle Beamten, Geistlichen und Volksschullehrer von dem Uns geleisteten Eide und hoffen, daß sie auch ferner alle ihnen vermöge ihres Amtes obliegenden Pflichten dem Lande gegenüber nach bestem Wissen und Gewissen erfüllen werden.

Gegeben Schwarzburg, den 23. November 1918.

Günther

Fhr. v. d. Recke

Quelle: ThStA Rudolstadt, Rudolstädter Urkunden CXXII 3 g Nr. 100 (Ausfertigung).

[8]

Urkunde über die Abdankung von Fürst Günther zu Schwarzburg für Schwarzburg-Sondershausen, Sondershausen 25. November 1918

Wir Günther, von Gottes Gnaden Fürst zu Schwarzburg, Graf zu Hohnstein, Herr zu Arnstadt, Sondershausen, Leutenberg, Blankenburg u.s.w. tun kund und zu wissen:

Nachdem seine Majestät der Deutsche Kaiser die Regierung niedergelegt hat und mehrere deutsche Bundesfürsten seinem Beispiel gefolgt sind, nachdem ferner in Berlin für das Deutsche Reich die Republik verkündet worden ist, haben Wir Uns entschlossen, die Regierung im Fürstentum Schwarzburg-Sondershausen niederzulegen und für Uns und Unser Fürstliches Haus auf die Krone zu verzichten.

Ohne überall an den Uns am Kammergute Unseres Hauses zustehenden Rechten festhalten zu wollen, vertrauen Wir, daß eine billige Regelung der Kammergutsfrage zwischen Uns und dem Lande zustande kommen wird.

Allen Unseren getreuen Untertanen und Dienern danken Wir für ihre langjährige Treue und Anhänglichkeit. Wir entbinden alle Beamten, Geistlichen und Lehrer von dem Uns geleisteten Eide und hoffen, daß sie auch ferner alle ihnen vermöge ihres Amtes obliegenden Pflichten dem Lande gegenüber nach bestem Wissen und Gewissen erfüllen werden.

Urkundlich unter Unserer Unterschrift und Unserem Fürstlichen Siegel.

Sondershausen, den 25. November 1918

Günther

FHr. v. d. Recke, Bauer, von Nesse

Quelle: ThStA Rudolstadt, Sondershäuser Urkunden Nr. 5590 (Ausfertigung).

[9]

Flugschrift mit dem Aufsatz »Warum wollen wir ein Großthüringen?«, [Dezember 1918]

Warum wollen wir ein Großthüringen?

Zu der Frage »Warum wollen wir ein Großthüringen?« äußert sich ein namhafter thüringer Gelehrter auf Grund seiner historischen und völkischen Kenntnisse noch folgendermaßen.

Als die Revolution des 9. November die deutschen Dynastien beseitigte und binnen wenigen Tagen auch die Thüringischen Fürsten auf ihre Throne verzichteten, da erhob sich sofort, wie mit Naturnotwendigkeit die Forderung: nun ist der Augenblick da, die unselige thüringische Zersplitterung zu beseitigen! Wir wollen ein großes, einiges, einheitliches Thüringen!

Die Forderung war nicht neu. Bei allen großen Umwälzungen der neuen deutschen Geschichte tauchte sie empor, so 1815 auf dem Wiener Kongreß, so in der Revolution von 1848: und sie erwies sich als so stark und überzeugungskräftig, daß die Erörterung über eine staatsrechtliche Einigung Thüringens trotz des stillen Widerstandes der Fürstenhäuser seit dem Jahre 1900 nicht mehr zur Ruhe gekommen ist.

In der Tat, kein anderer deutscher Stamm hat den Unsegen der Kleinstaaterei in solchem Maße gespürt und erfahren, wie der Thüringer. Was in der Enge der Biedermeierzeit vielleicht noch zu ertragen war, wurde unerträglich mit dem Augenblick, wo die moderne Entwicklung von Handel, Verkehr, Industrie und Landwirtschaft einsetzte und Forderungen erhob, die überall und immer wieder auf Grenzpfähle und Schlagbäume stießen. Schon vor dem Krieg war der Zustand unhaltbar geworden. Jetzt, wo die Interessen der Dynastien nicht mehr hemmend mitsprechen, ist die Gelegenheit da, ihn gründlicher zu beseitigen, als wir noch vor kurzem hoffen durften.

Wir an unserm Teile wollen gern und mit allen unsern Kräften dabei mitarbeiten, ein freies und einheitliches Thüringen zu schaffen. Es sei uns daher gestattet, noch einmal kurz die Hauptgründe für eine politische Neubildung unseres engeren Vaterlandes darzulegen, dann aber auch bestimmte Vorschläge für die Gestaltung dieser Neubildung zu machen.

Man hat wohl gesagt, in Thüringen sei die Kleinstaaterei gewissermaßen geschichtlich begründet. Das ist nicht so richtig, wie es im ersten Augenblick zu sein scheint. Thüringen ist das ganze Mittelalter hindurch ein fast einheitliches Staatsgebilde gewesen. Wenn auch die Grafenhäuser von Reuß, Schwarzburg und Henneberg und die Reichsstädte Mühlhausen und Nordhausen sich unabhängig gemacht hatten und die kurmainzische Enklave Erfurt gerade im Herzen des Landes ein halbselbständiges Dasein führte, war doch der allergrößte Teil Thüringens zuerst unter der Dynastie der alten Landgrafen, dann unter den Wettinern ein einheitliches Staatswesen geblieben, ohne freilich - da Erfurt außerhalb stand - eine anerkannte Hauptstadt zu besitzen. Das änderte sich erst durch den Teilungsvertrag von 1485, der das nördliche Thüringen von dem Stammlande abtrennte und mit Sachsen vereinigte. Die Spaltung wurde dadurch vertieft, daß die in Süd- und Mittelthüringen regierende ernestinische Linie des wettinischen Fürstenhauses 1547 auch die Kurwürde verlor. Die heute bestehende Zersplitterung ist erst nach dieser Zeit durch wiederholte Teilungen des sächsisch-ernestinischen Landgebietes entstanden.

Infolge dieser geschichtlichen Entwicklung, die nach langer Einheit im Mittelalter erst in der Neuzeit zu der heutigen Vielstaaterei führte, ist Thüringen als Kulturgebiet stets einheitlich und geschlossen geblieben. Durch Blut und Sprache, Sitte und Sage unterscheidet sich der Thüringer noch heute deutlich von seinen Grenznachbarn. Die Stammeseigentümlichkeiten treten so klar zu Tage, und der Begriff Thüringen ist geographisch, geschichtlich und kulturgeschichtlich so bestimmt zu fassen, daß niemand an der engsten Zusammengehörigkeit der Bewohner dieses Gebietes im Herzen Deutschlands zweifeln kann. Und wieviel verdankt doch das deutsche Volk diesem Thüringer Stamme! Das stolze Landgrafenhaus der Wartburg versammelte zu Anfang des 13. Jahrhunderts alle namhaften Dichter und Sänger der Zeit in seinen Mauern, die Erfurter Universität war die Pflanzstätte des deutschen Humanismus, und was die Namen Gotha, Meiningen, Weimar, Jena mit seiner Universität für unsere Kultur bedeuten, weiß jeder Deutsche! Wir Thüringer aber können uns rühmen, unserem Volke zwei seiner allergrößten Männer geschenkt zu haben: Martin Luther, den deutschen Reformator, und Johann Sebastian Bach, den deutschesten unter den großen Tonkünstlern unseres Volkes. Keine andere deutsche Landschaft hat ein gleichwertiges Paar aufzuweisen. Was der Thüringer wegen der politischen Zersplitterung seines Landes auf staatlichem Gebiete nicht leisten konnte, das hat er dem großen Vaterlande doppelt auf geistigem Gebiete geschenkt. Beinahe jede Stadt, jede Landschaft hat ihre Geschichte, ihren besonderen Reiz und ist bekannt im deutschen Vaterlande. Schwarzburg, Ilmenau, Schmalkalden usw. Vom Kyffhäuser bis zur Veste Coburg, von der Wartburg bis zum Schloß in Altenburg, überall spricht man von Thüringens Kleinoden.

Wenn wir daher heute nun auch die staatliche Zersplitterung beseitigen und ein Großthüringen schaffen wollen, so ist die Grundlage und Voraussetzung dafür in dem Bewußtsein der Stammeszugehörigkeit und einer gemeinsamen, geschichtlich erwachsenen Stammeskultur von vornherein gegeben.

Über die praktische Notwendigkeit einer staatlichen Einigung Thüringens dürfte wohl nirgends eine Meinungsverschiedenheit bestehen. Die Vorteile einer solchen sind mit Händen zu greifen. Um wieviel einfacher und billiger ließe sich die gesamte innere Verwaltung der thüringischen Länder gestalten! Um wieviel gesünder könnte eine einheitliche Steuerpolitik werden. Und welchen Segen würde eine Neuordnung der Justizverwaltung, eine Vereinheitlichung des gesamten Schulwesens, der Landeskirchen, der Jugendpflege usw. mit sich bringen. Überall wäre Vereinfachung und Verbilligung, innere Gesundung und stärkere Wirkungsmöglichkeit die unmittelbare Folge der geforderten Vereinheitlichung der gesamten Staatsverwaltung.

In fast noch höherem Grade gilt das von dem Gebiet des Wirtschaftslebens, Zusammenlegung der allzu zahlreichen Handels-, Handwerks- und Landwirtschaftskammern, einheitliche Ordnung der Gewerbepolizei und des sozialen Versicherungswesens, des Gesundheitswesens, gemeinsame Wohlfahrtsämter, gemeinsame Wirtschaftsstellen (Ernährung, Arbeitsbeschaffung, Wohnungsfürsorge, Arbeitslosenfürsorge für ganz Thüringen), das sind die Forderungen, die sich hier ganz von selbst ergeben. Dazu käme eine Vereinheitlichung der bisher zersplitterten öffentlichen Elektrizitätsversorgung, des Wasserwesens (Kanäle und Talsperren), des Verkehrswesens (Straßenbau) und der Kleinbahn- und Kraftwagenverbindungen.

Nicht minder wäre es von Bedeutung, wenn die Gesetzgebung auf denjenigen Gebieten des Privatrechts, die nach dem Einführungsgesetze zum Bürgerlichen Gesetzbuch der Landesgesetzgebung vorbehalten sind, für ganz Thüringen einheitlich gestaltet würde. In Frage kommen die landesgesetzlichen Vorschriften über Wasserrecht, Bergrecht, Jagd und Fischerei, Jagdpolizeirecht, Waldgenossenschaften, Rentengüter und Anerbenrecht, Zwangsenteignung, Grundstückszusammenlegung, Auflassung, Ermittelung des Ertragswertes, Gütertaxe, Hinterlegungswesen, Fürsorgeerziehung, Jugendfürsorge und Berufsvormundschaft sowie das privat- und öffentlichrechtliche Beamtenrecht. Hier überall ist es nicht nur sinnlos, sondern auch störend und schädigend, daß die in der Gemengelage durcheinander liegenden thüringischen Staaten eine Verschiedenheit der Ausgestaltung beliebt haben, während es richtig ist, daß gleichartige Verhältnisse eine gleichartige Regelung erfordern.

Aber die Vereinheitlichung Thüringens darf sich nicht auf den Zusammenschluß der Thüringer Staaten beschränken. Das künftige Großthüringen muß auch die preußischen Gebietsteile des Landes mit umfassen. Ohne sie bliebe die neue Staatsbildung ein Bruchstück, unfähig zu starker politischer und wirtschaftlicher Entwicklung.

Die thüringischen Landesteile, die Preußen 1802 aus der kurmainzischen Erbschaft und 1815 aus der Teilung Sachsens übernommen hat, schneiden so stark in die Gebiete der thüringischen Staaten ein, hängen geographisch und völkisch so untrennbar mit dem übrigen Thüringen zusammen, daß eine dauernde Abtrennung hüben und drüben als unerträglich empfunden werden müßte. Man denke an die Kreise Schmalkalden, Schleusingen und Ziegenrück, die als preußische Inseln rings von der Thüringer Staatenwelt umschlossen werden. Man denke an Erfurt und sein Landgebiet, das sich im Herzen des Landes wie ein tiefer Keil hineintreibt mitten zwischen die weimarischen und gothaischen Gebiete und mit der Hauptmasse des preußischen Thüringens nur durch eine schmale, 1815 erst künstlich geschaffene Landbrücke verbunden ist. Aber auch diese Hauptmasse preußischen Gebietes im Norden des Landes wird auf das stärkste durchsetzt von Teilen der thüringischen Staaten. Wie ein riesiger Block liegen mitten darin die beiden Schwarzburger Unterherrschaften, verbunden mit gothaischen und weimarischen Gebietsteilen, und östlich davon gewissermaßen als abgesprengtes Stück das weimarische Amt Allstedt.

Es kann kein Zweifel sein: bei der Vereinheitlichung Thüringens an den preußischen Grenzen halt zu machen, hieße die Neuschöpfung, deren Notwendigkeit erwiesen ist, auf das stärkste gefährden, wenn nicht zum Scheitern bringen. Soll das neue Großthüringen ein wirklich lebensfähiges Staatsgebilde werden, so müssen seine Grenzen in Norden und Osten sich ungefähr mit denen des Thüringer Volksstammes decken.

Diese Grenzen, wie wir sie uns denken, bedürfen freilich noch einer kurzen Erläuterung.

Im Westen ist, wenn wir von Süden nach Norden gehen, die Grenze durch die zu Sachsen-Weimar gehörigen Landesteile an der Werra zunächst von selbst gegeben. Im Anschluß daran würde sie weiter nördlich bei ihrem Übertritt in den preußischen Regierungsbezirk Erfurt mit dessen Westgrenze zusammenfallen.

Die Nordgrenze bildet naturgemäß der Südrand des Harzes. Die Stadt Nordhausen und der Kreis Grafschaft Hohenstein würden demgemäß mit dem neuen Staate zu vereinigen sein, desgleichen der im wesentlichen die goldene Aue umfassende Kreis Sangerhausen, der schon dem preußischen Regierungsbezirk Merseburg angehört.

Am schwierigsten ist die Ostgrenze zu gestalten. Ganz im Norden würde sie freilich mit der Grenze des Amtes Allstedt zusammenfallen. Dann aber gibt es wieder mehrere Möglichkeiten. Entweder man zieht außer den Kreisen Eckartsberga und Naumburg, die unbedingt zu Thüringen gehören, auch noch den Kreis Querfurt mit hinein, was dann auch die Aufnahme der Kreise Weißenfels und Zeitz bedingen würde, oder man beschränkt sich auf Naumburg und Eckartsberga, oder aber man nimmt einfach den Lauf der Unstrut als Grenze an, wobei freilich der Kreis Querfurt sich einige Abtrennungen gefallen lassen müßte. Von Naumburg an würde dann die Ostgrenze wieder mit der der thüringischen Staaten zusammenfallen.

Über die Südgrenze sollte eine Meinungsverschiedenheit eigentlich nicht bestehen, denn sie ist ja ganz naturgemäß mit der Grenzlinie gegeben, die die thüringischen Staaten von Bayern trennt. Die kleinen abgesprengten Stücke thüringischer Hoheit mitten im bayrischen Gebiet würden selbstverständlich zu letzterem zu schlagen sein. Aber wir wissen leider, daß in den ehemaligen Herzogtümern Coburg und Meiningen Wünsche nach einer Vereinigung mit Bayern laut geworden sind. Wir können das nur aufs tiefste bedauern. Geographische, geschichtliche und völkische Gründe sprechen gegen eine solche Vereinigung. Zwar war der Kamm des Thüringer Waldes ursprünglich die Grenzscheide zwischen Thüringen und Franken, aber er ist es schon seit Jahrhunderten darum nicht mehr, weil die einzelnen Thüringer Staaten überall hinüber und herübergegriffen haben. Der Thüringer Wald trennt nicht mehr, er verbindet; und wenn wir die Karte der Thüringer Staaten betrachten, so bildet er nicht die Grenze, sondern gewissermaßen das Knochengerüst des Körpers von Großthüringen. Eine jahrhundertelange, feste staatliche Zusammengehörigkeit hat zwischen den Gebieten nördlich und südlich des Waldes ein unzerreißbares politisches und kulturelles Band geschaffen. Alle geschichtlichen Erinnerungen weisen die Bewohner der thüringisch-fränkischen Grenzländer nach Thüringen. Meiningen greift so tief nach Norden in das thüringische Gebiet hinein, daß sein Anschluß an Bayern den neuen Thüringer Gesamtstaat zerreißen und aufs stärkste gefährden würde. Nichts, aber auch gar nichts an geschichtlichen Erinnerungen haben die beiden vorwiegend protestantischen Staaten Coburg und Meiningen mit dem zu zwei Drittel katholischen Bayern gemeinsam, in dem zwar Bayern, Schwaben und Franken leben, in dem aber die Bayern immer die Vorherrschaft hatten. Wir hoffen daher zuversichtlich, daß sich die Südstaaten ihrer Zugehörigkeit zu Thüringen erinnern und den staatlichen Anschluß dort suchen werden, wo sie seit Jahrhunderten gestanden haben.

Die südthüringischen Lande würden, wenn sie ihre jetzige Staatsangehörigkeit mit der bayrischen vertauschten, einem Staate zufallen, dessen Staatscharakter (jeder Staat hat ja einen besonderen Charakter) ein völlig anderer ist, weil ihm der Katholizismus seinen Stempel aufgeprägt hat und die Aufrechterhaltung der Machtstellung des Katholizismus der Zweck des bayrischen Staates war. Jene Lande würden bald fühlen, daß sie in fremdartige Verhältnisse hineingeraten sind, daß diesseits und jenseits der Grenze ein anderer Geist herrscht und die scharfe Cäsur, welche an der Grenze zwischen Süddeutschland und Südthüringen eine vierhundertjährige Geschichte gezogen hat, sich durch nichts verwischen läßt.

Auch wirtschaftlich würden die Südthüringer nicht gut bei dem Wechsel fahren. Man braucht nur daran zu denken, daß die Hauptschätze Deutschlands, Kohle und Kali, sich in Bayern nicht vorfinden, während der Boden Thüringens reich an Kalilagern ist, deren Ausbeutung dem Staate einen großen Steuergewinn verheißt. Dazu treten noch die hohen Vermögenswerte, die in den thüringischen Domänen stecken und künftighin ungeschmälert der Bevölkerung des Volksstaates Thüringen zu gute kommen werden. So weist auch der wirtschaftliche Vorteil die Bevölkerung Südthüringens nach Norden.

Im ganzen kann man sagen: Soll Thüringen als einheitliches Staatsgebilde entstehen, so ist die erste Voraussetzung, daß die acht thüringischen Staaten ungeschmälert fest zusammenstehen, daß sie dasjenige betonen, was sie verbindet, und dasjenige zurückstellen, was sie trennt. Gerade in der jetzigen schweren Zeit, wo die Auflösung durch unser Volk drohend hindurchschreitet, wird für diejenigen Volksbestandteile und Landschaften der Schaden am leichtesten, der Segen am größten sein, die innerhalb der allgemeinen Zerrüttung sich auf sich selbst besinnen, das Ganze dem Einzelnen voransetzen und durch ihre Einigkeit vorbildlich wirken. Denn nicht die Südthüringer, sondern die Bewohner der preußischen Landesteile haben für die Schöpfung eines Großthüringens das schwerste Opfer zu bringen. Bisher Angehörige eines stolzen Großstaates, der führenden Macht des Reiches, sollen sie aus den weiten, reichen Verhältnissen dieses Staates sich hineinfinden in ein verhältnismäßig bescheidenes mitteldeutsches Staatsgebilde. Wir begreifen vollkommen, daß ihnen ein solcher Schritt nicht leicht werden wird. Und doch muß er geschehen.

Preußen ist eine Schöpfung seiner Könige. Die Dynastie war das stärkste Band, das die in jahrhundertlanger zäher Arbeit ererbten und eroberten Provinzen zusammenhielt. Sie hat abgedankt, und damit ist die eigentliche Stütze der preußischen Einheit verschwunden. Die preußischen Thüringer, erst seit 100 Jahren mit der Monarchie verbunden, können noch nicht das starke preußische Staatsgefühl besitzen, das wir bei den Bewohnern der ostelbischen Provinzen finden. Das wird ihnen den Austritt aus dem Staatsverbande erleichtern. Außerdem hat es den Anschein, daß im weiteren Verlauf der revolutionären Bewegung auch noch an anderen Stellen eine Abtrennung kleinerer oder größerer Gebiete vom preußischen Staatskörper erfolgen wird.

Aber für die preußischen Thüringer sprechen doch auch noch andere erhebliche Gründe für den Anschluß an das neue Großthüringen, vor allem auf wirtschaftlichem Gebiet. Industrie, Handel und Landwirtschaft des thüringischen Preußen sind in allen ihren Beziehungen und Interessen auf das stärkste mit dem übrigen Thüringen verbunden. Gerade die schweren Kriegsjahre haben das aufs schlagendste erwiesen. Von einer staatlichen Vereinigung erwarten daher gerade diese Kreise ganz erhebliche Vorteile. Denn beide Landesteile ergänzen sich in glücklichster Weise. Zu dem vorwiegend industriellen Süd- und Mittelthüringen würde das fruchtbare, im wesentlichen landwirtschaftliche Nord- und Nordostthüringen hinzutreten. Beide Teile bedürfen einander, kämen aber auch bei einem Zusammenschluß in gleicher Weise auf ihre Rechnung.

Der Austritt aus der Provinz Sachsen würde den preußischen Thüringern nicht die geringste Sorge bereiten. Mit diesem künstlichen Gebilde, dem wir nur angehängt worden sind, verbinden uns weder geschichtliche Erinnerungen, noch wirtschaftliche Interessen. Magdeburg ist für uns nie in dem Sinne die Hauptstadt gewesen, wie etwa Breslau sie für Schlesien oder Stettin für Pommern ist. Auch die preußischen Gebietsteile unseres Landes gehören eben zu Thüringen. Das ist so selbstverständlich, daß der Regierungsbezirk Erfurt jetzt bei den bevorstehenden Wahlen zur Nationalversammlung nicht etwa zu der Provinz Sachsen geschlagen wurde, sondern mit den thüringischen Staaten zu einem Wahlkreise vereinigt worden ist. Schlagender als durch diese Maßnahme kann die Tatsache der engsten Zusammengehörigkeit des Regierungsbezirks mit Thüringen gar nicht dargetan werden.

Darum, Ihr preußischen Thüringer, schließt Euch dem Staate an, den Eure Heimat errichten will, die Heimat, an der doch auch Ihr mit ganzer Seele hängt!

Das neue Großthüringen wird ein freier Staat mit republikanischer Verfassung sein. Die politische Freiheit hat ja gerade hier im Herzen Deutschlands stets eine Heimstätte gefunden. Sachsen-Weimar war der erste deutsche Staat, der schon vor mehr als einem Jahrhundert eine Volksvertretung erhielt, und Gotha ist zu allen Zeiten eine Hauptstätte echt freiheitlicher Gesinnung gewesen. Die neue Republik wird daher hier keine starken Widerstände zu überwinden haben. Was notwendig ist, stiftet uns dann Nutzen, wenn es rechtzeitig ins Werk gesetzt wird. Darum sofort die Hände ans Werk!

Thüringer aller Staaten und Landesteile, die Heimat ruft!

Erinnert Euch Eurer geschichtlichen, Eurer Stammeszusammengehörigkeit. Denkt an die großen wirtschaftlichen Interessen, an die gemeinsamen hohen Kulturgüter, die Ihr zu wahren habt. Schließt Euch zusammen zu einem Heimatstaate, der in unvergleichlich günstiger Lage mitten in Deutschland gelegen und alte, wertvollste Kulturstätten umschließend, freudig mitarbeiten soll an dem Wohle unseres großen Vaterlandes, eines neuen, freien deutschen Reiches.

Quelle: ThHStA Weimar, Thüringisches Staatsministerium - Präsidialabteilung Nr. 1, Bl. 13 (Druckschrift).

[10]

Auszug aus dem Protokoll über die Tagung der Arbeiter- und Soldatenräte des 36. Reichstags-Wahlkreises zur Vereinheitlichung Thüringens am 10. Dezember 1918 in Erfurt

Weimar, den 10. Dezember 1918

Heute Nachmittag fand im Sitzungssaal der Stadtverordneten im Rathaus in Erfurt eine Tagung der Arbeiter- und Soldatenräte des 36. Wahlkreises statt, wie er durch das Reichswahlgesetz vom 30. November 1918 begrenzt ist. Zu der Tagung war von der provisorischen Regierung von Sachsen-Weimar-Eisenach eingeladen worden und sie hatte zum Gegenstand die Frage der Vereinheitlichung Thüringens.

Eine große Anzahl von Vertretern der Arbeiter- und Soldatenräte - wie am Schlusse der Sitzung festgestellt wurde: 69 - war erschienen.

Von Ministerialvertretern waren die Herren Geheimer Staatsrat Bauer, Sondershausen, Staatsrat von Brandenstein, Gera, und der Unterzeichnete *[Münzel]* für Sachsen-Weimar anwesend, im Verlauf der Sitzung erschien noch Geheimer Staatsrat von Türcke, Meiningen und Staatsrat Quarck, Coburg.

Regierungsrat Professor Rauch war vom Thüringischen Ernährungsamt anwesend.

Der Staatskommissar für Sachsen-Weimar-Eisenach, Herr Baudert, hatte vor Beginn der Sitzung den Unterzeichneten gebeten, für die beteiligten Regierungen und den Bundesratsbevollmächtigten eine Niederschrift über die Sitzung aufzunehmen.

Auf den Plätzen lag ein Aufsatz: Warum wollen wir ein Groß-Thüringen? *[siehe Dokument Nr. 9]*

Der Staatskommissar der provisorischen Regierung für Sachsen-Weimar-Eisenach, Herr Baudert, eröffnete die Tagung. Er wies darauf hin, die Einladung sei veranlaßt worden dadurch, daß er von verschiedenen Vertretern von Arbeiter- und Soldatenräten deswegen angegangen worden sei, wie der Wunsch nach einer Einigung des gesamten Thüringens zur Erfüllung zu bringen sei. Einladungen seien an die jetzigen Regierungen der Thüringischen Staaten und auch an die größeren Städte gerichtet worden.

Nachdem Herr Baudert selbst als Vorsitzender der Versammlung durch Zuruf gewählt worden war, wurde auf seine Anregung, einen gleichberechtigten 2. Vorsitzenden zu wählen, Herr Reißhaus, Erfurt, gewählt.

Herr Reißhaus begrüßte namens des Erfurter Arbeiter- und Soldatenrates die Versammlung in der alten historischen Stadt Erfurt. Die Erfurter Vertretung habe sich gefreut, daß man Erfurt als Ort der Versammlung gewählt habe. Erfurt habe eine große Geschichte hinter sich, es sei oft nahe daran gewesen, eine freie Reichsstadt zu werden, es habe hervorragenden Anteil an der Reformation und Anfang des 19. Jahrhunderts habe es Einzigartiges in der Geschichte erlebt, nämlich jenen Fürsten-Kongreß, der von einem Parvenu-Fürsten einberufen worden sei, der das erbliche Gottes-Gnadentum gedemütigt habe wie nie zuvor.

Endlich habe in Erfurt das Vorparlament getagt, wo sich Fürst Bismarck seine Sporen verdient habe. Der Redner wünschte der Versammlung den besten Erfolg zum Wohle des ganzen Vaterlandes.

Herr Baudert bezeichnete es kurz als Zweck der Besprechung: die Grundlagen zu schaffen, daß es nicht dahin komme, daß ein Teil von Thüringen übrig bleibe, der von dem künftigen Thüringischen Staatswesen nicht mit umschlossen werde. Er gab darauf Herrn Rudolph, Jena, als Referenten das Wort.

Herr Rudolph führte aus, die Aufgabe der heutigen Besprechung sei, mit einem Stück Kleinstaatenjammer aufzuräumen. Die Forderung nach einem Gesamt-Staat Groß-Thüringen sei alt. Schon in der Frankfurter Nationalversammlung habe man sich damit beschäftigt. Dorthin sei aus Jena ein Antrag gerichtet worden, die Thüringischen Länder mit Sachsen zu einem Staatswesen zu vereinigen. Es sei vor allem das Verdienst Arthur Hofmanns, Saalfeld, vor einer Reihe von Jahren in einer Schrift »Thüringer Kleinstaatenjammer« auf die Schwierigkeiten aufmerksam gemacht zu haben, unter denen sich das Thüringer Leben vollziehe. Anfangs November habe er wieder in einem Weckruf eine Einheits-Republik Thüringen verlangt. Wegen des Umfangs der Zersplitterung genüge wohl der Hinweis, daß sie nach der Landkarte über 100 Fetzen aufweise. Es gelte jetzt Zugreifen, um Absonderungsbestrebungen vorzubeugen. So sei man zuerst in Sachsen-Coburg daran gegangen, gewissermaßen ein Stück Magenfrage zu lösen, indem man sein blauweißes Herz entdeckt habe und einer Annäherung an Bayern das Wort rede. In Altenburg sei eine Hinneigung nach Sachsen vorhanden. Solchen Loslösungsbestrebungen gelte es heute ein »Halt« entgegen zu rufen, sonst komme man nicht zum Einheitsstaat »Groß-Thüringen.«

Zuruf: »Zur Einheitsrepublik Deutschland«.

Herr Rudolph: Das habe er gemeint. In einer Sitzung der Arbeiter- und Soldatenräte von Sachsen-Weimar-Eisenach am 30. November sei eine Entschließung angenommen worden, die Arbeiter- und Soldatenräte von Thüringen sollten alsbald den Verwaltungsbezirk »Groß-Thüringen« gründen. Sie sei der Ausgangspunkt für die heutige Einladung.

In einigen Zweigen der Verwaltung und Justiz seien zwar Verbindungsfäden zwischen den Thüringer Staaten schon vorhanden. Er nenne die Universität Jena, das Oberlandesgericht, das Oberverwaltungsgericht, die Reihe der Strafanstalten Ichtershausen, Untermaßfeld, Gräfentonna, Hassenberg, Eisenach. Im Gegensatz zu letzteren habe man es freilich zu gemeinschaftlichen Schulen noch nicht bringen können. Endlich die Thüringische Versicherungsanstalt.

Unter dem 17. November sei eine verdienstvolle Arbeit von Professor Rauch erschienen, in der die Errichtung eines gemeinschaftlichen Wirtschaftsamtes der Thüringischen Staaten befürwortet werde. Der Redner ging auf diese Abhandlung näher ein. Man denke daran, in wie viel Handelskammern, Handwerkskammern usw. die Vertretung der betreffenden Interessen bisher zersplittert gewesen sei, man denke an die Zerrissenheit der Bauordnungen, die Behandlung der Siedelungsfrage.

Der Redner verlas den Entwurf einer Entschließung, von dem ein Abdruck beigelegt ist und führte dazu noch besonders folgendes aus:

In der Begrenzung des 36. Wahlkreises nach dem Reichswahlgesetz sei ganz ausgezeichnet der Raum für das künftige Groß-Thüringen gegeben. Es würde sehr zu begrüßen sein, wenn gerade wir im Herz*[en]* Deutschlands ein gutes Beispiel geben und namentlich die Zusammenfassung nur in einen Verwaltungsbezirk der Einheitsrepublik Deutschland förderten. Wenn in der Entschließung zunächst die Berufung einer Thüringischen Nationalversammlung gefordert werde, so könne man darin wohl einen Widerspruch sehen zu der Forderung nach der Zusammenfassung nur zu einem Verwaltungsbezirke der deutschen Einheitsrepublik. Aber diese Thüringische Nationalversammlung sei nur aus verwaltungstechnischen Gründen vorgesehen. Die Arbeiter- und Soldatenräte könnten so ohne weiteres das Haus nicht bauen, in dem Groß-Thüringen wohnen soll. Die weitesten Volkskreise müßten die Vertretung wählen, die dieses Haus errichten soll. Sollte die deutsche Nationalversammlung den deutschen Einheitsstaat beschließen, indem also für eine Republik Groß-Thüringen kein Raum sein würde, so müsse einfach das Thüringische Parlament wieder auseinandergehen oder es könne als Provinzial-Landtag der Provinz Thüringen bestehen bleiben. Ihm sei das erstrebenswerte Ziel das Aufgehen im deutschen Einheitsstaat. Müsse eine selbständige Bundesrepublik Thüringen unter anderen deutschen Bundesrepubliken errichtet werden, so fürchte er, das alte Preußen werde in dieser neuen Form sich sträuben, die Erfurter Gebietsteile an die Republik Thüringen abzugeben und sie als unentbehrlich für die Republik Preußen bezeichnen. *[...]*

Herr Rudolph, Jena, führte als Referent in seinem Schlußwort aus:

Nicht von ungefähr sei der 36. Wahlkreis des Reichswahlgesetzes gebildet worden. Seine Begrenzung sei von der Reichsleitung absichtlich vorgenommen worden. Man habe damit das schönste Vorbild des künftigen Groß-Thüringens, sei es als Bundesstaat, sei es als Verwaltungsbezirk, gegeben. Man würde also auch die Reichsregierung unterstützen durch Annahme der Resolution. Die Auseinandersetzung der Thüringischen Staatsgebiete würde gewiß nicht ohne Schwierigkeit sein, lasse man aber doch für die Juristen im neuen Deutschland auch Arbeit.

Jetzt habe man sich nur zu fragen, welchen Weg man im sozialen Interesse zu gehen habe. Da würde namentlich auch nach Süddeutschland hinein und gegen die etwaigen dortigen Absonderungsbestrebungen mit der heutigen Resolution ein Signal gegeben. Es solle heißen: Die Thüringer Arbeiter- und Soldatenräte haben den Mut gehabt, hier etwas zu schaffen. Es waren die richtigen Kerle zusammen!

Der Sachsen-Weimarische Staatskommissar, Herr Baudert, stellte fest, daß 69 Vertreter anwesend seien, darunter auch ein amtlicher Vertreter der preußischen Regierung. Er richtete an die Versammlung zunächst die allgemeine Frage:

»Sind Sie für die Errichtung einer deutschen Einheitsrepublik?«

Die Frage wurde von der Versammlung bejaht, nur eine Stimme war dagegen.

Einstimmig wurde sodann die Resolution in folgender abgeänderter Fassung angenommen. Im Rahmen der ungeschmälerten Einheit des Reichsgefüges soll auch das Ziel des Strebens von Generationen nach einheitlicher staatlicher Gestaltung Thüringens Wirklichkeit werden. Die Vertreter der A*[rbeiter-]* und S*[oldaten-]* Räte des 36. Wahlkreises zur deutschen Nationalversammlung, der Thüringischen Staaten, des Regierungsbezirks Erfurt und des Kreises Schmalkalden schlagen deshalb vor, das von ihnen vertretene Gebiet zu einer Provinz Thüringen als Teil der Einheitsrepublik Deutschland zusammen zu fassen. Alles Weitere soll ein aus Vertretern der Thüringischen Staaten und Preußens zu bildender Ausschuß so bald als möglich vorbereiten.

Die Obliegenheiten der Übergangszeit sind schon vor dem verfassungsmäßigen Ausbau von dem bestehenden Ernährungsamte der Thüringischen Staaten im Einvernehmen mit dem vorbenannten Ausschuß in Angriff zu nehmen, die Übernahme der sonstigen Aufgaben ist mit tunlichster Beschleunigung vorzubereiten.

Die eingangs genannten Ministerialvertreter beteiligten sich nicht an den Abstimmungen. Vom Staatskommissar wurde darauf vorgeschlagen, alsbald den vorbereitenden Ausschuß in der Weise zu bilden, daß aus jedem Bundesstaat (wobei Sachsen-Coburg als Bundesstaat für sich gilt) ein Vertreter und aus Preußen zwei oder drei Vertreter, entsprechend den preußischen Gebietsteilen gewählt würden. Demgemäß wurden alsbald zu dem Ausschuß folgende Herren gewählt:

Für Sachsen-Weimar:	Ulrich,
Für Sachsen-Meiningen:	Hofmann,
Für Sachsen-Gotha:	Wolf,
Für Sachsen-Coburg:	Stegner,
für Schwarzburg-Rudolstadt:	Finke,
für Schwarzburg-Sondershausen:	Bärwinkel,
für Reuß ältere Linie:	Kiß,
für Reuß jüngere Linie:	von Brandenstein,
für Preußen:	Reißhaus, Schirmer und Weiß.

Die Vertreter von Sachsen-Altenburg behielten sich die Entschließung vor.
Die Versammlung währte von 2 1/4 - 6 1/4 Uhr.

Quelle: ThHStA Weimar, Thüringisches Staatsministerium - Präsidialabteilung Nr. 1, Bl. 4-12 (Ausfertigung).

[11]

Entschließung der Verwaltungskonferenz der Regierungen der thüringischen Staaten vom 24. März 1919

1. Die heute hier versammelten Vertreter der thüringischen Staaten erklären sich für den Zusammenschluß dieser Staaten zu einem thüringischen Einheitsstaat unter Einbeziehung preußischer Gebietsteile.

Der Zusammenschluß soll aber unabhängig von Preußens Stellungnahme betrieben werden.

2. Die weimarische Regierung wird beauftragt, als von den Thüringischen Regierungen beauftragte Regierung unter Bezugnahme auf den Beschluß unter Nr. 1 an Preußen heranzutreten und Preußen zu ersuchen, gegebenenfalls bald Bevollmächtigte zu bezeichnen, die zu den Konferenzen zur Ausführung des Beschlusses unter Nr. 1 zugezogen werden könnten.

3. Die weimarische Regierung wird mit der Ausarbeitung eines ersten Verfassungsentwurfs für den thüringischen Einheitsstaat beauftragt. Sie wird ermächtigt, die nötigen Hilfskräfte auf Kosten der Gemeinschaft der Regierungen einzustellen. Der Verfassungsentwurf ist einer Verwaltungskonferenz der thüringischen Regierung*[en]* vorzulegen, die über die weitere Behandlung beschließt. Innerhalb von 3 Monaten soll diese Verwaltungskonferenz einberufen werden.

Quelle: ThHStA Weimar, Thüringisches Staatsministerium - Präsidialabteilung Nr. 1, Bl. 112 (Ausfertigung).

[12]

Presseerklärung zur Sitzung der Landtagspräsidenten und der Vertreter der Regierungen der thüringischen Staaten am 20. Mai 1919

Der Zusammenschluß Thüringens ist seiner Verwirklichung um ein bedeutendes Stück näher gerückt. In einer gemeinschaftlichen Besprechung der Präsidenten der Landtage der Thüringischen Staaten und von Vertretern der Thüringischen Regierungen wurde am 20. Mai *[1919]* in Weimar ein im Auftrag der Landtagspräsidenten ausgearbeiteter Entwurf zu einem Staatsvertrag über den Zusammenschluß der Thüringischen Staaten beraten und festgestellt. Danach vereinigen sich diese Staaten zu einer Gemeinschaft mit dem Zwecke der Vorbereitung einer gänzlichen Verschmelzung aller dieser Staaten zu einem Gesamtstaat Thüringen, sowie zu dem Zwecke der Verbindung mit preußischen Gebietsteilen durch Verhandlungen mit Preußen. Die Gemeinschaft wird alsbald schon zur einheitlichen Regelung sämtlicher Gebiete der Gesetzgebung und Verwaltung für die Einzelstaaten, zur Zusammenlegung und zum Austausch von Gebietsteilen und zur Vertretung der Einzelstaaten gegenüber dem Reiche und seinen Gliedstaaten ermächtigt. Die Behörden der Einzelstaaten haben den Anordnungen der Gemeinschaftsorgane Folge zu leisten.

Gemeinschaftsorgane sind als oberstes Organ der Volksrat - ein Thüringer Vorparlament -, der aus 42 Abgeordneten besteht, die von den einzelstaatlichen Landtagen nach dem Stärkeverhältnis der Parteien gewählt werden, und der Staatsrat, der aus 12 Vertretern der Regierungen der Einzelstaaten besteht.

Der Staatsrat muß spätestens bis zum 15. Juli, der Volksrat spätestens bis zum 15. August 1919 zur ersten Sitzung einberufen werden. Ein besonderer Ausschuß aus mindestens je einem Beamten oder Sachverständigen aller Einzelstaaten hat die finanzielle Auseinandersetzung der Einzelstaaten mit dem Gesamtstaat vorzubereiten.

Die Gemeinschaft regelt selbst ihre Verfassung und Organisation durch eine Satzung. Die endgültige Verfassung für den Einheitsstaat Thüringen ist einer Landesversammlung von Thüringen zur Beschlußfassung vorzulegen. Die Wahlordnung für diese erläßt der Volksrat. Seine Tätigkeit erlischt mit dem Zusammentritt der Thüringischen Landesversammlung.

Übereinstimmende Gesetzentwürfe, die diesen Gemeinschaftsvertrag zum Gegenstand haben, werden nunmehr durch Initiativanträge der Landtagspräsidenten alsbald allen Einzellandtagen der Thüringischen Staaten zur schleunigsten Beschlußfassung unterbreitet werden.

Wie dieser kurze Bericht zeigt, ist die staatliche Einheit Thüringens auf dem Marsche. Möchte nun auch der Freistaat Preußen dem Bedürfnis des jungen Thüringischen Staates nach einem zweckmäßig abgerundeten Staatsgebiet sich nicht verschließen und dadurch nicht allein Thüringen, sondern dem ganzen deutschen Reiche einen Dienst erweisen, der auch für die betreffenden preußischen Gebietsteile segensreich sein dürfte.

Quelle: ThHStA Weimar, Thüringisches Staatsministerium - Präsidialabteilung Nr. 1, Bl. 192 (Ausfertigung).

[13]

Schreiben des Staatsministeriums des Freistaates Sachsen-Weimar-Eisenach an die thüringischen Staatsregierungen, Weimar 25. Juni 1919

In der Verwaltungskonferenz vom 24. März 1919 ist die weimarische Regierung mit der Ausarbeitung eines ersten Verfassungsentwurfs für den Thüringischen Einheitsstaat beauftragt worden. Dieser Entwurf hat einer Verwaltungskonferenz der Thüringischen Regierungen vorgelegt werden sollen, die innerhalb 3 Monaten einzuberufen sein sollte.

Nachdem die Thüringischen Regierungen in ihrer Mehrheit dem zugestimmt haben, daß als vorläufige Grundlage für den Zusammenschluß der Thüringischen Staaten der Gemeinschaftsvertrag genommen werde, der in den Konferenzen vom 20. v*[origen]* M*[ona]*ts festgestellt worden ist, sehen wir den der weimarischen Regierung erteilten Auftrag insoweit als erledigt an, als die Vorlegung des Verfassungsentwurfs innerhalb der angegebenen Frist an eine Verwaltungskonferenz in Frage *[zu stellen]* ist. Wir meinen vielmehr, daß der Verfassungsentwurf, der von uns auszuarbeiten ist, von uns nunmehr den Organen der neuen Gemeinschaft der Thüringischen Staaten, und zwar zunächst dem Staatsrat von Thüringen, vorzulegen sein wird.

Quelle: ThHStA Weimar, Thüringisches Staatsministerium - Präsidialabteilung Nr. 1, Bl. 216 (bestätigter Entwurf).

[14]

Erklärung des Volksrates und des Staatsrates von Thüringen zu den kulturellen Aufgaben des zukünftigen Gesamtstaates Thüringen vom 6. August 1919

Nach dem einmütigen Willen der zum Volksrat und Staatsrat von Thüringen berufenen Mitglieder ist es die vornehmste Aufgabe der Thüringer Staatengemeinschaft und des zukünftigen Gesamtstaates Thüringen, die kulturellen Güter und Kulturstätten der einzelnen Staaten in der bisherigen Ausdehnung und Bedeutung zu erhalten, zu fördern und weitesten Volkskreisen ihre Schönheiten und Ewigkeitswerte zugänglich zu machen. Thüringen würde, wenn es anders handelte, die besten Grundlagen seiner Wesensart untergraben. Auch erscheint es ebenso notwendig wie selbstverständlich, daß für alle thüringischen Gebiete, die etwa infolge des Zusammenschlusses wertvolle und liebgewordene Einrichtungen verlieren, in einer geeigneten Weise ein Ausgleich geschaffen wird. Volksrat und Staatsrat sind der Überzeugung, daß die wirtschaftliche Kraft der thüringischen Staaten erst durch den Zusammenschluß zu einer Einheit die Stärkung erfährt, welche das einzelne Land auf sich selbst gestellt niemals würde erreichen können.

Quelle: ThHStA Weimar, Thüringisches Staatsministerium - Präsidialabteilung Nr. 49, Bl. 93 (Ausfertigung).

[15]

Bericht des Vorsitzenden des Staatsrates von Thüringen, Dr. Arnold Paulssen, an den Reichsminister des Innern, Erich Koch, über den Stand der Vorbereitung des Zusammenschlusses der Thüringischen Staaten, Weimar 20. November 1919

Im Auftrage des Staatsrates von Thüringen, der sich gestern in seiner ersten ordentlichen Sitzung konstituiert hat, erlauben wir uns, über den Zusammenschluß der Thüringischen Staaten folgendes mitzuteilen.

Zur Vorbereitung der Verschmelzung der Thüringischen Staaten wurde zunächst der in Abschrift beiliegende Gemeinschaftsvertrag (Anlage I) abgeschlossen, der in den Monaten Mai und Juni d. J. die verfassungsmäßige Genehmigung aller thüringischen Volksvertretungen - außer von Sachsen-Meiningen und Sachsen-Coburg - fand, und zwar in Sachsen-Weimar am 5. Juni, in Sachsen-Altenburg am 17. Juni, in Sachsen-Gotha am 31. Mai, in Schwarzburg-Rudolstadt am 2. Juni, in Schwarzburg-Sondershausen am 26. Juni und in Reuss am 12. Juni 1919.

Sachsen-Meiningen und Sachsen-Coburg traten der Gemeinschaft zunächst nicht bei, wählten aber Vertreter zum Staatsrat und Volksrat von Thüringen, da sie sich auch weiter an den Verhandlungen über den Zusammenschluß Thüringens beteiligen wollten.

Um trotzdem die Gemeinschaft unter den übrigen thüringischen Staaten schon jetzt verbindlich werden zu lassen, wurde noch der ebenfalls in Abschrift beigefügte Nachtrag zum Gemeinschaftsvertrag (Anlage II) den Volksvertretungen der Staaten, die den Gemeinschaftsvertrag angenommen hatten, vorgelegt und von ihnen genehmigt, und zwar in Sachsen-Weimar am 5. November, in Sachsen-Altenburg am 10. Oktober, in Sachsen-Gotha am 7. Oktober, in Schwarzburg-Rudolstadt am 22. September, in Schwarzburg-Sondershausen am 30. Oktober und in Reuss am 26. September 1919.

Sonach sind folgende thüringische Staaten zu einer Thüringer Gemeinschaft, die der Vorbereitung der vollständigen Verschmelzung dienen soll, vereinigt: Sachsen-Weimar, Sachsen-Altenburg, Sachsen-Gotha, Schwarzburg-Rudolstadt, Schwarzburg-Sondershausen und die beiden Reuss.

Über die Frage des Anschlusses Sachsen-Coburgs an Thüringen will die Regierung und der Landtag von Sachsen-Coburg die Bevölkerung des Landes in Form einer Volksabstimmung informatorisch hören, die auf den 30. November 1919 angesetzt ist. Auch in Meiningen wird sich die Volksvertretung erneut mit der Anschlußfrage befassen.

Was die Einbeziehung preußischer Gebietsteile betrifft, so haben im vergangenen Sommer mehrfach Verhandlungen zwischen Vertretern Preußens und der thüringischen Staaten stattgefunden, die schließlich dahin führten, daß gewisse unverbindliche Verhandlungsgrundlagen aufgestellt wurden.

Diese Verhandlungsgrundlagen wurden aber, nachdem weite Bevölkerungskreise der für eine Angliederung an Thüringen in Betracht kommenden preußischen Gebiete ihrer Abneigung, von Preußen getrennt zu werden, Ausdruck gegeben hatten, von Preußen aber annehmbare Gegenleistungen für die etwaige Abtretung preußischen Gebiets nicht anerkannt *[sic!]* (Vgl. das in Abschrift beiliegende Schreiben des Präsidenten des preußischen Staatsministeriums vom 16. August 1919 - Anlage III -). Danach haben weitere Verhandlungen mit Preußen bisher noch nicht wieder stattgefunden.

Der im Schreiben des Herrn Reichsministers erwähnte Austausch der beiderseitigen Enklaven kann für Thüringen nicht in Frage kommen. Die nördlichen Enklaven Thüringens sind beträchtlich und so reich an fruchtbarem Boden und Naturschätzen, daß sie vom künftigen Gesamtstaat Thüringen nicht entbehrt werden können, wenn dessen Lebensfähigkeit nicht wesentlich beeinträchtigt werden soll.

Auch ist die Bevölkerung dieser Enklaven so eng mit Thüringen verwachsen, daß auch schon aus diesem Grunde ihre Abtrennung von Thüringen keine glückliche Lösung darstellen würde. Preußen hat sich bei den letzten Verhandlungen auch hiermit abgefunden und die Verhandlungen haben sich deshalb um die Frage gedreht, welche anderen Gegenleistungen Thüringen bieten könne, wenn ein Austausch von thüringischem Gebiet nicht in Frage gezogen werde.

Nachdem nun die Thüringische Gemeinschaft zur Tatsache geworden ist und sich der Staatsrat von Thüringen konstituiert hat, werden wir uns erlauben, von den Ergebnissen der kommenden Verhandlungen, weitere Mitteilungen zu machen.

Quelle: ThHStA Weimar, Thüringisches Staatsministerium - Präsidialabteilung Nr. 49, Bl. 199-201 (Abschrift). [Die Anlagen wurden nicht abgedruckt; der Gemeinschaftsvertrag und sein Anhang sind in Kapitel IV. 3.2 wiedergegeben.]

[16]

Vorlage des Staatsrates von Thüringen vom 6. Dezember 1919 an den Volksrat von Thüringen über die Vorbereitung der Verfassung des Landes Thüringen

An den Volksrat von Thüringen

Vorlage, betreffend die Vorbereitung der Verfassung des Gesamtstaates Thüringen

Weimar, den 6. Dezember 1919.

Der im Mai d. J. den thüringischen Volksvertretungen vorgelegte Gemeinschaftsvertrag, der den Zusammenschluß aller acht thüringischen Staaten herbeiführen sollte, hat in den Staaten Sachsen-Weimar-Eisenach, Sachsen-Altenburg, Sachsen-Gotha, Schwarzburg-Rudolstadt, Schwarzburg-Sondershausen und Reuß Annahme gefunden. Diese sechs Staaten haben darauf noch einen Nachtrag zum Gemeinschaftsvertrag angenommen, der ihre Gemeinschaft staatsrechtlich festlegt und dem Volksrat dieser Gemeinschaft die Handhabe bietet, den Vertrag erforderlichenfalls abzuändern oder zu ergänzen. Eine Staatengemeinschaft »Thüringen« ist damit entstanden.

Von ihr getrennt stehen noch Sachsen-Meiningen und Sachsen-Coburg. Beiden Staaten gibt der Nachtrag zum Gemeinschaftsvertrag das Recht der beratenden Mitwirkung in der Gemeinschaft. Von diesem Recht wird Sachsen-Coburg keinen Gebrauch machen, da die Volksbefragung am 30. November d. J. eine überwiegende Mehrheit gegen den Beitritt zur Gemeinschaft und damit für den Anschluß an Bayern gegeben hat. Mit Sachsen-Meiningen sind nunmehr abschließende Verhandlungen zu führen.

Die Verhandlungen über den Anschluß preußischer Gebietsteile mit Preußen haben leider vorläufig nicht zum Ziele führen können, nachdem aus der Bevölkerung der in Frage kommenden Gebietsteile der preußischen Staatsregierung und Nationalversammlung der Wunsch zu erkennen gegeben wurde, bei Preußen zu bleiben. Es wird nunmehr Aufgabe der Gemeinschaft sein, diese Verhandlungen wieder aufzunehmen.

Die in den Voraussetzungen veränderte Lage erfordert nach Ansicht des Staatsrats von Thüringen einen anderen Weg des Handelns, als ihn die im Frühjahr aufgestellten »Grundsätze zur Vereinigung Thüringens« gewiesen haben. Um die baldige Verschmelzung der Gemeinschaftsstaaten zum Gesamtstaat Thüringen zu erreichen, ist eine Abänderung des bisherigen Organisations- und Arbeitsplanes notwendig. Die Gemeinschaft muß sich entschließen, baldmöglichst gemäß Artikel 13, 14 und 15 des Gemeinschaftsvertrags vorzugehen. -

Der Staatsrat hält 2 Wege für gangbar. Nach dem einen erläßt der Volksrat sofort eine Wahlordnung und beruft die nach ihr gewählte Landesversammlung, welcher der Staatsrat einen Verfassungsentwurf vorzulegen hätte. Dabei kann dahingestellt bleiben, ob der Volksrat diesen Entwurf einer Vorprüfung unterziehen soll, während die endgültige Verabschiedung der Landesversammlung vorbehalten bliebe. Dadurch würde allerdings nach Ansicht des Staatsrats doppelte und zeitraubende Arbeit entstehen. Nach dem anderen Weg beschließt der Volksrat die Wahlordnung und die Verfassung endgültig. Sofort nach Annahme der Verfassung werden die Wahlen ausgeschrieben und die Landesversammlung einberufen. Die Landesversammlung bestimmt sodann die Mitglieder der Regierung. Bis dahin hat der Staatsrat noch die Regierungsgeschäfte zu führen. Die Landesversammlung hat weiter darüber zu befinden, welche Änderungen an der Verfassung etwa vorzunehmen sind. Diesem zweiten Weg gibt der Staatsrat den Vorzug. Dazu bedarf es einer Abänderung des Artikels 13 des Gemeinschaftsvertrags, der folgende Fassung zu erhalten hätte: »Die Gemeinschaft regelt ihre Verfassung und Organisation, das Verhältnis zum Deutschen Reich und zu den Ländern des Reiches. Insbesondere kann sie auch die Verfassung des Staates Thüringen selbst beschließen.«

Zwischen diesen Arbeiten des Volksrats können andere gesetzgeberische und sonstige Arbeiten von allgemeiner Bedeutung oder von besonderer Dringlichkeit durch die Gemeinschaft erledigt und gefördert werden. Vorlagen solcher Art werden dem Volksrat zur Beschlußfassung zugehen.

Der Staatsrat hält aber die sofortige Vorlage eines Verfassungsentwurfs und damit die Gründung des neuen Landes Thüringen für die dringendste Aufgabe. Er hat daher um die Ausarbeitung eines Vorentwurfs den Geh*[eimen]* Justizrat Professor Dr. Rosenthal in Jena - Mitglied des Volksrats von Thüringen - bereits ersucht. Er bittet den Volksrat um Zustimmung hierzu und um Beschlußfassung darüber, welcher der beiden angeführten Wege gegangen werden soll. Es soll dann möglichst noch im Monat Februar 1920 dieser Entwurf und gleichzeitig eine Wahlordnung zur Thüringer Landesversammlung dem Volksrat zur Beratung vorgelegt werden.

Der Staatsrat von Thüringen
Paulssen

Quelle: ThHStA Weimar, Thüringisches Staatsministerium - Präsidialabteilung Nr. 48, Bl. 41-43 (Ausfertigung); Verhandlungen des Volksrates von Thüringen 1919, Drucksachen, S. 8-9 (Druck).

[17]

Schriftwechsel des Vorsitzenden des Staatsrates von Thüringen, Dr. Arnold Paulssen, mit dem Reichsminister des Innern, Erich Koch, zwecks Erlaß eines Reichsgesetzes über die Bildung des Landes Thüringen, Januar bis April 1920

Vorsitzender des Staatsrates von Thüringen an den Reichsminister des Innern, Weimar 24. Januar 1920

[...]
Wie wir dem Herrn Reichsminister des Innern bereits durch unsere Schreiben vom 20. November v*[origen]* J*[ahre]*s (zu *[Aktenzeichen]*Th. 34), sowie 10. und 15. d*[ieses]* M*[ona]*ts (zu Th. 228 und 49) mitgeteilt haben, ist der Zusammenschluß Thüringens erfolgt und damit der Einheitsstaat Thüringen gebildet. Es handelt sich jetzt nur mehr darum, die Gesetzgebung des neuen Staatswesens zu vereinheitlichen und ihm eine Verfassung zu geben.

Außer Zweifel ist, daß die sieben thüringischen Staaten schon demnächst nicht mehr als Einzelstaaten bestehen sollen. Deshalb ist in Volksrat und Staatsrat von Thüringen die Auffassung hervorgetreten, daß nunmehr der Zeitpunkt gekommen sei, den Einheitsstaat Thüringen durch ein einfaches Reichsgesetz im Sinne des Art. 18 Abs. 2 der Reichsverfassung zu bestätigen.

Um über die hiermit zusammenhängenden Fragen mit der Reichsregierung zu verhandeln, ist soeben vom Volksrat und Staatsrat von Thüringen eine Kommission eingesetzt worden; sie besteht aus den Abgeordneten zum Volksrate Hartmann (Schwarzburg-Rudolstadt), Reichardt (Sachsen-Altenburg), Dr. Bielfeld (Schwarzburg-Sondershausen) und Wolf (Sachsen-Gotha), sowie aus den Mitgliedern des Staatsrats Staatsminister Dr. Paulssen (Sachsen-Weimar), Staatsrat Hofmann (Sachsen-Meiningen) und Minister von Brandenstein (Reuß); als Stellvertreter der letzteren drei sind bestimmt: Staatsrat Frölich (Sachsen-Altenburg), Volksbeauftragter Tenner (Sachsen-Gotha), Staatsrat Bärwinkel (Schwarzburg-Sondershausen).

Bevor diese Kommission nach Berlin zu einer Verhandlung kommt, ist es vielleicht zweckmäßig, wenn der Herr Reichsminister des Innern zu der Frage Stellung nimmt, ob von der Reichsregierung die Auffassung geteilt wird, daß der Zeitpunkt für ein Reichsgesetz erwähnter Art bereits gegeben ist. Für Thüringen würde es außerordentlich wertvoll sein, wenn ein solches Reichsgesetz möglichst bald erlassen würde, um der vielfach in den Grenzgebieten um Thüringen aufgetauchten falschen Auffassung die Spitze abzubrechen, daß der Zusammenschluß Thüringens noch kein endgültiger und daß noch Gelegenheit zu allen möglichen Absplitterungen nach Preußen oder Bayern zu gegeben sei. Bedauerlicherweise gehen solche Bestrebungen, einzelne thüringische Gebietsteile zum Anschluß an Preußen oder Bayern zu gewinnen, von Komitees aus, die sich in Preußen bezw. Bayern gebildet haben, und die Thüringen durch Agenten bearbeiten und durch diese besonders auch Unterschriften für Volksabstimmungen sammeln lassen und dergleichen mehr.

Durch solche Agitationen wird der Absicht entgegengehandelt, die in Art. 109 und 167 der Reichsverfassung Ausdruck gefunden hat, daß nämlich die mit Volksabstimmungen für die Bevölkerung verbundene Beunruhigung für die nächsten 2 Jahre möglichst hintangehalten werden soll. Derartige Agitationen verkennen auch vollständig die Bedeutung, die der Zusammenschluß der sieben kleinen thüringischen Staaten für die Entwicklung der Einheit des Reiches hat. Wir glauben aber, daß wir in dieser Hinsicht bei der Reichsregierung volles Verständnis finden werden. Mit Rücksicht darauf, daß es angesichts der erwähnten Agitationen für Thüringen erwünscht ist, möglichst bald als ein Einheitsstaat reichsgesetztlich anerkannt zu werden, würden wir es dankbar begrüßen, wenn der Herr Reichsminister des Innern und die Reichsregierung möglichst bald zu der von uns angeregten Frage des Erlasses eines solchen Reichsgesetzes Stellung nehmen könnten.

Die erwähnte Kommission würde bereit sein, wenn erwünscht, zu einer mündlichen Besprechung nach Berlin oder einem dritten Orte zu kommen. *[...]*

Reichsminister des Innern an den Vorsitzenden des Staatsrates von Thüringen, Berlin 3. Februar 1920

[...]
Ich teile die Auffassung, daß die baldige rechtsförmliche Bildung des Landes Thüringen aus innerpolitischen Gründen zu erstreben ist, namentlich um die Bevölkerung vor weiterer Beunruhigung zu bewahren. Ich bin daher gern bereit, die Verabschiedung des hierzu erforderlichen Reichsgesetzes nach Artikel 18 Abs. 2 der Reichsverfassung möglichst zu beschleunigen.

Der Wortlaut des Reichsgesetzes wird m. E. auf den Ausspruch zu beschränken sein, daß die sieben Länder nach Maßgabe des Gemeinschaftsvertrages von 1919 zu dem deutschen Lande Thüringen vereinigt werden.

Ob der Gemeinschaftsvertrag tatsächlich als staatsrechtliche Grundlage für den endgültigen Zusammenschluß der sieben Staaten genügt, ob die Regelung der zahlreichen öffentlichrechtlichen Fragen, die sich aus der Verschmelzung ergeben werden, auf Grund jenes Vertrages wird erfolgen können, ob das neugebildete Staatswesen mit dem Inkrafttreten des konstituierenden Reichsgesetzes sofort seine Funktionen wird aufnehmen können, ohne daß die neue Landesverfassung beschlossen oder wenigstens durch den Staatsrat eingebracht ist, kann zur Zeit hier nicht übersehen werden. Ich setze voraus, daß der Volksrat von Thüringen zunächst die Landesverfassung beschließen und erst dann die Wahlordnung für die Wahlen zur Landesversammlung erlassen wird, daß also die Wahlen erst nach Erlaß des Reichsgesetzes und der Landesverfassung stattfinden sollen.

Die Reichsregierung legt Wert auf die Gewißheit, daß nach Verkündung des Reichsgesetzes gemäß Artikel 18 Absatz 2 der Reichsverfassung weder staatsrechtlich ein Vakuum eintritt, noch der Erlaß weiterer reichsgesetzlicher Bestimmungen zur Durchführung der Vereinigung erforderlich wird.

Zu diesen Fragen erbitte ich baldgefällige Stellungnahme, um beurteilen zu können, ob der Einbringung des Reichsgesetzes noch Bedenken entgegenstehen. *[...]*

Reichsminister des Innern an den Vorsitzenden des Staatsrates von Thüringen, Berlin 6. April 1920

[...]
Angesichts der Ereignisse der letzten Wochen erscheint der Reichsregierung dringend geboten, die Vereinigung der sieben Thüringer Freistaaten zu einem Lande Thüringen im Wege der Reichsgesetzgebung nach Artikel 18 Abs. 2 der Verfassung schleunigst durchzuführen. Hierbei würde die Beschlußfassung über die künftige Verfassung des Landes der zu wählenden konstituierenden Landesversammlung vorbehalten. Das Wahlgesetz für die verfassunggebende Volksvertretung wäre vom Volksrat für Thüringen alsbald zu erlassen. Bis zum Zusammentreten dieser Landesversammlung hätten der Volksrat und der Staatsrat die parlamentarischen und die Regierungsgeschäfte des Landes Thüringen fortzuführen. Selbstverständlich wäre dieser Übergangszustand nach Möglichkeit abzukürzen und die Wahlen zur konstituierenden Landesversammlung mit größter Beschleunigung durchzuführen. Nach diesen Gesichtspunkten würde das Reichsgesetz etwa folgenden Wortlaut erhalten:

»Die Freistaaten Sachsen-Weimar-Eisenach, Sachsen-Meiningen, Sachsen-Gotha, Sachsen-Altenburg, Reuß, Schwarzburg-Rudolstadt und Schwarzburg-Sondershausen werden mit Wirkung vom 1. ... 1920 zu einem Lande Thüringen vereinigt.

Bis zum Zusammentreten der verfassunggebenden Landesversammlung für Thüringen gilt nach den Bestimmungen des Gemeinschaftsvertrages von 1919 der Staatsrat als Landesregierung, der Volksrat als Volksvertretung.

Die verfassunggebende Landesversammlung ist innerhalb ... Monaten nach Inkrafttreten dieses Gesetzes zu wählen; das Wahlgesetz beschließt der Volksrat.«

Ich bitte um sofortige Mitteilung, ob gegen das geplante Verfahren und die Fassung des Gesetzentwurfs Bedenken bestehen, ferner welche Termine für Satz 1 und Satz 3 des Gesetzentwurfs vorgeschlagen werden. *[...]*

Vorsitzender des Staatsrates von Thüringen an den Reichsminister des Innern, Weimar 13. April 1920

[...]
Zufolge gestrigen Beschlusses bittet Staatsrat von Thüringen, folgenden Gesetzentwurf über Zusammenschluß thüringischer Staaten der Nationalversammlung vorzulegen:

»Die Freistaaten Sachsen-Weimar-Eisenach, Sachsen-Meiningen, Reuß, Sachsen-Altenburg, Sachsen-Gotha, Schwarzburg-Rudolstadt und Schwarzburg-Sondershausen werden mit Wirkung vom 1. Mai 1920 zu einem Lande Thüringen vereinigt.

Die erste Landesversammlung (Landtag) ist innerhalb 5 Monaten nach Inkrafttreten dieses Gesetzes zu wählen. Das Wahlgesetz beschließt der Volksrat von Thüringen.

Solange nach der vom Volksrat von Thüringen zu beschließenden vorläufigen Verfassung Landesregierung und Volksvertretung noch nicht in Wirksamkeit getreten sind, gelten nach den Bestimmungen des Gemeinschaftsvertrags über den Zusammenschluß der thüringischen Staaten (Gesetz-Sammlung für Thüringen 1920, Nr. 1) der Staatsrat von Thüringen als Landesregierung und der Volksrat von Thüringen als Volksvertretung.«

Schreiben folgt nach. Entwurf der vorläufigen Verfassung vom Staatsrat festgestellt wird morgen übersandt werden. *[...]*

Vorsitzender des Staatsrates von Thüringen an den Reichsminister des Innern, Weimar 14. April 1920

[...]
Unter Bezugnahme auf die geschätzte Zuschrift vom 6. d*[ieses]* M*[ona]*ts (*[Aktenzeichen]* I A. 2175) beehren wir uns in der Anlage unsere Drahtung vom gestrigen Tage zu bestätigen und ergebenst mitzuteilen, daß auch der Staatsrat von Thüringen es für eine zwingende Notwendigkeit hält, sobald als möglich die Vereinigung der sieben thüringischen Freistaaten zu einem Lande Thüringen im Wege des Erlasses eines Reichsgesetzes gemäß Art. 18 Abs. 2 der Reichsverfassung baldmöglichst durchzuführen. Wenn wir in unserem gestrigen Vorschlag zum Ausdruck brachten, daß dem Volksrat von Thüringen die Beschlußfassung über die vorläufige Verfassung zustehen soll, so mußten wir dies mit Rücksicht auf die mit dem Volksrate gerade über diese Frage gepflogenen Verhandlungen tun. Die überwiegende Mehrheit des Volksrats hat den Standpunkt vertreten und hält daran fest, daß hauptsächlich im Interesse einer Beschleunigung des Zusammenschlusses der thüringischen Staaten die Verfassung noch vom Volksrat beraten und beschlossen werden soll. Der Erlaß des in einem Druckstück angefügten Gesetzes, betreffend Abänderung des Gemeinschaftsvertrags vom 28. Januar 1920 (Gesetz-Sammlung für Thüringen S. 20) ist hauptsächlich gerade deshalb erfolgt, um u.a. dem Volksrat von Thüringen die Befugnis zu geben, auch die Verfassung zu beschließen.

Wir beabsichtigen, dem voraussichtlich am 10. Mai zusammentretenden Volksrat den anliegenden Gesetzentwurf, betreffend die vorläufige Verfassung für das Land Thüringen, gleichzeitig mit einem Gesetzentwurf über die Wahlen zum Landtage von Thüringen vorzulegen. Dem ersten Landtag von Thüringen soll nach Art. 74 des Entwurfs der vorläufigen Verfassung das Recht zustehen, die vorläufige Verfassung mit einfacher Stimmenmehrheit abzuändern, so daß hierdurch wohl alle Bedenken gegen eine Beschließung der vorläufigen Verfassung durch den Volksrat behoben sein dürften. Auf diese Weise kommt die Beschlußfassung des Volksrats von Thüringen über die Verfassung im Wesentlichen auf dasselbe hinaus, als wenn der Volksrat nur den Verfassungsentwurf feststellte, der dann dem ersten Landtage zur Beschlußfassung vorzulegen wäre. *[...]*

Quelle: ThHStA Weimar, Thüringisches Staatsministerium - Präsidialabteilung Nr. 2-1, Bl. 1-2, 5, 22 (Abschriften); Nr. 17, Bl. 52-54 (Abschriften).

[18]

Auszug aus der Begründung zum Entwurf einer vorläufigen Verfassung des Freistaates Thüringen vom 23. April 1920

Begründung des Entwurfs einer vorläufigen Verfassung des Freistaates Thüringen

Die Umwälzung der Novembertage 1918 hat die politische Notwendigkeit des Zusammenschlusses der Thüringischen Staaten auch denjenigen, die der Lösung des Problems lau gegenübergestanden hatten, klar vor Augen geführt. Die Form des Zusammenschlusses war durch den verfassungsmäßigen Umbau des Deutschen Reichs bedingt. Die Schaffung der Einheitsrepublik hatte sich schon wegen des starken Widerstrebens selbst der aus der Revolution hervorgegangenen süddeutschen Regierungen nicht als ausführbar erwiesen. Trotz einer stark unitarischen Richtung hatte die Verfassung dem Deutschen Reiche den bundesstaatlichen Charakter bewahrt. So waren die Thüringischen Staaten vor die Wahl gestellt, ob sie sich einzelnen größeren Nachbarstaaten (Preußen, Sachsen und Bayern kamen in Betracht) anschließen oder in ihrer Gesamtheit den Anschluß an Preußen vollziehen oder durch Verschmelzung einen selbständigen Einheitsstaat innerhalb des Deutschen Reiches bilden wollten. Man entschied sich für diesen und strebte die Einbeziehung Erfurts und anderer thüringischer Gebietsteile Preußens in den Freistaat Thüringen an, ohne dieses Streben bisher von Erfolg gekrönt zu sehen.

Innerhalb Thüringens hatten sich wichtige staatsrechtliche Veränderungen vollzogen. Die beiden Freistaaten Reuß j. L. und Reuß ä. L. waren zu einem Volksstaat Reuß vereinigt worden (Ges*[etz]* des gemeinsamen Landtags der beiden Freistaaten v. 4. 4. 1919). Die Verbindung der beiden Staaten Coburg und Gotha wurde aufgehoben (Staatsvertrag v. 12. 4. 1919). Der Plan des Zusammenschlusses dieser acht Thüringischen Freistaaten (Sachsen-Weimar, Sachsen-Meiningen, Reuß, Sachsen-Altenburg, Sachsen-Gotha, Sachsen-Coburg, Schwarzburg-Rudolstadt und Schwarzburg-Sondershausen) wurde seiner Ausführung näher gerückt durch den Abschluß eines Gemeinschaftsvertrags »mit dem Zwecke der Vorbereitung einer gänzlichen Verschmelzung aller dieser Staaten zu einem Staate (Gesamtstaat) Thüringen sowie ferner zu dem Zwecke der Verbindung mit preußischen Gebietsteilen durch Verhandlungen mit dem Freistaat Preußen«.

Im Juni und Juli 1919 wurde dieser Gemeinschaftsvertrag von den Volksvertretungen aller Staaten mit Ausnahme Meiningens und Coburgs, die sich den Beitritt offenhielten und Vertreter zum Staatsrat und Volksrat von Thüringen wählten, die an den Verhandlungen beratend teilnehmen sollten, angenommen. Dies wurde durch einen Nachtrag zum Gemeinschaftsvertrag anerkannt, der auch den Gemeinschaftsvertrag zwischen den sechs thüringischen Staaten staatsrechtlich festlegt. Coburg schloß sich dann an Bayern an und Meiningen trat im Januar 1920 dem Gemeinschaftsvertrag bei, nachdem der Volksrat von Thüringen die von ihm für den Beitritt aufgestellten Bedingungen als bindend anerkannt hatte. Durch ein vom Volksrat von Thüringen beschlossenes Gesetz vom 23. Januar 1920 wurde § 13 des Gemeinschaftsvertrages dahin ergänzt, daß als zweiter Satz angefügt wurde:

»Insbesondere kann sie (die Gemeinschaft) auch die Verfassung des Staates Thüringen selbst beschließen.«

Gleichzeitig wurde der Staatsrat ersucht, seinem Vorschlage entsprechend, das Mitglied des Volksrats von Thüringen, Herrn Professor Rosenthal in Jena, mit der Ausarbeitung eines

Verfassungsentwurfs zu betrauen. Nachdem die einzelnen Regierungen zu dem dem Staatsrat überreichten Entwurf Stellung genommen hatten, wurde dieser in wiederholten eingehenden Beratungen des Staatsrats in Weimar unter Mitwirkung des Bearbeiters mit den Abänderungen in vorliegender Gestalt festgestellt. Das Ergebnis dieser Beratungen wird hiermit dem Volksrat unterbreitet.

Nach der Revolution haben von den Thüringischen Staaten ausführlichere Staatsgrundgesetze nur erlassen Sachsen-Altenburg (Gesetz über die vorläufige Regelung der Verfassung vom 27. 3. *[19]*19 - 38 Art.), Schwarzburg-Sondershausen (Landesgrundgesetz vom 1. 4. *[19]*19 - 63 Paragraphen) und Sachsen-Weimar (Verfassung vom 19. 5. *[19]*19 - 47 Paragraphen), während in Reuß nur ein Gesetz über die Vereinigung der beiden Freistaaten Reuß zu einem Volksstaat Reuß sowie über die vorläufige Verfassung und Verwaltung am 4. 4. *[19]*19 beschlossen worden war.

Von größter Wichtigkeit für den vorliegenden Verfassungsentwurf war es, daß nicht nur die Verfassung des Deutschen Reichs vom 11. 8. *[19]*19 vorlag, sondern daß außer den genannten Thüringischen Staaten auch die Staatsgrundgesetze von Bayern, Württemberg, Baden, Hessen, Oldenburg und Anhalt und Verfassungsentwürfe von Mecklenburg-Schwerin und der unmittelbar vor Beginn der Beratungen im Staatsrat veröffentlichte Entwurf der preußischen Verfassung berücksichtigt werden konnten. Preußen und Sachsen hatten kurze vorläufige Verfassungen veröffentlicht.

Der Inhalt des Verfassungsrechts der einzelnen deutschen Länder kann heute nicht nach deren Ermessen frei gestaltet werden, sondern ist an die im Art. 17 der Reichsverfassung aufgestellten staatsrechtlichen Grundlagen (freistaatliche Verfassung, freies Wahlrecht und parlamentarische Regierung) gebunden. Darüber hinaus hat die Reichsverfassung (Art. 36-39) Rechtsnormen für Mitglieder des Reichstags oder eines Landtags aufgestellt und damit diese Gegenstände der einzelstaatlichen Gesetzgebung entrückt. Dahin gehört auch Art. 126, der jedem Deutschen das Petitionsrecht zur Volksvertretung gewährt und Art. 160, der den Arbeitgebern die Verpflichtung auferlegt, Angestellten oder Arbeitern die zur Ausübung der ihnen übertragenen öffentlichen Ehrenämter nötige freie Zeit zu gewähren, soweit dadurch der Betrieb nicht erheblich geschädigt wird. Also auch hier wird von Reichs wegen eine Schranke der Landesgesetzgebung und Landesverwaltung aufgerichtet. *[...]*

Quelle: ThHStA Weimar, Thüringisches Staatsministerium - Präsidialabteilung Nr. 48, Bl. 95-96 (Ausfertigung); Verhandlungen des Volksrates von Thüringen 1919, Drucksachen, S. 86-87 (Druck).

[19]

Regierungserklärung des Thüringischen Staatsministeriums vom 29. August 1932

Regierungserklärung

Die thüringische Staatsregierung ist sich in dieser Zeit schwerster politischer, kultureller und wirtschaftlicher Nöte ihrer großen Verantwortung für Volk und Land voll bewußt.

Die Nöte der Zeit können nicht behoben werden, wenn nicht alle berufenen Behörden, Körperschaften und Organisationen den Weg zu einer intensivsten Zusammen- und Aufbauarbeit finden und wenn nicht die gesamte Bevölkerung ihrerseits bereit ist, von sich aus tatkräftig mitzuwirken, um das harte Schicksal dieser Zeit doch noch zum Guten zu wenden. Die Staatsregierung betrachtet es deshalb als ihre erste und vornehmste Aufgabe, das Zusammenwirken aller wertvollen Kräfte herbeizuführen. Sie bekennt sich dabei rückhaltlos zur nationalen und völkischen Staatsauffassung. Ebenso bekennt sie sich gerade in der jetzigen Notzeit zu den besonders von Sorge und Not betroffenen Teilen der Arbeiterschaft, des Bauerntums, des Mittelstandes, wie auch der freien Berufe. Soziales Verständnis und soziale Gerechtigkeit werden für sie stets selbstverständliche Leitmotive ihres Handelns sein.

Die Selbständigkeit des Landes Thüringen wird auf das Allerentschiedenste verteidigt und vertreten werden.

Die Not der Kreise und Gemeinden ist der Regierung wohlbekannt. Sie im Einvernehmen mit den Selbstverwaltungskörpern zu lindern, wird ihre ernsteste Sorge sein.

Schutz und Sicherung von Eigentum und Person, Förderung aller Zweige der Wirtschaft, Beschaffung von Arbeit und Brot wird die Staatsregierung unermüdlich und mit aller Zähigkeit sich angelegen sein lassen. Sie wird alle Mittel und Wege, die im Rahmen der Reichs- und Landesgesetze und der Verfassungen denkbar sind, bis auf das Letzte zu erschöpfen versuchen.

Auf das Entschiedenste bekennt sich die Staatsregierung zur Aufrechterhaltung des Berufsbeamtentums, sowie zu dessen Schutz und Förderung.

Eingedenk der überragenden Kulturtradition des Landes Thüringen wird die thüringische Regierung es weiterhin als ihre größte Pflicht betrachten, den deutschen Gedanken auf allen Gebieten der Volkserziehung und der Kunstbildung zum stärksten Ausdruck zu verhelfen. Sie vertritt die Anschauung, daß die Erhaltung der Tradition den unermüdlichen Willen zur Voraussetzung hat, die geschaffenen Werte dauernd neu zu beleben und die überkommenen Formen mit immer neuem Leben zu erfüllen. Sie steht auf dem Standpunkt, daß zur Grundbildung und Hochbildung des Volkes neben Schulen und Hochschulen die Kunstanstalten eines Landes allerwichtigste volkserzieherische Aufgaben zu erfüllen haben. Diese Aufgaben sieht die neue Regierung des alten Kulturlandes Thüringen vorgezeichnet auf den Gebieten der Schulen und Kirchen, auf dem Gebiete der Wissenschaft, wie auch auf dem Gebiete der Künste. Namen wie Herder, Fichte, Nietzsche, Goethe, Schiller, Bach, Wagner und Liszt und alle die Meister der bildenden Künste, die im vorigen Jahrhundert in Weimar ihre Wirkungsstätte hatten, legen hier wegweisend der Landesregierung größte Verpflichtungen auf. Sie hat den festen Willen, ja betrachtet es als eine Ehrenpflicht, im Geiste dieser Männer und ihrer Werke dem Lande zu dienen. Die bestehenden Kunstanstalten, in Sonderheit die Staatstheater, deren Bestehen immer eine wirtschaftliche Belebung des Landes bedeutet haben, sollen möglichst nicht nur erhalten, sondern nach Maßgabe der vorhandenen Mittel ausgestaltet werden, und zwar immer davon ausgehend, daß einem politisch und wirtschaftlich darniederliegenden Volke die geistigen, seelischen und sittlichen Kräfte in besonderem Maße von Nöten sind, die noch immer von der Höhenkunst echt deutschen Volkstums ausströmten.

Die Staatsregierung gibt hiermit ihrer Überzeugung Ausdruck, daß ihr höchstes Ziel über die wirtschaftliche und politische Sicherung des Landes hinaus die Entfaltung und Gestaltung aller geistigen und seelischen Kräfte in Rasse und Volkstum sein muß.

In diesem Geiste nationalen Lebens-, Aufbau- und Wehrwillens, im Geiste einer wahrhaften und sozialen Volks- und Schicksalsgemeinschaft, im Glauben an die unerschöpflichen Kräfte unseres Volkes und unserer Heimat, im festen Vertrauen insbesondere auf die Jugend des Landes und auf die Vorsehung wollen wir unser schweres Amt ausüben.

Weimar, den 29. August 1932.

Thüringisches Staatsministerium

Sauckel Wächtler Marschler
Dr. Weber Dr. Meister Junghanns Mackeldey

Quelle: ANBl. 12 (1932), T. I, Nr. 70, S. 337-338 (Druck).

[20]

Rede des Reichsstatthalters Fritz Sauckel bei der Vereidigung der neu ernannten Thüringischen Staatsräte am 23. Oktober 1933

Über Rechte und Pflichten der Volksführung.

Es ist gleichzeitig mit dem Beschluß, die Thüringische Regierung durch hervorragende Führer der Nationalsozialistischen Deutschen Arbeiterpartei, der Wirtschaft, der Wissenschaft und der Kunst zu erweitern, noch ein Gesetz beschlossen worden, welches das Führerprinzip innerhalb unserer Landesregierung besonders zum Ausdruck bringen soll. Dieses Prinzip häuft auf den verantwortlichen Leiter dieser Regierung schwere Verantwortung, und ich bitte Sie, unserem Ministerpräsidenten diese Verantwortung durch Ihre treue Mitarbeit leicht zu machen. Ministerpräsident Marschler ist einer der allerältesten Kämpfer für die nationalsozialistische Freiheitsbewegung; aber auch einer der hervorragendsten Kämpfer für soziale Gerechtigkeit in der deutschen Arbeiterschaft. Er hat in langen Jahren des Kampfes Kenntnisse und Erfahrungen gesammelt, die in unserer Bewegung einzigartig sind. Wir können das Vertrauen zum Ministerpräsidenten haben, daß er alles tun wird, um unser Land und Volk von den Nöten der Zeit zu befreien.

Ich weiß, daß Sie die Durchführung des Führerprinzips nicht auffassen als irgendeine Bevormundung, sondern so, daß hier ein Grundprinzip der nationalsozialistischen Bewegung erfüllt worden ist. Es gibt in dieser Regierung nunmehr nur noch die Entscheidung des Ministerpräsidenten, und er wird in jedem Fall nach bestem Wissen und Gewissen entscheiden.

Sie selbst sind Mitkämpfer und Mitarbeiter. Wenn die Regierung erweitert worden ist, so war die Absicht damit verbunden, nach Beseitigung des Landtags dem Volk zu zeigen, daß nicht regiert wird ohne irgendwelche Verbundenheit mit dem Volk und mit unserer Bewegung, sondern es soll zum Ausdruck gebracht werden, daß viel besser als durch parlamentarische Parteien durch volksverbundene Männer die Wünsche des Volkes an das Ohr der Regierung herangebracht werden und daß so die lebendige Verbindung mit dem Volk überall erhalten bleibt.

Als Grundprinzip Ihres Handelns stehe über allem die Treue. Über alles Persönliche, über alle etwaige Unbill, über alle schwersten Prüfungen, die über uns hereinbrechen könnten, machen Sie die Treue zum Grundprinzip; die Treue gegenüber dem Ministerpräsidenten, gegenüber dem Volk und vor allem gegenüber dem Führer des deutschen Volkes, gegenüber Adolf Hitler. Wenn Sie die Treue zum Grundprinzip erheben, dann werden Sie auch gerecht der zweiten Forderung für unser Volk: der Ehre.

Treue und Ehre müssen für alle Zeiten das Leitmotiv unseres Handelns, unseres Daseins, unseres Wollens überhaupt sein.

Quelle: Fritz Sauckels Kampfreden. Dokumente aus der Zeit der Wende und des Aufbaus. Weimar 1934, S. 136-137 (Druck).

[21]

Schreiben des Oberpräsidenten für den Regierungsbezirk Erfurt, Reichsstatthalter Fritz Sauckel, an den Regierungspräsidenten in Erfurt, Dr. Otto Weber, vom 1. Juli 1944 über die Gestaltung der Zusammenarbeit zwischen beiden Dienststellen nach Inkrafttreten des Führererlasses über die Aufgliederung der Provinz Sachsen vom 1. April 1944

Der Oberpräsident für den
Regierungsbezirk Erfurt

Weimar, den 1. Juli 1944

An den
Herrn Regierungs-
präsidenten

in Erfurt

Bei der Übernahme der Aufgaben des Oberpräsidenten für den Regierungsbezirk Erfurt durch mich halte ich es für notwendig, Ihnen im Anschluß an unsere Besprechung die Vorgänge auch noch schriftlich zu bezeichnen, die ich wegen ihrer besonderen Wichtigkeit zu meiner Vorlage und Entscheidung zu bringen bitte.

Ganz allgemein möchte ich über alle Vorkommnisse unterrichtet werden, die auf politischem, wirtschaftlichem, sozialem und kulturellem Gebiet besonders bemerkenswert sind.

Außerdem bitte ich um Vorlage der wichtigen Personalangelegenheiten der leitenden Beamten Ihrer eigenen Dienststelle, der Landräte, staatl. Polizeiverwalter sowie Oberbürgermeister und Beigeordneten der Stadtkreise. Auch hinsichtlich der Bürgermeister und Beigeordneten der kreisangehörigen Städte über 5000 Einwohner lege ich Wert auf meine Unterrichtung.

Schließlich halte ich meine Unterrichtung für besonders wichtig bei Angelegenheiten, die in gleicher oder ähnlicher Form auch für das Land Thüringen von Bedeutung werden können und bei denen daher eine einheitliche Regelung im Land Thüringen und im Regierungsbezirk Erfurt angebracht erscheint.

Ich behalte mir vor, weitere wichtige Sachgebiete, bei denen ich einzuschalten bin, anzugeben.

Bei der geringen Entfernung und der guten Fernsprechverbindung zwischen Erfurt und Weimar dürften kaum Fälle der angegebenen Art auftreten, die so eilig sind, daß ein unmittelbarer Bericht an die obersten Reichsbehörden ohne meine vorherige Unterrichtung notwendig wäre. Insofern ist bei Weimar gegenüber Magdeburg eine wesentliche Erleichterung eingetreten. Ich bitte daher, von der in Nr. 77 der Geschäftsordnung für die Regierung Erfurt vom 31. 12. 1942 vorgesehenen Regelung abzusehen.

Zur Erleichterung der notwendigen Zusammenarbeit und zur Ermöglichung einer ständigen persönlichen Fühlungnahme habe ich veranlaßt, daß Sie laufend zu den bei meiner Anwesenheit in Weimar stattfindenden Tageskonferenzen eingeladen werden. Darüber hinaus erscheint mir die Benennung eines Verbindungsreferenten von Ihrer Dienststelle notwendig, dessen Aufgabe es wäre, mit den für eine Zusammenarbeit in Frage kommenden Weimarer Stellen engste Fühlung zu halten. Aus Zweckmäßigkeitsgründen werden diese Besprechungen am besten wöchentlich zweimal in meiner Dienststelle stattfinden.

gez. Sauckel
Reichsstatthalter in Thüringen

Quelle: ThHStA Weimar, Der Reichsstatthalter in Thüringen Nr. 111, Bl. 153 (Durchschrift).

[22]

Schreiben der politischen Häftlinge Dr. Hermann L. Brill (SPD) und Otto Schiek (KPD) an den amerikanischen Platzkommandanten des befreiten Konzentrationslagers Buchenwald vom 15. April 1945

Weimar-Buchenwald, den 15. April 1945

An den
Herrn Platzkommandanten des ehemaligen KL Buchenwald
Weimar-Buchenwald

Sir!

Es ist zu unserer Kenntnis gekommen, daß nach der Flucht der Parteibeamten der NSDAP in der thüringischen Landeshauptstadt Weimar wie in anderen Orten Thüringens schwere Störungen der öffentlichen Ordnung eingetreten sind. Die kommunalen Verwaltungen haben zum Teil ihre Tätigkeit eingestellt. Die öffentlichen Dienste funktionieren nicht. Deshalb erlauben wir uns, Ihre Aufmerksamkeit auf folgenden Umstand zu lenken:

Im hiesigen Lager befinden sich etwa 80 thüringische politische Gefangene, die wegen ihrer antinazistischen Betätigung in Haft genommen worden sind. Ein größerer Teil von ihnen hat öffentliche Ämter bekleidet. Wir nennen Ihnen davon

Dr. jur. Arno Barth	Bürgermeister der Stadt Gera
Rudolf Arnold	Stadtrat in Kahla
Dr. phil. Fritz Behr	Oberstudiendirektor und Stadtrat in Weimar
Alfred Bochert	Bürgermeister der Gemeinde Katzhütte, M. d. L.
Curt Böhme	Regierungsrat a. D. und Bürgermeister der Stadt Allstedt, M. d. L.
Dr. jur. Hermann L. Brill	Ministerialdirektor im Thür. Ministerium des Innern, M. d. R., M. d. L.
Edwin Bergner	Stadtrat in Gera
Wilhelm Burkhardt	Stadtrat in Zeulenroda
Richard Anacker	Stadtrat in Zella-Mehlis
Rudolf Arnold	Eisenach, M. d. L.
Hermann Drechsler	Beigeordneter der Stadt Gera, M. d. L.
Richard Eyermann	Stadtrat in Bad Salzungen, M.d.L.
Ernst Heyer	Stadtrat in Gera
Paul Hildebrand	Stadrat in Meiningen
Otto Geithner	Gotha, M. d. L.
Walter Heinze	Stadtrat in Gehren
Rudolf Herrmann	Gemeinderat in Großbreitenbach
Rudolf Jungmann	Stadtrat in Gera
Max Keppel	Stadtrat in Gera
Hermann Kissauer	Stadtrat in Saalfeld
Georg Link	Gemeinderat in Manebach
Albert Richter	Stadtrat in Pößneck
Willy Pabst	Stadtrat in Gotha
Otto Schiek	Eisenach, M. d. L.
Fritz Soldmann	M. d. R.
Otto Trillitzsch	Stadtrat in Gera
Richard Zimmermann	Stadtrat in Jena, M. d. L.

Eine größere Anzahl der nichtgenannten ehemaligen thüringischen Schutzhaftgefangenen hat geringere öffentliche Ämter oder Funktionen in den politischen und gewerkschaftlichen Organisationen bekleidet. Wenn Sie, Herr Kommandant, diesen politischen Persönlichkeiten die Möglichkeit geben wollten, das Lager unverzüglich zu verlassen, so würden sie imstande sein, nach notwendiger Rücksprache mit ihren Freunden binnen kürzester Frist eine geordnete öffentliche Verwaltung in Thüringen wiederherzustellen, eine Sache, die in vielseitigem Interesse sehr erwünscht scheint.

Aus diesem Grunde bitten wir Sie, die Entlassung der thüringischen politischen Gefangenen alsbald verfügen zu wollen.

Mit vorzüglicher Hochachtung

Dr. Hermann L. Brill
Otto Schiek, M. d. L.

Quelle: Archiv Gedenkstätte Buchenwald - Material Walter Wolf 81 (Abschrift).

[23]

Denkschrift von Dr. Hermann L. Brill für den Military Government Officer in Weimar über den Neuaufbau der Verwaltung in Thüringen vom 26. April 1945

Dr. jur. Hermann L. Brill.
Ministerialdirektor a. D.

Weimar, den 26. April 1945.
Rückoldstr. 7, Telefon: 1211.

An den
Military Government Officer,
Weimar.

Sehr geehrter Herr Major!

Wie ich Ihnen bei meinem gestrigen kurzen Vortrag schon sagte, finden sich in der Stadt Weimar eine Reihe von Behörden, die das besondere Interesse der Military Government erregen sollten.

Übersicht über die in Weimar vorhandenen Behörden von zentraler Bedeutung.

Es handelt sich dabei um Verwaltungsstellen, die eine überörtliche, zentrale Wirksamkeit zu entfalten haben. In erster Linie sind von ihnen die Institution des früheren Reichsstatthalters für das Land Thüringen und den Regierungsbezirk Erfurt zu nennen, weiter das Thüringische Staatsministerium mit den fachlichen Gliederungen in Thüringisches Finanzministerium und Thüringisches Ministerium des Innern, Thüringisches Ministerium für Volksbildung, Thüringisches Wirtschaftsministerium, ebenso die diesen Ministerien unterstellten öffentlichen Behörden. Weiter ist darauf hinzuweisen, daß die Dienststelle des Reichsstatthalters auch die Funktionen des Oberpräsidenten für den Ende vorigen Jahres zur Provinz erhobenen Regierungsbezirk Erfurt wahrzunehmen hat. Schließlich darf es nicht unerwähnt bleiben, daß Weimar der Sitz der Vorstände und Geschäftsstellen einer Reihe von Verbänden ist, die zum Teil öffentlich-rechtlichen Charakter haben und dadurch auch als Behörden betrachtet werden müssen.

Die Befugnisse dieser Behörden im einzelnen darzulegen, dürfte hier zu weit führen. Sie ergeben sich aus den einschlägigen Gesetzen, die ich in ihren Grundzügen als bekannt voraussetzen darf, im besonderen übrigens auch durch die Kriegsgesetzgebung etwas in Unordnung gekommen sind. Allgemein darf jedoch gesagt werden, daß ein Neuaufbau der Verwaltung ohne Beachtung der zentralen Befugnisse der genannten Behörden hinsichtlich der örtlichen Verwaltung kaum möglich erscheinen dürfte.

So kann man z.B. die Schulverwaltung in Thüringen ohne Hilfe des Apparates des Thüringischen Volksbildungsministeriums nur schwer ordnen, es sei denn, daß die Military Government aufgrund eines neuen Gesetzes eine zentrale Regelung überhaupt beseitigt und das gesamte Unterrichtswesen vollständig kommunalisiert, eine Frage, die mir schon hinsichtlich der Landkreise für den Augenblick als ganz unlösbar erscheint. Rein quantitativ betrachtet, darf ich bemerken, daß es sich bei diesem Verwaltungszweig um das größte Verwaltungsgebiet handelt: von rund 11 000 thüringischen Staatsbeamten und -angestellten sind 7 000 Lehrkräfte, deren Personalakten sich ausschließlich in der Dienststelle des Volksbildungsministeriums hier am Platze befinden. Daß die Frage von eminenter politischer Bedeutung ist, brauche ich nur im Vorbeigehen zu erwähnen. Die baldige Wiederaufnahme des Schulbetriebs stellt jedoch in der gegenwärtigen Situation auch eine Ordnungsaufgabe ersten Ranges dar. Die Kinder wieder von den Straßen wegzubringen, das häusliche Leben von ihrer ständigen Anwesenheit zu befreien, der Familie durch die Schule neue geistige Anregungen im antinazistischen Sinne zuzuführen, ist ebenso wichtig, wie durch das Ausbleiben von Angehörigen der Hitler-Jugend in den höheren Schulen festzustellen, wer sich etwa von der irregeführten Jugend noch als Wehrwolf usw. herumtreibt. Die Verhältnisse unterscheiden sich also in der hiesigen Unterrichtsverwaltung prinzipiell von denen eines amerikanischen Staates und den Obliegenheiten eines Staatsgouverneurs.

Hinweis auf Behörden von zentraler Bedeutung in anderen thüringischen Städten.

Das vorgetragene Thema kompliziert sich noch dadurch, daß auch in anderen thüringischen Städten Behörden von überörtlicher Bedeutung vorhanden sind, die nicht einfach dem Bürgermeister unterstellt werden können.

Zunächst ist die Verwaltung des Landes Thüringen dezentralisiert. Die wichtigste Kontrollinstanz, das Landesverwaltungsgericht, befindet sich in Jena. Die Kontrollinstanz über das gesamte Versicherungswesen, das Oberversicherungsamt, domiziliert in Gotha, während die Landesversicherungsanstalt selbst in Weimar, die Landesbrandversicherungsanstalt jedoch auch in Gotha untergebracht sind. Die obersten Justizbehörden, das Gemeinschaftliche Thüringische Oberlandesgericht (Straf- und Zivilsachen in der Berufungs- und Revisionsinstanz, erstinstanzliches Gericht in Hoch- und Landesverratsprozessen) und der Generalstaatsanwalt sind in Jena.

In Erfurt sitzt der Regierungspräsident für den preußischen Regierungsbezirk Erfurt, an Behörden der Reichsverwaltung das Landesarbeitsamt, die Reichsbahndirektion und die Reichspostdirektion.

In Erfurt befinden sich außerdem eine Reihe von Landesverbänden, von denen ein Teil ebenfalls öffentlich-rechtlichen und dadurch behördlichen Charakter hat.

In Rudolstadt ist die Dienststelle des Oberfinanzpräsidenten, die Finanzmittelinstanz des Reiches.

Es versteht sich von selbst, daß auch diese Behörden in ihrer Zuständigkeit für eine Neuordnung der Verwaltung nicht ignoriert werden können. Als Beispiel erlaube ich mir, nur auf das Landesarbeitsamt hinzuweisen, das befugt ist, den Arbeitseinsatz aller Arbeitsämter zu leiten.

Notwendigkeit einer Regelung der Geschäfte dieser Behörden.

Was aus den ehemaligen deutschen Ländern werden soll, ist eine politische Frage, die hier nicht zur Debatte steht. Immerhin gestatte ich mir die Bemerkung, daß niemand in den antifaschistischen politischen Kreisen, an deren illegaler Arbeit ich teilgenommen habe, an eine Wiederherstellung der Regierungs- und Gesetzgebungsrechte dieser Länder denkt. Wir wünschen deshalb auch nicht, daß gegenwärtig irgendwelche Maßnahmen ergriffen werden, die auch nur den Anschein einer solchen Restauration erwecken könnten.

Immerhin erscheint es notwendig, die zentrale Zuständigkeit der Landesbehörden und Reichsmittelbehörden für den Neuaufbau der Verwaltung und Justiz zu benutzen. Ein anderes Verfahren würde zu einer völligen Atomisierung jeglicher Administration führen. Da es mir zweifelhaft erscheint, ob für alle Fälle der Tätigkeit der Military Government in den Stadt- und Landkreisen bindende allgemeine Richtlinien des Obersten Hauptquartiers vorliegen, scheint mir auch die Gefahr zu bestehen, daß örtlich verschiedene Anordnungen erfolgen.

Auch die Zweckmäßigkeit gebietet, in den Ländern und Provinzen zentral vorzugehen. Die Arbeitskraft der Offiziere der Military Government würde über Gebühr beansprucht werden, wenn sich jeder von ihnen an verschiedenen Orten mit derselben Frage abgeben müßte, die durch eine Entscheidung gelöst werden könnte.

Die deutschen Antifaschisten haben an einer solchen Lösung ein politisches Interesse. Sie wünschen, an der Vernichtung des gemeinsamen Gegners alles Lebens und aller Kultur beteiligt zu sein. Sie haben sich, wie ich noch besonders vortragen werde, auf diese Arbeit in einer langen, gefahrvollen und ertragreichen illegalen Tätigkeit vorbereitet. Sie sind imstande, Vorschläge und qualifizierte Personen für die Verwirklichung dieser Vorschläge zur Verfügung zu stellen.

Vorschläge für eine vorläufige Regelung.

Da der Military Government Officer in Weimar öffentliche Gewalt über alle in der Stadt Weimar ansässigen Behörden hat, schlage ich zunächst vor, die bisherige Anordnung, durch die die Ministerien dem Bürgermeister von Weimar unterstellt worden sind, aufzuheben und für sie besondere Beauftragte einzusetzen. Unter Berücksichtigung des Gedankens, daß keine Wiederherstellung der staatlichen Souveränität der Länder stattfinden soll, wäre dabei davon abzusehen, daß die Betreffenden, so wie z. B. der Beauftragte für die Stadt Weimar formell zum Bürgermeister ernannt worden ist, zum Ministerpräsidenten oder zu Staatsräten ernannt werden; es würde genügen, sie einfach mit der Wahrnehmung der Geschäfte zu beauftragen.

Um Menschen zu sparen und die Durchführung der Aufgaben zu vereinfachen, wäre es zweckmäßig, diesen Beauftragten auch die Geschäftsführung der kommunalen Verbände anzuvertrauen. Es handelt sich hierbei vor allem um den Deutschen Gemeindetag, Landesdienststelle Thüringen, der sich in Städteverband, Verband der Landkreise und Landgemeindetag gliedert und eine Reihe von Nebenstellen und Zweckverbänden hat, deren Namen im Einwohnerbuch der Stadt Weimar Seite 10/11 nachgelesen werden können.

Außerdem wären die berufsständischen Körperschaften und die ihnen fast gleichstehenden Verbände beruflicher Art besonders zu berücksichtigen, ich nenne dafür zuerst die Gauwirtschaftskammer Thüringen mit ihren Unterabteilungen Industrie- und Handelskammer, Handwerkskammer, die Industrieabteilung, die Handelsabteilung. Weiter die Bezirksgruppen der Wirtschaftsgruppen (a. a. Ort Seite 5/6). Die Organisation der Ärzte, Beamten, Lehrer und die Deutsche Arbeitsfront wären dem gleichen Verfahren zu unterwerfen.

Die Aufgabe dieser mit der Wahrnehmung der Geschäfte Beauftragten müßte zuerst sein, die Behörden von nazistischen Elementen zu säubern. Denn Deutschland braucht eine Reform an Haupt und Gliedern. Wenn nicht neue Köpfe geschaffen werden, ist nicht zu hoffen, daß der Verwaltungsapparat funktioniert.

Die zweite vorläufige Aufgabe wäre, die Gesetze der Military Government, die auf das Verbot der NSDAP und ihrer Gliederungen gerichtet sind, durchzuführen. Da ich noch kaum die Gefangenschaft verlassen habe, kann ich mich zwar täuschen, wenn ich dem Eindruck unterliege, daß zwar eine beträchtliche Anzahl zum Teil sehr detaillierter Vorschriften zu diesem Zwecke erlassen ist, ihre Durchführung aber erst noch beginnen müßte. Ich kenne die Nazis aus meiner ministeriellen Praxis und weiß, daß sie über eine ungeheure Geschicklichkeit verfügen, Andere irrezuführen. Deshalb muß, wenn die NSDAP wirklich verschwinden soll, mit der äußersten Anstrengung aller Kräfte gearbeitet werden.

Von besonderer Wichtigkeit erscheint mir dabei die materielle Vernichtung durch die Erfassung der Vermögen und Betriebe. Es ist zum mindesten sehr zweckmäßig, diese Aufgabe in den einzelnen Bezirken der Länder und Provinzen zentral anzupacken.

Überleitung in eine endgültige Regelung.

Bis zur Übernahme der Regierungsgewalt der Military Government über das ganze Reichsgebiet und der damit erforderlich werdenden einheitlichen Regelung der Besetzung der Stellen der Länder- und Provinzialregierungen schlage ich weiter vor, daß das Oberste Hauptquartier außer dem Officer für den Stadt- und Landkreis Weimar einen Kontrolloffizier für das gesamte Verwaltungsgebiet des bisherigen Reichsstatthalters für Thüringen in Weimar entsendet. Ich stelle zur Erwägung, ob in den Amtsbereich dieses Kontrolloffiziers nicht auch das Gebiet des ehemaligen Herzogtums Coburg, das erst seit 1920 zum Lande Bayern gehört, einbezogen werden soll. Politische Gründe sprechen dafür. Die 3. amerikanische Armee hat, Pressenachrichten zufolge, den ehemaligen Herzog von Coburg gefangengenommen. Er ist einer der Hauptgeldgeber der Nazis gewesen. Er muß als einer der Kriegsschuldigen angesehen werden. Daß sein Vermögen eingezogen werden muß, darf keinem Zweifel unterliegen. Der Sitz seiner Vermögensverwaltung befindet sich in Coburg, der größte Teil seiner Liegenschaften, die hauptsächlich aus Forsten bestehen, umfaßt den nördlichen Thüringer Wald im Gebiete der jetzigen Landkreise Gotha, Arnstadt, Eisenach und Schmalkalden. Es sind die ehemaligen Krondomänen des gewesenen Herzogtums Sachsen-

Coburg und Gotha und des Kurfürstentums Hessen-Kassel. Diese Materie einheitlich zu behandeln ist praktisch.

Die mit der Wahrnehmung der Geschäfte Beauftragten könnten dann in Gemeinschaft mit dem Kontrolloffizier für das eben umrissene Verwaltungsgebiet den Aufbau einer wirklich antifaschistischen Verwaltung durchführen. Denn es ist notwendig, daß an die Stelle der jetzt mehr oder weniger zufällig herangeholten alten Beamten, von denen sich keiner unter der Diktatur der Herren Hitler, Sauckel und Marschler als Antifaschist betätigt hat, Männer und Frauen treten, die durch ihre Vergangenheit, Haltung und Aktivität gegen den Nazismus Ansehen und Vertrauen in der Bevölkerung genießen. Die Herstellung einer geordneten Verwaltung ist nicht nur eine Frage der Neubesetzung der Behördenvorstände, sondern auch die Aufgabe der Wiedererweckung des Vertrauens. Erst wenn die große antifaschistische Mehrheit, die in Thüringen in Wirklichkeit immer vorhanden gewesen ist, sieht, daß neue Männer da sind, wird sie ihre Zurückhaltung aufgeben und zur Mitarbeit antreten. Alles das ließe sich am besten machen, wenn mindestens alle Stadt- und Landkreise in einem Zuge neu besetzt werden könnten und auch die Gemeindevorstände in den Städten bis zu 5 000 Einwohner in diese Aktion eingeschlossen würden. Ein Vorschlag für die aus dem ehemaligen Konzentrationslager Buchenwald dazu zu verwendenden politischen Persönlichkeiten habe ich gemeinsam mit Herrn Reichstagsabgeordneten Otto Schieck *[richtig: Schiek]*, Eisenach, bereits vor mehreren Tagen eingereicht und nehme hiermit darauf ausdrücklich Bezug.

Der so geschaffene neue Apparat könnte dann an die Säuberung der Lehrkörper aller Schulen und sonstigen öffentlichen Unterrichtsanstalten, der Kadres der Polizei und Gendarmerie, der Gemeinden und sonstigen Körperschaften, Anstalten usw. herangehen.

Auch ließe es sich auf diese Weise ermöglichen, die Wiedereröffnung der Schulen zu beschleunigen.

Viele wirtschaftliche und Verkehrsfragen würden eine wesentliche Vereinfachung und Erleichterung erfahren.

Auch die Herausgabe einer einheitlichen oder mehrerer größerer Zeitungen unter Mitarbeit deutscher Antifaschisten ließe sich ermöglichen.

Bitte haben Sie die Güte, sehr geehrter Herr Major, meine Vorschläge zu prüfen. Ich bin gern bereit, Ihnen, falls Sie das eine oder andere davon akzeptieren, auch die Personen zu nennen, die ganz konkret für einzelne Behörden und Aufgaben zur Verfügung stehen und mit brennender Ungeduld darauf warten, nach den langen Jahren des antifaschistischen Kampfes und der nazistischen Gefangenschaft zur Arbeit eingesetzt zu werden. Ich selbst stehe Ihnen gern zu jeder weiteren Mitarbeit zur Verfügung.

Erlauben Sie mir, zu zeichnen als Ihr sehr ergebener Diener

Dr. Hermann L. Brill

Quelle: BArch Koblenz, Nachlaß Brill Nr. 95 (Durchschrift).

[24]

Plan von Dr. Hermann L. Brill, beauftragt mit der Wahrnehmung der Geschäfte des Vorstandes des Thüringischen Staatsministeriums und des Ministeriums des Innern, für den Aufbau der Verwaltung Thüringens [vom 31. Mai 1945]

Plan für den Aufbau der Verwaltung Thüringens

1) Geographische Voraussetzungen

Aus einer ganzen Reihe verschiedenartiger Gründe ist es notwendig, zuerst den Umfang des Gebietes zu bestimmen, das in den Verwaltungsaufbau einbezogen werden soll.

Für die jetzigen Verhältnisse ist nur eine historische Erklärung möglich. Bis zum 9. November 1918 existierten auf dem Gebiete des jetzigen Landes Thüringen 8 kleine Monarchien. Nachdem durch die Abdankung ihrer Fürsten die Republik hergestellt war, wurden sie durch übereinstimmende Staatsverträge am 4. Januar 1920 zum jetzigen Lande Thüringen zusammengeschlossen. Das ehemalige Herzogtum Sachsen-Coburg und Gotha, in seiner staatsrechtlichen Struktur selbst ein Bundesstaat, machte diesen Zusammenschluß aber nur insofern mit, als das Herzogtum Gotha zum Gesamtstaat Thüringen trat, während das Herzogtum Coburg an den Volksstaat Bayern kam. - Der Kreis Schmalkalden wurde erst im Jahre 1866 als Siegesbeute aus dem deutschen Krieg von Preußen erworben. Der Regierungsbezirk Erfurt, ursprünglich ein mainzisches Gebiet, kam erst im Jahre 1815 endgültig zu Preußen. Die nordthüringischen Landkreise Querfurt, Eckartsberga, Weißensee, Langensalza, Mühlhausen, Worbis und Heiligenstadt gehörten bis zu demselben Jahr als sog. »Thüringischer Kreis« (Regierungsbezirk) zum Königreich Sachsen und wurden dem preußischen Staatsverband erst durch die strafweise Teilung Sachsens auf dem Wiener Kongreß 1815 einverleibt. Ähnlich liegt es mit den Bezirken von Weißenfels, Naumburg und Zeitz. Diese historische Umschreibung des Gebietes führt zu dem Schluß, daß es ursprünglich eine politisch-kulturelle Einheit sächsischen Volkstums gewesen ist; Mundart, Siedlung, Volkssitten, niedere Volkskultur lassen dies auch heute noch eindeutig erkennen. Infolgedessen ist der administrative Zusammenschluß dieser soziologisch einheitlichen Landschaft eine politische Notwendigkeit.

Die heutigen Verwaltungsgrenzen stimmen in keinem Verwaltungsbezirk vollständig über- ein. Es ist geradezu absurd, daß der Kreis Schmalkalden von Kassel, der Regierungsbezirk Erfurt von Magdeburg, Stadt- und Landkreis Coburg von Bayern aus regiert werden sollen. Die Reichsbahndirektion Erfurt geht im Süden und Nordosten über den Bezirk hinaus (schließt im Süden Coburg, im Nordosten Weißenfels ein), läßt jedoch Teile des Eichsfeldes und Ostthüringens, das eisenbahntechnisch von Dresden aus verwaltet wurde, frei. Ähnlich ungleichmäßig ist der Bezirk der Reichspostverwaltung bestimmt, in dem Stadt- und Landkreis Altenburg von Leipzig aus verwaltet werden. In der Finanzverwaltung ist der Sitz der obersten Landesbehörde zum Teil Rudolstadt (Oberfinanzpräsident, Abt. I), zum Teil Magdeburg (Oberfinanzpräsident, Abt. II und III. und Finanzgericht); unter den Wirkungen des Luftkrieges ist ein Teil dieser Behörden wieder nach Rudolstadt zurückgekehrt. Außerdem ist das Thüringische Finanzministerium in Weimar zuständig. Der Wehrkreisbezirk umschloß zwar das ganze umschriebene Gebiet, ging aber in den Kreisen Sangerhausen, Querfurt, Eckartsberga, Weißenfels, Naumburg, Zeitz wieder in die preußische Provinz Sachsen hinein. Das Landesarbeitsamt ist im ganzen Gebiet zuständig, nur hat es unglücklicherweise seinen Sitz in Erfurt, während der sog. Reichstreuhänder der Arbeit in Weimar amtierte und das Thür. Wirtschaftsministerium überdies noch einige besondere arbeitsrechtliche Aufgaben (Gewerbeaufsicht) wahrnahm, während dem Thür. Ministerium für Volksbildung die Berufsschulfragen ressortierten. In der Gerichtsorganisation besteht das Oberlandesgericht in Jena nur als ein von den ehemaligen Freistaaten Preußen und Thüringen gemeinschaftlich unterhaltenes Obergericht. Der nordthüringische Kreis Sangerhausen gehört dem preußischen Oberlandesgericht in Naumburg an. Bitterer Notwendigkeit folgend ist lediglich auf dem Gebiete der Ernährung in diesem Kriege eine Verwaltungseinheit hergestellt worden, die das ganze Land Thüringen, den Kreis Schmalkalden und den Regierungsbezirk Erfurt umfaßt.

Aber auch hier ist es nicht ohne Schwankungen abgegangen; die Kreise Sangerhausen und Querfurt, die eine Zeitlang zum Bezirk des Landesernährungsamtes Thüringen gehörten, mußten von diesem wieder nach Magdeburg abgegeben werden. - Die Ursache für diesen Verwaltungswirrwarr liegt in der geringen staatsbildenden Kraft der Weimarer Republik. Nur in der Zeit, in der eine geschlossene sozialistische und demokratische Bewegung bestand, ist es dieser gelungen, den Partikularismus der 8 thüringischen Liliputmonarchien zu überwinden und das einheitliche Land Thüringen zu schaffen. Alle anderen Verwaltungsbezirke sind mehr oder weniger politisch-bürokratische Zufallsbildungen.

In der gegenwärtigen Periode kommt es darauf an, mit diesem Durcheinander endlich einmal radikal und für immer Schluß zu machen und die Verwaltungseinheit so zu schaffen, wie sie aus ökonomischen und soziologischen Notwendigkeiten sich ergibt.

Das Unglück will es, daß zur Zeit noch nicht einmal ein vollkommener territorialer Zusammenhang besteht. Es gibt eine Reihe von Exklaven (Gebietseinschlüsse). Der thüringische Landkreis Sondershausen (807,3 qkm mit 72 620 Einwohnern), der Amtsgerichtsbezirk Allstedt (7 971 Einwohner), der Amtsgerichtsbezirk Ostheim v.d. Rhön (5 440 Einwohner) liegen vom Lande Thüringen getrennt im preußischen bzw. bayrischen Staatsgebiet. Der preußische Landkreis Ziegenrück (200,4 qkm mit 21 508 Einwohnern), der selbst aus 6 Gebietsteilchen besteht, der Amtsbezirk Mühlberg mit 4 Gemeinden des Landkreises Weißensee liegen innerhalb des thüringischen Staatsgebietes. Die Stadt Erfurt bildet mit dem größten Teil des Landkreises Weißensee eine Halbexklave, die an ihrer engsten Stelle nur wenige km zwischen zwei thüringischen Landkreisen liegt. In diesem Gebiet sind verschiedene Behörden mit verschiedenem Recht zuständig, was vor allen Dingen in den Verwaltungszweigen der Polizei und der Justiz zu schweren Unzuträglichkeiten geführt hat.

Durch die gegenwärtige militärpolitische Lage hängen die westsächsischen Stadtkreise Crimmitschau, Glauchau, Meerane, Plauen, Reichenbach, Werdau, Zwickau und die Landkreise Glauchau, Oelsnitz, Plauen, Zwickau und Auerbach vollkommen in der Luft. Sie haben, abgesehen von örtlich zuständigen Militärgouverneuren und der Militärregierung des VIII. Corps, keinerlei staatliche Organisation.

Wie mir der Landrat von Zwickau vor einigen Tagen berichtete, werden die Funktionen des sächsischen Kreishauptmannes (Regierungspräsidenten) in Zwickau nebenamtlich vom Oberbürgermeister der Stadt Zwickau wahrgenommen. Daß das eine unmögliche Lage ist, bedarf keiner weiteren Erörterung. Deshalb muß auch für sie eine zentrale administrative Zuständigkeit geschaffen werden.

In Zusammenfassung dieser Erörterungen mache ich folgenden praktischen Vor- schlag: Das Gebiet des jetzigen Landes Thüringen wird mit dem Gebiet des Landkreises Schmalkalden und des Regierungsbezirks Erfurt sowie dem Gebiet der eben genannten sächsischen Stadt- und Landkreise zu einer Verwaltungseinheit zusammengeschlossen. Außerdem werden die schon durch die Eisenbahnverwaltung zu Thüringen gehörigen Stadt- und Landkreise Zeitz, Weißenfels und Naumburg, der Westteil des Landkreises Eckartsberga bis zum Kamm der sog. Finne in die neue Verwaltungseinheit hineingenommen. Im Süden wird das Gebiet des ehemaligen Herzogtums Coburg (Stadt- und Landkreis Coburg) und das Gebiet der bayerischen Bezirksämter Hof, Kronach, Lichtenfels, Münchberg, Naila und Stadtsteinach in den Verwaltungskörper eingegliedert. Die letzte Regelung ist notwendig, um das Quellwasser der Saale in allen Zeiten für die Saaletalsperre zu sichern. Es würde sich dann folgendes Bild ergeben:

Bisheriges Land Thüringen	11 763,1 qkm	1 743 624 Einwohner
Regierungsbezirk Erfurt	4 003,7 qkm	702 685 Einwohner
von Regierungsbezirk Merseburg	924,9 qkm	255 356 Einwohner
Westsachsen	1 910,6 qkm	739 329 Einwohner
von Nordbayern	2 600,8 qkm	335 837 Einwohner
Gesamter Raum der neuen Verwaltungseinheit	21 203,1 qkm	3 776 831 Einwohner

Damit würde ein Land geschaffen sein, das in der Reihenfolge der bisherigen deutschen Länder zwischen Sachsen und Württemberg steht.

2) Wirtschaftliche und soziale Grundlagen

Das neue Verwaltungsgebiet ist ökonomisch vorwiegend industriell, sozial herrscht das Element der Arbeiter und Angestellten vor.

Während die Bevölkerungsdichte (Einwohner je qkm) im Deutschen Reich 134,3 beträgt, hat Thüringen eine solche von 178,1. Sie ist besonders groß in den industriellen Bezirken. (Landkreis Glauchau 346,4, Zwickau 297,9, Sonneberg 231,6, Altenburg 192,6, Schmalkalden 185,7, Weißenfels 160,2, Oelsnitz 156,6, Zeitz 154,5).

Die Verwaltungsprobleme in diesen Bezirken sind demgemäß psychologisch und politisch außerordentlich schwierig. Sorgfältige Auswahl der Beamten, tief eindringendes soziales Verständnis und wirksame Hilfe für die Nöte der Bevölkerung erscheinen hier in allen Sektoren des gesellschaftlichen Lebens absolut notwendig.

In Wirtschaftsgruppen zusammengeschlossen gehören im Lande Thüringen 50 % der Bevölkerung der Industrie und dem Handwerk, 12,8 % dem Handel und Verkehr, 4,7 % der Verwaltung und den freien Berufen, 1,2 % dem Gesundheitswesen und der Wohlfahrtspflege, insgesamt also 68,7 % der durch die moderne kapitalistische Gesellschaft geschaffenen Struktur eines Volkes an, während nur 27,9 % in der Land- und Forstwirtschaft, der Gärtnerei und Viehzucht gezählt werden und nur 8,4 % in sonstigen Berufen leben. Rechnet man alle Wirtschaftszweige zusammen, sind 52,2 % der Menschen unselbständige Arbeiter, 16,4 % Beamte und Angestellte, also auch weithin unselbständige Existenzen. Nur 13,6 % werden als Selbständige, 9,2 % als mithelfende Familienangehörige gezählt.

In der Bodennutzung entfallen im Lande Thüringen 32,9 % der Gesamtfläche auf Wald. Der Reichsdurchschnitt beträgt hier nur 27,2 %. Auch in diesen Zahlen zeigt sich nicht nur die Vorherrschaft der Waldbestände der Gebirge, sondern auch die dadurch bedingte Armut der Waldbevölkerung. Der Anteil des Acker- und Gartenlandes an der Gesamtfläche Thüringens mit 45,7 % entspricht fast dem Reichsdurchschnitt von 45,3. Doch ist hier eine prinzipielle Veränderung in der Struktur der Landwirtschaft festzustellen. Während in der angrenzenden Provinz Sachsen der landwirtschaftliche Großbetrieb vorherrscht, ist Thüringen ein ausgesprochenes Bauernland, in dem der klein- und mittelbäuerliche Betrieb überwiegt.

Das kommt auch in der Zahl der Gemeinden zum Ausdruck. Von den 2 412 Gemeinden des ehemaligen »Gaues« Thüringen der NSDAP entfallen allein auf das Land Thüringen 1 936. Darunter befinden sich viele Zwerggemeinden. So haben zum Beispiel von den 207 Gemeinden des Landkreises Weimar mehr als die Hälfte weniger als 300 Einwohner, etwa 10 sogar weniger als 100 Einwohner.

Alle diese wirtschaftlichen und sozialen Grundlagen machen einen ständigen überört- lichen Ausgleich in der Verwaltung notwendig. Er muß nicht nur auf dem Gebiete der Ernährungswirtschaft innerhalb der einzelnen Landkreise geschaffen werden, sondern ist auch durch eine bis in alle Feinheiten durchzuarbeitende Lastenverteilung bei der Zuweisung der Verwaltungsaufgaben und ihrer Dotierung durch das Mittel des Finanzausgleichs bis zu den einzelnen Gemeinden hinunter erforderlich.

Deshalb aber muß eine Landeszentralbehörde geschaffen werden, die in alle Zweige des gesellschaftlichen Lebens denselben Einblick besitzt und fähig ist, den notwendigen Zusammenhang herzustellen, der allein zu einer solchen alle Verwaltungsgebiete fördernden Einsicht führen kann.

3) Politische Voraussetzungen

Wenn auch zur Zeit ein politisches Leben nicht in Frage kommt, so ist es doch nicht ohne Bedeutung, die politischen Fluktuationen in der thüringischen Bevölkerung zu verfolgen. Ich wähle dafür zwei typische Wahlergebnisse: Die Reichstagswahlen vom 20. Mai 1928 und 31. Juli 1932. Die erste ist eine Zahl auf der Höhe der Konjunktur, die zweite in der Tiefe einer Depression. An der ersten beteiligten sich 78,8 an der zweiten 86 % der Wahlberechtigten. Es erhielten Stimmen:

Partei	1928	1932
SPD	368 885	231 231
NSDAP	40 751	423 948

KPD	138 046	159 233
Deutschnationale Partei	90 336	39 011
Zentrum	45 873	14 588
Deutsche Volkspartei (liberale)	124 012	16 763
Mittelstand (liberale)	85 737	7 466
Demokraten	43 151	9 546
Landbund (Bauern)	127 112	54 593

Die übrigen Stimmen verteilen sich auf kleinere Splitterparteien. Abgesehen von der ungeheueren Abwanderung der liberalen Elemente zur NSDAP und dem mehr als die Hälfte betragenden Verlust der Bauern hat die SPD nur 1/3 der Stimmenzahl verloren, die zu einem nicht unbedeutenden Teil (mehr als 20 000) tatsächlich zu den Kommunisten abgewandert sind. Daraus ergibt sich der Schluß, daß die vorwiegend auf Arbeiter und Angestellte gestützten Parteien der Sozialdemokraten und Kommunisten einen psychologisch unerschütterten Kern selbst in der tiefsten ökonomischen Depression der thüringischen Bevölkerung dargestellt haben.

Das läßt den weiteren Schluß zu, daß sie auch heute noch das Ferment der politischen Willensbildung sind. Die NSDAP hat bei legalen Wahlen in Thüringen niemals die Mehrheit der Bevölkerung erreicht. Selbst unter dem terroristischen Einfluß der Reichstagswahlen vom 5. März 1933 brachte sie es nur auf 47,2 % aller Stimmen und gewann damit nicht mehr, als die Sozialdemokratische Partei allein bei den Wahlen zur verfassungsgebenden deutschen Nationalversammlung am 19. Januar 1919 besaß. Ihr standen selbst an diesem Termin noch 34,4 % der Stimmen der Sozialdemokraten und Kommunisten gegenüber.

Der Gedanke, daß in diesen politischen Kreisen die psychologische Hauptkraft für den Wiederaufbau zu suchen ist, wird auch besonders eindrücklich, wenn man feststellt, in welchen Landkreisen es der NSDAP gelungen ist, die Mehrheit aller Stimmen auf sich zu vereinigen. Es sind ausschließlich Kreise, in denen die kleinbürgerliche und kleinbäuerliche Bevölkerung überwiegt, wie folgende Zusammenstellung ergibt:

Hildburghausen	63,2 %
Weimar	57,8 %
Meiningen	56,2 %
Schleiz	55,6 %
Gotha	54,0 %

In den übrigen 5 Kreisen, in denen die NSDAP eine Mehrheit erreichte, herrschen hinsichtlich der industriellen Arbeiterschaft Verelendungstendenzen.

Unter der nazistischen Diktatur hat sich diese Festigkeit der genannten Volksklasse erwiesen. Wie mir aus vertraulichen Mitteilungen von Beamten, die mir treu ergeben geblieben sind, bekannt ist, haben sich bei den verschiedenen Abstimmungen seit dem Jahre 1933 in den Städten Altenburg, Eisenach, Arnstadt und der kleinen Landstadt Langewiesen bei Ilmenau sowie in den Landkreisen Altenburg und Arnstadt, in zahlreichen industriellen Landgemeinden des Landkreises Gotha, in einzelnen Abstimmungsbezirken der Städte Gotha, Pößneck, Rudolstadt, Saalfeld, Waltershausen und Ohrdruf wiederholt starke Mehrheiten gegen die NSDAP ergeben, die von den nazistischen Wahlbehörden dann gefälscht worden sind.

In der heutigen Situation ist das Ergebnis einer vermutlichen politischen Willensbildung gänzlich unschätzbar. Bevor nicht eine gründliche Reinigung des gesamten gesellschaftlichen Lebens, nicht nur des Staatsapparates, von nazistischen Elementen stattgefunden hat, ein neues Erziehungssystem aufgebaut worden ist und die Organisation einer öffentlichen Meinung sich durchgesetzt hat, kann an allgemeine Wahlen in Thüringen so wenig wie in Deutschland gedacht werden.

Deshalb erfordert es die politische Klugheit, mit großer Sorgfalt die neuen antinazistischen Behördenvorstände in allen Verwaltungszweigen auszusuchen und den Neuaufbau des öffentlichen Lebens mit wissenschaftlicher Gründlichkeit Stück für Stück zu vollziehen.

Die juristische Selbständigkeit der deutschen Behörden in ihren eigenen Amtshandlungen, die Selbstorganisation und Selbstverwaltung der Arbeiter und Angestellten durch alsbald zu errichtende neue Gewerkschaftsverbände und die Einleitung eines umfassenden Erziehungswerkes sind die ersten politischen Maßnahmen, die im Zusammenhang der Neuorganisation der Verwaltung getroffen werden können.

4) Jetziger Stand der Verwaltung

Der jetzige Stand der Verwaltung gleicht einer kleineren Anarchie, in der sich nur noch der geschulte Verwaltungsjurist einigermaßen durchfinden kann. Die Zuständigkeit der einzelnen Behörden ist nicht klar bestimmt. Die Verwaltungsbezirke und -gebiete überschneiden sich. Augenblicklich ist de jure betrachtet die Lage folgende:

Die Behörde des Reichsstatthalters ist verschwunden. In ihr liefen alle Fäden für das Land Thüringen und den Regierungsbezirk Erfurt zusammen. Diese Fäden sind zerrissen. Das Amt des Oberpräsidenten für den Regierungsbezirk Erfurt ist ebenfalls nicht besetzt. Eine staatliche Spitze für dieses Verwaltungsgebiet fehlt mithin. Die Mittelbehörden des Reiches d.h. Reichsbahndirektion, Reichspostdirektion, Oberfinanzpräsident, Landesarbeitsamt und die Reichssonderbehörden sind nach dem Wegfall des Reichsstatthalters ohne einen Vorgesetzten. Innerhalb des Landes Thüringen erscheint die zentrale Zuständigkeit des Staatsministeriums und der Fachministerien fraglich. Es gibt weder eine Landesregierung noch eine Landeszentralbehörde für Verwaltung.

Das Landesarbeitsamt, eine für unsere Tage außerordentlich wichtige Institution, funktioniert überhaupt nicht. Es hat keine Verbindung mit seinen Außenstellen. Die Verbindung der Reichspostdirektion mit den Postämtern ist spärlich und unvollständig. Die Finanzämter machen eine eigene Finanzpolitik. Selbst die einzelnen Stadt- und Landkreise versuchen entgegengesetzte Tendenzen durchzusetzen und berufen sich dabei vielfach auf Anordnungen der örtlichen Militärgouverneure. Die preußische Bezirksregierung Erfurt hat keine Autorität über die preußischen Gemeindeverbände. Der Polizei fehlt nicht nur die örtliche Autorität, sondern in den meisten Landkreisen auch der örtliche Zusammenhang. In der Unterrichtsverwaltung liegt alles still. Aus allen diesen Gründen ist die alsbaldige Neuorganisation einer zentralen Verwaltungsbehörde für das umschriebene Gebiet ein Gebot dringendster Notwendigkeit.

5) Plan der Behörden-Organisation

Es wird vorgeschlagen, an die Spitze der neuen Landeszentralbehörde einen Regierungspräsidenten zu stellen. Der Regierungspräsident hat das Recht der Leitung und Aufsicht des gesamten Verwaltungsbetriebs. Durch seine Kanzlei geht der Verkehr des Landes mit der Militärregierung, mit anderen deutschen Ländern bzw. Provinzen, er ist für die gesamte Personalpolitik verantwortlich und allein zuständig für die Reinigung aller Behörden von nazistischen Elementen. Von ihm werden die als juristische Grundlage nötigen Landessatzungen erlassen, er regelt die Justizsachen.

Er bedient sich zur Erfüllung dieser Aufgabe eines Regierungskollegiums, das aus 7 Regierungsdirektoren besteht. Er ist der Vorsitzende dieses Regierungskollegiums. Eine Geschäftsordnung hat zu bestimmen, welche Verwaltungssachen durch Kollegienbeschluß zu regeln sind, welche dem Regierungspräsidenten persönlich überlassen bleiben.

Jeder der Regierungsdirektoren leitet ein Landesamt. Es werden folgende Landesämter gebildet:

das Landesamt des Innern,
das Landesamt für Finanzen,
das Landesamt für Volksbildung,
das Landesamt für Industrie, Handel und Gewerbe,
das Landesamt für Land- und Forstwirtschaft,
das Landesverkehrsamt,
das Landesarbeitsamt.

Die Zuständigkeit dieser Landesämter ist in großen Zügen wie folgt zu bestimmen:

Landesamt des Innern.
Gemeindeangelegenheiten, Polizeisachen, Wohlfahrtswesen, Gesundheitswesen.

Landesamt für Finanzen.
Steuern, Finanzen, Haushalt, Rechnungsprüfung, Hochbau.

Landesamt für Volksbildung.
Volks-, Berufs- und Höhere Schulen, Hochschulen (Universität und sonstige Hochschulen), Kunst und Wissenschaft, Erwachsenenbildung, kirchliche Angelegenheiten.

Landesamt für Industrie, Handel und Gewerbe.
Die allgemeine Wirtschaftspolitik dieser Erwerbszweige.

Landesamt für Land- und Forstwirtschaft.
Landwirtschaftliche Erzeugung, Gärtnerei und Fischerei, Ernährung, die gesamte Forstwirtschaft.

Landesverkehrsamt.
Der gesamte Straßenbau, Kraftfahrwesen, die oberste Leitung von Bahn und Post.

Landesarbeitsamt.
Berufsverbände, Arbeitsvermittlung, Sozialversicherung, Betriebsverfassung, Tarifverträge, Gewerbeaufsicht, Fachschulwesen.

Für die Überleitung der bisherigen Behörden in diese neuen Landesämter wäre folgendes vorzusehen.

Das bisherige Ministerium des Innern und die Abteilung I der Preußischen Bezirksregierung in Erfurt (Preußischer Regierungspräsident) werden im Landesamt des Innern vereinigt. Auch die Geschäfte der Kreishauptmannschaft in Zwickau gehen in Angelegenheiten der allgemeinen Innen- und Kommunalverwaltung auf dieses Landesamt über.

Landesfinanzamt.

Das Thüringische Finanzministerium und die Dienststelle des Oberfinanzpräsidenten in Rudolstadt werden im Landesfinanzamt zusammengefaßt. Das Forstwesen wird aus dem Thüringischen Finanzministerium ausgegliedert und dem Landesamt für Land- und Forstwirtschaft überwiesen.

Landesamt für Volksbildung.

Dieses Landesamt nimmt das bisherige Thür. Volksbildungsministerium vollständig auf, außerdem die Abteilung für Kirchen- und Schulsachen des Preußischen Regierungspräsidenten in Erfurt.

Landesamt für Industrie, Handel und Gewerbe.

In diesem Amte gehen die Abt. I Allgemeines und II des bisherigen Thür. Wirtschaftsministeriums auf. Außerdem wird unter Ausschaltung bisheriger wehrwirtschaftlicher Aufgaben das jetzige Landeswirtschaftsamt mit diesem Amte vereinigt. Von berufsständischen Körperschaften der wirtschaftlichen Selbstverwaltung werden die bisherige »Gau«wirtschaftskammer und die Wirtschaftsgruppen aufgehoben. Es wird für ganz Thüringen nur eine einzige Industrie- und Handelskammer organisiert. Die Organisation dieser Kammern erfolgt durch eine paritätische Zusammensetzung aus Arbeitgebern und Arbeitnehmern.

Landesamt für Land- und Forstwirtschaft.

Zunächst werden in diesem Amte das Landesernährungsamt mit seinen beiden Abteilungen und die bisherige Holz- und Forstwirtschaftsstelle vereinigt. Die Landesbauernschaft wird aufgehoben und eine einheitliche Landwirtschaftskammer als berufsständische Selbstverwaltung eingerichtet. Das Wahlrecht für diese Landwirtschaftskammer wird so erweitert, daß auch Kleinbauern eine ihrer Zahl und Bedeutung entsprechende anteilmäßige Vertretung erhalten. Für die Zukunft wäre nach Fortfall der Kriegsernährungswirtschaft die Frage zu prüfen, ob die jetzige Abteilung B der Landesernährungsämter »Verbraucher« aus dem Landesamt für Land- und Forstwirtschaft herausgenommen und als eine reine Angelegenheit des Handels dem Landesamt für Industrie, Handel und Gewerbe überwiesen werden könnte.

Landesverkehrsamt.

Bei dem Landesverkehrsamt wäre davon auszugehen, daß der Landesverkehr hinsichtlich des Straßenbaues (Reichsautobahn, Staatsstraßen, Kreisstraßen, Gemeindewege) in diesem

Amte in einer Bauleitung zentralisiert wird, die Kostenträger jedoch dezentralisiert werden. Die Kraftverkehrswirtschaft wäre so zu vereinheitlichen, daß z. B. der bisherige Nahverkehrs*[ver]*band in diesem Amte aufgeht. Alsdann müßten aus technischen Gründen die Betriebsabteilungen von Bahn und Post in Erfurt verbleiben. Personal- und Haushaltswesen hätten in das Landesverkehrsamt überzusiedeln.

Landesarbeitsamt.

Über das Landesarbeitsamt sind eben schon Ausführungen gemacht worden. Organisatorisch wäre so zu verfahren, daß das bisherige »Gau«arbeitsamt, der bisherige sog. »Treuhänder der Arbeit«, und die wirtschaftsrechtlichen Aufgaben des bisherigen Thür. Wirtschaftsministeriums in diesem Amte eine Einheit bilden.

Die Unterbringung dieser Behörden in Weimar wird keine unüberwindlichen Schwierigkeiten bieten. Die bisherigen Ministerialgebäude sind so umfangreich, daß sie alle Ämter bis auf das Landesarbeitsamt aufnehmen könnten. Für dieses könnte im ehemaligen Residenzschloß Raum geschaffen werden.

Sollten die durch den Brand beschädigten Räume des Thür. Finanzministeriums für die Aufnahme der Büros des jetzigen Oberfinanzpräsidenten nicht genügen, so könnten auch für diese Räume im Schloß geschaffen werden.

6) Juristische Grundlagen.

Da das neue Verwaltungsgebiet aus den Gebieten verschiedener ehemaliger deutscher Freistaaten sich zusammensetzt und ein großer Teil der Verwaltungsgesetze des Dritten Reiches infolge ihres diktatorischen Charakters außer Kraft getreten ist, erscheint es notwendig, für die wichtigsten Gebiete neue Rechtsgrundlagen zu schaffen. Als solche bezeichne ich:

1. Eine Landesverwaltungsordnung.

Sie hat die Zuständigkeit des Regierungspräsidenten und der Regierungsdirektoren, die Organisation der Landesämter, die Geschäftsverteilung zwischen den Landesämtern, das allgemeine Verwaltungsverfahren und die Verwaltungsgerichte und das allgemeine Polizeirecht zu ordnen.

2. Eine Gemeindeordnung.

Sie muß anstelle der Diktatur der NSDAP über die Gemeinde, die durch sogenannte Gemeindebeauftragte dieser Partei ausgeübt wurde, eine demokratische Gemeindeverfassung setzen.

3. Eine Kreisordnung.

Sie hat die Kreiseinteilung zu revidieren, die Kreisbehörden restlos zu kommunalisieren und die Organisation der einzelnen Ämter unter der Leitung der Landräte neu zu bestimmen.

4. Eine Schulordnung.

Sie muß die Schulverwaltung und Schulaufsicht in demokratischem Sinne regeln.

5. Eine Finanzordnung.

Sie hat die Grundlagen des Haushalts, der Rechnungslegung und Rechnungsprüfung, des Lasten- und Finanzausgleichs zu bestimmen.

6. Eine Beamtenordnung.

Sie hat anstelle des bisherigen nazistischen deutschen Beamtengesetzes ein neues volksstaatliches Beamtentum zu schaffen.

7) Finanzen

Ich habe bereits angeordnet, daß ein Monatsetat für Juni 1945 aufgestellt wird. Dieser Monatsetat soll auf den vorhandenen Kassenmitteln aufbauen. Unter Beachtung des Gedankens, daß die Einheitlichkeit der Steuergesetze in der Besatzungszone bestehen bleibt, soll eine Gesamtveranschlagung der Einnahmen und Ausgaben des Schuldendienstes, des Lasten- und Finanzausgleichs stattfinden. Ich werde darüber eine besondere Vorlage machen. Zur vorläufigen Information erlaube ich mir auf die Darstellung der thüringischen Verhältnisse in dem Werk: Finanzen und Steuern in In- und Ausland, bearbeitet im Statistischen Reichsamt Berlin 1930, Seite 196 ff, 234 ff, 309 und die dazugehörigen Texte zu verweisen.

8) Arbeitspläne

Die praktische Führung der Verwaltung in den nächsten Monaten soll sich auf folgende Gebiete erstrecken:

a) Ernährung.

Bericht liegt bereits vor. Richtlinien der Tätigkeit sind von der Militärregierung genehmigt.

b) Verkehr.

Eine Vorlage für den Kraftverkehr ist bereits gemacht, ein Plan für eine allgemeine Regelung befindet sich in Ausarbeitung.

c) Verwaltungsaufbau.

Diese Aufgabe gliedert sich in 3 Teile
aa) Reinigung der Verwaltung von nazistischen Elementen,
bb) Organisation der neuen Behörden,
cc) Organisation der Polizeibehörden.

Für die Reinigung der Verwaltung von nazistischen Elementen reiche ich eine besondere Vorlage ein, um deren baldige Genehmigung ich bitte. Es ist das Dringendste, was nach allgemeinen Richtlinien in Thüringen gemacht werden muß. Für den Aufbau der neuen Behörden werde ich in etwa 2 Wochen persönliche Vorschläge machen. Es ist nämlich notwendig, daß ich zunächst einmal einen Überblick gewinne, wer nach der Reinigung der jetzigen Zentralstellen, insbesondere der Thüringischen Ministerien, von Beamten überhaupt übrigbleibt.

Für Organisation der Sicherheit möchte ich den von der Militärregierung für den Stadtkreis Weimar genehmigten Plan zur Neuorganisation der Polizeidirektion Weimar als Modell für ganz Thüringen anwenden.

d) Erziehung.

In der Erziehungsfrage soll zunächst nach den Vorschriften der Militärregierung gearbeitet werden. Zuerst soll dann die Neuorganisation der Universität in Angriff genommen werden und die Ausbildung neuer Lehrkräfte organisiert werden. Reformen im Volksschulwesen und die Schaffung eines neuen Typs der höheren Schule werden folgen. Theater, Kapellen und Bibliotheken werden zu Beginn des Winters mit einer neuen Tätigkeit beginnen.

e) Landwirtschaft.

In der Landwirtschaft wird meine erste Sorge die Wiederherstellung einer wirklich berufsständischen Selbstverwaltung in der Landwirtschaftskammer sein, um dadurch die Erzeugung von landwirtschaftlichen Produkten auf den höchstmöglichen Stand zu bringen. Hinsichtlich der Verbraucher ist bereits die Bildung eines Beirats in die Wege geleitet.

f) Industrie.

In der Industrie müßten alsbald die Arbeitgeber- und Arbeitnehmerverbände wieder hergestellt werden. Vorbesprechungen dazu habe ich bereits zu einem Ergebnis geführt.

9) Unmittelbare praktische Maßnahmen

a) Ich bitte, daß die jetzigen Vorstände der Ministerien und obersten Landesbehörde und ihre Vertreter die Erlaubnis erhalten, im ganzen Land Thüringen zu reisen, um in der Neuorganisation mitwirken zu können.

b) Außerdem bitte ich, daß die genannten Herrn für ihre Wohnungen das Schutzschild: - Off limits to all troops - erhalten.

c) Weiter bitte ich, daß die noch verfügbaren Kraftwagen der früheren Thüringischen Staatsregierung zu diesem Zwecke zugelassen werden. Ein namentliches Verzeichnis der Herren reiche ich anbei ein.

d) In der Gewerkschaftsfrage bitte ich um Anweisung an die Gouverneure der Stadt- und Landkreise, daß gemäß § 787 c der Vorschriften für die Militärregierung überall sofort ausdrücklich die Organisation von demokratischen Gewerkschaften gestattet wird. Zu diesem Zwecke sollte erlaubt werden, daß Versammlungen bis zu 50 Personen stattfinden; diese Versammlungen müßten von der örtlichen Polizei überwacht werden. Zur einheitlichen Leitung dieser wichtigen Aufgabe werde ich in Weimar eine Stelle errichten, die im künftigen Landesarbeitsamt die Fragen der Berufsverbände zu erledigen hat und jetzt Ratschläge geben und Informationen sammeln soll.

e) Auch in der Frage der politischen Parteien bitte ich, an die Gouverneure der Stadt- und Landkreise eine Anweisung des Inhalts zu erteilen, daß nach Aufhebung des Gesetzes über die Bevorrechtigten der NSDAP alle Parteien mit Ausnahme der NSDAP erlaubt sind. Es ist also ausdrücklich erlaubt der persönliche Zusammenhalt von Parteimitgliedern, die Bildung von Vorständen, die Zusammenkunft von nicht mehr als 5 Personen. Verboten ist, Versammlungen abzuhalten, Umzüge zu veranstalten, Propaganda durch Plakate, Flugblätter, Flugzettel usw. zu entfalten, Zeitungen oder Nachrichtenblätter herauszugeben.

f) Es würde die Arbeit der Reorganisation der Verwaltung außerordentlich erleichtern, wenn der Bahn- und Postverkehr wenigstens auf den Hauptstrecken wieder hergestellt werden könnte. Als solche kämen in Frage die Strecken: Weißenfels-Bebra, Naumburg-Saalfeld, Erfurt-Nordhausen, Erfurt-Meiningen, Eisenach-Coburg, Altenburg-Hof, Weimar-Gera-Glauchau. Ich bitte sehr, in diesem Sinne auf die amerikanischen Verkehrstruppen bei der Reichsbahndirektion Erfurt einzuwirken.

g) Zum Schluß bitte ich um die Erlaubnis, nach Genehmigung dieses Reorganisationsplanes eine Dienstversammlung aller Oberbürgermeister und Landräte nach Weimar einzuberufen, in der die Richtlinien für die Reorganisation, die Vorschriften für die Säuberung der Verwaltung von nazistischen Elementen, die vorläufige Regelung der Finanzen und die Sicherung der Ernährung besprochen werden sollen.

Mit der Wahrnehmung der Geschäfte beauftragt

gez. Dr. Hermann L. Brill
Ministerialdirektor.

Verzeichnis der Anlagen zu dem Plan für den Aufbau der Verwaltung Thüringens

1.) Physikalische Karte des thüringischen Raumes in der Umschreibung von Abschnitt 1) Geographische Voraussetzungen.

2.) Karte der sich widersprechenden Verwaltungsbezirke Thüringens.

3.) Karte der bisherigen politischen Gliederung.

4 a) Verbreitung der Landwirtschaft.

4 b) Verbreitung der Industrie.

4 c) Bedeutung der sozialen Schicht der Arbeiter.

5.) Vergleichender Gesamtüberblick der Fläche, Wohnbevölkerung, Bevölkerungsdichte, Berufszugehörigen und Zugehörigen der sozialen Klasse.

6.) Westliche Grenzkreise des Landes Sachsen.

7.) Südliche Grenzkreise des Regierungsbezirks Merseburg.

8.) Nordwestliche Grenzkreise des Landes Bayern.

9.) Gemeindeverzeichnis für Land und »Gau« Thüringen nach dem Ergebnis der Volks-, Berufs- und Betriebszählung vom 17. Mai 1939.

Quelle: ThHStA Weimar, Land Thüringen - Büro des Ministerpräsidenten Nr. 1078, Bl. 49-61 (Durchschrift).

[25]

Rundschreiben des Thüringen-Ausschusses vom 18. Juni 1945

Nur für Mitglieder des Thüringen-Ausschusses.

Rundschreiben des Thüringen-Ausschusses Weimar, den 18.6.*[19]*45

An die Antifaschistischen Volksausschüsse in Thüringen:

In Weimar, dem Sitze der neuen vereinheitlichten Regierung Thüringens, hat sich jetzt ein Ausschuß für ganz Thüringen gebildet. Er ist hervorgegangen aus dem Komitee der Thüringer Antifaschisten im K*[onzentrations-]*L*[ager]* Buchenwald. Dort hatte sich am 1. Mai 1944 in Zusammenarbeit von SPD, KPD und Zentrum ein Deutsches Volks-Frontkomitee unter den schwierigsten Verhältnissen des illegalen Kampfes gegen die SS konstituiert. Sein Vorsitzender war der jetzige Regierungspräsident Dr. Hermann Brill, Mitglieder waren der jetzige Regierungsdirektor Walter Wolf, der jetzige Treuhänder für die beschlagnahmten Nazivermögen Dr. Werner Hilpert aus Leipzig und außerdem Kam*[erad]* Ernst Thape aus Magdeburg. In diesem Komitee saßen also 2 Thüringer. Es leistete wichtige Vorarbeit für den Neuaufbau Deutschlands und übernahm nach der Befreiung durch die Armee der USA die Geschicke des Lagers im Rahmen des internationalen Lagerkomitees.

Nun organisierte sich auch die Thüringer Landsmannschaft und bildete auf paritätischer Grundlage von KPD, SPD und Parteilosen das Thüringer Komitee, in dem Buchenwalder Antifaschisten aus allen Landesteilen Thüringens vertreten waren unter dem Vorsitz der Kameraden Grießer - Pößneck und Wolf - Gotha. Durch die Initiative des Komitees entstanden antifaschistische Volksausschüsse in den Orten rings um den Ettersberg, und durch die Verbindungsleute des Komitees wurde Buchenwald der erste Mittelpunkt, in dem sich die Arbeit der in den Städten entstandenen antifaschistischen Komitees zentralisierte, zur Führung eines einheitlichen, zielstrebigen Kampfes gegen den Nazismus im ganzen Lande.

Nach Heimkehr der Buchenwalder siedelte das Thüringer Komitee nach Weimar über, wo sich unter dem Vorsitz des Buchenwalder Kameraden Brumme - Gera zunächst innerhalb des Weimarer Antinazikomitees der jetzt Thüringen-Ausschuß bildete. Mit der Vergrößerung seines Aufgabenkreises erweiterte er sich wiederum auf paritätischer Grundlage unter Teilnahme von Kommunisten, demokratischen Sozialisten (SPD), Demokraten und christlichen Demokraten (Zentrum). Weiter sollen Vertreter der Thüringer Bauern aufgenommen werden, da im Ausschuß alle schaffenden Schichten des Volkes vertreten sein müssen. - Voraussetzungen für die Mitarbeit im Komitee sind:

1.) Es müssen ehrliche, kämpferische Antifaschisten sein, die bewiesen haben, daß sie dem Nazismus, seinem Terror und seiner Propaganda Widerstand leisteten.

2.) Sie müssen einen unermüdlichen Willen zur unverbrüchlichen Einheit aller Antifaschisten besitzen.

Das bedeutet, sie müssen Kameraden sein, die sich angesichts der Aufgabe, Deutschland aus seiner Not zu befreien, durch nichts trennen lassen.

Das bedeutet, sie müssen gemeinsam kämpfen, bis die letzte Wurzel des Nazismus ausgerottet ist und wir Deutschen gegenüber den Besatzungsmächten unsere politische Mündigkeit wieder erlangt haben.

Die Aufgaben wurden uns auf dem ersten Volkskongreß der Buchenwalder am 23.4. *[19]*45 aufgezeigt, der eine Proklamation annahm, in der es u.a. heißt:

»Noch liegt der furchtbare Gegner nicht zerschmettert am Boden. Die geschichtliche Stunde erfordert vielmehr die Mobilisierung aller antifaschistischen Kräfte, um den blutbefleckten Feind aller Kultur endgültig niederwerfen und jede Wiederholung seiner verbrecherischen Diktatur verhindern zu können. Darum sind unsere nächsten Aufgaben:

Bildung antinazistischer Ausschüsse in Stadt und Land.
Säuberung der Polizei von nazistischen Elementen.
Beschlagnahme aller Nazivermögen und Nazibetriebe.
Schaffung einer neuen demokratischen Ordnung gegen die Nazis.
Bildung von antinazistischen Einheitsgewerkschaften.
Herausgabe neuer Zeitungen, Zeitschriften und aller Bildungseinrichtungen zur Aufklärung des deutschen Volkes über die Verbrechen des Nazismus, über die wirkliche Lage Deutschlands, sowie zur Schaffung einer demokratischen öffentlichen Meinung.«

Auf der Grundlage dieser Proklamation hat sich unser antifaschistischer Kampf entwickelt. Es ist in Sonderheit die Aufgabe des Thüringen-Ausschusses, die im Einvernehmen mit der Militärregierung für das Land gebildete Thüringer Regierung in ihren Planungen und Maßnahmen zu unterstützen und zu beraten. Aufrichtung eines antifaschistischen demokratischen Thüringens, einer parlamentarisch-demokratischen Landesvertretung mit allen demokratischen Rechten für das Volk, »Schaffung eines neuen Typs der Demokratie, die sich nicht in einem leeren, formelhaften Parlamentarismus erschöpft.« (Dr. Brill)

Die Regierung wurde wie folgt gebildet:

Regierungspräsident und Landesamt des Innern Dr. Brill (SPD); Finanzen: Moog (Demokrat); Volksbildung: Wolf (KPD); Wirtschaft: Dr. Gaertner (Demokrat); Landwirtschaft: Dr. Kolter (Zentrum); Landesarbeitsamt: Busse (KPD); Verkehr ist wie Inneres noch unbesetzt.

Der Thüringen-Ausschuß hat aber auch die Aufgabe, die Tätigkeit der Regierung dem Volke verständlich zu machen. Die Zusammensetzung des Thüringen-Ausschusses gibt uns die Gewähr für ein ersprießliches Zusammenarbeiten mit den einzelnen Volksausschüssen in den Städten und Dörfern des Landes, der stetigen Fühlungnahme mit den aktiven Antifaschisten im Volke.

An alle örtlichen Volksausschüsse richtet der Thüringen-Ausschuß daher den Appell, ihn in seiner hohen und schweren Aufgabenstellung immerfort zu unterstützen, zu ergänzen und zu folgen gemäß dem Grundsatz und dem Gebot der Stunde: »Mobilisierung aller antifaschistischen Kräfte!«

An allen diesen Grundsätzen und praktischen Aufgaben und Maßnahmen ändert sich nichts auch dann, wenn die Besetzung Thüringens im Zuge der Durchführung der Vereinbarungen von Jalta durch Truppen der Roten Armee erfolgen sollte. Engste Zusammenarbeit mit den Besatzungsbehörden zur Beseitigung des Nazismus zum Zwecke des Wiederaufbaues, der Wiedergutmachung und der Sicherung des Weltfriedens ist und bleibt das Gebot der Stunde.

Schaffung einer festen Einheit der Demokratie für die endgültige Liquidierung des Nazismus zum Aufbau eines neuen demokratischen Thüringens.

Thüringen-Ausschuß

i. A. gez. Brumme

Quelle: ThHStA Weimar, Nachlaß Johannes Brumme Nr. 3 (Vervielfältigung).

[26]

Bericht des Regierungspräsidenten Dr. Hermann L. Brill an das Oberkommando der sowjetischen Besatzungsarmee über die Lage in Thüringen vom 4. Juli 1945

Bericht über die Lage in Thüringen

Weimar, den 4. Juli 1945
Regierungspräsidium
Fürstenplatz 2

1. Allgemeines

Am 20. Mai 1945 wurde der Unterzeichnete von dem amerikanischen Generalobersten Hatch, dem Militärregierungsoffizier des VIII. Corps der Armee der Vereinigten Staaten, aufgefordert, einen Plan für die Organisation der Verwaltung Thüringens auszuarbeiten. Die

Aufforderung traf mich nicht unvorbereitet. Als Vorsitzender des illegalen Volksfrontkomitees, das sich aus Vertretern der Kommunistischen Partei, der ehemaligen Sozialdemokratischen Partei und der früheren Zentrumspartei im Konzentrationslager Buchenwald gebildet hatte, war ich mit den Aufgaben für den Aufbau einer demokratischen Volksrepublik in Deutschland vertraut. Zum Beweise füge ich den Bericht über die Tätigkeit dieses Volksfrontkomitees bei (Anlage 1), der von mir nach der Befreiung durch die amerikanischen Truppen am 19. April 1945 ausgearbeitet worden ist. Gemäß den Grundgedanken dieses Berichtes habe ich dem VIII. Corps der Armee der Vereinigten Staaten einen Plan für den Aufbau der Verwaltung Thüringens unterbreitet, der sich mit den geographischen Voraussetzungen, den wirtschaftlichen und sozialen Grundlagen, den politischen Voraussetzungen, dem jetzigen Stand der Verwaltung, der künftigen Behördenorganisation, den juristischen Grundlagen, den Finanzen, den Arbeitsplänen und den unmittelbaren praktischen Maßnahmen befaßt. Auch dieser Plan wird diesem Bericht als Anlage 2) beigefügt.

Am 5. Juni 1945 hat der Unterzeichnete Herrn Lieutenant-General Mc Cherry *[richtig: McSherry]* im Obersten Hauptquartier in Gegenwart von Oberst Hatch und anderen höheren amerikanischen Offizieren den Plan mündlich vorgetragen und auf Veranlassung von Herrn Oberst Hatch zugleich einen Gesamtplan für die Neugliederung Deutschlands in Verwaltungsbezirke entworfen. Die amerikanische Militärregierung genehmigte in den folgenden Tagen diesen Plan für den Aufbau der Verwaltung in Thüringen und ernannte mich durch Urkunde vom 9. Juni 1945, die in englischer und deutscher Sprache beigefügt ist (Anlage 3) zum Regierungspräsidenten für Thüringen. Am 13. Juni wurde ich der amerikanischen Militärregierung für Thüringen vorgestellt und von dieser beauftragt, eine Regierung für die Provinz Thüringen zu bilden.

2. Regierungsbildung

Diese Regierungsbildung ist von mir in den nächsten Wochen so vorgenommen worden, daß sich als politische Grundlage eine Konzentration aller antifaschistischen Parteien bildete. Seitens der Kommunistischen Partei wurden von mir in Vorschlag gebracht und von der amerikanischen Militärregierung genehmigt:

Regierungsdirektor Ernst Busse als Vorstand des Landesarbeitsamts,
Regierungsdirektor Walter Wolf als Vorstand des Landesamts für Volksbildung;

Seitens des Bundes demokratischer Sozialisten (Sozialdemokratische Partei) wurden von mir in Vorschlag gebracht und genehmigt:

Regierungsdirektor Dr. Julius Friedrich Buchwald als Vorstand des Landesamts des Innern,
Regierungsdirektor Dr. jur. Georg Appell als Vorstand des Landesverkehrsamts;

Seitens der Deutschen Demokratischen Partei wurden von mir vorgeschlagen und genehmigt:

Regierungsdirektor Leonhard Moog als Vorstand des Landesamts für Finanzen,
Regierungsdirektor Dr. Alfons Gaertner als Vorstand des Landesamts für Industrie, Handel und Gewerbe;

Seitens der Christlichen Demokraten (Zentrumspartei) habe ich vorgeschlagen und wurde von der amerikanischen Militärregierung genehmigt:

Dr. phil. Max Kolter als Regierungsdirektor des Landesamts für Land- und Forstwirtschaft.

Sämtliche Ernennungen sind von mir durch Urkunde vollzogen worden, die Urkunde ist den genannten Regierungsdirektoren ausgehändigt; bis auf Regierungsdirektor Dr. Buchwald, der wegen der Verkehrsschwierigkeiten noch nicht in Weimar eingetroffen ist, haben sämtliche Regierungsdirektoren ihre Ämter übernommen.

3. Personalien

A. Der Unterzeichnete, Regierungspräsident Dr. Hermann L. Brill ist 50 Jahre alt, war ursprünglich Lehrer, studierte später Rechtswissenschaft, politische Ökonomie, Soziologie und Philosophie, war in der thüringischen Staatsverwaltung als Hilfsreferent, Vortragender Rat, Abteilungsleiter und Ministerialdirektor tätig; gehörte 1919/20 der Gothaischen Landesversammlung und 1920 bis 1933 dem Landtag von Thüringen an, 1932 Juli-September auch dem Deutschen Reichstag. Seit 1912 für die sozialdemokratische Presse arbeitend, trat er am 1. Oktober 1918 der Unabhängigen Sozialdemokratischen Partei bei, machte im September 1922 die Vereinigung dieser Partei mit der SPD mit und ist der Verfasser des sogenannten Buchenwalder Manifestes des Bundes demokratischer Sozialisten vom 13. April 1945. Von 1935 bis 1938 arbeitete er illegal für die Bildung einer deutschen Volksfront, er ist der Verfasser des Programms »10 Punkte« vom Dezember 1936 und der illegalen Schrift »Freiheit«, herausgegeben von der Deutschen Volksfront im Januar 1938. Er wurde am 28. Juli 1939 wegen Vorbereitung zum Hochverrat zu 12 Jahren Zuchthaus verurteilt, am 21. Dezember 1943 als sogenannter nicht besserungsfähiger politischer Gefangener ins Konzentrationslager Buchenwald gebracht, dort am 11. April 1945 von den Truppen der 1. amerikanischen Armee befreit.

B. Regierungsdirektor Dr. jur. Friedrich Buchwald ist 56 Jahre alt, er studierte Rechts- und Wirtschaftswissenschaften, später auch noch Handelswissenschaften und legte neben den üblichen juristischen Prüfungen noch die Prüfung als Wirtschaftsprüfer und Steuerberater ab. Dr. Buchwald war von 1920 bis 1933 erster Bürgermeister von Crimmitschau, wurde 1933 von den Nazis aus seinem Amte entfernt, durch mehrere Straf- und Disziplinarprozesse verfolgt und war in den Jahren 1933 bis 1936 zweimal in sächsischen Konzentrationslagern. Seitdem ernährte er sich kümmerlich mit Steuerberatungen und Wirtschaftsprüfungen. Er ist Mitglied der SPD.

C. Regierungsdirektor Leonhard Moog ist Mitte der 50er Jahre, von Beruf Kaufmann. Er gehört zu den Gründern der freiheitlichnationalen Angestelltenorganisation (Gewerkschaftsbund der Angestellten, GdA.), deren Gauvorsteher für Thüringen er von 1919 bis 1933 gewesen ist. Moog war 1921 bis 1929 Mitglied des Landtags von Thüringen, längere Zeit auch Mitglied des Stadtrats von Weimar. Außerdem gehörte er dem Reichsbanner Schwarz-Rot-Gold an. Er ist Mitglied der Deutschen Demokratischen Partei.

D. Regierungsdirektor Walter Wolf ist 38 Jahre alt, stammt aus einer proletarischen Familie in Gotha, machte an der Deutschen Oberschule in Gotha das Abiturientenexamen, studierte an der Universität Jena Psychologie und Pädagogik und legte 1931 die Prüfung für akademisch gebildete Volksschullehrer ab. Seitdem in diesem Berufe tätig, wurde er wegen illegaler politischer Tätigkeit 1937 in Untersuchung gezogen, 1937 jedoch vom Gemeinschaftlichen Thüringischen Oberlandesgericht in Jena freigesprochen, trotzdem ins Konzentrationslager Buchenwald gebracht, wo er am 11. April 1945 durch amerikanische Truppen seine Freiheit erlangte. Er war in Buchenwald Mitglied des illegalen Volksfrontkomitees. Mitglied des KJVD seit 1929, der KPD seit 1930.

E. Regierungsdirektor Dr. Alfons Gaertner ist Mitte der 50er Jahre alt, hat sich in der Hauptsache als Vertreter industrieller Organisationen betätigt und gilt deshalb als ausgezeichneter Sachkenner der industriellen Verhältnisse Thüringens. Auf Grund seiner katholischen Weltanschauung schärfster Gegner des Nazismus, wurde er von der NSDAP wiederholt schwer schikaniert, übernahm schon Anfang Mai d*[iese]*s Jahres ehrenamtlich die Funktion eines Beigeordneten der Stadt Weimar für das Ernährungswesen und das Thüringische Landeswirtschaftsamt. Er ist Mitglied der Deutschen Demokratischen Partei.

F. Regierungsdirektor Dr. Max Kolter ist etwa 50 Jahre alt, als Werkstudent ganz von unten aufgestiegen, war er in der Kommunal- und Wirtschaftsverwaltung tätig, wurde in der nazistischen Diktatur wiederholt gemaßregelt, gehörte schon kurz nach der Befreiung Weimars durch amerikanische Truppen dem politischen Beirat beim Oberbürgermeister der Stadt Weimar an und hat sich seit dem scharf im antinazistischen Sinne betätigt. Er ist Mitglied der Christlichen Demokraten (frühere Zentrumspartei).

G. Regierungsdirektor Dr. Georg Appell ist Ende 40, war ursprünglich Lehrer, studierte später Rechtswissenschaften und machte die üblichen juristischen Prüfungen. Weil er als Rechtsanwalt hauptsächlich Reichsbannerangehörige, Sozialdemokraten und Kommunisten in Landfriedensbruchprozessen verteidigte, wurde ihm sofort im Frühjahr 1933 die Zulassung zur Rechtsanwaltschaft entzogen. In den Jahren 1935 bis zum Kriegsausbruch hat er in hervorragender Weise sich an der illegalen Volksfrontarbeit in Westthüringen beteiligt und während des Krieges mit außerordentlichem Geschick als Personalsachbearbeiter der Industrie einen großen Kreis antinazistischer Arbeiter und Angestellter organisiert. Er war zweiter Gauvorsitzender des Reichsbanners in Thüringen und ist jetzt Mitglied des Bundes demokratischer Sozialisten (SPD).

Bemerkung: Der Unterzeichnete hat die vorstehenden Angaben aus dem Gedächtnis gemacht, da wegen der späten Abendstunde, in der dieser Bericht verfaßt wird, ein Zugriff zu den Akten nicht möglich ist. Es muß deshalb die Möglichkeit vorbehalten bleiben, daß exakte Angaben bezüglich des Lebensalters usw. nachgeholt werden können.

Die amerikanische Militärregierung hatte den Unterzeichneten beauftragt, geeignete Vorschläge für die Ernennung der höheren Beamten der Landesämter der Provinz zu machen. Als solche Landesämter waren gemäß dem genehmigten Plan vorgesehen:

das Landesamt des Innern
das Landesamt für Finanzen

das Landesamt für Volksbildung
das Landesamt für Industrie, Handel und Gewerbe
das Landesamt für Land- und Forstwirtschaft
das Landesverkehrsamt
das Landesarbeitsamt.

Außerdem sollen in der Dienststelle des Regierungspräsidenten die Hoheits-, Personal- und Justizsachen bearbeitet werden. Nur für diese Dienststelle sind nach der vorgängigen Genehmigung der amerikanischen Militärregierung die Ernennungen der höheren Beamten erfolgt. Die Ernennungen für das Landesamt für Finanzen, für Volksbildung und für das Landesarbeitsamt, für die der amerikanischen Militärregierung ebenfalls Vorschläge unterbreitet worden sind, konnten bisher nicht vorgenommen werden, weil wegen des Wechsels der Souveränität in der Besatzungszone die Genehmigungen nicht mehr erteilt worden sind. Sie werden nunmehr unverzüglich vollzogen.

Für die Übernahme der Beamten von den bisherigen Thüringischen Ministerien, der Preußischen Bezirksregierung in Erfurt und den übrigen Behörden auf die Provinz ist eine Beamtenübergangsverordnung beschlossen worden, die als Anlage 4) beigefügt wird.

4. Reinigung der Verwaltung von nazistischen Elementen

Für die Reinigung der Verwaltung von nazistischen Elementen hat der Unterzeichnete die als Anlage 5) beigefügten Richtlinien ausgearbeitet. Von ihnen hat nur der Abschnitt I über die Behandlung der sogenannten »alten Kämpfer« die Genehmigung des amerikanischen Stadtkommandanten für die Stadt Weimar gefunden.

Infolgedessen sind die Verhältnisse in dieser Frage in der neuen Provinz außerordentlich verschieden und von örtlichen Zufällen abhängig. Es besteht deshalb in der öffentlichen Meinung eine außerordentliche Unzufriedenheit. Ich bitte deshalb aufs Dringendste, alsbald nach diesen Richtlinien verfahren zu dürfen, damit endlich die nazistischen Elemente aus der öffentlichen Verwaltung entfernt werden können. Gemäß der mir heute mündlich erteilten Ermächtigung des Vertreters des Oberkommandos der russischen Besatzungstruppen werde ich bereits morgen mit dem Vollzug des Teils I über die Behandlung der »alten Kämpfer« beginnen.

5. Geleistete Arbeiten

Gemäß eines besonderen Auftrags der amerikanischen Militärregierung hat der Unterzeichnete den Stadtvorstand der Landeshauptstadt Weimar, den Vorstand des Landkreises Weimar und die Polizei der Stadt Weimar auf Grund der ausgearbeiteten Pläne reorganisiert.

Der Stadtvorstand der Landeshauptstadt Weimar setzt sich zusammen aus Oberbürgermeister Dr. Fritz Behr, einem 1933 entlassenen Studiendirektor, 1944 bis 1945 politischer Schutzhäftling in Buchenwald, demokratischer Sozialist; Bürgermeister Fleisch, 1933 entlassener berufsmäßiger Bürgermeister, Arbeitsstrafgefangener der Gestapo, demokratischer Sozialist; Beigeordneter Mitter für das Bauwesen, Kommunist, wegen Vorbereitung zu

Hochverrat verurteilt zu 4 Jahren Zuchthaus; Beigeordneter für das Wohnungswesen Schuster, wegen Vorbereitung zum Hochverrat verurteilt und ehemaliger politischer Schutzhaftgefangener in Buchenwald, Kommunist; Beigeordneter für das Arbeitsamt Schwarz, Gewerkschaftler und ehemaliger Sozialdemokrat; Beigeordnete für das Wohlfahrtsamt Elisabeth Zajac-Frölich, Jungsozialistin; ehrenamtlicher Beigeordneter für das Wirtschafts- und Ernährungsamt Dr. Gaertner, Demokrat.

Der Vorstand des Landkreises Weimar wurde gebildet aus Dr. G. H. Dreykorn, sogenannter jüdischer Mischling, deshalb 1933 wenige Monate vor dem Assessorenexamen gemaßregelt; Beigeordneter Faust, 1933 als Rektor der freien weltlichen Schule in *[Berlin-]*Neukölln entlassen, 1925 bis 1929 Mitglied der Berliner Stadtverordnetenversammlung, SPD; Beigeordneter Sonntag, Kommunist; Beigeordneter Dr. med. Heinemann, parteilos.

Die Polizeidirektion der Stadt Weimar wurde durch Amtsenthebung von r*[un]*d 30 nazistischen Polizeibeamten und durch Entlassung von etwa ebensoviel nazistischen Reserve- und Hilfspolizisten gesäubert und durch Einstellung von etwa 50 ehemaligen politischen Schutzhaftgefangenen aus dem Konzentrationslager Buchenwald als Polizeioffiziere (die Kameraden waren größtenteils Milizoffiziere im spanischen Bürgerkrieg), Haupt- und Oberwachtmeistern, Kriminalinspektoren und Kriminalsekretären sowie zuverlässigen Polizeiverwaltungsbeamten für einen einwandfreien antinazistischen Polizeiapparat umgebaut.

Gleiche oder ähnliche Massnahmen sind mit großer Energie von den Oberbürgermeistern bzw. Landräten in Altenburg, Gera, Greiz, Gotha, Eisenach, Suhl, Schmalkalden und Sonneberg durchgeführt worden. Da die Provinzregierung erst seit etwa drei Wochen im Amt ist, fehlt zur Zeit noch ein alle Einzelheiten umfassender Einblick in die Verhältnisse, jedoch kann z. B. berichtet werden, daß von den 107 Landgemeinden des Landkreises Weimar bereits über 80 mit antinazistischen Bürgermeistern besetzt worden sind, und durch die persönliche Initiative des Unterzeichneten mit Hilfe der amerikanischen Militärregierung die anfangs von den amerikanischen Kommandanten tolerierten nazistischen Bürgermeister in Pößneck (17 000 Einwohner) und Lauscha (6 500 Einwohner) durch Kommunisten ersetzt worden sind. Der Unterzeichnete beabsichtigt, alsbald nach Beendigung der Organisation der Landesämter hier allgemeine durchgreifende Maßnahmen durchzuführen. Auch soll nicht verschwiegen werden, daß sowohl in den bisherigen Ministerien als auch bei der Preußischen Bezirksregierung in Erfurt durch eine größere Anzahl von Zwangspensionierungen freie Bahn geschaffen worden ist.

Von den geleisteten Arbeiten ist besonders die Tätigkeit der Stadtvorstände in Weimar und Ohrdruf zur Liquidierung der dortigen Lager hervorzuheben.

Das berüchtigte Rasseamt in Weimar und Jena ist durch Überwindung dreifacher Widerstände von dem Unterzeichneten aufgelöst worden.

In bezug auf die Ernährung sind weitreichende Sicherungsmaßnahmen durchgeführt worden. Auf dem Gebiete der Wirtschaft wurde ein Treuhänder für das beschlagnahmte Nazivermögen und zur Erfassung aller Ausweichläger bestellt; der Naziverwaltungsrat der Thüringischen Staatsbank ist durch einen antinazistischen Beirat abgelöst worden.

Die Stellen der Präsidenten der Wirtschaftskammer, der Industrie- und Handelskammer sind durch Antinazisten besetzt worden. Das gemeinnützige Wohnbauunternehmen Gagfah wird in den nächsten Tagen einen neuen Aufsichtsrat und einen neuen Vorstand erhalten. Die Zellwolle-AG in Schwarza hat eine neue Leitung erhalten.

Auf dem Gebiete der Sozialpolitik ist auf die Initiative des Unterzeichneten hin noch unter der amerikanischen Besatzung mit der Bildung der Gewerkschaftsfragen begonnen worden; das Landesarbeitsamt hat zu diesem Zweck eine besondere Abteilung für Berufsverbände erhalten, die von einem ehemaligen Gewerkschaftler geleitet wird, der wegen Vorbereitung zum Hochverrat 6 Jahre im Zuchthaus und 2 Jahre im Konzentrationslager gewesen ist.

6. Arbeiten in Vorbereitung

Der Entwurf einer Landesverwaltungsordnung hat bereits die erste Lesung des Regierungskollegiums passiert; er wird z*[ur]* Z*[ei]*t von den Landesämtern geprüft und kann in der nächsten Sitzung verabschiedet werden. Über die Geschäftsverteilung zwischen den Landesämtern ist bereits Beschluß gefaßt, z. Zt. wird die Reinschrift einer Verordnung über diese Materie hergestellt. Die Geschäftsordnung für die Regierung liegt bereits im Beschlusse vor. Die Geschäftsordnung für das Verfahren der Landesämter befindet sich ebenfalls in der Reinschrift.

Zur Lösung der sogenannten Judenfrage ist ein besonderes Sekretariat eingerichtet worden, nach einer Erkundungsfahrt nach Theresienstadt sind drei große Rücktransporte nach Thüringen durchgeführt worden. Zur Zeit werden die noch fehlenden Juden in den Stadt- und Landkreisen ermittelt, die Rückführung des Restes wird voraussichtlich in der nächsten Woche stattfinden.

7. Thüringen-Ausschuß

Von besonderer Wichtigkeit erscheint dem unterzeichneten Berichterstatter im gegenwärtigen Augenblick die Legalisierung des Thüringen-Ausschusses, der unter der amerikanischen Besatzung auf meine Initiative hin geschaffen und nur toleriert worden ist. Es handelt sich dabei um eine aus je drei Mitgliedern der Kommunistischen, ehemaligen Sozialdemokratischen, Demokratischen und Christlich Demokratischen Partei bestehende politische Vertretung, die gegenüber der Regierung der Provinz beratende und kontrollierende Funktion ausübt. Vorsitzender des Thüringen-Ausschusses ist Schulrat Johannes Brumme, ehemaliger politischer Schutzhäftling von Buchenwald, Kommunist; Sekretär des Thüringen-Ausschusses Herr Müller, Mitglied der Christlich Demokratischen Partei. Nach den heutigen Erklärungen des Vertreters des Oberkommandos der russischen Besatzungstruppen bestehen gegen die Legalität dieses Ausschusses keine Bedenken mehr, ich beabsichtige deshalb, ihn sobald wie möglich in einen Landesrat für die Provinz umzuwandeln.

8. Territoriale Maßnahmen

Der Provinz Thüringen waren bei der bisherigen Regelung der Besatzungszonen die westsächsischen Grenzkreise im Bezirk des VIII. Corps der Armee der Vereinigten Staaten zur Verwaltung zugewiesen worden; ich bitte, diese Bezirke nunmehr von der Provinz Thüringen wieder abzutrennen und sie dem ehemaligen Freistaat Sachsen zurückzugeben. Die Provinz würde dann endgültig aus dem ehemaligen Freistaat Thüringen, dem ehemaligen preußischen Regierungsbezirk Erfurt und dem Kreise Schmalkalden bestehen.

Innerhalb der Provinz habe ich eine erste Verordnung zur Kreiseinteilung erlassen, die ich als Anlage 6) beilege. Weitere Verordnungen in bezug auf die Zusammenlegung von Landkreisen, Zusammenlegung von Gemeindebezirken, Eingemeindungen und Bildung von Bezirksgemeinden sollen folgen. Ich bitte, dazu besondere Vorlagen machen zu dürfen.

Außerdem ist es außerordentlich wünschenswert, daß alsbald eine endgültige Bestimmung der Nordgrenze der Provinz gegenüber den Kreisen Zeitz, Weißenfels, Querfurt und Eckartsberga stattfindet.

Ich verweise dabei auf die Ausführungen auf Seite 3 und 4 meines Planes für den Aufbau der Verwaltung Thüringens und bitte, auch hier zur Regelung der Einzelheiten noch besondere Vorschläge machen zu dürfen.

Zum Schlusse spreche ich die Bitte aus, die Zusammenarbeit mit dem Oberkommando der russischen Besatzungstruppen bzw. der Kontrollkommission für die deutsche Zivilverwaltung in der russischen Besatzungszone wenn möglich so zu organisieren, daß jedes Landesamt der Provinz Thüringen einen Fachkontrolloffizier erhält, der mit dem Regierungsdirektor des betreffenden Amts zusammenarbeitet und außerdem bei der Präsidialkanzlei des Regierungspräsidenten das Amt eines Vorsitzenden des Kollegiums dieser Kontrolloffiziere eingerichtet wird. Sollte jedoch jetzt bereits eine feste Organisation für die Ausübung der Kontrollbefugnisse gegenüber der Zivilregierung in der Provinz bestehen, so bitte ich, mir baldmöglichst darüber eine Mitteilung zukommen zu lassen, damit die Aufbauarbeiten für die Provinz ungesäumt weitergeführt werden können.

Dr. Hermann Louis Brill,
Regierungspräsident.

Verzeichnis der Anlagen

Anlage 1) Bericht über die Tätigkeit des Volksfrontkomitees des ehemaligen Konzentrationslagers Buchenwald.

Anlage 2) Plan für den Aufbau der Verwaltung Thüringens.

Anlage 3) Ernennungsurkunde für Dr. Hermann L. Brill zum Regierungspräsidenten für Thüringen, ausgestellt vom Hauptquartier des VIII. Corps der Armee der Vereinigten Staaten in englischer und deutscher Sprache.

Anlage 4) Verordnung über die Übernahme der Beamten auf die Provinz Thüringen.

Anlage 5) Richtlinien für die Reinigung der Verwaltung von nazistischen Elementen.

Anlage 6) Erste Verordnung zur Kreiseinteilung der Provinz Thüringen.

Weiter sind angefügt:

2 von der amerikanischen Militärregierung für Thüringen gezeichnete Karten der Provinz einschließlich der westsächsischen Grenzkreise, die der Provinz zur vorübergehenden Verwaltung überwiesen worden waren.

Quelle: ThHStA Weimar, Land Thüringen - Büro des Ministerpräsidenten Nr. 1078, Bl. 20-29 (Durchschrift; die Anlagen wurden nicht abgedruckt; die Karte der amerikanischen Militärregierung für die Provinz Thüringen ist als Abbildung Nr. 11 wiedergegeben).

[27]

Niederschrift über die Einsetzung einer neuen Landesverwaltung durch die Sowjetische Militäradministration für das Land Thüringen am 16. Juli 1945

Sitzung 16. Juli 1945

Anwesend:

1. Garde-Generaloberst Tschuikow, Chef der Militäradministration
2. Generalmajor Kolesnitschenko (Vertreter für zivile Angelegenheiten sowie Chef der Verwaltung der Sowjet Militär Administration)
3. General Bronin
4. Generalmajor Beschanow
5. Regierungspräsident Dr. Brill
6. Oberbürgermeister Dr. Paul
7. Regierungsdirektor Busse
8. Regierungsdirektor Wolf
9. Regierungsdirektor Dr. Kolter
10. Regierungsdirektor Dr. Appell.

Generaloberst Tschuikow setzt im Namen und auf Befehl des Marschalls der Sowjet-Union, Shukow, dem Hauptchef der Sowjet Militär Administration und Oberbefehlshaber der sowjetischen Besatzungstruppen Deutschlands, eine neue Verwaltung des Landes Thüringen ein mit folgender Maßgabe:

1. Präsident des Landes Thüringen Dr. Rudolf Paul,
2. 1. Vizepräsident Herr Ernst Busse,
3. 2. Vizepräsident Dr. Georg Appell,
4. 3. Vizepräsident Dr. Max Kolter.

Herr Regierungspräsident Dr. Brill wird nach Berlin berufen werden und soll dort anderweite Verwendung finden.

Generaloberst Tschuikow führt aus, die faschistischen Organisationen und ihre Träger sind zu liquidieren. Es muß aber nicht nur ein äußerer, sondern auch ein innerer Umbau des Menschen, ein solcher seines Bewußtseins stattfinden. Das ganze Leben muß auf eine neue demokratische Grundlage gestellt werden. Die von Marschall Shukow eingesetzte neue thüringische Landesverwaltung stellt einen Block der antifaschistischen Parteien dar.

In die Wirtschaft ist Ordnung zu bringen. Vordringendste Aufgabe ist das restlose Einbringen der Ernte. Das Ingangsetzen der Wirtschaft muß genau geplant werden. Das Transportwesen Thüringens ist zu organisieren.

Über das Erscheinen der Presse ist ein Plan aufzustellen und zwar vor allem auch hinsichtlich Einrichtungs- und Verbreitungsmöglichkeit.

Das Problem der Verbindung der einzelnen Kreise mit der Zentrale Weimar ist zu lösen, zunächst unter Einschaltung der Verbindungsmöglichkeiten durch den Generalobersten und die ihm unterstellte militärische Organisation.

Dem Gesundheitswesen muß besondere Aufmerksamkeit gewidmet werden. Bezüglich epidemischer Krankheiten ist das Gesundheitsbild zufriedenstellend, dagegen ist erschwerend der hohe Prozentsatz geschlechtlicher Erkrankungen. Er beträgt zur Zeit 15 Prozent. Dieser Prozentsatz dürfte unter der wirklichen Zahl zurückbleiben. Ich werde beauftragt, einem Zunehmen dieser Krankheit entgegenzutreten, insbesondere schwebt der russischen Militärverwaltung vor, daß jeder einzelne Mann und jede einzelne Frau gehalten ist, sich untersuchen und bei Krankheitsbefund heilen zu lassen. Soweit der Patient unzuverlässig ist und damit Träger weiterer Gefahr wird, ist er zu isolieren. Die russische Armee wird in dieser Form verfahren.

Zum Bildungswesen: Die Lehrer sind vorzubereiten, es sind Lehrbücher vorzubereiten.

Es ist eine Organisation von der Regierung aus bis ins letzte Dorf durchzuführen. Die Verbindung zwischen der Regierung und der Bevölkerung muß geschaffen werden.

Jedes Verwaltungsorgan wird nur durch die Militär Administration anerkannt.

Quelle: ThHStA Weimar, Land Thüringen - Büro des Ministerpräsidenten Nr. 459, Bl. 27-28 (Ausfertigung).

[28]

Beschluß des Politbüros des ZK der SED über Maßnahmen zur Änderung der staatlichen Struktur in der DDR vom 29. April 1952

Protokoll Nr. 109 der Sitzung des Politbüros des Zentralkomitees am 29. April 1952

[...]

Anlage Nr. 1 zum Protokoll Nr. 109 vom 29. April 1952

Maßnahmen zur Änderung der staatlichen Struktur
in der Deutschen Demokratischen Republik

1). Das Gebiet der Deutschen Demokratischen Republik wird der Gliederung nach Ländern entsprechend in folgende Bezirke aufgeteilt:

Land	Sachsen	-	Bezirk	Dresden	=	21 Kreise
„	„	-	„	Chemnitz	=	22 Kreise
„	„	-	„	Leipzig	=	10 Kreise
Land	Thüringen	-	Bezirk	Erfurt	=	12 Kreise
„	„	-	„	Gera	=	11 Kreise
„	„	-	„	Suhl	=	8 Kreise
Land	Mecklenburg	-	Bezirk	Rostock	=	9 Kreise
„	„	-	„	Schwerin	=	12 Kreise
„	„	-	„	Neu-Brandenburg	=	13 Kreise
Land	Brandenburg	-	Bezirk	Potsdam	=	11 Kreise
„	„	-	„	Neu-Ruppin	=	7 Kreise
„	„	-	„	Frankfurt / O.	=	16 Kreise
Land	Sachs.-Anhalt	-	Bezirk	Halle	=	20 Kreise
„	„	-	„	Magdeburg	=	21 Kreise

Diese Bezirksgliederung baut sich auf eine enge Verbundenheit der historischen Entwicklung dieser Gebiete mit den neu entstandenen politischen, wirtschaftlichen und verkehrstechnischen Gegebenheiten auf.

2). Die Bezeichnung der örtlichen staatlichen Organe wird wie folgt festgelegt:

1). für den Bezirk: a) Bezirkstag
b) Rat des Bezirkes

2). für den Kreis: a) Kreistag
b) Rat des Kreises

3). für die Stadt: a) Stadtverordnetenversammlung
b) Rat der Stadt

4). für die Gemeinde: a) Gemeindevertretung
b) Rat der Gemeinde.

3). Die Ausarbeitung einer genauen Abgrenzung dieser vorgeschlagenen Bezirke und Kreise erfolgt durch eine zentrale Kommission, bestehend aus:

Genossen Anton Plenikowski,
Genossen Hans Warnke,

Genossen Werner Eggerath,
Genossen Ernst Lange,
Genossen Klaus Sorgenicht.

Diese Kommission wird beauftragt, die Neugliederung in Bezirke und Kreise in Besprechungen mit dem Minister des Innern des Landes und dem 2. Landessekretär zu vereinbaren.

Zu diesen Besprechungen sind jeweils für die bestimmten Bezirke und Kreise die Genossen Landräte (die Genossen Stellvertreter der Landräte, soweit Landräte nicht der Partei angehören) sowie die 2. Kreissekretäre hinzuzuziehen.

4). Nach diesen Vereinbarungen wird für jeden Bezirk durch die zentrale Kommission im Einvernehmen mit dem Minister des Innern des Landes eine Kommission ernannt, die die genauen Bezirks- und Kreisgrenzen festlegt.

Die Neueinteilung der Kreise erfolgt dann durch Beschluß der Landesregierungen.

5). Die zentrale Kommission arbeitet einen Rahmen-Struktur- und Stellenplan für die Bezirke und Kreise aus.

Unter Mitwirkung des Genossen Glaser als Leiter der Abteilung Leitende Parteiorgane wird ein genauer Plan über die Verwendung der bisherigen leitenden Fuktionäre der Landesregierungen ausgearbeitet sowie ein Plan über die Besetzung der leitenden Funktionen des Partei- und Staatsapparates in den Bezirken.

Bei den Bezirkskommissionen wird in gleicher Weise eine Kaderkommission einen Plan über die Besetzung der leitenden Funktionen des Partei- und Staatsapparates in den Kreisgebieten des Bezirkes ausarbeiten.

Die Pläne sind bis zum 15. Mai dem Sekretariat vorzulegen.

6). Eine besondere Kommission unter der verantwortlichen Leitung des Genossen Ernst Lange wird unmittelbar die durch diese Maßnahmen freiwerdenden Gebäude der Landesregierungen in den bisherigen Landeshauptstädten feststellen. Vom Ministerium des Innern der Republik wird der Genosse Danneberg dieser Kommission angehören.

Diese Kommission fährt in jede Landeshauptstadt und sorgt nach Rücksprache mit dem Minister des Innern dafür, daß diese Gebäude der einheitlichen zentralen Verwendung zur Verfügung stehen.

Diese Maßnahme erfolgt nach Festlegung der Struktur der Bezirke und Kreise.

7). Die durch diese Maßnahmen erforderliche Struktur der staatlichen Organe darf nicht zu einer Erhöhung der Stellenpläne der staatlichen Organe der Bezirke und Kreise gegenüber den bisherigen Stellenplänen der Länder und Kreise führen. Durch Maßnahmen zur weiteren Demokratisierung muß erreicht werden, daß gegenüber dem bisherigen Stellenplan weitere Einsparungen von Stellen schon in diesem Jahre erzielt werden.

8). Der Termin für die Neuwahl der Bezirks- und Kreisorgane wird noch festgelegt.

Die Bezirkstage und Kreistage setzen sich aus den Abgeordneten der Landtage und Kreistage zusammen, die ihren Wohnsitz in dem betreffenden Bezirks- bzw. Kreisgebiet haben. Dabei ist zu prüfen, inwieweit bis zur Erreichung der gesetzlich vorgesehenen Anzahl von Kreistagsabgeordneten zusätzlich Abgeordnete durch den Kreistag zu berufen sind. Die neuen Kandidaten werden durch die Blockparteien bzw. Massenorganisationen dem Kreisausschuß der Nationalen Front benannt.

Die gleiche Regelung ist bezüglich der Bezirkstage zu treffen.

Die zentrale Kommission arbeitet unter Hinzuziehung des Genossen Hans Seigewasser (Nationalrat *[der Nationalen Front]*) einen Plan aus, in dem auch die Anzahl der Abgeordneten der Bezirkstage festzulegen ist.

Dieser Plan ist gleichfalls bis zum 15. Mai dem Sekretariat vorzulegen.

Mit der Aufnahme der Tätigkeit der Bezirks- und Kreistage sind von diesen nach dem Beispiel der Stadtbezirksorgane ständige Kommissionen für bestimmte Arbeitsgebiete zu berufen.

9). Die zentrale Kommission macht bis zum 2. Mai dem Sekretariat Vorschläge über die Maßnahmen, die aus diesen Beschlüssen für den Erlaß von Gesetzen erforderlich sind.

Quelle: SAPMO-BArch, DY 30, IV/2/2-209 [Politbüro der SED], Bl. 16-19 (Ausfertigung).

[29]

Vorschläge der Abteilung Staatliche Verwaltung des ZK der SED zur Schaffung der rechtlichen Grundlagen für die Verwaltungsreform, [Anfang Juli 1952]

Grundsätze der Gesetzesvorlagen über die Neuorganisation im Staatsapparat

Alle Maßnahmen, die zur Neuorganisation des Staatsapparates durchgeführt werden, stehen in Übereinstimmung mit der Verfassung, die der Demokratisierung unseres Staatsapparates den Weg ebnet. Eine Änderung des Textes der Verfassung ist nicht notwendig.

Es erscheint zweckmäßig, in der Begründung der Neuorganisation das Hauptgewicht nicht gegen die Länder zu richten. Das Hauptgewicht ist vielmehr auf die Notwendigkeit einer weiteren Demokratisierung des Staatsapparates zu legen. Im Zuge dieser weiteren Demokratisierung verändern die Länder ihre Verwaltungsorganisationen. Die Länder bleiben als territoriale Einheiten bestehen. Die Tatsache, daß gewisse Teile der Verfassung (Art. 109ff. »Republik und Länder«) nicht mehr den mit der Neuorganisation erreichten Zustand unserer Staatsstruktur widerspiegeln, macht eine Aufhebung dieses Teiles der Verfassung nicht notwendig. Die Weiter-Existenz der Länderkammer läßt sich unter dem Gesichtspunkt rechtfertigen, daß die grundlegende Gliederung der Republik in Länder nicht aufgehoben ist.

Es wird empfohlen, die Länderverfassungen formell nicht aufzuheben. Es läßt sich juristisch der Standpunkt vertreten, sie seien gegenstandslos geworden.

1. Vorschlag:

Die Maßnahmen zur Neuorganisation des Staatsapparates werden von oben durch die Volkskammer beschlossen. Dabei wird betont, daß die weitere Demokratisierung erforderlich macht:

a) eine Neugliederung der Kreise nach wirtschaftlichen Gesichtspunkten. Dazu werden entsprechende Veränderungen der Ländergrenzen vorgenommen.
b) Bildung von Bezirken.

Der Landtag legt durch Gesetz fest:
a) welche Kreise im einzelnen neu gebildet werden,
b) welche Kreise zu welchen Bezirken zusammengefaßt werden,
c) die Zustimmung zur Änderung der Ländergrenzen durch Volkskammergesetz (Art. 110 Abs. II),
d) die Abgeordneten der Landtage setzen ihre Tätigkeit in den Bezirkstagen fort,
e) die Funktionen der Landesregierung gehen auf die Bezirksverwaltungen über.

Begründung dieses Vorschlags:
Die Regierung der Republik und die Volkskammer treten als entscheidende Kraft für die Neuorganisation des Staatsapparates hervor. Dieser Vorschlag hat den großen Vorteil, daß hier die politische Bedeutung der Neuorganisation als Schritt zur Vertiefung unserer Demokratie von der Regierung in der Volkskammer und damit vor dem ganzen deutschen Volk dargelegt wird. Das ist sehr bedeutsam, weil für den weiteren Ausbau der neuen Struktur, insbesondere für die Frage, die neuen Kreis- und Bezirksorgane arbeitsfähig zu machen, hier die entscheidenden Gesichtspunkte gegeben würden. Das wäre zugleich die Einleitung einer großen ideologischen Kampagne für den Ausbau von organisatorischen Formen, die die Mitarbeit der Bevölkerung sicherstellen.

Dieser Vorschlag hat ferner den Vorteil, daß die Landtage bei der Durchführung der Neuorganisation weitgehend herangezogen werden. Die Regierung der Republik und die Volkskammer legen die entscheidenden politischen Richtlinien fest (Notwendigkeit der Neubildung der Kreise und der Bildung von Bezirken). Die Landtage führen dann die Neubildung der Kreise und die Bildung von Bezirken faktisch durch.

2. Vorschlag:

Die Maßnahmen zur Neuorganisation des Staatsapparates werden von oben durch die Volkskammer beschlossen. Dabei wird betont, daß die weitere Demokratisierung erforderlich macht:
a) die Neubildung von Kreisen unter Veränderung der Landesgrenzen (der Volkskammerbeschluß führt hiernach die Kreise im einzelnen auf),
b) die Bildung von Bezirken (der Volkskammerbeschluß zählt im einzelnen die Bezirke auf und legt die Aufteilung der Kreise auf die Bezirke fest).

Der Landtag beschließt durch Gesetz:
a) die Zustimmung zur Änderung der Landesgrenzen durch Volkskammergesetz (Art. 110 Abs. II),
b) die Abgeordneten der Landtage setzen ihre Tätigkeit in den Bezirkstagen fort,
c) die Funktionen der Landesregierung gehen auf die Bezirksverwaltungen über.

Begründung dieses Vorschlags:
In ihm kommen dieselben Gesichtspunkte zum Ausdruck wie in dem 1. Vorschlag, mit dem Unterschied, daß die Landtage in weiterem Maße als nach dem 1. Vorschlag ausgeschaltet werden, indem die Bildung der Kreise und Bezirke durch die Volkskammer selbst erfolgt. Es würde hier die verfassungsrechtliche Schwierigkeit vorhanden sein, daß nach der Demokratischen Kreisordnung die Änderung von Kreisgrenzen Hoheitsrecht des Landes ist. Es wäre aber vertretbar, daß im Zuge dieser Neuorganisation die Volkskammer von sich aus diese Neufestsetzung der Kreisgrenzen bestimmt.

Willi Barth

Quelle: SAPMO-BArch, NY 4090 [Nachlaß Otto Grotewohl] Nr. 432, Bl. 81-83 (Ausfertigung mit Unterstreichungen und Randvermerken von Otto Grotewohl; im Abdruck nicht berücksichtigt).

[30]

Information der Abteilung Staatliche Verwaltung des ZK der SED für die Sekretariate der SED-Landesleitungen über die Bildung und politische Zusammensetzung der Bezirks- und Kreistage sowie der Räte der Bezirke und Kreise vom 17. Juli 1952

Pl/Sg/17. 7. 1952

Anmerkungen für die Besprechung mit den Landessekretären der Partei am Donnerstag, den 17. 7. 1952

Anbei das Beschluß-Protokoll der Sitzung des Zentralen Blocks vom 7. 7. 1952.

Entsprechend diesem Beschluß wurde eine Kommission gebildet, die zu einer Besprechung am 16. 7. 1952 zusammentrat. In dieser Besprechung wurden folgende Prinzipien einmütig festgelegt:

Bei der Bildung der Örtlichen Organe der Staatsgewalt im Bezirk und im Kreis muß die Arbeiterklasse und ihre Partei als führende Kraft in Erscheinung treten. Die Zusammensetzung muß das feste Bündnis der Arbeiterklasse mit der werktätigen Bauernschaft und mit der Intelligenz sowie mit den übrigen fortschrittlichen Kräften zum Ausdruck bringen. Das muß seinen Niederschlag finden dadurch, daß 1/3 der Mandate auf die SED, 1/3 auf die übrigen 4 Parteien und 1/3 auf die Massenorganisationen fallen.

Im Rat des Bezirkes werden 3 Stellvertreter des Vorsitzenden durch die übrigen 4 Parteien besetzt, wobei die Partei, die dabei nicht vertreten ist, ihre Vertretung durch ein Mitglied des Rates finden wird. Die Kommission hat also mit Bewußtheit davon Abstand genommen, für die Verteilung der Mandate sowohl des Bezirkstages als auch des Rates des Bezirkes feste Schlüsselzahlen oder eine feste Aufteilung auf die 4 Parteien vorzunehmen. Die Kommission vertrat im Gegenteil den Standpunkt, daß diese Besetzung der Mandate örtlich, also im Land bzw. im Kreis, selbst zu erfolgen hat, da nur dort festzustellen ist, welche Parteien aufgrund ihrer fortschrittlichen und aktiven Arbeit entsprechende Berücksichtigung finden muß *[sic!]*. Es ist also auszugehen von der politischen und fachlichen Qualifizierung jedes einzelnen Kandidaten unter Beachtung der oben festgelegten Prinzipien.

Diese Prinzipien gelten in gleicher Weise für die staatlichen Organe des Kreises. Durch die 4 bürgerlichen Parteien sind hier jeweils die Funktionen zweier Stellvertreter des Vorsitzenden zu benennen.

Nach Verständigung in der Kommission des Zentralen Blocks über die politischen Prinzipien der Zusammensetzung der Bezirkstage und Kreistage muß jetzt die personelle Besetzung sowohl der Bezirks- und Kreistage als auch der Räte der Bezirke und Kreise durch den Landesblock bzw. Kreisblock selbst erfolgen.

Für das Landessekretariat sind noch folgende Hinweise wichtig: Es müssen sofort alle Maßnahmen getroffen werden, damit die Mitglieder des Rates des Bezirkes sowie der Bezirkstage benannt werden. Das erfordert die sofortige Besprechung im Landesblock. Dem ZK sind also alle Mitglieder einschließlich der Bürgerlichen und Parteilosen bis Dienstag nächster Woche zu benennen.

Bei der Zusammensetzung ist darauf zu achten, daß die für den Rat vorgeschlagenen Mitglieder als Volksvertreter in den Bezirkstagen sitzen müssen.

Die bisherigen Mitglieder der Landtage müssen Mitglieder des Bezirkstages werden, in dessen Territorium sie ihren Wohnsitz haben. Das kann zu einigen Schwierigkeiten führen, wenn nahezu alle 4 bürgerlichen Parteien ihre Landtagsabgeordneten im gleichen Territorium wohnen haben.

Den Genossen der Zentralen Kommission ist deshalb eine genaue Aufstellung über Wohnort, Parteizugehörigkeit usw. der Landtagsabgeordneten mitzugeben.

Am Mittwoch, den 23. 7. wird in der Volkskammer das Gesetz verabschiedet.

Am 24. 7. *[19]*52 in der Regierung die Verordnung über die einheitliche Struktur der örtlichen Organe der Staatsgewalt in den Bezirken und Kreisen und am 25. 7. *[19]*52 müssen die Landtage die entsprechenden Gesetze verabschieden.

Am 29. 7. *[19]*52 sollen die Bezirkstage bereits zu ihrer 1. Sitzung zusammentreten. Es ist also wichtig, daß sofort in Verbindung mit der Nationalen Front die neuvorgeschlagenen Kandidaten für die Bezirkstage und insbesondere die Kandidaten, die als Mitglieder in den Rat gewählt werden sollen, der Bevölkerung bekannt gemacht werden müssen bzw. sich selbst der Bevölkerung bekanntgeben.

In dieser 1. Sitzung sollen auch bereits die ständigen Kommissionen und ihre Vorsitzenden gewählt werden. Diese Kommissionen sollen je nach der Größe des Bezirkstages 5-8 Volksvertreter umfassen. Es ist zweckmäßig, daß man sofort für die Bezirkstage vorgesehene Mitglieder und Kandidaten sich über die Vorsitzenden der ständigen Kommissionen verständigt *[sic!]*, wobei auch bürgerliche bzw. parteilose Volksvertreter des Bezirkstages als Vorsitzende vorgeschlagen werden können.

Das Prinzip sollte aber auch hier die Besetzung durch Mitglieder der Partei bzw. Massenorganisationen, die Mitglieder der Partei sind, stehen *[sic!]*. Die für die Volksvertretung zuständige Unterkommission sollte dann schon die Aufgliederung aller Volksvertreter auf die ständigen Kommissionen vornehmen.

Das Prinzip müßte sein, daß jeder Volksvertreter einer Kommission angehört, wobei die Mitglieder des Rates natürlich außer Betracht bleiben, um Doppelfunktionen usw. zu vermeiden.

Den Vorsitzenden und den Sekretär stellt die Partei. Dazu besetzt die Partei auch noch 2 Stellvertreter, die in besonderen Fällen durch einen Genossen Gewerkschaftler oder eine Frau oder einen Jugendgenossen besetzt werden können. Prinzip muß auch im Rat sein, daß die Partei eine feste Mehrheit hat.

Bei der Besetzung durch die 4 übrigen Parteien ist darauf zu achten, daß die Bauernpartei und auch die NDP*[D]* gestärkt werden müssen, also nicht etwa hinter der CDU, insbesondere aber der LDP zurückstehen. Im übrigen gelten aber die Prinzipien, die oben angegeben sind, d.h. daß unter Berücksichtigung des Prinzips des Bündnisses der Arbeiterklasse mit den werktätigen Bauern und der Intelligenz die fortschrittlichen und aktiven Kräfte gewählt werden müssen.

Quelle: SAPMO-BArch, DY 30, IV/2/13-50 [Abteilung Staatliche Verwaltung des ZK der SED], unpag. (Durchschrift).

[31]

Erläuterungen des »Zentralen Organisationskomitees zur Durchführung des Beschlusses über die Neugliederung der Bezirke und Kreise« beim ZK der SED zur Bildung der Bezirke und Veränderung der Kreisstruktur in der DDR vom 21. Juli 1952

Berlin, den 21. Juli 1952
Wa/En.

Begründung für die territoriale Einteilung

Bei der territorialen Einteilung sind wir davon ausgegangen, die Kreise zu verkleinern und die Kreis- und Bezirkseinteilung nach ökonomischen und verkehrspolitischen Gesichtspunkten und auch so vorzunehmen, daß die verschiedenen Verwaltungen nach der gleichen Einteilung ihre Struktur vornehmen können. Aus diesen Gründen ist das ganze Küstengebiet zum Bezirk Rostock zusammengefaßt. Das ist geschehen, damit die Organe der Seepolizei nur mit einer Verwaltungsstelle zu tun haben. Die Bezirkseinteilung an der Demarkationslinie ist so vorgenommen, daß von den 14 Bezirken nur 4 mit Fragen der Demarkationslinie zu tun haben. Ebenso haben von den 14 Bezirken nur 4 mit den Fragen der Staatsgrenze mit Polen etwas zu tun. Bei der Einteilung in Bezirke um Berlin herum sind die Kreise so gelegt, daß die Bevölkerung zu den Bezirksorten kommen kann, ohne über Berlin zu fahren. Darum sind die Kreise Templin und Prenzlau zum Bezirk Neubrandenburg genommen und der Kreis Perleberg zum Bezirk Schwerin. Auch der Kreis Bernau ist zum Bezirk Frankfurt genommen anstatt zu Potsdam.

Im Bezirk Rostock sind die beiden Kreise Grevesmühlen und Wismar geographisch und verkehrsmäßig günstiger nach Schwerin gelegen als nach Rostock. Trotzdem sind sie nach ernster Diskussion im Politbüro zu Rostock genommen.

Wismar ist neben Rostock die wichtigste Hafen- und Werftstadt. Sie mußte schon deshalb mit nach Rostock verlegt werden.

Der Kreis Grevesmühlen hat gleichfalls einen Küstenstreifen von über 40 km. Dort stehen die gleichen Fragen der Ordnung an der Küste, der Uferbefestigungen, der Ordnung in den Badeorten, und es sind dort z. Zt. 30 Fischer, die in 2 Genossenschaften zusammengeschlossen sind. Weil die Bahnverbindung, die Straßenverbindung und Autobusverbindung immer günstiger nach Wismar als nach Schwerin lag, ist als die größte Stadt für den sonst *[sic!]* Agrarbezirk Grevesmühlen Wismar anzusehen. Die Bahnverbindung aus dem Kreise Grevesmühlen nach Wismar ist günstiger als nach Schwerin.

Bezirk Schwerin ist vorwiegend Agrargebiet. Es ist neu hinzugekommen der Kreis Perleberg, einmal um dadurch das Gebiet an der Demarkationslinie ganz in die Verwaltung Schwerin zu bringen und zum anderen, weil die Verbindung von Perleberg mit Schwerin eine günstigere ist. Die Struktur von Perleberg ist gleich der Struktur der übrigen Kreise des Bezirks Schwerin. Die beiden Kreise Templin und Prenzlau sind zum Bezirk Neubrandenburg gekommen, weil sie verkehrsmässig nach Neubrandenburg günstiger liegen, insbesondere aber damit die Bevölkerung, wenn sie mit der Bahn nach Potsdam will, nicht gezwungen ist, durch Berlin zu fahren.

In Sachsen-Anhalt sind nur 2 Bezirke gebildet, weil die geographische Lage schwer eine neue Bezirksstadt finden läßt. Darum sind die Kreise Liebenwerda, Herzberg und Jessen aus dem bisherigen Land Sachsen-Anhalt herausgenommen.

Das Land Thüringen ist in 3 Bezirke geteilt, wobei der Bezirk Suhl ein nur kleiner Bezirk mit 8 Kreisen und 550 000 Einwohnern wird. Wenn dieser Bezirk nicht gebildet wird, wird der Bezirk Erfurt zu groß. Außerdem sind die Verkehrsverhältnisse wegen des Thüringer Waldes derart, daß die Vergrößerung des Bezirks Suhl schwer war.

Bei der Bildung der Bezirke Gera und Chemnitz hat es eine Diskussion gegeben, um die Textilindustrie unter eine Verwaltung zu bekommen, einen weiteren Bezirk Plauen zu bilden. Es ist davon abgesehen, weil das eigentliche Textilgebiet sich ausdehnt bis in den Kreis Gera hinein, aber auch um Chemnitz herum. Es wären doch nicht die entscheidenden Textilbetriebe unter eine Verwaltung gebracht worden. Es stand die Frage, dann die Kreise um Plauen herum nach Gera einzugliedern. Auch davon ist abgesehen, weil damit das gewünschte Ziel, die Textilindustrie unter eine Verwaltung zu bringen, nicht erreicht wird.

Es war für den Bezirk Chemnitz entscheidend, daß die Steinkohle in einem Bezirk vereinigt wird. Die Steinkohle liegt in den Kreisen Stollberg, Ölsen *[richtig: Oelsnitz]*, Zwickau, aber auch in diesen Kreisen und in den Kreisen nördlich davon liegt starke Textilindustrie, so daß eine Trennung zwischen einem Steinkohlen- und einem Textilbezirk schwer möglich war. Es ist der neue Bezirk Cottbus gebildet worden, weil in diesem Gebiet die Braunkohle besonders liegt. Weil die zukünftigen Hauptbraunkohlegebiete in Lübben und Lübbenau liegen und mit den Kohlengebieten um Senftenberg - Doberluch-Kirchheim *[richtig: Doberlug-Kirchhain]* zusammengehören, müssen diese Gebiete zusammengefaßt werden. Aber auch in Hoyerswerda und in Weißwasser liegen Braunkohlengebiete, so daß auch diese beiden Kreise und das Gebiet um Ruhland aus dem Lande Sachsen dem neuen Bezirk Cottbus eingegliedert werden mußten. In diesem Bezirk liegen auch die neuen Brikettfabriken wie in Tattendorf *[richtig: Trattendorf]* und auch das neue Braunkohlenverhüttungskombinat in Lauchhammer.

In der beiliegenden Anlage sind die Grenzkreise mit der Zahl der Gemeinden und Einwohner ersichtlich. Daraus ist zu ersehen, daß die Grenzkreise in der Frage der Zahl der Gemeinden über dem Durchschnitt der übrigen 194 Kreise liegen, in der Frage der Einwohner unter dem Durchschnitt. Die bisherige Kreiseinteilung ergibt, daß zu einem Kreis 81 Gemeinden mit 118 000 Einwohnern zählten.

Die neue Einteilung ergibt als Durchschnitt 50 Gemeinden mit 70 000 Einwohnern. Der Durchschnitt der Grenzkreise ergibt 61 Gemeinden mit 54 000 Einwohnern.

Im einzelnen ist dazu folgendes zu sagen:
Der Kreis Grevesmühlen ist um ca. 40 Gemeinden verkleinert, und zwar durch die Bildung des neuen Kreises Gadebusch. Eine Verkleinerung durch Bildung des Kreises Schönberg ist diskutiert, müßte aber abgelehnt werden, weil Schönberg zu nahe an der Demarkationslinie liegt.

Der Kreis Hagenow ist der größte Kreis in bezug auf Gemeinden in der DDR. Es ist in mehreren Sitzungen über diese Frage mit den Mecklenburger Genossen diskutiert. Eine andere Einteilung ist wegen der Lage nicht möglich.

Die größte und wirtschaftlich wichtigste Stadt ist Boizenburg mit seiner Werft und seiner Plattenfabrik. Boizenburg liegt unmittelbar an der Zonengrenze und kommt deshalb als Kreisstadt nicht infrage. Der nächstgrößere Ort ist Zarenthin *[richtig: Zarrentin]*, liegt ebenfalls unmittelbar an der Zonengrenze. Der Ort Wittenburg ist eine kleine Stadt mit 6 840 Einwohnern.

Bei der Benennung von Wittenburg als Kreisstadt könnte dies nur ein kleiner Kreis mit ca. 15-20 Gemeinden werden, oder es müßte die Bevölkerung, wenn sie zur Kreisstadt will, über die bisherige Kreisstadt Hagenow fahren. Das ist unzweckmässig. Es ist deshalb vorgeschlagen, die Kreisverwaltung dieses Kreises besonders zu stärken, damit sie ständig Instrukteure in den entlegenen Orten für ein festes Gebiet einsetzen kann.

Auch der Kreis Ludwigslust mit 82 Gemeinden und 72 000 Einwohnern ist sehr groß. Die nächstgrößere Stadt ist Dömitz, liegt direkt an der Interzonengrenze.

Die Stadt Cleve *[richtig: (Neustadt-)Glewe]* liegt nördlich von Ludwigslust, kann also auch keine entscheidende Erleichterung bringen, Grabow liegt noch 5 km von Ludwigslust entfernt, kann auch keine Erleichterung bringen. Lenzen wiederum liegt an der Demarkationslinie.

Der Kreis Ludwigslust ist um einige Orte vergrößert worden. Damit ist erreicht, daß der Kreis Perleberg verkleinert ist und keine Orte an der Demarkationslinie zu betreuen hat.

Der Kreis Salzwedel hat 70 Gemeinden mit 54 000 Einwohnern. Ein anderer größerer Ort liegt im Kreise nicht. Salzwedel selbst liegt nur 5 km von der Zonengrenze entfernt.

Auch im Kreise Haldensleben ist kein größerer Ort, der als Kreisstadt infrage käme.

Der Kreis Nordhausen mit 69 Gemeinden und 126 000 Einwohnern ist verhältnismässig sehr groß, aber auch dort ist kein großer Ort, wo eine Kreisverwaltung untergebracht werden kann. Der bisherige Kreis Heiligenstadt ist geteilt in Worbis und Heiligenstadt. Eine weitere Einteilung läßt sich nicht vornehmen.

Der Kreis Mühlhausen gilt auch als Grenzkreis, hat aber nur 5 Orte an der Grenze zu liegen. Der Kreis Eisenach lässt sich deshalb schwer teilen, weil die beiden größeren Orte Kreuzburg *[richtig: Creuzburg]* und Bad Berka *[richtig: Berka/Werra]* unmittelbar an der Zonengrenze liegen und der größte Teil der Einwohner in Eisenach selbst wohnt.

Der Kreis Bad Salzungen mit 83 Gemeinden und 88 000 Einwohnern ist ernstlich besprochen worden. Es sind die verschiedenen Varianten erörtert, um auch diesen Kreis zu verkleinern. Wegen der Verkehrsverbindungen, die durch die *[sic!]* Thüringer Wald bedingt sind, lässt sich auch hier eine Verkleinerung des Kreises nicht mehr vornehmen.

Dasselbe trifft zu für den Kreis Meiningen, wonach *[in]* Untermaßfeld wegen der dortigen äusserst gespannten Gebäudefrage wegen des großen Werkes keine Verwaltung eingerichtet werden kann und Rönhild *[richtig: Römhild]* zu nahe an der Grenze liegt.

Der Kreis Hildburghausen ist gleichfalls ernstlich besprochen, aber er ist mit 96 Gemeinden und 67 000 Einwohnern immer noch ein verhältnismässig großer Kreis. Aber auch hier lässt sich keine Teilung vornehmen, weil die grösseren Orte in der 5 km Zone liegen.

Der Kreis Saalfeld hat nur 4 Orte im Grenzgebiet zu liegen.

Der Kreis Plauen hat gleichfalls nur 4 Orte im Grenzgebiet.

Der Kreis Oelsnitz ist mit 75 Gemeinden noch ein verhältnismässig großer Kreis. Aber auch hier lässt sich eine Teilung schwer durchführen, weil der größte Ort Bad Elster im 5 km Streifen liegt und Adorf 6 km.

Quelle: SAPMO-BArch, DY 30, IV/2/13-50 [Abteilung Staatliche Verwaltung des ZK der SED], unpag. (Ausfertigung).

[32]

Auszüge aus der Begründung des »Gesetzes über die weitere Demokratisierung des Aufbaus und der Arbeitsweise der staatlichen Organe im Lande Thüringen« durch den Minister des Innern, Willy Gebhardt, in der 18. Sitzung des Thüringer Landtages am 25. Juli 1952

Meine Damen und Herrn! Am Mittwoch gab die Volkskammer der Deutschen Demokratischen Republik einem Gesetz ihre Zustimmung, das in der Geschichte der Entwicklung unserer volksdemokratischen Staatsmacht ohne Zweifel einen bedeutsamen Platz einnehmen wird.

Auf der Grundlage des historischen Beschlusses der zweiten Parteikonferenz der Sozialistischen Einheitspartei Deutschlands und eines entsprechenden Vorschlages der Regierung der Deutschen Demokratischen Republik beschloß die Volkskammer die Annahme des »Gesetzes über die weitere Demokratisierung des Aufbaues und der Arbeitsweise der staatlichen Organe in den Ländern der Deutschen Demokratischen Republik.« Nachdem die Volkskammer am 23. Mai d. J. bereits ein »Gesetz über die Regierung der DDR« verabschiedet hat, das nach den Worten von Ministerpräsident Otto Grotewohl: »... die Regierung in die Lage versetzt, schnell und elastisch ihre Struktur den Bedingungen des Fünfjahrplanes jederzeit anzupassen«, ist mit dem neuen Gesetz über die demokratische Umgestaltung der staatlichen Organe in den Ländern der bedeutsamste Schritt getan worden, um die Staatsmacht unserer Republik zum zuverlässigen Instrument des planmäßigen Aufbaues des Sozialismus zu machen.

Es wäre ein Irrtum zu glauben, dieses Gesetz sei allein die Sache des Staatsapparates. In Wirklichkeit ist das Gesetz der Volkskammer weit mehr, - es ist ein Akt von revolutionärer und zugleich revolutionierender Bedeutung. Es ist der Ausdruck der unmittelbaren Erfordernisse unserer Zeit, die, von einer stürmischen Vorwärtsentwicklung getragen, dieses hervorragende Gesetz zum Gebot der Stunde werden ließ.
Das Gesetz der Volkskammer, in ihrer Beratung am vergangenen Mittwoch durch Ministerpräsident Otto Grotewohl überzeugend und ausführlich begründet, legt jedoch lediglich die Prinzipien fest, nach denen sich die Neuordnung vollziehen soll. Die Durchführung dieser Neuordnung überträgt es den Ländern selbst.
Es ist deshalb heute unsere Aufgabe, den vorliegenden Entwurf eines »Gesetzes über die weitere Demokratisierung des Aufbaues und der Arbeitsweise der staatlichen Organe im Lande Thüringen« zu beraten und zu verabschieden. Ich möchte diesen Entwurf begründen.
Gestatten Sie mir zuvor den Hinweis, daß ich am 18. d. M. bereits vor dem Block der Antifaschistisch-Demokratischen Parteien und Massenorganisationen im Lande Thüringen Ausführungen über die Vorschläge der Regierung zur weiteren Demokratisierung unserer staatlichen Verwaltungsorgane in Thüringen machte, die die einmütige Zustimmung erfahren haben.

Meine Damen und Herren! Vom 9. bis zum 12. Juli fand die zweite Parteikonferenz der Sozialistischen Einheitspartei Deutschlands - der Partei der deutschen Arbeiterklasse als der führenden und bestimmenden Kraft der demokratischen Entwicklung Deutschlands - statt. Die Parteikonferenz beschäftigte sich eingehend mit wissenschaftlicher Gründlichkeit mit der internationalen und nationalen Lage. Sie stellte fest, daß in Deutschland die zentrale Frage der Kampf um einen Friedensvertrag und um die Wiederherstellung der Einheit Deutschlands ist.
»Durch das Wiedererstehen des deutschen Militarismus und Imperialismus mit Hilfe der amerikanischen, britischen und französischen Okkupationsmächte, durch den Abschluß des Separatpaktes ist der Friede bedroht und die deutsche Nation in Gefahr. Die anglo-amerikanischen Monopolkapitalisten wollen die Material- und Menschenreserven Westdeutschlands und Westeuropas an sich reißen im Interesse der Vorbereitung und Entfesselung eines neuen Weltkrieges.
Indem sie dem deutschen Volke die Wiederherstellung der Einheit Deutschlands und einen Friedensvertrag verweigern, versuchen sie, es auf viele Jahre hinaus der Perspektiven der Einheit zu berauben.

Mit Hilfe der westdeutschen Monopolherren und Großgrundbesitzer haben sie ein Regime der nationalen Versklavung und der sozialen Unterdrückung und Ausbeutung der Werktätigen errichtet.
Die Versklavung und Ausplünderung Westdeutschlands durch den amerikanischen Imperialismus ist nur möglich, weil die Bonner Vasallenregierung und ihre Hintermänner - das westdeutsche Monopolkapital - sich mit den äußeren Feinden der deutschen Nation verbunden haben. Der Sturz des Bonner Vasallenregimes ist die Voraussetzung für die Wiederherstellung der Einheit Deutschlands. Der Kampf um einen Friedensvertrag und gegen den von der Bonner Vasallenregierung unterzeichneten Generalkriegsvertrag erfordert, daß das deutsche Volk unter Führung der Arbeiterklasse die Sache der Erhaltung des Friedens und der Wiederherstellung der Einheit Deutschlands, die Schaffung eines einigen, demokratischen, friedliebenden und unabhängigen Deutschland in seine eigenen Hände nimmt.«

Bereits in der historischen Note der Sowjetunion vom 9. April 1952 an die drei westlichen Großmächte wurde festgestellt, daß die friedliebenden patriotischen Kräfte des deutschen Volkes angesichts der offenen Pläne der Imperialisten gegen die Schaffung eines demokratischen, friedliebenden und unabhängigen deutschen Staates jetzt darauf angewiesen sind, eigene Wege zur Lösung seiner Lebensfragen zu suchen. Die ausführliche wissenschaftliche Einschätzung der neuen Lage in Westdeutschland und die Überprüfung der gegenwärtigen ökonomischen und gesellschaftlichen Bedingungen in der Deutschen Demokratischen Republik hat das Zentralkomitee der Sozialistischen Einheitspartei Deutschlands veranlaßt, durch seinen Generalsekretär einen solchen Weg vorzuschlagen, der auf der Grundlage der Noten der Sowjetunion die Lösung der brennenden Fragen unserer Nation auf friedlichem Wege aufzeigt.

Die zweite Parteikonferenz hat beschlossen:
»Die politischen und ökonomischen Bedingungen sowie das Bewußtsein der Arbeiterklasse und der Mehrheit der Werktätigen sind so weit entwickelt, daß der Aufbau des Sozialismus zur grundlegenden Aufgabe in der Deutschen Demokratischen Republik geworden ist.
Das Deutsche Volk, aus dem die bedeutsamsten deutschen Wissenschaftler Karl Marx und Friedrich Engels - die Gründer des wissenschaftlichen Sozialismus - hervorgegangen sind, wird unter der Führung der Arbeiterklasse die großen Ideen des Sozialismus verwirklichen.«

All jene Errungenschaften, die von den Völkern der Sowjetunion in den Jahren der Revolution, des Bürgerkrieges und der ausländischen Interventionen in härtester Auseinandersetzung mit imperialistischen Aggressoren, Agenten und Volksfeinden aller Art errungen wurden, nehmen jetzt dank der Befreiung unseres Volkes im Gebiete der Deutschen Demokratischen Republik durch die ruhmreichen Sowjetarmeen für unsere Werktätigen greifbare Gestalt an. Das, was die Sowjetmenschen in den Jahren des großen vaterländischen Krieges unter unsagbaren Opfern, in harter, kämpferischer Bewährung erfolgreich verteidigt haben, ihre Gesellschaftsordnung, den Reichtum ihres Landes, die moralisch-politische Einheit des Volkes, diese Ziele werden dank unserer Befreiung von den Fesseln des Imperialismus nun auch bei uns zur Realität.
Die großen Erfahrungen der Sowjetmenschen - erworben in unerbittlichen, schonungslosen Kämpfen mit den Todfeinden der Menschheit und beim Aufbau des Sozialismus und der Grundlagen des Kommunismus, - sie werden uns helfen, die uns jetzt gestellten neuen, großen Aufgaben erfolgreich zu lösen. Lassen sie uns deshalb dem großen sowjetischen Volk

und besonders seinen Vertretern in Deutschland, die uns, angefangen von den ersten Schritten im Jahre 1945 bis jetzt zu dem Übergang zur Verwirklichung des sozialistischen Aufbaues unermüdlich geholfen und beraten haben, unseren tiefempfundenen Dank sagen.

(Starker Beifall.)

Lassen sie uns damit zugleich die Verpflichtung verbinden, diesem Volk, dessen große unüberwindliche politisch-moralische Kraft und Überlegenheit jetzt erneut in der großen Olympiade in Helsinki beim friedlichen Wettstreit der Sportler der Welt zum Ausdruck kommt, noch herzlicher und fester die Freundeshand entgegenzustrecken und die Treue zur großen sozialistischen Sowjetunion, dem Bollwerk des Friedens, der Demokratie und des Sozialismus in der Welt, zur oberen Richtschnur unseres gesamten Handelns machen!

Meine Damen und Herren! Ich brauche an dieser Stelle keine Erläuterung zu geben, mit welcher Begeisterung und Zustimmung unsere Werktätigen, die Arbeiter in den volkseigenen Betrieben, die werktätigen Bauern, die Angehörigen der schaffenden Intelligenz und die Mitarbeiter unserer staatlichen Verwaltung das Signal zum Aufbau des Sozialismus begrüßt haben.

In den Tagen, die seit der zweiten Parteikonferenz vergangen sind, erfolgten Tausende von Zustimmungskundgebungen, von konkreten Verpflichtungen aus den Reihen unserer werktätigen Menschen. Arbeiter von neuem Typus, wie der Initiator des »Zwickauer Planes«, Nationalpreisträger Alfred Baumann, werktätige Bauern, wie unser Freund, der Meisterbauer Großmann aus Merxleben, brachten in unzähligen Einzel- und Massenverpflichtungen ihre Bereitschaft zum Ausdruck, den Aufbau einer neuen Gesellschaftsordnung in der vordersten Reihe anzupacken.

Wissenschaftler, Angehörige der schaffenden Intelligenz und Künstler griffen zu Wort und Tat, um der Sozialistischen Einheitspartei Deutschlands, der Bahnbrecherin des Fortschritts in der Deutschen Demokratischen Republik, zu danken und gleichzeitig zu bekunden, daß sie es als ihre höchste Aufgabe betrachten, ihre Kräfte und schöpferischen Fähigkeiten in den Dienst des Aufbaues der neuen gesellschaftlichen Ordnung zu stellen.

Ich kann dabei auch auf die bedeutsamen Erklärungen der Blockparteien in der Deutschen Demokratischen Republik hinweisen, die der deutschen Arbeiterklasse und ihrer Partei ihre uneingeschränkte Zustimmung und aktive Mitwirkung beim Aufbau des Sozialismus versichert haben.

All das - die großartige Entwicklung unserer volkseigenen Wirtschaft, die hervorragenden Erfolge unserer staatlichen Betriebe in der Erfüllung der gestellten Planziele und die Übererfüllung ihrer Planaufgaben, die neue Initiative unserer werktätigen Bauern, deren freiwilliger Zusammenschluß zu Produktionsgenossenschaften die Grundlage der Entwicklung und des Aufbaues des Sozialismus im Dorfe wird und nicht zuletzt die ausgezeichneten Friedenstaten unserer Intelligenz, berechtigen uns zu der Feststellung, daß wir jetzt die Schwelle eines Weges überschritten haben, der in ein neues, höheres Stadium der gesellschaftlichen Entwicklung auf volksdemokratischer Grundlage führt.

Dabei ist es unerläßlich, auf die bedeutungsvollen Feststellungen hinzuweisen, die Walter Ulbricht in der Begründung des Beschlusses der 2. Parteikonferenz über die Charakterisierung des gegenwärtigen Zustandes und der erreichten Stufe der Entwicklung in der Deutschen Demokratischen Republik getroffen hat.

Diese Feststellungen, die auch Ministerpräsident Grotewohl seiner Rede am 23. Juli vor der Volkskammer zugrunde legte, weisen auf folgende festumrissene Tatsachen hin:

1. Die Arbeiterklasse hat im Staat die führende Rolle, sie hat das Bündnis mit der werktätigen Bauernschaft geschaffen. Die Massen des werktätigen Volkes bejahen die Deutsche Demokratische Republik und arbeiten begeistert an der Durchführung der großen Aufgaben des Fünfjahrplanes.

2. Die demokratische Staatsmacht wurde weiter gestärkt. Die Mitarbeiter des Staatsapparates lernen immer besser die Leitung des staatlichen, wirtschaftlichen und kulturellen Lebens. Die Übernahme der alten Formen und Methoden der Staatsmacht hindert jedoch die Lösung der neuen Aufgaben.

3. Der volkseigene und genossenschaftliche Sektor der Wirtschaft ist zur festen ökonomischen Grundlage der neuen Ordnung geworden. Der Anteil der volkseigenen und genossenschaftlichen an der Bruttoproduktion in der Industrie betrug im Jahre 1950 73,1 %, er stieg auf 79,2 % und wird Ende 1952 81 % erreichen. Diese Ziffern zeigen, daß die Beschlüsse der 1. Parteikonferenz der SED, in denen der Kampf für die Stärkung des volkseigenen Sektors mit ökonomischen Mitteln gefordert wurde, mit Erfolg durchgeführt worden sind. Auf dem Gebiete des Handels wurde der staatliche Großhandel aufgebaut und der staatliche Kleinhandel (Handelsorganisation) erfolgreich entwickelt.

4. In der Landwirtschaft wurden durch die Initiative der werktätigen Bauern, durch die Entwicklung der Maschinenausleihstationen und die Anwendung fortgeschrittener Erfahrungen der Agrarwissenschaft die Erträge über die Planziffern hinaus erhöht. In einer Reihe Dörfer sind Landarbeiter, werktätige Bauern und frühere Umsiedler durch eigenen, freien Entschluß zur gemeinsamen Bodenbearbeitung übergegangen, um die moderne Technik besser auszunutzen. Es besteht kein Zweifel, daß eine Reihe Schwierigkeiten auf der bisherigen Stufe unserer demokratischen und wirtschaftlichen Entwicklung nicht gelöst werden konnten. Die demokratische und wirtschaftliche Entwicklung sowie das Bewußtsein der Arbeiterklasse und der Mehrheit der Werktätigen sind jedoch jetzt soweit entwickelt, daß der Aufbau des Sozialismus zur grundlegenden Aufgabe geworden ist. Auf dem Wege zur sozialistischen Entwicklung werden wir alle bei uns vorhandenen Schwierigkeiten überwinden können.

So ist die Deutsche Demokratische Republik nicht nur der Teil Deutschlands, in dem sich das Neue und Fortschrittliche erfolgreich durchsetzt, sondern auch die feste und unerschütterliche Basis des Kampfes um die Erhaltung des Friedens und die demokratische Einheit unseres Vaterlandes geworden.
Trotz maßloser Hetze der Kriegstreiber blicken alle patriotischen Deutschen, Angehörige aller sozialen Schichten und Weltanschauungen mit Vertrauen und Hoffnung auf unser Werk. Für die Bürger der Deutschen Demokratischen Republik ergibt sich daraus die große und schöne Verpflichtung, diese Basis der Zukunft unseres Volkes ständig mit immer größerer Hingabe zu schützen und zu festigen. Daß die Deutsche Demokratische Republik zu dieser Bastion des nationalen Befreiungskampfes unseres Volkes werden konnte, ist in erster Linie und überwiegend das Verdienst der deutschen Arbeiterklasse. Sie hat als erste die Lehren aus der deutschen Geschichte gezogen und zugleich die Geschichte des Sieges des Sozialismus in der Sowjetunion studiert. Mit diesen Erfahrungen ausgerüstet, handelnd auf der Grundlage der Erkenntnisse des Marxismus-Leninismus, wurde sie zum Vortrupp des deutschen Volkes!

Meine Damen und Herren! Ich gebe der Überzeugung Ausdruck, daß auch der Thüringer Landtag sich der Erklärung Otto Grotewohls vollinhaltlich anschließt und im Bereich des Landes Thüringen umgehend und zugleich mit größter Umsicht und wissenschaftlicher Gründlichkeit zur Realisierung der historischen Beschlüsse der II. Parteikonferenz schreitet.

Welcher Weg des Fortschritts führte zu den Beschlüssen der II. Parteikonferenz.

Aus den Ruinen, die uns das verbrecherische faschistische System hinterließ, wurde Schritt für Schritt eine neue, demokratische Staatsmacht geschaffen, die vom Volke ausgeht und deren oberstes Gesetz es ist, den Interessen des werktätigen Volkes zu dienen.
Alle Werktätigen, die seit den ersten Tagen in der vordersten Reihe des Neuaufbaues stehen, die Tag für Tag den Kampf gegen Hemmnisse, gegen oft schier unüberwindliche Schwierigkeiten für die Erfüllung unserer Pläne führen, wissen die große Arbeit zu schätzen und auch die Erfolge zu würdigen, die seit 1945 erreicht wurden. Gibt es einen Tag, der mehr geeignet ist als der heutige, an der Stufe eines neuen Abschnittes unserer Entwicklung, um vor allem jenen Menschen unseren tiefempfundenen Dank auszusprechen, die im Rock des sowjetischen Soldaten uns von den ersten Schritten des Neuaufbaus an geholfen haben, selbständig und voller Vertrauen in die eigene Kraft zu Herren unseres Geschicks zu werden.
Die großen Erfahrungen und wichtigen Ratschläge unserer sowjetischen Freunde und ihre unmittelbare, konkrete Hilfe waren es, die die deutsche Arbeiterklasse auf dem Gebiete der Deutschen Demokratischen Republik und mit ihr alle friedliebenden Bürger in die Lage versetzten, mit solch großen Erfolgen an die Verwirklichung unseres Fünfjahrplanes und zum Kampf um die Wiedererringung der Einheit unseres Vaterlandes zu schreiten.

Die Regierung legt heute dem Landtag einen Gesetzentwurf vor, nach dem in Durchführung des von der Volkskammer und Länderkammer am 23. Juli beschlossenen Gesetzes über die weitere Demokratisierung des Aufbaues und der Arbeitsweise der staatlichen Organe in den Ländern das Land Thüringen in 32 Landkreise und 4 Stadtkreise gegliedert wird und 3 Bezirke mit Bezirkstagen und Bezirksräten geschaffen werden.
Es ist nicht möglich, in diesem Zeitpunkt, da die Arbeit der Regierung des Landes Thüringen ihre Beendigung findet, einen umfassenden Rückblick auf die geleistete Arbeit zu geben. Es sei mir aber gestattet, auf einige Leistungen in den vergangenen 5 1/2 Jahren hinzuweisen, die zeigen, daß die Regierung und ihre Mitarbeiter bestrebt waren, verantwortungsbewußt und aus der Erkenntnis der politischen Aufgaben diese erfolgreich durchzuführen. Dabei will ich unterstreichen, daß sich auch bei uns in zunehmendem Maße herausgestellt hat, daß die Struktur des Staatsapparates, übernommen aus der Weimarer Republik und vielfach belastet mit dem Erbe der Vergangenheit, zu einem Hemmschuh unserer stürmischen Entwicklung wurde und daß daher der Staatsapparat nicht immer imstande war, die ihm durch den Fünfjahrplan gestellten Aufgaben zu erfüllen. *[...]*

Unsere Staatsmacht ist die Staatsmacht des werktätigen Volkes. Deshalb ist es notwendig, ihre Arbeit engstens mit unserer werktätigen Bevölkerung zu verbinden. Das Neue und Fortschrittliche in der Arbeit der Regierung zeigte sich daher darin, daß sie regelmäßig zu ihren Sitzungen Aktivisten, Helden der Arbeit, Meisterbauern, Nationalpreisträger und Angehörige der technischen Intelligenz heranzog. Diese Regierungssitzungen zeigten den Mitarbeitern der Regierung die lebendige Entwicklung und den stürmischen Fortschritt, wie er auf allen Gebieten unseres gesellschaftlichen Lebens vor sich geht. Sie gaben uns viele wertvolle Hinweise und Anregungen, die die Arbeit der Regierung befruchteten. Aber die Auswertung dieser Impulse war unzureichend. Der Bürokratismus und der Ressortgeist in den einzelnen isoliert arbeitenden Ministerien und Hauptabteilungen erstickte eine größere Initiative und führte dazu, daß die Beschlüsse der Regierung oft nur formal durchgeführt wurden. Die Mitglieder der Regierung selbst verstrickten sich in der täglichen Facharbeit ihrer Geschäftsbereiche, so daß sie sich nur unzureichend zu einem Kollektiv entwickelten.

Der Kampf gegen den Bürokratismus wurde nicht konsequent und mit Nachdruck geführt, so daß sich dieser immer wieder ausbreitete und die Erfüllung unserer Aufgaben gefährden konnte. Das »Rundschreibenunwesen«, welches die örtlichen Verwaltungsstellen täglich mit einer Flut von Papier überschüttete, die jede Initiative zu ersticken in der Lage war, wurde nicht beseitigt. Die Beschwerden der Bevölkerung wurden in ihrer Bedeutung vielfach verkannt und daher schleppend und formal behandelt, was das Vertrauen zur Arbeit des Staatsapparates untergräbt. Wir können feststellen, daß im ersten Quartal 1952 an die einzelnen Ministerien der Landesregierung etwa 2000 Beschwerden der Bevölkerung herangetragen wurden. Das zeigt, daß die werktätige Bevölkerung von ihrem Recht auf Kritik Gebrauch machte, zeigt aber auch, daß wir oft Anlaß zu diesen Beschwerden gaben. Wie notwendig eine strenge Beachtung der Beschwerden ist, beweist, daß nach den beim Ministerpräsidenten eingelaufenen Beschwerden in fast der Hälfte der Fälle die ergangenen Entscheidungen abgeändert wurden.

Ein Beispiel formaler und bürokratischer Erledigung der Beschwerden will ich aus dem Ministerium des Innern selbst demonstrieren: 2 Einwohner aus Schlotheim beschwerten sich am 15. April 1951, daß durch die Verstopfung einer Kanalleitung, die durch ihr Grundstück zum volkseigenen Gut führt, Wasser in ihren Keller eindringt. Das Ministerium des Innern gab die Beschwerde an den Landrat in Mühlhausen am 26. April zur Bearbeitung weiter. Als nach 3 Monaten der Beschwerdezustand noch nicht beseitigt war, erfolgte eine Besichtigung an Ort und Stelle durch Vertreter des Ministeriums des Innern und des Kreisrates. Die Vereinigung volkseigener Güter vertrat dabei den Standpunkt, daß es sich um eine wasserwirtschaftliche Angelegenheit handele, für die das Ministerium für Land- und Forstwirtschaft - Abt. Wasserwirtschaft - zuständig sei. Dieses entschied im Oktober, also nach weiteren 3 Monaten, daß die Beseitigung der Schadenursachen durch das Volkseigene Gut erfolgen muß. Bis zum Jahresschluß war noch nichts geschehen. Zu Beginn des neuen Jahres erklärte dann die Verwaltung volkseigener Güter, daß das Wasserwirtschaftsamt Mühlhausen noch einmal beauftragt worden sei, die Maßnahmen zur Beseitigung des Schadens und deren Kosten festzustellen. Das Prüfungsergebnis ermittelte Kosten in Höhe von 70,- DM.

(Heiterkeit.)

3 Monate später forderte die Verwaltung volkseigener Güter die Entsendung eines Baufachmannes nach Schlotheim zur Behebung der Schäden. Also ganze 13 Monate dauerte die Erledigung einer Beschwerde, die mit einem Kostenaufwand von 70,- DM verbunden war. Dazu wurde ein Aktenvorgang mit 17 Schreiben und 3 Besichtigungsfahrten von 4 Dienststellen erforderlich! - Das ist nur ein Beispiel des Bürokratismus und mangelnden Verantwortungsbewußtseins.

Fest steht ferner, daß zwar Anleitungen an die Kreis- und Stadtverwaltungen gegeben wurden. Es erfolgte jedoch eine ungenügende Kontrolle der Durchführung bei den Kreisräten, und von einer Anleitung der Gemeindeverwaltungen durch die Stellen der Landesregierung kann kaum die Rede sein. So hatte die Landesregierung unter anderem von dem wirklichen Zustand der Verwaltung der Kreise und Gemeinden in den Grenzkreisen kaum eine Vorstellung. Sie war nur sehr unzureichend informiert über die Arbeit des Gegners und die mangelnde Zuverlässigkeit eines Teiles der Mitarbeiter des Staatsapparates in diesem Gebiet.

In einer zusammenfassenden Einschätzung der Arbeit der Regierung können wir feststellen, daß das Neue und Fortschrittliche zwar vorhanden ist und auch erkannt wird. Die Mitarbeiter des Staatsapparates haben in den vergangenen Jahren eine Reihe wichtiger Aufgaben erfüllt, aber, und das hat der Stellvertretende Ministerpräsident Walter Ulbricht schon bei der Begründung des Gesetzes über den Fünfjahrplan mit aller Deutlichkeit zum Ausdruck gebracht, die heutige Struktur und Arbeitsweise sind nicht ausreichend, um die Aufgaben des Staatsapparates in der Erfüllung des Fünfjahrplanes zu meistern. Es ist notwendig, dem Neuen, dem Fortschrittlichen in seiner Entwicklung zu helfen. Für den Staatsapparat heißt das, die alten Formen und Methoden, die von der Weimarer Republik übernommen waren, nunmehr endgültig zu überwinden und sich so zu entwickeln, wie es die werktätige Bevölkerung von ihrem Staatsapparat verlangt: Wahrhaft demokratisch und volksverbunden, operativ und sparsam!
So ist die Verwaltungsreform, die die heutige Gesetzesvorlage für das Land Thüringen zum Inhalt hat, ein notwendiger Schritt, ein Schritt vorwärts. Sie bedeutet für die Arbeit unseres Staatsapparates eine Wende, durch die er als volksdemokratische Verwaltung in einer immer enger und lebendiger werdenden Verbindung mit unserer werktätigen Bevölkerung seine Aufgaben erfüllen wird.

Meine Damen und Herren! Der historische Beschluß der II. Parteikonferenz, nunmehr im Osten Deutschlands planmäßig den Sozialismus aufzubauen, stellt die Staatsmacht vor neue und große Aufgaben. Vor allem muß sie, wie Walter Ulbricht in seiner richtungsweisenden Rede darlegte, ein für allemal den Widerstand der gestürzten Großkapitalisten und Großagrarier brechen, den Aufbau des Sozialismus organisieren und durch die Schaffung starker bewaffneter Streitkräfte die Verteidigung unseres Landes gegen die imperialistischen Feinde sichern. Auch hier gilt es, aus der heroischen Geschichte der Sowjetmenschen, ihrer Verteidigung gegen die Imperialisten zu lernen und die Voraussetzungen zu schaffen, daß durch modern ausgerüstete Streitkräfte den westlichen Kriegstreibern auch die letzte Chance genommen wird, unseren friedlichen Aufbau zu stören. Diese Aufgabe kann die volksdemokratische Staatsmacht aber nur erfüllen, wenn sie weiterentwickelt und gefestigt wird. Nur so kann sie sein, was sie nach den Lehren von Marx und Engels, von Lenin und Stalin sein soll, das Hauptinstrument bei der Schaffung der Grundlagen des Sozialismus!

In seiner Rede auf der II. Parteikonferenz hat Ministerpräsident Otto Grotewohl bekanntgegeben, daß nach überschlägigen Berechnungen in der Deutschen Demokratischen Republik bereits 300 000 Menschen in ehrenamtlicher Tätigkeit, in Kommissionen und Ausschüssen aller Art mitarbeiten. Das ist der Weg der breitesten Demokratisierung bei der Lösung unserer staatlichen Aufgaben. Es entspricht dem imperialistischen Charakter des westdeutschen Staatsgebildes, daß er demgegenüber den Weg der zunehmenden Einschränkung der demokratischen Rechte der Bevölkerung und der Vorbereitung der offenen Militärdiktatur geht.
Wir aber erkennen und fördern die schöpferische Initiative der Massen. Wir schaffen einen Staat, der dem Volke wirklich nahe steht, in dem sich die Massen an Hand der eigenen Erfahrungen davon überzeugen, daß die Staatsmacht ihre Interessen verwirklicht. Ein solcher Staat aber ist unüberwindlich!

Wir haben gelernt, Lenins Worte zu beherzigen, der einmal sagte: »Darüber hinaus haben wir ein Wundermittel, um unseren Staatsapparat sofort, mit einem Schlage, zu verzehnfachen, ein Mittel, über das kein einziger kapitalistischer Staat je verfügt hat oder je verfügen kann. Dieses Wundermittel ist die Heranziehung der Werktätigen, die Heranziehung der armen Bevölkerung zur täglichen Arbeit an der Verwaltung des Staates.«
Ministerpräsident Otto Grotewohl hat in seiner Begründung des Gesetzes vor der Volkskammer in klarer unmißverständlicher Kennzeichnung den Unterschied zwischen dem Staat des alten und des neuen Deutschland dargelegt: »Der alte deutsche Staat der Großgrundbesitzer und Großkapitalisten, der sich bewußt vom werktätigen Volke abgrenzte, war bestrebt, das Volk von der Politik fernzuhalten und es von der tagtäglichen Teilnahme an den Staatsangelegenheiten auszuschalten. Der neue sozialistische Staat der Deutschen Demokratischen Republik wird dagegen nur dann eine unüberwindliche Kraft darstellen, wenn er die Werktätigen in die Politik einbezieht und das Volk zur ständigen, systematischen, aktiven und entscheidenden Teilnahme an der Leitung des Staates heranzieht.«

Ein solches Ziel zu erreichen, das ist der lebendige Inhalt des Ihnen vorgelegten Gesetzes. Es geht mit Recht davon aus, daß die neuen großen Aufgaben bei der Schaffung der Grundlagen des Sozialismus nur erfolgreich bewältigt werden können durch die Stärkung der aktiven Rolle unseres Staates. Sie können nur gelöst werden durch allseitige Entwicklung der Demokratie, die die Entfaltung der gewaltigen schöpferischen Kräfte der Werktätigen fördert und ihre großen, mitreißenden Impulse in die aktive Mitarbeit bei der Lenkung und Leitung des Staates und der Wirtschaft umwandelt. Diese Aufgabe ist aber nur zu meistern, wenn der Staatsapparat in seiner Struktur und Arbeitsweise so beschaffen ist, daß er die strikte Durchführung der Gesetze sichert und die Initiative der Werktätigen bei der Verwirklichung der staatlichen Aufgaben zur vollen Entfaltung bringt.
Die bisherige Organisation des Staatsapparates in den Ländern, Kreisen und Gemeinden wurde diesen Aufgaben nicht voll gerecht. Sie ist um so ungeeigneter angesichts der neuen, noch größeren Aufgaben. Deshalb wird im Gesetz der Volkskammer über die Demokratisierung des Aufbaues und der Arbeitsweise der staatlichen Organe festgestellt, daß durch das noch vom kaiserlichen Deutschland stammende System der administrativen Gliederung der Länder mit eigenen Landesregierungen sowie durch die vorhandenen großen Kreise die Lösung der neuen Aufgaben unseres Staates nicht gewährleistet waren *[sic!]*.
Die Grundlage der gegenwärtigen Gliederung entspricht einer ökonomisch und politisch längst überholten territorialen Struktur. Diese Struktur entsprach und konnte entsprechen einer Staatsform, deren Inhalt bürgerlich-kapitalistisch war. Entstanden nicht auf der Grundlage der ökonomischen und gesellschaftlichen Bedürfnisse des Fortschritts, sondern - das Beispiel Thüringens zeigt das besonders augenscheinlich - gebildet durch die egoistischen Kombinationen und dynastischen Winkelzüge längst vergangener Fürstentümer, steht diese Struktur zu der seit 1945 eingeschlagenen Entwicklung besonders seit dem Anlaufen des Fünfjahrplanes in Widerspruch. Selbst mit den nach 1945 vorgenommenen Änderungen ist diese alte Gliederung jetzt zu einer Fessel der neuen Entwicklung geworden.
Wir wissen, daß auch bei uns in Thüringen die Zahl der der Landesregierung unterstellten Kreise mit ihren vielfältigen Aufgaben so groß ist, daß eine wirksame operative Leitung und Kontrolle nicht mehr gewährleistet sein konnte. Es gibt mehr als genug Beispiele, daß dadurch unsere Arbeit in die Richtung einer bürokratischen Arbeitsweise gedrängt wird.

Die verstärkte wirtschaftlich-organisatorische und kulturell-erzieherische Arbeit unseres Staatsapparates zur erfolgreichen Durchführung des Fünfjahrplanes, in dem alle Aufgaben unserer großen Aufbauarbeit wurzeln, macht jetzt eine territoriale Neugliederung unvermeidlich. Ihnen liegt der Entwurf des Gesetzes über die weitere Demokratisierung des Aufbaus und der Arbeitsweise der staatlichen Organe des Landes Thüringen vor. Ich darf es vortragen: *[...]*

Das ist der Wortlaut der Gesetzesvorlage. Die Gesetzesvorlage sieht also die Aufteilung des Landes Thüringen in drei Bezirke vor, in denen die Städte Erfurt, Gera und Suhl die Rolle von Bezirksvororten übernehmen. Ich möchte betonen, daß wir bei unseren vorbereitenden Arbeiten und Untersuchungen die ökonomische Entwicklung besonders der letzten Jahre gebührend berücksichtigt haben.
Der Bezirk Erfurt umfaßt vor allem jenes Gebiet, das in der landwirtschaftlichen Produktion führend ist - ich denke hier vor allem an die Kreise Erfurt, Weimar, Sondershausen, Sömmerda.
Der Bezirk Gera ist der industrielle Schwerpunkt des Landes. Dieser Bezirk umfaßt das Gebiet der Grundstoffindustrie, in ihm liegen solche großen, volkswirtschaftlich wichtigen Betriebe wie die Maxhütte und das Kunstfaserwerk »Wilhelm Pieck« in Schwarza.
Der Bezirk Suhl umfaßt den Südhang des Thüringer Waldes und ist am weitesten nach dem Südwesten unserer Republik vorgeschoben. Der Bezirk Suhl ist ein industrieller und politischer Schwerpunkt, denn in diesem Gebiet entlang der Grenze der Deutschen Demokratischen Republik gegen die westlichen Besatzungszonen wird das Beispiel des planmäßigen Aufbaus des Sozialismus weithin sichtbar nach dem Westen und Süden unseres Vaterlandes ausstrahlen!
So verleihen die territorialen Abgrenzungen, ausgehend von den ökonomischen und politischen Gesichtspunkten, jedem der Bezirke sein besonderes Gepräge.

Meine Damen und Herren! So wichtig diese territoriale Neugliederung, die zur unabdingbaren Voraussetzung für die weitere Demokratisierung und zugleich Entbürokratisierung unserer staatlichen Organe geworden ist, sein wird - noch wichtiger ist die Veränderung und Verbesserung der Arbeitsweise der örtlichen Organe des Staates. Es ist verständlich, daß diese ihre vielseitigen Aufgaben im wirtschaftlichen und kulturellen Aufbau nur dann bewältigen können, wenn sie eng verbunden sind mit den Werktätigen und den breiten Schichten der Bevölkerung, wenn sie sich auf deren Aktivität und Initiative in ihrer Arbeit stützen können. Die bisherige Struktur und Arbeitsweise der örtlichen Organe konnte diese enge Verbundenheit mit der Bevölkerung nicht genügend gewährleisten. Damit hängt auch zusammen, daß unsere Volksvertretung vielfach den repräsentativen Rahmen ihrer Tätigkeit nicht zu überschreiten vermochte und Abgeordnete oft nur eine geringe mobilisierende Aktivität in der Bevölkerung entfalteten. All diese Mängel waren in der Arbeit der Landesregierung und der Organe der Kreise, Städte und Gemeinden zu verzeichnen.
Ministerpräsident Otto Grotewohl hat in seinen Ausführungen vor der Volkskammer besonders nachdrücklich darauf hingewiesen, daß gerade in der Arbeit der zukünftigen Bezirksräte und Bezirkstage alle Möglichkeiten ausgeschöpft werden müssen, um den ständigen lebendigen Kontakt mit der werktätigen Bevölkerung zu gewinnen. Angefangen von den Gemeindevertretungen und Stadtverordnetenversammlungen bis zu den Kreistagen und den neu zu bildenden Bezirkstagen muß eine gründliche Wende herbeigeführt werden. Vor allem ist es notwendig, daß die gewählten Vertreter des Volkes selbst operativ in engster Verbindung mit ihren Wählern und den Abteilungen der Räte an der Durchführung der staatlichen Aufgaben mitwirken.

Wie kann das geschehen? Dadurch, daß die Vertretungskörperschaften für alle wichtigen Aufgabengebiete ständige Kommissionen bilden, die die staatlichen Organe bei der Durchführung ihrer Aufgaben unterstützen. Die Tätigkeit in diesen ständigen Kommissionen soll zu einer neuen Form der Arbeit unserer Volksvertreter werden.
Es bedarf keiner Erläuterung, daß dabei die Erklärung und Kontrolle der Einhaltung unserer demokratischen Gesetzlichkeit in ganz besonderem Maße zu beachten sein wird.
»Durch die Tätigkeit in diesen Kommissionen erhalten unsere Volksvertreter die Möglichkeit, in ständigem Kontakt mit den breiten Schichten der Bevölkerung zu stehen, werden sie in die Lage versetzt, ein breites Aktiv bewußter Staatsbürger um sich zu sammeln.«
Zugleich aber sind diese Kommissionen der wichtigste Hebel, um die Massen unseres Volkes unmittelbar in die Leitung des Staates einzubeziehen und allen bürokratischen Erscheinungen in unseren Verwaltungsorganen den Garaus zu machen.
So wird, wie Ministerpräsident Otto Grotewohl vor der Volkskammer erklärte, durch die ständige Mitarbeit der Abgeordneten eine lebendige Wechselwirkung zwischen Volk, Volksvertretung und Verwaltungsapparat herbeigeführt werden. Die aufbaufreudigen, aktiven und schöpferischen Kräfte unserer werktätigen Menschen aus Industrie und Landwirtschaft werden in reichem Maße für die Durchführung unserer Aufgaben fruchtbar gemacht werden. Lassen Sie uns alle gemeinsam dazu beitragen, daß wir für die Erfüllung dieser großen und schönen Aufgabe unsere ganze Kraft einsetzen. Lassen Sie uns vor allem dazu beitragen, daß die Werktätigen sehr schnell und berechtigt von »ihrem« Staatsapparat sprechen können, von dem sie zuverlässig wissen, daß er zu einem machtvollen Hebel des Aufbaus unserer friedlichen sozialistischen Wirtschaft wird.

Lassen Sie mich mit dem Wunsche schließen, daß wir alle, die wir seit Jahren für die Festigung und Stärkung unserer demokratischen Staatsmacht gearbeitet haben, durch diese Verwaltungsreform die Möglichkeit erhalten, die schönste Aufgabe zu erfüllen, die es für einen fortschrittlichen und patriotischen Menschen unseres Volkes geben kann: an verantwortlicher Stelle eines stolzen, starken und friedliebenden Staates den Willen der werktätigen Massen zur Erfüllung zu führen, damit für alle Zeiten die Pläne der imperialistischen Kriegsbrandstifter durchkreuzt und die Grundlagen eines einheitlichen, freien und glücklichen deutschen Staates geschaffen werden.
Lassen Sie mich abschließend den Wunsch aussprechen, daß dieses Gesetz über die weitere Demokratisierung des Aufbaus und der Arbeitsweise unserer staatlichen Organe ein guter und sicherer Anfang unseres neuen Weges sein wird - des Weges an der Seite der den Kommunismus aufbauenden Sowjetvölker und unserer Freunde in den Ländern der Volksdemokratien in die helle Zukunft eines sozialistischen Deutschland!

Es lebe der beste Sohn der deutschen Arbeiterklasse - unser Staatspräsident Wilhelm Pieck!

(Anhaltender Beifall.)

Es lebe der Führer des Weltlagers des Friedens - der Demokratie und des Sozialismus, der große Stalin!

(Starker, anhaltender Beifall.)

Quelle: Thüringer Landtag (2. Wahlperiode). Stenographischer Bericht über die 18. Sitzung. Erfurt, 25. Juli 1952, S. 477-484 (Druck).

[33]

Auszüge aus der Ministerratsvorlage der Regierungskommission »Verwaltungsreform« mit einem Vorschlag für ein Gesetz zur Bildung von Ländern in der DDR sowie für die Ländergliederung, [April/Mai 1990; angenommen in der Sitzung des Ministerrates der DDR am 2. Mai 1990]

[...]

1. Grundsätze für ein Gesetz zur Bildung von Ländern in der DDR (Ländereinführungsgesetz)

Mit der Länderbildung erfolgt die Umwandlung der DDR von einem Einheitsstaat in einen Bundesstaat. Das schafft günstige Möglichkeiten für die Vereinigung mit der BRD und für die Transformation von bewahrenswerten Besonderheiten der DDR in ein einheitliches Deutschland. Eine solche Staatsform entspricht zugleich der historischen Entwicklung Deutschlands und der Existenz von Regionen mit ausgeprägtem sozialen und kulturellen Profil.

Die Länderbildung ist deshalb nicht nur auf die Neuordnung territorialer Einheiten, sondern vor allem auf die Schaffung einer rechtsstaatlich verpflichteten demokratischen und sozialen Föderation gerichtet. Die zu bildenden Länder sind hinsichtlich ihrer Rechtsstellung als Gliedstaaten in einer Föderation zu verstehen, deren Parlamente und Regierungen über die entsprechenden Zuständigkeiten und Kompetenzen verfügen. Grundlegende Bedingung für das Funktionieren einer solchen Föderation ist die Verteilung der Kompetenzen zwischen Republik (Bund) und den Ländern. Die Länder sollten grundsätzlich das Recht zur Gesetzgebung haben, soweit die Verfassung Gesetzgebungsrechte nicht der Republik zuspricht. Das erfordert Regelungen über die ausschließliche Gesetzgebung der Republik, über die konkurrierende Gesetzgebung und über die Bereiche, in denen die Republik Rahmenvorschriften erlassen kann. Marktwirtschaftliche Bedingungen erfordern Länder mit großen Kompetenzen gegenüber der Zentralgewalt.

Die nachfolgend vorgeschlagenen Regelungen gehen über den Rahmen hinaus, der mit der Verfassung von 1949 den bis 1952 in einem Einheitsstaat bestehenden Ländern gesteckt war. Sie entsprechen dem künftigen föderalen Charakter des Staates in Anlehnung an die Erfahrungen der BRD. Dabei wird den spezifischen Bedingungen der DDR Rechnung getragen.

[...]

4. Grundzüge des Regierungssystems auf Länderebene

Im Hinblick auf eine künftige Rechtseinheit mit der BRD bilden die Artikel 20 und 28 des Grundgesetzes (vgl. Anlage 4) den Rahmen, innerhalb dessen eine selbständige Gestaltung des Regierungssystems in den Ländern möglich ist. Es geht um ein demokratisches, rechtsstaatliches und der Gewaltenteilung verpflichtetes parlamentarisches Regierungssystem.

Folgende Grundsätze des parlamentarischen Regierungssystems sollten zur Anwendung kommen:
- Die Länderparlamente gehen aus freien, allgemeinen, gleichen, geheimen und direkten Wahlen hervor. Dabei können unterschiedliche Wahlsysteme in den Ländern zur Anwendung kommen.
- Die Stellung der Landesparlamente im Regierungssystem wird charakterisiert durch die
a) Gesetzgebungshoheit (Bei der Ausgestaltung des Rechts der Gesetzesinitiative sollten in den Länderverfassungen der DDR solche Formen der Gesetzesinitiative durch das Volk - wie Volksbefragungen, Volksbegehren, Volksentscheid - gebührend berücksichtigt werden.)
b) Funktion zur Bildung der Regierung und anderer Organe.
  - Das Parlament erhält umfassende Rechte zur Kontrolle der Regierung, so u.a.:

• Forderungsrecht des Landtages und seiner Ausschüsse auf Anwesenheit der Regierungsmitglieder;
• Behandlung von Petitionen (Petitionsausschuß);
• Bildung von Untersuchungsausschüssen;
• Genehmigungspflicht von Haushaltsüberschreitungen;
• Rechnungskontrolle, Kontrolle der Haushalts- und Wirtschaftsführung der Regierung;
• Ministeranklage u.a.

- Die Parlamente bilden Präsidien, Ältestenräte und Ausschüsse. (Bei der Ausgestaltung der Stellung der Ausschüsse in den Landesverfassungen sollte die Öffentlichkeit der Beratungen geregelt werden. Der Zugang von basisdemokratischen Gruppen, Vereinigungen, Verbänden und einzelnen Bürgern ist je nach Sachgebiet über Anhörungsverfahren, Sachverständigenbeiräte u.a. Formen zu sichern.)
- Die Stellung der Regierung im parlamentarischen Regierungssystem ist an folgende Grundsätze gebunden:

a) Sie ist die Spitze der Exekutive und sollte ihre Entscheidungen als Kollegialorgan treffen, wobei die Richtlinienkompetenz des Ministerpräsidenten zu gewährleisten ist. Die Minister leiten ihre Geschäftsbereiche eigenverantwortlich.
b) Die Regierung als Ganzes und jedes ihrer Mitglieder ist an das Vertrauen des Parlamentes gebunden und unterliegen seiner Kontrolle.
c) Die Organisationsstruktur wird durch das Parlament bestimmt.
d) Die Regierung unterliegt der öffentlichen Kontrolle; sie muß ihre Tätigkeit öffentlich darstellen.
e) Auf der Grundlage der vom Landesparlament gefaßten Gesetze besitzt die Regierung das Verordnungsrecht.

- Für die Landesregierungen wird auf folgende Grundstruktur orientiert:

Ministerpräsident,
Minister für Inneres,
Minister der Justiz,
Minister für Finanzen,
Minister für Wirtschaft, Mittelstand und Technologie,
Minister für Ernährung, Landwirtschaft und Forst,

Minister für Stadtentwicklung, Wohnen und Verkehr,
Minister für Bildung, Wissenschaft und Kultur,
Minister für Gesundheitswesen,
Minister für Arbeit und Soziales,
Minister für Umwelt,
Minister für Tourismus,
Minister für Raumordnung und Landesplanung.

Die Zuordnung der Ressorts zu den einzelnen Ministerien kann in den Ländern unterschiedlich sein. In Geschäftsordnungen der Landesregierungen sind dazu konkrete Festlegungen zu treffen.

Ausgehend von den dargestellten Grundsätzen wird ein erster Gesetzentwurf für die Ländereinführung vorgelegt (vgl. Anlage).

Prinzipiell ist festzustellen, daß die Beschlußfassung der Volkskammer über ein solches Gesetz substantielle Veränderungen in der Verfassung vorrangig der Artikel 47 bis 80 bedingt, mit dem Ländereinführungsgesetz allerdings nicht alle zu regelnden Fragen der Staatsorganisation erfaßt werden. Deshalb ist gleichlaufend mit dem Ländereinführungsgesetz ein Gesetz über die Änderung der Verfassung auszuarbeiten.

II. Vorschlag zur Länderbildung

Unmittelbarer Bestandteil der auf Demokratisierung und Rechtsstaatlichkeit gerichteten Verwaltungsreform ist eine Neugestaltung der territorial-administrativen Gliederung, die unter politischen, ökonomischen, juristischen und ethnischen Gesichtspunkten die Bildung von Ländern einschließt. Mit dieser Länderbildung besteht die Chance, eine solche Neugestaltung der territorial-administrativen Gliederung der DDR vorzunehmen, die günstige Voraussetzungen für die ökonomische, soziale und kulturelle Entwicklung im gesamtdeutschen und gesamteuropäischen Rahmen bietet.

Die Veränderung der territorialen Verwaltungsstruktur ist zumindest zeitweilig mit Problemen für das Gemeinwesen und seine Bürger verbunden. Zugleich verursacht die Bildung von Ländern, selbst wenn die in den vergangenen 40 Jahren entstandene Territorialstruktur weitgehend beachtet wird, erhebliche, allerdings nicht exakt bestimmbare Aufwendungen. Dem sollte die Länderbildung Rechnung tragen. Im Zusammenhang mit der Herstellung der staatlichen Einheit Deutschlands ist zudem die Vereinigung von Bundesländern zu einem späteren Zeitpunkt durchaus denkbar, ihre Teilung jedoch kaum.

1. Bei der Bestimmung der territorialen Gestalt von Ländern in der Deutschen Demokratischen Republik sollten folgende Kriterien und Gesichtspunkte Beachtung finden:
- Heimat- und Regionalverbundenheit der Bevölkerung, die kulturelle Identität der Bevölkerung von Regionen und regionale Eigenarten der Geschichte. Die kulturelle Autonomie der nationalen Minderheit der Sorben ist zu sichern.
- Bevölkerungszahl, Fläche, wirtschaftliche Zweckmäßigkeit und Wettbewerbsfähigkeit künftiger Länder im deutschen sowie in wachsendem Maße im europäischen Rahmen,

- bestehende funktionale und organisatorische Beziehungen (Ballungsgebiete, Stadt-Umland-Beziehungen),
- Erfordernisse der Raumordnungs- und Landesplanung,
- natur- bzw. landschaftsräumliche Regionalzusammenhänge.

Damit verbunden sind historisch gewachsene Territorialstrukturen zu beachten, die sich ergeben
- aus der Territorialgliederung vor 1933, die regional unterschiedlich stark ausgeprägt und im Bewußtsein der Bevölkerung verhaftet ist,
- aus der Ländergliederung, die nach 1945 geschaffen und in den Länderverfassungen 1946/47 sowie in der Verfassung der DDR von 1949 verankert worden ist,
- aus der Bezirksgliederung von 1952, auf deren Basis sich in fast 40 Jahren wirtschafts- und sozialräumliche Strukturen entwickelt haben.

Von ausschlaggebender Bedeutung für die Entscheidungsfindung zur Bestimmung der territorialen Gestalt der Länder ist die von einer breiten Öffentlichkeit erhobene Forderung zur Herstellung von 5 Ländern. Diese Forderung dominiert zum Teil auch über objektive Kriterien wie z. B. die Wettbewerbsfähigkeit künftiger Länder oder der *[sic!]* einheitlichen Entwicklung bedeutender Wirtschaftsregionen.

2. Ausgehend von diesen Kriterien und Prämissen ergeben sich in Auswertung der bisher öffentlich geführten Diskussion zwei grundsätzliche Möglichkeiten der Länderbildung:

a) Bildung der Länder auf der Grundlage der von 1946 bis 1952 bestandenen Ländergrenzen

Die für eine Herstellung der Ländergrenzen von 1952 sprechenden Kriterien wie Regionalbewußtsein der Bevölkerung, kulturelle Identität der Bevölkerung in den Regionen, regionale Eigenarten und Traditionen der Geschichte treffen auf dem Gebiet der DDR im wesentlichen auf ein zukünftiges Land Sachsen und eingeschränkt auf Brandenburg, Mecklenburg-Vorpommern und Thüringen zu. Das Land Sachsen-Anhalt existierte lediglich von 1947 bis 1952. Gegen Ländergrenzen, wie sie bis 1952 bestanden, spricht u. a.:
- die seither in den Bezirksterritorien entstandene Standortverteilung der Produktivkräfte und völlig veränderte sozialräumliche Strukturen,
- die in der heutigen Territorialstruktur organisierten Versorgungs-, Dienstleistungs-, Nahverkehrs- und andere für das Alltagsleben der Bürger notwendigen infrastrukturellen Systeme und Leistungen, deren Funktionsfähigkeit während der Phase der Länderbildung gewährleistet bleiben muß,
- daß 8 Kreise (339 Gemeinden/363 T*[ausend]* Einwohner) vollständig aus den Bezirksstrukturen herausgelöst werden und 32 Kreise (1278 Gemeinden/1,95 Mio. Einwohner) durch Teilung aufhören würden zu existieren bzw. Teile von ihnen abgetrennt werden müßten, ohne daß ihre Neugliederung durch eine Gebietsreform auf Kreisebene entschieden ist.

b) Bildung der Länder durch Zusammenlegung von Bezirksterritorien, wobei damit verbundene Abweichungen gegenüber der Ländergliederung von 1946 bis 1952 durch Bürgerentscheide bestätigt oder korrigiert werden könnten. Dafür sprechen:
- die seit 1952 entstandene Siedlungsstruktur, bewährte soziale, funktionale und organisatorische Beziehungen (Ballungsgebiete, Stadt-Umland-Beziehungen) sowie teilweise veränderte Heimat- und Regionalverbundenheit der Bevölkerung,

- die Möglichkeiten der übergangsweisen Weiterführung staatlicher Verwaltungsfunktionen zur Sicherung der Regierbarkeit sowie zur Aufrechterhaltung gewachsener Funktionen und Leistungen für die Versorgung und Betreuung der Bevölkerung bis zur vollen Funktionsfähigkeit der Länder sowie der Neuorganisation der administrativ-territorialen Strukturen im Verlauf der gesamten Gebietsreform,
- daß die Vorbereitungsarbeiten zur Bildung der Länder Mecklenburg-Vorpommern, Brandenburg, Sachsen-Anhalt, Sachsen und Thüringen durch die zusammenarbeitenden Räte der Bezirke und bezirklichen Runden Tische auf Grundlage der bestehenden Bezirksterritorien organisiert sind.

3. Ausgehend davon,
- die Betreuungs- und Versorgungsfunktionen nicht zu gefährden bzw. Gefährdungen auf ein geringes Maß zu mindern,
- den Bürgern in territorial strittigen Gebieten (Abweichungen gegenüber der Ländergliederung bis 1952) zu ermöglichen, demokratisch über die Zuordnung ihrer Regionen zu einem bestimmten Land zu entscheiden,
- die Länderbildung mit Beginn des Jahres 1991 wirksam zu machen,

schlägt die Regierungkommission vor, die Länderbildung durch Zusammenlegung von Bezirksterritorien zu vollziehen. Strittige Abweichungen gegenüber der Ländergliederung von 1952 sollten durch sorgfältige, in öffentlicher Diskussion vorbereitete Bürgerentscheide bestätigt oder korrigiert werden (vgl. Anlage 2a). Da mit den Kommunalwahlen am 6. Mai 1990 neue Kreistage gewählt werden, wird vorgeschlagen, vor der Beschlußfassung der Volkskammer über das Ländereinführungsgesetz in den 15 ausgewählten Kreisen (Anlage 2 b) Bürgerentscheide ausschließlich für das gesamte Kreisterritorium vorzusehen und im Ergebnis auch das gesamte Kreisgebiet, entsprechend dem mehrheitlichen Willen der Bevölkerung, zuzuordnen. Meinungen der Bevölkerung einzelner Städte und Gemeinden in anderen Kreisen (Anlage 2 c) sollten nach erfolgter Länderbildung unter Verantwortung der Landesregierungen einer Entscheidung, mit zwischen den Ländern zu vereinbarender Gebietskorrektur, zugeführt werden. Dabei ist die Bildung von Enklaven zu vermeiden.

4. Aus Gründen der Wettbewerbsfähigkeit der Länder in einem künftigen einheitlichen Deutschland, aber auch unter dem Aspekt der europäischen Einigung wäre die Bildung leistungsfähiger Länder auf dem Gebiet der DDR zweckmäßig. Dazu bestehen Vorschläge, die auch von Fachleuten aus der BRD gestützt werden. Die Regierungskommission erarbeitete deshalb u.a. auch eine Variante zur Bildung von nur 4 Ländern, in der auf die Bildung eines Landes Sachsen-Anhalt verzichtet wird. Durch eine Angliederung des Bezirkes Magdeburg an ein künftiges Land Brandenburg und des Bezirkes Halle an ein künftiges Land Sachsen sollten im zentralen Teil der DDR 2 leistungsfähige, mit den mittleren Bundesländern der BRD vergleichbare Länder entstehen (vgl. auch Anlage 3). Dieser Form der Ländergliederung steht u. a. die Forderung der politischen Kräfte und staatlichen Organe der Bezirke Halle und Magdeburg zur Bildung eines Landes Sachsen-Anhalt entgegen.

Ausgehend vom politischen Meinungsbild in der DDR schlägt die Regierungskommission die Bildung folgender 5 Länder vor, da jede andere Variante der Ländergliederung kurzfristig politisch nicht durchsetzbar ist:

- Land Mecklenburg-Vorpommern,
  durch Zusammenlegung der Bezirksterritorien Neubrandenburg, Rostock und Schwerin,
- Land Brandenburg,
  durch Zusammenlegung der Bezirksterritorien Cottbus, Frankfurt/Oder und Potsdam.
- Land Sachsen-Anhalt,
  durch Zusammenlegung der Bezirksterritorien Halle und Magdeburg,
- Land Sachsen,
  durch Zusammenlegung der Bezirksterritorien Dresden, Karl-Marx-Stadt und Leipzig,
- Land Thüringen,
  durch Zusammenlegung der Bezirksterritorien Erfurt, Gera und Suhl

Generell wird davon ausgegangen, daß die Vereinigung beider Teile Berlins unmittelbar mit der Vereinigung der beiden deutschen Staaten verflochten ist und sich damit nicht zeitgleich mit der Länderbildung in der DDR vollziehen kann. Die künftige Stellung Berlins als eigenes Bundesland oder als Bestandteil eines Landes Brandenburg-Berlin ist im Zuge des Vereinigungsprozesses endgültig zu entscheiden. Um bis dahin die Regierbarkeit der Stadt zu sichern und aus völkerrechtlichen Gründen muß deshalb im Zuge der Länderbildung in der DDR die jetzige Hauptstadt der DDR einen Status mit Landesbefugnissen erhalten. Zur Sicherung der Einbindung Berlins in das Umland ist die Arbeit des Regionalausschusses konsequent fortzuführen.

5. Die Bildung dieser 5 Länder ist mit folgenden Problemen verbunden:

- Der Bildung des Landes Mecklenburg-Vorpommern durch Zusammenlegung der Bezirksterritorien Neubrandenburg, Rostock und Schwerin stehen Forderungen von Bürgern, der evangelischen Landeskirche Greifswald, politischen Gruppierungen und staatlichen Organen entgegen
  - zur Bildung eines eigenständigen Landes Vorpommern oder, wenn das aus ökonomischen Gründen nicht möglich ist,
  - der Angliederung des Gebietes Vorpommern an das Land Brandenburg.

Die Regierungskommission schlägt vor, auf die Bildung eines eigenständigen Landes Vorpommern wegen nicht ausreichender Größe, Bevölkerungszahl und wegen Strukturschwäche des Gebietes zu verzichten und einem Anschluß an ein künftiges Land Brandenburg nicht zuzustimmen. Unter Berücksichtigung, daß auch ein Land Mecklenburg-Vorpommern in dem künftigen einheitlichen Deutschland ohnehin zu den strukturschwachen gehören wird, führte die Eigenständigkeit oder andere Angliederung des Gebietes Vorpommern zu einer Konzentration eigenständig nicht lösbarer ökonomischer und sozialer Probleme. Zugleich trägt die Bildung eines Landes Mecklenburg-Vorpommern der Notwendigkeit, die gesamte Küstenregion zu einem einheitlichen Struktur- und Lebensbereich zu entwickeln, Rechnung.

- Bei der Bildung eines Landes Brandenburg durch Zusammenlegung der Bezirksterritorien Cottbus, Frankfurt/Oder und Potsdam sind, wie bei der Bildung eines Landes Sachsen, die Interessen der nationalen Minderheit der Sorben zu wahren.

Die Regierungskommission schlägt in Abstimmung mit der Leitung der Domowina vor, der teilweise geforderten Herstellung eines eigenen Landes »Lausitz« nicht zuzustimmen, da eine solche Regelung zur Zersplitterung und zur Herausbildung eines strukturschwachen Landes führt. Zur Wahrung der kulturellen Eigenständigkeit wird empfohlen, den Sorben in ihren Siedlungsgebieten in den künftigen Ländern Brandenburg und Sachsen länderübergreifend verfassungsmäßig garantierte kulturelle Autonomie zu gewährleisten.

- Bei der Bildung des Landes Sachsen durch Zusammenlegung der Bezirksterritorien Dresden, Karl-Marx-Stadt und Leipzig zeigt sich das Problem der Wahrung der Interessen der nationalen Minderheit der Sorben (vergleiche Land Brandenburg).
- Es entstehen 5 Länder. die alle nach Bevölkerungszahl, Fläche und Leistungsfähigkeit im Vergleich mit den Bundesländern zu den strukturschwachen Ländern gehören werden (vgl. auch Anlage 2 e). Mit der Bildung des Landes Sachsen-Anhalt vertieft sich die bereits mit den Bezirksstrukturen bestehende administrative Trennung des Ballungsgebietes Halle-Leipzig-Dessau-Merseburg. Unter Beachtung der Herausbildung föderativer Strukturen und marktwirtschaftlicher Bedingungen ist eine Zuspitzung der Auswirkungen dieser Trennung zu erwarten.

III. Vorschlag für einen Zeitplan zur Bildung von Ländern

Zur Gewährleistung der Geschäftsaufnahme durch die Landesregierungen im Jahre 1991 schlägt die Regierungskommission folgenden Zeitplan zur Verwirklichung der einzelnen Schritte zur Länderbildung vor:

- Information der Öffentlicheit über inhaltliche Grundzüge dieser Vorlage im Ergebnis ihrer Behandlung und Bestätigung im Ministerrat
  Mai 1990
- Erarbeitung von Entwürfen der Länderverfassungen durch die zu bildenden Arbeitsausschüsse der Räte der Bezirke
  Juni 1990
- Überweisung des Entwurfes des Ländereinführungsgesetzes nach seiner Beratung und Bestätigung im Ministerrat an die Volkskammer zur ersten Lesung
  Juni 1990
- Überweisung des Entwurfes des Gesetzes zu den Wahlen zu den Landesparlamenten in der DDR 1990 nach seiner Beratung und Bestätigung im Ministerrat an die Volkskammer zur ersten Lesung
  Juni 1990
- Öffentliche Diskussion des Entwurfes des Gesetzes zu den Wahlen zu den Landesparlamenten in der DDR 1990
  bis August 1990
- Öffentliche Diskussion in den betreffenden Kreisen zur Vorbereitung der Bürgerentscheide
  bis August 1990
- Abschluß der Bürgerentscheide in den betreffenden Kreisen
  Ende August 1990
- Einarbeitung der Ergebnisse der Bürgerentscheide in den Entwurf des Ländereinführungsgesetzes zur zweiten Lesung in der Volkskammer
  Mitte September 1990

- Zweite Lesung und Verabschiedung des Gesetzes zu den Landtagswahlen in der DDR 1990 durch die Volkskammer

Ende September 1990

- Wahlen zu den Landesparlamenten

Ende November/Anfang Dezember 1990

[...]

Quelle: BArch Berlin, DC 20 I-3 Nr. 2947 [Ministerrat der DDR], unpag. (Ausfertigung).

[34]

Rundschreiben des Vorsitzenden des CDU-Landesverbandes Thüringen, Uwe Ehrich, vom 9. Mai 1990 an die in der Volkskammer der DDR und den Kommunalparlamenten der Bezirke Erfurt, Gera und Suhl vertretenen Parteien und politischen Vereinigungen zur Bildung eines Politisch-Beratenden Ausschusses zur Gründung des Landes Thüringen

Christlich-Demokratische Union Deutschlands

CDU
Landesverband Thüringen
Der Landesvorsitzende

Rundschreiben

Erfurt, 9. Mai 1990

Sehr verehrte Damen und Herren!

Die Wiederherstellung des Landes Thüringen stellt einen wichtigen Auftrag bei der weiteren Verwirklichung der Demokratie in unserem Lande dar, dessen Erfüllung sich alle in den Volkskammer- und Kommunalwahlen dieses Jahres durch die Wähler in die Verantwortung gerufenen Parteien stellen müssen. Um eine breite Basis für die Vorbereitung zu schaffen, halte ich es für erforderlich, den Parteien, die bei den o.g. Wahlen eine größere Zahl an Wählerstimmen auf sich vereinigen konnten, den Vorschlag zu unterbreiten, einen

Politisch-Beratenden Ausschuß zur Gründung des Landes Thüringen

zu bilden. Ich schlage dafür als Termin den 16. 5. 1990, 8.00 Uhr im Gebäude des Rates des Bezirkes Erfurt, Bezirkstags-Sitzungssaal, vor.

Die Zusammensetzung sollte sich nach den Stimmanteilen wie folgt errechnen:

$$\frac{\text{Anzahl der Stimmen Volkskammerwahl} + \dfrac{\text{Anzahl der Stimmen Kommunalwahl}}{3}}{2}$$

Damit ergibt sich ein Mittelwert zwischen beiden Wahlergebnissen und es werden auch die Kräfte berücksichtigt, die nur bei der Kommunalwahl Kandidaten gestellt haben. Bei der Besetzung des Ausschusses würde ich - das Einverständnis vorausgesetzt - die Anzahl der Sitze der großen Parteien abmindern, um auch den neuen Gruppen das Mitspracherecht zu sichern und andererseits den Kreis nicht so groß werden zu lassen, daß Beratungen uneffektiv werden.

Nach obiger Formel ergäbe sich folgende prozentuale Verteilung und der Vorschlag auf die Verteilung der Sitze:

CDU	50,54	14	DA	0,99	1
SPD	19,56	6	Bündnis 90/NF	2,31	1
PDS	12,03	3	DBD	0,99	1
BFD	5,94	2	Bauern	0,82	1
DSU	4,88	2	DFD	0,66	1
Grüne/UFV	1,28	1			

Ich schlage weiter vor, die drei amtierenden Vorsitzenden der Räte der Bezirke hinzuzuziehen. Mit Einsatz der Regierungsbeauftragten würde durch diese künftig die Funktion wahrzunehmen sein.

Ich wäre Ihnen dankbar, wenn Sie mich über Ihre Teilnahme in Kenntnis setzen würden.

Mit freundlichen Grüßen

Uwe Ehrich

Quelle: Archiv des Thüringer Landtags, Politisch-beratender Ausschuß zur Gründung des Landes Thüringen Nr. 31, unpag. (Ausfertigung).

[35]

Geschäftsordnung für den Politisch-Beratenden Ausschuß (PBA) zur Gründung des Landes Thüringen vom 30. Mai 1990

[...]

1. Der Politisch-Beratende Ausschuß ist ein Gremium, dessen Arbeit darauf gerichtet ist, die strukturelle und technisch-organisatorische Vorbereitung der Bildung des Landes Thüringen zu sichern. Seine Beschlüsse tragen Empfehlungscharakter, ihr Adressat ist der künftige Landtag bzw. die Landesregierung.

2. Der PBA setzt sich wie folgt zusammen:

CDU	13 Sitze	DA	1 Sitz
SPD	6	Bündnis 90/NF	2
PDS	3	DBD	1

BFD	2	Bauern	1
DSU	2	DFD	1
Grüne/UFV	1		

Der Vorsitz des PBA und die Gesprächsleitung der Tagungen des PBA wird vom Landesvorsitzenden der CDU, in seiner Abwesenheit vom Landesvorsitzenden der SPD, wahrgenommen. Im Falle der Abwesenheit beider Landesvorsitzender obliegt die Gesprächsleitung Herrn Jörg Schwäblein (CDU) oder Herrn Rainer Müller (SPD).

An den Beratungen des PBA nehmen als ständige Teilnehmer nur die von den Parteien benannten Persönlichkeiten teil. Eine Vertretung ist nicht möglich. Auf Beschluß der Ausschußmitglieder können weitere Teilnehmer als Gast zugelassen werden.

3. Über die Beratungen des PBA wird Vertraulichkeit vereinbart. Vor Abschluß jeder Beratung wird eine gemeinsame Presseerklärung verabschiedet.

4. Der PBA bestimmt zur inhaltlichen Vorbereitung der Landesbildung Arbeitsgruppen, die gegenüber dem Ausschuß berichts- und rechenschaftspflichtig sind.

5. Verbindliche Empfehlungen werden durch das Gremium mit einfacher Stimmenmehrheit verabschiedet, bei Stimmengleichheit entscheidet die Stimme des Vorsitzenden der Beratung.

6. Beratungsvorlagen sind den im PBA vertretenen Parteien in der Regel 4 Kalendertage vor der Beratung zu übergeben.

7. Über die Reihenfolge der Berücksichtigungen der Wortmeldung in der Beratung entscheidet der Vorsitzende. Anträge zur Geschäftsordnung sind durch Erheben beider Hände anzuzeigen und sofort zu behandeln.

8. Der PBA tritt zu seinen Beratungen 14tägig zusammen. Der verbindliche Termin wird für die Folgeberatung gemeinsam festgelegt. Eine schriftliche Einladung erfolgt nur, wenn zeitliche Veränderungen erfolgen.

9. Über den Beratungsverlauf wird ein Protokoll angefertigt, das in der folgenden Beratung mit einfacher Stimmenmehrheit zu bestätigen ist.

10. Der PBA übt seine Tätigkeit bis zur Wahl des Thüringischen Landtages aus.

11. Anträge zur Änderung der Geschäftsordnung bedürfen bei der Abstimmung einer $^2/_3$-Mehrheit.

Erfurt, 30. Mai 1990

Uwe Ehrich
Landesvorsitzender
der CDU Thüringen

Quelle: Archiv des Thüringer Landtags, Politisch-beratender Ausschuß zur Gründung des Landes Thüringen Nr. 28, unpag. (Geänderter und bestätigter Entwurf).

[36]

Verfügung des Ministerpräsidenten der DDR vom 5. Juni 1990 über die Stellung, Aufgaben und Befugnisse der Regierungsbevollmächtigten

Verfügung
des Ministerpräsidenten
Nr. 1 vom 05. VI. 1990

Regelungen über Stellung, Aufgaben und Befugnisse der Regierungsbevollmächtigten

Auf der Grundlage des Beschlusses der Volkskammer vom 17. 5. 1990 zur Beendigung der Legislaturperiode der Bezirkstage und der vom Kabinett hierzu am 2. 5. 1990 festgelegten Maßnahmen werden folgende Regelungen über die Stellung, Aufgaben und Befugnisse der Regierungsbevollmächtigten erlassen.

1. Der Regierungsbevollmächtigte organisiert, koordiniert und beaufsichtigt im Sinne der Auftragsverwaltung die Durchführung der Gesetze der Volkskammer, der Beschlüsse der Regierung und der Weisungen des Ministerpräsidenten im Territorium des Bezirkes unter strikter Achtung der Verantwortung der Stadt- und Landkreise für den eigenen Wirkungskreis. Im Rahmen dieser Kompetenz trifft er eigenverantwortlich Entscheidungen, ist dem Ministerpräsidenten verantwortlich und rechenschaftspflichtig. Er hat den Ministerpräsidenten über alle Angelegenheiten, die für die Regierungsarbeit relevant sind, zu informieren.

Durch beratende und koordinierende Tätigkeit unterstützt der Minister für Regionale und Kommunale Angelegenheiten den Regierungsbevollmächtigten bei der Durchführung von Grundfragen der Regierungspolitik im Territorium.

Dem Regierungsbevollmächtigten sind Stellvertreter und Ressortchefs direkt unterstellt. Er ist Dienstvorgesetzter der Beschäftigten der Bezirksverwaltungsbehörde.

2. Die Aufgaben des Regierungsbevollmächtigten umfassen:

- die Gewährleistung eines gut funktionierenden gesellschaftlichen Lebens im Bezirk, die Durchsetzung von Rechtsstaatlichkeit sowie die Aufrechterhaltung der öffentlichen Ordnung,
- die Verwirklichung der Verwaltungsreform insbesondere hinsichtlich der Ausgestaltung der kommunalen Selbstverwaltung, der Vorbereitung der Länderbildung und der materiell-technischen Sicherung der Landtagswahlen,
- die Unterstützung der Wirtschaftsreform in den örtlich geleiteten Bereichen besonders hinsichtlich der Schaffung der Rahmenbedingungen für den Übergang zur sozialen Marktwirtschaft einschließlich der Maßnahmen zur Durchführung von Arbeitsbeschaffungs- und Umschulungsprogrammen in Abstimmung mit den zuständigen Ämtern,
- die frühzeitige Unterrichtung und strikte Einbeziehung der Bürger bei Planungen und Vorhaben, die von grundlegender Bedeutung für die wirtschaftliche, soziale und kulturelle Entwicklung des Bezirkes sind sowie
- die ordnungsgemäße Durchführung des Haushaltsplanes für das 2. Halbjahr bei Gewährleistung des Haushaltsausgleiches zwischen den Kreisen und Kommunen.

3. Der Regierungsbevollmächtigte hat regelmäßig (mindestens jedoch einmal im Monat) ein Gremium aus den Abgeordneten der Volkskammer des jeweiligen Bezirkes einzuberufen und mit ihm insbesondere Entscheidungen zu beraten, die das Gemeinwohl der Bürger und das Funktionieren des gesellschaftlichen Lebens im Bezirk wesentlich beeinflussen. Das betrifft auch Gemeinschaftsaufgaben der kommunalen Selbstverwaltung, zu denen zwischen den beteiligten Stadt- und Landkreisen keine Übereinstimmung erzielt werden kann. Der Regierungsbevollmächtigte beruft das Gremium außerdem auf Verlangen des Ministerpräsidenten oder mindestens eines Drittels der Volkskammerabgeordneten ein.

4. Die Befugnisse des Regierungsbevollmächtigten umfassen vor allem

- die Festlegung der Richtlinien, nach denen die bezirkliche Verwaltungsbehörde geführt wird.
- die Vertretung der Bezirksverwaltungsbehörde besonders gegenüber der Regierung und anderen Bezirksverwaltungsbehörden,
- das Weisungsrecht im Rahmen der Auftragsverwaltung gegenüber den Landräten und den Oberbürgermeistern,
- das Erlassen von Verwaltungsvorschriften für die Durchführung übertragener Aufgaben,
- das Verlangen von Auskünften und Informationen im Zusammenhang mit der Durchsetzung der Regierungspolitik sowie zur Beherrschung außergewöhnlicher Ereignisse (Havarien, Epidemien, Naturkatastrophen u.a.),
- das Einspruchsrecht gegen Verwaltungsentscheidungen von Ministerien, die Angelegenheiten des Bezirkes betreffen. Im Falle eines solchen Einspruchs, der aufschiebende Wirkung hat, ist durch den zuständigen Minister in Abstimmung mit dem Minister für Regionale und Kommunale Angelegenheiten eine Überprüfung der Entscheidung herbeizuführen.
- die Entscheidung bei übertragenen Aufgaben von überkreislicher Bedeutung.

5. Die Vergütung des Regierungsbevollmächtigten, seiner hauptamtlichen Stellvertreter sowie der Ressortleiter erfolgt in analoger Anwendung der Regelungen der Ordnung über die Zahlung von Gehalt und Dienstaufwandsentschädigung an die Vorsitzenden, Stellvertreter der Vorsitzenden, Sekretäre und Mitglieder der örtlichen Räte vom 17. 1. 1985.

Grundsätzlich sollte bei allen Vergütungen von der oberen Grenze der Von-Bis-Spanne des Gehaltes ausgegangen werden.

6. Die Regelungen dieser Verfügung gelten bis zur Konstituierung künftiger Landesregierungen.

Anlage L. de Maizière

Berlin, den 5. 6. 1990
[...]

Quelle: BArch Berlin, DO 5 Nr. 199 [Ministerium für Regionale und Kommunale Angelegenheiten], unpag. (Ausfertigung).

[37]

Begründung der Beschlußempfehlung des Volkskammerausschusses für Verfassung und Verwaltungsreform zum Verfassungsgesetz zur Bildung von Ländern in der Deutschen Demokratischen Republik (Ländereinführungsgesetz) durch den Abgeordneten Volker Schemmel während der zweiten Lesung des Gesetzentwurfs in der 27. Tagung der Volkskammer der DDR am 22. Juli 1990

Herr Präsident! Meine sehr verehrten Damen und Herren! Ich beginne außerhalb der Begründung mit einer kleinen Korrektur. *[...]*

Zur Begründung des Ausschusses: Wir erleben, wenn wir der Empfehlung des federführenden Ausschusses für Verfassung und Verwaltungsreform in der anschließenden Abstimmung folgen, heute im Parlament eine historische Stunde. Die Bürgerinnen und Bürger der DDR errichten als föderative Elemente Länder, deren verfassungsmäßige Ordnung den Grundsätzen eines republikanischen, freiheitlichen, demokratischen, sozialen und ökologisch orientierten Rechtsstaates entsprechen muß.

Neben diesen Grundinteressen der Bürger, denen hier gefolgt wird, sehen die Bürger in den Ländern darüber hinaus auch die Körperschaften, die nach dem Beitritt der DDR gem*[äß]* Art. 23 Grundgesetz Nachfolge der DDR antreten und die legitimen Rechte der Bürger wahren.

Das bereits in Kraft getretene Gesetz über die Selbstverwaltung der Gemeinden und Landkreise in der DDR (Kommunalverfassung) bildet mit dem vorliegenden Ländereinführungsgesetz eine einheitliche Grundlage für ein Staatswesen, in dem die Bürger ihre Angelegenheiten in freier Selbstverwaltung regeln und in dem der Staat nur die Aufgaben erfüllt, die ihm durch Verfassung und Gesetz übertragen werden.

Dem Ländereinführungsgesetz ist eine umfassende Diskussion vorausgegangen, sowohl bei den Bürgern als auch in dieser Kammer und ihren Ausschüssen und selbstverständlich auch zwischen Bürgern und Abgeordneten. Vorherrschende Themen, damit anzeigend, wo Differenzstandpunkte bestehen, waren Struktur und Anzahl der zu bildenden Länder, Ländergrenzen und die Hauptstadtfrage, während über die Sachfragen Hoheitsverteilung zwischen Republik und Land, Verteilung der Gesetzgebungsbefugnis zwischen Republik und Land und die Fragen der Finanzverfassung weitestgehende Einigung auf der Basis der Regelung entsprechend Grundgesetz bestand.

Zu den drei Problemkreisen einige kurze Bemerkungen: Erster Problemkreis: Struktur und Anzahl der zu bildenden Länder. Zu dieser Thematik gingen dem Ministerium für regionale und kommunale Angelegenheiten bzw. dem federführenden Ausschuß über 2000 Vorschläge bzw. Anregungen zu. Modelle, die die Bildung von zwei bis elf Ländern beinhalteten, lagen vor.

Die nunmehr vorgeschlagene Bildung von fünf Ländern sowie die Ausstattung Berlins mit Landesbefugnis trägt umfangreichen politischen, ökologischen, juristischen und ethnischen Überlegungen Rechnung und berücksichtigt aber in hervorragendem Maße auch Zeitpunkt der Länderbildung und die zu diesem Zeitpunkt vorliegenden Gegebenheiten und folgt letztlich der Entwicklung, die sich in unserem Land derzeit schon vollzieht und die von vielen Bürgern getragen wird, die sich bereits jetzt mit den zu bildenden Ländern identifizieren.

Zweiter Problemkreis: Ländergrenzen. Die mit dem Ländereinführungsgesetz § 1 Abs. 1 vorgeschlagene territoriale Gestalt der Länder, die in der dem Gesetz beiliegenden Karte dokumentiert ist, entspricht der Grundrichtung, bei der Länderbildung von den Bezirksterritorien auszugehen, berücksichtigt zugleich die dem Ausschuß für Verfassung und Verwaltungsreform vorliegenden Anträge der 15 Kreistage, in deren Verwaltungsgebieten Bürgerbefragungen und entsprechende nachfolgende Entscheidungen durchgeführt wurden.

Unter Beachtung der Ergebnisse der Bürgerbefragungen beantragten die Kreistage von Prenzlau, Templin, Perleberg, Herzberg, Senftenberg und Bad Liebenwerda die Kreiszuordnung zu Brandenburg, die Kreistage von Delitzsch, Eilenburg, Torgau, Hoyerswerda und Weißwasser die Kreiszuordnung zu Sachsen, die Kreistage von Altenburg, Schmölln und Artern die Kreiszuordnung zu Thüringen

(Vereinzelt Beifall bei CDU/DA)

sowie der Kreistag Jessen die Zuordnung zu Sachsen-Anhalt.

Diese Anträge auf Zuordnung entsprechen in zwölf Kreisen dem mehrheitlichen Willen der Einwohner bei der Bürgerbefragung. Dies trifft nicht zu auf den Kreis Altenburg, wo 55,3 % der Bürger an der Befragung teilnahmen, 53,8 % davon für Sachsen stimmten, der Kreistag jedoch mit 38 : 25 Stimmen in geheimer Abstimmung den Antrag auf Zuordnung zu Thüringen stellte, auf den Kreis Senftenberg, wo bei einer Beteiligung von 61,7 % der Stimmanteil für Sachsen 54,1 % betrug und sich der Kreistag mit 39 : 38 Stimmen für Brandenburg entschieden hat, auf den Kreis Bad Liebenwerda mit einer Stimmbeteiligung von 58,5 %, davon 53,1 % für Sachsen, und einem Kreistagsbeschluß mit 28 gegen 17 Stimmen für Brandenburg.

Der Ausschuß für Verfassung und Verwaltungsreform unterstreicht vor dem Hohen Haus, daß alle Kreistagsentscheidungen rechtmäßig sind. In dem Territorium fanden Bürgerbefragungen statt, keine Volksentscheide oder anderes. Ihr Ergebnis stellt eine wichtige, aber nicht die alleinige Grundlage für die Antragstellung der Kreistage dar.

Vor den Abgeordneten stand die Aufgabe, die vielfältigen Aspekte territorialer Zuordnung im Komplex zu erörtern und bei der Entscheidung zu berücksichtigen. Entsprechend der Rechtmäßigkeit der von den Kreistagen gestellten Anträge und der Tatsache, daß keine Enklaven- oder Exklavenbildung eintritt, schlägt der Ausschuß mit dem vorliegenden Gesetzentwurf vor, den Anträgen der Kreistage zu folgen.

Für notwendig erachtet der Ausschuß, an dieser Stelle auf folgende zwei Problemkreise hinzuweisen: Erstens. Nicht jeder Bürger wird mit der heute erfolgten Grenzziehung übereinstimmen. Nicht jedem Wunsch kann entsprochen werden. Neben unterschiedlichen Standpunkten in den 15 Kreisen liegen aus weiteren Gemeinden und Städten Forderungen der Bürger, Gemeindevertretungen und Bürgermeister nach einer anderen Zuordnung vor.

Der Ausschuß bekräftigt, daß es auch in solchen Gebieten, wenn es dem mehrheitlichen Willen der Bürger entspricht, Gebietskorrekturen geben sollte - das allerdings nach der Länderbildung und unter Verantwortung der Länder. Eine entsprechende Regelung trifft § 2 Abs. 2 und 3 des Gesetzes. Diese Regelung bevorzugt die 147 Gemeinden und Städte, die bis zum 23. Juli 1952 einem anderen Land angehörten als demjenigen, dem sie ab 14. Oktober 1990 zugeordnet werden.

Ich weiß, daß in den umstrittenen Gebieten oft ökonomische Betrachtung und Hoffnung auf Unterstützung von außen eine Rolle spielten. Es gilt aber auch hier das Wort, das Jean Paul in sein Freiheitsbüchlein eintrug:

»Kein Land wird reich oder mächtig vielmehr das Gegenteil durch das, was es von außen hineinbekommt, sondern nur durch das alles, was es aus sich selbst gebiert und emportreibt.«

(Beifall - Zurufe von der PDS: Sehr richtig! Sehr wahr!)

Ein zweites Problem: Die Beibehaltung der Kreisgrenze für den Bereich Spremberg/Hoyerswerda führt dazu, daß das Gelände des Gaskombinates Schwarze Pumpe teilweise im Land Brandenburg und teilweise im Land Sachsen liegt. Eine Veränderung der Sachlage setzt umfangreiche Abstimmungen voraus, die auch mit der künftigen Gesamtentwicklung dieser Region im Zusammenhang stehen. Der Ausschuß vertritt den Standpunkt, daß durch die Landesregierungen Brandenburg und Sachsen einvernehmliche Regelungen hinsichtlich des Industriegebietes Schwarze Pumpe erarbeitet und entsprechende Grenzkorrekturen vorgenommen werden sollten - und das möglichst ohne großen Zeitverzug.

Dritter Problemkreis: Hauptstadtfrage. Zur Hauptstadtproblematik im jeweiligen Land finden Sie in unserem Gesetzentwurf keine Regelung, nicht, daß wir dieses Thema nicht erörtert hätten oder ihm ausgewichen wären. Einheitlich war unser Beschluß, die Lösung dieser Frage den Bürgern der neuen Länder selbst zu überlassen. Ministerium und federführender Ausschuß bieten dabei Unterstützung und ggf. Vermittlung an.

Ebenfalls keine Vorgabe enthält das Gesetz zur Thematik Landschaftsverbände bzw. Regierungsbezirke. Auch hier müssen die Länder ebenfalls selbständig entscheiden.

Einige Worte zur internen Arbeit des Ausschusses: Zur abschließenden Bearbeitung lagen dem federführenden Ausschuß 16 Stellungnahmen mitarbeitender Ausschüsse, ein weiterer kompletter Entwurf eines Länderbildungsgesetzes seitens der SPD-Fraktion, ein durchgehender Änderungsantrag der Fraktion der PDS vor. In die drei Bearbeitungsstufen im Ausschuß für Verfassung und Verwaltungsreform waren die Vertreter des Ministeriums für Regionale und Kommunale Angelegenheiten ständig einbezogen.

Einige Schwerpunkte der Arbeit im Ausschuß: Erstens. Die Gesetzgebung der Republik und der Länder: In dieser Frage lehnt sich der Gesetzestext nahezu an das Grundgesetz an. Es wurden nur sparsamst Ergänzungen vorgenommen. So etwa der Rechnung tragend, daß unser Verteidigungsministerium die Abrüstungsfragen nicht nur in Zielstellung, sondern auch in seinem Namen verankert hat bzw. dem noch wichtigeren Anliegen des Umweltschutzes geschuldet. Zu diesem Komplex - Festlegung Gesetzgebungsbefugnis - lagen eine Vielzahl von Änderungsanträgen aus den Ausschüssen vor. Fast in allen Fällen lagen diesen Anträgen wohldurchdachte und berechtigte inhaltliche Aspekte zugrunde. Aber gerade darum, um inhaltliche Aspekte geht es ja bei einer Verteilung von Gesetzgebungskompetenz nicht. Deshalb konnten die meisten dieser Anträge nicht berücksichtigt werden, und die inhaltlichen Aspekte müssen in die Ausgestaltung der Landesgesetze und der Republiksgesetze eingetragen werden. Übrigens wurden für die Zeit bis zur Herstellung der Einheit Deutschlands spezielle Gesetzgebungsbefugnisse übergangsweise geregelt. Entsprechend wurden auch in § 18 Übergangsregelungen für Verwaltungsbefugnisse festgeschrieben.

Zweiter Schwerpunkt: Aus der eingebrachten Drucksache Nr. 84, die dem Ausschuß vorlag, wurde der gesamte § 10 gestrichen, der spezielle Länderzuständigkeiten aufführte, um plastisch die neuen Befugnisse der Länder darzustellen. Dieser § 10 wurde überflüssig, weil natürlich prinzipiell gilt, daß die Länder für Gesetzgebung und Verwaltung grundsätzlich zuständig sind, sofern das Gesetz solche Befugnisse nicht ausdrücklich der Republik zuweist.

Für unsere Zuschauer und Zuhörer will ich aber diese Länderaufgaben, Befugnisse, wie sie im § 10 dargestellt waren, erklärend noch einmal erläutern. Die Länder regeln in eigener Verantwortung insbesondere Einrichtung und Organisation der Landesbehörden, Ausgestaltung eines länderbezogenen Kommunalrechts, Raumordnung und Landesplanung, Aufstellung des Landeshaushalts, Ausfüllung des Bauordnungsrechts, Ausführung der kulturellen Angelegenheiten, des Denkmalschutzes, des Naturschutzes und der Landschaftspflege; die Wahrnehmung des Landespolizeirechts und die Wahrnehmung der Aufgaben von Justiz und Bildung.

Weiterer Schwerpunkt: Gestaltung eines Länderrates. Ein Länderrat - etwa vergleichbar mit dem Bundesrat - wird nunmehr nicht gebildet. Dem Anliegen vieler Ausschüsse folgend, wurde jedoch in § 20 ein Einspruchsrecht der Länder bei Republikgesetzgebung ausgestaltet, das zumindest für diesen Fall die eigenständigen Interessen der Länder gegenüber der Republik wahrt.

Viertens: Finanzverfassung der Länder: Hier ist neben dem ausgestalteten § 19 zu beachten, daß alle erforderlichen grundsätzlichen Regelungen in den bereits in Kraft gesetzten Gesetzen zu Finanzwesen, Rechnungshof, Haushaltsrecht und Haushaltsordnung - Drucksachen Nr. 47 a bis 50 a - getroffen sind.

Nun zum Gesetz selbst: Mit Wirkung vom 14. Oktober 1990 werden in der DDR folgende Länder gegründet: Mecklenburg-Vorpommern durch Zusammenlegung der Bezirksterritorien Neubrandenburg, Rostock und Schwerin ohne die Kreise Perleberg, Prenzlau, Templin; Brandenburg durch Zusammenlegung der Bezirksterritorien Cottbus, Frankfurt/Oder und Potsdam ohne die Kreise Hoyerswerda, Jessen, Weißwasser - zuzüglich der Kreise Perleberg, Prenzlau, Templin; Sachsen-Anhalt durch Zusammenlegung der Bezirksterritorien Halle und Magdeburg ohne den Kreis Artern - zuzüglich des Kreises Jessen; Sachsen durch Zusammenlegung der Bezirksterritorien Dresden, Karl-Marx-Stadt/Chemnitz und Leipzig ohne Kreise Altenburg und Schmölln - zuzüglich der Kreise Hoyerswerda und Weißwasser; Thüringen durch Zusammenlegung der Bezirksterritorien Erfurt, Gera und Suhl - zuzüglich der Kreise Altenburg, Artern und Schmölln. Berlin, Hauptstadt der DDR, erhält Landesbefugnisse, die von der Stadtverordnetenversammlung und vom Magistrat wahrgenommen werden. Derzeit bestehende Probleme zwischen der Rechtsaufsichtsbehörde und der Stadtverordnetenversammlung von Berlin bezüglich einer selbständigen Verfassungsgebung und ähnlichen Fragen werden in kürzester Frist zwischen diesen beiden Partnern geregelt.

Das Errichten der Länder und die Herstellung ihrer Funktionsfähigkeit gestaltet sich in den folgenden Schritten, wie sie in § 23 geregelt sind. Die Landtagswahlen, die durch ein Gesetz der Republik geregelt werden - es steht dann auf der Tagesordnung - finden am 14. Oktober 1990 statt.

Der erstgewählte Landtag, dem zugleich die Aufgabe einer verfassungsgebenden Landesversammlung obliegt, tritt spätestens am 14. Tag nach der Wahl zusammen. Spätestens am 20. Tag nach seinem Zusammentritt hat er eine vorläufige Landesregierung zu bilden. Nach Inkrafttreten der Landesverfassung wird die Landesregierung nach den Bestimmungen dieser Verfassung endgültig gebildet. Bis die Gesetzgebungsbefugnis der Länder durch diese wahrgenommen werden kann, gilt das Recht der Republik als Landesrecht weiter. - Soweit der Gang für die nächsten Monate.

Verehrte Damen und Herren! Im Auftrag des federführenden Ausschusses bitte ich Sie, diesem Verfassungsgesetz die qualifizierte Mehrheit zu gewähren. Gleichzeitig möchte ich im Namen des federführenden Ausschusses und des Ministers für Regionale und Kommunale Angelegenheiten allen beteiligten Bürgern, den Mitarbeitern der kommunalen Verwaltungen und den an der Erarbeitung des Gesetzes Beteiligten herzlichen Dank sagen. - Ich danke Ihnen für die Aufmerksamkeit.

(Beifall)

Quelle: Volkskammer der Deutschen Demokratischen Republik. 10. Wahlperiode. 27. Tagung. Sonntag, den 22. Juli 1990. Stenographisches Protokoll. [Berlin 1990], S. 1209-1211 (Druck).

[38]

Information der Beauftragten des DDR-Ministeriums für Regionale und Kommunale Angelegenheiten für die Bezirke Gera und Suhl vom 30. Juli 1990 über den Vorbereitungsstand der Bildung des Landes Thüringen

0. Am 16. 5. 1990 fand auf Einladung des CDU-Landesvorsitzenden eine erste Beratung der an der V*[olks]*K*[ammer]*-Wahl beteiligten Parteien und Organisationen zur Vorbereitung der Länderbildung statt.

In seiner konstituierenden Sitzung am 30. 5. 1990 hat der Politisch-Beratende Ausschuß seine Geschäftsordnung beschlossen. Der Politisch-Beratende Ausschuß (PBA) ist ein Gremium, dessen Arbeit darauf gerichtet ist, die strukturelle und technisch-organisatorische Vorbereitung der Bildung des Landes Thüringen zu sichern. Seine Beschlüsse tragen Empfehlungscharakter, ihr Adressat ist der künftige Landtag bzw. die Landesregierung. Er tagt im 14tägigen Rhythmus, in ihm sind repräsentative Vertreter der Parteien und Bürgerbewegungen, die bei den Volkskammerwahlen einen gewichtigen Stimmanteil erhalten haben. Im Auftrag des PBA arbeiten 16 Arbeitsgruppen, denen hauptamtliche Mitarbeiter der 3 Bezirksverwaltungsbehörden sowie viele ehrenamtliche Mitarbeiter aus den verschiedensten Parteien, Bürgerbewegungen, Betrieben, Einrichtungen angehören.

1. Wirksamkeit der Arbeitsgruppen

Die Arbeit in den Arbeitsgruppen wurde in den letzten 4 Wochen stark forciert. Jedoch sind seit der Konstituierung rund 6 Wochen vergangen, wo sich der PBA vorrangig mit Personalfragen befaßt hat. Die vorliegenden Dokumente und Materialien (siehe Anlage 1) gewährleisten, daß in den Arbeitsgruppen jetzt an deren weiterer Qualifizierung zügig gearbeitet wird. Auf seiner Beratung am 27. 7. 1990 hat der PBA erstmalig Berichte der A*[rbeits]* G*[ruppen]*-Leiter zum Stand der Arbeit in den AG entgegengenommen. So berichteten die Leiter der AG Medienpolitik, Inneres, Justiz, Finanzen, Wirtschaft und Technologie, Wissenschaft, Kultur, Bildung, Soziales/Gesundheitswesen, Umweltschutz- Raumordnung und Koordinierung. Auch bei diesen Berichten kam es dem PBA nicht darauf an, den inhaltlichen Arbeitsstand kennenzulernen, sondern es ging vorrangig darum, daß sich der Leiter der AG vorstellte und seine Arbeitsschritte aufzeigte. Aus unseren Gesprächen in Erfurt sowie aus den mündlichen Berichten der AG-Leiter am 27. 7. 1990 schätzen wir ein, daß der überwiegende Teil der AG und deren Unterabteilungen am Beginn ihrer inhaltlichen Arbeit stehen.

Neben der Konstituierung in den einzelnen AG und Unterarbeitsgruppen wurden die vorliegenden Arbeitsmaterialien gesichtet und erste Standpunkte dazu erarbeitet. Einige Arbeitsgruppen wie Inneres, Justiz, Wissenschaft, Kultur, Verwaltungsstruktur, Ernährung, Landwirtschaft, Forsten und Landtag haben Entwürfe für künftige Strukturen der Ministerien, Geschäftsordnungen, zur Mittelbehörde und zur Bildung von Agrarverwaltungen erarbeitet und bereits teilweise dem PBA zur Beratung übergeben. Die Beratung solcher Materialien am 27. 7. 1990 zeigte, daß parteipolitische Interessen in den Mittelpunkt gestellt werden, anstatt tiefgründig sich mit den Inhalten zu befassen. In der nächsten Beratung am 10. 8. 1990 sollen die ersten Entwürfe zur Struktur der Landesregierung bzw. zu den Ministerien behandelt werden. Die Frage der Landeshauptstadt (Erfurt) ist im Prinzip entschieden, jedoch gibt es keine klare Auffassung zur Ansiedlung der Ministerien. Teilweise wird vorgeschlagen, aufgrund fehlender Voraussetzungen in Erfurt, einige Ministerien in Gera, Suhl bzw. Weimar anzusiedeln, andere Auffassungen stehen dem gegenüber, alle Ministerien in Erfurt zu installieren. Auch die Bildung von staatlichen Mittelbehörden wurde mit Beschlußfassung bestätigt. Jedoch konnte noch keine Einigung erzielt werden, wieviele, in welcher Größenordnung und wo welche Mittelbehörden zu bilden sind. Die Arbeitsgruppe technisch-organisatorische Vorbereitung der Länderbildung hat verschiedene Varianten erarbeitet, die ebenfalls am 10. 8. mit beraten werden sollen.

2. Alle 3 Thüringer Regierungsbezirke arbeiten paritätisch in den AG zur Vorbereitung der Länderbildung mit. Selbstverständlich trägt dabei der Regierungsbezirk Erfurt, wo auch der PBA tagt und wo der überwiegende Teil der Arbeitsgruppen ihre *[sic!]* praktische Arbeit leisten, eine Hauptverantwortung. Die 3 Regierungsbevollmächtigten nehmen an den Beratungen des PBA teil, haben jedoch als Regierungsbevollmächtigte kein Stimmrecht, sondern nur im Rahmen ihrer Partei. Zwischen den Regierungsbevollmächtigten werden ständig Kontakte gepflegt und anstehende Aufgaben zwischen den einzelnen Regierungsbezirken auch aufgeteilt.

3. Mit den 3 Bundesländern Bayern, Hessen und Rheinland-Pfalz gibt es auch bei der Ländervorbereitung eine enge Zusammenarbeit. Die drei Staatskanzleien wurden mit einem Schreiben um wirksame Unterstützung gebeten. Mitarbeiter aus den Landesregierungen arbeiten in den Arbeitsgruppen bzw. Unterarbeitsgruppen konstruktiv mit, z. B. in der AG Justiz, Inneres, Verwaltungsreform. Mitarbeiter von unseren 3 Regierungsbezirken waren in der BRD, z. B. haben sie an Landtagssitzungen teilgenommen und die Verwaltungsstrukturen kennengelernt. Konsulenten aus den 3 Bundesländern haben vor dem PBA referiert zu den Mittelbehörden. Konkrete Erfahrungsaustausche werden auch mit Einrich-

tungen der BRD, wie z. B. der Universität Würzburg, der Verwaltungsfakultät Bayreuth und Speyer geführt.

4. Der Regierungsbevollmächtigte von Erfurt hat mit der Bildung des Wahlbüros des Landes Thüringen begonnen. Der Landeswahlleiter sowie sein Stellvertreter sind benannt. Aus den 3 Regierungsbezirken liegen namentliche Vorschläge für das Wahlbüro vor. Ein Entwurf für die zu bildenden 44 Wahlkreise liegt vor und wurde den Präsidenten des Landkreistages übergeben. Die Landräte sind zu dieser Problematik eingewiesen. Dem Präsidium der Volkskammer wurden die Vorschläge zu den Wahlkreisen übergeben. Vom Landeswahlvorstand werden die Termine mit den Verantwortlichen der Regierungsbezirke z*[ur]* Z*[eit]* abgestimmt.

Kupsch Rübsam

Anlage 1

- Vorschläge über die Struktur einer Landesregierung Thüringen (von der Bezirksverwaltungsbehörde Erfurt, dem SPD-Landesvorstand und CDU-Landesvorstand)
- Vorschläge zur Bildung und Arbeitsweise von Mittelbehörden (von der Bezirksverwaltungsbehörde Suhl und Unterausschuß Verwaltungsstruktur)
- Entwurf der Landesverfassung Thüringens (F*[riedrich-]*S*[chiller-]*U*[niversität]*Jena)
- Entwurf der Kommunalverfassung Thüringens (Städte- und Gemeindebund)
- Vorstellungen zur Profilierung des Instituts für Landesentwicklung, Umwelt- und Standortfragen des Landes
- Vorlage der Arbeitsgruppe Landtag (Arbeitsprogramm, Inhalte und Terminabläufe)
- Thesen der A*[rbeits-]*G*[ruppe]* Bauwesen zur inhaltlichen und strukturellen Vorbereitung der Baubehörden
- Vorschlag zur Bildung der Agrarverwaltungsreform im Land Thüringen
- Vorstellungen zur Profilierung des Instituts für Landesentwicklung, Umwelt- und Standortfragen des Landes Thüringen

Quelle: BArch Berlin, DO 5 Nr. 137 [Ministerium für Regionale und Kommunale Angelegenheiten], unpag. (Ausfertigung; die als Anlage aufgeführten Dokumente wurden nicht abgedruckt).

[39]

Erlaß des Ministerpräsidenten der DDR vom 17. September 1990 über die Stellung, Aufgaben und Befugnisse der Landessprecher als Landesbevollmächtigte

Ministerrat der DDR
- Der Ministerpräsident - Berlin, den 17. 09. 1990

Regelungen zu Stellung, Aufgaben und Befugnissen der Landessprecher als Landesbevollmächtigte

I. Auf der Grundlage des Beschlusses der Regierung vom 8.8. 1990 zur Auswertung der Beratung mit den Regierungsbevollmächtigten, Punkt 5, zum Einsatz von Landessprechern, werden folgende Regelungen zu deren Stellung, Aufgaben und Befugnissen bis 3. 10. 1990 getroffen:

1. Die Landessprecher sind gegenüber der Regierung für alle mit der Länderbildung zusammenhängenden Aufgaben verantwortlich. Sie organisieren und koordinieren im Sinne von Landesbevollmächtigten dazu die Tätigkeit der Regierungsbevollmächtigten und der Bezirksverwaltungsbehörden im jeweiligen Gebiet. Vorbehaltlich künftiger Entscheidungen der Landesparlamente und Landesregierungen treffen sie Festlegungen zu den Vorschlägen der Arbeitsausschüsse zur weiteren Vorbereitung der Länderbildung nach Anhörung der anderen Regierungsbevollmächtigten.

2. Die Aufgaben der Landessprecher umfassen:

- Vorbereitung der Bildung funktionsfähiger Landesregierungen einschließlich der gesamten Verwaltungsorganisation des künftigen Landes, deren personelle Besetzung und räumliche Ansiedlung sowie die Erarbeitung von Verfassungs- und anderen Gesetzesentwürfen; Wahrnahme aller Aufgaben im Zusammenhang mit
  • der Übertragung bzw. Übernahme von Verwaltungsvermögen in die Hoheit der Länder gemäß § 21 Ländereinführungsgesetz,
  • der Übertragung bzw. Übernahme von Verwaltungsorganen und sonstigen der öffentlichen Verwaltung oder Rechtspflege dienenden Einrichtungen der Republik in die Hoheit der Länder gemäß § 22 Ländereinführungsgesetz (einschließlich der Einrichtungen, die als gemeinsame Einrichtungen der Länder weitergeführt werden),
  • der Eingliederung von Landkreisen, die im Rahmen der Länderbildung aus ihrer bisherigen Bezirkszugehörigkeit herausgelöst werden.

- Mitarbeit an der Regierungstätigkeit, um eine wirksame und sachkundige Interessenvertretung des künftigen Landes zu gewährleisten. Das betrifft vor allem
  • die Beachtung und Wahrung der Rechte und Kompetenzen der künftigen Länder bei der Gesetzgebung und bei der Verwaltung, wie sie sich aus dem Ländereinführungsgesetz ergeben,
  • die Gestaltung von Raumordnungs- und Regionalplanungsangelegenheiten aus der Sicht der Länder und ihrer Regionen,
  • die Wirtschaftsförderung und den Einsatz der entsprechenden Fördermittel nach landesplanerischen und regionalen Gesichtspunkten,
  • die Wahrung der Rechte kreisfreier Städte, der Landkreise und der Gemeinden entsprechend der Kommunalverfassung bei den Entscheidungen der Regierung.

- Enge Zusammenarbeit mit den Regierungsbevollmächtigten und den Fachdezernenten der Bezirksverwaltungsbehörden in allen Fragen der Länderbildung sowie in Vorbereitung und Auswertung der Kabinettssitzungen, soweit davon Belange des künftigen Landes berührt werden.
- Unterstützung der Landeswahlleiter bei der Vorbereitung und Durchführung der Landtagswahlen am 14. 10. 1990.

3. Die Befugnisse der Landessprecher umfassen:

- Die endgültige*) Entscheidung über die Arbeitsergebnisse der Arbeitsausschüsse zur Vorbereitung der Länderbildung.
- Die Entscheidung bei übertragenen Aufgaben von überbezirklicher Bedeutung, die künftige Länderbefugnisse betreffen.
- Die Vertretung des künftigen Landes gegenüber der Regierung und Teilnahme an den Kabinettssitzungen mit beratender Stimme.
- Das Einspruchsrecht gegen Verwaltungsentscheidungen von Ministerien, die Angelegenheiten des künftigen Landes betreffen.

*) endgültig im Sinne des Vorhalts der Entscheidung des Landesparlaments bzw. der Landesregierung

II. In Übereinstimmung mit dem Entwurf des Einigungsvertrages unterstehen die Landessprecher als Landesbevollmächtigte für den Zeitraum ab dem Wirksamwerden des Beitritts bis zur Wahl der Ministerpräsidenten den Weisungen der Bundesregierung. Sie führen insbesondere folgende Aufgaben durch:

- Leitung der Verwaltung des Landes als Landesbevollmächtigte
- Wahrnahme der bisherigen Aufgaben (vgl. Abschnitt I, Pkt. 2)

Die Landesbevollmächtigten haben entsprechend dem Entwurf des Einigungsvertrages folgende Befugnisse:

- Weisungsrecht gegenüber den Bezirksverwaltungsbehörden sowie bei übertragenen Aufgaben auch gegenüber den Gemeinden und Landkreisen,
- Teilnahme an Sitzungen des Bundesrates mit beratender Stimme,
- Ersuchen auf Verwaltungshilfe gegenüber anderen Ländern und dem Bund für die Durchsetzung bestimmter Fachaufgaben,
- Geltendmachen von Rechten aus dem Einigungsvertrag (Rechtswahrung).

L. de Maizière

Quelle: BArch Berlin, DO 5 Nr. 190 [Ministerium für Regionale und Kommunale Angelegenheiten], unpag. (Ausfertigung).

[40]

Protokoll einer Beratung des Landessprechers für Thüringen mit den Regierungsbevollmächtigten der Bezirke Gera und Suhl, den Ressortleitern der Bezirksverwaltungsbehörde Erfurt und Beratern der Bundesregierung über die Vorbereitungen zur Bildung des Landes Thüringen am 26. September 1990

Bezirksverwaltungsbehörde Erfurt Erfurt, 26. 9. 1990

Protokoll der Beratung mit den Regierungsbevollmächtigten der Bezirke Gera und Suhl, den Leitern der Ressorts der Bezirksverwaltungsbehörde Erfurt sowie mit Beratern der Bundesregierung am 26. 9. 1990

Anwesend:

Herr Duchač (Landessprecher), Herr Lindlau (Regierungsbevollmächtigter Gera), Herr Ulbrich (Regierungsbevollmächtigter Suhl), Herr Walker, Herr Dr. Gesang, Herr Teuber, Herr Lang, Herr Demme, Frau Schmöller, Herr Ritter, Herr Deimling, Herr Dr. Ose, Herr Mäs, Herr Zänker, Herr Ott, Herr König, Frau Dr. Hahn, Herr Wittek, Herr Homann, Frau Neher, Herr Haarseim, Herr Machate, Herr Löffler (Berater vom Bundesministerium für Innerdeutsche Beziehungen), Herr Dr. Stolz (Berater vom Bundesumweltministerium), Herr Bindert (Berater vom Bundesministerium für Familie, Frauen, Jugend und Gesundheit), Herr Wittschen (Berater vom Bundesinnenministerium)

Zu Beginn wurde von Herrn Duchač eine Beratung der Clearingstelle vorgenommen. Ausgangspunkt seiner Ausführungen war ein Artikel in der »Frankfurter Allgemeinen«, in der die Situation in Thüringen geschildert und dargestellt wurde, daß der einmal vorhandene Vorsprung bei der Bildung des Landes verloren gegangen ist. Es wurde eingeschätzt, daß der politisch-beratende Ausschuß nicht die erforderlichen Entscheidungen getroffen hat und daß es jetzt darauf ankommt, konzentriert und angespannt zu arbeiten, damit die Situation bei der Bildung des Landes Thüringen verbessert wird. In dieser Woche soll ein Verfassungsentwurf vorgelegt werden, der als Grundlage für die weitere Arbeit genutzt werden kann.

Nach dem 3. 10. 1990 hat der Landesbevollmächtigte Regierungsvollmacht und steht unter Dienstherrschaft des Bundesinnenministers. Er trifft seine Entscheidungen in enger Zusammenarbeit mit Gera und Suhl.

Herr Duchač informierte, daß seit dem 25. 9. 1990 zwei große Beratergruppen ihre Tätigkeit im Hause aufgenommen haben, und zwar eine Beratergruppe vom Bund und eine Beratergruppe, die sich aus Vertretern der Bundesländer Bayern, Rheinland-Pfalz und Hessen zusammensetzt. Es ist notwendig, die Arbeiten zur Bildung des Landes Thüringen zu forcieren, da wir gegenüber anderen Ländern der Noch-DDR einen Rückstand haben.

Ab 3. 10. 1990 werden viele Aufgaben, die bisher zentral unterstellt waren, in die Verantwortlichkeit der Länder übergehen. Herr Duchač wies auf eine ihm übergebene Zusammenstellung der Einrichtungen, die als gemeinsame Einrichtungen gemäß Art. 14 des Einigungsvertrages geführt werden sollen, hin. Diese Zusammenstellung wird allen Ressortleitern zur Verfügung gestellt und wird am 1. 10. 1990 beim Innenminister in Bonn weiter beraten. In Vorbereitung dieser Beratung, an der Herr Lindlau und Herr Schulze in Vertretung für Herrn Duchač teilnehmen werden, muß geklärt werden, welche Aufgaben länderübergreifend sein werden, und was in die Verantwortung der Länder übergehen muß. Dazu müssen in dieser Woche die erforderlichen Beratungen mit den Bezirken Gera und Suhl durchgeführt werden. Durch das Innenministerium in Bonn wurde in vielen Fällen Übergangslösungen zugestimmt, das betrifft zum Beispiel Fragen der Rechtsnachfolge sowie Personalentscheidungen. Die wichtigste Frage wird der Haushalt sein.

Ein wichtiges Problem sind die notwendigen Entscheidungen über die Gebäude und Liegenschaften für die künftigen Ministerien. Das betrifft insbesondere die Kasernen. Durch den Innenminister, Herrn Schäuble, wurde empfohlen, alle Entscheidungen sofort selbst zu treffen. Er wird alle diesbezüglichen Entscheidungen nachträglich bestätigen. Herr Duchač hat Herrn Schulze mit der Klärung der Nutzung von Kasernen für künftige Ministerien beauftragt.

Durch den Innenminister wurde darauf aufmerksam gemacht, daß an vielen Stellen planungsrechtliche Voraussetzungen noch nicht gegeben sind, daß aber Entscheidungen getroffen werden müssen. Sollte in Einzelfällen falsch entschieden werden, muß es korrigiert werden. Für die Entscheidungen stehen Berater aus der Bundesrepublik zur Verfügung, die tatkräftig Hilfe und Unterstützung geben.

Zur Zeit werden Überlegungen zum Finanzausgleich angestellt. Der Innenminister hat mit dem Staatssekretär für Finanzen Konsens darüber erreicht, daß uns konkrete Vorschriften dazu übergeben werden.

Es wurden Musterstellenpläne erarbeitet, die als Empfehlung an die künftigen Ministerien zu geben sind. Sie beinhalten noch nicht die Finanzierung und den erforderlichen Lohn- und Gehaltsfonds für diese Stellen. Es gibt noch keine konkreten Vorstellungen zur Angleichung, da bei uns nicht die gleichen Gehälter wie in der Bundesrepublik gezahlt werden können. In einigen Bereichen ist es jedoch notwendig, Fachleute aus der Bundesrepublik einzusetzen (zum Beispiel Justiz), da wir nicht über die entsprechend qualifizierten Leute verfügen. Hier gibt es Überlegungen zur Bezahlung in zwei Richtungen:

- Es wird ein Beamter aus einem Bundesland abgeordnet, das Bundesland bezahlt diesen Beamten weiter.
- Der Beamte wird von uns bezahlt und bekommt einen Ausgleich aus der Bundesrepublik.

Dort, wo Damen und Herren nicht bei uns fest angestellt werden wollen, besteht auch die Möglichkeit, für einen bestimmten Zeitraum als Berater tätig zu werden. Für Kommunen, die Berater haben, ist ein Ausgleich im Nachtragshaushalt beantragt worden. Der Finanzminister hat ein Modell vorgelegt. Der Antrag muß direkt an das Bundesministerium des Inneren weitergeleitet werden.

Ab 3. 10. 1990 sind die Länder für die Polizei verantwortlich. Seit dem 25. 9. 1990 sind Berater für diese Aufgabe tätig. Auch die Gefängnisse gehören zum Verantwortungsbereich der Länder. Herr Schäuble hat dringend empfohlen, ab 3. 10. 1990 nicht schlagartig das Gefängnispersonal auszuwechseln. Ähnlich ist die Situation beim Katastrophenschutz. Ab 3. 10. 1990 liegt die Kompetenz beim Land. Es müssen Überlegungen angestellt werden, wie diese Aufgaben sinnvoll weitergeführt werden können.

Die Frage der Richterwahlausschüsse wurde bis zum 15. 4. 1991 verlängert. Mit Fernschreiben vom 25. 9. 1990 wurde Herr Duchač über die Zusammensetzung informiert. Die Situation ist so, daß die Gerichtsbarkeit nicht aufgegeben werden kann, es muß weiter gearbeitet werden; bei auftretenden Problemen ist Herr Duchač sofort zu informieren. Gegenwärtig sind Richter aus Bundesländern eingesetzt, die weitere Unterstützung geben.

Am 9. 10. 1990 wird eine Kommunalkonferenz im Hause der Bezirksverwaltungsbehörde Erfurt vom Bundesministerium des Inneren durch den parlamentarischen Staatssekretär durchgeführt. Für die Vorbereitung ist Herr Lang verantwortlich. An dieser Beratung sollen die verantwortlichen Ressortleiter und Leiter der Aufbaustäbe sowie die Regierungsbevollmächtigten von Gera und Suhl teilnehmen.

Das Bundesministerium für Bildung und Wissenschaft informierte darüber, daß gemäß Artikel 13 Abs. 1 des Einigungsvertrages die Möglichkeit besteht, Entscheidungen zur Rechtsnachfolge, zu Personalfragen usw. um drei Monate zu verlängern.

Die Ressortleiter wurden darüber informiert, daß noch Möglichkeiten der Finanzauslastung für die Gemeinden im Jahre 1990 bestehen. Insbesondere die Ressorts Finanzen/ Preise und Regionalentwicklung/Wirtschaftsförderung sollten in enger Zusammenarbeit mit den Landräten die vorhandenen Möglichkeiten nutzen. Herr Haarseim wurde beauftragt, aus dem vorliegenden Material für die jeweiligen Ressortleiter Auszüge anzufertigen.

V*[erantwortlich]*: Herr Haarseim

Für das Bauwesen hat das Bundesministerium für Raumordnung, Bauwesen und Städtebau einen gemeinsamen Entwurf herausgegeben. Hier gibt es einen großen Handlungsbedarf. Das Material wird dem Bauamt mit der Festlegung übergeben, dieses gründlich durchzuarbeiten und mit den Beratern aus der Bundesrepublik zu besprechen. Sollten in diesem Material Fragen enthalten sein, die andere Ressorts betreffen, so sind diese durch das Bauamt zu informieren. Das betrifft auch die Ressortleiter der Bezirke Gera und Suhl.

V*[erantwortlich]*: Leiter des Ressorts Bauwesen und Wohnungswirtschaft

Herr Duchač informierte, daß für alle Bereiche Berater aus der Bundesrepublik tätig sind bzw. tätig werden. Die anwesenden Damen und Herren wurden aufgefordert, ihre Gedanken zu äußern, wie ab dem 3. 10. 1990 die Zusammenarbeit der alten Bezirksverwaltungsbehörden erfolgen soll. In diesem Zusammenhang brachte Herr Duchač zum Ausdruck, daß seiner Meinung nach nicht alles aufgelöst werden sollte, die alten Apparate müßten solange arbeiten, bis die Landesregierung arbeitsfähig ist. Es sollte eine Verständigung erfolgen, wie die Bildung der Ministerien forciert werden kann. Die 8 Ressortleiter, die mit der Bildung der Ministerien beauftragt sind, wurden gebeten, über den erreichten Stand zu informieren und einzuschätzen, ob sie für die Bewältigung dieser Aufgabe aus den laufenden Amtsgeschäften ihrer Ressorts herausgelöst werden sollten.

In der Aussprache machte Frau Schmöller darauf aufmerksam, daß es für die Ressortleiter dringend notwendig ist, den kompletten Text des Einigungsvertrages zu erhalten, da besonders in den Beratungen mit Vertretern aus der Bundesrepublik immer wieder Bezug auf einzelne Vertragspunkte genommen werden *[sic!]* und die Ressortleiter diesen Vertrag nur auszugsweise kennen. Herr Ulbrich informierte darüber, daß noch in dieser Woche allen Ressortleitern das komplette Vertragswerk zugestellt wird.

Frau Schmöller informierte darüber, daß bei der Abwicklung des Haushaltes in alt nach dem bisher bekannten System weiter gearbeitet werden muß. Das bedeutet auch, daß die damit befaßten Personen bis zum 1. Quartal 1991 weiter arbeiten müssen, weil sie als Unterschriftsbevollmächtigte bei der Bank gemeldet sind. In der ersten Januarwoche wird der

Haushalt in alt abgeschlossen, aber die gesamte Abwicklung wird sich noch länger hinausziehen. Parallel zur Auflösung des Ministeriums für Finanzen geht es darum, einen Haushalt für das Land Thüringen aufzubauen. Dazu gibt es Unterstützung durch das Bundesland Hessen. Es wurde vereinbart, daß für den Steuerbereich Mitarbeiter bzw. Berater eingesetzt werden, die Entscheidungskompetenzen haben. Diese Tätigkeit läuft am 26. 9. 1990 an und erfolgt im engen Zusammenwirken mit Gera und Suhl. Frau Schmöller hält es für notwendig, daß der Aufbau des Ministeriums, die Abwicklung des Haushaltes in alt und der Aufbau eines Haushaltes für Thüringen in Personalunion durch sie geleitet wird. Es wurde noch einmal auf die dringend notwendige Klärung der Räumlichkeiten für das Finanzministerium hingewiesen, da die Arbeitsfähigkeit dieses Ministeriums noch in diesem Jahr gewährleistet werden muß.

Durch Frau Dr. Hahn, Leiter des Ressorts Gesundheits- und Sozialwesen, wurde eingeschätzt, daß es in der Zusammenarbeit mit den Bezirken Gera und Suhl keine Probleme gibt. Der Leiter des Ressorts der Bezirksverwaltungsbehörde Gera will sich mit in den Aufbau des künftigen Ministeriums einbringen. Personalentscheidungen wurden bisher noch nicht getroffen, weil im Ressort Gesundheits- und Sozialwesen ein großer Stab von Krippenerzieherinnen und Krankenschwestern zur Verfügung steht, denen Aufgaben für das künftige Ministerium nicht übertragen werden können, weil eingeschätzt wird, daß diese Leute damit überfordert sind. Für bestimmte Bereiche gibt es dringenden Entscheidungsbedarf für den Einsatz von Personal (z. B. für das Landesversorgungsamt), da solche Bereiche bereits ab Oktober wirksam werden müssen. Von Seiten der Mitarbeiter besteht jedoch keine Bereitschaft, beim Aufbau mitzuarbeiten, wenn die Perspektive steht, anschließend wieder gehen zu müssen. Durch Herrn Duchač wurde festgelegt, daß dort, wo zwingend Entscheidungen getroffen und Ämter arbeitsfähig gemacht werden müssen, die notwendigen Personalentscheidungen gefällt werden und der künftige Dienstherr dieses Personal später übernimmt. Herr Machate wurde beauftragt, sich in diesen Prozeß unmittelbar einzuschalten.

V*[erantwortlich]*: Personalchef

Durch Herrn Ritter wurde eingeschätzt, daß es aus den Bezirken Gera und Suhl kaum Personen gibt, die bereit sind, im künftigen Innenministerium mitzuarbeiten. Für das künftige Innenministerium wird dringend Personal benötigt, das sofort in der Bundesrepublik geschult werden muß, weil eine Reihe neuer Aufgaben zu bewältigen ist. Das betrifft zum Beispiel die Aufgabe eines Registrators, den es bisher noch nicht gab. Ab 3. 10. 1990 müssen bundesdeutsche Formulare verwendet werden. Bisher ist noch nicht geklärt, welche Siegel genutzt werden können, da über ein Landessiegel bzw. Landeswappen nur der künftige Landtag entscheiden kann. Es wurde vorgeschlagen, bis zum 31. 12. 1990 die alten Siegel zu nutzen. Durch Herrn Ritter wurde darauf hingewiesen, daß es dringend notwendig ist, zu entscheiden, ob im Land Thüringen mit oder ohne Regierungsbezirke gearbeitet wird, ohne diese Entscheidung kann die Arbeit nicht richtig begonnen werden.

Durch Herrn Teuber, Stellvertreter des Ressortleiters Bauwesen und Wohnungswirtschaft, wurde darauf hingewiesen, daß es dringend notwendig ist, die oberste Baubehörde des Landes Thüringen bereits jetzt arbeitsfähig zu machen, da eine Menge Fördermittel zur Verfügung stehen, deren Einsatz richtig gesteuert werden muß. Es ist notwendig, über die seit vielen Wochen vorliegende Struktur für das Bauwesen, die im politisch-beratenden Ausschuß nie behandelt wurde, sofort Entscheidungen zu treffen, weil sonst die Gefahr besteht, daß die letzten fähigen Mitarbeiter aus dem Bereich des Bauwesens in andere Bereiche abwandern. Bereits jetzt zeichnen sich Schwierigkeiten ab, unter den gegebenen Bedingungen die Mitarbeiter des Bauamtes zu motivieren. Erschwerend wirkt sich noch aus, daß der Ressortleiter Herr Dr. Gesang für den Aufbau des Justizministeriums eingesetzt wurde und dem eigenen Ressort nicht mehr zur Verfügung steht. Herr Ritter wies darauf hin, daß es beim Strukturvorschlag des Bauwesens zwar Veränderungen geben wird, die Grundstruktur jedoch bleibt. Bis zum 2. 10. 1990 werden dazu Entscheidungen getroffen.

Durch Herrn Teuber wurde noch einmal darauf hingewiesen, daß informiert werden muß, wer die Entscheidungen trifft. Es müssen Begutachtungsstellen in Gera und Suhl eingerichtet werden. Es ist bekannt, daß in Gera und Suhl die Fachleute weglaufen, das Bauwesen muß jedoch der Motor für die Wirtschaft sein.

Herr Duchač bat, ihn sofort bei auftretenden Problemen zu informieren, da er weitere Hilfe aus der Bundesrepublik erhalten kann. Herrn Ritter wurde empfohlen, einen Gruppenleiter für den Bereich Bauwesen und eine Arbeitsgruppe unter Hinzuziehung eines Beraters aus der Bundesrepublik einzusetzen.

Herr Homann unterbreitete den Vorschlag, Herrn Teuber als Arbeitsgruppenleiter einzusetzen.

Durch Herrn Ott, Leiter des Ressorts Tourismus und Erholungswesen wurde informiert, daß die konstituierende Sitzung des Landtages von dem *[sic!]* 25. 10. 1990 vorgesehen ist. Die Strukturen für den Landtag sind ausgearbeitet, sie werden gegenwärtig noch einmal qualifiziert. Es ist vorgesehen, mit einem Drittel der Endbesetzung des Landtages mit der Arbeit zu beginnen, mit den betreffenden Mitarbeitern hat es dazu erste Abstimmungen gegeben. Eine vorläufige Landesordnung sowie der Entwurf einer Geschäftsordnung liegen vor. Es fehlt das Wahlprüfungsgesetz. Hauptproblem ist gegenwärtig die ungeklärte Frage des Gebäudes für den Landtag. Als Arbeitsräume für die Abgeordneten wird gegenwärtig ein »Haus der Abgeordneten« in der AWU *[Arbeiterwohnunterkunft]* 5 im Bereich Mikroelektronik vorbereitet, so daß eine Arbeit der Parlamentarier möglich ist. Mit den notwendigen Bauarbeiten wurde begonnen.

Herr Deimling, Stellvertreter des Ressortleiters für Bildung, Jugend und Sport, konnte keine Aussagen über den Arbeitsstand zur Vorbereitung des Kultusministeriums machen, da er in diese Aufgaben nicht einbezogen ist. Herr Dr. Ose machte darauf aufmerksam, daß es bisher in den Bezirksverwaltungsbehörden keine Verantwortlichen für Wissenschaft und das Hoch- und Fachschulwesen gegeben hat. Es ist unzumutbar, daß hier Berater tätig werden sollen und ihnen keinerlei Material zur Verfügung steht. Durch Herrn Duchač wurde festgelegt, daß Herr Bechthum sofort einen Arbeitsstab einzusetzen hat, der sich mit den Problemen der Hochschulen und der Wissenschaft beschäftigt. Beim Aufbau des Kultusministeriums ist der Bereich Schulen nur ein Teil.

V*[erantwortlich]*: Leiter des Ressorts Bildung, Jugend und Sport

Durch Herrn Göpfarth wurde eingeschätzt, daß sowohl der Aufbau des Wirtschaftsministeriums als auch die Leitung des Ressorts Regionalentwicklung/Wirtschaftsförderung durch eine Person zu bewältigen ist. Er wies noch einmal darauf hin, daß in Vorbereitung der Länderbildung die enge Zusammenarbeit mit den Bezirken Gera und Suhl außerordentlich wichtig ist. Außerdem machte er darauf aufmerksam, daß bei der Vorbereitung der Länderbildung die Fragen der E*[uropäischen]*G*[emeinschaft]* von vornherein durch Beauftragte der einzelnen Ministerien berücksichtigt werden müssen. Das gleiche gilt für die Zusammenarbeit mit Bonn.

Durch Herrn Machate wurde über den Stand der Personalentscheidungen informiert. Mit Frau Schmöller erfolgt kurzfristig eine Verständigung über die geschäftsführenden Leiter bestimmter Ämter. Es wurde vorgeschlagen, für das Staatsbauamt Herrn Seifert geschäftsführend einzusetzen. Außerdem sollen für dieses Amt 10 bis 20 Mitarbeiter benannt werden.

Herr Demme machte Ausführungen zum Stand der Vorbereitung des Landwirtschaftsministeriums. Dabei wies er darauf hin, daß es sehr unterschiedliche Auffassungen zwischen den Beratern aus den verschiedenen Bundesländern gibt, die sich ungünstig auswirken. Für die weitere Tätigkeit ist es notwendig, eine Entscheidung zu treffen, ob in Thüringen mit Mittelbehörden gearbeitet wird oder nicht.

Durch Herrn Duchač wurde mit aller Entschiedenheit darauf hingewiesen, daß bei auftretenden unterschiedlichen Auffassungen zwischen Hessen und Rheinland-Pfalz durch ihn entschieden wird, wie weiter zu verfahren ist. Herr Demme wurde beauftragt, in solchen Fällen Herrn Duchač einen Entscheidungsvorschlag vorzulegen, da jetzt keine Zeit mehr für lange Sachdiskussionen ist.

Herr Zänker, Leiter des Ressorts Naturschutz, Umweltschutz und Wasserwirtschaft, schätzte ein, daß es mit den Bezirken Gera und Suhl eine sehr enge Zusammenarbeit gibt. Bei der weiteren Arbeit kommt es darauf an, daß das Umweltministerium nicht zur Bremse für die wirtschaftliche Entwicklung wird. Bei der Vorbereitung dieses Ministeriums wird davon ausgegangen, ohne Regierungsbezirke zu arbeiten. Gemeinsam mit den Bezirken Gera und Suhl erfolgt die Überleitung der ehemalig zentral geleiteten Wasserwirtschaftsbetriebe. Dabei gibt es eine enge Zusammenarbeit mit dem Bundesumweltministerium. Die Beratertätigkeit ist gewährleistet. Noch nicht geklärt ist die Gebäudefrage. Herr Zänker sprach sich für die Beibehaltung der Personalunion aus.

Herr Homann wies auf den dringenden Handlungsbedarf hin, der sich aufgrund des Artikels 14 des Grundgesetzes zum Kommunalvermögen ergibt. Dabei ist zu klären, was den Städten und Gemeinden gehört, was die Landkreise bekommen und was Ländereigentum wird. Die Frage des Ländereigentums ist unter den Gesichtspunkten zu erarbeiten, was das Land braucht und ob es finanzierbar ist. Durch Herrn Homann wurde vorgeschlagen, eine Arbeitsgruppe für das Land Thüringen zu bilden, die die erforderlichen Entscheidungen zum Kommunalvermögen trifft. In dieser Arbeitsgruppe sollten unter der Leitung des Ressorts Finanzen alle Ressorts mitarbeiten, um sachkompetente Entscheidungen zu treffen.

Auf Grund des quantitativ hohen Arbeitsanfalles bat Herr Homann darum, ihm kurzfristig einen Juristen aus der Bundesrepublik zur Seite zu stellen, um die Aufgaben bewältigen zu können.

Durch den Regierungsbevollmächtigten, Herr Ulbrich, wurde zum Ausdruck gebracht, daß die Bildung des Landes Thüringen auch von Suhl unterstützt wird. Es gibt jedoch eine Grundfrage, die erst zu diskutieren und zu entscheiden ist. Es ist zu klären, ob mit einem dreistufigen Verwaltungsaufbau gearbeitet wird oder nicht, weil davon viele Entscheidungen, auch Personalentscheidungen, abhängig sind. Herr Ulbrich hält einen dreistufigen Verwaltungsaufbau für notwendig. Ihm ist bekannt, daß es dazu widersprüchliche Auffassungen gibt, und der Bezirk Suhl würde sich einer anderen Entscheidung beugen. Nach wie vor wäre es jedoch besser, im begrenzten Umfang die Mittelbehörden aufrecht zu erhalten, weil sonst eine ganze Reihe von Ämtern gebildet werden müssen.

Was die Frage der Zusammenarbeit der Ressortleiter der drei Bezirksverwaltungsbehörden betrifft, so kann die hier getroffene Einschätzung nicht in vollem Umfang akzeptiert werden, aus Suhler Sicht wird das etwas anders eingeschätzt. Es gab die Befürchtung und Diskussion unter den Ressortleitern, daß in einer Reihe von Fragen Suhl nicht so einbezogen wird, wie man das erwartet. Herr Ulbrich bat darum, daß die Zusammenarbeit zwischen den einzelnen Ressortleitern verbessert wird.

Aus der Bezirksverwaltungsbehörde Suhl werden viele Mitarbeiter bereit sein, in der Landesregierung mitzuarbeiten. Auch die Ressortleiter, die im Juni neu eingesetzt wurden, wollen sich im Land mit einbringen.

Durch Herrn Ulbrich wurde eingeschätzt, daß in Suhl die Fragen der Finanzen geordnet sind, auch wenn durch einige Landräte andere Aussagen getroffen wurden. Als Problem zeigt sich gegenwärtig noch, daß das Finanzamt und der Bezirkshaushalt vielfach von einer Person bearbeitet wird. Es wird aber verändert. Für 1991 ist die Vorbereitung des Landeshaushaltes eine Seite, die Städte und Gemeinden wollen andererseits über die Kreise ihren Haushalt wissen. Die kommunale Selbstverwaltung wird 1991 für die Städte und Gemeinden noch nicht wirksam werden. Die Fragen der Erarbeitung des Haushaltsplanes für die Städte und Gemeinden müssen rechtzeitig vorbereitet werden.

Durch den Regierungsbevollmächtigten, Herrn Lindlau, wurde ebenfalls versichert, daß der Bezirk Gera seinen Anteil beim Aufbau des Landes Thüringen leisten wird. Auch Herr Lindlau sprach sich für die Arbeit mit Mittelbehörden aus. Es müssen Entscheidungen für eine künftige Struktur des Landes getroffen werden und der neu gewählten Regierung muß ein arbeitsfähiger Apparat zur Verfügung stehen.

Zur Frage der Mittelbehörden äußerte Herr Duchač, daß die Bezirksverwaltungsbehörden nicht am 14. 10. 1990 abgeschafft werden. Es wird wahrscheinlich im Landtag keine Mehrheit für Mittelbehörden geben. Die führenden Parteien, die kommunalen Spitzenverbände und die Landräte haben sich dazu geäußert. Sie stellen die politische Macht dar, die die Abgeordneten beeinflussen werden. Jeder ist gut beraten, so zu denken, als gäbe es keine Mittelbehörden. Die Regierung muß die Strategie machen, aber es muß auch jemand administrieren. Wie das geht, müssen uns die Berater sagen. Es wird eine Form der Administration geben, wenn wir verschiedene Berater haben, müssen wir uns für etwas entscheiden. Herr Duchač kann diese Frage nicht entscheiden, weil er dem Landtag nicht vorgreifen kann. Er äußerte wörtlich: »Ich werde mich hüten zu entscheiden, daß es keine Mittelbehörden gibt, ich sage nur, daß ich denke, wie der Landtag entscheiden wird.«

Dem Vorschlag von Herrn Homann, eine Arbeitsgruppe für die Klärung des Kommunalvermögens zu bilden, wurde prinzipiell zugestimmt, durch Frau Schmöller wurde jedoch darauf hingewiesen, daß die Abteilung Finanzen in der Bezirksverwaltungsbehörde Erfurt mit der Leitung dieser Arbeitsgruppe für ganz Thüringen überfordert ist. Durch Herrn Duchač wurde vorgeschlagen, daß der Leiter dieser Arbeitsgruppe durch den Regierungsbevollmächtigten von Gera oder Suhl zu benennen ist. Herr Ulbrich stimmte der Bildung einer solchen Arbeitsgruppe prinzipiell zu, machte aber darauf aufmerksam, den Bezirksverwaltungsbehörden so viel verantwortungsbewußte Arbeit zu unterstellen, daß die Anträge der Städte, Gemeinden und Landkreise vor ihrer Bearbeitung durch die Arbeitsgruppe für das Land in den Bezirksverwaltungsbehörden vorgeprüft und entsprechend der Verantwortung auch teilweise entschieden werden können.

Im Ergebnis der Beratung wurden durch Herrn Duchač folgende Festlegungen getroffen:

1. Ab dem 3. 10. 1990 wird der Landesbevollmächtigte für Thüringen durch zwei Stellvertreter vertreten. Das sind in der Reihenfolge Herr Lindlau und Herr Ulbrich.

2. Für den Verantwortungsbereich der Bezirksverwaltungsbehörde bleibt es bei den drei benannten Stellvertretern Herrn Schulze, Herrn Dr. Gesang und Herrn Lang.
3. Für die Gesamtkoordinierung des Einsatzes der Arbeitsgruppen aus den Ländern und vom Bund ist Herr Duchač verantwortlich, Vertreter ist Herr Schulze.

4. Entscheidungen, die beim Aufbau der Ministerien durch die Ressortleiter nicht getroffen werden können, sind Herrn Duchač vorzulegen, Vertreter ist Herr Schulze.

5. Personalentscheidungen sind geschäftsführend zu treffen, weil die letzte Entscheidung der Dienstherr trifft.

6. Für den Fall, wo die Aufbaustäbe für die einzelnen Ministerien nicht ausreichen, sind kurzfristig Gruppenleiter einzusetzen und Arbeitsgruppen zu bilden. Bei auftretenden Schwierigkeiten ist Herr Duchač sofort zu informieren.

7. Es ist notwendig, in kürzeren Abständen Beratungen mit den Ressortleitern, den Regierungsbevollmächtigten von Gera und Suhl und den Beauftragten vom Bund durchzuführen. Absprachen dazu werden mit Herrn Haarseim getroffen. Im Verhinderungsfalle von Herrn Duchač wird Herr Lindlau diese Beratungen leiten.

Neher

Quelle: ThHStA Weimar, Bezirkstag - Rat des Bezirkes Erfurt, Abteilung Organisation und Information, vorl. Nr. 044690, unpag. (Ausfertigung).

[Dieter Marek/Bernhard Post/Volker Wahl]

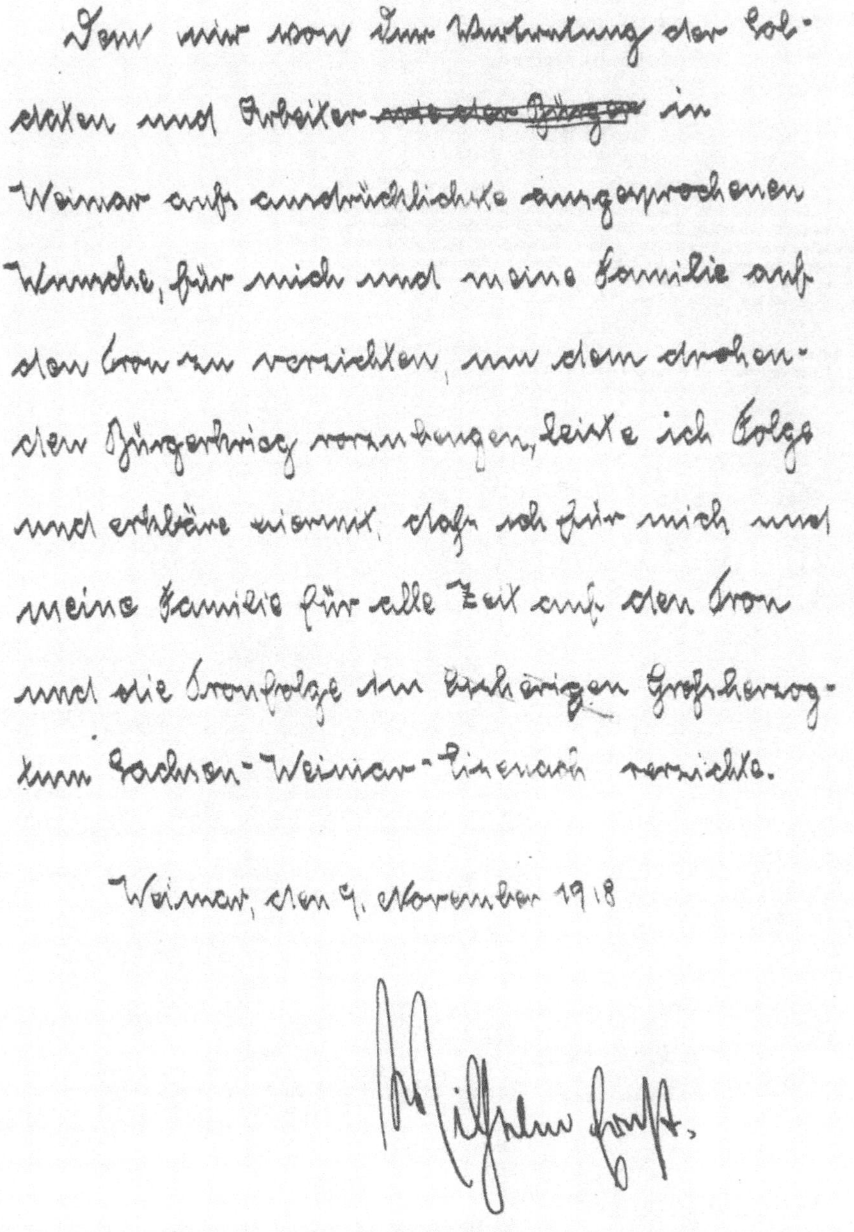

Den mir von der Vertretung der Soldaten und Arbeiter ~~und der Bürger~~ in Weimar aufs ausdrücklichste ausgesprochenen Wunsche, für mich und meine Familie auf den Thron zu verzichten, um den drohenden Bürgerkrieg vorzubeugen, leiste ich Folge und erkläre hiermit, daß ich für mich und meine Familie für alle Zeit auf den Thron und die Thronfolge im bisherigen Großherzogtum Sachsen-Weimar-Eisenach verzichte.

Weimar, den 9. November 1918

Wilhelm Ernst.

Abb. 1 Abdankungsurkunde des Großherzogs Wilhelm Ernst von Sachsen-Weimar und Eisenach vom 9. November 1918

Gemeinschaftsvertrag.

Abschnitt I.

Bildung einer Gemeinschaft der thüringischen Staaten. Zweck, Zuständigkeit und Kosten der Gemeinschaft.

Artikel 1.

Die thüringischen Staaten (Einzelstaaten) Sachsen-Weimar-Eisenach, Sachsen-Meiningen, Sachsen-Gotha, Sachsen-Coburg, Sachsen-Altenburg, Schwarzburg-Rudolstadt, Schwarzburg-Sondershausen und Reuß vereinigen sich zu einer Gemeinschaft mit dem Zwecke der Vorbereitung einer gänzlichen Verschmelzung aller dieser Staaten zu einem Staat (Gesamtstaat) Thüringen, sowie ferner zu dem Zwecke der Verbindung mit preußischen Gebietsteilen durch Verhandlungen mit dem Freistaat Preußen.

Artikel 2.

Zur Vorbereitung der gänzlichen Verschmelzung wird die Gemeinschaft zur einheitlichen Regelung sämtlicher Gebiete der Gesetzgebung und Verwaltung für die Einzelstaaten ermächtigt.

Artikel 14.

Zu einem von der Gemeinschaft zu bestimmenden Zeitpunkt wird eine Landesversammlung von Thüringen einberufen.

Artikel 15.

Der Volksrat erläßt mit bindender Kraft für alle der Gemeinschaft angehörenden Staaten die Wahlordnung für die Landesversammlung von Thüringen.

Artikel 16.

Alle Behörden der Einzelstaaten sind verpflichtet, den innerhalb ihrer Zuständigkeit gegebenen Anordnungen der Gemeinschaftsorgane Folge zu leisten. Die innerhalb der Zuständigkeit erlassenen Gemeinschaftsgesetze und -Verordnungen haben verbindliche Kraft für das gesamte Gebiet aller Einzelstaaten; sie gehen den Landesgesetzen und -Verordnungen dieser Staaten vor.

Artikel 17.

Der Volksrat ist zuständig zur Beilegung und Entscheidung aller Streitfälle zwischen den Einzelstaaten mit Ausnahme der Streitfälle nach Artikel 3.

Artikel 18.

Eine Abänderung dieses Vertrages oder die Aufhebung der Gemeinschaft kann nur im Einverständnis aller Staaten oder durch einstimmigen Beschluß des Volksrates erfolgen.

Artikel 19.

Dieser Gemeinschaftsvertrag tritt am 1. Juli 1919 in Kraft.

Alle entgegenstehenden gesetzlichen Vorschriften und vertraglichen Bindungen der Einzelstaaten treten außer Kraft.

Artikel 20.

An Stelle der Ratifikation legt die Regierung jedes Einzelstaates eine Ausfertigung des Gemeinschaftsvertrages bei der Staatsregierung in Weimar nieder.

Sobald sämtliche Urkunden niedergelegt sind, teilt die Staatsregierung in Weimar dies den Regierungen der Einzelstaaten mit. Der Abschluß des Vertrages wird von den Regierungen bekanntgegeben.

Gotha, am 31. Mai 1919.

Die Volksbeauftragten für den Staat Gotha. **Staatsministerium.**

Abb. 2 Erste und letzte Seite der Ausfertigung des Gemeinschaftsvertrages der thüringischen Staaten durch den Freistaat Gotha vom 31. Mai 1919

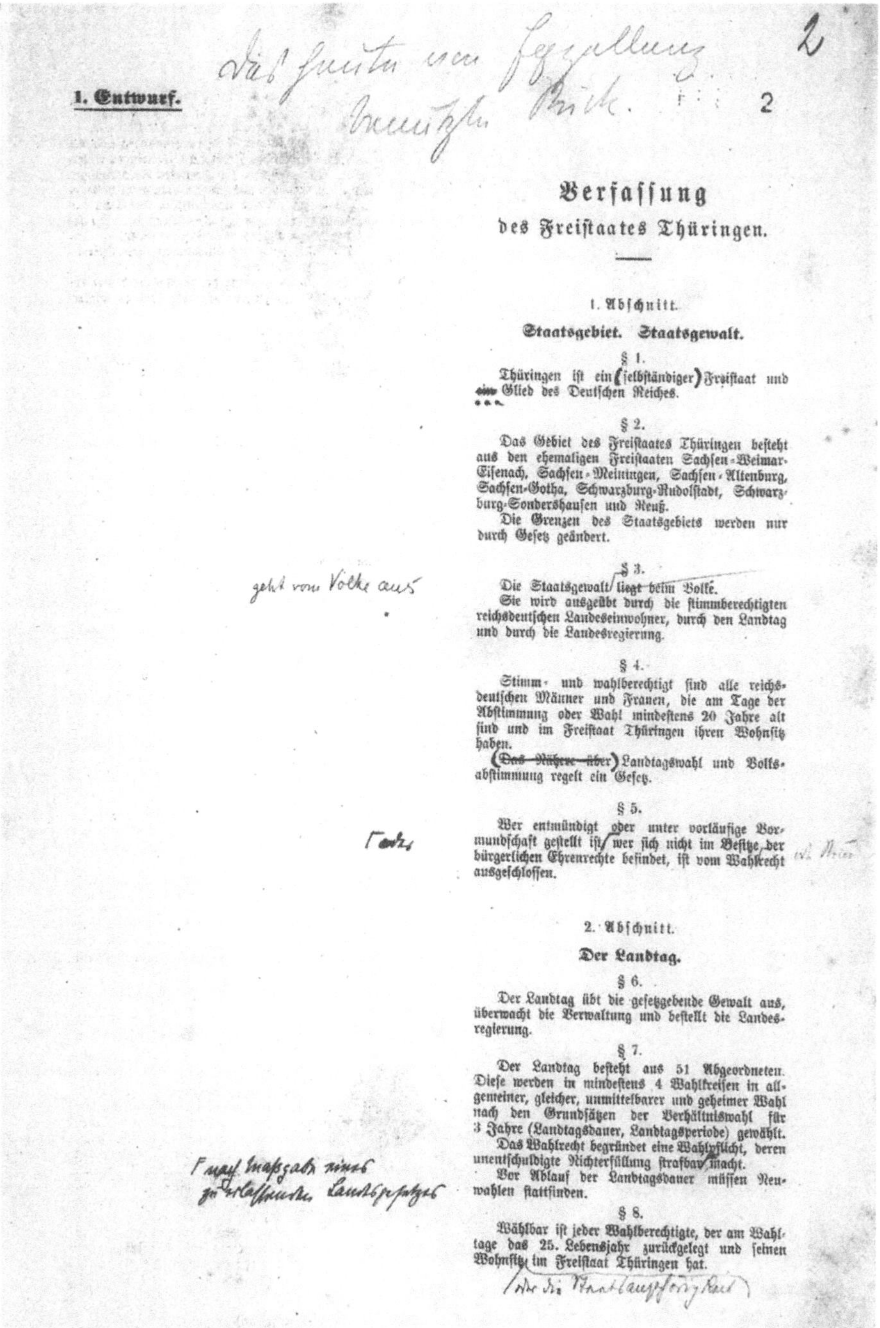

1. Entwurf.

2

Verfassung
des Freistaates Thüringen.

1. Abschnitt.

Staatsgebiet. Staatsgewalt.

§ 1.

Thüringen ist ein (selbständiger) Freistaat und ~~ein~~ Glied des Deutschen Reiches.

§ 2.

Das Gebiet des Freistaates Thüringen besteht aus den ehemaligen Freistaaten Sachsen-Weimar-Eisenach, Sachsen-Meiningen, Sachsen-Altenburg, Sachsen-Gotha, Schwarzburg-Rudolstadt, Schwarzburg-Sondershausen und Reuß.

Die Grenzen des Staatsgebiets werden nur durch Gesetz geändert.

§ 3.

Die Staatsgewalt ~~liegt beim~~ Volke.

Sie wird ausgeübt durch die stimmberechtigten reichsdeutschen Landeseinwohner, durch den Landtag und durch die Landesregierung.

§ 4.

Stimm- und wahlberechtigt sind alle reichsdeutschen Männer und Frauen, die am Tage der Abstimmung oder Wahl mindestens 20 Jahre alt sind und im Freistaat Thüringen ihren Wohnsitz haben.

(~~Das Nähere über~~) Landtagswahl und Volksabstimmung regelt ein Gesetz.

§ 5.

Wer entmündigt oder unter vorläufige Vormundschaft gestellt ist, wer sich nicht im Besitze der bürgerlichen Ehrenrechte befindet, ist vom Wahlrecht ausgeschlossen.

2. Abschnitt.

Der Landtag.

§ 6.

Der Landtag übt die gesetzgebende Gewalt aus, überwacht die Verwaltung und bestellt die Landesregierung.

§ 7.

Der Landtag besteht aus 51 Abgeordneten. Diese werden in mindestens 4 Wahlkreisen in allgemeiner, gleicher, unmittelbarer und geheimer Wahl nach den Grundsätzen der Verhältniswahl für 3 Jahre (Landtagsdauer, Landtagsperiode) gewählt.

Das Wahlrecht begründet eine Wahlpflicht, deren unentschuldigte Nichterfüllung strafbar macht.

Vor Ablauf der Landtagsdauer müssen Neuwahlen stattfinden.

§ 8.

Wählbar ist jeder Wahlberechtigte, der am Wahltage das 25. Lebensjahr zurückgelegt und seinen Wohnsitz im Freistaat Thüringen hat.

Abb. 3 Entwurf der Verfassung des Freistaates Thüringen vom Januar 1920
mit Korrekturen von Dr. Arnold Paulssen, Vorsitzender des Staatsrates von Thüringen

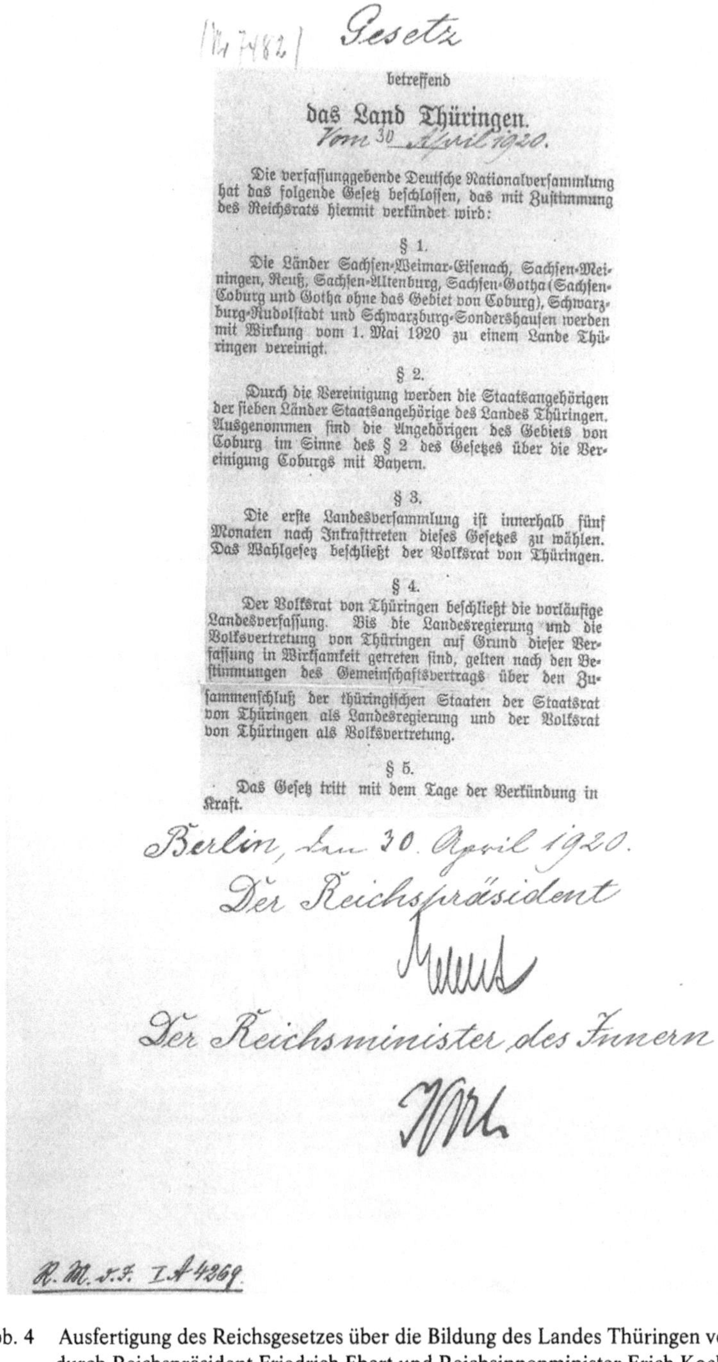

[M 7482]

Gesetz

betreffend

das Land Thüringen.

Vom 30. April 1920.

Die verfassunggebende Deutsche Nationalversammlung hat das folgende Gesetz beschlossen, das mit Zustimmung des Reichsrats hiermit verkündet wird:

§ 1.

Die Länder Sachsen-Weimar-Eisenach, Sachsen-Meiningen, Reuß, Sachsen-Altenburg, Sachsen-Gotha (Sachsen-Coburg und Gotha ohne das Gebiet von Coburg), Schwarzburg-Rudolstadt und Schwarzburg-Sondershausen werden mit Wirkung vom 1. Mai 1920 zu einem Lande Thüringen vereinigt.

§ 2.

Durch die Vereinigung werden die Staatsangehörigen der sieben Länder Staatsangehörige des Landes Thüringen. Ausgenommen sind die Angehörigen des Gebiets von Coburg im Sinne des § 2 des Gesetzes über die Vereinigung Coburgs mit Bayern.

§ 3.

Die erste Landesversammlung ist innerhalb fünf Monaten nach Inkrafttreten dieses Gesetzes zu wählen. Das Wahlgesetz beschließt der Volksrat von Thüringen.

§ 4.

Der Volksrat von Thüringen beschließt die vorläufige Landesverfassung. Bis die Landesregierung und die Volksvertretung von Thüringen auf Grund dieser Verfassung in Wirksamkeit getreten sind, gelten nach den Bestimmungen des Gemeinschaftsvertrags über den Zusammenschluß der thüringischen Staaten der Staatsrat von Thüringen als Landesregierung und der Volksrat von Thüringen als Volksvertretung.

§ 5.

Das Gesetz tritt mit dem Tage der Verkündung in Kraft.

Berlin, den 30. April 1920.

Der Reichspräsident

Ebert

Der Reichsminister des Innern

Koch

R. M. d. I. I A 4269.

Abb. 4 Ausfertigung des Reichsgesetzes über die Bildung des Landes Thüringen vom 30. April 1920 durch Reichspräsident Friedrich Ebert und Reichsinnenminister Erich Koch(-Weser)

Abb. 5 Entwurf des Architekten Max Graumüller zur Gestaltung der Hoheitssteine des Landes Thüringen (1922/23)

Abb. 6 Notgeldschein des Landes Thüringen aus dem Jahre 1923 (Vorder- und Rückseite), gestaltet von Herbert Bayer (Staatliches Bauhaus Weimar)

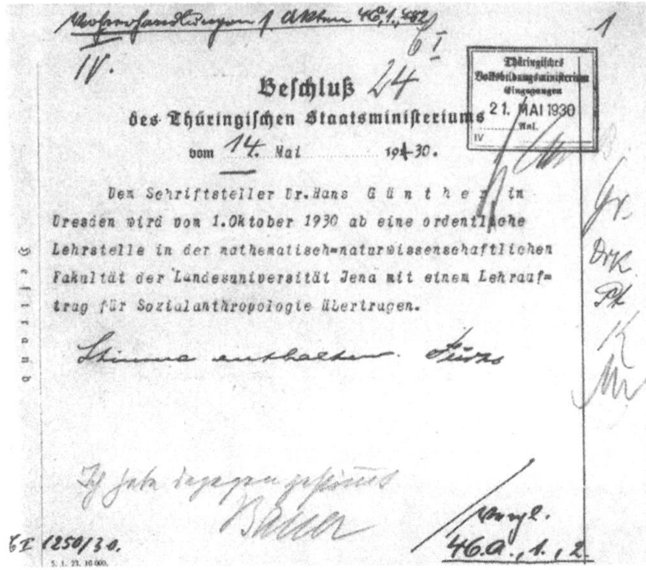

Beschluß 24

des Thüringischen Staatsministeriums

vom 14. Mai 1930.

Dem Schriftsteller Dr. Hans G ü n t h e r in Dresden wird vom 1. Oktober 1930 ab eine ordentliche Lehrstelle in der mathematisch-naturwissenschaftlichen Fakultät der Landesuniversität Jena mit einem Lehrauftrag für Sozialanthropologie übertragen.

Thüringisches Volksbildungsministerium Eingegangen 21. MAI 1930

Abb. 7 Ausfertigung eines Beschlusses des Thüringischen Staatsministeriums vom 14. Mai 1930

Im Namen des Reichs

ernenne ich den Vorsitzenden des Staatsministeriums, Staatsminister

Fritz S a u c k e l

zum Reichsstatthalter in Thüringen .

Berlin, den 5. Mai 1933.

Der Reichspräsident

von Hindenburg

Abb. 8 Ernennungsurkunde für Fritz Sauckel als Reichsstatthalter in Thüringen vom 5. Mai 1933

124

Der Reichs- und Preußische
Minister des Innern
III 3 A - 3 S./44

Berlin, den 31.Mai 1944

An den
Reichsstatthalter in Thüringen
Herrn Gauleiter Fritz S a u c k e l
in W e i m a r

Durch Erlaß des Führers über die Aufgliederung der Provinz Sachsen vom 1.April 1944 (RGBl.I S.110) werden Sie für den Regierungsbezirk Erfurt mit der Wahrnehmung der Aufgaben und Befugnisse des Oberpräsidenten in der staatlichen Verwaltung beauftragt. Sie bedienen sich hierbei der Behörde des Regierungspräsidenten in Erfurt. Dieser ist insoweit auch Ihr allgemeiner Vertreter.

Eine Abschrift dieses Erlasses für Sie als Reichsverteidigungskommissar ist beigefügt.

H. Himmler.

Abb. 9 Schreiben des Reichs- und Preußischen Ministers des Innern, Heinrich Himmler, an den Reichsstatthalter in Thüringen, Fritz Sauckel, zur Übertragung der Befugnisse eines Oberpräsidenten für den Regierungsbezirk Erfurt vom 31. Mai 1944

HEADQUARTERS VIII CORPS
Office of the A C of S, G-5

APO 308, US Army
9 June 1945

SUBJECT: Appointment of Regierungspräsident for Thuringen.

TO : Dr. Hermann L Brill, WEIMAR.

In accord with discussions heretofore held, you are appointed Provisional Regierungspräsident and are authorized and empowered to proceed to form a government for the Province of Thuringen.

The organization of the government will be in accord with the plan submitted to me except that the boundary changes outside of the present perimeter boundary of Thuringia will be left for later discussion.

The names, personal histories and Fragebogen of the Departmental Directors will be submitted to me for final approval.

For the Military Governor, VIII Corps Area:

AXEL F HATCH,
Colonel, GSC,
AC of S, G-5.

Abb. 10 Ernennung von Dr. Hermann Louis Brill zum Regierungspräsidenten der Provinz Thüringen durch die amerikanische Militärregierung am 9. Juni 1945

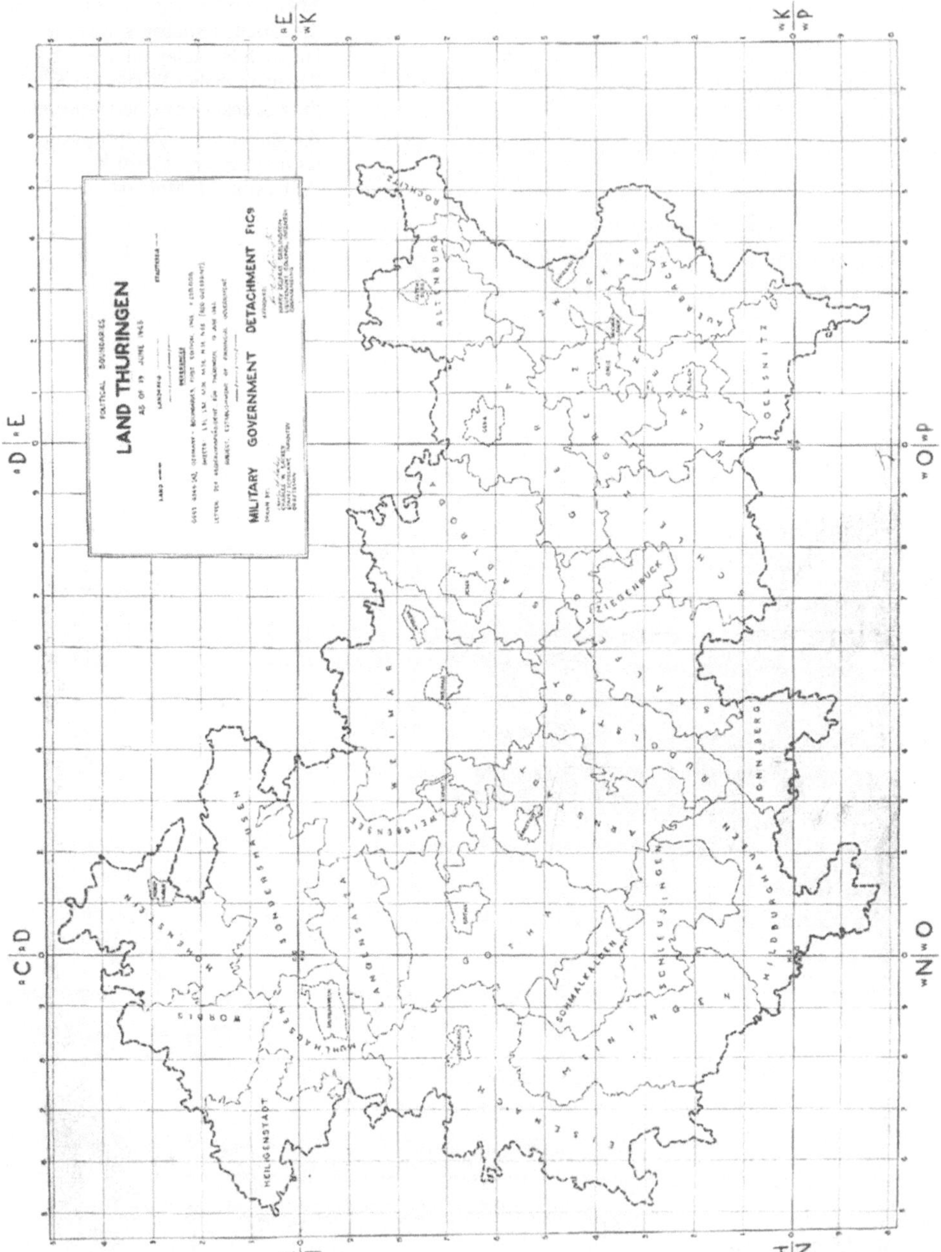

Abb. 11 Karte der amerikanischen Militärregierung mit den politischen Grenzen der Provinz Thüringen im Juni 1945

An die Bürger des Landes Thüringen!

Hiermit bringe ich allen Bürgern des Landes Thüringen zur Kenntnis, daß auf Befehl des Marschalls der Sowjetunion, **Shukow**, Hauptchef der Sowjet-Militäradministration, Oberstkommandierender der Sowjetbesatzungstruppen in Deutschland, für folgende Ämter ernannt wurden:

1. **Als Präsident des Landes Thüringen Herr Dr. Rudolf Paul aus Gera, Vorsitzender der Demokratischen Partei Ostthüringens.**
2. **Als 1. Vizepräsidenten des Landes Thüringen Herr Ernst Busse aus Erfurt, Bezirksleiter der Kommunistischen Partei Deutschlands, Bezirk Thüringen, Mitglied des Reichstags.**
3. **Als 2. Vizepräsidenten des Landes Thüringen Herr Dr. Georg Appell aus Eisenach, Mitglied der Sozialdemokratischen Partei.**
4. **Als 3. Vizepräsidenten des Landes Thüringen Herr Dr. Max Kolter aus Weimar, Mitglied der Zentrumspartei und Sekretär der Christlichen Bergarbeitergewerkschaft.**

Die Gesetze und Anordnungen der Landesverwaltungen, an deren Spitze Herr **Dr. Paul** steht, müssen von allen Behörden im Lande Thüringen unbedingt befolgt werden.

Weimar, den 16. Juli 1945.

Chef der Sowjet-Militäradministration des Landes Thüringen.

gez. **Tschuikow,**
Garde-Generaloberst.

Druck: Thüringer Volkszeitung, Erfurt

Abb. 12 Bekanntmachung über die Einsetzung einer neuen Landesverwaltung durch die Sowjetische Militäradministration für das Land Thüringen am 16. Juli 1945

124

ПРИКАЗ

НАЧАЛЬНИКА СОВЕТСКОЙ ВОЕННОЙ АДМИНИСТРАЦИИ ФЕДЕРАЛЬНОЙ ЗЕМЛИ ТЮРИНГИИ.

Präsidialkanzlei Weimar 27. NOV. 1945 Abt. I c Anl. Tgb. Nr. 396/45

26.11.45. № 97 г. Веймар.

Содержание: О начале занятий в Иенском университете.

В соответствии с решением Маршала Советского Союза т. Жукова приказываю:

1. Разрешить с 1-го декабря возобновление учебных занятий в Иенском университете на следующих факультетах:

а) Естественно-математическом – для подготовки преподавателей средней школы по физике, химии, математике, биологии и для подготовки агрономов.

б) Философском- филологическом отделении – для подготовки преподавателей средней школы по родному языку и литературе и переводчиков по русскому, английскому, французскому и классическим языкам.

в) Медицинском – для подготовки врачей по всем существовавшим ранее специальностям.

г) Юридическом – для подготовки юристов широкого профиля.

д) Теологическом – для подготовки пасторов евангелической церкви.

2. Установить общий контингент студентов университета на пяти факультетах в пределах не более 1500 человек.

3. Бывших членов и кандидатов нацистской партии и руководителей союза гитлеровской молодежи и активных деятелей его, а также других профашистских элементов в число студентов не принимать.

ЗАМЕСТИТЕЛЬ НАЧАЛЬНИКА С В А
ФЕДЕРАЛЬНОЙ ЗЕМЛИ ТЮРИНГИИ
ГВ. ГЕНЕРАЛ-МАЙОР (КОЛЕСНИЧЕНКО)

1437

Abb. 13 Befehl Nr. 97/1945 der Sowjetischen Militäradministration für das Land Thüringen vom 26. November 1945 über die Wiederaufnahme des Lehrbetriebes an der Friedrich-Schiller-Universität Jena

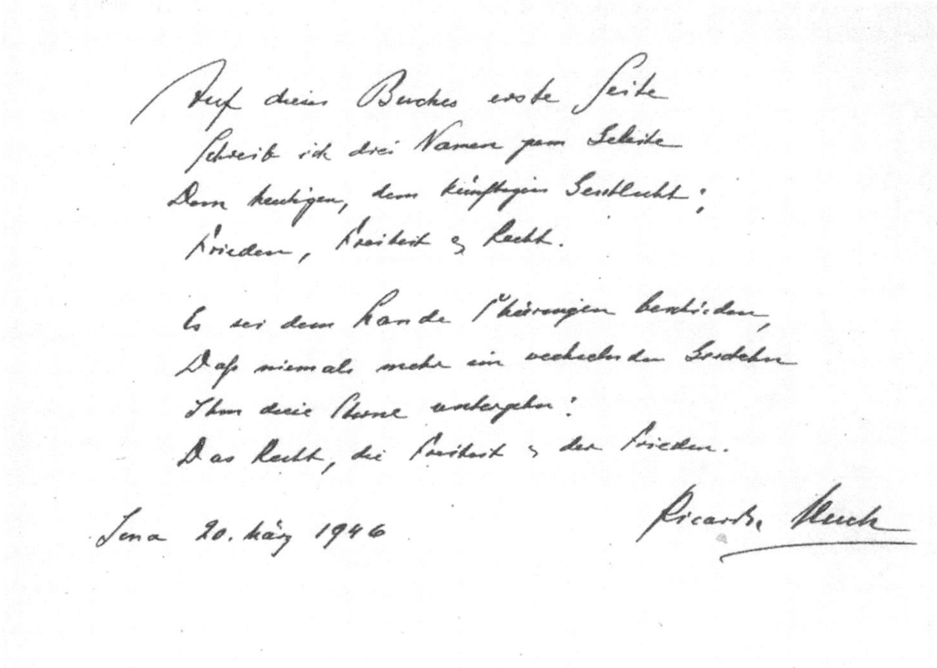

Auf dieses Buches erste Seite
Schreib ich drei Namen zum Geleite
Dem heutigen, dem künftigen Geschlecht:
Frieden, Freiheit u. Recht.

Es sei dem Lande Thüringen beschieden,
Daß niemals mehr im wechselnden Geschehen
Ihm diese Sterne untergehn:
Das Recht, die Freiheit u. der Frieden.

Jena 20. März 1946

Ricarda Huch

Abb. 14 Vorspruch von Ricarda Huch für das »Goldene Buch des Landes Thüringen« vom 20. März 1946

Abb. 15 Titelblatt eines Druckes der Thüringer Landesverfassung vom 20. Dezember 1946

Verfassung des Freistaats Thüringen
Vom 25. Oktober 1993

Inhaltsübersicht

Präambel

Erster Teil
Grundrechte, Staatsziele und Ordnung des Gemeinschaftslebens
Artikel 1 bis 43

Erster Abschnitt
Menschenwürde, Gleichheit und Freiheit
Artikel 1 bis 16

Zweiter Abschnitt
Ehe und Familie
Artikel 17 bis 19

Dritter Abschnitt
Bildung und Kultur
Artikel 20 bis 30

Vierter Abschnitt
Natur und Umwelt
Artikel 31 bis 33

Fünfter Abschnitt
Eigentum, Wirtschaft und Arbeit
Artikel 34 bis 38

Sechster Abschnitt
Religion und Weltanschauung
Artikel 39 bis 41

Siebter Abschnitt
Gemeinsame Bestimmungen für alle Grundrechte und Staatsziele
Artikel 42 und 43

Zweiter Teil
Der Freistaat Thüringen
Artikel 44 bis 103

Erster Abschnitt
Grundlagen
Artikel 44 bis 47

Zweiter Abschnitt
Der Landtag
Artikel 48 bis 69

Dritter Abschnitt
Die Landesregierung
Artikel 70 bis 78

Vierter Abschnitt
Der Verfassungsgerichtshof
Artikel 79 und 80

Fünfter Abschnitt
Die Gesetzgebung
Artikel 81 bis 85

Sechster Abschnitt
Die Rechtspflege
Artikel 86 bis 89

Siebter Abschnitt
Die Verwaltung
Artikel 90 bis 97

Achter Abschnitt
Das Finanzwesen
Artikel 98 bis 103

Dritter Teil
Übergangs- und Schlußbestimmungen
Artikel 104 bis 106

Der Thüringer Landtag hat mit der nach Artikel 106 Abs. 1 dieser Verfassung vorgesehenen Mehrheit das folgende Gesetz beschlossen:

Präambel

In dem Bewußtsein des kulturellen Reichtums und der Schönheit des Landes, seiner wechselvollen Geschichte, der leidvollen Erfahrungen mit überstandenen Diktaturen und des Erfolges der friedlichen Veränderungen im Herbst 1989,

in dem Willen, Freiheit und Würde des einzelnen zu achten, das Gemeinschaftsleben in sozialer Gerechtigkeit zu ordnen, Natur und Umwelt zu bewahren und zu schützen, der Verantwortung für zukünftige Generationen gerecht zu werden, inneren wie äußeren Frieden zu fördern, die demokratisch verfaßte Rechtsordnung zu erhalten und Trennendes in Europa und der Welt zu überwinden,

gibt sich das Volk des Freistaats Thüringen in freier Selbstbestimmung und auch in Verantwortung vor Gott diese Verfassung.

Erster Teil
Grundrechte, Staatsziele und Ordnung des Gemeinschaftslebens

Erster Abschnitt
Menschenwürde, Gleichheit und Freiheit

Artikel 1

(1) Die Würde des Menschen ist unantastbar. Sie auch im Sterben zu achten und zu schützen, ist Verpflichtung aller staatlichen Gewalt.

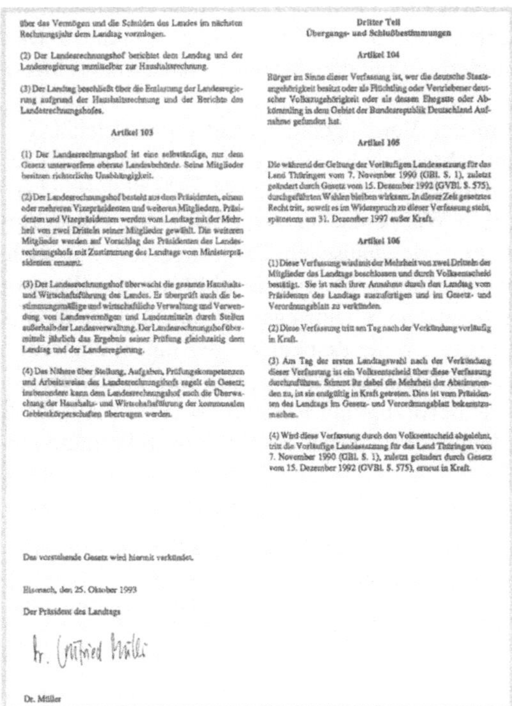

über das Vermögen und die Schulden des Landes im nächsten Rechnungsjahr dem Landtag vorzulegen.

(2) Der Landesrechnungshof berichtet dem Landtag und der Landesregierung unmittelbar zur Haushaltsrechnung.

(3) Der Landtag beschließt über die Entlastung der Landesregierung aufgrund der Haushaltsrechnung und der Berichte des Landesrechnungshofes.

Artikel 103

(1) Der Landesrechnungshof ist eine selbständige, nur dem Gesetz unterworfene oberste Landesbehörde. Seine Mitglieder besitzen richterliche Unabhängigkeit.

(2) Der Landesrechnungshof besteht aus dem Präsidenten, einem oder mehreren Vizepräsidenten und weiteren Mitgliedern. Präsidenten und Vizepräsidenten werden vom Landtag mit der Mehrheit von zwei Dritteln seiner Mitglieder gewählt. Die weiteren Mitglieder werden auf Vorschlag des Präsidenten des Landesrechnungshofs mit Zustimmung des Landtags vom Ministerpräsidenten ernannt.

(3) Der Landesrechnungshof überwacht die gesamte Haushalts- und Wirtschaftsführung des Landes. Er überprüft auch die bestimmungsmäßige und wirtschaftliche Verwaltung und Verwendung von Landesvermögen und Landesmitteln durch Stellen außerhalb der Landesverwaltung. Der Landesrechnungshof übermittelt jährlich das Ergebnis seiner Prüfung gleichzeitig dem Landtag und der Landesregierung.

(4) Das Nähere über Stellung, Aufgaben, Prüfungskompetenzen und Arbeitsweise des Landesrechnungshofs regelt ein Gesetz; insbesondere kann dem Landesrechnungshof auch die Überwachung der Haushalts- und Wirtschaftsführung der kommunalen Gebietskörperschaften übertragen werden.

Dritter Teil
Übergangs- und Schlußbestimmungen

Artikel 104

Bürger im Sinne dieser Verfassung ist, wer die deutsche Staatsangehörigkeit besitzt oder als Flüchtling oder Vertriebener deutscher Volkszugehörigkeit oder als dessen Ehegatte oder Abkömmling in dem Gebiet der Bundesrepublik Deutschland Aufnahme gefunden hat.

Artikel 105

Die während der Geltung der Vorläufigen Landessatzung für das Land Thüringen vom 7. November 1990 (GBl. S. 1), zuletzt geändert durch Gesetz vom 15. Dezember 1992 (GVBl. S. 575), durchgeführten Wahlen bleiben wirksam. In dieser Zeit gesetztes Recht tritt, soweit es im Widerspruch zu dieser Verfassung steht, spätestens am 31. Dezember 1997 außer Kraft.

Artikel 106

(1) Diese Verfassung wird mit der Mehrheit von zwei Dritteln der Mitglieder des Landtags beschlossen und durch Volksentscheid bestätigt. Sie ist nach ihrer Annahme durch den Landtag vom Präsidenten des Landtags auszufertigen und im Gesetz- und Verordnungsblatt zu verkünden.

(2) Diese Verfassung tritt am Tag nach der Verkündung vorläufig in Kraft.

(3) Am Tag der ersten Landtagswahl nach der Verkündung dieser Verfassung ist ein Volksentscheid über diese Verfassung durchzuführen. Stimmt ihr dabei die Mehrheit der Abstimmenden zu, ist sie endgültig in Kraft getreten. Dies ist vom Präsidenten des Landtags im Gesetz- und Verordnungsblatt bekanntzumachen.

(4) Wird diese Verfassung durch den Volksentscheid abgelehnt, tritt die Vorläufige Landessatzung für das Land Thüringen vom 7. November 1990 (GBl. S. 1), zuletzt geändert durch Gesetz vom 15. Dezember 1992 (GVBl. S. 575), erneut in Kraft.

Das vorstehende Gesetz wird hiermit verkündet.

Eisenach, den 25. Oktober 1993

Der Präsident des Landtags

Dr. Müller

Abb. 16 Erste und letzte Seite der Ausfertigung der Verfassung des Freistaates Thüringen vom 25. Oktober 1993

II Staatssymbolik und Landeshauptstadt

1. Landeswappen, Landesfahne und Landesfarben von Thüringen

Wappen als heraldische Symbole bzw. Hoheitszeichen sind in Thüringen seit dem Mittelalter belegt. Vor der Landesgründung von 1920 fehlte allerdings auf Grund der territorialstaatlichen Entwicklung die Basis für das Vorhandensein eines gemeinsamen Landeswappens.[1] Die Eigenart der thüringischen Geschichte bedingte es aber, daß der landschaftliche Begriff ein Bindeglied für ein Landesbewußtsein war, das in der Neuzeit auch in der Heraldik seinen Widerhall fand. Ebenso wie in der zeitgenössischen Literatur der Begriff des Landes Thüringen erscheint, wird diese Fiktion bereits früh durch entsprechende Wappendarstellungen versinnbildlicht. Dabei gewann vor allem der sogenannte Bunte Löwe aus dem Wappen der ludowingischen Landgrafen von Thüringen einen besonderen Symbolcharakter für die Identifikation mit der gesamten Landschaft. Es handelte sich um einen rot-silbern (für silber steht auch weiß) gestreiften, golden gekrönten und bewehrten Löwen auf blauem Grund, wie er 1991 Eingang in das Wappen des Freistaates Thüringen gefunden hat. Erstmals belegt ist dieser für Landgraf Hermann I. (regierte 1190–1217) aus dem Geschlecht der Ludowinger in einer Schilderung des Herbort von Fritzlar. Die älteste farbige bildliche Darstellung aus der ersten Hälfte des 13. Jahrhunderts ist mit dem Wappenschild Landgraf Konrads von Thüringen überliefert.

Die Anzahl der Balken im Löwen war in der Vergangenheit nicht immer gleich. Gebräuchlich war vor allem eine Sechs- bis Achtfachteilung. Ebenso gab es Unterschiede in der Reihenfolge der Tingierung der Balken, die unter anderem bei der ältesten überlieferten Darstellung mit Rot beginnt, während bei anderen Wappenbelegen eine Silber-Rot-Folge Verwendung fand. Auf Grund des gemeinsamen ludowingischen Ursprunges der hessisch-thüringischen Geschichte bis zum Aussterben des Landgrafenhauses 1247 war das Wappen der späteren Landgrafen von Hessen identisch mit dem in Thüringen gebräuchlichen. Bereits seit der frühen Neuzeit liegen jedoch Belege vor, daß die Reihenfolge der Balkentingierung unterschiedlich war, wenn das thüringische und das hessische Wappen nebeneinander abgebildet wurden.[2] Für Thüringen wurde dabei bevorzugt mit Rot und bei Hessen mit Weiß begonnen. Diese Varianten wurden im 19. Jahrhundert durch das Königreich Preußen auf-

---

1 Zu den Landeswappen der Länder im Überblick siehe Karl-Heinz Steinbruch, Die Entstehung der Landeswappen der Bundesrepublik Deutschland. In: Herold-Jahrbuch, Neue Folge 2 (1997), S. 103–135.

2 Vgl. Peter Bühner, Die Wappen Thüringens und Hessens in der Großen Ratsstube des Mühlhäuser Rathauses. In: Mühlhäuser Beiträge 15 (1992), S. 151 f.

gegriffen, nachdem es sich sowohl thüringische als auch hessische Gebiete einverleibt hatte und deren Hoheitszeichen in sein Wappen aufnahm.

Im Gegensatz zum symbolischen Charakter der Löwendarstellung blieb die rechtliche Relevanz dieses Wappens nach der Eingliederung der Landgrafschaft Thüringen in den Herrschaftsbereich der Wettiner auf deren Gebiete in Thüringen beschränkt. Der Bunte Löwe war insofern unverzichtbarer Bestandteil der ernestinischen und albertinischen Gesamtwappen der Wettiner, weil er das Erbe der Landgrafen symbolisierte. Als weiteres Beispiel wird auf die heute noch gültigen Wappen verschiedener Städte wie Bad Langensalza, Bad Tennstedt, Buttelstedt, Hildburghausen, Kindelbrück oder Thamsbrück verwiesen, und selbst Jena führte im 17. Jahrhundert den Bunten Löwen kurzzeitig im Stadtwappen. Andere Möglichkeiten boten zum Beispiel Beschaumarken der Zünfte, die damit gleichzeitig den landesherrlichen Einfluß dokumentierten. So erlaubten Kurfürst Friedrich und Herzog Johann von Sachsen am 3. August 1489 dem Wollweberhandwerk in Weida, ihre Tücher mit einem Siegel zu versehen, das in der einen Hälfte das Weidaer Stadtwappen enthalten und »mit unserm wöpen, dem bunten lauwen unsers lands zu doringen in der [anderen] helfte des schildes« versehen sein sollte.[3]

Im 19. Jahrhundert zeigten sich weitere Ansätze für ein einheitliches Symbol Thüringens, ohne daß diese jedoch stärker zum Tragen kamen. Deutlich wird das unter anderem im Zusammenhang mit der Industrieausstellung von 1851 in London, an der sich auch die Staaten des Thüringischen Zoll- und Handelsvereins beteiligten. Für das Londoner Ausstellungsgebäude wurde eine »gemeinschaftliche Flagge der Thüringischen Zollvereinsstaaten« Sachsen-Weimar-Eisenach, Sachsen-Altenburg, Sachsen-Coburg und Gotha, Schwarzburg-Sondershausen, Schwarzburg-Rudolstadt und die reußischen Fürstentümer angeschafft, über deren Aussehen jedoch gegenwärtig keine Erkenntnisse vorliegen.[4]

Eine völlig neue Situation ergab sich nach der Aufhebung der Monarchien infolge der Novemberrevolution von 1918, als die bisherigen Fürstentümer in Thüringen in die Freistaaten Sachsen-Weimar-Eisenach, Sachsen-Meiningen, Gotha, Coburg, Sachsen-Altenburg, Schwarzburg-Sondershausen und Schwarzburg-Rudolstadt sowie den Volksstaat Reuß übergingen. Nachdem diese sich mit Ausnahme Coburgs am 1. Mai 1920 zum Land Thüringen zusammengeschlossen hatten, wurde bereits in den Tagen danach die Wappenfrage durch die Regierung aufgegriffen. Die Notwendigkeit der Schaffung eines Landeswappens wurde insbesondere mit behördlichen und rechtsrelevanten Erfordernissen bei der Beurkundung von Akten der Staatsgewalt begründet.[5]

Auf ein entsprechendes Ersuchen des Staatsrats von Thüringen an das Staatsarchiv Weimar unterbreitete am 1. Juni 1920 Archivdirektor Dr. Armin Tille Vorschläge für die Landesfarben und zur Gestaltung eines Landeswappens. Darin wurden sowohl der landgräfliche Bunte Löwe wie auch ein silberner Löwe auf blauem Grund angesprochen. Tille plädierte für eine einfache Variante, die auch »das Zusammenschmelzen von sieben bisher selbständigen Staaten zu einem Staatsgebilde« berücksichtigte. Unter Verweis auf das amerikanische Sternenbanner, bei dem die Anzahl der Sterne die Bundesstaaten verkörperte, schlug er einen silbernen Löwen in Blau vor, über dem sich sieben goldene Sterne befinden sollten. Damit

3 ThHStA Weimar, Ernestinisches Gesamtarchiv, Kopialbücher D 4, Bl. 66.
4 Vgl. ThHStA Weimar, Ea 132, Bl. 246 ff. und Ea 133, Bl. 4 ff.
5 Stenographische Berichte über die Sitzungen des I. Landtages von Thüringen. Bd. 1, S. 699.

ergab sich als Farbvariante der Flagge die bisher in Deutschland nicht verwendete Gelb-Blau-Weiß-Kombination.[6]

Um die Jahreswende 1920/21 kam es im Thüringischen Staatsministerium zu eingehender Behandlung der Wappenproblematik. In Verbindung damit wurden verschiedene Vorschläge erörtert und neben anderen zwei Entwürfe in Auftrag gegeben, die sieben silberne Sterne auf rotem bzw. blauem Grund zeigen sollten.[7] Eine weitere Variante brachte Staatsrat Herman Anders Krüger ein, die dem Vorschlag der späteren Gesetzesvorlage vom 18. Januar 1921 weitgehend entsprach.[8] Die dem Landtag übergebene Vorlage des Staatsministeriums sah vor: »Das Wappen Thüringens bilden 7 silberne Sterne auf rotem Grund, den Wappenkopf bildet der zur Hälfte aufsteigende altthüringer weiß und rot gestreifte Löwe. Die Urzeichnung des Wappens wird im Archiv der Gebietsregierung von Weimar aufbewahrt«. Im Gegensatz zu Tille entschied man sich jedoch nicht für einen silbernen Löwen, sondern griff auf den Bunten Löwen zurück. Als Landesfarben wurden deshalb weiß und rot bestimmt. In der Wappenbegründung wurde gleichzeitig noch die Möglichkeit eines Großwappens behandelt, was in der Folge jedoch keinen Eingang in die Beschlüsse fand.[9]

Am 2. Februar 1921 stand die Gesetzesvorlage zum Landeswappen erstmalig im Landtag von Thüringen zur Debatte, von dem sie an den Verfassungs- und Gesetzgebungsausschuß verwiesen wurde. In mehreren Beratungen des Gesetzgebungsausschusses unter der Leitung von Hermann L. Brill wurden die verschiedenen Varianten diskutiert. Auch ein Gutachten des Weimarer Genealogen und Heraldikers Dr. Adolf von den Velden, der später die Urzeichnung des Wappens anfertigte, wurde beigezogen. Dieser legte einen Entwurf vor, in dem der »altthüringische Löwe« dominierte und die sieben Sterne nur noch eine »Nebensache« waren.[10] Bei den Beratungen berücksichtigte der Ausschuß ferner Meinungsäußerungen von Privatpersonen und einigte sich schließlich in seinem abschließenden Bericht vom 19. März 1921 auf die sieben silbernen Sterne auf rotem Grund sowie die Landesfarben Weiß und Rot. Gestrichen wurden dagegen jene Worte der Gesetzesvorlage, die sich auf den Wappenkopf und den Löwen bezogen.[11]

Damit war die Voraussetzung für eine erneute parlamentarische Debatte zum Wappen des Landes Thüringen auf der 58. Sitzung des Landtages am 7. April 1921 gegeben.[12] Die Meinungen zum Landessymbol waren entsprechend der politischen Orientierung der Abgeordneten äußerst kontrovers. Die Mehrheit der Abgeordneten entschied sich schließlich für die vom Verfassungs- und Gesetzgebungsausschuß abgeänderte Gesetzesvorlage, so daß als Wappen des Landes Thüringen die sieben silbernen Sterne auf rotem Grund und die Landesfarben weiß-rot beschlossen wurden.[13] Zum Aufbewahrungsort der Urzeichnung wurde

---

6 ThHStA Weimar, A 11132, Bl. 217.

7 Vgl. ThHStA Weimar, Thüringisches Staatsministerium - Präsidialabteilung Nr. 53, Bl. 29.

8 Vgl. ThHStA Weimar, F 1881.

9 ThHStA Weimar, Landtag von Thüringen Nr. 49, Bl. 110-113. Gedruckt in: Drucksachen des I. Landtages von Thüringen 1920-1921. Nr. 154, S. 103 f.

10 Vgl. Armin Tille, Der Genealoge und Heraldiker Dr. Adolf von den Velden †. In: Thüringer Bauernspiegel. H. 8., 1932, S. 250.

11 Vgl. ThHStA Weimar, Landtag von Thüringen Nr. 123, Bl. 6, 17 und 18; Drucksachen (wie Anm. 9), Nr. 310, S. 285 f.

12 Vgl. Stenographische Berichte über die Sitzungen des I. Landtages von Thüringen. Bd. 2, S. 1327-1331.

13 Gesetz über das Wappen und die Landesfarben Thüringens vom 7. April 1921. In: Gesetzsammlung für Thüringen. Jahrgang 1921, Nr. 15, S. 91.

das Staatsarchiv Weimar bestimmt.[14] Rechtswirksamkeit erlangte das neue Landeswappen mit dem 9. Mai 1921.

Da das Gesetz keine speziellen Ausführungen zur Landesfahne und Beflaggung enthielt und zudem weiter die Möglichkeit bestand, daß mit den bisherigen Gebietsfahnen geflaggt wurde, mußte auch diese Frage durch das Thüringische Staatsministerium geregelt werden. Die notwendigen Festlegungen dazu wurden am 25. April 1922 erlassen.[15] In der betreffenden Verordnung wurde zwischen einer Großen Staatsflagge und der weiß-roten Landesfahne unterschieden. Erstere durfte nur vom Staatsministerium, den Einzelministerien, der Landesuniversität, dem Oberlandesgericht und Oberverwaltungsgericht zu bestimmten Anlässen verwendet werden, während die übrigen staatlichen Behörden und Anstalten die weiß-rote Landesfahne zu benutzen hatten. Die Große Staatsflagge unterschied sich dabei von der Landesfahne insofern, als sie »im weißen Streifen links noch besonders das Landeswappen« zeigte. Am 3. November 1922 wurde dann vom Thüringischen Staatsministerium für die Landeskokarde die Farbfolge weiß-rot-weiß bestimmt.[16]

Das Wappen des Landes Thüringen von 1921 blieb bis zur Machtübernahme durch die Nationalsozialisten in Thüringen (26. August 1932) und Deutschland (30. Januar 1933) das von den demokratischen Kräften des Landes geschätzte Symbol der Freiheit und der Einigkeit. Zu den frühen Versuchen der neuen Machthaber, sich unter anderem von den demokratischen Ergebnissen der Parlaments- und Regierungstätigkeit bis 1932 abzugrenzen, gehörten die Maßnahmen zur Negierung von Hoheitssymbolen aus der Weimarer Republik. Seit Ende Januar 1933 wurden deshalb in der nationalsozialistischen thüringischen Regierung erste Überlegungen zu einem neuen Landeswappen von Thüringen angestellt, wobei Fritz Sauckel als Vorsitzender des Staatsministeriums den Grundgedanken konzipierte, »daß anstelle des absichtlich ungeschichtlich nach amerikanischem Muster gebildeten bisherigen Sternewappens (soviel Staaten, soviel Sterne), das bei einem Hinzukommen des Regierungsbezirks Erfurt ohnehin nicht mehr stimmen würde, wieder bewußt auf die Überlieferung und die Symbole der Stammes- und Landesgeschichte zurückzugehen sei«.[17]

Den heraldischen Entwurf für ein neues Landeswappen schufen Oberregierungsrat Walter Sommer und Regierungsrat Dr. Erich Buchmann.[18] Die einzelnen Überlegungen dazu wurden am 3. Mai 1933 während einer Besprechung im Thüringischen Staatsarchiv Weimar diskutiert. Als Großes Staatswappen hatte Sommer einen gevierteten Schild mit Herzschild vorgeschlagen, der die sächsische Raute, die hennebergische Henne, den schwarzburgischen Adler über Kamm und Gabel sowie ein Feld mit reußischem Bezug enthalten sollte. Für letzteres war wieder eine Vierteilung mit je zwei Löwen und Kranichen vorgesehen. Dem Herzschild - der gleichzeitig als Kleines Wappen verwendet werden sollte - vorbehalten war der Thüringer Löwe in siebenfacher Weiß-Rot-Teilung auf blauem Feld. Neben weiteren Überlegungen, die verschiedene Farbvarianten betrafen, erwog man auch, gegebenenfalls noch das Erfurter Rad im Schildfuß aufzunehmen. Ein Vorschlag von Dr. Erich Buchmann zielte

14 ThHStA Weimar, Urkunden 1921 April 23. Die Urzeichnung trägt die Unterschrift des Vorsitzenden des Thüringischen Staatsministeriums Dr. Arnold Paulssen.

15 Verordnung über die Beflaggung der staatlichen Dienstgebäude vom 25. April 1922. In: Gesetzsammlung für Thüringen. Jahrgang 1922, Nr. 15, S. 146–147.

16 Amts- und Nachrichtenblatt für Thüringen. Jahrgang 1922, Nr. 89, S. 523.

17 ThHStA Weimar, Staatsarchiv Weimar Nr. 259, Bl. 330.

18 Kampf und Sieg in Thüringen, Weimar 1934, S. 47 (Anm. zu S. 186).

darauf ab, dem Thüringer Löwen zur Unterscheidung vom Hoheitszeichen Hessens mit dem Hakenkreuz als »Symbol der deutschen Wiedergeburt« ein Beizeichen zu geben.[19]

Mit dem am 3. Mai 1933 beschlossenen thüringischen Ermächtigungsgesetz war die Grundlage für ein neues Wappen gegeben. Danach wurde die Landesregierung unter anderem ermächtigt, auch ohne Mitwirkung des Landtages Landesgesetze zu beschließen.[20] Damit konnten die Möglichkeiten einer parlamentarischen Wappendiskussion entscheidend eingeschränkt werden, die auf Grund der neuen politischen Verhältnisse allerdings kein anderes Ergebnis gezeitigt hätte. Die endgültige Festlegung des Landeswappens erfolgte bis spätestens zum 15. August 1933 im Thüringischen Ministerium des Innern, wobei versucht wurde, das Hoheitszeichen noch etwas zu vereinfachen. Beim schwarzburgischen Bestandteil entfielen Kamm und Gabel, und beim reußischen fand nur der Löwe Aufnahme. Die ganze Art der Herstellung bis zum 26. August 1933 und die Einführung des Wappens an diesem Tag im Rahmen des einjährigen Regierungsjubiläums der Nationalsozialisten in Thüringen deuten auf eine genau koordinierte Vorgehensweise hin. Die Hauptarbeit wurde aber vermutlich im Ministerium des Innern geleistet, wobei auch das Weimarer Staatsarchiv bis zur endgültigen Anfertigung der Reinzeichnung beratend mitwirkte.[21]

Den Beschluß zum Hoheitszeichen des Landes Thüringen faßte das Staatsministerium auf seiner 14. Sitzung am 15. August 1933. Zu einer Gestaltungsdiskussion kam es dabei nicht mehr, da in der Niederschrift lediglich vermerkt wurde: »Das Gesetz über die Hoheitszeichen des Landes Thüringen und seiner öffentlichrechtlichen Körperschaften und Anstalten wird beschlossen. Der Herr Reichsstatthalter wird um seine Verkündung gebeten«.[22] Das von den Mitgliedern der Landesregierung unterschriebene Gesetz, welches Fritz Sauckel als Reichsstatthalter am 23. August 1933 ausfertigte und verkündete, war im Gegensatz zu jenem von 1921 wesentlich umfangreicher.[23] Neben den genauen Bestimmungen zur Gestaltung der Landesfarben, einer Landeskokarde sowie dem Großen und Kleinen Landeswappen wurde festgelegt, wer das Landeswappen führen durfte. Darauf aufbauend regelte das Gesetz in weiteren Abschnitten die Hoheitszeichen der Gemeinden (Stadtkreise) und Landkreise, die Beflaggung der öffentlichen Gebäude sowie die Dienstflaggen an Dienstfahrzeugen. Die Schluß- und Strafbestimmungen enthielten Sonderregeln zur Benutzung des Wappens sowie Sanktionen bei unbefugtem Gebrauch. Mit Wirkung vom 26. August 1933 trat das Gesetz in Kraft. Gleichzeitig galten ab diesem Tag das Gesetz von 1921 über das Wappen und die Landesfarben von Thüringen und alle den gleichen Gegenstand betreffenden Gesetze und Verordnungen als aufgehoben.

Das Datum des Inkrafttretens des Gesetzes war ganz bewußt durch die Behörden gewählt und vorbereitet worden, da am 26. August 1933 das einjährige Jubiläum der Regierungsübernahme durch die Nationalsozialisten in Thüringen als Feiertag begangen wurde. Im Zusammenhang damit erfolgte die offizielle Einführung des Staatswappens, dessen Urzeichnung der Altenburger Kunstmaler und Grafiker Ernst Müller-Gräfe anfertigte. Sie war am

19 ThHStA Weimar, Staatsarchiv Weimar Nr. 259, Bl. 330-335.

20 Vgl. Gesetzsammlung für Thüringen. Nr. 25/1933 vom 5. Mai 1933, S. 253.

21 Vgl. ThHStA Weimar, Staatsarchiv Weimar Nr. 257, Bl. 13.

22 ThHStA Weimar, Thüringisches Staatsministerium - Präsidialabteilung Nr. 62, Bl. 26.

23 Gesetz über die Hoheitszeichen des Landes Thüringen und seiner öffentlich- rechtlichen Körperschaften und Anstalten vom 15. August 1933. In: Gesetzsammlung für Thüringen 1933, Nr. 45 vom 24. August 1933, S. 339-341.

Morgen von den Kabinettsmitgliedern mit ihren Unterschriften versehen und im Plenarsaal des Thüringer Landtages ausgestellt worden, bevor das neue Landeswappen mit einer Weiherede des Ministerpräsidenten der Öffentlichkeit vorgestellt wurde.[24]

Zu Einschränkungen beim Gebrauch der Hoheitszeichen von Thüringen kam es bereits ab 1935. Im Rahmen der Gleichschaltung wurden auf Reichsebene Gesetze und Verordnungen erlassen, die schrittweise die Autonomie der Länder beseitigten. Das Reichsflaggengesetz vom 15. September 1935 und die Verordnung über das Hoheitszeichen des Reiches vom 5. November 1935 führten dazu, daß seitdem im behördlich-öffentlichen Bereich die Verwendung von Hoheitssymbolen des Landes Thüringen nicht mehr zulässig war. Das bisherige Landeswappen wurde lediglich noch als historische Dekoration und zu Repräsentationszwecken der Landesregierung verwendet.

Nach Kriegsende 1945 und der Befreiung von der nationalsozialistischen Herrschaft stand das Landeswappen erneut zur Diskussion, da das bis dahin gültige Wappen - vor allem durch die Verwendung des Hakenkreuzes - diskreditiert und verboten war. Thüringen erhielt 1945 als erstes deutsches Land ein neues Wappen. Maßgeblich war dies Dr. Hermann L. Brill zuzuschreiben, der als Mitglied des Landtags von Thüringen bereits an der Schaffung des Landeswappens von 1921 mitgewirkt hatte. Als von den amerikanischen Militärbehörden ernannter Regierungspräsident für Thüringen legte er dem neuen Regierungskollegium am 28. Juni 1945 den Vorschlag für ein Wappen der Provinz Thüringen vor. Auf Grund seiner Vorkenntnisse lehnte er sich sehr stark an das Landeswappen von 1921 an. Statt der sieben silbernen Sterne auf rotem Grund schlug er acht Sterne vor. Damit sollten die veränderten territorialen Verhältnisse Berücksichtigung finden, da mit dem Regierungsbezirk Erfurt am 16. Juni 1945 ein bedeutender Teil des preußischen Thüringen in die Provinz Thüringen integriert werden konnte. Brill machte bei der Vorstellung seines Vorschlages deshalb zugleich darauf aufmerksam, daß die früheren Farben des Landes Thüringen weiß-rot waren und auch die Stadt Erfurt die gleichen Farben mit dem Mainzer Rad führe. Die Provinzialregierung beschloß daraufhin: »Das Wappen der Provinz Thüringen bilden 8 silberne Sterne auf rotem Grund. Als Symbol für die Vereinigung der preussischen Gebietsteile mit der Provinz Thüringen wird dem früheren Wappen mit 7 Sternen ein weiterer 8. Stern eingefügt. Die Urzeichnung des Wappens wird im Thüringischen Staatsarchiv aufbewahrt. Die Festlegung der Landesfarben wird zurückgestellt, bis die Entscheidung über eine Nationalflagge erfolgt ist.«[25]

Rechtliche Relevanz erhielt das am 28. Juni 1945 beschlossene Wappen allerdings nicht, nachdem diese Regierung wenig später von der sowjetischen Besatzungsmacht umgebildet wurde. Unter Brills Nachfolger, dem am 16. Juli 1945 von der Sowjetischen Militäradministration als neuen Landespräsidenten berufenen Dr. Rudolf Paul, wurde die Wappenfrage erneut aufgegriffen. Auf der Regierungssitzung am 13. August legte die Landesverwaltung das Hoheitszeichen neu fest und negierte damit den vorhergehenden Beschluß vom 28. Juni. In der Sitzungsniederschrift wurde dazu lediglich festgehalten: »Des weiteren wird die Frage

24 Vgl. Thüringische Volkszeitung Nr. 200/1933 vom 26. August 1933 und Sondernummer vom 27. August 1933. Darin auch die Weiherede des Ministerpräsidenten Willy Marschler. Die Unterschrift auf der Urzeichnung leisteten Reichsstatthalter Fritz Sauckel, Ministerpräsident Willy Marschler, die Staatsminister Fritz Wächtler und Dr. Otto Weber sowie die Staatsräte Erich Mackeldey, Paul Junghanns, Dr. Johannes Meister und Dr. Gustav Zunkel.

25 ThHStA Weimar, Land Thüringen - Ministerpräsident, Büro des Ministerpräsidenten Nr. 1979, Bl. 21.

des Wappens für das Land Thüringen aufgeworfen, auch wird die Landesfarbe bestimmt. Es sollen die Farben weiss-rot genommen werden«.[26]

Daß es zu einem umfassenderen Beschluß kam, ist aus dem am 4. September 1945 erschienenen Regierungsblatt für das Land Thüringen ersichtlich, welches in seinem Kopf schon eine Schwarz-Weiß-Darstellung des neuen Wappens und das von Paul unterzeichnete Gesetz enthält.[27] Dabei wurde deutlich, daß es sich um eine modifizierte Symbiose aus dem Landeswappen von 1921, dem Herzschild des Wappens von 1933 sowie dem Wappenbeschluß vom 28. Juni 1945 handelte. Das neue Landeswappen bestand nun aus einem aufrechten Löwen auf rotem Grund, den acht silberne Sterne umgaben. Im zweiten Absatz des Gesetzes wurde auf die Bedeutung des achten Sterns eingegangen und festgestellt, daß er als Zusatz und in Anknüpfung an die sieben Sterne des früheren Wappens die Vereinigung preußischer Gebietsteile mit dem Land Thüringen symbolisieren sollte. Als Landesfarbe wurde weiß-rot bestimmt. Die Urzeichnung sollte der Tradition gemäß im Thüringischen Staatsarchiv aufbewahrt werden.[28]

Die Urzeichnung des Landeswappens fertigte der Weimarer Kunstmaler Franz Huth an. Die Tingierung entsprach den Festlegungen, wobei der Löwe, dessen Farbgebung das Gesetz unverständlicherweise nicht bestimmte, golden und silbern bewehrt dargestellt war. Im Gegensatz zu den Wappen von 1921 und 1933 erhielt die Urzeichnung jedoch keinen Bestätigungsvermerk vom Landespräsidenten. Die Gründe, einen goldenen, silbern bewehrten Löwen auf rotem Grund in das Wappen aufzunehmen, für den als heraldisches Symbol Thüringens bis dahin Beispiele fehlen, sind nicht belegt. Jedoch wird dem Landespräsidenten Paul ein maßgeblicher Anteil daran zugewiesen.[29]

Bei der farblichen Gestaltung des Wappens war man mehreren »Zwängen« unterworfen. Zum einen konnte der durch die Nationalsozialisten diskreditierte Bunte Löwe nicht ohne weiteres übernommen werden, da damit kurz nach Kriegsende eine Traditionslinie aufgezeigt worden wäre, die wegen der Zeitnähe immer einen Ansatzpunkt für Kritik geboten hätte. Zum anderen waren es die heraldischen Regeln bei der Farbgebung, die den Spielraum einengten. Daß man dabei jedoch »experimentierte« und keineswegs absolut selbstherrlich das Wappen schuf, belegen zwei im Thüringischen Hauptstaatsarchiv Weimar überlieferte Entwürfe.[30]

Da das Gesetz vom 13. August 1945 hinsichtlich der Beschreibung des Wappens Auslassungen enthielt und die Tingierung des Hoheitszeichens nur unvollständig bzw. unkorrekt wiedergab, wich später die Farbgebung von der Urzeichnung erheblich ab. Die einfachere drucktechnische Realisierung dürfte diesen Vorgang befördert haben, so daß das Wappen im Farbdruck meist in einer rot-weißen (silbernen) Variante dargestellt wurde. Verschiedene

---

26 Vgl. ThHStA Weimar, Land Thüringen - Ministerpräsident, Büro des Ministerpräsidenten Nr. 1979, Bl. 63/2.

27 Gesetz über das Wappen und die Landesfarben des Landes Thüringen vom 13. August 1945. In: Regierungsblatt für das Land Thüringen, Teil I: Gesetzsammlung Nr. 3/1945 vom 4. September 1945, S. 5.

28 Vgl. ThHStA Weimar, Urkunden 1945 August 13.

29 Dazu die Aussage von August Frölich in der Landtagssitzung am 18. Dezember 1947. In: Stenographische Berichte über die Sitzungen des Thüringer Landtags. 1. Wahlperiode 1946-1950, S. 834. Siehe auch den subjektiv gefärbten Erinnerungsbericht von Heinrich Hoffmann, Geburtshilfe für die Hoheitszeichen Thüringens 1945. In: Eichsfelder Heimathefte Heft 4/1964, S. 228-231.

30 Vgl. ThHStA Weimar, Urkunden 1945 (Entwürfe).

Veröffentlichungen, aber auch die Briefköpfe der Landesbehörden enthielten einen weißen Löwen, umgeben von acht weißen Sternen auf rotem Grund. Damit war de facto ein neues und inoffizielles, jedoch allgemein gebräuchliches Hoheitszeichen entstanden. Diese Variante, die auf Souvenirs auch bis in die 1980er Jahre in Thüringen erhältlich und ein Zeichen der Identifikation mit diesem Land war, bot nach den politischen Veränderungen von 1989/90 Ansatzpunkte für die Schaffung eines neuen Landeswappens.

Dem Gesetz zum Landeswappen vom 13. August 1945 folgten später die »Rechtsverordnung über die Führung des Landeswappens und von Dienstsiegeln« vom 20. Dezember 1945 und der am 20. Oktober 1946 ausgegebene Runderlaß des Präsidenten über die Erlaubnis zur Benutzung des Landeswappens.[31] Die am 20. Dezember 1946 vom neuen Thüringer Landtag angenommene Verfassung des Landes Thüringen enthielt auch die Bestimmung über die Landesfarben. Damit wurden erstmals heraldische Aspekte in ein solches Staatsgrundgesetz aufgenommen. Keine Festlegungen wurden hingegen zu einer Landesflagge getroffen.

1947/48 sollten der Landtag und seine Gremien nochmals auf die Wappenproblematik zurückkommen. Auslösendes Moment waren die parlamentarischen Aktivitäten zum Erlaß der Richtlinien für die Gestaltung des Siegel- und Wappenwesens der Gemeinden und Kreise im Land Thüringen. Während der 31. Sitzung des Landtages am 18. Dezember 1947 artikulierte der Landtagspräsident August Frölich (SED) Probleme mit dem Landeswappen, wobei er sich unter Verweis auf die Wappendiskussion von 1921 gegen den Löwen wandte und für die Abschaffung des »Raubtiers« aussprach. Er plädierte für die Einführung eines reinen Sternenwappens und forderte den Landtag auf, sich dieser Aufgabe anzunehmen.[32] Zu einer weiteren parlamentarischen Debatte kam es jedoch nicht, was nicht zuletzt auch das Verdienst des Weimarer Archivdirektors Prof. Dr. Willy Flach war, der sich nach Aufforderung durch den Landtagsabgeordneten und Historiker Prof. Dr. Friedrich Schneider (LDP), den Vorsitzenden des Ausschusses für Kultur und Volksbildung des Thüringer Landtags, in einem Gutachten vom 28. Januar 1948 für die Beibehaltung des gültigen Wappens eingesetzt hatte.[33]

Nach der Erörterung der Wappenfrage um die Jahreswende 1947/48 scheint es zu keinen weiteren Vorstößen auf parlamentarischer Ebene gekommen zu sein, das seit 1945 gebräuchliche Landeswappen durch ein anderes zu ersetzen. Die Distanzierung der SED von dem 1945 eingeführten Löwenwappen zeigte sich jedoch später im Titelkopf ihres Presseorgans »Thüringer Volk«, in dem ab dem 16. Dezember 1949 nicht mehr das Landeswappen erschien, welches dort vom 1. März 1947 bis 15. Dezember 1949 Aufnahme gefunden hatte. Immerhin bildete der Thüringer Landtag in seinen gedruckten »Stenographischen Berichten« bis zur letzten Sitzung am 25. Juli 1952 das Landeswappen ab. Auch die Gesetzsammlung des Landes Thüringen war bis zuletzt mit dem Landeswappen versehen.

Die Anwendung dieses Hoheitszeichens war mit dem Bestehen des Landes Thüringen zeitlich begrenzt. Die Neugliederung der Länder in der DDR führte seit dem Sommer 1952 dazu, daß das bisherige Hoheitszeichen bedeutungslos wurde, ohne daß es jedoch per Ge-

31 Vgl. ThHStA Weimar, Thüringer Landtag Nr. 235.

32 Vgl. den Stenographischen Bericht über die 31. Sitzung des Thüringer Landtags (wie Anm. 29), S. 834 f. und ThHStA Weimar, Thüringer Landtag Nr. 502, Bl. 156-162.

33 ThHStA Weimar, Nachlaß Willy Flach, Korrespondenz 1948, Flach an Schneider, 28. Januar 1948.

setz zu einer Aufhebung des Landeswappens kam. Lediglich die Verordnung zur Ausführung des Gesetzes über die Hoheitszeichen des Landes Thüringen vom 11. April 1991 bestimmte, daß »die bisherigen Hoheitszeichen nicht mehr zu verwenden« seien, wobei diese Aussage jedoch mehr auf die zuvor im Gebrauch gewesene Staatssymbolik der DDR abzielte.[34]

Erst die politische Wende von 1989 bewirkte, daß seitdem die Forderungen nach Wiederherstellung der Länder in der DDR zunehmend artikuliert wurden und dies symbolhaft seinen Ausdruck auch in der Verwendung entsprechender Wappendarstellungen fand. Im Anschluß an die Forderungen nach Wiederherstellung der Länderstrukturen auf dem Sonderparteitag der CDU am 15. Dezember 1989 wurden auch auf regionaler Ebene solche Initiativen aufgegriffen.[35] Für den zu gründenden Landesverband der CDU in Thüringen bestimmte Dr. Gottfried Müller, zu jener Zeit stellvertretender Vorsitzender der CDU in der DDR, die Diskussion um ein solches Landessymbol, wobei er sich am thüringischen Landeswappen von 1945 orientierte.[36] Am 6. Januar 1990 erschien schließlich erstmals in der thüringischen Regionalpresse ein Beitrag zu den Länderstrukturen, dem eine vereinfachte Wappendarstellung beigefügt war, mit der Unterschrift: »Ein Wappentier kommt wieder: der Thüringer Löwe«.[37] Diese Darstellung fand danach im »Thüringer Tageblatt«, dessen Kopf ab dem 22. Januar 1990 eine spezielle schwarz-weiße Wappendarstellung aufwies, insbesondere in Vorbereitung des Gründungsparteitages der CDU Thüringen wiederholt Verwendung.

Im Zusammenhang damit wurden auch farbige Aufkleber sowie Fahnen mit dem Thüringer Wappen angefertigt. Während das dabei verwendete Wappen in der Gestaltung nahezu mit dem Landeswappen von 1945 identisch war, wich es in der Tingierung davon ab, indem ein silberner Löwe umgeben von acht silbernen Sternen auf rotem Grund dargestellt war. Dies entsprach der ab 1945/46 gebräuchlichen offiziellen, jedoch nicht gesetzlich verankerten Adaption des Landeswappens von 1945. In den Reden auf dem am 20. Januar 1990 in Weimar durchgeführten Parteitag der CDU wurde dann auch auf das Wappen Bezug genommen. Dr. Gottfried Müller führte dazu aus: »Der Löwe im Wappen Thüringens, das auch in das Signet der CDU Thüringens eingegangen ist, übt wieder seinen aufrechten Gang. So möchte ich dieses Symbol, das gemäß dem amtlichen Beschluß [...] vom 13. August 1945 gestaltet wurde, für unsere Mitbürger in Thüringen und für unsere Partei selbst aktualisieren.«[38]

Auch von anderen Personen, Einrichtungen, Organisationen und Parteien wurde der Wappengedanke in Verbindung mit der sich abzeichnenden administrativen Neubildung des Landes Thüringen 1990 aufgegriffen. So übernahm die »Thüringer Allgemeine« in ihrer ersten Ausgabe vom 16. Januar 1990 in die Titelleiste die schwarz-weiße Darstellung des Wappens, wie es das »Thüringer Volk« von 1947 bis 1949 geführt hatte.[39] Auch der Landesverband der

34 Gesetz- und Verordnungsblatt für das Land Thüringen Nr. 7/1991 vom 26. April 1991, S. 71.

35 Vgl. Thüringer Tageblatt. Nr. 296/1989 vom 16. Dezember 1989, S. 2.

36 Mündliche Auskunft von Dr. Gottfried Müller vom 5. September 1997.

37 Thüringer Tageblatt. Nr. 5/1990 vom 6. Januar 1990, S. 3. Auch Das Volk. Nr. 5/1990 vom 6. Januar 1990 beschäftigte sich mit der Thematik des Landes Thüringen und veröffentlichte ein Foto mit einem Hoheitsstein des Landes Thüringen, auf den nachträglich der Bunte Löwe aufgemalt worden war.

38 Thüringer Tageblatt. Nr. 18/1990 vom 22. Januar 1990, S. 2.

39 Bereits die letzte Ausgabe der Erfurter SED-Bezirkszeitung Das Volk. Nr. 12/1990 vom 15. Januar 1990 enthält über dem Titel den Aufdruck »Thüringer Allgemeine« mit dem Wappen.

SPD schmückte Parteidrucke mit dem rot und silber tingierten Wappen. Daneben kursierten im Frühjahr in geringerem Umfang Varianten, die das thüringische Landeswappen von 1921 sowie das korrekte Hoheitszeichen von 1945 zeigten.

Trotz der relativ starken Verbreitung, insbesondere des Wappens mit dem silbernen, von acht silbernen Sternen umgebenen Löwen auf rotem Grund, wurden seit Anfang 1990 zunehmend Wappenvarianten publik gemacht, die sich stärker an den jahrhundertelangen heraldischen Traditionen Thüringens orientierten und den Bunten Löwen enthielten. Eine von Historikern und Heraldikinteressenten gebildete »Interessengruppe Landeswappen« propagierte zwei Varianten. Ein Vorschlag von Peter Bühner und Peter Heß favorisierte einen golden gekrönten, golden bewehrten, von Rot und Silber achtfach gestreiften Löwen in Blau. Die zweite Variante stammte von Frank Boblenz und wurde als Kompromiß betrachtet, in dem sowohl die ältere wie auch die jüngere Geschichte Thüringens und seiner Wappen von 1921 bis 1945 sowie Aspekte der Unterscheidung vom hessischen Wappen Berücksichtigung fanden. Um dies zu erreichen, wurde vorgeschlagen, daß der Bunte Löwe auf Blauem Grund von acht silbernen Sternen umgeben sein sollte.[40]

Nachdem das Land Thüringen seit dem 3. Oktober 1990 politisch-administrativ neu in Erscheinung trat, wurde noch im Oktober durch die Vertreter der Interessengruppe eine Denkschrift an den neuen, am 14. Oktober 1990 gewählten Thüringer Landtag und die Regierung des Landes Thüringen übersandt, die einen historischen Exkurs zum Landeswappen enthielt und sich auch mit den Analogien zum Wappen des Bundeslandes Hessen auseinandersetzte. Gleichzeitig führte der Landtagsabgeordnete Dr. Axel Stelzner (CDU) - er war Mitglied der »Interessengruppe Landeswappen« - mit anderen Parlamentariern und den einzelnen Fraktionen Gespräche zum Hoheitszeichen. Da noch weitere Meinungsäußerungen und Vorschläge bei der Regierung und dem Landtag von Thüringen zum Wappen eingingen, wurde das Gesetz zum Hoheitszeichen im Dezember 1990 Gegenstand der parlamentarischen Tätigkeit.

Ein Gesetzentwurf der Landesregierung lag den Abgeordneten als Drucksache am 11. Dezember 1990 vor.[41] Verbunden damit war ein kurzer geschichtlicher Abriß zur Wappenentwicklung vom Mittelalter bis in die jüngste Zeit. Da bei der Festlegung des Entwurfes bereits die dominierende Meinung der Abgeordneten Berücksichtigung gefunden hatte, sah die Hauptvariante vor, daß das Wappen des Landes Thüringen »ein aufrecht stehender, achtfach rot-silbern gestreifter, goldgekrönter und goldbewehrter Löwe auf blauem Grund, umgeben von acht silbernen Sternen« bilden und die Landesfarben weiß-rot sein sollten. Das Gesetz sollte mit Wirkung vom 3. Oktober 1990 gelten. Für die Aufbewahrung der Urzeichnung des Wappens war das Staatsarchiv in Weimar (seit März 1991 Thüringisches Hauptstaatsarchiv) vorgesehen. Als Alternative enthielt der Entwurf unter Hinweis auf das Gesetz vom 13. August 1945 auch den Vorschlag, das Wappen von 1945 wieder anzunehmen. Beigefügt waren eine exakte Beschreibung, die im Gegensatz zum Text von 1945 den Löwen richtig in Gold aufführte, und entsprechende Zeichnungen, wobei beim Alternativvorschlag der Löwe jedoch fälschlich in Silber dargestellt war.

40 Vgl. Bunter Löwe mit oder ohne Sterne? Ein Beitrag zur Verfassungsdiskussion im Land Thüringen. In: Thüringer Allgemeine. Beilage Nr. 47 vom 30. November 1990.

41 Vgl. Thüringer Landtag. 1. Wahlperiode. Drucksachen. Band 1, Nr. 35.

Am 13. Dezember 1990 debattierten die Abgeordneten des Landtages in ihrer 7. Sitzung über die Gesetzesvorlage.[42] Innenminister Willibald Böck (CDU) verwies dabei auf die Notwendigkeit »dieses Hoheitszeichens für eine geordnete Siegelführung, für eine äußere Darstellung des Landes im Ensemble der deutschen Länder und für eine Kennzeichnung ... [des] Landes in Deutschland«. In der folgenden Diskussion bestand, nicht zuletzt auch auf Grund der Vorarbeiten des Abgeordneten Dr. Stelzner, weitgehend Konsens über diesen Vorschlag. Lediglich Landtagspräsident Dr. Müller votierte für die Annahme der Zweitvariante. Damit sollte einerseits eine bessere Unterscheidung zum hessischen Landeswappen gewährleistet werden, aber auch die seit der Zeit der Wende gewachsene Akzeptanz dieses Traditionswappens bei der Bevölkerung Berücksichtigung finden. Der Gesetzesvorschlag wurde in der ersten Lesung an die zuständigen Ausschüsse verwiesen. Innen- sowie Justizausschuß berieten am 20. Dezember 1990 bzw. 3. Januar 1991 und votierten für die Vorlage.[43] In Vorbereitung der abschließenden Beratung brachten CDU und FDP noch einen Änderungsvorschlag ein, der bestimmte, daß die Landesregierung zur Gestaltung und Führung des Landeswappens, der Landesflagge, des Landessiegels und des Amtsschildes eine Rechtsverordnung erlassen sollte.[44]

Vor der Abstimmung über das Gesetz in der Landtagssitzung am 10. Januar 1991 wurde in der Diskussion nochmals auf Traditionslinien und Varianten des Landeswappens seit der Landesgründung von 1920 eingegangen. Eindeutig erfolgte dabei mit Blick auf das Landeswappen von 1933 eine Distanzierung von den heraldischen Traditionen der Nationalsozialisten. Sowohl der Änderungsvorschlag wie auch der Gesetzentwurf wurden mehrheitlich durch die Abgeordneten angenommen.[45] Die Verkündung des Gesetzes erfolgte am 30. Januar 1991 durch den Landtagspräsidenten, so daß es Rechtskraft erhielt.[46] Die Zeichnungen, die für die Gesetzesvorlage Verwendung fanden, wurden von Peter Heß angefertigt. Er stellte auch die Urzeichnung des Wappens her, die mit der Unterschrift des Ministerpräsidenten Josef Duchač im Thüringischen Hauptstaatsarchiv Weimar hinterlegt wurde.[47]

Die in Paragraph 2 des Gesetzes über die Hoheitszeichen vorgesehenen Regelungen wurden am 11. April 1991 erlassen und traten rückwirkend zum 1. April 1991 in Kraft. Damit besitzt Thüringen auch eine Landes- und Landesdienstflagge mit je einem gleich breiten weißen und roten Längsstreifen. Letztere zeigt außerdem in der Mitte jeweils senkrecht das Landeswappen. Auf der Grundlage des Gesetzes über die Hoheitszeichen des Landes Thüringen und der Ausführungsverordnung erhielt der neue Freistaat Thüringen seine demokratisch legitimierten Hoheitszeichen.

[Frank Boblenz]

42 Thüringer Landtag. 1. Wahlperiode. Plenarprotokolle. Band 1, S. 181–183.

43 Vgl. Thüringer Landtag. 1. Wahlperiode. Drucksachen. Band 1, Nr. 53.

44 Vgl. Thüringer Landtag. 1. Wahlperiode. Drucksachen. Band 1, Nr. 75.

45 Vgl. Thüringer Landtag. 1. Wahlperiode. Plenarprotokolle. Band 1, S. 228–231.

46 Gesetz über das Hoheitszeichen des Landes Thüringen vom 30 Januar 1991. In: Gesetzblatt für das Land Thüringen 1991, Nr. 1 vom 31. Januar 1991, S. 1.

47 Vgl. ThHStA Weimar, Urkunden 1991 Januar 10.

Die Wappen des Landes und Freistaates Thüringen seit 1921

Abb. 17 Landeswappen 1921-1933,
eingeführt durch Gesetz vom 7. April 1921 (Zeichnung von Adolf von den Velden)

Abb. 18 Landeswappen 1933-1945,
eingeführt durch Gesetz vom 15. August 1933 (Zeichnung von Ernst Müller-Gräfe)

Abb. 19 Landeswappen 1945–1952,
eingeführt durch Gesetz vom 13. August 1945 (Zeichnung von Franz Huth)

Abb. 20 Landeswappen seit 1991,
eingeführt durch Gesetz vom 30. Januar 1991 (Zeichnung von Peter Heß)

2. Thüringens Landeshauptstadt

Der heutige Freistaat Thüringen verzeichnet in seiner inzwischen mehr als 75jährigen Geschichte seit der Landesgründung von 1920 zwei Städte, in denen Parlament und Regierung ihren Sitz fanden: Weimar und Erfurt.[1] Weimar als vormalige Haupt- und Residenzstadt des Großherzogtums Sachsen(-Weimar-Eisenach) nahm seit dem Zusammenschluß der thüringischen Einzelstaaten zum Land Thüringen den Rang der Landeshauptstadt ein, wurde während des Dritten Reiches zwischen 1933 und 1945 als Gau- und Landeshauptstadt apostrophiert und behauptete danach noch bis 1950/51 die Hauptstadtfunktion. Erfurt als vormalige Hauptstadt eines preußischen Regierungsbezirks (seit 1816), der 1945 dem Land Thüringen angegliedert wurde, konnte erst nach dieser thüringischen Vereinigung seinen Anspruch darauf erheben. Die kurzfristige Existenz als Landeshauptstadt zwischen 1951 und 1952 wurde von dem Interregnum als »Bezirks(haupt)stadt« - Sitz der Behörden eines der drei thüringischen Verwaltungsbezirke (neben Gera und Suhl) im zentralistischen Einheitsstaat DDR - zwischen 1952 und 1990 abgelöst. Seit 1990/91 ist Erfurt als größte thüringische Stadt Hauptstadt des neuen Bundeslandes Thüringen.

Die Einbeziehung Erfurts in die Diskussion um die Landeshauptstadt eines thüringischen Einheitsstaates war 1918/19 akut, konnte aber nur hypothetisch aufgeworfen werden. Die Erhebung Weimars zur Landeshauptstadt war die Folge der politischen Entscheidung der neuen preußischen Staatsregierung, die preußischen Gebiete in Thüringen - insbesondere den Regierungsbezirk Erfurt und Teile des Regierungsbezirks Merseburg (Provinz Sachsen) sowie den Landkreis Herrschaft Schmalkalden (des Regierungsbezirks Kassel, Provinz Hessen-Nassau) - nicht in das künftige Land Thüringen einzubringen. Unter den Hauptstädten der thüringischen Staaten, die sich durch einen Gemeinschaftsvertrag zu einem neuen Land verbanden, wurde demzufolge 1920 die Residenzstadt des größten Einzelstaates als Sitz von Parlament und Regierung favorisiert. Als 1945 nach dem Ende des zweiten Weltkrieges unter anderen politischen Vorzeichen der territoriale und staatliche Zusammenschluß des Landes Thüringen mit bisher preußischen Gebieten vollzogen werden konnte, stand die Frage nach der Landeshauptstadt des größeren Landes Thüringen erneut vor den Verantwortlichen, mußte nun aber pragmatisch gelöst werden. Weimar blieb noch für eine Übergangszeit Landeshauptstadt und machte folgerichtig später Erfurt Platz. Das parlamentarische Prozedere von 1991 mit Bewerbung und Wahl des Parlamentssitzes und der davon abgeleiteten Bestimmung der Hauptstadt des Landes war unnötig.[2]

---

1 Zur Stadtgeschichte siehe Geschichte der Stadt Weimar. Herausgegeben von Gitta Günther und Lothar Wallraf. Weimar 1975; Geschichte der Stadt Erfurt. Herausgegeben von Willibald Gutsche. Weimar 1986.

2 Vgl. dazu auch Hans Eberhardt, Thüringens staatliche Einheit in Vergangenheit und Gegenwart. In: Schriften zur Geschichte des Parlamentarismus in Thüringen, Heft 1. Jena 1992, S. 120.

Thüringens Landeshauptstadt ist kein politisches Problem sondern ein historisch determiniertes Faktum.

Die Frage nach der künftigen Landeshauptstadt von Thüringen stellte sich 1918/19 nicht, solange die gesamtthüringische Lösung unter Einbeziehung aller im Thüringer Raum vorhandenen Staaten und Staatenteile als Ziel erkennbar blieb. »Großthüringen« nach dem Vorbild des am 30. November 1918 geschaffenen Reichstagswahlkreises 36, der die thüringischen Staaten im engeren Sinne sowie die preußischen Gebietsteile in Thüringen umfaßte, hätte Erfurt als Landeshauptstadt zur Folge gehabt. Diese Stadt im mittleren Thüringen bildete den Kern des Landes, seinen unbestrittenen Mittelpunkt, die eigentliche Metropole des Thüringer Raumes, obwohl es sich auf Grund der geschichtlichen Entwicklung seit der Mitte des 8. Jahrhunderts in der Hand einer Territorialmacht, des Erzstiftes Mainz, befunden hatte, deren Zentrum weitab von Thüringen lag. In der Nachfolge des mainzischen Kurstaates sorgte Preußen seit 1802 dafür, daß Erfurt im Laufe des 19. Jahrhunderts zu einem wirtschaftlichen Machtzentrum emporstieg und sich zu einer Verkehrszentrale mit der Eisenbahndirektion für den gesamten Thüringer Raum entwickelte. Als Sitz des am 1. April 1816 geschaffenen Regierungspräsidiums für den preußischen Regierungsbezirk bildete es sich zudem zu einer Verwaltungsstadt aus. Unbestritten ist auch ihr historisches Gewicht, ihre reiche, bis in das 8. Jahrhundert zurückreichende Geschichte.

Die 1920 nicht erreichte Gesamtlösung ebnete aber zunächst den Gedanken an eine Landeshauptstadt Erfurt ein, obwohl es gängige Vorstellung blieb, daß Erfurt die thüringische »Hauptstadt« war, die am ehesten das »grüne Herz Deutschlands« repräsentieren konnte.[3] Der Weimarer Sozialdemokrat August Baudert, nach der Novemberrevolution 1918 Staatskommissar in Sachsen-Weimar-Eisenach, wies bereits unmittelbar nach der Landesgründung darauf hin, daß schon die Wahl von Erfurt als Tagungsort für die erste Zusammenkunft von Vertretern der thüringischen Einzelstaaten mit den Arbeiter- und Soldatenräten am 10. Dezember 1918, in der eine »Provinz Thüringen als Teil der Einheitsrepublik Deutschland« gefordert wurde, »eine gewisse symbolische Bedeutung« hatte. »Mit vollem Recht stellte man sich damals auf den Standpunkt, daß Erfurt die historische und tatsächliche Hauptstadt des Thüringer Landes sei.«[4]

Nachdem Preußen seine thüringischen Gebietsteile im Rahmen des preußischen Staates behauptet hatte, mußte die damals größte Stadt Thüringens in der Hauptstadtfrage zunächst außerhalb der Betrachtung bleiben. Auch die seit dem 19. Jahrhundert und insbesondere nach der Jahrhundertwende aufstrebenden Industriestädte Gera, Jena und Gotha, die Erfurt in der Zahl der Einwohner folgten, kamen nicht in Frage.[5] Da es unter den thüringischen Kleinstaaten bis zu deren Ende keinen vorherrschenden Staat mit ausgeprägter Hauptstadt gegeben hatte, verwies die erreichte kleinthüringische Lösung zwingend auf die Hauptstadt des größten unter den sieben altthüringischen Staaten.

---

3 Vgl. Hans Patze, Land, Volk und Geschichte. In: Geschichte Thüringens, Sechster Band (= Mitteldeutsche Forschungen Band 48/VI). Herausgegeben von Hans Patze und Walter Schlesinger. Köln/Wien 1979, S. 199.

4 August Baudert, Das »unvollkommene« Thüringen. In: Allgemeine Landeszeitung Deutschland Nr. 1/1921 vom 1. Januar 1921.

5 Erfurt als die größte thüringische Stadt zählte bereits 1918 über 130 000 Einwohner. Bei den zum 1920 gegründeten Land Thüringen gehörenden Städten lagen Gera (1922: 74 993), Jena (1922: 53 906) und Gotha (1922: 48 543) mit ihren Einwohnerzahlen noch vor Weimar (1922: 41 403). Auch Eisenach (1922: 41 375) und Altenburg (1922: 41 315) reichten dicht heran.

Mit Weimar im vormaligen Großherzogtum Sachsen-Weimar-Eisenach (seit 1903 Großherzogtum Sachsen) stand eine Stadt zur Verfügung, deren funktionelle Bedeutung seit fast 400 Jahren auf dem Gebiete der Verwaltung lag, nachdem sie 1547 zur Hauptresidenz der ernestinischen Linie des Hauses Wettin erhoben worden war. Zudem galt sie als eine in der Welt bekannte Kulturstadt. Von der Einwohnerzahl her war sie allerdings nur die viert- bzw. fünftgrößte Stadt in Thüringen. Sie war eine typisch kleinstaatlich-thüringische Residenzstadt und stand in dieser Beziehung nicht über den anderen Residenzen. Eine relativ günstige Verkehrslage innerhalb des neuen Landes Thüringen sprach für sie, da sie von allen Landesteilen aus gut zu erreichen war.

Weimars Erhebung zur Landeshauptstadt war das Resultat der kleinthüringischen Lösung. Sie war von den nichtweimarischen Einzelstaaten seit dem 19. Jahrhundert für den Fall des Zusammenschlusses befürchtet worden. Insbesondere die südlich des Thüringer Waldes gelegenen Gebiete waren nicht bereit, Weimar in jeder Weise als den auch für sie zuständigen Zentralort anzuerkennen. Sachsen-Meiningen sträubte sich lange gegen die sich abzeichnende Entscheidung für Weimar. Sachsen-Coburg löste sich ganz aus der angestrebten Gemeinschaft. Ganz allgemein wurde überall die zu erwartende Nivellierung und gleichzeitige Absenkung des politischen und kulturellen Gewichtes der bisherigen Residenzstädte bedauert, während auf der anderen Seite die führende Rolle der neuen Landeshauptstadt aus Unverständnis für die Bedeutung einer Metropole nicht eingesehen wurde.[6] Diese Auffassung wurde noch dadurch verstärkt, daß Weimar in keiner Weise eine den gesamten Thüringer Raum - zwischen Werra, Saale und Pleiße sowie zwischen Thüringer Wald und Harz - überragende Stadt war.

Entscheidend für die Bestimmung der Landeshauptstadt wurde wohl letzten Endes neben seiner geistig-kulturellen Bedeutung die verhältnismäßig verkehrsgünstige und insofern zentrale Lage Weimars im neuen Thüringen. In gewissem Sinne kam ihr auch die Tatsache entgegen, daß sich der Rat der Volksbeauftragten zu Beginn des Jahres 1919 für Weimar als Tagungsort der Deutschen Nationalversammlung entschieden hatte. Wenn der spätere Reichspräsident Friedrich Ebert diese Entscheidung mit dem Hinweis begründete: »Es wird in der ganzen Welt angenehm empfunden werden, wenn man den Geist von Weimar mit dem Aufbau des neuen Deutschen Reiches verbindet«[7], so war das auch für die thüringische Vereinigung inspirierend und beispielgebend.

Der Übergang von der Residenz- zur Landeshauptstadt vollzog sich fast zwangsläufig im Rahmen der politischen und staatlichen Entwicklung nach Aufhebung der Monarchie. Die bereits am 15. Februar 1919 von der Republikanisch provisorischen Regierung Sachsen-Weimar-Eisenach verfügte Selbstverwaltung der Städte änderte die rechtliche Stellung der bisherigen »Großherzoglichen Residenzstadt« Weimar.[8] Am 19. April 1919 erging die Einladung an den Gemeinderat erstmals unter der Bezeichnung »Landeshauptstadt Wei-

---

6 Zu dieser Problematik siehe Karl Du Mont, Der Zusammenschluß Thüringens. Eine staatswissenschaftliche Untersuchung. Gotha 1927, S. 246-247; vgl. auch Ingeborg Tietzsch, Stadtgeographie von Weimar. Weimar 1949, S. 77-79.

7 Sitzung des Rates der Volksbeauftragten am 14. 1. 1919, zitiert nach Quellen zur Geschichte Thüringens 1918 bis 1945. Herausgegeben von Jürgen John. Erfurt 1996, S. 70.

8 Verordnung vom 15. Februar 1919 über die Selbstverwaltung der Städte. In: Regierungs- und Nachrichtenblatt für Sachsen-Weimar-Eisenach, Jahrgang 1919, S. 37-38.

mar«.[9] Als der Landtag am 19. Mai 1919 die Verfassung für den Freistaat Sachsen-Weimar-Eisenach verkündete, wurde darin als Tagungsort des Landtags ausdrücklich Weimar genannt und damit die bisherige Residenz als Landeshauptstadt, nämlich als Sitz von Landtag und Staatsregierung, für den nunmehrigen Freistaat Sachsen-Weimar-Eisenach festgeschrieben.[10]

In ähnlicher Weise vollzog sich der Schritt zur Hauptstadt des neuen Landes Thüringen. Die provisorische Regierung von Sachsen-Weimar-Eisenach war es gewesen, die bereits am 1. Dezember 1918 die einzelnen Freistaaten zu einer Besprechung über die Grundlagen der Vereinigung eingeladen hatte. Am 24. März 1919 hatten die in Weimar versammelten Vertreter aller thüringischen Staatsregierungen und Landtage die weimarische Regierung beauftragt, die vertraglichen Grundlagen für den neuen Einheitsstaat zu schaffen. Der am 5. Juni 1919 abgeschlossene Vertrag zur Bildung einer Gemeinschaft der thüringischen Staaten mußte von allen beteiligten Regierungen in einer Ausfertigung bei der Staatsregierung in Weimar niedergelegt werden. Durch diesen »Ratifizierungsakt« und die Lokalisierung der als Organe der Gemeinschaft geschaffenen Vertretungen - der »Volksrat von Thüringen« als Gemeinschaftsvertretung und der »Staatsrat von Thüringen« als exekutives Verwaltungsorgan - in Weimar bildete sich eine sehr starke Präferenz für die ehemalige Residenzstadt und nunmehrige Landeshauptstadt des Freistaates Sachsen-Weimar-Eisenach heraus. Der Staatsrat, dem die laufende Geschäftsführung der Gemeinschaft oblag, trat erstmals am 14. Juli 1919 zu einer Sitzung in Weimar zusammen und löste sich erst am 12. November 1920 nach der Wahl der ersten Landesregierung durch den neuen Landtag von Thüringen auf. Auch der Volksrat tagte seit 16. Dezember 1919 in Weimar, bis er durch den neugewählten Landtag von Thüringen im Juni 1920 abgelöst wurde. Damit war, ohne besondere und ausdrückliche Vereinbarung, Weimar als Sitz der Volksvertretung und der Regierung der thüringischen Gemeinschaft anerkannt.

Mit der Errichtung dieser für die Landesgründung entscheidenden Organe in Weimar war auch die Hauptstadt des zum 1. Mai 1920 durch Reichsgesetz ins Leben getretenen Landes Thüringen vorherbestimmt. Die noch vom Volksrat von Thüringen beschlossene und vom Staatsrat am 12. Mai 1920 in Weimar verkündete provisorische Verfassung des Landes Thüringen enthielt die Bestimmung, daß der Landtag am Sitze der Landesregierung zusammentritt, machte aber selbst keine Aussage darüber, wo die Regierung ihren Sitz haben sollte. Das änderte sich auch nicht, als im Jahr darauf die erste Thüringer Verfassung parlamentarisch beschlossen und am 11. März 1921 vom Thüringischen Staatsministerium verkündet wurde. Daß sich der Staatsrat von Thüringen und das ihm folgende Staatsministerium als Landesregierung in den Behördenhäusern der ehemaligen Großherzoglichen Regierung, die nun zu Ministerialgebäuden erweitert wurden, niedergelassen hatten, entsprach dem Pragmatismus damaligen Verwaltungshandelns, der in diesem Fall ohne gesetzliche Legitimation auskam.

---

9 Stadtarchiv Weimar, Gemeinderatsprotokolle 1919–1920. Die Bezeichnung Landeshauptstadt bezog sich hier natürlich noch auf den Freistaat Sachsen-Weimar-Eisenach. Auch das noch vor der Gründung des Landes Thüringen erschienene Weimarer Adreßbuch von 1920 trug die Bezeichnung »Adreßbuch der Landeshauptstadt Weimar«, während es 1919 auf dem Außentitel noch »Adreßbuch der Großherzoglichen Haupt- und Residenzstadt«, auf dem Innentitel nur »Adreßbuch der Stadt Weimar« geheißen hatte.

10 Verfassung für den Freistaat Sachsen-Weimar-Eisenach vom 19. Mai 1919. In: Regierungs- und Nachrichtenblatt für Sachsen-Weimar-Eisenach, Jahrgang 1919, S. 151.

Weimar war die Hauptstadt des neu gebildeten Landes Thüringen geworden, ohne daß dieses Faktum eine verfassungsmäßige Fixierung erhielt. Die Kontinuität des Regierungssitzes in Weimar stand zudem nicht in Zweifel, solange das preußische Thüringen und damit Erfurt außerhalb des neugeschaffenen Gliedstaates des Deutschen Reiches blieb. Als eine »Fügung von glückhafter Bedeutung« begriff man später die Tatsache, daß der erste Landtag im vereinigten Thüringen seinen Sitz in Weimar nahm. »Daß die Frage, welche Stadt der Sitz der Regierung und des Landtages des endlich geeinten Thüringens sein sollte, überhaupt niemals gestellt wurde, beweist am besten, daß es für jeden Thüringer selbstverständlich war, daß Weimar die Landeshauptstadt sein müsse. So sehr und allgemein wurde Weimar als Repräsentantin Gesamtthüringens empfunden, daß seine Berufung zur Landeshauptstadt keines Beschlusses bedurfte.«[11] Eine solche Aussage aus weimarzentristischer Sicht ist allerdings historisch nicht haltbar. Es ist der Zufall der Geschichte, der 1919/20 die Hauptstadtfunktion auf Weimar übertragen hatte.

Die Stadt an der Ilm versuchte seitdem diesem größeren Anspruch gerecht zu werden, aber für die neuen Erfordernisse, die an das Domizil einer Landesregierung gestellt wurden, reichten auch hier die überkommenen Räumlichkeiten nicht aus. Trotz Um- und Erweiterungsbauten blieb es für die Landesregierung und die einzelnen Ministerien bei Provisorien und Adaptionen (Fürstenhaus, Rotes und Gelbes Schloß, Reithaus, Marstall, Jägerhaus), die im Stadtbild keine anderen Akzente als die bisherige Residenz vor 1918 setzten. Dagegen zerstörte später der unter anderen politischen Vorzeichen konzipierte und 1936 begonnene Bau repräsentativer Dienstgebäude für den nationalsozialistischen Staat am Museumsplatz die städtebauliche und architektonische Tradition Weimars.[12] Allerdings blieben in der Landeshauptstadt Thüringens vor und nach 1945 der Residenzcharakter und seine in den klassischen Memorialstätten und im Nationaltheater verkörperte Geisteskultur vorherrschend. Hinter dem alten Weimar blieb das neue Land Thüringen mit seinen wirtschaftlichen Potenzen unsichtbar.[13]

Trotzdem vollzog sich nach der Landesgründung ein unaufhörlicher Wandel im Erscheinungsbild der politischen Landeshauptstadt als Ausgangs- und Sammelplatz des öffentlichen Lebens.[14] Mit Landtags- und Regierungssitz verbanden sich zuerst die Landeszentralen der politischen Parteien, sodann die Agenturen der thüringischen Presse. Der Behördenapparat bildete neben den Ministerien weitere Zentralinstanzen für bestimmte Verwaltungsaufgaben im Landesmaßstab aus (u. a. Statistisches Landesamt, Rechnungskammer, Landeshaupt-

11 Emil Herfurth, Die Hauptstadt des Landes Thüringen (1919-1933). In: Das Thüringer Fähnlein 3 (1934), S. 121.

12 Vgl. zur Planungs- und Baugeschichte der nationalsozialistischen Partei- und Staatsbauten in Weimar die Untersuchung von Karina Loos, Das »Gauforum« in Weimar. Vom bewußtlosen Umgang mit der nationalsozialistischen Geschichte. In: Nationalsozialismus in Thüringen. Herausgegeben von Detlev Heiden und Gunther Mai. Weimar/Köln/Wien 1995, S. 332-341.

13 Vgl. Friedrich Facius, Politische Geschichte in der Neuzeit. In: Geschichte Thüringens, Fünfter Band, 2. Teil (= Mitteldeutsche Forschungen Band 48/V, Teil 2). Herausgegeben von Hans Patze und Walter Schlesinger. Köln/Wien 1978, S. 442.

14 Siehe die 1934 publizierten Aufsätze zur Geschichte Weimars als Residenz- und Landeshauptstadt, insbesondere Hans Malberg, Die großherzogliche Haupt- und Residenzstadt in klassischer und nachklassischer Zeit (1775-1918) und von Emil Herfurth, Die Hauptstadt des Landes Thüringen (1919-1933). In: Das Thüringer Fähnlein 3 (1934), S. 114-125.

kasse, Hauptstaatsarchiv), während die 1923 gegründete Thüringische Staatsbank immer mehr zur Zentrale der gesamten thüringischen Geldwirtschaft wurde. Von den Selbstverwaltungsorganen der Wirtschaft nahmen die Hauptlandwirtschaftskammer für das Land Thüringen und bezirkliche Handwerks- bzw. Industrie- und Handelskammern ihren Sitz in Weimar. Auch die Spitzen der Kommunalen Verbände (Städteverband, Landkreisverband) in Thüringen hatten hier ihre Geschäftsstellen eingerichtet. Außerdem ließen sich in der Landeshauptstadt alle wichtigeren wirtschaftlichen Verbände und zahlreiche gemeinnützige Vereine nieder. Die seit der Landesgründung neugebildeten oder nach Weimar verlegten Einrichtungen füllten somit immer mehr den politischen Mittelpunkt des Landes aus.

Aber es gab auch gegenläufige Tendenzen. Daß neben der Landesuniversität das Gemeinschaftliche Thüringische Oberlandesgericht in Jena wirkte, geht auf die Etablierung der Gerichtsorganisation weit vor der Landesgründung im 19. Jahrhundert zurück. Auch die ältere Entwicklung im Deutschen Reich seit 1871 war für die Niederlassung wichtiger Reichseinrichtungen außerhalb Weimars (Reichsbahn- und Oberpostdirektion in Erfurt, Landesfinanzamt in Rudolstadt) verantwortlich. Für die Thüringer evangelische Kirche hatte sich der Landeskirchenrat in Eisenach eingerichtet. Dagegen waren die staatlichen Kunstlehranstalten des Landes Thüringen traditionell in Weimar beheimatet. Immerhin verursachte die Begründung und Entwicklung der verschiedenen Zentralstellen in der Landeshauptstadt auch eine stetige Zunahme der Bevölkerung, wobei 1922 die Eingemeindung der Vororte mit rund 4 000 Einwohnern den größten Anstieg zur Folge hatte (1918: 35 000; 1933: 50 000). 1925 konnte durch einen Flugplatz der Anschluß an den Luftverkehr erreicht werden. 1932 wurde mit der Weimarhalle der größte Saalbau im Land Thüringen eingeweiht.

Die Machtergreifung der Nationalsozialisten in Thüringen 1932/33 verstärkte den Drang zum Ausbau Weimars als Landeszentrale, obwohl die Entwicklung seitdem mit der Entmündigung des bisherigen föderalen Landes einherging. Während der Zeit des Dritten Reiches war Weimar als nunmehrige nationalsozialistische Gau- und Landeshauptstadt zugleich Sitz des Reichsstatthalters in Thüringen, der von ihm ernannten Landesregierung mit einem Ministerpräsidenten an der Spitze und im weiteren Zentrale für den Parteibezirk (Gau) Thüringen, der auch die preußischen Gebiete in Thüringen einschloß. Die Einsetzung eines Reichsstatthalters höhlte die Eigenständigkeit des Landes aus, da die Landesregierung nur noch im Auftrag des Reiches handeln konnte und somit zur Fassade wurde. Trotzdem entfaltete sich nach außen der ungebremste Machtanspruch der nationalsozialistischen Partei- und Staatsführung in Thüringen in Monumentalbauten eines »Gauforums«, dessen Planungen bereits 1933 einsetzen. Träger waren die NSDAP, die Deutsche Arbeitsfront und das Deutsche Reich. Sein Ausbau wurde 1936 begonnen, konnte aber nach Kriegsausbruch nicht mehr im ursprünglichen Umfang weitergeführt werden.

1936 setzten auch die Arbeiten zur Errichtung eines Konzentrationslagers für politische Gegner auf dem Ettersberg nahe der Stadt mit dem Namen »Buchenwald« ein, so daß seitdem das »Doppelgesicht« Weimars, der Widerspruch zwischen klassischer Humanität und barbarischer Menschenverachtung, scharf konturiert zutage trat. Mit der im gleichen Jahr erfolgten Gründung der Wilhelm-Gustloff-Stiftung und der Einbeziehung des Weimarer Zweigwerkes der Waggon-Maschinen-Fabrik AG als Fritz-Sauckel-Werk in die Berlin-Suhler Waffen- und Fahrzeugwerke GmbH wurde die Industrialisierung Weimars vorangetrieben. »Es war der Wunsch des Gauleiters, in der Gauhauptstadt ein großes Industriewerk zu schaffen, um in glücklicher Ergänzung zu dem bisherigen Charakter Weimars als Kulturstadt ihr durch eine große Gemeinschaft bester deutscher Industriearbeiter einen neuen Lebensstrom einzuflößen.«[15]

Das 1935 zur Gauhauptstadt erklärte Weimar wurde 1939 in die Reihe der Städte im »Großdeutschen Reich« aufgenommen, die nach nationalsozialistischen Grundsätzen neugestaltet werden sollten. Der Verordnung über die Neugestaltung der Stadt Weimar vom 10. Dezember 1940 gingen Erlasse Hitlers vom 7. Juni 1939 und 8. August 1940 über städtebauliche Maßnahmen in der Stadt Weimar voraus.[16] Die bereits 1935/36 einsetzenden Planungen durch den Architekten Hermann Giesler wurden bis 1942 intensiv verfolgt und hätten bei ihrer Realisierung die überkommene Kleinstadtstruktur im Innenstadtbereich erheblich zerstört. Zu den beabsichtigten monumentalen Bauten sollte auch ein »Zentralministerium« für die Landesregierung im Anschluß an die Parteibauten und das Reichsstatthaltergebäude im Gauforum gehören. Zurück blieb bei Kriegsende 1945 ein Torso von nicht fertiggestellten Bauwerken, die dann in den folgenden Jahren zu Ende geführt und zuerst von den Verwaltungsstellen der sowjetischen Besatzungsmacht genutzt wurden.

Die seit 1933 geführten Kämpfe um die territoriale Neugliederung in Richtung auf einen Reichsgau Thüringen scheiterten erneut am Widerstand Preußens und schließlich auch am Nichtzustandekommen einer Reichsreform. Es hatte keine staatsrechtlichen Konsequenzen, als 1935 der preußische Regierungspräsident von Erfurt für seine Person Mitglied der thüringischen Landesregierung wurde. Die unter besonderen politischen Prämissen erfolgte Abgrenzung der Reichsverteidigungsbezirke seit 1939 verfolgte andere Zwecke. Die militärischen Organisationsstrukturen mit dem Vorrang der Wehrkreiseinteilung kollidierten jedoch mit den Abgrenzungen der Landes- und meisten Reichsverwaltungen. Erst zum 1. Dezember 1942 wurden die Wehrkreise den Parteigauen angeglichen. Die Gaueinteilung der NSDAP beruhte aber bereits seit 1928 auf der Wahlkreiseinteilung der Weimarer Republik, so daß außerhalb der im engeren Sinne thüringischen Landesverwaltung bereits ein organisatorischer Zusammenhang zwischen dem Land Thüringen und dem größten Teil der preußischen Gebiete in Thüringen entstanden war.

Der Reichsstatthalter in Thüringen stand somit als Gauleiter der NSDAP und als Reichsverteidigungskommissar für den Reichsverteidigungsbezirk Thüringen bereits vor dem 1945 erfolgten Zusammenschluß des Landes Thüringen mit dem preußischen Regierungsbezirk Erfurt einem gesamtthüringischen Verwaltungsgebiet vor. Als 1944 durch Führerbefehl die preußische Provinz Sachsen neu gegliedert wurde, fiel der Regierungsbezirk Erfurt aus deren Zuständigkeit heraus. Für ihn und den Landkreis Schmalkalden, der aus der Provinz Hessen-Nassau herausgenommen wurde, nahm seit dem 1. Juli 1944 der Reichsstatthalter in Thüringen die Befugnisse des Oberpräsidenten in der staatlichen Verwaltung der damit entstandenen fiktiven »Provinz Erfurt« wahr.[17] Eine Eingliederung dieser Gebiete in das Land Thüringen, was seit 1918 aus der Perspektive Thüringens erhofft worden war, bedeutete es aber nicht. Auswirkungen auf den Status der bisherigen Gau- und Landeshauptstadt

15 Die Wilhelm-Gustloff-Stiftung. Ein Tatsachen- und Rechenschaftsbericht. Herausgegeben von Fritz Sauckel. Weimar 1938, S. 48.

16 Siehe Reichsgesetzblatt Teil I von 1939, S. 988 und von 1940, S. 1093 und 1581-1583.

17 Vgl. Detlev Snell, Die Führererlasse vom 1. April 1944 und das Schicksal des Regierungsbezirks Erfurt sowie des Landkreises Herrschaft Schmalkalden. In: Zeitschrift des Vereins für Thüringische Geschichte 49 (1995), S. 9-21.

Weimar hatte es schon gar nicht. Der Regierungsbezirk Erfurt mit dem ihm integrierten Landkreis Schmalkalden blieb weiterhin im Staatsverband des Landes Preußen.

Die Chance zur Neugliederung Thüringens, zur Schaffung eines einheitlichen Landes, war erst 1945 mit dem Ende der nationalsozialistischen Herrschaft gegeben. Die Besetzung Thüringens durch amerikanische Streitkräfte seit dem 1. April 1945 nahm auf bisherige territorialpolitische und verwaltungsorganisatorische Gegebenheiten keine Rücksichten. Allein die Außengrenzen für die schon vor Kriegsende von den Alliierten festgelegten künftigen Besatzungszonen waren maßgebend. Die Ende Mai eingerichtete Militärregierung für das Besatzungsgebiet der Amerikaner in Thüringen und Westsachsen domizilierte in Weimar, dem Sitz der thüringischen Landesregierung. Die von ihr im Juni 1945 installierte Regierung für Thüringen war für ein Verwaltungsgebiet zuständig, das unter der Bezeichnung Provinz Thüringen im Kern das bisherige Land Thüringen und vom preußischen Gebiet den Regierungsbezirk Erfurt mit dem Kreis Schmalkalden - bis zum Besatzungswechsel auch die amerikanisch besetzten westsächsischen Stadt- und Landkreise - umfaßte. Im administrativen Zusammenschluß dieser soziologisch einheitlichen Landschaft wurde eine politische Notwendigkeit erkannt, an der sich auch nach dem Anfang Juli 1945 vollzogenen Besatzungswechsel nichts änderte. In der ersten im Regierungsblatt veröffentlichten Mitteilung über die Errichtung der Provinzialregierung in Thüringen vom 2. Juli 1945 wurde Weimar als Sitz der Regierung der Provinz Thüringen angegeben.[18]

Auch die von der Sowjetischen Militäradministration des Bundeslandes Thüringen am 16. Juli 1945 eingesetzte neue Landesverwaltung baute auf den seit April/Mai 1945 ergriffenen Maßnahmen zum Neuaufbau der Verwaltung in Thüringen auf. Sie behielt ihren Sitz in Weimar, weil hier mit den bisherigen Ministerialgebäuden der notwendige Raum für die neuen Landesämter vorhanden war und weil das Verwaltungspersonal und die Akten der vorhergehenden Landesregierungen sofort zur Verfügung standen. Weimar konnte sich somit unter dem Provisorium einer von der Besatzungsmacht abhängigen Landesverwaltung als Landeshauptstadt von Thüringen vorerst behaupten.

Allerdings hatte es auch von der bisherigen Hauptstadt Weimar wegführende Bestrebungen gegeben, nachdem das durch die Zonenabgrenzung beförderte Zerbrechen des vormaligen preußischen Flächenstaates nunmehr die Eingliederung des Regierungsbezirks Erfurt mit dem Landkreis Schmalkalden in die von der amerikanischen Besatzungsmacht gestattete Provinz Thüringen ermöglicht hatte.[19] Das mußte die Forderung nach der Erhebung Erfurts zur neuen Landeshauptstadt begünstigen. Mit dem Bekanntwerden des Planes zum Zusammenschluß des bisherigen Landes Thüringen mit den bis dahin preußischen Gebieten trat die Frage des Sitzes der Zentralbehörde des erweiterten thüringischen Verwaltungsgebietes in den Vordergrund. Von Erfurt aus wurde gefordert, die künftige Regierung der Provinz Thüringen in der größten thüringischen Stadt zu etablieren.[20] Der Erfurter Oberbürgermeister trug diese Forderung am 31. Mai 1945 in einer Denkschrift an das Hauptquartier des

18 Errichtung der Provinzial-Regierung in Thüringen. In: Regierungsblatt für die Provinz Thüringen Nr. 1/1945, S. 1.

19 Vgl. Volker Wahl, Thüringens territoriale Neuordnung 1945. In: Zeitschrift des Vereins für Thüringische Geschichte 46 (1992), S. 215-254.

20 Siehe den Schriftwechsel vom Mai/Juni 1945 in der Akte »Vorschläge über die Verwaltung Großthüringens und den Sitz der Landesregierung«. In: ThHStA Weimar, Land Thüringen, Ministerium des Innern Nr. 2208.

amerikanischen VIII. Korps in Weimar heran und bat gleichzeitig die Landräte in den bisher preußischen Landkreisen, seine Bestrebungen zu unterstützen, »Erfurt zur Hauptstadt Thüringens zu machen«.[21]

In der Aussprache Erfurter Vertreter mit dem von den Amerikanern mit der Reorganisation der Verwaltung in Thüringen beauftragten ehemaligen thüringischen Ministerialbeamten Dr. Hermann L. Brill am 2. Juni 1945 wies dieser die Forderung, Erfurt zum Sitz der neuen Provinzialregierung zu machen, zurück. Er erkannte zwar die Argumente für die Bestimmung Erfurts als Verwaltungsmittelpunkt in Thüringen an, erklärte aber ihre Verwirklichung auf Grund der Kriegsfolgen zum gegenwärtigen Zeitpunkt für nicht möglich. Erst in fünf bis sechs Jahren könne an eine Sammlung der zentralen thüringischen Verwaltungsbehörden in Erfurt gedacht werden. Für die Gegenwart biete Weimar als Sitz der ehemaligen thüringischen Ministerien bessere Voraussetzungen zum Aufbau der neuen Landesämter als Erfurt. Die Ernennung Brills zum provisorischen Regierungspräsidenten der Provinz Thüringen führte noch im Juni 1945 zum vollständigen territorialen Zusammenschluß und zur verwaltungsmäßigen Übernahme des Regierungsbezirks Erfurt auf die Regierung der Provinz Thüringen in Weimar.

Eine andere als diese pragmatische Lösung war nicht denkbar, auch wenn seinerzeit der amtierende Erfurter Oberbürgermeister nach dem Abzug der amerikanischen Truppen aus Thüringen eine Besprechung mit dem neuen sowjetischen Stadtkommandanten in Erfurt am 5. Juli 1945 als »Regierungsübergabe« deklarierte und gegenüber der Bevölkerung erklärte, daß die Provinzialverwaltung in Weimar keinerlei Einfluß auf die Erfurter Verwaltung habe: »Erfurt ist Hauptstadt und nicht Weimar.«[22] Dieser letzte verzweifelte Versuch, neue Tatbestände zu schaffen, hatte aber lediglich zur Folge, daß der Oberbürgermeister wegen der Ungesetzlichkeit seines Vorgehens nach einer Intervention des Regierungspräsidenten beim Stadtkommandanten am 7. Juli 1945 amtsenthoben wurde. Weimar blieb auch unter der Sowjetischen Militäradministration weiterhin Hauptstadt des neuen Bundeslandes Thüringen in der Sowjetischen Besatzungszone. Die offizielle Mitteilung vom 1. September 1945 über die vorgenommene Umbildung der Landesverwaltung enthielt keinen Hinweis auf die Landeshauptstadt.[23]

Die Besonderheiten der Entwicklung nach dem Zusammenbruch der nationalsozialistischen Herrschaft in Thüringen mit den Aktivitäten der politischen Kräfte des befreiten Konzentrationslagers Buchenwald für den Neubeginn des gesellschaftlichen Lebens in Thüringen brachten es mit sich, daß sich sowohl die politischen Führungsorgane des Landes in Gestalt der sich neu organisierenden Parteien als auch die administrativen Strukturen des erweiterten Landes Thüringen in Weimar konzentrierten. In einer Situation, in der die Chance gegeben war, daß sich die historische Vernunft und die Erfordernisse der Landesplanung durchsetzen konnten, in deren Folge nun endlich das einheitliche Thüringen entstand, blieb jedoch die Hauptstadtfrage im Grunde ungelöst. Das Jahr 1945 war für eine Entscheidung darüber denkbar ungünstig, weil sie sofort auch die Kostenfrage aufwarf. Niemand dachte unter den Erschwernissen der unmittelbaren Nachkriegszeit daran, Überlegungen Raum zu

21 ThStA Gotha, Landratsamt Heiligenstadt Nr 41.

22 Erfurter Wochenblatt Nr. 4 vom 7. 7. 1945.

23 Bildung der Landesverwaltung Thüringen. In: Regierungsblatt für das Land Thüringen, Teil I, Nr. 3/1945, S. 5.

geben, die auf eine generelle Verlegung der Landesverwaltung von Weimar nach Erfurt hinausliefen, zumal sich auch die neuen Führungskräfte aller politischen Richtungen inzwischen in Weimar eingerichtet hatten.

So blieb Weimar weiterhin Sitz der Dienststellen der thüringischen Landesregierung. Die am 20. Dezember 1946 verabschiedete Verfassung des Landes Thüringen enthielt keine Bestimmung über die Landeshauptstadt und verfügte lediglich, daß sich der Landtag am Sitz der Regierung versammeln sollte. Bemühungen zur Installierung der Regierungsbehörden in Erfurt als der weitaus größten Stadt und des natürlichen Mittelpunktes des Landes gab es verstärkt seit 1947/48. Sie wurden in erster Linie mit dem in Weimar herrschenden Mangel an Büro- und Wohnraum begründet. Bereits 1946 war der Vorschlag ergangen, die Regierungsbehörden in den Gebäuden des ehemaligen Flugplatzes Nohra zwischen Weimar und Erfurt (4 km von Weimar entfernt) zu konzentrieren und aus diesem Objekt ein neues »Regierungsstädtchen« zu machen. Diese und andere Vorstellungen über einen zentralen Regierungssitz, für den Kasernenkomplexe zwischen Erfurt und Weimar (4 km von Erfurt entfernt) und auch in Weimar selbst für den erhöhten Bedarf der Verwaltung genutzt werden sollten, scheiterten jedoch an der Besatzungsmacht.[24] Aufrecht erhalten wurden sie noch bis Ende 1948.

Die Lösung konnte nur durch die Landesregierung selbst bewirkt werden. Sie begann mit dem »Gesetz über die Verlegung des Sitzes von Landesanstalten, Körperschaften des öffentlichen Rechtes und sonstigen Organisationen« vom 6. März 1947, wodurch mit Zustimmung des Thüringer Landtages einzelne Verwaltungseinrichtungen des Landes außerhalb der Landeshauptstadt Weimar eingerichtet werden konnten.[25] Gedacht war in erster Linie an Erfurt, ohne daß dieses in dem Gesetz ausdrücklich genannt wurde. Am Ende des Jahres 1947 wurde festgestellt, daß sich die Regierungsbehörden auf insgesamt 48 Gebäude in Weimar und Erfurt verteilten.[26] Da sich die Unterbringung der Landesregierung, bald auch verschiedener Dienststellen eines einzigen Ministeriums, an zwei Orten unter den damaligen Bedingungen als sehr hinderlich erwies, wurde schließlich der Umzug der gesamten Landesregierung nach Erfurt in Angriff genommen. Einen Vorstoß beim Zentralsekretariat der SED hatte der neue Ministerpräsident Werner Eggerath bereits im Dezember 1947 unternommen, um einen Beschluß der Berliner Führung der stärksten Thüringer Regierungspartei zur Verlegung des Regierungssitzes nach Erfurt, »in eine Stadt mit gesundem Leben«, zu erreichen. Gegen das Verbleiben in Weimar sprächen nicht nur die Zersplitterung der Behörden, das dadurch geförderte Eigenleben und die Wohnungsnot. »Zu all diesen Fragen tritt hinzu, daß Weimar eine sehr ungünstige Atmosphäre hat. Der alte Hofratsgeist geistert in Weimar noch sehr stark, und ein neues gesundes Leben kommt nicht zum Durchbruch, weil Weimar keine nennenswerte Industriearbeiterschaft hat.«[27]

Diese ideologische Motivation der SED blieb jedoch im Hintergrund. Im Vorfeld zu der Regierungsinitiative über die endgültige Verlegung des Sitzes von Landtag und Regierung

24 Siehe den Briefwechsel von Ministerpräsident Werner Eggerath mit dem Zentralsekretariat der SED. In: ThHStA Weimar, BPA SED Erfurt, V/6/12-1.

25 Regierungsblatt für das Land Thüringen, Teil I, Nr. 6/1947, S. 31.

26 ThHStA Weimar, Land Thüringen, Büro des Ministerpräsidenten Nr. 452.

27 Eggerath an Zentralsekretariat der SED vom 24. 12. 1947. In: ThHStA Weimar, BPA SED Erfurt, V/6/12-1.

nach Erfurt - die thüringische Landesregierung faßte am 7. Juli 1948 den Beschluß, Erfurt als Hauptstadt des Landes Thüringen zu bestimmen, - hatte die Stadt Erfurt selbst am 1. Juli 1948 mit einer »Denkschrift über die Notwendigkeit, die Stadt Erfurt zur Landeshauptstadt mit dem Sitz der Landesregierung zu machen«, die Argumente zusammengetragen: »Durch ihre hervorragende Bedeutung im mitteldeutschen Wirtschafts- und Kulturleben, ihre zentrale Lage im Verkehr, ihre landschaftliche Schönheit, ihren klaren städtebaulichen Charakter und ihren guten Ruf im In- und Ausland ist Erfurt zur ›Thüringischen Landeshauptstadt‹ prädestiniert. Nachdem Erfurt nun auch politisch dem Thüringer Land zugeteilt ist, erscheint es tunlich und gerecht, daß Erfurt zur Landeshauptstadt mit dem Sitz der Landesregierung erhoben wird.«

Am 23. Juli 1948 brachte die Regierung die Vorlage für ein Gesetz über die Landeshauptstadt in den Landtag ein, das Erfurt zur Hauptstadt des Landes Thüringen und damit zum Regierungssitz bestimmen sollte. In der Begründung dazu wurde darauf verwiesen, daß Weimar damit seine Eigenschaft als Landeshauptstadt - eine Stellung, die es seit der Gründung des Landes inne hatte, was aber gesetzlich nicht ausdrücklich festgelegt worden war - verlieren würde. Es war erklärter Wille der Landesregierung, die Stadt Erfurt als die größte thüringische Stadt und als ein geographischer, wirtschaftlicher und Verkehrsmittelpunkt auch zur politischen Hauptstadt des Landes zu erheben. In ihrer Argumentation dafür wurde auch auf die am 25. Februar 1947 durch den Alliierten Kontrollrat verfügte Auflösung des früheren preußischen Staates Bezug genommen, wodurch der Regierungsbezirk Erfurt nun endgültig zu Thüringen gekommen und Erfurt demzufolge die größte Stadt Thüringens sei.[28] Die alliierten Besatzungsmächte hatten allerdings schon 1945 dieser Erweiterung zugestimmt, die dann auch in der Landesverfassung vom 20. Dezember 1946 ihren Ausdruck in der Benennung des neuen Gebietsstandes fand.

Während der 1. Lesung zum Gesetz über die Landeshauptstadt Thüringens kam es zu kontroversen Diskussionen im Landtag. Der Widerstand gegen die Verlegung des Regierungssitzes - er ging vor allem von der CDU und der LDP aus - wurde damit begründet, daß dadurch Weimar in seiner Entwicklung zurückgeworfen würde und nicht mehr lebensfähig sei. Immerhin wurde dabei auch die bemerkenswerte Einsicht geäußert, daß die beste Synthese für den Regierungssitz und damit die Landeshauptstadt eine Kombination von Erfurt und Weimar wäre.[29] Nach Diskussion im Rechtsausschuß[30] wurde die 2. Lesung am 8. September 1948 begonnen, aber nicht beendet. Die angekündigte Fortsetzung in einer der nächsten Landtagssitzungen fand dann nicht mehr statt. Der Landtagspräsident erklärte, daß die Übersiedlung von Regierungsbehörden nach Erfurt auf Grund des Gesetzes vom 6. März 1947 jederzeit möglich sei.[31] Das Problem der neuen Landeshauptstadt war damit aber noch immer nicht gelöst.

Erst im August 1949 unternahm Ministerpräsident Werner Eggerath einen weiteren Vorstoß zur Regelung der Hauptstadtfrage, indem er sie in den Gesamtkomplex der staatlichen

28 Thüringer Landtag, Landtags-Drucksache Nr. 400: Gesetzesvorlage der Landesregierung (Beschluß der 75. Sitzung der Regierung des Landes Thüringen am 7. Juli 1948) über die Landeshauptstadt Thüringens mit Begründung.

29 Thüringer Landtag, Protokoll der 46. Sitzung am 23. Juli 1948: 1. Lesung des Gesetzes über die Landeshauptstadt.

30 Thüringer Landtag, Bericht des Rechtsausschusses (Sitzung vom 8. September 1948).

31 Thüringer Landtag, Protokoll der 48. Sitzung am 7. Oktober 1948: 2. Lesung des Gesetzes über die Landeshauptstadt.

Planung des Landes Thüringen stellte. Im Laufe des Jahres waren im Zusammenhang mit Forderungen der Besatzungsmacht bereits das Oberlandesgericht und die Dienststelle des Generalstaatsanwaltes von Gera nach Erfurt verlegt worden. Sie waren damit einzelnen Ministerien und anderen Verwaltungseinrichtungen gefolgt. Am 18. August 1949 verkündete der Ministerpräsident in der Presse, daß die Landesregierung bestrebt sei, die gesamte Regierung in Erfurt geschlossen in einem eigenen Regierungsviertel unterzubringen.[32] Die Stimmen aus Weimar, die darin »für Erfurt eine Prestigefrage, für Weimar aber eine Frage seiner Existenz«[33] sahen, mußten allerdings im Laufe der Zeit verstummen.

Aber erst ein Jahr später nach den Landtagswahlen vom 15. Oktober 1950 wurde die endgültige Verlegung der Landeshauptstadt von Weimar nach Erfurt realisiert. Die neue thüringische Regierung wurde am 21. November 1950 gebildet. Seit dem 17. Dezember 1950 fanden die Regierungssitzungen regelmäßig in Erfurt statt, während der Thüringer Landtag mit Wirkung vom 15. März 1951 seinen Sitz nach Erfurt verlegte, wo die erste offizielle Landtagssitzung am 27. April 1951 stattfand. Die Stadt Erfurt galt seitdem als Landeshauptstadt von Thüringen, konnte sich dieses Vorzuges aber nur noch etwas mehr als ein Jahr erfreuen. Die im Juli 1952 verfügte Auflösung der Länder ließ an deren Stelle in die zentralistische Staatsstruktur eingebundene Verwaltungsbezirke - für Thüringen die Bezirke Erfurt, Gera und Suhl - entstehen. Erfurt behielt danach 38 Jahre lang die Vorzugsstellung einer »Bezirkshauptstadt«.

Nachdem bereits im Verlauf der politischen Wende in der DDR im Frühjahr 1990 im Zusammenhang mit Diskussionen über die Neubildung der Länder auch die Hauptstadtproblematik in der Öffentlichkeit aufgegriffen worden war, trat mit der Vollendung der Einheit Deutschlands am 3. Oktober 1990 und der ihr folgenden Neuentstehung des Bundeslandes Thüringen im Rahmen der föderativen Struktur der Bundesrepublik Deutschland die alte Frage nach der Landeshauptstadt Thüringens erneut auf die Tagesordnung. Der Prozeß der Neugründung Thüringens als Bundesland aus den ehemaligen Bezirken Erfurt, Gera und Suhl sowie den außerhalb dieser Bezirke gelegenen Kreisen Altenburg, Artern und Schmölln fand nach den Landtagswahlen vom 14. Oktober 1990, der Konstituierung des Thüringer Landtags am 25. Oktober an traditionsreicher Stätte im Deutschen Nationaltheater zu Weimar und der Bildung der Regierung des Landes Thüringen am 8. November 1990 mit der nachfolgenden Wahl der Landeshauptstadt seinen Abschluß.

Eine erste pragmatische Lösung wurde mit der Bestimmung von Erfurt als Regierungssitz des Landes Thüringen in der am 7. November 1990 vom neuen Thüringer Landtag beschlossenen »Vorläufigen Landessatzung für das Land Thüringen« gefunden.[34] Aber damit war die Landeshauptstadt noch nicht konstituiert. Der nächste Schritt war die Entscheidung über den Sitz des Landtags. Im Vorfeld hatte es dazu auf Beschluß des Ältestenrates des Thüringer Landtags vom 6. November 1990 eine Ausschreibung gegeben, worauf sich Erfurt, Gera, Jena, Nordhausen und Weimar um den Parlamentssitz bewarben. Die Abstim-

32 Ministerpräsident Werner Eggerath: Erfurt und Weimar in der künftigen Planung. In: Abendpost (Weimar) Nr. 192/1949 vom 18. 8. 1949.

33 Volker L. Sigismund, Regierungssitz und Weimars Zukunft. In: Thüringer Tageblatt Nr. 102/1949 vom 25. 8. 1949; ders., Was wird aus Weimar? Eine lebendige weltoffene Kulturstadt, ebd. Nr. 107 vom 6. 9. 1949.

34 Gesetzblatt für das Land Thüringen 1990, Nr. 1, S. 1.

mung im Thüringer Landtag am 10. Januar 1991 fiel zugunsten Erfurts aus, das bereits als Regierungssitz anerkannt worden war. Von 88 Abgeordneten votierten für Erfurt 49, für Weimar 25, für Gera 10 und für Jena 4. Damit wurden die in den zwanziger und dreißiger Jahren vorhandenen Bestrebungen, Erfurt mit dem Land Thüringen zu verbinden, zusammen mit den gescheiterten Bemühungen des Jahres 1945, aber auch die abgebrochene Entwicklung seit 1947/48 und vor allem der Zustand seit 1951, als Erfurt für anderthalb Jahre definitiv Regierungs- und Parlamentssitz in Thüringen war, in ihrer Bedeutung anerkannt. Die geschichtsträchtige Stadt im mittleren Thüringen erhielt den ihrer Größe und ihrer zentralen Lage entsprechenden Rang im neuen Bundesland Thüringen. Sie ist als Verantwortung und als historische Chance zu begreifen, Erfurts Bedeutung als territorialer, wirtschaftlicher und kultureller Mittelpunkt Thüringens auch auf politischem Gebiet gerecht zu werden. Sieben Jahrzehnte nach Gründung des Landes Thüringen war die größte thüringische Stadt Sitz von Parlament und Regierung geworden - Thüringens Landeshauptstadt.

Anders als in den Jahren 1920/21 und 1946 wurde nun auch die Bestimmung der Landeshauptstadt in der Thüringer Verfassung rechtlich verankert. Nachdem bereits die Thüringer Kommunalordnung vom 16. August 1993 geregelt hatte, daß die Stadt Erfurt die Bezeichnung Landeshauptstadt führt, legte die Verfassung des Freistaates Thüringen vom 25. Oktober 1993 definitiv fest: »Die Hauptstadt des Landes ist Erfurt.«[35]

[Volker Wahl]

35 Thüringer Gemeinde- und Landkreisordnung vom 16. August 1993. In: Gesetz- und Verordnungsblatt für das Land Thüringen 1993, S. 504; Verfassung des Freistaats Thüringen vom 25. Oktober 1993. In: Ebenda, S. 630.

III Chronik 1918–1994. Eckdaten zur Verfassungs-, Verwaltungs- und Territorialgeschichte

1918

9. 11. Abdankung des deutschen Kaisers Wilhelm II. (regierte seit 1888).

Abdankung des Großherzogs von Sachsen-Weimar und Eisenach, Wilhelm Ernst (regierte seit 1901).

10. 11. Abdankung des Herzogs von Sachsen-Meiningen, Bernhard III. (regierte seit 1914) und des Fürsten von Reuß j. L., Heinrich XXVII. (regierte seit 1908).

11. 11. Abdankung des Fürsten von Reuß j. L., Heinrich XXVII. als Regent für das Fürstentum Reuß ä. L. (Regent seit 1908).

13. 11. Abdankung des Herzogs von Sachsen-Altenburg, Ernst II. (regierte seit 1908).

14. 11. Abdankung des Herzogs von Sachsen-Coburg und Gotha, Carl Eduard (regierte seit 1905).

23. 11. Abdankung des Fürsten Günther Victor zu Schwarzburg für das Fürstentum Schwarzburg-Rudolstadt (regierte seit 1890).

25. 11. Abdankung des Fürsten Günther Victor zu Schwarzburg für das Fürstentum Schwarzburg-Sondershausen (regierte dort seit 1909; letzte Abdankung eines deutschen Fürsten).

30. 11. Verordnung über die Wahlen zur Verfassunggebenden deutschen Nationalversammlung (Reichswahlgesetz): Die Gebiete der thüringischen Teilstaaten, des preußischen Regierungsbezirkes Erfurt und des Kreises Herrschaft Schmalkalden des Regierungsbezirkes Kassel der preußischen Provinz Hessen-Nassau werden zum Wahlkreis 36 (ab 1920 Reichstagswahlkreis 12) zusammengefaßt.

10. 12. Tagung der Arbeiter- und Soldatenräte des Wahlkreises 36 mit Regierungsvertretern mehrerer Thüringer Freistaaten in Erfurt: Beschluß über die Bildung einer künftigen »Provinz Thüringen« sowie eines »Zwölferausschusses« für Verhandlungen mit den thüringischen Einzelstaaten und Preußen.

23. 12. Konstituierung des »Zwölferausschusses« unter Leitung des Weimarer Staatsrates Albert Rudolph (SPD) in Weimar.

1919

19. 1. Wahlen zur Verfassunggebenden deutschen Nationalversammlung.

6. 2. Konstituierung der Nationalversammlung in Weimar, die dort bis zum 12. August 1919 tagt.

24.-25. 3. Verwaltungskonferenz der Regierungen der thüringischen Staaten in Weimar: Beschluß über einen Gemeinschaftsvertrag zum Zusammenschluß der thüringischen Staaten, dem Coburg und Meiningen nur unter Vorbehalten zustimmen.

4. 4. Zusammenschluß der beiden reußischen Staaten zum Volksstaat Reuß mit Regierungssitz in Gera.

12. 4. Abschluß eines Staatsvertrages über die Trennung der Freistaaten Coburg und Gotha.

19.-20. 5. Eine Konferenz der thüringischen Staatsministerien und Landtagspräsidenten in Weimar verabschiedet den »Gemeinschaftsvertrag über den Zusammenschluß der thüringischen Staaten«.

14. 7. Provisorisches Zusammentreten des Staatsrats für Thüringen als einheitsstaatliche Übergangsregierung unter Vorsitz des Weimarer Staatsministers Dr. Arnold Paulssen.

6. 8. Provisorisches Zusammentreten des Volksrats für Thüringen in Weimar als einheitsstaatliches Übergangsparlament.

11. 8. Verkündung der Verfassung des Deutschen Reichs (Weimarer Reichsverfassung).

19. 11. Erste ordentliche Sitzung des Staatsrats von Thüringen.

30. 11. Volksabstimmung im Freistaat Coburg: Die Mehrheit der Abstimmungsteilnehmer lehnt den Beitritt Coburgs zur Gemeinschaft der thüringischen Staaten ab, worauf die Vereinigung mit Bayern eingeleitet wird.

11./12. 12. Staatsregierung und Landtag von Sachsen-Meiningen stimmen dem Gemeinschaftsvertrag unter Sonderbedingungen zu, die als Denkschrift dem Vertrag als Anlage beigefügt werden.

16. 12. Konstituierung des Volksrats für Thüringen in Weimar.

19. 12. Der Volksrat von Thüringen verabschiedet den Gemeinschaftsvertrag über den Zusammenschluß der thüringischen Staaten und beauftragt den Jenaer Staatsrechtsprofessor Eduard Rosenthal mit der Ausarbeitung einer Landesverfassung.

1920

4. 1. Inkrafttreten des Gemeinschaftsvertrags über den Zusammenschluß der thüringischen Staaten Sachsen-Weimar-Eisenach, Sachsen-Meiningen, Sachsen-Altenburg, Sachsen-Gotha, Schwarzburg-Rudolstadt, Schwarzburg-Sondershausen und Reuß.

13.–19. 3. Kapp-Lüttwitz-Putsch gegen die Reichsregierung mit dem Ziel der Errichtung einer Militärdiktatur. Absetzung der Staatsregierungen in Sachsen-Weimar, Reuß und Sachsen-Altenburg und Errichtung einer Militärdiktatur durch den für Ostthüringen zuständigen Brigadekommandeur der Reichswehr mit Sitz in Weimar.

22. 3. Reichsexekution gegen die thüringischen Staaten und zeitweilige Ernennung des Vorsitzenden des Staatsrats von Thüringen, Dr. Arnold Paulssen, zum Reichskommissar der durch den Gemeinschaftsvertrag zusammengeschlossenen thüringischen Staaten.

23. 4. Die Deutsche Nationalversammlung verabschiedet die Reichsgesetze über die Bildung des Landes Thüringen (Gesetz, betreffend das Land Thüringen) und die Vereinigung Coburgs mit Bayern (Gesetz, betreffend die Vereinigung Coburgs mit Bayern), die zum 1. Mai 1920 in Kraft treten.

1. 5. Bildung des Landes Thüringen.

12. 5. Verabschiedung der »Vorläufigen Verfassung des Landes Thüringen« durch den Volksrat von Thüringen.

11. 6. Letzte Tagung des Volksrats von Thüringen.

20. 6. Wahlen zum I. Landtag von Thüringen.

20. 7. Konstitutierung des I. Landtags von Thüringen.

10. 11. Wahl der Landesregierung aus DDP und SPD.

12. 11. Wahl von Dr. Arnold Paulssen (DDP) zum Vorsitzenden des Staatsministeriums und Auflösung des Staatsrats von Thüringen.

9. 12. Verabschiedung des bis zum 1. April 1923 befristeten »Gesetzes über die Verwaltung der ehemaligen thüringischen Länder in der Übergangszeit (Übergangsgesetz)«: Umwandlung der ehemaligen Freistaaten, ihrer Regierungen und Landtage in »Gebiete«, »Gebietsregierungen« und »Gebietsvertretungen«.

1921

11. 3. Annahme der »Verfassung des Landes Thüringen« durch den Landtag.

7. 4. Gesetz über das Wappen und die Landesfarben Thüringens.

11. 9. Wahlen zum II. Landtag von Thüringen.

7. 10. Wahl der Landesregierung als Minderheitsregierung aus SPD und USPD.

18. 10. Wahl von August Frölich (SPD) zum Vorsitzenden des Staatsministeriums.

1922

16. 6. Gesetz über die Neuabgrenzung der Kreise und Gemeinden (Kreiseinteilungsgesetz): Das Land Thüringen besteht ab 1. Oktober 1922 aus 15 Landkreisen, der Kreisabteilung Camburg sowie 9 (ab 1924: 10) Stadtkreisen.

20. 7. Gemeinde- und Kreisordnung für Thüringen: Vereinheitlichung kommunaler Verwaltungsstrukturen und Erweiterung von Selbstverwaltungsrechten.

1923

11./12. 9. Rücktritt der Landesregierung nach einem Mißtrauensvotum der Landtagsfraktionen der KPD sowie der bürgerlichen Parteien.

16. 10. Neubildung der Landesregierung unter Beteiligung der KPD.

18. 10. Wiederwahl von August Frölich zum Vorsitzenden des Staatsministeriums.

6.-8. 11. Einmarsch der Reichswehr in Thüringen und Übernahme der Exekutivgewalt durch den Militärbefehlshaber.

12. 11. Austritt der KPD-Mitglieder aus der Landesregierung.

7. 12. Rücktritt der Landesregierung.

14. 12. Auflösung des Landtags.

18. 12. Bildung des »Thüringer Ordnungsbundes« aus Thüringer Landbund, DVP, DNVP und DDP als Wahlbündnis für den Landtag.

20. 12. Bildung einer »Vereinigten Völkischen Liste« als Wahlbündnis für den Landtag unter Beteiligung von Mitgliedern der in Thüringen seit dem 15. Juli 1922 verbotenen NSDAP.

1924

10. 2. Wahlen zum III. Landtag von Thüringen.

21. 2. Wahl der Landesregierung aus Mitgliedern des »Thüringer Ordnungsbundes«.

27. 2. Wahl von Richard Leutheußer (DVP) zum Vorsitzenden des Staatsministeriums.

1. 3. Aufhebung des militärischen Ausnahmezustandes in Thüringen.

27. 3. Notgesetz zur Vereinfachung der Verwaltung: Einschränkung der kommunalen Selbstverwaltungsrechte und Übertragung staatlicher Pflichten auf den Kreisdirektor (Landrat).

1926

10. 6. Landesverwaltungsordnung für Thüringen: Einführung der Kreisämter als allgemeine staatliche Verwaltungsorgane in den Landkreisen zum 1. August 1926.

8. 7. Gemeinde- und Kreisordnung für Thüringen: Einschränkung der kommunalen Selbstverwaltung und Einführung der Bezeichnung »Oberbürgermeister« für die Stadtvorstände kreisfreier Städte (Inkrafttreten am 1. August 1926).

1927

30. 1. Wahlen zum IV. Landtag von Thüringen.

30. 4. Wahl der Landesregierung als Minderheitsregierung aus DVP, DDP, Volksrechtspartei, Reichspartei des deutschen Mittelstandes (Wirtschaftspartei) und Thüringer Landbund.

3. 5. Wiederwahl von Richard Leutheußer zum Vorsitzenden des Staatsministeriums.

7. 12. Staatsvertrag zwischen Thüringen und Sachsen über die Festlegung der Landesgrenze.

1928

22. 8. Rücktritt der Landesregierung.

6. 11. Neuwahl der Landesregierung als Minderheitsregierung aus DVP, DDP, Volksrechtspartei, Reichspartei des deutschen Mittelstandes (Wirtschaftspartei) und Thüringer Landbund.

Wahl von Dr. Arnold Paulssen (DDP) zum Vorsitzenden des Staatsministeriums.

1929

16. 4. Rücktritt der Landesregierung.

7.5. Wiederwahl der Landesregierung als Minderheitsregierung in geringfügig veränderter Zusammensetzung (ohne Volksrechtspartei).

Wiederwahl von Dr. Arnold Paulssen zum Vorsitzenden des Staatsministeriums.

23. 10. Rücktritt der Landesregierung.

29. 10. Auflösung des Landtags.

8. 12. Wahlen zum V. Landtag von Thüringen.

1930

23. 1. Wahl der Landesregierung aus Thüringer Landbund, NSDAP, Reichspartei des deutschen Mittelstandes (Wirtschaftspartei), DVP und DNVP. Dr. Wilhelm Frick (Innen- und Volksbildungsminister) wird der erste nationalsozialistische Minister in einer deutschen Landesregierung.

Wahl von Erwin Baum (Thüringer Landbund) zum Vorsitzenden des Staatsministeriums.

29. 3. Ermächtigungsgesetz: Befristet bis zum 30. September 1930 werden Verwaltungsreformen und Maßnahmen zum Beamtenabbau unter Umgehung des Landtags ermöglicht.

14. 5. Verordnung über die Einrichtung staatlicher Polizeiverwaltungen: Kommunale Polizeiverwaltungen werden verstaatlicht.

5. 6. Auf der Grundlage des Ermächtigungsgesetzes vom 29. März 1930 werden die Landesverwaltungsordnung sowie die Gemeinde- und Kreisordnung durch Verordnung geändert.

4. 11. Der Landtag nimmt nach viermonatiger Sitzungspause seine Tätigkeit wieder auf.

1931

14. 2. Gesetz zu den auf Grund des Ermächtigungsgesetzes erlassenen Verordnungen: Alle 17 auf der Grundlage des Ermächtigungsgesetzes erlassenen Verordnungen werden mit Zustimmung des Landtages zu Gesetzen erhoben.

1. 4. Ein Mißtrauensvotum des Landtages zwingt Minister Dr. Frick und Staatsrat Willy Marschler (beide NSDAP) zum Rücktritt.

22. 4. Nach einer Ergänzungswahl durch den Landtag treten Mitglieder des Thüringer Landbundes und der DVP neu in die Landesregierung ein.

1932

7. 7. Rücktritt der Landesregierung.

15. 7. Auflösung des Landtags.

31. 7. Wahlen zum Reichstag und zum VI. Landtag von Thüringen.

26. 8. Wahl der Landesregierung aus NSDAP und Thüringer Landbund.

Wahl von Fritz Sauckel (NSDAP) zum Vorsitzenden des Staatsministeriums.

1933

30. 1. Reichspräsident Paul von Hindenburg ernennt Adolf Hitler zum deutschen Reichskanzler.

14. 2. Letzte Sitzung des VI. Landtags von Thüringen und Vertagung auf unbestimmte Zeit.

28. 2. Aufstellung einer Hilfspolizei aus SA, SS und Stahlhelm.

Die nach dem Reichstagsbrand erlassene Notverordnung des Reichspräsidenten zum Schutze von Volk und Staat beschränkt bis 1945 die verfassungsmäßigen Grundrechte und greift in Kompetenzen der Länder ein.

1. 3. Verordnung zur Durchführung der Verordnung des Reichspräsidenten zum Schutze von Volk und Staat vom 28. Februar 1933 (aufgehoben am 30. April 1937).

9. 3. Verordnung über die Beflaggung der staatlichen Dienstgebäude: Einführung der Hakenkreuzflagge zur Beflaggung aller Dienstgebäude der Staatsbehörden und öffentlichen Schulen neben der Reichs- und der Landesflagge.

18. 3. Verbot der SPD-Zugehörigkeit von Beamten und Angestellten des Landes sowie der Kommunen.

24. 3. Gesetz zur Behebung der Not von Volk und Reich (Ermächtigungsgesetz): Die Reichsregierung kann Gesetze erlassen, die in bestimmten Fällen auch von der Reichsverfassung abweichen können. Die Gültigkeit des befristeten Gesetzes wird durch Reichsgesetze vom 30. Januar 1937, 30. Januar 1939 sowie durch Führererlaß vom 10. Mai 1943 verlängert.

27./28. 3. Einsetzung von Staatskommissaren für die Landwirtschaftskammern, die Industrie- und Handelskammern sowie die Handwerkskammern in Thüringen.

31. 3. Vorläufiges Gesetz zur Gleichschaltung der Länder mit dem Reich (Erstes Gleichschaltungsgesetz): Die Landesregierungen erhalten Gesetzgebungsrecht mit möglicher Abweichung von den Landesverfassungen; die Zusammensetzung der Volksvertretungen in Ländern und Kommunen wird nach den Ergebnissen der Reichstagswahlen vom 5. März 1933 unter Nichtberücksichtigung der KPD-Mandate gleichgeschaltet.

6. 4. Vollzug der Gleichschaltung des Landtags von Thüringen.

7. 4. (Reichs-)Gesetz zur Wiederherstellung des Berufsbeamtentums: Grundlage für die gerichtlich nicht anfechtbare Entlassung und Zwangspensionierung von Beamten aus politischen oder rassischen Gründen.

Zweites Gesetz zur Gleichschaltung der Länder mit dem Reich (Erstes Reichsstatthaltergesetz): Einsetzung von Reichsstatthaltern in den Ländern, die das Recht zur Ernennung und Entlassung von Regierungsmitgliedern und unmittelbaren Staatsbeamten haben sowie Landesgesetze ausfertigen und verkünden können.

8. 4. Gesetz zur Gleichschaltung der gemeindlichen Selbstverwaltung mit Land und Reich: Vorschrift zur Neubildung der Thüringer Gemeinde-, Stadt- und Kreisräte nach den Reichstagswahlergebnissen bis zum 30. April 1933.

1. 5. Konstituierung des VII. (gleichgeschalteten) Landtags von Thüringen.

3. 5. Verabschiedung eines Ermächtigungsgesetzes durch den Landtag: Übertragung der Gesetzgebungsbefugnis auf die Landesregierung unter möglicher Abweichung von der Landesverfassung ohne Mitwirkung des Landtages.

5. 5. Fritz Sauckel wird vom Reichspräsidenten zum Reichsstatthalter in Thüringen ernannt und scheidet aus der Landesregierung aus.

8. 5. Gesetz über die Amtsbezeichnung des Vorsitzenden der Thüringischen Landesregierung: Einführung der Amtsbezeichnung »Ministerpräsident«.

Ernennung der NSDAP-Landesregierung unter Ministerpräsident Marschler durch den Reichsstatthalter.

16. 5. Letzte Sitzung des VII. (gleichgeschalteten) Landtags von Thüringen.

14. 7. (Reichs-)Gesetz gegen die Neubildung von Parteien: Die NSDAP wird zur einzigen zugelassenen Partei erklärt und die Neubildung anderer Parteien unter Strafe gestellt.

15. 8. Gesetz über die Hoheitszeichen des Landes Thüringen und seiner öffentlichrechtlichen Körperschaften und Anstalten: Einführung eines neuen Landeswappens (Großes und Kleines Landeswappen) zum 26. August 1933 unter Verwendung des Hakenkreuzes.

14. 10. Verordnung des Reichspräsidenten über die Auflösung des Reichstags: Nach den Bestimmungen des Ersten Gleichschaltungsgesetzes vom 31. März 1933 zieht die Auflösung des Reichstags auch die Auflösung des Landtags von Thüringen und aller anderen deutschen Länderparlamente nach sich.

17. 10. Gesetz über die Landesregierung: Anstelle des Kollegialprinzips erhält der Ministerpräsident die Richtlinienkompetenz für die Arbeit der Landesregierung und ist dem Reichsstatthalter für die ordnungsgemäße Führung der Regierungsgeschäfte verantwortlich. Die Staatsräte verlieren ihre ursprüngliche Funktion als Gebietsvertreter und behalten lediglich einen repräsentativen Status.

1. 12. (Reichs-)Gesetz zur Sicherung der Einheit von Partei und Staat: Die NSDAP erhält den Status einer Körperschaft des öffentlichen Rechts (wieder entzogen duch Führererlaß vom 12. Dezember 1942); alle staatlichen Behörden haben gegenüber der NSDAP Rechts- und Amtshilfepflicht.

1934

30. 1. Gesetz über den Neuaufbau des Reichs: Die Landtage werden endgültig aufgehoben und die Hoheitsrechte der Länder auf das Reich übertragen. Die Länder sind nur noch Träger einer Reichsauftragsverwaltung und ihre Regierungen der Reichsregierung unterstellt.

14. 2. Aufhebung des Reichsrats.

1. 8. Gesetz über das Staatsoberhaupt des Deutschen Reiches: Nach dem Tod Hindenburgs Vereinigung des Amtes des Reichspräsidenten mit dem des Reichskanzlers in der Person Hitlers als »Der Führer und Reichskanzler«, der das auf ihn übergegangene und seitdem unkontrollierte Notverordnungsrecht durch »Führererlasse« mit Gesetzeskraft ausübt.

5. 12. Zweites (Reichs-)Gesetz zur Überleitung der Rechtspflege auf das Reich: Im Zuge der »Verreichlichung« der Justiz wird das Thüringische Ministerium für

Justiz ab 1. Januar 1935 eine Zweigstelle der Abteilung Thüringen-Sachsen des Reichsjustizministeriums mit Sitz in Dresden (Leiter: Otto Thierack), die zum 1. April 1935 aufgelöst wird.

1935

30. 1. Zweites Reichsstatthaltergesetz: Die Reichsstatthalter als ständige Vertreter der Reichsregierung in ihrem Zuständigkeitsbereich werden der Dienstaufsicht des Reichsinnenministers unterstellt; einige ihrer Funktionen gehen direkt auf den »Führer und Reichskanzler« über, der die Reichsstatthalter auch mit der Führung der Landesregierung beauftragen kann (in Thüringen nicht erfolgt).

Deutsche Gemeindeordnung: Vereinheitlichung der Kommunalverfassung mit monokratischer Führung durch den (Ober-)Bürgermeister. Die (Ober-)Bürgermeister, deren Beigeordnete sowie die Gemeinderäte werden durch Beauftragte der NSDAP (meist Kreisleiter) und den Reichsstatthalter bestellt.

1. 7. Letzte Sitzung der Landesregierung. Die noch in der Kompetenz des Landes verbliebenen Regierungsangelegenheiten werden fortan durch Umlaufbeschlüsse erledigt.

24. 9. Gesetz zur Anpassung der Landesverwaltung an den durch die Deutsche Gemeindeordnung geschaffenen Rechtszustand: Aufhebung kollegialer und kommunaler Elemente der Landesverwaltungsordnung und anderer Rechtsgrundlagen.

1936

22. 1. Auf Anordnung Hitlers erfolgt eine Umstrukturierung der Landesregierung: Nach Ausscheiden des Innen- und Volksbildungsministers Fritz Wächtler aus der Regierung wird das Innenministerium dem Reichsstatthalter unterstellt. Das Volksbildungsministerium verliert die Zuständigkeit für die Theater, die Kunststätten und die Universität Jena an den Reichsstatthalter und wird durch den Ministerpräsidenten (als einzig verbliebenem Minister der Landesregierung) geleitet.

4. 6. Erlaß des Reichsstatthalters über die Änderung der Bezeichnung »Thüringischer Minister des Innern« in »Der Reichsstatthalter in Thüringen. Der Staatssekretär und Leiter des Thüringischen Ministeriums des Innern«. Mit der Leitung des Ministeriums ist seit 22. Januar 1936 Staatsrat Walter Ortlepp beauftragt.

17. 6. Erlaß des Führers und Reichskanzlers über die Einsetzung eines Chefs der Deutschen Polizei im Reichsministerium des Innern: SS-Reichsführer Himmler übernimmt als Chef der Deutschen Polizei auch die Kontrolle über die Thüringer Landespolizei.

1937

17. 6. Nach Änderung der Reichshaushaltsordnung verlieren die Länder ihre Finanzhoheit.

1938

28. 11. Dritte Verordnung über den Neuaufbau des Reichs: In Angleichung der Gebiets-, Behörden- und Funktionsbezeichnungen an die preußische Terminologie wird ab 1. Januar 1939 u.a. die Bezeichnung »Der Landrat« für die Thüringischen Kreisämter eingeführt.

1939

1. 9. Verordnung über die Bestellung von Reichsverteidigungskommissaren: Als Organe des mit Führererlaß vom 30. August 1939 errichteten Ministerrats für die Reichsverteidigung (Vorsitzender: Hermann Göring) werden zur einheitlichen Steuerung der zivilen Reichsverteidigung in den Wehrkreisen Reichsverteidigungskommissare bestellt. Für den Wehrkreis IX nimmt der Thüringer Reichsstatthalter Sauckel dieses Amt mit Dienstsitz in Kassel wahr. Der Wehrkreis IX umfaßt die größten Teile des Landes Thüringen, der preußischen Provinzen Sachsen und Hessen-Nassau sowie Teile der Länder Bayern, Hessen und der preußischen Provinzen Westfalen und Hannover.

1942

21. 3. Führererlaß über die Ernennung von Reichsstatthalter Sauckel zum Generalbevollmächtigten für den Arbeitseinsatz.

16. 11. Verordnung über die Reichsverteidigungskommissare und die Vereinheitlichung der Wirtschaftsverwaltung: Die Reichsverteidigungsbezirke umfassen ab 1. Dezember 1942 die Gebiete der NSDAP-Gaue (vorher Gebiete der Wehrkreise). Der Reichsverteidigungsbezirk Thüringen besteht aus dem Land Thüringen, dem preußischen Regierungsbezirk Erfurt und dem Landkreis Herrschaft Schmalkalden im Regierungsbezirk Kassel der preußischen Provinz Hessen-Nassau.

1944

1. 4. Führererlaß über die Aufgliederung der Provinz Sachsen: In Anpassung der staatlichen Verwaltungsgliederung an die Reichsverteidigungsbezirke wird der preußische Regierungsbezirk Erfurt unter Einbeziehung des Landkreises Herrschaft Schmalkalden ab 1. Juli 1944 dem Reichsstatthalter in Thüringen unterstellt, dem hierfür die Aufgaben und Befugnisse eines Oberpräsidenten übertragen werden.

1945

1. 4. Beginn der Besetzung Thüringens durch amerikanische Truppen.

11. 4. Befreiung des Konzentrationslagers Buchenwald.

12. 4. Kampflose Übergabe der Landeshauptstadt Weimar an die US-Armee.

16. 4. Abschluß der amerikanischen Besetzung Thüringens.

19. 4. Unterstellung der im Stadt- und Landkreis Weimar befindlichen Reichs- und Landesbehörden unter den kommissarischen Oberbürgermeister von Weimar, Erich Kloss.

21. 4. Der provisorische Volksfrontausschuß der politischen Häftlinge aus Thüringen im KZ Buchenwald beschließt seine Erweiterung zum »Thüringer Komitee« als vorbereitender Ausschuß für den Aufbau einer neuen Landesverwaltung.

30. 4. Durch die Verlegung des Hauptquartiers des VIII. US-Armeekorps nach Weimar wird die Stadt Sitz des Militärgouverneurs für die besetzten thüringischen und westsächsischen Gebiete (Stadtkreise Crimmitschau, Glauchau, Meerane, Plauen, Reichenbach, Werdau, Zwickau; Landkreise Auerbach, Glauchau, Oelsnitz, Plauen, Zwickau).

1. 5. Ernennung von Dr. Fritz Behr (vor 1933 SPD) zum Oberbürgermeister von Weimar.

7. 5. Der Oberbürgermeister von Weimar überträgt Dr. Hermann Brill (vor 1933 SPD) die Geschäfte des Thüringischen Staatsministeriums, seiner Fachministerien und der diesen im Stadtkreis Weimar unterstellten Behörden.

12. 5. Dr. Brill übernimmt die kommissarische Leitung des Innenministeriums und ernennt die kommissarischen Bevollmächtigten für die Leitung des Volksbildungsministeriums und des Finanzministeriums.

15. 5. Nach Auflösung des KZ Buchenwald verlegt das »Thüringen-Komitee« seinen Sitz nach Weimar und bildet sich dort zum »Thüringen-Ausschuß« im Rahmen des Weimarer »Anti-Nazi-Komitees« um.

19. 5. Dr. Brill ernennt kommissarische Bevollmächtigte für die Leitung des Wirtschaftsministeriums, des Landesernährungsamtes und des Landeswirtschaftsamtes.

4. 6. Dr. Brill beruft acht Mitglieder für einen geplanten Beirat der Landesregierung.

8. 6. In seiner konstituierenden Sitzung beschließt der geplante Beirat der Landesregierung die Reorganisation des »Thüringen-Ausschusses« zur politischen Vertretung mit Beratungs- und Kontrollfunktion gegenüber der Regierung.

9. 6. Ernennung von Dr. Brill zum vorläufigen Regierungspräsidenten der Provinz Thüringen (Land Thüringen, bisheriger Regierungsbezirk Erfurt, westsächsische Gebiete im Bereich des VIII. US-Armeekorps) durch den Militärregierungsoffizier des VIII. US-Armeekorps.

12. 6. Ernennung der Regierungsdirektoren (Leiter) des Landesarbeitsamtes, des Landesamtes für Volksbildung, des Landesverkehrsamtes, des Landesamtes für Industrie, Handel und Gewerbe und des Landesamtes für Finanzen durch Regierungspräsident Dr. Brill.

13. 6. Verfügung des Regierungspräsidenten an die Regierung in Erfurt über die Eingliederung der vormals preußischen Stadt- und Landkreise in die Provinz Thüringen zum 16. Juni 1945.

21. 6. Ernennung des Regierungsdirektors des Landesamtes für Land- und Forstwirtschaft.

1. 7. Beginn des Abzugs der amerikanischen Besatzungstruppen aus Thüringen.

2. 7. Ernennung des Regierungsdirektors des Landesamtes des Innern.

Verordnung des Regierungspräsidenten zur Kreiseinteilung Thüringens und die Eingliederung preußischer Exklaven in die sie umgebenden thüringischen Landkreise.

Abzug der amerikanischen Militärregierung für die Provinz Thüringen aus der Landeshauptstadt Weimar.

Beginn des Einmarschs der sowjetischen Armee in Thüringen.

3. 7. Sowjetische Truppen besetzen Weimar und Erfurt.

5. 7. Die Regierung der Provinz Thüringen wird durch die sowjetischen Militärbehörden vorläufig in ihrem Amt bestätigt.

6. 7. Abschluß der Besetzung Thüringens durch die sowjetische Armee. Die kurzzeitig zur Provinz Thüringen gehörigen westsächsischen Stadt- und Landkreise gehen wieder zum Land Sachsen über.

9. 7. Errichtung der Sowjetischen Militäradministration für das Land Thüringen (SMATh) durch den Befehl Nr. 5 der SMAD: Chef der SMATh wird Gardegeneraloberst Tschuikow (ab 1946 Generaloberst Boldin), Chef der Verwaltung für zivile Angelegenheiten Gardegeneralmajor Kolesnitschenko.

11. 7. Die SMATh verlegt ihren Sitz von Jena nach Weimar.

16. 7. Einsetzung einer neuen Landesverwaltung durch die SMATh. Präsident des Landes Thüringen wird Dr. Rudolf Paul (ptl., vor 1933 DDP).

18. 7. Letzte Sitzung des »Thüringen-Ausschusses«.

27. 7. Befehl des Chefs der SMAD zur Errichtung Deutscher Zentralverwaltungen (später »Deutsche Verwaltungen«) für die sowjetisch besetzte Zone in Berlin, die zunächst noch keine Weisungsbefugnisse gegenüber den Landesverwaltungen besitzen.

13. 8. Gesetz über das Wappen und die Landesfarben des Landes Thüringen.

17. 8. Bildung eines Landesblocks der antifaschistisch-demokratischen Parteien (KPD, SPD, Demokratische Partei Thüringens, CDU) anstelle des »Thüringen-Ausschusses«.

20. 8. Gesetz über die Handhabung der Gesetzgebungsgewalt im Lande Thüringen: Auf Anordnung der SMATh wird dem Landespräsidenten die Gesetzgebungsgewalt übertragen.

26. 11. Gesetz zur Anpassung der Landesverwaltungsordnung an den neuen Staatsaufbau des Landes Thüringen (in Kraft getreten am 4. Juni 1946): Änderung des Verwaltungsverfahrens und der Behördenzuständigkeiten entsprechend dem neugeschaffenen Verwaltungsaufbau; als erstes deutsches Land Einführung der (bis 7. Oktober 1948) uneingeschränkten Verwaltungsgerichtsbarkeit.

29. 12. Anordnung über die Bestellung von Oberlandräten: Einrichtung der Oberlandräte Ost und West zum 17. Dezember 1945 als Mittelinstanzen zwischen Landesverwaltung und kommunaler Selbstverwaltung (wieder aufgehoben im Dezember 1946).

1946

12. 6. Gesetz über die Bildung beratender Körperschaften bei der Selbstverwaltung im Lande Thüringen: Bildung einer beratenden Landesversammlung als vorparlamentarisches Gremium und »Bindeglied zwischen der Landesverwaltung und der Bevölkerung«. Die 69 Mitglieder werden teilweise von Parteien, Massenorganisationen und öffentlich-rechtlichen Körperschaften nominiert, teilweise vom Landespräsidenten auf Vorschlag der Parteien und aus eigener Entscheidung berufen.

24. 6. Konstituierende Sitzung der beratenden Landesversammlung in Weimar.

8. 9. Wahlen zu den Gemeindevertretungen.

22. 9. Gesetz über »Die demokratische Gemeindeverfassung« (ab 4. Dezember 1946 »Die demokratische Gemeindeordnung«).

25. 9. Fünfte und letzte Tagung der beratenden Landesversammlung.

20. 10. Wahlen zu den Landtagen und Kreistagen in der Sowjetischen Besatzungszone.

21. 11. Konstituierende Sitzung des Thüringer Landtags in Weimar.

27. 11. Auf Befehl der SMAD werden die Gesetzgebungsbefugnisse auf die Landtage der SBZ übertragen.

4. 12. Wahl von Dr. Rudolf Paul (seit 7. April 1946 SED) zum Ministerpräsidenten des Landes Thüringen und Bestätigung der Landesregierung durch den Landtag.

Gesetz über die Bildung einer Regierung des Landes Thüringen: Zusammensetzung der Regierung aus dem Ministerpräsidenten und sechs Ministern; Wahl des Ministerpräsidenten und Bestätigung der Minister durch den Landtag.

Gesetz über die Bildung der Ministerien der Regierung des Landes Thüringen und den Übergang der Zuständigkeiten der Landesverwaltung auf die Landesregierung: Benennung der einzelnen Ministerien und Übertragung von Zuständigkeiten der bisherigen Landesämter.

20. 12. Verabschiedung der »Verfassung des Landes Thüringen« durch den Landtag.

Gesetz über »Die demokratische Kreisordnung«.

1947

30. 1. Gesetz über die Organisation der Landesregierung und die Überleitung von Zuständigkeiten: Änderung von Kompetenzen infolge der Neustrukturierung der Landesregierung.

6. 3. Gesetz über die Verlegung des Sitzes von Landesanstalten, Körperschaften des öffentlichen Rechtes und sonstiger Organisationen: Mit Zustimmung des Landtags können aufgrund des in der Landeshauptstadt Weimar herrschenden Büro- und Wohnraummangels einzelne Verwaltungsbehörden nach Erfurt verlegt werden. Mehrere Ministerien nehmen daraufhin ab 1948 ihren Sitz in Erfurt.

25. 3. Gesetz über die Stellvertretung des Ministerpräsidenten: Bedingt durch eine längere Krankheit des Ministerpräsidenten Dr. Paul (»politische Krankheit«) wird das Amt eines ständigen Stellvertreters des Ministerpräsidenten eingeführt, der entweder vom Ministerpräsidenten bestimmt oder vom Landtag gewählt wird.

27. 3. Wahl des SED-Landesvorsitzenden Werner Eggerath zum Stellvertreter des Ministerpräsidenten (bis 14. Mai 1947).

4. 6. Befehl der SMAD zur Bildung einer ständigen Wirtschaftskommission für die SBZ in Berlin als direkter Vorläufer der Deutschen Wirtschaftskommission (DWK).

1. 9. Flucht von Ministerpräsident Dr. Paul über Westberlin in die amerikanische Besatzungszone.

8. 10. Wahl von Werner Eggerath (SED; seit 29. Mai 1947 Minister des Innern) zum Ministerpräsidenten.

1948

12. 2. Auf Befehl der SMAD wird die ständige Wirtschaftskommission umstrukturiert und als »Deutsche Wirtschaftskommission« (DWK) mit Weisungs- und Verordnungsbefugnissen gegenüber den Landesregierungen ausgestattet; durch diese faktische Gesetzgebungsbefugnis wird sie zum Kern einer künftigen ostdeutschen Zentralregierung.

14. 6. Beschluß der Landesregierung über die Übernahme von Verordnungen und Anordnungen der DWK als Landesrecht ohne Beteiligung des Landtags.

1949

7. 10. Gründung der Deutschen Demokratischen Republik (DDR) und Annahme der Verfassung der DDR durch die Provisorische Volkskammer.

10. 10. Gesetz über die Verlängerung der Wahlperiode des Landtages, der Kreistage und der Gemeindevertretungen: Die Wahlperiode der Volksvertretungen wird bis zu deren Neuwahl am 15. Oktober 1950, dem Termin der Volkskammerwahlen, verlängert.

12. 11. Auflösung der SMATh und Übergabe ihrer Verwaltungsfunktionen an die Thüringer Landesregierung. An die Stelle der SMATh tritt die Sowjetische Kontrollkommission (Chef: Gardegeneralmajor Kolesnitschenko).

1950

26. 4. Gesetz zur Änderung der Kreis- und Gemeindegrenzen im Lande Thüringen: Beauftragung der Landesregierung zur Änderung von Grenzen der Kreise und Gemeinden sowie zur Aufhebung der Kreisfreiheit von Städten in Anpassung an die wirtschaftspolitische Entwicklung und zur Verwaltungsvereinfachung.

22. 5. 1. Verordnung zur Ausführung des Gesetzes zur Änderung der Kreis- und Gemeindegrenzen im Lande Thüringen vom 26. April 1950: Aufhebung der Kreisfreiheit von acht Städten; Eingemeindungen in die Stadtkreise Erfurt und Gera; Veränderung der Grenzen von Landkreisen; Neubildung der Landkreise Bad Salzungen und Erfurt; Auflösung der Landkreise Weißensee, Langensalza und Schmalkalden; Umbenennung des Landkreises Stadtroda in Landkreis Jena.

26. 6. 2. Verordnung zur Änderung der Kreis- und Gemeindegrenzen im Lande Thüringen: Zusammenlegung von Gemeinden und Ortsteilen sowie Änderung einzelner Kreisgrenzen.

28. 6. (DDR-)Gesetz über Änderung von Grenzen der Länder: Änderung von Ländergrenzen infolge der Kreisreformen in der DDR durch die DDR-Regierung im Einvernehmen mit den Landesregierungen.

13. 7. (DDR-)Verordnung zur Durchführung des Gesetzes über Änderung von Grenzen der Länder: Konkrete Benennung der Grenzveränderungen (Die Landesgrenze Thüringens ändert sich lediglich durch den Wechsel einer Gemeinde aus dem Kreis Altenburg zum Kreis Zeitz im Land Sachsen-Anhalt).

20.-24. 7. Der III. Parteitag der SED in Berlin beschließt mit dem Fünfjahrplan 1951-1955 den endgültigen Übergang zur langfristigen und zentralgeleiteten Planwirtschaft (am 17. August 1950 von der DDR-Regierung bestätigt): Weitgehende Einschränkung der Länderkompetenzen zugunsten der SED-Führung und DDR-Regierung.

15. 10. Wahlen zur Volkskammer, zu den Landtagen, Kreistagen und Gemeindevertretungen nach Einheitslisten.

3. 11. Konstituierende Sitzung des Thüringer Landtags in Weimar.

21. 11. Wiederwahl von Werner Eggerath zum Ministerpräsidenten und Bestätigung der Landesregierung durch den Landtag.

Die Landesregierung beschließt mit Wirkung zum 1. Dezember 1950 die Verlegung ihres Sitzes nach Erfurt.

15. 12. (DDR-)Gesetz über die Reform des öffentlichen Haushaltswesens: Die Zusammenfassung der Finanzhaushalte von Ländern, Kreisen und Gemeinden im Staatshaushalt der DDR bewirkt den vollständigen Verlust der Finanzhoheit der Länder.

17. 12. Erste regelmäßige Sitzung der Landesregierung in Erfurt.

1951

15. 3. Der Thüringer Landtag verlegt seinen Sitz nach Erfurt, das seitdem als Thüringer Landeshauptstadt gilt.

27. 4. Erste regelmäßige Sitzung des Thüringer Landtags in Erfurt.

1952

29. 4. Beschluß des Politbüros des Zentralkomitees der SED über »Maßnahmen zur Änderung der staatlichen Struktur in der Deutschen Demokratischen Republik«: Entscheidung für die Durchführung einer Verwaltungsreform in der DDR durch Bildung von Bezirken mit eigenen Volksvertretungen und Verwaltungen sowie die Verkleinerung der Landkreise.

9. 5. Beschluß des Ministerrates der DDR über die Bildung einer »Koordinierungs- und Kontrollstelle für die Arbeit der Verwaltungsorgane« unter Leitung des Thüringer Ministerpräsidenten und DDR-Staatssekretärs Werner Eggerath.

30. 5. Beschluß des Sekretariats des Zentralkomitees der SED über die Bildung eines »Zentralen Organisationskomitees zur Durchführung des Beschlusses über die Neugliederung der Bezirke und Kreise« unter Vorsitz von Werner Eggerath.

9.-12. 7. Die 2. Parteikonferenz der SED beschließt die Durchführung der Verwaltungsreform im Rahmen der »Errichtung der Grundlagen des Sozialismus in der DDR«.

23. 7. (DDR-)Gesetz über die weitere Demokratisierung des Aufbaus und der Arbeitsweise der staatlichen Organe in den Ländern der Deutschen Demokratischen Republik: Verpflichtung der Länder zur Neugliederung ihrer Gebiete in Kreise und deren Zusammenfassung in Bezirke sowie Überleitung der Aufgaben der Landesregierungen auf die Organe der Bezirke.

24. 7. Erlaß der »Ordnung über den Aufbau und die Arbeitsweise der staatlichen Organe der Bezirke« und der »Ordnung über den Aufbau und die Arbeitsweise der staatlichen Organe der Kreise« durch den Ministerrat der DDR.

Letzte Sitzung der Landesregierung: Beschluß über die Weiterleitung des (zentral vorgegebenen) Entwurfs des »Gesetzes über die weitere Demokratisierung des Aufbaus und der Arbeitsweise der staatlichen Organe im Lande Thüringen« an den Landtag.

25. 7. Verabschiedung des »Gesetzes über die weitere Demokratisierung des Aufbaus und der Arbeitsweise der staatlichen Organe im Lande Thüringen« durch den Landtag: Bildung der Bezirke Erfurt, Gera und Suhl und Änderung der Kreisstruktur; die Landtagsabgeordneten setzen ihre Tätigkeit in den Volksvertretungen der Bezirke fort; die Aufgaben der Landesregierung gehen auf die Organe der Bezirke über. Die Existenz des Landes Thüringen ist damit faktisch beendet.

1. 8. Konstituierung der Bezirkstage Erfurt, Gera und Suhl.

1958

8. 12. Gesetz über die Auflösung der Länderkammer der Deutschen Demokratischen Republik.

1968

9. 4. Inkrafttreten der neuen »sozialistischen« Verfassung der DDR nach einem Volksentscheid: Beseitigung der formal verbliebenen verfassungsrechtlichen Existenz der Länder.

1989

18. 12. Einsetzung einer Kommission »Verwaltungsreform« durch die DDR-Regierung unter Vorsitz von Dr. Peter Moreth (LDPD, Stellvertreter des Vorsitzenden des Ministerrates für örtliche Staatsorgane), die u. a. mit Vorarbeiten für die Neubildung von Ländern auf dem Gebiet der DDR beauftragt wird.

1990

ab 20. 1. Bildung von Thüringer Landesverbänden der Parteien und Bürgerbewegungen (zuerst CDU, Demokratischer Aufbruch und FDP der DDR).

18. 3. Wahlen zur 10. Volkskammer der DDR: Sieg des konservativen Wahlbündnisses »Allianz für Deutschland« aus CDU, Demokratischem Aufbruch und Deutscher Sozialer Union.

12. 4. Wahl von Lothar de Maizière (CDU) zum Ministerpräsidenten der DDR und Bestätigung einer Regierung der großen Koalition durch die Volkskammer.

Die Regierungskommission »Verwaltungsreform« setzt ihre Arbeit unter Vorsitz des Ministers für regionale und kommunale Angelegenheiten, Manfred Preiß (Bund Freier Demokraten) fort.

2. 5. Der Ministerrat der DDR bestätigt eine Vorlage der Regierungskommission »Verwaltungsreform« mit dem Vorschlag für ein Gesetz zur Bildung von fünf Ländern auf dem Gebiet der DDR.

6. 5. Wahlen zu den Kreistagen, Stadtverordnetenversammlungen und Gemeindevertretungen in der DDR.

In einer parallel zu den Kommunalwahlen durchgeführten Bürgerbefragung im Kreis Artern (Bezirk Halle) sprechen sich mehr als 80 Prozent der Abstimmungsteilnehmer für die Zugehörigkeit des Kreises zu einem künftigen Land Thüringen aus.

16. 5. Konstituierung des Politisch-Beratenden Ausschusses zur Bildung des Landes Thüringen in Erfurt auf Initiative des CDU-Landesvorstandes.

Letzte Sitzung des Bezirkstages Suhl.

17. 5. Gesetz über die Selbstverwaltung der Gemeinden und Landkreise in der DDR (Kommunalverfassung): Wiedereinführung der kommunalen Selbstverwaltung in der DDR.

Beschluß der Volkskammer der DDR zur Beendigung der Legislaturperiode der Bezirkstage: Die Legislaturperiode der Bezirkstage endet zum 31. Mai 1990; Auftrag an den Ministerpräsidenten zur Einsetzung von Regierungsbevollmächtigten in den Bezirken; Bildung beratender Gremien aus Volkskammerabgeordneten der jeweiligen Bezirke bei den Regierungsbevollmächtigten.

18. 5. Letzte Sitzung des Bezirkstages Erfurt.

30. 5. Letzte Sitzung des Bezirkstages Gera.

8. 6. Einsetzung der Regierungsbevollmächtigten für die Bezirke Erfurt (Josef Duchač), Gera (Peter Lindlau) und Suhl (Werner Ulbrich) durch den Ministerpräsidenten der DDR und Beginn der Bildung von Bezirksverwaltungsbehörden an Stelle der Räte der Bezirke.

17. 6. Gesetz zur Änderung und Ergänzung der Verfassung der DDR (Verfassungsgrundsätzegesetz): Die DDR wird zu einem föderativen Rechtsstaat erklärt.

1. 7. Inkrafttreten des Staatsvertrages über die Wirtschafts-, Währungs- und Sozialunion: Einführung der Deutschen Mark auf dem Gebiet der DDR.

16. 7. Bürgerbefragungen in den Kreisen Altenburg und Schmölln (beide Bezirk Leipzig) über die künftige Landeszugehörigkeit: 53,8 Prozent in Altenburg für Sachsen; 81,9 Prozent in Schmölln für Thüringen.

18. 7. Der Kreistag Altenburg beschließt entgegen dem Bürgervotum vom 16. Juli die Zugehörigkeit des Kreises zu einem künftigen Land Thüringen.

22. 7. Verfassungsgesetz zur Bildung von Ländern in der Deutschen Demokratischen Republik (Ländereinführungsgesetz): Bildung von fünf Ländern in der DDR am 14. Oktober 1990 (dieses Datum wurde später gemäß dem Einigungsvertrag auf den 3. Oktober 1990 vorgezogen).

Gesetz über die Wahlen zu Landtagen in der Deutschen Demokratischen Republik: Festlegung des Wahltages (14. Oktober 1990) und der Abgeordnetenzahlen in den einzelnen Landtagen.

23. 8. Beschluß der Volkskammer über den Beitritt der DDR zum Geltungsbereich des Grundgesetzes für die Bundesrepublik Deutschland mit Wirkung vom 3. Oktober 1990.

24. 8. Die Regierung der DDR ernennt Josef Duchač (CDU) zum Landessprecher für Thüringen.

31. 8. Vertrag zwischen der Bundesrepublik Deutschland und der Deutschen Demokratischen Republik über die Herstellung der Einheit Deutschlands (Einigungsvertrag): Mit dem Beitritt der DDR zur BRD am 3. Oktober 1990 werden die Länder Brandenburg, Mecklenburg-Vorpommern, Sachsen, Sachsen-Anhalt und Thüringen als Bestandteil der Bundesrepublik Deutschland gebildet.

21. 9. Zehnte und letzte Sitzung des Politisch-Beratenden Ausschusses zur Bildung des Landes Thüringen.

3. 10. Mit Wiederherstellung der deutschen Einheit durch den Beitritt der DDR zum Geltungsbereich des Grundgesetzes für die Bundesrepublik Deutschland erfolgt die Neubildung der Länder Brandenburg, Mecklenburg-Vorpommern, Sachsen, Sachsen-Anhalt und Thüringen.

11. 10. Unterzeichnung der Verträge über die Eingliederung der Kreise Altenburg, Artern und Schmölln in das Land Thüringen.

14. 10. Wahlen zum Thüringer Landtag.

25. 10. Konstituierende Sitzung des Landtags im Deutschen Nationaltheater in Weimar.

7. 11. Der Landtag verabschiedet die »Vorläufige Landessatzung für das Land Thüringen« als Rumpfverfassung bis zum Inkrafttreten einer endgültigen Verfassung und bestimmt Erfurt zum Sitz der Landesregierung.

8. 11. Wahl von Josef Duchač (CDU) zum Thüringer Ministerpräsidenten und Bestätigung der CDU-FDP-Koalitionsregierung durch den Landtag.

20. 11. Beschluß der Landesregierung über die Auflösung der Bezirksverwaltungsbehörden Erfurt, Gera und Suhl.

1991

18. 6. Konstituierung des Verfassungs- und Geschäftsordnungsausschusses des Landtags und Einleitung der Verfassungsberatungen unter Einbeziehung der Öffentlichkeit.

1992

23. 1. Rücktritt des Ministerpräsidenten Josef Duchač.

5. 2. Wahl von Dr. Bernhard Vogel (CDU) zum Thüringer Ministerpräsidenten.

1993

16. 8. Gesetz zur Neugliederung der Landkreise und kreisfreien Städte in Thüringen (Thüringer Neugliederungsgesetz): Gebietsvergrößerung der Landkreise und kreisfreien Städte durch Bildung von 17 Landkreisen und Eingemeindungen mit Wirkung vom 1. Juli 1994 sowie Verleihung der Kreisfreiheit an die Stadt Eisenach mit Wirkung vom 1. Januar 1998.

25. 10. Annahme der »Verfassung des Freistaats Thüringen« durch den Landtag auf einer Sondersitzung auf der Wartburg bei Eisenach.

30. 10. Vorläufiges Inkrafttreten der Landesverfassung bis zu ihrer Bestätigung durch einen Volksentscheid.

1994

16. 10. Wahlen zum Thüringer Landtag.

Endgültiges Inkrafttreten der »Verfassung des Freistaats Thüringen« nach ihrer Bestätigung durch einen am Tag der Landtagswahlen durchgeführten Volksentscheid.

30. 11. Wiederwahl von Dr. Bernhard Vogel zum Ministerpräsidenten und Bestätigung der CDU-SPD-Koalitionsregierung durch den Landtag.

[Dieter Marek/Bernhard Post]

IV Übersichten, Quellen und Dokumente

1. Parlament

Die nachfolgende Übersicht zu den Wahlen und Landtagen in Thüringen beginnt mit den Wahlen zum Volksrat von Thüringen, dem parlamentarischen Organ der Gemeinschaft der thüringischen Staaten vor der Landesgründung, im Jahre 1919/20, erfaßt alle anschließend gewählten Landtage des Landes bzw. Freistaates Thüringen (1920–1933, 1946–1952, ab 1990) sowie als Vorparlament von 1946 die Beratende Landesversammlung und endet redaktionell bedingt im Jahr 1995. Innerhalb der einzelnen historischen Abschnitte der Landesentwicklung wurden nach Wahlperioden chronologisch geordnet folgende Angaben in die Darstellung der einzelnen Volksvertretungen aufgenommen: Wahltag, Wahlergebnis, Sitzungen, Zusammensetzung des Vorstands, Ausschüsse und Mitglieder.

Die statistischen Angaben zu den Wahlen entsprechen den amtlich veröffentlichten Zahlen.

Alle anderen Angaben wurden den offiziellen Parlamentsdrucksachen bzw. der archivalischen Überlieferung im Thüringischen Hauptstaatsarchiv Weimar entnommen. Für die Zeit ab 1990 kam auch das Archiv des Thüringer Landtags in Erfurt hinzu.

Die Landtagsausschüsse konstituierten sich meist innerhalb weniger Tage nach dem erstmaligen Zusammentreten eines neu gewählten Parlaments. Gewöhnlich erfolgte im Verlauf einer Legislaturperiode die Bildung weiterer Ausschüsse. Das Datum, an welchem der Landtag die Bildung eines zusätzlichen Ausschusses beschloß, ist in Klammern vermerkt. Die Abgeordneten werden entsprechend der erwählten Landtagssitze der Parteien in alphabetischer Folge genannt. Bei den anders strukturierten Vorparlamenten von 1919/20 und 1946 wird, soweit erforderlich und bekannt, die Parteimitgliedschaft in Klammern ergänzt. Das Ausscheiden von Abgeordneten und der Mandatsbeginn von Ersatzmitgliedern sind nach Möglichkeit tagesgenau erfaßt. Soweit Quellen ermittelt werden konnten, liegen diesen Angaben das Datum der Erklärung über die Mandatsniederlegung bzw. der Tag der Berufung eines Nachfolgeabgeordneten durch den Landeswahlleiter/Landeswahlausschuß zugrunde. Ersatzweise wurden die entsprechenden Bekanntmachungen des Landtagspräsidenten aus den Sitzungsprotokollen des Landtages herangezogen. Speziell für den Zeitraum von 1946 bis 1952 wurde als Mandatsbeginn eines nachrückenden Abgeordneten grundsätzlich erst der Zeitpunkt der Feststellung des Ersatzmannes durch den Präsidenten des Landtags gewählt.

Als besonders schwierig erwies sich die Verifizierung von Namen der Mitglieder der Beratenden Landesversammlung von 1946, die als Vorparlament nicht aus Wahlen hervorging. Ihre Mitglieder wurden von den Parteien und gesellschaftlichen Organisationen in dieses Gremium entsandt. Außerdem stand dem Landespräsidenten ein Vorschlagsrecht zu. Die spärlichen Quellen liefern bei einigen Personen widersprüchliche Angaben zur Schreibweise der Namen. Diese konnten jedoch durch Auskünfte der örtlichen Archive berichtigt werden. Bei Vertretern der sonstigen Organisationen ließ sich allerdings nicht immer feststellen, ob diese auch einer politischen Partei angehörten.

Ergänzend zu den Übersichten über die Wahlen und die Zusammensetzung der Landtage und Vorparlamente werden in einem gesonderten Abschnitt die gesetzlichen Grundlagen für die Wahlen und die daraus hervorgegangenen parlamentarischen Gremien genannt. Sie sind nach den allgemeinen gesetzlichen Grundlagen sowie nach Wahlgesetzen und Geschäftsordnungen gegliedert.

1.1 Wahlen und Landtage

I Volksrat von Thüringen 1919-1920

Wahlperiode 16. 12. 1919-20. 7. 1920

Wahltag 23. 5.-4. 7. 1919

Die Wahlen zum Volksrat von Thüringen fanden in den Einzellandtagen der Vertragsstaaten des Gemeinschaftsvertrages an verschiedenen Tagen statt:

23. 5. 1919 Schwarzburg-Rudolstadt,
28. 5. 1919 Sachsen-Gotha,
5. 6. 1919 Reuß,
6. 6. 1919 Sachsen-Altenburg,
19. 6. 1919 Schwarzburg-Sondershausen,
20. 6. 1919 Sachsen-Weimar-Eisenach,
1. 7. 1919 Sachsen-Coburg,
4. 7. 1919 Sachsen-Meiningen.

Wahlergebnisse

Nach dem Gemeinschaftsvertrag über den Zusammenschluß der thüringischen Staaten vom 4. 1. 1920 bestand der Volksrat aus insgesamt 42 Mitgliedern, die sich wie folgt zusammensetzten:

10 Abgeordnete Sachsen-Weimar-Eisenach,
7 Abgeordnete Sachsen-Meiningen,
6 Abgeordnete Reuß,
5 Abgeordnete Sachsen-Altenburg,
5 Abgeordnete Sachsen-Gotha,
3 Abgeordnete Sachsen-Coburg,
3 Abgeordnete Schwarzburg-Rudolstadt,
3 Abgeordnete Schwarzburg-Sondershausen.

Hinzu kam die gleiche Zahl stellvertretender Mitglieder für jeden der Einzelstaaten.

In einer Volksbefragung am 30. 11. 1919 entschied sich die Mehrheit der Bevölkerung im Freistaat Coburg für den Anschluß an Bayern und damit gegen den Beitritt zur künftigen thüringischen Gemeinschaft.

Sitzungen	Erste Sitzung:	16. 12. 1919
	Letzte Sitzung:	11. 6. 1920
	Anzahl der Sitzungen:	31
Vorstand	Alterspräsident:	Prof. Dr. Eduard Rosenthal (DDP)
	Präsident:	Hermann Leber (SPD)
	1. Vizepräsident:	Wilhelm Leven (USPD)
	2. Vizepräsident:	Karl Mehnert (DDP)
	3. Vizepräsident:	Alfred Krämer (DNVP)

Ausschüsse

Ältestenausschuß. - Verfassungs- und Gesetzgebungsausschuß. - Haushaltsausschuß. - Finanzausschuß. - Ausschuß zur Verhandlung mit Preußen wegen der Abtretung preußischer Gebietsteile an die thüringische Gemeinschaft. - Petitionsausschuß.

Mitglieder / Stellvertreter

Für Sachsen-Weimar-Eisenach:
Friedrich von Eichel-Streiber (DNVP), Wilhelm Faber (SPD), Karl Hermann (USPD), Johann Georg Kaiser (DNVP), Max Krütze (SPD), Hermann Leber (SPD), Paul Leutert (SPD), Oskar Matthes (DDP), Prof. Dr. Eduard Rosenthal (DDP), Wilhelm Thümmel (DVP).

Stellvertreter: August Beck (SPD), Adam Benewitz (USPD), Eduard Dotter (DVP), Helene Glaue (DDP), Paul Herzer (SPD), Valentin Iffland (SPD), Hermann Jöck (DNVP), Dr. August Schauer (DNVP), Johann Scholz (SPD), Dr. Alfred Stockmar (DDP).

Für Sachsen-Meiningen:
Adalbert Enders (DDP), Richard Fischer (SPD), Dr. Ernst Härtrich (DNVP), Ernst Höfer (DNVP), Karl Knauer (SPD), Louis Rennert (SPD), August Wichtendahl (SPD).

Stellvertreter: Gustav Gerlach (DNVP), Arno Köhler (SPD), Kuno Leonhardt (DNVP), Franz Nenner (DDP), Max Neubauer (SPD), August Reddigau (SPD), Viktor Weigelt (SPD).

Für Reuß:
Dr. Ernst Jahn (DDP), Paul Kiß (USPD), Alfred Krämer (DNVP), Max Lang (USPD), Wilhelm Leven (USPD), Emil Vetterlein (USPD).

Stellvertreter: Oswald Fischer (USPD), Hermann Herzog (USPD), Richard Kahnt (USPD), Dr. Felix Seyfferth (DDP), Gustav Siegling (USPD), Paul Thomas (DNVP).

Für Sachsen-Altenburg:
Karl Mehnert (DDP), Alfred Metzschke (SPD), Richard Prüfer (SPD), Alfred Reichardt (DNVP), Karl Rößler (SPD).

Stellvertreter: Erwin Baum (DNVP), Emil Drescher (SPD), Oskar Görbert (SPD), Dr. Eugen Kämpfe (DDP), Fritz Staub (SPD).

Für Sachsen-Gotha:
Hermann Brill (USPD), Otto Geithner (USPD), August Görlach (DNVP; bis April 1920), Dr. Leo Gutmann (DDP; bis April 1920), Heinrich Wolf (USPD).
Stellvertreter: Prof. Dr. Herman Anders Krüger (DDP; bis April 1920), Heinrich Lieding (USPD), Reinhold Manteuffel (USPD), Fritz Wiegleb (USPD), Dr. Georg Witzmann (DVP; bis April 1920).

Für Sachsen-Coburg (bis 30. 4. 1920):
Bernhard Lauer (SPD), Hermann Mämpel (SPD), Dr. Hans Schack (DDP).
Stellvertreter: Gustav Heß (DDP), Johannes Stegner (SPD), Karl Wendt (SPD).

Für Schwarzburg-Rudolstadt:
Emil Hartmann (SPD), Paul Landgraf (DDP), Ernst Otto (SPD).
Stellvertreter: Hildebert Apel (Bgl. L.), Friedrich Leder (SPD), Franz Winter (SPD; bis 13. 2. 1920).

Für Schwarzburg-Sondershausen:
Dr. Harald Bielfeld (DDP), Bruno Bieligk (USPD), Josef Heer (USPD).
Stellvertreter: Ferdinand Henze (USPD), Ottokar Keil (DNVP), Carl Stang (USPD).

II Landtag von Thüringen 1920-1933

I. Wahlperiode 20. 7. 1920-30. 7. 1921

Wahltag 20. 6. 1920

Wahlergebnisse	Stimmen	Prozent	Sitze
Wahlberechtigte (Schätzung)	915 422	100,0	53
Abgegebene Stimmen (Schätzung)	663 787	72,5	
Ungültige Stimmen (Schätzung)	2 614	0,4	
Gültige Stimmen	661 173	99,6	
Unabhängige Sozialdemokratische Partei Deutschlands	184 267	27,9	15
Thüringer Landbund	136 264	20,6	11
Sozialdemokratische Partei Deutschlands	134 581	20,3	11
Deutsche Volkspartei	104 239	15,8	8
Deutsche Demokratische Partei	48 280	7,3	4
Deutschnationale Volkspartei	45 405	6,9	4
Kommunistische Partei Deutschlands	8 134	1,2	0
Deutsche Zentrumspartei	3	0,0	0

Sitzungen	Erste Sitzung:	20. 7. 1920
	Letzte Sitzung:	30. 7. 1921
	Anzahl der Sitzungen:	83
Vorstand	Alterspräsident:	Rudolf Alander (DVP)
	Landtagspräsident:	Artur Drechsler (USPD)
	1. Vizepräsident:	Theodor Bauer (DVP)
	2. Vizepräsident:	Karl Mehnert (DDP)

Ausschüsse

Ältestenausschuß. - Wahlprüfungsausschuß. - Verfassungs- und Gesetzgebungsausschuß. - Haushaltsausschuß. - Gesuchs- und Beschwerdeausschuß. - Finanzausschuß (Ausschuß zur Vorbereitung der finanziellen Auseinandersetzung der ehemaligen thüringischen Freistaaten mit dem Lande Thüringen). - Ausschuß zur Weiterbehandlung der mit dem Arbeitsnachweiswesen und der Unterbringung der Erwerbslosen zusammenhängenden Angelegenheiten (ab 1. 3. 1921). - Ausschuß zur Untersuchung der Vorgänge in der Landespolizei (ab 24. 6. 1921).

Mitglieder

Unabhängige Sozialdemokratische Partei Deutschlands:
Wilhelm Bärwinkel, Adam Benewitz, Bruno Bieligk, Hermann Brill, Artur Drechsler, Otto Geithner, Karl Hermann, Emil Höllein (bis 3. 11. 1920), Richard Kahnt, Paul Kiß, Paul Lärtz, Karl Leps, Fritz Rohleder, Albin Tenner, Emil Vetterlein, Richard Zimmermann (ab 10. 11. 1920).

Thüringer Landbund:
Erwin Baum, Karl Breitenstein, Hermann Focke, August Görlach, Albert Gottschalk, Dr. Ernst Härtrich, Ernst Höfer, Erich Mackeldey, Erich Port, Hugo Riehmann, Dr. Erich Wernick.

Sozialdemokratische Partei Deutschlands:
August Baudert, Alban Bretschneider, August Frölich, Emil Hartmann, Arthur Hofmann (bis 31. 7. 1920), Paul Kieß, Karl Knauer, Hermann Leber, Alfred Metzschke, Louis Rennert, Emma Sachse, August Wichtendahl (ab 10. 9. 1920).

Deutsche Volkspartei:
Rudolf Alander, Theodor Bauer, Erich Burchardt, Alfred Grötzsch, Friedrich Haas (ab 13. 10. 1920), Dr. Bernhard Jacobi (bis 30. 9. 1920), Dr. Arno Neumann, Hermann Tamm, Dr. Georg Witzmann.

Deutsche Demokratische Partei:
Adalbert Enders, Karl Mehnert, Dr. Arnold Paulssen, Dr. Marie Schulz.

Deutschnationale Volkspartei:
Friedrich von Eichel-Streiber, Dr. Kurt Geier, Karl Kien, Louis Krause.

II. Wahlperiode 11. 9. 1921-14. 12. 1923

Wahltag 11. 9. 1921

Wahlergebnisse	Stimmen	Prozent	Sitze
Wahlberechtigte	937 634	100,0	54
Abgegebene Stimmen	679 334	72,5	
Ungültige Stimmen	2 552	0,4	
Gültige Stimmen	676 782	99,6	
Sozialdemokratische Partei Deutschlands	154 576	22,8	13
Thüringer Landbund	128 215	19,0	10
Unabhängige Sozialdemokratische Partei Deutschlands	110 990	16,4	9
Deutsche Volkspartei	109 314	16,2	9
Vereinigte Kommunistische Partei Deutschlands	73 700	10,9	6
Deutschnationale Volkspartei	50 689	7,5	4
Deutsche Demokratische Partei	37 761	5,6	3
Deutsche Zentrumspartei	7 354	1,1	0
Wirtschaftsgruppe	4 183	0,5	0

Sitzungen	Erste Sitzung:	6. 10. 1921
	Letzte Sitzung:	14. 12. 1923
	Anzahl der Sitzungen:	212
Vorstand	Alterspräsident:	Rudolf Alander (DVP)
	Landtagspräsident:	Hermann Leber (SPD)
	1. Vizepräsident:	Erwin Baum (TLB)
	2. Vizepräsident:	Artur Drechsler (USPD; bis 22. 6. 1922) Richard Kahnt (USPD; ab 6. 7. 1922)

Ausschüsse

Ältestenausschuß. - Wahlprüfungsausschuß. - Gesetzgebungsausschuß. - Gesuchs- und Beschwerdeausschuß. - Haushaltsausschuß. - Ausschuß zur Untersuchung der Vorgänge in der Landespolizei (ab 14. 10. 1921). - Ausschuß zur Ausarbeitung der Geschäftsordnung des Landtages (ab 13. 12. 1921). - Ausschuß zur Vorbereitung der finanziellen Auseinandersetzung der ehemaligen thüringischen Freistaaten mit dem Lande Thüringen (ab 4. 5. 1922).

Mitglieder

Sozialdemokratische Partei Deutschlands:
Alban Bretschneider, Berthold Faulian, Richard Fischer, August Frölich, Emil Hartmann, Paul Kieß, Karl Knauer, Edmund Koch, Hermann Leber, Paul Leutert, Otto Micke, Louis Rennert, Emma Sachse.

Thüringer Landbund:
Fritz Bauer jun. (ab 29. 11. 1922), Erwin Baum, Karl Breitenstein, Hermann Focke, Gustav Gerlach (bis 9. 11. 1922), Albert Gottschalk, Ernst Höfer, Erich Mackeldey, Hugo Riehmann, Erich Theilig (ab 29. 11. 1922), Dr. Erich Wernick, Otto Wetzel (bis 9. 11. 1922).

Unabhängige Sozialdemokratische Partei Deutschlands:
Wilhelm Bärwinkel, Bruno Bieligk, Hermann Brill, Artur Drechsler (bis 22. 6. 1922), Hermann Gründler, Karl Hermann, Richard Kahnt, Paul Lärtz, Oskar Thieme, Emil Vetterlein (ab 3. 7. 1922).

Deutsche Volkspartei:
Rudolf Alander, Theodor Bauer, Dr. Kurt Geier, Alfred Grötzsch, Paul Günther, Ernst Hoffmeister, Kurt Holzschuher (bis Sept./Anfang Okt. 1922), Dr. Arno Neumann, Theodor Schwarz (ab 5. 10. 1922), Dr. Georg Witzmann.

Vereinigte Kommunistische Partei:
Alfred Bochert, Käthe Duncker (ab 23. 11. 1921), Otto Geithner, Johannes (Hans) Müller (bis etwa Nov. 1921), Dr. Theodor Neubauer, Albin Tenner, Richard Zimmermann.

Deutschnationale Volkspartei:
Erich Burchardt, Friedrich von Eichel-Streiber, Dr. Emil Herfurth, Karl Kien.

Deutsche Demokratische Partei:
Prof. Dr. Herman Anders Krüger, Prof. Dr. Eduard Rosenthal, Dr. Marie Schulz.

III. Wahlperiode 10. 2. 1924–10. 2. 1927

Wahltag 10. 2. 1924

Wahlergebnisse	Stimmen	Prozent	Sitze
Wahlberechtigte	985 615	100,0	72
Abgegebene Stimmen	882 954	89,6	
Ungültige Stimmen	3 557	0,4	
Gültige Stimmen	879 397	99,6	
Thüringer Ordnungsbund (DDP, DNVP, DVP, TLB)	421 883	48,0	35
Vereinigte Sozialdemokratische Partei Deutschlands	203 380	23,1	17
Kommunistische Partei Deutschlands	162 114	18,4	13
Vereinigte Völkische Liste (Deutschvölkische)	81 706	9,3	7
Unabhängige Sozialdemokratische Partei Deutschlands	6 864	0,8	0
Freiwirtschaftsbund	3 450	0,4	0

Sitzungen	Erste Sitzung:	21. 2. 1924
	Letzte Sitzung:	6. 1. 1927
	Anzahl der Sitzungen:	227
Vorstand	Alterspräsident:	Prof. Dr. Eduard Rosenthal (TOB [DDP]; bis 12. 2. 1925)
	Landtagspräsident:	Dr. Erich Wernick (TOB [TLB])
	1. Vizepräsident:	Hermann Leber (VSPD; bis 11. 7. 1924) Dr. Kurt Geier (TOB [DVP]; ab 17. 7. 1924)
	2. Vizepräsident:	Dr. Kurt Geier (TOB [DVP]; bis 17. 7. 1924) Karl Kien (TOB [DNVP]; ab 17. 7. 1924)

Ausschüsse

Ältestenausschuß. - Wahlprüfungsausschuß. - Gesetzgebungsausschuß I. - Gesetzgebungsausschuß II (Beamtenrecht, soziale sowie Schulangelegenheiten). - Gesuchsausschuß. - Geschäftsordnungsausschuß. - Haushaltsausschuß. - Untersuchungsausschuß zur Prüfung der gegen den Staatsbankpräsidenten Loeb ergriffenen Maßnahmen (ab 17. 10. 1924). - Ausschuß zur Untersuchung von Vorgängen in der Landespolizei (ab 6. 5. 1925). - Sonderausschuß für Energiewirtschaft (ab 14. 7. 1925). - Polizeiuntersuchungsausschuß (ab 25. 7. 1925). - Untersuchungsausschuß zur Prüfung der Gesetzlichkeit und Lauterkeit von Verwaltungsmaßnahmen des Justizministeriums, der Generalstaatsanwaltschaft, der Oberstaatsanwaltschaft Weimar, des Landesgerichtspräsidiums Weimar, des Finanzministeriums und des Landeskriminalamtes (ab 10. 12. 1925).

Mitglieder

Thüringer Ordnungsbund:
Fritz Bauer jun. (TLB), Theodor Bauer (DVP), Erwin Baum (TLB), Julius Böckelmann (TLB), Karl Breitenstein (TLB), Friedrich von Eichel-Streiber (DNVP), Hermann Focke (TLB), Dr. Kurt Geier (DVP), Max Gerstenhauer (TLB), Albert Gottschalk (TLB), Alfred Grötzsch (DVP), Dr. Emil Herfurth (DNVP), Max Heyn (TLB), Ernst Höfer (TLB), Ernst Hoffmeister (DVP), Kurt Hubl (DNVP), Karl Kien (DNVP), Friedrich Knittel (DVP), Louis Krause (DNVP), Prof. Dr. Herman Anders Krüger (DDP), Hugo Kühn (DDP), Karl Linkmann (DVP), Leonhard Moog (DDP; ab 26. 2. 1925), Martin Otto (DNVP), Walther Plouda (DVP), Ernst Reinhold (DVP), Prof. Dr. Eduard Rosenthal (DDP; bis 12. 2. 1925), Gustav Schaaf (DNVP), Dr. Albert Schomberg (DVP), Dr. Marie Schulz (DDP), Erich Theilig (TLB), Ernst von Thümmel (TLB), Robert Trautmann (TLB), Richard Wenzel (TLB), Dr. Erich Wernick (TLB), Dr. Georg Witzmann (DVP).

Vereinigte Sozialdemokratische Partei Deutschlands:
Bruno Bieligk, Curt Böhme, Hermann Brill, Richard Franz, August Frölich, Max Greil, Hermann Gründler, Emil Hartmann, Karl Hartmann, Karl Hermann, Richard Kahnt, Dr. Paul Kieß, Karl Knauer, Paul Lärtz, Hermann Leber, Louis Rennert, Emma Sachse.

Kommunistische Partei Deutschlands:
Willy Hans Beck, Hermann Bischoff, Alfred Bochert, Hugo Brömmer, Otto Gentsch genannt Engert (ab 1. 9. 1924), Richard Eyermann (ab 15. 10. 1924), Paul Fischer, Otto Geithner, Dr. Karl Korsch (bis 31. 7. 1924), Dr. Theodor Neubauer (bis 10. 9. 1924), Agnes Schmidt, Hans Schreyer, Hermann Schulze, Albin Tenner, Richard Zimmermann.

Vereinigte Völkische Liste (Deutschvölkische):
Dr. Artur Dinter, Paul Hennicke, Willy Marschler, Julius Pölkow (bis 15. 5. 1926), Erwin Röhrig, Dr. Bernhard Schauen (ab 3. 6. 1926), Karl Spiller, Walter Wünsche.

IV. Wahlperiode 10. 2. 1927–7. 12. 1929

Wahltag 30. 1. 1927

Wahlergebnisse	Stimmen	Prozent	Sitze
Wahlberechtigte	1 035 859	100,0	56
Abgegebene Stimmen	810 935	78,3	
Ungültige Stimmen	7 638	0,9	
Gültige Stimmen	803 297	99,1	
Einheitsliste (DNVP, DVP, TLB)	270 568	33,7	19
Sozialdemokratische Partei Deutschlands	254 042	31,6	18
Kommunistische Partei Deutschlands	113 295	14,1	8
Reichspartei des deutschen Mittelstandes – Wirtschaftspartei	75 690	9,4	5
Nationalsozialistische Deutsche Arbeiterpartei	27 946	3,5	2
Deutsche Demokratische Partei	26 832	3,3	2
Reichspartei für Volksrecht und Aufwertung – Kampfbund der Entrechteten	22 077	2,7	1
Deutschvölkische Freiheitsbewegung	9 115	1,1	1
Kommunistische Arbeitsgemeinschaft	3 732	0,5	0

Im Wahlprüfungsverfahren wurde der Deutschvölkischen Freiheitsbewegung der Sitz entzogen und der Reichspartei des deutschen Mittelstandes – Wirtschaftspartei zugeteilt.

Sitzungen	Erste Sitzung:	21. 2. 1927
	Letzte Sitzung:	15. 11. 1929
	Anzahl der Sitzungen:	178
Vorstand	Alterspräsident:	Theodor Bauer (EL [DVP])
	Landtagspräsident	Hermann Leber (SPD)
	1. Vizepräsident	Ernst von Thümmel (EL [TLB])
	2. Vizepräsident	Dr. Kurt Geier (EL [DVP])

Ausschüsse

Gesetzgebungsausschuß. - Haushaltsausschuß. - Gesuchsausschuß. - Wahlprüfungsausschuß. - Energieausschuß. - Ständiger Ausschuß (Gelegenheit zur Äußerung vor Erlaß eines Notgesetzes; ab 6. 6. 1929). - Theaterausschuß (ab 22. 10. 1929).

Mitglieder

Einheitsliste:
Hans Barthold von Bassewitz (DNVP), Theodor Bauer (DVP), Erwin Baum (TLB), Karl Baum (TLB; ab 22. 10. 1929), Julius Böckelmann (TLB), Karl Breitenstein (TLB), Hermann Focke (TLB), Dr. Kurt Geier (DVP), Alfred Grötzsch (DVP), Dr. Emil Herfurth (DNVP), Willy Heunsch (TLB), Max Heyn (TLB), Ernst Höfer (TLB), Kurt Hubl (DNVP), Karl Kien (DNVP), Friedrich Knittel (DVP), Dr. Franz Schultze (DVP), Ernst von Thümmel (TLB), Richard Wenzel (TLB; bis 13. 10. 1929), Dr. Georg Witzmann (DVP).

Sozialdemokratische Partei Deutschlands:
Bruno Bieligk, Curt Böhme, Hermann Brill, Heinrich Eckardt (ab 26. 6. 1928), Lucie Fischer, Richard Franz, August Frölich, Max Greil, Hermann Gründler, Emil Hartmann, Karl Hartmann, Karl Hermann (bis 13. 6. 1928), Richard Kahnt, Dr. Paul Kieß, Paul Lärtz, Hermann Leber, Louis Rennert, Emma Sachse, Georg Friedrich Wieber.

Kommunistische Partei Deutschlands:
Otto Gentsch genannt Engert, Richard Eyermann, Paul Fischer, Hermann Schulze, Albin Tenner, Hans Tittel, Frida Winckelmann, Richard Zimmermann.

Reichspartei des deutschen Mittelstandes - Wirtschaftspartei:
Clemens Flach (ab 7. 4. 1927), Franz Fürth, Max Gerstenhauer, Otto Kayser, Louis Krause, Hermann Wächter.

Nationalsozialistische Deutsche Arbeiterpartei:
Dr. Artur Dinter, Willy Marschler.

Deutsche Demokratische Partei:
Prof. Dr. Herman Anders Krüger, Leonhard Moog (ab 24. 8. 1928), Dr. Marie Schulz (bis 20. 8. 1928).

Reichspartei für Volksrecht und Aufwertung - Kampfbund der Entrechteten:
Wilhelm Tell.

Deutschvölkische Freiheitsbewegung:
Walter Wünsche (bis 31. 3. 1927).

V. Wahlperiode 8. 12. 1929-30. 7. 1932

Wahltag 8. 12. 1929

Wahlergebnisse	Stimmen	Prozent	Sitze
Wahlberechtigte	1 078 129	100,0	53
Abgegebene Stimmen	806 986	74,9	
Ungültige Stimmen	8 200	1,0	
Gültige Stimmen	798 786	99,0	
Sozialdemokratische Partei Deutschlands	258 042	32,3	18
Christlich Nationale Bauern- und Landvolkpartei - Landbundliste	131 214	16,4	9
Nationalsozialistische Deutsche Arbeiterpartei - Hitler-Bewegung	90 159	11,3	6
Kommunistische Partei Deutschlands	85 209	10,7	6
Reichspartei des deutschen Mittelstandes - Wirtschaftspartei	76 535	9,6	6
Deutsche Volkspartei	70 567	8,8	5
Deutschnationale Volkspartei	31 736	4,0	2
Deutsche Demokratische Partei	23 393	2,9	1
Kommunistische Opposition	12 222	1,5	0
Deutsche Zentrumspartei	9 651	1,2	0
Reichspartei für Volksrecht und Aufwertung - Volksrechtspartei	9 631	1,2	0
Haus- und Grundbesitzer	427	0,1	0

Sitzungen	Erste Sitzung:	7. 1. 1930
	Letzte Sitzung:	15. 7. 1932
	Anzahl der Sitzungen:	142
Vorstand	Alterspräsident:	Hermann Leber (SPD)
	Landtagspräsident:	Ernst von Thümmel (CNBLVP)
	1. Vizepräsident:	Hermann Leber (SPD)
	2. Vizepräsident:	Willy Marschler (NSDAP; bis 18. 12. 1931) Karl Linkmann (WP; ab 15. 2. 1932)

Ausschüsse

Gesetzgebungsausschuß. - Haushaltsausschuß. - Gesuchsausschuß. - Wahlprüfungsausschuß. - Energieausschuß. - Ständiger Ausschuß (Gelegenheit zur Äußerung vor Erlaß eines Notgesetzes). - Ausschuß zur Untersuchung der Vorgänge in den Jahren 1930-1932 (ab 18. 2. 1932).

Mitglieder

Sozialdemokratische Partei Deutschlands:
Bruno Bieligk, Curt Böhme (bis 5. 10. 1931), Dr. Hermann Brill, Lucie Fischer verh. Neupert, August Frölich, Max Greil, Hermann Gründler, Emil Hartmann, Karl Hartmann, Karl

Hermann, Richard Kahnt, Dr. Paul Kieß, Paul Lärtz, Hermann Leber, Erich Mäder, Louis Rennert, Emma Sachse, Paul Seele (ab 6. 10. 1931), Georg Friedrich Wieber.

Christlich Nationale Bauern- und Landvolkpartei - Landbundliste:
Erwin Baum, Julius Böckelmann, Herbert Eckstein (ab 19. 6. 1931), Hermann Focke, Georg Heinrich Heuchel, Willy Heunsch, Max Heyn, Ernst Höfer (bis 14. 6. 1931), Selmar Lorenz, Ernst von Thümmel.

Nationalsozialistische Deutsche Arbeiterpartei - Hitler-Bewegung:
Paul Hennicke, Curt Ludwig, Willy Marschler, Paul Papenbroock, Fritz Sauckel, Fritz Wächtler.

Kommunistische Partei Deutschlands:
Karl Barthel (bis 7. 3. 1931), Richard Eyermann, Fritz Gäbler (ab 10. 3. 1931), Friedrich Heilmann, Leander Kröber (ab 27. 5. 1932), Helene Rosenhainer verh. Fleischer (bis 25. 5. 1932), Arno Voigt, Richard Zimmermann.

Reichspartei des deutschen Mittelstandes - Wirtschaftspartei:
Clemens Flach, Franz Fürth, Max Gerstenhauer (bis 2. 3. 1932), Louis Krause, Alex Küntzel (ab 4. 3. 1932), Karl Linkmann, Paul Oertel.

Deutsche Volkspartei:
Dr. Kurt Geier, Ernst Klump, Friedrich Knittel, Dr. Franz Schultze, Dr. Georg Witzmann.

Deutschnationale Volkspartei:
Hans Barthold von Bassewitz, Dr. Emil Herfurth.

Deutsche Demokratische Partei:
Dr. Rudolf Jobst (ab 1. 8. 1931), Philipp Kallenbach (bis 31. 7. 1931).

VI. Wahlperiode 31. 7. 1932-5./31. 3. 1933

Wahltag 31. 7. 1932

Wahlergebnisse	Stimmen	Prozent	Sitze
Wahlberechtigte	1 114 887	100,0	61
Abgegebene Stimmen	948 960	85,1	
Ungültige Stimmen	18 514	2,0	
Gültige Stimmen	930 446	98,0	
Nationalsozialistische Deutsche Arbeiterpartei - Hitler-Bewegung	395 321	42,5	26
Sozialdemokratische Partei Deutschlands	225 791	24,3	15
Kommunistische Partei Deutschlands	150 045	16,1	10
Thüringer Landbund	77 678	8,3	6

Deutschnationale Volkspartei	29 624	3,2	2
Deutsche Staatspartei und Deutsche Zentrumspartei	17 442	1,9	1
Deutsche Volkspartei	16 745	1,8	1
Reichspartei des deutschen Mittelstandes - Wirtschaftspartei	10 411	1,1	0
Christlich Sozialer Volksdienst - Evangelische Bewegung	5 322	0,6	0
Sozialistische Arbeiterpartei Deutschlands	2 067	0,2	0

Sitzungen	Erste Sitzung:	23. 8. 1932
	Letzte Sitzung:	14. 2. 1933
	Anzahl der Sitzungen:	11
Vorstand	Alterspräsident:	Erwin Baum (TLB; bis 31. 12. 1932) Ernst von Thümmel (TLB; amtierend am 23. 8. 1932)
	Landtagspräsident:	Willy Marschler (NSDAP; bis 26. 8. 1932) Fritz Hille (NSDAP; ab 26. 8. 1932)
	1. Vizepräsident:	Ernst von Thümmel (TLB)
	2. Vizepräsident:	Fritz Hille (NSDAP; bis 26. 8. 1932) Paul Theuerkauf (NSDAP; ab 26. 8. 1932)

Ausschüsse

Gesetzgebungsausschuß. - Haushaltsausschuß. - Gesuchsausschuß. - Wahlprüfungsausschuß. - Ständiger Ausschuß (Gelegenheit zur Äußerung vor Erlaß eines Notgesetzes).

Mitglieder

Nationalsozialistische Deutsche Arbeiterpartei - Hitler-Bewegung:
Dr. Heinrich Bichmann, Wilhelm Busch, Paul Hennicke, Fritz Hille, Arno Jahn, Paul Junghanns, Walter Kürzel, Curt Ludwig, Hans Ludwig, Willy Marschler, Dr. Franz Metzner, Walter Ortlepp, Paul Papenbroock, Fritz Paschold, Rudolf Peuckert, Karl Reinhardt, Karl Rompel, Fritz Sauckel, Fritz Schlusnus, Paul Spindler, Erich Theilig, Paul Theuerkauf, Paul Thodte, Friedrich Voigt, Fritz Wächtler, Dr. Otto Weber.

Sozialdemokratische Partei Deutschlands:
Fritz Barth, Bruno Bieligk, August Frölich, Hermann Gründler, Emil Hartmann, Karl Hartmann, Karl Hermann, Richard Kahnt, Dr. Paul Kieß, Paul Lärtz, Erich Mäder, Emma Sachse, Artur Schöneburg, Paul Seele, Otto Stegmann.

Kommunistische Partei Deutschlands:
Rudolf Arnold, Richard Eyermann, Fritz Gäbler, Willy Gebhardt, Friedrich Heilmann, Leander Kröber, Josef Rösel (ab 24. 9. 1932), Erich Scharf, Hermann Steudner (bis 22. 9. 1932), Arno Voigt, Richard Zimmermann.

Thüringer Landbund:
Erwin Baum (bis 31. 12. 1932), Herbert Eckstein, Georg Heinrich Heuchel, Willy Heunsch, Max Heyn, Otto Keiser (ab 1. 1. 1933), Ernst von Thümmel.

Deutschnationale Volkspartei:
Dr. Emil Herfurth, Georg Popp.

Deutsche Staatspartei und Deutsche Zentrumspartei:
Dr. Rudolf Jobst.

Deutsche Volkspartei:
Dr. Georg Witzmann.

VII. Wahlperiode 5. 3. 1933-14. 10. 1933

Die Legislaturperiode begann gemäß dem Vorläufigen (Reichs-)Gesetz zur Gleichschaltung der Länder mit dem Reich vom 31.3.1933 mit der Reichstagswahl am 5.3.1933 und endete mit der Auflösung des Reichstages am 14. 10. 1933.

Wahltag Keine Landtagswahlen.

Wahlergebnisse Die Ergebnisse der Reichstagswahlen vom 5. 3. 1933 für das Land Thüringen wurden als Wahlergebnisse für den VII. (gleichgeschalteten) Landtag von Thüringen öffentlich gemacht.

	Stimmen	Prozent	Sitze
Wahlberechtigte	amtlich nicht bekanntgegeben		
Abgegebene Stimmen	amtlich nicht bekanntgegeben		
Ungültige Stimmen	amtlich nicht bekanntgegeben		
Gültige Stimmen	1 014 811		50
Nationalsozialistische Deutsche Arbeiterpartei - Hitler-Bewegung	483 026	47,6	29
Sozialdemokratische Partei Deutschlands	209 283	20,6	13
Kommunistische Partei Deutschlands	155 059	15,3	0
Kampffront Schwarz-weiß-rot (DNVP, TLB)	125 953	12,4	8
Deutsche Volkspartei	15 845	1,6	0
Deutsche Zentrumspartei	12 029	1,2	0
Deutsche Staatspartei	7 779	0,8	0
Christlich Sozialer Volksdienst - Evangelische Bewegung	4 679	0,4	0
Deutsche Bauernpartei	687	0,1	0
Sozialistische Kampfgemeinschaft	328	0,0	0
Deutsch hannoversche Partei	143	0,0	0

Die KPD bekam die ihr nach dem Wahlergebnis zustehenden 8 Sitze gemäß § 7 Abs. 1 des Vorläufigen (Reichs-)Gesetzes über die Gleichschaltung der Länder mit dem Reich vom

31. 3. 1933 nicht zugeteilt. Durch Anordnung des Thüringer Innenministeriums vom 23. 6. 1933 wurden die Mitglieder der SPD, die als Abgeordnete dem Landtag von Thüringen angehörten, von der Ausübung ihrer Mandate ausgeschlossen. Mit der (Reichs-)Verordnung zur Sicherung der Staatsführung vom 7. 7. 1933 wurden der SPD die Mandate entzogen. Die Mitglieder des TLB aus der Fraktion Kampffront Schwarz-weiß-rot traten am 1. 5. 1933 geschlossen zur Fraktion der NSDAP über.

Sitzungen	Erste Sitzung:	1. 5. 1933
	Letzte Sitzung:	16. 5. 1933
	Anzahl der Sitzungen:	4
Vorstand	Alterspräsident:	keiner
	Landtagspräsident:	Fritz Hille (NSDAP)
	1. Vizepräsident:	Paul Theuerkauf (NSDAP)
	2. Vizepräsident:	Erich Theilig (NSDAP)

Ausschüsse

Gesetzgebungsausschuß. - Haushaltsausschuß. - Gesuchsausschuß. - Wahlprüfungsausschuß.

Mitglieder

Nationalsozialistische Deutsche Arbeiterpartei - Hitlerbewegung:
Dr. Heinrich Bichmann, Wilhelm Busch, Hans Gurski, Paul Hennicke, Fritz Hille, Hermann Jacob, Arno Jahn, Paul Junghanns, Walter Kürzel, Curt Ludwig, Hans Ludwig, Willy Marschler, Walter Ortlepp, Paul Papenbroock, Fritz Paschold, Rudolf Peuckert, Karl Reinhardt, Karl Rompel, Fritz Sauckel, Hans Sauer, Fritz Schlusnus, Paul Spindler, Erich Theilig, Paul Theuerkauf, Paul Thodte, Friedrich Voigt, Fritz Wächtler, Richard Walther, Dr. Otto Weber.

Sozialdemokratische Partei Deutschlands (bis 23. 6. 1933):
Fritz Barth (bis 20. 6. 1933), Bruno Bieligk, Dr. Hermann Brill, Willy Eberling, Hermann Gründler, Karl Hermann, Dr. Paul Kieß, Walter Kister, Paul Lärtz, Erich Mäder, Emma Sachse, Artur Schöneburg, Otto Stegmann.

Kampffront Schwarz-weiß-rot:
Heinrich Dietzsch (TLB; ab 1. 5. 1933 Fraktion NSDAP), Herbert Eckstein (TLB; ab 1. 5. 1933 Fraktion NSDAP u. Mitgl. der NSDAP), Friedrich von Eichel-Streiber (DNVP), Dr. Emil Herfurth (DNVP), Georg Heinrich Heuchel (TLB; ab 1. 5. 1933 Fraktion NSDAP u. Mitgl. der NSDAP), Willy Heunsch (TLB; ab 1. 5. 1933 Fraktion NSDAP u. Mitgl. der NSDAP), Georg Popp (DNVP), Alexander Freiherr von Seebach (TLB; ab 1. 5. 1933 Fraktion NSDAP u. Mitgl. der NSDAP).

Nach der Reichstagswahl vom 12. 11. 1933 erfolgte keine Neuzuteilung der Sitze für die Landtage. Im Artikel 1 des (Reichs-)Gesetzes über den Neuaufbau des Reichs vom 30. 1. 1934 wurde die Aufhebung der Volksvertretungen der Länder festgelegt.

III Beratende Landesversammlung 1946

Durch das Gesetz über die Bildung beratender Körperschaften bei der Selbstverwaltung im Lande Thüringen vom 12. 6. 1946 wurde festgelegt, daß in Thüringen als beratende Körperschaft eine Landesversammlung zusammentritt.

Zusammensetzung
Nach § 1 des Gesetzes bestand diese Landesversammlung aus insgesamt 69 Mitgliedern, die sich wie folgt zusammensetzen sollten:

10 Mitglieder der Christlich-Demokratischen Union,
10 Mitglieder des Freien Deutschen Gewerkschaftsbundes,
10 Mitglieder der Liberal Demokratischen Partei Deutschlands,
10 Mitglieder der Sozialistischen Einheitspartei Deutschlands,
5 Mitglieder der Vereinigung der gegenseitigen Bauernhilfe,
3 Mitglieder der Freien Deutschen Jugend,
3 Mitglieder der Industrie- und Handelskammer Thüringens,
3 Mitglieder des Landesfrauenausschusses,
3 Mitglieder der Handwerkskammer Thüringens.
12 Mitglieder, von denen der Präsident des Landes Thüringen sechs auf Vorschlag der Parteien und sechs nach eigener Entscheidung aus hervorragenden Persönlichkeiten des wirtschaftlichen, sozialen und kulturellen Lebens berufen konnte.

Sitzungen	Erste Sitzung:	24. 6. 1946
	Letzte Sitzung:	25. 9. 1946
	Anzahl der Sitzungen:	5
Vorstand	Alterspräsidentin:	Ricarda Huch (ptl.)
	Präsident:	Prof. Dr. Richard Lange (ptl.)
	Vizepräsident:	August Frölich (SED)
	2. Vizepräsident:	Dr. Herbert Lubowski (LDP; berufen am 25. 9. 1946)

Ausschüsse

Hauptausschuß. - Geschäftsordnungsausschuß. - Gesetzgebungsausschuß. - Haushalts- und Finanzausschuß. - Ausschuß für Wirtschafts- und Sozialpolitik. - Kulturausschuß. - Agrarpolitischer und Ernährungswirtschaftlicher Ausschuß (nicht konstituiert).

Mitglieder

Christlich-Demokratische Union:
Fritz Baumgarten, Esther-Maria von Coelln, Hugo Dornhofer, Paula Ehmer (ab 25. 9. 1946), Georg Grosse, Karl Ißleib, Dr. Walter Kröner, Walther Rücker, Otto Schneider, Ernst Walter, Kurt Woiteczek (bis 25. 9. 1946).

Freier Deutscher Gewerkschaftsbund:
Willi Albrecht (SED), Wilhelm Böhm (SED), Paul Fischer (SED), Hugo Kolk (SED), Arthur Kott (SED), Willi Kroneberg (SED; bis 25. 9. 1946), August Kunze (SED), Anna Riemer (SED), Dr. Hans-Eugen Schlumm (SED), Erna Walther (SED).

Liberaldemokratische Partei Deutschlands:
Felix Arndt, Hermann Becker, Carl Häser, Dr. Karl Hamann, Heinrich Langsdorf, Dr. Herbert Lubowski, Anneliese von Massow, Otto Möller, Dr. Martin Mulert, Dr. Edgar Wahl.

Sozialistische Einheitspartei Deutschlands:
Joseph Eckart, Werner Eggerath, Richard Eyermann, August Frölich, Fritz Heilmann, Karl Hermann, Johanna Himmler, Max Lüdecke, Emma Sachse, Paul Volkmann.

Vereinigung der gegenseitigen Bauernhilfe:
Johannes Bohr (SED), Georg Lotz (SED), Paula Rabetge (SED), Albert Sauerbrey, Annemarie Weise (LDP).

Freie Deutsche Jugend:
Anna-Marie Göpel (SED), Ernst Horn (SED), Rudolf Kupfer (SED).

Industrie- und Handelskammer Thüringen:
Kurt Gronwald, Karl Körner (SED), Dr. Curt Witschel (CDU).

Landesfrauenausschuß:
Irene van Diemen (SED), Lucine Hessel, Paula Kuhl (SED).

Handwerkskammer:
Rudolf Barthelmös, Heinz Baumeister (SED), Alfred Schlag (LDP).

Durch den Landespräsidenten berufen:
Dr. Max Bense (ptl.), Karl Erle (SED), Dr. Josef Freusberg (CDU), Dr. Alphons Gaertner (LDP), Prof. Hermann Henselmann (SED), Ricarda Huch (ptl.), Prof. Dr. Richard Lange (ptl.), Johannes Mebus (CDU), Moritz Mitzenheim (ptl.), Theodor Plievier (ptl.), Dr. Friedrich Schomerus (LDP), Josef Streb (CDU; bis 25. 9. 1946).

IV Thüringer Landtag 1946-1952

1. Wahlperiode 20. 10. 1946-15. 10. 1950

Wahltag 20. 10. 1946

Wahlergebnisse	Stimmen	Prozent	Sitze
Wahlberechtigte	1 986 081	100,0	100
Abgegebene Stimmen	1 737 786	87,5	

Ungültige Stimmen	75 927	4,4	
Gültige Stimmen	1 661 859	95,6	
Sozialistische Einheitspartei Deutschlands	818 967	49,3	50
Liberal-Demokratische Partei	472 959	28,5	28
Christlich-Demokratische Union	314 742	18,9	19
Vereinigung der gegenseitigen Bauernhilfe	55 191	3,3	3

Sitzungen	Erste Sitzung:	21. 11. 1946
	Letzte Sitzung:	10. 10. 1950
	Anzahl der Sitzungen:	73
Vorstand	Alterspräsident:	Karl Mehnert (LDP)
	Landtagspräsident:	August Frölich (SED)
	1. Vizepräsident:	Dr. Alphons Gaertner (LDP; bis 21. 7. 1948)
		Otto Möller (LDP; 24. 7. 1948-22. 11. 1949)
		Hans Meier (LDP; ab 6. 1. 1950)
	2. Vizepräsident:	Walther Rücker (CDU; bis 7. 7. 1950)
		August Bach (CDU; ab 7. 7. 1950)
	3. Vizepräsident:	Werner Eggerath (SED; bis 25. 3. 1947)
		Fritz Heilmann (SED; ab 25. 3. 1947)

Ausschüsse

Ständiger Ausschuß. - Geschäftsordnungsausschuß. - Ausschuß für Wirtschaft, Handel und Versorgung. - Ausschuß für Gemeinde- und Kreisangelegenheiten. - Finanz- und Haushaltsausschuß. - Rechtsausschuß. - Jugendausschuß. - Landwirtschaftsausschuß. - Ausschuß für Verkehr. - Ausschuß für Kultur und Volksbildung. - Ausschuß für Arbeit, Gesundheit und Sozialfürsorge. - Ausschuß für Umsiedler und Neuaufbau. - Gesuchsausschuß. - Verfassungsausschuß (ab 28. 1. 1947). - Ausschuß für Strafvollzug (ab 25. 3. 1947). - Sonderausschuß für Brennstoffversorgung (ab 27. 6. 1947). - Prüfungsausschuß (ab 19. 5. 1949). - Ausschuß für Gnadensachen (ab 30. 6. 1949). - Sonderausschuß zur Überprüfung landesverbürgter Kredite (ab 30. 6. 1949). - Ausschuß für Verwaltungsstreitfälle (ab 29. 9. 1949). - Justizausschuß (ab 26. 4. 1950).

Mitglieder

Sozialistische Einheitspartei Deutschlands:
Willi Albrecht, Fritz Barth, Heinz Baumeister (bis Okt. 1948), Hanni Becker, Alfred Bochert (ab 5. 11. 1947), Olga Brückner, Lotte Bust, Joseph Eckart (bis 9. 8. 1950), Werner Eggerath, Richard Eyermann, Egon Feiß (bis 6. 5. 1949), Ida Fischer, Paul Fischer (ab 19. 11. 1948), August Frölich, Else Geier (bis 30. 9. 1948), Paul Glaser (ab 19. 5. 1949), Anna-Marie Göpel (ab 27. 10. 1949), Margarethe Goldammer (bis 5. 11. 1948), Dr. Kurt Gröbe (bis Ende Okt./Anfang Nov. 1948), Loni Günther (ab 31. 8. 1950), Helene Hauenstein, Heinrich Heber (ab 19. 11. 1948), Fritz Heilmann, Johanna Henniger (ab 24. 2. 1950), Prof. Hermann Henselmann (19. 11. 1948-18. 10. 1949), Karl Hermann, Dr. Erich Hertzsch, Paul Heyne (bis 9. 10. 1948),

Johanna Himmler, Heinrich Hoffmann (bis 20. 2. 1950), Ernst Horn, Dr. Rudolf Jobst, Willy Kalinke, Walter Kramer, August Kunze, Karl Langebach, Doris Lehmann, Helmut Lehmann (bis 10. 2. 1950), Ernst Lösch (ab 7. 10. 1948), Johannes Lotz (bis 18. 9. 1948), Karl Ludwig (bis 19. 10. 1949), Wilhelm Müller, Prof. Dr. Rudolf Paul (bis 24. 3. 1947), Theodor Plievier (ptl.; bis 7. 10. 1947), Lydia Poser, Herbert Purschke (ab 31. 8. 1950), Annemarie Rambusch (ab 17. 2. 1949), Richard Reddigau (bis 1. 8. 1950), Hellmut Reimann (ab 7. 10. 1948), Maria Reutgen (bis 17. 9. 1948), Max Richter (ab 24. 4. 1947), Paul Richter, Emma Sachse, Fritz Sattler, Karl Schmidt, Willy Schmidt, Otto Steinmüller (ab 27. 10. 1949), Willy Storch, Karl Strömsdörfer (ab 24. 2. 1950), Elli Triemer (bis 9. 2. 1949), Otto Voigt, Paul Volkmann, Rosa Volkmann (ab 19. 11. 1948), Emma Weiss, Elisabeth Wesenick, Rosa Winkler (ab 19. 11. 1948), Karl Wißler.

Liberal-Demokratische Partei Deutschlands:
Margarete Arnhold (ab 6. 1. 1950), Hermann Becker (bis 4. 10. 1948), Berthold Biessmann (ab 19. 5. 1949), Dr. Franz Clad (bis 19. 11. 1946), Dr. Curt Christian Elster (bis 9. 5. 1949), Friedrich Florey (7. 10. 1948–29. 8. 1950), Alfred Fuhlrodt (bis 28. 2. 1950), Dr. Alphons Gaertner (bis 21. 7. 1948), Alfred Giese, Wilhelm Glaeser (ab 7. 7. 1950), Dr. Karl Hamann, Adolf Handschumacher (ab 7. 7. 1950), Hermann Hendrich (ab 30. 6. 1949), Otto Keiser, Dr. Walter König (bis 26. 10. 1948), Wilhelm Koenig (ab 17. 2. 1949), Bernhard Krüger, Dr. Fritz Kühner (bis 23. 3. 1947), Conrad Leuschner (ab 7. 7. 1950), Albert Lotz, Dr. Otto Maar (7. 10. 1948–18. 1. 1949), Karl Mehnert, Hans Meier (ab 24. 4. 1947), Otto Möller (bis 22. 11. 1949), Leonhard Moog (bis 18. 1. 1950), Max Müller (ab 7. 7. 1950), Karl Heinz Naase (29. 5. 1947–18. 1. 1949), Kurt Picht (ab 7. 10. 1948), Louis Posern (bis 10. 4. 1947), Erich Rach (ab 7. 10. 1948), Dr. Martin Reger (19. 11. 1948–1. 6. 1949), Georg Reng (bis 31. 1. 1950), Herbert Rohloff (17. 12. 1947–15. 4. 1949), Alfred Schlag (bis 5. 1. 1949), Alfred Schlegel (ab 19. 5. 1949), August Schlotterhose, Milly Schmidt, Prof. Dr. Friedrich Schneider, Dr. Werner Schneider (17. 2. 1949–30. 3. 1950), Dr. Friedrich Schomerus (bis 11. 3. 1949), Friedrich Schreiber (bis 9. 9. 1948), Kurt Schröter (ab 6. 1. 1950), Kurt Schütze (20. 11. 1946–22. 11. 1947), Helene Schulz (bis 1. 3. 1950), Arthur Steinmann, Dr. Adolf Stelter (ab 29.3. 1949), Helmuth Steltzner (bis 30. 7. 1950), Helmut Winbeck (ab 7. 7. 1950), Dr. Erika von Winning (ab 17. 2. 1949), Walter Zöller (bis 1. 11. 1949), Felix Zumhasch (bis 4. 10. 1948).

Christlich-Demokratische Union:
August Bach (ab 5. 6. 1950), Fritz Baumgarten (bis 16. 8. 1950), Karl Blankenburg, Otto Brötling (bis Aug. 1948), Esther-Maria von Coelln (bis 8. 6. 1950), Heinrich Degenhardt (7. 10. 1948–April 1950), Kurt Döbler, Hugo Dornhofer (bis 3. 7. 1950), Lucia Fesser (ab 17. 2. 1949), Albin Franke (ab 31. 3. 1950), Dr. Walter Franke (ab 31. 8. 1950), Armin Frühauf (bis 25. 2. 1950), Werner Gast (ab 7. 7. 1950), Georg Grosse (bis Sept. 1949), Else Heinz (ab 4. 5. 1948), Karl Ißleib (ab 9. 10. 1947), Leo Jerzynski, Michael König (ab 7. 7. 1950), Hans-Dieter Kühn (ab 5. 6. 1950), Karl Magen (bis Aug. 1948), Johannes Mebus, Julius Rave (ab 27. 10. 1949), Dr. Hilmar Rudloff, Walther Rücker, Otto Schneider (bis 25. 7. 1947), Rudolf Trabert, Gertrud Voigt (bis 12. 11. 1948), Wilhelm Voigt, Karl Werner, Dr. Curt Witschel (7. 10. 1948–25. 3. 1950), Gertrud Wronka (bis April 1948).

Vereinigung der gegenseitigen Bauernhilfe:
Karl Herzberg (CDU), Georg Lotz (SED), Paula Rabetge (SED; bis 25. 9. 1948), Bernhard Usbeck (SED; ab 7. 10. 1948).

Nachfolgende »Beauftragte« wurden entsprechend einem Beschluß des Thüringer Landtages vom 6. 1. 1950 von den in den Wahlkörperschaften nicht vertretenen Parteien für eine beratende Teilnahme im Plenum bestimmt:

Demokratische Bauernpartei Deutschlands (gegründet Juni 1948):
Willy Beer (31. 3.-15. 7. 1950), Wilhelm Schröder (ab 31. 8. 1950), Rudolf Schwandt (24. 2. - Ende März 1950), Kurt Werner (ab 24. 2. 1950).

National-Demokratische Partei (gegründet Okt. 1948):
Ernst-Herbert Förster (ab 31. 8. 1950), Egbert von Frankenberg und Proschlitz (ab 24. 2. 1950), Dr. Walter König (24.-25. 2. 1950), Hermann Niemeyer (31. 3.-23. 8. 1950).

2. Wahlperiode 15. 10. 1950-25. 7. 1952

Wahltag 15. 10. 1950

Wahlergebnisse	Stimmen	Prozent	Sitze
Wahlberechtigte	2 027 952	100,00	100
Abgegebene Stimmen	1 990 731	98,16	
Gültige Stimmen	1 985 416	99,73	
Ungültige Stimmen	5 315	0,27	
Für die Kandidaten der Nationalen Front	1 968 025	99,12	
Gegen die Kandidaten der Nationalen Front	17 391	0,88	

Im Gesetz über die Wahlen zur Volkskammer, zu den Landtagen, Kreistagen und Gemeindevertretungen in der Deutschen Demokratischen Republik vom 15. 10. 1950 wurde beschlossen, die Wahlen auf der Grundlage eines gemeinsamen Wahlprogramms mit einer Einheitsliste der Nationalen Front durchzuführen.

Sitzungen	Erste Sitzung:	3. 11. 1950
	Letzte Sitzung:	25. 7. 1952
	Anzahl der Sitzungen:	18
Vorstand	Alterspräsident:	August Frölich (SED)
	Landtagspräsident:	August Frölich (SED)
	Präsidium:	August Bach (CDU)
		Paul-Erich Blank (LDP; bis Sommer 1951)
		Margarete Arnhold (LDP; ab 14. 9. 1951)
		Egbert von Frankenberg und Proschlitz (NDPD; bis Ende April 1951)
		Hans Luthardt (NDPD; ab 14. 9. 1951)
		Wilhelm Schröder (DBD; bis 21. 11. 1950)
		Erwin Körber (DBD; ab 28. 2. 1951)
		Paul Wojtkowski (FDGB)

Beisitzer: Lilian Löblich (FDJ)
Irmgard Thomas (DFD)
Karl Tümmler (KB)

Ausschüsse

Ständiger Ausschuß. - Geschäftsordnungsausschuß. - Rechtsausschuß. - Ausschuß für Wirtschaft, Versorgung und Sozialwesen. - Ausschuß für Gemeinde- und Kreisangelegenheiten. - Landwirtschaftsausschuß. - Finanz- und Haushaltsausschuß. - Ausschuß für Volksbildung und Kultur. - Jugendausschuß. - Ausschuß für Eingaben. - Strafvollzugsausschuß. - Justizausschuß (ab 19. 12. 1950). - Prüfungsausschuß (Ausschuß zur Entscheidung über die Art der Erledigung von Anfechtungsklagen; ab 19. 12. 1950). - Rekursausschuß (Ausschuß betreffend die Erledigung von Beschlußangelegenheiten und von Verwaltungsstreitfällen, die der Landtag an sich gezogen hat; ab 19. 12. 1950). - Ausschuß für Gnadenfälle bei zum Tode Verurteilten (ab 19. 12. 1950). - Landeswohnungsausschuß (ab 20. 2. 1952).

Mitglieder

Sozialistische Einheitspartei Deutschlands:
Erich Bauer, Hermann Delfs (ab 14. 9. 1951), August Eschrich, Richard Eyermann, Adolf Färber (ab 27. 11. 1951), Rudi Fiedler, August Frölich, Dr. Eva Gatzek, Willy Gebhardt, Hugo Göbel, Loni Günther (bis Mai 1952), Otto Hauschild, Fritz Heilmann, Dr. Erich Hertzsch (bis 31. 3. 1951), Lothar Herz, Gerda Holzmacher (bis 15. 2. 1951), Konrad Kupfer, Walter Mücke, Erich Neubert, Herbert Purschke, Anna Ruderisch (bis 4. 6. 1951), Emma Sachse, Helmut Störmer.

Christlich-Demokratische Union Deutschlands:
August Bach, Elisabeth Dietz, Albin Franke, Dr. Walter Franke, Werner Gast, Hermann Kalb (ab 27. 11. 1951), Ernst Krell, Paul Rinke, Willy Rutsch, Dr. Herbert Schediwy, Otto Strecker, Käthe Theurer (bis April 1951), Rudolf Trabert, Josef Ulrich, Friedrich Wachtel, Dr. Hans Wiedemann.

Liberaldemokratische Partei Deutschlands:
Margarete Arnhold, Paul-Erich Blank, Wilhelm Döring sen., Wilhelm Eberhardt, Alfred Giese, Wilhelm Glaeser, Adolf Handschumacher, Josef Krois, Bernhard Krüger, Arthur Lison, Kurt Picht, Dr. Rudolf Piltz, Karl Riechel, Helmut Winbeck, Fritz Wolff.

Demokratische Bauernpartei Deutschlands:
Herbert Hoffmann (bis 11. 1. 1952), Irmgard Kallenberg, Erwin Körber (ab 28. 2. 1951), Walter Locke, Artur Schmidt, Wilhelm Schröder, Kurt Werner.

Nationaldemokratische Partei Deutschlands:
Heinz Eingrüber, Ernst-Herbert Förster (bis 19. 3. 1951), Egbert von Frankenberg und Proschlitz (bis Ende April 1951), Hans Luthardt (ab 14. 9. 1951), Rolf Pietsch, Elfriede Reibestein, Walter Romstedt (bis Febr. 1952).

Freier Deutscher Gewerkschaftsbund:
Horst Gerold (SED; bis April 1951), Günther Heinß (SED), Erich Köhler (SED), Franz Krettek (SED), Karl Kunath (SED), Annemarie Metz (SED), Manfred von Nießen (CDU), Paul Poser (SED; 20. 2.-10. 5. 1952), Dr. Georg Scheliga (ptl.), Irmgard Taubert (SED), Kurt Tschammer (SED), Paul Wojtkowski (SED).

Demokratischer Frauenbund Deutschlands:
Irene Chrubasik (SED; bis 7. 12. 1950), Martha Hagedorn (SED), Liesel Jende (SED; ab 19. 12. 1950), Martha Kratz (SED; bis 18. 12. 1950), Theresia März (SED; ab 28. 2. 1951), Martha Olbrich (NDPD), Hildegard Raßbach (SED; bis 30. 8. 1951), Irmgard Thomas (SED).

Freie Deutsche Jugend:
Hans-Georg Arnold (SED), Heinz Butz (SED; bis 3. 1. 1951), Liesbeth Haase (ptl.; bis 18. 4. 1951), Karl-Heinz Kirchner (SED), Lilian Löblich (SED), Günther Münch (SED).

Kulturbund:
Edith Brämer (SED), Hans Hellmich (SED), Karl Kayser (SED), Armin Müller (SED), Karl Tümmler (SED).

Konsumgenossenschaften:
Lucie Neupert geb. Fischer (SED), Ruth Schmuck (SED; bis Sept. 1951), Wolfgang Tschacher (SED; bis 20. 4. 1951).

Vereinigung der gegenseitigen Bauernhilfe:
Hermann Angelstein (SED), Fritz Singer (SED; bis 28. 2. 1951), Hilda Stelzner (SED).

Vereinigung der Verfolgten des Naziregimes:
Günter Heymann (SED), Johanna Himmler (SED), Otto Matthies (SED; ab 19. 12. 1950).

V Thüringer Landtag seit 1990

1. Wahlperiode 14. 10. 1990-16. 10. 1994

Wahltag 14. 10. 1990

Wahlergebnisse	Stimmen	Prozent	Sitze
Wahlberechtigte	2 010 395	100,00	89
Abgegebene Stimmen	1 441 170	71,69	
Gültige Erststimmen	1 391 717	96,56	
Ungültige Erststimmen	49 453	3,44	
Gültige Zweitstimmen	1 403 354	97,37	
Ungültige Zweitstimmen	37 816	2,63	

	Erststimmen		Zweitstimmen		Sitze
	Stimmen	Prozent	Stimmen	Prozent	
CDU	629 889	45,26	637 055	45,40	44
SPD	292 793	21,04	319 376	22,76	21
LL-PDS	137 880	9,91	136 464	9,72	9
FDP	126 442	9,09	130 035	9,27	9
NF/GR/DJ	103 089	7,41	90 829	6,47	6
DSU	67 064	4,82	45 979	3,28	0
UFV	14 721	1,06	9 599	0,68	0
DFD	7 947	0,57	10 865	0,77	0
DBU	1 313	0,09	4 705	0,34	0
REP	1 217	0,09	11 712	0,83	0
Christliche Liga	-	-	3 639	0,26	0
NPD	-	-	3 096	0,22	0
Übrige	9 362	0,67	-	-	0

Im Verlauf der Legislaturperiode benannte sich die Fraktion Neues Forum/Grüne/Demokratie Jetzt mehrmals um: Am 11. 2. 1992 in Bündnis 90/Grüne; am 15. 4. 1992 in Bündnis 90/Grüne/Neues Forum; am 22. 12. 1992 in Bündnis 90/Die Grünen.

Sitzungen	Erste Sitzung:	25. 10. 1990
	Letzte Sitzung:	8. 9. 1994
	Anzahl der Sitzungen:	125
Vorstand	Alterspräsident:	Siegfried Geißler (NF/GR/DJ [Neues Forum]; ab 22. 12. 1992 fktl.)
	Landtagspräsident:	Dr. Gottfried Müller (CDU)
	Vizepräsident:	Peter Friedrich (SPD)
	Vizepräsident:	Peter Backhaus (FDP)

Ausschüsse

Vorläufiger Verfassungsausschuß. - Wahlprüfungsausschuß. - Haushalts- und Finanzausschuß (ab 15. 11. 1990). - Gleichstellungsausschuß (ab 15. 11. 1990). - Innenausschuß (ab 15. 11. 1990). - Justizausschuß (ab 15. 11. 1990). - Bildungsausschuß (ab 15. 11. 1990). - Ausschuß für Landwirtschaft und Forsten (ab 15. 11. 1990). - Petitionsausschuß (ab 15. 11. 1990). - Ausschuß für Soziales und Gesundheit (ab 15. 11. 1990). - Umweltausschuß (ab 15. 11. 1990). - Ausschuß für Wirtschaft und Technik (ab 15. 11. 1990). - Ausschuß für Wissenschaft und Kunst (ab 15. 11. 1990). - (Erster) Untersuchungsausschuß (zur Aufklärung der unter dem SED-Regime entstandenen Machtstrukturen sowie zur Untersuchung politischer Vorbelastungen von Personen in leitenden Funktionen; ab 10. 1. 1991). - Verfassungs- und Geschäftsordnungsausschuß (ab 12. 9. 1991). - Zweiter Untersuchungsausschuß (zur Aufklärung darüber, inwieweit Mitglieder der Landesregierung über für das ehemalige MfS tätig gewesene Personen informiert wurden; ab 24. 10. 1991). - Enquete-Kommission »Gebiets- und Verwaltungsreform in Thüringen« (28. 4. 1992-14. 5. 1993). -

Dritter Untersuchungsausschuß (zur Aufklärung darüber, inwieweit dem Land Thüringen finanzielle Nachteile im Zusammenhang mit den Hotels »Thüringen I« und »Thüringen II« entstanden sind; ab 17. 9. 1992). - Ausschuß für Bundes- und Europaangelegenheiten (ab 26. 2. 1993). - Vierter Untersuchungsausschuß (zur Untersuchung der Einflußnahme der Landesregierung auf die Treuhand-Privatisierungen; ab 27. 5. 1994).

Mitglieder

Christlich-Demokratische Union Deutschlands:
Dieter Althaus, Johanna Arenhövel, Dr. Hans-Henning Axthelm, Adalbert Bauch, Willibald Böck, Peter Bonitz, Hans-Jörg Dannenberg (ab 1. 12. 1992), Josef Duchač (bis 30. 11. 1992), Dr. Manfred Eckstein, Volker Emde, Wolfgang Fiedler, Werner Grünert, Dr. Hans-Peter Häfner, Konrad Illing, Siegfried Jaschke (ab 19. 3. 1991), Jörg Kallenbach, Johanna Köhler, Eckehard Kölbel, Winfried Kothe (ab 7. 4. 1994 fktl. und Mitgl. der DSU), Dr. Michael Krapp (bis 19. 3. 1991), Thomas Kretschmer, Christine Lieberknecht (ab 19. 3. 1991), Reinhard Lothholz, Roland Meyer, Dr. Walter Möbus, Dr. Gottfried Müller, Bernd Müller-Pathle, Winfried Neumann, Dr. Frank-Michael Pietzsch, Egon Primas, Matthias Ritter (ab 23. 8. 1993 fktl. und Mitgl. der REP), Fritz Schröter, Peter Schütz, Horst Schulz, Jörg Schwäblein, Dr. Volker Sklenar, Andreas Sonntag, Manfred Spieß (ab 6. 9. 1991 fktl. u. ptl.; zwischenzeitlich Mitgl. der Thüringer Volkspartei), Harald Stauch, Dr. Axel Stelzner (bis 19. 3. 1991), Andreas Trautvetter, Werner Ulbrich, Dr. Hans-Jürgen Wagner, Dietmar Werner, Bernd Wolf, Gert Wunderlich, Dr. Klaus Zeh.

Sozialdemokratische Partei Deutschlands:
Ekkehardt Dietze (bis 30. 9. 1994), Hans-Jürgen Döring, Irene Ellenberger, Andreas Enkelmann, Peter Friedrich, Heiko Gentzel, Werner Griese, Dr. Peter Gundermann, Edda Heymel, Dr. Christine Klaus geb. Rudolph, Berthold Klein, Frieder Lippmann, Dr. Dieter Mäde, Klaus Mehle, Günter Pohl, Andreas Preller, Ingrid Raber, Helmut Rieth, Dr. Gerd Schuchardt, Harald Seidel, Kurt Weyh.

Freie Demokratische Partei:
Peter Backhaus, Dr. Jürgen Bohn, Dr. Ulrich Fickel, Maria-Elisabeth Grosse, Achim Häßler, Dr. Andreas Kniepert, Hartmut Sieckmann, Olaf Stepputat, Annett Stiebritz.

Linke Liste - Partei des Demokratischen Sozialismus:
Peter Dietl (PDS), Michael Gerstenberger (PDS), Dr. Roland Hahnemann (ptl.), Klaus Höpcke (PDS), Dr. Joachim Koch (PDS), Cornelia Nitzpon geb. Geithner (PDS), Jörg Pöse (Vereinigte Linke, ab Frühjahr 1991 ptl.; ab 12. 10. 1991 Mitgl. Bündnis 90; ab 22. 12. 1992 Mitgl. der Partei und der Fraktion Bündnis 90/Die Grünen), Tamara Thierbach (PDS), Gabriele Zimmer (PDS).

Neues Forum/Grüne/Demokratie Jetzt [Fraktionsname ab 11. 2. 1992 Bündnis 90/ Grüne; ab 15. 4. 1992 Bündnis 90/Grüne/Neues Forum; ab 22. 12. 1992 Bündnis 90/Die Grünen]:
Matthias Büchner (Neues Forum; ab 22. 12. 1992 fktl.), Siegfried Geißler (Neues Forum; ab 22. 12. 1992 fktl.), Christine Grabe (Die Grünen), Olaf Möller (Die Grünen), Ralf Päsler (Die Grünen), Gerhard Wien (Demokratie Jetzt).

2. Wahlperiode ab 16. 10. 1994 (-1999)

Wahltag 16. 10. 1994

Wahlergebnisse	Stimmen	Prozent	Sitze
Wahlberechtigte	1 952 951	100,0	88
Abgegebene Stimmen	1 461 118	74,8	
Gültige Erststimmen	1 414 998	96,8	
Ungültige Erststimmen	46 138	3,2	
Gültige Zweitstimmen	1 421 748	97,3	
Ungültige Zweitstimmen	39 394	2,7	

	Erststimmen		Zweitstimmen		Sitze
	Stimmen	Prozent	Stimmen	Prozent	
CDU	598 880	42,3	605 608	42,6	42
SPD	436 039	30,8	420 236	29,6	29
PDS	233 497	16,5	235 556	16,6	17
B 90/GR	80 180	5,7	63 977	4,5	0
FDP	52 704	3,7	45 715	3,2	0
REP	7 252	0,5	18 298	1,3	0
FORUM	3 877	0,3	15 060	1,1	0
DSU	1 395	0,1	3 223	0,2	0
ÖDP	639	0,0	3 115	0,2	0
DIE GRAUEN	-	-	6 284	0,4	0
STATTPartei	-	-	4 676	0,3	0
Übrige	535	0,0	-	-	0

Sitzungen	Erste Sitzung:	10. 11. 1994
Vorstand	Alterspräsident:	Dr. Bernhard Vogel (CDU)
	Landtagspräsident:	Dr. Frank-Michael Pietzsch (CDU)
	Vizepräsident:	Peter Friedrich (SPD)
	Vizepräsident:	Roland Hahnemann (PDS [ptl.])

Ausschüsse

Wahlprüfungsausschuß. - Wirtschaftsausschuß. - Petitionsausschuß. - Haushalts- und Finanzausschuß. - Bildungsausschuß. - Ausschuß für Landwirtschaft und Forsten. - Umweltausschuß. - Ausschuß für Soziales und Sport. - Ausschuß für Arbeitsmarkt und Gesundheit. - Justiz- und Europaausschuß. - Innenausschuß. - Gleichstellungsausschuß. - Ausschuß für Wissenschaft, Forschung und Kultur.

Mitglieder

Christlich-Demokratische Union Deutschlands:
Dieter Althaus, Johanna Arenhövel, Adalbert Bauch, Willibald Böck, Peter Bonitz, Detlev Braasch, Dr. Dr. Heinrich Dietz, Birgit Diezel, Wolfgang Fiedler, Günter Grüner, Werner Grünert, Dr. Hans-Peter Häfner, Konrad Illing, Siegfried Jaschke, Jörg Kallenbach, Christian Köckert, Johanna Köhler, Eckehard Kölbel, Horst Krauße, Thomas Kretschmer, Christine Lieberknecht, Winfried Neumann, Dr. Frank-Michael Pietzsch, Egon Primas, Fritz Schröter, Peter Schütz, Gottfried Schugens, Franz Schuster, Jörg Schwäblein, Dr. Volker Sklenar, Andreas Sonntag, Harald Stauch, Andreas Trautvetter, Werner Ulbrich, Dr. Bernhard Vogel, Bärbel Vopel, Dietmar Werner, Siegfried Wetzel, Bernd Wolf, Gert Wunderlich, Dr. Klaus Zeh, Christine Zitzmann.

Sozialdemokratische Partei Deutschlands:
Rosemarie Bechthum, Dagmar Becker, Klaus Borck, Hans-Jürgen Döring, Sabine Doht, Irene Ellenberger, Andreas Enkelmann, Peter Friedrich, Heiko Gentzel, Klaus Goedeke, Jochen Greiner-Well, Dr. Peter Gundermann, Edda Heymel, Carmen Jähnke, Dr. Christine Klaus, Dagmar Künast, Frieder Lippmann, Dr. Dieter Mäde, Klaus Mehle, Dr. Alfred Müller, Birgit Pelke, Dr. Werner Pidde, Günter Pohl, Andreas Preller, Ingrid Raber, Helmut Rieth, Dr. Gerd Schuchardt, Harald Seidel, Kurt Weyh.

Partei des Demokratischen Sozialismus:
Almuth Beck (ptl.), Peter Dietl, Steffen Dittes, Dr. Ursula Fischer, Michael Gerstenberger, Dr. Roland Hahnemann (ptl.), Johann Günter Harrer (ptl.), Klaus Höpcke, Steffen Kachel, Dr. Birgit Klaubert, Benno Lemke (ptl.), Christiane Neudert, Cornelia Nitzpon, Konrad Scheringer, Tamara Thierbach, Dr. Heide Wildauer, Gabriele Zimmer.

[Grit Graupner]

1.2 Rechtsgrundlagen

Allgemeine gesetzliche Grundlagen

Gemeinschaftsvertrag über den Zusammenschluß der thüringischen Staaten. Vom 4. Januar 1920. In: GS 1 (1920), Nr. 1, S. 1-12.

Gesetz, betreffend Zusatz zum Artikel 9 des Gemeinschaftsvertrags. Vom 10. Februar 1920. In: GS 1 (1920), Nr. 4, S. 26.

Gesetz, betreffend das Land Thüringen. Vom 30. April 1920. In: GS 1 (1920), Nr. 7, S. 35-36.

Vorläufige Verfassung des Landes Thüringen. Vom 12. Mai 1920. In: GS 1 (1920), Nr. 8, S. 67-74.

Verfassung des Landes Thüringen. Vom 11. März 1921. In: GS 2 (1921), Nr. 10, S. 57-64.

Gesetz zur Abänderung der Verfassung des Landes Thüringen vom 11. März 1921. Vom 21. Dezember 1926. In: GS 7 (1926), Nr. 45, S. 433-434.

Gesetz zur Abänderung der Landesverfassung. Vom 3. Mai 1929. In: GS 10 (1929), Nr. 14, S. 87.

Vorläufiges Gesetz zur Gleichschaltung der Länder mit dem Reich. Vom 31. März 1933. In: RGBl. 1933, T. I, Nr. 29, S. 153-154.

Verordnung zur Feststellung des gleichgeschalteten Landtags. Vom 6. April 1933. In: ANBl. 13 (1933), T. I, Nr. 27 a, S. 141.

Anordnung betreffend SPD. Vom 23. Juni 1933. In: ANBl. 13 (1933), T. I, Nr. 50, S. 266-267.

Ergänzung der Anordnung betreffend SPD. Vom 23. Juni 1933. In: ANBl. 13 (1933), T. I, Nr. 52, S. 272.

Verordnung zur Sicherung der Staatsführung. Vom 7. Juli 1933. In: RGBl. 1933, T. I, Nr. 78, S. 462.

Gesetz über den Neuaufbau des Reichs. Vom 30. Januar 1934. In: RGBl. 1934, T. I, Nr. 11, S. 75.

Gesetz über die Bildung beratender Körperschaften bei der Selbstverwaltung im Lande Thüringen. Vom 12. Juni 1946. In: RegBl. 2 (1946), T. I, Nr. 16, S. 89-90.

Beschluß [des Präsidenten des Landes Thüringen] betr[effend] Bildung eines Wahlbezirks. Vom 18. September 1946. In: RegBl. 2 (1946), T. II, Nr. 31, S. 355.

Befehl Nr. 332 der Sowjetischen Militäradministration in Deutschland betr[effend] Übergabe der Vollmachten der Präsidenten der Bundesländer und Provinzen an die gewählten Landtage und neu gebildeten Regierungen. Vom 27. November 1946. In: RegBl. 2 (1946), T. III, Nr. 13, S. 93.

Verfassung des Landes Thüringen. Vom 20. Dezember 1946. In: RegBl. 3 (1947), T. I, Nr. 1, S. 1-5.

Gesetz über die Verlängerung der Wahlperiode des Landtages, der Kreistage und der Gemeindevertretungen. Vom 10. Oktober 1949. In: RegBl. 5 (1949), T. I, Nr. 15, S. 69.

Beschluß des Landtages betr[effend] Ermöglichung der Mitarbeit der in den Wahlkörperschaften nicht vertretenen politischen Parteien. Vom 6. Januar 1950. In: RegBl. 6 (1950), T. I, Nr. 1, S. 1.

Verordnung zur Ausführung des Gesetzes vom 10. Oktober 1949 über die Verlängerung der Wahlperiode des Landtages, der Kreistage und der Gemeindevertretungen. Vom 6. Januar 1950. In: RegBl. 6 (1950), T. I, Nr. 1, S. 1-2.

Gesetz über die weitere Demokratisierung des Aufbaus und der Arbeitsweise der staatlichen Organe im Lande Thüringen. Vom 25. Juli 1952. In: RegBl. 8 (1952), T. I, Nr. 22/23, S. 177-188.

Verfassungsgesetz zur Bildung von Ländern in der Deutschen Demokratischen Republik (Ländereinführungsgesetz). Vom 22. Juli 1990. In: GBl. DDR 1990, T. I, Nr. 51, S. 955-959.

Vorläufige Landessatzung für das Land Thüringen. Vom 7. November 1990. In: GVBl. 1 (1990), Nr. 1, S. 1-4.

Verfassung des Freistaats Thüringen. Vom 25. Oktober 1993. In: GVBl. 4 (1993), Nr. 30, S. 625-638.

Wahlgesetze

Landtagswahlgesetz für Thüringen. Vom 8. Mai 1920. In: GS 1 (1920), Nr. 7, S. 36-39.

Landtagswahlordnung für Thüringen. Vom 11. Mai 1920. In: GS 1 (1920), Nr. 7, S. 40-65.

Gesetz über die Änderung des Landtagswahlgesetzes. Vom 25. Juli 1921. In: GS 2 (1921), Nr. 26, S. 189-190.

Verordnung zur Abänderung der Landtagswahlordnung. Vom 26. Juli 1921. In: GS 2 (1921), Nr. 26, S. 190-193.

Gesetz zur Abänderung des Landtagswahlgesetzes. Vom 4. Dezember 1923. In: GS 4 (1923), Nr. 69, S. 775.

Landtagswahlordnung für Thüringen. Vom 20. Dezember 1923. In: GS 4 (1923), Nr. 71, S. 786-807.

Gesetz zur Abänderung des Landtagswahlgesetzes für Thüringen vom 4. Dezember 1923. Vom 3. Juli 1925. In: GS 6 (1925), Nr. 26, S. 172-173.

Verordnung zur Änderung der Landtagswahlordnung. Vom 12. Mai 1926. In: GS 7 (1926), Nr. 15, S. 147-157.

Gesetz zur Abänderung des Landtagswahlgesetzes für Thüringen vom 3. Juli 1925. Vom 21. Dezember 1926. In: GS 7 (1926), Nr. 45, S. 434-435.

Verordnung zur Änderung der Landtagswahlordnung. Vom 24. Dezember 1926. In: GS 7 (1926), Nr. 45, S. 436.

Gesetz zur Änderung des Landtagswahlgesetzes. Vom 3. Mai 1929. In: GS 10 (1929), Nr. 14, S. 88.

Verordnung zur Änderung der Landtagswahlordnung. Vom 8. Oktober 1929. In: GS 10 (1929), Nr. 26, S. 151-152.

Verordnung zur Änderung der Landtagswahlordnung. Vom 14. Januar 1932. In: GS 13 (1932), Nr. 3, S. 13-14.

Gesetz über die Landtagswahl 1932. Vom 15. Juli 1932. In: GS 13 (1932), Nr. 27, S. 129.

Verordnung über die Landtagswahl am 31. Juli 1932. Vom 16. Juli 1932. In: GS 13 (1932), Nr. 28, S. 132-135.

Nachtrag zur Verordnung über die Landtagswahl [vom 16. Juli 1932]. Vom 19. Juli 1932. In: GS 13 (1932), Nr. 29, S. 139-140.

Berichtigung zur Nachtrags-Verordnung über die Landtagswahl vom 19. Juli 1932. Vom 22. Juli 1932. In: GS 13 (1932), Nr. 30, S. 141.

Gesetz zur Änderung des Landtagswahlgesetzes. Vom 3. April 1933. In: GS 14 (1933), Nr. 18, S. 231-232.

Wahlordnung für die Landtags- und Kreistagswahlen in der Sowjetischen Besatzungszone [Bekanntgegeben vom Präsidenten des Landes Thüringen am 16. September 1946]. In: RegBl. 2 (1946), T. I, Nr. 23, S. 125-130.

Gesetz über die Wahlen zur Volkskammer, zu den Landtagen, Kreistagen und Gemeindevertretungen in der Deutschen Demokratischen Republik am 15. Oktober 1950. Vom 9. August 1950. In: GBl. DDR 1950, Nr. 88, S. 743-749.

Durchführungsbestimmung zum Gesetz über die Wahlen zur Volkskammer, zu den Landtagen, Kreistagen und Gemeindevertretungen in der Deutschen Demokratischen Republik am 15. Oktober 1950. Vom 10. August 1950. In: GBl. DDR 1950, Nr. 88, S. 749-774.

Zweite Durchführungsbestimmung zum Gesetz über die Wahlen zur Volkskammer, zu den Landtagen, Kreistagen und Gemeindevertretungen in der Deutschen Demokratischen Republik am 15. Oktober 1950. Vom 21. August 1950. In: GBl. DDR 1950, Nr. 94, S. 854.

Gesetz über die Wahlen zu Landtagen in der Deutschen Demokratischen Republik. Vom 22. Juli 1990. In: GBl. DDR 1990, T. I, Nr. 51, S. 960-976.

Ordnung zur Durchführung der Wahlen zu Landtagen in der Deutschen Demokratischen Republik am 14. Oktober 1990. Vom 22. Juli 1990. In: GBl. DDR 1990, T. I, Nr. 51, S. 977-990.

Thüringer Wahlgesetz für den Landtag. Vom 9. November 1993. In: GVBl. 4 (1993), Nr. 32, S. 657-698.

Erstes Gesetz zur Änderung des Thüringer Landeswahlgesetzes. Vom 28. Juni 1994. In: GVBl. 5 (1994), Nr. 23, S. 795.

Thüringer Landeswahlordnung. Vom 12. Juli 1994. In: GVBl. 5 (1994), Nr. 25, S. 817-902.

Geschäftsordnungen

Geschäftsordnung für den Landtag von Sachsen-Weimar-Eisenach. Vom 26. Mai 1919. In: Landtag von Sachsen-Weimar-Eisenach 1919-1921. Schriftwechsel, S. 83-92 u. S. 115. [Gültig auch für den Volksrat sowie den I. und II. Landtag von Thüringen]

Geschäftsordnung für den Landtag von Thüringen. Vom 13. Mai 1924. In: Landtag III. Protokolle, S. 728-735; Landtag III. Ausschußberichte, S. 3-22; Landtag III. Beschlüsse, Nr. 30, S. 8-9.

Änderung vom 7. Juni 1926. In: Landtag III. Protokolle, S. 6259-6278; Landtag III. Drucksachen, Nr. 376 und Nr. 377, S. 636 und 637; Landtag III. Beschlüsse, Nr. 254, S. 159-161.

Änderung vom 7. Juni 1928. In: Landtag IV. Protokolle, S. 1978-1984; Landtag IV. Beschlüsse, S. 65-88.

Geschäftsordnung für den Landtag von Thüringen. Vom 7. Juni 1928. In: Handbuch des Landtags von Thüringen. Hrsg. vom Landtagsbureau. Weimar 1928, S. 71-99.

Änderung vom 3. Mai 1933. In: Landtag VII. Protokolle, S. 10-12; Landtag VII. Drucksachen, Nr. 5, S. 4; Landtag VII. Beschlüsse, Nr. 5, S. 3.

Geschäftsordnung für die Beratende Landesversammlung. Vom 15. August 1946. In: ThHStA Weimar, Thüringer Landtag Nr. 1, Bl. 52-62 (Typoskript).

Geschäftsordnung für den Thüringer Landtag. Vom 28. Januar 1947. In: Handbuch des Thüringer Landtages. Hrsg. vom Büro des Thüringer Landtages. Weimar 1947, S. 63-100. Vgl. auch: Landtag 1946-1950. Protokolle, S. 41-43 (ohne Drucksache).

Änderung vom 29. Januar 1948. In: Landtag 1946-1950. Protokolle, S. 896-897; Drucksachen, Nr. 250.

Änderung vom 25. Februar 1950. In: Landtag 1946-1950. Protokolle, S. 1828; Drucksachen, Nr. 638.

Vorläufige Geschäftsordnung des Thüringer Landtages. Vom 25. Oktober 1990. In: Thüringer Landtag. Handbuch 1. Wahlperiode 1990-1994. Herausgeber: Thüringer Landtag, Büro für Öffentlichkeitsarbeit. Weimar 1991, S. 152-234. Vgl. auch: Landtag 1990-1994. Protokolle, S. 7; Drucksachen, Nr. 1/2.

Geschäftsordnung des Thüringer Landtages. Vom 7. Juli 1994. In: Thüringer Landtag. Handbuch 2. Wahlperiode 1994-1999. Herausgeber: Thüringer Landtag. Erfurt 1995, S. 111-182. Vgl. auch: Landtag 1990-1994. Protokolle, S. 9409-9422; Drucksachen, Nr. 1/3550.

[Grit Graupner]

Abb. 21 Präsidium des Volksrates von Thüringen (April 1920)

Abb. 22 Plenarsaal des Volksrates und Landtages von Thüringen im Weimarer Fürstenhaus (1920)

Abb. 23 Konstituierende Sitzung des Thüringer Landtages am 21. November 1946 im Hotel »Elephant« Weimar

Abb. 24 Konstituierende Sitzung des Thüringer Landtages am 3. November 1950 im Weimarer »Kreishaus«

Abb. 25 Sitzung des Thüringer Landtages im Erfurter Landtagsgebäude (1993/94)

2. Landesregierung und Verwaltungsaufbau

Die Übersicht über Landesregierung und Verwaltungsaufbau in Thüringen seit der Aufhebung der Monarchie 1918 und der Umbildung der fürstlichen Territorialstaaten zu Freistaaten sowie deren Zusammenschluß zum Land Thüringen bietet zunächst einen Überblick zur personellen Besetzung der Zentralverwaltungen dieser Staaten vor der Landesgründung von 1920 und erfaßt sodann die Zusammensetzung der thüringischen Landesregierungen von 1920 bis 1952 und erneut ab 1990. Das Interim der Bezirksverwaltungen von 1952 bis 1990 wird dabei nicht ausgespart, so daß dadurch eine komplette Zusammenstellung aller in Regierungsverantwortung stehenden Personen für den Zeitraum ab 1918 bis zur Gegenwart vorliegt. Sie gründet sich hauptsächlich auf die archivalische Quellenüberlieferung im Thüringischen Hauptstaatsarchiv Weimar und in den anderen Thüringischen Staatsarchiven. Für den Personenkreis der Regierungsmitglieder (Minister und Staatsräte in der thüringischen Landesregierung 1920 bis 1952 und ab 1990) vertieft der biographische Teil des Handbuchs (Abschnitt V) diese Überschau.

Die zweite Zusammenstellung widmet sich der Behördenstruktur und dem Verwaltungsaufbau im Land Thüringen von 1920 bis 1952 und erneut ab 1990. Dabei wird die komplizierte Entwicklung des zentralen Regierungs- und Verwaltungsapparates durch eine Aufgliederung in Verwaltungszweige durchschaubar gemacht, in denen die historische Abfolge behördengeschichtlicher Umbrüche erkennbar bleibt. Auch hier wurde ungeachtet der bereits vorliegenden behördengeschichtlichen Werke (u.a. von Ulrich Heß und Thomas Klein) erneut versucht, die Entwicklung der Behördenorganisation des Landes Thüringen aus den archivalischen Quellen heraus zusammenzustellen.

Ergänzend dazu werden die gesetzlichen Grundlagen für die Bildung, Gliederung und Geschäftsverteilung der Landesregierung in ihrer historischen Abfolge genannt und deren wichtigste Gesetze und Verordnungen als historische Dokumente im Text (unter 2.3) vorgestellt.

2.1 Personelle Besetzung der Landesregierung

I Zentralverwaltungen der thüringischen Staaten nach Aufhebung der Monarchie bis zur Gründung des Landes Thüringen 1918-1920 und Gebietsleitungen 1920-1923

Freistaat Sachsen-Weimar-Eisenach / Gebiet Weimar (1918-1923)

1. Staatskommissariat (1918-1919)

Staatskommissar: August Baudert (SPD) 9. 11. 1918-20. 5. 1919.

Beigeordnete des Staatskommissars: Julius Palm (SPD) 30. 11. 1918-20. 5. 1919, Paul Leutert (SPD) 30. 11. 1918-20. 5. 1919, Ali Oswald (SPD) 30. 11. 1918-20. 4. 1919, Louis Hill (USPD) 30. 11. 1918-20. 5. 1919, Joseph Klose (USPD) 30. 11. 1918-8. 4. 1919.

2. Staatsministerium, seit Januar 1921 Gebietsregierung (1919-1922)

Mitglieder des Staatsministeriums/der Gebietsregierung:

Staatsminister: Dr. Arnold Paulssen (DDP) 20. 5. 1919-8. 10. 1921, August Baudert (SPD) 20. 5. 1919-31. 3. 1922.

Vorsitzender des Staatsministeriums: Dr. Arnold Paulssen (DDP) 20. 5. 1919-17. 1. 1921.

Vorsitzender der Gebietsregierung: Dr. Arnold Paulssen (DDP) 18. 1.-8. 10. 1921, August Baudert (SPD) 18. 11. 1921-31. 3. 1922.

Stellvertretender Vorsitzender der Gebietsregierung: August Baudert (SPD) 18. 1.-17. 11. 1921.

Staatsräte:

Adolf Hörschelmann (SPD) 20. 5. 1919-28. 2. 1921, Emil Polz (DDP) 20. 5. 1919-1. 4. 1921, Philipp Kühner (DDP) 20. 5. 1919-31. 3. 1922, Julius Palm (SPD) 20. 5. 1919-31. 3. 1922, Albert Rudolph (SPD) 20. 5. 1919-31. 3. 1922.

3. Gebietsleitung (1922-1923)

Gebietsleiter: August Baudert (SPD) 1. 4. 1922-31. 3. 1923.

Freistaat Sachsen-Meiningen / Gebiet Meiningen (1918-1923)

1. Gesamt-Staatsrat/Staatsministerium, seit Januar 1921 Gebietsregierung (1918-1922)

Beamtete Staatsräte:

Vorsitzender: Ludwig Freiherr von Türcke 12. 11. 1918-31. 3. 1922.

Mitglieder: Karl Marr 12. 11. 1918-31. 3. 1922, Dr. Ottomar Benz (DDP) 12. 11. 1918-31. 12. 1921, Heinrich Eckardt (SPD) 17.5.-11. 10. 1920, Louis Rennert (SPD) 21. 1. 1921-31. 3. 1922.

Ehrenamtliche (parlamentarische) Staatsräte:

Arthur Hofmann (SPD) 12. 11. 1918-1. 3. 1922, Karl Knauer (SPD) 12. 11. 1918-31. 3. 1922, Heinrich Eckardt (SPD) 12. 11. 1918-17. 5. 1920, Adalbert Enders (DDP) 12. 11. 1918-31. 3. 1922, Paul Lärtz (USPD) 24. 3.-7. 7. 1920.

2. Gebietsleitung (1922-1923)

Gebietsleiter: Ludwig Freiherr von Türcke 1. 4. 1922-31. 3. 1923.

Freistaat Gotha / Gebiet Gotha (1918-1923)

1. Vollzugsausschuß des Arbeiter- und Soldatenrats 15. 11.-30. 11. 1918.

2. Volksbeauftragte, seit April 1920 Landesregierung, seit Januar 1921 Gebietsregierung (1918-1922)

Emil Grabow (USPD) 30. 11. 1918-10. 5. 1920, Adolf Schauder (USPD) 30. 11. 1918-10. 5. 1920, Wilhelm Bock (USPD) 30. 11. 1918-3.2. 1919, Albin Tenner (USPD) 4. 2. 1919-10. 5. 1920, Julius Wilharm 10. 5.-15. 7. 1920, Edmund Muther 10. 5.-15. 7. 1920, Max Heyn (Bauernbund) 15. 7. 1920-31. 3. 1922, Otto Liebetrau (DDP) 15. 7. 1920-31. 3. 1922, Dr. Friedrich Pfeffer (DVP) 15. 7. 1920-4. 4. 1921, Johannes Rasch (DVP) 4. 4. 1921-31. 3. 1922.

3. Gebietsleitung (1922-1923)

Gebietsleiter: Otto Liebetrau (DDP) 1. 4. 1922-31. 3. 1923.

Freistaat Coburg (1918-1920)

1. Staatsministerium zu Coburg (1918-1920)

Dr. Hermann Quarck (DVP) 9. 11. 1918-7. 7. 1919, Dr. Ernst Fritsch 8. 7. 1919-1. 7. 1920.

2. Staatsregierung zu Coburg (1919-1920)

Franz Klingler (SPD) 10. 3. 1919-1. 7. 1920, Reinhold Artmann (SPD) 10. 3. 1919-1. 7. 1920, Dr. Hermann Quarck (DVP) 10. 3.-8. 7. 1919, Dr. Hans Schack (DVP) 11. 7. 1919-1. 7. 1920.

Freistaat Sachsen-Altenburg / Gebiet Altenburg (1918-1923)

1. Staatsministerium, seit Januar 1921 Gebietsregierung (1918-1922)

Vorsitzender: Wilhelm Tell 9. 11. 1918-27. 3. 1919, August Frölich (SPD) 27. 3. 1919-1. 7. 1921.

Mitglieder: August Frölich (SPD) 13. 11. 1918-1. 7. 1921, Alfred Metzschke (SPD) 13. 11. 1918-31. 3. 1922, Karl Mehnert (DDP) 13. 11. 1918-31. 3. 1922, Dr. Kurt Schneider 13. 11. 1918-1. 12. 1919, Emil Böhme (SPD) 27. 3. 1919-31. 3. 1922, Emil Büchel 12. 12. 1919-31. 3. 1922.

2. Gebietsleitung (1922-1923)

Gebietsleiter: Alfred Metzschke (SPD) 1. 4. 1922-31. 3. 1923.

Freistaat Schwarzburg-Rudolstadt / Gebiet Rudolstadt (1918-1923)

1. Staatsministerium, seit Januar 1921 Gebietsregierung (1918-1922)

Beamtete Mitglieder:

Franz Freiherr von der Recke 23. 11. 1918-23. 5. 1919, Richard Werner 23. 11. 1918-31. 3. 1922, Friedrich Wißmann 23. 11. 1918-31. 3. 1922.

Nichtbeamtete Mitglieder:

Emil Hartmann (SPD) 23. 11. 1918-31. 3. 1922, Ernst Otto (SPD) 23. 11. 1918-31. 3. 1922, Max Bernhardt (DVP) 23. 11. 1918-23. 5. 1919, Günther Meißner (DVP) 23. 11.

1918-23. 5. 1919, Albert Scholl (SPD) 23. 5. 1919-30. 6. 1921, Oskar Hertel (DDP) 23. 5. 1919-30. 6. 1921.

2. Gebietsleitung (1922-1923)

Gebietsleiter: Richard Werner 1. 4. 1922-31. 3. 1923.

Freistaat Schwarzburg-Sondershausen / Gebiet Sondershausen (1918-1923)

1. Ministerium, seit Januar 1921 Gebietsregierung (1918-1922)

Beamtete Mitglieder:

Theodor Bauer 25. 11. 1918-12. 12. 1919, Ernst von Nesse 25. 11. 1918-31. 3. 1922, Wilhelm Bärwinkel (USPD) 16. 12. 1919-31. 1. 1921, Wilhelm Toelle 16. 12. 1919-1. 2. 1922.

Nichtbeamtete Mitglieder:

Volksminister Wilhelm Bärwinkel (USPD) 1. 4.-16. 12. 1919, Volksminister Bruno Bieligk (USPD) 16. 12. 1919-31. 3. 1922, Joseph Heer (USPD) 1. 4. 1919-30. 6. 1921, Friedrich Eck (USPD) 1. 4. 1919-30. 6. 1921, Dr. Harald Bielfeld (DVP) 1. 4. 1919-31. 3. 1922.

2. Gebietsleitung (1922-1923)

Gebietsleiter: Ernst von Nesse 1. 4.-20. 4. 1922, Wilhelm Toelle 22. 4. 1922-31. 3. 1923.

Freistaat Reuß älterer Linie (1918-1919)

Landesregierung (1918-1919)

Artur Drechsler (USPD) 12. 11. 1918-17. 4. 1919, Paul Kiß (USPD) 12. 11. 1918-17. 4. 1919, William Oberländer (DDP) 12. 11. 1918-17. 4. 1919.

Freistaat Reuß jüngerer Linie (1918-1919)

Ministerium Reuß j. L. (1918-1919)

Minister: Carl Freiherr von Brandenstein 10. 11. 1918-17. 4. 1919.

Volksstaat Reuß / Gebiet Gera-Greiz (1919-1923)

1. Staatsrat (1919-1922)

Minister: Carl Freiherr von Brandenstein 1. 1. 1919-31. 3. 1922, William Oberländer (DDP) 1. 1. 1919-1. 4. 1922.

Staatsräte: Emil Vetterlein (USPD) 1. 1. 1919-26. 3. 1921, Hermann Beyer (USPD) 1. 1. 1919-26. 4. 1920, Hermann Drechsler (USPD) 1. 1. 1919-31. 3. 1922, Artur Drechsler (USPD) 1. 1. 1919-31. 3. 1922, Paul Kiß (USPD) 1. 1. 1919-1. 7. 1921, Kurt Sebastian (USPD) 29. 3. 1920-1. 7. 1921, Bruno Zwätzsch (USPD) 29. 3. 1920-1. 7. 1921, Max Lang (USPD) 29. 3. 1920-31. 3. 1922.

2. Landesregierung, seit Januar 1921 Gebietsregierung Gera-Greiz (1919-1922)

Carl Freiherr von Brandenstein 17. 4. 1919-31. 3. 1922, Hermann Drechsler (USPD) 1. 7. 1919-31. 3. 1922, Artur Drechsler (USPD) 1.7. 1919-31. 3. 1922, Hermann Beyer (USPD) 1. 7. 1919-25. 4. 1920, Bruno Zwätzsch (USPD) 26. 4. 1920-31. 3. 1922, William Oberländer (DDP) 17. 4. 1919-31. 3. 1922.

3. Gebietsleitung (1922-1923)

Gebietsleiter: Artur Drechsler (USPD) 1. 4.-22. 6. 1922, Hermann Drechsler (USPD) 3. 7. 1922-31. 3. 1923.

II Staatsrat von Thüringen 1919-1920

Vorsitzender: Dr. Arnold Paulssen (DDP) 14. 7. 1919-12. 11. 1920.

Stellv. Vorsitzender: Arthur Hofmann (SPD) 14. 7. 1919-12. 11. 1920.

Arbeitsausschuß: Dr. Arnold Paulssen (Weimar), Arthur Hofmann (Meiningen), August Frölich (Altenburg), Carl Freiherr von Brandenstein (Reuß), Wilhelm Bärwinkel (Sondershausen).

Mitglieder und deren Stellvertreter (als Vertreter der Einzelstaaten):

Freistaat Sachsen-Weimar

Mitglieder: Staatsminister Dr. Arnold Paulssen (DDP), Staatsminister August Baudert (SPD), Staatsrat Albert Rudolph (SPD).
Stellvertreter: Staatsrat Adolf Hörschelmann (SPD), Staatsrat Philipp Kühner (DDP), Staatsrat Julius Palm (SPD), Staatsrat Emil Polz (DDP).

Freistaat Sachsen-Meiningen

Mitglieder: Staatsrat Arthur Hofmann (SPD), Staatsrat Dr. Ottomar Benz (DDP).

Freistaat Gotha

Mitglied: Volksbeauftragter Albin Tenner (USPD).
Stellvertreter: Geheimer Staatsrat Julius Wilharm.

Freistaat Coburg

Mitglied: Staatsrat Reinhold Artmann (SPD).
Stellvertreter: Ministerialdirektor Dr. Ernst Fritsch.

Freistaat Sachsen-Altenburg

Mitglied: Staatsrat August Frölich (SPD).
Stellvertreter: Staatsrat Alfred Metzschke (SPD).

Freistaat Schwarzburg-Rudolstadt

Mitglied: Geheimer Staatsrat Richard Werner.
Stellvertreter: Staatsrat Friedrich Wißmann.

Freistaat Schwarzburg-Sondershausen

Mitglied: Volksminister Wilhelm Bärwinkel (USPD).
Stellvertreter: Staatsminister Theodor Bauer, Geheimer Staatsrat Ernst von Nesse.

Volksstaat Reuß

Mitglied: Minister Carl Freiherr von Brandenstein.
Stellvertreter: Minister William Oberländer (DDP), Staatsrat Artur Drechsler (USPD).

III Landesregierung (Staatsministerium) Thüringen 1920-1933

I. Landtag von Thüringen 1920-1921

Landtagswahl: 20. 6. 1920
Auflösung des Landtags: 31. 7. 1921

Regierung vom 10. November 1920 bis 6. Oktober 1921

Wahl der Regierung: 10. 11. 1920

Thüringisches Staatsministerium:
Vorsitzender: Dr. Arnold Paulssen (DDP) 12. 11. 1920-6. 10. 1921.

Staatsminister:
Finanzministerium: Dr. Ottomar Benz (DDP) 10. 11. 1920-6. 10. 1921.
Ministerium des Innern: Carl Freiherr von Brandenstein (SPD, seit Sept. 1921) 10. 11. 1920-6. 10. 1921.
Wirtschaftsministerium: August Frölich (SPD) 10. 11. 1920-6. 10. 1921.
Ministerium für Volksbildung und Justiz: Dr. Arnold Paulssen (DDP) 10. 11. 1920-6. 10. 1921.

Staatsräte:
für Sondershausen: Dr. Harald Bielfeld (DDP) 10. 11. 1920-6. 10. 1921; für Rudolstadt: Emil Hartmann (SPD) 10. 11. 1920-6. 10. 1921; für Gotha: Prof. Herman Anders Krüger (DDP) 10. 11. 1920-6. 10. 1921.

II. Landtag von Thüringen 1921-1923

Landtagswahl: 11. 9. 1921
Auflösung des Landtags: 14. 12. 1923

Regierungen vom 7. Oktober 1921 bis 20. Februar 1924

Wahl der Regierung: 7. 10. 1921
Rücktritt der Regierung: 11. 9. 1923
Umbildung der Regierung: 16./25. 10. 1923
Rücktritt der Regierung: 7. 12. 1923

Thüringisches Staatsministerium:
Vorsitzender: August Frölich (SPD) 18. 10. 1921-16. 10. 1923, 18. 10. 1923-20. 2. 1924.

Staatsminister:
Finanzministerium: Emil Hartmann (SPD) 7. 10. 1921-20. 2. 1924.
Ministerium des Innern: Karl Hermann (USPD, SPD) 7. 10. 1921-20. 2. 1924.
Wirtschaftsministerium: August Frölich (SPD) 7. 10. 1921-16. 10. 1923, Albin Tenner (KPD) 16. 10.-12. 11. 1923.
Ministerium für Volksbildung: Max Greil (USPD) 14. 10. 1921-20. 2. 1924.
Justizministerium: Carl Freiherr von Brandenstein (SPD) 7. 10. 1921-27. 10. 1922, Dr. Roman Rittweger (SPD) 20. 12. 1922-16. 10. 1923, Prof. Dr. Karl Korsch (KPD) 16. 10.-12. 11. 1923.
Ministerium des Äußern: August Frölich (SPD) 25. 10. 1923-20. 2. 1924.

Staatsräte:
für Altenburg: August Frölich (SPD) 16.-18. 10. 1923; für Gotha: Hermann L. Brill (SPD) 7. 10. 1921-16. 10. 1923, Dr. Theodor Neubauer (KPD) 16. 10.-12. 11. 1923; für Meiningen: Louis Rennert (SPD) 7. 10. 1921-16. 10. 1923; für Sondershausen: Bruno Bieligk (USPD) 7. 10. 1921-20. 2. 1924.

III. Landtag von Thüringen 1924-1927

Landtagswahl: 10. 2. 1924
Schluß des Landtags: 10.2. 1927

Regierung vom 21. Februar 1924 bis 29. April 1927

Wahl der Regierung: 21. 2. 1924

Thüringisches Staatsministerium:
Vorsitzender: Dr. Richard Leutheusser (DVP) 27. 2. 1924-29. 4. 1927.

Staatsminister:
Finanzministerium: Dr. Paul Stolze (DVP) 21. 2.-7. 4. 1924, Dr. Wilko von Klüchtzner (DNVP) 15. 4. 1924-29. 4. 1927.
Ministerium für Inneres und Wirtschaft: Dr. Georg Sattler (DNVP) 21. 2. 1924-29. 4. 1927.
Ministerium für Volksbildung und Justiz: Dr. Richard Leutheusser (DVP) 21. 2. 1924-29. 4. 1927.

Staatsräte:
für Meiningen: Dr. Eduard Fritze (DVP) 21. 2.-12. 4. 1924, Dr. Ernst Härtrich (TLB) 15. 4. 1924-12. 12. 1925, Ernst Höfer (TLB) 17. 12. 1925-29. 4. 1927; für Weimar: Dr. Emil Herfurth (DNVP) 21. 2. 1924-29. 4. 1927; für Sondershausen: Dr. Wilko von Klüchtzner (DNVP) 21. 2.-15. 4. 1924; für Altenburg: Dr. Max Richter (DVP) 15. 4. 1924-14. 12. 1925, Dr. Kurt Geier (DVP) 17. 12. 1925-29. 4. 1927; für Reuß: Erich Port (TLB) 21. 2. 1924-29. 4. 1927.

IV. Landtag von Thüringen 1927-1929

Landtagswahl: 30. 1. 1927
Auflösung des Landtags: 7. 12. 1929

Regierungen vom 30. April 1927 bis 22. Januar 1930

Wahl der Regierung: 30. 4. 1927
Rücktritt der Regierung: 22. 8. 1928
Neubildung der Regierung: 6. 11. 1928
Rücktritt der Regierung: 16. 4. 1929
Neubildung der Regierung: 7. 5. 1929
Rücktritt der Regierung: 22. 10. 1929

Thüringisches Staatsministerium:
Vorsitzender: Dr. Richard Leutheusser (DVP) 3. 5. 1927-5. 11. 1928, Dr. Arnold Paulssen (DDP) 6. 11. 1928-22. 1. 1930.

Staatsminister:
Finanzministerium: Wilhelm Toelle (ptl.) 30. 4. 1927-6. 5. 1929, Dr. Arnold Paulssen (DDP) 7. 5. 1929-22. 1. 1930.
Ministerium für Inneres und Wirtschaft, seit 3. 11. 1928 Ministerium des Innern: Dr. Arnold Paulssen (DDP) 30. 4. 1927-5. 11. 1928, Dr. Karl Riedel (DVP) 6. 11. 1928-22. 1. 1930.
Ministerium für Inneres und Wirtschaft, seit 3. 11. 1928 Wirtschaftsministerium: Dr. Arnold Paulssen (DDP) 30. 4. 1927-22. 1. 1930.
Ministerium für Volksbildung und Justiz, seit 3. 11. 1928 Volksbildungsministerium: Dr. Richard Leutheusser (DVP) 30. 4. 1927-5. 11. 1928, Dr. Arnold Paulssen (DDP) 6. 11. 1928-22. 1. 1930.
Ministerium für Volksbildung und Justiz, seit 3. 11. 1928 Justizministerium: Dr. Richard Leutheusser (DVP) 30. 4. 1927-5. 11. 1928, Dr. Karl Riedel (DVP) 6. 11. 1928-22. 1. 1930.

Staatsräte:
für Altenburg: Louis Krause (Wirtschaftspartei) 30. 4. 1927-22. 1. 1930; für Reuß: Erich Port (TLB) 30. 4. 1927-22. 1. 1930; für Weimar: Erich Mackeldey (TLB) 30. 4. 1927-22. 1. 1930; für Gotha: Hugo Woenne (Wirtschaftspartei) 30. 4. 1927-22. 1. 1930; für Meiningen: Ernst Glöckner (DDP) 30. 4. 1927-21. 8. 1928, 6. 11. 1928-6. 5. 1929; für Sondershausen: Dr. Harald Bielfeld 7. 5. 1929-22. 1. 1930.

V. Landtag von Thüringen 1929-1932

Landtagswahl: 8. 12. 1929

Regierung vom 23. Januar 1930 bis 25. August 1932
Wahl der Regierung: 23. 1. 1930

Thüringisches Staatsministerium:
Vorsitzender: Erwin Baum (TLB) 23. 1. 1930-25. 8. 1932.

Staatsminister:
Finanzministerium: Erwin Baum (TLB) 23. 1. 1930-25. 8. 1932.

Ministerium des Innern: Dr. Wilhelm Frick (NSDAP) 23. 1. 1930-21. 4. 1931, Dr. Willy Kästner (Wirtschaftspartei) 4. 5. 1931-25. 8. 1932.
Wirtschaftsministerium: Dr. Willy Kästner (Wirtschaftspartei) 23. 1. 1930-3. 5. 1931, Erwin Baum (TLB) 4. 5. 1931-25. 8. 1932.
Volksbildungsministerium: Dr. Wilhelm Frick (NSDAP) 23. 1. 1930-21. 4. 1931, Dr. Willy Kästner (Wirtschaftspartei) 4. 5. 1931-25. 8. 1932.
Justizministerium: Dr. Willy Kästner (Wirtschaftspartei) 23. 1. 1930-25. 8. 1932.

Staatsräte:
für Weimar: Willy Marschler (NSDAP) 23. 1. 1930-21. 4. 1931, Erich Mackeldey (TLB) 22. 4. 1931-25. 8. 1932; für Meiningen: Karl Kien (DNVP) 23. 1. 1930-1. 4. 1931, Friedrich Döbrich (TLB) 22. 4. 1931-25. 8. 1932; für Sondershausen: Theodor Bauer (DVP) 23. 1. 1930-25. 8. 1932; für Reuß: Erich Port (TLB) 23. 1. 1930-21. 4. 1931, Carl Baumgärtel (DVP) 22. 4. 1931-25. 8. 1932; für Rudolstadt: Franz Fürth (Wirtschaftspartei) 23. 1. 1930- 25. 8. 1932.

VI. Landtag von Thüringen 1932-1933

Landtagswahl: 31. 7. 1932

Regierung vom 26. August 1932 bis 7. Mai 1933

Wahl der Regierung: 26. 8. 1932

Thüringisches Staatsministerium:
Vorsitzender: Fritz Sauckel (NSDAP) 26. 8. 1932-7. 5. 1933.

Staatsminister:
Finanzministerium: Willy Marschler (NSDAP) 26. 8. 1932-7. 5. 1933.
Ministerium des Innern: Fritz Sauckel (NSDAP) 26. 8. 1932-7. 5. 1933.
Wirtschaftsministerium: Willy Marschler (NSDAP) 26. 8. 1932-7. 5. 1933.
Volksbildungsministerium: Fritz Wächtler (NSDAP) 26. 8. 1932-7. 5. 1933.
Justizministerium: Staatsrat Dr. Otto Weber (NSDAP) 26. 8. 1932-7. 5. 1933 [mit der Leitung beauftragt].

Staatsräte:
für Altenburg: Paul Junghanns (NSDAP) 26. 8. 1932-7. 5. 1933; für Rudolstadt: Erich Mackeldey (Landbund, dann NSDAP) 26. 8. 1932-7. 5. 1933; für Sondershausen: Dr. Johannes Meister (NSDAP) 26. 8. 1932-7. 5. 1933; für Meiningen: Dr. Otto Weber (NSDAP) 26. 8. 1932-7. 5. 1933.

IV Reichsstatthalter und Landesregierung (Staatsministerium) 1933-1945

Reichsstatthalter [ernannt durch Reichspräsident]: Fritz Sauckel (NSDAP) 5. 5. 1933-12. 4. 1945.

Regierung vom 8. Mai 1933 bis 12. April 1945

Ernennung durch Reichsstatthalter: 8. 5. 1933

Thüringisches Staatsministerium:
Vorsitzender: Ministerpräsident Willy Marschler (NSDAP) 8. 5. 1933-12. 4. 1945.

Staatsminister:
Finanzministerium: Willy Marschler (NSDAP) 8. 5. 1933-12. 4. 1945.
Ministerium des Innern: Fritz Wächtler (NSDAP) 8. 5. 1933-22. 1. 1936, Walter Ortlepp (NSDAP) 22. 1.-19. 4. 1936 [Vertretung in der Leitung des Ministeriums], 20. 4. 1936-12. 4. 1945 [Staatssekretär und Leiter des Ministeriums].
Wirtschaftsministerium: Willy Marschler (NSDAP) 8. 5. 1933-12. 4. 1945.
Volksbildungsministerium: Fritz Wächtler (NSDAP) 8. 5. 1933-22. 1. 1936, Willy Marschler (NSDAP) 22. 1. 1936-12. 4. 1945.
Justizministerium: Dr. Otto Weber (NSDAP) 8. 5. 1933-31. 12. 1934.

Staatsräte:
für Altenburg: Paul Junghanns (NSDAP) 8. 5. 1933-8. 1. 1942; für Rudolstadt: Erich Mackeldey (NSDAP) 8. 5. 1933-12. 4. 1945; für Sondershausen: Dr. Johannes Meister (NSDAP) 8. 5. 1933-12. 4. 1945; für Weimar: Dr. Gustav Zunkel (NSDAP) 8. 5. 1933-8. 12. 1934. [Als weitere Mitglieder] Wilhelm Busch (NSDAP) 22. 10. 1933-12. 4. 1945, Karl Freiherr von Eberstein (NSDAP) 22. 10. 1933-29. 12. 1934, Prof. Dr. Abraham Esau (NSDAP) 22. 10. 1933-20. 4. 1939, Paul Hennicke (NSDAP) 20. 10. 1933-12. 4. 1945, Fritz Hille (NSDAP) 20. 10. 1933-12. 4. 1945, Ernst Katzmann (NSDAP) 20. 10. 1933-26. 8. 1934, Kurt Lasch (NSDAP) 20. 10. 1933-26. 8. 1934, Dr. Thilo Mühlberg (NSDAP) 20. 10. 1933-7. 5. 1943, Walter Ortlepp (NSDAP) 20. 10. 1933-12. 4. 1945, Rudolf Peuckert (NSDAP) 22. 10. 1933-12. 4. 1945, Dr. Hans Severus Ziegler (NSDAP) 20. 10. 1933-12. 4. 1945, Karl Schmückle (NSDAP) 26. 8. 1934-12. 4. 1945, Friedrich Triebel (NSDAP) 26. 8. 1934-12. 4. 1945, Karl Pflomm (NSDAP) 29. 12. 1934-15. 2. 1945, Otto Eberhardt (NSDAP) 27. 2. 1936-31. 1. 1939, Kurt Günther (NSDAP) 27. 2. 1936-12. 4. 1945, Max Herrmann (NSDAP) 20. 4. 1936-12. 4. 1945, Paul Papenbroock (NSDAP) 27. 2. 1936-12. 4. 1945, Dr. Otto Weber (NSDAP) 18. 6. 1936-12. 4. 1945, Heinrich Siekmeier (NSDAP) 20. 4. 1938-12. 4. 1945, Dr. Paul Stolze (NSDAP) 20. 4. 1938-12. 4. 1945, Dr. Reinhold Thiel (NSDAP) 20. 4. 1938-12. 4. 1945, Prof. Dr. Karl Astel (NSDAP) 20. 4. 1939-4. 4. 1945, Otto Demme (NSDAP) 20. 4. 1939-12. 4. 1945, Dr. Walther Schieber (NSDAP) 20. 4. 1939-12. 4. 1945, Franz Barth (NSDAP) 30. 1. 1942-12. 4. 1945.

V Behördenvorstände der Landesregierung nach der Besetzung der Landeshauptstadt 1945

Flucht des Reichsstatthalters und des Ministerpräsidenten: 10. 4. 1945
Alliierte Besetzung der Landeshauptstadt Weimar: 12. 4. 1945
Unterstellung der Reichs- und Landesbehörden unter den Oberbürgermeister von Weimar: 19. 4. 1945-7. 5. 1945

Oberbürgermeister:
Erich Kloss (DVP) 15. 4.-30. 4. 1945, Dr. Fritz Behr (SPD) seit 1. 5. 1945.

Behördenvorstände des Staatsministeriums (Präsidialabteilung) und der Fachministerien vom 12. April bis 8. Juni 1945

Staatsministerium (Präsidialabteilung): Karl Müller (NSDAP) 12. 4.-7. 5. 1945, Dr. Hermann L. Brill (SPD) 7. 5.-8. 6. 1945.
Ministerium des Innern: Erich Walther (NSDAP) 12. 4.-7. 5. 1945, Dr. Hermann L. Brill (SPD) 7. 5.-8. 6. 1945.
Volksbildungsministerium: Dr. Ernst Gerlach (NSDAP) 12. 4.-12. 5. 1945, Walter Wolf (KPD) 12. 5.-8. 6. 1945.
Finanzministerium: Karl Müller (NSDAP) 12. 4.-12. 5. 1945, Leonhard Moog (DP) 12. 5.-8. 6. 1945.
Wirtschaftsministerium: Richard Höfling (NSDAP) 12. 4.-19. 5. 1945, Dr. Max Kolter (Zentrum) 19. 5.-8. 6. 1945.

Landeswirtschaftsamt: Friedrich Benecke (NSDAP) bis 14. 5. 1945, Gottlieb Branz (SPD) 14.-19. 5. 1945, Dr. Alphons Gaertner (DP) 19. 5.-8. 6. 1945.
Landesernährungsamt: Dr. Ludwig Thein (NSDAP) bis 19. 5. 1945, Dr. Alphons Gaertner (DP) 19. 5.-8. 6. 1945.

VI Regierung der Provinz Thüringen 1945

Ernennung des Regierungspräsidenten durch die (amerikanische) Besatzungsmacht: 9. 6. 1945

Provinzialregierung Thüringen vom 9. Juni bis 16. Juli 1945

Regierungspräsident: Dr. Hermann L. Brill (SPD) 9. 6.-16. 7. 1945.

Regierungsdirektoren:
Landesamt des Innern: Dr. Hermann L. Brill (SPD) 12. 6.-2. 7. 1945 [kommissarisch], Dr. Friedrich Buchwald (SPD) 2. 7.-16. 7. 1945 [Dienstantritt 9. 7. 1945].
Landesamt für Finanzen: Leonhard Moog (DP) 12. 6.-16. 7. 1945.
Landesamt für Volksbildung: Walter Wolf (KPD) 12. 6.-16. 7. 1945.
Landesamt für Industrie, Handel und Gewerbe: Dr. Alphons Gaertner (DP) 12. 6.-16. 7. 1945.
Landesamt für Land- und Forstwirtschaft: Dr. Alphons Gaertner (DP) 12. 6.-21. 6. 1945 [kommissarisch], Dr. Max Kolter (Zentrum) 21. 6.-16. 7. 1945.
Landesverkehrsamt: Dr. Georg Appell (SPD) 12. 6.-16. 7. 1945 [Dienstantritt 27. 6. 1945].
Landesarbeitsamt: Ernst Busse (KPD) 12. 6.-16. 7. 1945.

VII Landesverwaltung Thüringen 1945-1946

Ernennung des Landespräsidenten durch die (sowjetische) Besatzungsmacht: 16. 7. 1945

Landesverwaltung vom 16. Juli 1945 bis 3. Dezember 1946

Landespräsident: [Prof.] Dr. Rudolf Paul (ptl., SED) 16. 7. 1945-3. 12. 1946.
1. Vizepräsident: Ernst Busse (KPD, SED) 16. 7. 1945-3. 12. 1946.
2. Vizepräsident: Dr. Georg Appell (SPD, SED) 16. 7. 1945-3. 12. 1946.
3. Vizepräsident: Dr. Max Kolter (CDU) 16. 7.-5. 11. 1945, Dr. Hans Lukaschek (CDU) 27. 11. 1945-10. 9. 1946.

Landesdirektoren:
Landesamt des Innern, seit 16. 11. 1945 für Kommunalwesen, seit 14. 10. 1946 für allgemeine und innere Verwaltung: Dr. Friedrich Buchwald (SPD) 16.-20. 7. 1945, Ernst Busse (KPD) 20. 7.-16. 8. 1945, Curt Böhme (SPD, SED) 16. 8. 1945-3. 12. 1946.
Landesamt für Finanzen: Leonhard Moog (DP, LDP) 16. 7. 1945-3. 12. 1946.
Landesamt für Volksbildung: [Dr. h.c.] Walter Wolf (KPD, SED) 16. 7. 1945-3. 12. 1946.
Landesamt für Industrie, Handel und Gewerbe, seit 20. 7. 1945 für Wirtschaft: Dr. Alphons Gaertner (DP) 16.-24. 7. 1945, Dr. Curt Fischer (ptl.) 24. 7.-8. 11. 1945, Dr. Leonhard Tyczka (CDU) 8. 11. 1945-9. 3. 1946, Ernst Frommhold (KPD, SED) 12. 3.-3. 12. 1946.
Landesamt für Land- und Forstwirtschaft: Dr. Max Kolter (CDU) 16. 7.-5. 11. 1945, Dr. Hans Lukaschek (CDU) 27. 11. 1945-10. 9. 1946, Dr. Carlfriedrich Wiese (KPD, SED) 1. 10.-3. 12. 1946 [kommissarisch].
Landesamt für Verkehr: Dr. Georg Appell (SPD, SED) 16. 7. 1945-3. 12. 1946.
Landesamt für Arbeit und Sozialpolitik: Ernst Busse (KPD) 16. 7.-23. 7. 1945, Willi Albrecht (KPD) 24. 7.-8. 8. 1945 [kommissarisch].
Landesamt für Arbeit, seit 16. 10. 1945 für Arbeit und Sozialfürsorge: Willi Albrecht (KPD) 9. 8.-20. 9. 1945, Gustav Brack (SPD, SED) 20. 9. 1945-18. 6. 1946, Gustav Adolf Müller (SED) 18. 6.-3. 12. 1946.
Landesamt für Sozialwesen: Reinhard Lettau (ptl.) 10. 8.-15. 10. 1945.
Landesgesundheitsamt: Dr. Erich Drechsler (KPD, SED) 24. 7. 1945-3. 12. 1946.
Landesamt für Handel und Versorgung: Friedrich Seidenstücker (KPD, SED) 10. 1.-11. 6. 1946, Herbert Biedermann (ptl.) 11. 6.-3. 12. 1946.
Landesamt für Justiz: Helmut Külz (LDP) 19. 6.-3. 12. 1946.

VIII Landesregierung Thüringen 1946-1952

Thüringer Landtag 1. Wahlperiode 1946-1950

Landtagswahl: 20. 10. 1946

Regierung vom 4. Dezember 1946 bis 20. November 1950

Wahl der Regierung: 4. 12. 1946

Ministerpräsident: Prof. Dr. Rudolf Paul (SED) 4. 12. 1946-1.9. 1947, Leonhard Moog (LDP) 2. 9.-7. 10. 1947 [amtierend], Werner Eggerath (SED) 8. 10. 1947-20. 11. 1950.
Stellvertreter des Ministerpräsidenten (amtierender Ministerpräsident): Werner Eggerath (SED) 27. 3. 1947-14. 5. 1947.

Minister:
Ministerium für allgemeine Verwaltung, seit 30. 1. 1947 des Innern: Ernst Busse (SED) 4. 12. 1946-29. 5. 1947, Werner Eggerath (SED) 29. 5.-8. 10. 1947, Willy Gebhardt (SED) 9. 10. 1947-20. 11. 1950.
Ministerium für Finanzen: Leonhard Moog (LDP) 4. 12. 1946-24. 2. 1950, Dr. Walter König (NDPD) 25. 2.-20. 11. 1950.
Ministerium für Volksbildung: Dr. h. c. Walter Wolf (SED) 4. 12. 1946-29. 5. 1947, Dr. Marie Torhorst (SED) 29. 5. 1947-20. 11. 1950.
Ministerium für Wirtschaftsplanung, seit 30. 1. 1947 für Wirtschaft, Arbeit und Verkehr: Dr. Georg Appell (SED) 4. 12. 1946-9. 10. 1947.
Ministerium für Wirtschaft: William Hüttenrauch (SED) 9. 10. 1947-20. 11. 1950.
Ministerium für Arbeit und Sozialwesen: Dr. Georg Appell (SED) 9. 10. 1947-30. 6. 1949, Willi Albrecht (SED) 30. 6. 1949-20. 11. 1950.
Ministerium für Verkehr: Wilhelm Bachem (CDU) 9. 10. 1947-24. 1. 1950, Helmuth von Oertzen (CDU) 25. 2.-20. 11. 1950.
Ministerium für Versorgung, seit 24. 2. 1950 für Handel und Versorgung: Georg Grosse (CDU) 4. 12. 1946-23. 2. 1948, Dr. Heinrich Gillessen (CDU) 26. 2. 1948-24. 6. 1950, Walther Rücker (CDU) 7. 7.-20. 11. 1950.
Ministerium für Land- und Forstwirtschaft: Herbert Wetzstein (LDP) 25. 2.-20. 11. 1950.
Ministerium für Justiz: Helmut Külz (LDP) 4. 12. 1946-31. 5. 1948, Dr. Hans Loch (LDP) 4. 6. 1948-24. 1. 1950, Dr. Ralph Liebler (LDP) 25. 2.-20. 11. 1950.

Thüringer Landtag 2. Wahlperiode 1950-1952

Landtagswahl: 15. 10. 1950

Regierung vom 21. November 1950 bis 25. Juli 1952

Wahl der Regierung: 21. 11. 1950

Ministerpräsident: Werner Eggerath (SED) 21. 11. 1950-25. 7. 1952.

Minister:
Ministerium des Innern: Willy Gebhardt (SED) 21. 11. 1950-25. 7. 1952.
Ministerium der Finanzen: Dr. Walter König (NDPD) 21. 11. 1950-25. 7. 1952.
Ministerium für Volksbildung: Isolde Oschmann (SED) 19. 12. 1950-25. 7. 1952.
Ministerium für Handel und Versorgung: Willi Rutsch (CDU) 21. 11. 1950-25. 7. 1952.
Ministerium für Land- und Forstwirtschaft: Wilhelm Schröder (DBD) 21. 11. 1950-15. 6. 1952.
Ministerium für Industrie und Aufbau, seit 2. 5. 1951 für Wirtschaft und Arbeit: Herbert Strampfer (SED) 21. 11. 1950-25. 7. 1952.
Ministerium der Justiz: Dr. Ralph Liebler (LDP) 21. 11. 1950-25. 7. 1952.

IX Bezirksverwaltungen 1952-1990

Bezirk Erfurt

Vorsitzender der Bezirkskommission: Willy Gebhardt (SED) 26. 7.-1. 8. 1952.

Rat des Bezirkes
Vorsitzender des Rates des Bezirkes: Willy Gebhardt (SED) 1. 8. 1952-9. 10. 1962, Richard Gothe (SED) 9. 10. 1962-17. 1. 1985, Horst Lang (SED) 17. 1.-5. 3. 1985 [amtierend], Arthur Swatek (SED) 6. 3. 1985-4. 2. 1990, Horst Lang (SED-PDS) 5. 2.-31. 5. 1990 [amtierend].

Bezirksverwaltung
Geschäftsführender Vorsitzender: Horst Lang (SED-PDS) 1.-8. 6. 1990.

Regierungsbevollmächtigter: Josef Duchač (CDU) 8. 6.-7. 11. 1990 [nicht wieder besetzt bis 31. 12. 1990].

Bezirk Gera

Vorsitzende der Bezirkskommission: Lydia Poser (SED) 26. 7.-1. 8. 1952.

Rat des Bezirkes
Vorsitzender des Rates des Bezirkes: Lydia Poser (SED) 1. 8. 1952-14. 10. 1959, Albert Wettengel (SED) 14. 10. 1959-19. 5. 1965, Horst Wenzel (SED) 20. 5. 1965-8. 11. 1965 [amtierend], 9. 11. 1965-28. 3. 1973, Rudolf Bahmann (SED) 28. 3. 1973-19. 9. 1977, Joachim Mittasch (SED) 20. 9.-8. 12. 1977 [amtierend], Karlheinz Fleischer (SED) 9. 12. 1977-30. 5. 1983, Werner Ullrich (SED) 30. 5. 1983-9. 1. 1990, Dr. Helmut Luck (SED-PDS) 10. 1.-31. 5. 1990.

Bezirksverwaltung
Geschäftsführender Vorsitzender: Dr. Helmut Luck (SED-PDS) 1.-8. 6. 1990.

Regierungsbevollmächtigter: Peter Lindlau (CDU) 8. 6.-7. 11. 1990 (31. 12. 1990).

Bezirk Suhl

Vorsitzender der Bezirkskommission: Fritz Sattler (SED) 26. 7.-1. 8. 1952.

Rat des Bezirkes
Vorsitzender des Rates des Bezirkes: Fritz Sattler (SED) 1. 8. 1952-29. 11. 1958, Wilhelm Behnke (SED) 29. 11. 1958-26. 7. 1967, Arnold Zimmermann (SED) 26. 7. 1967-16. 5. 1990, Helmut Vierling (SED-PDS) 16. 5.-31. 5. 1990 [amtierend].

Bezirksverwaltung
Geschäftsführender Vorsitzender: Helmut Vierling (SED-PDS) 1.-8. 6. 1990.

Regierungsbevollmächtigter: Werner Ulbrich (CDU) 8. 6.-7. 11. 1990 (31. 12. 1990).

X Landesregierung Thüringen ab 1990

Landessprecher für Thüringen: Josef Duchač (CDU) 24. 8.-3. 10. 1990.

Landesbevollmächtigter für Thüringen: Josef Duchač (CDU) 3. 10.-7. 11. 1990.

Thüringer Landtag 1. Wahlperiode 1990-1994

Landtagswahl: 14. 10. 1990

Regierung vom 8. November 1990 bis 29. November 1994

Wahl der Regierung: 8. 11. 1990
Rücktritt des Ministerpräsidenten: 23. 1. 1992
Rücktritt der Minister: 23. 1./5. 2. 1992
Neubildung der Regierung: 11. 2. 1992

Ministerpräsident: Josef Duchač (CDU) 8. 11. 1990-5. 2. 1992, Dr. Bernhard Vogel (CDU) 5. 2. 1992-29. 11. 1994.
Stellvertretender Ministerpräsident: Dr. Ulrich Fickel (FDP) 8. 11. 1990-29. 11. 1994.

Minister:
Ministerium für Wissenschaft und Kunst: Dr. Ulrich Fickel (FDP) 8. 11. 1990-29. 11. 1994.
Innenministerium: Willibald Böck (CDU) 8. 11. 1990-16. 9. 1992, Franz Schuster (CDU) 17. 9. 1992-29. 11. 1994.
Finanzministerium: Dr. Klaus Zeh (CDU) 8. 11. 1990-29. 11. 1994.
Justizministerium, seit 29. 5. 1991 Ministerium für Justiz, Bundes- und Europaangelegenheiten, seit 11. 2. 1992 Justizministerium: Dr. Hans-Joachim Jentsch (CDU) 8. 11. 1990-29. 11. 1994.
Kultusministerium: Christine Lieberknecht (CDU) 8. 11. 1990-11. 2. 1992, Dieter Althaus (CDU) 11. 2. 1992-29. 11. 1994.
Ministerium für Wirtschaft und Technik, seit 11. 2. 1992 für Wirtschaft und Verkehr: Dr. Hans-Jürgen Schultz (FDP) 8. 11. 1990-31. 10. 1991, Dr. Jürgen Bohn (FDP) 7. 11. 1991-29. 11. 1994.
Umweltministerium, seit 11. 2. 1992 Ministerium für Umwelt und Landesplanung: Hartmut Sieckmann (FDP) 8. 11. 1990-29. 11. 1994.
Ministerium für Soziales und Gesundheit: Dr. Hans-Henning Axthelm (CDU) 8. 11. 1990-16. 9. 1992, Dr. Frank-Michael Pietzsch (CDU) 17. 9. 1992-29. 11. 1994.
Ministerium für Landwirtschaft und Forsten: Dr. Volker Sklenar (CDU) 8. 11. 1990-29. 11. 1994.
Ministerium für Bundes- und Europaangelegenheiten: Christine Lieberknecht (CDU) 11. 2. 1992-29. 11. 1994.
Minister für besondere Aufgaben: Jochen Lengemann (CDU) 8. 11. 1990-11. 2. 1992.
Minister der Thüringer Staatskanzlei: Franz Schuster (CDU) 11. 2. 1992-17. 9. 1992, Andreas Trautvetter (CDU) 17. 9. 1992-29. 11. 1994.

Thüringer Landtag 2. Wahlperiode 1994-1999

Landtagswahl: 16. 10. 1994

Regierung ab 30. November 1994

Wahl der Regierung: 30. 11. 1994

Ministerpräsident: Dr. Bernhard Vogel (CDU), gewählt 30. 11. 1994.
Stellvertretender Ministerpräsident: Dr. Gerd Schuchardt (SPD), ernannt 30. 11. 1994.

Minister:
Ministerium für Wissenschaft, Forschung und Kultur: Dr. Gerd Schuchardt (SPD), ernannt 30. 11. 1994.
Innenministerium: Dr. Richard Dewes (SPD), ernannt 30. 11. 1994.
Finanzministerium: Andreas Trautvetter (CDU), ernannt 30. 11. 1994.
Ministerium für Justiz und Europaangelegenheiten: Otto Kretschmer (SPD), ernannt 30. 11. 1994.
Kultusministerium: Dieter Althaus (CDU), ernannt 30. 11. 1994.
Ministerium für Wirtschaft und Infrastruktur: Franz Schuster (CDU), ernannt 30. 11. 1994.
Ministerium für Landwirtschaft, Naturschutz und Umwelt: Dr. Volker Sklenar (CDU), ernannt 30. 11. 1994.
Ministerium für Soziales und Gesundheit: Irene Ellenberger (SPD), ernannt 30. 11. 1994.
Ministerin für Bundesangelegenheiten in der Staatskanzlei: Christine Lieberknecht (CDU), ernannt 30. 11. 1994.

[Volker Wahl]

2.2 Behördenstruktur und Verwaltungsaufbau

Präsidium der Landesregierung (mit Geschäftsstelle)

Nach Gründung des Landes Thüringen 1920: ab 1. 5. 1920 Vorsitzender des Staatsrates von Thüringen; ab 10. 11. 1920 Vorsitzender des Thüringischen Staatsministeriums.
Geschäftsstelle: Sekretariat des Staatsrates (seit Januar 1920), ab Oktober 1920 Sekretariat des Staatsministeriums, ab 1. 3. 1921 Präsidialabteilung des Staatsministeriums.

Nach Einsetzung des Reichsstatthalters 1933: ab 8. 5. 1933 Ministerpräsident (als Vorsitzender des Staatsministeriums) des Landes Thüringen [Ernennung durch den Reichsstatthalter].
Geschäftsstelle: Präsidialabteilung.

Nach Bildung der Landesverwaltung 1945: ab 9. 6. 1945 Regierungspräsident der Provinz Thüringen; ab 16. 7. 1945 Präsident des Landes Thüringen.
Geschäftsstelle: ab 1. 7. 1945 Präsidialkanzlei, ab 28. 2. 1946 Präsidialamt.

Nach Bildung der Landesregierung [im Ergebnis der Landtagswahlen] 1946: ab 4. 12. 1946 Ministerpräsident des Landes Thüringen [am 25. 7. 1952 Aufhebung der Regierung des Landes Thüringen].
Geschäftsstelle: ab 4. 12. 1946 Staatskanzlei, ab 20. 12. 1946 Präsidialabteilung, ab 29. 11. 1950 Büro des Ministerpräsidenten.

Nach Neubildung des Landes Thüringen 1990: ab 8. 11. 1990 Ministerpräsident des Landes, ab 25. 10. 1993 des Freistaates Thüringen.
Geschäftsstelle: ab 8. 11. 1990 Thüringer Staatskanzlei.

Innere Verwaltung

Nach Gründung des Landes Thüringen 1920: ab August 1920 selbständige Abteilung [des Staatsrats von Thüringen] für das Innere; ab 3. 12. 1920 Thüringisches Ministerium des Innern; fortgeführt ab 8. 3. 1924 als Geschäftsabteilung (Abteilung für Inneres) des Thüringischen Ministeriums für Inneres und Wirtschaft; fortgeführt ab 3. 11. 1928 als Thüringisches Ministerium des Innern.

Nach Einsetzung des Reichsstatthalters 1933: ab 8. 5. 1933 Thüringisches Ministerium des Innern [Ernennung des Vorstandes durch den Reichsstatthalter]; ab 22. 1. 1936 dem

Reichsstatthalter unterstellt, Behördenbezeichnung ab 4. 6. 1936: Der Reichsstatthalter - Der Staatssekretär und Leiter des Thüringischen Ministeriums des Innern.

Nach Bildung der Landesverwaltung 1945: ab 12. 6. 1945 Landesamt des Innern, ab 16. 11. 1945 Landesamt für Kommunalwesen, ab 14. 10. 1946 Landesamt für allgemeine und innere Verwaltung.

Nach Bildung der Landesregierung [im Ergebnis der Landtagswahlen] 1946: ab 4. 12. 1946 Ministerium für allgemeine Verwaltung, ab 30. 1. 1947 Ministerium des Innern. Als Ministerium [des Landes] zum 25. 7. 1952 aufgelöst.

Nach Neubildung des Landes Thüringen 1990: ab 8. 11. 1990 Thüringer Innenministerium.

Finanzen

Nach Gründung des Landes Thüringen 1920: ab August 1920 selbständige Abteilung [des Staatsrates von Thüringen] für Finanzen; ab 3. 12. 1920 Thüringisches Finanzministerium.

Nach Einsetzung des Reichsstatthalters 1933: ab 8. 5. 1933 Thüringisches Finanzministerium [Ernennung des Vorstandes durch den Reichsstatthalter].

Nach Bildung der Landesverwaltung 1945: ab 12. 6. 1945 Landesamt für Finanzen.

Nach Bildung der Landesregierung [im Ergebnis der Landtagswahlen] 1946: ab 4. 12. 1946 Ministerium für Finanzen, ab 21. 11. 1950 Ministerium der Finanzen. Als Ministerium [des Landes] zum 25. 7. 1952 aufgelöst.

Nach Neubildung des Landes Thüringen 1990: ab 8. 11. 1990 Thüringer Finanzministerium.

Wirtschaft

Nach Gründung des Landes Thüringen 1920: ab August 1920 selbständige Abteilung [des Staatsrates von Thüringen] für Volkswirtschaft; ab 3. 12. 1920 Thüringisches Wirtschaftsministerium; fortgeführt ab 8. 3. 1924 als Geschäftsabteilung (Abteilung für Wirtschaft) des Thüringischen Ministeriums für Inneres und Wirtschaft; fortgeführt ab 3. 11. 1928 als Thüringisches Wirtschaftsministerium.

Nach Einsetzung des Reichsstatthalters 1933: ab 8. 5. 1933 Thüringisches Wirtschaftsministerium [Ernennung des Vorstandes durch den Reichsstatthalter].

Nach Bildung der Landesverwaltung 1945: ab 12. 6. 1945 Landesamt für Industrie, Handel und Gewerbe, ab 20. 7. 1945 Landesamt für Wirtschaft.

Nach Bildung der Landesregierung [im Ergebnis der Landtagswahlen] 1946: ab 4. 12. 1946 Ministerium für Wirtschaftsplanung, ab 30. 1. 1947 Ministerium für Wirtschaft, Arbeit und Verkehr; ab 9. 10. 1947 Ministerium für Wirtschaft; ab 25. 11. 1950 Ministerium für Industrie und Aufbau; ab 2. 5. 1951 Ministerium für Wirtschaft und Arbeit. Als Ministerium [des Landes] zum 25. 7. 1952 aufgelöst.

Nach Neubildung des Landes Thüringen 1990: ab 8. 11. 1990 Thüringer Ministerium für Wirtschaft und Technik, ab 11. 2. 1992 Thüringer Ministerium für Wirtschaft und Verkehr; ab 30. 11. 1994 Thüringer Ministerium für Wirtschaft und Infrastruktur.

Verkehr

Nach Gründung des Landes Thüringen 1920: ab 3. 12. 1920 Geschäftsabteilung (Abteilung Handel, Gewerbe und Verkehr) des neu errichteten Thüringischen Wirtschaftsministeriums; ab 8. 3. 1924 Geschäftsabteilung (Abteilung Gewerbe, Handel und Verkehr) des Thüringischen Ministeriums für Inneres und Wirtschaft; ab 3. 11. 1928 Geschäftsabteilung (Abteilung Gewerbe, Handel und Verkehr, ab 1. 4. 1930 Abteilung Industrie, Handel, Bergbau, Wasserwirtschaft und Verkehr) des Thüringischen Wirtschaftsministeriums.

Nach Einsetzung des Reichsstatthalters 1933: ab 8. 5. 1933 Geschäftsabteilung (Abteilung Industrie, Handel, Bergbau, Wasserwirtschaft und Verkehr) des Thüringischen Wirtschaftsministeriums.

Nach Bildung der Landesverwaltung 1945: ab 12. 6. 1945 Landesverkehrsamt, ab 16. 7. 1945 Landesamt für Verkehr.

Nach Bildung der Landesregierung [im Ergebnis der Landtagswahlen] 1946: ab 4. 12. 1946 Geschäftsabteilung (Hauptabteilung Verkehr) des Ministeriums für Wirtschaftsplanung, ab 30. 1. 1947 des Ministeriums für Wirtschaft, Arbeit und Verkehr; fortgeführt ab 9. 10. 1947 als Ministerium für Verkehr; fortgeführt ab 25. 11. 1950 als Geschäftsabteilung (Hauptabteilung Verkehr) des Ministeriums für Industrie und Aufbau, ab 2. 5. 1951 des Ministeriums für Wirtschaft und Arbeit. Als Ministerium [des Landes] zum 25. 7. 1952 aufgelöst.

Nach Neubildung des Landes Thüringen 1990: ab 8. 11. 1990 Geschäftsabteilung (Abteilung Verkehr) des Thüringer Ministeriums für Wirtschaft und Technik, ab 11. 2. 1992 für Wirtschaft und Verkehr; ab 30. 11. 1994 des Thüringer Ministeriums für Wirtschaft und Infrastruktur.

Bauwesen

Nach Gründung des Landes Thüringen 1920: ab 3. 12. 1920 Geschäftsabteilung (Abteilung Bauwesen) des neu errichteten Thüringischen Finanzministeriums.

Nach Einsetzung des Reichsstatthalters 1933: ab 8. 5. 1933 Geschäftsabteilung (Abteilung Bauwesen) des Thüringischen Finanzministeriums.

Nach Bildung der Landesverwaltung 1945: ab 12. 6. 1945 Geschäftsabteilung (Abteilung Bauwesen) des Landesamtes des Innern, ab 16. 11. 1945 des Landesamtes für Kommunalwesen, ab 14. 10. 1946 des Landesamtes für allgemeine und innere Verwaltung.

Nach Bildung der Landesregierung [im Ergebnis der Landtagswahlen] 1946: ab 4. 12. 1946 Geschäftsabteilung (Hauptabteilung Kommunal- und Bauwesen) des Ministeriums für allgemeine Verwaltung, ab 30. 1. 1947 des Ministeriums des Innern; ab 22. September 1948 Geschäftsabteilung (Hauptabteilung Bau- und Wohnungswesen) des Ministeriums für Arbeit und Sozialwesen; ab 1. 4. 1949 Geschäftsabteilung (Hauptabteilung Bau- und Wohnungswesen, ab 15. 7. 1949 Hauptabteilung Bauwesen, ab 1. 7. 1950 Hauptabteilung Aufbau) des Ministeriums für Wirtschaft; fortgeführt ab 25. 11. 1950 als Geschäftsabteilung (Hauptabteilung Aufbau) des Ministeriums für Industrie und Aufbau, ab 2. 5. 1951 des Ministeriums für Wirtschaft und Arbeit. Als Ministerium [des Landes] zum 25. 7. 1952 aufgelöst.

Nach Neubildung des Landes Thüringen 1990: ab 8. 11. 1990 Geschäftsabteilung (Abteilung Bau-, Wohnungs- und Siedlungswesen) des Thüringer Innenministeriums; ab 30. 11. 1994 des Thüringer Ministeriums für Wirtschaft und Infrastruktur.

Handel und Versorgung

Nach Gründung des Landes Thüringen 1920: ab 3. 12. 1920 Geschäftsabteilung (Abteilung Handel, Gewerbe und Verkehr) des neu errichteten Thüringischen Wirtschaftsministeriums; ab 8. 3. 1924 Geschäftsabteilung (Abteilung Gewerbe, Handel und Verkehr) des Thüringischen Ministeriums für Inneres und Wirtschaft; ab 3. 11. 1928 Geschäftsabteilung (Abteilung Gewerbe, Handel und Verkehr, ab 1. 4. 1930 Abteilung Industrie, Handel, Bergbau, Wasserwirtschaft und Verkehr) des Thüringischen Wirtschaftsministeriums.

Nach Einsetzung des Reichsstatthalters 1933: ab 8. 5. 1933 Geschäftsabteilung (Abteilung Industrie, Handel, Bergbau, Wasserwirtschaft und Verkehr) des Thüringischen Wirtschaftsministeriums.

Nach Bildung der Landesverwaltung 1945: ab 12. 6. 1945 Geschäftsabteilung (Abteilung Handel) des Landesamtes für Industrie, Handel und Gewerbe, ab 20. 7. 1945 des Landesamtes für Wirtschaft; fortgeführt ab 15. 1. 1946 als Landesamt für Handel und Versorgung.

Nach Bildung der Landesregierung [im Ergebnis der Landtagswahlen] 1946: ab 4. 12. 1946 Geschäftsabteilung (Hauptabteilung Handel und Versorgung) des Ministeriums für Versorgung; fortgeführt ab 24. 2. 1950 als Ministerium für Handel und Versorgung. Als Ministerium [des Landes] zum 25. 7. 1952 aufgelöst.

Nach Neubildung des Landes Thüringen 1990: ab 8. 11. 1990 Geschäftsabteilung (Abteilung Mittelstand und Wirtschaftsförderung) des Thüringer Ministeriums für Wirtschaft und Technik, ab 11. 2. 1992 des Thüringer Ministeriums für Wirtschaft und Verkehr; ab 30. 11. 1994 des Thüringer Ministeriums für Wirtschaft und Infrastruktur.

Landwirtschaft

Nach Gründung des Landes Thüringen 1920: ab 3. 12. 1920 Geschäftsabteilung (Abteilung Landwirtschaft und Ernährung) des neu errichteten Thüringischen Wirtschaftsministeriums; ab 8. 3. 1924 Geschäftsabteilung (Abteilung Landwirtschaft und Ernährung) des Thüringischen Ministeriums für Inneres und Wirtschaft; ab 3. 11. 1928 Geschäftsabteilung (Abteilung Landwirtschaft und Ernährung, ab 1. 4. 1930 Abteilung Landwirtschaft und Veterinärwesen) des Thüringischen Wirtschaftsministeriums.

Nach Einsetzung des Reichsstatthalters 1933: ab 8. 5. 1933 Geschäftsabteilung (Abteilung Landwirtschaft und Veterinärwesen) des Thüringischen Wirtschaftsministeriums.

Nach Bildung der Landesverwaltung 1945: ab 12. 6. 1945 Geschäftsabteilung (Abteilung Landwirtschaft) des Landesamtes für Land- und Forstwirtschaft.

Nach Bildung der Landesregierung [im Ergebnis der Landtagswahlen] 1946: ab 4. 12. 1946 Geschäftsabteilung (Hauptabteilung Land- und Forstwirtschaft, ab 9. 10. 1947 Hauptabteilung Landwirtschaft) des Ministeriums für Versorgung; ab 24. 2. 1950 Geschäftsabteilung (Hauptabteilung Landwirtschaft) des Ministeriums für Land- und Forstwirtschaft. Als Ministerium [des Landes] zum 25. 7. 1952 aufgelöst.

Nach Neubildung des Landes Thüringen 1990: ab 8. 11. 1990 Geschäftsabteilung (Abteilung Landwirtschaft, Markt und Ernährung) des Thüringer Ministeriums für Landwirtschaft und Forsten; ab 30. 11. 1994 des Thüringer Ministeriums für Landwirtschaft, Naturschutz und Umwelt.

Forstwirtschaft

Nach Gründung des Landes Thüringen 1920: ab 3. 12. 1920 Geschäftsabteilung (Abteilung Forstwirtschaft, ab 1. 4. 1930 Abteilung Forst und Domänen) des neu errichteten Thüringischen Finanzministeriums.

Nach Einsetzung des Reichsstatthalters 1933: ab 8. 5. 1933 Geschäftsabteilung (Abteilung Forst und Domänen, ab 1. 9. 1933 Abteilung Forsten) des Thüringischen Finanzministeriums.

Nach Bildung der Landesverwaltung 1945: ab 12. 6. 1945 Geschäftsabteilung (Abteilung Forstwirtschaft) des Landesamtes für Land- und Forstwirtschaft.

Nach Bildung der Landesregierung [im Ergebnis der Landtagswahlen] 1946: ab 4. 12. 1946 Geschäftsabteilung (Hauptabteilung Land- und Forstwirtschaft, ab 9. 10. 1947 Hauptabteilung Forstwirtschaft) des Ministeriums für Versorgung; ab 24. 2. 1950 Geschäftsabteilung (Hauptabteilung Forstwirtschaft) des Ministeriums für Land- und Forstwirtschaft. Als Ministerium [des Landes] zum 25. 7. 1952 aufgelöst.

Nach Neubildung des Landes Thüringen 1990: ab 8. 11. 1990 Geschäftsabteilung (Abteilung Forsten) des Thüringer Ministeriums für Landwirtschaft und Forsten; ab 30. 11. 1994 des Thüringer Ministeriums für Landwirtschaft, Naturschutz und Umwelt.

Umwelt

Nach Neubildung des Landes Thüringen 1990: ab 8. 11. 1990 Thüringer Umweltministerium, ab 11. 2. 1992 Ministerium für Umwelt und Landesplanung; fortgeführt ab 30. 11. 1994 als Geschäftsabteilungen (Abteilung Immissionsschutz und Strahlenschutz/Bergbau; Abteilung Wasserwirtschaft; Abteilung Abfallwirtschaft/Altlasten/Bodenschutz) des Thüringer Ministeriums für Landwirtschaft, Naturschutz und Umwelt.

Arbeit

Nach Gründung des Landes Thüringen 1920: ab 3. 12. 1920 Geschäftsabteilung (Abteilung Arbeit und Wohlfahrt) des neu errichteten Thüringischen Wirtschaftsministeriums; ab 8. 3. 1924 Geschäftsabteilung (Abteilung Arbeit) des Thüringischen Ministeriums für Inneres und Wirtschaft; ab 3. 11. 1928 Geschäftsabteilung (Abteilung Arbeit, ab 1. 4. 1930 Abteilung Allgemeines, Personal, Arbeitsrecht und Arbeitsschutz) des Thüringischen Wirtschaftsministeriums.

Nach Einsetzung des Reichsstatthalters 1933: ab 8. 5. 1933 Geschäftsabteilung (Abteilung Allgemeines, Personal, Arbeitsrecht und Arbeitsschutz, ab 1936 Abteilung Industrie, Handel, Bergbau, Wasserwirtschaft, Verkehr und Arbeit) des Thüringischen Wirtschaftsministeriums.

Nach Bildung der Landesverwaltung 1945: ab 12. 6. 1945 Landesarbeitsamt; ab 16. 7. 1945 Landesamt für Arbeit und Sozialpolitik; ab 9. 8. 1945 als Landesamt für Arbeit, ab 16. 10. 1945 Landesamt für Arbeit und Sozialfürsorge.

Nach Bildung der Landesregierung [im Ergebnis der Landtagswahlen] 1946: ab 4. 12. 1946 Geschäftsabteilung (Hauptabteilung Arbeit und Sozialfürsorge) des Ministeriums für

Wirtschaftsplanung, ab 30. 1. 1947 des Ministeriums für Wirtschaft, Arbeit und Verkehr; ab 9. 10. 1947 Geschäftsabteilung (Hauptabteilung Arbeit und Sozialfürsorge) des Ministeriums für Arbeit und Sozialwesen; ab 25. 11. 1950 Geschäftsabteilung (Hauptabteilung Arbeit und Sozialfürsorge) des Ministeriums für Industrie und Aufbau, ab 2. 5. 1951 des Ministeriums für Wirtschaft und Arbeit. Als Ministerium [des Landes] zum 25. 7. 1952 aufgelöst.

Nach Neubildung des Landes Thüringen 1990: ab 8. 11. 1990 Geschäftsabteilung (Abteilung Arbeit, Sozialversicherung, Arbeitsschutz) des Thüringer Ministeriums für Soziales und Gesundheit; ab 30. 11. 1994 Geschäftsabteilung (Abteilung Arbeitsmarkt, Arbeitsschutz) des Thüringer Ministeriums für Soziales und Gesundheit.

Sozialwesen

Nach Gründung des Landes Thüringen 1920: ab August 1920 selbständige Abteilung [des Staatsrates von Thüringen] für Volkswohlfahrt; ab 3. 12. 1920 Geschäftsabteilung (Abteilung Arbeit und Wohlfahrt) des neu errichteten Thüringischen Wirtschaftsministeriums; ab April 1924 Geschäftsabteilung (Abteilung Wohlfahrts- und Gesundheitswesen) des Thüringischen Ministeriums für Inneres und Wirtschaft; ab 3. 11. 1928 Geschäftsabteilung (Abteilung Wohlfahrts- und Gesundheitswesen) des Thüringischen Ministeriums des Innern.

Nach Einsetzung des Reichsstatthalters 1933: ab 8. 5. 1933 Geschäftsabteilung (Abteilung Wohlfahrts- und Gesundheitswesen) des Thüringischen Ministeriums des Innern.

Nach Bildung der Landesverwaltung 1945: ab 12. 6. 1945 Geschäftsabteilung (Abteilung Wohlfahrt) des Landesamtes des Innern; fortgeführt ab 10. 8. 1945 als Landesamt für Sozialwesen; fortgeführt ab 16. 10. 1945 als Geschäftsabteilung (Abteilung Sozialfürsorge) des Landesamtes für Arbeit und Sozialfürsorge.

Nach Bildung der Landesregierung [im Ergebnis der Landtagswahlen 1946]: ab 4. 12. 1946 Geschäftsabteilung (Hauptabteilung Arbeit und Sozialfürsorge) des Ministeriums für Wirtschaftsplanung, ab 30. 1. 1947 des Ministeriums für Wirtschaft, Arbeit und Verkehr; ab 9. 10. 1947 Geschäftsabteilung (Hauptabteilung Arbeit und Sozialfürsorge) des Ministeriums für Arbeit und Sozialwesen; ab 25. 11. 1950 Geschäftsabteilung (Hauptabteilung Arbeit und Sozialfürsorge) des Ministeriums für Industrie und Aufbau, ab 2. 5. 1951 des Ministeriums für Wirtschaft und Arbeit. Als Ministerium [des Landes] zum 25. 7. 1952 aufgelöst.

Nach Neubildung des Landes Thüringen 1990: ab 8. 11. 1990 Geschäftsabteilung (Abteilung Soziales) des Thüringer Ministeriums für Soziales und Gesundheit.

Gesundheitswesen

Nach Gründung des Landes Thüringen 1920: ab 3. 12. 1920 Geschäftsabteilung (Abteilung Arbeit und Wohlfahrt) des neu errichteten Thüringischen Wirtschaftsministeriums; ab April 1924 Geschäftsabteilung (Abteilung Wohlfahrts- und Gesundheitswesen) des Thüringischen Ministeriums für Inneres und Wirtschaft, ab 3. 11. 1928 Geschäftsabteilung (Abteilung Wohlfahrts- und Gesundheitswesen) des Thüringischen Ministeriums des Innern.

Nach Einsetzung des Reichsstatthalters 1933: ab 8. 5. 1933 Geschäftsabteilung (Abteilung Wohlfahrts- und Gesundheitswesen) des Thüringischen Ministeriums des Innern.

Nach Bildung der Landesverwaltung 1945: ab 20. 7. 1945 Landesgesundheitsamt.

Nach Bildung der Landesregierung [im Ergebnis der Landtagswahlen] 1946: ab 4. 12. 1946 Geschäftsabteilung (Hauptabteilung Gesundheits- und Umsiedlerwesen) des Ministeriums für allgemeine Verwaltung; ab 30. 1. 1947 Geschäftsabteilung (Hauptabteilung Gesundheitswesen) des Ministeriums des Innern; ab 9. 10. 1947 Geschäftsabteilung (Hauptabteilung Gesundheitswesen) des Ministeriums für Arbeit und Sozialwesen; ab 1. 12. 1950 Geschäftsabteilung (Hauptabteilung Gesundheitswesen) im Büro des Ministerpräsidenten. Als Hauptabteilung im Büro des Ministerpräsidenten [des Landes] zum 25. 7. 1952 aufgelöst.

Nach Neubildung des Landes Thüringen 1990: ab 8. 11. 1990 Geschäftsabteilung (Abteilung Gesundheit) des Thüringer Ministeriums für Soziales und Gesundheit.

Bildungswesen

Nach Gründung des Landes Thüringen 1920: ab August 1920 selbständige Abteilung [des Staatsrates von Thüringen] für Kultus; ab 3. 12. 1920 Geschäftsabteilung (Abteilung für Volksbildung) des neu errichteten Ministeriums für Volksbildung und Justiz; fortgeführt ab 13. 10. 1921 als Thüringisches Ministerium für Volksbildung; fortgeführt ab 8. 3. 1924 als Geschäftsabteilung (Abteilung für Volksbildung) des Thüringischen Ministeriums für Volksbildung und Justiz; fortgeführt ab 3. 11. 1928 als Thüringisches Volksbildungsministerium.

Nach Einsetzung des Reichsstatthalters 1933: ab 8. 5. 1933 Thüringisches Volksbildungsministerium [Ernennung des Vorstandes durch den Reichsstatthalter].

Nach Bildung der Landesverwaltung 1945: ab 12. 6. 1945 Landesamt für Volksbildung.

Nach Bildung der Landesregierung [im Ergebnis der Landtagswahlen] 1946: ab 4. 12. 1946 Ministerium für Volksbildung. Als Ministerium [des Landes] zum 25. 7. 1952 aufgelöst.

Nach Neubildung des Landes Thüringen 1990: ab 8. 11. 1990 Thüringer Kultusministerium.

Wissenschaft und Kunst

Nach Gründung des Landes Thüringen 1920: ab August 1920 selbständige Abteilung [des Staatsrates von Thüringen] für Kultus; ab 3. 12. 1920 Geschäftsabteilung (Abteilung für Volksbildung) des neu errichteten Thüringischen Ministeriums für Volksbildung und Justiz; ab 13. 10. 1921 Geschäftsabteilungen (Abteilung Universität; Abteilung Theater, Museen, Kunstschulen, Heimatschutz) des Thüringischen Ministeriums für Volksbildung; ab 8. 3. 1924 Geschäftsabteilungen (Abteilung Universität; Abteilung Theater, Museen, Kunstschulen, Heimatschutz) des Thüringischen Ministeriums für Volksbildung und Justiz; ab 3. 11. 1928 Geschäftsabteilungen (Abteilung Universität; Abteilung Theater, Museen, Kunstschulen, Heimatschutz) des Thüringischen Volksbildungsministeriums; ab 1. 4. 1930 als Geschäftsabteilung (Abteilung Wissenschaft und Kunst mit Aufsicht über Universität) des Thüringischen Volksbildungsministeriums.

Nach Einsetzung des Reichsstatthalters 1933: ab 8. 5. 1933 Geschäftsabteilung (Abteilung Wissenschaft und Kunst mit Aufsicht über Universität) des Thüringischen Volksbildungsministeriums.

Nach Bildung der Landesverwaltung 1945: ab 12. 6. 1945 Geschäftsabteilungen (Abteilung Hochschulen und Wissenschaft; Abteilung Kunst) des Landesamtes für Volksbildung.

Nach Bildung der Landesregierung [im Ergebnis der Landtagswahlen] 1946: ab 4. 12. 1946 Geschäftsabteilungen (Abteilung Hochschulen und Wissenschaft; ab 1. 12. 1950 Hauptabteilung Universität und Hochschulen [zum 1. 3. 1951 aufgehoben, Aufgaben vom Staatssekretariat für Hochschulwesen der DDR übernommen]; Abteilung Kunst; ab 1. 12. 1950 Hauptabteilung Kunst und Literatur) des Ministeriums für Volksbildung. Hauptabteilung Kunst und Literatur des Ministeriums für Volksbildung ab September 1951 fortgeführt als selbständige Landesverwaltung für Kunstangelegenheiten [dem Staatlichen Komitee für Kunstangelegenheiten der DDR unterstellt].

Nach Neubildung des Landes Thüringen 1990: ab 8. 11. 1990 Thüringer Ministerium für Wissenschaft und Kunst; ab 30. 11. 1994 Thüringer Ministerium für Wissenschaft, Forschung und Kultur.

Justiz

Nach Gründung des Landes Thüringen 1920: ab August 1920 selbständige Abteilung [des Staatsrates von Thüringen] für die Justiz; ab 3. 12. 1920 Geschäftsabteilung (Abteilung für Justiz) des neu errichteten Thüringischen Ministeriums für Volksbildung und Justiz; fortgeführt ab 13. 10. 1921 als Thüringisches Justizministerium; fortgeführt ab 8. 3. 1924 als Geschäftsabteilung (Abteilung für Justiz) des Thüringischen Ministeriums für Volksbildung und Justiz; fortgeführt ab 3. 11. 1928 als Thüringisches Justizministerium.

Nach Einsetzung des Reichsstatthalters 1933: ab 8. 5. 1933 Thüringisches Justizministerium [Ernennung des Vorstandes durch den Reichsstatthalter]. Als Ministerium [des Landes] zum 31. 12. 1934 aufgelöst.

Nach Bildung der Landesverwaltung 1945: Juni 1945 Referat für Justizsachen in der Präsidialabteilung [des Thüringischen Staatsministeriums]; ab 1. 7. 1945 Abteilung Landesjustizverwaltung in der Präsidialkanzlei, ab 28. 2. 1946 im Präsidialamt [des Regierungs- bzw. Landespräsidenten]; fortgeführt ab 25. 6. 1946 als neu errichtetes Landesamt für Justiz.

Nach Bildung der Landesregierung [im Ergebnis der Landtagswahlen] 1946: ab 4. 12. 1946 Ministerium für Justiz, ab 21. 11. 1950 Ministerium der Justiz. Als Ministerium [des Landes] zum 25. 7. 1952 aufgelöst.

Nach Neubildung des Landes Thüringen 1990: ab 8. 11. 1990 Thüringer Justizministerium, ab 29. 5. 1991 Thüringer Ministerium für Justiz, Bundes- und Europaangelegenheiten; ab 11. 2. 1992 Thüringer Justizministerium; ab 30. 11. 1994 Thüringer Ministerium für Justiz und Europaangelegenheiten.

Außenvertretung des Landes

Nach Gründung des Landes Thüringen 1920: ab 25. 10. 1923 Thüringisches Ministerium des Äußern. Als Ministerium des Landes zum 8. 3. 1924 aufgelöst.

Stellvertretender Bevollmächtigter Thüringens im Reichsrat: ab 1. 10. 1919 bis zur Auflösung des Reichsrates (14. 2. 1934) unter dem Thüringischen Staatsministerium - Präsidialabteilung.

Nach Neubildung des Landes Thüringen 1990: ab 4. 12. 1990 Zuständigkeit der Thüringer Staatskanzlei für die Koordinierung der Bundesratssachen und der EG-Angelegenheiten; dem Geschäftsbereich des Justizministers zugeordnet: Aufgabenbereich des Bevollmächtigten des Landes Thüringen beim Bund und der Landesvertretung beim Bund; Informationsbüro für europäische Angelegenheiten in Brüssel; ab 29. 5. 1991 Geschäftsabteilungen Bundes- und Europaangelegenheiten des Thüringer Ministeriums für Justiz, Bundes- und Europaangelegenheiten; fortgeführt ab 11. 2. 1992 als Thüringer Ministerium für Bundes- und Europaangelegenheiten; fortgeführt ab 30. 11. 1994 als Geschäftsabteilung Europaangelegenheiten beim Thüringer Ministerium für Justiz und Europaangelegenheiten sowie als Geschäftsbereich der Thüringer Ministerin für Bundesangelegenheiten in der Staatskanzlei.

Vertretung des Landes, ab 25. 10. 1993 des Freistaates Thüringen beim Bund: ab 4. 12. 1990 unter dem Thüringer Justizministerium, ab 29. 5. 1991 Thüringer Ministerium für Justiz, Bundes- und Europaangelegenheiten, fortgeführt ab 11. 2. 1992 unter dem Thüringer Ministerium für Bundes- und Europaangelegenheiten, fortgeführt ab 30. 11. 1994 im Geschäftsbereich der Thüringer Ministerin für Bundesangelegenheiten in der Staatskanzlei.

Vertretung des Landes, ab 25. 10. 1993 des Freistaates Thüringen bei der Europäischen Union: ab 4. 12. 1990 Informationsbüro für europäische Angelegenheiten in Brüssel unter dem Thüringer Justizministerium, ab 29. 5. 1991 Thüringer Ministerium für Justiz, Bundes- und Europaangelegenheiten, fortgeführt ab 11. 2. 1992 unter dem Thüringer Ministerium für Bundes- und Europaangelegenheiten, fortgeführt ab 30. 11. 1994 unter dem Thüringer Ministerium für Justiz und Europaangelegenheiten als Informationsbüro des Freistaates Thüringen bei der Europäischen Union (Thüringenbüro Brüssel).

[Volker Wahl unter Mitarbeit von Gisela Börnert und Bernhard Lißner]

2.3 Rechtsgrundlagen

Gesetz über die Gliederung der Landesregierung in Ministerien. Vom 3. Dezember 1920. In: GS 1 (1920), Nr. 30, S. 255-256.

Bekanntmachung über die Geschäftsordnung für das Staatsministerium von Thüringen und über die Geschäftsverteilung der Thüringischen Ministerien. Vom 12. Mai 1921. In: GS 2 (1921), Nr. 21, S. 144-148.

Gesetz, betreffend Abänderung des Gesetzes über die Gliederung der Landesregierung in Ministerien. Vom 13. Oktober 1921. In: GS 2 (1921), Nr. 33, S. 269.

Bekanntmachtung betreffend einen Nachtrag zur Geschäftsverteilung der Ministerien. Vom 25. Oktober 1921. In: GS 2 (1921), Nr. 35, S. 306.

Gesetz über die Gliederung der Landesregierung in Ministerien. Vom 25. Oktober 1923. In: GS 4 (1923), Nr. 63, S. 723.

Gesetz über die Gliederung der Landesregierung in Ministerien. Vom 8. März 1924. In: GS 5 (1924), Nr. 16, S. 151.

Bekanntmachung [über die seit dem 29. April 1924 in Geltung befindliche Geschäftsordnung für das Staatsministerium und die neu aufgestellte Geschäftsverteilung innerhalb der Landesregierung]. Vom 28. April 1928. In: GS 9 (1928), Nr. 13, S. 176-182.

Gesetz zur Änderung des Gesetzes über die Gliederung der Landesregierung. Vom 3. November 1928. In: GS 9 (1928), Nr. 26, S. 247.

Bekanntmachung über Änderung der Geschäftsordnung für das Staatsministerium. Vom 6. November 1928. In: GS 9 (1928), Nr. 27, S. 249.

Verordnung zur Ausführung des Gesetzes vom 3. November 1928 über die Neugliederung der Landesregierung [...] und der Ministerialbekanntmachung über Änderung der Geschäftsordnung für das Staatsministerium vom 6. November 1928 [...]. Vom 13. November 1928. In: GS 9 (1928), Nr. 27, S. 249.

Ermächtigungsgesetz. Vom 29. März 1930. In: GS 11 (1930), Nr. 7, S. 23-24.

Bekanntmachung über Änderung der Geschäftsverteilung der Präsidialabteilung des Staatsministeriums und der Ministerien. Vom 29. März 1930. In: GS 11 (1930), Nr. 9, S. 29.

Bekanntmachung über Änderung der Geschäftsverteilung unter den Ministerien. Vom 15. September 1931. In: GS 12 (1931), Nr. 28, S. 295.

Ermächtigungsgesetz. Vom 3. Mai 1933. In: GS 14 (1933), Nr. 25, S. 253.

Bekanntmachung über die Ernennung des Reichsstatthalters in Thüringen. Vom 8. Mai 1933. In: GS 14 (1933), Nr. 27, S. 271.

Erlaß des Reichsstatthalters in Thüringen über die Ernennung des Vorsitzenden der Thüringischen Landesregierung. Vom 8. Mai 1933. In: GS 14 (1933), Nr. 27, S. 271.

Erlaß des Reichsstatthalters in Thüringen über die Ernennung der Mitglieder der Thüringischen Landesregierung. Vom 8. Mai 1933. In: GS 14 (1933), Nr. 27, S. 271-272.

Gesetz über die Amtsbezeichnung des Vorsitzenden der Thüringischen Landesregierung. Vom 8. Mai 1933. In: GS 14 (1933), Nr. 27, S. 272.

Bekanntmachung über eine weitere Änderung der Geschäftsverteilung unter den Ministerien. Vom 5. Juli 1933. In: GS 14 (1933), Nr. 37, S. 296.

Bekanntmachung über eine weitere Änderung der Geschäftsverteilung unter den Ministerien. Vom 1. September 1933. In: GS 14 (1933), Nr. 47, S. 347.

Gesetz über die Landesregierung. Vom 17. Oktober 1933. In: GS 14 (1933), Nr. 54, S. 367.

Bekanntmachung über die Ernennung von weiteren Mitgliedern der Landesregierung. Vom 3. November 1933. In: GS 14 (1933), Nr. 56, S. 381.

Erlaß über die Zeichnung der Ministerien in Dienstsachen. Vom 24. August 1934. In: GS 15 (1934), Nr. 32, S. 123.

Erlaß über die Zeichnung des Volksbildungsministeriums in Dienstsachen. Vom 31. August 1934. In: GS 15 (1934), Nr. 32, S. 125.

Bekanntmachung über eine weitere Änderung der Geschäftsverteilung unter den Ministerien, betr. die Oberaufsicht über die thüringischen Standesämter. Vom 23. März 1935. In: GS 16 (1935), Nr. 11, S. 49.

Bekanntmachtung über weitere Änderungen der Geschäftsverteilung unter den Ministerien. Vom 23. Dezember 1935. In: GS 16 (1935), Nr. 32, S. 149.

Bekanntmachung betr. Regelung der Nachfolge des Ministers Wächtler [betr. Thüringisches Innenministerium und Thüringisches Volksbildungsministerium]. Vom 10. Februar 1936. In: GS 17 (1936), Nr. 4, S. 13.

Bekanntmachung über weitere Änderungen der Geschäftsverteilung unter den Ministerien. Vom 15. Februar 1936. In: GS 17 (1936), Nr. 5, S. 15.

Erlaß über Bezeichnung des Thüringischen Ministeriums des Innern. Vom 4. Juni 1936. In: GS 17 (1936), Nr. 14, S. 65.

Bekanntmachung über weitere Änderungen der Geschäftsverteilung unter den Ministerien. Vom 16. September 1937. In: GS (17) 1937, Nr. 17, S. 61.

Rundverfügung des Regierungspräsidenten der Provinz Thüringen an die Oberbürgermeister und Landräte über die Ernennung und Zuständigkeit der Provinzregierung vom 13. Juni 1945. In: ThHStA Weimar, Land Thüringen - Ministerpräsident, Büro des Ministerpräsidenten Nr. 1078, Bl. 1 [Vervielfältigung].

[Bekanntmachung über die] Errichtung der Provinzial-Regierung in Thüringen. Vom 2. Juli 1945. In: RegBl. [für die Provinz Thüringen] 1 (1945), Nr. 1, S. 1.

[Bekanntmachung über die] Bildung der Landesverwaltung Thüringen. Vom 1. September 1945. In: RegBl. 1 (1945), T. I, Nr. 3, S. 5.

Gesetz über die Bildung einer Regierung des Landes Thüringen. Vom 4. Dezember 1946. In: RegBl. 2 (1946), T. I, Nr. 27 vom 14. Dezember 1946, S. 147.

Gesetz über die Bildung der Ministerien der Regierung des Landes Thüringen und den Übergang der Zuständigkeiten der Landesverwaltung auf die Landesregierung. Vom 4. Dezember 1946. In: RegBl. 2 (1946), T. I, Nr. 27, S. 147-148.

Gesetz zur Änderung des Gesetzes über die Bildung der Ministerien der Regierung des Landes Thüringen und den Übergang der Zuständigkeiten der Landesverwaltung auf die Landesregierung vom 4. Dezember 1946. In: RegBl. 3 (1947), T. I, Nr. 1, S. 8.

Zuständigkeits- und Geschäftsordnung der Regierung des Landes Thüringen. Vom 13. Januar 1947. In: RegBl. 3 (1947), T. II, Nr. 8, S. 97-98.

Gesetz über die Organisation der Landesregierung und die Überleitung von Zuständigkeiten. Vom 30. Januar 1947. In: RegBl. 3 (1947), T. I, Nr. 5, S. 26.

Gesetz über die Stellvertretung des Ministerpräsidenten. Vom 25. März 1947. In: RegBl. 3 (1947), T. I, Nr. 8, S. 43.

2. Gesetz betr. die Organisation der Landesregierung und die Überleitung von Zuständigkeiten. Vom 9. Oktober 1947. In: RegBl. 3 (1947), T. I, Nr. 17, S. 73-74.

Zuständigkeits- und Geschäftsordnung der Regierung des Landes Thüringen vom 13. Januar 1947 [...] in der Fassung vom 16. Februar 1948. In: RegBl. 4 (1948), T. II, Nr. 9, S. 81-82.

III. Gesetz über die Organisation der Landesregierung und die Überleitung von Zuständigkeiten. Vom 21. November 1950. In: RegBl. 6 (1950), T. I, Nr. 33, S. 326.

Wahl des Ministerpräsidenten und Regierungsbildung. Vom 21. November 1950. In: RegBl. 6 (1950), T. I, Nr. 36, S. 349.

Strukturplan der Landesregierung. Vom 22. November 1951. In: RegBl. 7 (1951), T. I, Nr. 35, S. 273.

Gesetz über die weitere Demokratisierung des Aufbaus und der Arbeitsweise der staatlichen Organe im Lande Thüringen. Vom 25. Juli 1952. In: RegBl. 8 (1952), T. I, Nr. 22/23, S. 177-188.

Vorläufige Landessatzung für das Land Thüringen. Vom 7. November 1990. In: GBl. 1 (1990), Nr. 1, S. 1-4.

Beschluß der Thüringer Landesregierung vom 4. Dezember 1990: Zuständigkeit der einzelnen Minister nach § 13 Abs. 1 der Vorläufigen Landessatzung für das Land Thüringen. In: VOBl. 1 (1990), Nr. 1, S. 1-10.

Bekanntmachung der Landesregierung vom 11. Dezember 1990: Zuordnung von Einrichtungen des Landes Thüringen zu den Geschäftsbereichen der Landesregierung. In: VOBl. 1 (1990), Nr. 1, S. 11-12.

Landesgesetz über die Rechtsverhältnisse der Mitglieder der Thüringer Landesregierung (Ministergesetz). Vom 14. Mai 1991. In: GVBl. 2 (1991), Nr. 8, S. 86-89.

Zuständigkeit der einzelnen Minister nach § 13 Abs. 1 der Vorläufigen Landessatzung für das Land Thüringen. Vom 28. Mai 1991. In: GVBl. 2 (1991), Nr. 10, S. 109.

Zuständigkeit der einzelnen Ministerien nach § 13 Abs. 1 der Vorläufigen Landessatzung für das Land Thüringen. Beschluß der Thüringer Landesregierung. Vom 9. März 1993. In: GVBl. 4 (1993), Nr. 13, S. 245-258.

Zuständigkeit der einzelnen Ministerien nach Artikel 76 Abs. 2 Satz 1 der Verfassung des Freistaates Thüringen. Beschluß vom 24. März 1995. In: GVBl. 6 (1995), Nr. 8, S. 166-180.

[Volker Wahl]

Abb. 26 Staatsministerium 1920-1921 (stehend v. l.: v. Brandenstein, Hartmann; sitzend v. l.: Frölich, Dr. Paulssen, Dr. Bielfeld, Prof. Krüger, Dr. Benz)

Abb. 27 Staatsministerium 1928-1929 (stehend v. l.: Glöckner, Mackeldey, Woenne, Krause; sitzend v. l.: Port, Dr. Riedel, Dr. Paulssen, Toelle)

Abb. 28 Staatsministerium 1930-1931
(v. l.: Bauer, Dr. Kästner, Fürth, Baum, Marschler, Dr. Frick, Port)

Abb. 29 Reichsstatthalter Sauckel und die Minister der Landesregierung 1933-1934
(v. l.: Dr. Weber, Marschler, Wächtler, Sauckel)

Abb. 30 Landesregierung 1946-1947
(stehend v. l.: Külz, Wolf, Grosse; sitzend v. l.: Moog, Busse, Dr. Paul, Dr. Appell)

Abb. 31 Landesregierung 1990-1991 (v. l.: Dr. Jentsch, Böck, Sieckmann, Dr. Fickel, Dr. Axthelm, Dr. Zeh, Lieberknecht, Duchač, Dr. Sklenar, Dr. Schultz, Lengemann)

Abb. 32 Landesregierung 1994-1999
(obere Reihe v. l.: Dr. Sklenar, Dr. Dewes, Dr. Vogel, Dr. Schuchardt, Schuster;
untere Reihe v. l.: Kretschmer, Althaus, Lieberknecht, Ellenberger, Trautvetter)

3. Staatsrechtliche Grundlagen - Dokumente

3.1 Verfassungen des Landes/Freistaates Thüringen

[1]

Vorläufige Verfassung des Landes Thüringen. Vom 12. Mai 1920.

Der Volksrat von Thüringen hat folgendes Gesetz beschlossen:

1. Abschnitt.
Staatsgebiet. Staatsgewalt.

§ 1.

Das Land Thüringen ist ein Freistaat und ein Glied des Deutschen Reiches.

§ 2.

Das Gebiet des Landes Thüringen besteht aus den ehemaligen Freistaaten Sachsen-Weimar-Eisenach, Sachsen-Meiningen, Reuß, Sachsen-Altenburg, Sachsen-Gotha, Schwarzburg-Rudolstadt und Schwarzburg-Sondershausen.

Die Grenzen des Staatsgebietes können durch Gesetz geändert werden.

§ 3.

Die Staatsgewalt geht vom Volke aus.

Sie wird ausgeübt durch die stimmberechtigten reichsdeutschen Landeseinwohner, durch den Landtag und durch die Landesregierung.

§ 4.

Stimm- und wahlberechtigt sind alle über 20 Jahre alten reichsdeutschen Männer und Frauen, die im Lande Thüringen wohnen.

2. Abschnitt.
Der Landtag.

§ 5.

Der Landtag übt die gesetzgebende Gewalt aus, überwacht die Verwaltung und bestellt die Landesregierung.

§ 6.

Der Landtag besteht aus Abgeordneten, die in allgemeiner, gleicher, unmittelbarer und geheimer Wahl nach den Grundsätzen der Verhältniswahl für drei Jahre (Tagungsdauer) gewählt werden.

Jede Partei oder Wählergruppe erhält auf je 12000 der für ihren Wahlvorschlag abgegebenen Stimmen einen Abgeordneten. Die hiernach in den Wahlkreisen unberücksichtigt gebliebenen Stimmen sind durch das ganze Land zusammenzuzählen und nach dem vorhergehenden Satz zu bewerten. Jeder alsdann noch verbleibende Rest von mehr als 9000 Stimmen erhält einen weiteren Abgeordneten.

Vor Ablauf der Tagungsdauer müssen Neuwahlen stattfinden.

§ 7.

Wählbar ist jeder Wahlberechtigte, der seit mindestens sechs Monaten im Lande Thüringen wohnt.

§ 8.

Alles Nähere über Landtagswahl und Volksabstimmung regelt ein Gesetz.

§ 9.

Der Landtag prüft die Gültigkeit der Wahlen der Abgeordneten.

Bis zur Entscheidung des Landtags über die Gültigkeit einer Wahl ist jedoch auf Antrag von einem Drittel der gesetzlichen Zahl der Abgeordneten die Prüfung der Wahl eines Abgeordneten einem Wahlprüfungsgericht zu übertragen. Dieses wird gebildet aus dem Präsidenten des Thüringischen Oberverwaltungsgerichts als Vorsitzendem und dessen zwei dienstältesten Mitgliedern und vier vom Landtag für die Tagungsdauer nach der Fraktionsstärke zu wählenden Abgeordneten.

Das Wahlprüfungsgericht entscheidet auf Antrag von einem Drittel der gesetzlichen Zahl der Abgeordneten auch über Zweifel, ob ein Abgeordneter seine Abgeordneteneigenschaft verloren hat.

Das Wahlprüfungsgericht regelt sein Verfahren.

Es erkennt auf Grund öffentlicher mündlicher Verhandlung.

§ 10.

Die Abgeordneten üben ihr Amt nur nach ihrer Überzeugung zum Wohle des ganzen Landes aus. Sie sind an Aufträge nicht gebunden.

§ 11.

Die Abgeordneten erhalten eine gesetzlich zu bestimmende Aufwandsentschädigung.

§ 12.

Die Landesregierung hat einen neugewählten Landtag spätestens am 30. Tage nach der Wahl, nicht aber vor Ablauf der Dauer des seitherigen Landtags einzuberufen.

§ 13.

Der Landtag tritt in jedem Jahre am ersten Dienstag im Februar am Sitze der Landesregierung zusammen, wenn ihn sein Präsident im Einvernehmen mit der Landesregierung nicht früher beruft.

Der Landtag trifft Bestimmung über den Schluß der Tagung und den Zeitpunkt seines Wiederzusammentrittes. Der Präsident kann ihn im Einvernehmen mit der Landesregierung schon vor diesem Zeitpunkte berufen, er muß ihn früher berufen, wenn es die Landesregierung oder mindestens ein Drittel der gesetzlichen Zahl der Abgeordneten verlangt.

§ 14.

Bei Anwesenheit der Hälfte der gesetzlichen Zahl der Abgeordneten ist der Landtag beschlußfähig. Der Landtag ist so lange beschlußfähig, als nicht das Gegenteil in der Sitzung festgestellt wird. Er beschließt mit Stimmenmehrheit. Der Beschluß einer Verfassungsänderung bedarf der Anwesenheit von mindestens zwei Drittel der gesetzlichen Zahl der Abgeordneten und der Zustimmung von mindestens zwei Drittel der Anwesenden.

§ 15.

Die Vollsitzungen des Landtags sind öffentlich. Auf Antrag von einem Drittel der Abgeordneten kann der Landtag die Öffentlichkeit für einzelne Gegenstände der Tagesordnung ausschließen.

§ 16.

Eine Auflösung des Landtags erfolgt durch Beschluß des Landtags mit einer Stimmenmehrheit von mindestens zwei Drittel der gesetzlichen Zahl der Abgeordneten oder durch die Landesregierung, wenn ein Volksentscheid (§ 25) die Auflösung beschlossen hat.

§ 17.

Die Landesregierung hat nach jeder Auflösung des Landtags die Neuwahl alsbald anzuordnen und innerhalb 70 Tagen nach der Auflösung den neugewählten Landtag einzuberufen.

§ 18.

Der Landtag gibt sich seine Geschäftsordnung. Er wählt einen Präsidenten und mindestens zwei Vizepräsidenten (Landtagsvorstand).

Der Landtagsvorstand führt die Geschäfte bis zum Zusammentritt des neugewählten Landtags fort.

§ 19.

Dem Landtagspräsidenten unterstehen die Angestellten des Landtags. Er führt die Verwaltung aller für den Landtag bestehenden Einrichtungen, übt das Hausrecht und die Polizeigewalt in den Räumen des Landtags aus, verfügt über die Einnahmen und Ausgaben des Landtags und vertritt den Staat in allen Rechtsgeschäften und Rechtsstreitigkeiten der Landtagsverwaltung.

§ 20.

Der Landtag und seine Ausschüsse können die Anwesenheit der Mitglieder der Landesregierung verlangen.

Diese und die von ihnen Beauftragten haben zu den Sitzungen des Landtags und seiner Ausschüsse, zu denen die Landesregierung stets einzuladen ist, Zutritt. Sie müssen auf Verlangen jederzeit gehört werden. Sie unterstehen der Ordnungsgewalt des Vorsitzenden.

§ 21.

Jeder Landtagsausschuß kann Sachverständige zu seinen Beratungen zuziehen. Von der Zuziehung ist die Landesregierung zu benachrichtigen.

§ 22.

Die Ausschüsse des Landtags können mit dessen Zustimmung oder mit Zustimmung der Landesregierung auch außerhalb der Tagung des Landtags zusammentreten. Die Mitglieder des Ausschusses genießen auch dann alle Rechte der Abgeordneten.

§ 23.

Wird die Gesetzlichkeit oder Lauterkeit von Verwaltungsmaßnahmen öffentlicher Behörden angezweifelt, so müssen auf Antrag von mindestens einem Drittel der gesetzlichen Zahl der Abgeordneten Untersuchungsausschüsse eingesetzt werden. In diesen müssen die Fraktionen vertreten sein, denen die Antragsteller angehören.

Die Untersuchungsausschüsse erheben in öffentlicher Sitzung die Beweise, die sie oder die Antragsteller für erforderlich erachten. Die Öffentlichkeit kann ausgeschlossen werden.

Die Gerichte und Verwaltungsbehörden haben auf Ersuchen der Untersuchungsausschüsse Beweise zu erheben.

Die Verwaltungsbehörden haben auf Verlangen ihre Akten den Untersuchungsausschüssen vorzulegen.

Auf die Erhebungen der Untersuchungsausschüsse und der von ihnen ersuchten Behörden finden die Vorschriften der Strafprozeßordnung sinngemäß Anwendung, doch bleibt das Brief-, Post-, Telegraphen- und Fernsprechgeheimnis unberührt.*)

*) Art. 30 der Reichsverfassung.
Wahrheitsgetreue Berichte über die Verhandlungen in den öffentlichen Sitzungen des Reichtags, eines Landtags oder ihrer Ausschüsse bleiben von jeder Verantwortlichkeit frei.

Art. 36.

Kein Mitglied des Reichstags oder eines Landtags darf zu irgendeiner Zeit wegen seiner Abstimmung oder wegen der in Ausübung seines Berufs getanen Äußerungen gerichtlich oder dienstlich verfolgt oder sonst außerhalb der Versammlung zur Verantwortung gezogen werden.

Art. 37.

Kein Mitglied des Reichstags oder eines Landtags kann ohne Genehmigung des Hauses, dem der Abgeordnete angehört, während der Sitzungsperiode wegen einer mit Strafe bedrohten Handlung zur Untersuchung gezogen oder verhaftet werden, es sei denn, daß das Mitglied bei Ausübung der Tat oder spätestens im Laufe des folgenden Tages festgenommen ist.

Die gleiche Genehmigung ist bei jeder anderen Beschränkung der persönlichen Freiheit erforderlich, die die Ausübung des Abgeordnetenberufs beeinträchtigt.

Jedes Strafverfahren gegen ein Mitglied des Reichstags oder eines Landtags und jede Haft oder sonstige Beschränkung seiner persönlichen Freiheit wird auf Verlangen des Hauses, dem der Abgeordnete angehört, für die Dauer der Sitzungsperiode aufgehoben.

Art. 38.

Die Mitglieder des Reichstags und der Landtage sind berechtigt, über Personen, die ihnen in ihrer Eigenschaft als Abgeordneten Tatsachen anvertrauen, oder denen sie in Ausübung ihres Abgeordnetenberufs solche anvertraut haben sowie über diese Tatsachen selbst das Zeugnis zu verweigern. Auch in Beziehung auf Beschlagnahme von Schriftstücken stehen sie den Personen gleich, die ein gesetzliches Zeugnisverweigerungsrecht haben.

Eine Durchsuchung oder Beschlagnahme darf in den Räumen des Reichstags oder eines Landtags nur mit Zustimmung des Präsidenten vorgenommen werden.

Art. 39.

Beamte und Angehörige der Wehrmacht bedürfen zur Ausübung ihres Amtes als Mitglieder des Reichstags oder eines Landtags keines Urlaubs.

Bewerben sie sich um einen Sitz in diesen Körperschaften, so ist ihnen der zur Vorbereitung ihrer Wahl erforderliche Urlaub zu gewähren.

Art. 160.

Wer in einem Dienst- oder Arbeitsverhältnis als Angestellter oder Arbeiter steht, hat das Recht auf die zur Wahrnehmung staatsbürgerlicher Rechte und, soweit dadurch der Betrieb nicht erheblich geschädigt wird, zur Ausübung ihm übertragener öffentlicher Ehrenämter nötige freie Zeit. Wieweit ihm der Anspruch auf Vergütung erhalten bleibt, bestimmt das Gesetz.

3. Abschnitt.
Volksbegehren und Volksentscheid.

§ 24.

Die Landesregierung kann ein vom Landtag beschlossenes Gesetz innerhalb eines Monats dem Volksentscheid unterbreiten.

§ 25.

Ein Volksentscheid muß herbeigeführt werden, wenn ein Drittel der Zahl der Stimmberechtigten der letzten Landtagswahl die Vorlegung, Abänderung oder Aufhebung eines Gesetzes oder eine Abänderung der Verfassung oder Auflösung des Landtags begehrt.

Dem Volksbegehren muß, außer wenn Auflösung des Landtags verlangt wird, ein ausgearbeiteter Gesetzentwurf mit Begründung zugrunde liegen.

Das Volksbegehren ist an die Landesregierung zu richten.

Wird durch ein Volksbegehren ein Gesetz verlangt, so ist der Gesetzentwurf von der Landesregierung unter Darlegung ihrer Stellungnahme dem Landtag zu unterbreiten. Der Volksentscheid findet nicht statt, wenn der Gesetzentwurf im Landtag unverändert oder nur unwesentlich verändert angenommen worden ist.

§ 26.

Über den Haushaltsplan, über Abgabengesetze und Besoldungsordnungen findet kein Volksentscheid statt.

§ 27.

Bei einem Volksentscheid wird über die gestellte Frage mit »Ja« oder »Nein« abgestimmt.

Zu einem Volksentscheid ist die Beteiligung der Hälfte der Stimmberechtigten und die Mehrheit der Abstimmenden erforderlich.

Eine Änderung der Verfassung oder eine Auflösung des Landtags durch Volksentscheid bedarf der Zustimmung der Mehrheit der Stimmberechtigten.

Sind diese Mehrheiten nicht erzielt worden, so gilt die Frage als verneint.

4. Abschnitt.
Gesetzgebung.

§ 28.

Die Gesetzesvorlagen werden von der Landesregierung oder vom Landtage eingebracht.

Die Gesetze werden vom Landtag oder durch Volksentscheid beschlossen.

§ 29.

Ein vom Landtag oder durch Volksentscheid beschlossenes Gesetz ist von mindestens drei Mitgliedern der Landesregierung zu unterzeichnen und innerhalb eines Monats im Gesetzblatt zu verkünden.

§ 30.

Gesetze treten, soweit sie nichts anderes bestimmen, mit dem 14. Tage nach dem Tage der Ausgabe des Gesetzblattes am Sitze der Landesregierung in Kraft.

Der Tag der Ausgabe ist auf dem Gesetzblatt zu vermerken.

§ 31.

Die Verkündung eines Gesetzes wird ausgesetzt, wenn die Landesregierung innerhalb 14 Tagen nach der Schlußabstimmung des Landtags eine schriftlich begründete Vorstellung dagegen beim Landtag erhebt.

Beharrt dieser nach erneuter Beratung bei seinem ursprünglichen Beschlusse, so muß die Landesregierung das Gesetz innerhalb eines Monats verkünden oder es dem Volksentscheid unterbreiten (§ 24).

§ 32.

Staatsverträge, die sich auf Gegenstände der Gesetzgebung beziehen, bedürfen der Zustimmung des Landtags und sind wie Gesetze zu verkünden.

§ 33.

Die Landesregierung kann in dringenden Fällen, wenn der Landtag nicht versammelt ist, ein Gesetz als Notgesetz erlassen. Das Notgesetz darf der Verfassung nicht zuwiderlaufen. Es ist im Gesetzblatt zu veröffentlichen.

Das Notgesetz ist dem Landtag bei seinem Zusammentritt sofort zur Bestätigung vorzulegen. Wird diese versagt, so hat die Landesregierung die Aufhebung unverzüglich im Gesetzblatt zu verkünden.

5. Abschnitt.
Die Landesregierung.

§ 34.

Die Staatsleitung liegt der Landesregierung (Staatsministerium) ob.

Die Landesregierung gliedert sich in Ministerien; in diesen können für wichtige Verwaltungszweige besondere Abteilungen errichtet werden.

Die Zahl der Ministerien wird durch Gesetz bestimmt.

§ 35.

Die Mitglieder der Landesregierung werden vom Landtag aus der Zahl der wählbaren Landeseinwohner gewählt.

§ 36.

Die Urkunden über die Anstellung eines Mitgliedes der Landesregierung und über seine Versetzung in den Wartestand oder Ruhestand unterzeichnet der Landtagspräsident.

§ 37.

Jedes Mitglied der Landesregierung wird bei seinem Amtsantritt vom Landtagspräsidenten durch Handschlag verpflichtet. Es leistet folgendes Gelöbnis:

»Ich gelobe, alle meine Kraft dem Wohle des Volkes zu widmen, die Pflichten des mir übertragenen Amtes gewissenhaft zu erfüllen und die Gesetze, insbesondere die Reichs- und Landesverfassung, sorgfältig zu beobachten.«

Die Beifügung einer religiösen Beteuerung ist zulässig.

§ 38.

Die Mitglieder der Landesregierung sind dem Landtage verantwortlich und von seinem Vertrauen abhängig.

§ 39.

Der Landtag kann mit der Mehrheit der gesetzlichen Zahl der Abgeordneten in namentlicher Abstimmung jedem Mitglied der Landesregierung das Vertrauen entziehen. Es muß dann zurücktreten.

Der Antrag muß von wenigstens einem Drittel der Abgeordneten gestellt und mindestens sechs Tage vor der Beratung auf die Tagesordnung gesetzt werden.

§ 40.

Wird der Landesregierung in ihrer Gesamtheit das Vertrauen entzogen, so hat sie zurückzutreten.

Die beamteten Mitglieder treten damit in den Wartestand.

§ 41.

Die nichtbeamteten Mitglieder der Landesregierung können jederzeit zurücktreten, die beamteten Mitglieder jederzeit ihre Versetzung in den Wartestand fordern.

§ 42.

Scheidet ein Mitglied der Landesregierung aus, so hat der Landtag unverzüglich, und wenn er nicht tagt, bei seinem Wiederzusammentritt eine Ersatzwahl vorzunehmen.

Scheiden alle Mitglieder der Landesregierung aus, so führen sie die Geschäfte bis zum Amtsantritt ihrer Nachfolger fort.

§ 43.

Jedes Mitglied der Landesregierung leitet den ihm anvertrauten Geschäftszweig unter eigener Verantwortung gegenüber dem Landtag.

Es muß, sofern ein Gegenstand seiner Verwaltung in den Geschäftsbereich eines anderen Mitglieds einschlägt, im Einverständnis mit diesem verfahren; kommt eine Einigung nicht zustande, so hat die Landesregierung zu entscheiden.

Der Landesregierung sind Angelegenheiten, die zum Geschäftsbereich eines Ministeriums oder einer Abteilung eines solchen gehören, zu unterbreiten, sofern sie von allgemeiner politischer Bedeutung sind.

§ 44.

Die Mitglieder der Landesregierung dürfen während ihrer Amtsdauer ohne Zustimmung des Landtags keine anderweitige mit Entgelt oder Entschädigung irgendwelcher Art verbundene Tätigkeit, keinen besonderen Beruf oder ein Gewerbe ausüben, insbesondere nicht Mitglied des Vorstandes, Verwaltungs- oder Aufsichtsrats einer auf Erwerb gerichteten Gesellschaft sein, sofern damit der Bezug einer Tantieme oder sonstigen Vergütung verbunden ist.

Die Zustimmung des Landtags ist widerruflich.

Die Ansprüche der Mitglieder der Landesregierung auf Gehalt, Aufwandsentschädigung, Wartegeld, Ruhegehalt und Hinterbliebenenversorgung werden durch Gesetz geregelt.

§ 45.

Die Mitglieder der Landesregierung wählen aus ihrer Mitte den Vorsitzenden und dessen Stellvertreter. Der Vorsitzende leitet die Verhandlungen und vertritt das Land nach außen, soweit nicht ein Ministerium zuständig ist.

Die Landesregierung beschließt ihre Geschäftsordnung, die dem Landtag vorzulegen ist.

§ 46.

Die Landesregierung faßt ihre Beschlüsse mit Stimmenmehrheit. Stimmengleichheit gilt als Ablehnung. Beschlüsse können auch schriftlich gefaßt werden, sofern sich kein Widerspruch erhebt.

Jedem bei einer Beschlußfassung überstimmten Mitgliede der Landesregierung steht das Recht zu, sich durch schriftliche Begründung seines abweichenden Standpunktes von der Verantwortlichkeit zu befreien. Die schriftliche Begründung ist zu den Akten zu nehmen.

§ 47.

Die Landesregierung beschließt - unbeschadet der Vorschriften in § 43 - über alle Angelegenheiten von größerer Wichtigkeit, insbesondere über

1. Staatsverträge,
2. Berufung des Landtags (§§ 12, 17), Vorlagen an den Landtag und Stellungnahme zu seinen Beschlüssen,
3. die zur Ausführung von Gesetzen erforderlichen Verordnungen und sonstige allgemeine Verwaltungsverordnungen sowie Notgesetze (§ 33),
4. die Stellungnahme zu Vorlagen der Reichsregierung,
5. die Ausübung des Begnadigungsrechts im Einzelfalle - Amnestien bedürfen der Zustimmung des Landtags -,
6. die Anstellung von Staatsbeamten, ihre Entlassung und ihre Versetzung in den Wartestand oder in den Ruhestand, soweit sie nicht anderen Stellen übertragen ist,
7. Erwerbungen und Veräußerungen von Grundbesitz.

Die Landesregierung kann die Beschlußfassung in derartigen Angelegenheiten, insbesondere in Gnadensachen (Ziffer 5) in bestimmtem Umfange, sowie die Beschlußfassung über Verwaltungsverordnungen einem Ministerium übertragen.

6. Abschnitt.
Staatsgerichtshof.

§ 48.

Der Landtag hat das Recht, die Mitglieder der Landesregierung wegen schuldhafter Verletzung der Verfassung oder der Gesetze anzuklagen. Die Anklage muß von mindestens Zweidrittel der gesetzlichen Zahl der Abgeordneten beschlossen werden. Der Antrag auf Erhebung der Anklage muß mindestens sechs Tage vor der Beratung auf die Tagesordnung gesetzt und von mindestens der Hälfte der gesetzlichen Zahl der Abgeordneten unterzeichnet sein. Das Anklagerecht des Landtags wird durch die Amtsniederlegung oder die Entfernung des Beschuldigten vom Dienste nicht aufgehoben.

§ 49.

Über die Anklage entscheidet ein Staatsgerichtshof mit dem Sitz in Jena.

Der Staatsgerichtshof besteht aus dem Präsidenten des Oberlandesgerichts als Vorsitzendem, einem Mitglied des Oberlandesgerichts und einem Mitglied des Thüringischen Oberverwaltungsgerichts, die von diesen Gerichten aus ihrer Mitte vorgeschlagen und vom Landtage auf die Dauer ihres Hauptamtes bestellt, und vier Mitgliedern, die vom Landtag unter möglichster Berücksichtigung der Stärke der Fraktionen gewählt werden. Bei Verhinderung des Vorsitzenden tritt an seine Stelle der Präsident des Oberverwaltungsgerichts. Für jedes Mitglied wird ein Stellvertreter bestellt. Die vom Landtag gewählten Mitglieder bleiben bis zur Vornahme einer Neuwahl im Amte.

Der Landtag bestimmt den Vertreter der Anklage.

§ 50.

Das Recht der Anklage erlischt durch Verjährung. Die Verjährung tritt ein nach sechs Monaten von dem Tage ab, an dem die Tatsache, auf die die Anklage gestützt wird, im Landtage zur Sprache gebracht worden ist, sonst nach drei Jahren seit Begehung der Tat.

§ 51.

Der Staatsgerichtshof kann nur auf Freisprechung, auf Mißbilligung sowie auf Amtsentlassung erkennen.

Hat der Angeschuldigte den Staatsdienst bereits verlassen, so ist sein Vergehen und dessen Straffolge festzustellen.

Das Urteil ist im Gesetzblatt zu verkünden.

Die Kosten des Verfahrens trägt der Verurteilte.

Im Falle der Freisprechung erstattet die Staatskasse die erwachsenen notwendigen Auslagen.

§ 52.

Auf das Verfahren vor dem Staatsgerichtshof finden die Bestimmungen der Strafprozeßordnung sinngemäß Anwendung.

§ 53.

Eine Begnadigung ist nur auf Antrag des Landtags zulässig.

§ 54.

Der Staatsgerichtshof entscheidet auch auf Antrag des Landtags oder der Landesregierung über Verfassungsstreitigkeiten.

7. Abschnitt.
Finanzwesen.

§ 55.

Alle Einnahmen und Ausgaben des Landes Thüringen müssen für jedes Rechnungsjahr (1. April bis 31. März) veranschlagt und in den Haushaltsplan eingestellt werden, soweit nicht auf Grund gesetzlicher Bestimmungen oder mit Zustimmung des Landtags besondere Vermögensbestände (Fonds, Stiftungen) gebildet und mit besonderer Verwaltung und Verrechnung ausgeschieden sind. Diese Bestände sind mit dem Haushaltsplan gesondert auszuweisen.

Der Haushaltsplan wird durch ein Gesetz festgestellt. Dieses Gesetz kann in abgekürzter Form verkündet werden. Die Ausgaben werden in der Regel für ein Jahr bewilligt.

§ 56.

Beschlüsse des Landtags, die eine Erhöhung der Ausgaben des Haushaltsplans oder die Bewilligung neuer Ausgaben bewirken, sind auf Verlangen der Landesregierung erneut zu beraten. Die Beratung darf nur mit Zustimmung der Landesregierung vor Ablauf von vierzehn Tagen stattfinden. Der erste Beschluß bleibt in Kraft, wenn er bei der erneuten Beratung von der Mehrheit der gesetzlichen Zahl der Abgeordneten bestätigt wird.

§ 57.

Ist zum Beginn des Rechnungsjahres der Haushaltsplan nicht durch Gesetz festgestellt, so ist die Landesregierung bis zu seinem Inkrafttreten ermächtigt, die rechtlich begründeten Verpflichtungen des Staates zu erfüllen, auf Grund des letzten Haushaltsplans die Verwaltung fortzuführen und die bisherigen Landessteuern und Abgaben noch weiter zu erheben sowie Schatzanweisungen oder Schatzwechsel auszugeben, soweit die laufenden Einnahmen zur Bestreitung der zulässigen Ausgaben nicht ausreichen.

§ 58.

Staatsanleihen dürfen nur bei außerordentlichem Bedarf und in der Regel nur für Ausgaben zu werbenden Zwecken durch Gesetz aufgenommen werden. Eine Bürgschaft für das Land kann nur durch Gesetz übernommen werden.

§ 59.

Über alle Einnahmen und Ausgaben des Landes hat die Landesregierung dem Landtag jährlich Rechnung zu legen.

Die Rechnungen sind zu prüfen und das Ergebnis dem Landtag vorzulegen.

Das Nähere über diese Rechnungsprüfung regelt ein Gesetz.

§ 60.

Die Veräußerung und der Erwerb von Grundstücken und Berechtigungen, die nach dem Gesetz den Grundstücken gleichstehen, im Werte von mehr als 50 000 Mark bedürfen der Genehmigung des Landtags.

§ 61.

Das Staatsvermögen ist in seinem Bestande zu erhalten; ihm sind insbesondere die Erlöse von Grundstücksveräußerungen zuzuführen.

Übergangs- und Schlußbestimmungen.

§ 62.

Jeder der früheren thüringischen Freistaaten (§ 2) bildet für die Übergangszeit einen Kommunalverband höherer Ordnung mit dem Rechte der Selbstverwaltung.

Die Volksvertretungen und die Staatsregierungen (Ministerium, Landesregierung, Staatsrat) der früheren thüringischen Freistaaten gelten bis zur anderweitigen gesetzlichen Regelung als Organe dieser Kommunalverbände.

Diese Kommunalverbände haben die vom Lande Thüringen noch nicht übernommenen Verwaltungsaufgaben nach Anweisung der Landesregierung oder des zuständigen Ministeriums des Landes Thüringen zu erfüllen und die Überleitung solcher Verwaltungszweige in den Geschäftsbereich des Landes Thüringen vorzubereiten. Die Gesetze und Verordnungen der früheren thüringischen Freistaaten bleiben so lange in Kraft, als nicht die in ihnen geregelte Materie durch Thüringen rechtlich geordnet ist.

Ein Gesetz regelt das Nähere, insbesondere die erforderlichen Veränderungen.

§ 63.

Während der Übergangszeit ist die Vermögensauseinandersetzung der früheren thüringischen Freistaaten mit Thüringen in entsprechender Anwendung der Vorschrift in Art. 3 des Gemeinschaftsvertrags zu regeln.

Über die Zusammensetzung und das Verfahren des in Art. 3 Abs. 2 des Gemeinschaftsvertrags *) vorgesehenen Schiedsgerichts beschließt der Landtag. Dieser wählt die Hälfte der Mitglieder des Schiedsgerichts, während die andere Hälfte von der Volksvertretung desjenigen früheren thüringischen Freistaates gewählt wird, um dessen Vermögensauseinandersetzung es sich handelt.

Die Mitglieder des Schiedsgerichts wählen den Obmann.

*) *[Es folgt Artikel 3 des Gemeinschaftsvertrages über den Zusammenschluß der thüringischen Staaten vom 4. Januar 1920 - siehe Dokument Nr. 14.]*

§ 64.

Streitigkeiten eines früheren thüringischen Freistaates mit einem anderen oder mit Thüringen sind während der Übergangszeit auf Anrufen eines Teils durch den Staatsgerichtshof von Thüringen zu entscheiden.

§ 65.

Für die Übergangszeit bildet jeder frühere thüringische Freistaat einen Wahlkreis, soweit nicht das Landtagswahlgesetz Abänderungen bestimmt.

§ 66.

Den ersten Landtag hat der Staatsrat von Thüringen spätestens am 30. Tage nach der Wahl einzuberufen.

§ 67.

Das Land Thüringen ist Rechtsnachfolger der früheren thüringischen Freistaaten, hinsichtlich des Staatsvermögens aber nur insoweit, als die Vermögensauseinandersetzung zwischen den ehemaligen thüringischen Freistaaten und Thüringen abgeschlossen ist.

Die beim Zusammenschluß der früheren thüringischen Freistaaten getroffenen besonderen Vereinbarungen bleiben in Kraft.

§ 68.

Die Erhaltung der Universität Jena mit ihren Anstalten soll spätestens am 1. April 1921 auf Thüringen übergehen.

§ 69.

Die Verwaltungsbefugnisse gegenüber den gemeinschaftlichen Einrichtungen, Behörden und Anstalten gehen spätestens am 1. April 1921 auf die Landesregierung von Thüringen über.

§ 70.

Soweit in Gesetzen und Verordnungen auf Vorschriften und Einrichtungen verwiesen ist, die durch diese Verfassung aufgehoben sind, treten an ihre Stelle die entsprechenden Vorschriften und Einrichtungen dieser Verfassung. Insbesondere treten an die Stelle der höchsten Regierungsbehörden der früheren thüringischen Freistaaten die Landesregierung von Thüringen oder ihre Minsterien, soweit die Landesregierung von Thüringen den betreffenden Verwaltungszweig übernommen hat. Alle Rechte der Staatsregierungen der früheren thüringischen Freistaaten gehen auf die Landesregierung von Thüringen über.

§ 71.

Für 15 Jahre nach Inkrafttreten dieser Verfassung ist aus jedem früheren thüringischen Freistaate, der nicht durch einen seiner Angehörigen in der Landesregierung vertreten ist, ein mit den Verhältnissen dieses früheren Staates besonders Vertrauter als Staatsrat (Minister ohne Geschäftsbereich) vom Landtag zu wählen.

Dieser Staatsrat ist zu allen Sitzungen der Landesregierung einzuladen und nimmt als vollberechtigtes Mitglied der Landesregierung an den Abstimmungen teil. Einem solchen Mitglied kann die Landesregierung einen bestimmten Geschäftskreis zuweisen.

§ 72.

Bis zum Zusammentritt des ersten Landtags gilt der Volksrat von Thüringen als Landtag.

Nach der Wahl der Mitglieder der Landesregierung durch den Landtag beruft der Vorsitzende des Staatsrats von Thüringen die neugewählten Mitglieder der Landesregierung zur Wahl des Vorsitzenden. Der Staatsrat von Thüringen überträgt dieser Landesregierung die Führung der Staatsgeschäfte und löst sich auf.

§ 73.

Der erste nach Verkündung dieser Verfassung gewählte Landtag von Thüringen kann innerhalb sechs Monaten nach seinem Zusammentritt diese Verfassung mit einfacher Stimmenmehrheit abändern.

§ 74.

Das Ende der Übergangszeit wird durch Gesetz bestimmt.

§ 75.

Diese Verfassung ist von den Mitgliedern des Staatsrates von Thüringen und vom Vorstand des Volksrates von Thüringen zu unterzeichnen und vom Staatsrat im Gesetzblatt zu verkünden.

§ 76.

Die Verfassung tritt am Tage ihrer Verkündung in Kraft.

Weimar, den 12. Mai 1920.

Der Staatsrat von Thüringen.
Paulssen. Hofmann. Frhr. v. Brandenstein.

Quelle: GS 1 (1920), Nr. 8, S. 67-74.

[2]

Gesetz über Abänderung der vorläufigen Verfassung des Landes Thüringen vom 12. Mai 1920. Vom 4. Dezember 1920.

Der Landtag von Thüringen hat folgendes Gesetz beschlossen:

§ 1.

Der § 73 der vorläufigen Verfassung des Landes Thüringen vom 12. Mai 1920 erhält folgende Fassung:

Der Landtag kann diese Verfassung bis spätestens 31. März 1921 mit einfacher Stimmenmehrheit abändern.

§ 2.

Dieses Gesetz tritt mit dem Tage der Verabschiedung der Verfassung außer Kraft.

Weimar, den 4. Dezember 1920.

Thüringisches Staatsministerium.
Paulssen. Frölich. Frhr. v. Brandenstein.

Quelle: GS 1 (1920), Nr. 30, S. 265.

[3]

Verfassung des Landes Thüringen. Vom 11. März 1921.

Der Landtag von Thüringen hat folgendes Gesetz beschlossen:

1. Abschnitt.
Staatsgebiet. Staatsgewalt.

§ 1.

Das Land Thüringen ist ein Freistaat und ein Glied des Deutschen Reiches.

§ 2.

Das Gebiet des Landes Thüringen besteht aus den ehemaligen Freistaaten Sachsen-Weimar-Eisenach, Sachsen-Meiningen, Reuß, Sachsen-Altenburg, Sachsen-Gotha, Schwarzburg-Rudolstadt und Schwarzburg-Sondershausen.

Die Grenzen des Staatsgebietes können durch Gesetz geändert werden.

§ 3.

Die Staatsgewalt geht vom Volke aus.

Sie wird ausgeübt durch die stimmberechtigten reichsdeutschen Landeseinwohner, durch den Landtag und durch die Landesregierung.

§ 4.

Stimm- und wahlberechtigt sind alle über 20 Jahre alten reichsdeutschen Männer und Frauen, die im Lande Thüringen wohnen.

2. Abschnitt.
Der Landtag.

§ 5.

Der Landtag übt die gesetzgebende Gewalt aus, überwacht die Verwaltung und bestellt die Landesregierung.

§ 6.

Der Landtag besteht aus Abgeordneten, die in allgemeiner, gleicher, unmittelbarer und geheimer Wahl nach den Grundsätzen der Verhältniswahl für drei Jahre (Tagungsdauer) gewählt werden.

Gewählt wird in Wahlkreisen und auf Grund von Wahlvorschlägen. Jede Partei oder Wählergruppe erhält auf je 12 000 der für ihren Vorschlag abgegebenen Stimmen einen Abgeordneten. Die hiernach in den Wahlkreisen unberücksichtigt gebliebenen Stimmen sind durch das ganze Land zusammenzuzählen und nach dem vorhergehenden Satz zu bewerten. Jeder alsdann noch verbleibende Rest von mehr als 9000 Stimmen erhält einen weiteren Abgeordneten.

Vor Ablauf der Tagungsdauer müssen Neuwahlen stattfinden.

§ 7.

Wählbar ist jeder Wahlberechtigte, der seit mindestens sechs Monaten im Lande Thüringen wohnt.

§ 8.

Alles Nähere über Landtagswahl und Volksabstimmung regelt ein Gesetz.

§ 9.

Der Landtag prüft die Gültigkeit der Wahlen der Abgeordneten.

Bis zur Entscheidung des Landtags über die Gültigkeit einer Wahl ist jedoch auf Antrag von einem Drittel der gesetzlichen Zahl der Abgeordneten die Prüfung der Wahl eines Abgeordneten einem Wahlprüfungsgericht zu übertragen. Dieses wird gebildet aus dem Präsidenten des Thüringischen Oberverwaltungsgerichts als Vorsitzendem und dessen zwei dienstältesten Mitgliedern und vier vom Landtag für die Tagungsdauer nach der Fraktionsstärke zu wählenden Abgeordneten.

Das Wahlprüfungsgericht entscheidet auf Antrag von einem Drittel der gesetzlichen Zahl der Abgeordneten auch über Zweifel, ob ein Abgeordneter seine Abgeordneteneigenschaft verloren hat.

Das Wahlprüfungsgericht regelt sein Verfahren. Es erkennt auf Grund öffentlicher mündlicher Verhandlung.

§ 10.

Die Abgeordneten üben ihr Amt nur nach ihrer Überzeugung zum Wohle des ganzen Landes aus. Sie sind an Aufträge nicht gebunden.

§ 11.

Die Abgeordneten erhalten eine gesetzlich zu bestimmende Aufwandsentschädigung.

§ 12.

Die Landesregierung hat einen neugewählten Landtag spätestens am 30. Tage nach der Wahl, nicht aber vor Ablauf der Dauer des seitherigen Landtags einzuberufen.

§ 13.

Der Landtag tritt in jedem Jahr in der ersten Hälfte des Februar am Sitz der Landesregierung zusammen, wenn ihn sein Präsident im Einvernehmen mit der Landesregierung nicht früher beruft.

Der Landtag trifft Bestimmung über den Schluß der Tagung und den Zeitpunkt seines Wiederzusammentrittes. Der Präsident kann ihn im Einvernehmen mit der Landesregierung schon vor diesem Zeitpunkte berufen, er muß ihn früher berufen, wenn es die Landesregierung oder mindestens ein Drittel der gesetzlichen Zahl der Abgeordneten verlangt.

§ 14.

Bei Anwesenheit der Hälfte der gesetzlichen Zahl der Abgeordneten ist der Landtag beschlußfähig. Der Landtag ist so lange beschlußfähig, als nicht das Gegenteil in der Sitzung festgestellt wird. Er beschließt mit Stimmenmehrheit. Der Beschluß einer Verfassungsänderung bedarf der Anwesenheit von mindestens zwei Drittel der gesetzlichen Zahl der Abgeordneten und der Zustimmung von mindestens zwei Drittel der Anwesenden.

§ 15.

Die Vollsitzungen des Landtags sind öffentlich. Auf Antrag von einem Drittel der Abgeordneten kann der Landtag die Öffentlichkeit für einzelne Gegenstände der Tagesordnung ausschließen.

§ 16.

Eine Auflösung des Landtags erfolgt durch eigenen Beschluß mit der Mehrheit der gesetzlichen Zahl der Abgeordneten oder durch die Landesregierung, wenn ein Volksentscheid (§ 25) die Auflösung beschlossen hat.

§ 17.

Die Landesregierung hat nach jeder Auflösung des Landtags die Neuwahl alsbald anzuordnen und innerhalb 70 Tagen nach der Auflösung den neugewählten Landtag einzuberufen.

§ 18.

Der Landtag gibt sich seine Geschäftsordnung.

Er wählt einen Präsidenten und mindestens zwei Vizepräsidenten (Landtagsvorstand).

Der Landtagsvorstand führt die Geschäfte bis zum Zusammentritt des neugewählten Landtags fort.

§ 19.

Dem Landtagspräsidenten unterstehen die Angestellten des Landtages. Er führt die Verwaltung aller für den Landtag bestehenden Einrichtungen, übt das Hausrecht und die Polizeigewalt in den Räumen des Landtags aus, verfügt über die Einnahmen und Ausgaben des Landtags und vertritt den Staat in allen Rechtsgeschäften und Rechtsstreitigkeiten der Landtagsverwaltung.

§ 20.

Der Landtag und seine Ausschüsse können die Anwesenheit der Mitglieder der Landesregierung verlangen.

Diese und die von ihnen Beauftragten haben zu den Sitzungen des Landtags und seiner Ausschüsse, zu denen die Landesregierung stets einzuladen ist, Zutritt. Sie müssen auf Verlangen jederzeit gehört werden. Sie unterstehen der Ordnungsgewalt des Vorsitzenden.

§ 21.

Jeder Landtagsausschuß kann Sachverständige zu seinen Beratungen zuziehen. Von der Zuziehung ist die Landesregierung zu benachrichtigen.

§ 22.

Die Ausschüsse des Landtags können mit dessen Zustimmung oder mit Zustimmung der Landesregierung auch außerhalb der Tagung des Landtags zusammentreten. Die Mitglieder des Ausschusses genießen auch dann alle Rechte der Abgeordneten.

§ 23.

Wird die Gesetzlichkeit oder Lauterkeit von Verwaltungsmaßnahmen öffentlicher Behörden angezweifelt, so müssen auf Antrag von mindestens einem Drittel der gesetzlichen Zahl der Abgeordneten Untersuchungsausschüsse eingesetzt werden. In diesen müssen die Fraktionen vertreten sein, denen die Antragsteller angehören.

Die Untersuchungsausschüsse erheben in öffentlicher Sitzung die Beweise, die sie oder die Antragsteller für erforderlich erachten. Die Öffentlichkeit kann ausgeschlossen werden.

Die Gerichte und Verwaltungsbehörden haben auf Ersuchen der Untersuchungsausschüsse Beweise zu erheben.

Die Verwaltungsbehörden haben auf Verlangen ihre Akten den Untersuchungsausschüssen vorzulegen. Auf die Erhebungen der Untersuchungsausschüsse und der von ihnen ersuchten Behörden finden die Vorschriften der Strafprozeßordnung sinngemäß Anwendung, doch bleibt das Brief-, Post-, Telegraphen- und Fernsprechgeheimnis unberührt.*)

*) *[Es folgen Artikel 30, 36 bis 39 und 160 der Reichsverfassung - siehe Dokument Nr. 1.]*

3. Abschnitt.
Volksbegehren und Volksentscheid.

§ 24.

Die Landesregierung kann ein vom Landtag beschlossenes Gesetz innerhalb eines Monats dem Volksentscheid unterbreiten.

§ 25.

Ein Volksentscheid muß herbeigeführt werden, wenn ein Zehntel der Zahl der Stimmberechtigten der letzten Landtagswahl die Vorlegung, Abänderung oder Aufhebung eines Gesetzes oder eine Abänderung der Verfassung oder Auflösung des Landtags begehrt.

Dem Volksbegehren muß, außer wenn Auflösung des Landtags verlangt wird, ein ausgearbeiteter Gesetzentwurf mit Begründung zugrunde liegen.

Das Volksbegehren ist an die Landesregierung zu richten.

Wird durch ein Volksbegehren ein Gesetz verlangt, so ist der Gesetzentwurf von der Landes-regierung unter Darlegung ihrer Stellungnahme dem Landtag zu unterbreiten. Der Volksentscheid findet nicht statt, wenn der Gesetzentwurf im Landtag unverändert oder nur unwesentlich verändert angenommen worden ist.

§ 26.

Über den Haushaltsplan, über Abgabengesetze und Besoldungsordnungen findet kein Volksentscheid statt.

§ 27.

Bei einem Volksentscheid wird über die gestellte Frage mit »Ja« oder »Nein« abgestimmt.

Zu einem Volksentscheid ist die Beteiligung der Hälfte der Stimmberechtigten und die Mehrheit der Abstimmenden erforderlich.

Eine Änderung der Verfassung oder eine Auflösung des Landtags durch Volksentscheid bedarf der Zustimmung der Mehrheit der Stimmberechtigten.

Sind diese Mehrheiten nicht erzielt worden, so gilt die Frage als verneint.

4. Abschnitt.
Gesetzgebung.

§ 28.

Die Gesetzesvorlagen werden von der Landesregierung oder vom Landtage eingebracht.

Die Gesetze werden vom Landtage oder durch Volksentscheid beschlossen.

§ 29.

Ein vom Landtag oder durch Volksentscheid beschlossenes Gesetz ist von mindestens drei Mitgliedern der Landesregierung zu unterzeichnen und innerhalb eines Monats im Gesetzblatt zu verkünden.

§ 30.

Gesetze treten, soweit sie nichts anderes bestimmen, mit dem 14. Tage nach dem Tage der Ausgabe des Gesetzblattes am Sitze der Landesregierung in Kraft.

Der Tag der Ausgabe ist auf dem Gesetzblatt zu vermerken.

§ 31.

Die Verkündung eines Gesetzes wird ausgesetzt, wenn die Landesregierung innerhalb 14 Tagen nach der Schlußabstimmung des Landtags eine schriftlich begründete Vorstellung dagegen beim Landtag erhebt.

Beharrt dieser nach erneuter Beratung bei seinem ursprünglichen Beschlusse, so muß die Landesregierung das Gesetz innerhalb eines Monats verkünden oder es dem Volksentscheid unterbreiten (§ 24).

§ 32.

Staatsverträge, die sich auf Gegenstände der Gesetzgebung beziehen, bedürfen der Zustimmung des Landtags und sind wie Gesetze zu verkünden.

§ 33.

Die Landesregierung kann in dringenden Fällen, wenn der Landtag nicht versammelt ist, ein Gesetz als Notgesetz erlassen. Das Notgesetz darf der Verfassung nicht zuwiderlaufen. Es ist im Gesetzblatt zu veröffentlichen.

Das Notgesetz ist dem Landtag bei seinem Zusammentritt sofort zur Bestätigung vorzulegen. Wird diese versagt, so hat die Landesregierung die Aufhebung unverzüglich im Gesetzblatt zu verkünden.

5. Abschnitt.
Die Landesregierung.

§ 34.

Die Staatsleitung liegt der Landesregierung (Staatsministerium) ob.

Die Landesregierung gliedert sich in Ministerien; in diesen können für wichtige Verwaltungszweige besondere Abteilungen errichtet werden.

Die Zahl der Ministerien wird durch Gesetz bestimmt.

§ 35.

Die Mitglieder der Landesregierung werden vom Landtag gewählt.

§ 36.

Die Urkunden über die Anstellung eines Mitgliedes der Landesregierung und über seine Versetzung in den Wartestand oder Ruhestand unterzeichnet der Landtagspräsident.

§ 37.

Jedes Mitglied der Landesregierung wird bei seinem Amtsantritt vom Landtagspräsidenten durch Handschlag verpflichtet. Dieser spricht ihm dabei folgendes Gelöbnis vor:

»Sie geloben, alle Ihre Kraft dem Wohle des Volkes zu widmen, die Pflichten des Ihnen übertragenen Amtes gewissenhaft zu erfüllen und die Gesetze, insbesondere die Reichs- und Landesverfassung, sorgfältig zu beobachten.«

Der zu Verpflichtende leistet hierauf das Gelöbnis, indem er die Worte spricht: »Ich gelobe es.« Die Beifügung einer religiösen Beteuerung ist zulässig.

§ 38.

Die Mitglieder der Landesregierung sind dem Landtag verantwortlich und von seinem Vertrauen abhängig.

§ 39.

Der Landtag kann mit der Mehrheit der gesetzlichen Zahl der Abgeordneten in namentlicher Abstimmung jedem Mitglied der Landesregierung das Vertrauen entziehen. Es muß dann zurücktreten.

Der Antrag muß von wenigstens einem Drittel der Abgeordneten gestellt und mindestens sechs Tage vor der Beratung auf die Tagesordnung gesetzt werden.

§ 40.

Das Gleiche gilt, wenn der Landtag der Landesregierung in ihrer Gesamtheit das Vertrauen entzieht.

§ 41.

Beamtete Mitglieder der Landesregierung, denen gemäß § 39 oder § 40 das Vertrauen entzogen wird, treten damit in den Wartestand. Sie können auch selbst jederzeit ihre Versetzung in den Wartestand fordern. Die nichtbeamteten Mitglieder der Landesregierung können jederzeit zurücktreten.

§ 42.

Scheidet ein Mitglied der Landesregierung aus, so hat der Landtag unverzüglich, und wenn er nicht tagt, bei seinem Wiederzusammentritt eine Ersatzwahl vorzunehmen.

Scheiden alle Mitglieder der Landesregierung aus, so führen sie die Geschäfte bis zum Amtsantritt ihrer Nachfolger fort.

§ 43.

Jedes Mitglied der Landesregierung leitet den ihm anvertrauten Geschäftszweig unter eigener Verantwortung gegenüber dem Landtag.

Es muß, sofern ein Gegenstand seiner Verwaltung in den Geschäftsbereich eines anderen Mitglieds einschlägt, im Einverständnis mit diesem verfahren; kommt eine Einigung nicht zustande, so hat die Landesregierung zu entscheiden.

Der Landesregierung sind Angelegenheiten, die zum Geschäftsbereich eines Ministeriums oder einer Abteilung eines solchen gehören, zu unterbreiten, sofern sie von allgemeiner politischer Bedeutung sind.

§ 44.

Die Mitglieder der Landesregierung dürfen während ihrer Amtsdauer ohne Zustimmung des Landtags keine anderweite mit Entgelt oder Entschädigung irgendwelcher Art verbundene Tätigkeit, keinen besonderen Beruf oder ein Gewerbe ausüben, insbesondere nicht Mitglied des Vorstandes, Verwaltungs- oder Aufsichtsrats einer auf Erwerb gerichteten Gesellschaft sein, sofern damit der Bezug einer Tantieme oder sonstigen Vergütung verbunden ist.

Die Zustimmung des Landtags ist widerruflich.

Das Nähere, sowie die Ansprüche der Mitglieder der Landesregierung auf Gehalt, Aufwandsentschädigung, Wartegeld, Ruhegehalt und Hinterbliebenenversorgung werden durch Gesetz geregelt.

§ 45.

Die Mitglieder der Landesregierung wählen aus ihrer Mitte den Vorsitzenden und dessen Stellvertreter. Der Vorsitzende leitet die Verhandlungen und vertritt das Land nach außen, soweit nicht ein Ministerium zuständig ist.

Die Landesregierung beschließt ihre Geschäftsordnung, die dem Landtag vorzulegen ist.

§ 46.

Die Landesregierung faßt ihre Beschlüsse mit Stimmenmehrheit. Stimmengleichheit gilt als Ablehnung. Beschlüsse können auch schriftlich gefaßt werden, sofern sich kein Widerspruch erhebt.

Jedem bei einer Beschlußfassung überstimmten Mitgliede der Landesregierung steht das Recht zu, sich durch schriftliche Begründung seines abweichenden Standpunktes von der Verantwortlichkeit zu befreien. Die schriftliche Begründung ist zu den Akten zu nehmen.

§ 47.

Die Landesregierung beschließt - unbeschadet der Vorschriften in § 43 - über alle Angelegenheiten von größerer Wichtigkeit, insbesondere über

1. Staatsverträge,
2. Berufung des Landtages (§§ 12, 17), Vorlagen an den Landtag und Stellungnahme zu seinen Beschlüssen,
3. die zur Ausführung von Gesetzen erforderlichen Verordnungen und sonstige allgemeine Verwaltungsverordnungen, sowie Notgesetze (§ 33),
4. die Stellungnahme zu Vorlagen der Reichsregierung,
5. die Ausübung des Begnadigungsrechts im Einzelfalle - Amnestien bedürfen der Zustimmung des Landtags -,
6. die Anstellung von Staatsbeamten, ihre Entlassung und ihre Versetzung in den Wartestand oder in den Ruhestand, soweit sie nicht anderen Stellen übertragen ist,
7. Erwerbungen und Veräußerungen von Grundbesitz.

Die Landesregierung kann die Beschlußfassung in derartigen Angelegenheiten, insbesondere in Gnadensachen (Ziffer 5) in bestimmtem Umfange, sowie die Beschlußfassung über Verwaltungsverordnungen einem Ministerium übertragen. Zur Übertragung an eine andere Behörde bedarf es eines besonderen Gesetzes.

6. Abschnitt.
Staatsgerichtshof.

§ 48.

Der Landtag hat das Recht, die Mitglieder der Landesregierung wegen schuldhafter Verletzung der Verfassung oder der Gesetze anzuklagen. Die Anklage muß von mindestens Zweidrittel der gesetzlichen Zahl der Abgeordneten beschlossen werden. Der Antrag auf Erhebung der Anklage muß mindestens sechs Tage vor der Beratung auf die Tagesordnung gesetzt und von mindestens der Hälfte der gesetzlichen Zahl der Abgeordneten unterzeichnet sein. Das Anklagerecht des Landtags wird durch die Amtsniederlegung oder die Entfernung des Beschuldigten vom Dienste nicht aufgehoben.

§ 49.

Über die Anklage entscheidet ein Staatsgerichtshof mit dem Sitz in Jena.

Der Staatsgerichtshof besteht aus dem Präsidenten des Oberlandesgerichts als Vorsitzendem, einem Mitglied des Oberlandesgerichts und einem Mitglied des Thüringischen Oberverwaltungsgerichts, die von diesen Gerichten aus ihrer Mitte vorgeschlagen und vom Landtage auf die Dauer ihres Hauptamtes bestellt, und vier Mitgliedern, die vom Landtag unter möglichster Berücksichtigung der Stärke der Fraktionen gewählt werden. Bei Verhinderung des Vorsitzenden tritt an seine Stelle der Präsident des Oberverwaltungsgerichts. Für jedes Mitglied wird ein Stellvertreter bestellt. Die vom Landtag gewählten Mitglieder bleiben bis zur Vornahme einer Neuwahl im Amte.

Der Landtag bestimmt den Vertreter der Anklage.

§ 50.

Das Recht der Anklage erlischt durch Verjährung.

Die Verjährung tritt ein nach sechs Monaten von dem Tage ab, an dem die Tatsache, auf die die Anklage gestützt wird, im Landtage zur Sprache gebracht worden ist, sonst nach drei Jahren seit Begehung der Tat.

§ 51.

Der Staatsgerichtshof kann nur auf Freisprechung, auf Mißbilligung, sowie auf Amtsentlassung erkennen.

Hat der Angeschuldigte den Staatsdienst bereits verlassen, so ist sein Vergehen und dessen Straffolge festzustellen.

Das Urteil ist im Gesetzblatt zu verkünden.

Die Kosten des Verfahrens trägt der Verurteilte.

Im Falle der Freisprechung erstattet die Staatskasse die erwachsenen notwendigen Auslagen.

§ 52.

Auf das Verfahren vor dem Staatsgerichtshof finden die Bestimmungen der Strafprozeßordnung sinngemäß Anwendung.

§ 53.

Eine Begnadigung ist nur auf Antrag des Landtags zulässig.

§ 54.

Der Staatsgerichtshof entscheidet auch auf Antrag des Landtags oder der Landesregierung über Verfassungsstreitigkeiten.

7. Abschnitt.
Finanzwesen.

§ 55.

Alle Einnahmen und Ausgaben des Landes Thüringen müssen für jedes Rechnungsjahr (1. April bis 31. März) veranschlagt und in den Haushaltsplan eingestellt werden, soweit nicht auf Grund gesetzlicher Bestimmungen oder mit Zustimmung des Landtags besondere Vermögensbestände (Fonds, Stiftungen) gebildet und mit besonderer Verwaltung und Verrechnung ausgeschieden sind. Diese Bestände sind mit dem Haushaltsplan besonders auszuweisen.

Der Haushaltsplan wird durch ein Gesetz festgestellt. Dieses Gesetz kann in abgekürzter Form verkündet werden. Die Ausgaben werden in der Regel für ein Jahr bewilligt.

§ 56.

Beschlüsse des Landtags, die eine Erhöhung der Ausgaben des Haushaltsplans oder die Bewilligung neuer Ausgaben bewirken, sind auf Verlangen der Landesregierung erneut zu beraten. Die Beratung darf nur mit Zustimmung der Landesregierung vor Ablauf von vierzehn Tagen stattfinden. Der erste Beschluß bleibt in Kraft, wenn er bei der erneuten Beratung von der Mehrheit der gesetzlichen Zahl der Abgeordneten bestätigt wird.

§ 57.

Beschlüsse des Landtags, welche Mehrausgaben außerhalb des Haushaltsplans in sich schließen oder für die Zukunft mit sich bringen, müssen zugleich bestimmen, wie diese Mehrausgaben gedeckt werden.

§ 58.

Ist zum Beginn des Rechnungsjahres der Haushaltsplan nicht durch Gesetz festgestellt, so ist die Landesregierung bis zu seinem Inkrafttreten ermächtigt, die rechtlich begründeten Verpflichtungen des Staates zu erfüllen, auf Grund des letzten Haushaltsplans die Verwaltung fortzuführen und die bisherigen Landessteuern und Abgaben noch weiter zu erheben, sowie Schatzanweisungen oder Schatzwechsel auszugeben, soweit die laufenden Einnahmen zur Bestreitung der zulässigen Ausgaben nicht ausreichen.

§ 59.

Staatsanleihen dürfen nur bei außerordentlichem Bedarf und in der Regel nur für Ausgaben zu werbenden Zwecken durch Gesetz aufgenommen werden. Eine Bürgschaft für das Land kann nur durch Gesetz übernommen werden.

§ 60.

Über alle Einnahmen und Ausgaben des Landes hat die Landesregierung dem Landtag jährlich Rechnung zu legen.

Die Rechnungen sind zu prüfen und das Ergebnis dem Landtag vorzulegen.

Das Nähere über diese Rechnungsprüfung regelt ein Gesetz.

§ 61.

Die Veräußerung und der Erwerb von Grundstücken und Berechtigungen, die nach dem Gesetz den Grundstücken gleichstehen, im Werte von mehr als 50 000 M bedürfen der Genehmigung des Landtags.

§ 62.

Das Staatsvermögen ist in seinem Bestande zu erhalten; ihm sind insbesondere die Erlöse von Grundstücksveräußerungen zuzuführen.

Übergangs- und Schlußbestimmungen.

§ 63.

Jeder der ehemaligen thüringischen Freistaaten (§ 2) bildet für die Übergangszeit unter dem Namen Gebiet einen Kommunalverband höherer Ordnung mit dem Rechte der Selbstverwaltung.

Diese Kommunalverbände haben die vom Lande Thüringen noch nicht übernommenen Verwaltungsaufgaben nach Anweisung der Landesregierung oder des zuständigen Ministeriums des Landes Thüringen zu erfüllen und die Überleitung solcher Verwaltungszweige in den Geschäftsbereich des Landes Thüringen vorzubereiten. Die Gesetze und Verordnungen der ehemaligen thüringischen Freistaaten bleiben so lange in Kraft, als nicht die in ihnen geregelte Materie durch Thüringen rechtlich geordnet ist.

Ein Gesetz regelt das Nähere, insbesondere die erforderlichen Veränderungen.

§ 64.

Während der Übergangszeit ist die Vermögensauseinandersetzung der ehemaligen thüringischen Freistaaten mit Thüringen in entsprechender Anwendung der Vorschrift in Art. 3 des Gemeinschaftsvertrags zu regeln.

Über die Zusammensetzung und das Verfahren des in Art. 3 Abs. 2 des Gemeinschaftsvertrags**) vorgesehenen Schiedsgerichts beschließt der Landtag. Dieser wählt die Hälfte der Mitglieder des Schiedsgerichts, während die andere Hälfte von der Volksvertretung desjenigen ehemaligen thüringischen Freistaates gewählt wird, um dessen Vermögensauseinandersetzung es sich handelt.

Die Mitglieder des Schiedsgerichts wählen den Obmann.

**) *[Es folgt Artikel 3 des Gemeinschaftsvertrages über den Zusammenschluß der thüringischen Staaten vom 4. Januar 1920 - siehe Dokument Nr. 14.]*

§ 65.

Streitigkeiten eines ehemaligen thüringischen Freistaates mit einem anderen oder mit Thüringen sind während der Übergangszeit auf Anrufen eines Teils durch den Staatsgerichtshof von Thüringen zu entscheiden.

Unter Streitigkeiten im Sinne dieses Paragraphen sind nur solche Streitfälle zu verstehen, deren Erledigung nicht auf Grund des § 64 oder auf Grund der nach § 63 bereits erlassenen oder noch zu erlassenden Übergangsgesetze stattfindet.

§ 66.

Für die Übergangszeit bildet jeder ehemalige thüringische Freistaat einen Wahlkreis.

Für jeden Kreiswahlvorschlag ist zu bestimmen, daß die in den Wahlkreisen unberücksichtigt gebliebenen Stimmen (Reststimmen) für einen Landeswahlvorschlag zusammengezählt werden.

Abänderungen kann das Landtagswahlgesetz bestimmen.

§ 67.

Das Land Thüringen ist Rechtsnachfolger der ehemaligen thüringischen Freistaaten, hinsichtlich des Staatsvermögens aber nur insoweit, als die Vermögensauseinandersetzung zwischen den ehemaligen thüringischen Freistaaten und Thüringen abgeschlossen ist.

Die beim Zusammenschluß der ehemaligen thüringischen Freistaaten getroffenen besonderen Vereinbarungen bleiben in Kraft.

§ 68.

Die Erhaltung der Universität Jena mit ihren Anstalten soll spätestens am 1. April 1921 auf Thüringen übergehen.

§ 69.

Die Verwaltungsbefugnisse gegenüber den gemeinschaftlichen Einrichtungen, Behörden und Anstalten gehen spätestens am 1. April 1921 auf die Landesregierung von Thüringen über.

§ 70.

Soweit in Gesetzen und Verordnungen auf Vorschriften und Einrichtungen verwiesen ist, die durch diese Verfassung aufgehoben sind, treten an ihre Stelle die entsprechenden Vorschriften und Einrichtungen dieser Verfassung. Insbesondere treten an die Stelle der höchsten Regierungsbehörden der ehemaligen thüringischen Freistaaten die Landesregierung von Thüringen oder ihre Ministerien, soweit die Landesregierung von Thüringen den betreffenden Verwaltungszweig übernommen hat. Alle Rechte der Staatsregierungen der ehemaligen thüringischen Freistaaten gehen auf die Landesregierung von Thüringen über.

§ 71.

Für 15 Jahre nach Inkrafttreten dieser Verfassung ist aus jedem ehemaligen thüringischen Freistaate, der nicht durch einen seiner Angehörigen in der Landesregierung vertreten ist, ein mit den Verhältnissen dieses ehemaligen Staates besonders Vertrauter als Staatsrat (Minister ohne Geschäftsbereich) vom Landtag zu wählen.

Dieser Staatsrat ist zu allen Sitzungen der Landesregierung einzuladen und nimmt als vollberechtigtes Mitglied der Landesregierung an den Abstimmungen teil. Einem solchen Mitglied kann die Landesregierung einen bestimmten Geschäftskreis zuweisen.

§ 72.

Das Ende der Übergangszeit wird durch Gesetz bestimmt.

§ 73.

Diese Verfassung tritt mit dem Tage ihrer Verkündung an die Stelle der vorläufigen Verfassung vom 12. Mai 1920 - Gesetzsammlung Seite 67 ff. -.

Weimar, den 11. März 1921.

Thüringisches Staatsministerium.
Paulssen. Frhr. v. Brandenstein. Frölich.

Quelle: GS 2 (1921), Nr. 10, S. 57-64.

[4]

Gesetz zur Abänderung der Verfassung des Landes Thüringen vom 11. März 1921. Vom 21. Dezember 1926.

I.

§ 6 Absatz 1 der Verfassung erhält folgenden Wortlaut:

Der Landtag besteht aus mindestens 53 Abgeordneten, die in allgemeiner, gleicher, unmittelbarer und geheimer Wahl nach den Grundsätzen der Verhältniswahl für 3 Jahre (Tagungsdauer) gewählt werden.

II.

In § 6 Absatz 2 der Verfassung werden die Zahlen 12 000 und 9 000 ersetzt durch 15 000 und 10 000.

III.

Es wird ein neuer Absatz 3 in § 6 eingefügt:

Ergibt die Aufteilung der abgegebenen Stimmen nach Absatz 2 weniger als 53 Abgeordnete, so wird eine neue Verteilungszahl durch Teilung der im ganzen Lande abgegebenen Stimmen durch die Zahl 56 - auf ganze Zahlen nach unten abgerundet - festgestellt. Jede Partei oder Wählergruppe erhält so viel Abgeordnete, als sich durch Teilung der auf ihren Kreiswahlvorschlag abgegebenen Stimmen durch die Verteilungszahl ergibt. Die hiernach in den Wahlkreisen unberücksichtigt gebliebenen Stimmen sind durch das ganze Land zusammenzuzählen und nach dem vorhergehenden Satz zu bewerten. Jeder alsdann noch verbleibende Rest, der größer als zwei Drittel der Verteilungszahl ist, erhält einen weiteren Abgeordneten.

IV.

Dieses Gesetz tritt mit seiner Verkündung in Kraft.

Weimar, den 21. Dezember 1926.

Thüringisches Staatsministerium
Dr. h. c. Leutheußer Dr. Sattler
Dr. v. Klüchtzner

Quelle: GS 7 (1926), Nr. 45, S. 433-434.

[5]

Gesetz zur Abänderung der Landesverfassung. Vom 3. Mai 1929.

Der Landtag von Thüringen hat folgendes Gesetz beschlossen:

Artikel 1

Die Landesverfassung vom 11. März 1921 (Ges.-S. S. 56), abgeändert durch Gesetz vom 21. Dezember 1926 (Ges.-S. S. 433), wird wie folgt geändert:

1.

§ 6 erhält folgende Fassung:

Der Landtag besteht, unbeschadet der Vorschrift von Absatz 4, aus mindestens 53 Abgeordneten, die in allgemeiner, gleicher, unmittelbarer und geheimer Wahl nach den Grundsätzen der Verhältniswahl für drei Jahre (Tagungsdauer) gewählt werden.

Gewählt wird in Wahlkreisen und auf Grund von Wahlvorschlägen. Jede Partei oder Wählergruppe erhält auf je 15 000 (»Verteilungszahl«) der für ihren Vorschlag abgegebenen giltigen Stimmen einen Abgeordneten. Die hiernach in den Wahlkreisen unberücksichtigt gebliebenen giltigen Stimmen sind durch das ganze Land zusammenzuzählen und nach dem vorhergehenden Satze zu bewerten. Jeder alsdann noch verbleibende Rest von mehr als 10 000 giltigen Stimmen erhält einen weiteren Abgeordneten.

Ergibt die Aufteilung der abgegebenen giltigen Stimmen bei einer Verteilungszahl von 15 000 weniger als 53 Sitze, so gilt als Verteilungszahl die nächst kleinere auf 100 nach unten abgerundete Zahl, bei deren Anwendung die Mindestzahl von 53 Sitzen erreicht wird. Jede Partei oder Wählergruppe erhält soviel Abgeordnete, als sich durch Teilung der auf ihren Kreiswahlvorschlag abgegebenen giltigen Stimmen durch die Verteilungszahl ergibt. Die hiernach in den Wahlkreisen unberücksichtigt gebliebenen giltigen Stimmen sind durch das ganze Land zusammenzuzählen und nach dem vorhergehenden Satze zu bewerten. Jeder alsdann noch verbleibende Rest, der größer als zwei Drittel der Verteilungszahl ist, erhält einen weiteren Abgeordneten.

Können Sitze, die einem Wahlvorschlage zugewiesen sind, wegen Erschöpfung der Zahl der Bewerber nicht besetzt werden, so bleiben sie unbesetzt.

Vor Ablauf der Tagungsdauer müssen Neuwahlen stattfinden.

2.

Dem § 9 Absatz 2 ist anzufügen:

Den Vorsitzenden vertritt bei Verhinderung der Präsident des Oberlandesgerichts. Bei Verhinderung von Mitgliedern treten an die Stelle der Mitglieder des Oberverwaltungsgerichts die nächstdienstälteren, für die übrigen Mitglieder wählt der Landtag Stellvertreter aus den Fraktionen, denen die Mitglieder angehören.

3.

a) § 33 erhält folgenden neuen Absatz 2:

Vor dem Erlaß eines Notgesetzes ist einem besonderen Ausschuß des Landtags Gelegenheit zur Äußerung zu geben. Dieser Ausschuß besteht aus dem Landtagspräsidenten als Vorsitzenden und je einem Mitgliede der im Landtage vorhandenen Fraktionen. Die Mitglieder und je ein Stellvertreter werden von den Fraktionen benannt. Auch nach Ablauf der Tagungsdauer des Landtags oder dessen Auflösung (§ 16) bleibt der Ausschuß bis zum Zusammentritt des neuen Landtags in Gültigkeit.

b) Der seitherige Absatz 2 wird Absatz 3.

Artikel 2

Dieses Gesetz tritt mit seiner Verkündung in Kraft.

Weimar, den 3. Mai 1929.

Thüringisches Staatsministerium
Dr. Paulssen Dr. Riedel Mackeldey

Quelle: GS 10 (1929), Nr. 14, S. 87.

[6]

Verfassung des Landes Thüringen. Vom 20. Dezember 1946.

A. Demokratischer Aufbau des Landes.

Artikel 1

(1) Das Land Thüringen ist ein Glied der Deutschen Demokratischen Republik und regelt seine öffentlichen Angelegenheiten im Rahmen der Verfassung und der Gesetze der Deutschen Demokratischen Republik.
(2) Die Landesfarben sind weiß-rot.

Artikel 2

(1) Das Gebiet des Landes Thüringen besteht aus dem ehemaligen Freistaat Thüringen, ohne die Exklave Allstedt, ferner aus dem Gebiet des früheren preußischen Regierungsbezirkes Erfurt und der Herrschaft Schmalkalden.
(2) Die Grenzen des Staatsgebietes können durch Gesetz geändert werden.

Artikel 3

(1) Alle Staatsgewalt geht vom Volke aus, wird durch das Volk ausgeübt und hat dem Wohle des Volkes zu dienen.
(2) Das Volk verwirklicht seinen Willen durch die Wahl der Volksvertretungen, durch Volksentscheid, durch die Mitwirkung an Verwaltung und Rechtsprechung und durch die umfassende Kontrolle der öffentlichen Verwaltungsorgane.
(3) Die Grenzen der Staatsgewalt liegen in der Anerkennung der Freiheit der Person, der Glaubens- und Gewissensfreiheit, der Freiheit der Meinungsäußerung und der Freiheit der Wissenschaft und ihrer Lehre. Nur im Rahmen allgemeiner Gesetze können diese Freiheiten beschränkt werden.
(4) Jeder Bürger hat das Recht, Eingaben an den Landtag und an alle Volksvertretungen zu richten.

(5) Die Volksvertreter werden durch allgemeine, gleiche, geheime und unmittelbare Wahlen nach den Grundsätzen des Verhältniswahlrechts gewählt.
(6) Stimmberechtigt sind alle Männer und Frauen deutscher Staatsangehörigkeit, die am Tage der Abstimmung das 20. Lebensjahr vollendet und im Lande Thüringen ihren Wohnsitz haben.

Artikel 4

Die Volksvertretungen, die das demokratische Bestimmungsrecht des Volkes ausüben, sind:
a) im Lande der Landtag,
b) im Landkreise der Kreistag,
c) im Stadtkreise die Stadtverordnetenversammlung,
d) in der Gemeinde die Gemeindevertretung.

Artikel 5

(1) Alle Einwohner des Landes Thüringen, Männer und Frauen, die die deutsche Staatsangehörigkeit besitzen, sind Bürger. Sie haben die gleichen Rechte ohne Unterschied der Geburt, der sozialen Zugehörigkeit, des Berufes und des Glaubensbekenntnisses.
(2) Alle Bürger haben die gleichen staatsbürgerlichen Rechte, es sei denn, daß sie ihnen auf Grund gesetzlicher Bestimmungen, insbesondere wegen ihrer nationalsozialistischen oder militaristischen Betätigung nicht zustehen oder aberkannt worden sind.
(3) Ein Arbeitsverhältnis darf die Wahrnehmung staatsbürgerlicher Rechte oder öffentlicher Obliegenheiten nicht hindern.
(4) Alle Bürger, die sich im Besitze der staatsbürgerlichen Rechte befinden, werden ohne Unterschied, entsprechend ihrer Befähigung, zum öffentlichen Dienst zugelassen.
(5) Die Angestellten im öffentlichen Dienste sind Diener des Volkes. Sie müssen sich des Vertrauens des Volkes jederzeit würdig erweisen. Ihre Rechte werden durch Gesetz geregelt.

Artikel 6

Jede Bekundung nationalen oder religiösen Hasses und jede Rassenhetze ist verboten und wird auf das strengste bestraft. Personen, die militaristische oder nationalsozialistische Auffassungen verbreiten oder unterstützen und dadurch den inneren und äußeren Frieden gefährden, sind aus dem öffentlichen Dienst zu entfernen. Sie dürfen leitende Stellungen in der Wirtschaft und im kulturellen Leben nicht bekleiden. Ihnen kann das Wahlrecht entzogen werden. Das Nähere bestimmen die Gesetze.

Artikel 7

Die Organe des Landes, die Selbstverwaltungskörperschaften und jeder Angestellte im öffentlichen Dienste haben die Aufgabe, die Demokratie zu festigen und das allgemeine Wohl zu fördern.

B. Der Landtag.

Artikel 8

(1) Der Landtag ist der höchste demokratische Willensträger des Landes.
(2) Der Landtag beschließt die Gesetze, soweit darüber nicht ein Volksentscheid stattfindet.

(3) Der Landtag wählt den Ministerpräsidenten und bestätigt die von diesem vorgeschlagenen Minister.
(4) Der Landtag übt die Kontrolle über die gesamte Verwaltung des Landes aus.

Artikel 9

(1) Der Landtag besteht aus einhundert vom Volke gewählten Abgeordneten. Er wird auf die Dauer von drei Jahren gewählt.
(2) Wählbar sind alle wahlberechtigten deutschen Staatsbürger, die das 23. Lebensjahr vollendet haben.
(3) Das Nähere bestimmt ein Wahlgesetz.

Artikel 10

(1) Zur Einreichung von Wahlvorschlägen sind die auf Grund des Wahlgesetzes zugelassenen demokratischen Parteien und Organisationen berechtigt.
(2) Die Wahlfreiheit und das Wahlgeheimnis sind gewährleistet.

Artikel 11

(1) Die Wahl findet an einem Sonntage oder gesetzlichen Feiertage statt.
(2) Der Landtag versammelt sich am Sitze der Regierung.
(3) Der Landtag tritt nach jeder Neuwahl zu seiner ersten Tagung spätestens am 30. Tage nach der Wahl zusammen, falls er nicht von dem Präsidium des vorherigen Landtages früher zusammenberufen wird.
(4) Der Landtag beschließt den Schluß der Tagung und den Tag des Wiederzusammentritts.
(5) Das Landtagspräsidium kann den Landtag früher berufen. Es muß ihn berufen, wenn die Regierung oder mindestens ein Fünftel der Mitglieder des Landtages dies verlangen.

Artikel 12

(1) Der Landtag wählt in seiner ersten Sitzung aus seiner Mitte ein Präsidium. Es besteht aus einem Präsidenten, drei Vizepräsidenten und drei Beisitzern (Schriftführer).
(2) Der Landtag gibt sich eine Geschäftsordnung.
(3) Er prüft die Gültigkeit der Mandate und entscheidet über die Gültigkeit der Wahlen. Bei Stimmengleichheit entscheidet die Stimme des Präsidenten.

Artikel 13

(1) Der Landtagspräsident leitet die Verhandlungen nach Maßgabe der Geschäftsordnung.
(2) Beschlüsse des Landtagspräsidiums werden mit einfacher Mehrheit gefaßt. Es ist beschlußfähig, wenn mehr als die Hälfte seiner Mitglieder anwesend ist.

Artikel 14

Der Präsident des Landtages verpflichtet den vom Landtage gewählten Ministerpräsidenten sowie die vom Landtage bestätigten Minister.

Artikel 15

Der Landtag faßt seine Beschlüsse mit einfacher Stimmenmehrheit, soweit nicht in dieser Verfassung ausdrücklich etwas anderes bestimmt ist. Er ist beschlußfähig, wenn mehr als die Hälfte seiner Mitglieder anwesend ist.

Artikel 16

Der Landtag und jeder seiner Ausschüsse können die Anwesenheit jedes Ministers oder seines Vertreters und der Leiter der Verwaltungsorgane und Einrichtungen des Landes zur Erteilung von Auskünften verlangen.

Artikel 17

(1) Der Landtag hat das Recht und auf Antrag von einem Fünftel der gesetzlichen Zahl seiner Mitglieder die Pflicht, Untersuchungsausschüsse einzusetzen. Diese Ausschüsse erheben die Beweise, die sie oder die Antragsteller für erforderlich halten.

(2) Die Gerichte und Verwaltungsorgane sind verpflichtet, dem Ersuchen dieser Ausschüsse um Beweiserhebungen nachzukommen. Die Akten sind den Ausschüssen auf Verlangen vorzulegen.

(3) Für die Beweiserhebungen der Ausschüsse gelten die Vorschriften der deutschen Strafprozeßordnung sinngemäß.

Artikel 18

(1) Zur Wahrnehmung seiner Rechte für die Zeit, in der er nicht versammelt ist und zwischen der Beendigung einer Wahlperiode oder der Auflösung des Landtages und dem Zusammentritt des neuen Landtages bestellt der Landtag einen Ständigen Ausschuß.

(2) In dringenden Fällen kann der Ständige Ausschuß Gesetze beschließen. Sie sind dem neuen Landtage unverzüglich vorzulegen. Verfassungsänderungen sind ausgeschlossen.

Artikel 19

Der Landtag kann an ihn gerichtete Eingaben der Regierung überweisen und von ihr Auskunft über eingegangene Bitten und Beschwerden verlangen.

Artikel 20

Der Landtag stellt die Grundsätze für die Verwaltung der öffentlichen Angelegenheiten auf und überwacht ihre Ausführung. Er genehmigt den Haushalt in Einnahme und Ausgabe.

Artikel 21

Die Verhandlungen des Landtages und seiner Ausschüsse sind öffentlich. Ein Ausschluß der Öffentlichkeit findet im Landtage auf Verlangen von zwei Dritteln der anwesenden Abgeordneten, in den Ausschüssen auf Verlangen der Mehrheit der Mitglieder statt.

Artikel 22

Wahrheitsgetreue Berichte über die Verhandlungen in den öffentlichen Sitzungen des Landtages oder seiner Ausschüsse bleiben von jeder Verantwortlichkeit frei.

Artikel 23

(1) Kein Abgeordneter des Landtages darf zu irgendeiner Zeit wegen seiner Abstimmung oder wegen der in Ausübung seiner Tätigkeit gemachten Äußerungen gerichtlich oder dienstlich verfolgt oder sonst außerhalb der Versammlung zur Verantwortung gezogen werden.

(2) Kein Abgeordneter des Landtages kann während der Sitzungsperiode wegen einer strafbaren Handlung in Untersuchung genommen oder verhaftet oder anderweitig in seiner persönlichen Freiheit beeinträchtigt werden, es sei denn, daß er bei Ausübung der

Tat festgenommen wird oder der Landtag mit Zweidrittelmehrheit seine Zustimmung erteilt.

(3) Jedes Strafverfahren gegen einen Abgeordneten des Landtages und jede Haft oder sonstige Beschränkung seiner persönlichen Freiheit wird auf Verlangen des Landtages für die Dauer der Sitzungsperiode aufgehoben.

(4) Der Ausschluß eines Abgeordneten von einer Sitzung des Landtages darf nicht ohne Zustimmung des Landtagspräsidiums erfolgen und ist auf Verlangen des Landtages unverzüglich aufzuheben.

Artikel 24

Nationalsozialistische oder militaristische Propaganda eines Abgeordneten hat seinen Ausschluß aus dem Landtage zur Folge. Zum Ausschluß eines Abgeordneten ist eine Mehrheit von mindestens zwei Dritteln der dem Landtag angehörenden Mitglieder erforderlich.

Artikel 25

(1) Abgeordnete sind berechtigt, über alles, was sie in ihrer Eigenschaft als Abgeordnete erfahren haben, vor Gericht die Aussage zu verweigern.

(2) Eine Durchsuchung oder Beschlagnahme darf in den Räumen des Landtages nur mit Zustimmung des Landtagspräsidenten erfolgen.

Artikel 26

(1) Abgeordnete bedürfen zur Ausübung ihrer Tätigkeit keines Urlaubs. Gehalt oder Lohn sind weiterzuzahlen.

(2) Die Abgeordneten des Landtages erhalten eine Aufwandsentschädigung. Ein Verzicht auf die Aufwandsentschädigung ist unzulässig. Der Anspruch ist nicht übertragbar und nicht pfändbar.

(3) Die Abgeordneten des Landtages erhalten das Recht zur freien Fahrt auf sämtlichen öffentlichen Verkehrsmitteln im Lande Thüringen.

Artikel 27

Der Landtag kann vor Ablauf der Wahlperiode aufgelöst werden:

a) durch eigenen Beschluß,

b) durch Volksentscheid.

Die Auflösung des Landtages durch eigenen Beschluß bedarf der Zustimmung der Mehrheit der gesetzlichen Mitglieder.

Artikel 28

(1) Spätestens 60 Tage nach Beendigung der Wahlperiode oder der Auflösung des Landtages haben Neuwahlen stattzufinden.

(2) Das Landtagspräsidium beraumt den Termin für Neuwahlen an.

C. Landesregierung.

Artikel 29

(1) Die Landesregierung besteht aus dem Ministerpräsidenten und den Ministern.

(2) Dem Ministerpräsidenten ist eine Präsidialabteilung unmittelbar unterstellt. Die Ministerien können für wichtige Verwaltungszweige in Hauptabteilungen gegliedert werden. Das Nähere bestimmt ein Gesetz.

Artikel 30

Die Amtsdauer der Landesregierung endet mit dem Zusammentritt eines neugewählten Landtages.

Artikel 31

(1) Die Landesregierung sowie jedes ihrer Mitglieder bedürfen zu ihrer Geschäftsführung das Vertrauen des Landtages.
(2) Ein Minister, dem das Vertrauen durch den Landtag entzogen wird, muß zurücktreten. Er führt die Geschäfte bis zum Antritt des Nachfolgers fort, soweit nicht der Landtag etwas anderes beschließt.
(3) Der Beschluß auf Entziehung des Vertrauens ist nur wirksam, wenn ihm mindestens die Hälfte der Abgeordneten zustimmt, aus denen zur Zeit der Abstimmung die Volksvertretung besteht.
(4) Jedes Mitglied der Landesregierung kann jederzeit seinen Rücktritt erklären.

Artikel 32

(1) Der Antrag auf Herbeiführung des Beschlusses auf Entziehung des Vertrauens muß von mindestens einem Viertel der gesetzlichen Mitgliederzahl des Landtages unterzeichnet sein.
(2) Über den Antrag darf frühestens am zweiten Tage nach seiner Besprechung abgestimmt werden. Er ist binnen einer Woche nach seiner Einbringung zur Abstimmung zu stellen.

Artikel 33

(1) Die Landesregierung führt die Geschäfte des Landes nach den vom Landtage aufgestellten Grundsätzen. Sie vertritt das Land nach außen.
(2) Der Ministerpräsident bestimmt die Richtlinien der Regierungspolitik und ist für deren Durchführung dem Landtage gegenüber verantwortlich. Innerhalb dieser Richtlinien leitet jeder Minister den ihm anvertrauten Geschäftszweig selbständig und unter eigener Verantwortung gegenüber dem Landtage.
(3) Die Landesregierung faßt ihre Beschlüsse mit Stimmenmehrheit. Bei Stimmengleichheit entscheidet die Stimme des Vorsitzenden.
(4) Die Landesregierung erläßt die Verordnungen zur Ausführung der Gesetze, soweit die Gesetze nichts anderes bestimmen.
(5) Das Nähere bestimmt die Geschäftsordnung der Landesregierung, die dem Landtag zur Bestätigung vorzulegen ist.

Artikel 34

Die Mitglieder der Landesregierung leisten bei ihrer Verpflichtung vor dem Landtage den Eid, daß sie ihre Geschäfte zum Wohle des Volkes, getreu der Verfassung und den Gesetzen führen werden.

D. Landesgesetzgebung.

Artikel 35

Gesetze werden beschlossen:
a) vom Landtage,
b) vom Volke unmittelbar durch Volksentscheid.

Artikel 36

Die Gesetzesvorlagen werden von der Regierung oder aus der Mitte des Landtages eingebracht.

Artikel 37

(1) Über Gesetzentwürfe finden mindestens zwei Lesungen statt.

(2) Der Landtagspräsident hat (nach Feststellung der Verfassungsmäßigkeit durch das Landtagspräsidium) die verfassungsmäßig zustandegekommenen Gesetze auszufertigen und unverzüglich im Regierungsblatt zu verkünden.

Artikel 38

(1) Ein Volksentscheid ist herbeizuführen, wenn ein Zehntel der Stimmberechtigten oder wenn zugelassene demokratische Parteien oder demokratische Organisationen, die glaubhaft machen, daß sie wenigstens ein Fünftel aller Stimmberechtigten vertreten, dies beantragen (Volksbegehren).

(2) Dem Volksbegehren ist ein Gesetzentwurf zugrunde zu legen, der von der Regierung unter Darlegung ihrer Stellungnahme binnen zwei Wochen dem Landtag zu unterbreiten ist.

(3) Der Volksentscheid findet nicht statt, wenn das begehrte Gesetz vom Landtage in einer Fassung angenommen wird, mit der die Antragsteller oder ihre Vertretungen einverstanden sind.

(4) Über den Haushaltsplan, über die Abgabengesetze und die Besoldungsregelung findet kein Volksentscheid statt.

(5) Das dem Volksentscheid unterbreitete Gesetz ist angenommen, wenn die Mehrheit der Abstimmenden zugestimmt hat.

(6) Das Verfahren beim Volksbegehren und beim Volksentscheid regelt ein besonderes Gesetz.

Artikel 39

(1) Die Verfassung kann im Wege der Gesetzgebung geändert werden.

(2) Der Landtag kann Verfassungsänderungen nur mit Zweidrittel der ihm angehörenden Mitglieder beschließen.

(3) Soll durch Volksentscheid eine Verfassungsänderung beschlossen werden, so ist die Zustimmung der Mehrheit der Stimmberechtigten erforderlich.

Artikel 40

Staatsverträge, die sich auf Gegenstände der Gesetzgebung beziehen, bedürfen der Zustimmung des Landtages und sind wie Gesetze zu verkünden.

Artikel 41

Gesamtdeutsches Recht bricht Landesrecht.

Artikel 42

Die anerkannten Regeln des Völkerrechtes gelten als bindende Bestandteile des Rechtes des Landes Thüringen.

Artikel 43

(1) Ordnungsgemäß verkündete Gesetze, Verordnungen, die mit Zustimmung eines Landtagsausschusses erlassen worden sind, sowie vom Landtage beschlossene Verwaltungsgrundsätze sind für alle Richter bindend und von ihnen auf ihre Verfassungsmäßigkeit hin nicht zu prüfen.

(2) Wird die Verfassungsmäßigkeit von mindestens einem Drittel der Mitglieder des Landtages oder von der Landesregierung im Einvernehmen mit dem Rechtsausschuß des Landtages angezweifelt, so entscheidet darüber der Verfassungsprüfungsausschuß. Er besteht aus dem Präsidenten des Landtages als Vorsitzenden, den drei Vizepräsidenten des Landtages und je einem Mitglied des Oberlandesgerichtes, des Oberverwaltungsgerichtes und der rechtswissenschaftlichen Fakultät der Universität Jena. Die drei letzten werden vom Landtag für die Dauer der Wahlperiode gewählt.
(3) Die Entscheidungen des Verfassungsprüfungsausschusses sind bindend. Der Ausschuß regelt sein Verfahren selbst.

E. Rechtspflege.

Artikel 44

Die Rechtsprechung wird nach Maßgabe der Gesetze durch Berufs- und Laienrichter unter umfassender Berücksichtigung der sozialen Verhältnisse ausgeübt.

Artikel 45

Das Land trägt durch den Ausbau juristischer Bildungsstätten dafür Sorge, daß Angehörigen aller Schichten des Volkes die Möglichkeit gegeben wird, die Fähigkeit zum Richteramt zu erlernen.

Artikel 46

(1) Laienrichter sind bei der Rechtsprechung in weitestem Umfang im Rahmen der gesetzlichen Bestimmungen hinzuzuziehen.
(2) Die Auswahl der Laienrichter erfolgt auf Vorschlag der Organe der kommunalen Selbstverwaltungen.
(3) Das Nähere bestimmen die Gesetze.

Artikel 47

(1) Die Richter sind in ihrer Rechtsprechung unabhängig und nur dem Gesetz unterworfen.
(2) Die Berufsrichter des Landes werden von der Landesregierung ernannt. Die Ernennung der Mitglieder der Obersten Gerichte des Landes bedarf der vorherigen Zustimmung des Landtages.
(3) Die nähere Regelung erfolgt, soweit nicht das Gerichtsverfassungsgesetz Bestimmungen enthält, durch ein besonderes Richtergesetz.

Artikel 48

Ausnahmegerichte sind unstatthaft. Niemand darf seinem gesetzlichen Richter entzogen werden.

Artikel 49

Dem Schutze der Bürger gegen Anordnungen und Verfügungen der Verwaltungsorgane dient die Verwaltungsgerichtsbarkeit. Das Nähere regeln die Gesetze.

Artikel 50

Die Verhandlungen vor allen Gerichten sind öffentlich. Bei Gefährdung der öffentlichen Sicherheit und Ordnung oder der Sittlichkeit kann die Öffentlichkeit durch Gerichtsbeschluß ausgeschlossen werden.

Artikel 51

(1) Vor Gericht hat jedermann Anspruch auf rechtliches Gehör.
(2) Jeder wegen einer strafbaren Handlung Angeklagte kann sich eines Verteidigers bedienen.

Artikel 52

(1) Die Landesregierung übt das Begnadigungsrecht aus.
(2) Amnestien werden durch Gesetze beschlossen.

F. Verwaltung.

Artikel 53

(1) Das Land ist in Kreise gegliedert. Die Kreise sind in Gemeinden gegliedert. Durch Gesetz bestimmte größere Städte bilden jeweils einen Stadtkreis. Alle übrigen Gemeinden und Städte sind zu Landkreisen zusammengefaßt.
(2) Die Kreise und Gemeinden sind Selbstverwaltungskörperschaften. Als solchen obliegt ihnen im Rahmen ihrer Zuständigkeit die Entscheidung und Durchführung aller öffentlichen Angelegenheiten, die das wirtschaftliche, soziale und kulturelle Leben ihres Gebietes betreffen.
(3) Die Organe der Kreise und Gemeinden sind verpflichtet, die ihnen von den übergeordneten Organen übertragenen Angelegenheiten durchzuführen.

Artikel 54

Die höchsten Organe der Kreise und Gemeinden sind:
a) im Landkreise der Kreistag,
b) im Stadtkreise die Stadtverordnetenversammlung,
c) in der Gemeinde die Gemeindevertretung.

Artikel 55

(1) Die Verwaltungsgeschäfte der Kreise und Gemeinden führen:
a) im Landkreise der Kreisrat, dem der Landrat vorsteht,
b) im Stadtkreise der Stadtrat, dem der Oberbürgermeister vorsteht,
c) in der Gemeinde der Gemeinderat, dem der Bürgermeister vorsteht.
(2) Alle Mitglieder des Kreisrates, des Stadtrates und des Gemeinderates sowie deren Vorsitzende bedürfen des Vertrauens der Körperschaft, von der sie gewählt worden sind.
(3) Wird ihnen von der Mehrheit der gesetzlichen Mitglieder dieser Körperschaft das Vertrauen entzogen, so sind sie verpflichtet, zurückzutreten.
(4) Das Nähere bestimmen die Kreis- und die Gemeindeordnung.

G. Wirtschaft.

Artikel 56

(1) Die Ordnung des Wirtschaftslebens muß den Grundsätzen der sozialen Gerechtigkeit mit dem Ziel der Gewährleistung eines menschenwürdigen Daseins für alle entsprechen. In diesen Grenzen ist die wirtschaftliche Freiheit des einzelnen gewährleistet. Die selbständigen

Gewerbetreibenden und Bauern sind in der Entfaltung ihrer privaten Initiative zu unterstützen. Die Freiheit des Handels und Gewerbes ist nach Maßgabe der Gesetze gewährleistet.
(2) Es ist Aufgabe der Landesregierung, durch Planung die Wirtschaft sinnvoll zu lenken, um sie den Bedürfnissen des Volkes anzupassen.

Artikel 57

(1) Das Eigentum wird von der Verfassung gewährleistet. Sein Inhalt und seine Schranken ergeben sich aus den Gesetzen.
(2) Den Bauern wird das Eigentum an Grund und Boden gewährleistet, das sie auf Grund des Gesetzes über die Bodenreform vom 10. September 1945 erhalten haben.

Artikel 58

Das Land und die Selbstverwaltungskörper können im Interesse der Befriedigung des Güterbedarfs an der Verwaltung wirtschaftlicher Unternehmungen beteiligt werden oder ihren Einfluß auf andere Weise sicherstellen.

Artikel 59

Die Veräußerung von Grundbesitz und Produktionsstätten, die sich im Eigentum der öffentlichen Hand befinden, bedarf der Zustimmung der zuständigen Volksvertretung (Landtag, Kreistag, Gemeindevertretung). Diese Zustimmung kann nur mit zwei Drittel der gesetzlichen Mitglieder erteilt werden.

Artikel 60

Die enteigneten Betriebe der aktiven Nationalsozialisten und Kriegsverbrecher sind Landeseigene Betriebe, soweit der Landtag nicht etwas anderes beschließt.

Artikel 61

Die Landeseigenen Betriebe werden nach Wirtschaftszweigen zusammengefaßt. Ihre Verwaltung steht unter unmittelbarer Kontrolle des zuständigen Ministers.

Artikel 62

Die Präsidenten der Landesbank und der Landesversicherungsanstalt werden von der Landesregierung nach vorheriger Zustimmung des Landtages ernannt.

H. Das Finanzwesen.

Artikel 63

Abgaben oder Steuern dürfen nur auf Grund gesetzlicher Anordnungen erhoben werden.

Artikel 64

(1) Alle Einnahmen und Ausgaben des Landes müssen für jedes Rechnungsjahr veranschlagt und in den Haushaltsplan eingestellt werden.
(2) Der Haushaltsplan wird vor Beginn jedes Rechnungsjahres durch ein Gesetz festgestellt.

(3) Ist zum Beginn des Rechnungsjahres der Haushaltsplan nicht durch Gesetz festgestellt, so ist die Landesregierung bis zu seinem Inkrafttreten ermächtigt, die rechtlich begründeten Verpflichtungen des Landes zu erfüllen, auf Grund des letzten Haushaltsplanes die Verwaltung fortzuführen und die bisherigen Landessteuern und Abgaben noch weiter zu erheben.

Artikel 65

(1) Über alle Einnahmen und Ausgaben des Landes hat die Landesregierung dem Landtage jährlich Rechnung zu legen.
(2) Die Rechnungen sind zu prüfen und das Ergebnis dem Landtage vorzulegen.
(3) Das Nähere über diese Rechnungsprüfung regelt ein Gesetz.

Artikel 66

(1) Im Wege des Kredites dürfen Geldmittel nur bei außerordentlichem Bedarf und in der Regel nur für werbende Zwecke und nur auf Grund eines Gesetzes beschafft werden.
(2) Die Übernahme von Bürgschaften bedarf der gesetzlichen Grundlage.

Artikel 67

Beschlüsse des Landtages, welche Mehrausgaben außerhalb des Haushaltsplanes in sich schließen oder für die Zukunft mit sich bringen, müssen zugleich bestimmen, wie diese Mehrausgaben gedeckt werden.

Artikel 68

(1) Vermögens-, Einkommens- und Verbrauchssteuern sind in einem angemessenen Verhältnis zueinander zu halten und nach sozialen Gesichtspunkten zu staffeln. Hierbei ist sowohl die Leistungsfähigkeit, als auch die Aufrechterhaltung einer mittleren Lebenshaltung zu berücksichtigen.
(2) Durch eine starke Staffelung der Erbschaftssteuer soll eine volksschädliche Vermögensbildung verhindert werden.

I. Volksbildung.

Artikel 69

(1) Jeder Bürger hat das gleiche Recht auf Bildung, sie wird ihm durch öffentliche Einrichtungen gewährleistet.
(2) Die öffentliche Erziehung erfolgt durch eine für Knaben und Mädchen gleiche, organisch gegliederte Einheitsschule mit demokratischem Schulsystem auf der Grundlage der allgemeinen Schulpflicht.
(3) Dem natürlichen Recht und der obersten Pflicht der Eltern auf Erziehung des Nachwuchses entsprechend wird die Mitwirkung der Eltern bei der schulischen Erziehung ihrer Kinder gewährleistet.

Artikel 70

(1) Die allgemeine Schulpflicht wird durch den Besuch der Grundschule erfüllt. Nach Beendigung der Grundschule erfolgt die systematische Weiterbildung in der Berufs- oder Fachschule, in der Oberschule und in anderen Bildungseinrichtungen. Der Besuch der Berufsschule für die Dauer von mindestens drei Jahren ist Pflicht aller Jugendlichen, wenn sie keine

andere öffentliche Schule besuchen. Die Berufsschule dient der fachlichen Weiterbildung der Schüler.
(2) Die Oberschule vermittelt Wissen und entwickelt Fähigkeiten, die den Besuch der Hochschule ermöglichen. Den Angehörigen aller Schichten des Volkes ist die Möglichkeit zu geben, auch ohne Unterbrechung der Berufstätigkeit die zum Studium an einer Hochschule erforderlichen Kenntnisse in Abend- und Volkshochschulen zu erwerben.

Artikel 71

Die Schule soll jedem, unabhängig von der sozialen Lage der Eltern und vom Religionsbekenntnis, die seinen Fähigkeiten und Anlagen entsprechende vollwertige Ausbildung geben. Der Unterricht und die Lehrmittel der Grundschule und Berufsschulen sind unentgeltlich. Die weitere Bildung in der Oberschule und Hochschule ist den Begabten aus allen Schichten des Volkes zu ermöglichen.

Artikel 72

(1) Die Schulen sollen die Jugend zu selbständig denkenden und verantwortungsbewußt handelnden Menschen erziehen, die fähig und bereit sind, sich in das Leben der Gemeinschaft einzuordnen.
(2) Als Mittlerin der Kultur hat die Schule die Aufgabe, die Jugend im Geiste des friedlichen und freundschaftlichen Zusammenlebens der Völker und einer echten Demokratie zu wahrer Humanität zu erziehen.
(3) Das Recht der Religionsgemeinschaften auf Erteilung des Religionsunterrichtes und seine Durchführung ist gewährleistet.

K. Religionsgesellschaften.

Artikel 73

(1) Alle Bewohner des Landes genießen volle Glaubens- und Gewissensfreiheit. Die ungestörte Religionsausübung wird gewährleistet und steht unter staatlichem Schutz.
(2) Der Mißbrauch der Kirche und der Religionsausübung zu parteipolitischen Zwecken ist verboten.
(3) Der Sonntag und die staatlich anerkannten Feiertage bleiben als Tage der Arbeitsruhe und der seelischen Erhebung gesetzlich geschützt.

Artikel 74

(1) Die bürgerlichen und staatsbürgerlichen Rechte und Pflichten werden durch die Ausübung der Religionsfreiheit weder bedingt noch beschränkt.
(2) Die Ausübung bürgerlicher und staatsbürgerlicher Rechte sowie die Zulassung zum öffentlichen Dienst sind unabhängig von dem religiösen Bekenntnis.
(3) Niemand ist verpflichtet, seine religiöse Überzeugung zu offenbaren. Die Verwaltungsorgane haben nur so weit das Recht, nach der Zugehörigkeit zu einer Religionsgesellschaft zu fragen, als davon Rechte oder Pflichten abhängen oder eine gesetzlich angeordnete statistische Erhebung dies erfordert.
(4) Niemand darf zu einer kirchlichen oder weltanschaulichen Unterweisung, Handlung oder Feierlichkeit oder zur Teilnahme an religiösen oder weltanschaulichen Übungen oder

zur Benutzung einer religiösen Eidesform gezwungen oder ohne rechtlichen Grund daran gehindert werden.

Artikel 75

(1) Die Freiheit der Vereinigung zu Religionsgemeinschaften wird gewährleistet.
(2) Jede Religionsgesellschaft ordnet und verwaltet ihre Angelegenheiten selbständig innerhalb der Schranken der für alle geltenden Gesetze. Sie verleiht ihre Ämter ohne Mitwirkung des Landes oder der politischen Gemeinden.
(3) Die Religionsgesellschaften sind Körperschaften des öffentlichen Rechtes, soweit sie es bisher waren. Anderen Religionsgesellschaften sind auf ihren Antrag gleiche Rechte zu gewährleisten, wenn sie durch ihre Verfassung und die Zahl ihrer Mitglieder die Gewähr der Dauer bieten. Schließen sich mehrere derartige öffentlich-rechtliche Religionsgesellschaften zu einem Verband gleicher Art zusammen, so ist auch dieser Verband eine öffentlich-rechtliche Körperschaft.
(4) Die öffentlich-rechtlichen Religionsgemeinschaften sind berechtigt, von ihren Mitgliedern auf Grund der staatlichen Steuerlisten nach Maßgabe der allgemeinen Bestimmungen Steuern zu erheben.
(5) Den Religionsgesellschaften werden Vereinigungen gleichgestellt, die sich die gemeinschaftliche Pflege einer Weltanschauung zur Aufgabe machen.

Artikel 76

Die auf Gesetz, Vertrag oder besonderen Rechtstiteln beruhenden öffentlichen Leistungen an die Religionsgesellschaften werden durch Gesetz abgelöst.

Artikel 77

In Krankenhäusern, Strafanstalten und sonstigen öffentlichen Anstalten sind Religionsgesellschaften zur Seelsorge und zur Vornahme religiöser Handlungen zuzulassen, wobei jeder Zwang fernzuhalten ist.

Artikel 78

Wer aus einer Religionsgesellschaft mit bürgerlicher Wirkung austreten will, hat den Austritt beim Standesamt persönlich zu erklären oder als Einzelerklärung in öffentlich beglaubigter Form einzureichen.

Artikel 79

Die Entscheidung über die Zugehörigkeit der Kinder zu einer Religionsgesellschaft steht bis zu deren vollendetem 14. Lebensjahr dem Erziehungsberechtigten zu. Von diesem Alter an hat das Kind selbst die Freiheit der Entschließung über sein Verbleiben in der Religionsgesellschaft.

L. Übergangs- und Schlußbestimmungen.

Artikel 80

Soweit in Gesetzen, Verordnungen und sonstigen Bekanntmachungen auf Vorschriften und Einrichtungen verwiesen ist, die durch diese Verfassung aufgehoben sind, treten an ihre Stelle die entsprechenden Vorschriften und Einrichtungen dieser Verfassung. Das Nähere wird durch Gesetz geregelt.

Artikel 81

Diese Verfassung tritt mit dem Tage ihrer Verkündung im Regierungsblatt in Kraft.

Weimar, den 20. Dezember 1946.

Der Präsident des Thüringer Landtages
gez.: Frölich.

Quelle: RegBl. 3 (1947), T. I, Nr. 1, S. 1-5.

[7]

Gesetz zur Änderung der Verfassung des Landes Thüringen vom 20. Dezember 1946. Vom 17. Dezember 1947.

Artikel I

(1) Der Artikel 56 der Verfassung erhält folgenden neuen Absatz 2:
»(2) Alle privaten Monopolorganisationen, wie Kartelle, Syndikate, Konzerne, Truste und ähnliche auf Marktbeherrschung gerichteten privaten Zusammenschlüsse, sowie Preisabreden, welche die Ausbeutung der breiten Masse der Bevölkerung oder die Vernichtung selbständiger Betriebe des Mittelstandes bezwecken, sind verboten.«

(2) Der jetzige Absatz 2 wird Absatz 3.

Artikel II

Der Artikel 57 der Verfassung erhält folgenden neuen Absatz 3:
»(3) Der Privatbesitz oder das Privateigentum an land- und forstwirtschaftlich genutztem Boden wird auf 100 ha begrenzt. Die Nutzung des Bodens und seine Verteilung wird im Interesse einer gesunden Volkswirtschaft überwacht. Das Nähere regelt ein Gesetz.«

Artikel III

In Artikel 62 wird das Wort »Landesbank« in »Landeskreditbank« geändert.

Artikel IV

Das Gesetz tritt 14 Tage nach seiner Veröffentlichung im Regierungsblatt in Kraft.

Weimar, den 17. Dezember 1947.

Der Präsident des Thüringer Landtages: Frölich

Quelle: RegBl. 3 (1947), T. I, Nr. 22, S. 103.

[8]

Vorläufige Landessatzung für das Land Thüringen. Vom 7. November 1990.

Der Thüringer Landtag hat das folgende Gesetz beschlossen:

Präambel

Das Land Thüringen ist ein Land der Bundesrepublik Deutschland. Damit sind die in den Artikeln 1 bis 19 des Grundgesetzes für die Bundesrepublik Deutschland niedergelegten Grundrechte auch unmittelbar geltendes Recht in Thüringen. Eine weitere Ausgestaltung des Grundrechtskatalogs durch das Landesverfassungsrecht bleibt den Verfassungsberatungen vorbehalten. Um jedoch dem staatlichen Leben in Thüringen für die Übergangszeit bis zur Verabschiedung der Verfassung für das Land Thüringen eine vorläufige Ordnung zu geben, hat der Thüringer Landtag diese Vorläufige Landessatzung für das Land Thüringen beschlossen.

§ 1

Der Regierungssitz des Landes Thüringen ist Erfurt.

§ 2

(1) Der Landtag besteht aus den vom Volk gewählten Abgeordneten. Sie sind Vertreter des Volkes, nur ihrem Gewissen unterworfen und an Aufträge nicht gebunden.
(2) Der Landtag beschließt die Gesetze und kontrolliert die vollziehende Gewalt. Er führt die ihm nach dieser Landessatzung obliegenden Wahlen durch und nimmt die sonstigen ihm übertragenen Aufgaben wahr.
(3) Gesetzesvorlagen können durch die Landesregierung oder aus der Mitte des Landtags eingebracht werden.
(4) Die Ermächtigung zum Erlaß einer Rechtsverordnung kann nur durch Gesetz erteilt werden. Das Gesetz muß Inhalt, Zweck und Ausmaß der erteilten Ermächtigung bestimmen. In der Verordnung ist die Rechtsgrundlage anzugeben.
(5) Der Präsident des Landtags fertigt die vom Landtag beschlossenen Gesetze aus und verkündet sie binnen eines Monats im Gesetzblatt. Die Gesetze treten, soweit nichts anderes bestimmt ist, am 14. Tage nach der Ausgabe des die Verkündung enthaltenden Gesetzblatts in Kraft.

§ 3

Der Landtag gibt sich binnen Jahresfrist eine Geschäftsordnung.

§ 4

(1) Der Landtag wählt aus seiner Mitte den Präsidenten, dessen Vizepräsidenten und die Schriftführer.

(2) Der Präsident verwaltet die wirtschaftlichen Angelegenheiten des Landtags nach Maßgabe des Landeshaushaltsgesetzes. Er ernennt und entläßt im Benehmen mit den Vizepräsidenten alle Bediensteten des Landtags; er ist oberste Dienstbehörde. Er vertritt das Land in allen Angelegenheiten der Verwaltung des Landtags. Er übt das Hausrecht und die Polizeigewalt im Landtagsgebäude aus.

§ 5

(1) Der Landtag verhandelt öffentlich. Auf Antrag von einer Fraktion oder der Landesregierung kann die Öffentlichkeit mit einer Mehrheit von zwei Dritteln der abgegebenen Stimmen ausgeschlossen werden; über den Antrag wird in nichtöffentlicher Sitzung entschieden.
(2) Der Landtag faßt seine Beschlüsse mit der Mehrheit der abgegebenen Stimmen (einfache Mehrheit), soweit diese Landessatzung nichts anderes bestimmt.

§ 6

(1) Der Landtag und seine Ausschüsse können die Anwesenheit jedes Mitglieds der Landesregierung verlangen, das grundsätzlich zur Erteilung von Auskünften verpflichtet ist.
(2) Die Mitglieder der Landesregierung und ihre Beauftragten haben zu allen Sitzungen des Landtags und seiner Ausschüsse Zutritt; sie müssen auf ihr Verlangen gehört werden.

§ 7

(1) Der Landtag bestellt einen Petitionsausschuß, dem die Entscheidung über die an den Landtag gerichteten Eingaben obliegt. Der Landtag kann die Entscheidung des Petitionsausschusses aufheben.
(2) Die Landesregierung und die Behörden des Landes sowie die Körperschaften, Anstalten und Stiftungen des öffentlichen Rechts, soweit sie der Aufsicht des Landes unterstehen, sind verpflichtet, dem Petitionsausschuß jederzeit Zutritt zu den von ihnen verwalteten öffentlichen Einrichtungen zu gestatten, die notwendigen Auskünfte zu erteilen und die erforderlichen Akten zugängig zu machen. Die gleichen Verpflichtungen treffen juristische Personen des Privatrechts, nichtrechtsfähige Vereinigungen und natürliche Personen, soweit sie unter der Aufsicht des Landes öffentlich-rechtliche Tätigkeit ausüben.
(3) Zutritt, Auskunft und Aktenvorlage dürfen nur verweigert werden, soweit zwingende Geheimhaltungsgründe entgegenstehen oder Anlaß zur Sorge besteht, daß dem Bund oder einem deutschen Land Nachteile bereitet würden oder einem Dritten ein erheblicher, nicht wiedergutzumachender Schaden entstehen würde. Die Entscheidung über die Verweigerung trifft der zuständige Minister; er hat sie vor dem Landtag zu vertreten. Ein Fünftel der Mitglieder des Petitionsausschusses kann innerhalb einer Woche nach der Entscheidung über die Verweigerung eine Kommission anrufen, die aus den Präsidenten der Bezirksgerichte Erfurt, Gera und Suhl besteht; den Vorsitz führt der dienstälteste Präsident. Ist ein Präsident verhindert oder zur Mitwirkung in der Kommission nicht bereit, ist sein Stellvertreter berufen. Die Kommission äußert sich gutachtlich, ob die Verweigerungsgründe nach Satz 1 vorliegen; stellt sie fest, daß dies nicht der Fall ist, hat die Landesregierung unter Berücksichtigung der Stellungnahme der Kommission über die Verweigerung erneut zu entscheiden.
(4) Das Nähere regelt die Geschäftsordnung des Landtags.

§ 8

(1) Der Landtag hat das Recht und auf Antrag von einem Fünftel seiner Mitglieder die Pflicht, Untersuchungsausschüsse einzusetzen. Die Zahl ihrer Mitglieder bestimmt der Landtag, doch muß jede Fraktion vertreten sein.
(2) Die Ausschüsse erheben Beweis in öffentlicher Verhandlung. Die Öffentlichkeit kann mit einer Mehrheit von zwei Dritteln der Ausschußmitglieder ausgeschlossen werden.
(3) Gerichte und Verwaltungsbehörden sind verpflichtet, dem Ersuchen der Ausschüsse um Beweiserhebung Folge zu leisten. Die Akten der Behörden und öffentlich-rechtlichen Körperschaften, Anstalten und Stiftungen sind ihnen auf Verlangen vorzulegen.
(4) Auf die Erhebungen der Ausschüsse und der von ihnen ersuchten Behörden finden die Vorschriften der Strafprozeßordnung sinngemäße Anwendung, doch bleibt das Brief-, Post- und Fernmeldegeheimnis unberührt.

§ 9

(1) Ein Abgeordneter darf zu keiner Zeit wegen seiner Abstimmung oder einer Äußerung, die er im Landtag, in einem Ausschuß, in seiner Fraktion oder sonst in Ausübung seines Mandates getan hat, gerichtlich oder dienstlich verfolgt oder anderweitig außerhalb des Landtags zur Verantwortung gezogen werden. Dies gilt nicht für verleumderische Beleidigungen.
(2) Ein Abgeordneter darf nur mit Genehmigung des Landtags wegen einer mit Strafe bedrohten Handlung zur Verantwortung gezogen oder verhaftet werden, es sei denn, daß er bei Ausübung der Tat oder spätestens bis zum Ende des folgenden Tages festgenommen wird. Jedes Strafverfahren gegen einen Abgeordneten und jede Haft oder sonstige Beschränkung seiner persönlichen Freiheit sind auf Verlangen des Landtags für die Dauer der Wahlperiode aufzuheben. Der Landtag kann die Entscheidungen nach den Sätzen 1 und 2 einem Ausschuß übertragen, der mit Zweidrittelmehrheit beschließt. Der Landtag kann die Entscheidung des Ausschusses aufheben.
(3) Die Abgeordneten sind berechtigt, über Personen, die ihnen oder denen sie in ihrer Eigenschaft als Abgeordnete Tatsachen anvertraut haben sowie über diese Tatsachen selbst das Zeugnis zu verweigern. Insoweit sind auch Schriftstücke der Beschlagnahme entzogen. Eine Durchsuchung und Beschlagnahme darf in Räumen des Landtags nur mit Zustimmung des Präsidenten vorgenommen werden.
(4) Die Abgeordneten haben Anspruch auf eine angemessene, ihre Unabhängigkeit sichernde Entschädigung; das Nähere regelt ein Gesetz.

§ 10

Die Landesregierung besteht aus dem Ministerpräsidenten und den Ministern.

§ 11

(1) Der Ministerpräsident wird vom Landtag in geheimer Wahl ohne Aussprache mit der Mehrheit der gesetzlichen Mitgliederzahl gewählt.
(2) Der Ministerpräsident ernennt und entläßt die Minister. Die Landesregierung bedarf der Bestätigung durch den Landtag. Die Ernennung eines Ministers durch den Ministerpräsidenten nach der Bestätigung bedarf der Zustimmung des Landtags.

(3) Der Ministerpräsident und die Minister leisten bei ihrem Amtsantritt vor dem Landtag folgenden Eid:

»Ich schwöre, daß ich meine Kraft dem Wohle des Volkes widmen, Verfassung und Gesetze wahren, meine Pflichten gewissenhaft erfüllen und Gerechtigkeit gegen jedermann üben werde.«

Der Eid kann mit einer religiösen Beteuerung geleistet werden.

(4) Die Mitglieder der Landesregierung haben Anspruch auf Besoldung. Sie dürfen kein anderes besoldetes Amt, kein Gewerbe und keinen Beruf ausüben und weder der Leitung noch ohne Zustimmung des Landtags dem Aufsichtsrat eines auf Erwerb gerichteten Unternehmens angehören.

§ 12

(1) Die Landesregierung und jedes ihrer Mitglieder können jederzeit ihren Rücktritt erklären. Sie müssen zurücktreten, wenn ein neugewählter Landtag erstmalig zusammentritt oder wenn der Landtag der Landesregierung mit der Mehrheit der gesetzlichen Mitgliederzahl das Mißtrauen ausspricht.

(2) Im Falle des Rücktritts oder einer sonstigen Beendigung des Amtes haben die Mitglieder der Landesregierung bis zur Amtsübernahme der Nachfolger ihr Amt weiterzuführen, sofern der Landtag nichts anderes beschließt.

(3) Der Mißtrauensantrag muß von mindestens einem Fünftel der Abgeordneten des Landtags unterzeichnet sein. Über den Antrag wird frühestens am zweiten Tag nach seiner Verhandlung, aber binnen einer Woche nach seiner Einbringung, namentlich abgestimmt.

(4) Kommt nach Annahme eines Mißtrauensantrages gegen die Landesregierung die Neuwahl des Ministerpräsidenten binnen 21 Tagen nicht zustande, so ist der Landtag aufgelöst. Eine Neuwahl findet innerhalb von 60 Tagen statt.

§ 13

(1) Der Ministerpräsident bestimmt die Richtlinien der Regierungspolitik und ist dafür dem Landtag verantwortlich. Innerhalb dieser Richtlinien leitet jeder Minister seinen Geschäftsbereich selbständig und unter eigener Verantwortung gegenüber dem Landtag.

(2) Der Ministerpräsident vertritt das Land Thüringen nach außen. Verträge des Landes, die sich auf Gegenstände der Gesetzgebung beziehen, bedürfen der Zustimmung des Landtags.

(3) Die Landesregierung gibt sich eine Geschäftsordnung.

§ 14

(1) Der Ministerpräsident ernennt und entläßt die Bediensteten des Landes, soweit nicht durch Gesetz anderes bestimmt ist. Der Ministerpräsident kann die Befugnis auf andere Stellen übertragen.

(2) Der Landesregierung obliegt die Einrichtung der Behörden; sie kann dieses Recht übertragen. Die Einrichtung von oberen Landesbehörden bedarf der Zustimmung des Landtags.

(3) Die Landesregierung wird ermächtigt, die Zuständigkeit von Behörden durch Rechtsverordnung zu regeln, soweit gesetzlich nichts anderes bestimmt ist.

§ 15

Der Ministerpräsident übt das Recht der Begnadigung aus.

§ 16

(1) Alle Einnahmen und Ausgaben sowie Verpflichtungsermächtigungen des Landes sind in den Haushaltsplan einzustellen; bei Landesbetrieben und Sondervermögen des Landes brauchen nur die Zuführungen oder die Ablieferungen eingestellt zu werden. Der Haushaltsplan ist in Einnahme und Ausgabe auszugleichen.

(2) Der Haushaltsplan wird für ein Haushaltsjahr vor Beginn des Haushaltsjahres durch das Haushaltsgesetz festgestellt.

(3) Die Gesetzesvorlage nach Absatz 2 sowie Vorlagen der Landesregierung zur Änderung des Haushaltsgesetzes und des Haushaltsplanes werden von ihr in den Landtag eingebracht.

(4) In das Haushaltsgesetz dürfen nur Vorschriften aufgenommen werden, die sich auf die Einnahmen und die Ausgaben des Landes und auf den Zeitraum beziehen, für den das Haushaltsgesetz beschlossen wird.

(5) Ist der Haushaltsplan nicht vor Beginn eines Haushaltsjahres durch Gesetz festgestellt, so ist die Landesregierung bis zu dessen Inkrafttreten ermächtigt, alle Ausgaben zu leisten, die nötig sind,

a) um gesetzlich bestehende Einrichtungen zu erhalten und gesetzlich beschlossene Maßnahmen durchzuführen,
b) um die rechtlich begründeten Verpflichtungen des Landes zu erfüllen sowie
c) um Bauten, Beschaffungen und sonstige Leistungen fortzusetzen oder Beihilfen für diesen Zweck weiter zu gewähren.

(6) Die Landesregierung kann für die nach Absatz 5 zulässigen Ausgaben Kredite aufnehmen, soweit der Geldbedarf des Landes nicht durch Steuern, Abgaben und sonstige Einnahmen gedeckt werden kann. Die Ermächtigung zur Kreditaufnahme ist beschränkt auf die Summe der Ausgaben für Investitionen; darüber hinausgehende Kreditaufnahmen bedürfen der Zustimmung des Landtags.

(7) Überplanmäßige und außerplanmäßige Ausgaben und Verpflichtungen bedürfen der vorherigen Zustimmung des Ministers der Finanzen. Sie darf nur bei unvorhergesehenem und unabweisbarem Bedürfnis erteilt werden.

(8) Die Aufnahme von Krediten sowie die Übernahme von Bürgschaften, Garantien oder sonstigen Gewährleistungen, die zu Ausgaben in künftigen Haushaltsjahren führen können, bedürfen einer der Höhe nach bestimmten oder bestimmbaren Ermächtigung durch Landesgesetz.

(9) Der Landtag darf Mehrausgaben oder Mindereinnahmen gegenüber dem Entwurf der Landesregierung oder dem festgestellten Haushaltsplan nur beschließen, wenn Deckung gewährleistet ist. Der Beschluß bedarf der Zustimmung der Landesregierung; Artikel 113 Abs. 1 Sätze 3 und 4 bis Absatz 3 des Grundgesetzes gelten entsprechend.

(10) Der Minister der Finanzen hat dem Landtag über alle Einnahmen und Ausgaben sowie die Inanspruchnahme der Verpflichtungsermächtigungen jährlich Rechnung zu legen. Er hat die Haushaltsrechnung mit einer Übersicht über das Vermögen und die Schulden des Landes im nächsten Haushaltsjahr dem Landtag vorzulegen. Der Landtag beschließt über die Entlastung der Landesregierung aufgrund der Haushaltsrechnung.

(11) Der Landesrechnungshof, dessen Mitglieder richterliche Unabhängigkeit besitzen, prüft die Rechnung sowie die Wirtschaftlichkeit und Ordnungsmäßigkeit der Haushalts- und Wirtschaftsführung. Er hat außer der Landesregierung unmittelbar dem Landtag jährlich zu berichten. Im übrigen werden die Befugnisse des Landesrechnungshofs durch Landesgesetz geregelt.

§ 17

Änderungen und Ergänzungen dieses Gesetzes bedürfen der Zustimmung von zwei Dritteln der gesetzlichen Mitgliederzahl des Landtags.

§ 18

(1) Dieses Gesetz wird unverzüglich nach dem Beschluß des Landtags von seinem Präsidenten ausgefertigt und durch Aushang in den Räumen des Landtags und der Bezirksverwaltungsbehörden des Landes Thüringen sowie durch Verlesen im Rundfunk verkündet und wird unverzüglich nach Verkündung im Gesetzblatt bekanntgemacht. Es tritt mit der Verkündung in Kraft. § 9 tritt für Abgeordnete mit dem Erwerb der Mitgliedschaft im Landtag (§ 47 Landeswahlgesetz) in Kraft.

(2) Dieses Gesetz tritt spätestens am 31. Dezember 1992 außer Kraft. Die Vorläufige Landessatzung ist bis zu diesem Zeitpunkt durch die Verfassung des Landes Thüringen zu ersetzen.

Das vorstehende Gesetz wird hiermit bekanntgemacht.

Erfurt, den 7. November 1990

Der Präsident des Landtags
gez. Dr. Müller

Quelle: GBl. 1 (1990), Nr. 1, S. 1-4.

[9]

Erstes Landesgesetz zur Änderung der Vorläufigen Landessatzung für das Land Thüringen. Vom 30. Januar 1991.

Der Thüringer Landtag hat das folgende Gesetz beschlossen:

Artikel 1

Die Vorläufige Landessatzung für das Land Thüringen vom 7. November 1990 (GBl. S. 1), wird wie folgt geändert:

In § 8 Abs. 4 werden nach dem Wort »finden« die Worte »vorbehaltlich einer anderen gesetzlichen Regelung« eingefügt.

Artikel 2

Dieses Gesetz tritt am Tage nach der Verkündung in Kraft.

Das vorstehende Gesetz wird hiermit verkündet.

Erfurt, den 30. Januar 1991

Der Präsident des Landtags
Dr. Müller

Quelle: GBl. 2 (1991), Nr. 1, S. 1.

[10]

Zweites Gesetz zur Änderung der Vorläufigen Landessatzung für das Land Thüringen. Vom 15. Dezember 1992.

Der Thüringer Landtag hat mit der nach § 17 der Vorläufigen Landessatzung erforderlichen Mehrheit das folgende Gesetz beschlossen:

Artikel 1

Die Vorläufige Landessatzung für das Land Thüringen vom 7. November 1990 (GBl. S. 1), geändert durch Gesetz vom 30. Januar 1991 (GBl. S. 1) wird wie folgt geändert:

§ 18 Abs. 2 erhält folgende Fassung:
»(2) Dieses Gesetz tritt mit dem Inkrafttreten der Verfassung des Landes Thüringen außer Kraft.«

Artikel 2

Dieses Gesetz tritt am Tage nach der Verkündung in Kraft.

Erfurt, den 15. Dezember 1992

Der Präsident des Landtags
Dr. Müller

Quelle: GVBl. 3 (1992), Nr. 30, S. 575.

[11]

Verfassung des Freistaats Thüringen. Vom 25. Oktober 1993.

Inhaltsübersicht

Der Thüringer Landtag hat mit der nach Artikel 106 Abs. 1 dieser Verfassung vorgesehenen Mehrheit das folgende Gesetz beschlossen:

Präambel

In dem Bewußtsein des kulturellen Reichtums und der Schönheit des Landes, seiner wechselvollen Geschichte, der leidvollen Erfahrungen mit überstandenen Diktaturen und des Erfolges der friedlichen Veränderungen im Herbst 1989,

in dem Willen, Freiheit und Würde des einzelnen zu achten, das Gemeinschaftsleben in sozialer Gerechtigkeit zu ordnen, Natur und Umwelt zu bewahren und zu schützen, der Verantwortung für zukünftige Generationen gerecht zu werden, inneren wie äußeren Frieden zu fördern, die demokratisch verfaßte Rechtsordnung zu erhalten und Trennendes in Europa und der Welt zu überwinden,

gibt sich das Volk des Freistaats Thüringen in freier Selbstbestimmung und auch in Verantwortung vor Gott diese Verfassung.

Erster Teil
Grundrechte, Staatsziele und Ordnung des Gemeinschaftslebens

Erster Abschnitt
Menschenwürde, Gleichheit und Freiheit

Artikel 1

(1) Die Würde des Menschen ist unantastbar. Sie auch im Sterben zu achten und zu schützen, ist Verpflichtung aller staatlichen Gewalt.
(2) Thüringen bekennt sich zu den unverletzlichen und unveräußerlichen Menschenrechten als Grundlage jeder staatlichen Gemeinschaft, zum Frieden und zur Gerechtigkeit.

Artikel 2

(1) Alle Menschen sind vor dem Gesetz gleich.
(2) Frauen und Männer sind gleichberechtigt. Das Land, seine Gebietskörperschaften und andere Träger der öffentlichen Verwaltung sind verpflichtet, die tatsächliche Gleichstellung von Frauen und Männern in allen Bereichen des öffentlichen Lebens durch geeignete Maßnahmen zu fördern und zu sichern.
(3) Niemand darf wegen seiner Herkunft, seiner Abstammung, seiner ethnischen Zugehörigkeit, seiner sozialen Stellung, seiner Sprache, seiner politischen, weltanschaulichen oder religiösen Überzeugung, seines Geschlechts oder seiner sexuellen Orientierung bevorzugt oder benachteiligt werden.
(4) Menschen mit Behinderung stehen unter dem besonderen Schutz des Freistaats. Das Land und seine Gebietskörperschaften fördern ihre gleichwertige Teilnahme am Leben in der Gemeinschaft.

Artikel 3

(1) Jeder hat das Recht auf Leben und körperliche Unversehrtheit. Die Freiheit der Person ist unverletzlich. In diese Rechte darf nur auf Grund eines Gesetzes eingegriffen werden.

(2) Jeder hat das Recht auf die freie Entfaltung seiner Persönlichkeit, soweit er nicht die Rechte anderer verletzt oder nicht gegen die verfassungsmäßige Ordnung verstößt.

Artikel 4

(1) Die Freiheit der Person kann nur auf Grund eines förmlichen Gesetzes und nur unter Beachtung der darin vorgeschriebenen Formen eingeschränkt werden.
(2) Festgehaltene Personen dürfen weder seelisch noch körperlich mißhandelt werden.
(3) Über die Zulässigkeit und Fortdauer einer Freiheitsentziehung hat nur der Richter zu entscheiden. Bei jeder nicht auf richterlicher Anordnung beruhenden Freiheitsentziehung ist unverzüglich, spätestens jedoch innerhalb von 24 Stunden, eine richterliche Entscheidung herbeizuführen. Das Nähere regelt das Gesetz.
(4) Jeder wegen des Verdachts einer strafbaren Handlung vorläufig Festgenommene ist spätestens am Tag nach der Festnahme dem Richter vorzuführen, der ihm die Gründe der Festnahme mitzuteilen, ihn zu vernehmen und ihm Gelegenheit zu Einwendungen zu geben hat. Der Richter hat unverzüglich entweder einen mit Gründen versehenen schriftlichen Haftbefehl zu erlassen oder die Freilassung anzuordnen.
(5) Von jeder richterlichen Entscheidung über die Anordnung oder Fortdauer einer Freiheitsentziehung ist unverzüglich ein Angehöriger des Festgehaltenen oder eine Person seines Vertrauens zu benachrichtigen.

Artikel 5

(1) Jeder Bürger genießt Freizügigkeit.
(2) Dieses Recht darf nur auf Grund eines Gesetzes und nur für die Fälle eingeschränkt werden, in denen eine ausreichende Lebensgrundlage nicht vorhanden ist und der Allgemeinheit daraus besondere Lasten entstehen würden oder in denen es zur Abwehr einer drohenden Gefahr für den Bestand oder die freiheitliche demokratische Grundordnung des Bundes oder eines Landes, zur Bekämpfung von Seuchengefahr, Naturkatastrophen oder besonders schweren Unglücksfällen, zum Schutz der Jugend vor Verwahrlosung oder um strafbaren Handlungen vorzubeugen, erforderlich ist.

Artikel 6

(1) Jeder hat das Recht auf Achtung und Schutz seiner Persönlichkeit und seines privaten Lebensbereiches.
(2) Jeder hat Anspruch auf Schutz seiner personenbezogenen Daten. Er ist berechtigt, über die Preisgabe und Verwendung solcher Daten selbst zu bestimmen.
(3) Diese Rechte dürfen nur auf Grund eines Gesetzes eingeschränkt werden. Den Belangen historischer Forschung und geschichtlicher Aufarbeitung ist angemessen Rechnung zu tragen.
(4) Jeder hat nach Maßgabe der Gesetze ein Recht auf Auskunft darüber, welche Informationen über ihn in Akten und Dateien gespeichert sind und auf Einsicht in ihn betreffende Akten und Dateien.

Artikel 7

(1) Das Briefgeheimnis, das Post- und Fernmeldegeheimnis sowie das Kommunikationsgeheimnis sind unverletzlich.

(2) Beschränkungen dürfen nur auf Grund eines Gesetzes angeordnet werden. Sie sind grundsätzlich dem Betroffenen nach Abschluß der Maßnahme mitzuteilen. Ihm steht der Rechtsweg offen.

Artikel 8

(1) Die Wohnung ist unverletzlich.

(2) Durchsuchungen dürfen nur durch den Richter, bei Gefahr im Verzuge auch durch die in den Gesetzen vorgesehenen anderen Organe angeordnet und nur in der dort vorgeschriebenen Form durchgeführt werden.

(3) Eingriffe und Beschränkungen dürfen im übrigen nur zur Abwehr einer gemeinen Gefahr oder einer Lebensgefahr für einzelne Personen, auf Grund eines Gesetzes auch zur Verhütung dringender Gefahren für die öffentliche Sicherheit und Ordnung, insbesondere zur Behebung der Raumnot, zur Bekämpfung von Seuchengefahr oder zum Schutz gefährdeter Kinder und Jugendlicher vorgenommen werden.

Artikel 9

Jeder hat das Recht auf Mitgestaltung des politischen Lebens im Freistaat. Dieses Recht wird im Rahmen dieser Verfassung in Ausübung politischer Freiheitsrechte, insbesondere durch eine Mitwirkung in Parteien und Bürgerbewegungen wahrgenommen.

Artikel 10

(1) Jeder Bürger hat das Recht, sich mit anderen ohne Anmeldung oder Erlaubnis friedlich und unbewaffnet zu versammeln.

(2) Für Versammlungen unter freiem Himmel kann dieses Recht auf Grund eines Gesetzes eingeschränkt werden.

Artikel 11

(1) Jeder hat das Recht, seine Meinung frei zu äußern und zu verbreiten sowie sich aus allgemein zugänglichen Quellen ungehindert zu unterrichten.

(2) Die Freiheit der Presse, des Rundfunks, des Fernsehens, des Films und der anderen Medien wird gewährleistet. Zensur ist nicht zulässig.

(3) Diese Rechte finden ihre Schranken in den Vorschriften der allgemeinen Gesetze, den gesetzlichen Bestimmungen zum Schutz der Kinder und Jugendlichen und in dem Recht der persönlichen Ehre.

Artikel 12

(1) Das Land gewährleistet die Grundversorgung durch öffentlich-rechtlichen Rundfunk und sorgt für die Ausgewogenheit der Verbreitungsmöglichkeiten zwischen privaten und öffentlich-rechtlichen Veranstaltern.

(2) In den Aufsichtsgremien der öffentlich-rechtlichen Rundfunkanstalten und in den vergleichbaren Aufsichtsgremien über den privaten Rundfunk sind die politischen, weltanschaulichen und gesellschaftlichen Gruppen nach Maßgabe der Gesetze zu beteiligen.

Artikel 13

(1) Jeder Bürger hat das Recht, Vereinigungen zu bilden.

(2) Vereinigungen, deren Zweck oder deren Tätigkeit den Strafgesetzen zuwiderlaufen oder die sich gegen die verfassungsmäßige Ordnung oder den Gedanken der Völkerverständigung richten, sind verboten.

Artikel 14

Jeder hat das Recht, sich einzeln oder in Gemeinschaft mit anderen schriftlich oder mündlich mit Bitten oder Beschwerden an die zuständigen Stellen und an die Volksvertretung zu wenden. Es besteht Anspruch auf begründeten Bescheid in angemessener Frist.

Artikel 15

Es ist ständige Aufgabe des Freistaats, darauf hinzuwirken, daß in ausreichendem Maße angemessener Wohnraum zur Verfügung steht. Zur Verwirklichung dieses Staatsziels fördern das Land und seine Gebietskörperschaften die Erhaltung, den Bau und die Bereitstellung von Wohnraum im sozialen, genossenschaftlichen und privaten Bereich.

Artikel 16

Das Land und seine Gebietskörperschaften sichern allen im Notfall ein Obdach.

Zweiter Abschnitt
Ehe und Familie

Artikel 17

(1) Ehe und Familie stehen unter dem besonderen Schutz der staatlichen Ordnung.
(2) Wer in häuslicher Gemeinschaft Kinder erzieht oder für andere sorgt, verdient Förderung und Entlastung.
(3) Jede Mutter hat Anspruch auf den Schutz und die Fürsorge der Gemeinschaft.

Artikel 18

(1) Eltern und andere Sorgeberechtigte haben das Recht und die Pflicht zur Erziehung ihrer Kinder.
(2) Kinder dürfen von den Sorgeberechtigten gegen deren Willen nur auf Grund eines Gesetzes getrennt werden, wenn das Wohl des Kindes gefährdet ist und der Gefahr nicht auf andere Weise begegnet werden kann.
(3) Die elterliche Sorge darf nur auf gesetzlicher Grundlage durch ein Gericht eingeschränkt oder entzogen werden.

Artikel 19

(1) Kinder und Jugendliche haben das Recht auf eine gesunde geistige, körperliche und psychische Entwicklung. Sie sind vor körperlicher und seelischer Vernachlässigung, Mißhandlung, Mißbrauch und Gewalt zu schützen.
(2) Nichtehelichen und ehelichen Kindern und Jugendlichen sind durch die Gesetzgebung die gleichen Bedingungen für ihre Entwicklung und ihre Stellung in der Gemeinschaft zu schaffen und zu sichern.
(3) Das Land und seine Gebietskörperschaften fördern Kindertageseinrichtungen, unabhängig von ihrer Trägerschaft.
(4) Das Land und seine Gebietskörperschaften fördern den vorbeugenden Gesundheitsschutz für Kinder und Jugendliche.

Dritter Abschnitt
Bildung und Kultur

Artikel 20

Jeder Mensch hat das Recht auf Bildung. Der freie und gleiche Zugang zu den öffentlichen Bildungseinrichtungen wird nach Maßgabe der Gesetze gewährleistet. Begabte, Behinderte und sozial Benachteiligte sind besonders zu fördern.

Artikel 21

Das natürliche Recht und die Pflicht der Eltern, Erziehung und Bildung ihrer Kinder zu bestimmen, bilden die Grundlage des Erziehungs- und Schulwesens. Sie sind insbesondere bei dem Zugang zu den verschiedenen Schularten zu achten.

Artikel 22

(1) Erziehung und Bildung haben die Aufgabe, selbständiges Denken und Handeln, Achtung vor der Würde des Menschen und Toleranz gegenüber der Überzeugung anderer, Anerkennung der Demokratie und Freiheit, den Willen zu sozialer Gerechtigkeit, die Friedfertigkeit im Zusammenleben der Kulturen und Völker und die Verantwortung für die natürlichen Lebensgrundlagen des Menschen und die Umwelt zu fördern.

(2) Der Geschichtsunterricht muß auf eine unverfälschte Darstellung der Vergangenheit gerichtet sein.

(3) Die Lehrer haben auf die religiösen und weltanschaulichen Empfindungen aller Schüler Rücksicht zu nehmen.

Artikel 23

(1) Es besteht allgemeine Schulpflicht.

(2) Das gesamte Schulwesen steht unter der Aufsicht des Landes.

(3) Eltern, andere Sorgeberechtigte, Lehrer und Schüler wirken bei der Gestaltung des Schulwesens sowie des Lebens und der Arbeit in der Schule mit.

Artikel 24

(1) Das Land gewährleistet ein ausreichendes und vielfältiges öffentliches Erziehungs- und Schulwesen, das neben dem gegliederten Schulsystem auch andere Schularten ermöglicht.

(2) In den öffentlichen Schulen werden die Schülerinnen und Schüler gemeinsam und ungeachtet des Bekenntnisses und der Weltanschauung unterrichtet.

(3) Der Unterricht an öffentlichen Schulen ist unentgeltlich. Die Finanzierung von Lern- und Lehrmitteln regelt das Gesetz.

Artikel 25

(1) Religions- und Ethikunterricht sind in den öffentlichen Schulen ordentliche Lehrfächer.

(2) Die Eltern und anderen Sorgeberechtigten haben das Recht, über die Teilnahme des Kindes am Religions- oder Ethikunterricht zu entscheiden. Mit Vollendung des 14. Lebensjahres obliegt diese Entscheidung den Jugendlichen in eigener Verantwortung.

(3) Kein Lehrer darf gegen seinen Willen verpflichtet werden, Religionsunterricht zu erteilen.

Artikel 26

(1) Das Recht zur Errichtung von Schulen in freier Trägerschaft wird gewährleistet.
(2) Schulen in freier Trägerschaft als Ersatz für öffentliche Schulen bedürfen der Genehmigung des Landes. Genehmigte Ersatzschulen haben Anspruch auf öffentliche Zuschüsse. Das Nähere regelt das Gesetz.

Artikel 27

(1) Kunst ist frei. Wissenschaft, Forschung und Lehre sind frei.
(2) Die Freiheit der Lehre entbindet nicht von der Treue zur Verfassung.

Artikel 28

(1) Die Hochschulen genießen den Schutz des Landes und stehen unter seiner Aufsicht. Sie haben das Recht auf Selbstverwaltung, an der alle Mitglieder zu beteiligen sind.
(2) Hochschulen in freier Trägerschaft sind zulässig.
(3) Die Kirchen und andere Religionsgesellschaften haben das Recht, eigene Hochschulen und andere theologische Bildungsanstalten zu unterhalten. Das Mitspracherecht der Kirchen bei der Besetzung der Lehrstühle theologischer Fakultäten wird durch Vereinbarung geregelt.
(4) Das Nähere regelt das Gesetz.

Artikel 29

Das Land und seine Gebietskörperschaften fördern die Erwachsenenbildung. Als Träger von Einrichtungen der Erwachsenenbildung sind auch freie Träger zugelassen.

Artikel 30

(1) Kultur, Kunst, Brauchtum genießen Schutz und Förderung durch das Land und seine Gebietskörperschaften.
(2) Die Denkmale der Kultur, Kunst, Geschichte und die Naturdenkmale stehen unter dem Schutz des Landes und seiner Gebietskörperschaften. Die Pflege der Denkmale obliegt in erster Linie ihren Eigentümern. Sie sind der Öffentlichkeit im Rahmen der Gesetze unter Beachtung der Rechte anderer zugänglich zu machen.
(3) Der Sport genießt Schutz und Förderung durch das Land und seine Gebietskörperschaften.

Vierter Abschnitt
Natur und Umwelt

Artikel 31

(1) Der Schutz der natürlichen Lebensgrundlagen des Menschen ist Aufgabe des Freistaats und seiner Bewohner.
(2) Der Naturhaushalt und seine Funktionstüchtigkeit sind zu schützen. Die heimischen Tier- und Pflanzenarten sowie besonders wertvolle Landschaften und Flächen sind zu erhalten und unter Schutz zu stellen. Das Land und seine Gebietskörperschaften wirken darauf hin, daß von Menschen verursachte Umweltschäden im Rahmen des Möglichen beseitigt oder ausgeglichen werden.
(3) Mit Naturgütern und Energie ist sparsam umzugehen. Das Land und seine Gebietskörperschaften fördern eine umweltgerechte Energieversorgung.

Artikel 32

Tiere werden als Lebewesen und Mitgeschöpfe geachtet. Sie werden vor nicht artgemäßer Haltung und vermeidbarem Leiden geschützt.

Artikel 33

Jeder hat das Recht auf Auskunft über die Daten, welche die natürliche Umwelt in seinem Lebensraum betreffen und die durch den Freistaat erhoben worden sind, soweit gesetzliche Regelungen oder Rechte Dritter nicht entgegenstehen.

Fünfter Abschnitt
Eigentum, Wirtschaft und Arbeit

Artikel 34

(1) Das Eigentum und das Erbrecht werden gewährleistet. Inhalt und Schranken werden durch die Gesetze bestimmt.
(2) Eigentum verpflichtet. Sein Gebrauch soll zugleich dem Wohle der Allgemeinheit dienen.
(3) Eine Enteignung ist nur zum Wohle der Allgemeinheit zulässig. Sie darf nur auf Grund eines Gesetzes erfolgen, das Art und Ausmaß der Entschädigung regelt. Die Entschädigung ist unter gerechter Abwägung der Interessen der Allgemeinheit und der Beteiligten zu bestimmen. Wegen der Höhe der Entschädigung steht im Streitfalle der Rechtsweg offen.

Artikel 35

(1) Jeder Bürger hat das Recht, Beruf, Arbeitsplatz und Ausbildungsstätte frei zu wählen. Die Berufswahl, die Berufsausübung sowie die Berufsausbildung können auf Grund eines Gesetzes geregelt werden.
(2) Niemand darf zu einer bestimmten Arbeit gezwungen werden, außer im Rahmen einer herkömmlichen allgemeinen, für alle gleichen öffentlichen Dienstleistungspflicht.

Artikel 36

Es ist ständige Aufgabe des Freistaats, jedem die Möglichkeit zu schaffen, seinen Lebensunterhalt durch frei gewählte und dauerhafte Arbeit zu verdienen. Zur Verwirklichung dieses Staatsziels ergreifen das Land und seine Gebietskörperschaften insbesondere Maßnahmen der Wirtschafts- und Arbeitsförderung, der beruflichen Weiterbildung und der Umschulung.

Artikel 37

(1) Das Recht, zur Wahrung und Förderung der Arbeits- und Wirtschaftsbedingungen Vereinigungen zu bilden, ist für jeden und für alle Berufe gewährleistet. Abreden, die dieses Recht einschränken oder zu behindern suchen, sind nichtig, hierauf gerichtete Maßnahmen sind rechtswidrig.
(2) Das Recht, Arbeitskämpfe zu führen, insbesondere das Streikrecht, ist gewährleistet.
(3) Die Beschäftigten und ihre Verbände haben nach Maßgabe der Gesetze das Recht auf Mitbestimmung in Angelegenheiten ihrer Betriebe, Unternehmen oder Dienststellen.

Artikel 38

Die Ordnung des Wirtschaftslebens hat den Grundsätzen einer sozialen und der Ökologie verpflichteten Marktwirtschaft zu entsprechen.

Sechster Abschnitt
Religion und Weltanschauung

Artikel 39

(1) Die Freiheit des Glaubens, des Gewissens und die Freiheit des religiösen und weltanschaulichen Bekenntnisses sind unverletzlich.
(2) Jeder hat das Recht, seine Religion oder Weltanschauung ungestört, allein oder mit anderen, privat oder öffentlich auszuüben. Die Ausübung einer Religion oder Weltanschauung darf die Würde anderer nicht verletzen.

Artikel 40

Für das Verhältnis des Freistaats zu den Religionsgesellschaften und Weltanschauungsgemeinschaften gilt Artikel 140 des Grundgesetzes für die Bundesrepublik Deutschland vom 23. Mai 1949*; er ist Bestandteil dieser Verfassung.

* Artikel 140 Grundgesetz
Recht der Religionsgesellschaften
Die Bestimmungen der Artikel 136, 137, 138, 139 und 141 der deutschen Verfassung vom 11. August 1919
** sind Bestandteil dieses Grundgesetzes.

** Artikel 136 Weimarer Reichsverfassung (WRV)
Die bürgerlichen und staatsbürgerlichen Rechte und Pflichten werden durch die Ausübung der Religionsfreiheit weder bedingt noch beschränkt.
Der Genuß bürgerlicher und staatsbürgerlicher Rechte sowie die Zulassung zu öffentlichen Ämtern sind unabhängig von dem religiösen Bekenntnis.
Niemand ist verpflichtet, seine religiöse Überzeugung zu offenbaren. Die Behörden haben nur soweit das Recht, nach der Zugehörigkeit zu einer Religionsgesellschaft zu fragen, als davon Rechte und Pflichten abhängen oder eine gesetzlich angeordnete statistische Erhebung dies erfordert.
Niemand darf zu einer kirchlichen Handlung oder Feierlichkeit oder zur Teilnahme an religiösen Übungen oder zur Benutzung einer religiösen Eidesform gezwungen werden.

Artikel 137 WRV
Es besteht keine Staatskirche.
Die Freiheit der Vereinigung zu Religionsgesellschaften wird gewährleistet. Der Zusammenschluß von Religionsgesellschaften innerhalb des Reichsgebiets unterliegt keinen Beschränkungen.
Jede Religionsgesellschaft ordnet und verwaltet ihre Angelegenheiten selbständig innerhalb der Schranken des für alle geltenden Gesetzes. Sie verleiht ihre Ämter ohne Mitwirkung des Staates oder der bürgerlichen Gemeinde.
Religionsgesellschaften erwerben die Rechtsfähigkeit nach den allgemeinen Vorschriften des bürgerlichen Rechtes.
Die Religionsgesellschaften bleiben Körperschaften des öffentlichen Rechtes, soweit sie solche bisher waren. Anderen Religionsgesellschaften sind auf ihren Antrag gleiche Rechte zu gewähren, wenn sie durch ihre Verfassung und die Zahl ihrer Mitglieder die Gewähr der Dauer bieten. Schließen sich mehrere derartige öffentlich-rechtliche Religionsgesellschaften zu einem Verbande zusammen, so ist auch dieser Verband eine öffentlich-rechtliche Körperschaft.

Die Religionsgesellschaften, welche Körperschaften des öffentlichen Rechtes sind, sind berechtigt, aufgrund der bürgerlichen Steuerlisten nach Maßgabe der landesrechtlichen Bestimmungen Steuern zu erheben.
Den Religionsgesellschaften werden die Vereinigungen gleichgestellt, die sich die gemeinschaftliche Pflege einer Weltanschauung zur Aufgabe machen.
Soweit die Durchführung dieser Bestimmungen eine weitere Regelung erfordert, liegt diese der Landesgesetzgebung ob.

Artikel 138 WRV
Die auf Gesetz, Vertrag oder besonderen Rechtstiteln beruhenden Staatsleistungen an die Religionsgesellschaften werden durch die Landesgesetzgebung abgelöst. Die Grundsätze hierfür stellt das Reich auf.
Das Eigentum und andere Rechte der Religionsgesellschaften und religiösen Vereine an ihren für Kultus-, Unterrichts- und Wohltätigkeitszwecke bestimmten Anstalten, Stiftungen und sonstigen Vermögen werden gewährleistet.

Artikel 139 WRV
Der Sonntag und die staatlich anerkannten Feiertage bleiben als Tage der Arbeitsruhe und der seelischen Erhebung gesetzlich geschützt.

Artikel 141 WRV
Soweit das Bedürfnis nach Gottesdienst und Seelsorge im Heer, in Krankenhäusern, Strafanstalten oder sonstigen öffentlichen Anstalten besteht, sind die Religionsgesellschaften zur Vornahme religiöser Handlungen zuzulassen, wobei jeder Zwang fernzuhalten ist.

Artikel 41

Die von den Kirchen, anderen Religionsgesellschaften und Weltanschauungsgemeinschaften unterhaltenen sozialen und karitativen Einrichtungen werden als gemeinnützig anerkannt und gefördert. Dies gilt auch für die Einrichtungen der Verbände der freien Wohlfahrtspflege.

Siebter Abschnitt
Gemeinsame Bestimmungen für alle Grundrechte und Staatsziele

Artikel 42

(1) Die in dieser Verfassung niedergelegten Grundrechte binden Gesetzgebung, vollziehende Gewalt und Rechtsprechung als unmittelbar geltendes Recht.
(2) Die Grundrechte gelten auch für inländische juristische Personen, soweit sie ihrem Wesen nach auf diese anwendbar sind.
(3) Soweit nach dieser Verfassung ein Grundrecht auf Grund eines Gesetzes eingeschränkt werden kann, muß das Gesetz allgemein und nicht nur für den Einzelfall gelten. Außerdem muß das Gesetz das Grundrecht unter Angabe des Artikels nennen.
(4) Das Gesetz muß den Grundsatz der Verhältnismäßigkeit wahren. In keinem Fall darf ein Grundrecht in seinem Wesensgehalt angetastet werden.
(5) Wird jemand durch die öffentliche Gewalt in seinen Rechten verletzt, so steht ihm der Rechtsweg offen. Soweit eine andere Zuständigkeit nicht begründet ist, ist der ordentliche Rechtsweg gegeben.

Artikel 43

Der Freistaat hat die Pflicht, nach seinen Kräften und im Rahmen seiner Zuständigkeiten die Verwirklichung der in dieser Verfassung niedergelegten Staatsziele anzustreben und sein Handeln danach auszurichten.

Zweiter Teil
Der Freistaat Thüringen

Erster Abschnitt
Grundlagen

Artikel 44

(1) Der Freistaat Thüringen ist ein Land der Bundesrepublik Deutschland. Er ist ein demokratischer, sozialer und dem Schutz der natürlichen Lebensgrundlagen des Menschen verpflichteter Rechtsstaat.

(2) Die Landesfarben sind weiß-rot. Das Wappen des Landes bildet ein aufrecht stehender, achtfach rot-silber gestreifter, goldgekrönter und goldbewehrter Löwe auf blauem Grund, umgeben von acht silbernen Sternen.
(3) Die Hauptstadt des Landes ist Erfurt.

Artikel 45

Alle Staatsgewalt geht vom Volk aus. Es verwirklicht seinen Willen durch Wahlen, Volksbegehren und Volksentscheid. Es handelt mittelbar durch die verfassungsgemäß bestellten Organe der Gesetzgebung, der vollziehenden Gewalt und der Rechtsprechung.

Artikel 46

(1) Wahlen nach Artikel 49 Abs. 1 und Abstimmungen nach Artikel 82 Abs. 6 dieser Verfassung sind allgemein, unmittelbar, frei, gleich und geheim.
(2) Wahl- und stimmberechtigt sowie wählbar ist jeder Bürger, der das 18. Lebensjahr vollendet und seinen Wohnsitz im Freistaat hat.
(3) Das Nähere regelt das Gesetz.

Artikel 47

(1) Die Gesetzgebung steht dem Landtag und dem Volk zu.
(2) Die vollziehende Gewalt liegt bei der Landesregierung und den Verwaltungsorganen.
(3) Die rechtsprechende Gewalt wird durch unabhängige Gerichte ausgeübt.
(4) Die Gesetzgebung ist an die verfassungsmäßige Ordnung, die vollziehende Gewalt und die Rechtsprechung sind an Gesetz und Recht gebunden.

Zweiter Abschnitt
Der Landtag

Artikel 48

(1) Der Landtag ist das vom Volk gewählte oberste Organ der demokratischen Willensbildung.
(2) Der Landtag übt gesetzgebende Gewalt aus, wählt den Ministerpräsidenten, überwacht die Ausübung der vollziehenden Gewalt, behandelt die in die Zuständigkeit des Landes

gehörenden öffentlichen Angelegenheiten und erfüllt die anderen ihm nach dieser Verfassung zustehenden Aufgaben.

Artikel 49

(1) Der Landtag wird nach den Grundsätzen einer mit der Personenwahl verbundenen Verhältniswahl gewählt.
(2) Für die Zuteilung von Landtagssitzen ist ein Mindestanteil von fünf vom Hundert der im Land für alle Wahlvorschlagslisten abgegebenen gültigen Stimmen erforderlich.
(3) Der Landtag prüft die Gültigkeit der Wahl. Er entscheidet, ob ein Mitglied seinen Sitz im Landtag verloren hat.
(4) Das Nähere regelt das Gesetz.

Artikel 50

(1) Der Landtag wird auf fünf Jahre gewählt. Die Neuwahl findet frühestens 54, spätestens 59 Monate nach Beginn der Wahlperiode statt.
(2) Die Neuwahl wird vorzeitig durchgeführt,

1. wenn der Landtag seine Auflösung mit der Mehrheit von zwei Dritteln seiner Mitglieder auf Antrag von einem Drittel seiner Mitglieder beschließt,
2. wenn nach einem erfolglosen Vertrauensantrag des Ministerpräsidenten der Landtag nicht innerhalb von drei Wochen nach der Beschlußfassung über den Vertrauensantrag einen neuen Ministerpräsidenten gewählt hat.

Über den Antrag nach Nummer 1 darf frühestens am elften und muß spätestens am 30. Tag nach Antragstellung offen abgestimmt werden. Die vorzeitige Neuwahl muß innerhalb 70 Tagen stattfinden.
(3) Die Wahlperiode endet mit dem Zusammentritt eines neuen Landtags. Dies muß spätestens am 30. Tag nach der Wahl erfolgen.

Artikel 51

(1) Wer sich um einen Sitz im Landtag bewirbt, hat Anspruch auf den zur Vorbereitung seiner Wahl erforderlichen Urlaub.
(2) Niemand darf gehindert werden, ein Mandat zu übernehmen oder auszuüben; eine Kündigung oder Entlassung aus diesem Grund ist unzulässig.

Artikel 52

(1) Wer zum Abgeordneten gewählt ist, erwirbt die Rechtsstellung eines Abgeordneten mit der Annahme der Wahl.
(2) Ein Abgeordneter kann jederzeit auf sein Mandat verzichten. Der Verzicht ist vom Abgeordneten persönlich dem Präsidenten des Landtags gegenüber schriftlich zu erklären. Die Erklärung ist unwiderruflich.
(3) Verliert ein Abgeordneter die Wählbarkeit, so erlischt sein Mandat.

Artikel 53

(1) Die Abgeordneten sind die Vertreter aller Bürger des Landes. Sie sind an Aufträge und Weisungen nicht gebunden und nur ihrem Gewissen verantwortlich.
(2) Jeder Abgeordnete hat das Recht, im Landtag das Wort zu ergreifen, Anfragen und Anträge zu stellen sowie an Wahlen und Abstimmungen teilzunehmen.

(3) Jeder Abgeordnete hat die Pflicht, die Verfassung zu achten und seine Kraft für das Wohl des Landes und aller seiner Bürger einzusetzen.

Artikel 54

(1) Die Abgeordneten haben Anspruch auf eine angemessene, ihre Unabhängigkeit sichernde Entschädigung. Auf den Anspruch kann nicht verzichtet werden.
(2) Die Höhe der Entschädigung verändert sich jährlich auf der Grundlage der jeweils letzten Festlegung nach Maßgabe der allgemeinen Einkommens-, die der Aufwandsentschädigung nach der allgemeinen Preisentwicklung im Freistaat.
(3) Für die wirksame Mandatsausübung sind die erforderlichen Mittel bereitzustellen.
(4) Das Nähere regelt das Gesetz.

Artikel 55

(1) Abgeordnete dürfen zu keiner Zeit wegen ihrer Abstimmung oder wegen einer Äußerung, die sie im Landtag, in einem seiner Ausschüsse oder sonst in Ausübung ihres Mandats getan haben, gerichtlich oder dienstlich verfolgt oder sonst außerhalb des Landtags zur Verantwortung gezogen werden. Dies gilt nicht für verleumderische Beleidigungen.
(2) Abgeordnete dürfen wegen einer mit Strafe bedrohten Handlung nur mit Zustimmung des Landtags zur Verantwortung gezogen oder verhaftet werden, es sei denn, daß sie bei der Begehung der Tat oder im Laufe des folgenden Tages festgenommen werden. Die Zustimmung ist auch für jede andere Beschränkung der persönlichen Freiheit von Abgeordneten erforderlich.
(3) Jedes Strafverfahren gegen Abgeordnete und jede Haft oder sonstige Beschränkung ihrer persönlichen Freiheit sind auf Verlangen des Landtags für die Dauer der Wahlperiode auszusetzen.
(4) Die Entscheidungen nach den Absätzen 2 und 3 können einem Ausschuß übertragen werden.

Artikel 56

(1) Die Abgeordneten sind berechtigt, über Personen, die ihnen in ihrer Eigenschaft als Abgeordnete oder denen sie in dieser Eigenschaft Tatsachen anvertraut haben, sowie über diese Tatsachen selbst das Zeugnis zu verweigern.
(2) Personen, deren Mitarbeit Abgeordnete in Ausübung ihres Mandats in Anspruch nehmen, können das Zeugnis über die Wahrnehmungen verweigern, die sie anläßlich dieser Mitarbeit gemacht haben. Über die Ausübung des Rechts entscheiden grundsätzlich die Abgeordneten.
(3) Soweit dieses Zeugnisverweigerungsrecht reicht, dürfen Schriftstücke, andere Datenträger und Dateien weder beschlagnahmt noch genutzt werden.

Artikel 57

(1) Der Landtag wählt aus seiner Mitte den Präsidenten, die Vizepräsidenten und die Schriftführer.
(2) Der Präsident kann den Landtag jederzeit einberufen. Er ist hierzu verpflichtet, wenn ein Fünftel der Mitglieder oder eine Fraktion oder die Landesregierung es verlangen. Er leitet die Sitzungen des Landtags nach Maßgabe der Geschäftsordnung.
(3) Der Präsident führt die Geschäfte des Landtags. Er übt das Hausrecht, die Ordnungs- und die Polizeigewalt im Landtagsgebäude aus. Eine Durchsuchung oder Beschlagnahme

darf in den Räumen des Landtags nur mit Zustimmung des Präsidenten vorgenommen werden.

(4) Der Präsident vertritt das Land in Angelegenheiten des Landtags, leitet dessen Verwaltung und die wirtschaftlichen Angelegenheiten nach Maßgabe des Haushaltsgesetzes. Er stellt die Bediensteten der Landtagsverwaltung ein, entläßt sie und führt über sie die Aufsicht.

(5) Der Landtag gibt sich eine Geschäftsordnung.

Artikel 58

Abgeordnete der gleichen Partei oder Liste haben das Recht, sich zu einer Fraktion zusammenzuschließen. Die Anzahl der Fraktionsmitglieder muß mindestens dem Stimmenanteil entsprechen, der nach Artikel 49 Abs. 2 für die Zuteilung von Landtagssitzen erforderlich ist.

Artikel 59

(1) Parlamentarische Opposition ist ein grundlegender Bestandteil der parlamentarischen Demokratie.

(2) Oppositionsfraktionen haben das Recht auf Chancengleichheit sowie Anspruch auf eine zur Erfüllung ihrer besonderen Aufgaben erforderliche Ausstattung.

Artikel 60

(1) Der Landtag verhandelt öffentlich.

(2) Auf Antrag von zehn Abgeordneten, einer Fraktion oder der Landesregierung kann die Öffentlichkeit mit der Mehrheit von zwei Dritteln der abgegebenen Stimmen ausgeschlossen werden. Über den Antrag wird in nichtöffentlicher Sitzung entschieden.

(3) Wahrheitsgetreue Berichte über die öffentlichen Sitzungen des Landtags und seiner Ausschüsse bleiben von jeder Verantwortlichkeit frei.

Artikel 61

(1) Der Landtag ist beschlußfähig, wenn mehr als die Hälfte seiner Mitglieder anwesend ist. Er gilt solange als beschlußfähig, bis vom Präsidenten das Gegenteil festgestellt wird.

(2) Der Landtag beschließt mit der Mehrheit der abgegebenen Stimmen, soweit diese Verfassung nichts anderes vorsieht. Für die vom Landtag vorzunehmenden Wahlen kann durch Gesetz oder durch die Geschäftsordnung anderes bestimmt werden.

Artikel 62

(1) Zur Vorbereitung seiner Verhandlungen und Beschlüsse setzt der Landtag Ausschüsse ein. In der Zusammensetzung der Ausschüsse haben sich die Mehrheitsverhältnisse im Landtag widerzuspiegeln.

(2) Die Sitzungen der Ausschüsse sind in der Regel nicht öffentlich.

Artikel 63

Der Landtag kann Enquetekommissionen einsetzen. Ihnen können auch Mitglieder angehören, die nicht Abgeordnete sind.

Artikel 64

(1) Der Landtag hat das Recht und auf Antrag von einem Fünftel seiner Mitglieder die Pflicht, Untersuchungsausschüsse einzusetzen. Über die Verfassungswidrigkeit des Untersu-

chungsauftrages entscheidet der Verfassungsgerichtshof auf Antrag von einem Fünftel der Mitglieder des Landtags.

(2) Im Untersuchungsausschuß sind die Fraktionen mit mindestens je einem Mitglied vertreten.

(3) Die Untersuchungsausschüsse erheben in öffentlicher Sitzung die Beweise, die ein Fünftel ihrer Mitglieder für erforderlich halten. Dabei gelten die Vorschriften der Strafprozeßordnung und des Gerichtsverfassungsgesetzes sinngemäß, soweit gesetzlich nichts anderes bestimmt ist. Die Öffentlichkeit kann bei der Beweiserhebung mit einer Mehrheit von zwei Dritteln der Ausschußmitglieder ausgeschlossen werden. Über den Ausschluß der Öffentlichkeit wird in nichtöffentlicher Sitzung entschieden. Die Beratungen sind nicht öffentlich.

(4) Gerichte und Verwaltungsbehörden sind zur Rechts- und Amtshilfe verpflichtet. Die Landesregierung und die Behörden des Landes sowie die Körperschaften, Anstalten und Stiftungen des öffentlichen Rechts, die der Aufsicht des Landes unterstehen, sind verpflichtet, die von den Untersuchungsausschüssen angeforderten Akten vorzulegen und Auskünfte zu geben, Zutritt zu den von ihnen verwalteten öffentlichen Einrichtungen zu gewähren sowie die erforderlichen Aussagegenehmigungen zu erteilen. Artikel 67 Abs. 3 gilt entsprechend, soweit das Bekanntwerden geheimhaltungsbedürftiger Tatsachen in der Öffentlichkeit nicht durch geeignete Vorkehrungen verhindert wird oder der unantastbare Bereich privater Lebensgestaltung betroffen ist.

(5) Das Briefgeheimnis, das Post- und Fernmeldegeheimnis sowie das Kommunikationsgeheimnis bleiben unberührt.

(6) Der Untersuchungsbericht ist der richterlichen Erörterung entzogen. In der Würdigung und Beurteilung des der Untersuchung zugrundeliegenden Sachverhalts sind die Gerichte frei.

(7) Das Nähere regelt das Gesetz.

Artikel 65

(1) Der Landtag bestellt einen Petitionsausschuß, dem die Entscheidung über die an den Landtag gerichteten Eingaben obliegt. Der Landtag kann die Entscheidung des Petitionsausschusses aufheben.

(2) Artikel 64 Abs. 4 Satz 1 und 2 sowie Artikel 67 Abs. 3 gelten entsprechend.

(3) Das Nähere regelt das Gesetz.

Artikel 66

(1) Der Landtag und seine Ausschüsse können die Anwesenheit jedes Mitglieds der Landesregierung verlangen.

(2) Die Mitglieder der Landesregierung und ihre Beauftragten haben zu allen Sitzungen des Landtags und seiner Ausschüsse Zutritt. Den Mitgliedern der Landesregierung oder deren Stellvertretern ist im Landtag und seinen Ausschüssen auf Wunsch das Wort zu erteilen. Regierungsmitglieder und ihre Beauftragten können durch Mehrheitsbeschluß für nichtöffentliche Sitzungen der Untersuchungsausschüsse, die nicht der Beweisaufnahme dienen, ausgeschlossen werden.

Artikel 67

(1) Parlamentarische Anfragen hat die Landesregierung unverzüglich zu beantworten.

(2) Jedes Mitglied eines Landtagsausschusses kann verlangen, daß die Landesregierung dem Ausschuß zum Gegenstand seiner Beratung Auskünfte erteilt.

(3) Die Landesregierung kann die Beantwortung von Anfragen und die Erteilung von Auskünften ablehnen, wenn

1. dem Bekanntwerden des Inhalts gesetzliche Vorschriften, Staatsgeheimnisse oder schutzwürdige Interessen einzelner, insbesondere des Datenschutzes, entgegenstehen oder
2. die Funktionsfähigkeit und die Eigenverantwortung der Landesregierung nicht nur geringfügig beeinträchtigt werden.

Die Ablehnung ist den Frage- oder Antragstellenden auf deren Verlangen zu begründen.

(4) Die Landesregierung unterrichtet den Landtag rechtzeitig insbesondere über Gesetzentwürfe der Landesregierung, Angelegenheiten der Landesplanung und -entwicklung, geplante Abschlüsse von Staatsverträgen und Verwaltungsabkommen, Bundesratsangelegenheiten und Angelegenheiten der Europäischen Gemeinschaft, soweit diese für das Land von grundsätzlicher Bedeutung sind.

Artikel 68

(1) Die nach Artikel 46 Abs. 2 wahl- und stimmberechtigten Bürger haben das Recht, dem Landtag im Rahmen seiner Zuständigkeit bestimmte Gegenstände der politischen Willensbildung zu unterbreiten (Bürgerantrag). Als Bürgerantrag können auch Gesetzentwürfe eingebracht werden.

(2) Bürgeranträge zum Landeshaushalt, zu Dienst- und Versorgungsbezügen, Abgaben und Personalentscheidungen sind unzulässig.

(3) Der Bürgerantrag muß landesweit von mindestens sechs vom Hundert der Stimmberechtigten sowie wenigstens in der Hälfte der Zahl der Landkreise und kreisfreien Städte jeweils von zumindest fünf vom Hundert der Stimmberechtigten unterzeichnet sein.

(4) Die Unterzeichner des Bürgerantrags können Vertreter bestellen. Diese haben ein Recht auf Anhörung in einem Ausschuß.

(5) Das Nähere regelt das Gesetz.

Artikel 69

Zur Wahrung des Rechts auf Schutz der personenbezogenen Daten und zur Unterstützung bei der Ausübung der parlamentarischen Kontrolle wird beim Landtag ein Datenschutzbeauftragter berufen.

Dritter Abschnitt
Die Landesregierung

Artikel 70

(1) Die Landesregierung ist das oberste Organ der vollziehenden Gewalt.

(2) Sie besteht aus dem Ministerpräsidenten und den Ministern.

(3) Der Ministerpräsident wird vom Landtag mit der Mehrheit seiner Mitglieder ohne Aussprache in geheimer Abstimmung gewählt. Erhält im ersten Wahlgang niemand diese Mehrheit, so findet ein neuer Wahlgang statt. Kommt die Wahl auch im zweiten Wahlgang nicht zustande, so ist gewählt, wer in einem weiteren Wahlgang die meisten Stimmen erhält.

(4) Der Ministerpräsident ernennt und entläßt die Minister. Er bestimmt einen Minister zu seinem Stellvertreter.

Artikel 71

(1) Der Ministerpräsident und die Minister leisten bei der Amtsübernahme vor dem Landtag folgenden Eid: »Ich schwöre, daß ich meine Kraft dem Wohle des Volkes widmen, Verfassung und Gesetze wahren, meine Pflichten gewissenhaft erfüllen und Gerechtigkeit gegen jedermann üben werde.«

(2) Der Eid kann mit einer religiösen Beteuerung geleistet werden.

Artikel 72

(1) Die Mitglieder der Landesregierung stehen in einem besonderen öffentlich-rechtlichen Amtsverhältnis zum Land.

(2) Die Mitglieder der Landesregierung dürfen kein anderes besoldetes Amt, kein Gewerbe und keinen Beruf ausüben; sie dürfen ohne Zustimmung des Landtags weder der Leitung noch dem Aufsichtsgremium eines auf Erwerb gerichteten Unternehmens angehören.

Artikel 73

Der Landtag kann dem Ministerpräsidenten das Mißtrauen nur dadurch aussprechen, daß er mit der Mehrheit seiner Mitglieder einen Nachfolger wählt. Den Antrag kann ein Fünftel der Abgeordneten oder eine Fraktion einbringen. Zwischen dem Antrag und der Wahl müssen mindestens drei, dürfen jedoch höchstens zehn Tage liegen. Die Wahl erfolgt in geheimer Abstimmung.

Artikel 74

Über den Antrag des Ministerpräsidenten, ihm das Vertrauen auszusprechen, darf frühestens am dritten Tag nach Schluß der Aussprache und muß spätestens am zehnten Tag, nachdem er eingebracht ist, abgestimmt werden. Der Antrag ist abgelehnt, wenn er nicht die Zustimmung der Mehrheit der Mitglieder des Landtags findet.

Artikel 75

(1) Die Landesregierung und jedes ihrer Mitglieder können jederzeit ihren Rücktritt erklären.

(2) Das Amt der Mitglieder der Landesregierung endet mit dem Zusammentritt eines neuen Landtags, dem Rücktritt der Landesregierung oder nachdem der Landtag einen Vertrauensantrag des Ministerpräsidenten abgelehnt hat. Das Amt eines Ministers endet auch mit dem Rücktritt oder jeder anderen Erledigung des Amtes des Ministerpräsidenten.

(3) Der Ministerpräsident und auf sein Ersuchen die Minister sind verpflichtet, die Geschäfte bis zum Amtsantritt ihrer Nachfolger fortzuführen.

Artikel 76

(1) Der Ministerpräsident bestimmt die Richtlinien der Regierungspolitik und trägt dafür gegenüber dem Landtag die Verantwortung. Innerhalb dieser Richtlinien leiten und verantworten die Minister ihren Geschäftsbereich selbständig.

(2) Die Landesregierung beschließt insbesondere über die Abgrenzung der Geschäftsbereiche, die Einbringung von Gesetzentwürfen, den Abschluß von Staatsverträgen und die Stimmabgabe im Bundesrat. Sie entscheidet bei Meinungsverschiedenheiten zwischen den Ministern.

(3) Der Ministerpräsident führt den Vorsitz in der Landesregierung und leitet deren Geschäfte. Die Landesregierung gibt sich eine Geschäftsordnung.

Artikel 77

(1) Der Ministerpräsident vertritt das Land nach außen. Er kann diese Befugnis übertragen.
(2) Staatsverträge bedürfen der Zustimmung des Landtags.

Artikel 78

(1) Der Ministerpräsident ernennt und entläßt die Beamten und die Richter des Landes, soweit gesetzlich nichts anderes bestimmt ist.
(2) Er übt das Begnadigungsrecht aus.
(3) Er kann die Befugnisse nach den Absätzen 1 und 2 übertragen.
(4) Eine Amnestie bedarf eines Gesetzes.

Vierter Abschnitt
Der Verfassungsgerichtshof

Artikel 79

(1) Der Verfassungsgerichtshof ist ein allen anderen Verfassungsorganen gegenüber selbständiges und unabhängiges Gericht des Landes.
(2) Er besteht aus dem Präsidenten und acht weiteren Mitgliedern. Der Präsident und zwei weitere Mitglieder müssen Berufsrichter sein. Drei weitere Mitglieder des Verfassungsgerichtshofs müssen die Befähigung zum Richteramt haben.
(3) Die Mitglieder des Verfassungsgerichtshofs dürfen weder dem Landtag oder der Landesregierung noch entsprechenden Organen des Bundes oder eines anderen Landes angehören. Sie dürfen, außer als Richter oder Hochschullehrer, beruflich weder im Dienst des Landes noch einer Körperschaft, Anstalt oder Stiftung des öffentlichen Rechts unter Aufsicht des Landes stehen. Sie werden durch den Landtag mit der Mehrheit von zwei Dritteln seiner Mitglieder auf Zeit gewählt.

Artikel 80

(1) Der Verfassungsgerichtshof entscheidet

1. über Verfassungsbeschwerden, die von jedermann mit der Behauptung erhoben werden können, durch die öffentliche Gewalt in seinen Grundrechten, grundrechtsgleichen Rechten oder staatsbürgerlichen Rechten verletzt zu sein,
2. über Verfassungsbeschwerden von Gemeinden und Gemeindeverbänden wegen der Verletzung des Rechts auf Selbstverwaltung nach Artikel 91 Abs. 1 und 2,
3. über die Auslegung dieser Verfassung aus Anlaß von Streitigkeiten über den Umfang der Rechte und Pflichten eines obersten Landesorgans oder anderer Beteiligter, die durch diese Verfassung oder in der Geschäftsordnung des Landtags oder der Landesregierung mit eigener Zuständigkeit ausgestattet sind, auf deren Antrag,
4. bei Meinungsverschiedenheiten oder Zweifeln über die förmliche oder sachliche Vereinbarkeit von Landesrecht mit dieser Verfassung auf Antrag eines Fünftels der Mitglieder des Landtags, einer Landtagsfraktion oder der Landesregierung,

5. über die Vereinbarkeit eines Landesgesetzes mit dieser Verfassung auf Antrag eines Gerichts, wenn es ein Landesgesetz, auf dessen Gültigkeit es bei der Entscheidung ankommt, für unvereinbar mit dieser Verfassung hält,
6. über die Zulässigkeit von Volksbegehren nach Artikel 82 Abs. 5,
7. über die Verfassungswidrigkeit des Untersuchungsauftrages nach Artikel 64 Abs. 1 Satz 2,
8. über die Anfechtung der Prüfung der Gültigkeit der Landtagswahl nach Artikel 49 Abs. 3.

(2) Dem Verfassungsgerichtshof können durch Gesetz weitere Angelegenheiten zur Entscheidung zugewiesen werden.
(3) Durch Gesetz kann für Verfassungsbeschwerden die vorherige Erschöpfung des Rechtsweges zur Voraussetzung gemacht, ein besonderes Annahmeverfahren eingeführt und vorgesehen werden, daß unzulässige oder offensichtlich unbegründete Beschwerden durch einen vom Gericht zu bestellenden Ausschuß zurückgewiesen werden können.
(4) Das Gesetz bestimmt, in welchen Fällen die Entscheidungen des Verfassungsgerichtshofs Gesetzeskraft haben.
(5) Das Nähere regelt das Gesetz.

Fünfter Abschnitt
Die Gesetzgebung

Artikel 81

(1) Gesetzesvorlagen können aus der Mitte des Landtags, durch die Landesregierung oder durch Volksbegehren eingebracht werden.
(2) Gesetze werden vom Landtag oder vom Volk durch Volksentscheid beschlossen.

Artikel 82

(1) Die nach Artikel 46 Abs. 2 wahl- und stimmberechtigten Bürger können ausgearbeitete Gesetzentwürfe im Wege des Volksbegehrens in den Landtag einbringen.
(2) Volksbegehren zum Landeshaushalt, zu Dienst- und Versorgungsbezügen, Abgaben und Personalentscheidungen sind unzulässig.
(3) Ein Volksbegehren ist zustandegekommen, wenn ihm mindestens 14 vom Hundert der Stimmberechtigten innerhalb von vier Monaten zugestimmt haben.
(4) Die Landesregierung nimmt gegenüber dem Landtag unverzüglich zu dem Volksbegehren Stellung.
(5) Hält die Landesregierung oder ein Drittel der Mitglieder des Landtags das Volksbegehren für unzulässig, haben sie den Verfassungsgerichtshof anzurufen.
(6) Entspricht der Landtag einem zulässigen Volksbegehren nicht, findet über den Gesetzentwurf, der Gegenstand des Volksbegehrens war, ein Volksentscheid statt; in diesem Fall kann der Landtag dem Volk zusätzlich auch einen eigenen Gesetzentwurf zur Entscheidung vorlegen. Über die Annahme des Gesetzes entscheidet die Mehrheit der abgegebenen Stimmen; es ist im Wege des Volksentscheids jedoch nur beschlossen, wenn mehr als ein Drittel der Stimmberechtigten zustimmt.
(7) Das Nähere regelt das Gesetz.

Artikel 83

(1) Diese Verfassung kann nur durch ein Gesetz geändert werden, das ihren Wortlaut ausdrücklich ändert oder ergänzt.
(2) Der Landtag kann ein solches Gesetz nur mit einer Mehrheit von zwei Dritteln seiner Mitglieder beschließen. Zu einer Verfassungsänderung durch Volksentscheid bedarf es der Zustimmung der Mehrheit der Stimmberechtigten.
(3) Eine Änderung dieser Verfassung, durch welche die in den Artikeln 1, 44 Abs. 1, Artikeln 45 und 47 Abs. 4 niedergelegten Grundsätze berührt werden, ist unzulässig.

Artikel 84

(1) Die Ermächtigung zum Erlaß einer Rechtsverordnung kann nur durch Gesetz erteilt werden. Es muß Inhalt, Zweck und Ausmaß der erteilten Ermächtigung bestimmen. In der Verordnung ist die Rechtsgrundlage anzugeben.
(2) Ist durch Gesetz vorgesehen, daß die Ermächtigung zum Erlaß einer Rechtsverordnung weiter übertragen werden kann, so bedarf es zu ihrer Übertragung einer Rechtsverordnung.

Artikel 85

(1) Der Präsident des Landtags fertigt die verfassungsmäßig zustandegekommenen Gesetze aus und verkündet sie innerhalb eines Monats im Gesetz- und Verordnungsblatt. Rechtsverordnungen werden vorbehaltlich anderweitiger gesetzlicher Regelung im Gesetz- und Verordnungsblatt verkündet.
(2) Gesetze und Rechtsverordnungen treten, wenn nichts anderes bestimmt ist, mit dem 14. Tag nach Ablauf des Tages in Kraft, an dem sie verkündet worden sind.

Sechster Abschnitt
Die Rechtspflege

Artikel 86

(1) Die Rechtsprechung wird im Namen des Volkes durch den Verfassungsgerichtshof und die Gerichte ausgeübt.
(2) Die Richter sind unabhängig und nur dem Gesetz unterworfen.
(3) An der Rechtsprechung wirken Frauen und Männer aus dem Volk mit.

Artikel 87

(1) Gerichte für besondere Sachgebiete können nur durch Gesetz errichtet werden.
(2) Ausnahmegerichte sind unzulässig.
(3) Niemand darf seinem gesetzlichen Richter entzogen werden.

Artikel 88

(1) Vor Gericht hat jedermann Anspruch auf rechtliches Gehör. Das Recht auf Verteidigung darf nicht beschränkt werden. Jeder kann sich eines rechtlichen Beistandes bedienen.
(2) Eine Tat kann nur bestraft werden, wenn die Strafbarkeit gesetzlich bestimmt war, bevor die Tat begangen wurde.

(3) Niemand darf wegen derselben Tat aufgrund der allgemeinen Strafgesetze mehrmals bestraft werden.

Artikel 89

(1) Die Rechtsstellung der Richter wird durch ein besonderes Gesetz geregelt.
(2) Über die vorläufige Anstellung der Richter entscheidet der Justizminister, über deren Berufung auf Lebenszeit entscheidet er mit Zustimmung des Richterwahlausschusses. Zwei Drittel der Mitglieder des Richterwahlausschusses werden vom Landtag mit Zweidrittelmehrheit gewählt. Jede Landtagsfraktion muß mit mindestens einer Person vertreten sein.
(3) Verstößt ein Richter im Amt oder außerhalb des Amtes gegen die Grundsätze des Grundgesetzes oder dieser Verfassung, so kann auf Antrag der Mehrheit der Mitglieder des Landtags das Bundesverfassungsgericht mit Zweidrittelmehrheit anordnen, daß der Richter in ein anderes Amt oder in den Ruhestand zu versetzen ist. Im Falle eines vorsätzlichen Verstoßes kann auf Entlassung erkannt werden.
(4) Das Nähere regelt das Gesetz.

Siebter Abschnitt
Die Verwaltung

Artikel 90

Die Verwaltung des Landes wird durch die Landesregierung und die ihr unterstellten Behörden ausgeübt. Aufbau, räumliche Gliederung und Zuständigkeiten werden auf Grund eines Gesetzes geregelt. Die Errichtung der staatlichen Behörden im einzelnen obliegt der Landesregierung. Sie kann einzelne Minister hierzu ermächtigen.

Artikel 91

(1) Die Gemeinden haben das Recht, in eigener Verantwortung alle Angelegenheiten der örtlichen Gemeinschaft im Rahmen der Gesetze zu regeln.
(2) Weitere Träger der Selbstverwaltung sind die Gemeindeverbände. Das Land gewährleistet ihnen das Recht, ihre Angelegenheiten im Rahmen der Gesetze unter eigener Verantwortung zu regeln.
(3) Den Gemeinden und Gemeindeverbänden können auf Grund eines Gesetzes staatliche Aufgaben zur Erfüllung nach Weisung übertragen werden.
(4) Bevor auf Grund eines Gesetzes allgemeine Fragen geregelt werden, die die Gemeinden und Gemeindeverbände betreffen, erhalten diese oder ihre Zusammenschlüsse grundsätzlich Gelegenheit zur Stellungnahme.

Artikel 92

(1) Das Gebiet von Gemeinden und Landkreisen kann aus Gründen des öffentlichen Wohls geändert werden.
(2) Das Gemeindegebiet kann durch Vereinbarung der beteiligten Gemeinden mit staatlicher Genehmigung oder auf Grund eines Gesetzes geändert werden. Die Auflösung von Gemeinden bedarf eines Gesetzes. Vor einer Gebietsänderung oder einer Auflösung müssen die Bevölkerung und die Gebietskörperschaften der unmittelbar betroffenen Gebiete gehört werden.

(3) Das Gebiet von Landkreisen kann auf Grund eines Gesetzes geändert werden. Die Auflösung von Landkreisen bedarf eines Gesetzes. Die betroffenen Gebietskörperschaften sind zu hören.

Artikel 93

(1) Das Land sorgt dafür, daß die kommunalen Träger der Selbstverwaltung ihre Aufgaben erfüllen können. Führt die Übertragung staatlicher Aufgaben nach Artikel 91 Abs. 3 zu einer Mehrbelastung der Gemeinden und Gemeindeverbände, so ist ein angemessener finanzieller Ausgleich zu schaffen.
(2) Die Gemeinden und Landkreise haben das Recht, eigene Steuern und andere Abgaben nach Maßgabe der Gesetze zu erheben.
(3) Die Gemeinden und Gemeindeverbände werden unter Berücksichtigung der Aufgaben des Landes im Rahmen des Gemeindefinanzausgleichs an dessen Steuereinnahmen beteiligt.

Artikel 94

Die Gemeinden und Gemeindeverbände unterstehen der Aufsicht des Landes. In Selbstverwaltungsangelegenheiten ist die Aufsicht auf die Gewährleistung der Gesetzmäßigkeit beschränkt.

Artikel 95

In den Gemeinden und Gemeindeverbänden muß das Volk eine Vertretung haben, die aus allgemeinen, unmittelbaren, freien, gleichen und geheimen Wahlen hervorgegangen ist. An die Stelle einer gewählten Vertretung kann nach Maßgabe des Gesetzes eine Gemeindeversammlung treten. In Gemeindeverbänden, die nicht Gebietskörperschaften sind, kann das Volk auch eine mittelbar gewählte Vertretung haben.

Artikel 96

(1) Die Beamten und sonstigen Verwaltungsangehörigen haben ihr Amt und ihre Aufgaben unparteiisch und nur nach sachlichen Gesichtspunkten wahrzunehmen.
(2) Die Eignung zur Einstellung und zur Weiterbeschäftigung im öffentlichen Dienst fehlt grundsätzlich jeder Person, die mit dem früheren Ministerium für Staatssicherheit/Amt für Nationale Sicherheit zusammengearbeitet hat oder für dieses tätig war.

Artikel 97

Zum Schutz der verfassungsmäßigen Ordnung ist eine Landesbehörde einzurichten. Polizeiliche Befugnisse und Weisungen stehen dieser Behörde nicht zu. Ihre Tätigkeit wird durch eine parlamentarische Kontrollkommission überwacht.

Achter Abschnitt
Das Finanzwesen

Artikel 98

(1) Alle Einnahmen und Ausgaben sowie Verpflichtungsermächtigungen des Landes sind in den Haushaltsplan einzustellen. Bei Landesbetrieben und bei Sondervermögen brauchen nur die Zuführungen und die Ablieferungen eingestellt zu werden. Der Haushaltsplan ist in Einnahmen und Ausgaben auszugleichen.

(2) Die Aufnahme von Krediten sowie die Übernahme von Bürgschaften, Garantien oder sonstigen Gewährleistungen, die zu Ausgaben in künftigen Haushalten führen können, bedürfen einer der Höhe nach bestimmten oder bestimmbaren Ermächtigung durch Gesetz. Die Einnahmen aus Krediten dürfen die Summe der im Haushaltsplan veranschlagten Ausgaben für Investitionen nicht überschreiten. Ausnahmen sind nur zulässig zur Überwindung einer schwerwiegenden Störung der Wirtschafts- und Beschäftigungsentwicklung des Freistaats unter Berücksichtigung des gesamtwirtschaftlichen Gleichgewichts sowie zur Abwehr einer Störung dieses Gleichgewichts. Das Nähere regelt das Gesetz.
(3) Die Summe der im Haushaltsplan veranschlagten Personalausgaben darf grundsätzlich höchstens 40 vom Hundert der Summe der Gesamtausgaben des Haushalts betragen.

Artikel 99

(1) Der Haushaltsplan wird vor Beginn der Rechnungsperiode für ein oder mehrere Rechnungsjahre, nach Jahren getrennt, durch das Haushaltsgesetz festgestellt. Für Teile des Haushaltsplans kann vorgesehen werden, daß sie, nach Rechnungsjahren getrennt, für unterschiedliche Zeiträume gelten.
(2) In das Haushaltsgesetz dürfen nur Vorschriften aufgenommen werden, die sich auf die Einnahmen und Ausgaben des Landes und auf den Zeitraum beziehen, für den das Haushaltsgesetz beschlossen wird. Das Haushaltsgesetz kann vorschreiben, daß die Vorschriften erst mit der Verkündung des nächsten Haushaltsgesetzes oder bei Ermächtigung nach Artikel 98 Abs. 2 Satz 1 zu einem späteren Zeitpunkt außer Kraft treten.
(3) Der Entwurf des Haushaltsgesetzes mit Haushaltsplan sowie Entwürfe zu deren Änderung werden von der Landesregierung eingebracht. Der Landtag darf Mehrausgaben oder Mindereinnahmen gegenüber dem Entwurf der Landesregierung oder dem festgestellten Haushaltsplan nur beschließen, wenn Deckung gewährleistet ist.

Artikel 100

(1) Kann der Haushaltsplan nicht vor Beginn eines Rechnungsjahres durch Gesetz festgestellt werden, so ist die Landesregierung bis zum Inkrafttreten des Gesetzes ermächtigt, alle Ausgaben zu leisten oder Verpflichtungen einzugehen, die nötig sind, um

1. gesetzlich bestehende Einrichtungen zu erhalten und gesetzlich beschlossene Maßnahmen durchzuführen,
2. die rechtlich begründeten Verpflichtungen des Landes zu erfüllen sowie
3. Bauten, Beschaffungen und sonstige Leistungen fortzusetzen oder Beihilfen für diese Zwecke weiter zu gewähren, sofern durch den Haushaltsplan eines Vorjahres bereits Beträge bewilligt worden sind.

(2) Soweit der Geldbedarf aus Steuern, Abgaben und sonstigen Einnahmen nicht gedeckt werden kann, um die nach Absatz 1 zulässigen Ausgaben zu decken, darf die Landesregierung die zur Aufrechterhaltung der Wirtschaftsführung erforderlichen Mittel bis zur Höhe eines Viertels der Endsumme der im Haushaltsplan des Vorjahres veranschlagten Einnahmen im Wege des Kredits beschaffen.

Artikel 101

(1) Überplanmäßige und außerplanmäßige Ausgaben bedürfen der vorherigen Zustimmung des Finanzministers. Sie darf nur im Falle eines unvorhergesehenen und unabweisbaren Bedürfnisses erteilt werden.

(2) Über derartige Zustimmungen ist dem Landtag für jedes Vierteljahr nachträglich zu berichten.

Artikel 102

(1) Die Landesregierung hat durch den Finanzminister dem Landtag über alle Einnahmen und Ausgaben sowie die Inanspruchnahme der Verpflichtungsermächtigungen jährlich Rechnung zu legen. Sie hat die Haushaltsrechnung mit einer Übersicht über das Vermögen und die Schulden des Landes im nächsten Rechnungsjahr dem Landtag vorzulegen.
(2) Der Landesrechnungshof berichtet dem Landtag und der Landesregierung unmittelbar zur Haushaltsrechnung.
(3) Der Landtag beschließt über die Entlastung der Landesregierung aufgrund der Haushaltsrechnung und der Berichte des Landesrechnungshofes.

Artikel 103

(1) Der Landesrechnungshof ist eine selbständige, nur dem Gesetz unterworfene oberste Landesbehörde. Seine Mitglieder besitzen richterliche Unabhängigkeit.
(2) Der Landesrechnungshof besteht aus dem Präsidenten, einem oder mehreren Vizepräsidenten und weiteren Mitgliedern. Präsidenten und Vizepräsidenten werden vom Landtag mit der Mehrheit von zwei Dritteln seiner Mitglieder gewählt. Die weiteren Mitglieder werden auf Vorschlag des Präsidenten des Landesrechnungshofs mit Zustimmung des Landtags vom Ministerpräsidenten ernannt.
(3) Der Landesrechnungshof überwacht die gesamte Haushalts- und Wirtschaftsführung des Landes. Er überprüft auch die bestimmungsmäßige und wirtschaftliche Verwaltung und Verwendung von Landesvermögen und Landesmitteln durch Stellen außerhalb der Landesverwaltung. Der Landesrechnungshof übermittelt jährlich das Ergebnis seiner Prüfung gleichzeitig dem Landtag und der Landesregierung.
(4) Das Nähere über Stellung, Aufgaben, Prüfungskompetenzen und Arbeitsweise des Landesrechnungshofs regelt ein Gesetz; insbesondere kann dem Landesrechnungshof auch die Überwachung der Haushalts- und Wirtschaftsführung der kommunalen Gebietskörperschaften übertragen werden.

Dritter Teil
Übergangs- und Schlußbestimmungen

Artikel 104

Bürger im Sinne dieser Verfassung ist, wer die deutsche Staatsangehörigkeit besitzt oder als Flüchtling oder Vertriebener deutscher Volkszugehörigkeit oder als dessen Ehegatte oder Abkömmling in dem Gebiet der Bundesrepublik Deutschland Aufnahme gefunden hat.

Artikel 105

Die während der Geltung der Vorläufigen Landessatzung für das Land Thüringen vom 7. November 1990 (GBl. S. 1), zuletzt geändert durch Gesetz vom 15. Dezember 1992 (GVBl. S. 575), durchgeführten Wahlen bleiben wirksam. In dieser Zeit gesetztes Recht tritt, soweit es im Widerspruch zu dieser Verfassung steht, spätestens am 31. Dezember 1997 außer Kraft.

Artikel 106

(1) Diese Verfassung wird mit der Mehrheit von zwei Dritteln der Mitglieder des Landtags beschlossen und durch Volksentscheid bestätigt. Sie ist nach ihrer Annahme durch den Landtag vom Präsidenten des Landtags auszufertigen und im Gesetz- und Verordnungsblatt zu verkünden.

(2) Diese Verfassung tritt am Tag nach der Verkündung vorläufig in Kraft.

(3) Am Tag der ersten Landtagswahl nach der Verkündung dieser Verfassung ist ein Volksentscheid über diese Verfassung durchzuführen. Stimmt ihr dabei die Mehrheit der Abstimmenden zu, ist sie endgültig in Kraft getreten. Dies ist vom Präsidenten des Landtags im Gesetz- und Verordnungsblatt bekanntzumachen.

(4) Wird diese Verfassung durch den Volksentscheid abgelehnt, tritt die Vorläufige Landessatzung für das Land Thüringen vom 7. November 1990 (GBl. S. 1), zuletzt geändert durch Gesetz vom 15. Dezember 1992 (GVBl. S. 575), erneut in Kraft.

Eisenach, den 25. Oktober 1993

Der Präsident des Landtags
Dr. Müller

Quelle: GVBl. 4 (1993), Nr. 30, S. 625-638.

[12]

Bekanntmachung des Ergebnisses des Volksentscheids über die Verfassung des Freistaats Thüringen und über das endgültige Inkrafttreten der Verfassung des Freistaats Thüringen. Vom 26. Oktober 1994.

Auf Grund Artikel 106 Abs. 3 der Verfassung des Freistaats Thüringen vom 25. Oktober 1993 (GVBl. S. 625) in Verbindung mit § 28 Abs. 3 des Thüringer Gesetzes über das Verfahren bei Bürgerantrag, Volksbegehren und Volksentscheid (ThürBVVG) vom 19. Juli 1994 (GVBl. S. 918) wird hiermit bekanntgemacht, daß in dem Volksentscheid vom 16. Oktober 1994 eine Mehrheit von 70,13 Prozent der im Gesetz- und Verordnungsblatt für das Land Thüringen vom 29. Oktober 1993 veröffentlichten Verfassung des Freistaats Thüringen zugestimmt hat, die damit gemäß ihrem Artikel 106 Abs. 3 Satz 2 und § 28 Abs. 1 ThürBVVG endgültig in Kraft getreten ist.

Erfurt, den 26. Oktober 1994

Der Präsident des Landtags
Dr. Müller

Quelle: GVBl. 5 (1994), Nr. 33, S. 1194.

[13]

Gesetz zur Änderung der Verfassung des Freistaats Thüringen. Vom 12. Dezember 1997.

Der Landtag hat mit der nach Artikel 83 Abs. 2 Satz 1 der Verfassung des Freistaats Thüringen erforderlichen Mehrheit das folgende Gesetz beschlossen:

Artikel 1

Nach Artikel 105 der Verfassung des Freistaats Thüringen vom 25. Oktober 1993 (GVBl. S. 625) wird folgender Artikel 105 a eingefügt:

»Artikel 105 a

Abweichend von Artikel 54 Abs. 2 Halbsatz 1 verändert sich die Höhe der Entschädigung der Abgeordneten bis zum Ende der 2. Wahlperiode, längstens jedoch bis zum 31. Oktober des letzten Kalenderjahres der 2. Wahlperiode, nicht. Bei der nächsten Veränderung wird die 1996 wirksam gewordene Festlegung der Entschädigungshöhe und die allgemeine Einkommensentwicklung im Freistaat im letzten dieser Veränderung vorausgehenden Jahr zugrunde gelegt.«

Artikel 2

Dieses Gesetz tritt mit Wirkung vom 1. November 1997 in Kraft.

Erfurt, den 12. Dezember 1997

Der Präsident des Landtags
Dr. Pietzsch

Quelle: GVBl. 8 (1997), Nr. 23, S. 525.

[Dieter Marek]

3.2 Rechtsgrundlagen für Regierung und Verwaltung

[14]

Gemeinschaftsvertrag über den Zusammenschluß der thüringischen Staaten. Vom 4. Januar 1920.

Der nachstehende Gemeinschaftsvertrag (Anlage A) nebst Nachtrag (Anlage B) ist von den Volksvertretungen der Freistaaten Sachsen-Weimar-Eisenach, Sachsen-Meiningen, Sachsen-Altenburg, Sachsen-Gotha, Schwarzburg-Rudolstadt, Schwarzburg-Sondershausen und Reuß angenommen und es ist von jeder der Regierungen der vorgenannten Staaten eine Ausfertigung des Gemeinschaftsvertrags und des Nachtrags an Stelle der Ratifikation bei der Staatsregierung in Weimar niedergelegt worden. Die Zustimmung des Landtags von Sachsen-Meiningen war unter der Voraussetzung erteilt worden, daß Staatsrat und Volksrat von Thüringen die Bedingungen der Denkschrift des Gesamtstaatsrats vom 11. Dezember 1919 über den Eintritt Sachsen-Meiningens in die thüringische Gemeinschaft für den Gesamtstaat Thüringen, für die Ausgestaltung des neuen Staates Thüringen und für dessen Verwaltung bindend anerkennen (Anlagen C und D). Der Staatsrat von Thüringen hat in seiner Sitzung vom 16. Dezember 1919 diese Bedingungen angenommen und der Volksrat von Thüringen hat in seiner Sitzung vom 19. Dezember 1919 folgenden Beschluß gefaßt:

> Die im Beschluß des Landtages von Sachsen-Meiningen vom 12. Dezember 1919 zur Denkschrift des Gesamtstaatsrats vom 11. desselben Monats über den Eintritt Sachsen-Meiningens in die thüringische Gemeinschaft enthaltenen Bedingungen werden von der Gemeinschaft der thüringischen Staaten als bindend anerkannt.

Der Abschluß des Gemeinschaftsvertrags nebst Nachtrag wird demgemäß hiermit bekanntgegeben.

Gotha, den 4. Januar 1920.

Der Staatsrat von Thüringen.
Paulssen. Frhr. von Brandenstein. Baudert. Rudolph. Hofmann. Dr. Benz.
Frölich. Tenner. Werner. Bärwinkel. A. Drechsler.

Anlage A.

Gemeinschaftsvertrag.

Abschnitt I.
Bildung einer Gemeinschaft der thüringischen Staaten. Zweck, Zuständigkeit und Kosten der Gemeinschaft.

Artikel 1.
Die thüringischen Staaten (Einzelstaaten) Sachsen-Weimar-Eisenach, Sachsen-Meiningen, Sachsen-Gotha, Sachsen-Coburg, Sachsen-Altenburg, Schwarzburg-Rudolstadt, Schwarzburg-Sondershausen und Reuß vereinigen sich zu einer Gemeinschaft mit dem Zwecke der Vorbereitung einer gänzlichen Verschmelzung aller dieser Staaten zu einem Staat (Gesamtstaat) Thüringen, sowie ferner zu dem Zwecke der Verbindung mit preußischen Gebietsteilen durch Verhandlungen mit dem Freistaat Preußen.

Artikel 2.
Zur Vorbereitung der gänzlichen Verschmelzung wird die Gemeinschaft zur einheitlichen Regelung sämtlicher Gebiete der Gesetzgebung und Verwaltung für die Einzelstaaten ermächtigt.

Artikel 3.
Zur Vorbereitung der finanziellen Auseinandersetzung der Einzelstaaten mit dem Gesamtstaat wird ein besonderer Ausschuß aus mindestens je einem Beamten oder Sachverständigen aller Einzelstaaten durch die Gemeinschaft eingesetzt.

Bringt dieser Ausschuß eine Einigung in der Frage der finanziellen Auseinandersetzung nicht zustande, so werden die entstandenen Streitfragen durch ein besonderes Schiedsgericht entschieden, gegen dessen Beschlüsse und Entscheidungen den Beteiligten nur die Berufung an den Staatsgerichtshof des Deutschen Reiches zusteht. Die Zusammensetzung und das Verfahren des Schiedsgerichts wird von der Gemeinschaft geregelt.

Artikel 4.
Die Gemeinschaft ist ermächtigt, Verhandlungen zwischen den Einzelstaaten über die vor der Verschmelzung zum Gesamtstaat etwa notwendig werdenden Gebietsabtretungen und -Abrundungen, sowie über die Zusammenlegung von Gebietsteilen zu Kommunal- oder Wirtschaftsverbänden einzuleiten und im Wege des Vertrags oder der Gemeinschaftsgesetzgebung zum Abschluß zu bringen.

Artikel 5.
Die Gemeinschaft ist ermächtigt, zur Herbeiführung des Anschlusses oder der Abtretung von Gebietsteilen im Namen und in Vollmacht sämtlicher Einzelstaaten mit außerthüringischen Gliedstaaten des Deutschen Reiches Verträge abzuschließen.

Artikel 6.
Die Gemeinschaft ist ermächtigt, sämtliche Einzelstaaten und erforderlichenfalls ihre Gebietsteile dem Deutschen Reiche und seinen Gliedstaaten gegenüber zu vertreten.

Artikel 7.

Die Kosten der Gemeinschaft und ihrer Tätigkeit werden von der Gemeinschaft festgestellt und auf die Einzelstaaten nach dem Maßstab ihrer Bevölkerung verteilt.

Abschnitt II.
Organisation der Gemeinschaft.

Artikel 8.

Organe der Gemeinschaft sind die Gemeinschaftsvertretung (Volksrat von Thüringen) und der Verwaltungsrat (Staatsrat von Thüringen).

Artikel 9.

Die gesetzgebende Gewalt innerhalb der Gemeinschaft wird ausgeübt durch den Volksrat. Der Volksrat ist das oberste Organ der Gemeinschaft. Er setzt sich zusammen aus Abgeordneten der Einzelstaaten. Die Gesamtzahl der Mitglieder beträgt 42. Es entfallen auf:

Sachsen-Weimar-Eisenach	10	Abgeordnete
Sachsen-Meiningen	7	„
Sachsen-Gotha	5	„
Sachsen-Coburg	3	„
Sachsen-Altenburg	5	„
Schwarzburg-Rudolstadt	3	„
Schwarzburg-Sondershausen	3	„
Reuß	6	„

In jedem Einzelstaat werden die Abgeordneten und für jeden Abgeordneten ein Stellvertreter von der Volksvertretung (Landtag, Landesversammlung, Volksrat) unter möglichster Berücksichtigung der Stärke der in ihr vertretenen politischen Parteien gewählt.

Artikel 10.

Die Wahlen zum Volksrat haben in den Einzelstaaten bis spätestens zum 1. Juli 1919 stattzufinden. Die Prüfung der Gültigkeit der Abgeordnetenwahlen gehört zur Zuständigkeit des Volksrates.

Artikel 11.

Die laufende Geschäftsführung der Gemeinschaft sowie die Vollziehung der Gemeinschaftsgesetze und -Beschlüsse liegt dem Staatsrat ob.

Er besteht aus Vertretern der Regierungen der Einzelstaaten, von denen

Sachsen-Weimar-Eisenach	3	stimmberechtigte	Vertreter
Sachsen-Meiningen	2	„	„
Sachsen-Gotha	1	„	„
Sachsen-Coburg	1	„	„
Sachsen-Altenburg	1	„	„
Schwarzburg-Rudolstadt	1	„	„
Schwarzburg-Sondershausen	1	„	„
Reuß	2	„	„

und nach Bedarf Stellvertreter zu entsenden hat.

Artikel 12.

Die Bezeichnung der Regierungsvertreter hat bis zum 1. Juli 1919 bei der Staatsregierung in Weimar zu erfolgen. Diese hat den Staatsrat bis zum 15. Juli 1919 zur ersten Sitzung einzuberufen.

Die Berufung des Volksrates erfolgt durch den Staatsrat bis spätestens 15. August 1919.

Abschnitt III.

Weitere Befugnisse der Gemeinschaft und Verpflichtungen der Einzelstaaten.

Artikel 13.

Im übrigen regelt die Gemeinschaft selbst ihre Verfassung (Gemeinschaftssatzung) und Organisation, das Verhältnis zum Deutschen Reiche und zu anderen Gliedstaaten des Reiches. Der Staatsrat hat dem Volksrat den Entwurf der Gemeinschaftssatzung alsbald vorzulegen.

Artikel 14.

Zu einem von der Gemeinschaft zu bestimmenden Zeitpunkt wird eine Landesversammlung von Thüringen einberufen.

Artikel 15.

Der Volksrat erläßt mit bindender Kraft für alle der Gemeinschaft angehörenden Staaten die Wahlordnung für die Landesversammlung von Thüringen.

Artikel 16.

Alle Behörden der Einzelstaaten sind verpflichtet, den innerhalb ihrer Zuständigkeit gegebenen Anordnungen der Gemeinschaftsorgane Folge zu leisten. Die innerhalb der Zuständigkeit erlassenen Gemeinschaftsgesetze und -Verordnungen haben verbindliche Kraft für das gesamte Gebiet aller Einzelstaaten; sie gehen den Landesgesetzen und -Verordnungen dieser Staaten vor.

Artikel 17.

Der Volksrat ist zuständig zur Beilegung und Entscheidung aller Streitfälle zwischen den Einzelstaaten mit Ausnahme der Streitfälle nach Artikel 3.

Artikel 18.

Eine Abänderung dieses Vertrags oder die Aufhebung der Gemeinschaft kann nur im Einverständnis aller Staaten oder durch einstimmigen Beschluß des Volksrates erfolgen.

Artikel 19.

Dieser Gemeinschaftsvertrag tritt am 1. Juli 1919 in Kraft.

Alle entgegenstehenden gesetzlichen Vorschriften und vertraglichen Bindungen der Einzelstaaten treten außer Kraft.

Artikel 20.

An Stelle der Ratifikation legt die Regierung jedes Einzelstaates eine Ausfertigung des Gemeinschaftsvertrages bei der Staatsregierung in Weimar nieder.

Sobald sämtliche Urkunden niedergelegt sind, teilt die Staatsregierung in Weimar dies den Regierungen der Einzelstaaten mit. Der Abschluß des Vertrages wird von den Regierungen bekanntgegeben.

Anlage B.

Nachtrag zum Gemeinschaftsvertrag über den Zusammenschluß der thüringischen Staaten.

Nachdem der Gemeinschaftsvertrag von den Volksvertretungen von Sachsen-Weimar-Eisenach, Sachsen-Altenburg, Sachsen-Gotha, Schwarzburg-Rudolstadt, Schwarzburg-Sondershausen und Reuß angenommen worden ist, aber die Zustimmung der Volksvertretung von Sachsen-Meiningen und Sachsen-Coburg noch nicht gefunden hat, haben die erstgenannten thüringischen Staaten folgenden Nachtrag zum Gemeinschaftsvertrag abgeschlossen, der hiermit zugleich die verfassungsmäßige Genehmigung des Landtags erhält:

§ 1.

Der Gemeinschaftsvertrag gilt als zwischen den Staaten Sachsen-Weimar-Eisenach, Sachsen-Altenburg, Sachsen-Gotha, Schwarzburg-Rudolstadt, Schwarzburg-Sondershausen und Reuß abgeschlossen. Sachsen-Meiningen und Sachsen-Coburg bleibt der Beitritt zu dem Gemeinschaftsvertrage offen. Solange Sachsen-Meiningen und Sachsen-Coburg noch nicht beigetreten sind, haben ihre Regierungsvertreter im Staatsrat und ihre Volksvertreter im Volksrat beratende Stimme. Der Volksrat kann diese Vorschrift aufheben oder abändern, auch eine Frist für ihre Geltungsdauer setzen.

§ 2.

Die Frist für die Einberufung des Volksrates in Art. 12 des Gemeinschaftsvertrages wird aufgehoben. Der Staatsrat wird ermächtigt, den Volksrat sobald als möglich einzuberufen.

§ 3.

Art. 18 erhält folgende Fassung:
Die Aufhebung der Gemeinschaft kann nur im Einverständnis aller Staaten oder durch einstimmigen Beschluß des Volksrates erfolgen.

Abänderungen und Ergänzungen des Gemeinschaftsvertrags kann der Volksrat mit bindender Kraft für alle an der Gemeinschaft beteiligten Staaten mit einer Mehrheit von $^2/_3$ der abgegebenen Stimmen beschließen.

§ 4.

Dieser Nachtragsvertrag wird, sobald er von den Volksvertretungen der eingangs genannten Staaten angenommen worden ist, an Stelle der Ratifikation in einer Ausfertigung bei der Staatsregierung in Weimar niedergelegt.

Sobald sämtliche Urkunden niedergelegt sind, teilt die Staatsregierung in Weimar dies den Regierungen der genannten Staaten mit. Der Abschluß des Nachtrags und des Gemeinschaftsvertrags wird von den Regierungen bekanntgegeben.

§ 5.

Sollte ein Staat, der den Gemeinschaftsvertrag angenommen hatte, diesen Nachtrag nicht annehmen, so gilt trotzdem dieser Nachtrag und die Gemeinschaft unter den übrigen Staaten als abgeschlossen. Ein nicht annehmender Staat hat die gleichen Rechte wie Sachsen-Meiningen und Sachsen-Coburg.

Anlage C.

Denkschrift über den Eintritt von Sachsen-Meiningen in die thüringische Staatengemeinschaft.

Der im Mai dieses Jahres den thüringischen Volksvertretungen vorgelegte Gemeinschaftsvertrag, der den Zusammenschluß der acht thüringischen Staaten herbeiführen sollte, sowie ferner die Verbindung mit preußischen Gebietsteilen zum Ziele hatte, ist in den Staaten Sachsen-Weimar-Eisenach, Sachsen-Altenburg, Sachsen-Gotha, Schwarzburg-Rudolstadt, Schwarzburg-Sondershausen und Reuß angenommen worden. Diese sechs Staaten haben darauf noch einen Nachtrag dem Gemeinschaftsvertrag angefügt, der ihre Gemeinschaft staatsrechtlich festlegt und dem Volksrat dieser Gemeinschaft die Möglichkeit gibt, den Vertrag erforderlichenfalls abzuändern oder zu ergänzen.

Sachsen-Meiningen und Sachsen-Coburg, die beide zunächst weder den Gemeinschaftsvertrag noch den Nachtragsvertrag angenommen hatten, ist das Recht der beratenden Mitwirkung in der Gemeinschaft sichergestellt. Während Sachsen-Coburg davon nach dem Ergebnis der Volksbefragung vom 30. November 1919 wohl keinen Gebrauch machen dürfte, hat Sachsen-Meiningen bis jetzt an allen Beratungen des Staatsrates teilgenommen.

Die Verhandlungen über den Anschluß preußischer Gebietsteile sind nach einem verheißungsvollen Anlauf seit längerem zum Stillstand gekommen. Während Vertreter der preußischen Regierung anfänglich den Anschluß gewisser Teile des preußischen Gebiets unter der Voraussetzung einer Art Verwaltungsgemeinschaft zwischen Preußen und Thüringen als möglich behandelten, erklärte später die preußische Staatsregierung, daß sie die aus allen Schichten und Parteien kommenden, einen Anschluß an Thüringen ablehnenden Äußerungen nicht unbeachtet lassen könne. Damit war die preußische Frage für Thüringen vorerst ins Stocken gekommen. Seitens des Staatsrates von Thüringen und insbesondere von den leitenden Persönlichkeiten wurden keine weiteren Schritte unternommen, Preußen zu einer anderen Stellungnahme zu veranlassen. Ob in dieser Richtung der in Kürze in Weimar zusammentretende Volksrat von Thüringen dem Staatsrat andere Direktiven geben wird, bleibt abzuwarten.

In früheren Ausführungen hat der Gesamtstaatsrat seine Stellungnahme zum Gemeinschaftsvertrag im wesentlichen nach der Richtung orientiert, daß ein Organisationsplan, Klarheit über die Finanzlage der einzelnen Staaten und des künftigen neuen Staates und endlich die energische Behandlung der preußischen Anschlußfrage notwendig sei, bevor man sich in Sachsen-Meiningen für den Anschluß aussprechen könne.

Inwieweit ein Organisationsplan aufgestellt und durchgeführt werden kann, bevor eine endgültige Stellungnahme aller in Betracht kommenden Staaten erfolgt ist, kann zweifelhaft sein, zumal wohl nicht zu verkennen ist, daß der Verschmelzungsprozeß nur schrittweise vor sich gehen kann und doch schon bei den wichtigsten, grundlegenden Organisationsfragen Klarheit bestehen muß, welche Staaten dem neuen Gebilde angehören werden. Deswegen wäre als wesentliche Bedingung wenigstens die Schaffung einer Verfassung in den Vordergrund zu stellen. Ohne diese, ohne die Bildung einer arbeitsfähigen Regierung ist ein gedeihliches Weiterarbeiten ausgeschlossen.

Die Prüfung der Finanzierung des neuen Staates, die Feststellung der in die Gemeinschaft eingebrachten Vermögensmassen, Schulden und Belastungen ist von dem Staatsrat von Thüringen in den Anfängen in die Wege geleitet. Die Arbeit aber, die dabei zu bewältigen ist, ist so umfangreich und weitschichtig, so kompliziert und mit den Verwaltungseinrichtungen der einzelnen Staaten so verquickt, daß es ausgeschlossen erscheint, in kurzer Frist ein zuverlässiges, umfassendes Bild zu erhalten. Und selbst eine lückenlose Übersicht über Vermögen, Schulden, Einnahmen und Ausgaben der einzelnen Staaten würde noch nicht die wünschenswerte Sicherheit und Klarheit bringen, auf der sich ein Urteil über die Leistungsfähigkeit des neuen Staates aufbauen könnte. Es fehlen in einigen Staaten die Abfindungen mit den früheren Landesherren, es fehlt die Rückwirkung der Reichsfinanzreform, der sprunghaften Steigerung der Ausgaben auf allen Gebieten der Verwaltung und endlich fehlt eine Feststellung, inwieweit die verschiedene finanzielle Lage der einzelnen Staaten nach Vermögen und Schulden bei einem Vergleiche untereinander zu einem Ausgleich zugunsten oder zu Lasten des einen oder anderen Teiles zwingen wird.

Die unsicheren Faktoren werden aber in dieser Unbestimmtheit noch längere Zeit fortwirken, sie lassen sich nicht durch eine klare, durchsichtige Finanzübersicht in Kürze ersetzen. Und darum bleibt der definitive Anschluß an die Gemeinschaft Thüringen in finanzieller Hinsicht ein Schritt ins Dunkele und Ungewisse.

Sollte sich nun der Landtag, trotz der durchaus unbefriedigenden Behandlung der preußischen Anschlußfrage, der heute und auch in der nächsten Zeit nur in Ansätzen möglichen Organisation des neuen Staatsgebildes, der heute und auf längere Zeit durchaus ungeklärten Finanzlage der Einzelstaaten und des Gesamtstaates insbesondere auch im Hinblick auf die noch nicht allenthalben vollzogene Auseinandersetzung mit den Fürsten dahin entschließen, den Gemeinschaftsvertrag und den Nachtragsvertrag anzunehmen, so könnte dies nur in einer Form dem Landtag vom Gesamtstaatsrat empfohlen werden, nach der der Landtag die Regierung ermächtigt, die Verträge dann zu vollziehen, wenn der Volksrat von Thüringen in bindender Form zum Ausdruck bringt, daß er gewillt ist, die in dieser Denkschrift niedergelegten Gesichtspunkte für den Gesamtstaat bei der Ausgestaltung des neuen Staates und in der Verwaltung desselben künftig maßgebend anzuerkennen.

Die Verhandlungen mit Preußen müssen aus Gründen, die zu wiederholen überflüssig sein dürfte, von neuem von der Regierung des Staates Thüringen wieder aufgenommen werden, wenn anders nicht die alte Zerrissenheit Thüringens mit all ihren unerfreulichen Nebenerscheinungen künstlich aufrechterhalten werden soll.

Die Verfassung des neuen Staates, und sei es bei dem schwierigen Verschmelzungswerk Thüringens auch nur eine Notverfassung, soll eine der ersten Arbeiten des Volksrates sein, da nach unserer Auffassung sonst ein gedeihliches, der Gesamtheit der Staaten verantwortliches Arbeiten ausgeschlossen sein dürfte.

Wesentlicher Teil der Verfassung wäre die Wahlordnung. In der Annahme, daß für die Verhältniswahl bei der Größe des Landes einzelne Wahlbezirke gebildet werden, muß Sachsen-Meiningen Wert darauf legen, daß für den wesentlichsten Teil des bisherigen Staates Sachsen-Meiningen ein geschlossener Wahlbezirk gebildet wird, um auf diese Weise den besonderen Südthüringer Interessen die Möglichkeit einer sicheren Entsendung von Vertretern in das neue Parlament zu garantieren. Würde man von einzelnen Wahlbezirken absehen, so wäre für eine Übergangszeit eine Sicherung dahin zu schaffen, daß eine gewisse Anzahl von Vertretern im Parlament aus den einzelnen Gebieten, die sich jetzt zusammenschließen sollen, gewählt werden müssen. Es muß vermieden werden, daß eine völlige Ausschaltung ganzer wichtiger Gebietsteile durch das Wahlverfahren eintritt.

An der Art der Bildung der Regierung, an der Besetzung der Stellen sowohl der leitenden Abteilungsvorstände, wie der Stellen der Ministerialdirektoren, vortragenden Räte, sonstigen Referenten und dergleichen muß Sachsen-Meiningen ein besonderes Interesse haben. Darin dürfte eine gewisse Sicherung zu sehen sein, daß die maßgebenden Entscheidungen wenigstens von Personen mit vorbereitet und getroffen werden, die die eigentümlichen Verhältnisse Meiningens übersehen und beurteilen können. Deswegen sollte Sachsen-Meiningen zugestanden werden, daß auf die Dauer von 15 Jahren mindestens die Stelle eines stimmführenden Mitgliedes des Ministeriums und eine der Größe Meiningens entsprechende Anzahl von Ministerialdirektoren, vortragenden Räten, Referenten u. dergl. mit Persönlichkeiten besetzt werden, die aus dem Meininger Staats- oder Gemeindedienst hervorgegangen sind oder die im Staate Meiningen längere Zeit ansässig gewesen sind. Dasselbe gilt auch bei der anzustrebenden Angliederung Thüringens an einen größeren Staat bezüglich der Provinzialverwaltung.

Sollte das Ministerium eine Zusammensetzung erhalten, die der Größe des gegenwärtigen provisorischen Staatsrats von Thüringen entspricht, so würde für die Beteiligung Meiningens an der Bildung dieses Ministeriums mindestens der gleiche Maßstab gelten müssen wie für den jetzigen Staatsrat.

In der Ausgestaltung der inneren Verwaltung der Kreise, Städte und Gemeinden ist die Organisation in Sachsen-Meiningen der Organisation mancher anderen Staaten voraus, und es ist wohl anzunehmen, daß Einrichtungen Meiningens von dem Gesamtstaat auch auf andere Gebiete Thüringens ausgedehnt werden können. Jedenfalls aber wird man Sachsen-Meiningen als billig zugestehen müssen, daß bei der zukünftigen Organisation der inneren Verwaltung den Kreisen, Städten und Gemeinden das gleiche Maß von Selbstverwaltung zugestanden wird, das sie jetzt besitzen.

Die Kreisabteilung Camburg soll nur dann vom Kreise Saalfeld abgetrennt und einem anderen Thüringer Bezirk zugeteilt werden, wenn es dem Wunsche der Bewohner der Kreisabteilung Camburg entspricht.

Im Interesse der Gemeinden hat Sachsen-Meiningen die Gemeinde-, Kirchgemeinde-, Korporations- und Genossenschaftswaldungen in Staatsverwaltung genommen. Dieser Schutz des Gemeinde- und Genossenschaftsvermögens soll auch in Zukunft erhalten bleiben.

Für eine große Anzahl von Beamten des Staates bedeutet der Zusammenschluß der thüringischen Staaten zu einer Einheit eine so wesentliche Veränderung, daß es nicht unangemessen erscheint, diese nach Möglichkeit der Härten zu entkleiden. Es würde darauf Bedacht zu nehmen sein, daß die schon seit längerer Zeit im Gebiete des Staates Sachsen-Meiningen ansässigen Beamten, sofern es ihrem Wunsche entspricht, nach Möglichkeit im Gebiete des Staates Sachsen-Meiningen Verwendung finden und daß weiter ihre Stellung, soweit sie durch Gesetze usw. des Staates Sachsen-Meiningen geregelt ist, nicht durch neue Gesetze beeinträchtigt werden kann; dies gilt insbesondere für die Regelung des Ruhegehaltes und des Wartegeldes der Meininger Beamten, die im neuen Staate Verwendung finden.

Durch den Zusammenschluß der Staaten verschieben sich möglicherweise wesentlich die Anstellungs- und Beförderungsverhältnisse der jüngeren Beamten. Deswegen sollen die vor der Vereinigung von Sachsen-Meiningen mit Thüringen in den Vorbereitungsdienst von Sachsen-Meiningen eingetretenen Anwärter vor Nachteil bewahrt werden und insbesondere bei der Besetzung der Stellen des früheren Staates Sachsen-Meiningen den Anwärtern aus den anderen Staaten vorgehen. Selbstverständlich soll aber damit im Falle dienstlicher Notwendigkeit einer abweichenden Behandlung nicht vorgegriffen werden.

Die verschiedenartige Ausbildung mancher Beamtenkategorien in Thüringen läßt den Wunsch gerechtfertigt erscheinen, die Beamtengruppen, die in Meiningen im Vergleich zu annähernd gleich beschäftigten Beamtenkategorien in anderen Staaten eine bessere Fachausbildung erfahren haben, nicht dadurch zu schädigen, daß die Meininger Beamten durch eine schematische Einreihung in einheitliche Berufs- und Besoldungsgruppen benachteiligt werden.

Soweit in Thüringen staatliche oder sonstige Organisationen geschaffen werden, seien es Behörden, Berufsvertretungen, Selbstverwaltungseinrichtungen und dergl., die örtlich abgegrenzt werden, so soll das Südthüringer-Meininger Gebiet mit Rücksicht auf die Eigenart seiner wirtschaftlichen Verhältnisse bei diesen Organisationen besondere Berücksichtigung finden, das heißt, die zum Staate Sachsen-Meiningen gehörigen Gebiete sollen eine möglichst geschlossene Vertretung erhalten.

Um der Bedeutung und Eigenart der im Kreise Sonneberg sowie in den Nachbarkreisen Hildburghausen und Saalfeld ansässigen Spielwaren- und Glasindustrie die geeignete Förderung auch weiter angedeihen zu lassen, bleibt die Handels- und Gewerbekammer Sonneberg auch weiter bestehen. Ihr Ausbau zu einer Handels- und Industrievertretung für die gesamte Spielwaren- und Glasindustrie südlich des Thüringer Waldes und auf dem Thüringer Wald ist anzustreben.

Es wird erwartet, daß die Regierung Thüringens bei der Reichsregierung alle geeigneten Schritte wirksam unternimmt, um Sonneberg wieder zum Sitze eines für die Industrie des Meininger Oberlandes bedeutungsvollen amerikanischen Konsulates zu machen.

Die Regierung Thüringens wird bei den zuständigen Reichsbehörden ihren ganzen Einfluß geltend machen, daß die Bahnstrecke Ernstthal-Igelshieb-Neuhaus a. Rennweg nach Steinheid-Limbach und die Bahnstrecke Immelborn-Liebenstein nach Steinbach (Kreis Meiningen) verlängert wird.

Durch den dereinstigen Wegfall der selbständigen Staatsregierung in Sachsen-Meiningen werden die Stadt Meiningen und möglicherweise auch andere Städte tief berührt. Die der Stadt Meiningen und gegebenenfalls auch anderen Städten entstehende Schädigung wird einen vollwertigen Ausgleich durch Verlegung anderer Behörden nach diesen Orten seitens der Reichs- oder Staatsregierung finden und zugesichert erhalten müssen, soweit solches im Rahmen der insgesamt in Thüringen möglichen Einrichtungen überhaupt durchführbar ist. Keinesfalls dürfen aber andere thüringische Staaten in einem besseren Verhältnis einen Ersatz für verlorengehende Behörden oder einen Zuwachs erfahren wie Sachsen-Meiningen. Daß für einen teilweisen Ausgleich die Verlegung einer Abteilung des Landesfinanzamtes Thüringen nach Meiningen in Aussicht genommen ist, wird festzuhalten und festzustellen sein, und zwar unter Anerkennung, daß die durch die Verlegung der Behörden nach Meiningen etwa entstehenden Übersiedelungskosten auf die Allgemeinheit übernommen werden.

Sollten für Thüringen Regierungsbezirke als Zwischenbehörden zwischen der Zentralregierung und den unteren Verwaltungsbehörden eingerichtet werden, so wird der Anspruch Meiningens auf einen Regierungssitz anerkannt.

Das in Meiningen bestehende gemeinschaftliche Landgericht wird erhalten und entsprechend ausgebaut, wenn es in seinem Bestande durch das Ausscheiden des Coburger Bezirkes eine Umgestaltung erfahren muß.

Sollten dem »Landesfinanzamt Thüringen« angegliederte, sogenannte detachierte Finanzgerichte geschaffen werden, so wird ein solches für Sachsen-Meiningen an einem geeignet gelegenen Orte Meiningens angestrebt werden.

Ein wertvoller Besitz von Sachsen-Meiningen ist sein gut ausgebildetes höheres Schulwesen. Dieses auch vom Staate Thüringen erhalten zu wissen, ist eine Notwendigkeit für Sachsen-Meiningen. Zwingen aber die Verhältnisse in Deutschland und in Thüringen im besonderen die Staaten zu einer Einschränkung oder zu einer Minderung der öffentlichen Schulen oder der für Schulen aufgewendeten Staatsmittel, oder werden Änderungen der Schularten und Schulsysteme nötig, so sollen die Einschränkungen und Minderungen ebenso wie die Änderungen in den jetzt zu Sachsen-Meiningen gehörenden Landesteilen nur in demselben Maß und Umfang erfolgen dürfen, wie in den anderen Gebieten Thüringens. Die Einwohner des Staates Sachsen-Meiningen sollen künftighin im Verhältnis nicht schlechter gestellt werden, wie die Einwohner anderer Gebiete. Erst dann sollen Einschränkungen, Minderungen und Änderungen auch für die Meininger Schulen durchgeführt werden dürfen, wenn sie in den anderen Staaten durchgeführt werden.

Werden jetzt bestehende Schulen durch andere Schulsysteme abgelöst, so werden die zum Ersatz eingeführten Schulen im Gebiete des Staates Meiningen gleichfalls untergebracht werden.

Soweit in anderen Staaten Schuleinrichtungen ebenso wie andere Einrichtungen, die dem öffentlichen Wohle dienen, mit verhältnismäßig höherer Staatshilfe ausgestattet sind und auch im neuen Staatsgebiet Thüringen ausgestattet bleiben sollen, als die gleichen Einrichtungen in Meiningen, so muß erwartet werden, daß dieselbe gesteigerte Fürsorge den im Gebiete Sachsen-Meiningens belegenen Anstalten und Einrichtungen zugewendet wird. Ebenso wird angenommen, daß an dem gegenwärtigen Maße von Staatshilfe an derartigen Einrichtungen künftighin keine Änderung eintritt.

Die in Meiningen ansässigen Bankinstitute, insbesondere die Deutsche Hypothekenbank, die Bank für Thüringen und die Reichsbank werden nach dem Aufhören der selbständigen Regierung von Sachsen-Meiningen möglicherweise erwägen, ihren Sitz von Meiningen zu verlegen. Insbesondere ist mit dieser Eventualität bei der Deutschen Hypothekenbank zu rechnen, deren Zentrale in Meiningen, deren Filiale in Berlin ist. Bisher hat es die Deutsche Hypothekenbank als besonders wertvoll empfunden, daß bei ihr Treuhänder und Staatskommissar in einer Person vereinigt am Sitze der Zentrale tätig sein konnten.

Solange die Hypothekenbank die Zentrale in Meiningen behält, und bei der Größe der Bank ist das eine Frage von ganz besonderer Tragweite, muß darauf bestanden werden, daß den Wünschen der Deutschen Hypothekenbank, wie bisher, auch künftig hinsichtlich der Form der staatlichen Beaufsichtigung weitgehendes Entgegenkommen bewiesen wird. Es ist deshalb nötig, daß ein Staatsbeamter mindestens im Range und in der Stellung eines vortragenden Rates des thüringischen Gesamtministeriums zum Staatskommissar und Treuhänder mit dem Sitze in Meiningen und mit der für die Deutsche Hypothekenbank ausschließlichen, hauptamtlichen Tätigkeit an der Deutschen Hypothekenbank bestellt wird, um das enge Zusammenarbeiten und die enge Fühlung mit allen Geschäftsvorgängen innerhalb der Bank zu gewährleisten.

Sollten die vorerwähnten Bankinstitute ihren Hauptsitz von Meiningen verlegen, so wird, da diese Verlegung nur als Folge des Aufhörens der selbständigen Regierung in Meiningen anzusehen sein wird, Thüringen bestrebt sein müssen, der Stadt Meiningen einen entsprechenden Ausgleich durch Verlegung von Behörden oder in sonstiger Weise zu sichern.

Jedenfalls aber muß Sachsen-Meiningen als von dem Staate Thüringen zugesichert annehmen, daß die Regierung Thüringens mit allen Mitteln bemüht bleiben wird, Meiningen die jetzt dort bestehenden Bankinstitute in ihrer bisherigen Bedeutung zu erhalten.

Im Laufe der Jahrzehnte hat die Stadt Hildburghausen durch den Verlust der Regierung, ansehnlicher Behörden und wertvoller Privatunternehmen schwer gelitten. Die Einschränkung der Garnisonen trifft wiederum Hildburghausen hart. Sollten Teile der militärischen Organisation, soweit sie auf das Gebiet Thüringens entfallen, anderenorts frei werden, so wird Hildburghausen bei der Unterbringung in erster Linie Berücksichtigung finden müssen, sofern die Stadt selbst darauf Gewicht legt. Daß die Regierung Thüringens der Stadt Meiningen die militärischen Organisationen, die jetzt für Meiningen von großer wirtschaftlicher Bedeutung sind, zu erhalten bemüht sein wird, wird als selbstverständlich angenommen.

Der Krieg mit seinen unendlich schweren wirtschaftlichen Nebenerscheinungen hat Kreise und eine große Anzahl von Gemeinden in Sachsen-Meiningen ganz außerordentlich in Mitleidenschaft gezogen. Insbesondere sind die Industriegemeinden des Meininger Oberlandes durch den Wegfall von Einnahmen und durch große Aufwendungen für Zwecke der Kriegsfürsorge in schwere finanzielle Bedrängnis geraten. In welcher Weise diesen Bezirken, die auch jetzt noch durch die Lebensmittelnot bedrückt und dadurch zu besonderen Aufwendungen genötigt werden, geholfen werden kann, läßt sich gegenwärtig noch nicht übersehen. Außer Zweifel ist aber, daß besondere staatliche Maßnahmen notwendig sein werden, sollen diese Gemeinden vor dem Zusammenbruch bewahrt werden. Für diese Maßnahmen wird sich die Regierung von Sachsen-Meiningen auch nach dem Zusammenschluß so lange freie Hand behalten müssen, als nicht durch gleichgerichtete Maßnahmen der Regierung Thüringens die für diese Gemeinden nötigen Erleichterungen durchgeführt sind. Und auch nach dem Aufhören der Regierung von Sachsen-Meiningen wird anerkannt werden müssen, daß für diese Bezirke eine besondere Hilfsaktion durchzuführen ist.

In weitem Umfang sind in Sachsen-Meiningen Eisenbahnen, Straßenbauten, Wasserleitungen, Krankenhäuser, Schulen und dergleichen über das Maß des örtlichen Interesses hinaus zu Lasten der Gemeinden und Kreise oder unter starker Beteiligung von Kreis und Gemeinde errichtet und durchgeführt worden. Darüber müßte nun Einverständnis bestehen, daß derartige Lasten, die Meininger Gemeinden und Kreise tragen, statt wie anderwärts den Staat zu beschweren, den Gemeinden und Kreisen abgebürdet werden.

Dieser Grundsatz hätte auch zu gelten für sonstige Kreis- und Gemeindeeinrichtungen, die Bedürfnissen eines weiteren Bezirkes als denen der Kreise oder Gemeinden Rechnung tragen.

Eng im Zusammenhang damit steht die Behandlung der von den Feuerversicherungsgesellschaften in Sachsen-Meiningen zu zahlenden Abgaben.

Diese Abgaben sind zum Teil den Kreisen zum Zwecke der Hebung der Feuersicherheit überwiesen worden. Die Kreise haben auf Grund dieser Einnahmen vielfach ihren Gemeinden gegenüber Verpflichtungen übernommen, die noch jahrzehntelang laufen. Es muß Wert darauf gelegt werden, daß in der bisherigen Art der Verteilung der Feuerversicherungsabgabe keine Veränderung eintritt.

Im Interesse der weniger bemittelten Bevölkerung, die gezwungen ist, Darlehen auf Grundbesitz aufzunehmen, ist angeregt worden, die Bestimmung in Artikel 6 des Landesgesetzes vom 25. August 1849, die Errichtung einer Landeskreditanstalt betreffend, auch bei einer möglichen Umgestaltung des Instituts beizubehalten.

Artikel 6 besagt, daß Darlehen, die unter der Bedingung einer planmäßigen Tilgung aufgenommen werden, den Schuldnern nicht gekündigt werden können, solange sie die vertragsmäßigen Zins- und Abschlagszahlungen pünktlich einhalten, daß den Schuldnern dagegen ein unbeschränktes Kündigungsrecht zusteht.

Die Berücksichtigung dieser sozial wohltätigen Einrichtung ist dringend wünschenswert.

In den einzelnen Staaten Thüringens sind die Reichsfamilienunterstützungen und die dadurch bedingten Nebenaufwendungen von verschiedenen Lastenträgern übernommen worden. Staat, Kreis oder Gemeinde haben in den verschiedenen Gebieten Thüringens diese Verbindlichkeiten auf sich nehmen müssen. Wie weit sie vom Reiche erstattet werden, steht noch aus, immerhin ist mit der Möglichkeit zu rechnen, daß Kapital, Zinsen und Geldbeschaffungskosten ganz oder zum Teil auf den Lieferungsverbänden ruhen bleiben. Diese Lasten sind unter den verschiedenen Staaten so auszugleichen, daß sie als gemeinsame Staatslasten übernommen werden, sofern nicht ein anderer gleichmäßig wirkender Ausgleich gefunden wird.

Während des Krieges und seit der Revolution haben eine Reihe von Staaten Thüringens Aufwendungen gemacht und das Staatsvermögen für Zwecke belastet, für die in anderen Staaten gleichartige Aufwendungen nicht gegenüberstehen. Diese Belastungen dürfen nur insoweit als Belastungen des neuen Staates anerkannt und die dafür eingegangenen Schulden nur insoweit als Schulden des neuen Staates übernommen werden, als für gleichartige Zwecke in den anderen Staaten gleichfalls entsprechende Verbindlichkeiten entstanden sind. Verbindlichkeiten einseitigen Charakters, die einzelne Staaten eingegangen haben, sollen auf diesen Gebieten haften bleiben, also nicht Gemeinschaftsschulden werden.

Sollte es nicht angängig sein, eine Aussonderung der Schulden beziehungsweise eine Vorbelastung der Staaten durchzuführen, die derartige Aufwendungen besonderen Charakters gemacht haben, so wird der Ausgleich dadurch erfolgen müssen, daß den Gebieten, die ohne gleichwertige Belastungen in die Gemeinschaft eintreten, ein Voraus an Vermögen sichergestellt wird.

Die für Sachsen-Meiningen durch Landesgesetz vom 8. Juli 1919 errichtete Stiftung zur Förderung von Kultur und Wohlfahrt im Staate Sachsen-Meiningen wird anerkannt und deren Erweiterung in dem Maße zugesichert werden müssen, daß sie hinter den Stiftungen und ähnlichen Vermögensreservaten anderer Staaten bei einem Vergleich der Zwecke der Stiftung, der Einwohnerzahl der Gebiete, für die die Stiftung bestimmt ist, und endlich in Anbetracht der in die Gemeinschaft von den einzelnen Staaten eingebrachten Vermögenswerte nicht zurückbleibt. Sollte nach den besonderen Bestimmungen des Landesgesetzes vom 8. Juli 1919 die Stiftung aufhören oder nicht in Wirksamkeit treten, so werden bei der Vermögensauseinandersetzung zwischen den einzelnen Staaten und dem Gesamtstaat dem Gebiet von Sachsen-Meiningen für die gleichen Zwecke, für die die Stiftung errichtet worden ist, gleiche Vermögenswerte zuzuweisen sein.

Aus besonderen Gründen hat Sachsen-Meiningen bei der Vermögensauseinandersetzung zwischen dem Lande und dem früheren Landesherrn das Hoftheater im Gegensatze zu dem Vorgang in anderen Staaten nicht als Eigentum erworben. Verhandlungen über den Erwerb sind aber eingeleitet, und es muß dem Staate Meiningen freigestellt bleiben, zu Lasten des Staates und der Gemeinschaft das Hoftheater zu einem zwischen der Hofverwaltung und der Regierung von Sachsen-Meiningen zu vereinbarenden Preise zu übernehmen. Kommen die Verhandlungen vor der Verschmelzung der Staaten nicht zum Abschluß, so wird der neue Staat für die Verfüglichhaltung des Theaters ebenso Sorge tragen, wie es der Staat Sachsen-Meiningen getan haben würde.

Mit Rücksicht auf die Ungewißheit der allgemeinen Lage hat sich Sachsen-Meiningen bei dem Übergang der Theater- und Musikeinrichtungen in Meiningen auf den Staat außerordentliche Beschränkungen auferlegt, Beschränkungen, die auf die Dauer nicht durchführbar sind, wenn Meiningen nicht im Vergleich zu anderen Städten Thüringens kulturell leiden soll. Diese Einschränkungen sind nicht aufrechtzuerhalten, und aus diesem Grund ist es, zumal man in anderen Hauptstädten Thüringens derartige Einrichtungen nicht abgebaut, sondern als staatliche Unternehmen noch ausgebaut hat, notwendig, daß Meiningen in gleicher Weise wie anderen Städten die Erhaltung der jetzt lediglich in provisorischer Form eingerichteten Unternehmen ermöglicht wird. Darum müssen für Theater und Musik in Sachsen-Meiningen die entsprechenden Aufwendungen sichergestellt werden wie für einen anderen Staat, wie für eine andere ehemalige Hauptstadt Thüringens. Theater- und Musikeinrichtungen müssen für Sachsen-Meiningen in einer Weise mit Mitteln ausgestattet werden, die der Bedeutung der Meininger Theater- und Musikeinrichtungen vor dem Kriege entsprechen. Zwingen die Verhältnisse in Thüringen und Deutschland zur Einschränkung, so sollen diese Einschränkungen Meiningen nicht stärker und härter treffen als einen anderen Staat Thüringens.

Die gleichen Gesichtspunkte müssen maßgebend sein für die staatliche Unterstützung von Bibliotheken, Museen, Anlagen und dergleichen.

Daß in einigen Staaten Thüringens die Abfindung mit den ehemaligen Landesherren noch nicht vollzogen ist, bringt in die gesamte Vermögenslage Thüringens eine unerwünschte Unsicherheit. Wenn auch ohne weiteres angenommen werden kann, daß jeder dieser Staaten selbst das größte Interesse an der besten Form der Auseinandersetzung haben wird, so muß doch erwartet werden, daß die Auseinandersetzungen in einer Weise betrieben und gefördert werden, daß der neue Staat nicht unerwünschte Folgen zu erwarten hat, insbesondere, daß die Vermögensverschmelzung zwischen den Staaten nicht eher vollzogen wird, bis die wirtschaftlichen Folgen der Auseinandersetzung in allen Staaten zu übersehen beziehungsweise festgestellt sind.

Gibt Sachsen-Meiningen seine Selbständigkeit zugunsten des geeinten Thüringens auf, so geschieht dies nur in dem festen Vertrauen darauf, daß es bei der Regierung und Volksvertretung Thüringens stets Verständnis für die Eigenart seiner Bevölkerung und seiner wirtschaftlichen Verhältnisse findet.

Meiningen, den 11. Dezember 1919.

Der Gesamtstaatsrat.
v. Türcke.

Anlage D.

Landtags-Beschluß zur Denkschrift des Staatsminsteriums vom 11. Dezember 1919 über den Eintritt Sachsen-Meiningens in die thüringische Staatengemeinschaft.

Der Landtag hat in seiner heutigen Sitzung bei 2 Stimmenthaltungen folgenden Beschluß gefaßt:

Es wird dem Gemeinschaftsvertrage, sowie dem dazu gehörigen Nachtrage zugestimmt unter der Voraussetzung, daß Staatsrat und Volksrat von Thüringen die Bedingungen der Denkschrift für den Gesamtstaat Thüringen für die Ausgestaltung des neuen Staates Thüringen und für die Verwaltung desselben bindend anerkennen.

Ist letzteres der Fall, dann wird die Staatsregierung ermächtigt, den betreffenden Vertrag zu ratifizieren, und in der Einhaltung der Bedingungen sieht der Landtag die Voraussetzung der dauernden Vereinigung Meiningens mit den anderen thüringischen Staaten.

Weiter hat der Landtag einstimmig beschlossen, in die Bedingungen der Denkschrift folgenden Wortlaut aufzunehmen:

Für die Verwaltung der Landwirtschaft, der Forstwirtschaft, des Veterinärwesens und ähnlicher Zweige sind im Ministerium Fachleute als Referenten zu bestellen.

Meiningen, den 12. Dezember 1919.

Der Präsident des Landtags.
Wehder.

Quelle: GS 1 (1920), Nr. 1, S. 1-12.

[15]

Gesetz, betreffend das Land Thüringen. Vom 30. April 1920.

Die verfassunggebende Deutsche Nationalversammlung hat das folgende Gesetz beschlossen, das mit Zustimmung des Reichsrats hiermit verkündet wird:

§ 1.

Die Länder Sachsen-Weimar-Eisenach, Sachsen-Meiningen, Reuß, Sachsen-Altenburg, Sachsen-Gotha ohne das Gebiet von Coburg, Schwarzburg-Rudolstadt und Schwarzburg-Sondershausen werden mit Wirkung vom 1. Mai 1920 zu einem Lande Thüringen vereinigt.

§ 2.

Durch die Vereinigung werden die Staatsangehörigen der sieben Länder Staatsangehörige des Landes Thüringen. Ausgenommen sind die Angehörigen des Gebiets von Coburg im Sinne des § 2 des Gesetzes über die Vereinigung Coburgs mit Bayern.

§ 3.

Die erste Landesversammlung ist innerhalb fünf Monaten nach Inkrafttreten dieses Gesetzes zu wählen. Das Wahlgesetz beschließt der Volksrat von Thüringen.

§ 4.

Der Volksrat von Thüringen beschließt die vorläufige Landesverfassung. Bis die Landesregierung und die Volksvertretung von Thüringen auf Grund dieser Verfassung in Wirksamkeit getreten sind, gelten nach den Bestimmungen des Gemeinschaftsvertrags über den Zusammenschluß der thüringischen Staaten der Staatsrat von Thüringen als Landesregierung und der Volksrat von Thüringen als Volksvertretung.

§ 5.

Das Gesetz tritt mit dem Tage der Verkündung in Kraft.

Berlin, den 30. April 1920.

Der Reichspräsident.
Ebert.

Der Reichsminister des Innern.
Koch.

Quelle: GS 1 (1920), Nr. 7, S. 35-36.

[16]

Gesetz, betreffend die Weiterführung der Regierungsgeschäfte durch die Staatsregierungen der seitherigen thüringischen Freistaaten. Vom 13. Mai 1920.

Der Volksrat von Thüringen hat folgendes Gesetz beschlossen:

Einziger Paragraph.

»Die Staatsregierungen der bisherigen thüringischen Staaten haben die Regierungsgeschäfte in allen Angelegenheiten auf Grund der Landesgesetze, des Gemeinschaftsvertrags mit seinen Nachträgen und der Gesetze, die der Volksrat von Thüringen erlassen hat und noch erläßt, bis zu dem Zeitpunkte weiterzuführen, an dem sie der Staatsrat oder die Landesregierung von Thüringen übernimmt.«

Weimar, den 13. Mai 1920.
(L.S.)

Der Staatsrat von Thüringen.
Paulssen. Hofmann. Frhr. v. Brandenstein

Quelle: GS 1 (1920), Nr. 8, S. 74.

[17]

Gesetz über die Gliederung der Landesregierung in Ministerien. [Vom 3. Dezember 1920.]

Der Landtag von Thüringen hat folgendes Gesetz beschlossen:

§ 1.

Die Landesregierung gliedert sich in vier Ministerien:
1. das Ministerium für Volksbildung und Justiz,
2. das Finanzministerium,
3. das Ministerium des Innern,
4. das Wirtschaftsministerium.

§ 2.

Jedem Ministerium steht ein Minister vor, der die Amtsbezeichnung »Staatsminister« führt.

§ 3.

Über die Abgrenzung des Geschäftskreises der einzelnen Ministerien ist in der Geschäftsordnung (§ 45 Abs. 2 der vorläufigen Verfassung vom 12. Mai 1920 - Gesetzsammlung S. 67 -) das Nähere zu bestimmen.

§ 4.

Die Landesregierung führt in ihrer Gesamtheit die Bezeichnung »Staatsministerium«. Die Angelegenheiten des Äußern und die Beziehungen zum Reich und den Ländern werden, soweit nicht nach der Geschäftsordnung ein Ministerium zuständig ist, vom Vorsitzenden des Staatsminsteriums bearbeitet.

§ 5.

Dieses Gesetz tritt mit der Verkündung in Kraft.

Weimar, den 3. Dezember 1920.

Thüringisches Staatsministerium.
Paulssen. Frhr. v. Brandenstein. Frölich.

Quelle: GS 1 (1920), Nr. 30, S. 255-256.

[18]

Gesetz über das Wappen und die Landesfarben Thüringens. Vom 7. April 1921.

Der Landtag von Thüringen hat folgendes Gesetz beschlossen:

§ 1.

Das Wappen Thüringens bilden 7 silberne Sterne auf rotem Grund. Die Urzeichnung des Wappens wird im Archiv der Gebietsregierung von Weimar aufbewahrt.

§ 2.

Die Landesfarben sind weiß-rot.

Weimar, den 7. April 1921.

Thüringisches Staatsministerium.
Paulssen. Frölich. Dr. Benz.

Quelle: GS 2 (1921), Nr. 15, S. 91.

[19]

Auszug aus der Bekanntmachung über die Geschäftsordnung für das Staatsministerium von Thüringen und über die Geschäftsverteilung der Thüringischen Ministerien. Vom 12. Mai 1921.

[...]

Geschäftsordnung für das Staatsministerium von Thüringen.

§ 1.

In den Gesamtsitzungen des Staatsministeriums sind alle Landesangelegenheiten von allgemeiner politischer und finanzieller Bedeutung oder von sonstiger größerer Wichtigkeit zu beschließen, im besonderen:

1. Staatsverträge,
2. die Berufung (§§ 12 und 17 der Verfassung) und Schließung (§ 16 der Verfassung) des Landtags, sowie die Herbeiführung eines Volksentscheides (§ 24 ff. der Verfassung),
3. Vorlagen und Anträge an den Landtag und die Stellungnahme zu dessen Beschlüssen,
4. die zur Ausführung von Gesetzen erforderlichen Verordnungen und sonstige allgemeine Verwaltungsverordnungen, sowie Notgesetze,
5. Maßregeln, die neue organische Einrichtungen betreffen,
6. die Stellungnahme zu Vorlagen der Reichsregierung und die Erteilung von Aufträgen an den Bevollmächtigten zum Reichsrat zu solchen Vorlagen,
7. die Ausübung des Begnadigungsrechts im Einzelfall - Amnestien bedürfen der Zustimmung des Landtags -,
8. die Anstellung und Versetzung von Staatsbeamten, ihre Entlassung und ihre Versetzung in den Wartestand oder in den Ruhestand, soweit sie nicht anderen Stellen übertragen ist,
9. Unterstützungen und Erlasse von Leistungen, soweit nicht die Befugnis dazu durch den Haushaltplan oder besondere Vorschriften den einzelnen Ministerien oder Behörden eingeräumt worden ist,
10. Bewilligung besonderer Vergütungen,
11. alle Geldbewilligungen außerhalb des Haushaltplans und alle Überschreitungen des letzteren,

12. Erwerbungen und Veräußerungen von Grundbesitz,
13. Angelegenheiten, die in den Geschäftsbereich mehrerer Ministerien einschlagen, sofern eine Einigung zwischen den Ministerien nicht zustande kommt (§ 43 Abs. 2 der Verfassung).

Das Staatsministerium kann die Beschlußfassung in derartigen Angelegenheiten, insbesondere in Gnadensachen (Ziffer 7), in bestimmtem Umfange, sowie die Beschlußfassung über Verwaltungsverordnungen unter Zustimmung aller Mitglieder des Staatsministeriums einem Ministerium übertragen. Die Übertragung ist zu widerrufen, wenn dies ein Mitglied des Staatsministeriums verlangt.

§ 2.

In dringenden oder einfachen Fällen kann das Staatsministerium auf schriftlichem Wege Beschluß fassen, sofern sich kein Widerspruch erhebt (§ 46 Absatz 1 der Verfassung); in solchen Fällen genügt die Zustimmung durch vier Mitglieder der Landesregierung, wobei jedoch nicht nur eine politische Partei des Landtags vertreten sein darf. Auswärtige erreichbare Mitglieder des Staatsministeriums können, sofern die Vertraulichkeit der Angelegenheit dies nicht ausschließt, mittels Drahtung oder Fernrufs um Abstimmung ersucht werden.

§ 3.

Zu den Gesamtsitzungen des Staatsministeriums lädt der Vorsitzende ein. Auf Verlangen eines Mitglieds des Staatsministeriums muß zu einer Gesamtsitzung eingeladen werden.

Die regelmäßigen Gesamtsitzungen werden an einem vom Staatsministerium zu bestimmenden Tage abgehalten, ohne daß es besonderer Einladung bedarf.

Zu außerordentlichen Gesamtsitzungen lädt der Vorsitzende auf kürzestem Wege besonders ein.

§ 4.

Die zur Beschlußfassung in der Gesamtsitzung bestimmten Gegenstände sind nach Möglichkeit so vorzubereiten, daß der Wortlaut des zu fassenden Beschlusses im Entwurf vorgelegt wird. Die Entwürfe von Gesetzen und Verordnungen sollen regelmäßig, ehe sie zur Beschlußfassung in der Gesamtsitzung vorgelegt werden, den Mitgliedern des Staatsministeriums zur Prüfung mitgeteilt werden.

§ 5.

Das Staatsministerium faßt seine Beschlüsse mit Stimmenmehrheit.

Das Staatsministerium ist beschlußfähig, wenn mindestens die Hälfte seiner Mitglieder anwesend ist.

Stimmengleichheit gilt als Ablehnung.

§ 6.

Zu den Gesamtsitzungen können Staatsbeamte, Hilfsarbeiter, Sachverständige und Auskunftspersonen zugezogen werden, Mitglieder des Staatsministeriums können Staatsbeamte und Hilfsarbeiter der Ministerien ohne weiteres zur Teilnahme an der Besprechung einzelner Gegenstände mitbringen, zur Zuziehung anderer Personen bedarf es eines Beschlusses des Staatsministeriums.

§ 7.

Die Beschlüsse sind niederzuschreiben und von den Mitgliedern des Staatsministeriums zu zeichnen, die an der Sitzung teilgenommen haben. Als Unterlagen hierfür gelten die in § 4 bezeichneten Entwürfe. Außerdem wird über jede Gesamtsitzung eine fortlaufende Niederschrift geführt, die von dem Vorsitzenden und dem Schriftführer zu unterzeichnen und in Abschrift den Mitgliedern des Staatsministeriums mitzuteilen ist.

Die Mitglieder des Staatsministeriums haben das Recht, die Mitzeichnung eines Beschlusses unter schriftlicher Begründung ihres abweichenden Standpunktes abzulehnen und sich dadurch von der Verantwortlichkeit zu befreien (§ 46 Abs. 2 der Verfassung).

§ 8.

Innerhalb der Landesregierung bestehen folgende Ministerien:

das Ministerium für Volksbildung und Justiz,
das Finanzministerium,
das Ministerium des Innern,
das Wirtschaftsministerium.

Die Geschäftsverteilung ergibt sich aus der Anlage.

§ 9.

Den Vorsitzenden wählen die Mitglieder des Staatsministeriums aus ihrer Mitte (§ 45 Abs. 1 der Verfassung), ebenso einen stellvertretenden Vorsitzenden.

Mit dem Vorsitz im Staatsministerium sind verbunden:

a) die Bearbeitung der Angelegenheiten des Aeußern,
b) der Verkehr mit dem Reiche und den deutschen Ländern, soweit nicht ein Ministerium zuständig ist. Über diese Zuständigkeit entscheidet im Zweifelsfalle das Staatsministerium,
c) die allgemeine Leitung des Verkehrs mit dem Landtag,
d) die Leitung der Angelegenheiten, die allen Ministerien gemeinsam sind (z. B. Beamtenrecht, jedoch ausschließlich des Besoldungswesens).

§ 10.

Die an den Landtag gehenden Vorlagen der Landesregierung werden von dem Vorsitzenden und dem zuständigen Minister unterzeichnet. Sind mehrere Ministerien beteiligt, so unterzeichnen deren Vorstände gemeinsam.

Die Gesetze werden durch das Staatsministerium ausgefertigt und vom Vorsitzenden oder dessen Stellvertreter und zwei weiteren Mitgliedern des Staatsministeriums unterzeichnet. Das gleiche gilt von Verordnungen des Staatsministeriums.

Urkunden über die Anstellung von Staatsbeamten und ihre Versetzung in den Warte- oder Ruhestand werden von dem Vorsitzenden oder stellvertretenden Vorsitzenden und von dem zuständigen Minister, wenn die Anstellung usw. vom Staatsministerium beschlossen worden ist, unter Bezugnahme auf diesen Beschluß unterzeichnet. Ist zur Anstellung usw. ein einzelnes Ministerium zuständig, so wird die Urkunde von diesem ausgefertigt.

In den mit dem Vorsitz im Staatsministerium verbundenen Angelegenheiten (§ 9) ergehen alle Schreiben und Verfügungen unter der Bezeichnung »Thüringisches Staatsministerium«.

Die Schriftstücke der Ministerien tragen den Kopf »Thüringisches Ministerium für Volksbildung«, »Thüringisches Justizministerium«, »Thüringisches Finanzministerium«, »Thüringisches Ministerium des Innern«, »Thüringisches Wirtschaftsministerium«.

§ 11.

Ohne vorherige Zustimmung des Finanzministers darf kein Ministerium Maßnahmen treffen, von denen vorauszusehen ist, daß sie neue durch den Staatshaushalt, sonstige Gesetze oder Beschlüsse des Landtags, des Volksrats oder des Staatsrats von Thüringen nicht bereits genehmigte Ausgaben zur Folge haben. Findet keine Verständigung statt, so steht es den beteiligten Ministerien frei, die Entscheidung des Staatsministeriums anzurufen, das mit der Mehrheit der vom Landtag festgesetzten Mitgliederzahl endgültig zu entscheiden hat. In dringenden Fällen, die ein sofortiges Handeln oder Eingreifen der Staatsgewalt erfordern, bedarf es der vorherigen Zustimmung des Finanzministers nicht.

§ 12.

Über die Beurlaubung der Minister beschließt das Staatsministerium. Bis zu drei Tagen kann sich jeder Minister selbst beurlauben, es bedarf in solchem Falle nur einer Verständigung des zuständigen Vertreters.

Die Minister werden im Falle einer Behinderung in ihrer verantwortlichen Stellung gegenüber dem Landtag durch ein anderes Mitglied des Staatsministeriums vertreten. Das Staatsministerium regelt die Vertretung. In dringenden Fällen genügt die Verständigung des behinderten Ministers mit einem anderen Mitglied des Staatsministeriums.

§ 13.

In den laufenden Geschäften wird der Vorsitzende des Staatsministeriums durch den stellvertretenden Vorsitzenden und, wenn auch dieser verhindert ist, durch ein anderes Mitglied des Staatsministeriums vertreten. Die Reihenfolge der Mitglieder des Staatsministeriums in der Vertretung des stellvertretenden Vorsitzenden wird von dem Staatsministerium bestimmt.

Die Vertretung eines Ministers in den laufenden Geschäften steht dem von ihm bezeichneten Beamten zu.

§ 14.

Die Staatsräte (§ 71 der Verfassung) sind nicht Staatsbeamte.

Sie haben die Verpflichtung zur Amtsverschwiegenheit.

Die Staatsräte nehmen an den Gesamtsitzungen des Staatsministeriums teil und sind jederzeit berechtigt, von jedem Minister Auskunft über dienstliche Angelegenheiten und Vorlage der in Betracht kommenden Akten der Ministerien zu verlangen.

Die Staatsräte haben, wenn sie voraussichtlich länger als eine Woche verhindert sind, an den Sitzungen des Staatsministeriums teilzunehmen, den Vorsitzenden zu benachrichtigen.

[...]

Quelle: GS 2 (1921), Nr. 21, S. 144-148.

[20]

Ermächtigungsgesetz. Vom 29. März 1930.

Der Landtag von Thüringen hat folgendes Gesetz beschlossen:

§ 1

Die gesamte Landesverwaltung und der gesamte Behördenaufbau werden im Hinblick auf die Not von Land und Volk zur Vereinfachung und Verbilligung umgebildet.

§ 2

Zu diesem Zweck kann die Landesregierung bis zum Ablauf des 30. September 1930

I. in Abänderung bestehender Gesetze durch Verordnung
a) Behörden aufheben, neue errichten und zusammenlegen. Behörden im Sinne dieser Vorschrift sind auch Verwaltungsgerichte und öffentliche Anstalten;
b) die Zuständigkeiten der Landesbehörden sowie die der Kreise und Gemeinden und ihrer Behörden neu ordnen sowie landesrechtliche Zuständigkeiten Reichsbehörden übertragen;
c) das Verfahren in Verwaltungssachen und das Verwaltungsgerichtsverfahren, insbesondere den Rechtsmittelzug, vereinfachen;
d) staatliche Polizeibehörden an Stelle kommunaler einrichten und dabei bestimmen, welche Beiträge die Gemeinden dafür an das Land zu leisten haben;

II. auf dem Gebiete des Bauwesens, des Vermessungs- und Katasterwesens, des Forstwesens, des Wasserrechts und der Bekämpfung der Seuchen sowie der Zerschlagung von Gütern und von land- oder forstwirtschaftlich genutzten Grundstücken noch bestehende Gebietsgesetze außer Kraft setzen und neue einheitliche Bestimmungen erlassen. Mit dem Inkrafttreten der neuen Bestimmungen auf dem Gebiete des Bauwesens und des Wasserrechts treten das Notgesetz über die Aufstellung und Genehmigung von Bebauungsplänen vom 24. Juli 1923 (Ges.-S. S. 505) und das Notgesetz über die Nutzung öffentlicher Gewässer vom 20. Dezember 1923 und 25. Januar 1927 (Ges.-S. 1923 S. 820, 1927 S. 31) außer Kraft.

§ 3

I. Bis zu dem in § 2 bestimmten Zeitpunkt gilt die Voraussetzung des § 29 Abs. I Ziff. 1 des Staatsbeamtengesetzes für alle nichtrichterlichen Beamten als gegeben.

II. Ein Beamter, der in der Zeit vom Inkrafttreten dieses Gesetzes bis zum 31. März 1933 das 60. Lebensjahr vollendet, kann innerhalb drei Monaten nach Vollendung dieses Lebensjahres seine Versetzung in den Ruhestand beantragen und auch ohne den Nachweis der Dienstunfähigkeit auf Grund des Antrags unter Bewilligung des gesetzlichen Ruhegehalts in den Ruhestand versetzt werden. In diesem Falle wird seiner ruhegehaltsfähigen Dienstzeit die Zeit vom Eintritt in den Ruhestand ab bis zu dem Zeitpunkt hinzugerechnet, an dem er nach § 40 Abs. I des Staatsbeamtengesetzes in den Ruhestand treten würde.

III. Das gleiche gilt für einen Beamten, der beim Inkrafttreten dieses Gesetzes das 60. Lebensjahr bereits vollendet hat und seine Versetzung in den Ruhestand innerhalb drei Monaten vom Inkrafttreten dieses Gesetzes ab beantragt.

IV. Ein Beamter, der eine ruhegehaltsfähige Dienstzeit von 40 Jahren und das 58. Lebensjahr zurückgelegt hat, kann seine Versetzung in den Ruhestand beantragen und auch ohne den Nachweis der Dienstunfähigkeit auf Grund des Antrags unter Bewilligung des gesetzlichen Ruhegehalts in den Ruhestand versetzt werden. Der Antrag kann nur bis zum 31. März 1933 gestellt werden.

§ 4

Zu den Verordnungen nach § 2 dieses Gesetzes können die zuständigen Einzelministerien Ausführungsverordnungen erlassen.

§ 5

Verordnungen nach § 2 dieses Gesetzes sind unverzüglich nach ihrem Erlaß dem Landtag vorzulegen. Der Landtag kann sie im gesetzlichen Wege aufheben oder abändern.

§ 6

Dieses Gesetz tritt mit dem Tage der Verkündung in Kraft.

Weimar, den 29. März 1930.

Thüringisches Staatsministerium
Baum Dr. Frick Dr. Kästner

Quelle: GS 11 (1930), Nr. 7, S. 23-24.

[21]

Vorläufiges Gesetz zur Gleichschaltung der Länder mit dem Reich. Vom 31. März 1933.

Die Reichsregierung hat das folgende Gesetz beschlossen, das hiermit verkündet wird:

Vereinfachung der Landesgesetzgebung

§ 1

(1) Die Landesregierungen sind ermächtigt, außer in den in den Landesverfassungen vorgesehenen Verfahren Landesgesetze zu beschließen. Dies gilt auch für Gesetze, die den in Artikel 85 Abs. 2 und 87 der Reichsverfassung bezeichneten Gesetzen entsprechen.
(2) Über Ausfertigung und Verkündung der von den Landesregierungen beschlossenen Gesetze treffen die Landesregierungen Bestimmung.

§ 2

(1) Zur Neuordnung der Verwaltung, einschließlich der gemeindlichen Verwaltung, und zur Neuregelung der Zuständigkeiten können die von den Landesregierungen beschlossenen Landesgesetze von den Landesverfassungen abweichen.
(2) Die Einrichtung der gesetzgebenden Körperschaften als solche darf nicht berührt werden.

§ 3

Staatsverträge, die sich auf Gegenstände der Landesgesetzgebung beziehen, bedürfen nicht der Zustimmung der an der Gesetzgebung beteiligten Körperschaften. Die Landesregierungen erlassen die zur Durchführung dieser Verträge erforderlichen Vorschriften.

Volksvertretungen der Länder

§ 4

(1) Die Volksvertretungen der Länder (Landtage, Bürgerschaften) werden mit Ausnahme des am 5. März 1933 gewählten Preußischen Landtags hiermit aufgelöst, soweit dies nicht bereits nach Landesrecht geschehen ist.
(2) Sie werden neu gebildet nach den Stimmenzahlen, die bei der Wahl zum Deutschen Reichstag am 5. März 1933 innerhalb eines jeden Landes auf die Wahlvorschläge entfallen sind. Hierbei werden die auf Wahlvorschläge der Kommunistischen Partei entfallenden Sitze nicht zugeteilt. Dasselbe gilt für Wahlvorschläge von Wählergruppen, die als Ersatz von Wahlvorschlägen der Kommunistischen Partei anzusehen sind.

§ 5

(1) In den Ländern Bayern, Sachsen, Württemberg und Baden werden den Wählergruppen so viele Sitze zugewiesen, als die Verteilungszahl in der Gesamtzahl der für ihre Wahlvorschläge abgegebenen Stimmen enthalten ist. Dabei wird ein Rest von mehr als der Hälfte der Verteilungszahl der vollen Verteilungszahl gleichgeachtet.
(2) Die Verteilungszahl wird festgesetzt für Bayern und Sachsen auf je 40 000, für Württemberg auf 25 000 und für Baden auf 21 000.

§ 6

(1) In den Ländern Thüringen, Hessen, Hamburg, Mecklenburg-Schwerin, Oldenburg, Braunschweig, Anhalt, Bremen, Lippe, Lübeck, Mecklenburg-Strelitz und Schaumburg-Lippe darf die Zahl der Mitglieder der neu zu bildenden Landtage (Bürgerschaften) die folgenden Höchstziffern nicht überschreiten:

Thüringen	59	Anhalt	30
Hessen	50	Bremen	96
Hamburg	128	Lippe	18
Mecklenburg-Schwerin	48	Lübeck	64
Oldenburg	39	Mecklenburg-Strelitz	15
Braunschweig	36	Schaumburg-Lippe	12

(2) Die den Wählergruppen nach Abs. 1 zustehenden Abgeordnetensitze werden nach dem geltenden Landeswahlrecht ermittelt. Nach Landeswahlrecht festgesetzte Verteilungszahlen

werden indessen so erhöht, daß die durch Abs. 1 bestimmte Höchstzahl von Mitgliedern nicht überschritten wird.

§ 7

(1) Die Sitze werden den Bewerbern auf Grund von Wahlvorschlägen zugewiesen, die die Wählergruppen bis spätestens 13. April 1933 einzureichen haben. Zur Einreichung von Wahlvorschlägen sind alle Wählergruppen befugt, auf deren Wahlvorschlag am 5. März 1933 Stimmen entfallen sind; dies gilt nicht für die Kommunistische Partei und solche Wählergruppen, deren Wahlvorschläge als Ersatz von Wahlvorschlägen der Kommunistischen Partei anzusehen sind.
(2) Verbindungen und Anschlüsse sind nur insoweit zulässig, als sie bei der Reichstagswahl am 5. März 1933 getätigt waren.
(3) Wahlbewerbern, die bis zum 5. März 1933 zur Kommunistischen Partei gehörten, werden Sitze nicht zugewiesen.

§ 8

Die neuen Landtage (Bürgerschaften) gelten mit dem 5. März 1933 als auf vier Jahre gewählt. Eine vorzeitige Auflösung ist unzulässig. Dies gilt auch für den am 5. März 1933 gewählten Preußischen Landtag.

§ 9

Die Neubildung der Landtage (Bürgerschaften) nach diesem Gesetz muß bis zum 15. April 1933 durchgeführt sein.

§ 10

Die Zuteilung von Sitzen auf Wahlvorschläge der Kommunistischen Partei für den Reichstag und den Preußischen Landtag auf Grund des Wahlergebnisses vom 5. März 1933 ist unwirksam. Ersatzzuteilung findet nicht statt.

§ 11

Eine Auflösung des Reichstags bewirkt ohne weiteres die Auflösung der Volksvertretungen der Länder.

Gemeindliche Selbstverwaltungskörper

§ 12

(1) Die gemeindlichen Selbstverwaltungskörper (Kreistage, Bezirkstage, Bezirksräte, Amtsversammlungen, Stadträte, Stadtverordnetenversammlungen, Gemeinderäte usw.), auf welche die Grundsätze nach Artikel 17 Abs. 2 der Reichsverfassung Anwendung finden, werden hiermit aufgelöst.
(2) Sie werden neu gebildet nach der Zahl der gültigen Stimmen, die bei der Wahl zum Deutschen Reichstag am 5. März 1933 im Gebiet der Wahlkörperschaft abgegeben worden sind. Dabei bleiben Stimmen unberücksichtigt, die auf Wahlvorschläge der Kommunistischen Partei oder solche entfallen sind, die als Ersatz von Wahlvorschlägen der Kommunistischen Partei anzusehen sind.

§ 13

(1) Bei den Vertretungskörperschaften in der unteren Selbstverwaltung (Gemeinde-, Stadträte usw.) darf die Zahl der Mitglieder die folgenden Höchstziffern nicht überschreiten:

in	Gemeinden	bis	zu	1 000	Einwohnern ...	9
„	„	„	„	2 000	„	10
„	„	„	„	5 000	„	12
„	„	„	„	10 000	„	16
„	„	„	„	15 000	„	20
„	„	„	„	25 000	„	24
„	„	„	„	30 000	„	26
„	„	„	„	40 000	„	29
„	„	„	„	50 000	„	31
„	„	„	„	60 000	„	33
„	„	„	„	80 000	„	35
„	„	„	„	100 000	„	37
„	„	„	„	200 000	„	45
„	„	„	„	300 000	„	53
„	„	„	„	400 000	„	58
„	„	„	„	500 000	„	63
„	„	„	„	600 000	„	68
„	„	„	„	700 000	„	73
„	„	von mehr als		700 000	„	77.

(2) Die übrigen Vertretungskörperschaften der gemeindlichen Selbstverwaltung sind gegenüber ihrem Bestand vor der Auflösung (§ 12) möglichst um fünfundzwanzig vom Hundert zu verkleinern.

§ 14

(1) Die den Wählergruppen nach § 12 Abs. 2 zustehenden Sitze werden nach dem geltenden Landesrecht ermittelt. Nach Landesrecht bestehende Verteilungszahlen sind entsprechend festzusetzen. Die Sitze werden den Bewerbern auf Grund von Wahlvorschlägen zugewiesen, die die Wählergruppen einzureichen haben. Auch hier gilt § 7 Abs. 3.
(2) Zur Einreichung von Wahlvorschlägen sind alle Wählergruppen befugt, auf deren Wahlvorschlag im Gebiet der Wahlkörperschaft am 5. März 1933 Stimmen entfallen sind; dies gilt nicht für die Kommunistische Partei und solche Wählergruppen, deren Wahlvorschläge als Ersatz von Wahlvorschlägen der Kommunistischen Partei anzusehen sind.
(3) Eine zur Einreichung von Wahlvorschlägen berechtigte Wählergruppe (Abs. 2) kann sich mit anderen oder allen Wählergruppen zur Einreichung eines gemeinsamen Wahlvorschlags verbinden.

§ 15

Die neuen gemeindlichen Selbstverwaltungskörper gelten mit dem 5. März 1933 als auf vier Jahre gewählt.

§ 16

Die Neubildung der gemeindlichen Selbstverwaltungskörper nach diesem Gesetz muß bis zum 30. April 1933 durchgeführt sein.

§ 17

Die §§ 12 bis 16 finden auf die gemeindlichen Selbstverwaltungskörper in Preußen keine Anwendung. Indessen gilt § 10 für sie entsprechend.

Gemeinsame Bestimmungen

§ 18

Der Reichsminister des Innern wird ermächtigt, Bestimmungen zur Ergänzung und Ausführung dieses Gesetzes zu erlassen. Im übrigen obliegt die Ausführung des Gesetzes, soweit es sich um Angelegenheiten des Reichs handelt, dem Reichsminister des Innern, soweit es sich um Angelegenheiten der Länder handelt, den Landesregierungen. Der Reichsminister des Innern kann allgemeine Anweisungen erlassen und auf Antrag einer Landesregierung Ausnahmen von dem Gesetz zulassen.

§ 19

Die Vorschriften der §§ 1 bis 3 und des § 18 finden auch auf solche Regierungen in den Ländern Anwendung, die aus Kommissaren oder Beauftragten des Reichs bestehen.

Berlin, den 31. März 1933.

Der Reichskanzler
Adolf Hitler

Der Reichsminister des Innern
Frick

Quelle: RGBl. 1933, T. I, Nr. 29, S. 153-154.

[22]

Zweites Gesetz zur Gleichschaltung der Länder mit dem Reich. Vom 7. April 1933.

Die Reichsregierung hat das folgende Gesetz beschlossen, das hiermit verkündet wird:

§ 1

(1) In den deutschen Ländern, mit Ausnahme von Preußen, ernennt der Reichspräsident auf Vorschlag des Reichskanzlers Reichsstatthalter. Der Reichsstatthalter hat die Aufgabe, für die Beobachtung der vom Reichskanzler aufgestellten Richtlinien der Politik zu sorgen. Ihm stehen folgende Befugnisse der Landesgewalt zu:

1. Ernennung und Entlassung des Vorsitzenden der Landesregierung und auf dessen Vorschlag der übrigen Mitglieder der Landesregierung;
2. Auflösung des Landtags und Anordnung der Neuwahl vorbehaltlich der Regelung des § 8 des Vorläufigen Gleichschaltungsgesetzes vom 31. März 1933 (Reichsgesetzbl. I S. 153);
3. Ausfertigung und Verkündung der Landesgesetze einschließlich der Gesetze, die von der Landesregierung gemäß § 1 des Vorläufigen Gleichschaltungsgesetzes vom 31. März 1933 (Reichsgesetzbl. I S. 153) beschlossen werden. Artikel 70 der Reichsverfassung vom 11. August 1919 findet sinngemäß Anwendung;

4. auf Vorschlag der Landesregierung Ernennung und Entlassung der unmittelbaren Staatsbeamten und Richter, soweit sie bisher durch die oberste Landesbehörde erfolgte;
5. das Begnadigungsrecht.

(2) Der Reichsstatthalter kann in den Sitzungen der Landesregierung den Vorsitz übernehmen.
(3) Artikel 63 der Reichsverfassung vom 11. August 1919 bleibt unberührt.

§ 2

(1) Der Reichsstatthalter darf nicht gleichzeitig Mitglied einer Landesregierung sein. Er soll dem Lande angehören, dessen Staatsgewalt er ausübt. Er hat seinen Amtssitz am Sitze der Landesregierung.
(2) Für mehrere Länder, deren jedes weniger als 2 Millionen Einwohner hat, kann ein gemeinsamer Reichsstatthalter, der Angehöriger eines dieser Länder sein soll, ernannt werden. Den Amtssitz bestimmt der Reichspräsident.

§ 3

(1) Der Reichsstatthalter wird für die Dauer einer Landtagsperiode ernannt. Er kann auf Vorschlag des Reichskanzlers vom Reichspräsidenten jederzeit abberufen werden.
(2) Auf das Amt des Reichsstatthalters finden die Vorschriften des Reichsministergesetzes vom 27. März 1930 (Reichsgesetzbl. I S. 96) sinngemäß Anwendung. Die Dienstbezüge gehen zu Lasten des Reichs, die Festsetzung ihrer Höhe bleibt vorbehalten.

§ 4

Mißtrauensbeschlüsse des Landtags gegen Vorsitzende und Mitglieder von Landesregierungen sind unzulässig.

§ 5

(1) In Preußen übt der Reichskanzler die im § 1 genannten Rechte aus. Er kann die im § 1 Abs. 1 unter Ziffer 4 und 5 genannten Rechte auf die Landesregierung übertragen.
(2) Mitglieder der Reichsregierung können gleichzeitig Mitglieder der Preußischen Landesregierung sein.

§ 6

Dieses Gesetz tritt am Tage nach seiner Verkündung in Kraft. Entgegenstehende Bestimmungen der Reichsverfassung vom 11. August 1919 und der Landesverfassungen sind aufgehoben. Soweit Landesverfassungen das Amt eines Staatspräsidenten vorsehen, treten diese Bestimmungen mit der Ernennung eines Reichsstatthalters außer Kraft.

Berlin, den 7. April 1933.

Der Reichskanzler
Adolf Hitler

Der Reichsminister des Innern
Frick

Quelle: RGBl. 1933, T. I, Nr. 33, S. 173.

[23]

Ermächtigungsgesetz. Vom 3. Mai 1933.

Der Landtag von Thüringen hat folgendes Gesetz beschlossen, nachdem festgestellt ist, daß die Erfordernisse verfassungsändernder Gesetzgebung erfüllt sind.

§ 1

Die gegenwärtige Thüringische Landesregierung wird ermächtigt, alles zu tun, was sie im Interesse des Landes, seiner Wirtschaft, der nationalen Arbeit und Arbeiterschaft, der allgemeinen Wohlfahrt, der Jugenderziehung, der Pflege der Kunst und Wissenschaft und der öffentlichen Sicherheit und Ordnung für notwendig hält.

§ 2

Die Landesregierung wird daher ermächtigt, auch ohne Mitwirkung des Landtages Landesgesetze zu beschließen; diese können von der Landesverfassung abweichen.
Das Gleiche gilt für Verwaltungsmaßnahmen, die nach der Landesverfassung oder den Landesgesetzen der Zustimmung des Landtages bedürfen.

§ 3

Dieses Gesetz tritt mit dem Tage seiner Verkündung in Kraft. Es tritt außer Kraft, wenn die gegenwärtige Landesregierung durch eine andere abgelöst wird.

Weimar, den 3. Mai 1933.

Thüringisches Staatsministerium
Sauckel Wächtler Marschler

Quelle: GS 14 (1933), Nr. 25, S. 253.

[24]

Bekanntmachung über die Ernennung des Reichsstatthalters in Thüringen. Vom 8. Mai 1933.

Wir geben die nachstehende Ernennung des seitherigen thüringischen Staatsministers Sauckel zum Reichsstatthalter in Thüringen bekannt. Die Ernennungsurkunde wurde dem seitherigen thüringischen Staatsminister Sauckel seitens des Reichs am 6. Mai 1933 zugestellt.

Weimar, den 8. Mai 1933.

Thüringisches Staatsministerium
Wächtler Marschler Dr. Weber

Im Namen des Reichs
ernenne ich den Vorsitzenden des Staatsministeriums, Staatsminister

Fritz Sauckel

zum Reichsstatthalter in Thüringen.

Berlin, den 5. Mai 1933.

Der Reichspräsident
von Hindenburg

(Siegel)

Adolf Hitler

Quelle: GS 14 (1933), Nr. 27, S. 271.

[25]

Gesetz über die Amtsbezeichnung des Vorsitzenden der Thüringischen Landesregierung. Vom 8. Mai 1933.

Auf Grund von § 1 des Vorläufigen Gesetzes zur Gleichschaltung der Länder mit dem Reich vom 31. März 1933 (RGBl. I S. 153) hat die Landesregierung Thüringens das folgende Gesetz beschlossen:

§ 1

Der Vorsitzende der Thüringischen Landesregierung führt die Amtsbezeichnung »Ministerpräsident«.

§ 2

Dieses Gesetz tritt mit seiner Verkündung in Kraft.

Weimar, den 8. Mai 1933.

Thüringisches Staatsministerium
Marschler Wächtler Dr. Weber

Gemäß § 1 Absatz 1 Ziffer 3 des Zweiten Gleichschaltungsgesetzes vom 7. April 1933 (RGBl. I S. 173) fertige ich dieses Gesetz aus und verkünde es.

Weimar, den 8. Mai 1933.

Der Reichsstatthalter in Thüringen
Sauckel

Quelle: GS 14 (1933), Nr. 27, S. 272.

[26]

Gesetz über die Hoheitszeichen des Landes Thüringen und seiner öffentlich-rechtlichen Körperschaften und Anstalten. Vom 15. August 1933.

Auf Grund von § 2 des Ermächtigungsgesetzes vom 3. Mai 1933 - Ges.-S. S. 253 - hat die Landesregierung Thüringens das folgende Gesetz beschlossen:

§ 1
Hoheitszeichen

Hoheitszeichen sind:
a) Flaggen,
b) Wappen.

I. Abschnitt
Hoheitszeichen des Landes

§ 2
Landesfarben

I Die Landesfarben sind weiß-rot.
II Die Landesfarben kann jedermann zeigen.

§ 3
Landeskokarde

I Die Landeskokarde ist weiß-rot-weiß.
II Die Landeskokarde darf nach Maßgabe der besonderen Vorschriften nur von Personen getragen werden, die im Dienste des Reichs, der Reichsbahn, des Landes oder seiner öffentlich-rechtlichen Körperschaften und Anstalten stehen.

III Andere Personen oder Personenvereinigungen erhalten das Recht zum Tragen der Landeskokarde durch besondere Genehmigung des Ministeriums, sofern nicht gesetzliche Bestimmungen das Recht gewähren.

§ 4
Landeswappen

I Das Große Landeswappen hat ein Herzschild und 4 Felder.
II Der Herzschild zeigt in Blau den golden gekrönten und bewehrten, siebenmal von Weiß und Rot geteilten Thüringer Löwen, der in der rechten Pranke ein goldenes Hakenkreuz darbringt.
III Das erste Feld ist neunmal von Schwarz und Gold geteilt und mit dem schrägrechts gelegten grünen Rautenkranz überdeckt (Sächsische Herzogtümer).
Das zweite Feld zeigt in Gold einen rotbewehrten schwarzen Doppeladler mit goldenem Heiligenschein um die Köpfe und der Kaiserkrone darüber. Die Brust ist mit einem goldenen Herzschild belegt, darin ein hermelinverbrämter roter Fürstenhut; in den Fängen rechts das Zepter, links der Reichsapfel (Fürstentümer Schwarzburg).
Im dritten, schwarzen Felde ein rechtsgewendeter, rot gekrönter und bewehrter goldener Löwe (Fürstentümer Reuß).
Das vierte, goldene Feld zeigt eine auf grünem Dreiberg stehende rotbewehrte schwarze Henne (Grafschaft Henneberg).
IV Das Kleine Landeswappen ist der Herzschild des Großen Landeswappens.
V Die Urzeichnung des Großen Landeswappens wird im Staatsarchiv zu Weimar aufbewahrt.

§ 5
Führung des Landeswappens

I Das Landeswappen wird insbesondere geführt:
a) in Flaggen,
b) auf Behördenschildern,
c) in Stempeln und Siegeln,
d) auf Landesgrenzsäulen.
II Das Große Landeswappen führen nur
a) das Staatsministerium,
b) die Ministerien,
c) die Vertretung des Landes Thüringen beim Reich in Berlin,
d) der Landtag von Thüringen
in Form einer Standarte und auf Behördenschildern.
III Die Standarte zeigt auf weißem Grunde das Große Landeswappen in viereckiger Form.
IV Sämtliche anderen Behörden führen in Flaggen und auf Behördenschildern das Kleine Landeswappen. In Flaggen wird es in der nach der Stange zu gelegenen Ecke des weißen Streifens gezeigt (Staatsflagge).
V Sämtliche Behörden führen in Stempeln und Siegeln das Kleine Landeswappen.
VI Landesgrenzsäulen tragen das Kleine Landeswappen.

§ 6
Behörden

I Behörden im Sinne des § 5 sind die in § 4 a LVO. *[Landesverwaltungsordnung]* aufgeführten, die Gerichte, die Staatsanwaltschaften und die Verwaltungsgerichte.
II Andere staatliche Behörden, Stellen und Einrichtungen sowie Körperschaften und Anstalten des öffentlichen Rechts, die ihren Sitz in Thüringen haben, können durch Verfügung des Ministeriums, dem sie unterstehen, den Behörden nach Absatz I gleichgestellt werden.

§ 7
Staatliche Polizeibehörden

Staatliche Polizeibehörden im Sinne des § 6 Abs. I und II führen das Kleine Landeswappen auf Behördenschildern im Polizeistern.

II. Abschnitt
Hoheitszeichen der Gemeinden (Stadtkreise) und Landkreise

§ 8
Eigene Hoheitszeichen

Gemeinden (Stadtkreise) und Landkreise können eigene Hoheitszeichen führen. § 3 II GKO. *[Gemeinde- und Kreisordnung]* bleibt unberührt.

§ 9
Hoheitszeichen der Gemeinden (Stadtkreise)

I Die Gemeinden (Stadtkreise) können Flaggen in besonderen Farben führen. Zeigen können sie nur entweder die Landesfarben weiß-rot oder die Gemeindefarben. Die Staatsflagge (§ 5 IV) steht ihnen nicht zu.
II Auf Behördenschildern können sie nur ihr Wappen zeigen. Die Aufsichtsbehörde kann anordnen, daß Polizeidienststellen der Gemeinden durch Behördenschilder, die das Gemeindewappen im Polizeistern zeigen, kenntlich gemacht werden.
III In Stempeln und Siegeln können sie in Auftrags- und Selbstverwaltungsangelegenheiten nur ihr Wappen benutzen.

§ 10
Hoheitszeichen der Landkreise

I Kreisflaggen sind nicht zulässig.
II Das Kreiswappen kann am Dienstgebäude des Kreisamts auf einem Behördenschild in gleicher Form und Größe wie das für das Kreisamt mit der Unterschrift »Der Landrat des Landkreises« angebracht werden.
III Für Auftrags- und Selbstverwaltungsangelegenheiten der Landkreise gilt § 9 III entsprechend.

III. Abschnitt
Beflaggung der öffentlichen Gebäude

§ 11

I Öffentliche Gebäude sind die Gebäude, in denen sich Diensträume
a) staatlicher Behörden (§ 6),
b) der Gemeinden und Landkreise
befinden.
II Der Ministerpräsident ordnet für das Land oder Landesteile an, an welchen Tagen zu flaggen ist.
III Aus örtlichem Anlaß kann der Gemeindevorstand (Stadtvorstand) eine Beflaggung der Gemeindedienstgebäude mit Genehmigung der Aufsichtsbehörde anordnen. Die staatlichen Behörden haben sich der Beflaggung anzuschließen.
IV Neben der Behördenflagge ist stets die Hakenkreuzfahne und die Fahne schwarz-weiß-rot zu flaggen, in der Blickrichtung auf die Front des Gebäudes; schwarz-weiß-rot rechts, Hakenkreuzflagge in der Mitte, weiß-rot links.

IV. Abschnitt
Dienstflaggen an Dienstkraftfahrzeugen

§ 12

I Der Ministerpräsident und die Staatsminister führen an Kraftfahrzeugen für ihre Person die Standarte in verkleinerter Form. Das gleiche gilt für die Staatsräte, wenn sie die Landesregierung vertreten.
II Die Dienstkraftfahrzeuge der Ministerien führen eine quadratische weiße Flagge mit 5 cm breitem rotem Rand, die in der Mitte das Kleine Landeswappen trägt.
III Alle anderen Landesbehörden führen an Dienstkraftfahrzeugen einen dreieckigen weißen Wimpel mit 5 cm breitem rotem Rand und dem Kleinen Landeswappen in der Mitte. Bei staatlichen Polizeibehörden und Gendarmeriebeamten ist das Kleine Landeswappen vom Polizeistern umgeben.
IV An den Dienstkraftfahrzeugen der Landkreise ist die Dienstflagge nach Absatz III zu führen.
V Standarten, Flaggen und Wimpel sind an der linken Seite des Kraftfahrzeugs zu führen, an der rechten Seite stets neben Standarte oder Flagge eine Hakenkreuzflagge, neben dem Wimpel ein Hakenkreuzwimpel.

V. Abschnitt
Schluß- und Strafbestimmungen

§ 13

[I] Das Ministerium des Innern kann das Führen des Kleinen Landeswappens anderen Stellen, insbesondere öffentlich-rechtlichen Körperschaften und Anstalten, die ihren Sitz außerhalb Thüringens haben, ihren Bereich aber auf Thüringen erstrecken, gestatten. Soweit bisher die Führung des Staatswappens gestattet worden ist, tritt an seine Stelle das Kleine Landeswappen.

II Für die Führung des Landeswappens durch gemeinschaftliche Behörden sind die Staatsverträge maßgebend. An die Stelle des bisherigen Staatswappens tritt das Kleine Landeswappen.

§ 14

Der unbefugte Gebrauch von Hoheitszeichen wird - soweit nicht bereits nach § 360 Ziffer 7 und 8 des Reichsstrafgesetzbuchs Strafe angedroht ist - mit Geldstrafe bis zu 150 RM oder mit Haft bestraft.

§ 15

I Dieses Gesetz tritt am 26. August 1933 in Kraft.
II Mit seinem Inkrafttreten ist das Gesetz über das Wappen und die Landesfarben Thüringens vom 7. 4. 1921 - Ges.-S. S. 91 - sowie alle den gleichen Gegenstand betreffenden Gesetze und Verordnungen aufgehoben.

Weimar, den 15. August 1933.

Thüringisches Staatsministerium
Marschler Wächtler Dr. Weber

Gemäß § 1 Absatz 1 Ziffer 3 des zweiten Gleichschaltungsgesetzes vom 7. April 1933 (RGBl I S. 173) fertige ich dieses Gesetz aus und verkünde es.

Weimar, den 23. August 1933.

Der Reichsstatthalter in Thüringen
Sauckel

Quelle: GS 14 (1933), Nr. 45, S. 339-341; GS 15 (1934), Nr. 4, S. 15 (Berichtigung vom 26. Januar 1934).

[27]

Gesetz über die Landesregierung. Vom 17. Oktober 1933.

Auf Grund von § 2 des Ermächtigungsgesetzes vom 3. Mai 1933 (Ges.-S. S. 253) hat die Landesregierung Thüringens das folgende Gesetz beschlossen:

§ 1

Der Ministerpräsident ist dem Reichsstatthalter für die ordnungsgemäße Führung der Regierungsgeschäfte im Sinne der vom Reichskanzler aufgestellten Richtlinien der Politik und für die Ausführung der Gesetze verantwortlich.

Die Minister sind dem Ministerpräsidenten für ihre Ministerien verantwortlich.

Die Minister leiten ihre Ministerien selbständig und mit eigener Verantwortung, jedoch kann ihnen der Ministerpräsident bindende Anweisungen erteilen.

§ 2

Gesetze werden vom Ministerpräsidenten und dem für den Gegenstand der Gesetze zuständigen Minister unterzeichnet.

§ 3

In den Sitzungen der Landesregierung finden Abstimmungen nicht statt.

§ 4

Der Ministerpräsident und die Minister können jederzeit von ihren Ämtern zurücktreten. Sie führen die Geschäfte bis zum Amtsantritt ihrer Nachfolger weiter, sofern nicht der Reichsstatthalter etwas anderes bestimmt.

§ 5

Außer den nach § 71 der Landesverfassung zu berufenden Staatsräten können als Mitglieder der Landesregierung noch weitere Männer, insbesondere Vertreter aus der Führerschaft der NSDAP., der Wirtschaft und der Kunst und Wissenschaft, berufen werden.

§ 6

Dieses Gesetz tritt mit seiner Verkündung in Kraft.

Weimar, den 17. Oktober 1933.

Thüringisches Staatsministerium
Marschler Wächtler Dr. Weber

Im Namen des Reichs

Gemäß § 1 Absatz 1 Ziffer 3 des Zweiten Gleichschaltungsgesetzes vom 7. April 1933 (RGBl. I S. 173) fertige ich dieses Gesetz aus und verkünde es.

Weimar, den 19. Oktober 1933.

Der Reichsstatthalter in Thüringen
Fritz Sauckel

Quelle: GS 14 (1933), Nr. 54, S. 367.

[28]

Gesetz über den Neuaufbau des Reichs. Vom 30. Januar 1934.

Die Volksabstimmung und die Reichstagswahl vom 12. November 1933 haben bewiesen, daß das deutsche Volk über alle innenpolitischen Grenzen und Gegensätze hinweg zu einer unlöslichen, inneren Einheit verschmolzen ist.

Der Reichstag hat daher einstimmig das folgende Gesetz beschlossen, das mit einmütiger Zustimmung des Reichsrats hiermit verkündet wird, nachdem festgestellt ist, daß die Erfordernisse verfassungändernder Gesetzgebung erfüllt sind.

Artikel 1

Die Volksvertretungen der Länder werden aufgehoben.

Artikel 2

(1) Die Hoheitsrechte der Länder gehen auf das Reich über.
(2) Die Landesregierungen unterstehen der Reichsregierung.

Artikel 3

Die Reichsstatthalter unterstehen der Dienstaufsicht des Reichsministers des Innern.

Artikel 4

Die Reichsregierung kann neues Verfassungsrecht setzen.

Artikel 5

Der Reichsminister des Innern erläßt die zur Durchführung des Gesetzes erforderlichen Rechtsverordnungen und Verwaltungsvorschriften.

Artikel 6

Dieses Gesetz tritt mit dem Tage der Verkündung in Kraft.

Berlin, den 30. Januar 1934.

Der Reichspräsident
von Hindenburg

Der Reichskanzler
Adolf Hitler

Der Reichsminister des Innern
Frick

Quelle: RGBl. 1934, T. I, Nr. 11, S. 75.

[29]

Reichsstatthaltergesetz. Vom 30. Januar 1935.

Die Reichsregierung hat das folgende Gesetz beschlossen, das hiermit verkündet wird:

§ 1

(1) Der Reichsstatthalter ist in seinem Amtsbezirk der ständige Vertreter der Reichsregierung.
(2) Er hat die Aufgabe, für die Beobachtung der vom Führer und Reichskanzler aufgestellten Richtlinien der Politik zu sorgen.

§ 2

(1) Der Reichsstatthalter ist befugt, sich von sämtlichen Reichs- und Landesbehörden sowie von den Dienststellen der unter Aufsicht des Reichs oder Landes stehenden öffentlich-rechtlichen Körperschaften innerhalb seines Amtsbezirks unterrichten zu lassen, sie auf die maßgebenden Gesichtspunkte und die danach erforderlichen Maßnahmen aufmerksam zu machen, sowie bei Gefahr im Verzuge einstweilige Anordnungen zu treffen.
(2) Diese Rechte kann er auf die ihm beigegebenen Beamten nicht übertragen.

§ 3

Die Reichsminister können bei Durchführung der ihnen obliegenden Aufgaben den Reichsstatthalter unbeschadet der Dienstaufsicht des Reichsministers des Innern unmittelbar mit Weisungen versehen.

§ 4

Der Führer und Reichskanzler kann den Reichsstatthalter mit der Führung der Landesregierung beauftragen. In dieser Eigenschaft kann der Reichsstatthalter ein Mitglied der Landesregierung mit seiner Vertretung beauftragen.

§ 5

Auf Vorschlag des Reichsstatthalters ernennt und entläßt der Führer und Reichskanzler die Mitglieder der Landesregierung.

§ 6

Der Reichsstatthalter fertigt nach Zustimmung der Reichsregierung die Landesgesetze aus und verkündet sie.

§ 7

Das Recht der Ernennung und Entlassung der Landesbeamten steht dem Führer und Reichskanzler zu. Er übt es selbst aus oder überträgt die Ausübung anderen Stellen mit dem Rechte der Weiterübertragung.

§ 8

Das Gnadenrecht steht dem Führer und Reichskanzler zu. Er übt es selbst aus oder überträgt die Ausübung anderen Stellen mit dem Rechte der Weiterübertragung.

§ 9

(1) Der Führer und Reichskanzler ernennt den Reichsstatthalter und kann ihn jederzeit abberufen.
(2) Der Führer und Reichskanzler bestimmt den Amtsbezirk des Reichsstatthalters.
(3) Auf das Amt des Reichsstatthalters finden die Vorschriften des Reichsministergesetzes vom 27. März 1930 (Reichsgesetzbl. I S. 96) sinngemäß Anwendung.

§ 10

(1) In Preußen übt der Führer und Reichskanzler die Rechte des Reichsstatthalters aus. Er kann die Ausübung dieser Rechte auf den Ministerpräsidenten übertragen.
(2) Der Ministerpräsident ist Vorsitzender der Landesregierung. Er fertigt im Namen des Führers und Reichskanzlers nach Zustimmung der Reichsregierung die Landesgesetze aus und verkündet sie.

§ 11

Das Zweite Gesetz zur Gleichschaltung der Länder mit dem Reich vom 7. April 1933 (Reichsgesetzbl. I S. 173) in der Fassung der Gesetze vom 25. April 1933 (Reichsgesetzbl. I S. 225), vom 26. Mai 1933 (Reichsgesetzbl. I S. 293) und vom 14. Oktober 1933 (Reichsgesetzbl. I S.736) wird aufgehoben.

§ 12

Der Reichsminister des Innern erläßt die zur Durchführung des Gesetzes erforderlichen Rechts- und Verwaltungsvorschriften, soweit sie nicht dem Führer und Reichskanzler vorbehalten sind.

Berlin, den 30. Januar 1935.

Der Führer und Reichskanzler
Adolf Hitler

Der Reichsminister des Innern
Frick

Der Reichsminister der Justiz
Dr. Gürtner

Quelle: RGBl. 1935, T. I, Nr. 7, S. 65-66.

[30]

Bekanntmachung betr. Regelung der Nachfolge des Ministers Wächtler. [Vom 10. Februar 1936].

Der Führer und Reichskanzler hat unterm 22. Januar 1936 zur Regelung der Nachfolge des Ministers Wächtler folgende Anordnungen getroffen:

a) Thüringisches Innenministerium.

Dieses wird dem Reichsstatthalter in Thüringen im Rahmen des Landeshaushalts unterstellt. Mit der Vertretung in der Leitung ist Staatsrat Ortlepp beauftragt worden, in dessen bisheriger Dienststellung beim Reichsstatthalter eine Änderung nicht eintritt.

b) Thüringisches Volksbildungsministerium.

Mit der Leitung dieses Ministeriums ist der Thüringische Ministerpräsident beauftragt worden. Soweit der Geschäftsbereich des Volksbildungsministeriums die Theater, die Kunststätten und die Universität umfaßt, ist der Leiter des Volksbildungsministeriums dem Reichsstatthalter unterstellt.

Der Staatssekretär und Chef der Reichskanzlei hat die darüber ausgefertigten und vom Führer und Reichskanzler unterschriftlich vollzogenen Urkunden dem Reichsstatthalter mit Schreiben vom 29. Januar 1936 (eingegangen am 30.1.36) übersandt.

Weimar, den 10. Februar 1936.

Der Reichsstatthalter in Thüringen
Sauckel

Quelle: GS 17 (1936), Nr. 4, S. 13.

[31]

Bekanntmachung des Reichsverteidigungskommissars für den Wehrkreis IX. Vom 27. September 1939.

I. Zur einheitlichen Steuerung der zivilen Verwaltung bin ich auf Grund der Verordnung vom 1. d*[es]* M*[onats]* (RGBl. I S. 1565) vom Vorsitzenden des Ministerrates für die Reichsverteidigung Generalfeldmarschall Göring zum Reichsverteidigungskommissar für den Bereich des Wehrkreises IX bestellt worden.

Sämtliche zivilen Behörden sind verpflichtet, in allen Reichsverteidigungsangelegenheiten den von mir erteilten Weisungen Folge zu leisten.

II. Der Bereich des Wehrkreises IX umfaßt:

1. von der Provinz Hessen-Nassau

a) den Regierungsbezirk Kassel,
b) Teile des Regierungsbezirks Wiesbaden, nämlich den Stadtkreis Frankfurt/Main und die Landkreise Biedenkopf, Dillkreis (Dillenburg), Oberlahnkreis (Weilburg), Obertaunuskreis (Bad Homburg v. d. H.), Usingen, Wetzlar.

2. von der Provinz Sachsen

a) den Regierungsbezirk Erfurt,
b) Teile des Regierungsbezirks Merseburg, nämlich die Landkreise Eckartsberga, Querfurt und Sangerhausen.

3. von der Provinz Westfalen

Teile des Regierungsbezirks Arnsberg, nämlich den Stadtkreis Siegen und die Landkreise Siegen und Wittgenstein (Berleburg).

4. von der Provinz Hannover

Teile des Regierungsbezirks Hildesheim, nämlich den Landkreis Münden (Hann. Münden).

5. vom Lande Bayern

Teile des Regierungsbezirks Mainfranken, nämlich den Stadtkreis Aschaffenburg und die Landkreise Alzenau, Aschaffenburg, Miltenberg und Obernburg.

6. das Land Thüringen

ohne den Stadtkreis Altenburg und die Landkreise Altenburg und Sonneberg und ohne die Exklave Ostheim vom Landkreis Meiningen.

7. vom Lande Hessen

die Stadtkreise Gießen und Offenbach sowie die Landkreise Alsfeld, Büdingen, Dieburg, Erbach, Friedberg, Gießen, Lauterbach und Offenbach.

III. Mein Dienstsitz als Reichsverteidigungskommissar ist Kassel (Büro: Adolf-Hitler-Platz 6, Rufnummer 31 913). Mein Dienstsitz als Reichsstatthalter bleibt nach wie vor Weimar. Ich werde die Geschäfte als Reichsverteidigungskommissar je nach Möglichkeit von Weimar und Kassel aus führen.

Die Anschrift lautet:
für Kassel: Adolf-Hitler-Platz 3 (Oberpräsidium), Rufnummer 31 155, RV*[Reichsverteidigungs]*-Referent: Oberregierungsrat Heine.
für Weimar: Fürstenplatz 2 (Rufnummer 2307), RV.-Referent: Oberregierungsrat Escher.

Für wirtschaftliche Fragen steht mir der Leiter des Führungsstabes Wirtschaft, Regierungsdirektor Fischer, Kassel, Schöne Aussicht 5 (Rufnummer 30 195) zur Verfügung.

Der Reichsverteidigungskommissar
für den Wehrkreis IX.
Sauckel.

Quelle: ANBl. 19 (1939), T. I, Nr. 77, S. 319.

[32]

Verordnung über die Reichsverteidigungskommissare und die Vereinheitlichung der Wirtschaftsverwaltung. Vom 16. November 1942.

Der Ministerrat für die Reichsverteidigung verordnet mit Gesetzeskraft:

Abschnitt I
Reichsverteidigungskommissare

§ 1

Nach den Weisungen des Führers, den Gesetzen sowie den Verordnungen und Richtlinien des Ministerrats für die Reichsverteidigung leiten die Obersten Reichsbehörden im Rahmen ihrer allgemeinen Befugnisse die Aufgaben der zivilen Reichsverteidigung und führen mit Hilfe der zu ihrem Geschäftsbereich gehörenden Behörden und Dienststellen diese Aufgaben durch.

§ 2

Die Reichsverteidigungskommissare sind in der Mittelstufe die Organe des Ministerrats für die Reichsverteidigung. Die Obersten Reichsbehörden bedienen sich bei der Durchführung grundsätzlicher Reichsverteidigungsmaßnahmen der Reichsverteidigungskommissare.

§ 3

(1) Die Reichsverteidigungskommissare werden vom Vorsitzenden des Ministerrats für die Reichsverteidigung auf gemeinsamen Vorschlag des Reichsministers des Innern und des Leiters der Partei-Kanzlei bestellt.
(2) Die Reichsverteidigungskommissare haben den Weisungen der Obersten Reichsbehörden Folge zu leisten. Sie unterstehen der Dienstaufsicht des Reichsministers des Innern.

§ 4

(1) Die Reichsverteidigungskommissare sind für die aus der Anlage ersichtlichen Bezirke (Reichsverteidigungsbezirke) zuständig.
(2) Den Reichsverteidigungskommissaren werden Dienstkräfte unmittelbar nicht zugeteilt. Sie haben ihre Geschäfte ausschließlich mit Hilfe der in der Anlage, Spalte 3, in wirtschaftlichen Fragen mit Hilfe der in Spalte 4 bezeichneten Dienststellen zu führen.

§ 5

(1) Die Reichsverteidigungskommissare können im Rahmen der Gesetze und der Befugnisse der Obersten Reichsbehörden nach Maßgabe der ihnen von diesen erteilten Anordnungen den zivilen Behörden ihres Wirkungsbereichs, die nicht Oberste Reichsbehörden oder Oberste preußische Landesbehörden sind, Weisungen in allen Reichsverteidigungsangelegenheiten für ihren Bezirk erteilen. Die Befugnisse der Reichsverteidigungskommissare erstrecken sich nicht auf die Reichspost, die Reichsbahn sowie die Reichsfinanzverwaltung in bezug auf die Geldbewirtschaftung, die bei der Durchführung der Reichsabgabenordnung und des Steueranpassungsgesetzes sich ergebenden Angelegenheiten und den verstärkten Grenzaufsichtsdienst. Die Obersten Reichsbehörden können für ihren Zuständigkeitsbereich Weisungen der Reichsverteidigungskommissare aufheben.

(2) Berichte an die Obersten Reichs- und preußischen Landesbehörden über grundsätzliche Reichsverteidigungsangelegenheiten leiten die zivilen Behörden durch die Hand der Reichsverteidigungskommissare. Im übrigen unterrichten sie die Reichsverteidigungskommissare über die sonstigen Reichsverteidigungsmaßnahmen. Die Wehrkreisbefehlshaber leiten Anregungen und Ersuchen allgemeiner Art an zivile Behörden im Wehrkreis durch die Hand der zuständigen Reichsverteidigungskommissare.

§ 6

(1) Die Reichsverteidigungskommissare haben im engsten Einvernehmen mit den zuständigen Wehrmachtdienststellen in ihrem Bezirk die Maßnahmen der zivilen Reichsverteidigung mit den Belangen der Wehrmacht in Übereinstimmung zu bringen.
(2) Für diejenigen Reichsverteidigungsangelegenheiten, die der einheitlichen Lenkung innerhalb des gesamten Wehrkreises bedürfen, bestimmt der Vorsitzende des Ministerrats für die Reichsverteidigung auf Vorschlag des Reichsministers des Innern und des Leiters der Partei-Kanzlei einen federführenden Reichsverteidigungskommissar, dessen Dienstsitz sich in der Regel am Sitz des Wehrkreiskommandos befinden soll.
(3) Aufgabe des federführenden Reichsverteidigungskommissars ist es, die Angelegenheiten, die einer einheitlichen Ausrichtung im Wehrkreis bedürfen, zu lenken sowie die Verbindung zwischen den zuständigen Befehlshabern und den übrigen Reichsverteidigungskommissaren, deren Bezirke ganz oder teilweise in den betreffenden Wehrkreisen liegen, sicherzustellen.

§ 7

Die Reichsverteidigungskommissare werden durch die Leiter der in der Anlage Spalte 3 bezeichneten Behörden vertreten, sofern sie nicht selbst Chefs dieser Behörden sind. In diesem Falle werden sie durch den allgemeinen Vertreter in dieser Behörde vertreten. Der Vorsitzende des Ministerrats für die Reichsverteidigung kann in Einzelfällen eine abweichende Regelung treffen.

§ 8

(1) Im Bezirk eines jeden Reichsverteidigungskommissars wird ein Verteidigungsausschuß gebildet. Der Verteidigungsausschuß hat die Aufgabe, den Reichsverteidigungskommissar zu beraten und ihn bei der einheitlichen Durchführung der zivilen Reichsverteidigung zu unterstützen.
(2) Dem Verteidigungsausschuß gehören an:
Die Reichsstatthalter, die Gauleiter, die Oberpräsidenten, die Ministerpräsidenten und Minister der Länder, die Regierungspräsidenten, die Höheren SS- und Polizeiführer und die Leiter der Reichspropagandaämter, deren Bezirke ganz oder teilweise im Bezirk des Reichsverteidigungskommissars liegen. Ferner gehören ihm an die Leiter des Landeswirtschaftsamts, des Landesernährungsamts, des Forst- und Holzwirtschaftsamts, der Wasserstraßendirektion oder der entsprechenden Behörden der Reichswasserstraßenverwaltung, der Bevollmächtigte für den Nahverkehr, der Präsident des Landesarbeitsamts, der Reichstreuhänder der Arbeit, die Oberfinanzpräsidenten und die Präsidenten der Reichsbahn- und Reichspostdirektion, der Leiter der Gauwirtschaftskammer, die Rüstungsinspekteure und die Leiter der Rüstungskommandos sowie der Baubevollmächtigte des Reichsministeriums Speer und der Gaubeauftragte des Generalbevollmächtigten für die Regelung der Bauwirtschaft, deren Bezirke ganz oder teilweise im Bezirk des Reichsverteidigungskommissars liegen.

Der Reichsverteidigungskommissar kann auch andere Persönlichkeiten zu den Beratungen zuziehen.
(3) Dem Wehrkreisbefehlshaber und dem Luftgaukommandeur ist von den Sitzungen des Verteidigungsausschusses Mitteilung zu machen, damit sie teilnehmen oder sich vertreten lassen und die Beteiligung der in Betracht kommenden Dienststellen der Wehrmacht herbeiführen können.
(4) Der Verteidigungsausschuß wird durch den Reichsverteidigungskommissar einberufen und tritt unter seinem Vorsitz zusammen.

Abschnitt II
Wirtschafts- und Sozialverwaltung

§ 9

(1) Die einheitliche Lenkung aller wirtschaftlichen Maßnahmen, die von den Obersten Reichsbehörden und den von diesen ermächtigten Stellen angeordnet werden, wird für die in der Anlage bezeichneten Bezirke (Wirtschaftsbezirke) den dort in Spalte 4 genannten Behörden der allgemeinen Verwaltung übertragen.
(2) Die Behörden in Spalte 4 der Anlage können denjenigen Behörden, Organisationen der wirtschaftlichen Eigenverwaltung und sonstigen Stellen, die zum wirtschaftlichen Zuständigkeitsbereich der im Vierjahresplan vereinigten Obersten Reichsbehörden gehören oder deren Dienstaufsicht unterstehen, im Rahmen der ihnen übertragenen Befugnisse Weisungen erteilen.

§ 10

(1) Bei den genannten Behörden werden, soweit noch nicht vorhanden, Landeswirtschaftsämter, Landesernährungsämter sowie Forst- und Holzwirtschaftsämter errichtet.
(2) Diese Ämter sind unbeschadet ihrer haushaltrechtlichen Betreuung Bestandteil der Behörde, bei der sie errichtet sind. Sie führen die Bezeichnung der Behörde mit dem Zusatz »Landeswirtschaftsamt«, »Landesernährungsamt« oder »Forst- und Holzwirtschaftsamt«.
(3) Die örtliche Zuständigkeit der Ämter erstreckt sich auf die Wirtschaftsbezirke. Die zuständige Oberste Reichsbehörde kann im Einvernehmen mit dem Beauftr agten für den Vierjahresplan, dem Reichsminister des Innern und dem Leiter der Partei-Kanzlei bestimmen, daß ein Amt für mehrere Wirtschaftsbezirke zuständig ist oder daß in einem Wirtschaftsbezirk mehrere Landeswirtschaftsämter, Landesernährungsämter oder Forst- und Holzwirtschaftsämter gebildet werden.
(4) Es bestimmen die Aufgaben und Befugnisse der Landeswirtschaftsämter der Reichswirtschaftsminister, der Landesernährungsämter der Reichsminister für Ernährung und Landwirtschaft, der Forst- und Holzwirtschaftsämter der Reichsforstmeister.

§ 11

(1) Zur Erleichterung der Zusammenarbeit zwischen den im § 10 genannten Ämtern und den Dienststellen der Wehrmacht können nach Maßgabe näherer Bestimmung Außenstellen dieser Ämter errichtet werden.

(2) Die zuständigen Obersten Reichsbehörden bestimmen, daß für solche Fragen, die den Wehrkreis in seiner Gesamtheit berühren, eines der im § 10 genannten Ämter, das sich in der Regel am Sitz des Wehrkreiskommandos befinden soll, die Federführung für alle sonstigen im Wehrkreis gelegenen oder an ihm beteiligten Ämter und Außenstellen übernimmt.

§ 12

(1) Der örtliche Zuständigkeitsbereich der Bevollmächtigten für den Nahverkehr umfaßt einen oder mehrere Wirtschaftsbezirke oder Teile von Wirtschaftsbezirken.

(2) Die Bevollmächtigten für den Nahverkehr sind unbeschadet ihrer haushaltsrechtlichen Betreuung Bestandteile der Behörde der allgemeinen Verwaltung, bei der sie errichtet sind oder errichtet werden.

§ 13

(1) Der örtliche Zuständigkeitsbereich der dem Reichsminister für Bewaffnung und Munition unterstellten Rüstungsinspektionen umfaßt einen oder mehrere Wirtschaftsbezirke oder Teile von Wirtschaftsbezirken.

(2) Die Leiter der mit Aufgaben der Rüstungswirtschaft befaßten Dienststellen bilden die Rüstungskommissionen, deren örtlicher Zuständigkeitsbereich einen oder mehrere Reichsverteidigungsbezirke umfaßt. Der Reichsminister für Bewaffnung und Munition bestimmt den Vorsitzer und die Zusammensetzung der Rüstungskommissionen. Diese erhalten Weisungen nur vom Reichsminister für Bewaffnung und Munition.

§ 14

Die Mitglieder der Rüstungskommissionen und die Leiter sonstiger mit Kriegswirtschaftsaufgaben befaßten Behörden, Dienststellen und Beauftragten bilden den Kriegswirtschaftsstab. Dieser steht dem Reichsverteidigungskommissar für seinen Bezirk beratend zur Seite und tritt unter seinem Vorsitz zusammen. Die Geschäftsführung des Kriegswirtschaftsstabes obliegt der in der Anlage Spalte 4 bezeichneten Behörde, bei der hierfür ein Beauftragter gestellt wird.

§ 15

Der Reichswirtschaftsminister, der Reichsminister für Ernährung und Landwirtschaft, der Reichsverkehrsminister und der Reichsforstmeister sind ermächtigt, Dienststellen, Organisationen der wirtschaftlichen Eigenverwaltung und sonstige Stellen, die zu ihrem Zuständigkeitsbereich gehören, im Einvernehmen mit dem Reichsminister des Innern und dem Leiter der Partei-Kanzlei ganz oder teilweise der staatlichen Verwaltung zu unterstellen, in staatliche Verwaltungsbehörden einzugliedern oder aufzulösen.

§ 16

(1) Der Reichswirtschaftsminister kann den Gauwirtschaftskammern (Wirtschaftskammern, Industrie- und Handelskammern, Handwerkskammern) staatliche Aufgaben als Auftragsangelegenheiten übertragen.

(2) Die Behörden in Spalte 4 der Anlage können den Kammern für die Durchführung aller staatlichen Auftragsangelegenheiten Weisungen erteilen.

§ 17

(1) Der Reichsnährstand ist in seiner Gesamtheit dem Reichsminister für Ernährung und Landwirtschaft unterstellt. Die in den Wirtschaftsbezirken zuständigen Dienststellen und Gliederungen des Reichsnährstandes sind den Landesernährungsämtern unterstellt. Für die forstlichen Dienststellen des Reichsnährstandes gilt die vom Reichsminister für Ernährung und Landwirtschaft und vom Reichsforstmeister getroffene Sonderregelung.
(2) Die Bezirke der Landesbauernschaften werden den Wirtschaftsbezirken angepaßt. Der Reichsminister für Ernährung und Landwirtschaft kann im Einvernehmen mit dem Reichsminister des Innern und mit Genehmigung des Beauftragten für den Vierjahresplan bestimmen, daß eine Landesbauernschaft für mehrere Wirtschaftsbezirke zuständig ist oder daß in einem Wirtschaftsbezirk mehrere Landesbauernschaften gebildet werden.

§ 18

Die Bezirke der Landesarbeitsämter und der Reichstreuhänder der Arbeit werden den Wirtschaftsbezirken angepaßt. Der Reichsarbeitsminister kann im Einvernehmen mit dem Reichsminister des Innern und mit Genehmigung des Beauftragten für den Vierjahresplan bestimmen, daß ein Landesarbeitsamt und ein Reichstreuhänder der Arbeit für mehrere Wirtschaftsbezirke zuständig sind oder daß in einem Wirtschaftsbezirk mehrere Landesarbeitsämter gebildet und mehrere Reichstreuhänder der Arbeit bestellt werden.

§ 19

(1) Die in den Landkreisen bei den Landräten, in den Stadtkreisen bei den Oberbürgermeistern errichteten Ernährungsämter und Wirtschaftsämter sind Bestandteile der unteren Verwaltungsbehörden. Sie führen die Bezeichnung der unteren Verwaltungsbehörde mit dem Zusatz »Ernährungsamt« oder »Wirtschaftsamt«.
(2) Die einheitliche Lenkung aller forst- und holzwirtschaftlichen Maßnahmen wird den unteren Verwaltungsbehörden übertragen, bei denen der Reichsforstmeister oder die von ihm bestimmten Stellen Beauftragte für die Forst- und Holzwirtschaft bestellen. Die Beauftragten führen die Bezeichnung der Behörde mit dem Zusatz »Beauftragter für die Forst- und Holzwirtschaft«.
(3) Die Aufgaben der genannten Ämter und Beauftragten bestimmen die zuständigen Obersten Reichsbehörden.
(4) Die Vorschriften des § 17 Abs. 1 gelten für die bei den unteren Verwaltungsbehörden gebildeten Ernährungsämter entsprechend.
(5) Für Berlin, Hamburg und Wien gilt die vom Reichswirtschaftsminister und vom Reichsminister für Ernährung und Landwirtschaft im gegenseitigen Einvernehmen getroffene besondere Regelung.

§ 20

(1) Die unteren Verwaltungsbehörden sind an die fachlichen Weisungen der Landeswirtschaftsämter und der Landesernährungsämter gebunden. Die allgemeine Dienstaufsicht der höheren Verwaltungsbehörde (Aufsichtsbehörde) bleibt unberührt.
(2) Die Behörden in Spalte 4 der Anlage haben mit den Aufsichtsbehörden in allen kriegswirtschaftlichen Fragen engste Fühlung zu halten und sie laufend über die wichtigsten kriegswirtschaftlichen Maßnahmen zu unterrichten. Die Aufsichtsbehörden sind befugt, sich von den unteren Verwaltungsbehörden über die kriegswirtschaftlichen Aufgaben unterrichten zu lassen.

(3) Der Geschäftsverkehr zwischen den Landeswirtschaftsämtern und Landesernährungsämtern einerseits und den unteren Verwaltungsbehörden andererseits ist in wichtigen Angelegenheiten, abgesehen von eiligen Fällen, über die Aufsichtsbehörden zu leiten. In eiligen Fällen ist der Aufsichtsbehörde eine Abschrift zuzuleiten. Entsprechendes gilt für die Berichte der unteren Verwaltungsbehörden.
(4) Die Landeswirtschaftsämter und die Landesernährungsämter können sich bei fachlichen Prüfungen der unteren Verwaltungsbehörden der Aufsichtsbehörden bedienen. Nehmen sie die Prüfung selbst vor, so haben sie die Aufsichtsbehörde zu beteiligen.

Abschnitt III
Schlußbestimmungen

§ 21

Die zur Durchführung und Ergänzung dieser Verordnung erforderlichen Rechts- und Verwaltungsvorschriften werden zum Abschnitt I vom Generalbevollmächtigten für die Reichsverwaltung im Einvernehmen mit dem Beauftragten für den Vierjahresplan, dem Leiter der Partei-Kanzlei und dem Chef des Oberkommandos der Wehrmacht, zum Abschnitt II von den zuständigen Obersten Reichsbehörden mit Zustimmung des Beauftragten für den Vierjahresplan, des Generalbevollmächtigten für die Reichsverwaltung, des Leiters der Partei-Kanzlei und des Chefs des Oberkommandos der Wehrmacht erlassen.

§ 22

(1) Diese Verordnung tritt am 1. Dezember 1942 in Kraft, und zwar auch in den eingegliederten Ostgebieten. Für das Protektorat Böhmen und Mähren ergeht Sonderregelung. Die zuständigen Obersten Reichsbehörden bestimmen im Einvernehmen mit dem Reichsminister des Innern und dem Chef des Oberkommandos der Wehrmacht den Zeitpunkt, zu dem die Änderungen in der gebietlichen Gliederung der in den §§ 10, 12, 13, 17 Abs. 2 und im § 18 genannten Ämter und Dienststellen durchgeführt werden.
(2) Mit dem Inkrafttreten dieser Verordnung treten die Verordnung über die Bestellung von Reichsverteidigungskommissaren vom 1. September 1939 (Reichsgesetzbl. I S. 1565), die Anordnung des Ministerrats für die Reichsverteidigung zur Durchführung der Verordnung über die Bestellung von Reichsverteidigungskommissaren vom 22. September 1939 (Reichsgesetzbl. I S. 1937), die Verordnung über die Wirtschaftsverwaltung vom 27. August 1939 (Reichsgesetzbl. I S. 1495) und die Verordnung zur Änderung der Verordnung über die Wirtschaftsverwaltung vom 28. November 1939 (Reichsgesetzbl. I S. 2315) außer Kraft. Die zur Durchführung der Verordnung über die Wirtschaftsverwaltung erlassenen Vorschriften bleiben in Kraft. Die zuständigen Obersten Reichsbehörden können sie der neuen Rechtslage anpassen.

Berlin, den 16. November 1942.

Der Vorsitzende des Ministerrats für die Reichsverteidigung und
Beauftragte für den Vierjahresplan
Göring
Reichsmarschall

Der Generalbevollmächtigte für die Reichsverwaltung
Frick

Der Generalbevollmächtigte für die Wirtschaft
Walther Funk

Der Chef des Oberkommandos der Wehrmacht
Keitel

Der Leiter der Partei-Kanzlei
M. Bormann

Der Reichsminister und Chef der Reichskanzlei
Dr. Lammers

Anlage
(Zu den §§ 4, 7, 9, 14, 16 und 20 vorstehender Verordnung)

Wirtschaftsbezirk Reichsverteidigungsbezirk 1	Land, Reichsgau Provinz *) 2	Behörde des Reichsverteidigungskommissars 3	Behörde der Wirtschaftsverwaltung 4
[...] 17. Thüringen *[...]*	Thüringen Regierungsbezirk Erfurt Landkreis Herrschaft Schmalkalden	Reichsstatthalter in Thüringen, Staatssekretär und Leiter des Thüringischen Ministeriums des Innern in Weimar	Thüringisches Wirtschaftsministerium in Weimar

*) Gebietsausschlüsse (Exklaven) der Stadt- oder Landkreise sind dem Stadt- oder Landkreis zugeteilt, von dem sie ganz oder zum größeren Teil umschlossen werden. Sie unterstehen insoweit den Behörden, die für die sie umschließenden Stadt- oder Landkreise zuständig sind.

Quelle: RGBl. 1942, T. I, Nr. 117, S. 649-655.

[33]

Erlaß des Führers über die Aufgliederung der Provinz Sachsen. Vom 1. April 1944.

Um die Verwaltungsbezirke im Raum der Provinz Sachsen an die Reichsverteidigungsbezirke anzupassen, bestimme ich:

§ 1

(1) Aus den Regierungsbezirken Magdeburg und Merseburg der Provinz Sachsen werden für den Bereich der staatlichen Verwaltung die Provinzen Magdeburg und Halle-Merseburg gebildet.
(2) Für den Regierungsbezirk Erfurt wird der Reichsstatthalter in Thüringen mit der Wahrnehmung der Aufgaben und Befugnisse des Oberpräsidenten in der staatlichen Verwaltung beauftragt.
(3) Die Aufgaben und Befugnisse des Oberpräsidenten im Bereich der Wasserstraßendirektion Magdeburg, der Wasserwirtschaftsstellen für das Elbegebiet und für das Saalegebiet in Magdeburg, des Staatlichen Fischereiamts für die Binnengewässer der Provinz Sachsen und der Eichdirektion Magdeburg verbleiben dem Oberpräsidenten in Magdeburg für den gesamten Umfang ihrer Bezirke.

§ 2

Eine Teilung des Provinzialverbandes Sachsen sowie der provinziellen Anstalten, Stiftungen, Kassen, Sozietäten und sonstigen Körperschaften mit eigener Rechtspersönlichkeit, soweit solche für die Provinz Sachsen in ihrem bisherigen Umfange bestehen, findet vor Beendigung des Krieges nicht statt; der Provinzialverband Sachsen bleibt bis zu diesem Zeitpunkt unter der Leitung des Oberpräsidenten in Merseburg aufrechterhalten.

§ 3

(1) Der Amtssitz des Oberpräsidenten der Provinz Magdeburg ist Magdeburg.
(2) Die Behörde des Regierungspräsidenten in Magdeburg wird mit der Behörde des Oberpräsidenten in Magdeburg zusammengefaßt. Die Aufgaben des Regierungspräsidenten werden von dem allgemeinen Vertreter des Oberpräsidenten in der staatlichen Verwaltung unter der Behördenbezeichnung »Der Regierungspräsident in Magdeburg« wahrgenommen.

§ 4

(1) Der Amtssitz des Oberpräsidenten der Provinz Halle-Merseburg ist Merseburg.
(2) Der Oberpräsident der Provinz Halle-Merseburg bedient sich zur Wahrnehmung seiner Aufgaben und Befugnisse der Behörde des Regierungspräsidenten in Merseburg. Der Regierungspräsident ist insoweit der allgemeine Vertreter des Oberpräsidenten.

§ 5

(1) Der Reichsstatthalter in Thüringen bedient sich zur Wahrnehmung der Aufgaben und Befugnisse des Oberpräsidenten im Regierungsbezirk Erfurt der Behörde des Regierungspräsidenten in Erfurt. Der Regierungspräsident ist insoweit der allgemeine Vertreter des Oberpräsidenten.
(2) Die Bestimmungen über die Dienstaufsicht und über die Weisungsgewalt der Obersten Reichs- und Landesbehörden bleiben unberührt.

§ 6

(1) Dieser Erlaß tritt am 1. Juli 1944 in Kraft.
(2) Der Reichsminister des Innern erläßt, soweit erforderlich im Einvernehmen mit den beteiligten Obersten Reichsbehörden, die zur Durchführung und Ergänzung dieses Erlasses erforderlichen Rechts- und Verwaltungsvorschriften.

Führer-Hauptquartier, den 1. April 1944.

Der Führer
Adolf Hitler

Der Reichsminister und Chef der Reichskanzlei
Dr. Lammers

Quelle: RGBl. 1944, T. I, Nr. 20, S. 110-111.

[34]

Bekanntmachung des Oberbürgermeisters der Stadt Weimar über eine Verfügung der amerikanischen Militärregierung betreffend die Zuständigkeit des Oberbürgermeisters sowie das Verbot aller Versammlungen. Vom 19. April 1945.

[...]
Es wird hiermit folgende Verfügung des Amerikanischen Militärgouverneurs bekanntgegeben:

1. Es tritt sofort in Wirksamkeit:

Der Oberbürgermeister der Stadt Weimar hat die Kontrolle über alle wirtschaftlichen Vorgänge in der Stadt Weimar und im Landkreis Weimar. Alle bisherigen Behörden sind ihm unterstellt *).

2. Es tritt sofort in Wirksamkeit:

Es dürfen keinerlei Versammlungen abgehalten werden, auch Gruppen von nicht verwandten Zivilpersonen dürfen sich nicht bilden, die mehr als vier erwachsene Personen umfassen. Dies gilt für Straßen und Plätze, ferner für öffentliche Räume und auch für Privaträume. Nur wenn die Amerikanische Militärverwaltung eine besondere Erlaubnis gegeben hat, kann eine Ausnahme gemacht werden.

Die Amerikanische Militärregierung
gez. Oberstleutnant Sullivan

Weimar, den 19. April 1945

Der Bürgermeister
Kloss

*) Erläuternd zu Punkt 1 wird erklärt, daß sämtliche Beamten von allen Ministerien, Gauwirtschaftskammer, Polizei, Post, Feuerwehr und alle anderen Dienststellen und auch jeder Privatbetrieb eingeschlossen sind.

Quelle: ThHStA Weimar, Plakatsammlung Nr. S 103.

[35]

Rundverfügung des Regierungspräsidenten der Provinz Thüringen an die Oberbürgermeister und Landräte über die Ernennung und Zuständigkeit der Provinzregierung. Vom 13. Juni 1945.

[...]

1) An

a) die Herren Oberbürgermeister der Stadtkreise
Altenburg, Apolda, Arnstadt, Eisenach, Gera, Gotha, Greiz, Jena, Weimar, Zella-Mehlis, Erfurt, Mühlhausen, Nordhausen, Crimmitschau, Glauchau, Meerane, Plauen, Reichenbach, Werdau, Zwickau

b) die Herren Landräte der Landkreise
Altenburg, Arnstadt, Eisenach, Gera, Gotha, Greiz, Hildburghausen, Meiningen, Rudolstadt, Saalfeld, Schleiz, Sondershausen, Sonneberg, Stadtroda, Weimar, Grafschaft Hohenstein in Nordhausen, Heiligenstadt, Langensalza, Mühlhausen, Schleusingen, Schmalkalden, Weißensee, Worbis, Ziegenrück, Plauen, Glauchau, Ölsnitz, Zwickau

Durch Ernennungsurkunde des Militärgouverneurs des VIII. Corps der Armee der Vereinigten Staaten vom 9. Juni 1945 bin ich zum Regierungspräsidenten für Thüringen ernannt worden. Der Militärgouverneur hat mich autorisiert und bevollmächtigt, in Übereinstimmung mit ihm die Vorstände der in dem von ihm genehmigten Plan für den Aufbau der Verwaltung Thüringens vorgesehenen Landesämter zu ernennen. In Ausübung dieser Vollmacht habe ich heute ernannt:

zum Vorstand des Landesamts für Finanzen
Herrn Regierungsdirektor Leonhard Moog
zum Vorstand des Landesamts für Volksbildung
Herrn Regierungsdirektor Walter Wolf
zum Vorstand des Landesamts für Industrie, Handel und Gewerbe
Herrn Regierungsdirektor Dr. Alfons Gaertner
zum Vorstand des Landesverkehrsamts
Herrn Regierungsdirektor Dr. Georg Appell
zum Vorstand des Landesarbeitsamts
Herrn Regierungsdirektor Ernst Busse.

Das Landesamt des Innern wird bis zur Ernennung eines Regierungsdirektors vorübergehend von mir verwaltet werden. Mit der vorübergehenden Verwaltung des Landesamts für Land- und Forstwirtschaft habe ich Herrn Regierungsdirektor Dr. Alfons Gaertner beauftragt. Der Sitz der Regierung der Provinz Thüringen befindet sich in Weimar. Die Militärregierung FIC9 Land Thüringen ist ebenfalls in Weimar.

Das Gebiet der Provinz Thüringen umfaßt gemäß der Verfügung des Militärgouverneurs des VIII. Corps der Armee der Vereinigten Staaten das bisherige Land Thüringen, den preußischen Kreis Schmalkalden, den Regierungsbezirk Erfurt und die innerhalb der amerikanischen Besetzungszone gelegenen Teile von Westsachsen, wie sie durch die Demarkationslinie am 12. Juni neu bestimmt worden ist.

Die Provinzregierung hat sich heute der Militärregierung vorgestellt; die neuen Landesämter werden ihre Tätigkeit am 16. Juni d*[iese]*s J*[ahre]*s aufnehmen. Von diesem Tage ab ist die allgemeine Zuständigkeit der neuen Landesämter für ihren Verwaltungsbereich begründet. Die Übernahme der Dienstgeschäfte von den bisherigen Reichsmittelbehörden, den Thür. Ministerien und den Preuß. Mittelbehörden auf die Landesämter wird nach Geschäftszweigen geordnet besonders bekannt gemacht werden. Die genannten Ämter gelten vom 16. Juni 1945 ab nur noch als Abwicklungsstellen.

Alle Stadtvorstände und Landkreisbehörden, alle bisherigen Reichs- und Staatsbehörden, alle berufsständischen Körperschaften und Anstalten sowie sonstigen juristischen Personen des öffentlichen Rechts sind verpflichtet, den Anordnungen der Provinzregierung den gesetzlichen Gehorsam zu leisten.

Ich gebe Ihnen von der hiermit getroffenen Regelung ausdrücklich Kenntnis und behalte mir vor, im einzelnen besondere Anordnungen zu treffen.

Dr. Hermann L. Brill
Regierungspräsident

Quelle: ThHStA Weimar, Land Thüringen - Büro des Ministerpräsidenten Nr. 1078, Bl. 1.

[36]

Bekanntmachung über die Errichtung der Regierung für die Provinz Thüringen. Vom 2. Juli 1945.

1. Auf Anordnung der Militärregierung ist in Weimar eine Provinzialregierung für das Land Thüringen errichtet worden. Alle Stadt- und Landkreise, die in dem früheren Gau Thüringen vorhanden waren, mit Ausnahme der besonderen Teile, die völlig von anderen Provinzen umgeben waren, machen das Gebiet aus, das jetzt unter dieser Regierung steht. Dazu werden einbezogen gewisse Teile von Sachsen, die zwischen der östlichen Grenze des früheren Gaues Thüringen und dem gegenwärtigen Okkupationsgebiet der Russen liegen. Gebiete innerhalb der Provinz Thüringen, die wohl rechtlich unter der Oberhoheit waren, aber nicht eingeschlossen sind in den Grenzen des Landes, werden nunmehr unter die Kontrolle des Landkreises kommen, dem sie geographisch anschließen.

2. Die Verwaltungen der Stadt- und Landkreise sind unmittelbar verantwortlich für die Befehle und Anweisungen der Provinzialregierung. Die Verwaltung des Regierungsbezirks Erfurt wird ihre augenblicklichen Geschäfte weiterführen und Einzelheiten abwarten bis zu ihrer Einfügung in den Plan der Provinz.

3. Alle Verbindungen zwischen der Provinzialregierung und den Kreisen werden durch die Militärregierung gehen, die die verschiedenen Aufgaben überwachen wird.

4. Folgende Beamte sind ernannt worden:
Regierungspräsident: Herr Dr. Hermann L. Brill
Landesamt des Innern: Herr Dr. Friedrich Buchwald
Landesamt für Finanzen: Herr Leonhard Moog
Landesamt für Volksbildung: Herr Walter Wolf
Landesamt für Industrie, Handel und Gewerbe: Herr Dr. Alfons Gaertner
Landesamt für Land- und Forstwirtschaft: Herr Dr. Max Kolter
Landesverkehrsamt: Herr Dr. Georg Appell
Landesarbeitsamt: Herr Ernst Busse.

5. Der Sitz der Regierung der Provinz Thüringen befindet sich in Weimar.

Weimar, den 2. Juli 1945.

Der Regierungspräsident für Thüringen
Dr. Hermann L. Brill

Quelle: RegBl. 1 (1945), Nr. 1, S. 1.

[37]

Befehl Nr. 1 des Chefs der Sowjetischen Militäradministration für das Land Thüringen. Vom 16. Juli 1945.

§ 1

Auf Befehl des Marschalls der Sowjetunion Shukow, Hauptchef der Sowjet-Militäradministration, Oberbefehlshaber der Sowjetischen Besatzungstruppen Deutschlands, wurde ich zum Chef der Sowjet-Militäradministration des Landes Thüringen ernannt.

§ 2

Als mein Vertreter für zivile Angelegenheiten, sowie zum Chef der Verwaltung der Sowjet-Militäradministration wurde Generalmajor Koslesnitschenko ernannt.

§ 3

Die Verwaltung der Sowjet-Militäradministration für das Land Thüringen befindet sich in Weimar, Kurthstraße Nr. 11.

Chef der Sowjet-Militäradministration
für das Land Thüringen
gez. Tschuikow,
Garde-Generaloberst

Quelle: ThHStA Weimar, Plakatsammlung Nr. S 84.

[38]

Bekanntmachung des Chefs der Sowjetischen Militäradministration für das Land Thüringen über die Ernennung der Landesverwaltung. Vom 16. Juli 1945.

An die Bürger des Landes Thüringen!

Hiermit bringe ich allen Bürgern des Landes Thüringen zur Kenntnis, daß auf Befehl des Marschalls der Sowjetunion, Shukow, Hauptchef der Sowjet-Militäradministration, Oberstkommandierender der Sowjetbesatzungstruppen in Deutschland, für folgende Ämter ernannt wurden:

1. Als Präsident des Landes Thüringen Herr Dr. Rudolf Paul aus Gera, Vorsitzender der Demokratischen Partei Ostthüringens.

2. Als 1. Vizepräsidenten des Landes Thüringen Herr Ernst Busse aus Erfurt, Bezirksleiter der Kommunistischen Partei Deutschlands, Bezirk Thüringen, Mitglied des Reichstags.

3. Als 2. Vizepräsidenten des Landes Thüringen Herr Dr. Georg Appell aus Eisenach, Mitglied der Sozialdemokratischen Partei.

4. Als 3. Vizepräsidenten des Landes Thüringen Herr Dr. Max Kolter aus Weimar, Mitglied der Zentrumspartei und Sekretär der Christlichen Bergarbeitergewerkschaft.

Die Gesetze und Anordnungen der Landesverwaltungen, an deren Spitze Herr Dr. Paul steht, müssen von allen Behörden im Lande Thüringen unbedingt befolgt werden.

Weimar, den 16. Juli 1945.

Chef der Sowjet-Militäradministration des Landes Thüringen
gez. Tschuikow,
Garde-Generaloberst.

Quelle: ThHStA Weimar, Plakatsammlung Nr. S 85.

[39]

Gesetz über das Wappen und die Landesfarben des Landes Thüringen. Vom 13. August 1945.

I. Das Wappen des Landes Thüringen bildet ein aufrecht stehender Löwe auf rotem Grund, umgeben von 8 silbernen Sternen.

II. Als Symbol für die Vereinigung der preußischen Gebietsteile mit dem Lande Thüringen wird den 7 Sternen des früheren Wappens ein weiterer 8. Stern eingefügt.

III. Die Landesfarben sind weiß-rot.

IV. Die Urzeichnung des Wappens wird im Thüringischen Staatsarchiv aufbewahrt.

Weimar, den 13. August 1945.

Der Präsident des Landes Thüringen.
Dr. Rudolf Paul.

Quelle: RegBl. 1 (1945), T. I, Nr. 3, S. 5.

[40]

Gesetz über die Handhabung der Gesetzgebungsgewalt im Lande Thüringen. Vom 20. August 1945.

Auf Anordnung der Militärregierung wird bestimmt:
Bis zur Neuordnung der staatlichen Verhältnisse auf demokratischer Grundlage gilt für die Handhabung der Gesetzgebungsgewalt im Lande Thüringen folgendes:

§ 1

Grundsätzliche Rechtsvorschriften werden vom Präsidenten des Landes Thüringen durch Gesetz erlassen.

§ 2

Sonstige Rechtsvorschriften können durch Verordnung (Rechtsverordnung, insbesondere Ausführungsverordnung und Landespolizeiverordnung) gesetzt werden.

§ 3

Rechtsverordnungen, die nur den Geschäftsbereich einzelner Landesämter berühren, können auch von den Leitern der Landesämter, bei Beteiligung mehrerer Landesämter von deren Leitern gemeinsam erlassen werden. Dasselbe gilt für Verwaltungsverordnungen.

§ 4

Gesetze (§ 1) sowie Rechtsverordnungen des Präsidenten des Landes Thüringen und der Leiter der Landesämter unterliegen hinsichtlich ihrer Gültigkeit nicht der richterlichen Nachprüfung.

§ 5

I Gesetze und Rechtsverordnungen einschließlich der Landespolizeiverordnungen müssen, um wirksam zu sein, unter der Bezeichnung als solche im Regierungsblatt für das Land

Thüringen (Teil I: Gesetzsammlung) veröffentlicht werden. Landespolizeiverordnungen können in dringenden Fällen auch in anderer Weise bekannt gemacht werden.
II Verwaltungsverordnungen und sonstige Anordnungen (Erlasse, Bekanntmachungen usw.) des Präsidenten des Landes Thüringen und der Landesämter sind in der Regel im Regierungsblatt für das Land Thüringen (Teil II: Amtsblatt) zu veröffentlichen.

§ 6

Für die Änderung und Aufhebung der in den §§ 1 bis 3 und 5 bezeichneten Anordnungen gelten die dort getroffenen Bestimmungen entsprechend.

§ 7

Dieses Gesetz tritt mit seiner Verkündung in Kraft.

Weimar, den 20. August 1945.

Der Präsident des Landes Thüringen.
Dr. Paul.

Quelle: RegBl. 1 (1945), T. I, Nr. 4, S. 9.

[41]

Bekanntmachung des Präsidenten des Landes Thüringen über die Bildung der Landesverwaltung. Vom 1. September 1945.

Auf Befehl des Marschalls der Sowjetunion, Shukow, hat der Chef der Sowjet-Militäradministration des Landes Thüringen am 16. Juli 1945

Herrn Dr. jur. Rudolf Paul aus Gera
zum Präsidenten des Landes Thüringen

ernannt und diesen ermächtigt, mit seiner Zustimmung die Vorstände der für den Aufbau der Verwaltung des Landes Thüringen zu errichtenden Landesämter zu bestellen.
Das Land Thüringen umschließt das Gebiet des früheren Landes Thüringen - mit Ausnahme des Amtsgerichtsbezirks Ostheim v. d. Rhön - sowie die Gebiete des früheren Regierungsbezirks Erfurt und des Kreises Herrschaft Schmalkalden.

Mit Zustimmung der Militärregierung ist die Landesverwaltung wie folgt gebildet worden:

Der Präsident des Landes Thüringen: Dr. jur. Rudolf Paul

1. Vizepräsident: Ernst Busse
2. Vizepräsident: Dr. jur. Georg Appell
3. Vizepräsident: Dr. rer. pol. Max Kolter

Landesamt für Finanzen
Leiter: Landesdirektor Leonhard Moog
Landesamt des Innern
Leiter: Landesdirektor Curt Böhme
Landesamt für Volksbildung
Leiter: Landesdirektor Walter Wolf
Landesamt für Wirtschaft
Leiter: Landesdirektor Dr. Curt Fischer
Landesamt für Land- und Forstwirtschaft
Leiter: Landesdirektor Dr. rer. pol. Max Kolter
Landesamt für Verkehr
Leiter: Landesdirektor Dr. jur. Georg Appell
Landesgesundheitsamt
Leiter: Landesdirektor Dr. med. Erich Drechsler
Landesamt für Arbeit
Leiter: Landesdirektor Willi Albrecht
Landesamt für Sozialwesen
Leiter: Landesdirektor Richard *[richtig: Reinhard]* Lettau.

Weimar, den 1. September 1945.

Der Präsident des Landes Thüringen.
Dr. Rudolf Paul.

Quelle: RegBl. 1 (1945), T. I, Nr. 3, S. 5.

[42]

Befehl Nr. 332 des Chefs der Sowjetischen Militäradministration in Deutschland betreffend Übergabe der Vollmachten der Präsidenten der Bundesländer und Provinzen an die gewählten Landtage und neu gebildeten Regierungen. Vom 27. November 1946.

Im Zusammenhang mit der auf demokratischem Wege in allen Ländern und Provinzen der Sowjet-Okkupationszone Deutschlands erfolgten Wahl der Landtage fordere ich alle Präsidenten der Länder und Provinzen auf, ihre in den Befehlen und Verfügungen der Sowjet-Militär-Administration vorgesehenen Vollmachten den Landtagen und neu gebildeten Regierungen zu übergeben.

Berlin, den 27. November 1946.

Hauptchef der Sowjet-Militär-Administration
- Hauptkommandierender der Gruppe des Sowjet-Okkupationsheeres in Deutschland -
Marschall der Sowjet-Union W. Sokolowskij

Kriegsmitglied der Gruppe des Sowjet-Okkupationsheeres in Deutschland
Generalleutnant W. Makarow.

Stabschef der Sowjet-Militär-Administration in Deutschland
Generalleutnant M. Dratwin

Quelle: RegBl. 2 (1946), T. III, Nr. 13, S. 93.

[43]

Gesetz über die Bildung einer Regierung des Landes Thüringen. Vom 4. Dezember 1946.

Der Landtag hat das folgende Gesetz beschlossen.

§ 1

Die Regierung des Landes Thüringen besteht aus einem Ministerpräsidenten und sechs Ministern.

§ 2

(1) Der Ministerpräsident wird vom Landtag gewählt.

(2) Die von dem Ministerpräsidenten vorgeschlagenen Minister bedürfen der Bestätigung durch den Landtag.

§ 3

Der Präsident des Landtags verpflichtet den vom Landtag gewählten Ministerpräsidenten sowie die vom Landtag bestätigten Minister; sie leisten beim Amtsantritt durch Handschlag den Eid, daß sie ihre Geschäfte unparteiisch und zum Wohle des Volkes und getreu den Gesetzen führen werden. Die Leistung des Eides in religiöser Form ist zulässig.

§ 4

Die Gesetze werden vom Landtag beschlossen, vom Landtagspräsidenten ausgefertigt und im Regierungsblatt verkündet.

§ 5

(1) Dieses Gesetz tritt ausnahmsweise mit seiner Verkündung durch den Präsidenten des Landtages in der Landtagssitzung am 4. Dezember 1946 in Kraft.

(2) Es tritt mit dem Inkrafttreten der Landesverfassung außer Kraft.

Weimar, den 4. Dezember 1946.

Der Präsident des Thüringer Landtages
Frölich

Quelle: RegBl. 2 (1946), T. I, Nr. 27, S. 147.

[44]

Gesetz über die Bildung der Ministerien der Regierung des Landes Thüringen und den Übergang der Zuständigkeiten der Landesverwaltung auf die Landesregierung. Vom 4. Dezember 1946.

§ 1

Die Regierung des Landes Thüringen besteht aus:

1. dem Ministerpräsidenten;
2. folgenden Ministern:
   a) dem Minister für allgemeine Verwaltung;
   b) dem Minister für Wirtschaftsplanung;
   c) dem Minister für Versorgung;
   d) dem Minister für Finanzen;
   e) dem Minister für Volksbildung:
   f) dem Minister für Justiz.

§ 2

(1) Dem Ministerpräsidenten ist eine Staatskanzlei unmittelbar unterstellt.
(2) Das Ministerium für allgemeine Verwaltung besteht aus folgenden Hauptabteilungen:
   1. Personalwesen für alle Ministerien;
   2. Polizei;
   3. Kommunal- und Bauwesen;
   4. Gesundheits- und Umsiedlerwesen.
(3) Das Ministerium für Wirtschaftsplanung besteht aus folgenden Hauptabteilungen:
   1. Planung;
   2. Industrie- und Brennstoff;
   3. Verkehr;
   4. Arbeit und Sozialfürsorge;
   5. Landeseigene Betriebe.
(4) Das Ministerium für Versorgung besteht aus folgenden Hauptabteilungen:
   1. Land- und Forstwirtschaft;
   2. Handel und Versorgung.

§ 3

(1) Soweit in den bisherigen Gesetzen, Verordnungen und Bekanntmachungen der Präsident des Landes Thüringen für zuständig erklärt ist, gehen seine Befugnisse mit Ausnahme der gesetzgebenden Gewalt auf den Ministerpräsidenten und den jeweils zuständigen Minister über.
(2) Die bisherigen Zuständigkeiten des Präsidialamtes gehen auf die Staatskanzlei über mit Ausnahme des Personalwesens und der Abteilung für Neubürger, die dem Minister für allgemeine Verwaltung zugeteilt werden, sowie der Landesplanungsbehörde, die dem Minister für Wirtschaftsplanung zugeteilt wird.
(3) Die bisherigen Zuständigkeiten des Landesamtes für allgemeine und innere Verwaltung (Kommunalwesen), des Landesgesundheitsamtes und der Landespolizeistelle gehen über auf das Ministerium für allgemeine Verwaltung.

(4) Die bisherigen Zuständigkeiten des Landesamtes für Wirtschaft, des Landesamtes für Verkehr und des Landesamtes für Arbeit und Sozialfürsorge gehen über auf das Ministerium für Wirtschaftsplanung.
(5) Die bisherigen Zuständigkeiten des Landesamtes für Land- und Forstwirtschaft und des Landesamtes für Handel und Versorgung gehen über auf das Ministerium für Versorgung.
(6) Die bisherigen Zuständigkeiten der Landesämter für Finanzen, Volksbildung und Justiz gehen über auf die Ministerien für Finanzen, Volksbildung und Justiz.

§ 4

Dieses Gesetz tritt ausnahmsweise mit der Verkündung durch den Landtagspräsidenten in der Sitzung des Landtages am 4. Dezember 1946 in Kraft. Es tritt mit dem Inkrafttreten der Verfassung außer Kraft.

Weimar, den 4. Dezember 1946.

Der Präsident des Thüringer Landtages
Frölich

Quelle: RegBl. 2 (1946), T. I, Nr. 27, S. 147–148.

[45]

Zuständigkeits- und Geschäftsordnung der Regierung des Landes Thüringen. Vom 13. Januar 1947.

§ 1

Die Regierung des Landes Thüringen besteht aus dem Ministerpräsidenten und 6 Ministern (§ 1 des Gesetzes über die Organisation der Landesregierung und der Überleitung von Zuständigkeiten vom 30. Januar 1947).

§ 2

Der Regierung sind zur Beratung und Beschlußfassung vorzulegen:
a) alle Gesetzentwürfe der Ministerien,
b) Entwürfe von Verordnungen mit Ausnahme der Verwaltungsverordnungen, die nur den Bereich eines Ministeriums betreffen, sowie Angelegenheiten von besonderer politischer Bedeutung,
c) alle Angelegenheiten, für die nach der Landesverfassung oder den Gesetzen die Regierung zuständig ist,
d) Meinungsverschiedenheiten über Fragen, die den Geschäftsbereich mehrerer Ministerien berühren,
e) Titelverleihungen für hervorragende Leistungen auf dem Gebiet der Kunst und Wissenschaft.

§ 3

(1) Sitzungen der Regierung werden vom Ministerpräsidenten nach Bedarf einberufen. Auf Verlangen von mindestens 3 Ministern muß eine Sitzung der Regierung einberufen werden. Den Vorsitz führt der Ministerpräsident. Die Beschlußfassung erfolgt mit Stimmenmehrheit. Bei Stimmengleichheit entscheidet die Stimme des Vorsitzenden.
(2) In dringenden oder einfachen Fällen kann die Regierung auf schriftlichem Wege Beschluß fassen (Umlaufbeschluß), sofern sich kein Widerspruch erhebt.

§ 4

(1) In Abwesenheit wird der Ministerpräsident durch den von ihm bezeichneten Minister vertreten.
(2) Ist der Ministerpräsident im Einzelfalle daran gehindert, einen Vertreter zu bezeichnen, so vertreten ihn die Minister abwechselnd in folgender Reihenfolge:
a) Minister des Innern,
b) Minister für Wirtschaft, Arbeit und Verkehr,
c) Minister für Versorgung,
d) Minister für Finanzen,
e) Minister für Volksbildung,
f) Minister für Justiz.

§ 5

(1) Die Präsidialkanzlei dient dem Ministerpräsidenten zur Durchführung aller ihm unmittelbar obliegenden Aufgaben sowie derjenigen Regierungsangelegenheiten, die nicht in die Zuständigkeit eines anderen Ministeriums fallen.
(2) Der Leiter der Präsidialkanzlei wird in der Regel zu den Sitzungen der Regierung zugezogen.

§ 6

Die Zuständigkeit der einzelnen Ministerien wird, soweit sich in der Auslegung der §§ 5 und 6 des Gesetzes vom 30. Januar 1947 Zweifel ergeben, von der Regierung festgestellt.

§ 7

Der Ministerpräsident hat die Geschäftsführung der einzelnen Ministerien zu koordinieren und die Verbindung mit den anderen Länderregierungen zu pflegen.

§ 8

Die Ministerien gliedern sich in Ämter oder Hauptabteilungen, Abteilungen und Referate. Falls erforderlich, können mindestens 6 Referate zu Unterabteilungen im Rahmen derselben Abteilung zusammengefaßt werden.

§ 9

Die Stellvertreter der Minister und die Leiter der im Gesetz vom 30. Januar 1947 aufgeführten Hauptabteilungen sind stellenplanmäßig Ministerialdirektoren. Die Minister bestimmen für ihr Ministerium, in welchem Umfang und in welcher Reihenfolge die Ministerialdirektoren zu ihrer Vertretung befugt sind.

§ 10

Der Geschäftsbetrieb steht unter der Leitung des Ministers oder des von ihm damit Beauftragten, die Ministerialdirektoren als Hauptabteilungsleiter sind dem Minister für den ordnungsgemäßen Geschäftsbetrieb ihrer Abteilung verantwortlich.

§ 11

Die Verteilung der Geschäfte auf die Ämter oder Hauptabteilungen, Abteilungen und Referate regelt der Geschäftsverteilungsplan.

§ 12

(1) Die amtlichen Bezeichnungen für die Regierung und die Ministerien lauten:

Für die Landesregierung:
Die Regierung des Landes Thüringen,

Für den Ministerpräsidenten:
Der Ministerpräsident des Landes Thüringen,

Für die einzelnen Ministerien:
Land Thüringen, Ministerium des Innern usw.

Bei persönlichen Angelegenheiten des Ministers:
Land Thüringen, Der Minister des Innern usw.

Die amtliche Bezeichnung für die Präsidialabteilung lautet:
Der Ministerpräsident des Landes Thüringen, Präsidialabteilung.

(2) Unter die Bezeichnung des Ministeriums oder der Präsidialabteilung sind im Einzelfalle die Ämter oder die Hauptabteilungen, soweit sie in den §§ 2 und 3 des Gesetzes vom 30. Januar 1947 aufgeführt sind, hinzuzusetzen.

§ 13

Der Zeichnung durch den Ministerpräsidenten sind vorbehalten:
a) alle Schreiben der Regierung des Landes und solche wichtigen und grundsätzlichen Inhaltes an die Besatzungsmacht, an die Präsidenten der deutschen Zentralverwaltungen und an die Regierung anderer Länder und Provinzen,
b) Vorlagen an den Landtag,
c) Verordnungen von grundsätzlicher oder von besonderer politischer Bedeutung,
d) Titelverleihungen sowie Ernennungen und Beförderungen von A 2 c 2 und TO A III aufwärts und entsprechende Einstufungen.

§ 14

Der Zeichnung durch die einzelnen Minister sind vorbehalten:
a) alle Schreiben an die Besatzungsmacht, an die deutschen Zentralverwaltungen und an die Regierungen anderer Länder und Provinzen, soweit sie nicht gemäß § 13 a) dem Ministerpräsidenten zur Unterschrift vorbehalten sind,
b) Verordnungen und Verfügungen, soweit sie nur auf das Ressort des Ministers Bezug haben; gehen sie darüber hinaus, so ist die Mitzeichnung durch den Ministerpräsidenten erforderlich,

c) Schreiben, deren Unterzeichnung sich der Minister persönlich vorbehält,
d) die Haupt- oder Abteilungsleiter zeichnen die Entwürfe dieser Schreiben gegen.
Sofern sie in Vertretung des Ministers zeichnen, geschieht es mit dem Zusatz: »In Vertretung«. In ihrer Eigenschaft als Hauptabteilungsleiter des Ministeriums zeichnen sie unter Anführung ihrer Dienstbezeichnung ohne einen Zusatz. Zeichnungsberechtigte Abteilungsleiter zeichnen mit dem Zusatz: »In Vertretung«, Referenten mit dem Zusatz: »Im Auftrage«.

§ 15

Zur Zeichnung von Kassenanweisungen sind außer dem Minister die Hauptabteilungsleiter und besondere Beauftragte befugt, und zwar, soweit sie nicht als Vertreter des Ministers handeln, nur für den Bereich ihrer Hauptabteilung.

§ 16

Verordnungen, Erlasse, Bekanntmachungen und sonstige für die Öffentlichkeit bestimmte Anordnungen der Regierung sind der Gesetzgebungsabteilung zur Veröffentlichung im Regierungsblatt für das Land Thüringen zuzuleiten.

§ 17

Den Verkehr mit der Besatzungsmacht, den Regierungen der anderen Länder und Provinzen und den deutschen Zentralverwaltungen führt der Ministerpräsident, soweit es sich um grundsätzliche Angelegenheiten oder solche von besonderer politischer Bedeutung handelt.

§ 18

(1) Den Verkehr mit Rundfunk und Presse vermittelt das Nachrichtenamt beim Ministerpräsidenten als einheitliche Stelle für sämtliche Ministerien. Es hat die Aufgabe, die Politik der Regierung in Rundfunk und Presse zu vertreten und die Regierung über den Inhalt der Presse zu unterrichten. Es vertritt die Regierung bei Presse- und ähnlichen Konferenzen.
(2) Bei jedem Ministerium wird zur Verbindung mit dem Nachrichtenamt ein Pressereferent bestellt. Er vermittelt die Weitergabe von Informationen an das Nachrichtenamt. Direkter Verkehr mit der Presse darf nur im Einverständnis mit dem Nachrichtenamt erfolgen.

Weimar, den 13. Januar 1947.

Der Ministerpräsident des Landes Thüringen
Dr. Paul

Bestätigt:

Weimar, den 30. Januar 1947.

Der Präsident des Thüringer Landtags
I. A. Eggerath

Quelle: RegBl. 3 (1947), T. II, Nr. 8, S. 97-98.

[46]

Gesetz über die weitere Demokratisierung des Aufbaus und der Arbeitsweise der staatlichen Organe in den Ländern der Deutschen Demokratischen Republik. Vom 23. Juli 1952.

Die Aufgaben der weiteren demokratischen und wirtschaftlichen Entwicklung der Deutschen Demokratischen Republik erfordern eine größtmögliche Annäherung der Organe der Staatsgewalt an die Bevölkerung und eine breitere Einbeziehung der Werktätigen in die Leitung des Staates.

Das noch vom kaiserlichen Deutschland stammende System der administrativen Gliederung in Länder mit eigenen Landesregierungen sowie in große Kreise gewährleistet nicht die Lösung der neuen Aufgaben unseres Staates.

Der Staat des alten Deutschlands hatte nichts mit der Leitung der Wirtschaft zu tun, da die Fabriken, Werke und Gruben sowie die Banken einzelnen Großkapitalisten gehörten, die Profite aus der Ausbeutung der Werktätigen zogen. Der neue, wahrhaft demokratische Staat in der Deutschen Demokratischen Republik, der mit den großkapitalistischen Ausbeutern ein Ende gemacht hat, leitet im Auftrage des Volkes auch die Wirtschaft, die in Volkseigentum überging und den Interessen des Volkes dient.

Der alte deutsche Staat der Großkapitalisten und Großgrundbesitzer, der sich bewußt vom werktätigen Volk abgrenzte, war bestrebt, das Volk von der Politik fernzuhalten und es von der tagtäglichen Teilnahme an den Staatsangelegenheiten auszuschalten.

Der neue sozialistische Staat der Deutschen Demokratischen Republik wird dagegen nur dann eine unüberwindliche Kraft darstellen, wenn er dem werktätigen Volk nahesteht, wenn er die Werktätigen in die Politik einbezieht und das Volk zur ständigen, systematischen, aktiven und entscheidenden Teilnahme an der Leitung des Staates heranzieht.

Deshalb ist die alte administrative Gliederung, selbst mit den nach 1945 vorgenommenen Änderungen, jetzt zu einer Fessel der neuen Entwicklung geworden. Die örtlichen Organe der Staatsgewalt müssen deshalb so reorganisiert werden, daß der Staatsapparat die Möglichkeit erhält, den Willen der Werktätigen, der in den Gesetzen der Deutschen Demokratischen Republik zum Ausdruck gebracht ist, unverbrüchlich zu erfüllen und, gestützt auf die Initiative der Massen, eine Politik des werktätigen Volkes durchzuführen.

Der territoriale Wirkungsbereich der örtlichen Organe der Staatsgewalt muß deshalb so bestimmt werden, daß diese Organe die Leitung des wirtschaftlichen und kulturellen Aufbaus vollauf verwirklichen können. Die wirksame Anleitung und Kontrolle der unteren Organe durch die übergeordneten sowie durch das Volk selbst müssen gesichert werden. Dadurch wird unser Staat gestärkt, der eines der wichtigsten Instrumente des Aufbaus des Sozialismus in unserem Lande ist.

Hiervon ausgehend beschließt die Volkskammer der Deutschen Demokratischen Republik folgendes Gesetz:

§ 1

(1) Die Länder haben eine Neugliederung ihrer Gebiete in Kreise vorzunehmen.

(2) Die Abgrenzung der Kreise hat so zu erfolgen, daß sie den wirtschaftlichen Erfordernissen entspricht und die Durchführung aller staatlichen Aufgaben, insbesondere die wirksame Anleitung und Kontrolle der staatlichen Organe in den Gemeinden gewährleistet ist.

§ 2

(1) Die Länder haben jeweils mehrere Kreise in Bezirke zusammenzufassen.
(2) Die Abgrenzung der Bezirke hat so zu erfolgen, daß sie den wirtschaftlichen Erfordernissen entspricht und die Durchführung aller staatlichen Aufgaben, insbesondere die wirksame Anleitung und Kontrolle der staatlichen Organe in den Kreisen gewährleistet ist.

§ 3

Der Ministerrat der Deutschen Demokratischen Republik wird beauftragt, die erforderlichen Maßnahmen zu treffen, um die Einheitlichkeit des Aufbaus und die fortschreitende Demokratisierung der Arbeitsweise der örtlichen Organe der Staatsgewalt zu gewährleisten.

§ 4

Die Dienststellen der Regierung der Deutschen Demokratischen Republik regeln für ihren Geschäftsbereich im Einvernehmen mit der Koordinierungs- und Kontrollstelle für die Arbeit der Verwaltungsorgane
(a) die Überleitung der bisher von den Landesregierungen wahrgenommenen Aufgaben auf die Organe der Bezirke,
(b) die Anpassung der Gliederung ihrer nachgeordneten Dienststellen an die neue Struktur der örtlichen Staatsorgane.

§ 5

Die durch das Gesetz vom 19. Juni 1952 über den Staatshaushaltsplan 1952 (GBl. S. 483) für die Haushalte der Länder und Kreise für das Jahr 1952 bestätigten Einnahmen und Ausgaben sind vom Ministerrat auf die Bezirke und die neuen Kreise umzulegen unter entsprechender Änderung der Bestimmungen über die Finanzierung der Ausgaben sowie über Haushaltseinsparungen und Reserven.

§ 6

Dieses Gesetz tritt mit seiner Verkündung in Kraft.

Berlin, den 23. Juli 1952

Das vorstehende, vom Vizepräsidenten der Volkskammer unter dem dreiundzwanzigsten Juli neunzehnhundertzweiundfünfzig ausgefertigte Gesetz wird hiermit verkündet.

Berlin, den vierundzwanzigsten Juli neunzehnhundertzweiundfünfzig

Der Präsident
der Deutschen Demokratischen Republik
In Vertretung:
Dieckmann

Quelle: GBl. DDR 1952, Nr. 99, S. 613-614.

[47]

Ordnung für den Aufbau und die Arbeitsweise der staatlichen Organe der Bezirke. Vom 24. Juli 1952.

Auf Grund § 3 des Gesetzes vom 23. Juli 1952 über die weitere Demokratisierung des Aufbaus und der Arbeitsweise der Staatlichen Organe in den Ländern der Deutschen Demokratischen Republik (GBl. S. 613) erläßt der Ministerrat folgende Ordnung:

I.
Organe und Aufgaben

(1) Die Organe der Staatsgewalt des Bezirkes sind:
a) der Bezirkstag;
b) der Rat des Bezirkes.

(2) Die Organe der Staatsgewalt des Bezirkes leiten auf ihrem Territorium den wirtschaftlichen und kulturellen Aufbau, gewährleisten die Aufrechterhaltung der öffentlichen Ordnung, sichern die Durchführung der Gesetze, schützen die Rechte der Bürger, bestätigen den Haushaltsplan und entscheiden andere Angelegenheiten des Bezirkes.

(3) Sie regeln nicht nur Angelegenheiten von bezirklicher Bedeutung, sondern beteiligen sich an der Lösung aller staatlichen Angelegenheiten auf der Grundlage der von den höchsten Organen der Staatsgewalt erlassenen Gesetze und beschlossenen Maßnahmen.

II.
Der Bezirkstag

a) Zusammensetzung und Funktionen

(1) Der Bezirkstag ist das oberste Organ der Staatsgewalt im Bezirk. Er besteht aus den Abgeordneten des Volkes.

(2) Die Zahl der Abgeordneten des Bezirkstages beträgt bei einer Einwohnerzahl bis zu 500000 Einwohnern 60. Auf je weitere 35000 Einwohner erhöht sich die Zahl um einen Abgeordneten bis zur Höchstzahl von 90 Abgeordneten.

(3) Bis zur Neuwahl des Bezirkstages setzt sich dieser zusammen:
a) aus bisherigen Abgeordneten der Landtage,
b) aus den vom Landesausschuß der Nationalen Front des demokratischen Deutschland benannten Abgeordneten.

(4) Der Bezirkstag tritt bei vorliegender Notwendigkeit, jedoch mindestens einmal im Quartal, zusammen.

(5) Die erste Sitzung des Bezirkstages wird durch den ältesten Abgeordneten eröffnet. Nach der Eröffnung wählt der Bezirkstag aus seiner Mitte den Tagungsvorsitzenden und zwei Stellvertreter. Diese werden bei jeder Tagung neu gewählt.

(6) Die Beschlüsse des Bezirkstages sind verbindlich für alle Organe der Staatsgewalt, die dem Bezirkstag unterstehen.

(7) Die Beschlüsse des Bezirkstages können von der Volkskammer aufgehoben werden. Die Regierung kann die Durchführung der Beschlüsse des Bezirkstages vorläufig aussetzen.

b) die Abgeordneten

(8) Die Abgeordneten sind ihren Wählern verantwortlich und unterstehen ihrer Kontrolle. Die Wähler sind berechtigt, die Abgeordneten abzuberufen.

(9) Die Abgeordneten haben die besondere Aufgabe, der Bevölkerung die Gesetze und Maßnahmen der Staatsgewalt zu erläutern und eine ständige, enge Verbindung mit ihren Wählern zu pflegen.

(10) Die Abgeordneten sind insbesondere verpflichtet, Sprechstunden in den Aufklärungslokalen der Nationalen Front des demokratischen Deutschland abzuhalten, in denen die Werktätigen ihre Wünsche, Beschwerden und Vorschläge unterbreiten.

c) Die ständigen Kommissionen

(11) Der Bezirkstag wählt aus seiner Mitte ständige Kommissionen für folgende Arbeitsgebiete:
1. Haushalt,
2. Landwirtschaft und ländliches Bauwesen,
3. örtliche Industrie,
4. Gesundheitswesen und Sozialfürsorge,
5. Volksbildung,
6. Handel,
7. Verkehr,
8. Wohnungswesen und Kommunalwirtschaft,
9. Kulturelle Massenarbeit,
10. örtliche Volkspolizei und Justiz.

Soweit die Notwendigkeit besteht, sind für weitere Arbeitsgebiete gleichfalls ständige Kommissionen zu bilden.

(12) Die ständigen Kommissionen sind Organe des Bezirkstages. Sie haben dem Bezirkstag bei der Durchführung der ihm obliegenden Angelegenheiten Unterstützung zu gewähren. Ihre besondere Aufgabe ist die Heranziehung breitester Kreise der Bevölkerung zur Mitwirkung an der Durchführung staatlicher Aufgaben. Die ständigen Kommissionen sichern die enge Verbindung der Arbeit des Bezirkstages mit der Bevölkerung und fördern die Festigung und Entwicklung der staatlichen Ordnung. Sie unterstützen die Arbeit des Rates und arbeiten mit an der Vorbereitung von Beschlüssen des Bezirkstages und des Rates unter Berücksichtigung der Wünsche, Beschwerden, Vorschläge und Hinweise der Bevölkerung.

(13) Die ständigen Kommissionen bestehen aus mindestens 5 Abgeordneten. Die Vorsitzenden werden vom Bezirkstag bestimmt. Jede Kommission wählt einen Stellvertreter des Vorsitzenden und den Sekretär.

(14) Jede ständige Kommission bildet um sich ein Aktiv aus den auf dem jeweiligen Fachgebiet erfahrensten Bürgern des Bezirkes, die der ständigen Kommission in der Durchführung ihrer Aufgaben allseitige Unterstützung gewähren.

(15) Die ständigen Kommissionen treten regelmäßig, mindestens aber einmal im Monat, zusammen. Sie berichten dem Bezirkstag regelmäßig über ihre Arbeit.

III.
Der Rat des Bezirkes

(1) Der Rat des Bezirkes ist das vollziehende und verfügende Organ des Bezirkstages. Er wird in der konstituierenden Sitzung des Bezirkstages aus dessen Mitte in folgender Zusammensetzung gewählt:

Der Vorsitzende,
fünf Stellvertreter des Vorsitzenden,
der Sekretär,
fünf bis acht weitere Mitglieder.

(2) Die weiteren Mitglieder sollen vorzugsweise aus dem Kreis der Nationalpreisträger, Helden der Arbeit, Verdienten Lehrer und Ärzte des Volkes, Meisterbauern, Betriebsleiter sowie der Vorsitzenden der Räte der Kreise, Städte oder Gemeinden oder anderen im gesellschaftlichen Aufbau erfahrenen Mitgliedern des Bezirkstages gewählt werden, um die Arbeit des Rates in fachlicher Hinsicht zu qualifizieren und die ständige Verbindung mit den Schwerpunkten der Arbeit im Bezirk zu sichern.

(3) Der Rat des Bezirkes arbeitet nach einem von ihm beschlossenen Arbeitsplan. Er tritt in der Regel einmal wöchentlich zusammen.

(4) Der Leiter der Bezirksinspektion der Zentralen Kommission für Staatliche Kontrolle ist berechtigt, an den Sitzungen des Rates des Bezirkes mit beratender Stimme teilzunehmen.

(5) Der Rat des Bezirkes beachtet in seiner Arbeit die Kritik und die Anregungen der ständigen Kommisionen des Bezirkstages. Er hat für eine enge Zusammenarbeit der einzelnen Abteilungen mit den entsprechenden ständigen Kommissionen Sorge zu tragen. Er organisiert Vorträge und Seminare für die Abgeordneten.

(6) Der Rat des Bezirkes ist für die richtige und sorgfältige Behandlung der Beschwerden und Anregungen aus der Bevölkerung und für die Durchführung regelmäßiger Sprechstunden seiner Mitglieder verantwortlich.

(7) Der Rat des Bezirkes ist für die Anleitung, Aufsicht und Kontrolle der Arbeit der Räte der Kreise verantwortlich. Er hat einmal monatlich den Bericht über den Stand der Arbeit und die Probleme eines Kreises in seiner Sitzung zu behandeln. Zu dieser Sitzung sind die Vorsitzenden aller oder einzelner Räte der Kreise hinzuzuziehen.

(8) Die Beschlüsse des Rates des Bezirkes können vom Ministerrat aufgehoben werden.

IV.
Arbeitsorganisation des Rates

(1) Der Vorsitzende des Rates des Bezirkes leitet die Arbeit des Rates. Er bereitet die Vorschläge für die Tagesordnung des Bezirkstages vor, beruft diesen ein und eröffnet ihn.

(2) Dem Vorsitzenden des Rates des Bezirkes untersteht die Abteilung für Kader. Er ist verantwortlich für die Arbeit der Plankommission, die dem Rat des Bezirkes untersteht.

(3) Dem Vorsitzenden des Rates des Bezirkes obliegt die Zusammenarbeit mit den Organen der Justiz, der Staatsanwaltschaft, der Staatlichen Kontrolle und der Volkspolizei im Bezirk.

(4) Der Vorsitzende des Rates des Bezirkes übt die staatliche Aufsicht über die zentral geleiteten staatlichen Einrichtungen und wirtschaftlichen Unternehmungen im Bezirk aus, insbesondere über die volkseigenen Betriebe (VEB) (Z), staatlichen Handel, Post, Fernmeldewesen, Eisenbahn, statistischen Dienst, Projektierungsbüros, volkseigene Forstbetriebe und über die Genossenschaften.

(5) Die übrigen Aufgabengebiete unterstellt der Vorsitzende seinen Stellvertretern, soweit er sich nicht die Durchführung bestimmter Aufgaben vorbehält. Die Stellvertreter des Vorsitzenden des Rates tragen für die ihnen unterstellten Abteilungen und Einrichtungen des Rates des Bezirkes die Verantwortung. Sie haben ihnen gegenüber die Aufgabe der Anleitung, Aufsicht und Kontrolle.

(6) Der Sekretär des Rates bereitet die Sitzungen des Bezirkstages und der ständigen Kommissionen vor und unterstützt die Abgeordneten bei der Durchführung ihrer Aufgaben. Er ist insbesondere für die regelmäßige Durchführung der Tagungen des Bezirkstages verantwortlich.

(7) Der Sekretär des Rates arbeitet unter Hinzuziehung der Abteilungsleiter den Arbeitsplan des Rates aus.

(8) Der Sekretär des Rates koordiniert und kontrolliert die Arbeit aller Abteilungen und Einrichtungen des Rates und bereitet die Beschlußvorlagen für die Sitzungen des Rates vor.

(9) Beim Rat des Bezirkes besteht als besonderes Hilfsorgan des Rates die Organisations- und Instrukteurabteilung. Sie arbeitet unter der direkten Leitung des Sekretärs des Rates nach der entsprechenden Direktive des Ministerrates.

(10) Zur Erledigung seiner Aufgaben stehen dem Rat neben der Plankommission Abteilungen und Einrichtungen als ausführende Organe entsprechend dem von der Staatlichen Stellenplankommission bestätigten Struktur- und Stellenplan zur Verfügung. Diese Abteilungen bereiten die Beschlüsse des Rates vor. Ihnen obliegt die Durchführung der gefaßten Beschlüsse.

(11) Die Leiter der Abteilungen sind dem Rat des Bezirkes und dem Bezirkstag verantwortlich. Sie unterstehen gleichzeitig fachlich den entsprechenden Ministerien und Staatssekretariaten. Sie sind verpflichtet:
a) zur ständigen Berichterstattung vor dem Rat des Bezirkes;
b) zur schriftlichen Rechenschaftslegung in Zeitabständen von 3 Monaten;
c) zur Berichterstattung vor dem Bezirkstag.

(12) Die Abteilungsleiter tragen die Verantwortung für die Arbeit ihrer Abteilung. Sie werden auf Vorschlag des Rates des Bezirkes nach Zustimmung des zuständigen Ministers oder Staatssekretärs vom Bezirkstag bestätigt.

V.

Diese Ordnung tritt mit ihrer Verkündung in Kraft.

Berlin, den 24. Juli 1952

Die Regierung
der Deutschen Demokratischen Republik

Der Ministerpräsident	Koordinierungs- und Kontrollstelle für die Arbeit der Verwaltungsorgane
Grotewohl	Eggerath Staatssekretär

Quelle: GBl. DDR 1952, Nr. 101, S. 621-623.

[48]

Gesetz über die weitere Demokratisierung des Aufbaus und der Arbeitsweise der staatlichen Organe im Lande Thüringen. Vom 25. Juli 1952.

In Durchführung des Gesetzes der Deutschen Demokratischen Republik vom 23. Juli 1952 über die weitere Demokratisierung des Aufbaus und der Arbeitsweise der staatlichen Organe in den Ländern der Deutschen Demokratischen Republik hat der Thüringer Landtag folgendes Gesetz beschlossen:

§ 1

(1) Das Land Thüringen wird in die Landkreise:

1. Apolda	17. Mühlhausen
2. Arnstadt	18. Neuhaus a.Rwg.
3. Bad Salzungen	19. Nordhausen
4. Eisenach	20. Pößneck
5. Eisenberg	21. Rudolstadt
6. Erfurt	22. Saalfeld
7. Gera	23. Schleiz
8. Gotha	24. Schmalkalden
9. Greiz	25. Sömmerda
10. Heiligenstadt	26. Sondershausen

11. Hildburghausen
12. Ilmenau
13. Jena
14. Langensalza
15. Lobenstein
16. Meiningen
27. Sonneberg
28. Stadtroda
29. Suhl
30. Weimar
31. Worbis
32. Zeulenroda

und die Stadtkreise:

1. Erfurt
2. Gera
3. Jena
4. Weimar

gegliedert.

(2) Die Abgrenzung der Kreise erfolgt gemäß dem diesem Gesetz als Anlage A beigefügten Verzeichnis der kreisangehörigen Gemeinden.

§ 2

Die Landkreise:
Apolda,
Arnstadt,
Eisenach,
Erfurt,
Gotha,
Heiligenstadt,
Langensalza,
Mühlhausen,
Nordhausen,
Sömmerda,
Sondershausen,
Weimar,
Worbis

und die
Stadtkreise:
Erfurt,
Weimar

bilden den Bezirk Erfurt, Land Thüringen.

Die Landkreise:
Eisenberg,
Gera,
Greiz,
Jena,
Lobenstein,
Pößneck,
Rudolstadt,
Saalfeld
Schleiz,
Stadtroda,
Zeulenroda

und die
Stadtkreise:
Gera,
Jena

bilden den Bezirk Gera, Land Thüringen.

Die Landkreise:
Bad Salzungen,
Hildburghausen,
Ilmenau,
Meiningen,
Neuhaus a.Rwg.,
Schmalkalden,
Sonneberg,
Suhl

bilden den Bezirk Suhl, Land Thüringen.

§ 3

Die Abgeordneten des Thüringer Landtages setzen ihre Tätigkeit als Volksvertreter in den Bezirkstagen fort.

§ 4

Die bisher von der Landesregierung wahrgenommenen Aufgaben gehen entsprechend den nach § 4 des Gesetzes vom 23. Juli 1952 über die weitere Demokratisierung des Aufbaus und der Arbeitsweise der staatlichen Organe in den Ländern der Deutschen Demokratischen Republik getroffenen Regelungen auf die Organe der Bezirke über.

§ 5

(1) Dieses Gesetz tritt mit seiner Annahme und Verkündung im Landtag in Kraft*).
(2) Die Landesregierung hat die zu seiner Durchführung erforderlichen Maßnahmen zu treffen, bis die Organe der Bezirke ihre Tätigkeit aufnehmen.

Erfurt, den 25. Juli 1952

Der Präsident
des Thüringer Landtages
Frölich

*) Verkündet in der Landtagssitzung am 25. Juli 1952.

Quelle: RegBl. 8 (1952), T. I, Nr. 22/23, S. 177-178 (dort mit Anlage A: Verzeichnis der kreisangehörigen Gemeinden, S. 178-188).

[49]

Verfassungsgesetz zur Bildung von Ländern in der Deutschen Demokratischen Republik (Ländereinführungsgesetz). Vom 22. Juli 1990.

Territoriale Gliederung

§ 1

(1) Mit Wirkung vom 14. Oktober 1990 werden in der DDR folgende Länder gebildet:

- Mecklenburg-Vorpommern
  durch Zusammenlegung der Bezirksterritorien Neubrandenburg, Rostock und Schwerin,
  · ohne die Kreise Perleberg, Prenzlau und Templin;

- Brandenburg
  durch Zusammenlegung der Bezirksterritorien Cottbus, Frankfurt/Oder und Potsdam,
  · ohne die Kreise Hoyerswerda, Jessen und Weißwasser,
  · zuzüglich der Kreise Perleberg, Prenzlau und Templin;

- Sachsen-Anhalt
  durch Zusammenlegung der Bezirksterritorien Halle und Magdeburg,
  · ohne den Kreis Artern,
  · zuzüglich des Kreises Jessen;

- Sachsen
  durch Zusammenlegung der Bezirksterritorien Dresden, Karl-Marx-Stadt/Chemnitz und Leipzig,
  · ohne die Kreise Altenburg und Schmölln;
  · zuzüglich der Kreise Hoyerswerda und Weißwasser;

- Thüringen
  durch Zusammenlegung der Bezirksterritorien Erfurt, Gera und Suhl,
  · zuzüglich der Kreise Altenburg, Artern und Schmölln.

(2) Berlin, Hauptstadt der DDR, erhält Landesbefugnisse, die von der Stadtverordnetenversammlung und vom Magistrat wahrgenommen werden.

§ 2

(1) Das Staatsgebiet der DDR ist unteilbar. Maßnahmen zur Neugliederung der Länderstruktur der DDR bedürfen eines Gesetzes der Republik. Die betroffenen Länder sind zu hören.
(2) Änderungen von Grenzen der Länder der DDR, die im Ergebnis von Bürgerbefragungen in Gemeinden und Städten begehrt werden und von der Gemeindevertretung bzw. Stadtverordnetenversammlung beschlossen wurden, bedürfen eines Staatsvertrages zwischen den beteiligten Ländern.
(3) Wollen Gemeinden oder Städte nach der Länderbildung in das Land zurückkehren, dem sie am 23. Juli 1952 angehörten, ist ihrem in Bürgerbefragungen bekundeten und durch die Volksvertretungen bestätigten Willen stattzugeben, sofern dadurch keine Ex- bzw. Enklaven entstehen.

Grundsätzliche Bestimmungen

§ 3

(1) Die Deutsche Demokratische Republik ist ein Bundesstaat, in dem die Gewaltenteilung garantiert ist. Die Gesetzgebung ist an die verfassungsmäßige Ordnung, die vollziehende Gewalt und die Rechtsprechung an Gesetz und Recht gebunden.
(2) Die verfassungsmäßige Ordnung in den Ländern muß den Grundsätzen des republikanischen, freiheitlichen, demokratischen, sozialen und ökologisch orientierten Rechtsstaates entsprechen. In den Ländern, Kreisen und Gemeinden muß das Volk eine Vertretung haben, die aus allgemeinen, unmittelbaren, freien, gleichen und geheimen Wahlen hervorgegangen ist.
(3) Den Gemeinden muß das Recht gewährleistet sein, alle Angelegenheiten der örtlichen Gemeinschaft im Rahmen der Gesetze in eigener Verantwortung zu regeln. Auch die Kreise haben im Rahmen ihres gesetzlichen Aufgabenbereiches nach Maßgabe der Gesetze das Recht der Selbstverwaltung.

(4) Die Republik gewährleistet, daß die verfassungsmäßige Ordnung der Länder den Bestimmungen der Absätze 2 und 3 entspricht.

§ 4

Die Ausübung der staatlichen Befugnisse und die Erfüllung der staatlichen Aufgaben ist Sache der Länder, soweit dieses Gesetz keine andere Regelung trifft oder zuläßt.

§ 5

Das Recht der Republik bricht Landesrecht.

Gesetzgebung der Republik und der Länder

§ 6

Die Länder haben das Recht der Gesetzgebung, soweit dieses Gesetz nicht der Republik Gesetzgebungsbefugnisse verleiht.

§ 7

Die Republik hat die ausschließliche Gesetzgebung über:

1. die auswärtigen Angelegenheiten sowie die Abrüstung und die Verteidigung einschließlich des Schutzes der Zivilbevölkerung,
2. die Staatsangehörigkeit in der Republik,
3. die Freizügigkeit, das Paßwesen, die Ein- und Auswanderung und die Auslieferung,
4. das Währungs-, Geld- und Münzwesen, die Maße und Gewichte sowie die Zeitbestimmung,
5. die Einheit des Zoll- und Handelsgebietes, die Handels- und Schiffahrtsverträge, die Freizügigkeit des Warenverkehrs und den Waren- und Zahlungsverkehr mit dem Ausland einschließlich des Zoll- und Grenzschutzes,
6. die Staatseisenbahn und den Luftverkehr,
7. das Post- und Fernmeldewesen,
8. die Rechtsverhältnisse der im Dienste der Republik und der republiksunmittelbaren Körperschaften des öffentlichen Rechtes stehenden Personen,
9. den gewerblichen Rechtsschutz, das Urheberrecht und das Verlagsrecht,
10. die Zusammenarbeit der Republik und der Länder in der Kriminalpolizei sowie die Einrichtung eines Kriminalpolizeiamtes der Republik und die internationale Verbrechensbekämpfung,
11. die Statistik für Zwecke der Republik.

§ 8

(1) Im Bereich der konkurrierenden Gesetzgebung haben die Länder die Befugnis zur Gesetzgebung, solange und soweit die Republik von ihrem Gesetzgebungsrecht keinen Gebrauch macht.
(2) Die Republik hat in diesem Bereich das Gesetzgebungsrecht, soweit ein Bedürfnis nach gesetzlicher Regelung durch die Republik besteht, weil

1. eine Angelegenheit durch die Gesetzgebung einzelner Länder nicht wirksam geregelt werden kann oder
2. die Regelung einer Angelegenheit durch ein Landesgesetz die Interessen anderer Länder oder der Gesamtheit beeinträchtigen könnte oder
3. die Wahrung der Rechts- oder Wirtschaftseinheit, insbesondere die Wahrung der Einheitlichkeit der Lebensverhältnisse über das Gebiet eines Landes hinaus sie erfordert.

(3) Die konkurrierende Gesetzgebung erstreckt sich auf folgende Gebiete:

1. das bürgerliche Recht, das Strafrecht und den Strafvollzug, die Gerichtsverfassung, das gerichtliche Verfahren, die Rechtsanwaltschaft, das Notariat und die Rechtsberatung,
2. das Personenstandswesen,
3. das Vereins- und Versammlungsrecht,
4. das Aufenthalts- und Niederlassungsrecht der Ausländer, einschließlich des Asylrechts,
5. das Waffen- und Sprengstoffrecht,
6. den Schutz nationalen Kulturgutes gegen Abwanderung in das Ausland,
7. die Angelegenheiten der Flüchtlinge und Vertriebenen,
8. die öffentliche Fürsorge,
9. die Staatsangehörigkeit in den Ländern,
10. die Kriegsfolgelasten sowie Fragen der Rehabilitation der Opfer von Gewaltherrschaft,
11. das Recht der Wirtschaft (Bergbau, Industrie, Energiewirtschaft, Handwerk, Gewerbe, Handel, Bank- und Börsenwesen, privatrechtliches Versicherungswesen),
12. die Erzeugung und Nutzung der Kernenergie zu friedlichen Zwecken, die Errichtung und den Betrieb von Anlagen, die diesen Zwecken dienen, den Schutz gegen Gefahren, die bei Freiwerden von Kernenergie oder durch ionisierende Strahlen entstehen, und die Beseitigung radioaktiver Stoffe,
13. das Arbeitsrecht einschließlich der Betriebsverfassung, des Arbeitsschutzes und der Arbeitsvermittlung sowie die Sozialversicherung einschließlich der Arbeitslosenversicherung,
14. die Regelung der Ausbildungsbeihilfen und die Förderung der wissenschaftlichen Forschung,
15. das Recht der Enteignung, soweit sie auf den Sachgebieten der §§ 7 und 8 in Betracht kommt,
16. die Überführung von Grund und Boden, von Naturschätzen und Produktionsmitteln in Gemeineigentum oder in andere Formen der Gemeinwirtschaft,
17. die Verhütung des Mißbrauchs wirtschaftlicher Machtstellung,
18. die Förderung der land- und forstwirtschaftlichen Erzeugung, die Sicherung der Ernährung, die Ein- und Ausfuhr land- und forstwirtschaftlicher Erzeugnisse, die Hochsee- und Küstenfischerei und den Küstenschutz,
19. den Grundstücksverkehr, das Bodenrecht und das landwirtschaftliche Nutzungsrecht (Pachtwesen), das Wohnungswesen, das Siedlungs- und Heimstättenwesen,
20. die Maßnahmen gegen gemeingefährliche und übertragbare Krankheiten bei Menschen und Tieren, die Zulassung zu ärztlichen und anderen Heilberufen und zum Heilgewerbe, den Verkehr mit Arzneien, Heil- und Betäubungsmitteln und Giften,
21. die wirtschaftliche Sicherung der Krankenhäuser und die Regelung der Krankenhauspflegesätze,
22. den Schutz beim Verkehr mit Lebens- und Genußmitteln, Bedarfsgegenständen, Futtermitteln und land- und forstwirtschaftlichem Saat- und Pflanzgut, den Schutz der Pflanzen gegen Krankheiten und Schädlinge sowie den Tierschutz,

23. die Hochsee- und Küstenschiffahrt sowie die Seezeichen, die Binnenschiffahrt, den Wetterdienst, die Seewasserstraßen und die dem allgemeinen Verkehr dienenden Binnenwasserstraßen,
24. den Straßenverkehr, das Kraftfahrwesen, den Bau und die Unterhaltung von Landstraßen für den Fernverkehr sowie die Erhebung und Verteilung von Gebühren für die Benutzung öffentlicher Straßen mit Fahrzeugen,
25. die Schienenbahnen, die nicht Staatseisenbahnen sind, mit Ausnahme der Bergbahnen,
26. die Abfallbeseitigung, die Luftreinhaltung und die Lärmbekämpfung,
27. die arbeitsrechtlichen Regelungen für die Beschäftigten des öffentlichen Dienstes, die in einem öffentlich-rechtlichen Dienst- und Treueverhältnis stehen, soweit der Republik darüber nicht die ausschließliche Gesetzgebung zusteht.

§ 9

Die Republik hat das Recht, unter den Voraussetzungen des § 8 Absatz 2 Rahmenvorschriften zu erlassen über:
1. die Rechtsverhältnisse der im öffentlichen Dienst der Länder, Gemeinden und anderen Körperschaften des öffentlichen Rechtes stehenden Personen, soweit § 8 Absatz 3, Ziffer 27 nichts anderes bestimmt,
2. die allgemeinen Grundsätze des Hochschulwesens,
3. die allgemeinen Rechtsverhältnisse der Presse und des Films,
4. den Umwelt- und Naturschutz, die Landschaftspflege und das Jagdwesen,
5. die Bodenverteilung, die Raumordnung und den Wasserhaushalt,
6. das Melde- und Ausweiswesen.

§ 10
Übergangsregelungen zur Gesetzgebungsbefugnis

Bis zur Herstellung der Einheit Deutschlands gelten für die Gesetzgebung der DDR und ihre Länder folgende Übergangsregelungen:

a) In der ausschließlichen Gesetzgebungsbefugnis der Republik liegen:
   - die Sparkassen,
   - die Binnenfischerei.
b) In der ausschließlichen Gesetzgebungs- und Verwaltungsbefugnis der Republik liegen der Hörfunk und das Fernsehen.
c) In der Rahmengesetzgebungsbefugnis der Republik liegen:
   - die Grundsätze und Rahmenregelungen des Bildungswesens und der Berufsbildung,
   - der öffentliche Gesundheitsschutz, der Katastrophenschutz, der Rettungsdienst und die Feuerwehr,
   - der Minderheitenschutz,
   - der Datenschutz.

§ 11
Sonderregelung

Die Verwendung des Eigentums in staatlicher Treuhandverwaltung ist Gegenstand der ausschließlichen Gesetzgebungsbefugnis der Republik.

Ausführung der Gesetze der Republik und Verwaltung der Republik

§ 12

Die Länder führen die Gesetze der Republik als eigene Angelegenheit aus, soweit dieses Gesetz nichts anderes bestimmt oder zuläßt.

§ 13

(1) Führen die Länder die Gesetze der Republik als eigene Angelegenheit aus, so regeln sie die Einrichtung der Behörden und das Verwaltungsverfahren, soweit nicht Gesetze der Republik etwas anderes bestimmen. Der Ministerrat kann dazu allgemeine Verwaltungsvorschriften erlassen.

(2) Der Ministerrat übt die Aufsicht darüber aus, daß die Länder die Gesetze der Republik dem geltenden Recht gemäß ausführen. Der Ministerrat kann zu diesem Zweck Beauftragte zu den obersten Landesbehörden und mit deren Zustimmung auch zu den nachgeordneten Behörden entsenden.

§ 14

(1) Führen die Länder die Gesetze der Republik im Auftrag der Republik aus, so bleibt die Einrichtung der Behörden Angelegenheit der Länder, soweit nicht Gesetze der Republik etwas anderes bestimmen. Der Ministerrat kann dazu allgemeine Verwaltungsvorschriften erlassen.

(2) Die Landesbehörden unterstehen den Weisungen der zuständigen obersten Behörden der Republik. Der Vollzug der Weisung ist durch die obersten Landesbehörden sicherzustellen.

(3) Die Aufsicht der Republik erstreckt sich auf Gesetzmäßigkeit und Zweckmäßigkeit der Ausführung. Der Ministerrat kann zu diesem Zwecke Bericht und Vorlage der Akten verlangen und Beauftragte zu allen Behörden entsenden.

§ 15

Führt die Republik die Gesetze durch republikseigene Verwaltung oder durch republiksunmittelbare Körperschaften oder Anstalten des öffentlichen Rechts aus, so werden die allgemeinen Verwaltungsvorschriften vom Ministerrat erlassen. Er regelt die Einrichtung der Behörden.

§ 16

(1) In republikseigener Verwaltung mit eigenem Verwaltungsunterbau werden geführt:
1. Auswärtiger Dienst,
2. Finanzverwaltung der Republik einschließlich Zoll,
3. Staatseisenbahn,
4. Post- und Fernmeldewesen,
5. Arbeitsverwaltung,
6. Grenzschutz,
7. Verwaltung der Streitkräfte.

(2) Für Angelegenheiten, für die der Republik die Gesetzgebung zusteht, können außerdem selbständige Oberbehörden der Republik und neue republiksunmittelbare Körperschaften und Anstalten des öffentlichen Rechtes durch Gesetze der Republik errichtet werden.

(3) Diejenigen sozialen Versicherungsträger, deren Zuständigkeitsbereich sich über das Gebiet eines Landes hinaus erstreckt, werden als republiksunmittelbare Körperschaften des öffentlichen Rechtes geführt.

§ 17

Die Länder verwalten im Auftrag der Republik:
- die Autobahnen,
- die Fernverkehrsstraßen,
- den zivilen Bevölkerungsschutz.

§ 18

Übergangsregelung für Verwaltungsbefugnisse

(1) Bis zur Herstellung der Einheit Deutschlands werden in der DDR in republikseigener Verwaltung mit eigenem Verwaltungsunterbau geführt:
1. die Genehmigung und Überwachung kerntechnischer Anlagen,
2. die Luftverkehrsverwaltung,
3. die Wasserstraßen der Republik, die Seeschiffahrt und die Binnenschiffahrt, soweit sie über das Gebiet eines Landes hinausgehen,
4. der Republik durch Gesetz zugeordnete Polizei (Zentrales Kriminalamt der Republik, Zentraler Personen- und Objektschutz, Zentrale Antiterroreinheit, Transportpolizei mit eigenem Unterbau sowie Zentrale Fliegerstaffel),
5. der statistische Dienst.
(2) Bis zur Herstellung der Einheit Deutschlands kann der Ministerrat der DDR zur wirksamen Bekämpfung von Naturkatastrophen oder Unglücksfällen, die das Gebiet mehr als eines Landes gefährden, den Länderregierungen die Weisung erteilen, Polizeikräfte anderen Ländern zur Verfügung zu stellen sowie Kräfte des Grenzschutzes und der Streitkräfte zur Unterstützung der Polizei einsetzen. Diese Maßnahmen sind nach Beseitigung der Gefahr oder auf Verlangen der Mehrheit der Länder unverzüglich aufzuheben.

Finanzhoheit der Republik und der Länder

§ 19

(1) Die Republik und die Länder tragen gesondert die Ausgaben, die sich aus der Wahrnehmung ihrer Aufgaben ergeben. Handeln die Länder im Auftrag der Republik, trägt die Republik die sich daraus ergebenden Ausgaben.
(2) Republik und Länder sind in ihrer Haushaltswirtschaft selbständig und voneinander unabhängig. Sie haben den Erfordernissen des gesamtwirtschaftlichen Gleichgewichts Rechnung zu tragen.
(3) Die Finanzausstattung der Länder ist so zu gestalten, daß die Länder in der Lage sind, ihre Aufgaben sachgerecht zu erfüllen. Die unterschiedliche Finanzkraft der Länder ist angemessen auszugleichen; hierbei sind die Finanzkraft und der Finanzbedarf der Gemeinden und Kreise zu berücksichtigen.
(4) Näheres ist durch Gesetz der Republik zu regeln.

Übergangsregelung für die Mitwirkung der Länder

§ 20

(1) Die Ministerpräsidenten der Länder und der Oberbürgermeister von Berlin besitzen bis zur Herstellung der Einheit Deutschlands in den Fällen der §§ 8, 9, 11 und 19 Absatz 4 dieses Gesetzes ein Einspruchsrecht. Der Einspruch gilt als eingelegt, wenn die Mehrheit innerhalb von einem Monat nach Beschlußfassung von dem Einspruchsrecht Gebrauch macht.
(2) Der Einspruch der Mehrheit der Ministerpräsidenten der Länder und des Oberbürgermeisters von Berlin kann von der Volkskammer nur mit einer Mehrheit von zwei Dritteln der Abgeordneten abgewiesen werden. Sonst gilt das Gesetz als nicht beschlossen.

Vermögensnachfolge

§ 21

(1) Mit der Bildung von Ländern in der DDR geht das Vermögen der Bezirke auf das jeweilige Land, dem sie angehören, über.
(2) Soweit das Vermögen der Republik nach seiner ursprünglichen Zweckbestimmung überwiegend für Verwaltungsaufgaben bestimmt war, die nach diesem Gesetz nicht Verwaltungsaufgaben der Republik sind, ist es unentgeltlich auf die nunmehr zuständigen Aufgabenträger und, soweit es nach seiner gegenwärtigen, nicht nur vorübergehenden Benutzung Verwaltungsaufgaben dient, die nach diesem Gesetz nunmehr von den Ländern zu erfüllen sind, auf die Länder zu übertragen.
(3) Die Republik überträgt ihr sonstiges Vermögen den Ländern, sofern sie es nicht für die Erfüllung ihrer eigenen Aufgaben benötigt.

§ 22

Übergang von Einrichtungen und Personal

Mit der Bildung von Ländern in der DDR gehen Verwaltungsorgane und sonstige der öffentlichen Verwaltung oder Rechtspflege dienende Einrichtungen der Republik, soweit sie nach diesem Gesetz Aufgaben der Länder wahrnehmen, auf die Länder über. Soweit Aufgaben auf die Länder übergehen, geht das Personal anteilmäßig auf die Länder über.

Übergangs- und Schlußbestimmungen

§ 23

(1) Die Wahl zu den Landtagen 1990 ist durch ein Gesetz der Republik zu regeln.
(2) Der erstgewählte Landtag, dem zugleich die Aufgabe einer verfassungsgebenden Landesversammlung obliegt, tritt spätestens am 14. Tag nach der Wahl zusammen. Spätestens am 20. Tag nach seinem Zusammentritt hat er eine vorläufige Landesregierung zu bilden.
(3) Nach Inkrafttreten der Landesverfassung wird die Landesregierung nach den Bestimmungen dieser Verfassung gebildet.

§ 24

Im Bereich der Gesetzgebungsbefugnis der Länder gilt das Recht der Republik als Landesrecht weiter, soweit die Länder nicht selbst von ihrer Befugnis Gebrauch machen.

§ 25
Inkrafttreten

(1) Dieses Gesetz tritt am 14. Oktober 1990 in Kraft.
(2) Gleichzeitig tritt das Gesetz über die weitere Demokratisierung des Aufbaus und der Arbeitsweise der staatlichen Organe in den Ländern der DDR vom 23. Juli 1952 (GBl. Nr. 99 S. 613) außer Kraft.
(3) Aus der Verfassung der Deutschen Demokratischen Republik vom 6. April 1968 in der Fassung des Gesetzes zur Ergänzung und Änderung der Verfassung der Deutschen Demokratischen Republik vom 7. Oktober 1974 werden gestrichen:
- der Artikel 47,
- der Artikel 48 Absatz 2,
- der Artikel 49 Absätze 1 und 2,
- der Artikel 58,
- der Artikel 70,
- der Artikel 72,
- im Artikel 76 Absatz 1 der Satz 2 sowie der Absatz 2,
- der Artikel 78 Absatz 1 sowie
- der Artikel 89 Absatz 3.

Das vorstehende, von der Volkskammer der Deutschen Demokratischen Republik am zweiundzwanzigsten Juli neunzehnhundertneunzig beschlossene Gesetz wird hiermit verkündet.

Berlin, den zweiundzwanzigsten Juli neunzehnhundertneunzig.

Die Präsidentin der Volkskammer
der Deutschen Demokratischen Republik
Bergmann-Pohl

Anlage

Landkreise und kreisfreie Städte der Länder der Deutschen Demokratischen Republik

[...]

Thüringen

Landkreise (35)

Altenburg	Gera	Mühlhausen	Sömmerda
Apolda	Gotha	Neuhaus am Rennweg	Sondershausen
Arnstadt	Greiz	Nordhausen	Sonneberg

Artern
Bad Langensalza
Bad Salzungen
Eisenach
Eisenberg
Erfurt
Heiligenstadt
Hildburghausen
Ilmenau
Jena
Lobenstein
Meiningen
Pößneck
Rudolstadt
Saalfeld
Schleiz
Schmalkalden
Schmölln
Stadtroda
Suhl
Weimar
Worbis
Zeulenroda

Kreisfreie Städte (5)
Erfurt, Gera, Jena, Suhl, Weimar

Quelle: GBl. DDR 1990, T. I, Nr. 51, S. 955-959.

[50]

Auszug aus dem Beschluß der Thüringer Landesregierung über die Zuständigkeit der einzelnen Minister nach § 13 Abs. 1 der Vorläufigen Landessatzung für das Land Thüringen. Vom 4. Dezember 1990.

Die Landesregierung führt im Dienstverkehr die Bezeichnung

»Thüringer Landesregierung«.

Sie setzt sich zusammen aus

dem Thüringer Ministerpräsidenten,
dem Thüringer Innenminister,
dem Thüringer Kultusminister,
dem Thüringer Justizminister,
dem Thüringer Finanzminister,
dem Thüringer Minister für Wirtschaft und Technik,
dem Thüringer Minister für Soziales und Gesundheit,
dem Thüringer Minister für Landwirtschaft und Forsten,
dem Thüringer Umweltminister,
dem Thüringer Minister für Wissenschaft und Kunst,
dem Thüringer Minister für besondere Aufgaben.

Die Ministerien führen im Dienstverkehr folgende Bezeichnungen

03 Thüringer Innenministerium
04 Thüringer Kultusministerium
05 Thüringer Justizministerium
06 Thüringer Finanzministerium
07 Thüringer Ministerium für Wirtschaft und Technik
08 Thüringer Ministerium für Soziales und Gesundheit

09 Thüringer Ministerium für Landwirtschaft und Forsten
10 Thüringer Umweltministerium
15 Thüringer Ministerium für Wissenschaft und Kunst
02 Geschäftsbereich des Thüringer Ministerpräsidenten

Der Thüringer Ministerpräsident übt die ihm auf Grund der Vorläufigen Landessatzung für das Land Thüringen und die ihm durch Gesetz zustehenden Rechte aus.

Hoheits- und Verwaltungsakte ergehen unter der Bezeichnung

Der Thüringer Ministerpräsident.

Der Ministerpräsident bedient sich zur Führung seiner Geschäfte und der laufenden Geschäfte der Landesregierung
- der Staatskanzlei
- der Frauenbeauftragten der Thüringer Landesregierung

Die Staatskanzlei führt die Bezeichnung

Thüringer Staatskanzlei

[...]

Der Beschluß tritt mit sofortiger Wirkung in Kraft.

Erfurt, den 04. Dezember 1990

Der Thüringer Ministerpräsident

Josef Duchač

Quelle: VOBl. 1 (1990), Nr. 1, S. 1-10.

[51]

Gesetz über die Hoheitszeichen des Landes Thüringen. Vom 30. Januar 1991.

Der Thüringer Landtag hat das folgende Gesetz beschlossen:

§ 1

(1) Das Wappen des Landes Thüringen bildet ein aufrecht stehender, achtfach rot-silbern gestreifter, goldgekrönter und goldbewehrter Löwe auf blauem Grund, umgeben von acht silbernen Sternen. Die Urzeichnung des Wappens wird im Thüringischen Staatsarchiv aufbewahrt.
(2) Die Landesfarben sind weiß-rot.

§ 2

Regelungen über die Gestaltung und Führung des Landeswappens, der Landesflagge, des Landessiegels und des Amtsschildes trifft die Landesregierung durch Rechtsverordnung.

§ 3

Dieses Gesetz tritt mit Wirkung vom 3. Oktober 1990 in Kraft.

Das vorstehende Gesetz wird hiermit verkündet.

Erfurt, den 30. Januar 1991

Der Präsident des Landtags
Dr. Müller

Quelle: GBl. 2 (1991), Nr. 1, S. 1.

[Dieter Marek]

4. Verwaltungseinteilung und Grenzänderungen

4.1 Entwicklung des Gesamtterritoriums

Territoriale Veränderungen 1920 bis 1998

Als nach Gemeinschaftsvertrag und Reichsgesetz das Land Thüringen zum 1. Mai 1920 zu den Bundesstaaten der Weimarer Republik hinzutrat, umfaßte es nicht den gesamten Thüringer Raum. In dem neuen Staat gingen schließlich die Territorien von sieben selbständigen Einzelstaaten auf, so daß in der Landesverfassung vom 11. März 1921 als Staatsgebiet beschrieben werden konnte: »Das Gebiet des Landes Thüringen besteht aus den ehemaligen Freistaaten Sachsen-Weimar-Eisenach, Sachsen-Meiningen, Reuß, Sachsen-Altenburg, Sachsen-Gotha, Schwarzburg-Rudolstadt und Schwarzburg-Sondershausen.«

Diese Staaten hatten im Laufe des 19. Jahrhunderts ihren endgültigen Gebietsstand erreicht. Während die beiden schwarzburgischen Fürstentümer (Schwarzburg-Rudolstadt, Schwarzburg-Sondershausen) schon vorher ihre Abrundung erfahren hatten, legte 1826 die letzte Landesteilung den Gebietsstand im sächsisch-ernestinischen Thüringen mit dem Großherzogtum (Sachsen-Weimar-Eisenach) und drei weiteren Herzogtümern (Sachsen-Altenburg, Sachsen-Meiningen, Sachsen-Coburg und Gotha) abschließend fest. Zuletzt wurde das Territorium der Fürsten von Reuß 1848/52 endgültig in zwei Linien (Reuß älterer Linie, Reuß jüngerer Linie) zusammengefaßt. Mit dem Gebietsumfang dieser fürstlichen Einzelstaaten, die nach der Novemberrevolution als Freistaaten weiterexistierten, wurde nunmehr das Land Thüringen konstituiert.

Nach der Aufhebung der Monarchie und vor der thüringischen Vereinigung sind jedoch zwei Veränderungen signifikant geworden: der Zusammenschluß der beiden reußischen Teilstaaten zum Volksstaat Reuß (17. April 1919), der allerdings keine Gebietsveränderung bewirkte, und die Abspaltung des Coburger Landesteils des vormaligen Herzogtums Sachsen-Coburg und Gotha nach einer Volksbefragung (30. November 1919), in deren Folge der inzwischen selbständige Freistaat Coburg zum 1. Juli 1920 an Bayern angeschlossen wurde.

Die territoriale Abgrenzung des künftigen Landes hatte auf den preußischen Anteil am Thüringer Raum Rücksicht zu nehmen, seitdem Preußen zu Beginn des 19. Jahrhunderts als Machtfaktor in Mitteldeutschland auftrat. Es hatte seinen alten Besitzstand und die neuen Erwerbungen 1816 in der neugebildeten Provinz Sachsen zusammengefaßt, in die mit dem Regierungsbezirk Erfurt und Teilen des Regierungsbezirks Merseburg auch ein thüringischer Gebietsanteil aus kurmainzischer bzw. kursächsischer Erbschaft aufging. Zu Preußen gehörte seit 1866 auch der in Südthüringen gelegene Kreis Herrschaft Schmalkalden aus dem vormaligen Kurfürstentum Hessen, der jedoch Bestandteil des Regierungsbezirks Kassel (Provinz Hessen-Nassau) war. Das ehemalige Burgamt Hohnstein in Nordthüringen war

1867 zum Regierungsbezirk Hildesheim (Provinz Hannover) gekommen. Der beharrliche Widerstand Preußens gegen Gebietsabtretung oder -tausch, der bei der Landesgründung von 1920 nur eine »kleinthüringische« Lösung zuließ, schloß demzufolge für ein weiteres Vierteljahrhundert mehr als ein ein Viertel des thüringischen Territoriums aus dem vereinigten Thüringen aus.

Das Territorium des neuen Landes Thüringen war in seinen Außengrenzen somit keinesfalls fest geschlossen, sondern wies zugleich größere preußische Gebietseinschlüsse - die räumlich zusammenhängenden Landkreise Schmalkalden und Schleusingen in Südthüringen sowie den Landkreis Ziegenrück in Ostthüringen - aber auch thüringische Gebietsausschlüsse wie den Landkreis Sondershausen auf. Auch unterhalb dieser Staatsgebietsverteilung zwischen Thüringen und Preußen im thüringischen Gesamtgebiet existierten seit 1920 zwei kleinere Gebietsausschlüsse des Landes Thüringen: im bayerischen Staatsgebiet (Oberfranken) die Exklave Ostheim vor der Rhön (zum Landkreis Meiningen gehörig) und im preußischen Staatsgebiet (Provinz Sachsen) die Exklave Allstedt (zum Landkreis Weimar gehörig). Andererseits wurden zahlreiche kleinere preußische Exklaven vom Land Thüringen umschlossen. Im Grenzbereich gab es zudem eine Reihe von zweiherrigen Gemeinden. Insgesamt grenzte das Land an die Freistaaten Bayern und Sachsen sowie an die preußischen Provinzen Hessen-Nassau und Sachsen. Für die Entwicklung des Territoriums des Landes galt, was 1920/21 in der Verfassung formuliert worden war: »Die Grenzen des Staatsgebietes können durch Gesetz geändert werden.« Bis 1945 blieben sie jedoch im wesentlichen dauerhaft.

Grundlegend für die Neugestaltung und innere Gliederung des Landes wurde das Gesetz über die Neuabgrenzung der Kreise und Gemeinden vom 16. Juni 1922. Die damit erreichte Kreiseinteilung führte am 1. Oktober 1922 zu einer vollständigen Neugliederung und damit zur definitiven Überwindung der alten territorialen Verhältnisse. Die neu geschaffenen 16 Land- und neun Stadtkreise überlagerten die bisherigen Verwaltungseinteilungen aus der Zeit vor der Landesgründung und setzten den Schlußstrich unter die kleinstaatliche Vergangenheit Thüringens. Erst danach waren die jahrhundertealten dynastischen Grenzen endgültig überwunden.

Bis 1933 fanden lediglich zwei Gebietsaustausche mit den benachbarten Ländern statt. Durch Staatsvertrag vom 7. Dezember 1927 mit dem Freistaat Sachsen wurden mehrere Gemeinden und Fluren vollständig bzw. teilweise zwischen den beiden Ländern ausgetauscht, so daß dadurch die Doppelstaatlichkeit der betreffenden Ortschaften an der gemeinsamen Landesgrenze beseitigt wurde. Die Übernahme erfolgte mit Wirkung vom 1. April 1928 durch ein entsprechendes Gesetz der Landesregierung. Schließlich wurde nach vorausgegangenem Staatsvertrag mit dem Freistaat Bayern vom 15. Oktober 1930/29. Januar 1931 durch ein Gesetz der Landesregierung vom 16. Juni 1931 der Austausch unbewohnter Gebietsteile an der bayerisch-thüringischen Grenze dekretiert. In Kraft trat er mit dem Austausch der Ratifikationsurkunden am 7. April 1932.

Bis 1945 fand eine wie auch immer geartete territoriale Veränderung nicht mehr statt, auch wenn während der Zeit der nationalsozialistischen Herrschaft mit der Einsetzung eines Reichsstatthalters die Eigenstaatlichkeit Thüringens obsolet geworden war. Thüringen existierte wie alle deutschen Länder seit dem 30. Januar 1934 nur noch als Reichsverwaltungsbezirk. Aber alle Versuche des Reichsstatthalters (und Gauleiters für den NSDAP-Bezirk Thüringen), zur Abrundung des thüringischen Staatsgebietes auch preußische Gebiete zu erlangen, scheiterten. Die Veränderungen des Jahres 1944 im gesamtpreußischen Verwaltungsgebiet, als zum 1. Juli der Regierungsbezirk Erfurt aus der Provinz Sachsen und der Landkreis Herrschaft Schmalkalden aus dem Regierungsbezirk Kassel der Provinz Hessen-Nassau herausgelöst und zu einer selbständigen Verwaltungseinheit unter Weiterverwendung der Bezeichnung Regierungsbezirk Erfurt zusammengeschlossen wurden, für die der Reichsstatthalter in Thüringen die Befugnisse des Oberpräsidenten in der staatlichen Verwaltung (für die fiktive »Provinz Erfurt«) wahrnahm, hatten für Thüringen keine staatsgebietsrechtlichen Konsequenzen. Die Staatszugehörigkeit des erweiterten Regierungsbezirks Erfurt zum Land Preußen wurde nicht angetastet. Der diesen Veränderungen zugrundeliegende Führererlaß vom 1. April 1944 war von dem Erfordernis diktiert, das bereits seit 1939 als Reichsverteidigungsbezirk zusammengefaßte thüringische Gebiet auch auf der staatlichen Verwaltungsebene den kriegsbedingten Zentralisierungsbestrebungen und -erfordernissen zu unterwerfen. Allerdings waren damit Vorleistungen erbracht worden, die nach Kriegsende 1945 die rechtliche Angliederung preußischer Gebiete in Thüringen an das 1920 gegründete Land Thüringen erleichterten, weil die verwaltungsorganisatorischen Bindungen an die vormalige Provinzialregierung in Magdeburg bereits gekappt worden waren.

Die Chance zur territorialen Neuordnung Thüringens ergab sich 1945 allein schon aus der Tatsache der alliierten Besetzung Deutschlands und der Einteilung des Deutschen Reiches in Besatzungszonen, die den bisherigen preußischen Staat zerschnitten. Zwar lag die vormalige Provinz Sachsen auf dem Territorium der vorgesehenen Sowjetischen Besatzungszone, aber die ordnende Staatsgewalt des Landes Preußen existierte nicht mehr. Folgerichtig wurde der Staat Preußen 1947 von den alliierten Siegermächten aufgelöst. Das befreite Thüringen begann mit der Neuordnung seines Staatsgebietes bereits während der amerikanischen Besetzung des Landes vom April bis Anfang Juli 1945 und schloß diesen Prozeß nach dem Besatzungswechsel als Teil der Sowjetischen Besatzungszone im Laufe des Jahres 1945 ab. Schwerpunkte der Veränderungen im Gebietsstand des Landes Thüringen nach dem Ende des zweiten Weltkrieges waren die Erweiterung durch preußische Gebiete in Thüringen (Regierungsbezirk Erfurt und Landkreis Schmalkalden) und der Fortfall der außerthüringischen Exklaven Ostheim vor der Rhön und Allstedt, so daß das erweiterte Land Thüringen 1945 erstmals eine den Thüringer Raum überstreichende Abrundung erfuhr.

Die während der kurzen amerikanischen Besatzungszeit im Mai/Juni 1945 entwickelte Planung für den Aufbau der Verwaltung Thüringens sah für den Umfang des neuen Verwaltungsgebietes den Zusammenschluß der thüringischen Kerngebiete - das Land Thüringen mit dem Regierungsbezirk Erfurt in seiner 1944 erreichten Ausdehnung mit dem Landkreis Schmalkalden - unter Angliederung von weiteren preußischen Stadt- und Landkreisen in Nord- und Nordostthüringen (aus der Provinz Sachsen) und eines nordbayerischen Grenzsaumes (u. a. Stadt- und Landkreis Coburg) sowie die Einbeziehung der amerikanisch besetzten westsächsischen Stadt- und Landkreise vor. Die Militärregierung genehmigte jedoch die territoriale Ausweitung nicht und verfügte lediglich die Hereinnahme der ihrer Befehlsgewalt unterstellten Stadt- und Landkreise Westsachsens in das Territorium der neu konstituierten Provinz Thüringen. Dieses »Zwischenspiel« wurde aber bereits wenig später mit dem Besatzungswechsel beendet. Dagegen wurde die Übernahme bzw. Eingliederung der vormals preußischen Stadt- und Landkreise des Regierungsbezirks Erfurt in den Staatsverband der Provinz Thüringen bereits ab 16. Juni 1945 mit allen staatsrechtlichen Konsequenzen vollzogen.

Die sich daraus ergebende innerthüringische Bereinigung wurde mit der ersten Verordnung über die Kreiseinteilung der Provinz Thüringen vom 2. Juli 1945 in Angriff genommen. Durch sie wurden in den thüringischen Landkreisen gelegene bisher preußische Exklaven in die sie umgebenden Kreise eingegliedert. Einbezogen wurden hier auch solche aus dem nicht zum Land Thüringen gehörenden Landkreis Weißenfels (Provinz Sachsen), die in den Landkreis Stadtroda übernommen wurden. Schwieriger gestaltete sich die Regelung im Hinblick auf die beiden größeren thüringischen Exklaven im Gebiet des Freistaates Bayern (Verwaltungsgebiet Ostheim vor der Rhön) und der preußischen Provinz Sachsen (Verwaltungsgebiet Allstedt), deren Eingliederung in die sie umschließenden Staaten in der Entwicklung seit 1942 vorgezeichnet war, als zum Zweck der Vereinheitlichung der Wirtschaftsverwaltung während des Krieges Gebietsausschlüsse in die umgebenden Stadt- oder Landkreise einbezogen wurden. Nach Kriegsende gehörten diese Maßnahmen im Sinne der Verwaltungsvereinfachung zu den ersten Schritten für die Neuordnung des thüringischen Verwaltungsgebietes, die noch während der amerikanischen Besetzung beschlossen wurden.

Nach dem Besatzungswechsel und der Neubildung der Landesverwaltung trug die darüber veröffentlichte Mitteilung vom 1. September 1945 den realen Besatzungsverhältnissen insofern Rechnung, indem darin das Verwaltungsgebiet des Landes auf dem Territorium der Sowjetischen Besatzungszone beschrieben wurde: »Das Land Thüringen umschließt das Gebiet des früheren Landes Thüringen - mit Ausnahme des Amtsgerichtsbezirks Ostheim v. d. Rhön - sowie die Gebiete des früheren Regierungsbezirks Erfurt und des Kreises Herrschaft Schmalkalden.« Für die in der Amerikanischen Besatzungszone verbliebene Exklave Ostheim vor der Rhön war durch das Regime der alliierten Besatzungsverwaltung deren Einbeziehung in thüringisches Verwaltungsgebiet praktisch nicht mehr möglich.

Zu diesem Zeitpunkt wurde allerdings die in der Provinz Sachsen gelegene Exklave Allstedt noch als zu Thüringen gehörig betrachtet. Nach anfänglich kontroversen Diskussionen wurde jedoch bereits am 23. September 1945 eine Vereinbarung zwischen dem Landespräsidenten von Thüringen und dem Präsidenten der Provinz Sachsen über die Eingliederung des Amtsgerichtsbezirkes Allstedt in den Landkreis Sangerhausen der neuformierten Provinz Sachsen (später Land Sachsen-Anhalt) getroffen, die mit Wirkung vom 1. Oktober 1945 rechtskräftig und mit einem feierlichen Übergabeakt am 4. November 1945 endgültig vollzogen wurde.

Dagegen bleibt das Geschehen um die Exklave Ostheim v. d. Rhön weithin widersprüchlich und ist bis heute zwischen den beiden beteiligten Bundesländern staatsrechtlich nicht geregelt. Eine damals angeregte »Staatsentschließung Bayerns und Thüringens« wegen ihrer Angliederung an das bayerische Staatsgebiet kam weder 1945 noch später zustande. Allein die Abgrenzung der Besatzungszonen und die sich daraus ergebenden Maßnahmen der Besatzungsverwaltung bestimmten die nicht zu ändernde Situation. Von Thüringen wurde die Eingliederung des Verwaltungsgebietes Ostheim vor der Rhön in den Staatsverband des Freistaates Bayern als nicht vollzogen betrachtet und auch so gegenüber der bayerischen Staatsregierung bekundet. Diese Haltung fand schließlich in der am 20. Dezember 1946 angenommenen Verfassung des Landes Thüringen bei der Beschreibung des thüringischen Staatsgebietes ihren Ausdruck. Sie impliziert unausgesprochen die Zugehörigkeit von Ostheim vor der Rhön zu Thüringen: »Das Gebiet des Landes Thüringen besteht aus dem ehemaligen Freistaat Thüringen, ohne die Exklave Allstedt, ferner aus dem Gebiet des früheren preußischen Regierungsbezirkes Erfurt und der Herrschaft Schmalkalden.«

1946 wurde aber auch auf thüringischer Seite an den Abschluß eines Staatsvertrages zur offiziellen Überleitung des thüringischen Gebietes an Bayern - allerdings mit Vermögensausgleich - gedacht. Wenig später mußte man einsehen, daß Verhandlungen über eine etwaige Abtretung oder Auseinandersetzung zwischen zwei deutschen Ländern, die unterschiedlichen Besatzungszonen (und in der Folge verschiedenen Staaten) angehörten, zweckmäßigerweise bis zur weiteren Entwicklung der Frage der Zonengrenzen ausgesetzt bleiben sollten. Die separaten Staatsgründungen von 1949 zementierten die Spaltung des deutschen Staatsgebietes und die im Ergebnis der alliierten Besetzung seit 1945 vorgenommenen Abgrenzungen zwischen der Sowjetischen Besatzungszone und den Westzonen.

Schließlich fanden 1945 noch einige Thüringen betreffende Grenzkorrekturen durch die Besatzungsmächte statt, an denen die deutschen Verwaltungen nicht beteiligt wurden. Durch das Braunschweiger Abkommen vom 12. Juli 1945 vereinbarten die britischen und sowjetischen Militärbehörden den Übergang der bisher zum preußischen Landkreis Grafschaft Hohenstein (nachfolgend thüringischer Landkreis Nordhausen) gehörenden Gemeinden Bad Sachsa und Tettenborn in den Landkreis Osterode (bisher preußischer Regierungsbezirk Hildesheim, Provinz Hannover, nachfolgend Land Niedersachsen) der Britischen Besatzungszone. An der Westgrenze Thüringens wurden durch das von amerikanischen und sowjetischen Militärbehörden vereinbarte Wanfrieder Abkommen vom 17. September 1945 zwei bisher thüringische Orte (Neuseesen, Werleshausen) an das Land Hessen (Landkreis Witzenhausen) in der amerikanischen Besatzungszone und vier bisher hessische Orte (Asbach, Sickenberg, Vatterode, Weidenbach) an Thüringen (Landkreis Heiligenstadt) abgetreten. Dadurch wurde an dieser Stelle die Zonengrenze, die nun nicht mehr den bisherigen Grenzen zwischen den preußischen Provinzen Sachsen und Hessen-Nassau folgten, verändert.

Mit diesen Grenzkorrekturen der Besatzungsmächte ergaben sich wiederum Änderungen im Hinblick auf das thüringische Staatsgebiet, die realiter zu berücksichtigen waren, aber keinen Niederschlag in der Verfassungs- und Gesetzgebung des Landes selbst fanden. Auch sie wurden staatsgebietsrechtlich zwischen den beteiligten Landesregierungen niemals geklärt. De facto herrschte seitdem der Zustand der verwaltungsmäßigen Eingliederung der betreffenden Gebiete in die jeweiligen Länder Thüringen, Hessen und Niedersachsen. Dieser blieb auch so, als 1949 aus der Sowjetischen Besatzungszone die Deutsche Demokratische Republik hervorging und ihre Länder 1952 in neuen Verwaltungsbezirken aufgingen.

Bis zu dieser Aufgliederung der Länder fand lediglich noch einmal 1950 ein Gebietsaustausch mit dem Land Sachsen-Anhalt statt, der die thüringische Exklave Mumsdorf (bis dahin Landkreis Altenburg) betraf. Schließlich wurde mit Wirkung vom 1. Juli 1952 noch eine Umflurung aus dem Landkreis Zeitz (Sachsen-Anhalt) zugunsten des Landkreises Jena vorgenommen, bevor das am 25. Juli 1952 beschlossene Gesetz über die weitere Demokratisierung des Aufbaus und der Arbeitsweise der staatlichen Organe in den Ländern der Deutschen Demokratischen Republik völlig neue verwaltungsgebietliche Verhältnisse in Thüringen schuf.

Fortan existierten auf dem Territorium des bisherigen Landes Thüringen drei Verwaltungsbezirke (Erfurt, Gera und Suhl) mit einer neuen Kreiseinteilung, die kleinere Kreisgebiete als bisher zur Folge hatte. Ein wesentlicher Einschnitt war jedoch der Übergang des bisherigen thüringischen Landkreises Altenburg an den Bezirk Leipzig und dessen Aufgliederung in zwei Landkreise (Altenburg, Schmölln). Während der gesamten Zeit des Bestehens der thüringischen Bezirke Erfurt, Gera und Suhl bis zur Neubildung der Länder im Rahmen der deutschen Vereinigung 1990 fanden zahlreiche Änderungen von Bezirks- und Kreisgrenzen statt, die zum Teil auch die Außengrenzen zu den benachbarten sächsischen (Leipzig, Karl-Marx-Stadt) und sachsen-anhaltinischen (Halle, Magdeburg) Bezirken betrafen. Das am 29. November 1978 vereinbarte Protokoll zwischen den Regierungen der DDR und der BRD über den Grenzverlauf zwischen ihnen berührte auch Gebiete in den Bezirken Suhl und Erfurt, hatte aber keine größeren Auswirkungen auf die Außengrenzen des heutigen Freistaates Thüringen.

Erst infolge der politischen Veränderungen von 1989/90 und mit dem Verfassungsgesetz zur Bildung von Ländern in der Deutschen Demokratischen Republik vom 22. Juli 1990 gewann das Land Thüringen wieder Gestalt. Mit Wirkung vom 3. Oktober 1990 wurden die Verwaltungsgebiete der Bezirke Erfurt, Gera und Suhl zusammengelegt, außerdem kehrten die früheren thüringischen Kreise Altenburg und Schmölln aus dem Bezirk Leipzig zurück, während zusätzlich noch aus dem benachbarten Bezirk Halle der Kreis Artern zum neuen Land Thüringen hinzukam. Die bisherige Kreiseinteilung mit fünf Stadt- und 35 Landkreisen wurde zunächst beibehalten, bevor mit Wirkung vom 1. Juli 1994 die Neugliederung des Landes Thüringen vorgenommen wurde, so daß infolge der Kreisgebietsreform sechs Stadt- und 17 Landkreise entstanden. Als neuer Stadtkreis kam Eisenach hinzu, das am 1. Januar 1998 den Status einer kreisfreien Stadt erhielt und aus dem Wartburgkreis ausschied.

Änderungen an den Außengrenzen fanden 1992 und 1994 statt, indem durch Staatsverträge mit dem Freistaat Sachsen Gemeinden aus den thüringischen Landkreisen Greiz, Schleiz und Zeulenroda ausgegliedert und mit Wirkung vom 1. April 1992 bzw. 1. August 1994 in den Freistaat Sachsen übernommen wurden. In der Verfassung des Freistaates Thüringen vom 25. Oktober 1993 wird Thüringen lediglich als Land der Bundesrepublik Deutschland erklärt, das Territorium aber nicht mehr wie in den Verfassungen von 1920/21 und 1946 mit seinem historischen Besitzstand beschrieben.

[Volker Wahl]

Statistische Übersicht zur Entwicklung von Gebietsumfang und Einwohnerzahlen

Neben biologischen Faktoren und Bevölkerungsmobilität wirken sich Veränderungen in der Territorialstruktur auf die Bevölkerungszahlen des Landes/Freistaates Thüringen, der thüringischen Kreise sowie kreisfreien Städte aus. Letzteres bedingt zudem neue Werte bei den Flächenangaben. Dies verdeutlicht die folgende Auswahl an statistischen Angaben. Dabei wurden insbesondere solche Erhebungen berücksichtigt, bei denen die Angaben zum Gebietsstand konkret den erfaßten Daten zur Bevölkerung entsprechen und keine Umrechnung älterer Bevölkerungszahlen auf Grund von jüngeren territorialen Veränderungen erfolgte.

1. Ortsanwesende Bevölkerung und Fläche der Thüringischen Staaten vor der Landesgründung

	Bevölkerung 8. 10. 1919[1]	Fläche in km² 8. 10. 1919[2]
Freistaat Sachsen-Weimar-Eisenach	433 959	3 624,45
1. Verwaltungsbezirk	115 359	968,90
2. Verwaltungsbezirk	134 736	798,75
3. Verwaltungsbezirk	79 189	585,59
4. Verwaltungsbezirk	45 854	642,52
5. Verwaltungsbezirk	58 821	628,69
Freistaat Sachsen-Meiningen	270 015	2 468,47
Kreis Meiningen	74 294	748,76
Kreis Hildburghausen	59 002	777,52
Kreis Sonneberg	69 047	344,54
Kreis Saalfeld	67 672	597,65
Volksstaat Reuß	212 943	1 143,00
Bezirksverband Gera	95 552	220,33
Bezirksverband Schleiz	44 708	612,66
Bezirksverband Greiz	72 683	310,01
Freistaat Sachsen-Altenburg	211 638	1 323,52
Stadtkreis Altenburg	37 290	12,07
Landratsamtsbezirk Altenburg	64 436	360,42
Landratsamtsbezirk Ronneburg	48 633	284,74
Landratsamtsbezirk Roda	61 279	666,29
Freistaat Gotha	191 491	1 400,46
Stadt Gotha	41 465	35,15
Stadt Ohrdruf	8 422	39,99

1 Aus den Ergebnissen der Volkszählung vom 8. Oktober 1919 (Beiträge zur Statistik des Landes Thüringen; 1) Weimar 1921, S. 1-3; Kreiner, Karl, Coburg. In: Zeitschrift des Bayerischen Statistischen Landesamtes. 52. Jg., München 1920, S. 484.

2 Statistisches Handbuch für das Land Thüringen. Ausgabe 1922. Weimar 1922, S. 2-3. Kreiner, Karl, Coburg. In: Zeitschrift des Bayerischen Statistischen Landesamtes. 52. Jg., München 1920, S. 484; Ortsverzeichnis der Thüringischen Staaten auf Grund der Volkszählung vom 1. Dezember 1910. Weimar 1912, S. VIII.

Stadt Waltershausen	7 345	13,62
Stadt Zella-Mehlis	12 858	28,98
Landratsamtsbezirk Gotha	48 003	502,74
Landratsamtsbezirk Ohrdruf	32 684	384,41
Landratsamtsbezirk Waltershausen	40 714	395,57
Freistaat Coburg	74 344	561,66
Stadt Coburg	23 417	15,85
Stadt Neustadt	7 665	9,33
Stadt Rodach	2 779	20,32
Stadt Königsberg	939	12,19
Landratsamtsbezirk Coburg	39 544	503,91
Freistaat Schwarzburg-Rudolstadt	99 333	941,03
Landratsamtsbezirk Rudolstadt	45 647	462,54
Landratsamtsbezirk Königsee	33 312	271,09
Landratsamtsbezirk Frankenhausen	20 374	207,40
Freistaat Schwarzburg-Sondershausen	93 427	862,19
Kreisfreie Stadt Sondershausen	7 576	13,07
Kreisfreie Stadt Arnstadt	19 374	28,34
Landratsamtsbezirk Sondershausen	34 785	506,08
Landratsamtsbezirk Gehren	31 692	314,70
Thüringische Staaten	1 587 150	12 324,78

2. Wohnbevölkerung und Fläche des Landes Thüringen 1920 bis 1945

	Bevölkerung		Fläche in km²	
	16. 6. 1925[3]	17. 5. 1939[4]	16. 6. 1925[5]	31. 12. 1930[6]
Stadtkreise				
Altenburg	42 570	45 849	17,2332	17,2272
Apolda	25 703	27 936	16,6561	16,6561
Arnstadt	21 693	22 619	21,7832	26,9350

3 Staatshandbuch für Thüringen. Weimar 1926, S. 13.
4 Statistischer Bericht. Ausgewählte Zahlen der Volks- und Berufszählungen 1939 bis 1981 für Thüringen (rückgerechnete Daten) (Thüringer Landesamt für Statistik 270/96). Erfurt 1996, S. 26.
5 Staatshandbuch für Thüringen. Weimar 1926, S. 13.
6 Staatshandbuch für Thüringen. Weimar 1931, S. 14.

Eisenach	43 385	53 116	24,1770	24,5467
Gera	81 402	83 375	47,4044	47,5157
Gotha	45 780	54 633	48,7428	48,6928
Greiz	37 490	38 933	43,9850	44,1787
Jena	52 649	70 573	47,2024	47,1718
Weimar	45 957	65 340	37,6860	37,6893
Zella-Mehlis	14 423	-	26,8395	26,8047
Landkreise				
Altenburg	95 547	90 753	486,5330	472,8719
Arnstadt	88 292	92 586	757,0418	751,8839
Kreisabteilung Camburg	9 771	-	123,5635	123,5635
Eisenach	96 525	108 328	1 173,9175	1 172,8258
Gera	88 345	95 558	731,8858	752,8021
Gotha	104 178	113 530	971,9838	996,8779
Greiz	50 802	52 661	373,2164	372,6595
Hildburghausen	60 239	61 742	775,7373	775,7336
Meiningen	84 750	108 532	848,6844	848,7043
Rudolstadt	65 693	71 495	587,2745	591,9393
Saalfeld	73 664	81 875	597,0565	596,4136
Schleiz	48 482	49 183	681,1795	681,3268
Sondershausen	72 164	72 620	807,6352	807,3186
Sonneberg	79 896	81 787	351,8370	353,0982
Stadtroda	77 098	90 061	837,8238	837,2628
Weimar	102 802	110 539	1 287,3143	1 287,8622
Land Thüringen	1609300	1743624	11724,3939	11760,5620

3. Bevölkerung des Landes Thüringen und der Bezirke Erfurt, Gera, Suhl 1945 bis 1990

	1. 12. 1945[7]	31. 8. 1950[8]	31. 12. 1956[9]
Stadtkreise			
Altenburg	51 663	-	-
Apolda	31 225	-	-
Arnstadt	26 036	-	-
Eisenach	48 536	-	-

7 Die Volkszählung vom 1. Dezember 1945 in der sowjetischen Besatzungszone Deutschlands. Berlin 1946, S. 10.

8 Statistischer Bericht. Ausgewählte Zahlen der Volks- und Berufszählungen 1939 bis 1981 für Thüringen (rückgerechnete Daten) (Thüringer Landesamt für Statistik 270/96). Erfurt 1996, S. 47.

9 Statistischer Jahresbericht 1956. Bezirk Erfurt. Berlin 1957, S. 9; Statistischer Jahresbericht 1956. Bezirk Gera. Berlin 1958, S. 19; Statistischer Jahresbericht 1956. Bezirk Suhl. Berlin 1957, S. 24f. [Daten aus der Fortzählung der Volkszählung vom 31. August 1950]

Erfurt	164 998	188 650	185 715
Gera	88 139	98 576	98 077
Gotha	55 528	-	-
Greiz	44 645	-	-
Jena	76 266	80 309	81 755
Mühlhausen	45 545	-	-
Nordhausen	31 862	-	-
Weimar	62 768	64 452	65 369
Landkreise			
Altenburg	116 884	158 941	-
Apolda	-	-	56 704
Arnstadt	106 240	140 073	69 769
Bad Salzungen	-	95 140	85 938
Eichsfeld	105 190	-	-
Eisenach	118 450	129 478	120 350
Eisenberg	-	-	38 375
Erfurt	-	108 818	59 379
Gera	124 706	113 841	74 409
Gotha	130 444	186 434	158 527
Greiz	64 874	104 294	68 733
Heiligenstadt	-	-	45 322
Hildburghausen	71 168	84 674	63 525
Ilmenau	-	-	67 911
Jena	-	114 895	40 697
Langensalza	53 560	-	53 605
Lobenstein	-	-	29 872
Meiningen	103 580	89 290	72 398
Mühlhausen in Th.	49 508	155 333	103 101
Neuhaus am Rwg.	-	-	43 305
Nordhausen	77 737	140 880	115 531
Pößneck	-	-	62 523
Rudolstadt	85 257	90 647	67 493
Saalfeld	121 592	114 143	59 356
Schleiz	65 318	67 920	38 852
Schleusingen	86 970	-	-
Schmalkalden	57 508	-	67 526
Sömmerda	-	-	69 037
Sondershausen	91 847	94 571	60 425
Sonneberg	85 160	85 071	65 740
Stadtroda	123 772	-	29 099
Suhl	-	114 908	79 534
Weimar	135 162	131 459	48 660
Weißensee	74 635	-	-
Worbis	-	84 844	69 235
Zeulenroda	-	-	44 626

Bezirke			
Erfurt	-	-	1 280 729
Gera	-	-	733 867
Suhl	-	-	545 877
Bezirke gesamt	-	-	2 560 473
Land Thüringen	2 776 773	2 837 641	-

4. Fläche des Landes Thüringen und der Bezirke Erfurt, Gera, Suhl 1945 bis 1990

	Fläche in km²		
	26. 11. 1945 [10]	31. 8. 1950 [11]	31. 12. 1956 [12]
Stadtkreise			
Altenburg	18,83	-	-
Apolda	16,66	-	-
Arnstadt	26,94	-	-
Eisenach	25,32	-	-
Erfurt	57,54	106,23	106
Gera	47,74	77,51	77
Gotha	48,40	-	-
Greiz	44,22	-	-
Jena	47,18	56,35	56
Mühlhausen in Th.	63,56	-	-
Nordhausen	21,75	-	-
Weimar	52,36	52,37	51
Landkreise			
Altenburg	471,27	489,80	-
Apolda	-	-	243
Arnstadt	753,48	753,74	499
Bad Salzungen	-	730,10	645,2
Eichsfeld	876,88	-	-
Eisenach	1 172,50	686,70	688
Eisenberg	-	-	241
Erfurt	-	819,19	529
Gera	752,36	728,50	449
Gotha	1 023,91	962,97	771
Greiz	370,99	418,93	228

10 Fläche und Einwohnerzahl der Kreise des Landes Thüringen. [Mitteilung des Statistischen Amtes des Landes Thüringen vom 16. Januar 1946] (Maschschr.).

11 Statistischer Bericht. Ausgewählte Zahlen der Volks- und Berufszählungen 1939 bis 1981 für Thüringen (rückgerechnete Daten) (Thüringer Landesamt für Statistik 270/96). Erfurt 1996, S. 47.

12 Statistischer Jahresbericht 1956. Bezirk Erfurt. Berlin 1957, S. 9; Statistischer Jahresbericht 1956. Bezirk Gera. Berlin 1958, S. 19; Statistischer Jahresbericht 1956. Bezirk Suhl. Berlin 1957, S. 24f.

Heiligenstadt	-	-	381
Hildburghausen	775,80	857,31	687,3
Ilmenau	-	-	346,4
Jena	-	951,73	378
Langensalza	419,29	-	507
Lobenstein	-	-	356
Meiningen	813,36	726,58	717,8
Mühlhausen in Th.	396,64	918,17	564
Neuhaus am Rennweg	-	-	320,8
Nordhausen	670,19	838,10	712
Pößneck	-	-	418
Rudolstadt	591,96	628,85	465
Saalfeld	767,15	696,76	334
Schleiz	715,85	769,99	433
Schleusingen	483,51	-	-
Schmalkalden	279,26	-	403,3
Sömmerda	-	-	558
Sondershausen	807,34	792,35	596
Sonneberg	353,10	359,42	306
Stadtroda	966,47	-	258
Suhl	-	639,00	448,8
Weimar	1 180,92	866,63	543
Weißensee	521,42	-	-
Worbis	-	657,40	558
Zeulenroda	-	-	263
Bezirke			
Erfurt	-	-	7 306
Gera	-	-	3 956
Suhl	-	-	3 875,6
Bezirke gesamt	-	-	15 137,6
Land Thüringen	15 634,15	15 584,68	-

5. Bevölkerung des Landes Thüringen 1990 bis 1994 (vor der Kreisgebietsreform)

	3. 10. 1990[13]	30. 9. 1992[14]
Stadtkreise/Kreisfreie Städte		
Erfurt	210 474	203 339
Gera	129 713	125 119

13 Statistischer Bericht. Bevölkerungsstand der Städte und Gemeinden des Landes Thüringen am 3. Oktober 1990. Erfurt Juli 1991, S. 4.

14 Statistisches Jahrbuch Thüringen. Ausgabe 1993. 1. Jahrgang. Erfurt 1993, S. 40.

Jena	102 680	100 270
Suhl	55 055	53 448
Weimar	60 542	58 813
Landkreise		
Altenburg	98 632	93 569
Apolda	47 074	45 223
Arnstadt	63 873	62 323
Artern	53 322	51 450
Bad Salzungen	87 660	86 384
Eisenach	111 618	108 325
Eisenberg	32 729	31 526
Erfurt	46 367	46 258
Gera	55 940	54 533
Gotha	138 724	134 013
Greiz	53 833	47 001
Heiligenstadt	42 069	42 596
Hildburghausen	57 756	57 247
Ilmenau	66 499	63 942
Jena	32 632	32 092
Langensalza	45 067	43 777
Lobenstein	28 094	27 671
Meiningen	67 948	66 606
Mühlhausen	88 690	85 959
Neuhaus am Rennweg	36 461	35 375
Nordhausen	105 902	104 207
Pößneck	51 272	50 354
Rudolstadt	65 836	64 044
Saalfeld	57 309	56 029
Schleiz	31 555	28 889
Schmalkalden	63 263	61 946
Schmölln	31 310	30 490
Sömmerda	64 555	62 967
Sondershausen	52 615	51 221
Sonneberg	56 910	56 685
Stadtroda	32 296	31 507
Suhl	43 639	42 880
Weimar	43 842	43 504
Worbis	75 132	74 788
Zeulenroda	37 602	32 572
Thüringen	2 626 490	2 548 942

6. Fläche des Landes Thüringen 1990 bis 1994 (vor der Kreisgebietsreform)

	Fläche in km²	
	31. 12. 1990[15]	30. 9. 1992[16]
Stadtkreise/Kreisfreie Städte		
Erfurt	108	108
Gera	78	78
Jena	59	59
Suhl	66	66
Weimar	51	51
Landkreise		
Altenburg	345	345
Apolda	243	243
Arnstadt	502	502
Artern	473	473
Bad Salzungen	622	622
Eisenach	708	708
Eisenberg	242	242
Erfurt	533	533
Gera	470	470
Gotha	768	768
Greiz	228	218
Heiligenstadt	386	383
Hildburghausen	697	697
Ilmenau	347	347
Jena	367	367
Langensalza	507	507
Lobenstein	356	356
Meiningen	705	705
Mühlhausen	574	574
Neuhaus am Rennweg	321	321
Nordhausen	714	711
Pößneck	411	411
Rudolstadt	469	469
Saalfeld	337	337
Schleiz	455	424
Schmalkalden	406	406
Schmölln	224	224
Sömmerda	556	556
Sondershausen	598	598

15 Statistischer Bericht. Bevölkerungsstatistische Ergebnisse für das Land Thüringen 1990. Erfurt 15. September 1992, S. 25.

16 Statistisches Jahrbuch Thüringen. Ausgabe 1993. 1. Jahrgang. Erfurt 1993, S. 40.

Sonneberg	306	306
Stadtroda	272	272
Suhl	387	387
Weimar	543	543
Worbis	558	558
Zeulenroda	263	233
Thüringen	16 251	16 175

7. Bevölkerung des Freistaates Thüringen ab 1994 (nach der Kreisgebietsreform)

	31. 12. 1994[17]	31. 12. 1997[18]	
Kreisfreie Städte			
Eisenach	-	(44 733)	
Erfurt	213 472	205 361	
Gera	126 035	118 733	
Jena	102 204	99 273	
Suhl	54 379	51 208	
Weimar	62 233	62 176	
Landkreise			
Altenburger Land	121 559	118 487	
Eichsfeld	117 790	116 310	
Gotha	148 437	149 532	
Greiz	127 861	126 815	
Hildburghausen	75 478	74 990	
Ilm-Kreis	123 834	122 903	
Kyffhäuserkreis	98 785	96 749	
Nordhausen	102 405	100 743	
Saale-Holzland-Kreis	91 793	93 551	
Saale-Orla-Kreis	102 875	101 185	
Saalfeld-Rudolstadt	140 112	137 282	
Schmalkalden-Meiningen	147 860	145 878	
Sömmerda	82 667	82 483	
Sonneberg	71 454	69 639	
Unstrut-Hainich-Kreis	122 713	121 101	
Wartburgkreis	195 480	192 183	(147 450)
Weimarer Land	88 350	91 566	
Thüringen	2 517 776	2 478 148	

17 Statistisches Jahrbuch Thüringen. Ausgabe 1996. 4. Jahrgang. Erfurt 1996, S. 37.

18 Statistischer Bericht. Bevölkerungsvorgänge in Thüringen 4. Vierteljahr 1997 (Thüringer Landesamt für Statistik 148/98). Erfurt 1998, S. 5. Die Angaben in runden Klammern kennzeichnen die Veränderungen durch die Kreisfreiheit von Eisenach auf der Grundlage der Zahlen vom 31. Dezember 1997.

8. Fläche des Freistaates Thüringen ab 1994 (nach der Kreisgebietsreform)

	Fläche in km²	
	31. 12. 1994[19]	1. 1. 1998[20]
Kreisfreie Städte		
Eisenach	-	103,84
Erfurt	269	269,08
Gera	152	151,97
Jena	114	114,20
Suhl	103	102,73
Weimar	84	84,27
Landkreise		
Altenburger Land	569	569,09
Eichsfeld	940	939,82
Gotha	936	935,65
Greiz	843	843,41
Hildburghausen	937	937,26
Ilm-Kreis	843	843,32
Kyffhäuserkreis	1 035	1 035,09
Nordhausen	711	710,89
Saale-Holzland-Kreis	817	817,04
Saale-Orla-Kreis	1 148	1 148,25
Saalfeld-Rudolstadt	1 042	1 034,56
Schmalkalden-Meiningen	1 210	1 210,16
Sömmerda	804	804,12
Sonneberg	433	433,35
Unstrut-Hainich-Kreis	975	975,42
Wartburgkreis	1 409	1 304,79
Weimarer Land	796	803,26
Thüringen	16 171	16 171,55

19 Statistisches Jahrbuch Thüringen. Ausgabe 1996. 4. Jahrgang. Erfurt 1996, S. 37.

20 Schlüsselverzeichnis der Städte, Gemeinden, Verwaltungsgemeinschaften und erfüllenden Gemeinden Thüringens - Stand: 1. 1. 1998 (Thüringer Landesamt für Statistik 67/98). Erfurt 1998, S. 4.

[Frank Boblenz]

4.2 Stadt- und Landkreise in Thüringen 1920 bis 1998

Nach der Revolution von 1918 und der Aufhebung der Monarchie wurde im einzelstaatlichen Thüringen lediglich im Volksstaat Reuß auf der Basis des Zusammenschlusses der beiden Freisstaaten mit der Einführung der drei Bezirksverbände eine neue Verwaltungsstruktur geschaffen. Erst die Bildung des Landes Thüringen am 1. Mai 1920 öffnete deshalb den Weg, die von den thüringischen Einzelstaaten überkommene administrative Gliederung entscheidend zu vereinfachen. Bis entsprechende Gesetze zu einer Gebietsreform verabschiedet und wirksam werden konnten, wurde die alte Struktur beibehalten. Am 1. Oktober 1922 trat die neue Kreiseinteilung des Landes Thüringen in Kraft. Weitere einschneidende Gebietsreformen erfolgten insbesondere am 16. Juni 1945 mit der Eingliederung des Regierungsbezirkes Erfurt in die Provinz Thüringen, der Festlegung einer neuen Kreisstruktur ab dem 1. Juli 1950, der Neugliederung der Länder in der Deutschen Demokratischen Republik am 25. Juli 1952, der Neukonstituierung des Bundeslandes Thüringen am 3. Oktober 1990 auf der Basis des Beitritts der Deutschen Demokratischen Republik zur Bundesrepublik Deutschland und am 1. Juli 1994 mit der neuen Kreisgliederung des Freistaates Thüringen.

Im Verzeichnis werden die Stadt- und Landkreise mit den dazugehörigen selbständigen Städten und Gemeinden im Kontext zu den territorialen Veränderungen während ihrer Zugehörigkeit zum Land bzw. Freistaat Thüringen (1920-1952, ab 1990) und den Bezirken Erfurt, Gera und Suhl (1952-1990) ab dem 1. Oktober 1922 bis zum 1. Januar 1998 erfaßt. Zu beachten ist dabei, daß auch solche Veränderungen Berücksichtigung finden, die nur ideell zur Ausführung kamen, da am selben Tag durch ein weiteres Gesetz die erneute Umgliederung in einen anderen Kreis erfolgte. Die zeitweise Zugehörigkeit zu anderen Gebietskörperschaften (vor 1. Oktober 1922), Ländern, Bezirken und Kreisen findet nur in bezug auf die Aus- oder Eingliederung Beachtung. Durchbrochen wird dieses Prinzip im Zusammenhang mit der einschneidenden Gebietsreform von 1952, bei der eine erhebliche Ausgliederung von Städten und Gemeinden aus Thüringen erfolgte, die Bestandteile der Landkreise Altenburg und Schmölln im Bezirk Leipzig sowie des Landkreises Artern im Bezirk Halle wurden. Um die territorialen Veränderungen dieser Landkreise, die am 3. Oktober 1990 wieder Teil des Landes bzw. Freistaates Thüringen wurden, aufzuzeigen, werden die entsprechenden Angaben für den Zeitraum von 1952 bis 1990 in Kleindruck eingefügt. Ein Teil der territorialen Veränderungen, insbesondere bei den Gebietsreformen vom 1. Oktober 1922 und 1. Juli 1950, ist mit der Auflösung oder Umbenennung von Gemeinden verbunden. In diesen Fällen werden die Veränderungen in [ ] mit aufgeführt. Die territorialen Veränderungen, die nur einzelne Flurteile betreffen, bleiben - mit Ausnahmen - unberücksichtigt.

Seit dem 1. Oktober 1922 erfolgten sehr starke Veränderungen (Eingemeindungen, Gemeindeauflösungen, -zusammenschlüsse und -umbenennungen) auf der Gemeindeebene, die zur erheblichen Verringerung der Anzahl der Städte und selbständigen Gemeinden führten. Gleichzeitig kam es in den 1990er Jahren zur Bildung von Verwaltungsgemeinschaften und der Übernahme von Verwaltungsaufgaben durch erfüllende Gemeinden. Dies kann bei der Behandlung der Kreisstrukturen jedoch keine Beachtung finden. Um den Mangel zu kompensieren, werden für das Stichdatum 1. Januar 1998 alle selbständigen Städte, Gemeinden, Verwaltungsgemeinschaften und erfüllenden Gemeinden aufgeführt. In [ ] werden jene Städte, Gemeinden und Ortsteile genannt, die im Verzeichnis ab dem 1. Oktober 1922 enthalten sind und bis zum Stichdatum 1. Januar 1998 eingemeindet wurden. Durch Umbenennungen und Doppelnamen kann es dabei zur Mehrfachnennung kommen. Zu beachten ist schließlich, daß sich im Laufe der Zeit die Schreibweise bei einzelnen Ortsnamen geringfügig verändern konnte.

Stadtkreise/kreisfreie Städte

Altenburg (1922-1950)

Zugehörigkeit: Bis 1. 10. 1922 SB Altenburg (1 Ort) und LAB Altenburg (8 Orte) im HT Sachsen-Altenburg, seit 1918 FS Sachsen-Altenburg, seit 1. 5. 1920 L Thüringen.
Seit 1. 10. 1922 SK im L Thüringen. 1. 7. 1950 SK aufgelöst und an → LK Altenburg.

Stadtgebiet: *1. 10. 1922* als SK im L Thüringen aus S und Gm der SB Altenburg und LAB Altenburg gebildet: vom SK Altenburg: S Altenburg; vom LAB Altenburg: Gm Knau, Zschernitzsch, Rasephas, Kauerndorf, Drescha, Steinwitz, Kosma, Altendorf. *1. 8. 1924* Ot Knau, Steinwitz, Kosma, Altendorf an → LK Altenburg. *1. 7. 1950* Kreisfreiheit aufgehoben und S Altenburg an → LK Altenburg.

Apolda (1922-1950)

Zugehörigkeit: Bis 1. 10. 1922 II. VerwB (3 Orte) im GHT Sachsen-Weimar-Eisenach, seit 1918 FS Sachsen-Weimar-Eisenach, seit 1.5.1920 L Thüringen.
Seit 1. 10. 1922 SK im L Thüringen. 1. 7. 1950 SK aufgelöst und an → LK Weimar.

Stadtgebiet: *1.10.1922* als SK im L Thüringen aus S und Gm des II. VerwB gebildet: vom II. VerwB: S Apolda; Gm Nauendorf mit Heusdorf, Oberroßla. *1. 5. 1925* Ot Oberroßla (mit Ausnahme bestimmter Grundstücke) an → LK Weimar. *1. 7. 1950* Kreisfreiheit aufgehoben und S Apolda an → LK Weimar.

Arnstadt (1922-1950)

Zugehörigkeit: Bis 1. 10. 1922 SK Arnstadt (1 Ort) und LAB Gehren (2 Orte) im FT Schwarzburg-Sondershausen, seit 1918 FS Schwarzburg-Sondershausen, seit 1. 5. 1920 L Thüringen.
Seit 1. 10. 1922 SK im L Thüringen. 1. 7. 1950 SK aufgelöst und an → LK Arnstadt.

Stadtgebiet: *1. 10. 1922* als SK im L Thüringen aus S und Gm des SK Arnstadt und LAB Gehren gebildet: vom SK Arnstadt: S Arnstadt; vom LAB Gehren: Gm Dornheim, Angelhausen-Oberndorf, Forstort Hain des Staatsforstes Arnstadt, dem zum Forstbezirk gehörigen Eichfeld sowie den von den Gemeindebezirken und Staatsforstteilen eingeschlossenen sonstigen Staatsforstteilen. *1. 10. 1923* Gm Rudisleben aus LK Arnstadt als Ot eingegliedert. *1. 8. 1924* Ot Dornheim (mit Ausnahme einzelner Flurstücke) an → LK Arnstadt. *5. 2. 1925* Ot Rudisleben an → LK Arnstadt. *1. 7. 1950* Kreisfreiheit aufgehoben und S Arnstadt an → LK Arnstadt.

Eisenach (1922-1950, ab 1998)

Zugehörigkeit: Bis 1. 10. 1922 III. VerwB (5 Orte und 4 Gutsbezirke) im GHT Sachsen-Weimar-Eisenach, seit 1918 FS Sachsen-Weimar-Eisenach, seit 1. 5. 1920 L Thüringen.

Seit 1. 10. 1922 SK im L Thüringen. 1. 7. 1950 SK aufgelöst und an → LK Eisenach.

1. 1. 1998 als kreisfreie S neugebildet aus S Eisenach vom → LK Wartburgkreis.

Stadtgebiet: *1. 10. 1922* als SK im L Thüringen aus S und Gm des III. VerwB gebildet: vom III. VerwB: S Eisenach; Gm Rothenhof, Eichrodt mit Wutha, einem Teil des Kammergutes Trenkelhof, Stockhausen, den zur Gemeindefluren Hötzelsroda und Stedtfeld gehörenden Gutsbezirken Dürrerhof, Mittelshof, Stregda und Ramsborn, einem Teil der Flur Stedtfeld und den Forstorten 28-30 des Staatsforstes Eisenach (Wartburg und nähere Umgebung). *1. 10. 1923* Gm Stedtfeld aus LK Eisenach als Ot eingegliedert. *1. 10. 1924* Ot Eichrodt- Wutha, Stockhausen sowie die Gutsbezirke Dürrerhof, Mittelshof, Stregda, Stedtfeld (mit Ausnahme einiger Grundstücke) an → LK Eisenach. *1. 7. 1950* Kreisfreiheit aufgehoben und S Eisenach an → LK Eisenach.

1. 1. 1998 neugebildet durch Ausgliederung der S Eisenach aus Wartburgkreis: S Eisenach [Berteroda, Dürrerhof (Gutsbezirk), Göringen, Hörschel, Hötzelsroda, Lerchenberg, Madelungen, Mittelshof (Gutsbezirk), Neuenhof, Neukirchen, Rothenhof, Stedtfeld, Stockhausen, Stregda, Wartha, Wartha-Göringen].

Erfurt (ab 1945)

Zugehörigkeit: Bis 16. 6. 1945 (gebildet 1872) SK (1 Ort) im RB Erfurt, FS Preußen.

Seit 16. 6. 1945 SK im L Thüringen. Seit 25. 7. 1952 SK im B Erfurt. Seit 3. 10. 1990 kreisfreie S im L, seit 1993 FS Thüringen. Seit 1993 Bezeichnung Landeshauptstadt.

Stadtgebiet: *16. 6. 1945* als SK in L Thüringen eingegliedert. *1. 7. 1950* Gm Bischleben und Rhoda aus LK Gotha als Ot eingegliedert; Gm Bindersleben, Dittelstedt, Gispersleben-Kiliani, Gispersleben-Viti, Marbach, Möbisburg, Schmira aus LK Weißensee als Ot eingegliedert. *1. 4. 1994* Gm Alach, Ermstedt, Frienstedt aufgelöst und aus LK Erfurt als Ot eingegliedert. *1. 7. 1994* Gm Büßleben, Egstedt, Kerspleben, Kühnhausen, Linderbach-Azmannsdorf, Mittelhausen, Molsdorf, Niedernissa, Schwerborn, Stotternheim, Tiefthal, Vieselbach, Waltersleben, Windischholzhausen aus LK Erfurt als Ot eingegliedert. *12. 10. 1994* Gm Töttelstädt aufgelöst und aus LK Sömmerda als Ot eingegliedert.

1. 1. 1998: LHS Erfurt [Alach, Azmannsdorf, Bindersleben, Bischleben, Büßleben, Dittelstedt, Egstedt, Ermstedt, Frienstedt, Gispersleben-Kiliani, Gispersleben-Viti, Gottstedt, Hochstedt, Kerspleben, Kühnhausen, Linderbach, Linderbach-Azmannsdorf, Marbach, Mittelhausen (b. Erfurt), Möbisburg, Molsdorf, Niedernissa, Rhoda, Salomonsborn, Schmira, Schwerborn, Stedten, Stotternheim, Tiefthal, Töttelstädt, Töttleben, Urbich, Vieselbach, Wallichen, Waltersleben, Windischholzhausen].

Gera (ab 1922)

Zugehörigkeit: Bis 1. 10. 1922 BVB Gera (2 Orte) im FT, seit 1918 FS Reuß jüngerer Linie, seit 1919 VS Reuß , seit 1. 5. 1920 L Thüringen; V. VerwB (1 Ort) im GHT Sachsen-Weimar-Eisenach, seit 1918 FS Sachsen-Weimar-Eisenach, seit 1. 5. 1920 L Thüringen.

Seit 1. 10. 1922 SK im L Thüringen. Seit 25. 7. 1952 SK im B Gera. Seit 3. 10. 1990 kreisfreie S im L, seit 1993 FS Thüringen.

Stadtgebiet: *1. 10. 1922* als SK im L Thüringen aus S und Gm des BVB Gera und V. VerwB gebildet: vom BVB Gera: S Gera; Gm Ernsee mit Flur- und Forstbezirk; vom V. VerwB: Gm Unterröppisch. *1. 10. 1923* Gm Frankenthal, Scheubengrobsdorf, Töppeln, Windischenbernsdorf, Ot Laasen aus LK Gera als Ot eingegliedert. *1. 10. 1924* Ot Laasen, Töppeln an → LK Gera. *1. 4. 1925* Ot Oberröppisch, Unterröppisch an → LK Gera. *1. 7. 1950* Gm Dürrenebersdorf, Kaimberg, Langenberg, Langengrobsdorf, Liebschwitz, Lietzsch, Poris-Lengefeld, Röppisch, Roschütz, Taubenpreskeln, Zeulsdorf, Zschippern aus LK Gera als Ot eingegliedert. *1. 4. 1994* Gm Aga, Cretzschwitz, Falka, Hermsdorf, Roben, Söllmnitz aufgelöst und aus LK Gera eingegliedert. *1. 7. 1994* Gm Hain, Röpsen, Trebnitz, Thränitz, Weißig, Ot Naulitz der S Ronneburg aus LK Gera als Ot eingegliedert.

1. 1. 1998: S Gera [Aga, Collis, Cretzschwitz, Dorna, Dorna (reußischer A), Dorna (sachsen-altenburgischer A), Dürrenebersdorf, Ernsee, Falka, Frankenthal, Gorlitzsch, Großaga, Großfalka, Hain, Hermsdorf, Kaimberg, Kleinaga, Kleinfalke, Laasen, Langenberg, Langengrobsdorf, Lengefeld, Lessen, Liebschwitz, Lietzsch, Naulitz, Negis, Niebra, Oberröppisch, Otticha, Poris, Poris-Lengefeld, Reichenbach, Roben, Röppisch, Röpsen, Roschütz, Roschütz (reußischer A), Roschütz (sachsen-altenburgischer A), Rusitz, Schafpreskeln, Scheubengrobsdorf, Seligenstädt, Söllmnitz, Steinbrücken (b. Köstritz), Taubenpreskeln, Thränitz, Trebnitz, Trebnitz-Laasen, Unterröppisch, Wacholderbaum, Weißig, Wernsdorf, Windischenbernsdorf, Zeulsdorf, Zschippern].

Gotha (1922-1950)

Zugehörigkeit: Bis 1. 10. 1922 SB Gotha (1 Ort) und LAB Gotha (4 Orte) im HT Sachsen-Coburg und Gotha, seit 1918 FS Sachsen-Gotha, seit 1. 5. 1920 L Thüringen.

Seit 1. 10. 1922 SK im L Thüringen. 1. 7. 1950 SK aufgelöst und an → LK Gotha.

Stadtgebiet: *1. 10. 1922* als SK im L Thüringen aus S und Gm des SB Gotha und LAB Gotha gebildet: vom SB Gotha: S Gotha; vom LAB Gotha: Gm Siebleben, Sundhausen, Boilstedt,

Uelleben. *1. 8. 1924* Ot Boilstedt (mit Ausnahme einzelner Grundstücke), Uelleben an → LK Gotha. *1. 2. 1925* Ot Sundhausen an → LK Gotha. *1. 7. 1950* Kreisfreiheit aufgehoben und S Gotha an → LK Gotha.

Greiz (1922-1950)

Zugehörigkeit: Bis 1. 10. 1922 BVB Greiz (10 Orte) im FT, seit 1918 FS Reuß älterer Linie, seit 1919 VS Reuß, seit 1. 5. 1920 L Thüringen.
Seit 1. 10. 1922 SK im L Thüringen. 1. 7. 1950 SK aufgelöst und an → LK Greiz.

Stadtgebiet: *1. 10. 1922* als SK im L Thüringen aus S und Gm des BVB Greiz gebildet: vom BVB: S Greiz; Gm Raasdorf, Schönfeld, Untergrochlitz, Caselwitz-Grochlitz, Dölau, Altgommla, Neugommla, Kurtschau, Moschwitz, Forstrevier Heinrichsgrün des Forstamtes Greiz. *1. 4. 1928* Ot Sachswitz (Ot der S Elsterberg) und Grundstücke der Gm Noßwitz aus FS Sachsen eingegliedert; Teile der Flur Caselwitz an FS Sachsen. *1. 7. 1950* Kreisfreiheit aufgehoben und S Greiz an → LK Greiz.

Jena (ab 1922)

Zugehörigkeit: Bis 1. 10. 1922 II. VerwB (9 Orte) im GHT Sachsen-Weimar-Eisenach, seit 1918 FS Sachsen-Weimar-Eisenach, seit 1. 5. 1920 L Thüringen.
Seit 1. 10. 1922 SK im L Thüringen. Seit 25. 7. 1952 SK im B Gera. Seit 3. 10. 1990 kreisfreie S im L, seit 1993 FS Thüringen.

Stadtgebiet: *1. 10. 1922* als SK im L Thüringen aus S und Gm des II. VerwB gebildet: vom II. VerwB: S Jena; Gm Kunitz, Zwätzen, Löbstedt, Ammerbach, Winzerla, Burgau, Lobeda, Wöllnitz, Forstort Nr. 14 des Staatsforstes Jena. *1. 10. 1923* Gm Göschwitz aus LK Roda als Ot eingegliedert. *1. 10. 1924* Ot Kunitz, Lobeda, Wöllnitz, Göschwitz an → LK Roda. *1. 8. 1946* S Lobeda; Gm Wöllnitz aus LK Stadtroda als Ot eingegliedert. *1. 4. 1994* Gm Drackendorf, Maua aus LK Jena aufgelöst und als Ot eingegliedert. *1. 7. 1994* Gm Isserstedt, Krippendorf, Cospeda, Kunitz, Münchenroda, Jenaprießnitz aus LK Jena als Ot eingegliedert.
1. 1. 1998: S Jena [Ammerbach, Burgau, Closewitz, Cospeda, Drackendorf, Göschwitz, Ilmnitz, Isserstedt, Jenaprießnitz, Krippendorf, Kunitz, Laasan, Leutra, Lobeda, Löbstedt, Lützeroda, Maua, Münchenroda, Vierzehnheiligen, Winzerla, Wöllnitz, Wogau, Zwätzen].

Mühlhausen (1945-1950)

Zugehörigkeit: Bis 16. 6. 1945 (gebildet 1892) SK (1 Ort) im RB Erfurt, FS Preußen.
Seit 16. 6. 1945 SK im L Thüringen. 1. 7. 1950 SK aufgelöst und an → LK Mühlhausen.

Stadtgebiet: *16. 6. 1945* als SK in L Thüringen eingegliedert. *1. 7. 1950* Kreisfreiheit aufgehoben und S Mühlhausen an → LK Mühlhausen.

Nordhausen (1945-1950)

Zugehörigkeit: Bis 16. 6. 1945 (gebildet 1882) SK (1 Ort) im RB Erfurt, FS Preußen.
Seit 16. 6. 1945 SK im L Thüringen. 1. 7. 1950 SK aufgelöst und an → LK Nordhausen.
Stadtgebiet: *16. 6. 1945* als SK in L Thüringen eingegliedert. *1. 7. 1950* Kreisfreiheit aufgehoben und S Nordhausen an → LK Nordhausen.

Suhl (ab 1967)

Zugehörigkeit: Bis 12. 5. 1967 → LK Suhl, B Suhl (1 Ort).
Seit 12. 5. 1967 SK im B Suhl. Seit 3. 10. 1990 kreisfreie S im L, seit 1993 FS Thüringen.

Stadtgebiet: *12. 5. 1967* als SK im B Suhl aus S des LK Suhl gebildet: vom LK Suhl: S Suhl. *1. 4. 1994* Gm Vesser aufgelöst und aus LK Ilmenau als Ot eingegliedert; Gm Albrechts, Dietzhausen, Wichtshausen aufgelöst und aus LK Suhl als Ot eingegliedert.
1. 1. 1998: S Suhl [Albrechts, Dietzhausen, Goldlauter, Mäbendorf, Vesser, Wichtshausen].

Weimar (ab 1922)

Zugehörigkeit: Bis 1. 10. 1922 I. VerwB (4 Orte) im GHT Sachsen-Weimar-Eisenach, seit 1918 FS Sachsen-Weimar-Eisenach, seit 1. 5. 1920 L Thüringen.
Seit 1. 10. 1922 SK im L Thüringen. Seit 25. 7. 1952 SK im B Erfurt. Seit 3. 10. 1990 kreisfreie S im L, seit 1993 FS Thüringen.

Stadtgebiet: *1. 10. 1922* als SK im L Thüringen aus S und Gm des I. VerwB gebildet: vom I. VerwB: S Weimar; Gm Tiefurt, Ehringsdorf, Oberweimar, Forstort Webicht des Staatsforstes Ettersburg und die von Gemeindebezirken und Forstteilen eingeschlossenen Grundstücke, die bis dahin keinem Gemeindebezirk angehörten. *1. 10. 1939* Gm Schöndorf aus LK Weimar als Ot eingegliedert. *1. 4. 1994* Gm Gelmeroda, Niedergrunstedt, Possendorf, Taubach aufgelöst und aus LK Weimar als Ot eingegliedert. *14. 4. 1994* Gm Süßenborn aufgelöst und aus LK Weimar als Ot eingegliedert. *1. 7. 1994* Gm Legefeld, Tröbsdorf, Gaberndorf aufgelöst und aus LK Weimar als Ot eingegliedert.
1. 1. 1998: S Weimar [Ehringsdorf, Gaberndorf, Gelmeroda, Legefeld, Niedergrunstedt, Oberweimar, Possendorf, Schöndorf, Süßenborn, Taubach, Tiefurt, Tröbsdorf, Webicht].

Zella-Mehlis (1924-1945)

Zugehörigkeit: Bis 5. 4. 1924 → LK Meiningen (1 Ort) im L Thüringen.
Seit 5. 4. 1924 SK im L Thüringen. 1. 10. 1945 SK aufgelöst und an → LK Schleusingen.

Stadtgebiet: *5. 4. 1924* als SK im L Thüringen aus S des LK Meiningen gebildet: vom LK Meiningen: S Zella-Mehlis und Staatsforst Zella. *1. 10. 1945 SK* aufgelöst und S Zella-Mehlis an → LK Schleusingen.

Landkreise

Altenburg (1922-1952)

Zugehörigkeit: Bis 1. 10. 1922 LAB Altenburg (160 Orte) und Ronneburg (58 Orte) im HT Sachsen-Altenburg, seit 1918 FS Sachsen-Altenburg, seit 1. 5. 1920 L Thüringen.

Seit 1. 10. 1922 LK im L Thüringen. 25. 7. 1952 LK umgebildet und S und Gm an → LK Altenburg (B Leipzig) und → LK Schmölln (B Leipzig).

Kreissitz: S Altenburg.

Kreisgebiet: *1. 10. 1922* als LK im L Thüringen aus S und Gm der LAB Altenburg und Ronneburg gebildet: vom LAB Altenburg: S Lucka, Meuselwitz [Altpoderschau, Bünauroda, Neupoderschau, Schnauderhainichen, Prößdorf (anteilig)]; Gm Beiern, Bocka (A), Boderitz, Borgishain, Breesen, Breitenhain, Burkersdorf (b. Altenburg), Buscha, Dippelsdorf, Dobitschen, Dobraschütz, Dölzig, Ehrenberg, Ehrenhain, Fichtenhainichen, Flemmingen, Fockendorf, Frohnsdorf, Garbisdorf, Garbus, Gardschütz, Gerstenberg, Gieba, Gleina, Gödern, Göhren, Goldschau, Göllnitz, Göpfersdorf, Gorma, Gösdorf, Greipzig, Gröba, Großmecka, Großröda, Haselbach, Hauersdorf, Heiersdorf (b. Ehrenhain), Heiersdorf (b. Ziegelheim), Heiligenleichnam, Heukendorf, Hinteruhlmannsdorf, Jesenitz (A), Jückelberg, Kertschütz, Kleinmecka, Kleinröda, Kostitz, Kotteritz, Kraasa, Kraschwitz, Krebitschen, Kreutzen, Kriebitzsch, Kröbern, Kürbitz, Langenleuba-Niederhain, Leesen, Lehma, Lehndorf, Lehnitzsch, Lohma, Löhmigen, Löpitz, Lossen, Lutschütz, Maltis, Mehna, Meucha, Mockern, Mockzig, Modelwitz, Monstab, Mumsdorf, Münsa, Neubraunshain, Neuenmörbitz, Neukirchen (A), Niederleupten, Niederwiera, Nirkendorf, Nobitz, Oberarnsdorf, Oberkossa, Oberleupten, Oberlödla, Obermolbitz, Oberzetzscha, Paditz, Pahna, Pähnitz, Petsa, Pfarrsdorf, Pflichtendorf, Plottendorf, Podelwitz, Pöhla, Pontewitz, Pöppschen, Posa, Pöschwitz, Poschwitz, Prehna, Priefel, Primmelwitz, Prisselberg, Prößdorf (anteilig), Rautenberg, Remsa, Rodameuschel, Röhrsdorf, Rolika, Romschütz, Rositz, Runsdorf, Rußdorf, Saara, Schelchwitz, Schelditz, Schlauditz, Schlöpitz, Schömbach, Schwanditz, Selleris, Serbitz, Starkenberg, Steinbach (A), Stünzhain, Tautenhain, Tegkwitz, Thräna, Trebanz, Treben, Unterlödla, Untermolbitz, Unterzetzscha, Waltersdorf, Wickersdorf (A), Wiesebach, Wiesenmühle, Wilchwitz, Windischleuba, Wintersdorf, Wolperndorf, Zechau, Zehma, Zschaiga, Zschaschelwitz, Zschechwitz, Zschernichen, Zschöpperitz, Zumroda, Zürchau, Zweitschen; vom LAB Ronneburg: S Schmölln; Gm Altkirchen, Bohra, Bornshain, Brandrübel, Burkersdorf (b. Schmölln), Dobra, Drogen, Gimmel, Gödissa, Göldschen, Gosel, Gößnitz, Graicha, Großbraunshain, Großstöbnitz, Großtauschwitz, Hainichen, Hartha, Hartroda, Illsitz, Jauern, Kakau, Kauritz, Kleinmückern, Kleinstöbnitz, Kleintauscha, Kleintauschwitz, Koblenz, Köthel, Kummer, Lumpzig, Merlach, Mohlis, Naundorf, Nitzschka, Nödenitzsch, Nörditz, Platschütz, Ponitz, Röthenitz, Schloßig, Schönhaide, Selka, Sommeritz, Taupadel, Thonhausen (A), Trebula, Untergötzenthal, Untschen, Vollmershain, Waldsachsen, Weißbach, Wettelswalde, Wildenbörten, Zagkwitz, Zschernitzsch (b. Schmölln), Zschöpel. *1. 8. 1924* Ot Knau, Steinwitz, Kosma und Altendorf aus SK Altenburg eingegliedert. *1. 1. 1927* Gm Selka und Vollmershain an → LK Gera. *1. 4. 1928* Gm [Bocka (sächs. A) → Bocka], [Kauritz (sächs. A) → Gößnitz], [Thonhausen (sächs. A) → Thonhausen], Ot [Frohnsdorf (Flur,

Ot der sächs. Gm Ziegelheim) → Frohnsdorf] und Grundstücke aus den Gm [Ziegelheim → Heiersdorf], [Heyersdorf und Obergrünberg → Brandrübel] aus FS Sachsen eingegliedert; Gm und Fluren Neukirchen, Rußdorf, Waldsachsen, Wickersdorf, Ot Harthau (Ot von Niederwiera), Jesenitz (Ot von Röhrsdorf), Untergötzenthal (Ot von Gößnitz) und Teile der Gm und Fluren Brandrübel, Ponitz (Flur Gosel), Thonhausen an FS Sachsen. *1. 8. 1946* Gm Selka aus LK Gera eingegliedert. *1. 7. 1950* SK Altenburg eingegliedert; Gm Thonhausen und Wettelswalde an → LK Gera. *13. 7. 1950* Gm Mumsdorf an LK Zeitz (L Sachsen-Anhalt). *25. 7. 1952* S Altenburg, Lucka, Meuselwitz; Gm Altpoderschau, Bocka, Burkersdorf (b. Lehndorf), Ehrenberg, Ehrenhain, Engertsdorf, Flemmingen, Fockendorf, Frohnsdorf, Gerstenberg, Göhren, Göpfersdorf, Großröda, Haselbach, Klausa, Kosma, Kotteritz, Kraasa, Kriebitzsch, Langenleuba-Niederhain, Lehma, Lehndorf, Lödla, Lohma a. d. Leina, Mockern, Mockzig, Molbitz, Monstab, Naundorf, Neuenmörbitz, Neupoderschau, Niederwiera, Nobitz, Oberarnsdorf, Oberleupten, Paditz, Posa, Prößdorf, Rositz, Serbitz, Starkenberg, Steinbach, Tegkwitz, Thräna, Treben, Waltersdorf, Wilchwitz, Windischleuba, Wintersdorf, Wolperndorf, Zechau, Zetzscha an → LK Altenburg (B Leipzig); S Schmölln; Gm Altkirchen, Bornshain, Dobitschen, Dobra, Drogen, Göldschen, Göllnitz, Gößnitz, Großmecka, Großstöbnitz, Köthel, Lumpzig, Mehna, Pfarrsdorf, Podelwitz, Ponitz, Prehna, Röthenitz, Schloßig, Selka, Taupadel, Thonhausen, Trebula, Untschen, Weißbach, Wildenbörten, Zehma, Zschöpperitz, Zürchau, Zumroda an → LK Schmölln (B Leipzig).

Altenburg [B Leipzig] (1952-1990)

Zugehörigkeit: Bis 25. 7. 1952 → LK Altenburg (55 Orte) im L Thüringen und LK Glauchau (2 Orte) im L Sachsen.
Seit 25. 7. 1952 LK im B Leipzig. 3. 10. 1990 LK Altenburg an L Thüringen.

Kreissitz: Altenburg.

Kreisgebiet: *25. 7. 1952* als LK im B Leipzig aus S und Gm der LK Altenburg (L Thüringen) und LK Glauchau (L Sachsen) neugebildet: vom LK Altenburg: S Altenburg, Lucka, Meuselwitz; Gm Altpoderschau, Bocka, Burkersdorf (b. Lehndorf), Ehrenberg, Ehrenhain, Engertsdorf, Flemmingen, Fockendorf, Frohnsdorf, Gerstenberg, Göhren, Göpfersdorf, Großröda, Haselbach, Klausa, Kosma, Kotteritz, Kraasa, Kriebitzsch, Langenleuba-Niederhain, Lehma, Lehndorf, Lödla, Lohma a. d. Leina, Mockern, Mockzig, Molbitz, Monstab, Naundorf, Neuenmörbitz, Neupoderschau, Niederwiera, Nobitz, Oberarnsdorf, Oberleupten, Paditz, Posa, Prößdorf, Rositz, Serbitz, Starkenberg, Steinbach, Tegkwitz, Thräna, Treben, Waltersdorf, Wilchwitz, Windischleuba, Wintersdorf, Wolperndorf, Zechau, Zetzscha; vom LK Glauchau: Gm Gähsnitz, Ziegelheim. *10. 12. 1952* Gm Steinbach an LK Geithain (B Leipzig); Gm Thräna an LK Borna (B Leipzig); Gm Falkenhain, Mumsdorf und Zipsendorf aus LK Zeitz (B Halle) eingegliedert. *1. 1. 1957* Gm Niederwiera an LK Glauchau (B Karl-Marx-Stadt); Gm Ruppersdorf aus LK Borna (B Leipzig) eingegliedert und mit Gm Wintersdorf zur Gm Wintersdorf vereinigt. *3. 10. 1990* LK Altenburg an L Thüringen.

Altenburg (1990-1994)

Zugehörigkeit: Bis 3. 10. 1990 → LK Altenburg (35 Orte) im B Leipzig.
Seit 3. 10. 1990 LK im L, seit 1993 FS Thüringen.

1. 7. 1994 LK aufgelöst und aus S und Gm der LK → Altenburg (28 Orte) und → Schmölln (22 Orte) im FS Thüringen neu gebildet. 11.8.1994 LK umbenannt in → LK Altenburger Land.

Kreissitz: S Altenburg.

Kreisgebiet: *3. 10. 1990* als LK vom B Leipzig in L Thüringen eingegliedert: S Altenburg, Lucka, Meuselwitz; Gm Ehrenberg, Ehrenhain, Falkenhain, Fockendorf, Frohnsdorf, Gerstenberg, Göhren, Göpfersdorf, Großröda, Haselbach, Jückelberg, Kosma, Kriebitzsch, Langenleuba-Niederhain, Lehma, Lehndorf, Lödla, Mockern, Monstab, Mumsdorf, Naundorf, Nobitz, Prößdorf, Rositz, Starkenberg, Tegkwitz, Treben, Wilchwitz, Windischleuba, Wintersdorf, Zetzscha, Ziegelheim.

1. 7. 1994 LK aufgelöst und aus S und Gm der LK Altenburg und Schmölln neu gebildet: vom LK Altenburg: S Altenburg, Lucka, Meuselwitz; Gm Fockendorf, Frohnsdorf, Gerstenberg, Göhren, Göpfersdorf, Großröda, Haselbach, Jückelberg, Kosma, Kriebitzsch, Langenleuba-Niederhain, Lehma, Lehndorf, Lödla, Mockern, Monstab, Naundorf, Nobitz, Rositz, Starkenberg, Tegkwitz, Treben, Windischleuba, Wintersdorf, Ziegelheim; vom LK Schmölln: S Schmölln, Gößnitz; Gm Altkirchen, Dobitschen, Drogen, Göllnitz, Großstöbnitz, Heukewalde, Heyersdorf, Jonaswalde, Löbichau, Lumpzig, Mehna, Nöbdenitz, Podelwitz, Ponitz, Posterstein, Taupadel, Thonhausen, Vollmershain, Wildenbörten, Zehma.

Altenburger Land (ab 1994)

Zugehörigkeit: Bis 11. 8. 1994 S und Gm des → LK Altenburg (50 Orte) im FS Thüringen. 11. 8. 1994 LK Altenburg umbenannt in LK Altenburger Land.

Kreissitz: S Altenburg.

Kreisgebiet: *1. 1. 1998*:
Einheitsgemeinden: S **Altenburg** [Drescha, Ehrenberg, Greipzig, Kauerndorf, Knau, Kosma, Kürbitz, Lehnitzsch, Mockzig, Modelwitz, Oberzetzscha, Paditz, Poschwitz, Prisselberg, Rasephas, Rautenberg, Schelchwitz, Schlöpitz, Steinwitz, Stünzhain, Unterzetzscha, Zetzscha, Zschaiga, Zschechwitz]; S **Gößnitz** [Hainichen, Kauritz, Koblenz, Naundorf, Nörditz, Pfarrsdorf]; S **Lucka** [Breitenhain, Bünauroda, Neupoderschau, Prößdorf, Schnauderhainichen, Zipsendorf]; S **Meuselwitz** [Falkenhain, Mumsdorf]; **Nobitz** [Dippelsdorf, Ehrenhain, Garbus, Hauersdorf, Heiersdorf (b. Ehrenhain), Klausa, Kotteritz, Kraschwitz, Münsa, Niederleupten, Nirkendorf, Oberarnsdorf, Oberleupten, Priefel, Wilchwitz]; **Saara** (Sitz: Lehndorf) [Bornshain, Burkersdorf (b. Altenburg), Gardschütz, Gieba, Gleina, Gösdorf, Goldschau, Großmecka, Heiligenleichnam, Kleinmecka, Lehndorf, Löhmigen, Löpitz, Maltis, Mockern, Podelwitz, Runsdorf, Selleris, Taupadel, Tautenhain, Zehma, Zürchau, Zumroda]; S **Schmölln** [Bohra, Brandrübel, Großstöbnitz, Kleinmückern, Kleinstöbnitz, Kummer, Nitzschka, Nödenitzsch, Schloßig, Selka, Sommeritz, Weißbach, Zschernitzsch (b. Schmölln)]; **Wintersdorf** [Gröba, Heukendorf, Lehma, Neubraunshain, Pflichtendorf, Ruppersdorf, Trebanz, Waltersdorf].

Verwaltungsgemeinschaften: **Altenburger Land** (Sitz: Mehna): Altkirchen [Gimmel, Gödissa, Göldschen, Großtauschwitz, Illsitz, Jauern, Kleintauschwitz, Platschütz, Röthenitz, Trebula],

Dobitschen [Meucha, Pontewitz, Rolika], Drogen [Mohlis], Göhren [Gödern, Lossen, Lutschütz, Romschütz], Göllnitz [Kertschütz, Schwanditz, Zschöpperitz], Großröda, Lumpzig [Großbraunshain, Hartha, Kleintauscha, Prehna], Mehna [Rodameuschel, Zweitschen], Naundorf [Dobraschütz, Kraasa, Oberkossa], Starkenberg [Dölzig, Kleinröda, Kostitz, Pöhla, Posa], Tegkwitz [Breesen, Kreutzen]; **Oberes Sprottental** (Sitz: Nöbdenitz): Heukewalde, Jonaswalde [Nischwitz], Löbichau [Beerwalde, Drosen, Falkenau, Großstechau, Ingramsdorf, Kleinstechau], Nöbdenitz [Burkersdorf (b. Schmölln), Lohma, Untschen, Zagkwitz], Posterstein [Stolzenberg], Thonhausen [Schönhaide, Thonhausen (sachsen-altenburgischer A), Thonhausen (sächs. A), Wettelswalde], Vollmershain, Wildenbörten [Dobra, Graicha, Hartroda, Kakau]; **Pleißenaue** (Sitz: Treben): Fockendorf [Pahna], Gerstenberg [Pöschwitz], Haselbach, Treben [Plottendorf, Primmelwitz, Serbitz], Windisch-leuba [Bocka (sachsen-altenburgischer A), Bocka (sächs. A), Borgishain, Pähnitz, Pöppschen, Remsa, Zschaschelwitz]; **Rositz** (Sitz: Rositz): Kriebitzsch [Altpoderschau, Leesen, Petsa, Zechau], Lödla [Oberlödla, Unterlödla], Monstab [Krebitschen, Kröbern, Schlauditz, Wiesenmühle], Rositz [Fichtenhainichen, Gorma, Molbitz, Obermolbitz, Schelditz, Untermolbitz]; **Wieratal** (Sitz: Langenleuba-Niederhain): Frohnsdorf [Wiesebach], Göpfersdorf [Garbisdorf], Jückelberg [Flemmingen, Wolperndorf], Langenleuba-Niederhain [Beiern, Boderitz, Buscha, Lohma, Neuenmörbitz, Schömbach, Zschernichen], Ziegelheim [Engertsdorf, Gähsnitz, Heiersdorf (b. Ziegelheim), Hinteruhlmannsdorf].

Erfüllende Gemeinde: Gößnitz für **Heyersdorf**, **Ponitz** [Gosel, Grünberg, Merlach, Zschöpel].

Apolda (1952-1994)

Zugehörigkeit: Bis 25. 7. 1952 LK Jena (6 Orte) und Weimar (42 Orte) im L Thüringen; LK Kölleda (1 Ort) im L Sachsen-Anhalt.

Seit 25. 7. 1952 LK im B Erfurt. Seit 14. 4. 1990 LK im L, seit 1993 FS Thüringen. 1. 7. 1994 LK aufgelöst und S und Gm an → LK Weimar-Land.

Kreissitz: S Apolda.

Kreisgebiet: *25. 7. 1952* als LK im B Erfurt gebildet aus S und Gm der LK Jena und Weimar (L Thüringen) und Kölleda (L Sachsen-Anhalt): vom LK Jena: Gm Eckolstädt, Kaatschen, Lachstedt, Münchengosserstädt, Schmiedehausen, Weichau; vom LK Weimar: S Apolda, Bad Sulza; Gm Darnstedt, Eberstedt, Flurstedt, Gebstedt, Goldbach, Großheringen, Großromstedt, Hermstedt, Herressen, Kapellendorf, Kleinromstedt, Ködderitzsch, Kösnitz, Liebstedt, Mattstedt, Neustedt, Niederreißen, Niederroßla, Niedertrebra, Nirmsdorf, Oberndorf, Oberreißen, Oberroßla, Obertrebra, Oßmannstedt, Pfiffelbach, Pfuhlsborn, Rannstedt, Reisdorf, Rödigsdorf, Rohrbach, Schöten, Sonnendorf, Stobra, Utenbach, Wersdorf, Wickerstedt, Willerstedt, Wormstedt, Zottelstedt; vom LK Kölleda: Gm Auerstedt. *10. 12. 1952* Gm Rohrbach an → LK Weimar. *1. 7. 1994* LK aufgelöst und S Apolda, Bad Sulza; Gm Auerstedt, Eberstedt, Eckolstädt, Flurstedt, Gebstedt, Großheringen, Großromstedt, Hermstedt, Kapellendorf, Kleinromstedt, Ködderitzsch, Kösnitz, Liebstedt, Mattstedt, Münchengosserstädt, Niederreißen, Niederroßla, Niedertrebra, Nirmsdorf, Oberreißen, Obertrebra, Oßmannstedt, Pfiffelbach, Pfuhlsborn, Rannstedt, Reisdorf, Schmiedehausen, Schöten, Stobra, Wickerstedt, Willerstedt, Wormstedt an → LK Weimar-Land.

Arnstadt (1922–1994)

Zugehörigkeit: Bis 1. 10. 1922 LAB Gehren (37 Orte) im FT Schwarzburg-Sondershausen, seit 1918 FS Schwarzburg-Sondershausen, seit 1. 5. 1920 L Thüringen; I. VerwB (13 Orte) im GHT Sachsen-Weimar-Eisenach, seit 1918 FS Sachsen-Weimar-Eisenach, seit 1. 5. 1920 L Thüringen; LAB Gotha (9 Orte) und Ohrdruf (13 Orte) im HT Sachsen-Coburg und Gotha, seit 1918 FS Gotha, seit 1. 5. 1920 L Thüringen; LAB Königsee (3 Orte) und Rudolstadt (22 Orte) im FT Schwarzburg-Rudolstadt, seit 1918 FS Schwarzburg-Rudolstadt, seit 1. 5. 1920 L Thüringen; K Saalfeld (3 Orte) und Hildburghausen (1 Ort) im HT Sachsen-Meiningen, seit 1918 FS Sachsen-Meiningen, seit 1. 5. 1920 L Thüringen.

Seit 1. 10. 1922 LK im L Thüringen. Seit 25. 7. 1952 LK im B Erfurt. Seit 3. 10. 1990 LK im L, seit 1993 FS Thüringen. 1. 7. 1994 LK aufgelöst und S und Gm an → LK Ilm-Kreis und → LK Gotha.

Kreissitz: S Arnstadt.

Kreisgebiet: *1. 10. 1922* als LK im L Thüringen aus S und Gm der LAB Gehren, Gotha, Ohrdruf, Königsee und Rudolstadt, des I. VerwB und der K Saalfeld und Hildburghausen gebildet: vom LAB Gehren: S Gehren, Großbreitenbach, Langewiesen, [Neustadt a. R. (A) → Neustadt a. R.], Plaue; Gm Alkersleben, Altenfeld, [Angstedt → Gräfinau], Behringen, Branchewinda, Dannheim, Dosdorf, Elleben, Espenfeld, Ettischleben, Geschwenda, Gillersdorf, Görbitzhausen, Hausen, Jesuborn, Kleinbreitenbach, Marlishausen, Masserberg, Möhrenbach, Niederwillingen, Oberwillingen, Oehrenstock, Pennewitz, Reinsfeld, Rockhausen, Roda (b. Arnstadt), Rudisleben, Siegelbach, Willmersdorf, Witzleben, Wülfershausen, Wümbach; vom LAB Gotha: Gm Bittstädt, Eischleben, Haarhausen, Holzhausen, Ichtershausen, Molsdorf, Rehestädt, Sülzenbrücken, Thörey; vom LAB Ohrdruf: Gm Arlesberg, Elgersburg, Frankenhain, Gehlberg, Gera, Gossel, Gräfenroda, Kettmannshausen, Liebenstein, Manebach [Kammerberg vom I. VerwB], Neuroda, Rippersroda, Traßdorf; vom LAB Königsee: Gm Böhlen, Friedersdorf, Wildenspring; vom LAB Rudolstadt: S Stadtilm [Oberilm]; Gm Angelroda, Bücheloh, Cottendorf, Döllstedt, Dörnfeld, Ehrenstein, Ellichleben, Elxleben, Geilsdorf, Gösselborn, Gräfinau [Angstedt vom LAB Gehren], Griesheim, Großhettstedt, Großliebringen, Hammersfeld, Kleinhettstedt, Kleinliebringen, Nahwinden, Singen, Wüllersleben; vom I. VerwB: S Ilmenau; Gm Bösleben, Dienstedt, Heyda, [Kammerberg → Manebach], Martinroda, Neusiß, Oberpörlitz, Roda (b. Ilmenau), Schmerfeld, Stützerbach (A), Unterpörlitz, Wipfra; vom K Saalfeld: Gm Achelstädt, Gügleben, Osthausen; vom K Hildburghausen: [S Neustadt a. R. (A) → Neustadt a. R.]. *1. 10. 1923* Gm Rudisleben an → SK Arnstadt. *1. 8. 1924* Ot Dornheim (mit Ausnahme einiger Grundstücke) aus SK Arnstadt eingegliedert. *5. 2. 1925* Ot Rudisleben aus SK Arnstadt eingegliedert. *1. 10. 1945* Gm Stützerbach (preuß. A) aus LK Schleusingen in Gm Stützerbach (thür. A) eingegliedert. *1. 7. 1950* Gm Röhrensee aus LK Gotha eingegliedert; Gm Österöda aus LK Rudolstadt eingegliedert; Gm Kirchheim aus LK Weißensee eingegliedert; Gm Riechheim aus LK Weimar eingegliedert; SK Arnstadt eingegliedert; Gm Molsdorf, Rockhausen an → LK Erfurt; Gm Masserberg an → LK Hildburghausen; Gm Pennewitz an → LK Rudolstadt; Gm Gehlberg an → LK Suhl. *25. 7. 1952* Gm Werningsleben aus LK Erfurt eingegliedert; Gm Crawinkel aus LK Gotha eingegliedert; Gm Röhrensee an → LK Gotha; S Ilmenau, Gm Altenfeld, Böhlen, Bücheloh, Elgersburg, Friedersdorf, Gehren, Geraberg, Geschwenda, Gillersdorf,

Gräfinau-Angstedt, Großbreitenbach, Heyda, Langewiesen, Manebach, Martinroda, Möhrenbach, Neustadt a.R., Oberpörlitz, Oehrenstock, Stützerbach, Unterpörlitz, Wildenspring, Willmersdorf, Wümbach an → LK Ilmenau. *1. 1. 1957* Gm Röhrensee aus LK Gotha eingegliedert. *30. 6. 1994* Ot Bechstedt- Wagd aus Gm Egstedt (LK Erfurt) in Gm Kirchheim eingegliedert. *1. 7. 1994* LK aufgelöst und S Arnstadt, Plaue, Stadtilm; Gm Alkersleben, Angelroda, Bösleben-Wüllersleben, Dienstedt-Hettstedt, Dornheim, Ehrenstein, Elleben, Elxleben, Frankenhain, Gossel, Gräfenroda, Großliebringen, Ichtershausen, Kirchheim, Liebenstein, Nahwinden, Neusiß, Niederwillingen, Osthausen-Wülfershausen, Rudisleben, Singerberg, Wachsenburggemeinde, Wipfratal, Witzleben an → LK Ilm-Kreis; Gm Crawinkel an → LK Gotha.

Artern [B Halle] (1952-1990)

Zugehörigkeit: Bis 25. 7. 1952 LK Kölleda (15 Orte), Querfurt (4 Orte), Sangerhausen (9 Orte) im L Sachsen-Anhalt und → LK Sondershausen (13 Orte) im L Thüringen.
Seit 25. 7. 1952 LK im B Halle. 3. 10. 1990 LK an L Thüringen.

Kreissitz: Artern.

Kreisgebiet: *25. 7. 1952* als LK im B Halle aus S und Gm der LK Kölleda, Querfurt und Sangerhausen (L Sachsen-Anhalt) und des LK Sondershausen (L Thüringen) gebildet: vom LK Kölleda: S Heldrungen, Wiehe: Gm Bilzingsleben, Bretleben, Donndorf, Etzleben, Gorsleben, Hauteroda, Hemleben, Kannawurf, Langenroda, Nausitz, Oberheldrungen, Reinsdorf, Sachsenburg; vom LK Querfurt: Gm Bottendorf, Roßleben, Schönewerda, Wendelstein; vom LK Sangerhausen: S Artern; Gm Gehofen, Heygendorf, Kalbsrieth, Mönchpfiffel, Nikolausrieth, Ritteburg, Schönfeld, Voigtstedt; vom LK Sondershausen: S Bad Frankenhausen; Gm Borxleben, Esperstedt, Göllingen, Günserode, Ichstedt, Oldisleben, Ringleben, Rottleben, Seega, Seehausen, Steinthaleben, Udersleben. *1. 1. 1956* Gm Wendelstein an LK Nebra. *3. 10. 1990* LK an L Thüringen.

Artern (1990-1994)

Zugehörigkeit: Bis 3. 10. 1990 (gebildet 1952) → LK Artern (37 Orte) im B Halle.
Seit 3. 10. 1990 LK im L, seit 1993 FS Thüringen. 1. 7. 1994 LK aufgelöst und S und Gm an → LK Kyffhäuserkreis und → LK Sömmerda.

Kreissitz: S Artern.

Kreisgebiet: *3. 10. 1990* LK im L Thüringen: S Artern, Bad Frankenhausen, Heldrungen, Wiehe: Gm Bilzingsleben, Borxleben, Bottendorf, Bretleben, Donndorf, Esperstedt, Etzleben, Ichstedt, Kannawurf, Gehofen, Göllingen, Gorsleben, Günserode, Hauteroda, Hemleben, Heygendorf, Kalbsrieth, Kannawurf, Langenroda, Mönchpfiffel-Nikolausrieth, Nausitz, Oberheldrungen, Oldisleben, Reinsdorf, Ringleben, Roßleben, Rottleben, Schönewerda, Schönfeld, Seega, Steinthaleben, Udersleben, Voigtstedt. *1. 7. 1994* aufgelöst und S Artern, Bad Frankenhausen, Heldrungen, Wiehe; Gm Borxleben, Bottendorf, Bretleben, Donndorf, Esperstedt, Etzleben, Gehofen, Göllingen, Gorsleben, Günserode, Hauteroda, Hemleben, Heygendorf, Ichstedt, Kalbsrieth, Mönchpfiffel-Nikolausrieth, Nausitz, Oberheldrungen, Oldisleben, Reinsdorf, Ringleben, Roßleben, Rottleben, Schönewerda, Schönfeld, Seega, Steinthaleben, Voigtstedt an → LK Kyffhäuserkreis; Gm Bilzingsleben, Kannawurf an → LK Sömmerda.

Bad Langensalza ([1952]1956-1994)

Zugehörigkeit: Bis 25. 7. 1952 → LK Erfurt (10 Orte), → LK Gotha (13 Orte) und → LK Mühlhausen (22 Orte) im L Thüringen. 25. 7. 1952 als LK Langensalza im B Erfurt neu gebildet, seit 1956 LK Bad Langensalza. Seit 3. 10. 1990 LK im L, seit 1993 FS Thüringen. 1. 7. 1994 LK aufgelöst und S und Gm an → LK Gotha und → LK Unstrut-Hainich-Kreis.

Kreissitz: S Langensalza, seit 27. 7. 1956 S Bad Langensalza.

Kreisgebiet: *25. 7. 1952* als LK im B Erfurt neu gebildet aus S und Gm der LK Erfurt, Gotha und Mühlhausen: vom LK Erfurt: S Bad Tennstedt; Gm Ballhausen, Bruchstedt, Großvargula, Haussömmern, Herbsleben, Hornsömmern, Kleinvargula, Kutzleben, Mittelsömmern; vom LK Gotha: Gm Aschara, Behringen, Burgtonna, Ebenheim, Eckardtsleben, Friedrichswerth, Gräfentonna, Haina, Illeben, Reichenbach, Tüngeda, Weingarten, Wiegleben; vom LK Mühlhausen: S Langensalza, Thamsbrück; Gm Alterstedt, Blankenburg, Craula, Großurleben, Großwelsbach, Grumbach, Henningsleben, Kirchheilingen, Kleinurleben, Kleinwelsbach, Klettstedt, Merxleben, Mülverstedt, Nägelstedt, Schönstedt, Sundhausen, Tottleben, Waldstedt, Weberstedt, Zimmern. *10. 12. 1952* Gm Bothenheilingen, Issersheilingen, Neunheilingen aus LK Mühlhausen eingegliedert; Gm Ebenheim, Weingarten, Haina und Friedrichswerth an → LK Gotha. *1. 7. 1994* LK aufgelöst und Gm Tonna an → LK Gotha; S Bad Langensalza, Bad Tennstedt; Gm Ballhausen, Blankenburg, Bothenheilingen, Bruchstedt, Großvargula, Haussömmern, Herbsleben, Hornsömmern, Issersheilingen, Kirchheilingen, Kleinwelsbach, Klettstedt, Kutzleben, Mittelsömmern, Mülverstedt, Neunheilingen, Schönstedt, Sundhausen, Tottleben, Urleben, Weberstedt an → LK Unstrut-Hainich-Kreis; Gm Behringen, Craula, Reichenbach, Tüngeda, Wolfsbehringen an → LK Wartburgkreis.

Bad Salzungen (1950-1994)

Zugehörigkeit: Bis 1. 7. 1950 → LK Eisenach (81 Orte) und → LK Meiningen (22 Orte) im L Thüringen.

Seit 1. 7. 1952 LK im B Suhl. Seit 3. 10. 1990 LK im L, seit 1993 FS Thüringen. 1. 7. 1994 LK aufgelöst und S und Gm an → LK Wartburgkreis.

Kreissitz: S Bad Salzungen.

Kreisgebiet: *1. 7. 1950* als LK im L Thüringen aus S und Gm der LK Eisenach und Meiningen gebildet: vom LK Eisenach: S Vacha; Gm Andenhausen, Apfelbach, Aschenhausen, Bermbach, Bernshausen, Birx, Borbels, Borsch, Bremen, Brunnhardtshausen, Buttlar, Deicheroda, Dermbach, Diedorf, Dietlas, Dönges, Dorndorf, Empfertshausen, Fischbach, Föhlritz, Frankenheim a. d. Rhön, Frauensee, Gasteroda, Geblar, Gehaus, Geisa, Geismar, Gerstengrund, Gerthausen, Glattbach, Kaiseroda, Kaltenlengsfeld, Kaltennordheim, Kaltensundheim, Kaltenwestheim, Ketten, Kieselbach, Klings, Kranlucken, Lenders, Lindenau, Martinroda, Mebritz, Melpers, Merkers, Mieswarz, Mittelsdorf, Motzlar, Neidhartshausen, Oberalba, Oberweid, Oberzella, Oechsen, Otzbach, Pferdsdorf/Werra, Reichenhausen, Reinhards, Schafhausen, Schleid, Spahl, Stadtlengsfeld, Steinberg, Sünna, Tiefenort, Unteralba, Unterbreizbach, Unterweid, Urnshausen, Vitzeroda, Völkershausen, Walkes, Weilar, Wenigentaft, Wiesenfeld, Wiesenthal, Willmanns, Wölferbütt, Zella, Zitters; aus LK Meiningen: S Bad Liebenstein [Bairoda], Bad Salzungen [Allendorf (Dorf), Allendorf (Kloster), Wildprechtroda]; Gm [Allendorf (Dorf) → Bad Salzungen], [Allendorf (Kloster) → Bad Salzungen], [Bairoda → Bad Liebenstein], Barchfeld, Gräfen- und Nitzendorf, Gumpelstadt, Hohleborn, Immelborn, Kaltenborn, Langenfeld, Leimbach, Möhra, [Neuendorf → Witzelroda], Oberrohn, Schweina, Steinbach, Unterrohn, Waldfisch, [Wildprechtroda → Bad Salzungen], Witzelroda [Neuendorf]; Gm Gasteroda, Vitzeroda an → LK Eisenach. *1. 2. 1952* Gm Meimers aus LK Meiningen eingegliedert. *25. 7. 1952* Gm Aschenhausen, Birx, Erbenhausen, Frankenheim/Rhön, Gerthausen, Kaltensundheim, Kaltenwestheim, Melpers, Mittelsdorf/Rhön, Oberweid, Reichenhausen, Schafhausen, Unterweid an → LK Meiningen. *1. 1. 1957* Ot Farnbach aus Gm Meimers an → LK Schmalkalden. *1. 7. 1994* LK aufgelöst und S Bad Liebenstein, Bad Salzungen, Geisa, Kaltennordheim, Stadtlengsfeld, Vacha; Gm Andenhausen, Barchfeld, Brunnhartshausen, Buttlar, Dermbach, Diedorf/Rhön, Dorndorf, Empfertshausen, Fischbach/Rhön, Frauensee, Gehaus, Gerstengrund, Immelborn, Kaltenlengsfeld, Klings, Leimbach, Martinroda, Merkers-Kieselbach, Möhra, Moorgrund, Neidhartshausen, Oechsen, Pferdsdorf/Rhön, Rockenstuhl, Schleid, Schweina, Steinbach, Sünna, Tiefenort, Unterbreizbach, Urnshausen, Völkershausen, Weilar, Wiesenthal, Wölferbütt, Zella an → LK Wartburgkreis.

Camburg [Kreisabteilung] (1922-1939)

Zugehörigkeit: Bis 1. 10. 1922 K Saalfeld (42 Gm) im HT, seit 1918 FS Sachsen-Meiningen, seit 1. 5. 1920 L Thüringen. Seit 1. 10. 1922 LK im L Thüringen.

Seit 1. 10. 1922 Kabt Camburg im L Thüringen. 1. 4. 1939 Kabt aufgelöst und S und Gm an → LK Stadtroda.

Kreisabteilungssitz: S Camburg.

Kreisabteilungsgebiet: *1. 10. 1922* als Kabt im L Thüringen aus S und Gm des K Saalfeld gebildet: vom K Saalfeld: S Camburg; Gm Aue, Boblas, Casekirchen, Cauerwitz, Crauschwitz, Crölpa-Löbschütz, Döbrichau, Döbritschen, Eckolstädt, Freiroda, Graitschen, Heiligenkreuz, Janisroda, Kaatschen, Kleingestewitz, Kleinprießnitz, Köckenitzsch, Leislau, Molau, Münchengosserstädt, Neidschütz, Posewitz, Prießnitz, Rodameuschel, Schieben, Schinditz, Schleuskau, Schmiedehausen, Seidewitz, Seiselitz, Sieglitz, Stöben, Thierschneck, Tümpling, Tultewitz, Utenbach, Weichau, Wichmar, Wonnitz, Würchhausen, Zöthen. *1. 4. 1925* Gm Lachstedt aus LK Weimar und Gm Hirschroda aus LK Roda eingegliedert. *1. 4. 1939* Kabt aufgelöst und S und Gm an → LK Stadtroda.

Eichsfeld (1945-1946, ab 1994)

Zugehörigkeit: Bis 8. 8. 1945 → LK Heiligenstadt (67 Orte) und → LK Worbis (50 Orte) im L Thüringen.

Seit 8. 8. 1945 LK im L Thüringen. 30. 9. 1946 LK aufgelöst und S und Gm an → LK Mühlhausen, → LK Nordhausen und → LK Worbis.

1\. 7. 1994 LK aus S und Gm der LK → Heiligenstadt (49 Orte) und → Worbis (52 Orte) im FS Thüringen neu gebildet.

Kreissitz: Heiligenstadt (1945-1946, ab 1994).

Kreisgebiet: *8. 8. 1945* durch Zusammenlegung der LK Heiligenstadt und Worbis gebildet: vom LK Heiligenstadt: S Dingelstädt, Heiligenstadt; Gm Arenshausen, Bebendorf, Bernterode, Birkenfelde, Bischhagen, Bornhagen, Burgwalde, Dieterode, Dietzenrode, Döringsdorf, Eichstruth, Ershausen, Flinsberg, Freienhagen, Fretterode, Geisleden, Geismar, Gerbershausen, Glasehausen, Großbartloff, Großtöpfer, Günterode, Heuthen, Hohengandern, Kalteneber, Kefferhausen, Kella, Kirchgandern, Kreuzebra, Krombach, Lehna, Lengenfeld unterm Stein, Lenterode, Lindewerra, Lutter, Mackenrode, Marth, Martinfeld, Mengelrode, Misserode, Neuseesen, Pfaffschwende, Reinholterode, Rengelrode, Röhrig, Rohrberg, Rüstungen, Rustenfelde, Schachtebich, Schönau, Schönhagen, Schwobfeld, Sickerode, Siemerode, Steinheuterode, Streitholz, Thalwenden, Uder, Volkerode, Wahlhausen, Werleshausen, Westhausen, Wiesenfeld, Wilbich, Wüstheuterode; vom LK Worbis: S Worbis; Gm Berlingerode, Bernterode, Beuren, Birkungen, Bischofferode, Bockelnhagen, Bodenrode, Böseckendorf, Brehme, Breitenbach, Breitenholz, Breitenworbis, Deuna, Ecklingerode, Ferna, Gernrode, Gerterode, Großbodungen, Hauröden, Hausen, Haynrode, Holungen, Hüpstedt, Hundeshagen, Jützenbach, Kallmerode, Kaltohmfeld, Kirchohmfeld, Kirchworbis, Kleinbartloff, Kraja, Leinefelde, Neuendorf, Neustadt, Niederorschel, Rüdigershagen, Silkerode, Steinbach, Tastungen, Teistungen, Vollenborn, Wallrode, Wehnde, Weißenborn-Lüderode, Wingerode, Wintzingerode, Zaunröden, Zwinge. *19. 9. 1945* Gm Asbach, Sickenberg, Vatterode, Weidenbach aus Amerikanischer Besatzungszone (AB Bad Sooden-Allendorf, LK Witzenhausen, P Kurhessen) eingegliedert; Gm Neuseesen, Werleshausen an Amerikanische Besatzungszone (AB Bad Sooden-Allendorf, LK Witzenhausen, P Kurhessen). *10. 6. 1946* Gm Kraja einschließlich Grube Kraja an → LK Nordhausen. *30. 9. 1946* Gm Bernterode, Bischofferode, Bockelnhagen, Breitenworbis, Deuna, Gerterode, Großbodungen, Hauröden, Haynrode, Holungen, Hüpstedt, Jützenbach, Neustadt, Rüdigershagen, Silkerode, Vollenborn, Wallrode, Weißenborn-Lüderode, Zaunröden, Zwinge an → LK Nordhausen; Gm Lengenfeld an → LK Mühlhausen; S Dingelstädt, Heiligenstadt, Worbis; Gm Arenshausen, Asbach, Bebendorf, Bernterode, Berlingerode, Beuren, Birkenfelde, Birkungen, Bischhagen, Bodenrode, Böseckendorf, Bornhagen, Brehme, Breitenbach, Breitenholz, Burgwalde, Dieterode, Dietzenrode, Döringsdorf, Ecklingerode, Eichstruth, Ershausen, Ferna, Flinsberg, Freienhagen, Fretterode, Geisleden, Geismar, Gerbershausen, Gernrode, Glasehausen, Großbartloff, Großtöpfer, Günterode, Hausen, Heuthen, Hohengandern, Hundeshagen, Kallmerode, Kalteneber, Kaltohmfeld, Kefferhausen, Kella, Kirchgandern, Kirchohmfeld, Kirchworbis, Kleinbartloff, Kreuzebra, Krombach, Lehna, Leinefelde, Lenterode, Lindewerra, Lutter, Mackenrode, Marth, Martinfeld, Mengelrode, Misserode, Neuendorf, Niederorschel, Pfaffschwende, Reinholterode, Rengelrode, Röhrig, Rohrberg, Rüstungen, Rustenfelde, Schachtebich, Schönau, Schönhagen, Schwobfeld, Sickenberg, Sickerode, Siemerode, Steinbach, Steinheuterode, Streitholz, Tastungen, Teistungen, Thalwenden, Uder, Vatterode, Volkerode, Wahlhausen, Wehnde, Weidenbach, Westhausen, Wiesenfeld, Wilbich, Wingerode, Wintzingerode, Wüstheuterode an → LK Worbis.

1. 7. 1994 aus S und Gm der LK Heiligenstadt und Worbis neu gebildet: vom LK Heiligenstadt: S Heiligenstadt; Gm Arenshausen, Asbach-Sickenberg, Bernterode, Birkenfelde, Bodenrode-Westhausen, Bornhagen, Burgwalde, Dieterode, Dietzenrode/Vatterode, Eichstruth, Ershausen, Freienhagen, Fretterode, Geisleden, Geismar, Gerbershausen, Glasehausen, Heuthen, Hohengandern, Hohes Kreuz, Kella, Kirchgandern, Krombach, Lenterode, Lindewerra, Lutter, Mackenrode, Marth, Martinfeld, Pfaffschwende, Reinholterode, Röhrig, Rohrberg, Rüstungen, Rustenfelde, Schachtebich, Schönhagen, Schwobfeld, Sickerode, Steinbach, Steinheuterode, Thalwenden, Uder, Volkerode, Wahlhausen, Wiesenfeld, Wilbich, Wüstheuterode; vom LK Worbis: S Dingelstädt, Leinefelde, Worbis; Gm Berlingerode, Bernterode, Beuren, Birkungen, Bischofferode, Bockelnhagen, Böseckendorf, Brehme, Breitenbach, Breitenworbis, Büttstedt, Buhla, Deuna, Ecklingerode, Effelder, Ferna, Gernrode, Gerterode, Großbartloff, Großbodungen, Hausen, Haynrode, Helmsdorf, Holungen, Hundeshagen, Jützenbach, Kallmerode, Kefferhausen, Kirchworbis, Kleinbartloff, Kreuzebra, Küllstedt, Neuendorf, Neustadt, Niederorschel, Rüdigershagen, Silberhausen, Silkerode, Steinrode, Stöckey, Tastungen, Teistungen, Vollenborn, Wachstedt, Wehnde, Weißenborn-Lüderode, Wingerode, Wintzingerode, Zwinge.

1. 1. 1998:

Einheitsgemeinden: S **Heiligenstadt** [Flinsberg, Günterode, Kalteneber, Rengelrode]; S **Leinefelde** [Birkungen, Breitenholz].

Verwaltungsgemeinschaften: **Am Lindenberg** (Sitz: Teistungen): Berlingerode, Böseckendorf, Brehme, Ecklingerode, Hundeshagen, Neuendorf, Tastungen, Teistungen, Wehnde; **Am Ohmgebirge** (Sitz: S Worbis): Breitenbach, Ferna, Wintzingerode, S Worbis [Kaltohmfeld, Kirchohmfeld]; **Dingelstädt** (Sitz: S Dingelstädt): S Dingelstädt, Helmsdorf, Kallmerode, Kefferhausen, Kreuzebra, Silberhausen; **Eichsfelder Kessel** (Sitz: Niederorschel): Deuna, Gerterode, Hausen, Kleinbartloff, Niederorschel [Rüdigershagen], Vollenborn; **Eichsfeld Südharz** (Sitz: Weißenborn-Lüderode): Bischofferode [Hauröden], Bockelnhagen, Großbodungen [Wallrode], Holungen, Jützenbach, Neustadt, Silkerode, Steinrode [Epschenrode, Wernigerode], Stöckey, Weißenborn-Lüderode, Zwinge; **Eichsfeld Wipperaue** (Sitz: Breitenworbis): Bernterode, Breitenworbis, Buhla [Ascherode], Gernrode, Haynrode, Kirchworbis; **Ershausen/Geismar** (Sitz: Ershausen): Bernterode, Dieterode, Geismar [Bebendorf, Döringsdorf, Großtöpfer], Kella, Krombach, Pfaffschwende, Schimberg (Sitz: Ershausen) [Ershausen, Lehna, Martinfeld, Misserode, Rüstungen, Wilbich], Schwobfeld, Sickerode, Volkerode, Wiesenfeld; **Hanstein-Rusteberg** (Sitz: Hohengandern): Arenshausen, Bornhagen, Burgwalde, Freienhagen, Fretterode, Gerbershausen, Hohengandern, Kirchgandern, Lindewerra, Marth, Rohrberg, Rustenfelde, Schachtebich, Wahlhausen; **Leinetal** (Sitz: Bodenrode): Bodenrode- Westhausen (Sitz: Bodenrode): [Bodenrode, Westhausen], Geisleden, Glasehausen, Heuthen, Hohes Kreuz (Sitz: Siemerode) [Bischhagen, Mengelrode, Siemerode, Streitholz], Reinholterode, Steinbach, Wingerode; **Uder** (Sitz: Uder): Asbach-Sickenberg [Asbach, Sickenberg], Birkenfelde, Dietzenrode-Vatterode [Dietzenrode, Vatterode], Eichstruth, Lenterode, Lutter, Mackenrode [Weidenbach], Röhrig, Schönhagen, Steinheuterode, Thalwenden, Uder [Schönau], Wüstheuterode; **Westerwald-Obereichsfeld** (Sitz: Küllstedt): Büttstedt, Effelder, Großbartloff, Küllstedt, Wachstedt.

Erfüllende Gemeinde: S Leinefelde für **Beuren**.

Eisenach (1922-1994)

Zugehörigkeit: Bis 1. 10. 1922 III. VerwB (65 Orte) und IV. VerwB (71 Orte) im GHT Sachsen-Weimar-Eisenach, seit 1918 FS Sachsen-Weimar-Eisenach, seit 1. 5. 1920 L Thüringen;

K Meiningen (5 Orte) im HT Sachsen-Meiningen, seit 1918 FS Sachsen-Meiningen, seit 1. 5. 1920 L Thüringen; LAB Waltershausen (15 Orte) im HT Sachsen-Coburg und Gotha, seit 1918 FS Gotha, seit 1. 5. 1920 L Thüringen.

Seit 1. 10. 1922 LK im L Thüringen. Seit 25. 7. 1952 LK im B Erfurt. Seit 3. 10. 1990 LK im L, 1993 FS Thüringen. 1. 7. 1994 LK aufgelöst und S und Gm an → LK Wartburg-Kreis.

Kreissitz: S Eisenach.

Kreisgebiet: *1. 10. 1922* als LK im L Thüringen aus S und Gm des III. und IV. VerwB, K Meiningen und LAB Waltershausen gebildet: vom III. VerwB: S Creuzburg, Ruhla; Gm Abteroda, Auenheim, Berka v. d. H., Berka a. d. Werra, Berteroda, Beuernfeld, Bischofroda, Bolleroda, Burkhardtroda, Dankmarshausen, Dippach, Dönges, Ebenau, Eckardtshausen, Epichnellen, Ettenhausen (b. Marksuhl), Etterwinden, Farnroda, Fernbreitenbach, Förtha, Frauensee, Gasteroda, Gerstungen, Göringen, Gospenroda, Großenlupnitz, Großensee, Hausbreitenbach, [Heiligenstein → Thal-Heiligenstein], Herda, Hörschel, Horschlitt, Hötzelsroda, Ifta, Kittelsthal, Krauthausen, Kupfersuhl, Lauchröden, Lindigshof, Madelungen, Marksuhl, Melborn, Mihla (Lauterbach), Mosbach, Neuenhof, Neustädt, Pferdsdorf (b. Creuzburg), Sallmannshausen, Scherbda, Schnellmannshausen (A), Seebach, Spichra, Stedtfeld, Uetteroda, Unterellen, Untersuhl, Vitzeroda, Volteroda, Wartha, Wenigenlupnitz, Wolfmannsgehau, Wolfsburg, Wünschensuhl; vom IV. VerwB: S Kaltennordheim, Stadtlengsfeld, Vacha; Gm Andenhausen, Apfelbach, Aschenhausen, Bermbach, Borbels, Borsch, Bremen, Brunnhardtshausen, Buttlar, Deicheroda, Dermbach, Diedorf, Dorndorf, Empfertshausen, Erbenhausen, Fischbach, Föhlritz, Geblar, Gehaus, Geisa, Geismar, Gerstengrund, Gerthausen, Glattbach, Kaiseroda, Kaltensundheim, Kaltenwestheim, Ketten, Kieselbach, Klings, Kranlucken, Lenders, Lindenau, Martinroda, Mebritz, Merkers, Mieswarz, Mittelsdorf, Motzlar, Neidhartshausen, Oberalba, Oberweid, Oberzella, Oechsen, Otzbach, Pferdsdorf (Rhön), Reichenhausen, Reinhards, Schafhausen, Schleid, Spahl, Steinberg, Sünna, Tiefenort, Unteralba, Unterbreizbach, Unterweid, Urnshausen, Völkershausen, Walkes, Weilar, Wenigentaft, Wiesenfeld, Wiesenthal, Willmanns, Wölferbütt, Zella, Zitters; vom LK Meiningen: Gm Bernshausen, Clausberg, Dietlas, Kaltenlengsfeld, Oberellen; vom LAB Waltershausen: Gm Deubach, Ebenshausen, Ettenhausen (a.d. Nesse), Frankenroda, Hallungen, Hastrungsfeld, Kahlenberg [Flurteil Burbach von Eichrodt vom III. VerwB], Kälberfeld, [Lauterbach → Mihla], Nazza, Neukirchen, Sättelstädt, Schönau a.d. Hörsel, Sondra, [Thal → Thal-Heiligenstein]. *1. 10. 1923* Gm Stedtfeld an → SK Eisenach. *1. 10. 1924* Ot Eichrodt-Wutha, Stockhausen und Gutsbezirke Dürrerhof, Mittelshof, Stregda, Stedtfeld (mit Ausnahme einiger Grundstücke) aus SK Eisenach eingegliedert. *1. 7. 1946* Gm Schnellmannshausen (preuß. A) aus LK Mühlhausen eingegliedert und mit Gm Schnellmannshausen (thür. A) vereinigt; Gm Birx, Frankenheim, Melpers aus LK Meinigen eingegliedert. *1. 7. 1950* S Treffurt; Gm Falken, Großburschla aus LK Mülhausen eingegliedert; SK Eisenach eingegliedert; S Vacha; Gm Andenhausen, Apfelbach, Aschenhausen, Bermbach, Bernshausen, Birx, Borbels, Borsch, Bremen, Brunnhardtshausen, Buttlar, Deicheroda, Dermbach, Diedorf, Dietlas, Dönges, Dorndorf, Empfertshausen, Erbenhausen, Fischbach, Föhlritz, Frankenheim a.d.Rhön, Frauensee, Gasteroda, Geblar, Gehaus, Geisa, Geismar, Gerstengrund, Gerthausen, Glattbach, Kaiseroda, Kaltenlengsfeld, Kaltennordheim, Kaltensundheim, Kaltenwestheim, Ketten, Kieselbach, Klings, Kranlucken, Lenders, Lindenau, Martinroda, Mebritz, Melpers, Merkers, Mieswarz, Mittelsdorf, Motzlar, Neidhartshausen, Oberalba, Oberweid, Oberzella, Oechsen, Otzbach, Pferrsdorf/Werra, Reichenhausen, Reinhards, Schafhausen, Schleid, Spahl, Stadtlengsfeld, Steinberg, Sünna, Tiefenort, Unteralba, Unterbreizbach, Unterweid, Urnshausen, Vitzeroda, Völkershausen, Walkes, Weilar, Wenigentaft, Wiesenfeld, Wiesenthal, Willmanns, Wölferbütt, Zella, Zitters an → LK Bad Salzungen; Gm Sättelstädt, Sondra an → LK Gotha; Gm Hallungen an → LK Mühlhausen. *1. 7. 1950* Gm Gasteroda, Vitzeroda aus LK Bad Salzungen eingegliedert; Gm Sättelstädt, Sondra aus LK Gotha eingegliedert. *25. 7. 1952* Gm Burla aus LK Gotha eingegliedert; Gm Hallungen aus LK Mühlhausen eingegliedert. *1. 7. 1994* LK aufgelöst und S Berka/Werra, Creuzburg, Eisenach, Ruhla, Treffurt; Gm Berka v.d. Hainich, Bischofroda, Dankmarshausen, Dippach, Ebenshausen, Eckardtshausen, Ettenhausen a.d.Suhl, Etterwinden, Förtha, Frankenroda, Gerstungen, Großenlupnitz, Großensee, Hallungen, Hastrungsfeld-Burla, Ifta, Kälberfeld, Krauthausen, Kupfersuhl, Lauchröden, Lauterbach, Marksuhl, Mihla, Nazza, Oberellen, Sättelstädt, Seebach, Unterellen, Wenigenlupnitz, Wolfsburg-Unkeroda, Wünschensuhl, Wutha-Farnroda an → LK Wartburgkreis.

Eisenberg (1952-1994)

Zugehörigkeit: Bis 25. 7. 1952 → LK Jena (43 Orte) im L Thüringen; LK Zeitz (5 Orte) im L Sachsen-Anhalt.

Seit 25. 7. 1952 LK im B Gera. Seit 3. 10. 1990 LK im L, seit 1993 FS Thüringen. 1. 7. 1994 LK aufgelöst und S und Gm an → LK Holzlandkreis.

Kreissitz: S Eisenberg.

Kreisgebiet: *25. 7. 1952* als LK im B Gera aus S und Gm der LK Jena (L Thüringen) und Zeitz (L Sachsen-Anhalt) gebildet: vom LK Jena: S Bürgel, Eisenberg; Gm Ahlendorf, Aubitz, Buchheim, Döllschütz, Dothen, Droschka, Etzdorf, Gösen, Graitschen (ü. Bürgel), Graitschen (ü. Camburg), Hainchen, Hainspitz, Hartmannsdorf, Hetzdorf, Hohendorf, Kischlitz, Königshofen, Kursdorf, Lucka (b. Bürgel), Mertendorf, Nausnitz, Petersberg, Poppendorf, Poxdorf, Rauda, Rauschwitz, Rockau, Rodigast, Saasa, Seifartsdorf, Serba, Taupadel, Tautenhain, Thalbürgel, Thiemendorf, Thierschneck, Törpla, Tünschütz, Walpernhain, Weißenborn, Wetzdorf; vom LK Zeitz: S Schkölen; Gm Kämmeritz, Krossen (Elster), Lindau, Nautschütz, Silbitz. *10. 12. 1952* Gm Beulbar aus LK Stadtroda eingegliedert. *1. 7. 1994* LK aufgelöst und S Bürgel, Eisenberg, Schkölen; Gm Crossen an der Elster, Dothen, Gösen, Graitschen (a.d. Höhe), Graitschen (b. Bürgel), Hainchen, Hainspitz, Hartmannsdorf, Heideland, Mertendorf, Nausnitz, Nautschütz, Petersberg, Poxdorf, Rauda, Rauschwitz, Rockau, Seifartsdorf, Serba, Silbitz, Tautenhain, Thierschneck, Walpernhain, Weißenborn, Wetzdorf an → LK Holzlandkreis.

Erfurt (1950-1994)

Zugehörigkeit: Bis 1. 7. 1950 → LK Arnstadt (2 Orte), → LK Gotha (7 Orte), → LK Langensalza (7 Orte), → LK Weimar (38 Orte) und → LK Weißensee (47 Orte) im L Thüringen.

Seit 1. 7. 1950 LK im L Thüringen. Seit 25. 7. 1952 LK im B Erfurt. Seit 3. 10. 1990 LK im L, seit 1993 FS Thüringen. 1. 7. 1994 LK aufgelöst und S und Gm an → LK Gotha, → LK Ilm-Kreis, → LK Sömmerda und → LHS Erfurt.

Kreissitz: S Erfurt, seit 1993 LHS Erfurt.

Kreisgebiet: *1. 7. 1950* als LK im L Thüringen gebildet aus S und Gm der LK Arnstadt, Gotha, Langensalza, Weimar und Weißensee: vom LK Arnstadt: Gm Molsdorf, Rockhausen; vom LK Gotha: Gm Apfelstädt, Gamstädt, Herbsleben, Ingersleben, Kornhochheim, Neudietendorf, Töttelstädt; vom LK Langensalza: S Bad Tennstedt; Gm Bruchstedt, Großvargula, Haussömmern, Hornsömmern, Kleinvargula, Mittelsömmern; vom LK Weimar: Gm Alperstedt, Azmannsdorf, Dielsdorf, Eckstedt, Eichelborn, Großmölsen, Großrudestedt, Haßleben, Hayn, Hochstedt, Kerspleben, Kleinmölsen, Kleinrudestedt, Klettbach, Kranichborn, Linderbach, Markvippach, Mittelhausen (b. Erfurt), Mönchenholzhausen, Nöda, Obernissa, Ollendorf, Orlishausen, Riethnordhausen, Rohda, Schellroda, Schloßvippach, Schwansee, Schwerborn, Sohnstedt, Sprötau, Stotternheim, Töttleben, Udestedt, Vieselbach, Vogelsberg, Wallichen, Werningshausen; vom LK Weißensee: S Gebesee, Sömmerda, Weißensee; Gm Alach [Salomonsborn], Andisleben, Bechstedt-Wagd, Büßleben [Urbich], Dachwig, Egstedt, Elxleben, Ermstedt [Gottstedt], [Friedrichsdorf → Witterda], Frienstedt, Gangloffsömmern [Schilfa], [Gottstedt → Ermstedt], Großballhausen [Kleinballhausen], Henschleben [Vehra], [Kleinballhausen → Großballhausen], Kleinrettbach, Kühnhausen, Kutzleben [Lützensömmern], [Lützensömmern → Kutzleben], [Niedernissa → Windischholzhausen], Nottleben, Riethgen, Ringleben, Rohrborn, [Salomonsborn → Alach], Schallenburg, Scherndorf, [Schilfa → Gangloffsömmern], Schwerstedt, Straußfurt, Tiefthal, Tunzenhausen, [Urbich → Büßleben], [Vehra → Henschleben], Walschleben, Waltersdorf, Wenigensömmern, Werningsleben, Windischholzhausen [Niedernissa], Witterda [Friedrichsdorf], Wundersleben, Zimmernsupra. *1. 7. 1950* Gm Ollendorf an → LK Weimar. *1. 2. 1952* Gm Ollendorf aus LK Weimar eingegliedert. *25. 7. 1952* Gm Bienstädt, Döllstädt, Gierstädt, Großfahner, Kleinfahner aus LK Gotha eingegliedert; Gm Werningsleben an → LK Arnstadt; S Bad Tennstedt; Gm Ballhausen, Bruchstedt, Großvargula, Haussömmern, Herbsleben, Hornsömmern, Kleinvargula, Kutzleben, Mittelsömmern an → LK Langensalza; S Sömmerda, Weißensee; Gm Gangloffsömmern, Günstedt, Henschleben, Kranichborn, Orlishausen, Riethgen, Rohrborn, Schallenburg, Scherndorf, Schwerstedt, Sprötau, Straußfurt, Tunzenhausen, Vogelsberg, Waltersdorf, Wenigensömmern, Werningshausen, Wundersleben an → LK Sömmerda; Gm Eichelborn, Ollendorf an → LK Weimar. *10. 12. 1952* Gm Eichelborn, Ollendorf aus LK Weimar eingegliedert; Gm Kranichborn aus LK Sömmerda eingegliedert. *1. 4. 1994* Gm Alach, Ermstedt, Frienstedt aufgelöst und an → LHS Erfurt. *30. 6. 1994* Ot Bechstedt-Wagd aus Gm Egstedt ausgegliedert und an → LK Arnstadt. *1. 7. 1994* LK aufgelöst und Gm Apfelstädt, Bienstädt, Dachwig, Döllstädt, Gamstädt, Gierstädt, Großfahner, Ingersleben, Neudietendorf, Nottleben, Zimmernsupra an → LK Gotha; Gm Rockhausen an → LK Ilm-Kreis; S Gebesee; Gm Alperstedt, Andisleben, Eckstedt, Elxleben, Großmölsen, Großrudestedt, Haßleben, Kleinmölsen, Markvippach, Nöda, Ollendorf, Riethnordhausen, Ringleben, Schloßvippach, Töttelstädt, Udestedt, Walschleben, Witterda an → LK Sömmerda; Gm Mönchenholzhausen, Klettbach an → LK Weimarer Land; Gm Büßleben, Egstedt, Kerspleben, Kühnhausen, Linderbach-Azmannsdorf, Mittelhausen, Molsdorf, Niedernissa, Schwerborn, Stotternheim, Tiefthal, Vieselbach, Waltersleben, Windischholzhausen an → LHS Erfurt.

Gera (1922-1994)

Zugehörigkeit: Bis 1. 10. 1922 V. VerwB (108 Orte) im GHT Sachsen-Weimar-Eisenach, seit 1918 FS Sachsen-Weimar-Eisenach, seit 1. 5. 1920 L Thüringen; BVB Gera (63 Orte) und Greiz (1 Ort) der FT, seit 1918 FS Reuß jüngerer Linie und Reuß älterer Linie, seit 1919 VS Reuß, seit 1. 5. 1920 L Thüringen; LAB Roda (4 Orte) und Ronneburg (51 Orte) im HT Sachsen-Altenburg, seit 1918 FS Sachsen-Altenburg, seit 1. 5. 1920 L Thüringen.

Seit 1. 10. 1922 LK im L Thüringen. Seit 25. 7. 1952 LK im B Gera. Seit 3. 10. 1990 LK im L, seit 1993 FS Thüringen. 1. 7. 1994 LK aufgelöst und S und Gm an → LK Greiz.

Kreissitz: S Gera.

Kreisgebiet: *1. 10. 1922* als LK im L Thüringen aus S und Gm des V. VerwB, der BVB Gera und Greiz und LAB Roda und Ronneburg gebildet: vom V. VerwB: S Auma, Neustadt an der Orla [Arnshaugk, Börthen, Molbitz], Triptis, Weida [Liebsdorf]; Gm Alsmannsdorf, Birkhausen, Birkigt, Braunsdorf, Breitenhain, Burgwitz, Burkersdorf (b. Neustadt a.d.O.), Burkersdorf (b. Weida), Crimla, Döblitz, Dreitzsch, Endschütz, Forstwolfersdorf, Frießnitz, Geheega, Geroda, Gräfenbrück, Grochwitz, Großbocka, Großebersdorf, Großfalka, Gütterlitz, Hasla, [Hohenölsen (A) → Hohenölsen], [Hundhaupten (A) → Hundhaupten], Kleina, Kleinbocka, Köckritz, Köfeln, Kopitzsch, Kospoda, Köthnitz, Lausnitz, Lederhose, Lemnitz, Letzendorf, Leubsdorf, Lichtenau, Linda (b. Neustadt a. d. O.), Lindenkreuz, Loitsch, Markersdorf (b. Münchenbernsdorf), Meilitz, Miesitz, Mittelpöllnitz, Moderwitz, Mosen, Münchenbernsdorf [Kleinbernsdorf], Neuensorga, Neundorf, Neunhofen, Niederpöllnitz, Oberpöllnitz, Ottmannsdorf, Pfersdorf, Pillingsdorf, Porstendorf, Quaschwitz, Rohna, Rosendorf, Rothenbach, Rußdorf, Schafpreskeln, Schmieritz, Schömberg, Schönborn, Schüptitz, Schwarzbach, Seifersdorf, Sirbis, Stanau, Steinbrücken (b. Neustadt a. d. O.), Steinsdorf, Strößwitz, Struth, Teichwitz, Thränitz, Tischendorf, Tömmelsdorf, Traun, Uhlersdorf, Untendorf, Untitz, Weira, Weltwitz, Wetzdorf, Wiebelsdorf, Wittchendorf, Wittchenstein, Wöhlsdorf, Wolfsgefärth, Wünschendorf [Cronschwitz, Veitsberg], Wüstenwetzendorf, Zedlitz, Zossen, Zschorta, Zwackau; vom BVB Gera: S Köstritz; Gm [Bethenhausen (A) → Bethenhausen], Caaschwitz, Caasen, Collis, Cretzschwitz, Culm, [Dorna (A) → Dorna], Dürrenebersdorf, Frankenthal, Geißen, Gleina, Gorlitzsch, Groitschen, Großaga, Großsaara, Grüna, Harpersdorf, Hartmannsdorf, Hermsdorf, [Hirschfeld (A) → Hirschfeld], [Hundhaupten (A) → Hundhaupten], Kaimberg, Kaltenborn, Kleinaga, Kleinfalke, Kleinsaara, [Kraftsdorf (A) → Kraftsdorf], Laasen, Langenberg, Langengrobsdorf, Lessen, Lichtenberg, Mühlsdorf, Nauendorf, Negis, Niederndorf, Otticha, Pohlen, Pohlitz, [Pörsdorf (A) → Pörsdorf], Reichenbach, Roben, [Roschütz (A) → Roschütz], [Rüdersdorf (A) → Rüdersdorf], Rusitz, Scheubengrobsdorf, Schöna, Schwaara, Seligenstädt, Söllmnitz, Steinbrücken (b. Köstritz), Stübnitz, Töppeln, Trebnitz, Waaswitz, Waltersdorf, Weißig, Wernsdorf, Windischenbernsdorf, Zeulsdorf, Zschippach, Zschippern; vom BVB Greiz: Gm [Hohenölsen (A) → Hohenölsen]; vom LAB Roda: [Kraftsdorf (A) → Kraftsdorf], Oberndorf, [Pörsdorf (A) → Pörsdorf], [Rüdersdorf (A) → Rüdersdorf]; vom LAB Ronneburg: S Ronneburg, Baldenhain, Beerwalde, Beiersdorf, [Bethenhausen (A) → Bethenhausen], Braunichswalde, [Dorna (A) → Dorna], Drosen, Falkenau, Frankenau, Gauern, Gessen, Grobsdorf (A), Großenstein, Großpillingsdorf, Großstechau, Hain, Haselbach, Heukewalde, Hilbersdorf (A), [Hirschfeld (A) → Hirschfeld], Ingramsdorf, Jonaswalde, Kauern, Kleinpillingsdorf,

Kleinstechau, Korbussen, Linda (b. Ronneburg), Löbichau, Lohma, Mannichswalde, Mennsdorf, Mückern, Naulitz, Nischwitz, Nöbdenitz, Paitzdorf, Pölzig, Pöppeln, Poris, Posterstein, Raitzhain, Reichstädt, Reust, Röpsen, [Roschütz (A) → Roschütz], Rückersdorf (A), Sachsenroda, Schmirchau, Stolzenberg, Unterau, Vogelgesang, Wacholderbaum. *1. 10. 1923* Gm Windischenbernsdorf, Scheubengrobsdorf, Frankenthal, Töppeln, Ot Laasen aus Gm Trebnitz-Laasen an → SK Gera. *1. 10. 1924* Ot Laasen, Töppeln aus SK Gera eingegliedert. *1. 4. 1925* Ot Oberröppisch, Unterröppisch aus SK Gera eingegliedert. *1. 1. 1927* Gm Selka, Vollmershain aus LK Altenburg eingegliedert. *1. 4. 1928* Gm [Grobsdorf (sächs. A) → Grobsdorf], [Hilbersdorf (sächs. A) → Hilbersdorf], [Lengefeld (sächs. A) → Poris], Loitzsch, Liebschwitz, Lietzsch, Niebra, Pösneck, [Rückersdorf (sächs. A) → Rückersdorf], Taubenpreskeln aus FS Sachsen eingegliedert. *1. 8. 1946* Gm Selka an → LK Altenburg. *1. 7. 1950* Gm Thonhausen, Wettelswalde aus LK Altenburg eingegliedert; Gm Reichardtsdorf, St. Gangloff aus LK Stadtroda eingegliedert; Gm Dürrenebersdorf, Kaimberg, Langenberg, Langengrobsdorf, Liebschwitz, Lietzsch, Poris-Lengefeld, Röppisch, Roschütz, Taubenpreskeln, Zeulsdorf, Zschippern als Ot an → SK Gera. *1. 7. 1950* Gm Thonhausen, Wettelswalde an → LK Altenburg; Gm Wittchendorf an → LK Greiz. *25. 7. 1952* S Neustadt an der Orla, Triptis; Gm Alsmannsdorf, Braunsdorf, Breitenhain, Dreitzsch, Geroda, Kospoda, Lausnitz, Lemnitz, Lichtenau, Linda, Miesitz, Mittelpöllnitz, Molbitz, Neunhofen, Ottmannsdorf, Pillingsdorf, Quaschwitz, Rosendorf, Schmieritz, Schönborn, Schwarzbach, Stanau, Tischendorf, Tömmelsdorf, Weira an → LK Pößneck; Gm St. Gangloff an → LK Stadtroda; S Auma; Gm Forstwolfersdorf, Wiebelsdorf an → LK Zeulenroda; Gm Beerwalde, Braunichswalde, Drosen, Heukewalde, Jonaswalde, Löbichau, Nischwitz, Nöbdenitz, Paitzdorf, Posterstein, Reichstädt, Rückersdorf, Vollmershain an → LK Schmölln (B Leipzig); Gm Gauern, Großpillingsdorf, Linda (b. Weida), Mannichswalde, Vogelgesang an LK Werdau (B Chemnitz). *10. 12. 1952* Gm Schwarzbach aus LK Pößneck eingegliedert; Gm Forstwolfersdorf aus LK Zeulenroda eingegliedert; Gm Gauern, Linda, Reichstädt, Rückersdorf, Paitzdorf aus LK Schmölln (B Leipzig) eingegliedert. *1. 7. 1958* Gm Seelingstädt, Braunichswalde, Vogelgesang, Zwirtzschen aus LK Werdau (B Karl-Marx-Stadt) eingegliedert. *1. 4. 1994* Gm Aga, Cretzschwitz, Falka, Hermsdorf, Roben, Söllmnitz aufgelöst und an → S Gera. *1. 7. 1994* LK aufgelöst und S Bad Köstritz, Münchenbernsdorf, Ronneburg, Weida; Gm Bethenhausen, Bocka, Brahmenau, Braunichswalde, Caaschwitz, Crimla, Endschütz, Friedmannsdorf, Gauern, Großenstein, Harth, Hartmannsdorf, Hilbersdorf, Hirschfeld, Hohenölsen, Hundhaupten, Kauern, Korbußen, Kraftsdorf, Lederhose, Linda (b. Weida), Lindenkreuz, Mosen, Niederndorf, Paitzdorf, Pöllnitz, Pölzig, Reichstädt, Rückersdorf, Rüdersdorf, Saara, Schömberg, Schwaara, Schwarzbach, Seelingstädt, Steinsdorf, Töppeln, Wünschendorf/Elster, Zedlitz an → LK Greiz; Gm Hain, Röpsen, Trebnitz, Thränitz, Weißig, Ot Naulitz der S Ronneburg an → S Gera.

Gotha (ab 1922)

Zugehörigkeit: Bis 1. 10. 1922 SB Ohrdruf (1 Ort) und Waltershausen (1 Ort) und LAB Gotha (44 Orte), Ohrdruf (17 Orte) und Waltershausen (41 Orte) im HT Sachsen-Coburg und Gotha, seit 1918 FS Gotha, seit 1. 5. 1920 L Thüringen.

Seit 1. 10. 1922 LK im L Thüringen. Seit 25. 7. 1952 LK im B Erfurt. Seit 3. 10. 1990 LK im L, seit 1993 FS Thüringen.

1. 7. 1994 aufgelöst und aus S und Gm der LK → Arnstadt (1 Ort), → Bad Langensalza (1 Ort) → Erfurt (11 Orte) und → Gotha (61 Orte) im FS Thüringen neugebildet.

Kreissitz: S Gotha.

Kreisgebiet: *1. 10. 1922* als LK im L Thüringen aus S und Gm der SB Ohrdruf und Waltershausen und LAB Gotha, Ohrdruf und Waltershausen gebildet: vom SB Ohrdruf: S Ohrdruf; vom SB Waltershausen: S Waltershausen; vom LAB Gotha: Gm Apfelstädt, Aschara, Aspach, Ballstädt, Bienstädt, Bischleben, Bufleben, Burgtonna, Cobstädt, Dietendorf, Döllstädt, Eckardtsleben, Eschenbergen, Friemar, Gamstädt, Gierstädt, Goldbach, Grabsleben, Gräfentonna, Großfahner, Großrettbach, Günthersleben, Hausen, Herbsleben, Hochheim, Illeben, Ingersleben, Kleinfahner, Kornhochheim, Molschleben, Neudietendorf, Pferdingsleben, Pfullendorf, Remstädt, Rhoda, Seebergen, Stedten, Teutleben, Töttelstädt, Trügleben, Tüttleben, Warza, Westhausen, Wiegleben; vom LAB Ohrdruf: Crawinkel, Emleben, Georgenthal, Gräfenhain, Herrenhof, Hohenkirchen, Nauendorf, Oberhof, Petriroda, Schönau vor dem Walde, Schwabhausen, Schwarzwald, Stutzhaus, Tambach-Dietharz, Wechmar, Wipperoda, Wölfis; vom LAB Waltershausen: S Friedrichroda; Gm Altenbergen, Brüheim, Burla, Cabarz, Catterfeld, Craula, Cumbach, Ebenheim, Eberstädt, Engelsbach, Ernstroda, Finsterbergen, Fischbach, Friedrichswerth, Fröttstädt, Gospiteroda, Großenbehringen, Großtabarz, Haina, Hörselgau, Ibenhain, Kleinschmalkalden (A), Kleintabarz, Langenhain, Laucha, Leina, Mechterstädt, Metebach, Oesterbehringen, Reichenbach, Rödichen, Schmerbach, Schwarzhausen, Sonneborn, Tüngeda, Wahlwinkel, Wangenheim, Weingarten, Winterstein, Wolfsbehringen. *1. 8. 1924* Ot Boilstedt (mit Ausnahme einiger Grundstücke), Uelleben aus SK Gotha eingegliedert. *1. 2. 1925* Ot Sundhausen aus SK Gotha eingegliedert. *1. 7. 1945* Gm Mühlberg, Röhrensee, Wandersleben aus LK Weißensee eingegliedert. *1. 10. 1945* Gm Kleinschmalkalden (thür. A) an → LK Herrschaft Schmalkalden. *1. 7. 1950* Gm Sättelstädt, Sondra aus LK Eisenach eingegliedert; Gm Tröchtelborn aus LK Weißensee eingegliedert; SK Gotha eingegliedert; Gm Röhrensee an → LK Arnstadt; Gm Apfelstädt, Gamstädt, Herbsleben, Ingersleben, Kornhochheim, Neudietendorf, Töttelstädt an → LK Erfurt; Gm Bischleben, Rhoda an → SK Erfurt; Gm Craula an → LK Mühlhausen; Gm Oberhof an → LK Suhl. *1. 7. 1950* Gm Sättelstädt, Sondra an → LK Eisenach. *25. 7. 1952* Gm Röhrensee aus LK Arnstadt eingegliedert; Gm Crawinkel an → LK Arnstadt; Gm Burla an LK Eisenach; Gm Bienstädt, Döllstädt, Gierstädt, Großfahner, Kleinfahner an → LK Erfurt; Gm Aschara, Behringen, Burgtonna, Ebenheim, Eckardtsleben, Friedrichswerth, Gräfentonna, Haina, Illeben, Reichenbach, Tüngeda, Weingarten, Wiegleben an → LK Langensalza. *10. 12. 1952* Gm Ebenheim, Weingarten, Haina, Friedrichswerth aus LK Langensalza eingegliedert. *1. 1. 1957* Gm Röhrensee an → LK Arnstadt.

1. 7. 1994 LK aufgelöst und neugebildet aus S und Gm der LK Arnstadt, Bad Langensalza, Erfurt und Gotha: vom LK Arnstadt: Gm Crawinkel; vom LK Langensalza: Gm Tonna; vom LK Erfurt: Gm Apfelstädt, Bienstädt, Dachwig, Döllstädt, Gamstädt, Gierstädt, Großfahner, Ingersleben, Neudietendorf, Nottleben, Zimmernsupra; vom LK Gotha: S Friedrichroda, Gotha, Ohrdruf, Tambach-Dietharz, Waltershausen; Gm Aspach, Ballstädt, Brüheim, Bufleben, Catterfeld, Ebenheim, Emleben, Engelsbach, Ernstroda, Eschenbergen, Finsterbergen, Fischbach, Friedrichswerth, Friemar, Fröttstädt, Georgenthal/Thür. Wald, Goldbach, Gospiteroda, Grabsleben, Gräfenhain, Günthersleben, Haina, Herrenhof, Hochheim, Hörselgau, Hohenkirchen, Laucha, Leina, Luisenthal, Mechterstädt, Metebach, Molschleben, Mühlberg, Nauendorf, Petriroda, Pferdingsleben, Remstädt, Schmerbach, Schönau vor dem Walde, Schwabhausen, Schwarzhausen, Seebergen, Sonneborn, Tabarz/Thür. Wald, Teutleben, Tröchtelborn, Trügleben, Tüttleben, Wandersleben, Wangenheim, Warza, Wechmar, Weingarten, Westhausen, Winterstein, Wölfis.

1. 1. 1998:

Einheitsgemeinden: **Emsetal** (Sitz: Fischbach) [Fischbach, Schmerbach, Schwarzhausen, Winterstein]; S **Gotha** [Boilstädt, Siebleben, Sundhausen, Uelleben]; **Leinatal** (Sitz: Schönau vor dem Walde) [Altenbergen, Catterfeld, Engelsbach, Gospiteroda, Leina, Schönau vor dem Walde, Wipperoda]; S **Ohrdruf**; **Tabarz/Thüringer Wald** [Cabarz, Großtabarz, Kleintabarz]; S **Tambach-Dietharz**; S **Waltershausen** [Ibenhain, Langenhain, Rödichen, Wahlwinkel].

Verwaltungsgemeinschaften: **Apfelstädtaue** (Sitz: Georgenthal/Thüringer Wald): Emleben, Georgenthal/Thüringer Wald, Herrenhof, Hohenkirchen, Nauendorf, Petriroda; **Fahner Höhe** (Sitz: Gräfentonna): Dachwig, Döllstädt, Gierstädt [Kleinfahner], Großfahner, Tonna (Sitz: Gräfentonna) [Burgtonna, Gräfentonna]; **Hörsel** (Sitz: Fröttstädt): Aspach, Ebenheim, Fröttstädt, Hörselgau, Laucha, Mechterstädt, Metebach, Teutleben, Trügleben, Weingarten; **Mittlerer Apfelstädtgrund** (Sitz: Günthersleben): Grabsleben [Cobstädt, Großrettbach], Günthersleben-Wechmar [Günthersleben, Wechmar], Mühlberg, Schwabhausen, Seebergen, Wandersleben; **Mittleres Nessetal** (Sitz: Warza): Ballstädt, Brüheim, Bufleben [Hausen, Pfullendorf], Friedrichswerth, Goldbach, Haina, Hochheim, Remstädt, Sonneborn [Eberstädt], Wangenheim, Warza, Westhausen; **Nesse-Apfelstädt-Gemeinden** (Sitz: Neudietendorf): Apfelstädt, Gamstädt [Kleinrettbach], Ingersleben, Neudietendorf [Dietendorf, Kornhochheim]; **Nesseaue** (Sitz: Friemar): Bienstädt, Eschenbergen, Friemar, Molschleben, Nottleben, Pferdingsleben, Tröchtelborn, Tüttleben, Zimmernsupra; **Reinhardtsbrunn** (Sitz: S Friedrichroda): Ernstroda [Cumbach], Finsterbergen, S Friedrichroda.

Erfüllende Gemeinde: S Ohrdruf für **Crawinkel**, **Gräfenhain**, **Luisenthal** [Schwarzwald, Stutzhaus], **Wölfis**.

Grafschaft Hohenstein (1945)

Zugehörigkeit: Bis 16. 6. 1945 (gebildet 1816/1888) LK (84 Orte) im RB Erfurt, FS Preußen.

Seit 16. 6. 1945 LK im L Thüringen. 1. 11. 1945 LK umbenannt in → LK Nordhausen.

Kreissitz: S Nordhausen.

Kreisgebiet: *16. 6. 1945* als K in L Thüringen eingegliedert: S Benneckenstein, Bleicherode, Ellrich, Bad Sachsa; Gm Appenrode, Ascherode, Bliedungen, Bösenrode, Branderode, Buchholz, Buhla, Elende, Epschenrode, Etzelsrode, Friedrichslohra, Friedrichsrode, Gratzungen, Großberndten, Großwechsungen, Großwenden, Großwerther, Gudersleben, Günzerode, Haferungen, Hainrode, Harzungen, Herreden, Hesserode, Hochstedt, Hörningen, Hohnsteinsche Forst, Holbach, Ilfeld, Immenrode, Kehmstedt, Kleinberndten, Kleinbodungen, Kleinfurra, Kleinwechsungen, Kleinwenden, Kleinwerther, Klettenberg, Krimderode, Leimbach, Liebenrode, Limlingerode, Lipprechterode, Mackenrode, Mauderode, Mitteldorf, Mörbach, Neustadt, Niedergebra, Niedersachswerfen, Nohra, Oberdorf, Obergebra, Obersachswerfen, Osterode, Petersdorf, Pützlingen, Pustleben, Rehungen, Rüdigsdorf, Rüxleben, Salza, Schiedungen, Sollstedt, Sorge, Steigerthal, Steinsee, Stöckey, Sülzhayn, Tettenborn, Trebra, Urbach, Werna, Wernigerode, Wernrode, Wiegersdorf, Woffleben, Wolkramshausen, Wollersleben, Wülfingerode. *12. 7. 1945* S Bad Sachsa; Gm Tettenborn an Britische Besatzungszone (*1. 9. 1945* eingegliedert in LK Osterode, P Hannover). *1. 11. 1945* LK umbenannt und S und Gm an → LK Nordhausen.

Greiz (ab 1922)

Zugehörigkeit: Bis 1. 10. 1922 BVB Greiz (50 Orte) in den FT, seit 1918 FS Reuß jüngerer Linie und Reuß älterer Linie, seit 1919 VS Reuß, seit 1. 5. 1920 L Thüringen; V. VerwB (31 Orte) im GHT Sachsen-Weimar-Eisenach, seit 1918 FS Sachsen-Weimar-Eisenach, seit 1. 5. 1920 L Thüringen.

Seit 1. 10. 1922 LK im L Thüringen. Seit 25. 7. 1952 LK im B Gera. Seit 3. 10. 1990 LK im L, seit 1993 FS Thüringen.

1. 7. 1994 LK aufgelöst und aus S und Gm der LK → Gera (44 Orte), → Greiz (16 Orte) und → Zeulenroda (19 Orte) im FS Thüringen neu gebildet.

Kreissitz: S Greiz.

Kreisgebiet: *1. 10. 1922* als LK im L Thüringen aus S und Gm des BVB Greiz und V. VerwB gebildet: vom BVB Greiz: S Zeulenroda [Stelzendorf, Silberfeld], Triebes; Gm Altgernsdorf, Arnsgrün, Bernsgrün, Brückla, Büna, Cossengrün, Daßlitz, Dobia, Erbengrün, Eubenberg, Fraureuth, Fröbersgrün, Frotschau, Gablau, Görschnitz (A), Göttendorf, Gottesgrün, Hainsberg, Hermannsgrün [Mohlsdorf, Reudnitz], Hohenleuben, Hohndorf, Kahmer, Kauern, Kleinreinsdorf, Kühdorf, Langenwetzendorf [Hirschbach], Leiningen, Lunzig [Hain], Mehla, Naitschau, Neuärgerniß, Neugernsdorf, Nitschareuth, Pöllwitz, Reinsdorf, Schönbach, Schönbrunn, Sorge-Settendorf [Ot Sorge von Großkundorf im V. VerwB], Tschirma-Wildetaube [Tschirma, Wildetaube], Waltersdorf (b. Greiz), Wellsdorf, Wolfshain, Zoghaus; vom V. VerwB: S Berga a. d. Elster; Gm Albersdorf, Clodra, Culmitzsch, Dittersdorf, Dörtendorf, Eula, Friedmannsdorf, Göhren, Großdraxdorf, Großkundorf, Katzendorf, Kleinkundorf, Krölpa, Markersdorf (b. Berga), Merkendorf, Muntscha, Obergeißendorf, Piesigitz, [Silberfeld → Zeulenroda], [Ot Sorge von Großkundorf → Sorge-Settendorf], Staitz, [Stelzendorf → Zeulenroda], Teichwolframsdorf, Untergeißendorf, Waltersdorf (b. Berga a. d. Elster), Wenigenauma, Wernsdorf, Wolfersdorf, Zadelsdorf, Zickra (b. Berga), Zickra (b. Auma). *1. 4. 1928* Grundstücke der S [Reichenbach (Flur Cunsdorf) → Kahmer] und Gm [Trünzig → Sorge-Settendorf und → Teichwolframsdorf] aus FS Sachsen eingegliedert; Gm Görschnitz [mit Ausnahme einzelner Grundstücke → Cossengrün] und Teile der Gm und Flur Schönbach an FS Sachsen. *1. 7. 1950* SK Greiz eingegliedert; Gm Wittchendorf aus LK Gera eingegliedert. *25. 7. 1952* S Elsterberg; Gm Cunsdorf, Görschnitz, Noßwitz, Pansdorf, Tremnitz aus LK Plauen (L Sachsen) eingegliedert; S Hohenleuben, Triebes, Zeulenroda; Gm Arnsgrün, Bernsgrün, Brückla, Dobia, Dörtendorf, Erbengrün, Fröbersgrün, Göhren, Göttendorf-Neuärgernis, Hain, Hainsberg, Kleinwolschendorf, Krölpa, Leiningen, Langenwetzendorf, Langenwolschendorf, Leitlitz, Lunzig, Mehla, Merkendorf, Muntscha, Naitschau, Niederböhmersdorf, Pahren, Pöllwitz, Schönbrunn, Silberfeld, Staitz, Stelzendorf, Weckersdorf, Weißendorf, Wellsdorf, Wenigenauma, Wolfshain, Zadelsdorf an → LK Zeulenroda; Gm Gottesgrün, Fraureuth an LK Werdau (B Chemnitz). *10. 12. 1952* Gm Wellsdorf, Naitschau, Erbengrün, Lunzig, Leiningen aus LK Zeulenroda eingegliedert; Gm Gottesgrün aus LK Werdau (B Chemnitz) eingegliedert. *1. 1. 1956* Ot Neudeck aus Gm Reuth, LK Reichenbach (B Karl-Marx-Stadt) in Gm Reudnitz eingegliedert; Ot Göltzschhammer aus LK Reichenbach (B Karl-Marx-Stadt) in S Greiz eingegliedert. *1. 4. 1992* S Elsterberg; Gm Görschnitz an LK Reichenbach (FS Sachsen). *8. 3. 1994* Gm Naitschau, Wellsdorf, Zoghaus aufgelöst und an → LK Zeulenroda.

1. 7. 1994 LK aufgelöst und aus S und Gm der LK Gera, Greiz und Zeulenroda neugebildet: vom LK Gera: S Bad Köstritz, Münchenbernsdorf, Ronneburg, Weida; Gm Bethenhausen, Bocka, Brahmenau, Braunichswalde, Caaschwitz, Crimla, Endschütz, Friedmannsdorf, Gauern, Großenstein, Harth, Hartmannsdorf, Hilbersdorf, Hirschfeld, Hohenölsen, Hundhaupten, Kauern, Korbußen, Kraftsdorf, Lederhose, Linda (b. Weida), Lindenkreuz, Mosen, Niederndorf, Paitzdorf, Pöllnitz, Pölzig, Reichstädt, Rückersdorf, Rüdersdorf, Saara, Schömberg, Schwaara, Schwarzbach, Seelingstädt, Steinsdorf, Teichwitz, Töppeln, Wünschendorf/Elster, Zedlitz; vom LK Greiz: S Berga/Elster, Greiz; Gm Cossengrün, Daßlitz, Hohndorf, Kleinreinsdorf, Kühdorf, Lunzig, Mohlsdorf, Neugernsdorf, Neumühle/Elster, Nitschareuth, Schönbach, Teichwolframsdorf, Waltersdorf (b. Berga/Elster), Wildetaube; vom LK Zeulenroda: S Auma, Hohenleuben, Triebes, Zeulenroda; Gm Arnsgrün, Bernsgrün, Braunsdorf, Dörtendorf, Göhren-Döhlen, Hain, Langenwetzendorf, Langenwolschendorf, Merkendorf, Pöllwitz, Silberfeld, Staitz, Weißendorf, Wiebelsdorf, Zadelsdorf. *1. 8. 1994* Gm Cunsdorf an LK Plauen (FS Sachsen).

1. 1. 1998:

Einheitsgemeinden: S **Bad Köstritz** [Gleina, Pohlitz, Reichardtsdorf]; S **Berga/Elster** [Albersdorf, Clodra, Culmitzsch, Dittersdorf, Eula, Großdraxdorf, Kleinkundorf, Markersdorf (b. Berga), Obergeißendorf, Tschirma, Untergeißendorf, Wernsdorf, Wolfersdorf, Zickra (b. Berga)]; S **Greiz** [Altgommla, Caselwitz-Grochlitz, Dölau, Göltzschhammer, Kurtschau, Moschwitz, Neugommla, Raasdorf, Reinsdorf, Sachswitz, Schönfeld, Untergrochlitz, Waltersdorf (b. Greiz)]; **Harth-Pöllnitz** (Sitz: Niederpöllnitz) [Birkhausen, Birkigt, Burkersdorf bei Weida, Frießnitz, Forstwolfersdorf, Grochwitz, Großebersdorf, Harth, Köckritz, Köfeln, Neundorf, Niederpöllnitz, Pöllnitz, Rohna, Struth, Uhlersdorf, Wetzdorf]; **Kraftsdorf** [Grüna, Harpersdorf, Kaltenborn, Kraftsdorf (reußischer A), Kraftsdorf (sachsen-altenburgischer A), Mühlsdorf, Niederndorf, Oberndorf, Pörsdorf (reußischer A), Pörsdorf (sachsen-altenburgischer A), Rüdersdorf (reußischer A), Rüdersdorf (sachsen-altenburgischer A), Stübnitz, Töppeln]; **Langenwetzendorf** [Daßlitz, Erbengrün, Göttendorf, Göttendorf-Neuärgerniß, Hainsberg, Hirschbach, Naitschau, Neuärgerniß, Nitschareuth, Wellsdorf, Zog-haus]; **Mohlsdorf** [Gottesgrün, Hermannsgrün, Kahmer, Neudeck, Reudnitz]; S **Ronneburg** [Grobsdorf, Grobsdorf (sächs. A), Grobsdorf (sachsen-altenburgischer A), Raitzhain, Schmirchau]; **Teichwolframsdorf** [Großkundorf, Katzendorf, Kleinreinsdorf, Sorge, Sorge-Settendorf, Settendorf, Waltersdorf bei Berga/Elster]; S **Triebes** [Mehla]; S **Weida** [Liebsdorf]; **Wünschendorf/Elster** [Cronschwitz, Meilitz, Mosen, Pösneck, Untitz, Veitsberg, Zossen, Zschorta]; S **Zeulenroda** [Förthen, Kleinwolschendorf, Läwitz, Leitlitz, Niederböhmersdorf, Pahren, Stelzendorf, Weckersdorf].

Verwaltungsgemeinschaften: **Am Brahmetal** (Sitz: Großenstein): Bethenhausen [Bethenhausen (reußischer A), Bethenhausen (sachsen-altenburgischer A), Caasen], Brahmenau [Culm, Groitschen, Waaswitz, Zschippach], Großenstein [Baldenhain, Mückern, Nauendorf], Hirschfeld [Hirschfeld (reußischer A), Hirschfeld (sachsen-altenburgischer A)], Korbußen [Pöppeln], Pölzig [Beiersdorf, Sachsenroda, Unterau], Reichstädt [Frankenau],

Schwaara; **Auma-Weidatal** (Sitz: S Auma): S Auma [Gütterlitz, Krölpa, Muntscha, Untendorf, Wenigenauma, Zickra (b. Auma)], Braunsdorf [Tischendorf], Göhren-Döhlen [Göhren], Merkendorf [Piesigitz], Silberfeld, Staitz, Wiebelsdorf [Pfersdorf, Wöhlsdorf], Zadelsdorf; **Ländereck** (Sitz: Seelingstädt): Braunichswalde [Vogelgesang], Endschütz [Letzendorf, Loitzsch], Gauern, Hilbersdorf [Hilbersdorf (sächs. A), Hilbersdorf (sachsen-altenburgischer A), Rußdorf], Kauern [Gessen, Lichtenberg], Linda (b. Weida) [Pohlen], Paitzdorf [Mennsdorf], Rückersdorf [Haselbach, Reust, Rückersdorf (sächs. A), Rückersdorf (sachsen-altenburgischer A)], Seelingstädt [Friedmannsdorf, Zwirtzschen]; **Leubatal** (Sitz: S Hohenleuben): Hain, S Hohenleuben [Brückla], Hohenölsen [Hohenölsen (reußischer A), Hohenölsen (sachsen-weimar-eisenachischer A)], Kühdorf, Lunzig [Kauern], Neugernsdorf, Schömberg, Steinsdorf [Gräfenbrück, Loitsch, Schüptitz], Teichwitz, Wildetaube [Altgernsdorf, Wittchendorf]; **Münchenbernsdorf** (Sitz: S Münchenbernsdorf): Bocka [Großbocka, Kleinbocka], Hundhaupten [Hundhaupten (reußischer A), Hundhaupten (sachsen-weimareisenachischer A), Markersdorf (b. Münchenbernsdorf)], Lederhose [Neuensorga], Lindenkreuz [Rothenbach, Waltersdorf], S Münchenbernsdorf [Kleinbernsdorf, Schöna], Saara (Sitz: Großsaara) [Geißen, Großsaara, Kleinsaara], Schwarzbach, Zedlitz [Seifersdorf, Sirbis, Wolfsgefärth]; **Vogtländisches Oberland** (Sitz: Pöllwitz): Arnsgrün [Büna, Eubenberg], Bernsgrün [Frotschau, Schönbrunn], Cossengrün, Hohndorf [Gablau, Leiningen, Pansdorf, Tremnitz], Pöllwitz [Dobia, Wolfshain], Schönbach.

Erfüllende Gemeinden: S Bad Köstritz für **Caaschwitz**, **Hartmannsdorf**; S Greiz für **Neumühle/Elster**, S Triebes für **Dörtendorf**, **Weißendorf**; S Weida für **Crimla**; S Zeulenroda für **Langenwolschendorf**.

Heiligenstadt (1945, 1952-1994)

Zugehörigkeit: Bis 16. 6. 1945 (gebildet 1816) LK (67 Orte) im RB Erfurt, FS Preußen.

Seit 16. 6. 1945 LK im L Thüringen. 8. 8. 1945 LK aufgelöst und S und Gm an → LK Eichsfeld.

25. 7. 1952 aus S und Gm des → LK Worbis (64 Orte) als LK im B Erfurt neu gebildet. Seit 3. 10. 1990 LK im L, seit 1993, FS Thüringen. 1. 7. 1994 LK aufgelöst und S und Gm an → LK Eichsfeld.

Kreissitz: S Heiligenstadt.

Kreisgebiet: *16. 6. 1945* als LK in L Thüringen eingegliedert: S Dingelstädt, Heiligenstadt; Gm Arenshausen, Bebendorf, Bernterode, Birkenfelde, Bischhagen, Bornhagen, Burgwalde, Dieterode, Dietzenrode, Döringsdorf, Eichstruth, Ershausen, Flinsberg, Freienhagen, Fretterode, Geisleden, Geismar, Gerbershausen, Glasehausen, Großbartloff, Großtöpfer, Günterode, Heuthen, Hohengandern, Kalteneber, Kefferhausen, Kella, Kirchgandern, Kreuzebra, Krombach, Lehna, Lengenfeld unterm Stein, Lenterode, Lindewerra, Lutter, Mackenrode, Marth, Martinfeld, Mengelrode, Misserode, Neuseesen, Pfaffschwende, Reinholterode, Rengelrode, Röhrig, Rohrberg, Rüstungen, Rustenfelde, Schachtebich, Schönau, Schönhagen, Schwobfeld, Sickerode, Siemerode, Steinheuterode, Streitholz, Thalwenden, Uder, Volkerode, Wahlhausen, Werleshausen, Westhausen, Wiesenfeld, Wilbich, Wüstheuterode. 8. 8. 1945 LK aufgelöst und S und Gm an → LK Eichsfeld.

25. 7. 1952 als LK im B Erfurt aus S und Gm des LK Worbis neu gebildet: vom LK Worbis: S Heiligenstadt; Gm Arenshausen, Asbach, Bebendorf, Bernterode, Birkenfelde, Bischhagen, Bodenrode, Bornhagen, Böseckendorf, Burgwalde, Dieterode, Dietzenrode, Döringsdorf, Eichstruth, Ershausen, Flinsberg, Freienhagen, Fretterode, Geisleden, Geismar, Gerbershausen, Glasehausen, Großtöpfer, Günterode, Hohengandern, Kalteneber, Kella, Kirchgandern, Krombach, Lehna, Lenterode, Lindewerra, Lutter, Mackenrode, Marth, Martinfeld, Mengelrode, Misserode, Neuendorf, Pfaffschwende, Reinholterode, Rengelrode, Rohrberg, Röhrig, Rustenfelde, Rüstungen, Schachtebich, Schönau, Schönhagen, Schwobfeld, Siemerode, Steinbach, Steinheuterode, Streitholz, Thalwenden, Uder, Volkerode, Wahlhausen, Weidenbach, Westhausen, Wiesenfeld, Wilbich, Wüstheuterode. *10. 12. 1952* Gm Heuthen aus LK Worbis eingegliedert; Gm Neuendorf, Böseckendorf an → LK Worbis. *1. 7. 1994* aufgelöst und S Heiligenstadt; Gm Arenshausen, Asbach- Sickenberg, Bernterode, Birkenfelde, Bodenrode-Westhausen, Bornhagen, Burgwalde, Dieterode, Dietzenrode/Vatterode, Eichstruth, Ershausen, Freienhagen, Fretterode, Geisleden, Geismar, Gerbershausen, Glasehausen, Heuthen, Hohengandern, Hohes Kreuz, Kella, Kirchgandern, Krombach, Lenterode, Lindewerra, Lutter, Mackenrode, Marth, Martinfeld, Pfaffschwende, Reinholterode, Röhrig, Rohrberg, Rüstungen, Rustenfelde, Schachtebich, Schönhagen, Schwobfeld, Sickerode, Steinbach, Steinheuterode, Thalwenden, Uder, Volkerode, Wahlhausen, Wiesenfeld, Wilbich, Wüstheuterode an → LK Eichsfeld.

Herrschaft Schmalkalden (1945-1946)

Zugehörigkeit: Bis 16. 6. 1945 (gebildet 1866) LK (36 Orte) im RB Erfurt, FS Preußen.
Seit 16. 6. 1945 LK im L Thüringen. 12. 2. 1946 LK umbenannt in → LK Schmalkalden.

Kreissitz: S Schmalkalden.

Kreisgebiet: 16. 6. 1945 als LK Herrschaft Schmalkalden in L Thüringen eingegliedert: S Brotterode, Schmalkalden, Steinbach-Hallenberg; Gm Altersbach, Asbach, Aue, Barchfeld, Bermbach, Breitenbach, Elmenthal, Fambach, Floh, Grumbach, Haindorf, Herges-Auwallenburg, Herges-Hallenberg, Herrenbreitungen, Heßles, Hohleborn, Kleinschmalkalden (A), Laudenbach, Mittelschmalkalden, Mittelstille, Näherstille, Oberschönau, Reichenbach, Rotterode, Schnellbach, Seligenthal, Springstille, Struth-Helmershof, Trusen, Unterschönau, Volkers, Wahles, Weidebrunn. *1. 7. 1945* Gm Barchfeld an → LK Meiningen. *1. 10. 1945* Gm Kleinschmalkalden (preuß. A) vereinigt mit Gm Kleinschmalkalden (thür. A) aus LK Gotha und umbenannt in Pappenheim. *12. 2. 1946* LK umbenannt und S und Gm an → LK Schmalkalden.

Hildburghausen (ab 1922)

Zugehörigkeit: Bis 1. 10. 1922 (gebildet 1868) K Hildburghausen (126 Orte) im HT Sachsen-Meiningen, seit 1918 FS Sachsen-Meiningen, seit 1. 5. 1920 L Thüringen.
Seit 1. 10. 1922 LK im L Thüringen. Seit 25. 7. 1952 LK im B Suhl. Seit 3. 10. 1990 LK im L, seit 1993 FS Thüringen.

1. 7. 1994 LK aufgelöst und aus S und Gm der → LK Hildburghausen (36 Orte), → LK Meiningen (5 Orte) und → LK Suhl (11 Orte) im FS Thüringen neu gebildet.

Kreissitz: S Hildburghausen.

Kreisgebiet: *1. 10. 1922* als LK im L Thüringen aus S und Gm des K Hildburghausen gebildet: vom K Hildburghausen: S Eisfeld [Steudach, Rittergut Steudach)] Heldburg, Hildburghausen, Römhild; Gm Adelhausen, Albingshausen, Bedheim, Behrungen, Beinerstadt, Biberschlag, Billmuthhausen, Billmuthhausen (Rittergut), Birkenfeld, Bockstadt, Bockstadt (Rittergut), Brattendorf, Brünn, Buchenhof, Bürden, Colberg, Crock, Dingsleben, Ebenhards, Ehrenberg, Eicha, Einöd, Einsiedel, Eishausen, Engenstein, Erlebach, Exdorf, Fehrenbach, Friedenthal, Friedrichshöhe, Gabel, Gellershausen, Gießübel, Gleichamberg, Gleicherwiesen, Gompertshausen, Goßmannsrode, Grimmelshausen, Grub, Haina, Harras, Häselrieth, Haubinda, Heid, Hellingen, Henfstädt, Herbartswind, Heßberg, Hetschbach, Heubach, Hindfeld, Hinterrod, Hirschendorf, Holzhausen, Käßlitz, Leimrieth, Leitenhausen, Lengfeld, Lichtenau, Linden, Lindenau, Marisfeld, Massenhausen, Mendhausen, Merbelsrod, Milz, Mönchshof, Neuhof, Obendorf, Oberneubrunn, Oberstadt, Oberwind, Pfersdorf, Poppenhausen, Poppenwind, Reurieth, Rieth, Roth, Saargrund, Sachsendorf, Sachsendorf (DF), St. Bernhard, Schackendorf, Schirnrod, Schlechtsart, Schmeheim, Schnett, Schwarzbach, Schwarzenbrunn, Schweickershausen, Seidingstadt, Siegritz, Simmershausen, Steinfeld, Steinfeld (Meierei), Stelzen, Stressenhausen, Streufdorf, Sülzdorf, Tachbach, Tellerhammer, Themar, Tossenthal, Trostadt, Ummerstadt, Unterneubrunn, Veilsdorf, Veilsdorf (Kloster), Völkershausen, Volkmannshausen, Wachenbrunn, Waffenrod, Wallrabs, Weitersroda, Weitesfeld, Westenfeld, Westhausen, Wolfmannshausen, Zeilfeld. *1. 7. 1950* Gm Masserberg aus LK Arnstadt eingegliedert; S Schleusingen; Gm Ahlstädt, Bischofrod, Eichenberg, Fischbach, Geisenhöhn, Gethles, Gerhardtsgereuth [Neuendambach], Gottfriedsberg, Heckengereuth, Hinternah, Kloster Veßra, Langenbach, [Neuendambach → Gerhardtsgereuth], Neuhof, Oberrod, Rappelsdorf, Ratscher, Sankt Kilian, [Schönau mit Gm Gabel, Oberneubrunn, Unterneubrunn zu → Gm Schönbrunn], Steinbach, Waldau, Wiedersbach aus LK Suhl eingegliedert; Gm Marisfeld, Oberstadt, Schmeheim an → LK Suhl. *25. 7. 1952* S Römhild; Gm Behrungen, Exdorf, Haina, Henfstädt, Hindfeld, Mendhausen, Milz, Obendorf, Schwickershausen, Sülzdorf, Wachenbrunn, Westenfeld, Wolfmannshausen an → LK Meiningen; Gm Frauenwald, Schmiedefeld, Vesser an → LK Ilmenau; S Schleusingen; Gm Ahlstädt, Bischofrod, Eichenberg, Fischbach, Grub, Hinternah, St. Kilian an → LK Suhl. *10. 12. 1952* Gm Rappelsdorf, Ratscher, Geisenhöhn, Gethles an → LK Suhl. *1. 1. 1957* Gm Henfstädt, Wachenbrunn aus LK Meinigen eingegliedert; Gm Heckengereuth, Gottfriedsberg an → LK Suhl.

1. 7. 1994 LK aufgelöst und neugebildet aus S und Gm der LK Hildburghausen, Meiningen und Suhl: vom LK Hildburghausen: S Bad Colberg-Heldburg, Eisfeld, Hildburghausen, Themar, Ummerstadt; Gm Beinerstadt, Bockstadt, Brünn/Thür., Crock, Dingsleben, Ehrenberg, Fehrenbach, Gleichamberg, Gompertshausen, Grimmelshausen, Hellingen, Henfstädt, Heßberg, Heubach, Kloster Veßra, Lengfeld, Linden, Masserberg, Oberland, Reurieth, Sachsenbrunn, Schlechtsart, Schleusegrund, Schnett, Schweickershausen, St. Bernhard, Straufhain, Veilsdorf, Waldau, Westhausen, Wiedersbach; vom LK Meiningen: S Römhild; Gm Haina, Mendhausen, Milz, Westenfeld; vom LK Suhl: S Schleusingen; Gm Ahlstädt, Bischofrod, Eichenberg, Grub, Marisfeld, Nahetal, Oberstadt, Rappelsdorf, Schmeheim, St. Kilian.

1. 1. 1998:
Einheitsgemeinden: **Auengrund** (Sitz: Brattendorf) [Brattendorf, Crock, Merbelsrod, Oberland, Oberwind, Poppenwind, Schwarzbach, Wiedersbach]; S **Eisfeld** [Harras, Heid, Hinterrod, Hirschendorf, Steudach, Steudach (Rittergut) Waffenrod]; **Gleichamberg** [Bedheim, Buchenhof, Eicha, Gleicherwiesen, Roth, Simmershausen, Zeilfeld]; S **Hildburghausen** [Birkenfeld, Bürden, Ebenhards, Friedenthal, Gerhardtsgereuth, Häselrieth, Leimrieth, Neuendambach, Pfersdorf, Wallrabs, Weitersroda]; **Masserberg** [Einsiedel, Fehrenbach, Heubach, Schnett]; **Nahetal-Waldau** (Sitz: Hinternah) [Hinternah, Nahetal, Oberrod, Schleusingerneundorf, Silbach, Waldau]; **Sachsenbrunn** [Friedrichshöhe, Saargrund, Sachsendorf, Sachsendorf (DF), Schirnrod, Schwarzenbrunn, Stelzen, Tossenthal, Weitesfeld]; **Schleusegrund** (Sitz: Schönbrunn) [Biberau, Biberschlag, Engenstein, Gabel, Gießübel, Langenbach, Lichtenau, Oberneubrunn, Schönau, Schönbrunn, Steinbach, Tellerhammer, Unterneubrunn]; S **Schleusingen** [Fischbach, Geisenhöhn, Gethles, Gottfriedsberg, Heckengereuth, Rappelsdorf, Ratscher]; **St. Kilian** (Sitz: Erlau) [Altendambach, Breitenbach, Erlau, Hirschbach]; **Straufhain** (Sitz: Streufdorf) [Adelhausen, Eishausen, Linden, Massenhausen, Seidingstadt, Steinfeld, Steinfeld (Meierei), Stressenhausen, Streufdorf]; S **Themar** [Tachbach, Wachenbrunn]; **Veilsdorf** [Goßmannsrod, Heßberg, Hetschbach, Kloster Veilsdorf, Schackendorf].

Verwaltungsgemeinschaften: **Feldstein** (Sitz: S Themar): Ahlstädt, Beinerstadt, Bischofrod, Dingsleben, Ehrenberg, Eichenberg, Grimmelshausen, Grub, Henfstädt, Kloster Veßra [Neuhof], Lengfeld, Marisfeld, Oberstadt, Reurieth [Siegritz, Trostadt], St. Bernhard, Schmeheim; **Gleichberg** (Sitz: S Römhild): Haina [Sülzdorf], Mendhausen [Mönchshof], Milz [Hindfeld], S Römhild, Westenfeld; **Heldburger Unterland** (Sitz: S Ummerstadt): S Bad Colberg-Heldburg (Sitz: Heldburg) [Bad Colberg, Billmuthhausen, Billmuthhausen (Rittergut), Einöd, Gellershausen, Heldburg, Holzhausen, Lindenau, Neuhof, Völkershausen], Gompertshausen [Leitenhausen], Hellingen [Albingshausen, Käßlitz, Poppenhausen, Rieth, Volkmannshausen], Schlechtsart, Schweickershausen, S Ummerstadt [Erlebach], Westhausen [Haubinda]

Erfüllende Gemeinden: S Eisfeld für **Bockstadt** [Bockstadt (Rittergut), Herbartswind]; Auengrund (Sitz: Brattendorf) für **Brünn/Thüringen**.

Holzlandkreis (1994)

Siehe → Saale-Holzland-Kreis.

Ilmenau (1952–1994)

Zugehörigkeit: Bis 25. 7. 1952 → LK Arnstadt (25 Orte), → LK Rudolstadt (3 Orte) und → LK Suhl (3 Orte) im L Thüringen.

Seit 25. 7. 1952 LK im B Suhl. Seit 3. 10. 1990 LK im L, seit 1993 FS Thüringen. 1. 7. 1994 LK aufgelöst und S und Gm an → LK Ilm-Kreis.

Kreissitz: S Ilmenau.

Kreisgebiet: *25. 7. 1952* als LK im B Suhl aus S und Gm der LK Arnstadt, Rudolstadt und Suhl gebildet: vom LK Arnstadt: S Ilmenau, Gm Altenfeld, Böhlen, Bücheloh, Elgersburg,

Friedersdorf, Gehren, Geraberg, Geschwenda, Gillersdorf, Gräfinau-Angstedt, Großbreitenbach, Heyda, Langewiesen, Manebach, Martinroda, Möhrenbach, Neustadt am Rennsteig, Oberpörlitz, Oehrenstock, Stützerbach, Unterpörlitz, Wildenspring, Willmersdorf, Wümbach; vom LK Rudolstadt: Gm Allersdorf, Herschdorf, Pennewitz; vom LK Suhl: Gm Frauenwald, Schmiedefeld, Vesser. *1. 4. 1994* Gm Vesser aufgelöst und an → S Suhl. *1. 7. 1994* LK aufgelöst und S Gehren, Großbreitenbach, Ilmenau, Langewiesen; Gm Altenfeld, Böhlen, Elgersburg, Frauenwald, Friedersdorf, Geraberg, Geschwenda, Gillersdorf, Herschdorf, Martinroda, Möhrenbach, Neustadt am Rennsteig, Pennewitz, Schmiedefeld am Rennsteig, Stützerbach, Wildenspring, Wolfsberg an → LK Ilm-Kreis.

Ilm-Kreis (ab 1994)

Zugehörigkeit: Bis 1. 7. 1994 → LK Arnstadt (27 Orte), → LK Erfurt (1 Ort), → LK Ilmenau (21 Orte) und → LK Suhl (1 Ort) im FS Thüringen.

1. 7. 1994 als LK im FS Thüringen gebildet.

Kreissitz: Arnstadt.

Kreisgebiet: *1. 7. 1994* gebildet aus S und Gm der LK Arnstadt, Erfurt, Ilmenau und Suhl: vom LK Arnstadt: S Arnstadt, Plaue, Stadtilm; Gm Alkersleben, Angelroda, Bösleben-Wüllersleben, Dienstedt-Hettstedt, Dornheim, Ehrenstein, Elleben, Elxleben, Frankenhain, Gossel, Gräfenroda, Großliebringen, Ichtershausen, Kirchheim, Liebenstein, Nahwinden, Neusiß, Niederwillingen, Osthausen-Wülfershausen, Rudisleben, Singerberg, Wachsenburggemeinde, Wipfratal, Witzleben; vom LK Erfurt: Gm Rockhausen; vom LK Ilmenau: S Gehren, Großbreitenbach, Ilmenau, Langewiesen; Gm Altenfeld, Böhlen, Elgersburg, Frauenwald, Friedersdorf, Geraberg, Geschwenda, Gillersdorf, Herschdorf, Martinroda, Möhrenbach, Neustadt am Rennsteig, Pennewitz, Schmiedefeld am Rennsteig, Stützerbach, Wildenspring, Wolfsberg; vom LK Suhl: Gm Gehlberg.

1. 1. 1998:

Einheitsgemeinden: S **Arnstadt** [Angelhausen-Oberndorf, Dosdorf, Espenfeld, Siegelbach]; **Ichtershausen** [Eischleben, Rehestädt, Thörey]; S **Ilmenau** [Heyda, Kammerberg, Manebach, Oberpörlitz, Roda (bei Ilmenau), Unterpörlitz]; **Ilmtal** (Sitz: Griesheim) [Behringen, Cottendorf, Dienstedt, Dienstedt-Hettstedt, Döllstedt, Dörnfeld an der Ilm, Ehrenstein, Geilsdorf, Gösselborn, Griesheim, Großhettstedt, Großliebringen, Hammersfeld, Hohes Kreuz, Kleinhettstedt, Kleinliebringen, Nahwinden, Niederwillingen, Oberwillingen, Oesteröda, Singen, Singerberg, Traßdorf]; S **Langewiesen** [Oehrenstock]; **Rudisleben**; S **Stadtilm** [Oberilm]; **Wolfsberg** (Sitz: Gräfinau-Angstedt) [Angstedt, Bücheloh, Gräfinau, Gräfinau-Angstedt, Wümbach].

Verwaltungsgemeinschaften: **Geratal** (Sitz: Geraberg): Angelroda, Elgersburg, Geraberg [Arlesberg, Gera], Martinroda, Neusiß; **Großbreitenbach** (Sitz: S Großbreitenbach): Altenfeld, Böhlen, Friedersdorf, Gillersdorf, S Großbreitenbach, Wildenspring; **Langer Berg** (Sitz: S Gehren): S Gehren [Jesuborn], Herschdorf [Allersdorf, Willmersdorf], Möhrenbach, Neustadt am Rennsteig [Neustadt am Rennsteig (schwarzburg-sondershausenscher A), Neustadt am Rennsteig (sachsen-meiningischer A)], Pennewitz; **Oberes Geratal** (Sitz: Gräfenroda): Frankenhain, Gehlberg, Geschwenda, Gossel, Gräfenroda, Liebenstein,

S Plaue [Kleinbreitenbach, Rippersroda]; **Rennsteig** (Sitz: Schmiedefeld am Rennsteig): Frauenwald, Schmiedefeld am Rennsteig, Stützerbach [Stützerbach (sachsen-weimar-eisenachischer A), Stützerbach (preuß. A)]; **Riechheimer Berg** (Sitz: Kirchheim): Alkersleben, Bösleben-Wüllersleben (Sitz: Bösleben) [Bösleben, Wüllersleben], Dornheim, Elleben [Gügleben, Riechheim], Elxleben, Kirchheim [Bechstedt-Wagd, Werningsleben], Osthausen-Wülfershausen (Sitz: Osthausen) [Osthausen, Wülfershausen], Rockhausen, Witzleben [Achelstädt, Ellichleben].

Erfüllende Gemeinden: Arnstadt für **Wachsenburggemeinde** (Sitz: Haarhausen) [Bittstädt, Haarhausen, Holzhausen, Röhrensee, Sülzenbrücken]; **Wipfratal** (Sitz: Branchewinda) [Branchewinda, Dannheim, Ettischleben, Görbitzhausen, Hausen, Kettmannshausen, Marlishausen, Neuroda, Reinsfeld, Roda (b. Arnstadt), Schmerfeld, Wipfra].

Jena (1950-1994)

Zugehörigkeit: Bis 1. 7. 1950 → LK Stadtroda (225 Orte) und → LK Weimar (1 Ort) im L Thüringen.

1. 7. 1950 LK Stadtroda umbenannt in LK Jena. Seit 1. 7. 1950 LK im L Thüringen. Seit 25. 7. 1952 LK im B Gera. Seit 3. 10. 1990 LK im L, seit 1993 FS Thüringen. 1. 7. 1994 LK aufgelöst und S und Gm an → LK Holzlandkreis, → LK Weimar-Land und → S Jena.

Kreissitz: S Jena.

Kreisgebiet: *1. 7. 1950* aus S und Gm der LK Stadtroda und Weimar gebildet: vom LK Stadtroda: S Bürgel, Camburg, Dornburg, Eisenberg, Kahla, Orlamünde, Stadtroda; Gm Abtlöbnitz, Ahlendorf, Albersdorf, Altenberga, Altendorf, Altengönna, Aubitz, Aue, Beulbar, Beutnitz, Bibra, Bobeck, Boblas, Bollberg, Bremsnitz, Bucha, Buchheim, Casekirchen, Cauerwitz, Closewitz, Coppanz, Cospeda, Crauschwitz, Crölpa-Löbschütz, Dienstädt, Döbritschen, Döbritschen (b. Camburg), Döllschütz, Dorna, Dorndorf a. d. Saale, Dothen, Drackendorf, Droschka, Drößnitz, Dürrengleina, Eckolstädt, Eichenberg, Eineborn, Erdmannsdorf, Etzdorf, Frauenprießnitz, Freienorla, Freiroda, Geisenhain, Gernewitz, Geunitz, Gniebsdorf, Golmsdorf, Göschwitz, Gösen, Graitschen (b. Bürgel), Graitschen (b. Camburg), Greuda, Gröben, Großbockedra, Großeutersdorf, Großkröbitz, Großlöbichau, Großpürschütz, Großschwabhausen, Gumperda, Hainbücht, Hainchen, Hainichen, Hainspitz, Hartmannsdorf, Heiligenkreuz, Hellborn, Hermsdorf, Hetzdorf, Hirschroda, Hohendorf, Hohlstedt, Hummelshain, Ilmnitz, Isserstedt, Jägersdorf, Janisroda, Jenalöbnitz, Jenaprießnitz, Kaatschen, Karlsdorf, Kischlitz, Kleinbockedra, Kleinbucha, Kleinebersdorf, Kleineutersdorf, Kleingestewitz, Kleinkröbitz, Kleinlöbichau, Kleinprießnitz, Kleinpürschütz, Kleinschwabhausen, Klengel, Klosterlausnitz, Köckenitzsch, Königshofen, Kötschau, Krippendorf, Kunitz, Kursdorf, Laasan, Laasdorf, Lachstedt, Lehesten, Leislau, Leutra, Lindig, Lippersdorf, Löberschütz, Lucka (b. Bürgel), Lützeroda, Magersdorf, Maua, Mennewitz, Mertendorf, Meusebach, Milda, Möckern, Molau, Mollschütz, Mörsdorf, Münchengosserstädt, Münchenroda, Nausnitz, Neidschütz, Nennsdorf, Nerkewitz, Neuengönna, Oberbodnitz, Obergneus, Oelknitz, Oßmaritz, Ottendorf, Petersberg, Poppendorf, Poxdorf, Prießnitz, Quirla, Rabis, Rattelsdorf, Rauda, Rauschwitz, Rausdorf, Reichenbach, Reinstädt, Renthendorf, Rockau, Rodameuschel, Rodias, Rodigast, Rödigen,

Rothenstein, Röttelmisch, Ruttersdorf, Saasa, Scheiditz, Schieben, Schinditz, Schirnewitz, Schleifreisen, Schleuskau, Schlöben, Schmiedehausen, Schmölln, Schöngleina, Schöps, Schorba, Seidewitz, Seifartsdorf, Seiselitz, Seitenbrück, Seitenroda, Serba, Sieglitz, Steudnitz, Stiebritz, Stöben, Sulza, Taupadel, Tautenburg, Tautendorf, Tautenhain, Thalbürgel, Thiemendorf, Thierschneck, Tissa, Törpla, Tröbnitz, Trockenborn, Trockhausen, Tultewitz, Tümpling, Tünschütz, Ulrichswalde, Unterbodnitz, Untergneus, Utenbach, Vierzehnheiligen, Waldeck, Walpernhain, Waltersdorf, Weichau, Weißbach, Weißenborn, Wetzdorf, Wichmar, Wilsdorf, Wittersroda, Wogau, Würchhausen, Zimmern, Zimmritz, Zöllnitz, Zöthen, Zöttnitz, Zwabitz, Zweifelbach; vom LK Weimar: Gm Göttern. *1. 7. 1952* Flur der Gemarkung Wetterzeube-Teuchers-Mühlen aus Gemeindebezirk Weißenborn, Ot Stolzenhain, LK Zeitz (L Sachsen-Anhalt), in Gemeindebezirk Walpernhain eingegliedert. *25. 7. 1952* Gm Eckolstädt, Kaatschen, Lachstedt, Münchengosserstädt, Schmiedehausen, Weichau an → LK Apolda; S Bürgel, Eisenberg; Gm Ahlendorf, Aubitz, Buchheim, Döllschütz, Dothen, Droschka, Etzdorf, Gösen, Graitschen (ü. Bürgel), Graitschen (ü. Camburg), Hainchen, Hainspitz, Hartmannsdorf, Hetzdorf, Hohendorf, Kischlitz, Königshofen, Kursdorf, Lucka (b. Bürgel), Mertendorf, Nausnitz, Petersberg, Poppendorf, Poxdorf, Rauda, Rauschwitz, Rockau, Rodigast, Saasa, Seifartsdorf, Serba, Taupadel, Tautenhain, Thalbürgel, Thiemendorf, Thierschneck, Törpla, Tünschütz, Walpernhain, Weißenborn, Wetzdorf an → LK Eisenberg; S Hermsdorf, Stadtroda; Gm Albersdorf, Bad Klosterlausnitz, Beulbar-Ilmsdorf, Bobeck, Bollberg, Bremsnitz, Eineborn, Erdmannsdorf, Geisenhain, Gernewitz, Gröben, Großbockedra, Hainbücht, Hellborn, Karlsdorf, Kleinbockedra, Kleinebersdorf, Laasdorf, Lippersdorf, Margersdorf, Mennewitz, Meusebach, Möckern, Mörsdorf, Oberbodnitz, Ottendorf, Quirla, Rabis, Rattelsdorf, Rausdorf, Reichenbach, Renthendorf, Ruttersdorf, Scheiditz, Schleifreisen, Schlöben, Schöngleina, Seitenbrück, Tautendorf, Tissa, Tröbnitz, Trockenborn, Trockhausen, Unterbodnitz, Untergneus, Waldeck, Waltersdorf, Weißbach, Zöttnitz an → LK Stadtroda; Gm Döbritschen, Drößnitz, Göttern, Großschwabhausen, Hohlstedt, Kleinschwabhausen, Milda, Wittersroda an → LK Weimar; Gm Aue, Abtlöbnitz, Boblas, Casekirchen, Cauerwitz, Crauschwitz, Crölpa, Freiroda, Heiligenkreuz, Janisroda, Kleingestewitz, Köckenitzsch, Leislau, Mertendorf, Molau, Mollschütz, Neidschütz, Prießnitz, Schieben, Seidewitz, Seiselitz, Stöben, Tultewitz, Utenbach an LK Naumburg (B Halle). *10. 12. 1952* Gm Milda, Wittersroda, Drößnitz aus LK Weimar eingegliedert. *1. 1. 1956* Gm Stöben aus LK Naumburg (B Halle) eingegliedert. *1. 4. 1994* Gm Drackendorf, Maua aufgelöst und an → S Jena. *1. 7. 1994* LK aufgelöst und S Camburg, Dornburg/Saale, Kahla, Orlamünde; Gm Altenberga, Bibra, Bucha, Dorndorf-Steudnitz, Eichenberg, Frauenprießnitz, Freienorla, Golmsdorf, Großeutersdorf, Großlöbichau, Großpürschütz, Gumperda, Hainichen, Hummelshain, Jenalöbnitz, Kleineutersdorf, Lehesten, Lindig, Löberschütz, Milda, Neuengönna, Reinstädt, Rothenstein, Schöps, Seitenroda, Sulza, Tautenburg, Wichmar, Zimmern, Zöllnitz, Zöthen an → LK Holzlandkreis; Gm Drößnitz an → LK Weimar-Land; Gm Isserstedt, Krippendorf, Cospeda, Kunitz, Münchenroda, Jenaprießnitz an → S Jena.

Jena-Roda (1922)

Siehe → LK Roda → LK Stadtroda.

Kyffhäuserkreis (ab 1994)

Zugehörigkeit: Bis 1. 7. 1994 → LK Artern (33 Orte) und → LK Sondershausen (42 Orte) im L, seit 1993 FS Thüringen.
1. 7. 1994 als LK im FS Thüringen gebildet.

Kreissitz: S Sondershausen.

Kreisgebiet: *1. 7. 1994* aus S und Gm der LK Artern und Sondershausen gebildet: vom LK Artern: S Artern, Bad Frankenhausen, Heldrungen, Wiehe; Gm Borxleben, Bottendorf, Bretleben, Donndorf, Esperstedt, Etzleben, Gehofen, Göllingen, Gorsleben, Günserode, Hauteroda, Hemleben, Heygendorf, Ichstedt, Kalbsrieth, Mönchpfiffel-Nikolausrieth, Nausitz, Oberheldrungen, Oldisleben, Reinsdorf, Ringleben, Roßleben, Rottleben, Schönewerda, Schönfeld, Seega, Steinthaleben, Voigtstedt; vom LK Sondershausen: S Clingen, Ebeleben, Greußen, Großenehrich, Sondershausen; Gm Abtsbessingen, Badra, Bellstedt, Bendeleben, Berka, Feldengel, Freienbessingen, Großberndten, Großfurra, Gundersleben, Hachelbich, Helbedündorf, Hohenebra, Holzengel, Holzsußra, Immenrode, Kirchengel, Kleinberndten, Kleinbrüchter, Niederbösa, Niederspier, Oberbösa, Oberspier, Otterstedt, Rockstedt, Rohnstedt, Schernberg, Straußberg, Thalebra, Thüringenhausen, Toba, Topfstedt, Trebra, Wasserthaleben, Westerengel, Westgreußen, Wolferschwenda.
1. 1. 1998:
Einheitsgemeinden: S **Artern** [Schönfeld]; S **Bad Frankenhausen/Kyffhäuser** [Seehausen, Udersleben]; S **Ebeleben** [Allmenhausen, Gundersleben, Rockensußra, Wiedermuth]; S **Großenehrich** [Bliederstedt, Feldengel, Holzengel, Kirchengel, Niederspier, Otterstedt, Rohnstedt, Wenigenehrich, Westerengel]; **Helbedündorf** (Sitz: Holzthaleben) [Friedrichsrode, Großbrüchter, Holzthaleben, Keula, Kleinbrüchter, Toba]; **Roßleben**; **Schernberg** [Großberndten, Hohenebra, Himmelsberg, Immenrode, Kleinberndten, Straußberg, Thalebra]; S **Sondershausen** [Bebra, Berka, Großfurra, Jecha, Jechaburg, Oberspier, Stockhausen]; S **Wiehe** [Langenroda].
Verwaltungsgemeinschaften: **An der Schmücke** (Sitz: S Heldrungen): Bretleben, Etzleben, Gorsleben, Hauteroda, S Heldrungen, Hemleben, Oberheldrungen, Oldisleben [Sachsenburg]; **Greußen** (Sitz: S Greußen): S Clingen, S Greußen [Grüningen], Niederbösa, Topfstedt [Niedertopfstedt, Obertopfstedt], Trebra, Wasserthaleben, Westgreußen; **Kyffhäuser** (Sitz: Bendeleben): Badra, Bendeleben, Göllingen, Günserode, Hachelbich, Oberbösa, Rottleben, Seega, Steinthaleben [Thalleben]; **Mittelzentrum Artern** (Sitz: S Artern/Unstrut): Borxleben, Gehofen, Heygendorf [Schaafsdorf], Ichstedt, Kalbsrieth [Ritteburg], Mönchpfiffel-Nikolausrieth [Mönchpfiffel, Nikolausrieth], Nausitz, Reinsdorf, Ringleben, Voigtstedt.
Erfüllende Gemeinden: S Bad Frankenhausen/Kyffhäuser für **Esperstedt**; S Ebeleben für **Abtsbessingen** [Billeben], **Bellstedt, Freienbessingen, Holzsußra, Rockstedt, Thüringenhausen, Wolferschwenda**; Roßleben für **Bottendorf, Schönewerda**; S Wiehe für **Donndorf**.

Langensalza (1945-1950)

Zugehörigkeit: Bis 16. 6. 1945 (gebildet 1816) LK (41 Orte) im RB Erfurt, FS Preußen.
Seit 16. 6. 1945 LK im L Thüringen. 1. 7. 1950 LK aufgelöst und S und Gm an → LK Mühlhausen, → LK Sondershausen und → LK Erfurt.

Kreissitz: S Langensalza.

Kreisgebiet: *16. 6. 1945* als LK in L Thüringen eingegliedert: S Langensalza, Bad Tennstedt, Thamsbrück; Gm Altengottern, Alterstedt, Blankenburg, Bothenheilingen, Bruchstedt, Flarchheim, Freienbessingen, Großengottern, Großurleben, Großvargula, Großwelsbach, Grumbach, Haussömmern, Henningsleben, Heroldishausen, Hornsömmern, Isserheilingen, Kammerforst, Kirchheilingen, Kleinurleben, Kleinvargula, Kleinwelsbach, Klettstedt, Marolterode, Merxleben, Mittelsömmern, Mülverstedt, Nägelstedt, Neunheilingen, Oppershausen, Schönstedt, Seebach, Sundhausen, Tottleben, Ufhoven, Waldstedt, Weberstedt, Zimmern. *1. 7. 1950* LK aufgelöst und S Bad Tennstedt; Gm Bruchstedt, Großvargula, Haussömmern, Hornsömmern, Kleinvargula, Mittelsömmern an → LK Erfurt; S Langensalza, Thamsbrück; Gm Altengottern, Alterstedt, Blankenburg, Bothenheilingen, Flarchheim, Großengottern, Großurleben, Großwelsbach, Grumbach, Henningsleben, Heroldishausen, Issersheilingen, Kammerforst, Kirchheilingen, Kleinurleben, Kleinwelsbach, Klettstedt, Marolterode, Merxleben, Mülverstedt, Nägelstedt, Neunheilingen, Oppershausen, Schönstedt, Seebach, Sundhausen, Tottleben, Ufhoven, Waldstedt, Weberstedt, Zimmern an → LK Mühlhausen: Gm Freienbessingen an → LK Sondershausen.

Langensalza (1952-1956)

Siehe → LK Bad Langensalza.

Lobenstein (1952-1994)

Zugehörigkeit: Bis 25. 7. 1952 → LK Saalfeld (5 Orte) und → LK Schleiz (37 Orte) im L Thüringen.

Seit 25. 7. 1952 LK im B Gera. Seit 3. 10. 1990 LK im L, seit 1993 FS Thüringen. 1. 7. 1994 LK aufgelöst und S und Gm an → LK Saale-Orla-Kreis und → LK Schwarza-Kreis.

Kreissitz: S Lobenstein.

Kreisgebiet: *25. 7. 1952* als LK im B Gera aus S und Gm der LK Saalfeld und Schleiz gebildet: vom LK Saalfeld: Gm Brennersgrün, Gleima, Lehesten, Schmiedebach, Weitisberga; vom LK Schleiz: S Lobenstein, Wurzbach; Gm Altengesees, Birkenhügel, Blankenberg, Blankenstein, Ebersdorf, Eliasbrunn, Friesau, Gahma, Grumbach, Harra, Heberndorf, Heinersdorf, Helmsgrün, Lichtenbrunn, Liebengrün, Liebschütz, Lückenmühle, Neundorf (b. Lobenstein), Oberlemnitz, Oßla, Pottiga, Rauschengesees, Remptendorf, Röppisch, Röttersdorf, Ruppersdorf, Saaldorf, Schlegel, Schönbrunn, Thierbach, Thimmendorf, Titschendorf, Unterlemnitz, Weisbach, Zoppoten. *10. 12. 1952* Gm Lothra, Burglemnitz aus LK Saalfeld eingegliedert. *1. 7. 1994* LK aufgelöst und S Lobenstein, Wurzbach; Gm Altengesees, Birkenhügel, Blankenberg, Blankenstein, Burglemnitz, Ebersdorf/Thüringen, Eliasbrunn, Gahma, Gleima, Grumbach, Harra, Heberndorf, Heinersdorf, Liebengrün, Liebschütz, Neundorf (b. Lobenstein), Oßla, Pottiga, Rauschengesees, Remptendorf,

Ruppersdorf, Schlegel, Thierbach, Thimmendorf, Titschendorf, Unterlemnitz, Weisbach, Weitisberga an → LK Saale-Orla-Kreis; S Lehesten an → LK Schwarza-Kreis.

Meiningen (1922-1994)

Zugehörigkeit: Bis 1. 10. 1922 K Meiningen (115 Orte) im HT Sachsen-Meiningen, seit 1918 FS Sachsen-Meiningen, seit 1. 5. 1920 L Thüringen; SB Zella-Mehlis (1 Ort) im HT Sachsen-Coburg und Gotha, seit 1918 FS Gotha, seit 1. 5. 1920 L Thüringen; IV. VerwB (10 Orte) im GHT Sachsen-Weimar-Eisenach, seit 1918 FS Sachsen-Weimar-Eisenach, seit 1. 5. 1920 L Thüringen.

Seit 1. 10. 1922 LK im L Thüringen. Seit 25. 7. 1952 LK im B Suhl. Seit 3. 10. 1990 LK im L, seit 1993 FS Thüringen. 1. 7. 1994 LK aufgelöst und S und Gm an → LK Hildburghausen und → LK Schmalkalden-Meiningen.

Kreissitz: S Meiningen.

Kreisgebiet: *1. 10. 1922* als LK im L Thüringen aus S und Gm des K Meiningen, SB Zella-Mehlis und IV. VerwB gebildet: vom K Meiningen: S Bad Liebenstein, Meiningen, Salzungen, Wasungen; Gm Allendorf, Allendorf (Kloster), Alten- und Frauenbreitungen, Altenstein (Schloß), Amalienruhe, Aroldshausen, Bairoda, Bauerbach, Belrieth, Berkach, Bettenhausen, Bibra, Bonndorf, Breuberg, Craimar, Dörrensolz, Dreißigacker, Eckardts, Einhausen, Einödhausen, Ellingshausen, Ettmarshausen, Fasanerie, Friedelshausen, Geba, Georgenzell, Gleimershausen, Glücksbrunnerwerke, Gräfen- und Nitzendorf, Grimmenthal, Grumbach, Gumpelstadt, Haselbach, Helba, Helmers, Henneberg, Hermannsfeld, Hermannsroda, Herpf, Hofteich, Hohleborn, Hümpfershausen, Immelborn, Jüchsen, Kaltenborn, Kätzerode, Knollbach, Landsberg, Langenfeld, Leimbach, Leutersdorf, Liebenstein (DG), Marienthal, Mehmels, Meimers, Melkers, Metzels, Möckers, Möhra, Neubrunn, Neuendorf, Niederschmalkalden, Niedersülzfeld, Nordheim, Oberharles, Oberkatz, Obermaßfeld, Oberrohn, Oepfershausen, Profisch, Queienfeld, Rentwertshausen, Reumles, Rippershausen, Ritschenhausen, Röhrigs- und Hüttenhof, Rosa, Roßdorf, Roßhof, Ruppers, Schmerbach, Schwallungen, Schwarzbach, Schweina, Schwickershausen, Seeba, Sinnershausen, Solz, Sorga (DG), Stedtlingen, Steinbach, Stepfershausen, Sülzfeld, Thurmgut, Träbes, Uebelroda, Unterharles, Unterkatz, Untermaßfeld, Unterrohn, Utendorf, Vachdorf, Wahns, Waldfisch, Wallbach, Walldorf, Welkershausen, Wernshausen, Wildprechtroda, Witzelrode, Wölfershausen; vom SB Zella-Mehlis: S Zella-Mehlis; vom IV. VerwB: S Ostheim; Gm Birx, Frankenheim, Helmershausen, Melpers, Sondheim, Stetten, Urspringen, Wohlmuthausen, Zillbach. *5. 4. 1924* S Zella-Mehlis (einschließlich Staatsforst Zella) an → SK Zella-Mehlis. 1945 S Ostheim; Gm Sondheim, Stetten, Urspringen an Amerikanische Besatzungszone. *1. 7. 1945* Gm Barchfeld aus LK Herrschaft Schmalkalden eingegliedert. *1. 7. 1946* Gm Birx, Frankenheim, Melpers an → LK Eisenach. *1. 7. 1950* Gm Brotterode, [Elmenthal → zur Gm Trusetal], Fambach, [Herges-Auwallenburg → zur Gm Trusetal], [Herrenbreitungen → Breitungen], Heßles, Hohleborn, [Laudenbach → zur Gm Trusetal], Pappenheim, [Trusen → zur Gm Trusetal], Wahles aus LK Schmalkalden eingegliedert; S Bad Salzungen, Bad Liebenstein; Gm Allendorf (Dorf), Allendorf (Kloster), Bairoda, Barchfeld, Gräfen- und Nitzendorf, Gumpelstadt, Hohleborn, Immelborn, Kaltenborn, Langenfeld, Leimbach, Möhra, Neuendorf,

Oberrohn, Schweina, Steinbach, Unterrohn, Waldfisch, Wildprechtroda, Witzelroda an → LK Bad Salzungen; Gm Möckers an → LK Suhl. *1. 2. 1952* Gm Hohleborn an → LK Suhl; Gm Meimers an → LK Bad Salzungen. *25. 7. 1952* S Römhild; Gm Behrungen, Exdorf, Haina, Henfstädt, Hindfeld, Mendhausen, Milz, Obendorf, Schwickershausen, Sülzdorf, Wachenbrunn, Westenfeld, Wolfmannshausen aus LK Hildburghausen eingegliedert; Gm Aschenhausen, Birx, Erbenhausen, Frankenheim/Rhön, Gerthausen, Kaltensundheim, Kaltenwestheim, Melpers, Mittelsdorf/Rhön, Oberweid, Reichenhausen, Schafhausen, Unterweid aus LK Bad Salzungen eingegliedert; S Brotterode; Gm Breitungen, Eckardts, Fambach, Georgenzell, Helmers, Heßles, Hohleborn, Niederschmalkalden, Pappenheim, Rosa, Roßdorf, Schwallungen, Trusetal, Wahles, Wernshausen, Zillbach an → LK Schmalkalden. *1. 1. 1957* Gm Henfstädt, Wachenbrunn an → LK Hildburghausen. *25. 2. 1994* Gm Schwarzbach aufgelöst und an → LK Schmalkalden. *1. 7. 1994* LK aufgelöst und S Römhild; Gm Haina, Mendhausen, Milz, Westenfeld an → LK Hildburghausen; S Meiningen, Wasungen; Gm Aschenhausen, Bauerbach, Behrungen, Belrieth, Berkach, Bettenhausen, Bibra, Birx, Einhausen, Ellingshausen, Erbenhausen, Exdorf, Frankenheim/Rhön, Friedelshausen, Gerthausen, Helmershausen, Henneberg, Hermannsfeld, Herpf, Hümpfershausen, Jüchsen, Kaltensundheim, Kaltenwestheim, Leutersdorf, Mehmels, Melpers, Metzels, Neubrunn, Nordheim, Oberkatz, Obermaßfeld-Grimmenthal, Oberweid, Oepfershausen, Queienfeld, Rentwertshausen, Rippershausen, Ritschenhausen, Schwickershausen, Stedtlingen, Stepfershausen, Sülzfeld, Unterkatz, Untermaßfeld, Unterweid, Utendorf, Vachdorf, Wahns, Wallbach, Walldorf, Wölfershausen, Wohlmuthausen, Wolfmannshausen an → LK Schmalkalden-Meiningen.

Mühlhausen (1945-1994)

Zugehörigkeit: Bis 16. 6. 1945 (gebildet 1816) LK (43 Orte) im RB Erfurt, FS Preußen.
Seit 16. 6. 1945 LK im L Thüringen. Seit 25. 7. 1952 LK im B Erfurt. Seit 3. 10. 1990 LK im L, seit 1993 FS Thüringen. 1. 7. 1994 LK aufgelöst und S und Gm an → LK Unstrut-Hainich-Kreis.

Kreissitz: S Mühlhausen.

Kreisgebiet: *16. 6. 1945* als LK in L Thüringen eingegliedert: S Treffurt; Gm Ammern, Beberstedt, Bickenriede, Bollstedt, Büttstedt, Dachrieden, Diedorf, Dörna, Effelder, Eigenrieden, Eigenrode, Falken, Faulungen, Felchta, Görmar, Großburschla, Großgrabe, Helmsdorf, Heyerode, Hildebrandshausen, Höngeda, Hollenbach, Horsmar, Kaisershagen, Katharinenberg, Kleingrabe, Küllstedt, Langula, Lengefeld, Niederdorla, Oberdorla, Reiser, Saalfeld, Schierschwende, Schnellmannshausen (A), Silberhausen, Sollstedt, Struth, Wachstedt, Wendehausen, Windeberg, Zella. *1. 7. 1946* Gm Schnellmannshausen (preuß. A) an → LK Eisenach. *30. 9. 1946* Gm Lengenfeld aus LK Eichsfeld eingegliedert. *1. 7. 1950* S und Gm aus LK Langensalza, Eisenach, Gotha, Nordhausen, Sondershausen und SK Mühlhausen eingegliedert: vom LK Langensalza: S Langensalza [Ufhoven], Thamsbrück; Gm Altengottern, Alterstedt, Blankenburg, Bothenheilingen, Flarchheim, Großengottern, Großurleben, Großwelsbach, Grumbach, Henningsleben, Heroldishausen, Issersheilingen, Kammerforst, Kirchheilingen, Kleinurleben, Kleinwelsbach, Klettstedt, Marolterode, Merxleben, Mülverstedt, Nägelstedt, Neunheilingen, Oppershausen, Schönstedt, Seebach, Sundhausen,

Tottleben, [Ufhoven → S Langensalza], Waldstedt, Weberstedt, Zimmern; vom LK Eisenach: Gm Hallungen; vom LK Gotha: Gm Craula; vom LK Nordhausen: Gm Deuna, Hüpstedt, Niederorschel, Rüdigershagen, Vollenborn, Zaunröden; vom LK Sondershausen: S Schlotheim; Gm [Großmehlra → Obermehler], Hohenbergen, Keula, Kleinkeula, Körner [Ot Furthmühle → Kleingrabe, Ot Saalfelder Distrikt → Saalfeld], Mehrstedt, Menteroda, Obermehler [Großmehlra], Urbach; vom aufgelösten SK Mühlhausen: S Mühlhausen; S Treffurt; Gm Falken, Großburschla an → LK Eisenach. *1. 7. 1950* Gm Deuna, Niederorschel, Rüdigershagen, Vollenborn an → LK Nordhausen. *25. 7. 1952* Gm Hallungen an → LK Eisenach; S Langensalza, Thamsbrück; Gm Alterstedt, Blankenburg, Craula, Großurleben, Großwelsbach, Grumbach, Henningsleben, Kirchheilingen, Kleinurleben, Kleinwelsbach, Klettstedt, Merxleben, Mülverstedt, Nägelstedt, Schönstedt, Sundhausen, Tottleben, Waldstedt, Weberstedt, Zimmern an → LK Langensalza; Gm Keula, Zaunröden an → LK Sondershausen; Gm Büttstedt, Effelder, Helmsdorf, Hildebrandshausen, Küllstedt, Lengenfeld unterm Stein, Silberhausen, Wachstedt an → LK Worbis. *10. 12. 1952* Gm Hildebrandshausen, Lengenfeld unterm Stein aus LK Worbis eingegliedert; Gm Bothenheilingen, Issersheilingen, Neunheilingen an → LK Langensalza. *1. 1. 1994* aufgelöste Gm Zaunröden aus LK Sondershausen eingegliedert und mit aufgelösten Gm Beberstedt und Hüpstedt zur Gm Dünwald vereinigt. *1. 7. 1994* LK aufgelöst und S Mühlhausen, Schlotheim; Gm Altengottern, Ammern, Bickenriede, Dachrieden, Diedorf, Dörna, Dünwald, Eigenrode, Faulungen, Flarchheim, Großengottern, Heroldishausen, Heyerode, Hildebrandshausen, Hollenbach, Horsmar, Kaisershagen, Kammerforst, Kleinkeula, Körner, Langula, Lengefeld, Lengenfeld unterm Stein, Marolterode, Menteroda, Niederdorla, Oberdorla, Obermehler, Oppershausen, Reiser, Rodeberg, Schierschwende, Sollstedt, Urbach, Weinbergen, Wendehausen, Zella an → LK Unstrut-Hainich-Kreis.

Neuhaus am Rennweg (1952–1994)

Zugehörigkeit: Bis 25. 7. 1952 → LK Rudolstadt (14 Orte), → LK Saalfeld (12 Orte) und → LK Sonneberg (4 Orte) im L Thüringen.

Seit 25. 7. 1952 LK im B Suhl. Seit 3. 10. 1990 LK im L Thüringen. 1. 7. 1994 LK aufgelöst und S und Gm an → LK Schwarza-Kreis und → LK Sonneberg.

Kreissitz: S Neuhaus am Rennweg.

Kreisgebiet: *25. 7. 1952* als LK im B Suhl aus S und Gm der LK Rudolstadt, Saalfeld und Sonneberg gebildet: vom LK Rudolstadt: S Oberweißbach; Gm Buchbach, Cursdorf, Deesbach, Goldisthal, Katzhütte, Leibis, Lichtenhain, Mellenbach-Glasbach, Meura, Meuselbach-Schwarzmühle, Scheibe-Alsbach, Unterweißbach; vom LK Saalfeld: S Gräfenthal; Gm Creunitz, Gebersdorf, Gösselsdorf, Großneundorf, Lichte, Lichtenhain, Lippelsdorf, Piesau, Reichmannsdorf, Schmiedefeld, Sommersdorf; vom LK Sonneberg: S Lauscha, Neuhaus a. R.; Gm Ernstthal, Steinheid. *10. 12. 1952* Gm Spechtsbrunn aus LK Sonneberg eingegliedert. *1. 7. 1994* LK aufgelöst und S Gräfenthal, Oberweißbach/Thür. Wald; Gm Cursdorf, Deesbach, Katzhütte, Lichte, Lichtenhain/Bergbahn, Mellenbach-Glasbach, Meura, Meuselbach-Schwarzmühle, Piesau, Reichmannsdorf, Schmiedefeld, Unterweißbach an → LK Schwarza-Kreis; S Lauscha, Neuhaus am Rennweg; Gm Ernstthal, Goldisthal, Scheibe-Alsbach, Siegmundsburg, Steinheid an → LK Sonneberg.

Nordhausen (ab 1945)

Zugehörigkeit: Bis 1. 11. 1945 → LK Grafschaft Hohenstein (82 Orte) im L Thüringen. Seit 1. 11. 1945 LK Grafschaft Hohenstein umbenannt in LK Nordhausen. Seit 25. 7. 1952 LK im B Erfurt. Seit 3. 10. 1990 LK im L, seit 1993 FS Thüringen.

Kreissitz: S Nordhausen.

Kreisgebiet: 1. 11. 1945 vom LK Grafschaft Hohenstein: S Benneckenstein, Bleicherode, Ellrich; Gm Appenrode, Ascherode, Bliedungen, Bösenrode, Branderode, Buchholz, Buhla, Elende, Epschenrode, Etzelsrode, Friedrichslohra, Friedrichsrode, Gratzungen, Großberndten, Großwechsungen, Großwenden, Großwerther, Gudersleben, Günzerode, Haferungen, Hainrode, Harzungen, Herreden, Hesserode, Hochstedt, Hörningen, Hohnsteinsche Forst, Holbach, Ilfeld, Immenrode, Kehmstedt, Kleinberndten, Kleinbodungen, Kleinfurra, Kleinwechsungen, Kleinwenden, Kleinwerther, Klettenberg, Krimderode, Leimbach, Liebenrode, Limlingerode, Lipprechterode, Mackenrode, Mauderode, Mitteldorf, Mörbach, Neustadt, Niedergebra, Niedersachswerfen, Nohra, Oberdorf, Obergebra, Obersachswerfen, Osterode, Petersdorf, Pützlingen, Pustleben, Rehungen, Rüdigsdorf, Rüxleben, Salza, Schiedungen, Sollstedt, Sorge, Steigerthal, Steinsee, Stöckey, Sülzhayn, Trebra, Urbach, Werna, Wernigerode, Wernrode, Wiegersdorf, Woffleben, Wolkramshausen, Wollersleben, Wülfingerode. *10. 6. 1946* Gm Kraja einschließlich Grube Kraja aus LK Eichsfeld eingegliedert. *30. 9. 1946* Gm Bernterode, Bischofferode, Bockelnhagen, Breitenworbis, Deuna, Gerterode, Großbodungen, Hauröden, Haynrode, Holungen, Hüpstedt, Jützenbach, Neustadt, Rüdigershagen, Silkerode, Vollenborn, Wallrode, Weißenborn-Lüderode, Zaunröden, Zwinge aus LK Eichsfeld eingegliedert; Gm Niederorschel aus LK Worbis eingegliedert. *1. 7. 1950* SK Nordhausen [Krimderode, Salza vom LK Nordhausen] eingegliedert; Gm Deuna, Hüpstedt, Niederorschel, Rüdigershagen, Vollenborn, Zaunröden an → LK Mühlhausen; Gm Großberndten, Kleinberndten an → LK Sondershausen. *1. 7. 1950* Gm Deuna, Niederorschel, Rüdigershagen, Vollenborn aus LK Mühlhausen eingegliedert. *25. 7. 1952* S Heringen, Gm Auleben, Bielen, Görsbach, Hain, Hamma, Herrmannsacker, Rodishain, Steinbrücken, Stempeda, Sundhausen, Uthleben, Windehausen vom LK Sangerhausen (L Sachsen-Anhalt) eingegliedert; Gm Friedrichsrode an → LK Sondershausen; Gm Bernterode, Bischofferode, Bockelnhagen, Breitenworbis, Buhla, Deuna, Gerterode, Großbodungen, Hauröden, Haynrode, Holungen, Jützenbach, Neustadt, Niederorschel, Rüdigershagen, Silkerode, Steinrode, Stöckey, Vollenborn, Wallrode, Weißenborn-Lüderode, Zwinge an → LK Worbis; Gm Bösenrode an LK Sangerhausen (B Halle); S Benneckenstein; Gm Sorge an LK Wernigerode (B Magdeburg).

1. 1. 1998:

Einheitsgemeinden: S **Bleicherode** [Elende]; S **Ellrich** [Appenrode, Gudersleben, Hohnsteinsche Forst (z.T.), Rothesütte, Sülzhayn, Werna, Woffleben]; **Hohenstein** (Sitz: Mackenrode) [Branderode, Holbach, Klettenberg, Liebenrode, Limlingerode, Mackenrode, Obersachswerfen, Schiedungen, Steinsee, Trebra]; S **Nordhausen** [Bielen, Herreden, Hesserode, Hochstedt, Hörningen, Krimderode, Leimbach, Rüdigsdorf, Salza, Steinbrücken, Sundhausen]; **Sollstedt** [Wülfingerode]; **Werther** (Sitz: Großwechsungen) [Großwechsungen, Großwerther, Günzerode, Haferungen, Immenrode, Kleinwechsungen, Kleinwerther, Mauderode, Pützlingen.

Verwaltungsgemeinschaften: **Hainleite** (Sitz: Wolkramshausen): Großlohra [Friedrichslohra, Großwenden, Kleinwenden], Hainrode/Hainleite, Kleinfurra [Hain, Rüxleben], Nohra [Mörbach, Wollersleben], Wipperdorf [Mitteldorf, Oberdorf, Pustleben], Wolkramshausen [Wernrode]; **Hohenstein/Südharz** (Sitz: Ilfeld): Buchholz, Harzungen, Herrmannsacker, Ilfeld [Hohnsteinsche Forst (z.T.), Wiegersdorf], Neustadt/Harz [Osterode], Niedersachswerfen, Petersdorf, Rodishain, Stempeda; **Goldene Aue** (Sitz: S Heringen/Helme): Auleben, Görsbach, Hamma, S Heringen/Helme, Urbach, Uthleben, Windehausen.

Erfüllende Gemeinden: S Bleicherode für **Etzelsrode**, **Friedrichsthal** [Bliedungen, Gratzungen], **Kehmstedt**, **Kleinbodungen**, **Kraja**, **Lipprechterode**, **Niedergebra**, **Obergebra**; S Nordhausen für **Steigerthal**; Sollstedt für **Rehungen**.

Pößneck (1952-1994)

Zugehörigkeit: Bis 25. 7. 1952 → LK Gera (28 Orte), → LK Saalfeld (32 Orte) und → LK Schleiz (6 Orte) im L Thüringen.

Seit 25. 7. 1952 LK im B Gera. Seit 3. 10. 1990 LK im L, seit 1993 FS Thüringen. 1. 7. 1994 LK aufgelöst und S und Gm an → LK Saale-Orla-Kreis und → LK Schwarza-Kreis.

Kreissitz: S Pößneck.

Kreisgebiet: *25. 7. 1952* als LK im B Gera aus S und Gm der LK Gera, Saalfeld und Schleiz gebildet: vom LK Gera: S Neustadt an der Orla, Triptis; Gm Alsmannsdorf, Braunsdorf, Breitenhain, Dreitzsch, Geroda, Hasla, Kospoda, Lausnitz, Lemnitz, Lichtenau, Linda, Miesitz, Mittelpöllnitz, Molbitz, Neunhofen, Ottmannsdorf, Pillingsdorf, Quaschwitz, Rosendorf, Schmieritz, Schönborn, Schwarzbach, Stanau, Tischendorf, Tömmelsdorf, Weira; vom LK Saalfeld: S Pößneck, Ranis; Gm Bahren, Bodelwitz, Daumitsch, Döbritz, Friedebach, Gertewitz, Gössitz, Gräfendorf, Grobengereuth, Herschdorf, Kolba, Krölpa, Langenorla, Laskau, Lausnitz, Moxa, Nimritz, Oberoppurg, Oelsen, Oppurg, Peuschen, Rehmen, Rockendorf, Schmorda, Schweinitz, Seisla, Solkwitz, Trannroda, Wernburg, Wilhelmsdorf; vom LK Schleiz: Gm Dreba, Keila, Knau, Moßbach, Paska, Posen. *10. 12. 1952* Gm Moßbach, Dreba an → LK Schleiz; Gm Bucha aus LK Schleiz eingegliedert; Gm Schwarzbach an → LK Gera; Gm Tischendorf an → LK Zeulenroda. *1. 1. 1956* Gm Braunsdorf an → LK Zeulenroda. *1. 1. 1957* Gm Dreba aus LK Schleiz eingegliedert. *1. 7. 1994* LK aufgelöst und S Neustadt an der Orla, Pößneck, Ranis, Triptis; Gm Kospoda, Krölpa, Langenorla, Lausnitz (b. Neustadt an der Orla), Lemnitz, Linda (b. Neustadt an der Orla), Miesitz, Mittelpöllnitz, Moxa, Nimritz, Oberoppurg, Oppurg, Paska, Peuschen, Pillingsdorf, Quaschwitz, Rockendorf, Rosendorf, Schmieritz, Schmorda, Seisla, Solkwitz, Stanau, Tömmelsdorf, Trannroda, Weira, Wernburg, Wilhelmsdorf an → LK Saale-Orla-Kreis; Gm Lausnitz (b. Pößneck) an → LK Schwarza-Kreis.

Roda (1922-1925)

Siehe → LK Stadtroda.

Rudolstadt (1922-1994)

Zugehörigkeit: Bis 1. 10. 1922 LAB Rudolstadt (37 Orte) und Königsee (45 Orte) im FT Schwarzburg-Rudolstadt, seit 1918 FS Schwarzburg-Rudolstadt, seit 1. 5. 1920 L Thüringen; I. VerwB (6 Orte) im GHT Sachsen-Weimar-Eisenach, seit 1918 FS Sachsen-Weimar-Eisenach, seit 1. 5. 1920 L Thüringen; K Saalfeld (6 Orte) im HT Sachsen-Meiningen, seit 1918 FS Sachsen-Meiningen, seit 1. 5. 1920 L Thüringen; LAB Roda (20 Orte) im HT Sachsen-Altenburg, seit 1918 FS Sachsen-Altenburg, seit 1. 5. 1920 L Thüringen; LAB Gehren (3 Orte) im FT Schwarzburg-Sondershausen, seit 1918 FS Schwarzburg-Sondershausen, seit 1. 5. 1920 L Thüringen.

Seit 1. 10. 1922 LK im L Thüringen. Seit 25. 7. 1952 LK im B Gera. Seit 3. 10. 1990 LK im L, seit 1993 FS Thüringen. 1. 7. 1994 LK aufgelöst und S und Gm an → LK Schwarza-Kreis.

Kreissitz: S Rudolstadt.

Kreisgebiet: *1. 10. 1922* als LK im L Thüringen aus S und Gm der LAB Gehren, Königsee, Roda und Rudolstadt, des I. VerwB und K Saalfeld gebildet: vom LAB Gehren: Gm Garsitz, [Meuselbach-]Schwarzmühle [→ Meuselbach vom LAB Königsee], Oelze [Oberhammer vom LAB Königsee]; vom LAB Königsee: S Königsee; Gm Allendorf, Allersdorf, Alsbach, Aschau, Barigau, Bechstedt, Cursdorf, Deesbach, Dörnfeld, Döschnitz, Dröbischau, Egelsdorf, Glasbach, Goldisthal, Herschdorf, Horba, Katzhütte, Leibis, Lichta, Lichtenhain, Mankenbach, Mellenbach [Blumenau], Meura, Meuselbach[-Schwarzmühle vom LAB Gehren], Milbitz (b. Rottenbach), Oberhain, [Oberhammer → Oelze], Oberköditz, Oberschöblingen, Oberweißbach, Obstfelderschmiede, Rohrbach, Rottenbach, Scheibe, Schwarzburg, Sitzendorf, Storchsdorf, Unterhain, Unterköditz, Unterschöblingen, Unterweißbach [Quelitz], Wittgendorf; vom LAB Roda: Gm Ammelstädt, Beutelsdorf, Dorndorf, Engerda, Etzelbach, Heilingen, Kleinkochberg, Kolkwitz, Kuhfraß, Mötzelbach, Neusitz, Niederkrossen, Oberhasel, Partschefeld, Röbschütz, Schmieden, Uhlstädt [Oberkrossen, Rückersdorf] Zeutsch; vom LAB Rudolstadt: S Bad Blankenburg, Rudolstadt, Teichel; Gm Böhlscheiben, Braunsdorf, Burkersdorf, Cordobang, Cumbach, Dittersdorf, Dittrichshütte, Eichfeld, Eschdorf, Fröbitz, Geitersdorf, Großgölitz, Hengelbach, Keilhau, Kirchhasel, Kleingölitz, Leutnitz, Lichstedt, Milbitz (b. Rudolstadt), Mörla, Oberwirbach, Oesteröda, Paulinzella, Pflanzwirbach, Quittelsdorf, Schaala, Schwarza, Solsdorf, Teichröda, Teichweiden, Thälendorf, Volkstedt, Watzdorf, Zeigerheim; vom I. VerwB: S Stadtremda; Gm Altremda, Breitenheerda, Heilsberg, Kirchremda, Sundremda; vom K Saalfeld: Gm Catharinau, Clöswitz, Großkochberg, Rödelwitz, Weißbach, Weißen. *1. 7. 1950* Gm Pennewitz aus LK Arnstadt eingegliedert; Gm Naundorf, Oberpreilipp, Schloßkulm, Unterpreilipp, Unterwirbach aus LK Saalfeld eingegliedert; Gm Haufeld, Neckeroda, Rittersdorf, Treppendorf aus LK Weimar eingegliedert; Gm Österöda an → LK Arnstadt. *1. 7. 1950* Gm Rittersdorf an → LK Weimar. *25. 7. 1952* Gm Birkenheide aus LK Saalfeld eingegliedert.; Gm Allersdorf, Herschdorf, Pennewitz an → LK Ilmenau; S Oberweißbach; Gm Buchbach, Cursdorf, Deesbach, Goldisthal, Katzhütte, Leibis, Lichtenhain, Mellenbach-Glasbach, Meura, Meuselbach-Schwarzmühle, Scheibe-Alsbach, Unterweißbach an → LK Neuhaus am Rennweg; Gm Haufeld, Neckeroda, Schmieden, Treppendorf an → LK Weimar. *10. 12. 1952* Gm Schmieden, Neckeroda, Haufeld, Treppendorf aus LK Weimar eingegliedert. *1. 7. 1994* LK aufgelöst und S Bad Blankenburg, Königsee, Remda, Rudolstadt, Teichel; Gm Allendorf, Ammelstädt, Bechstedt, Beutelsdorf,

Breitenheerda, Burkersdorf, Dittersdorf, Dittrichshütte, Döschnitz, Dorndorf, Dröbischau, Engerda, Eschdorf, Geitersdorf, Großkochberg, Haufeld, Heilingen, Heilsberg, Kirchhasel, Lichstedt, Milbitz (b. Teichel), Neckeroda, Niederkrossen, Oberhain, Oberpreilipp, Rödelwitz, Rohrbach, Rottenbach, Schloßkulm, Schmieden, Schwarzburg, Sitzendorf, Sundremda, Teichröda, Teichweiden, Treppendorf, Uhlstädt, Unterpreilipp, Unterwirbach, Weißen, Wittgendorf, Zeutsch an → LK Schwarza-Kreis.

Saale-Holzland-Kreis (ab 1994)

Zugehörigkeit: Bis 1. 7. 1994 → LK Eisenberg (28 Orte), → LK Jena (35 Orte) und → LK Stadtroda (41 Orte) im FS Thüringen.

1. 7. 1994 als LK Holzlandkreis im FS Thüringen gebildet. 29. 9. 1994 LK Holzlandkreis umbenannt in Saale-Holzland-Kreis.

Kreissitz: S Eisenberg.

Kreisgebiet: *1. 7. 1994* gebildet aus S und Gm der LK Eisenberg, Jena und Stadtroda: vom LK Eisenberg: S Bürgel, Eisenberg, Schkölen; Gm Crossen an der Elster, Dothen, Gösen, Graitschen (a. d. Höhe), Graitschen (b. Bürgel), Hainchen, Hainspitz, Hartmannsdorf, Heideland, Mertendorf, Nausnitz, Nautschütz, Petersberg, Poxdorf, Rauda, Rauschwitz, Rockau, Seifartsdorf, Serba, Silbitz, Tautenhain, Thierschneck, Walpernhain, Weißenborn, Wetzdorf; vom LK Jena: S Camburg, Dornburg/Saale, Kahla, Orlamünde; Gm Altenberga, Bibra, Bucha, Dorndorf-Steudnitz, Eichenberg, Frauenprießnitz, Freienorla, Golmsdorf, Großeutersdorf, Großlöbichau, Großpürschütz, Gumperda, Hainichen, Hummelshain, Jenalöbnitz, Kleineutersdorf, Lehesten, Lindig, Löberschütz, Milda, Neuengönna, Reinstädt, Rothenstein, Schöps, Seitenroda, Sulza, Tautenburg, Wichmar, Zimmern, Zöllnitz, Zöthen; vom LK Stadtroda: S Hermsdorf, Stadtroda; Gm Albersdorf, Bad Klosterlausnitz, Bobeck, Bollberg, Bremsnitz, Eineborn, Geisenhain, Gernewitz, Gneus, Großbockedra, Karlsdorf, Kleinbockedra, Kleinebersdorf, Laasdorf, Lippersdorf-Erdmannsdorf, Meusebach, Möckern, Mörsdorf, Oberbodnitz, Ottendorf, Quirla, Rattelsdorf, Rausdorf, Reichenbach, Renthendorf, Ruttersdorf-Lotschen, Scheiditz, Schleifreisen, Schlöben, Schöngleina, St. Gangloff, Tautendorf, Tissa, Trockenborn-Wolfersdorf, Tröbnitz, Unterbodnitz, Waldeck, Waltersdorf, Weißbach.

1. 1. 1998:

Einheitsgemeinden: S **Bürgel** [Beulbar, Beulbar-Ilmsdorf, Droschka, Gerega, Gniebsdorf, Göritzberg, Hetzdorf, Hohendorf, Lucka, Nischwitz, Rodigast, Rodigast-Lucka, Taupadel, Thalbürgel]; S **Eisenberg** [Friedrichstanneck, Kursdorf, Saasa]; S **Kahla**; S **Schkölen** [Dothen, Grabsdorf, Graitschen auf der Höhe, Hainchen, Kämmeritz, Nautschütz, Poppendorf, Rockau, Tünschütz, Wetzdorf]; S **Stadtroda** [Gernewitz, Hainbücht, Podelsatz, Roda (Thür.)].

Verwaltungsgemeinschaften: **Camburg** (Sitz: S Camburg): S Camburg [Döbritschen, Schinditz, Stöben, Tümpling], Frauenprießnitz [Kleinprießnitz, Rodameuschel, Schleuskau], Tautenburg, Thierschneck, Wichmar [Würchhausen), Zöthen [Döbrichau, Posewitz, Wonnitz]; **Dornburg** (Sitz: S Dornburg/Saale): S Dornburg [Hirschroda, Wilsdorf], Dorndorf-Steudnitz (Sitz: Dorndorf) [Dorndorf, Naschhausen, Steudnitz], Golmsdorf [Beutnitz], Großlöbichau

[Kleinlöbichau], Hainichen [Stiebritz], Jenalöbnitz, Lehesten [Altengönna, Nerkewitz, Rödigen], Löberschütz, Neuengönna, Zimmern; **Heideland-Elstertal** (Sitz: Crossen an der Elster): Crossen an der Elster [Ahlendorf], Hartmannsdorf, Heideland (Sitz: Königshofen) [Buchheim, Etzdorf, Großhelmsdorf, Königshofen, Lindau, Thiemendorf, Törpla], Rauda, Seifartsdorf [Seifarthsdorf (reußischer A), Seifarthsdorf (sachsen-altenburgischer A)], Silbitz, Walpernhain; **Hermsdorf** (Sitz: S Hermsdorf): S Hermsdorf, Mörsdorf, Reichenbach, Schleifreisen, St. Gangloff; **Holzland** (Sitz: Bad Klosterlausnitz): Albersdorf, Bad Klosterlausnitz [Klosterlausnitz], Bobeck, Scheiditz, Schlöben [Gröben, Mennewitz, Rabis, Trockhausen, Zöttnitz], Schöngleina, Serba [Klengel], Tautenhain, Waldeck, Weißenborn; **Hügelland/Täler** (Sitz: Tröbnitz): Bremsnitz, Eineborn, Geisenhain, Gneus [Obergneus, Untergneus], Großbockedra, Karlsdorf, Kleinbockedra, Kleinebersdorf, Lippersdorf-Erdmannsdorf (Sitz: Lippersdorf) [Erdmannsdorf, Lippersdorf], Meusebach, Oberbodnitz [Seitenbrück], Ottendorf, Rattelsdorf, Rausdorf, Renthendorf [Hellborn, Oberrenthendorf, Unterrenthendorf], Tautendorf, Tissa [Ulrichswalde], Tröbnitz, Trockenborn-Wolfersdorf (Sitz: Trockenborn) [Trockenborn], Unterbodnitz [Magersdorf], Waltersdorf, Weißbach; **Südliches Saaletal** (Sitz: Kahla S): Altenberga [Altendorf, Greuda, Schirnewitz], Bibra [Zwabitz], Bucha [Coppanz, Nennsdorf, Oßmaritz, Schorba], Eichenberg [Dienstädt, Kleinbucha], Freienorla, Großeutersdorf, Großpürschütz [Kleinpürschütz], Gumperda [Röttelmisch], Hummelshain [Schmölln], Kleineutersdorf, Laasdorf, Lindig, Milda [Dürrengleina, Großkröbitz, Kleinkröbitz, Plinz, Rodias, Zimmritz], S Orlamünde, Reinstädt [Geunitz, Zweifelbach], Rothenstein [Oelknitz], Schöps [Jägersdorf], Seitenroda, Sulza [Rutha], Zöllnitz.

Erfüllende Gemeinden: S Bürgel für **Graitschen bei Bürgel**, **Nausnitz**, **Poxdorf**; S Eisenberg für **Gösen**, **Hainspitz**, **Mertendorf**, **Petersberg** [Aubitz, Kischlitz], **Rauschwitz** [Döllschütz, Karsdorfberg, Pretschwitz, Schmörschwitz]; S Stadtroda für **Bollberg**, **Möckern**, **Ruttersdorf-Lotschen** [Lotschen, Ruttersdorf], **Quirla** [Dorna].

Saale-Orla-Kreis (ab 1994)

Zugehörigkeit: Bis 1. 7. 1994 → LK Lobenstein (30 Orte), → LK Pößneck (32 Orte) und → LK Schleiz (22 Orte) im FS Thüringen.

1. 7. 1994 als LK im FS Thüringen gebildet.

Kreissitz: S Schleiz.

Kreisgebiet: *1. 7. 1994* gebildet aus S und Gm der LK Lobenstein, Pößneck und Schleiz: vom LK Lobenstein: S Lobenstein, Wurzbach; Gm Altengesees, Birkenhügel, Blankenberg, Blankenstein, Burglemnitz, Ebersdorf/Thüringen, Eliasbrunn, Gahma, Gleima, Grumbach, Harra, Heberndorf, Heinersdorf, Liebengrün, Liebschütz, Neundorf (b. Lobenstein), Oßla, Pottiga, Rauschengesees, Remptendorf, Ruppersdorf, Schlegel, Thierbach, Thimmendorf, Titschendorf, Unterlemnitz, Weisbach, Weitisberga; vom LK Pößneck: S Neustadt an der Orla, Pößneck, Ranis, Triptis; Gm Kospoda, Krölpa, Langenorla, Lausnitz (b. Neustadt an der Orla), Lemnitz, Linda (b. Neustadt an der Orla), Miesitz, Mittelpöllnitz, Moxa, Nimritz, Oberoppurg, Oppurg, Paska, Peuschen, Pillingsdorf, Quaschwitz, Rockendorf, Rosendorf, Schmieritz, Schmorda, Seisla, Solkwitz, Stanau, Tömmelsdorf, Trannroda, Weira, Wernburg, Wilhelmsdorf; vom LK Schleiz: S Saalburg, Schleiz, Tanna, Ziegenrück; Gm Künsdorf,

Langgrün, Löhma, Mielesdorf, Möschlitz, Moßbach, Neundorf (b. Schleiz), Oettersdorf, Plothen, Pörmitz, Rothenacker, Schöndorf, Seubtendorf, Stelzen, Tegau, Unterkoskau, Volkmannsdorf, Zollgrün.

1. 1. 1998:

Einheitsgemeinden: **Ebersdorf/Thüringen** [Ebersdorf (Brüdergemeinde), Ebersdorf (Ortsgemeinde), Friesau, Röppisch, Schönbrunn, Zoppoten]; S **Gefell** [Blintendorf (preuß. A), Blintendorf (reußischer A), Dobareuth, Frössen, Gebersreuth, Göttengrün, Langgrün]; S **Hirschberg** [Göritz, Mödlareuth, Sparnberg, Ullersreuth, Venzka]; **Krölpa** [Dobian, Friedebach, Gräfendorf, Herschdorf bei Pößneck, Hütten, Oelsen, Rockendorf, Trannroda, Zella]; S **Moorbad Lobenstein** [Helmsgrün, Lichtenbrunn, Oberlemnitz, Saaldorf, Unterlemnitz]; S **Neustadt an der Orla** [Arnshaugk, Börthen, Lichtenau, Moderwitz, Molbitz, Neunhofen]; S **Pößneck** [Öpitz, Schlettwein, Schweinitz]; S **Schleiz** [Dröswein, Gräfenwarth, Grochwitz, Langenbuch, Lössau, Möschlitz, Oberböhmsdorf, Oschitz]; S **Tanna** [Frankendorf, Künsdorf, Mielesdorf, Oberkoskau, Rothenacker, Schilbach, Seubtendorf, Spielmes, Stelzen, Unterkoskau, Willersdorf, Zollgrün].

Verwaltungsgemeinschaften: **Oppurg** (Sitz: Oppurg): Bodelwitz, Döbritz, Gertewitz, Grobengereuth [Daumitsch], Langenorla [Kleindembach, Langendembach], Lausnitz (bei Neustadt an der Orla), Nimritz, Oberoppurg, Oppurg [Kolba, Rehmen], Quaschwitz, Solkwitz, Weira, Wernburg; **Ranis-Ziegenrück** (Sitz: S Ranis): Crispendorf [Dörflas, Erkmannsdorf], Eßbach, Gössitz, Keila, Moxa, Paska, Peuschen [Bahren, Laskau], S Ranis, Schmorda, Schöndorf [Külmla, Tausa], Seisla, Wilhelmsdorf, S Ziegenrück; **Region Wurzbach** (Sitz: S Wurzbach): Grumbach, Heberndorf, Heinersdorf, Oßla, Titschendorf, Weitisberga [reußischer A, schwarzburg-rudolstadtischer A], S Wurzbach [Dürrenbach]; **Saalburg** (Sitz: S Saalburg: Burgk, S Saalburg [Kulm, Pöritzsch, Raila, Wernsdorf]; **Saale-Rennsteig** (Sitz: Blankenstein): Birkenhügel [Lerchenhügel, Pirk], Blankenberg, Blankenstein, Harra [Kießling], Neundorf (bei Lobenstein), Pottiga, Schlegel [Seibis]; **Saale- Sormitz-Höhen** (Sitz: Remptendorf): Altengesees, Burglemnitz, Eliasbrunn, Gahma [Gleima], Liebengrün, Liebschütz, Rauschengesees, Remptendorf [Karolinenfield, Lückenmühle], Ruppersdorf, Thierbach, Thimmendorf, Weisbach; **Seenplatte** (Sitz: Dittersdorf): Bucha, Chursdorf, Dittersdorf, Dragensdorf, Dreba, Görkwitz [Mönchgrün], Göschitz [Rödersdorf], Kirschkau, Knau [Posen], Löhma, Moßbach, Neundorf (bei Schleiz) [Pahnstangen], Oettersdorf, Plothen [Neudeck-Plothen], Pörmitz, Tegau [Burkersdorf], Volkmannsdorf; **Triptis** (Sitz: S Triptis): Dreitzsch [Alsmannsdorf], Geroda [Geheege, Wittchenstein], Lemnitz [Leubsdorf], Miesitz [Kopitzsch], Mittelpöllnitz [Porstendorf], Pillingsdorf [Burkersdorf bei Neustadt an der Orla], Rosendorf [Zwackau], Schmieritz [Traun, Weltwitz], Tömmelsdorf [Wüstenwetzendorf], S Triptis [Döblitz, Hasla, Oberpöllnitz, Ottmannsdorf, Schönborn].

Erfüllende Gemeinde: S Neustadt an der Orla für **Breitenhain** [Strößwitz], **Kospoda** [Burgwitz], **Linda bei Neustadt an der Orla** [Kleina, Köthnitz, Steinbrücken (bei Neustadt an der Orla)], **Stanau**.

Saalfeld (1922-1994)

Zugehörigkeit: Bis 1. 10. 1922 K Saalfeld (76 Orte) im HT Sachsen-Meiningen, seit 1918 FS Sachsen-Meiningen, seit 1. 5. 1920 L Thüringen; V. VerwB (13 Orte) im GHT Sachsen-Weimar-Eisenach, seit 1918 FS Sachsen-Weimar-Eisenach, seit 1. 5. 1920 L Thüringen; BVB

Schleiz (1 Ort) im FT, seit 1918 FS Reuß jüngerer Linie, seit 1919 VS Reuß, seit 1. 5. 1920 L Thüringen; LAB Rudolstadt (34 Orte) und Königsee (2 Orte) im FT Schwarzburg-Rudolstadt, seit 1918 FS Schwarzburg-Rudolstadt, seit 1. 5. 1920 L Thüringen; LAB Roda (3 Orte) im HT Sachsen-Altenburg, seit 1918 FS Sachsen-Altenburg, seit 1. 5. 1920 L Thüringen.

Seit 1. 10. 1922 LK im L Thüringen. Seit 25. 7. 1952 LK im B Gera. Seit 3. 10. 1990 LK im L, seit 1993 FS Thüringen. 1. 7. 1994 LK aufgelöst und S und Gm an → LK Schwarza-Kreis.

Kreissitz: S Saalfeld.

Kreisgebiet: *1. 10. 1922* als LK im L Thüringen aus S und Gm des K Saalfeld, V. VerwB, BVB Schleiz und der LAB Königsee, Roda und Rudolstadt gebildet: vom K Saalfeld: S Pößneck, Saalfeld [Garnsdorf, Graba, Köditz]; Gm Arnsgereuth, Aue am Berg, Bernsdorf, Beulwitz, Birkenheide, Birkigt, Bock und Teich, Brennersgrün, Buchbach, Creunitz, Crösten, Dorfkulm, Friedebach, Gebersdorf, Gorndorf, Gösselsdorf, Gräfenthal, Großgeschwenda, Großneundorf, Hasenthal, Hasenthal (DF), Herschdorf (b. Pößneck), Hütten, Jehmichen, Kleingeschwenda (b. Saalfeld), Kleinneundorf, Königsthal, Langenschade, Lausnitz, Lehesten, Lehesten (Schieferbruch), Lichtenhain, Lichtentanne, Limbach, Lippelsdorf, Lositz, Marktgölitz, Meernach, Naundorf, Oberloquitz, Obernitz, Oberpreilipp, Oberwellenborn, Piesau, Pippelsdorf, Probstzella, Reichenbach (b. Saalfeld), Reichenbach (b. Unterloquitz), Reichmannsdorf, Remschütz, Röblitz, Schaderthal, Schlaga, Schlettwein, Schloßkulm, Schmiedebach, Schmiedefeld, Sommersdorf, Spechtsbrunn, Taubenbach, Unterpreilipp, Unterwellenborn, [Unterwirbach (A) → Unterwirbach], Volkmannsdorf, Wallendorf, Weischwitz, Wickersdorf, Wittmannsgereuth, Witzendorf, Wöhlsdorf, Zopten; vom V. VerwB: Gm Daumitsch, Döbritz, Grobengereuth, Keila, Kleindembach, Kolba, Langendembach, Laskau, Nimritz, Oberoppurg, Oppurg, Rehmen, Solkwitz; vom BVB Schleiz: Gm [Weitisberga (A) → Weitisberga]; vom LAB Königsee: Gm Geiersthal, Lichte; vom LAB Roda: Gm Langenorla, Saalthal, Schweinitz; vom LAB Rudolstadt: S Leutenberg; Gm Arnsbach, Breternitz, Bucha, Burglemnitz, Döhlen, Dorfilm, Eichicht, Eyba, Fischersdorf, Gleima, Heberndorf, Herschdorf (b. Leutenberg), Hirzbach, Hockeroda [Hockerodaer Hammer], Hohenwarte, Kleingeschwenda (b. Leutenberg), Knobelsdorf, Könitz, Laasen, Landsendorf, Löhma, Munschwitz, Preßwitz, Reschwitz, Roda, Rosenthal, Schweinbach, Steinsdorf, Tauschwitz, Unterloquitz, [Unterwirbach (A) → Unterwirbach], [Weitisberga (A) → Weitisberga]. *1. 7. 1945* Gm Goßwitz, Großkamsdorf, Kaulsdorf, Kleinkamsdorf aus LK Ziegenrück eingegliedert. *1. 10. 1945* S Ranis, Ziegenrück; Gm Altenbeuthen, Bahren, Bodelwitz, Dobian, Drognitz, Gertewitz, Gössitz, Gräfendorf, Krölpa, Liebengrün, Liebschütz, Moxa, Neidenberga, Neuenbeuthen, Oelsen, Öpitz, Paska, Peuschen, Reitzengeschwenda, Rockendorf, Schmorda, Seisla, Trannroda, Wernburg, Wilhelmsdorf, Zella aus LK Ziegenrück eingegliedert. *1. 7. 1950* Gm Naundorf, Oberpreilipp, Schloßkulm, Unterpreilipp, Unterwirbach an → LK Rudolstadt; S Ziegenrück; Gm Brennersgrün, Heberndorf, Keila, Liebengrün, Liebschütz, Paska an → LK Schleiz; Gm Hasenthal, Spechtsbrunn an → LK Sonneberg. *1. 7. 1950* Gm Brennersgrün aus LK Schleiz eingegliedert. *25. 7. 1952* Gm Lothra aus LK Schleiz eingegliedert; Brennersgrün, Gleima, Lehesten, Schmiedebach, Weitisberga an → LK Lobenstein; S Gräfenthal; Gm Creunitz, Gebersdorf, Gösselsdorf, Großneundorf, Lichte, Lichtenhain, Lippelsdorf, Piesau, Reichmannsdorf, Schmiedefeld, Sommersdorf an → LK Neuhaus am Rennweg; Gm Birkenheide an → LK Rudolstadt; S Pößneck, Ranis; Gm

Bahren, Bodelwitz, Daumitsch, Döbritz, Friedebach, Gertewitz, Gössitz, Gräfendorf, Grobengereuth, Herschdorf, Kolba, Krölpa, Langenorla, Laskau, Lausnitz, Moxa, Nimritz, Oberoppurg, Oelsen, Oppurg, Peuschen, Rehmen, Rockendorf, Schmorda, Schweinitz, Seisla, Solkwitz, Trannroda, Wernburg, Wilhelmsdorf an → LK Pößneck. *10. 12. 1952* Gm Lothra, Burglemnitz an → LK Lobenstein. *1. 7. 1994* LK aufgelöst und S Leutenberg, Saalfeld; Gm Altenbeuthen, Arnsgereuth, Bernsdorf, Birkigt, Dorfilm, Drognitz, Eyba, Goßwitz, Hirzbach, Hohenwarte, Kamsdorf, Kaulsdorf, Kleingeschwenda (b. Arnsgereuth), Könitz, Landsendorf, Lositz-Jehmichen, Marktgölitz, Munschwitz, Neuenbeuthen, Probstzella, Reitzengeschwenda, Reschwitz, Schweinbach, Steinsdorf, Unterwellenborn, Volkmannsdorf, Wickersdorf, Wittmannsgereuth, Witzendorf an → LK Schwarza-Kreis.

Saalfeld-Rudolstadt (ab 1994)

Zugehörigkeit: Bis 1. 7. 1994 → LK Lobenstein (1 Ort), → LK Neuhaus am Rennweg (14 Orte), → LK Pößneck (1 Ort), → LK Rudolstadt (47 Orte) und → LK Saalfeld (31 Orte) im FS Thüringen.

1. 7. 1994 als LK Schwarza-Kreis im FS Thüringen gebildet. 29. 9. 1994 LK Schwarza-Kreis umbenannt in LK Saalfeld-Rudolstadt.

Kreissitz: S Saalfeld.

Kreisgebiet: *1. 7. 1994* gebildet aus S und Gm der LK Lobenstein, Neuhaus am Rennweg, Pößneck, Rudolstadt und Saalfeld: vom LK Lobenstein: S Lehesten; vom LK Neuhaus am Rennweg: S Gräfenthal, Oberweißbach/Thür. Wald; Gm Cursdorf, Deesbach, Katzhütte, Lichte, Lichtenhain/Bergbahn, Mellenbach-Glasbach, Meura, Meuselbach-Schwarzmühle, Piesau, Reichmannsdorf, Schmiedefeld, Unterweißbach; vom LK Pößneck: Lausnitz (b. Pößneck); vom LK Rudolstadt: S Bad Blankenburg, Königsee, Remda, Rudolstadt, Teichel; Gm Allendorf, Ammelstädt, Bechstedt, Beutelsdorf, Breitenheerda, Burkersdorf, Dittersdorf, Dittrichshütte, Döschnitz, Dorndorf, Dröbischau, Engerda, Eschdorf, Geitersdorf, Großkochberg, Haufeld, Heilingen, Heilsberg, Kirchhasel, Lichstedt, Milbitz (b. Teichel), Neckeroda, Niederkrossen, Oberhain, Oberpreilipp, Rödelwitz, Rohrbach, Rottenbach, Schloßkulm, Schmieden, Schwarzburg, Sitzendorf, Sundremda, Teichröda, Teichweiden, Treppendorf, Uhlstädt, Unterpreilipp, Unterwirbach, Weißen, Wittgendorf, Zeutsch; vom LK Saalfeld: S Leutenberg, Saalfeld; Gm Altenbeuthen, Arnsgereuth, Bernsdorf, Birkigt, Dorfilm, Drognitz, Eyba, Goßwitz, Hirzbach, Hohenwarte, Kamsdorf, Kaulsdorf, Kleingeschwenda (b. Arnsgereuth), Könitz, Landsendorf, Lositz-Jehmichen, Marktgölitz, Munschwitz, Neuenbeuthen, Probstzella, Reitzengeschwenda, Reschwitz, Schweinbach, Steinsdorf, Unterwellenborn, Volkmannsdorf, Wickersdorf, Wittmannsgereuth, Witzendorf. *1. 1. 1996* Gm Neckeroda an → LK Weimarer Land.

1. 1. 1998:

Einheitsgemeinden: S **Bad Blankenburg** [Böhlscheiben, Cordobang, Fröbitz, Gölitz, Großgölitz, Kleingölitz, Oberwirbach, Watzdorf, Zeigerheim], S **Gräfenthal** [Buchbach, Creunitz, Gebersdorf, Großneundorf, Lichtenhain bei Gräfenthal, Lippelsdorf, Meernach, Sommersdorf], **Kamsdorf** [Großkamsdorf, Kleinkamsdorf], **Kaulsdorf** [Breternitz, Breternitz-Fischersdorf, Eichicht, Fischersdorf, Hockeroda, Hockerodaer Hammer, Tauschwitz,

Weischwitz], S **Königsee** [Dörnfeld an der Heide, Horba, Garsitz, Köditz, Lichta, Oberköditz, Oberschöblingen, Unterköditz, Unterschöblingen], S **Leutenberg** [Dorfilm, Herschdorf bei Leutenberg, Hirzbach, Kleingeschwenda, Landsendorf, Löhma, Munschwitz, Rosenthal, Schweinbach, Steinsdorf], S **Remda-Teichel** (Sitz: Teichel) [Altremda, Ammelstädt, Breitenheerda, Eschdorf, Geitersdorf, Haufeld, Heilsberg, Kirchremda, Milbitz bei Teichel, S Remda, S Stadtremda, Sundremda, S Teichel, Teichröda, Treppendorf], **Rottenbach** [Hengelbach, Leutnitz, Milbitz bei Rottenbach, Paulinzella, Quittelsdorf, Solsdorf, Storchsdorf, Thälendorf], S **Rudolstadt** [Cumbach, Eichfeld, Keilhau, Mörla, Lichstedt, Oberpreilipp, Pflanzwirbach, Schaala, Schwarza, Unterpreilipp, Volkstedt], S **Saalfeld/Saale** [Aue am Berg, Beulwitz, Cröstеn, Garnsdorf, Gorndorf, Graba, Köditz, Obernitz, Remschütz, Wöhlsdorf], **Saalfelder Höhe** (Sitz: Dittrichshütte) [Bernsdorf, Birkenheide, Braunsdorf, Burkersdorf, Dittersdorf, Dittrichshütte, Eyba, Jehmichen, Kleingeschwenda bei Arnsgereuth, Knobelsdorf, Lositz, Lositz-Jehmichen, Reschwitz, Unterwirbach (sachsen-meiningischer A, schwarzburg-rudolstadtischer A), Volkmannsdorf, Wickersdorf, Wittmannsgereuth, Witzendorf].

Verwaltungsgemeinschaften: **Bergbahnregion/Schwarzatal** (Sitz: S Oberweißbach/Thüringer Wald): Cursdorf, Deesbach, Katzhütte [Oberhammer, Oelze], Lichtenhain/Bergbahn [Lichtenhain], Meuselbach-Schwarzmühle [Meuselbach, Schwarzmühle], S Oberweißbach/Thüringer Wald; **Lichte-Piesau-Schmiedefeld** (Sitz: Lichte): Lichte [Bock und Teich, Geiersthal, Wallendorf], Piesau, Reichmannsdorf [Gösselsdorf], Schmiedefeld [Taubenbach]; **Mittleres Schwarzatal** (Sitz: Sitzendorf): Allendorf [Aschau], Bechstedt, Döschnitz, Dröbischau [Egelsdorf], Mellenbach-Glasbach (Sitz: Mellenbach) [Blumenau, Glasbach, Mellenbach, Obstfelderschmiede], Meura, Oberhain [Barigau, Mankenbach, Unterhain], Rohrbach, Schwarzburg, Sitzendorf, Unterweißbach [Leibis, Quelitz], Wittgendorf; **Probstzella-Lehesten-Marktgölitz** (Sitz: Probstzella): S Lehesten [Brennersgrün, Lehesten (Schieferbruch), Röttersdorf, Schmiedebach], Marktgölitz [Königsthal, Limbach, Pippelsdorf], Probstzella [Arnsbach, Döhlen, Großgeschwenda, Kleinneundorf, Laasen, Lichtentanne, Oberloquitz, Reichenbach bei Unterloquitz, Roda, Schaderthal, Schlaga, Unterloquitz, Zopten]; **Uhlstädt** (Sitz: Uhlstädt): Beutelsdorf, Dorndorf, Engerda, Großkochberg [Clöswitz, Kleinkochberg], Heilingen [Röbschütz], Niederkrossen, Rödelwitz, Schloßkulm, Schmieden, Teichweiden, Uhlstädt [Oberkrossen, Partschefeld, Rückersdorf, Weißbach, Weißen], Zeutsch; **Unterwellenborn** (Sitz: Unterwellenborn): Birkigt, Goßwitz [Bucha, Saalthal], Könitz, Lausnitz bei Pößneck, Unterwellenborn [Dorfkulm, Langenschade, Oberwellenborn, Reichenbach (bei Saalfeld), Röblitz].

Erfüllende Gemeinden: Kaulsdorf für **Altenbeuthen**, **Drognitz** [Lothra, Neidenberga, Neuenbeuthen, Reitzengeschwenda] **Hohenwarte** [Preßwitz]; S Rudolstadt für **Kirchhasel** [Catharinau, Etzelbach, Kolkwitz, Kuhfraß, Mötzelbach, Naundorf, Neusitz, Oberhasel]; S Saalfeld/Saale für **Arnsgereuth**.

Schleiz (1922-1994)

Zugehörigkeit: Bis 1. 10. 1922 BVB Schleiz (93 Orte) in den FT, seit 1918 FS Reuß jüngerer Linie und Reuß älterer Linie, seit 1919 VS Reuß, seit 1. 5. 1920 L Thüringen; V. VerwB (12 Orte) im GHT Sachsen-Weimar-Eisenach, seit 1918 FS Sachsen-Weimar-Eisenach, seit 1. 5. 1920 L Thüringen; LAB Rudolstadt (1 Ort) im FT Schwarzburg-Rudolstadt, seit 1918

FS Schwarzburg-Rudolstadt, seit 1. 5. 1920 L Thüringen; K Saalfeld (1 Ort) im HT Sachsen-Meiningen, seit 1918 FS Sachsen-Meiningen, seit 1. 5. 1920 L Thüringen.

Seit 1. 10. 1922 LK im L Thüringen. Seit 25. 7. 1952 LK im B Gera. Seit 3. 10. 1990 LK im L, seit 1993 FS Thüringen. 1. 7. 1994 LK aufgelöst und S und Gm an → LK Saale-Orla-Kreis.

Kreissitz: S Schleiz.

Kreisgebiet. *1. 10. 1922* als LK im L Thüringen aus S und Gm des BVB Schleiz, V. VerwB, LAB Rudolstadt und K Saalfeld gebildet: vom BVB Schleiz: S Hirschberg, Lobenstein, Schleiz, Tanna; Gm Altengesees, Blankenstein, Blintendorf (A), Burgk (mit Kammergut), Burkersdorf, Crispendorf, Dittersdorf, Dobareuth, Dörflas (mit Rittergut), Dragensdorf, Dürrenbach, Ebersdorf (Br.-Gem.), Ebersdorf (Orts-Gem.), Eliasbrunn, Frankendorf, Friesau, Frössen, Gahma, Gebersreuth, Göritz, Görkwitz, Göschitz, Göttengrün, Gräfenwarth, Grochwitz, Grumbach, Harra, Heinersdorf, Helmsgrün, Karolinenfield, Kießling, Kirschkau, Kulm, Künsdorf, Langgrün, Lerchenhügel, Lichtenbrunn, Löhma, Lössau, Lohtra, Lückenmühle, Mielesdorf, Mödlareuth, Mönchgrün, Möschlitz, Neundorf (b. Schleiz), Neundorf (b. Lobenstein), Oberböhmsdorf, Oberkoskau, Oberlemnitz, Oettersdorf, Oschitz, Oßla, Pahnstangen, Pirk, Plothen [Neudeck-Plothen vom V. VerwB], Pöritzsch, Pörmitz, Pottiga, Raila, Rauschengesees, Remptendorf, Rödersdorf, Röppisch, Rothenacker, Röttersdorf, Ruppersdorf, Saalburg, Saaldorf, Schilbach, Schlegel, Schönbrunn, Seibis, Seubtendorf, Spielmes, Stelzen, Tegau, Thierbach, Thimmendorf, Titschendorf, Ullersreuth, Unterkoskau, Unterlemnitz, Venzka, Wernsdorf, Willersdorf, Wurzbach, Zollgrün, Zoppoten; vom V. VerwB: Gm Bucha, Chursdorf, Dreba, Förthen, Knau, Läwitz, Moßbach, [Neudeck-Plothen → Plothen], Posen, Schöndorf, Tausa, Volkmannsdorf; vom LAB Rudolstadt: Gm Weisbach; vom K Saalfeld: Gm Erkmannsdorf. *1. 4. 1928* Ot [Stelzen (Ot der Gm Reuth) → Stelzen] aus FS Sachsen eingegliedert; Teile der Gm und Flur Spielmes an FS Sachsen. *1. 7. 1945* Gm Blankenberg, Blintendorf (preuß. A), Gefell, Sparnberg aus LK Ziegenrück eingegliedert. *1. 10. 1945* Gm Eßbach, Külmla aus LK Ziegenrück eingegliedert. *1. 7. 1950* S Ziegenrück; Gm Brennersgrün, Heberndorf, Keila, Liebengrün, Liebschütz, Paska aus LK Saalfeld eingegliedert. *1. 7. 1950* Gm Brennersgrün an → LK Saalfeld. *25. 7. 1952* S Mühltroff; Gm Dröswein, Langenbach, Langenbuch, Mißlareuth, Thierbach aus LK Plauen (L Sachsen) eingegliedert; S Lobenstein, Wurzbach; Gm Altengesees, Birkenhügel, Blankenberg, Blankenstein, Ebersdorf, Eliasbrunn, Friesau, Gahma, Grumbach, Harra, Heberndorf, Heinersdorf, Helmsgrün, Lichtenbrunn, Liebengrün, Liebschütz, Lückenmühle, Neundorf (b. Lobenstein), Oberlemnitz, Oßla, Pottiga, Rauschengesees, Remptendorf, Röppisch, Röttersdorf, Ruppersdorf, Saaldorf, Schlegel, Schönbrunn, Thierbach, Thimmendorf, Titschendorf, Unterlemnitz, Weisbach, Zoppoten an → LK Lobenstein; Gm Dreba, Keila, Knau, Moßbach, Paska, Posen an → LK Pößneck; Gm Lothra an → LK Saalfeld; Gm Läwitz an → LK Zeulenroda. *10. 12. 1952* Gm Moßbach, Dreba aus LK Pößneck eingegliedert; Gm Bucha an → LK Pößneck; Gm Förthen an → LK Zeulenroda; Gm Mißlareuth an LK Plauen (B Chemnitz). *1. 1. 1957* Gm Dreba an → LK Pößneck. *1. 4. 1992* S Mühltroff; Gm Langenbach, Thierbach an FS Sachsen. *1. 7. 1994* LK aufgelöst und S Saalburg, Schleiz, Tanna, Ziegenrück; Gm Künsdorf, Langgrün, Löhma, Mielesdorf, Möschlitz, Moßbach, Neundorf (b. Schleiz), Oettersdorf, Plothen, Pörmitz, Rothenacker, Schöndorf, Seubtendorf, Stelzen, Tegau, Unterkoskau, Volkmannsdorf, Zollgrün an → LK Saale-Orla-Kreis.

Schleusingen (1945-1946)

Zugehörigkeit: Bis 16. 6. 1945 (gebildet 1816) LK (46 Orte) im RB Erfurt, FS Preußen. Seit 16. 6. 1945 LK im L Thüringen. 12. 2. 1946 LK umbenannt in → LK Suhl.

Kreissitz: S Suhl.

Kreisgebiet: *16. 6. 1945* als LK in L Thüringen eingegliedert: S Schleusingen, Suhl; Gm Ahlstädt, Albrechts, Altendambach, Benshausen, Bischofrod, Breitenbach, Christes, Dietzhausen, Dillstädt, Ebertshausen, Eichenberg, Erlau, Fischbach, Frauenwald, Geisenhöhn, Gerhardtsgereuth, Gethles, Goldlauter, Gottfriedsberg, Heckengereuth, Hinternah, Hirschbach, Kloster Veßra, Kühndorf, Langenbach, Mäbendorf, Neuendambach, Neuhof, Oberrod, Rappelsdorf, Ratscher, Rohr, Sankt Kilian, Schleusingerneundorf, Schmiedefeld a. Rennsteig, Schönau, Schwarza, Silbach, Steinbach, Stützerbach (A), Vesser, Viernau, Waldau, Wichtshausen, Wiedersbach. *1. 10. 1945* Gm Stützerbach (preuß. A) an → LK Arnstadt; SK Zella-Mehlis eingegliedert. *12. 2. 1946* LK umbenannt und S und Gm an → LK Suhl.

Schmalkalden (1946-1950, 1952-1994)

Zugehörigkeit: Bis 12. 2. 1946 → LK Herrschaft Schmalkalden (35 Orte) in L Thüringen. Seit 12. 2. 1946 LK Herrschaft Schmalkalden umbenannt in LK Schmalkalden. 1. 7. 1950 LK aufgelöst und S und Gm an → LK Meiningen und → LK Suhl.

25. 7. 1952 als LK im B Suhl aus S und Gm der → LK Meiningen (17 Orte) und → LK Suhl (22 Orte) neu gebildet. Seit 3. 10. 1990 LK im L, seit 1993 FS Thüringen. 1. 7. 1994 LK aufgelöst und S und Gm an → LK Schmalkalden-Meiningen.

Kreissitz: S Schmalkalden.

Kreisgebiet: 12. 2. 1946 vom LK Herrschaft Schmalkalden: S Brotterode, Schmalkalden, Steinbach-Hallenberg; Gm Altersbach, Asbach, Aue, Bermbach, Breitenbach, Elmenthal, Fambach, Floh, Grumbach, Haindorf, Herges-Auwallenburg, Herges-Hallenberg, Herrenbreitungen, Heßles, Hohleborn, Laudenbach, Mittelschmalkalden, Mittelstille, Näherstille, Oberschönau, Pappenheim, Reichenbach, Rotterode, Schnellbach, Seligenthal, Springstille, Struth-Helmershof, Trusen, Unterschönau, Volkers, Wahles, Weidebrunn. *1. 7. 1950* LK aufgelöst und S und Gm an LK Suhl und Meiningen: S Schmalkalden, Steinbach-Hallenberg; Gm Altersbach, Asbach, Aue, Bermbach, Breitenbach, Floh, Grumbach, Haindorf, Herges-Hallenberg, Mittelschmalkalden, Mittelstille, Näherstille, Oberschönau, Reichenbach, Rotterode, Schnellbach, Seligenthal, Springstille, Struth-Helmershof, Unterschönau, Volkers, Weidebrunn an → LK Suhl; S Brotterode; Gm Elmenthal, Fambach, Herges-Auwallenburg, Herrenbreitungen, Heßles, Hohleborn, Laudenbach, Pappenheim, Trusen, Wahles an → LK Meiningen

25. 7. 1952 LK neu gebildet aus S und Gm der LK Meiningen und Suhl: vom LK Meiningen: S Brotterode; Gm Breitungen, Eckardts, Fambach, Georgenzell, Helmers, Heßles, Hohleborn, Niederschmalkalden, Pappenheim, Rosa, Roßdorf, Schwallungen, Trusethal, Wahles, Wernshausen, Zillbach; vom LK Suhl: S Schmalkalden, Steinbach-Hallenberg;

Gm Altersbach, Asbach, Bermbach, Breitenbach, Floh, Grumbach, Herges-Hallenberg, Mittelschmalkalden, Mittelstille, Möckers, Näherstille, Oberschönau, Reichenbach, Rotterode, Schnellbach, Seligenthal, Springstille, Struth-Helmershof, Unterschönau, Volkers. *1. 1. 1957* Ot Farnbach aus Gm Meimers, LK Bad Salzungen, in Gm Breitungen eingegliedert. *25. 2. 1994* Gm Schwarzbach aus LK Meiningen und aufgelöste Gm Eckardts in Gm Schwallungen eingegliedert. *1. 7. 1994* LK aufgelöst und S Brotterode, Schmalkalden, Steinbach-Hallenberg; Gm Altersbach, Bermbach, Breitungen/Werra, Fambach, Floh-Seligenthal, Heßles, Kleinschmalkalden, Oberschönau, Rosa, Roßdorf, Rotterode, Schwallungen, Springstille, Struth-Helmershof, Trusetal, Unterschönau, Wernshausen an → LK Schmalkalden-Meiningen.

Schmalkalden-Meiningen (ab 1994)

Zugehörigkeit: Bis 1. 7. 1994 → LK Meiningen (55 Orte), → LK Schmalkalden (20 Orte) und → LK Suhl (9 Orte) im FS Thüringen.
1. 7. 1994 als LK im FS Thüringen gebildet.

Kreissitz: S Meiningen.

Kreisgebiet: *1. 7. 1994* aus S und Gm der LK Meiningen, Schmalkalden und Suhl gebildet: vom LK Meiningen: S Meiningen, Wasungen; Gm Aschenhausen, Bauerbach, Behrungen, Belrieth, Berkach, Bettenhausen, Bibra, Birx, Einhausen, Ellingshausen, Erbenhausen, Exdorf, Frankenheim/Rhön, Friedelshausen, Gerthausen, Helmershausen, Henneberg, Hermannsfeld, Herpf, Hümpfershausen, Jüchsen, Kaltensundheim, Kaltenwestheim, Leutersdorf, Mehmels, Melpers, Metzels, Neubrunn, Nordheim, Oberkatz, Obermaßfeld-Grimmenthal, Oberweid, Oepfershausen, Queienfeld, Rentwertshausen, Rippershausen, Ritschenhausen, Schwickershausen, Stedtlingen, Stepfershausen, Sülzfeld, Unterkatz, Untermaßfeld, Unterweid, Utendorf, Vachdorf, Wahns, Wallbach, Walldorf, Wölfershausen, Wohlmutshausen, Wolfmannshausen; vom LK Schmalkalden: S Brotterode, Schmalkalden, Steinbach-Hallenberg; Gm Altersbach, Bermbach, Breitungen/Werra, Fambach, Floh-Seligenthal, Heßles, Kleinschmalkalden, Oberschönau, Rosa, Roßdorf, Rotterode, Schwallungen, Springstille, Struth-Helmershof, Trusetal, Unterschönau, Wernshausen; vom LK Suhl: S Oberhof, Zella-Mehlis; Gm Benshausen, Christes, Dillstädt, Kühndorf, Rohr, Schwarza, Viernau.
1. 1. 1998:
Einheitsgemeinden: **Benshausen** [Ebertshausen]; **Breitungen/Werra** [Alten- und Frauenbreitungen, Craimar, Herrenbreitungen, Farnbach, Grumbach, Knollbach]; **Floh-Seligenthal** (Sitz: Floh) [Floh, Hohleborn, Schnellbach, Seligenthal, Struth- Helmershof]; S **Meiningen** [Dreißigacker, Helba, Landsberg, Niedersülzfeld, Reumles, Welkershausen]; **Rhönblick** (Sitz: Bettenhausen) [Bettenhausen, Geba, Gerthausen, Gleimershausen, Haselbach, Helmershausen, Hermannsfeld, Ruppers, Schmerbach, Seeba, Stedtlingen, Thurmgut, Wohlmuthausen]; S **Oberhof**; S **Schmalkalden** [Asbach, Aue, Breitenbach, Grumbach, Haindorf, Mittelschmalkalden, Mittelstille, Möckers, Näherstille, Reichenbach, Volkers, Weidebrunn]; **Schwallungen** [Eckardts, Schwarzbach, Zillbach]; S **Steinbach-Hallenberg** [Herges-Hallenberg]; **Trusetal** [Elmenthal, Herges-Auwallenburg, Laudenbach, Trusen, Wahles]; **Wernshausen** [Helmers, Niederschmalkalden]; S **Zella-Mehlis**.

Verwaltungsgemeinschaften: **Dolmar** (Sitz: Schwarza) Christes, Dillstädt, Kühndorf, Rohr, Schwarza, Utendorf [Breuberg]; **Grabfeld** (Sitz: Rentwertshausen): Behrungen, Berkach, Bibra [Kätzerode], Exdorf [Obendorf], Jüchsen [Aroldshausen], Nordheim, Queienfeld, Rentwertshausen, Schwickershausen, Wolfmannshausen; **Haselgrund** (Sitz: Viernau): Altersbach, Bermbach, Oberschönau, Rotterode, Springstille, Unterschönau, Viernau; **Hohe Rhön** (Sitz: Kaltensundheim): Aschenhausen, Birx, Erbenhausen [Reichenhausen, Schafhausen], Frankenheim/Rhön, Kaltensundheim, Kaltenwestheim [Mittelsdorf], Melpers, Oberkatz, Oberweid, Unterweid; **Rennsteig** (Sitz: S Brotterode): S Brotterode, Kleinschmalkalden [preuß. und thür. A, Pappenheim]; **Salzbrücke** (Sitz: Obermaßfeld-Grimmenthal) Bauerbach, Belrieth [Hofteich], Einhausen, Ellingshausen, Leutersdorf, Neubrunn, Obermaßfeld-Grimmenthal [Grimmenthal, Obermaßfeld], Ritschenhausen, Vachdorf, Wölfershausen; **Wasungen-Amt Sand** (Sitz: S Wasungen): Friedelshausen, Hümpfershausen [Sinnershausen], Mehmels, Metzels, Oepfershausen, Unterkatz [Dörrensolz], Wahns, Wallbach, Walldorf, S Wasungen [Bonndorf].

Erfüllende Gemeinden: Breitungen/Werra für **Fambach, Heßles, Rosa** [Georgenzell], **Roßdorf** [Roßhof]; S Meiningen für **Henneberg** [Einödhausen, Fasanerie, Oberharles, Unterharles], **Herpf, Rippershausen** [Melkers, Solz], **Stepfershausen** [Träbes], **Sülzfeld** [Amalienruh], **Untermaßfeld**.

Schmölln [B Leipzig] (1952-1990)

Zugehörigkeit: Bis 25. 7. 1952 → LK Altenburg (31 Orte) und → LK Gera (13 Orte) im L Thüringen, LK Zeitz (1 Ort) im L Sachsen-Anhalt und LK Zwickau (3 Orte) im L Sachsen.

Seit 25. 7. 1952 LK im B Leipzig. 3. 10. 1990 LK an L Thüringen.

Kreissitz: Schmölln.

Kreisgebiet: *25. 7. 1952* als LK im L Sachsen (B Leipzig) aus S und Gm der LK Altenburg und Gera (L Thüringen), Zeitz (L Sachsen-Anhalt) und Zwickau (L Sachsen) gebildet: vom LK Altenburg: S Schmölln; Gm Altkirchen, Bornshain, Dobitschen, Dobra, Drogen, Göldschen, Göllnitz, Gößnitz, Großmecka, Großstöbnitz, Köthel, Lumpzig, Mehna, Pfarrsdorf, Podelwitz, Ponitz, Prehna, Röthenitz, Schloßig, Selka, Taup-adel, Thonhausen, Trebula, Untschen, Weißbach, Wildenbörten, Zehma, Zschöpperitz, Zürchau, Zumroda; vom LK Gera: Gm Beerwalde, Braunichswalde, Drosen, Heukewalde, Jonaswalde, Löbichau, Nischwitz, Nöbdenitz, Paitzdorf, Posterstein, Reichstädt, Rückersdorf, Vollmershain; vom LK Zeitz: Gm Bröckau; vom LK Zwickau: Gm Gösau, Grünberg, Heyersdorf. *10. 12. 1952* Gm Gauern, Linda, Reichstädt, Rückersdorf, Paitzdorf an → LK Gera (B Gera); Gm Bröckau an LK Zeitz (B Halle); Gm Gösau, Braunichswalde an LK Werdau (B Chemnitz). *1. 1. 1956* Ot Braunshain aus Gm Bröckau (LK Zeitz, B Halle) in Gm Lumpzig eingegliedert. *1. 1. 1957* Gm Köthel an LK Glauchau (B Karl-Marx-Stadt). 3. *10. 1990* LK an L Thüringen.

Schmölln (1990-1994)

Zugehörigkeit: Bis 3. 10. 1990 (gebildet 1952) → LK Schmölln (23 Orte) im B Leipzig.

Seit 3. 10. 1990 LK (23 Orte) im L, seit 1993 FS Thüringen. 1. 7. 1994 LK aufgelöst und S und Gm an → LK Altenburg.

Kreissitz: S Schmölln.

Kreisgebiet: *3. 10. 1990* als LK aus B Leipzig in L Thüringen eingegliedert: S Gößnitz, Schmölln; Gm Altkirchen, Dobitschen, Drogen, Göllnitz, Großstöbnitz, Heukewalde, Heyersdorf, Jonaswalde, Löbichau, Lumpzig, Mehna, Nöbdenitz, Podelwitz, Ponitz, Posterstein, Taupadel, Thonhausen, Vollmershain, Weißbach, Wildenbörten, Zehma. *1. 7. 1994* LK aufgelöst und S Schmölln, Gößnitz; Gm Altkirchen, Dobitschen, Drogen, Göllnitz, Großstöbnitz, Heukewalde, Heyersdorf, Jonaswalde, Löbichau, Lumpzig, Mehna, Nöbdenitz, Podelwitz, Ponitz, Posterstein, Taupadel, Thonhausen, Vollmershain, Wildenbörten, Zehma an → LK Altenburg.

Schwarza-Kreis (1994)

Siehe → LK Saalfeld-Rudolstadt.

Sömmerda (ab 1952)

Zugehörigkeit: Bis 25. 7. 1952 → LK Erfurt (20 Orte), → LK Sondershausen (7 Orte) und → Weimar (14 Orte) im L Thüringen und Kölleda (14 Orte) im L Sachsen-Anhalt.

Seit 25. 7. 1952 LK im B Erfurt. Seit 3. 10. 1990 LK im L, seit 1993 FS Thüringen.

1. 7. 1994 LK aufgelöst und aus S und Gm der LK → Artern (2 Orte), → Erfurt (19 Orte) und → Sömmerda (35 Orte) im FS Thüringen neu gebildet.

Kreissitz: S Sömmerda.

Kreisgebiet: *25. 7. 1952* als LK Sömmerda im B Erfurt aus S und Gm der LK Erfurt, Sondershausen und Weimar (L Thüringen) und Kölleda (L Sachsen-Anhalt) gebildet: vom LK Erfurt: S Sömmerda, Weißensee; Gm Gangloffsömmern, Günstedt, Henschleben, Kranichborn, Orlishausen, Riethgen, Rohrborn, Schallenburg, Scherndorf, Schwerstedt, Sprötau, Straußfurt, Tunzenhausen, Vogelsberg, Waltersdorf, Wenigensömmern, Werningshausen, Wundersleben; vom LK Sondershausen: S Clingen, Greußen, Kindelbrück; Gm Grüningen, Herrnschwende, Ottenhausen, Westgreußen; vom LK Weimar: S Buttstädt, Rastenberg; Gm Ellersleben, Eßleben, Großbrembach, Großneuhausen, Guthmannshausen, Hardisleben, Kleinbrembach, Kleinneuhausen, Mannstedt, Olbersleben, Rudersdorf, Teutleben; vom LK Kölleda: S Kölleda; Gm Bachra, Beichlingen, Büchel, Dermsdorf, Frohndorf, Griefstedt, Großmonra, Leubingen, Ostramondra, Roldisleben, Rothenberga, Schillingstedt, Stödten. *10. 12. 1952* Gm Kranichborn an → LK Erfurt. *1. 1. 1956* S Greußen, Clingen; Gm Westgreußen, Grüningen an → LK Sondershausen. Gm Frömmstedt aus LK Sondershausen eingegliedert. *1. 1. 1960* Ot Schachtanlage Gewerkschaft aus S Rastenberg an Gm Billroda (LK Nebra, B Halle).

1. 7. 1994 LK aufgelöst und aus S und Gm der LK Artern, Erfurt und Sömmerda neu gebildet: vom LK Artern: Gm Bilzingsleben, Kannawurf; vom LK Erfurt: S Gebesee; Gm Alperstedt, Andisleben, Eckstedt, Elxleben, Großmölsen, Großrudestedt, Haßleben, Kleinmölsen, Markvippach, Nöda, Ollendorf, Riethnordhausen, Ringleben, Schloßvippach, Töttelstädt, Udestedt, Walschleben, Witterda; vom LK Sömmerda: S Buttstädt, Kindelbrück, Kölleda, Rastenberg, Sömmerda, Weißensee; Gm Beichlingen, Büchel, Ellersleben, Eßleben,

Gangloffsömmern, Griefstedt, Großbrembach, Großmonra, Großneuhausen, Günstedt, Guthmannshausen, Hardisleben, Henschleben, Herrnschwende, Kleinbrembach, Kleinneuhausen, Mannstedt, Olbersleben, Ostramondra, Riethgen, Rudersdorf, Schillingstedt, Schwerstedt, Sprötau, Straußfurt, Teutleben, Vogelsberg, Werningshausen, Wundersleben.
12. 10. 1994 Gm Töttelstädt aufgelöst und an → LHS Erfurt.

1. 1. 1998:

Einheitsgemeinden: **Elxleben**, S **Rastenberg** [Bachra, Roldisleben, Rothenberga], S **Sömmerda** [Frohndorf, Leubingen, Orlishausen, Rohrborn, Schallenburg, Stödten, Tunzenhausen, Wenigensömmern], S **Weißensee** [Ottenhausen, Scherndorf, Waltersdorf].

Verwaltungsgemeinschaften: **An der Marke** (Sitz: Schloßvippach): Eckstedt, Markvippach, Schloßvippach [Dielsdorf], Sprötau, Vogelsberg; **Buttstädt** (Sitz: S Buttstädt): S Buttstädt, Ellersleben, Eßleben-Teutleben [Eßleben, Teutleben], Großbrembach, Guthmannshausen, Hardisleben, Kleinbrembach, Mannstedt, Olbersleben, Rudersdorf; **Gera-Aue** (Sitz: S Gebesee): Andisleben, S Gebesee, Ringleben, Walschleben; **Gramme-Aue** (Sitz: Großrudestedt): Alperstedt, Großmölsen, Großrudestedt [Kleinrudestedt, Kranichborn, Schwansee], Kleinmölsen, Nöda, Ollendorf, Udestedt; **Kindelbrück** (Sitz: S Kindelbrück): Bilzingsleben, Büchel, Frömmstedt, Griefstedt, Günstedt, Herrnschwende [Nausiß], Kannawurf, S Kindelbrück, Riethgen; **Kölleda** (Sitz: S Kölleda): Beichlingen, Großmonra, Ostramondra, Großneuhausen, Kleinneuhausen, S Kölleda [Dermsdorf], Schillingstedt; **Straußfurt** (Sitz: Straußfurt): Gangloffsömmern [Schilfa], Haßleben, Henschleben [Vehra], Riethnordhausen, Schwerstedt, Straußfurt, Werningshausen, Wundersleben.

Erfüllende Gemeinde: Elxleben für **Witterda** [Friedrichsdorf].

Sondershausen (1922-1994)

Zugehörigkeit: Bis 1. 10. 1922 SK Sondershausen (1 Ort) und LAB Sondershausen (49 Orte) im FT Schwarzburg-Sondershausen, seit 1918 FS Schwarzburg-Sondershausen, seit 1. 5. 1920 L Thüringen; II. VerwB (1 Ort) im GHT Sachsen-Weimar-Eisenach, seit 1918 FS Sachsen-Weimar-Eisenach, seit 1. 5. 1920 L Thüringen; LAB Frankenhausen (16 Orte) im FT Schwarzburg-Rudolstadt, seit 1918 FS Schwarzburg-Rudolstadt, seit 1. 5. 1920 L Thüringen; LAB Gotha (5 Orte) im HT Sachsen-Coburg und Gotha, seit 1918 FS Sachsen-Gotha, seit 1. 5. 1920 L Thüringen.

Seit 1. 10. 1922 LK im L Thüringen. Seit 25. 7. 1952 LK im B Erfurt. Seit 3. 10. 1990 LK im L, seit 1993 FS Thüringen. 1. 7. 1994 LK aufgelöst und S und Gm an → LK Kyffhäuserkreis.

Kreissitz: S Sondershausen.

Kreisgebiet: *1. 10. 1922* als LK im L Thüringen aus S und Gm des SK Sondershausen, der LAB Frankenhausen, Gotha und Sondershausen und des II. VerwB gebildet: vom SK Sondershausen: S Sondershausen [Bebra, Jecha, Jechaburg, Stockhausen vom LAB Sondershausen]; vom LAB Frankenhausen: S Frankenhausen, Schlotheim; Gm Borxleben, Esperstedt, Göllingen, Günseroda, Ichstedt, Immenrode, Mehrstedt, Ringleben, Rottleben, Seega, Seehausen, Straußberg, Thalleben, Udersleben; vom LAB Gotha: Gm Hohenbergen, Kleinkeula, Körner, Menteroda, Obermehler; vom LAB Sondershausen: S Clingen, Ebeleben, Greußen; Gm Abtsbessingen, Almenhausen, Badra, [Bebra → Sondershausen], Bellstedt,

Bendeleben, Berka, Billeben, Bliederstedt, Feldengel, Großbrüchter, Großenehrich, Großfurra, Großmehlra, Gundersleben, Hachelbich, Himmelsberg, Hohenebra, Holzengel, Holzsußra, Holzthaleben, [Jecha → Sondershausen], [Jechaburg → Sondershausen], Keula, Kirchengel, Kleinbrüchter, Niederbösa, Niederspier, Oberspier, Otterstedt, Rockensußra, Rockstedt, Rohnstedt, Schernberg, [Stockhausen → Sondershausen], Thalebra, Thüringenhausen, Toba, Trebra, Urbach, Wasserthaleben, Wenigenehrich, Westerengel, Westgreußen, Wiedermuth, Wolferschwenda; vom II. VerwB: Gm Oldisleben. *1. 7. 1950* Gm Freienbessingen aus LK Langensalza eingegliedert; Gm Großberndten, Kleinberndten aus LK Nordhausen eingegliedert; S Kindelbrück; Gm Frömmstedt, Grüningen, Herrnschwende [Nausiß], [Nausiß → Herrnschwende], Niedertopfstedt, Oberbbösa, Obertopfstedt, Ottenhausen aus LK Weißensee eingegliedert; S Schlotheim; Gm Großmehlra, Hohenbergen, Keula, Kleinkeula, Körner, Mehrstedt, Menteroda, Obermehler, Urbach an → LK Mühlhausen. *25. 7. 1952* Gm Keula, Zaunröden aus LK Mühlhausen eingegliedert; Gm Friedrichsrode aus LK Nordhausen eingegliedert; S Bad Frankenhausen; Gm Borxleben, Esperstedt, Göllingen, Günserode, Ichstedt, Oldisleben, Ringleben, Rottleben, Seega, Seehausen, Steinthaleben, Udersleben an → LK Artern; S Clingen, Greußen, Kindelbrück; Gm Grüningen, Herrnschwende, Ottenhausen, Westgreußen an → LK Sömmerda *1. 1. 1956* Gm Greußen, Clingen, Westgreußen, Grüningen aus LK Sömmerda eingegliedert; Gm Frömmstedt an → LK Sömmerda. *1. 1. 1994* Gm Zaunröden an → LK Mühlhausen. *1. 7. 1994* LK aufgelöst und S Clingen, Ebeleben, Greußen, Großenehrich, Sondershausen; Gm Abtsbessingen, Badra, Bellstedt, Bendeleben, Berka, Feldengel, Freienbessingen, Großberndten, Großfurra, Gundersleben, Hachelbich, Helbedündorf, Hohenebra, Holzengel, Holzsußra, Immenrode, Kirchengel, Kleinberndten, Kleinbrüchter, Niederbösa, Niederspier, Oberbösa, Oberspier, Otterstedt, Rockstedt, Rohnstedt, Schernberg, Straußberg, Thalebra, Thüringenhausen, Toba, Topfstedt, Trebra, Wasserthaleben, Westerengel, Westgreußen, Wolferschwenda an → LK Kyffhäuserkreis.

Sonneberg (ab 1922)

Zugehörigkeit: Bis 1. 10. 1922 K Sonneberg (77 Orte) und Saalfeld (1 Ort) im HT Sachsen-Meiningen, seit 1918 FS Sachsen-Meiningen, seit 1. 5. 1920 L Thüringen; LAB Königsee (2 Orte) im FT Schwarzburg-Rudolstadt, seit 1918 FS Schwarzburg-Rudolstadt, seit 1. 5. 1920 L Thüringen.

Seit 1. 10. 1922 LK im L Thüringen. Seit 25. 7. 1952 LK im B Suhl. Seit 3. 10. 1990 LK im L, seit 1993 FS Thüringen.

1. 7. 1994 LK aufgelöst und aus S und Gm der LK → Neuhaus am Rennweg (7 Orte) und → Sonneberg (12 Orte) neu gebildet.

Kreissitz: S Sonneberg.

Kreisgebiet: *1. 10. 1922* als LK im L Thüringen aus S und Gm der K Saalfeld und Sonneberg und des LAB Königsee gebildet: vom Kreis Saalfeld: [Hohenofen → Haselbach]; vom K Sonneberg: S Schalkau, Sonneberg; Gm Almerswind, Bachfeld, Blatterndorf, Buch, Döhlau, Effelder, Ehnes, Eichitz, Emstadt, Ernstthal, Eschenthal, Föritz, Forschengereuth, Gefell, Gessendorf, Görsdorf, Grümpen, Gundelswind, Hämmern, Hämmern (DF), Haselbach [Hohenofen vom K Saalfeld], Heinersdorf, Heubisch, Hönbach, Hüttengrund, Hüttensteinach, Igelshieb, Jagdshof, Judenbach, Katzberg, Köppelsdorf, Korberoth, Lauscha, Liebau, Lindenberg, Malmerz, Mark, Mausendorf, Mengersgereuth, Meschenbach, Mogger, Mönchsberg, Mupperg, Mürschnitz, Neuenbau, Neufang, Neuhaus, Neundorf, Oberlind, [Oberroth → Roth], Oerlsdorf, Rabenäußig, Rauenstein, Roth [Oberroth], Rotheul, Rottmar, Rückerswind, Schichtshöhn, Schierschnitz, Schwärzdorf, Selsendorf, Seltendorf, Sichelreuth, Siegmundsburg, Steinach, Steinach (DF), Steinbach, Steinheid, Steinheid (DF), Theuern, Truckendorf, Truckenthal, Unterlind, Weidhausen, Welchendorf; vom LAB Königsee: Gm Neuhaus, Schmalenbuche. *1. 7. 1950* Gm Hasenthal, Spechtsbrunn aus LK Saalfeld eingegliedert. *25. 7. 1952* S Lauscha, Neuhaus am Rennweg; Gm Ernstthal, Steinheid an → LK Neuhaus am Rennweg. 10. 12. 1952 Gm Spechtsbrunn an → LK Neuhaus am Rennweg.

1. 7. 1994 LK aufgelöst und neugebildet aus S und Gm der LK Sonneberg und Neuhaus am Rennweg: vom LK Neuhaus am Rennweg: S Lauscha, Neuhaus am Rennweg; Gm Ernstthal, Goldisthal, Scheibe-Alsbach, Siegmundsburg, Steinheid; vom LK Sonneberg: S Schalkau, Sonneberg, Steinach; Gm Bachfeld, Effelder-Rauenstein, Engnitzthal, Föritz, Haselbach, Heinersdorf, Judenbach, Mengersgereuth-Hämmern, Neuhaus-Schierschnitz.

1. 1. 1998:

Einheitsgemeinden: **Effelder-Rauenstein** [Blatterndorf, Döhlau, Effelder, Grümpen, Korberoth, Meschenbach, Rabenäußig, Rauenstein, Rückerswind, Seltendorf, Welchendorf]; **Föritz** [Eichitz, Gefell, Heubisch, Liebau, Mogger, Mupperg, Oerlsdorf, Rottmar, Schwärzdorf, Weidhausen]; **Judenbach** [Heinersdorf, Jagdshof, Mönchsberg, Neuenbau]; **Lauscha** [Ernstthal]; **Mengersgereuth-Hämmern** [Forschengereuth, Hämmern, Hämmern (DF), Mengersgereuth, Schichtshöhn]; S **Neuhaus am Rennweg** [Igelshieb, Schmalenbuche]; **Neuhaus-Schierschnitz** [Buch, Gessendorf, Lindenberg, Mark, Neuhaus, Rotheul, Schierschnitz, Sichelreuth]; **Oberland am Rennsteig** (Sitz: Hasenthal) [Engnitzthal, Eschenthal, Haselbach, Hasenthal, Hohenofen, Hüttengrund, Spechtsbrunn]; S **Schalkau** [Almerswind, Ehnes, Emstadt, Görsdorf, Katzberg, Mausendorf, Neundorf, Oberroth, Roth, Selsendorf, Theuern, Truckendorf, Truckenthal]; S **Steinach** [Steinach (DF)]; S **Sonneberg** [Hönbach, Hüttensteinach, Köppelsdorf, Malmerz, Mürschnitz, Neufang, Oberlind, Steinbach, Unterlind].

Erfüllende Gemeinden: S Neuhaus am Rennweg für **Goldisthal**, **Scheibe-Alsbach** [Alsbach, Scheibe], **Siegmundsburg**; S Schalkau für **Bachfeld** [Gundelswind]; S Steinach für **Steinheid** [Steinheid (DF)].

Stadtroda (1922-1950, 1952-1994)

Zugehörigkeit: Bis 1. 10. 1922 I. VerwB (1 Ort), II. VerwB (65 Orte) und V. VerwB (1 Ort) im GHT Sachsen-Weimar-Eisenach, seit 1918 FS Sachsen-Weimar-Eisenach, seit 1. 5. 1920 L Thüringen; K Saalfeld (2 Orte) im HT Sachsen-Meiningen, seit 1918 FS Sachsen-Meiningen, seit 1. 5. 1920 L Thüringen; BVB Gera (1 Ort) im FT, seit 1918 FS Reuß jüngerer Linie, seit 1919 VS Reuß, seit 1. 5. 1920 L Thüringen; LAB Roda (129 Orte) im HT Sachsen-Altenburg, seit 1918 FS Sachsen-Altenburg, seit 1. 5. 1920 L Thüringen.

Seit 1. 10. 1922 LK Jena-Roda im L Thüringen. 31. 10. 1922 LK umbenannt in → LK Roda. 18. 12. 1925 LK umbenannt in LK Stadtroda. 1. 7. 1950 LK umbenannt in → LK Jena.

25. 7. 1952 aus S und Gm der LK → Gera (1 Ort) und → Jena (51 Orte) als LK im B Gera neugebildet. Seit 3. 10. 1990 LK im L, seit 1993 FS Thüringen. 1. 7. 1994 LK aufgelöst und S und Gm an → LK Holzlandkreis.

Kreissitz: Seit 1. 10. 1922 vorläufig und 31. 10. 1922 endgültig Roda. 8. Juni 1925 umbenannt in S Stadtroda.

Kreisgebiet: *1. 10. 1922* als LK im L Thüringen aus S und Gm des I., II. und V. VerwB, K Saalfeld, BVB Gera und LAB Roda gebildet: vom I. VerwB: Gm Wittersroda; vom II. VerwB: S Bürgel, Dornburg; Gm Altengönna, Beulbar, Beutnitz, Bucha, Closewitz, Coppanz, Cospeda, Döbritschen, Dorndorf, Dothen, Frauenprießnitz, Gerega, Gniebsdorf, Golmsdorf, Göschwitz, Grabsdorf, Graitschen, Großlöbichau, Großschwabhausen, Hainichen, Hirschroda, Hohlstedt, Isserstedt, Jenalöbnitz, Jenaprießnitz, Kleinkröbitz, Kleinlöbichau, Kleinschwabhausen, Kötschau, Krippendorf, Laasan, Lehesten, Leutra, Löberschütz, Lützeroda, Maua, Mertendorf, Münchenroda, Naschhausen, Nausnitz, Nennsdorf, Nerkewitz, Neuengönna, Oßmaritz, Poppendorf, Poxdorf, Rockau, Rodigast, Rödigen, Rothenstein, Rutha, Schorba, Steudnitz, Stiebritz, Taupadel, Tautenburg, Thalbürgel, Vollradisroda, Waldeck, Wetzdorf, Wilsdorf, Wogau, Zimmern; vom V. VerwB: Gm [Oberrenthendorf → Renthendorf]; vom Kreis Saalfeld: Milda, Vierzehnheiligen; vom BVB Gera: Gm [Seifarthsdorf (A) → Seifarthsdorf]; vom LAB Roda: S Eisenberg, Kahla, Orlamünde; Gm Ahlendorf, Albersdorf, Altenberga, Altendorf, Aubitz, Bibra, Bobeck, Bollberg, Bremsnitz, Buchheim, Dienstädt, Döllschütz, Dorna, Drakendorf, Droschka, Drößnitz, Dürrengleina, Eichenberg, Eineborn, Erdmannsdorf, Etzdorf, Freienorla, Friedrichstanneck, Geisenhain, Gernewitz, Geunitz, Göritzberg, Gösen, Greuda, Gröben, Großbockedra, Großeutersdorf, Großkröbitz, Großpürschütz, Gumperda, Hainchen, Hainspitz, Hartmannsdorf, Hellborn, Hermsdorf, Hetzdorf, Hohendorf, Hummelshain, Ilmnitz, Jägersdorf, Karlsdorf, Karsdorfberg, Kleinbockedra, Kleinbucha, Kleinebersdorf, Kleineutersdorf, Kleinpürschütz, Klengel, Klosterlausnitz, Königshofen, Kursdorf, Laasdorf, Lindig, Lippersdorf, Lotschen, Lucka, Magersdorf, Mennewitz, Meusebach, Möckern, Mörsdorf, Nischwitz, Oberbodnitz, Obergneus, Oelknitz, Ottendorf, Petersberg, Plinz, Podelsatz, Pretschwitz, Quirla, Rabis, Rattelsdorf, Rauda, Rauschwitz, Rausdorf, Reichardtsdorf, Reichenbach, Reinstädt, Roda (Thür.) [Hainbücht, Tröbnitz], Rodias, Röttelmisch, Ruttersdorf, Saasa, Scheiditz, Schirnewitz, Schleifreisen, Schlöben, Schmölln, Schmörschwitz, Schöngleina, Schöps, [Seifarthsdorf (A) → Seifarthsdorf] , Seitenbrück, Seitenroda, Serba, St. Gangloff, Sulza, Tautendorf, Tautenhain, Thiemendorf, Tissa, Törpla, Trockenborn, Trockhausen, Tünschütz, Ulrichswalde, Unterbodnitz, Untergneus, [Unterrenthendorf → Renthendorf], Walpernhain, Waltersdorf, Weißbach, Weißenborn, Zimmritz, Zöllnitz, Zöttnitz, Zwabitz, Zweifelbach. *1. 10. 1923* Gm Göschwitz an → SK Jena. *1. 10. 1924* Ot Kunitz, Lobeda, Wöllnitz, Göschwitz aus SK Jena eingegliedert. *1. 4. 1925* Gm Hirschroda an → KAbt Camburg. *1. 4. 1939* S Camburg; Gm Aue, Boblas, Casekirchen, Cauerwitz, Crauschwitz, Crölpa-Löbschütz, Döbrichau, Döbritschen, Eckolstädt, Freiroda, Graitschen, Heiligenkreuz, Hirschroda, Janisroda, Kaatschen, Kleingestewitz, Kleinprießnitz, Köckenitzsch, Lachstedt, Leislau, Molau, Münchengosserstädt, Neidschütz, Posewitz, Prießnitz, Rodameuschel, Schieben, Schinditz, Schleuskau, Schmiedehausen, Seidewitz, Seiselitz, Sieglitz, Stöben, Thierschneck, Tümpling, Tultewitz, Utenbach, Weichau, Wichmar, Wonnitz, Würchhausen, Zöthen aus Kabt Camburg eingegliedert. *1. 7. 1945* Gm Abtlöbnitz, Kischlitz, Mollschütz aus LK Weißenfels

(Provinz Sachsen) eingegliedert. *1. 8. 1946* S Lobeda und Gm Wöllnitz an → SK Jena. *1. 7. 1950* LK umbenannt und S Bürgel, Camburg, Dornburg, Eisenberg, Kahla, Orlamünde, Stadtroda; Gm Abtlöbnitz, Ahlendorf, Albersdorf, Altenberga, Altendorf, Altengönna, Aubitz, Aue, Beulbar, Beutnitz, Bibra, Bobeck, Boblas, Bollberg, Bremsnitz, Bucha, Buchheim, Casekirchen, Cauerwitz, Closewitz, Coppanz, Cospeda, Crauschwitz, Crölpa-Löbschütz, Dienstädt, Döbritschen, Döbritschen (b. Camburg), Döllschütz, Dorna, Dorndorf a.d. Saale, Dothen, Drackendorf, Droschka, Drößnitz, Dürrengleina, Eckolstädt, Eichenberg, Eineborn, Erdmannsdorf, Etzdorf, Frauenprießnitz, Freienorla, Freiroda, Geisenhain, Gernewitz, Geunitz, Gniebsdorf, Golmsdorf, Göschwitz, Gösen, Graitschen (b. Bürgel), Graitschen (b. Camburg), Greuda, Gröben, Großbockedra, Großeutersdorf, Großkröbitz, Großlöbichau, Großpürschütz, Großschwabhausen, Gumperda, Hainbücht, Hainchen, Hainichen, Hainspitz, Hartmannsdorf, Heiligenkreuz, Hellborn, Hermsdorf, Hetzdorf, Hirschroda, Hohendorf, Hohlstedt, Hummelshain, Ilmnitz, Isserstedt, Jägersdorf, Janisroda, Jenalöbnitz, Jenaprießnitz, Kaatschen, Karlsdorf, Kischlitz, Kleinbockedra, Kleinbucha, Kleinebersdorf, Kleineutersdorf, Kleingestewitz, Kleinkröbitz, Kleinlöbichau, Kleinprießnitz, Kleinpürschütz, Kleinschwabhausen, Klengel, Klosterlausnitz, Köckenitzsch, Königshofen, Kötschau, Krippendorf, Kunitz, Kursdorf, Laasan, Laasdorf, Lachstedt, Lehesten, Leislau, Leutra, Lindig, Lippersdorf, Löberschütz, Lucka (b. Bürgel), Lützeroda, Magersdorf, Maua, Mennewitz, Mertendorf, Meusebach, Milda, Möckern, Molau, Mollschütz, Mörsdorf, Münchengosserstädt, Münchenroda, Nausnitz, Neidschütz, Nennsdorf, Nerkewitz, Neuengönna, Oberbodnitz, Obergneus, Oelknitz, Oßmaritz, Ottendorf, Petersberg, Poppendorf, Poxdorf, Prießnitz, Quirla, Rabis, Rattelsdorf, Rauda, Rauschwitz, Rausdorf, Reichenbach, Reinstädt, Renthendorf, Rockau, Rodameuschel, Rodias, Rodigast, Rödigen, Rothenstein, Röttelmisch, Ruttersdorf, Saasa, Scheiditz, Schieben, Schinditz, Schirnewitz, Schleifreisen, Schleuskau, Schlöben, Schmiedehausen, Schmölln, Schöngleina, Schöps, Schorba, Seidewitz, Seifartsdorf, Seiselitz, Seitenbrück, Seitenroda, Serba, Sieglitz, Steudnitz, Stiebritz, Stöben, Sulza, Taupadel, Tautenburg, Tautendorf, Tautenhain, Thalbürgel, Thiemendorf, Thierschneck, Tissa, Törpla, Tröbnitz, Trockenborn, Trockhausen, Tultewitz, Tümpling, Tünschütz, Ulrichswalde, Unterbodnitz, Untergneus, Utenbach, Vierzehnheiligen, Waldeck, Walpernhain, Waltersdorf, Weichau, Weißbach, Weißenborn, Wetzdorf, Wichmar, Wilsdorf, Wittersroda, Wogau, Würchhausen, Zimmern, Zimmritz, Zöllnitz, Zöthen, Zöttnitz, Zwabitz, Zweifelbach an → LK Jena; Gm Reichardtsdorf, St. Gangloff an → LK Gera.

25. 7. 1952 als LK im B Gera neu gebildet aus S und Gm der LK Gera und Jena: vom LK Gera: Gm St. Gangloff; vom LK Jena: S Hermsdorf, Stadtroda; Gm Albersdorf, Bad Klosterlausnitz, Beulbar-Ilmsdorf, Bobeck, Bollberg, Bremsnitz, Eineborn, Erdmannsdorf, Geisenhain, Gernewitz, Gröben, Großbockedra, Hainbücht, Hellborn, Karlsdorf, Kleinbockedra, Kleinebersdorf, Laasdorf, Lippersdorf, Margersdorf, Mennewitz, Meusebach, Möckern, Mörsdorf, Oberbodnitz, Ottendorf, Quirla, Rabis, Rattelsdorf, Rausdorf, Reichenbach, Renthendorf, Ruttersdorf, Scheiditz, Schleifreisen, Schlöben, Schöngleina, Seitenbrück, Tautendorf, Tissa, Tröbnitz, Trockenborn, Trockhausen, Unterbodnitz, Untergneus, Waldeck, Waltersdorf, Weißbach, Zöttnitz. *10. 12. 1952* Gm Beulbar an → LK Eisenberg. *1. 7. 1994* LK aufgelöst und S Hermsdorf, Stadtroda; Gm Albersdorf, Bad Klosterlausnitz, Bobeck, Bollberg, Bremsnitz, Eineborn, Geisenhain, Gernewitz, Gneus, Großbockedra, Karlsdorf, Kleinbockedra, Kleinebersdorf, Laasdorf, Lippersdorf-Erdmannsdorf, Meusebach, Möckern, Mörsdorf, Oberbodnitz, Ottendorf, Quirla, Rattelsdorf, Rausdorf, Reichenbach,

Renthendorf, Ruttersdorf-Lotschen, Scheiditz, Schleifreisen, Schlöben, Schöngleina, St. Gangloff, Tautendorf, Tissa, Trockenborn-Wolfersdorf, Tröbnitz, Unterbodnitz, Waldeck, Waltersdorf, Weißbach an → LK Holzlandkreis.

Suhl (1946-1994)

Zugehörigkeit: Bis 12. 2. 1946 → LK Schleusingen (47 Orte) im L Thüringen.
12. 2. 1946 LK Schleusingen umbenannt in LK Suhl. Seit 25. 7. 1952 LK im B Suhl. Seit 3. 10. 1990 LK im L, seit 1993 FS Thüringen. 1. 7. 1994 LK aufgelöst und S und Gm an → LK Hildburghausen, → LK Ilm-Kreis und → LK Schmalkalden-Meiningen.

Kreissitz: S Suhl.

Kreisgebiet: *12. 2. 1946* vom LK Schleusingen: S Schleusingen, Suhl, Zehla-Mehlis; Gm Ahlstädt, Albrechts, Altendambach, Benshausen, Bischofrod, Breitenbach, Christes, Dietzhausen, Dillstädt, Ebertshausen, Eichenberg, Erlau, Fischbach, Frauenwald, Geisenhöhn, Gerhardtsgereuth, Gethles, Goldlauter, Gottfriedsberg, Heckengereuth, Hinternah, Hirschbach, Kloster Veßra, Kühndorf, Langenbach, Mäbendorf, Neuendambach, Neuhof, Oberrod, Rappelsdorf, Ratscher, Rohr, Sankt Kilian, Schleusingerneundorf, Schmiedefeld a. Rennsteig, Schönau, Schwarza, Silbach, Steinbach, Vesser, Viernau, Waldau, Wichtshausen, Wiedersbach. *1. 7. 1950* Gm Gehlberg aus LK Arnstadt eingeliedert; Gm Oberhof aus LK Gotha eingegliedert; Gm Marisfeld, Oberstadt, Schmeheim aus LK Hildburghausen eingegliedert; Gm Möckers aus LK Meiningen eingegliedert; S Schmalkalden [Weidebrunn], Steinbach-Hallenberg; Gm Altersbach, Asbach, [Aue → Mittelschmalkalden], Bermbach, Breitenbach, Floh, Grumbach, [Haindorf → Mittelschmalkalden], Herges-Hallenberg, Mittelschmalkalden [Aue, Haindorf], Mittelstille, Näherstille, Oberschönau, Reichenbach, Rotterode, Schnellbach, Seligenthal, Springstille, Struth-Helmershof, Unterschönau, Volkers, [Weidebrunn → S Schmalkalden] aus LK Schmalkalden eingegliedert; S Schleusingen; Gm Ahlstädt, Bischofrod, Eichenberg, Fischbach, Geisenhöhn, Gethles, Gerhardtsgereuth, Gottfriedsberg, Heckengereuth, Hinternah, Kloster Veßra, Langenbach, Neuendammbach, Neuhof, Oberrod, Rappelsdorf, Ratscher, Sankt Kilian, Schönau, Steinbach, Waldau, Wiedersbach an → LK Hildburghausen. *1. 2. 1952* Gm Hohleborn aus LK Meiningen eingegliedert. *25. 7. 1952* S Schleusingen; Gm Ahlstädt, Bischofrod, Eichenberg, Fischbach, Grub, Hinternah, St. Kilian aus LK Hildburghausen eingegliedert; Gm Frauenwald, Schmiedefeld, Vesser an → LK Ilmenau; S Steinbach-Hallenberg, Schmalkalden; Gm Altersbach, Asbach, Bermbach, Breitenbach, Floh, Grumbach, Herges-Hallenberg, Mittelschmalkalden, Mittelstille, Möckers, Näherstille, Oberschönau, Reichenbach, Rotterode, Schnellbach, Seligenthal, Springstille, Struth-Helmershof, Unterschönau, Volkers an → LK Schmalkalden. *10. 12. 1952* Gm Rappelsdorf, Ratscher, Geisenhöhn, Gethles aus LK Hildburghausen eingegliedert. *1. 1. 1957* Gm Heckengereuth aus LK Hildburghausen eingegliedert und mit Gm Ratscher zur Gm Ratscher zusammengelegt; Gm Gottfriedsberg aus LK Hildburghausen eingegliedert und mit Gm Geisenhöhn zur Gm Geisenhöhn zusammengelegt. *12. 5. 1967* S Suhl aus LK ausgegliedert und zum → SK Suhl umgewandelt. *1. 4. 1994* Gm Albrechts, Dietzhausen, Wichtshausen aufgelöst und an → S Suhl. *1. 7. 1994* LK aufgelöst und S Schleusingen; Gm Ahlstädt, Bischofrod, Eichenberg, Grub, Marisfeld, Nahetal, Oberstadt, Rappelsdorf,

Schmeheim, St. Kilian an → LK Hildburghausen; Gm Gehlberg an → LK Ilm-Kreis; S Oberhof, Zella-Mehlis; Gm Benshausen, Christes, Dillstädt, Kühndorf, Rohr, Schwarza, Viernau an → LK Schmalkalden-Meiningen.

Unstrut-Hainich-Kreis (ab 1994)

Zugehörigkeit: Bis 1. 7. 1994 → LK Bad Langensalza (23 Orte) und → LK Mühlhausen (39 Orte) im FS Thüringen.
1. 7. 1994 als LK im FS Thüringen gebildet.

Kreissitz: S Mühlhausen.

Kreisgebiet: *1. 7. 1994* aus S und Gm der LK Mühlhausen und Langensalza gebildet: vom LK Bad Langensalza: S Bad Langensalza, Bad Tennstedt; Gm Ballhausen, Blankenburg, Bothenheilingen, Bruchstedt, Großvargula, Haussömmern, Herbsleben, Hornsömmern, Isserheilingen, Kirchheilingen, Kleinwelsbach, Klettstedt, Kutzleben, Mittelsömmern, Mülverstedt, Neunheilingen, Schönstedt, Sundhausen, Tottleben, Urleben, Weberstedt; vom LK Mühlhausen: S Mühlhausen, Schlotheim; Gm Altengottern, Ammern, Bickenriede, Dachrieden, Diedorf, Dörna, Dünwald, Eigenrode, Faulungen, Flarchheim, Großengottern, Heroldishausen, Heyerode, Hildebrandshausen, Hollenbach, Horsmar, Kaisershagen, Kammerforst, Kleinkeula, Körner, Langula, Lengefeld, Lengenfeld unterm Stein, Marolterode, Menteroda, Niederdorla, Oberdorla, Obermehler, Oppershausen, Reiser, Rodeberg, Schierschwende, Sollstedt, Urbach, Weinbergen, Wendehausen, Zella.
1. 1. 1998:
Einheitsgemeinden: **Anrode** (Sitz: Bickenriede) [Bickenriede, Dörna, Hollenbach, Lengefeld, Zella]; S **Bad Langensalza** [Aschara, Eckardtsleben, Großwelsbach, Grumbach, Henningsleben, Illeben, Merxleben, Nägelstedt, S Thamsbrück, Ufhoven, Waldstedt, Wiegleben, Zimmern]; **Dünwald** (Sitz: Hüpstedt) [Beberstedt, Hüpstedt, Zaunröden]; **Herbsleben** [Kleinvargula]; **Heyerode; Katharinenberg** (Sitz: Diedorf) [Diedorf, Faulungen, Schierschwende, Wendehausen]; **Menteroda** [Kleinkeula, Sollstedt, Urbach]; S **Mühlhausen/Thüringen** [Felchta, Görmar, Saalfeld, Saalfelder Distrikt, Windeberg]; S **Schlotheim** [Hohenbergen, Mehrstedt]; **Unstruttal** (Sitz: Ammern) [Ammern, Dachrieden, Eigenrode, Horsmar, Kaisershagen, Reiser]; **Weinbergen** (Sitz: Bollstedt) [Bollstedt, Furthmühle, Grabe, Großgrabe, Höngeda, Kleingrabe, Seebach].
Verwaltungsgemeinschaften: **Bad Tennstedt** (Sitz: S Bad Tennstedt): S Bad Tennstedt, Ballhausen [Großballhausen, Kleinballhausen], Blankenburg, Bruchstedt, Haussömmern, Hornsömmern, Kirchheilingen, Klettstedt, Kutzleben [Lützensömmern], Mittelsömmern, Sundhausen, Tottleben, Urleben [Großurleben, Kleinurleben]; **Hildebrandshausen/Lengenfeld unterm Stein** (Sitz: Lengenfeld unterm Stein): Hildebrandshausen, Lengenfeld unterm Stein, Rodeberg (Sitz: Struth) [Eigenrieden, Struth]; **Unstrut-Hainich** (Sitz: Großengottern): Altengottern, Flarchheim, Großengottern, Heroldishausen, Mülverstedt, Schönstedt [Alterstedt], Weberstedt; **Vogtei** (Sitz: Oberdorla): Kammerforst, Langula, Niederdorla, Oberdorla, Oppershausen.
Erfüllende Gemeinden: Herbsleben für **Großvargula**; S Schlotheim für **Bothenheilingen**, **Issersheilingen**, **Kleinwelsbach**, **Körner**, **Marolterode**, **Neunheilingen**, **Obermehler** [Großmehlra].

Wartburgkreis (ab 1994)

Zugehörigkeit: Bis 1. 7. 1994 → LK Bad Langensalza (5 Orte), → LK Bad Salzungen (42 Orte) und → LK Eisenach (43 Orte) im L Thüringen.
1. 7. 1994 als LK im FS Thüringen gebildet.

Kreissitz: Seit 1. 7. 1994 S Bad Salzungen und S Eisenach. Seit 1. 1. 1998 S Bad Salzungen.

Kreisgebiet: *1. 7. 1994* aus S und Gm der LK Bad Langensalza, Bad Salzungen und Eisenach gebildet: vom LK Bad Langensalza: Gm Behringen, Craula, Reichenbach, Tüngeda, Wolfsbehringen; vom LK Bad Salzungen: S Bad Liebenstein, Bad Salzungen, Geisa, Kaltennordheim, Stadtlengsfeld, Vacha; Gm Andenhausen, Barchfeld, Brunnhartshausen, Buttlar, Dermbach, Diedorf/Rhön, Dorndorf, Empfertshausen, Fischbach/Rhön, Frauensee, Gehaus, Gerstengrund, Immelborn, Kaltenlengsfeld, Klings, Leimbach, Martinroda, Merkers-Kieselbach, Möhra, Moorgrund, Neidhartshausen, Oechsen, Pferdsdorf/Rhön, Rockenstuhl, Schleid, Schweina, Steinbach, Sünna, Tiefenort, Unterbreizbach, Urnshausen, Völkershausen, Weilar, Wiesenthal, Wölferbütt, Zella; vom LK Eisenach: S Berka/Werra, Creuzburg, Eisenach [Hötzelsroda, Lerchenberg, Neuenhof, Stedtfeld, Stockhausen, Wartha-Göringen], Ruhla, Treffurt; Gm Berka v.d. Hainich, Bischofroda, Dankmarshausen, Dippach, Ebenshausen, Eckardtshausen, Ettenhausen a.d. Suhl, Etterwinden, Förtha, Frankenroda, Gerstungen, Großenlupnitz, Großensee, Hallungen, Hastrungsfeld-Burla, [Hötzelsroda → Eisenach], Ifta, Kälberfeld, Krauthausen, Kupfersuhl, Lauchröden, Lauterbach, [Lerchenberg → Eisenach], Marksuhl, Mihla, Nazza, [Neuenhof → Eisenach], Oberellen, Sättelstädt, Seebach, [Stedtfeld → Eisenach], [Stockhausen → Eisenach], Unterellen, [Wartha-Göringen → Eisenach], Wenigenlupnitz, Wolfsburg-Unkeroda, Wünschensuhl, Wutha-Farnroda. *1. 1. 1998* S Eisenach aus LK ausgegliedert und zur → kreisfreien S Eisenach umgewandelt.

1. 1. 1998:

Einheitsgemeinden: S **Bad Liebenstein** [Altenstein (Schloß), Bairoda, Liebenstein (DG), Meimers, Sorga]; S **Bad Salzungen** [Allendorf, Allendorf (Kloster), Hohleborn, Kaltenborn, Langenfeld, Wildprechtroda]; **Dorndorf** [Dietlas]; S **Geisa** [Borsch, Bremen, Geblar, Otzbach, Wiesenfeld]; **Hörselberg** (Sitz: Wenigenlupnitz) [Beuernfeld, Bolleroda, Burla, Ettenhausen an der Nesse, Großenlupnitz, Hastrungsfeld, Hastrungsfeld-Burla, Kälberfeld, Melborn, Sättelstädt, Sondra, Wenigenlupnitz]; **Marksuhl** [Burkhardtroda, Eckardtshausen, Epichnellen, Förtha, Lindigshof]; **Merkers-Kieselbach** (Sitz: Merkers) [Kieselbach, Merkers]; **Moorgrund** (Sitz: Gumpelstadt) [Etterwinden, Gräfen- und Nitzendorf, Gumpelstadt, Kupfersuhl, Möhra, Neuendorf, Waldfisch, Witzelroda]; S **Ruhla** [Heiligenstein, Kittelsthal, Thal, Thal-Heiligenstein]; **Schweina** [Glücksbrunnerwerke, Marienthal, Profisch]; **Seebach**; S **Stadtlengsfeld** [Gehaus]; **Tiefenort** [Dönges, Oberrohn, Röhrigs- und Hüttenhof, Unterrohn]; S **Treffurt** [Falken, Großburschla, Schnellmannshausen (preuß. und thür. A), Volteroda]; **Unterbreizbach** [Deicheroda, Pferdsdorf/Rhön, Sünna]; **Wutha-Farnroda** [Burbach, Deubach, Eichrodt, Farnroda, Kahlenberg, Mosbach, Schönau an der Hörsel, Wutha].

Verwaltungsgemeinschaften: **Barchfeld** (Sitz: Barchfeld): Barchfeld, Immelborn [Ettmarshausen, Übelroda]; **Behringen** (Sitz: Behringen): Behringen [Großenbehringen, Oesterbehringen], Craula, Reichenbach, Tüngeda, Wolfsbehringen; **Berka/Werra** (Sitz: S Berka/Werra): S Berka/Werra [Abteroda, Auenheim, Fernbreitenbach, Gasteroda, Gospenroda, Hausbreitenbach, Herda, Horschlitt, Vitzeroda, Wünschensuhl], Dankmarshausen, Dippach, Großensee; **Creuzburg** (Sitz: S Creuzburg): S Creuzburg [Scherbda], Ifta [Wolfmannsgehau], Krauthausen [Pferdsdorf, Pferdsdorf-Spichra, Spichra, Ütteroda]; **Dermbach** (Sitz: Dermbach): Brunnhartshausen [Föhlritz, Steinberg], Dermbach [Glattbach, Lindenau, Mebritz, Oberalba, Unteralba], Neidhartshausen, Oechsen [Lenders], Urnshausen [Bernshausen], Weilar, Wiesenthal, Zella; **Gerstungen** (Sitz: Gerstungen): Gerstungen [Neustädt, Sallmannshausen, Untersuhl], Lauchröden, Oberellen [Clausberg], Unterellen; **Mihla** (Sitz: Mihla): Berka vor dem Hainich, Bischofroda, Ebenshausen, Frankenroda, Hallungen, Lauterbach, Mihla [Buchenau, Ebenau], Nazza; **Oberes Feldatal** (Sitz: S Kaltennordheim): Andenhausen, Diedorf/Rhön, Empfertshausen, Fischbach/Rhön, Kaltenlengsfeld, S Kaltennordheim, Klings; **Vacha** (Sitz: S Vacha): Martinroda, S Vacha [Oberzella], Völkershausen [Willmanns], Wölferbütt.

Erfüllende Gemeinden: S Bad Salzungen für **Leimbach** [Hermannsroda, Kaiseroda]; S Geisa für **Buttlar** [Bermbach, Borbels, Mieswarz, Wenigentaft], **Gerstengrund**, **Rockenstuhl** (Sitz: Spahl) [Apfelbach, Geismar, Ketten, Reinhards, Spahl, Walkes], **Schleid** [Kranlucken, Motzlar, Zitters]; Marksuhl für **Ettenhausen an der Suhl**, **Wolfsburg-Unkeroda** [Wolfsburg]; Schweina für **Steinbach**; Tiefenort für **Frauensee**.

Weimar (1922-1994)

Zugehörigkeit: Bis 1. 10. 1922 I. VerwB (131 Orte) und II. VerwB (70 Orte) im GHT Sachsen-Weimar-Eisenach, seit 1918 FS Sachsen-Weimar-Eisenach, seit 1. 5. 1920 L Thüringen; K Saalfeld (5 Orte) und Kabt Camburg (2 Orte) im HT Sachsen-Meiningen, seit 1918 FS Sachsen-Meiningen, seit 1. 5. 1920 L Thüringen; LAB Gotha (1 Ort) im HT Sachsen-Coburg und Gotha, seit 1918 FS Sachsen-Gotha, seit 1. 5. 1920 L Thüringen; LAB Roda (2 Orte) im HT Sachsen-Altenburg, seit 1918 FS Sachsen-Altenburg, seit 1. 5. 1920 L Thüringen.

Seit 1. 10. 1922 LK im L Thüringen. Seit 25. 7. 1952 LK im B Erfurt. Seit 3. 10. 1990 LK im L, seit 1993 FS Thüringen. 1. 7. 1994 LK aufgelöst und S und Gm an → LK Weimar-Land und → S Weimar.

Kreissitz: S Weimar.

Kreisgebiet: *1. 10. 1922* als LK im L Thüringen aus S und Gm des I. und II. VerwB, K Saalfeld, der Kabt Camburg und LAB Gotha und Roda gebildet: vom I. VerwB: S Bad Berka, Blankenhain, Magdala, Neumark, Tannroda; Gm Alperstedt, Altdörnfeld, Azmannsdorf, Ballstedt, Bechstedtstraß, Bergern, Berlstedt, Buchfart, Daasdorf a. Berge, Daasdorf b. Buttelstedt, Denstedt, Dielsdorf, Eckstedt, Eichelborn, Ettersburg, Frankendorf, Gaberndorf, Gelmeroda, Goldbach, Göttern, Großkromsdorf, Großlohma, Großmölsen, Großobringen, Großrudestedt, Gutendorf, Hammerstedt, Haßleben, Haufeld, Hayn, Heichelheim, Hetschburg, Hochdorf, Hochstedt, Hohenfelden, Hopfgarten, Hottelstedt, Isseroda, Kapellendorf, Kerspleben, Kiliansroda, Kleinbrembach, Kleinkromsdorf, Kleinlohma, Kleinmölsen, Kleinobringen, Kleinrudestedt, Klettbach, Krakendorf, Kranichborn, Legefeld, Lehnstedt, Lengefeld, Liebstedt, Linderbach, Loßnitz, Lotschen, Maina, Markvippach, Mechelroda, Meckfeld (b. Bad Berka), Mellingen, Mittelhausen (b. Erfurt), Mönchenholzhausen, Nauendorf (b. Kranichfeld), Neckeroda, Niedergrunstedt, Niedersynderstedt, Niederzimmern, Nöda, Nohra, Obergrunstedt, Obernissa, Obersynderstedt, Oettern, Ollendorf, Orlishausen, Ottmannshausen, Ottstedt am Berge, Ottstedt (b. Magdala), Possendorf, Ramsla, Rettwitz, Riethnordhausen, Rittersdorf, Rödigsdorf, Rohda, Rottdorf, Saalborn, Sachsenhausen, Schellroda, Schloßvippach, Schöndorf, Schoppendorf, Schwabsdorf, Schwansee, Schwarza, Schwerborn, Schwerstedt, Sohnstedt, Söllnitz, Sprötau, Stedten (a. Ettersberg), Stotternheim, Süßenborn, Taubach, Thalborn, Thangelstedt, Tiefengruben, Tonndorf, Töttleben, Tröbsdorf, Troistedt, Tromlitz, Udestedt, Ulla, Ulrichshalben, Umpferstedt, Utzberg, Vieselbach, Vippachedelhausen, Vogelsberg, Vollersroda, Wallichen, Wiegendorf, Wohlsborn; vom II. VerwB: S Allstedt, Bad Sulza, Buttelstedt, Buttstädt, Rastenberg; Gm Bergsulza, Darnstedt, Eberstedt, Einsdorf, Einzingen, Ellersleben, Eßleben, Flurstedt, Gebstedt, Großbrembach, Großheringen, Großneuhausen, Großromstedt, Guthmannshausen, Haindorf, Hardisleben, Hermstedt, Herressen, Heygendorf, Kalbsrieth, Kleinneuhausen, Kleinromstedt, Ködderitzsch, Kösnitz, Krautheim, Lachstedt, Landgrafroda, Leutenthal, Mannstedt, Mattstedt, Mittelhausen (b. Allstedt), Mönchpfiffel, Nermsdorf, Neustedt, Niederreißen, Niederröblingen, Niederroßla, Niedertrebra, Nirmsdorf, Oberndorf, Oberreißen, Obertrebra, Olbersleben, Oßmannstedt, Pfiffelbach, Pfuhlsborn, Rannstedt, Reisdorf, Rohrbach, Rudersdorf, Schaafsdorf, Schöten, Sonnendorf, Stobra, Sulzbach, Teutleben, Utenbach, Weiden, Wersdorf, Wickerstedt, Willerstedt, Winkel, Wolferstedt, Wormstedt, Zottelstedt; vom Kreis Saalfeld: S Kranichfeld; Gm Barchfeld a.d. Ilm, Riechheim, Stedten (Ilmtal), Treppendorf; von Kabt Camburg: Gm Oberneusulza, Unterneusulza; vom LAB Gotha: Werningshausen; vom LAB Roda: Gm Keßlar, Meckfeld (b. Blankenhain). *1. 4. 1925* Gm Lachstedt an → Kabt Camburg. *1. 5. 1925* Ot Oberroßla (mit Ausnahme von bestimmten Grundstücken) aus SK Apolda eingegliedert. *1. 10. 1939* Gm Schöndorf an → SK Weimar. *1. 10. 1945* Gm Allstedt, Einsdorf, Einzingen, Heygendorf, Kalbsrieth, Landgrafroda, Mittelhausen, Mönchpfiffel, Niederröblingen, Winkel, Wolferstedt an LK Sangerhausen (P Sachsen). *1. 7. 1950* SK Apolda eingegliedert; Gm Riechheim an → LK Arnstadt; Gm Alperstedt, Azmannsdorf, Dielsdorf, Eckstedt, Eichelborn, Großmölsen, Großrudestedt, Haßleben, Hayn, Hochstedt, Kerspleben, Kleinmölsen, Kleinrudestedt, Klettbach, Kranichborn, Linderbach, Mittelhausen (b. Erfurt), Mönchenholzhausen, Nöda, Obernissa, Ollendorf, Orlishausen, Riethnordhausen, Rohda, Schellroda, Schloßvippach, Schwansee, Schwerborn, Sohnstedt, Sprötau, Stotternheim, Töttleben, Udestedt, Vieselbach, Vogelsberg, Wallichen, Werningshausen; Gm Göttern an → LK Jena; Gm Haufeld, Neckeroda, Rittersdorf, Treppendorf an → LK Rudolstadt. *1. 7. 1950* Gm Ollendorf aus LK Erfurt eingegliedert; Gm Rittersdorf aus LK Rudolstadt eingegliedert. *1. 2. 1952* Gm Ollendorf an → LK Erfurt. *25. 7. 1952* Gm Eichelborn, Ollendorf aus LK Erfurt eingegliedert; Gm Döbritschen, Drößnitz, Göttern, Großschwabhausen, Hohlstedt, Kleinschwabhausen, Milda, Wittersroda aus LK Jena eingegliedert; Gm Haufeld, Neckeroda, Schmieden, Treppendorf aus LK Rudolstadt eingegliedert; S Apolda, Bad Sulza; Gm Darnstedt, Eberstedt, Flurstedt, Gebstedt, Goldbach, Großheringen, Großromstedt, Hermstedt, Herressen, Kapellendorf, Kleinromstedt, Ködderitzsch, Kösnitz, Liebstedt, Mattstedt, Neustedt, Niederreißen, Niederroßla, Niedertrebra, Nirmsdorf, Oberndorf, Oberreißen, Oberroßla, Obertrebra, Oßmannstedt, Pfiffelbach, Pfuhlsborn, Rannstedt, Reisdorf, Rödigsdorf, Rohrbach, Schöten, Sonnendorf, Stobra, Utenbach, Wersdorf, Wickerstedt, Willerstedt, Wormstedt, Zottelstedt an → LK Apolda; S Buttstädt, Rastenberg; Gm Ellersleben, Eßleben, Großbrembach, Großneuhausen, Guthmannshausen, Hardisleben, Kleinbrembach, Kleinneuhausen, Mannstedt, Olbersleben, Rudersdorf, Teutleben an → LK Sömmerda. *10. 12. 1952* Gm Rohrbach aus LK Apolda eingegliedert; Gm Eichelborn, Ollendorf an → LK Erfurt; Gm Milda, Wittersroda, Drößnitz an → LK Jena; Gm Schmieden,

Neckeroda, Haufeld, Treppendorf an → LK Rudolstadt. *1. 4. 1994* Gm Gelmeroda, Niedergrunstedt, Possendorf, Taubach aufgelöst und an → S Weimar. *14. 4. 1994* Gm Süßenborn aufgelöst und an → S Weimar. *1. 7. 1994* LK aufgelöst und S Bad Berka, Blankenhain, Buttelstedt, Kranichfeld, Magdala, Neumark; Gm Ballstedt, Bechstedtstraß, Berlstedt, Buchfart, Daasdorf a. Berge, Döbritschen, Ettersburg, Frankendorf, Großobringen, Großschwabhausen, Gutendorf, Hammerstedt, Heichelheim, Hetschburg, Hohenfelden, Hohlstedt, Hopfgarten, Hottelstedt, Isseroda, Kiliansroda, Kleinobringen, Kleinschwabhausen, Krautheim, Kromsdorf, Lehnstedt, Leutenthal, Mechelroda, Mellingen, Nauendorf, Niederzimmern, Nohra, Oettern, Ottstedt a. Berge, Ramsla, Rittersdorf, Rohrbach, Sachsenhausen, Schwerstedt, Tonndorf, Troi-stedt, Umpferstedt, Utzberg, Vippachedelhausen, Vollersroda, Wiegendorf, Wohlsborn an → LK Weimar-Land. Gm Legefeld, Tröbsdorf, Gaberndorf an → S Weimar.

Weimar-Land (1994)

Siehe → LK Weimarer Land.

Weimarer Land (ab 1994)

Zugehörigkeit: Bis 1. 7. 1994 → LK Apolda (34 Orte), → LK Erfurt (2 Orte), → LK Jena (1 Ort) und → LK Weimar (52 Orte) im FS Thüringen.

1. 7. 1994 als LK Weimar-Land im FS Thüringen gebildet. 1. 10. 1994 LK umbenannt in LK Weimarer Land.

Kreissitz: S Apolda.

Kreisgebiet: 1. 7. 1994 gebildet aus S und Gm der LK Apolda, Erfurt, Jena und Weimar: vom LK Apolda: S Apolda, Bad Sulza; Gm Auerstedt, Eberstedt, Eckolstädt, Flurstedt, Gebstedt, Großheringen, Großromstedt, Hermstedt, Kapellendorf, Kleinromstedt, Ködderitzsch, Kösnitz, Liebstedt, Mattstedt, Münchengosserstädt, Niederreißen, Niederroßla, Niedertrebra, Nirmsdorf, Oberreißen, Obertrebra, Oßmannstedt, Pfiffelbach, Pfuhlsborn, Rannstedt, Reisdorf, Schmiedehausen, Schöten, Stobra, Wickerstedt, Willerstedt, Wormstedt; vom LK Erfurt: Gm Klettbach, Mönchenholzhausen; vom LK Jena: Gm Drößnitz; vom LK Weimar S Bad Berka, Blankenhain, Buttelstedt, Kranichfeld, Magdala, Neumark; Gm Ballstedt, Bechstedtstraß, Berlstedt, Buchfart, Daasdorf a. Berge, Döbritschen, Ettersburg, Frankendorf, Großobringen, Großschwabhausen, Gutendorf, Hammerstedt, Heichelheim, Hetschburg, Hohenfelden, Hohlstedt, Hopfgarten, Hottelstedt, Isseroda, Kiliansroda, Kleinobringen, Kleinschwabhausen, Krautheim, Kromsdorf, Lehnstedt, Leutenthal, Mechelroda, Mellingen, Nauendorf, Niederzimmern, Nohra, Oettern, Ottstedt a. Berge, Ramsla, Rittersdorf, Rohrbach, Sachsenhausen, Schwerstedt, Tonndorf, Troistedt, Umpferstedt, Utzberg, Vippachedelhausen, Vollersroda, Wiegendorf, Wohlsborn. *1. 1. 1997* Neckeroda aus LK Saalfeld-Rudolstadt eingegliedert.

1. 1. 1998:

Einheitsgemeinden: S **Apolda** [Herressen, Herressen-Sulzbach, Heusdorf, Nauendorf, Oberndorf, Oberroßla, Rödigsdorf, Schöten, Sulzbach, Utenbach, Zottelstedt]; S **Bad Berka**

[Bergern, Meckfeld (bei Bad Berka), Schoppendorf, S Tannroda, Tiefengruben]; S **Bad Sulza** [Bergsulza, Oberneusulza, Sonnendorf]; **Blankenhain** S [Altdörnfeld, Alt- und Neudörnfeld, Drößnitz, Großlohma, Hochdorf, Keßlar, Kleinlohma, Krakendorf, Lengefeld, Lohma, Loßnitz, Lotschen, Meckfeld (bei Blankenhain), Neckeroda, Niedersynderstedt, Obersynderstedt, Rettwitz, Rottdorf, Saalborn, Schwarza, Söllnitz, Thangelstedt, Tromlitz, Wittersroda]; **Saaleplatte** (Sitz: Wormstedt) [Eckolstädt, Großromstedt, Hermstedt, Kleinromstedt, Kösnitz, Münchengosserstädt, Pfuhlsborn, Stobra, Wormstedt].

Verwaltungsgemeinschaften: **Berlstedt** (Sitz: Berlstedt): Ballstedt, Berlstedt [Ottmannshausen, Stedten], Ettersburg, Hottelstedt, Krautheim [Haindorf], Ramsla, Neumark S, Schwerstedt, Vippachedelhausen [Thalborn]; **Buttelstedt** (Sitz: S Buttelstedt): S Buttelstedt [Daasdorf bei Buttelstedt, Nermsdorf, Weiden]; Großobringen, Heichelheim, Kleinobringen, Leutenthal, Rohrbach, Sachsenhausen, Wohlsborn; **Grammetal** (Sitz: Isseroda): Bechstedtstraß, Daasdorf am Berge, Gutendorf, Hopfgarten, Isseroda, Mönchenholzhausen [Eichelborn, Hayn, Obernissa, Sohnstedt], Niederzimmern, Nohra [Obergrunstedt, Ulla], Ottstedt am Berge, Troistedt, Utzberg; **Ilmtal-Weinstraße** (Sitz: Pfiffelbach): Mattstedt, Kromsdorf [Denstedt, Großkromsdorf, Kleinkromsdorf], Liebstedt [Goldbach], Niederreißen, Niederroßla, Nirmsdorf, Oberreißen, Oßmannstedt [Ulrichshalben], Pfiffelbach [Wersdorf], Willerstedt; **Kranichfeld** (Sitz: S Kranichfeld): Hohenfelden, Klettbach [Schellroda], S Kranichfeld [Barchfeld a.d. Ilm, Stedten (Ilmtal)], Nauendorf, Rittersdorf, Tonndorf; **Mellingen** (Sitz: Mellingen): Buchfart, Döbritschen [Vollradisroda], Frankendorf, Großschwabhausen, Hammerstedt, Hetschburg, Hohlstedt [Kötschau], Kapellendorf, Kiliansroda, Kleinschwabhausen, Lehnstedt, Mechelroda, Mellingen, Oettern, Umpferstedt, Vollersroda, Wiegendorf [Schwabsdorf].

Erfüllende Gemeinden: S Bad Sulza für **Auerstedt**, **Eberstedt**, **Flurstedt**, **Gebstedt** [Neustedt], **Großheringen** [Kaatschen, Unterneusulza, Weichau], **Ködderitzsch**, **Niedertrebra** [Darnstedt], **Obertrebra**, **Rannstedt**, **Reisdorf**, **Schmiedehausen** [Lachstedt], **Wickerstedt**; S Blankenhain für S **Magdala** [Göttern, Maina, Ottstedt bei Magdala].

Weißensee (1945-1950)

Zugehörigkeit: Bis 16. 6. 1945 (gebildet 1816) LK (67 Orte) im RB Erfurt, FS Preußen.
Seit 16. 6. 1945 LK im L Thüringen. 1. 7. 1950 LK aufgelöst und S und Gm an → LK Arnstadt, → LK Erfurt, → LK Gotha, → LK Sondershausen und → SK Erfurt.

Kreissitz: S Weißensee.

Kreisgebiet: *16. 6. 1945* als LK in L Thüringen eingegliedert: S Gebesee, Kindelbrück, Sömmerda, Weißensee; Gm Alach, Andisleben, Bechstedt-Wagd, Bindersleben, Büßleben, Dachwig, Dittelstedt, Egstedt, Elxleben, Ermstedt, Friedrichsdorf, Frienstedt, Frömmstedt, Gangloffsömmern, Gispersleben-Kiliani, Gispersleben-Viti, Gottstedt, Großballhausen, Grüningen, Günstedt, Henschleben, Herrnschwende, Kleinballhausen, Kleinrettbach, Kühnhausen, Kutzleben, Lützensömmern, Marbach, Möbisburg, Mühlberg, Nausiß, Niedernissa, Niedertopfstedt, Nottleben, Oberbösa, Obertopfstedt, Ottenhausen, Riethgen, Ringleben, Röhrensee, Rohrborn, Salomonsborn, Schallenburg, Scherndorf, Schilfa, Schmira, Schwerstedt, Straußfurt, Tiefthal, Tröchtelborn, Tunzenhausen, Urbich, Vehra, Walschleben, Waltersdorf, Waltersleben, Wandersleben, Wenigensömmern, Werningsleben, Windischholzhausen, Witterda, Wundersleben, Zimmernsupra. *1. 7. 1945* Gm Mühlberg, Röhrensee und Wandersleben an → LK Gotha. *1. 7. 1950* LK aufgelöst: Gm Kirchheim an → LK Arnstadt; S Gebesee, Sömmerda, Weißensee; Gm Alach, Andisleben, Bechstedt-Wagd, Büßleben, Dachwig, Egstedt, Elxleben, Ermstedt, Friedrichsdorf, Frienstedt, Gangloffsömmern, Gottstedt, Großballhausen, Günstedt, Henschleben, Kleinballhausen, Kleinrettbach, Kühnhausen, Kutzleben, Lützensömmern, Niedernissa, Nottleben, Riethgen, Ringleben, Rohrborn, Salomonsborn, Schallenburg, Scherndorf, Schilfa, Schwerstedt, Straußfurt, Tiefthal, Tunzenhausen, Urbich, Vehra, Walschleben, Waltersdorf, Wenigensömmern, Werningsleben, Windischholzhausen, Witterda, Wundersleben, Zimmernsupra an → LK Erfurt; Gm Tröchtelborn an → LK Gotha; S Kindelbrück; Gm Frömmstedt, Grüningen, Herrnschwende, Nausiß, Niedertopfstedt, Oberbösa, Obertopfstedt, Ottenhausen an → LK Sondershausen; Gm Bindersleben, Dittelstedt, Gispersleben-Kiliani, Gispersleben-Viti, Marbach, Möbisburg, Schmira als Ot an → SK Erfurt.

Worbis (1945, 1946-1994)

Zugehörigkeit: Bis 16. 6. 1945 (gebildet 1816) LK (50 Orte) im RB Erfurt, FS Preußen. Seit 16.6.1945 LK im L Thüringen. 8. 8. 1945 aufgelöst und S und Gm an → LK Eichsfeld. 30. 9. 1946 LK neugebildet aus S und Gm des → LK Eichsfeld (96 Orte). Seit 25. 7. 1952 LK im B Erfurt. Seit 3. 10. 1990 LK im L, seit 1993 FS Thüringen. 1. 7. 1994 LK aufgelöst und S und Gm an → LK Eichsfeld.

Kreissitz: 1945 S Worbis, 1946-1952 S Heiligenstadt, 1952-1994 S Worbis.

Kreisgebiet: *16. 6. 1945* als LK in L Thüringen eingegliedert: S Worbis; Gm Berlingerode, Bernterode, Beuren, Birkungen, Bischofferode, Bockelnhagen, Bodenrode, Böseckendorf, Brehme, Breitenbach, Breitenholz, Breitenworbis, Deuna, Ecklingerode, Ferna, Gernrode, Gerterode, Großbodungen, Hauröden, Hausen, Haynrode, Holungen, Hüpstedt, Hundeshagen, Jützenbach, Kallmerode, Kaltohmfeld, Kirchohmfeld, Kirchworbis, Kleinbartloff, Kraja, Leinefelde, Neuendorf, Neustadt, Niederorschel, Rüdigershagen, Silkerode, Steinbach, Tastungen, Teistungen, Vollenborn, Wallrode, Wehnde, Weißenborn-Lüderode, Wingerode, Wintzingerode, Zaunröden, Zwinge. *8. 8. 1945* LK aufgelöst und S und Gm an → LK Eichsfeld.

30. 9. 1946 LK neugebildet aus S und Gm des LK Eichsfeld: S Dingelstädt, Heiligenstadt, Worbis; Arenshausen, Asbach, Bebendorf, Bernterode, Berlingerode, Beuren, Birkenfelde, Birkungen, Bischhagen, Bodenrode, Böseckendorf, Bornhagen, Brehme, Breitenbach, Breitenholz, Burgwalde, Dieterode, Dietzenrode, Döringsdorf, Ecklingerode, Eichstruth, Ershausen, Ferna, Flinsberg, Freienhagen, Fretterode, Geisleden, Geismar, Gerbershausen, Gernrode, Glasehausen, Großbartloff, Großtöpfer, Günterode, Hausen, Heuthen, Hohengandern, Hundeshagen, Kallmerode, Kalteneber, Kaltohmfeld, Kefferhausen, Kella, Kirchgandern, Kirchohmfeld, Kirchworbis, Kleinbartloff, Kreuzebra, Krombach, Lehna, Leinefelde, Lenterode, Lindewerra, Lutter, Mackenrode, Marth, Martinfeld, Mengelrode, Misserode, Neuendorf, Niederorschel, Pfaffschwende, Reinholterode, Rengelrode, Röhrig, Rohrberg, Rüstungen, Rustenfelde, Schachtebich, Schönau, Schönhagen, Schwobfeld, Sickenberg, Sickerode, Siemerode, Steinbach, Steinheuterode, Streitholz, Tastungen, Teistungen, Thalwenden, Uder,

Vatterode, Volkerode, Wahlhausen, Wehnde, Weidenbach, Westhausen, Wiesenfeld, Wilbich, Wingerode, Wintzingerode, Wüstheuterode. *30. 9. 1946* Gm Niederorschel an → LK Nordhausen. *25. 7. 1952* Gm Büttstedt, Effelder, Helmsdorf, Hildebrandshausen, Küllstedt, Lengenfeld u. Stein, Silberhausen, Wachstedt aus LK Mühlhausen eingegliedert; Gm Bernterode, Bischofferode, Bockelnhagen, Breitenworbis, Buhla, Deuna, Gerterode, Großbodungen, Hauröden, Haynrode, Holungen, Jützenbach, Neustadt, Niederorschel, Rüdigershagen, Silkerode, Steinrode, Stöckey, Vollenborn, Wallrode, Weißenborn-Lüderode, Zwinge aus LK Nordhausen eingegliedert; S Heiligenstadt; Arenshausen, Asbach, Bebendorf, Bernterode, Birkenfelde, Bischhagen, Bodenrode, Bornhagen, Böseckendorf, Burgwalde, Dieterode, Dietzenrode, Döringsdorf, Eichstruth, Ershausen, Flinsberg, Freienhagen, Fretterode, Geisleden, Geismar, Gerbershausen, Glasehausen, Großtöpfer, Günterode, Hohengandern, Kalteneber, Kella, Kirchgandern, Krombach, Lehna, Lenterode, Lindewerra, Lutter, Mackenrode, Marth, Martinfeld, Mengelrode, Misserode, Neuendorf, Pfaffschwende, Reinholterode, Rengelrode, Rohrberg, Röhrig, Rustenfelde, Rüstungen, Schachtebich, Schönau, Schönhagen, Schwobfeld, Siemerode, Steinbach, Steinheuterode, Streitholz, Thalwenden, Uder, Volkerode, Wahlhausen, Weidenbach, Westhausen, Wiesenfeld, Wilbich, Wüstheuterode an → LK Heiligenstadt. *10. 12. 1952* Gm Heuthen an → LK Heiligenstadt; Gm Hildebrandshausen, Lengenfeld u. Stein an → LK Mühlhausen; Gm Neuendorf, Böseckendorf aus LK Heiligenstadt eingegliedert. *1. 7. 1994* LK aufgelöst und S Dingelstädt, Leinefelde, Worbis; Gm Berlingerode, Bernterode, Beuren, Birkungen, Bischofferode, Bockelnhagen, Böseckendorf, Brehme, Breitenbach, Breitenworbis, Büttstedt, Buhla, Deuna, Ecklingerode, Effelder, Ferna, Gernrode, Gerterode, Großbartloff, Großbodungen, Hausen, Haynrode, Helmsdorf, Holungen, Hundeshagen, Jützenbach, Kallmerode, Kefferhausen, Kirchworbis, Kleinbartloff, Kreuzebra, Küllstedt, Neuendorf, Neustadt, Niederorschel, Rüdigershagen, Silberhausen, Silkerode, Steinrode, Stöckey, Tastungen, Teistungen, Vollenborn, Wachstedt, Wehnde, Weißenborn-Lüderode, Wingerode, Wintzingerode, Zwinge an → LK Eichsfeld.

Zeulenroda (1952-1994)

Zugehörigkeit: Bis 25. 7. 1952 → LK Gera (3 Orte), → LK Greiz (38 Orte), → LK Schleiz (1 Ort) im L Thüringen und LK Plauen (7 Orte) im L Sachsen.

Seit 25. 7. 1952 LK im B Gera. Seit 3. 10. 1990 LK im L, seit 1993 FS Thüringen. 1. 7. 1994 LK aufgelöst und S und Gm an → LK Greiz.

Kreissitz: S Zeulenroda.

Kreisgebiet: *25. 7. 1952* als K im B Gera gebildet aus S und Gm der LK Gera, Greiz, Schleiz (L Thüringen) und Plauen (L Sachsen): vom LK Gera: S Auma; Gm Forstwolfersdorf, Wiebelsdorf; vom LK Greiz: S Hohenleuben, Triebes, Zeulenroda; Gm Arnsgrün, Bernsgrün, Brückla, Dobia, Dörtendorf, Erbengrün, Fröbersgrün, Göhren, Göttendorf-Neuärgernis, Hain, Hainsberg, Kleinwolschendorf, Krölpa, Leiningen, Langenwetzendorf, Langenwolschendorf, Leitlitz, Lunzig, Mehla, Merkendorf, Muntscha, Naitschau, Niederböhmersdorf, Pahren, Pöllwitz, Schönbrunn, Silberfeld, Staitz, Stelzendorf, Weckersdorf, Weißendorf, Wellsdorf, Wenigenauma, Wolfshain, Zadelsdorf; vom LK Schleiz: Gm Läwitz; vom LK Plauen, L Sachsen: S Pausa; Gm Ebersgrün, Linda, Oberreichenau, Ranspach, Unterreichenau, Wallengrün. *10. 12. 1952* Gm Fröbersgrün an LK Plauen, B Chemnitz; Gm Forstwolfersdorf an → LK Gera; Gm Wellsdorf, Naitschau, Erbengrün, Lunzig, Leiningen an → LK Greiz; Gm Förthen aus LK Schleiz eingegliedert; Gm Tischendorf aus LK Pößneck eingegliedert. *1. 1. 1956* Gm Braunsdorf aus LK Pößneck eingegliedert. *1. 4. 1992* S Pausa; Gm Ebersgrün, Ranspach, Unterreichenau an FS Sachsen. *8. 3. 1994* Gm Naitschau, Wellsdorf, Zoghaus aufgelöst und aus LK Greiz in Gm Langenwetzendorf eingegliedert. *1. 7. 1994* LK aufgelöst und S Auma, Hohenleuben, Triebes, Zeulenroda; Gm Arnsgrün, Bernsgrün, Braunsdorf, Dörtendorf, Göhren-Döhlen, Hain, Langenwetzendorf, Langenwolschendorf, Merkendorf, Pöllwitz, Silberfeld, Staitz, Weißendorf, Wiebelsdorf, Zadelsdorf an → LK Greiz.

Ziegenrück (1945)

Zugehörigkeit: Bis 16. 6. 1945 (gebildet 1816) LK (38 Orte) im RB Erfurt, FS Preußen.
Seit 16. 6. 1945 LK im L Thüringen. 1. 10. 1945 LK aufgelöst und S und Gm an → LK Saalfeld und → LK Schleiz.

Kreissitz: S Ranis.

Kreisgebiet: *16. 6. 1945* als LK in L Thüringen eingegliedert: S Gefell, Ranis, Ziegenrück; Gm Altenbeuthen, Bahren, Blankenberg, Blintendorf (A), Bodelwitz, Dobian, Drognitz, Eßbach, Gertewitz, Gössitz, Goßwitz, Gräfendorf, Großkamsdorf, Kaulsdorf, Kleinkamsdorf, Krölpa, Külmla, Liebengrün, Liebschütz, Moxa, Neidenberga, Neuenbeuthen, Oelsen, Öpitz, Paska, Peuschen, Reitzengeschwenda, Rockendorf, Schmorda, Seisla, Sparnberg, Trannroda, Wernburg, Wilhelmsdorf, Zella. *1. 7. 1945* S Gefell, Gm Blankenberg, Blintendorf (preuß. A), Sparnberg an → LK Schleiz; Gm Goßwitz, Großkamsdorf, Kaulsdorf, Kleinkamsdorf an → LK Saalfeld. *1. 10. 1945* LK aufgelöst und S Ranis, Ziegenrück; Gm Altenbeuthen, Bahren, Bodelwitz, Dobian, Drognitz, Gertewitz, Gössitz, Gräfendorf, Krölpa, Liebengrün, Liebschütz, Moxa, Neidenberga, Neuenbeuthen, Oelsen, Öpitz, Paska, Peuschen, Reitzengeschwenda, Rockendorf, Schmorda, Seisla, Trannroda, Wernburg, Wilhelmsdorf, Zella an → LK Saalfeld; S Gm Eßbach, Külmla an → LK Schleiz.

[Frank Boblenz]

4.3 Rechtsgrundlagen

Die Übersicht enthält die Gesetze, Verordnungen und Bekanntmachungen zu den erfaßten territorialen Veränderungen auf Landes- und Kreisebene. Berücksichtigt werden auch relevante Verträge, für deren Existenz jedoch gegenwärtig zum Teil nur Hinweise vorliegen. In [ ] wird das Datum wiedergegeben, an dem die aus der Rechtsgrundlage resultierende territoriale Veränderung wirksam wurde. Ferner werden die Verwaltungsgebiete aufgeführt, deren Grenzen von der Veränderung betroffen waren.

Gesetz über die Neuabgrenzung der Kreise und Gemeinden (Kreiseinteilungsgesetz). Vom 16. Juni 1922. In: GS 3 (1922), Nr. 25, S. 245-253. [1. 10. 1922: SK Altenburg, Apolda, Arnstadt, Eisenach, Gera, Gotha, Greiz, Jena, Weimar; LK Altenburg, Arnstadt, Eisenach, Gera, Gotha, Greiz, Hildburghausen, Jena-Roda, Meiningen, Rudolstadt, Saalfeld, Schleiz, Sondershausen, Sonneberg, Weimar]

Zweite Ausführungsverordnung zum Kreiseinteilungsgesetz. Vom 11. August 1922. In: GS 3 (1922), Nr. 32, S. 350-351. [1. 10. 1922: SK Altenburg, Apolda, Arnstadt, Eisenach, Gera, Gotha, Greiz, Jena, Weimar]

Vierte Ausführungsverordnung zum Kreiseinteilungsgesetz. Vom 25. August 1922. In: GS 3 (1922), Nr. 36, S. 391-392. [1. 10. 1922: SK Eisenach; LK Eisenach, Rudolstadt]

Landkreis Roda. Vom 7. November 1922. In: ANBl. 3 (1922), T. I, Nr. 90, S. 528. [31. 10. 1922: LK Jena-Roda, Roda]

Dreizehnte Ausführungsverordnung zum Kreiseinteilungsgesetz. Vom 10. September 1923. In: GS 4 (1923), Nr. 54, S. 662-667. [1. 10. 1923: SK Arnstadt, Gera, Jena; LK Arnstadt, Gera, Roda]

Fünfzehnte Ausführungsverordnung zum Kreiseinteilungsgesetz. Vom 27. September 1923. In: GS 4 (1923), Nr. 56, S. 683-686. [1. 10. 1923: SK Eisenach, Gera; LK Eisenach, Gera]

Notgesetz zur Vereinfachung der Verwaltung. Vom 27. März 1924. In: GS 5 (1924), Nr. 19, S. 195-199. [5. 4. 1924: SK Zella-Mehlis; LK Meiningen]

V. Ausführungsverordnung zum Notgesetz über die Verschmelzungen von Gemeinden vom 18. März 1924 (V. Ausgemeindungsverordnung). Vom 16. Juli 1924. In: GS 5 (1924), Nr. 36, S. 319-320. [1. 8. 1924: SK Altenburg, Arnstadt, Gotha; LK Altenburg, Arnstadt, Gotha]

VII. Ausführungsverordnung zum Notgesetz über die Verschmelzung von Gemeinden vom 18. März/28. Mai 1924 (VII. Ausgemeindungsverordnung). Vom 15. September 1924. In: GS 5 (1924), Nr. 42, S. 353-356. [1. 10. 1924: SK Eisenach, Gera, Jena; LK Eisenach, Gera, Roda]

VIII. Ausführungsverordnung zum Notgesetz über die Verschmelzungen von Gemeinden vom 18. März/28. Mai 1924 (VIII. Ausgemeindungsverordnung). Vom 1. Januar 1925. In: GS 6 (1925), Nr. 2, S. 5-7. [1. 2. 1925: SK Gotha; LK Gotha]

IX. Ausführungsverordnung zum Notgesetz über die Verschmelzungen von Gemeinden vom 18. März/28. Mai 1924 (IX. Ausgemeindungsverordnung). Vom 5. Februar 1925. In: GS 6 (1925), Nr. 6, S. 24. [5. 2. 1925: SK Arnstadt; LK Arnstadt]

Gesetz, betr. Ausgemeindung aus Zeulenroda, Triebes und dem Stadtkreis Gera. Vom 12. Februar 1925. In: GS 6 (1925), Nr. 8, S. 27-28. [1. 4. 1925: SK Gera; LK Gera]

X. Ausführungsverordnung zum Notgesetz über die Verschmelzung von Gemeinden vom 18. März/28. Mai 1924 (X. Ausgemeindungsverordnung). Vom 6. März 1925. In: GS 6 (1925), Nr. 10, S. 42. [1. 4. 1925: SK Gera; LK Gera]

Gesetz zur Abänderung des Kreiseinteilungsgesetzes. Vom 31. März 1925. In: GS 6 (1925), Nr. 14, S. 69. [1. 4. 1925: LK Roda, Weimar; Kabt Camburg]

XI. Ausführungsverordnung zum Notgesetz über die Verschmelzung von Gemeinden vom 18. März/28. Mai 1924 (XI. Ausgemeindungsverordnung). Vom 23. April 1925. In: GS 6 (1925), Nr. 16, S. 85. [1. 5. 1925: SK Apolda; LK Weimar]

Bekanntmachung über die Bezeichnung des Kreises Roda. Vom 18. Dezember 1925. In: ANBl. 6 (1925), T. I, Nr. 106, S. 421. [18. 12. 1925: LK Roda, Stadtroda]

Bekanntmachung betr. Verleihung der Rechtsstellung eines Stadtkreises an die Gemeinde Zella-Mehlis. Vom 23. September 1926. In: GS 7 (1926), Nr. 36, S. 388. [8. 7. 1926: SK Zella Mehlis]

Zweites Gesetz zur Abänderung des Kreiseinteilungsgesetzes. Vom 25. November 1926. In: GS 7 (1926), Nr. 42, S. 403. [1. 1. 1927: LK Altenburg, Gera]

Gesetz über einen Gebietsaustausch mit dem Freistaat Sachsen. Vom 27. Januar 1928. In: GS 9 (1928), Nr. 6, S. 33-50. [1. 4. 1928: L Thüringen; SK Greiz; LK Altenburg, Gera, Greiz, Schleiz]

Gesetz über einen Gebietsaustausch zwischen Sachsen und Thüringen. Vom 30. März 1928. In: RGBl. 1928, T. I, Nr. 14, S. 115-116. [1. 4. 1928: L Thüringen; SK Greiz; LK Altenburg, Gera, Greiz, Schleiz]

Gesetz über die Eingliederung der Kreisabteilung Camburg in den Landkreis Stadtroda. Vom 16. März 1939. In: GS 20 (1939), Nr. 4, S. 11. [1. 4. 1939: LK Stadtroda; Kabt Camburg]

Gemeindebestandsänderung. Vom 26. Juni 1939. In: ANBl. 20 (1939), T. I, Nr. 51, S. 199- 200. [1. 10. 1939: LK Weimar, SK Weimar]

Rundverfügung des Regierungspräsidenten der Provinz Thüringen an die Oberbürgermeister und Landräte über die Ernennung und Zuständigkeit der Provinzregierung vom 13. Juni 1945. In: ThHStA Weimar, Land Thüringen - Ministerpräsident, Büro des Ministerpräsidenten Nr. 1078, Bl. 1. [16. 6. 1945: L Thüringen; SK Altenburg, Apolda, Arnstadt, Eisenach, Erfurt, Gera, Gotha, Greiz, Jena, Mühlhausen, Nordhausen, Weimar, Zella-Mehlis; LK Altenburg, Arnstadt, Eisenach, Gera, Gotha, Grafschaft Hohenstein, Greiz, Heiligenstadt, Herrschaft Schmalkalden, Hildburghausen, Langensalza, Meiningen, Mühlhausen, Rudolstadt, Saalfeld, Schleiz, Schleusingen, Sondershausen, Sonneberg, Stadtroda, Weimar, Weißensee, Worbis, Ziegenrück]

[Bekanntmachung über die] Errichtung der Provinzial-Regierung in Thüringen. Vom 2. Juli 1945. In: RegBl. [für die Provinz Thüringen] 1 (1945), Nr. 1, S. 1. [9. 6. 1945: L Thüringen]

Erste Verordnung über die Kreiseinteilung der Provinz Thüringen. Vom 2. Juli 1945. In: RegBl. [für die Provinz Thüringen] 1 (1945), Nr. 1, S. 2. [1. 7. 1945: LK Gotha, Herrschaft Schmalkalden, Saalfeld, Schleiz, Stadtroda, Weißensee, Ziegenrück]

Braunschweiger Abkommen zwischen dem Britischen und dem Sowjetischen Oberkommando vom 12. Juli 1945. (Siehe Volker Wahl, Thüringens territoriale Neuordnung 1945. In: Zeitschrift des Vereins für Thüringische Geschichte 46 (1992), S. 241-243.) [12. 7. 1945: L Thüringen; LK Grafschaft Hohenstein]

Zweite Verordnung über die Kreiseinteilung des Landes Thüringen. Vom 8. August 1945. In: RegBl. 1 (1945), T. I, Nr. 3, S. 7. [8. 8. 1945: LK Eichsfeld, Heiligenstadt, Worbis]

[Bekanntmachung über die] Bildung der Landesverwaltung Thüringen. Vom 1. September 1945. In: RegBl. 1 (1945), T. I, Nr. 3, S. 5. [16. 7. 1945: L Thüringen]

Wanfrieder Abkommen zwischen dem Amerikanischen und dem Sowjetischen Oberkommando vom 17. September 1945. (Siehe Volker Wahl, Thüringens territoriale Neuordnung 1945. In: Zeitschrift des Vereins für Thüringische Geschichte 46 (1992), S. 243-245. Deutsche Übersetzung des Abkommens bei: Ralf Roman Rossberg, Grenze über die deutschen Schienen. Freiburg 1980, S. 134-135.) [19. 9. 1945: L Thüringen; LK Heiligenstadt]

Dritte Verordnung über die Kreiseinteilung des Landes Thüringen. Vom 12. September 1945. In: RegBl. 1 (1945), T. I, Nr. 6, S. 22. [1. 10. 1945: LK Saalfeld, Schleiz, Ziegenrück]

Vierte Verordnung über die Kreiseinteilung des Landes Thüringen. Vom 12. September 1945. In: RegBl. 1 (1945), T. I, Nr. 6, S. 22. [1. 10. 1945: LK Gotha, Herrschaft Schmalkalden]

Fünfte Verordnung über die Kreiseinteilung des Landes Thüringen. Vom 12. September 1945. In: RegBl. 1 (1945), T. I, Nr. 6, S. 22. [1. 10. 1945: LK Arnstadt, Schleusingen]

Sechste Verordnung über die Kreiseinteilung des Landes Thüringen. Vom 24. September 1945. In: RegBl. 1 (1945), T. I, Nr. 7, S. 31. [1. 10. 1945: LK Schleusingen, SK Zella-Mehlis]

Bekanntmachung. Vom 6. November 1945. In: RegBl. 1 (1945), T. II, Nr. 10, S. 67. [1. 10. 1945: L Thüringen; LK Weimar]

Verordnung über die Umbenennung des Landkreises Grafschaft Hohenstein. Vom 19. Oktober 1945. In: RegBl. 1 (1945), T. I, Nr. 11, S. 46. [1. 11. 1945: LK Grafschaft Hohenstein, Nordhausen]

Verordnung über die Umbenennung des Kreises Schleusingen und des Kreises Herrschaft Schmalkalden. Vom 30. Januar 1946. In: RegBl. 2 (1946), T. I, Nr. 5, S. 30. [12. 2. 1946: LK Herrschaft Schmalkalden, Schleusingen, Schmalkalden, Suhl]

Zehnte Verordnung über die Kreiseinteilung des Landes Thüringen. Vom 21. Mai 1946. In: RegBl. 2 (1946), T. I, Nr. 16, S. 93. [1. 7. 1946: LK Eisenach, Meiningen, Mühlhausen]

Elfte Verordnung über die Kreiseinteilung des Landes Thüringen. Vom 6. Juni 1946. In: RegBl. 2 (1946), T. I, Nr. 16, S. 94. [10. 6. 1946: LK Eichsfeld, Nordhausen]

Zwölfte Verordnung über die Kreiseinteilung des Landes Thüringen. Vom 20. Juli 1946. In: RegBl. 2 (1946), T. I, Nr. 20, S. 118. [1. 8. 1946: SK Jena; LK Altenburg, Gera, Stadtroda]

Dreizehnte Verordnung über die Kreiseinteilung des Landes Thüringen. Vom 26. September 1946. In: RegBl. 2 (1946), T. I, Nr. 24, S. 134. [30. 9. 1946: LK Eichsfeld, Mühlhausen, Nordhausen, Worbis]

Vierzehnte Verordnung über die Kreiseinteilung des Landes Thüringen. Vom 15. Oktober 1946. In: RegBl. 2 (1946), T. I, Nr. 28, S. 151. [30. 9. 1946: LK Nordhausen, Worbis]

Gesetz zur Änderung der Kreis- und Gemeindegrenzen im Lande Thüringen. Vom 26. April 1950. In: RegBl. 6 (1950), T. I, Nr. 12, S. 133. [26. 4. 1950]

1. Verordnung zur Ausführung des Gesetzes zur Änderung der Kreis- und Gemeindegrenzen im Lande Thüringen vom 26. April 1950. Vom 22. Mai 1950. In: RegBl. 6 (1950), T. I, Nr. 14, S. 157-160. [1. 7. 1950: SK Altenburg, Apolda, Arnstadt, Eisenach, Erfurt, Gera, Gotha, Greiz, Mühlhausen, Nordhausen; LK Altenburg, Arnstadt, Bad Salzungen, Eisenach, Erfurt, Gera, Gotha, Greiz, Hildburghausen, Jena, Langensalza, Meiningen, Mühlhausen, Nordhausen, Rudolstadt, Saalfeld, Schleiz, Schmalkalden, Sondershausen, Sonneberg, Stadtroda, Suhl, Weimar, Weißensee, Worbis]

2. Verordnung zur Änderung der Kreis- und Gemeindegrenzen im Lande Thüringen. Vom 26. Juni 1950. In: RegBl. 6 (1950), T. I, Nr. 18, S. 193-196. [1. 7. 1950: SK Gera; LK Altenburg, Arnstadt, Bad Salzungen, Eisenach, Erfurt, Gera, Gotha, Greiz, Meiningen, Mühlhausen, Nordhausen, Rudolstadt, Saalfeld, Schleiz, Suhl, Weimar]

Gesetz über Änderung von Grenzen der Länder. Vom 28. Juni 1950. In: GBl. DDR 1950, Nr. 75, S. 631. [8. 7. 1950]

Verordnung zur Durchführung des Gesetzes über Änderung von Grenzen der Länder. Vom 13. Juli 1950. In: GBl. DDR 1950, Nr. 78, S. 659-660. [13. 7. 1950: L Thüringen; LK Altenburg]

4. Verordnung zur Änderung der Kreis- und Gemeindegrenzen im Lande Thüringen. Vom 16. Januar 1952. In: RegBl. 8 (1952), T. I, Nr. 3, S. 17. [1. 2. 1952: LK Bad Salzungen, Erfurt, Meiningen, Suhl, Weimar]

Bekanntmachung über eine Änderung der Landesgrenzen zwischen dem Lande Thüringen und dem Lande Sachsen-Anhalt. Vom 30. Juni 1952. In: RegBl. 8 (1952), T. I, Nr. 19, S. 153. [1. 7. 1952: L Thüringen; LK Jena]

Gesetz über die weitere Demokratisierung des Aufbaus und der Arbeitsweise der staatlichen Organe in den Ländern der Deutschen Demokratischen Republik. Vom 23. Juli 1952. In: GBl. DDR 1952, Nr. 99, S. 613-614. [24. 7. 1952]

Gesetz über die weitere Demokratisierung des Aufbaus und der Arbeitsweise der staatlichen Organe im Lande Thüringen. Vom 25. Juli 1952. In: RegBl. 8 (1952), T. I, Nr. 22/23, S. 177-188. [25. 7. 1952: B Erfurt: SK Erfurt, Weimar; LK Apolda, Arnstadt, Eisenach, Erfurt, Gotha, Heiligenstadt, Langensalza, Mühlhausen, Nordhausen, Sömmerda, Sondershausen, Weimar, Worbis; B Gera: SK Gera, Jena; LK Eisenberg, Gera, Greiz, Jena, Lobenstein, Pößneck, Rudolstadt, Saalfeld, Schleiz, Stadtroda, Zeulenroda; B Suhl: LK Bad Salzungen, Hildburghausen, Ilmenau, Meiningen, Neuhaus am Rennweg, Schmalkalden, Sonneberg, Suhl]

Gesetz über die weitere Demokratisierung des Aufbaus und der Arbeitsweise der staatlichen Organe im Lande Sachsen-Anhalt. Vom 25. Juli 1952. In: Gesetz- und Amtsblatt Sachsen-Anhalt 1952, Nr. 28, S. 213-219. [25. 7. 1952: L Thüringen; B Erfurt; LK Apolda, Eisenberg, Jena, Nordhausen, Sömmerda, Sondershausen; B Halle: LK Artern]

Gesetz über die weitere Demokratisierung des Aufbaus und der Arbeitsweise der staatlichen Organe im Lande Sachsen. Vom 25. Juli 1952. In: Gesetz- und Verordnungsblatt Sachsen 8 (1952), S. 325-340. [25. 7. 1952: L Thüringen; B Gera: LK Gera, Greiz; B Leipzig: LK Altenburg, Schmölln]

Verordnung zur Änderung von Bezirks- und Kreisgrenzen. Vom 4. Dezember 1952. In: GBl. DDR 1952, Nr. 172, S. 1283-1286. [10. 12. 1952: B Erfurt: LK Apolda, Erfurt, Gotha, Heiligenstadt, Langensalza, Mühlhausen, Sömmerda, Weimar, Worbis; B Gera: LK Eisenberg, Gera, Greiz, Jena, Lobenstein, Pößneck, Rudolstadt, Saalfeld, Schleiz, Stadtroda, Zeulenroda; B Suhl: LK Hildburghausen, Neuhaus, Sonneberg, Suhl; B Leipzig: LK Schmölln]

Bekanntmachung des Beschlusses des Ministerrates über Veränderungen von Bezirks-, Kreis- und Gemeindegrenzen. Vom 28. Oktober 1955. In: GBl. DDR 1955, T. I, Nr. 99, S. 813. [1. 1. 1956: B Erfurt: LK Sömmerda, Sondershausen; B Gera: LK Pößneck, Zeulenroda]

Bekanntmachung der Beschlüsse des Bezirkstages Karl-Marx-Stadt vom 4. Oktober 1955 und des Bezirkstages Gera vom 18. November 1955 über die Umgemeindung des Ortsteils Neudeck der Gemeinde Reuth (Kreis Reichenbach, Bezirk Karl-Marx-Stadt) nach der Gemeinde Reudnitz (Kreis Greiz, Bezirk Gera). In: ZBl. DDR 1956, Nr. 2, S. 14. [1. 1. 1956: B Gera: LK Greiz].

Bekanntmachung der Beschlüsse des Bezirkstages Karl-Marx-Stadt vom 16. Dezember 1955 und des Bezirkstages Gera vom 18. November 1955 über die Umgemeindung des Ortsteils Göltzschhammer der Gemeinde Kleingera aus dem Kreis Reichenbach (Bezirk Karl-Marx-Stadt) in die Stadt Greiz (Kreis Greiz, Bezirk Gera). In: ZBl. DDR 1956, Nr. 2, S. 14. [1. 1. 1956: B Gera: LK Greiz]

Beschluß über Veränderungen von Bezirks-, Kreis- und Gemeindegrenzen. Vom 8. Dezember 1955. In: GBl. DDR, 1955, T. I, Nr. 110, S. 936-937. [1. 1. 1956: B Erfurt: LK Sömmerda, Sondershausen; B Gera: LK Jena; B Halle: LK Artern; B Leipzig: LK Schmölln]

Bekanntmachung des Beschlusses des Bezirkstages Suhl über die Änderung der Grenzen der Kreise Bad Salzungen und Schmalkalden. Vom 26. Oktober 1956. In: ZBl. DDR 1957, Nr. 7, S. 89. [1. 1. 1957: B Suhl: LK Bad Salzungen, Schmalkalden]

Beschluß über die Veränderungen von Bezirks-, Kreis- und Gemeindegrenzen und Umbenennungen von Gemeinden. Vom 14. Dezember 1956. In: GBl. DDR 1957, T. I, Nr. 1, S. 11-16. [1. 1. 1957: B Erfurt: LK Arnstadt, Gotha; B Gera: LK Pößneck, Schleiz; B Suhl: Hildburghausen, Meiningen]

Beschluß über Veränderungen von Bezirks-, Kreis- und Gemeindegrenzen und Umbenennungen von Gemeinden. Vom 21. Dezember 1956. In: GBl. DDR 1957, T. I, Nr. 1, S. 16. [1. 1. 1957: B Leipzig: LK Altenburg, Schmölln]

Beschluß über Veränderungen der territorialen Gliederung von Bezirken, Kreisen und Gemeinden. Vom 5. Juni 1958. In: GBl. DDR 1958, T. I, S. 501. [1. 7. 1958: B Gera: LK Gera]

Bekanntmachung des Beschlusses des Bezirkstages Erfurt und des Bezirkstages Halle über die Umgemeindung des Ortsteiles ehemalige Schachtanlage Gewerkschaft aus der Stadt Rastenberg (Kr. Sömmerda, Bez. Erfurt) in die Gemeinde Billroda (Kr. Nebra, Bez. Halle). Vom 1. September und 18. Dezember 1959. In: ZBl. DDR 1960, Nr. 6, S. 69. [1. 1. 1960: B Erfurt: LK Sömmerda]

Erlaß des Staatsrates der Deutschen Demokratischen Republik über die Veränderung der territorialen Gliederung der Städte Halle und Suhl. Vom 12. Mai 1967. In: GBl. DDR 1967, T. I., Nr. 7, S. 64. [12. 5. 1967: B Suhl: LK Suhl; SK Suhl]

Verfassungsgesetz zur Bildung von Ländern in der Deutschen Demokratischen Republik - Ländereinführungsgesetz. Vom 22. Juli 1990. In: GBl. DDR 1990, T. I, Nr. 51, S. 955-959. [3. 10. 1990: L Thüringen; S Erfurt, Gera, Jena, Suhl, Weimar; LK Altenburg, Apolda, Arnstadt,

Artern, Bad Langensalza, Bad Salzungen, Eisenach, Eisenberg, Erfurt, Gera, Gotha, Greiz, Heiligenstadt, Hildburghausen, Ilmenau, Jena, Lobenstein, Meiningen, Mühlhausen, Neuhaus am Rennweg, Nordhausen, Pößneck, Rudolstadt, Saalfeld, Schleiz, Schmalkalden, Schmölln, Sömmerda, Sondershausen, Sonneberg, Stadtroda, Suhl, Weimar, Worbis, Zeulenroda]

Gesetz zum Vertrag zwischen der Bundesrepublik Deutschland und der Deutschen Demokratischen Republik über die Herstellung der Einheit Deutschlands - Einigungsvertrag - vom 31. August 1990 (Verfassungsgesetz). Vom 20. September 1990. In: GBl. DDR 1990, T. I, Nr. 64, S. 1627-1985. [3. 10. 1990: L Thüringen; S Erfurt, Gera, Jena, Suhl, Weimar; LK Altenburg, Apolda, Arnstadt, Artern, Bad Langensalza, Bad Salzungen, Eisenach, Eisenberg, Erfurt, Gera, Gotha, Greiz, Heiligenstadt, Hildburghausen, Ilmenau, Jena, Lobenstein, Meiningen, Mühlhausen, Neuhaus am Rennweg, Nordhausen, Pößneck, Rudolstadt, Saalfeld, Schleiz, Schmalkalden, Schmölln, Sömmerda, Sondershausen, Sonneberg, Stadtroda, Suhl, Weimar, Worbis, Zeulenroda]

Thüringer Gesetz zu dem Staatsvertrag zwischen dem Freistaat Sachsen und dem Land Thüringen über die Änderung der gemeinsamen Landesgrenze. Vom 26. März 1992. In: GVBl. 3 (1992), Nr. 7, S. 91-96. [1. 4. 1992: L Thüringen; LK Greiz, Schleiz, Zeulenroda]

Bekanntmachung über das Inkrafttreten des Staatsvertrages zwischen dem Freistaat Sachsen und dem Land Thüringen über die Änderung der gemeinsamen Landesgrenze. Vom 23. April 1992. In: GVBl. 3 (1992), Nr. 10, S. 151. [1. 4. 1992: L Thüringen; LK Greiz, Schleiz, Zeulenroda]

Gesetz zur Neugliederung der Landkreise und kreisfreien Städte in Thüringen (Thüringer Neugliederungsgesetz). Vom 16. August 1993. In: GVBl. 4 (1993), Nr. 24, S. 545-551. [1. 7. 1994: S Erfurt, Gera, Jena, Suhl, Weimar; LK Altenburg, Apolda, Artern, Bad Langensalza, Bad Salzungen, Eichsfeld, Eisenach, Eisenberg, Erfurt, Gera, Gotha, Greiz, Heiligenstadt, Hildburghausen, Holzlandkreis, Ilm-Kreis, Ilmenau, Jena, Lobenstein, Meiningen, Mühlhausen, Nordhausen, Pößneck, Rudolstadt, Saale-Orla-Kreis, Saalfeld, Schleiz, Schmalkalden-Meiningen, Schmölln, Schwarza-Kreis, Sömmerda, Sondershausen, Sonneberg, Stadtroda, Suhl, Unstrut-Hainich-Kreis, Wartburgkreis, Weimar, Weimar-Land, Worbis, Zeulenroda; 1. 1. 1998: S Eisenach]

Thüringer Verordnung über die Auflösung und Zusammenlegung der Gemeinden Beberstedt, Hüpstedt und Zaunröden. Vom 1. November 1993. In: GVBl. 4 (1993), Nr. 33, S. 704-705. [1. 1. 1994: LK Mühlhausen, Sondershausen]

Thüringer Verordnung über die Auflösung der Gemeinden Schwarzbach und Eckardts und ihre Eingliederung in die Gemeinde Schwallungen. Vom 12. Januar 1994. In: GVBl. 5 (1994), Nr. 7, S. 221. [25. 2. 1994: LK Meiningen, Schmalkalden]

Thüringer Verordnung über die Auflösung der Gemeinden Naitschau, Wellsdorf und Zoghaus und ihre Eingliederung in die Gemeinde Langenwetzendorf. Vom 20. Januar 1994. In: GVBl. 5 (1994), Nr. 8, S. 235-236. [8. 3. 1994: LK Greiz, Zeulenroda]

Thüringer Verordnung über die Auflösung von Gemeinden und ihre Eingliederung in die kreisfreien Städte Erfurt, Gera, Jena, Suhl oder Weimar. Vom 1. März 1994. In: GVBl. 5 (1994), Nr. 9, S. 288-289. [1. 4. 1994: LHS Erfurt; S Gera, Jena, Suhl, Weimar; LK Erfurt, Gera, Ilmenau, Jena, Suhl, Weimar]

Thüringer Verordnung über die Auflösung der Gemeinde Süßenborn und ihre Eingliederung in die Stadt Weimar. Vom 31. März 1994. In: GVBl. 5 (1994), Nr. 14, S. 408-409. [14. 4. 1994: S Weimar; LK Weimar]

Thüringer Verordnung über die Ausgliederung des Ortsteils Bechstedt-Wagd der Gemeinde Egstedt und seine Eingliederung in die Gemeinde Kirchheim. Vom 28. März 1994. In: GVBl. 5 (1994), Nr. 13, S. 394. [30. 6. 1994: LK Arnstadt, Erfurt]

Thüringer Gesetz zu dem Zweiten Staatsvertrag zwischen dem Freistaat Sachsen und dem Freistaat Thüringen über die Änderung der gemeinsamen Landesgrenze. Vom 19. Juli 1994. In: GVBl. 5 (1994), Nr. 26, S. 933-936. [1. 8. 1994: L Thüringen; LK Greiz]

Bekanntmachung über das Inkrafttreten des Zweiten Staatsvertrages zwischen dem Freistaat Sachsen und dem Freistaat Thüringen über die Änderung der gemeinsamen Landesgrenze. Vom 14. September 1994. In: GVBl. 5 (1994), Nr. 30, S. 1051. [1. 8. 1994: L Thüringen, LK Greiz]

Thüringer Verordnung über die Auflösung der Gemeinde Töttelstädt und ihre Eingliederung in die Landeshauptstadt Erfurt. Vom 22. September 1994. In: GVBl. 5 (1994), Nr. 32, S. 1080. [12. 10. 1994; LHS Erfurt; LK Sömmerda]

Thüringer Gesetz zur Neugliederung kreisangehöriger Gemeinden (Thüringer Gemeindeneugliederungsgesetz). Vom 23. Dezember 1996. In: GVBl. 7 (1996), Nr. 20, S. 333- 340. [1. 1. 1997: LK Saalfeld-Rudolstadt, Weimarer Land]

[Frank Boblenz]

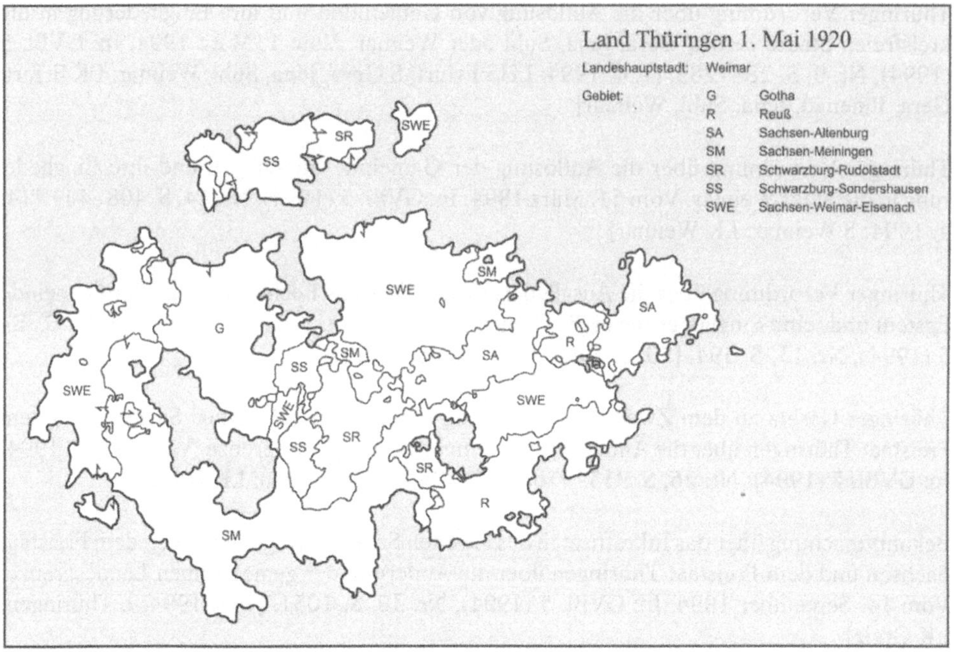
Land Thüringen 1. Mai 1920
Landeshauptstadt: Weimar
Gebiet:
G Gotha
R Reuß
SA Sachsen-Altenburg
SM Sachsen-Meiningen
SR Schwarzburg-Rudolstadt
SS Schwarzburg-Sondershausen
SWE Sachsen-Weimar-Eisenach
SR
SWE
SS
SM
SWE
SA
G
R
SM
SS
SA
SWE
SWE
SWE
SS
SR
SR
R
SM

Abb. 33

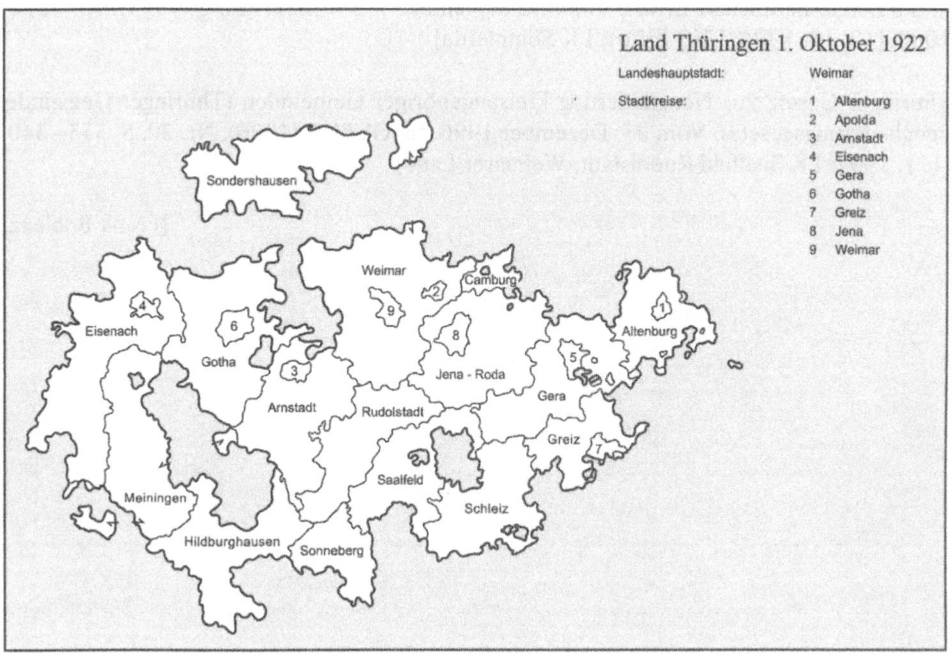
Land Thüringen 1. Oktober 1922
Landeshauptstadt: Weimar
Stadtkreise:
1 Altenburg
2 Apolda
3 Arnstadt
4 Eisenach
5 Gera
6 Gotha
7 Greiz
8 Jena
9 Weimar
Sondershausen
Weimar
Camburg
Eisenach
Altenburg
Jena - Roda
Gotha
Arnstadt
Rudolstadt
Gera
Greiz
Saalfeld
Meiningen
Schleiz
Hildburghausen
Sonneberg

Abb. 34

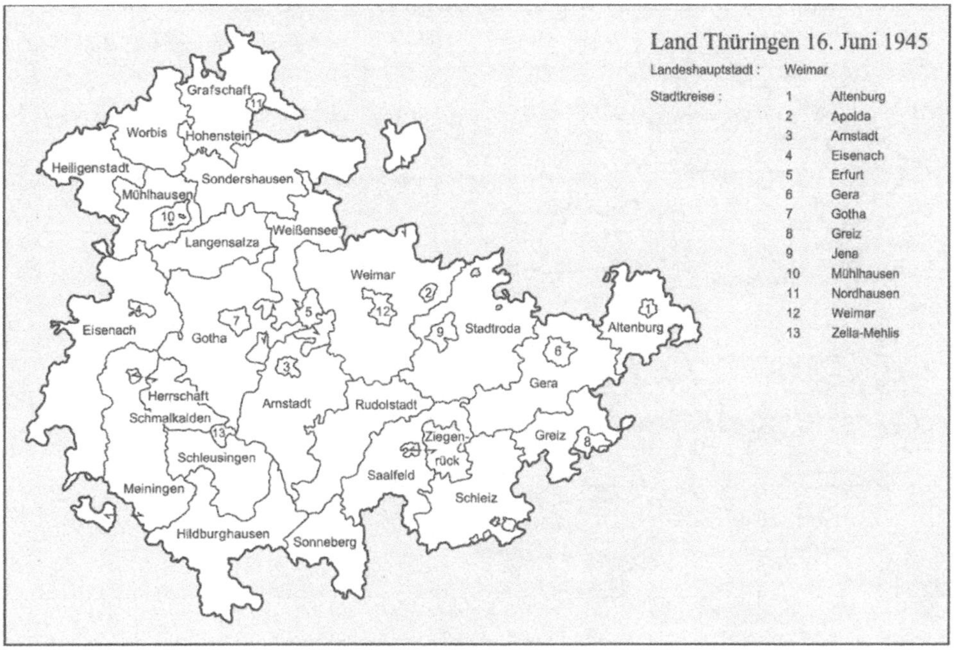
Land Thüringen 16. Juni 1945
Landeshauptstadt : Weimar
Stadtkreise : 1 Altenburg
2 Apolda
3 Arnstadt
4 Eisenach
5 Erfurt
6 Gera
7 Gotha
8 Greiz
9 Jena
10 Mühlhausen
11 Nordhausen
12 Weimar
13 Zella-Mehlis
Grafschaft
Worbis
Hohenstein
Heiligenstadt
Sondershausen
Mühlhausen
Langensalza
Weißensee
Weimar
Eisenach
Gotha
Stadtroda
Altenburg
Gera
Herrschaft Schmalkalden
Arnstadt
Rudolstadt
Ziegenrück
Greiz
Schleusingen
Saalfeld
Meiningen
Schleiz
Hildburghausen
Sonneberg

Abb. 35

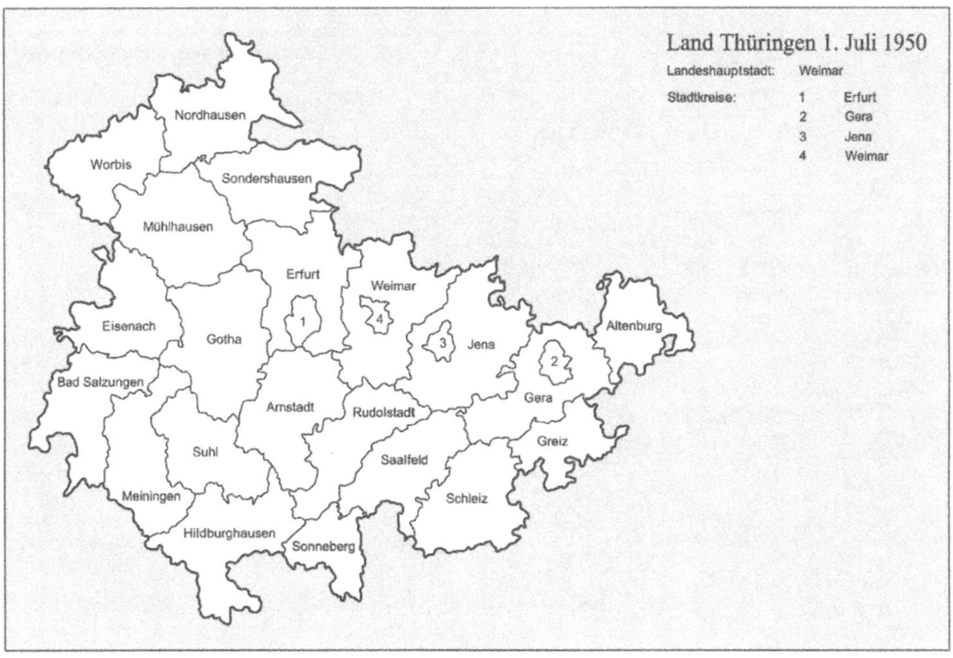
Land Thüringen 1. Juli 1950
Landeshauptstadt: Weimar
Stadtkreise: 1 Erfurt
2 Gera
3 Jena
4 Weimar
Nordhausen
Worbis
Sondershausen
Mühlhausen
Erfurt
Weimar
Eisenach
Gotha
Jena
Altenburg
Bad Salzungen
Gera
Arnstadt
Rudolstadt
Greiz
Suhl
Saalfeld
Meiningen
Schleiz
Hildburghausen
Sonneberg

Abb. 36

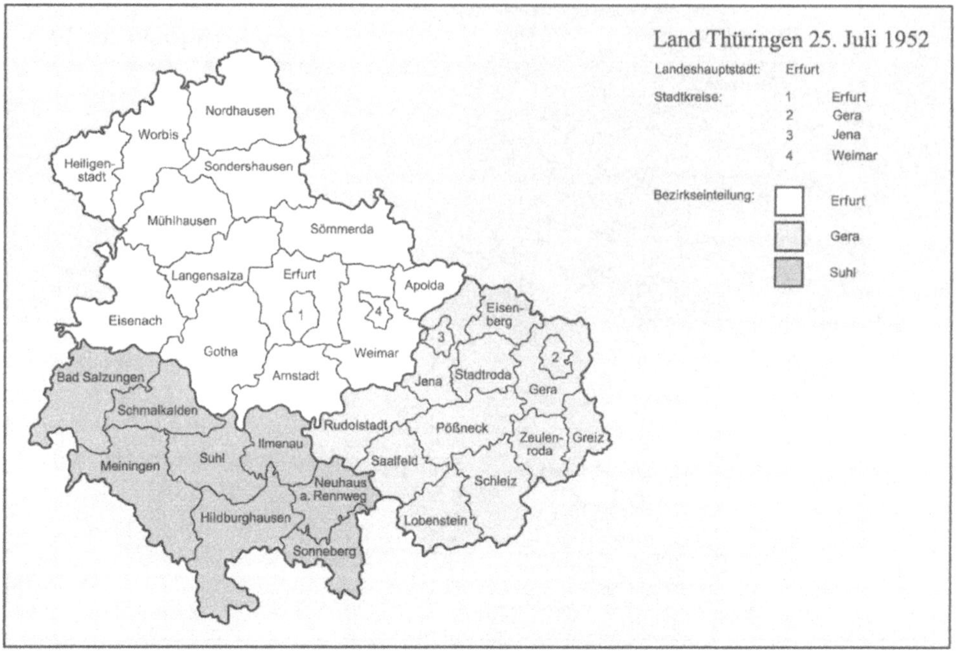
Land Thüringen 25. Juli 1952
Landeshauptstadt: Erfurt
Stadtkreise: 1 Erfurt
2 Gera
3 Jena
4 Weimar
Bezirkseinteilung: Erfurt
Gera
Suhl
Nordhausen
Worbis
Heiligen-stadt
Sondershausen
Mühlhausen
Sömmerda
Langensalza
Erfurt
Apolda
Eisenach
Eisen-berg
Gotha
Weimar
Bad Salzungen
Arnstadt
Jena
Stadtroda
Gera
Schmalkalden
Rudolstadt
Pößneck
Ilmenau
Zeulen-roda
Greiz
Meiningen
Suhl
Saalfeld
Neuhaus a. Rennweg
Schleiz
Hildburghausen
Lobenstein
Sonneberg

Abb. 37

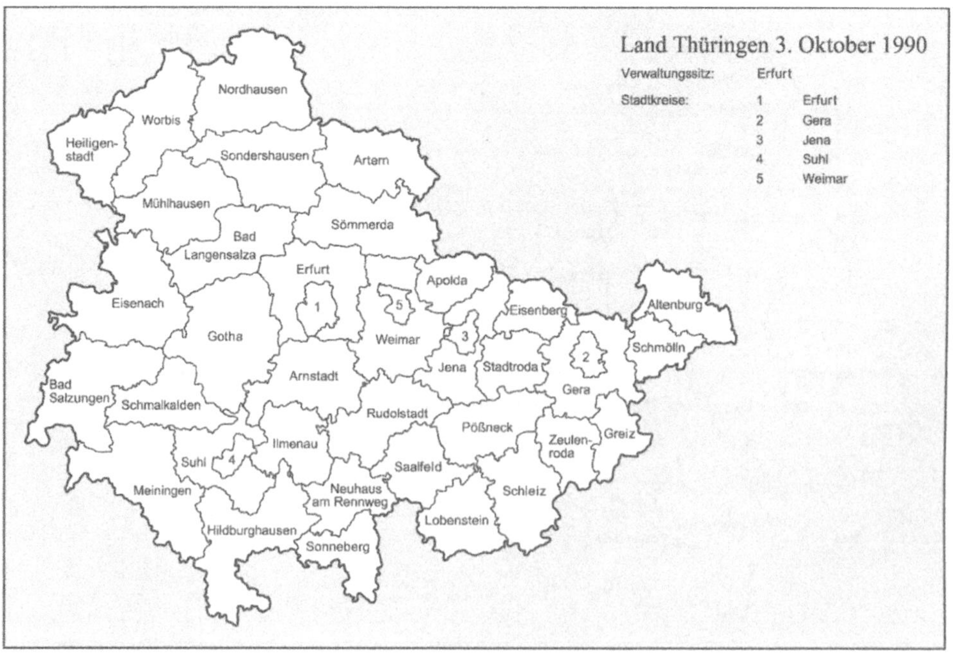
Land Thüringen 3. Oktober 1990
Verwaltungssitz: Erfurt
Stadtkreise: 1 Erfurt
2 Gera
3 Jena
4 Suhl
5 Weimar
Nordhausen
Worbis
Heiligen-stadt
Sondershausen
Artern
Mühlhausen
Bad Langensalza
Sömmerda
Erfurt
Apolda
Eisenach
Eisenberg
Altenburg
Gotha
Weimar
Schmölln
Jena
Stadtroda
Gera
Bad Salzungen
Schmalkalden
Arnstadt
Rudolstadt
Pößneck
Zeulen-roda
Greiz
Ilmenau
Suhl
Saalfeld
Meiningen
Neuhaus am Rennweg
Schleiz
Lobenstein
Hildburghausen
Sonneberg

Abb. 38

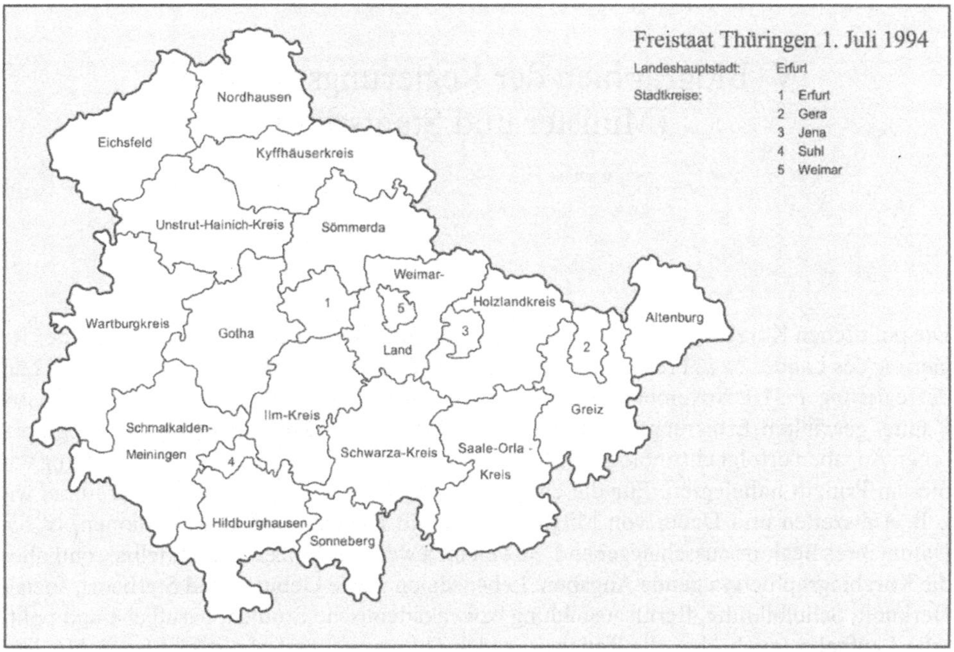
Freistaat Thüringen 1. Juli 1994
Landeshauptstadt: Erfurt
Stadtkreise: 1 Erfurt
2 Gera
3 Jena
4 Suhl
5 Weimar
Nordhausen
Eichsfeld
Kyffhäuserkreis
Unstrut-Hainich-Kreis
Sömmerda
Weimar-
Land
Holzlandkreis
Altenburg
Wartburgkreis
Gotha
Greiz
Ilm-Kreis
Schmalkalden-
Meiningen
Schwarza-Kreis
Saale-Orla -
Kreis
Hildburghausen
Sonneberg

Abb. 39

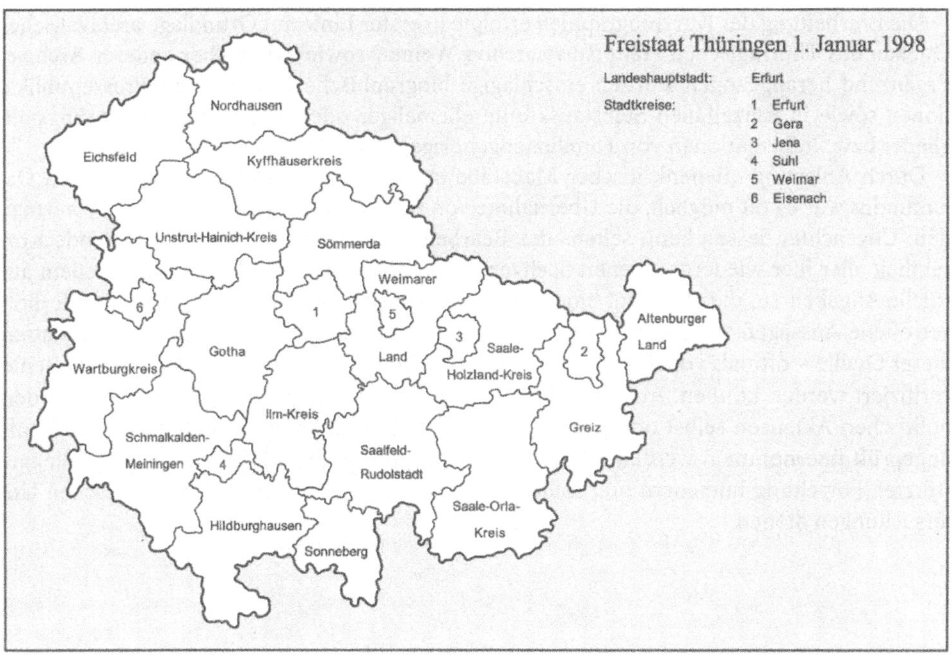
Freistaat Thüringen 1. Januar 1998
Landeshauptstadt: Erfurt
Stadtkreise: 1 Erfurt
2 Gera
3 Jena
4 Suhl
5 Weimar
6 Eisenach
Nordhausen
Eichsfeld
Kyffhäuserkreis
Unstrut-Hainich-Kreis
Sömmerda
Weimarer
Land
Altenburger
Land
Saale-
Holzland-Kreis
Wartburgkreis
Gotha
Ilm-Kreis
Greiz
Schmalkalden-
Meiningen
Saalfeld-
Rudolstadt
Saale-Orla-
Kreis
Hildburghausen
Sonneberg

Abb. 40

V Biographien der Regierungsmitglieder (Minister und Staatsräte)

Die politischen Kurzbiographien erfassen in alphabetischer Folge alle Personen, die der Regierung des Landes bzw. Freistaates Thüringen im Zeitraum seit der Bildung der ersten Landesregierung am 10. November 1920 bis zum 31. Dezember 1995, dem Ende des für dieses Kapitel gewählten Erfassungszeitraumes, angehört haben. Die Darstellung der biographischen Angaben erfolgt chronologisch, sofern nicht zwingende Gründe eine Abweichung von diesem Prinzip nahelegten. Für die chronologische Einordnung längerer Zeiträume, wie z. B. Amtszeiten und Dauer von Mitgliedschaften in Parteien und Organisationen, ist das Datum ihres Beginns ausschlaggebend. Soweit im jeweiligen Einzelfall ermittelbar, enthalten die Kurzbiographien folgende Angaben: Lebensdaten sowie Geburts- und Sterbeort, soziale Herkunft, Schulbildung, Berufsausbildung bzw. akademische Studien, berufliche und politische Laufbahn (auch über die Tätigkeit in der Thüringer Landespolitik hinaus), Mitgliedschaft in Parteien und Organisationen, verliehene Orden und Ehrentitel sowie Hinweise auf Veröffentlichungen der betreffenden Person.

Die Erarbeitung der Kurzbiographien erfolgte in erster Linie auf Grundlage archivalischer Quellen des Thüringischen Hauptstaatsarchivs Weimar sowie zahlreicher anderer Archive. Ergänzend herangezogen wurden einschlägige biographische Handbücher, Pressepublikationen sowie in Einzelfällen Selbstauskünfte ehemaliger oder amtierender Regierungsmitglieder bzw. Informationen von Familienangehörigen und Verwandten.

Durch Anlegung quellenkritischer Maßstäbe an den ausgewerteten biographischen Datenfundus war es oft möglich, die Übernahme von Fehlern und Ungenauigkeiten zu vermeiden. Ungeachtet dessen kann seitens des Bearbeiters kein Anspruch auf umfassende Korrektheit aller hier wiedergegebenen Sachverhalte erhoben werden. Dies trifft vor allem auf solche Angaben zu, die allein auf biographischen Selbstzeugnissen beruhen, wo wiederholt getroffene Aussagen zu einem bestimmten Sachverhalt - abhängig vom Entstehungsdatum dieser Quelle - oftmals voneinander abweichen und nicht anhand ergänzender Dokumente verifiziert werden können. Auch die durch den Bearbeiter eingeholten Auskünfte von den politischen Akteuren selbst oder ihnen nahestehenden Personen mußten zwangsläufig oft ungeprüft übernommen werden. Diese Problematik ist im Grunde jedoch jeder quellengestützten Forschung immanent und sollte als Anregung zu vertiefenden biographischen Untersuchungen dienen.

Albrecht, Willi (USPD, KPD, SED)
Landesdirektor 1945
Minister 1949-1950

geb. 12. 9. 1896 Erfurt, gest. 27. 1. 1969 Erfurt

Sohn eines Fleischers, späteren Kutschers und Tabakmaschinenarbeiters. 1902-1910 Volksschule in Erfurt. 1910-1913 Lehre als Bau- und Maschinenschlosser in Erfurt. 1914-1918 Kriegsteilnahme. 1917 Beitritt zum DMV. Nov. 1918 USPD. 1918-1931 Schlosser und Heizungsmonteur in verschiedenen Erfurter Firmen, mehrfach unterbrochen durch Arbeitslosigkeit; Betriebsrat, Mitgl. des Gewerkschaftskartells Erfurt, des Zentralrates der Erfurter Betriebsräte und des Reichsausschusses der dt. Betriebsräte. Vors. des RFB in Erfurt. 1918 Austritt aus der ev. Kirche. 1920 KPD. Stadtverordneter in Erfurt. 1923 Verhaftung in Hildesheim wegen Teilnahme an einer verbotenen Betriebsrätekonferenz und 4 Monate Untersuchungshaft; 1929 Verurteilung zu 4 Monaten Gefängnis wegen Teilnahme an einer Kundgebung für den verbotenen RFB; 1930 Verurteilung zu 500 RM Geldstrafe wegen Widerstandes gegen die Staatsgewalt und illeg. Waffenbesitzes aufgrund seiner Teilnahme an einer verbotenen Demonstration in Erfurt. 1931-1933 Bezirksleiter der RGO in Thüringen. 1933-1936 Heizungsmonteur. 17. 5. 1933 Verhaftung wegen illeg. Tätigkeit für die KPD und die RGO in Leipzig; nach Polizei- und Schutzhaft in Leipzig und Erfurt Juli 1933-April 1934 Haft im KZ Lichtenburg. 1936-1945 Mechaniker in den Feinmechanischen Werken Erfurt. Aug. 1944 Verhaftung im Rahmen der Aktion »Gitter« bzw. »Gewitter«; Schutzhaft im KZ Buchenwald bis Nov. 1944. Mai/Juni 1945 kurzzeitige Verhaftung durch die US-Besatzungsmacht wegen nicht genehmigter polit. Betätigung. Juli 1945-April 1946 Mitgl. der KPD-BL Thüringen. Bis Juli 1945 Direktor des Arbeitsamtes Erfurt. *24. 7. 1945 Landesdirektor des Landesamtes für Arbeit und Sozialpolitik, ab 9. 8. 1945 des Landesamtes für Arbeit bis zur Entlassung auf eigenen Wunsch am 20. 9. 1945*. 20. 8. 1945-1. 7. 1949 Landesvors. des FDGB. April 1946 SED, Mitgl. des LV. Febr. 1946-Nov. 1963 Mitgl. des FDGB-Bundesvorstandes. Juni-Okt. 1946 Mitgl. der Beratenden Landesversammlung (vom FDGB berufen); 20. 10. 1946-15. 10. 1950 MdL. 1948-1949 MdVR. April 1949 Delegierter zum Weltfriedenskongreß in Prag. *30. 6. 1949-21. 11. 1950 Minister für Arbeit und Sozialwesen*. Vors. des Verwaltungsrates der Landesversicherungsanstalt Thüringen; 1950-1958 Vors. der Gewerkschaft Verwaltungen, Banken und Versicherungen der DDR; 1960-1964 Generalsekretär der Internationalen Vereinigung der Gewerkschaften der öffentlichen Dienste. Ab 1964 Rentner in Erfurt.

VVO (15. 7. 1955), Medaille »Kämpfer gegen den Faschismus 1933-1945«.

Althaus, Dieter (CDU)
Minister seit 1992

geb. 29. 6. 1958 Heiligenstadt

1977 Abitur. 1977-1979 Militärdienst. 1979-1983 Lehrerstudium für Physik und Mathematik an der PH Erfurt. 1983-31. 12. 1989 Lehrer an der POS Geismar, ab 1987 dort stv. Direktor. 1985 CDU. 1. 1.-14. 10. 1990 Kreisschulrat in Heiligenstadt; 6. 5.-14. 10. 1990 auch Dezernent für Schule/Jugend/Kultur des Kreisrates Heiligenstadt. Seit Mai 1990 Abg. des Kreistages Heiligenstadt (ab Juni 1994 des Eichsfeldkreises). Seit 14. 10. 1990 MdL, Vors. des Bildungsausschusses. 1990 Mitgl. des CDU-LV, Leiter des CDU-Landesfachausschusses Bildung und Mitgl. des Bundesfachausschusses Kultur. *Seit 11. 2. 1992 Kultusminister.* Ab Jan. 1993 stv. CDU-Landesvors., seit 27. 11. 1994 Erster Stv. des Landesvors. Ab Mai 1990 Vors. des Kreissportbundes Heiligenstadt, seit 1994 Vors. des Kreissportbundes Eichsfeldkreis e. V.; Mitgl. des Vereinsvorstandes des 1. SC 1911 Heiligenstadt. Seit 1992 Vors. des Kolpingbildungswerkes Thüringen; seit 8. 11. 1995 Vors. des Dt. Komitees des Zentrums für Europäische Bildung (Zentrum für europäische Jugendwettbewerbe).

Appell, Georg (DDP/DStP, SPD, SED)
Dr. jur.
Regierungsdirektor 1945
Landesdirektor und 2. Vizepräsident 1945-1946
Minister 1946-1949

geb. 24. 9. 1901 Gotha, gest. 11. 8. 1970 Erfurt

Sohn eines Schlossers, Lokomotivheizers und späteren selbst. Kaufmanns. Nach Besuch der Volksschule 1912-1918 Oberrealschule in Coburg und Realschule in Eisenach. 1918-1921 Ausbildung zum Volksschullehrer; 1921 wiss. Lehrerprüfung, 1922 päd. Lehrerexamen. Ab 1919 zunächst Mitarbeit ohne parteiliche Bindung in der DDP, nach Parteibeitritt Mitgl. des LV Großthüringen der DDP bzw. DStP und des Reichsparteiausschusses; 1921-1933 Vors. des Jungdemokratischen Verbandes Großthüringen. 1922-1926 Studium der Rechts- und Wirtschaftswissenschaften in Breslau, Hamburg und Jena als Werkstudent, daneben Ausübung verschiedener Erwerbstätigkeiten. 1923-1933 Reichsbanner, Vors. der Ortsgruppe Jena, Führer des Reichsbanner-Kreises Weimar-Jena-Apolda, sieben Jahre Mitgl. des Gauvorstandes Großthüringen, 1929-1933 zweiter Vors. des Gauvorstandes. 1926-1931 jurist. Vorbereitungsdienst in Eisenach und Jena. Mitglied des Republikanischen Juristenbundes. 25. 10. 1929 Promotion zum Dr. jur. an der Univ. Jena mit der Diss. »Die Stellung der Reichsminister. Rechtsvergleichende Darstellung nach der Reichsverfassung der Paulskirche, der Reichsverfassung vom 16. April 1871 und der Reichsverfassung von Weimar«. 23. 12. 1931 zweite jurist. Staatsprüfung. 1931-1932 Gerichtsassessor am OLG in Jena, Magistratsassessor in Schmalkalden und Forst (Lausitz), hier auch in einem Steuerbüro tätig. Febr. 1932-Juli 1933 Rechtsanwalt in Eisenach. 1932 Wahl zum 1. Bürgermeister von Eisleben, jedoch von der preußischen Regierung nicht im Amt bestätigt. 19. 7. 1933 Entzug der Zulassung als Rechtsanwalt wegen der Verteidigung von KPD-Mitgliedern; bis April 1938 Rechts- und Wirtschaftsberater sowie Mitarbeiter einer Handelsauskunftei in Eisenach, wegen polit. Unzuverlässigkeit Verbot der Tätigkeit als Rechtsberater am 28. 10. 1936, am 4. 4. 1938 auch Verbot der Auskunftstätigkeit; 1936-1940 auch freiberuflicher Geschäftsführer einer Gesellschaft für Schweißtechnik in Eisenach; 1937-1941 freiberuflicher Geschäftsführer einer Markengemeinschaft der dt. Uhrenwirtschaft in Eisenach und Frankfurt/Main sowie Verrichtung von Gelegenheitsarbeiten in einem Schreibbüro, bei

Versicherungen und als Tankwart; Jan.-Mai 1941 freiberuflicher Syndikus einer Chemiefirma in Düren/Westfalen; Dez. 1941-Juni 1945 Abteilungsleiter und Jurist bei der Metallgußgesellschaft in Leipzig. *12. 6. 1945-16. 7. 1945 Regierungsdirektor des Landesverkehrsamtes; 16. 7. 1945-3. 12. 1946 2. Vizepräsident des Landes Thüringen und Landesdirektor des Landesamtes für Verkehr.* Juli 1945 SPD; April 1946 SED. *4. 12. 1946-9. 10. 1947 Minister für Wirtschaftsplanung bzw. ab 30. 1. 1947 für Wirtschaft, Arbeit und Verkehr; 9. 10. 1947-30. 6. 1949 Minister für Arbeit und Sozialwesen.* 1. 11. 1949-Sept. 1950 Rechtsanwalt und Notar in Erfurt; 1. 10. 1950-31. 12. 1951 Justitiar der VVB Fischwirtschaft in Saßnitz/Rügen; ab 12. 8. 1952 Justitiar des Automobilwerkes Eisenach, des VEB Waggonbau Weimar sowie des Bau- und Montagekombinates Erfurt. Ab 1966 Rentner in Erfurt.

Astel, Karl (NSDAP)
Prof. Dr. med.
Staatsrat 1939-1945

geb. 26. 2. 1898 Schweinfurt, gest. 4. 4. 1945 Jena

Sohn eines Polizeiwachtmeisters, später Chef der städtischen Polizei in Schweinfurt. Volksschule und humanistisches Gymnasium in Schweinfurt. Nov. 1916-Dez. 1918 Kriegsteilnahme. 1918-1923 Studium der Medizin und Philosophie in Würzburg. April-Sept. 1919 Teilnahme an den Kämpfen des Freikorps Epp gegen die Rätebewegung in Würzburg, danach Beteiligung an der Aufstellung des Freikorps Epp in Ohrdruf; April/Mai 1919 Teilnahme an der Niederschlagung der Münchner Räterepublik; 1920 während des Kapp-Putsches vier Monate Dienst in der Reichswehr in München als Unteroffizier und Offiziersanwärter. 1919/1920 Gründer der Ortsgruppe Schweinfurt des Dt.-völkischen Schutz- und Trutzbundes, hier erste Bekanntschaft mit Fritz Sauckel; Mitbegründer der Dt. Hochschulgilde »Bergfried« in Würzburg sowie der Dt.-akademischen Gildenschaft; Gründer der Ortsgruppe Schweinfurt des Jungnationalen Bundes; ab 1920 Mitgl. im Bund Oberland. 1923 medizinisches Staatsexamen an der Univ. Würzburg; bis Mai 1924 Arzt an einem Krankenhaus in Würzburg und an der Orthopädischen Univ.-klinik in München. Mai 1924 Eintritt in die Bayerische Landes-Turnanstalt als Vorbereitung auf die Univ.-sportlehrerprüfung; päd. Praktika an Gymnasien in Würzburg und München; 1. 11. 1925-15. 7. 1933 Univ.-sportlehrer und Leiter der Sportärztlichen Untersuchungs- und Beratungsstelle der TH und Univ. München, daneben Tätigkeit als praktischer Arzt; März 1926 Studienassessorprüfung für den hauptamtl. Univ.-sportlehrerdienst. 1926 Promotion zum Dr. med. an der Univ. Würzburg mit der Diss. »Über Eiweißsynthese bei enteraler Zufuhr von Aminosäure und Aminosäuregemischen«. 1. 7. 1930 NSDAP (Mitgl.-Nr. 264 619). Gründer und Leiter des Rassehygiene-Amtes der Reichsführerschule der SA in München; 1932 Gründung einer öffentlichen Vererbungsberatungsstelle in München; seit Herbst 1932 Rassehygieniker im SS-Rasse- und Siedlungsamt München, dort Bearbeiter von Verlobungs- und Heiratsgesuchen von SS-Angehörigen. 1. 9. 1933 - 4. 4. 1945 Präsident des Thüringischen Landesamtes für Rassewesen in Weimar. 1. 1. 1934 - 4. 4. 1945 Mitgl. der NSDAP-GL, Leiter des Gauamtes für Rassenpolitik. 29. 1. 1934 Beitritt zur SS als SS-Mann; 15. 2. 1934 Rassefachberater des SS-Oberabschnittes Mitte bis zur Auflösung der

Behörde am 27. 4. 1934. 1. 6. 1934 Ernennung zum o. Professor mit Lehrauftrag für »menschliche Züchtungslehre und Vererbungskunde« (ab Jan. 1935 »menschliche Erbforschung und Rassenpolitik«) an der Medizinischen Fakultät der Univ. Jena. 9. 11. 1934 SS-Hauptsturmführer. Ab 9. 4. 1935 Ministerialrat und Leiter der Abtlg. Erb- und Rassenpflege im Ministerium des Innern; April 1936-4. 4. 1945 Leiter der Abtlg. Wohlfahrts- und Gesundheitswesen im Ministerium des Innern und damit Leiter des staatl. Gesundheitswesens in Thüringen. 29. 5. 1937 SS-Sturmbannführer. *20. 4. 1939 - 4. 4. 1945 Staatsrat.* 14. 6. 1939 - 4. 4. 1945 Rektor der Univ. Jena; Gaudozentenführer. 1. 12. 1939 SS-Obersturmbannführer, 20. 4. 1942 Standartenführer. 4. 4. 1945 Selbstmord in der Jenaer Univ.-klinik.

EK II, Bayerisches Militär-Verdienstkreuz mit Krone und Schwertern (alles 1. Weltkrieg); Goldenes Parteiabzeichen (30. 1. 1939).

Veröffentlichungen: zahlreiche Schriften zur NS-Rassenlehre, so u. a. zusammen mit Erna Weber: Die unterschiedliche Fortpflanzung. Untersuchung über die Fortpflanzung von 12 000 Beamten und Angestellten der Thüringischen Staatsverwaltung (1939) sowie: Die unterschiedliche Fortpflanzung. Untersuchung über die Fortpflanzung von 14 000 Handwerksmeistern und selbständigen Handwerkern Mittelthüringens (1939).

Axthelm, Hans-Henning (CDU)
Dr. med.
Minister 1990 - 1992

geb. 24. 8. 1941 Allstedt

Sohn eines ev. Pfarrers und einer Bibliothekarin. Oberschule in Sonneberg, 1959 Abitur. 1959 CDU. 1960 - 1966 Studium der Humanmedizin an der Univ. Jena. Ab 1963 Vors. des CDU-Ortsverbandes Eisfeld. 11. 10. 1966 Promotion zum Dr. med. an der Univ. Jena mit der Diss. »Über die Ascorbinsäure-stimulierte $NADH_2$-Oxydation durch CCl_4-geschädigte Lebermikrosomen«. 1972 - 1989 Facharzt für Arbeitsmedizin und Leiter der Arbeitshygieneinspektion im Kreis Hildburghausen, daneben 1983 - 1985 Facharztausbildung für Innere Medizin. Abg. des Kreistages Hildburghausen. Dez. 1989 Delegierter zum Sonderparteitag der CDU der DDR. 18. 3. - 3. 10. 1990 MdVK, Mitgl. des Volkskammerpräsidiums, des Fraktionsvorstandes der CDU und gesundheitspolit. Fraktionssprecher. Juni 1990 - Nov. 1992 stv. Landesvors. der CDU Thüringen. 14. 10. 1990 - 16. 10. 1994 MdL, Mitgl. des Verfassungs- und Geschäftsordnungsausschusses, des Umweltausschusses und des Ausschusses für Bundes- und Europaangelegenheiten. *8. 11. 1990 Minister für Soziales und Gesundheit bis 16. 9. 1992 (Rücktritt am 28. 8. 1992).* Nach der Landtagswahl 1994 Rückzug aus der Politik und Tätigkeit als Arzt in Eisfeld.

Bachem, Wilhelm (DDP/DStP, CDU)
Minister 1947 - 1950

geb. 19. 3. 1903 Mülheim/Ruhr, gest. 5. 10. 1962 Essen

Sohn eines Drogeriebesitzers. 1909-1918 Volksschule und Realgymnasium in Mülheim/ Ruhr. 1919-1921 Drogistenlehre in Essen, 1922-1923 Besuch der Fachschule für Drogisten (Drogistenakademie) in Braunschweig. 1923-1933 Drogist in verschiedenen Städten, zuletzt in Mülheim/Ruhr. 1928-1933 DDP bzw. DStP; Sept. 1930 Reichstagskandidat. 1933-1938 selbst. Drogeriewaren-Großhändler in Mülheim/Ruhr. 1934-1938 NSKK, DAF, NSV. Okt. 1939-Sept. 1940 Militärdienst, aus gesundheitlichen Gründen vorzeitige Entlassung. 1941-1945 Drogist in Graudenz (Westpreussen); Frühjahr 1945 Flucht nach Thüringen; ab März 1945 Fuhrunternehmer in Bad Salzungen. Okt. 1945 CDU; Mitgl. im ZV der CDU; Ende 1945-20. 1. 1947 hauptamtl. Mitarbeiter des CDU-LV, zuletzt Verwaltungsdirektor im LV. 1945-1946 Mitgl. der Landeskommission zur Durchführung der SMAD-Befehle 124/126 (Sequestrierungskommission). 21. 1.-9. 10. 1947 Ministerialdirektor und Leiter der HA Verkehr im Ministerium für Wirtschaft, Arbeit und Verkehr. *9. 10. 1947-24. 1. 1950 Minister für Verkehr.* Ab 1948 als Vertreter Thüringens Mitgl. des Plenums der DWK. 1948-1951 MdVR bzw. MdVK. Ab Okt. 1949 Staatssekretär im Verkehrsministerium der DDR bis zur Neubildung der Regierung am 8. 11. 1950. 19. 1. 1951 Flucht nach Westberlin; ab Jan. 1954 Wohnwagen-Händler und Versicherungsvertreter in Mülheim/Ruhr.

Barth, Franz (SPD, NSDAP)
Staatsrat 1942-1945

geb. 11. 5. 1886 Groitzsch, gest. 3. 4. 1951 Bremen

Sohn eines Fabrikarbeiters. 1892-1899 Volksschule in Groitzsch und Bürgerschule in Zwenkau. 1900-1902 Besuch der Akademie für graphische Künste und Kunstgewerbe Leipzig. 1901-1914 SPD. 1905-1906 Besuch der Kunstakademie München; 1910 Gehilfenprüfung als Chemigraph. Ab 1914 selbst. Grafiker in Mannheim. 6. 8. 1914-1. 2. 1919 Kriegsfreiwilliger, Entlassung als Vizefeldwebel. Ab 1919 Grafiker in Leipzig. Schöffe und Geschworener an Leipziger Gerichten. Nov. 1920 Gründung der Graphischen Kunstanstalt Franz Barth in Leipzig und Inhaber dieser Firma bis zum Verkauf am 30. 8. 1937. 1922 Austritt aus der ev. Kirche. 1925 Meisterprüfung als Chemigraph. 2. 8. 1930 Beitritt zum Nationalsozialistischen Automobilkorps (Vorläufer des NSKK) mit der Mitgl.-Nr. 7; 15. 11. 1930 Eintritt in den Motor-Sturm der SA. 1. 2. 1931 NSDAP (Mitgl.-Nr. 436 590); Ortsgruppenleiter in Böhlitz-Ehrenberg bei Leipzig. 15. 1. 1932 NSKK-Scharführer, 1. 3. 1932 Truppführer, 1. 1. 1933 Sturmführer, 25. 1. 1934 Obersturmführer, 9. 11. 1934 Hauptsturmführer; 15. 3. 1935-30. 11. 1937 Stabsführer der NSKK-Motorgruppe bzw. ab 1. 3. 1936 der Motorbrigade Leipzig; 1. 10. 1935 Staffelführer, 20. 4. 1936 Oberstaffelführer, 9. 11. 1936 Standartenführer. Seit 1. 9. 1937 hauptamtl. Tätigkeit im NSKK. 9. 11. 1937 Oberführer; 1. 12. 1937 Beauftragung mit der Führung der NSKK-Motorgruppe Thüringen. Ab 1938 in Weimar wohnhaft. 10. 4. 1938-Mai 1945 MdR (WK 12 Thüringen). 9. 11. 1938 NSKK-Brigadeführer; 30. 1. 1939 Ernennung zum Führer der Motorgruppe Thüringen. Ab 15. 2. 1940 Bevollmächtigter für den Nahverkehr beim Reichsstatthalter in Thüringen. 20. 4. 1940 NSKK-Gruppenführer. *30. 1. 1942-12. 4. 1945 Staatsrat.* 1944-1945 ehrenamtl. Landesbevollmächtigter für Holzbringung. 9. 5. 1945 Gefangennahme als Volkssturmmann durch die US-Besatzungsarmee in Schöneck bei Klingenthal; bis 18. 2. 1947 Internierung u. a. in Ohrdruf, Ziegenhain und Ludwigsburg-Ossweil. Nach Entlassung

Hilfsarbeiter im Fischereihafen Bremerhaven und Zeichner in einer Klischeefabrik in Bremen. 25. 1. 1949 Einstufung in Gruppe II (Belastete) und Verurteilung zu 2 Jahren Sonderarbeit unter Anrechnung der Internierungszeit durch die Spruchkammer Bremen II; nach erfolgloser Berufung gegen das Spruchkammerurteil am 14. 11. 1949 gnadenweise Genehmigung für eine selbst. Tätigkeit im Einmann-Betrieb. Dez. 1949 Gründung eines graphischen Betriebes in Bremen. 30. 7. 1952 (posthume) Begnadigung und Einstufung in Gruppe IV (Mitläufer) durch den Bremer Senatspräsidenten anläßlich des Abschlusses der Entnazifizierung.

EK II, Friedrich-August-Medaille in Silber, Sächsisches Ehrenkreuz und Kriegsverdienstkreuz (alles 1. Weltkrieg).

Bauer, Theodor (DVP)
Staatsrat 1930-1932

geb. 23. 12. 1858 Stralsund, gest. 26. 4. 1944 Sondershausen

Sohn eines Pfarrers. 1868-1879 Gymnasium in Stralsund und Wiesbaden. 1879-1882 Studium der Rechts- und Staatswissenschaften in Bonn und Leipzig; 14. 10. 1882 erste jurist. Staatsprüfung am OLG Köln. Nov. 1882-Mai 1885 Referendar am AG Stralsund. 1883-1884 Militärdienst als Einjährig-Freiwilliger. Mai 1885-Nov. 1887 Referendar in Kassel; April 1888 zweite jurist. Staatsprüfung. Ab 1888 im Verwaltungsdienst des Fürstentums Schwarzburg-Sondershausen in Arnstadt, Sondershausen und Gehren tätig; 1. 10. 1888 Regierungsrat; 1897-1899 Landrat in Gehren; 1899-22. 6. 1902 Staatsrat im Ministerium von Schwarzburg-Sondershausen, 22. 6. 1902-25. 11. 1918 dort Vorsteher der Ministerialabteilung für Inneres; 1917 Ernennung zum Wirklichen Geh. Rat; 25. 11. 1918-12. 12. 1919 Vorstand des Ministeriums von Schwarzburg-Sondershausen und Leiter der Ressorts für Inneres, Justiz und Volksbildung. 1920 DVP. 20. 6. 1920-7. 12. 1929 MdL, 20. 7. 1920-30. 7. 1921 1. Vizepräsident des Landtages; ab 1924 Fraktionsführer; 21. 2. 1927-7. 12. 1929 Alterspräsident. *23. 1. 1930-25. 8. 1932 Staatsrat für Sondershausen.*

Ehrenbürger von Sondershausen (1932)

Baum, Erwin (TLB, CNBLVP)
Vors. des Staatsministeriums und Minister 1930-1932

geb. 25. 2. 1868 Rauschwitz, gest. 22. 3. 1950 Rauschwitz

Sohn eines Landwirts und Gasthofbesitzers. Volksschule und Gymnasium (bis zur Obersekunda) in Eisenberg. Nach Ausbildung zum Landwirt Übernahme des väterlichen Gutes in Rauschwitz. 1913-31. 12. 1918 (nach Verlängerung der Legislaturperiode 1913-1915 bis jeweils zum 31. 12. 1916/17/18) MdL Sachsen-Altenburg; 26. 1. 1919-März 1921 Mitgl. der Landesversammlung bzw. Gebietsvertretung von Sachsen-Altenburg; 16. 12. 1919-20. 7. 1920 stv. Mitgl. des Volksrates von Thüringen für den Freistaat Sachsen-Altenburg; 20. 6. 1920-31. 12. 1932 (Mandatsniederlegung) MdL, 6. 10. 1921-14. 12. 1923 1. Vizepräsident des Landtages. 1921-1922 3. Vors. des TLB, 1922-1931 2. Vors., 1931-Jan. 1933 1. Vors. 8. 3. 1928-Okt. 1930 Mitbegründer und Vors. der CNBLVP. *23. 1. 1930-25. 8. 1932 Vors. des Staatsministeriums und Finanzminister, ab 4. 5. 1931 auch Wirtschaftsminister.* 1. 1. 1933-16. 5. 1933 Direktor des Verbandes ländlicher Genossenschaften für Thüringen e.V.; 16. 5. 1933-29. 6. 1934 stv. Verbandspräsident und Geschäftsführer der späteren Treuhandstelle der Thüringer ländlichen Genossenschaftsorganisation; bis 1. 4. 1934 Vorstandsmitgl. der Thüringischen Zentralgenossenschaftskasse; bis 4. 5. 1934 Vorstandsmitgl. der Thüringer Hauptgenossenschaft zum Bezug und Vertrieb landwirtschaftlicher Bedarfsartikel und Erzeugnisse. Ab 1934 Rentner auf seinem Hof in Rauschwitz.

Baumgärtel, Carl (DVP, NSDAP)
Staatsrat 1931-1932

geb. 25. 8. 1884 Zeulenroda, gest. 26. 1. 1952 Plauen

Sohn eines Fabrikbesitzers. Besuch des Realgymnasiums, Abitur. Erwerb eines Dipl. an der HHS; kfm. Ausbildung in der Schweiz, Frankreich, Italien und den USA. Nach dem Tod des Vaters 1905 Übernahme der Leitung der Julius Römpler AG, Gummi-, Web-, Wirk- und Strickwarenfabriken in Zeulenroda, später Generaldirektor und Vorstandsmitgl. dieses Werkes. Im 1. Weltkrieg Offizier sowie 1918 Leiter verschiedener Kriegswirtschaftsstellen in Dtld. Mitgl. der DVP. 2. Vors. des Verbandes der Mitteldt. Industrie in Weimar; Vorstandsmitgl. des Reichsverbandes der Dt. Industrie und der Vereinigung der Dt. Arbeitgeberverbände; Vors. des Arbeitgeber- und Wirtschaftsverbandes für Zeulenroda und das reußische Oberland; Vorstandsmitgl. der Niederdt. Textilgenossenschaft; Mitgl. des Verwaltungsrates der Rano; Mitgl. des Beirates der Zweigstelle des Auswärtigen Amtes für Außenhandel in Leipzig; Mitgl. der Handelskammer in Gera. *22. 4. 1931-25. 8. 1932 Staatsrat für Reuß.* 1. 5. 1937 NSDAP (Mitgl.-Nr. 5 484 193).

Benz, Ottomar (DDP/DStP)
Dr. jur.
Minister 1920-1921

geb. 7. 6. 1880 Sonneberg, gest. 20. 1. 1960 Berlin-Charlottenburg

Sohn eines Oberforstrates. 1887-1890 Volksschule; 1890-1899 Gymnasium in Hildburghausen. Studium der Volkswirtschaft und Rechtswissenschaften in München, Berlin und Jena; 1902-1907 jurist. Vorbereitungsdienst in Sonneberg, Meiningen, Eisfeld, Salzungen und Hildburghausen; 1. 7. 1903 Promotion zum Dr. jur. an der Univ. Jena mit der Diss. »Rechtsverhältnisse im Überbau nach dem Bürgerlichen Gesetzbuche«; 17. 5. 1907 zweite jurist. Staatsprüfung. 15. 6. 1907-31. 8. 1908 Gerichtsassessor im Landratsamt Saalfeld; 1. 9. 1908-31. 1. 1913 Erster Bürgermeister von Hildburghausen; 1. 2. 1913-21. 9. 1915 Kreisassessor im Landratsamt Meiningen; Nov. 1914-1. 6. 1917 beauftragt mit der Verwaltung des Landratsamtes Sonneberg; 21. 9. 1915-12. 11. 1918 Regierungsrat und Vortragender Rat im Staatsministerium des Herzogtums Sachsen-Meiningen; 12. 11. 1918- 31. 12. 1921 Staatsrat und Vorstand der Finanzabteilung des Gesamt-Staatsrates/Staatsministeriums bzw. ab Jan. 1921 der Gebietsregierung von Sachsen-Meiningen. 14. 7. 1919-12. 11. 1920 Mitgl. des Staatsrates von Thüringen als Vertreter des Freistaates Sachsen-Meiningen. Mitglied der DDP bzw. DStP. *10. 11. 1920-6. 10. 1921 Finanzminister.* Ab 1. 1. 1922 Vorstandsmitgl. der Bank für Thüringen in Meiningen, nach Fusion der Bank für Thüringen mit der Disconto-Gesellschaft im März 1926 Filialdirektor dieser Gesellschaft in Meiningen, dann in der Direktion der Deutschen Bank und der Disconto-Gesellschaft in Berlin; 31. 3. 1945-31. 3. 1955 Vorstandsmitgl. der Deutschen Centralbodenkredit-AG in (West-)Berlin. Ab 1955 im Ruhestand.

Biedermann, Herbert (ptl.)
Landesdirektor 1946

geb. 10. 9. 1904 Berlin, gest. 8. 1. 1989 München

Sohn eines Buchdruckers. 1910-1914 Gemeindeschule in Berlin; 1914-1919 Städtische Realschule in Berlin, Zeugnis der mittleren Reife. 1920-1924 Lehre und Gesellenprüfung als Werkzeugmacher, daneben Okt. 1919-März 1924 Besuch von Abendkursen an der Städtischen Gewerbeschule Charlottenburg, dort 25. 3. 1924 Abschlußprüfung als Techniker; ab März 1924 Besuch von Sonderabendkursen an der »Gaußschule« in Berlin. Ab 5. 4. 1924 Werkzeugmacher im Lehrenbau bei Siemens & Halske in Berlin-Spandau und Siemensstadt; ab 16. 11. 1925 Angestellter im Fabrikationsbüro des Wernerwerkes für Fernsprechtechnik bei Siemens & Halske; ab 1. 2. 1934 Vertriebsingenieur für Rundfunktechnik bei Siemens & Halske, dort als »außertariflicher Beamter« und Oberingenieur Leiter der Vertriebsabteilung; Febr. 1944 nach Zerstörung der Berliner Firmenbüros Übersiedlung nach Gera und Arnstadt. Ab 15. 6. 1945 Abteilungsleiter in der Stadtverwaltung Gera. 15. 8. 1945-11. 6. 1946 Sonderbeauftragter im Wirtschaftsstab beim Thüringer Landespräsidenten. *11. 6.-3. 12. 1946 Landesdirektor des Landesamtes für Handel und Versorgung.* Ab 10. 1. 1947 Leiter der HA Interzonen- und Außenhandel beim Ministerium des Innern (ab 1948 beim Ministerpräsidenten); 20. 12. 1947 Ernennung zum Ministerialdirektor m. W. v. 1. 4. 1947; 24. 1. 1949 m. W. v. 2. 12. 1948 fristlose Entlassung wegen »gröblicher Verletzung seiner Dienstpflichten«; auf Veranlassung der Zentralen Kontrollkommission in Berlin bis 2. 3. 1949 wegen Verdachts auf Wirtschaftsvergehen in Untersuchungshaft, auf Betreiben der SMAD Haftentlassung. Ab 15. 6. 1949 Leiter der Fachdirektion Kulturwaren (Glas, Keramik) bei der Dt. Außenhandelsgesellschaft AG in Berlin. Juli 1949 Flucht nach Westberlin; dort wieder als Oberingenieur bei Siemens & Halske tätig; 9. 11. 1950 Ernennung zum Oberbeamten des Wernerwerkes für Rundfunktechnik; ab 1952 in München tätig; ab 31. 1. 1958 Prokurist des Wernerwerkes für Bauelemente, ab 30. 1. 1964 dort Abteilungsdirektor.

Bielfeld, Harald (NLP, DDP/DStP)
Dr. phil.
Staatsrat 1920-1921 und 1929-1930

geb. 14. 6. 1863 Sprottau (Schlesien), gest. 15. 9. 1933 Arnstadt

Sohn eines Kgl. Regierungs-Konduktors, Feldmessers und Steuerrates. »Französische Schule« und Victoria-Gymnasium in Potsdam, 1883 Abitur. 1883-1888 Studium der Geschichte, Volkswirtschaft und Rechtswissenschaften in Kiel, Berlin und Leipzig; 1887 Promotion zum Dr. phil. an der Univ. Leipzig mit der Diss. »Geschichte des magdeburgischen Steuerwesens von der Reformationszeit bis ins 18. Jahrhundert«; 1. 10. 1888 erste jurist. Staatsprüfung in Berlin. 1888-1889 Militärdienst als Einjährig-Freiwilliger in Schleswig. 1889-1893 jurist. Vorbereitungsdienst in Schleswig und Kiel; 4. 10. 1893 zweite jurist. Staatsprüfung in Berlin. 1893-1894 Magistratsassessor in Schleswig; 23. 1. 1894-31. 3. 1928 Erster Bürgermeister von Arnstadt (ab 7. 8. 1895 mit der Amtsbezeichnung »Oberbürgermeister«). 1897-1928 Vorstandsmitgl. des Thüringer Städteverbandes, ab 1922 dessen Vertreter in der Kommunalkammer beim Ministerium des Innern. Ab 1900 Mitgl., später Vors. der Museumsgesellschaft Arnstadt; 1908-1919 Vors. des Kuratoriums der Karl-Günther-Stiftung in Sondershausen. 22. 6. 1905-31. 3. 1923 MdL Schwarzburg-Sondershausen bzw. Mitgl. der Gebietsvertretung Sondershausen, 22. 11. 1907-20. 11. 1911 Landtagssyndikus, 20. 11. 1911-26. 1. 1919 Landtagspräsident, 25. 2.-1. 4. 1919 Landtagsvizepräsident. Ab Okt. 1912 Vors. des Hauptausschusses der NLP in Thüringen. 21. 8. 1913 Ernennung zum Geh. Regierungsrat. Ab Juni 1918 Vors. des Hauptausschusses für die Vereinheitlichung von Verwaltung und Gesetzgebung in Thüringen (nationalliberale Initiative). 1. 4. 1919-1. 4. 1922 nichtbeamtetes Mitgl. des Ministeriums des Freistaates Schwarzburg-Sondershausen bzw. ab Jan. 1921 der Gebietsregierung Sondershausen. 1919-1933 DDP bzw. DStP. 16. 12. 1919-20. 7. 1920 Mitgl. des Volksrates von Thüringen als Abg. des Freistaates Schwarzburg-Sondershausen. *10. 11. 1920-6. 10. 1921 Staatsrat für Sondershausen.* 1927-1933 Mitgl. des Landeskirchentages der Ev. Kirche. 7. 5. *1929-22. 1. 1930 Staatsrat für Sondershausen.*

Fürstliches Ehrenkreuz von Schwarzburg-Sondershausen III. Klasse (7. 8. 1902).

Veröffentlichungen: Geschichte des magdeburgischen Steuerwesens von der Reformationszeit bis ins 18. Jahrhundert (1888), Die Thüringer Frage (1918), Die Thüringische Verfassung (1920), Stammbaum-Chronik der Familie Bielfeld (1930).

Bieligk, Bruno (USPD, SPD)
Staatsrat 1921-1924

geb. 7. 2. 1889 Freiberg/Sachsen, gest. 18. 1. 1969 Niederhausen

Sohn eines Maurers, Fabrikarbeiters, späteren Buchhändlers und Stadtrates in Freiberg. Nach Besuch der Volksschule Lehre als Bürogehilfe, Besuch der Fortbildungsschule. 1903-1913 Ortskrankenkassenangestellter in Gehren. 1. 7. 1906-1917 SPD. Ab 1. 7. 1906 Mitgl. des Büroangestelltenverbandes, 1908-1913 Mitgl. des LV Schwarzburg-Sondershausen, 1914 Vors. der Arnstädter Verbandsfiliale. 1910-1915 Mitgl. des SPD-Vorstandes für Schwarzburg-Sondershausen; 1911-1915 Vors. des sozialdemokratischen Wahl-(Orts-)vereins Arnstadt, mehrfach Parteitagsdelegierter für die SPD und USPD. Jan. 1913-Nov. 1915 Redakteur der »Volkszeitung für Schwarzburg-Sondershausen« in Arnstadt. 1914-1915 Stadtverordneter in Arnstadt. Nov. 1915-Dez. 1918 Kriegsteilnahme als Landsturmangehöriger. 1917-1922 USPD. 24. 2. 1919-31. 3. 1923 MdL Schwarzburg-Sondershausen bzw. der Gebietsvertretung Schwarzburg-Sondershausen. 1. 2. 1919-30. 3. 1933 Angestellter und Geschäftsführer der Allgemeinen Ortskrankenkasse in Gehren, dann Direktor der Kreiskrankenkasse Arnstadt mit Sitz in Gehren, März 1933 Entlassung aus polit. Gründen. 1919-1933 Mitgl. des Gemeinderates Gehren; 1922-1933 Mitgl. des Kreisrates Arnstadt. 16. 12. 1919-31. 3. 1922 als Volksminister (ehrenamtl. tätiger und nichtbeamteter Landtagsabg.) Mitgl. des Ministeriums bzw. ab Jan. 1921 der Gebietsregierung Schwarzburg-Sondershausen. 16. 12. 1919-20. 7. 1920 Mitgl. des Volksrates von Thüringen als Abg. des Freistaates Schwarzburg-Sondershausen; 20. 6. 1920-23. 6. 1933 MdL. *7. 10. 1921-20. 2. 1924 Staatsrat für Sondershausen.* 1922-1933 SPD. Ab 30. 3. 1933 Untersuchungs- und Schutzhaft in Gehren aufgrund einer Anklage wegen Betrugs zum Nachteil der Kreiskrankenkasse; 16. 5. 1933 Aufhebung der Immunität als MdL; 8. 12. 1933 Verurteilung zu 3 Jahren 6 Monaten Gefängnis und 5 Jahren Ehrverlust durch das Schöffengericht Ilmenau wegen Vergehens gegen die Reichsversicherungsordnung während seiner Tätigkeit als Krankenkassendirektor; Strafhaft bis 30. 8. 1936. Nach Kriegsende bis 5. 8. 1945 bei der Kreiskrankenkasse Arnstadt in Gehren und im Bereich des Landesamtes für Arbeit und Sozialfürsorge beschäftigt; ab 6. 8. 1945 Angestellter im Landesamt für Kommunalwesen. Aug. 1945 Wiedereintritt in die SPD. Ab 11. 9. 1945 Oberregierungsrat und Leiter der Umsiedlerabteilung im Landesamt des Innern (später Amt für Neubürger im Landesamt für Kommunalwesen); März/April 1946-31. 7. 1946 Sachbearbeiter für die Dienstaufsicht über die LVA Thüringen im Landesamt für Arbeit und Sozialfürsorge. Juli 1946 Flucht nach Westberlin; dort als Oberregierungsrat, später als Sozialgerichtsrat Richter am Sozialversicherungsamt des Landesamtes für Arbeit. Ab 1954 im Ruhestand. Mitgl. des SPD-LV Berlin und des SPD-KV Berlin-Zehlendorf; Bezirksvors. der DAG in Berlin-Zehlendorf, Mitgl. des sozialpolit. Ausschusses der Berliner DAG. 1950-1958 Bezirksverordneter in Berlin-Zehlendorf; 12. 1. 1958-12. 1. 1963 Mitgl. des Berliner Abgeordnetenhauses.

Böck, Willibald (CDU)
Minister 1990-1992

geb. 30. 12. 1946 Bernterode

Grundschule in Bernterode; 1961-1965 EOS in Worbis mit gleichzeitiger Berufsausbildung als Forstfacharbeiter. 1964 CDU. 1965-1969 Studium an der PH Erfurt, Examen als Dipl.-Lehrer für Deutsch und Kunsterziehung. 1969-1981 Lehrer an der POS in Dingelstädt, 1981-1984 an der POS in Deuna. Febr. 1984-1990 Bürgermeister der Gemeinde Bernterode, danach Mitgl. des Gemeinderates. Ab 30. 1. 1990 1. Stv. des Vors. des Rates des Kreises Worbis. Febr. 1990 Mitgl. des PV der CDU der DDR. 18. 3.-3. 10. 1990 MdVK, Leiter der Arbeitsgruppe Deutschlandpolitik, Mitgl. des Ausschusses Dt. Einheit und des Auswärtigen Ausschusses, Sprecher der Landesgruppe Thüringen in der gemeinsamen Fraktion von CDU und DA. 25. 8. 1990-23. 1. 1993 Vors. des CDU-LV; Mitgl. des CDU-Bundesvorstandes; ab 25. 8. 1990 kurzzeitig auch Spitzenkandidat der CDU für die Wahlen zum Thüringer Landtag. Seit 14. 10. 1990 MdL, seit 14. 12. 1994 Vors. des Innenausschusses. *8. 11. 1990-16. 9. 1992 Innenminister (Rücktritt am 30. 8. 1992).* Seit 1991 Mitgl. der Konrad-Adenauer- Stiftung. Neben seiner Abgeordnetentätigkeit Geschäftsführer einer GmbH.

Böhme, Curt (SPD, SED)
Landesdirektor 1945-1946

geb. 17. 7. 1889 Sayda, gest. 23. 12. 1968 Gera

Sohn eines Sattlers. 1896-1904 Volksschule in Freiberg. 1904-1909 Feinmechanikerlehre und anschließende Berufstätigkeit in Freiberg, Febr. 1909-April 1910 in Berlin, Wien und Stuttgart. März 1909 Beitritt zum DMV. April 1910-Aug. 1923 Feinmechaniker in den Zeiß-Werken Jena. Aug. 1910 SPD, bis Aug. 1916 Thüringer Bezirksvors. der Freien Sozialistischen Jugend, 1918-1924 Mitgl. der SPD-BL. Okt. 1917-Nov. 1918 Militärdienst. 1918-1924 SPD-Unterbezirksleiter in Jena. 16. 8. 1923-1. 7. 1924 Regierungsrat im Ministerium des Innern, Febr. 1924 Versetzung in den Wartestand. 1924-1933 Mitgl. des Reichsbanners. 10. 2. 1924-5. 10. 1931 (Mandatsniederlegung) MdL, 1924-1929 Vors. des Petitionsausschusses. April-Juni 1925 Parteisekretär im SPD-Ortsverein Gera. 1. 7. 1925-30. 6. 1931 Bürgermeister in Allstedt; ab 6. 10. 1931 Gemeindevorsteher in Lohbrügge (Schleswig-Holstein), 30. 3. 1933 vom Amt beurlaubt, 15. 3. 1934 Entlassung. 1932-1933 Mitgl. der Eisernen Front. Nov. 1934-Aug. 1944 Berufstätigkeit in den Zeiß-Werken Jena, ab 1942 als Abteilungsvorsteher. 22. 8. 1944 Verhaftung im Rahmen der Aktion »Gitter« bzw. »Gewitter«, bis April 1945 Häftling im KZ Buchenwald. Ab Mitte April 1945 Mitgl. des provisorischen Vorstandes des Bundes demokratischer Sozialisten Thüringens. Ab 9. 6. 1945 Regierungsrat und Leiter der Präsidialkanzlei des Regierungspräsidenten der Provinz Thüringen. Mitgl. des Thüringen-Ausschusses. Ab 8. 7. 1945 Beisitzer des Vorstandes des Bundes demokratischer Sozialisten Thüringens (SPD). *16. 8. 1945-3. 12. 1946 Landesdirektor des Landesamtes des Innern, ab 16. 11. 1945 des Landesamtes für Kommunalwesen, ab 14. 10. 1946 des Landesamtes für allgemeine und innere Verwaltung.* Ab 28. 10. 1945 Mitgl. des geschäftsführenden SPD-LV. April 1946 SED, Mitgl. des Sekretariates des LV. 4. 12. 1946-1. 10. 1948 Leiter der HA Kommunal- und Bauwesen im Ministerium des Innern, 16. 12. 1947 Ernennung zum Ministerialdirektor m. W. v. 1. 4. 1947. 9. 9. 1948-19. 12. 1956 Oberbürgermeister von Gera. Mitgl. des Sekretariates der SED-KL Gera. Ab Dez. 1956 Rentner; bis 1968 Mitgl. der Bezirksveteranenkommission der SED-BL Gera.

Ehrenbürger von Gera, VVO in Bronze (6. 5. 1955), Silber (2. 9. 1959) und Gold (14. 8. 1964), Ehrennadel der DSF in Gold (8. 5. 1965).

Bohn, Jürgen (FDP)
Dr.-Ing.
Minister 1991-1994

geb. 30. 10. 1959 Vacha/Rhön

Sohn eines Mechanikers. 1978 Abitur. 1981-1985 Maschinenbaustudium an der TU Dresden, vorzeitige Beendigung des Studiums als Dipl.-Ingenieur für Umformtechnik. 1985-1989 wiss. Assistent an der TU Dresden, dort 1990 Promotion zum Dr.-Ing. Ab Dez.

1989 stv. FDP-Kreisvors. von Bad Salzungen. 18. 3.-3. 10. 1990 MdVK; 4. 10.-2. 12. 1990 MdB (delegiert). Ab 1990 Forschungsleiter, dann Geschäftsführer einer Metallfirma. 14. 10. 1990-16. 10. 1994 MdL, parlamentarischer Geschäftsführer und wirtschaftspolit. Sprecher der FDP-Fraktion. *7. 11. 1991-11. 2. 1992 Minister für Wirtschaft und Technik, 11. 2. 1992-29. 11. 1994 Minister für Wirtschaft und Verkehr.* Seit 1994 Mitinhaber einer Unternehmensberatungsgesellschaft. FDP-Kreisvors. von Bad Salzungen; 10. 6. 1995 Wahl zum stv. Bundesvors. der FDP.

Brack, Gustav (SPD, SED)
Landesdirektor 1945-1946

geb. 1. 12. 1892 Angerburg (Ostpreußen), gest. 6. 12. 1953 Gera

Sohn eines Arbeiters. 1898-1906 Volksschule. Ab 1906 kfm. Lehre in der Textil- und Bekleidungsindustrie, danach kfm. Angestellter in Tangermünde, Lübben, Weißwasser, Magdeburg, Dresden, Halberstadt und Erfurt. 1910 Beitritt zur Angestelltengewerkschaft. 1914-1919 Kriegsteilnahme, 18 Monate in englischer Kriegsgefangenschaft. Ab 1919 ehrenamtl. Funktionär in der Ortsgruppe Halberstadt des Zentralverbandes der Angestellten. 1920 SPD. 1921-1933 Geschäftsführer des Gaues Thüringen des Zentralverbandes der Angestellten; ehrenamtl. Tätigkeit als Mitgl. des geschäftsführenden Ausschusses im Landesarbeitsamt Mitteldtld., Mitgl. des Verwaltungsausschusses im Arbeitsamt Erfurt, Richter am Landesarbeitsgericht Erfurt; Mitgl. des Landeseisenbahnrates Erfurt; Vorstandsmitgl. im Thüringer Landesausschuß Dt. Jugendverbände, Mitgl. des Ortsausschusses für Jugendpflege in Erfurt. 2. 5. 1933-14. 5. 1933 Schutzhaft. Aug. 1934-18. 4. 1935 Bezirksleiter einer Bestattungsversicherung; illeg. Gewerkschaftsarbeit. 18. 4. 1935 Verhaftung und Anklage wegen Hochverrats, Verurteilung zu 3 Jahren 8 Monaten Zuchthaus sowie 5 Jahren Ehrverlust durch den Strafsenat des OLG Kassel; 23. 8. 1935-17. 12. 1938 Haft in der Strafanstalt Kassel-Wehlheiden, 18. 12. 1938-18. 1. 1939 Schutzhaft im Polizeigefängnis Kassel, 19. 1. 1939-2. 5. 1941 im KZ Sachsenhausen. 1941-1944 Abteilungsleiter einer Erfurter Lebensmittelgroßhandlung. 20. 8. 1944 Verhaftung im Rahmen der Aktion »Gitter« bzw. »Gewitter«, bis 9. 4. 1945 Schutzhaft im Strafgefängnis Ichtershausen und Anklage wegen Hochverrats, 15. 4. 1945 während der Evakuierung des Gefängnisses Flucht bei Selb (Oberfranken), 2. 5. 1945 Rückkehr nach Erfurt. Ab Juni 1945 Oberregierungsrat und Leiter der Abtlg. Berufsverbände im Landesarbeitsamt (der Provinz Thüringen) in Weimar. Juli 1945 Mitglied des Gründungskreises der Sozialdemokratie in Erfurt, ab 8. 7. 1945 Beisitzer des Vorstandes des Bundes demokratischer Sozialisten Thüringens. *20. 9. 1945-15. 10. 1945 Landesdirektor des Landesamtes für Arbeit, 16. 10. 1945-18. 6. 1946 Landesdirektor des Landesamtes für Arbeit und Sozialfürsorge.* 28. 10. 1945-April 1946 Mitgl. des geschäftsführenden SPD-LV; April 1946 SED, bis Anfang 1947 Mitgl. des Sekretariates des LV. Ab 18. 6. 1946 Präsident der DZV für Arbeit und Sozialfürsorge in Berlin; ab 12. 2. 1947 Leiter der HV Arbeit und Sozialfürsorge der DWK. Ab 1. 1. 1950 Hauptgeschäftsführer der Zentralstelle der Sozialversicherung der DDR; ab 1. 4. 1951 stv. Hauptdirektor der LVA Mecklenburg in Rostock; ab Okt. 1952 Direktor der Bezirksdirektion Gera der Dt. Versicherungsanstalt.

von Brandenstein, Carl Freiherr (SPD)
Minister 1920-1922

geb. 15. 9. 1875 Pegau, gest. 23. 7. 1946 Woltersdorf bei Erkner

Sohn eines Offiziers der Kgl. Sächs. Armee. Volksschule in Prößdorf bei Lucka; 1885-1894 Gymnasium in Altenburg. Studium der Geschichte, später der Rechtswissenschaften in Tübingen, Göttingen und Bonn. Erste jurist. Staatsprüfung am OLG Köln; jurist. Vorbereitungsdienst in Rheinbach, Bonn und Koblenz. 1901-1902 Militärdienst als Einjährig-Freiwilliger. 1904-1906 nach Übertritt in die Verwaltungslaufbahn Regierungsreferendar in Merseburg und beim Magistrat in Zeitz; 3. 12. 1906 große Staatsprüfung für den höheren Verwaltungsdienst in Berlin. Ab Jan. 1907 Regierungsassessor und Stv. des Polizeipräsidenten in Danzig; 1908-1912 Ausbildungsleiter für Regierungsreferendare sowie Leiter des Wege- und Eisenbahnbaudezernates und stv. Staatskommissar für die Börse bei der Regierung der Provinz Hannover. 3. 12. 1912-10. 6. 1913 komm. Landratamtsverwalter in Bleckede (RB Lüneburg), 11. 6. 1913-1914 dort Landrat. Dez. 1914-März 1915 Kriegsteilnahme, ab Febr. 1915 Hauptmann. Juli 1915-Okt. 1917 Landrat in Bleckede. 6. 12. 1917-10. 11. 1918 Staatsrat und Vorsteher der Ministerialabtlg. für das Innere im Staatsministerium des Fürstentums Reuß j. L. in Gera. Nov. 1918 Vors. des Vollzugsausschusses des Arbeiter- und Soldatenrates in Gera. 10. 11. 1918-17. 4. 1919 Minister des Ministeriums Reuß j. L.; 1. 1. 1919-1. 4. 1922 Minister im Staatsrat des Volksstaates Reuß; 17. 4. 1919-1. 4. 1922 (ab 1. 7. 1919 durch andere Minister vertreten) Minister in der Landesregierung von Reuß bzw. ab Jan. 1921 der Gebietsregierung Gera-Greiz, dort zuständig für alle Ressorts außer Justiz. 14. 7. 1919-12. 11. 1920 Mitgl. des Staatsrates von Thüringen, Verfasser des Entwurfs für den Gemeinschaftsvertrag über den Zusammenschluß der thüringischen Staaten. *10. 11. 1920-6. 10. 1921 Minister des Innern, 7. 10. 1921-27. 10. 1922 Justizminister.* Sept. 1921-1927 SPD. Bis 1927 Gauleiter des Republikanischen Reichsbundes und technischer Gauleiter des Reichsbanners, Mitgl. des Reichsbanner-Reichsausschusses. 1927 Rückzug aus der Politik und Übersiedlung nach Berlin, ab 1930 wohnhaft in Woltersdorf bei Erkner. Nach Kriegsende kurzzeitig Staatsanwalt am AG Rüdersdorf; in Woltersdorf Vors. der Gemeindekommission für die Durchführung der Bodenreform, Schiedsmann sowie weitere ehrenamtl. Funktionen in der Kommunalpolitik.

Brill, Hermann Louis (USPD, SPD)
Dr. jur.
Staatsrat 1921-1923
Regierungspräsident 1945

geb. 9. 2. 1895 Gräfenroda, gest. 22. 6. 1959 Wiesbaden

Sohn eines Schneidermeisters. 1901-1909 Bürgerschule in Ohrdruf; 1909-1914 Herzog-Ernst-Seminar (Lehrerseminar) in Gotha, 4. 8. 1914 Seminarreifeprüfung (1. Lehrerprüfung für Volksschullehrer). 15. 8. 1914-21. 12. 1918 Kriegsfreiwilliger, Entlassung als Vizefeldwebel d. R.; dazwischen von Okt. 1916-Dez. 1916 Volksschullehrer in Nauendorf.

1. 10. 1917 Berufung in das Beamtenverhältnis als Lehrer. 3. 10. 1918-Sept. 1922 USPD. Febr. 1919-Febr. 1920 Volksschullehrer in Finsterbergen. Ehrenamtl. Beigeordneter im Landratsamt Ohrdruf. 18. 2. 1920 Anstellungsprüfung als Volksschullehrer. März 1919-Mai 1920 Abg. der Gothaischen Landesversammlung; 16. 12. 1919-20. 7. 1920 Mitgl. des Volksrates von Thüringen als Vertreter des Freistaates Gotha; 20. 6. 1920-30. 7. 1932 MdL. 15. 2. 1920-Sept. 1920 Hilfsreferent in den Ressorts Innere Verwaltung und Unterrichtsverwaltung bei der Gebietsregierung Gotha. 1. 10. 1920-Sept. 1921 Volksschullehrer in Tambach-Dietharz. Ab 18. 1. 1921 nebenamtl. Hilfsreferent im Thüringischen Volksbildungsministerium, ab 1. 10. 1921 planmäßige Anstellung als Regierungsrat und Vortragender Rat. *7. 10. 1921-16. 10. 1923 Staatsrat für Gotha.* Mitgl. des Reichsratsauschusses für Verfassung und Verwaltung und des Reichsschulausschusses. Sept. 1922 SPD. Ab 16. 6. 1923 Wechsel in das Ministerium des Innern, ab 21. 8. 1923 Ministerialdirektor und Leiter der Polit., Gesetzgebungs-, Polizei- und Wirtschaftsabteilung; 15. 4. 1924 Versetzung in den Wartestand. 1924-1927 Studium der Rechts- und Wirtschaftswissenschaften, Soziologie und Philosophie in Jena. 1927-1933 ständiger Gastlehrer für Staats- und Verwaltungsrecht an der Heimvolkshochschule Tinz. 1927-1932 Mitgl. des Staatsgerichtshofes für Thüringen in Jena; 1927-1931 Beisitzer der Dienststrafkammer in Weimar. 4. 3. 1929 Promotion zum Dr. jur. an der Univ. Jena mit der Diss. »Studien zur Entstehung und Entwicklung der deutschen Selbstverwaltung« (22. 2. 1940-20. 8. 1945 Entzug des Doktortitels aus polit. Gründen). 31. 7. 1932-6. 11. 1932 MdR (WK 12 Thüringen). 1932-1933 Beisitzer des Dienststrafhofes in Jena; Mitgl. von Prüfungsausschüssen für den Thüringer Verwaltungs- und Schuldienst. 5. 3.-23. 6. 1933 (Mandatsniederlegung) MdL, Vors. der SPD-Fraktion, 30. 5. 1933 Austritt aus der SPD und Niederlegung des Fraktionsvorsitzes. 26. 6.-15. 7. 1933 Schutzhaft im Landgerichtsgefängnis Gotha, danach polizeiliche Überwachung. 15. 7. 1933 Entlassung aus dem thüringischen Staatsdienst, 30. 4. 1934 Verurteilung und Entzug der Beamtenrechte durch die Dienststrafkammer in Weimar. 1934-1938 freier Schriftsteller in Berlin; als Mitgl. der Widerstandsgruppen »Neu Beginnen« und »Deutsche Volksfront« illeg. Tätigkeit in Thüringen und Berlin. 21. 3. 1935 Verhaftung, Untersuchungshaft und Einleitung eines Strafverfahrens wegen Heimtücke, 30. 3. 1935 Verfahrenseinstellung; 21. 9. 1938 erneute Verhaftung und Untersuchungshaft in Berlin, 28. 7. 1939 Verurteilung durch den VGH zu 12 Jahren Zuchthaus wegen Vorbereitung zum Hochverrat; Juli 1939-Dez. 1943 Haft im Zuchthaus Brandenburg-Görden, Mitgl. der Führungsgruppe der polit. Häftlinge; 23. 12. 1943-April 1945 Häftling im KZ Buchenwald, Febr. 1944-April 1945 Vors. des illeg. Dt. Volksfrontkomitees; Verfasser des »Buchenwalder Manifests der demokratischen Sozialisten« vom 13. 4. 1945, Initiator und Mitbegründer des Bundes der demokratischen Sozialisten in Thüringen. Ab 25. 4. 1945 Berater der amerikanischen Militärregierung in Weimar. 7. 5.-9. 6. 1945 Behördenvorstand des Staatsministeriums und Innenministeriums; *9. 6.-16. 7. 1945 Regierungspräsident der Provinz Thüringen;* 12. 6.-8. 7. 1945 komm. Leitung des Landesamtes des Innern. Ab 8. 7. 1945 Landesvors. des Bundes demokratischer Sozialisten, später der SPD. Ab Mitte Juli 1945 in Wirtschafts- und Vermögensverwaltungen in Thüringen tätig, 25. 9. 1945-5. 12. 1945 Aufsichtsratsvors. der Thüringischen Verwaltungsgesellschaft mbH in Weimar. Ab 15. 12. 1945 Berater der amerikanischen Militärregierung für Dtld. (Chief Consultant bei OMGUS, Manpower Division) in Berlin. 31. 12. 1945 Rücktritt als SPD-Landesvors. 4. 7. 1946-31. 7. 1949 Staatssekretär und Chef der Staatskanzlei des Hess. Staatsministeriums in Wiesbaden. Ab 1948 Honorarpro-

fessor für öffentliches Recht an der Univ. Frankfurt/Main; Beteiligung an den Vorarbeiten zum Grundgesetz und Teilnahme am Verfassungskonvent von Herrenchiemsee; Mitbegründer des Instituts für Zeitgeschichte in München. 1949-1953 MdB. Vors. des Exekutivkomitees des Dt. Rates der Europäischen Bewegung. 1. 1. 1950-31. 3. 1951 Dozent für öffentliches Recht an der Akademie der Arbeit in Frankfurt/Main; 1951-1959 wiss. Berater des Hess. Ministerpräsidenten; 1951-1955 Honorarprofessor mit Lehrauftrag für vergleichende Staatslehre und Verfassungsgeschichte an der Hochschule für Verwaltungswissenschaften Speyer; 1952-1959 Dozent bei den Hochschulwochen für staatswiss. Fortbildung des Landes Hessen.

Veröffentlichungen (Auswahl): Das Thüringische Staatsbeamtengesetz (1923), Reichsreform - eine thüringische Schicksalsfrage (1932), Gegen den Strom (1946), Die Problematik der modernen Staatstheorie (1950), Das sowjetische Herrschaftssystem (1951).

Buchwald, Friedrich (SPD)
Dr. jur.
Regierungsdirektor 1945
Landesdirektor 1945

geb. 29. 7. 1891 Großenhain, gest. 22. 2. 1976 Wiesbaden

Sohn eines Tuchfabrikanten. 1897-1911 Volksschule und Realschule in Großenhain sowie »Fürsten- und Landesschule« in Grimma. 1911-1914 Studium der Rechts- und Staatswissenschaften in Prag und Leipzig. Mai/Juni 1914 jurist. Vorbereitungsdienst in Ehrenfriedersdorf. 1914-1918 Kriegsteilnahme als Unteroffizier. 28. 7. 1919 Promotion zum Dr. jur. an der Univ. Leipzig mit der Diss. »Die Scheckschulden nach dem deutschen bürgerlichen Gesetzbuche«; 1919-1920 Referendar in Großenhain und Bautzen. 1920-1923 jurist. Stadtrat in Werdau; Juni 1921 Assessorexamen für den höheren Verwaltungsdienst. 1920 SPD. Ab 1923 1. Bürgermeister in Crimmitschau, 1933 Entlassung aus polit. Gründen. 14. 10. 1935-6. 5. 1936 Schutzhaft im KZ Sachsenburg. 1937-Febr. 1938 Studium an der HHS Leipzig, Examen als Dipl.-Steuersachverständiger; 1937-1942 Angestellter bei einem Wirtschaftsprüfer in Freiberg; Jan. 1942 Examen als Wirtschaftsprüfer vor der IHK Dresden; Juni 1942 Examen als Steuerberater an der Reichsfinanzschule Ilmenau; 1942-1945 selbst. Wirtschaftsprüfer und Steuerberater in Freiberg und Leipzig. *2. 7.-16. 7. 1945 Regierungsdirektor des Landesamtes des Innern, 16. 7.-20. 7. 1945 Landesdirektor des Landesamtes des Innern.* Ab Ende Juli 1945 Beteiligung an der Ausarbeitung von Landesgesetzen. 13. 11. 1945-1. 1. 1946 Vizepräsident des OLG in Gera; 29. 11. 1945 zweite jurist. Staatsprüfung vor dem OLG Gera; 1. 1. 1946-1. 9. 1949 Präsident des LG Nordhausen; 1. 9. 1949-April 1950 Richter am AG Nordhausen. 23. 4. 1950 Übersiedlung nach Wiesbaden, dort als Rechtsanwalt, Wirtschaftsprüfer und Steuerberater tätig. 1950 Wiedereintritt in die SPD.

Busch, Wilhelm (NSDAP)
Staatsrat 1933-1945

geb. 13. 10. 1892 Herleshausen, gest. 30. 1. 1968 Coburg

Sohn eines Kostmeiers (Bewirtschafter eines kleinen Gutes auf Rechnung des Besitzers oder Pächters, auch Hofmeister genannt). 1898-1906 Volksschule in Herleshausen. Schlosserlehre und Handwerkerschule in Fulda; ab 1906 Wanderschaft in Belgien, Karlsbad, Triest; danach Schlosser in Essen, Düsseldorf und Eisenach. Okt. 1912-Ende 1918 Militärdienst und Kriegsteilnahme, ab 1916 Gefreiter. Dez. 1918-Aug. 1932 Schlosser und Schweißer im Reichsbahnausbesserungswerk Gotha, zuletzt Leiter der Schweißerei. 1923 NSDAP, 1. 10. 1926 Wiedereintritt nach Aufhebung des Parteiverbots (Mitgl.-Nr. 44 797), Kreis- und Gauredner. 1924-1926 Stadtrat in Gotha. 1926-1927 Leiter der NSDAP-Ortsgruppe Gotha, 1928-1932 Leiter der Ortsgruppe Seebergen, Sept. 1932-April 1945 Kreisleiter Gotha-Land, ab Ende 1937 auch Kreisleiter für den Stadtkreis Gotha. 31. 7. 1932-14. 10. 1933 MdL. Ab 1932 Beurlaubung von der Tätigkeit in der Reichsbahn unter rückwirkender Übernahme in das Beamtenverhältnis und Ernennung zum technischen Reichsbahninspektor m. W. v. 1. 5. 1930. *22. 10. 1933-12. 4. 1945 Staatsrat.* Ab 15. 10. 1933 SS-Rottenführer, ab 23. 10. 1933 Scharführer, ab 12. 12. 1933 Sturmführer. 12. 11. 1933-Mai 1945 MdR. 1. 1. 1935 Ernennung zum Reichsbahnoberinspektor. Ab 9. 11. 1935 SS-Obersturmführer, ab 20. 4. 1936 Hauptsturmführer. Dez. 1937 Austritt aus der ev. Kirche. Ab 20. 4. 1938 SS-Sturmbannführer. 22. 4. 1945 Verhaftung durch US-Besatzungstruppen in Seebergen; bis Aug. 1948 Internierung in Ohrdruf, Bad Hersfeld, Schwarzenborn, Nürnberg, Ludwigsburg-Ossweil, Dachau, Regensburg, Darmstadt und Fallingbostel; 24. 8. 1948 Verurteilung zu 3 Jahren 4 Monaten Gefängnis unter Anrechnung der Internierungshaft durch das Spruchgericht Benefeld-Bomlitz. Nach Entlassung aus der Internierung wohnhaft in Hartenholm (Kreis Segeberg), später in Kattendorf über Kaltenkirchen (Holstein) und Coburg. 2. 3. 1949 Ablehnung eines Revisionsantrages gegen das Spruchgerichtsurteil durch den Obersten Spruchgerichtshof in Hamm.

EK II (1. Weltkrieg); Goldenes Parteiabzeichen, Silberner Gauadler, Ehrenkreuz für Frontkämpfer, NSDAP-Dienstauszeichnung in Bronze und Silber.

Busse, Ernst (KPD, SED)
Regierungsdirektor 1945
Landesdirektor 1945
1. Vizepräsident 1945-1946
Minister 1946-1947

geb. 24. 11. 1897 Solingen, gest. 31. 8. 1952 Workuta (Rußland)

Sohn eines Schleifers. 1903-1911 Volksschule in Solingen. Schleiferlehre, danach bis 1925 als Schleifer tätig. Ab 1912 SAJ; ab 1913 DMV. Nov. 1916-Mai 1917 Kriegsteilnahme, danach wegen Krankheit Arbeitsdienst in der Rüstungsindustrie. 1917 SAJ-Vors. in Solingen. 1918 Spartakusbund; ab 1921 KPD. 1925-1930 Erster Bevollmächtigter des DMV für Mönchengladbach. 1925-1930 Stadtverordneter in Viersen. 1930-1931 Leiter des Bundes oppositioneller Metallarbeiter (später Teil der RGO) im Bezirk Mönchengladbach; Unterbezirksleiter der RGO; 1931-Mai 1933 Bezirksbevollmächtigter der RGO im Bezirk Köln-Trier-Aachen; Mitgl. der engeren KPD-BL im Bezirk Mittelrhein. 31. 7. 1932-März 1933 MdR (WK 21 Koblenz-Trier). Ab Anfang 1933 Leiter der illeg. RGO in Köln, ab Mai 1933

Bezirksleiter der illeg. RGO für Thüringen in Erfurt. 12. 10. 1933 Verhaftung in Erfurt, 12. 11. 1934 Verurteilung zu 3 Jahren Zuchthaus durch den VGH; bis Nov. 1936 Haft im Zuchthaus Kassel-Wehlheiden und im Zuchthaus Köln-Klingelpütz, Dez. 1936-Aug. 1937 KZ Lichtenburg, Aug. 1937-April 1945 Schutzhaft im KZ Buchenwald, hier illeg. Tätigkeit im Parteiaktiv der KPD und im Internationalen Lagerkomitee; Blockältester, Lagerältester und Kapo im KZ-Krankenbau. Mai 1945-1. 8. 1945 Polit. Leiter der KPD-BL Thüringen. 14. 5.-28. 5. 1945 stv. Leiter der Kriminalpolizei in Erfurt; 28. 5.-12. 6. 1945 Regierungsrat im Thüringischen Staatsministerium in Weimar, verantwortlich für die Entnazifizierung der Verwaltung. *12. 6.-16. 7. 1945 Regierungsdirektor des Landesarbeitsamtes; 16. 7. 1945-3. 12. 1946 1. Vizepräsident des Landes Thüringen (zuständig für Polizei, Bodenreform und Sequestrierung); 20. 7.-16. 8. 1945 Landesdirektor des Landesamtes des Innern; 4. 12. 1946-29. 5. 1947 Minister für allgemeine Verwaltung bzw. ab 30. 1. 1947 des Innern.* Vors. der Landeskommission für die Bodenreform. April 1946 SED, Mitgl. des Sekretariates des SED-LV. 3. 7. 1947-März 1948 4. Vizepräsident der DZV für Land- und Forstwirtschaft in Berlin; ab März 1948 Leiter der HA Landwirtschaftliche Organisationen in der HV Land- und Forstwirtschaft der DWK. Ab 1948 Mitgl. des agrarpolit. Ausschusses beim Zentralsekretariat der SED. Ab 31. 3. 1949 Vors. des Zentralverbandes der landwirtschaftlichen Genossenschaften Deutschlands. 29. 3. 1950 Verhaftung durch sowjetische Behörden aufgrund von Anschuldigungen im Zusammenhang mit seiner Tätigkeit als Funktionshäftling im KZ Buchenwald; 27. 2. 1951 Verurteilung als Kriegsverbrecher zu lebenslänglicher Lagerhaft durch das Militärtribunal der sowjetischen Garnison in Berlin; 11. 6. 1951 Einlieferung in das Sonderlager Nr. 6 in Workuta, dort in der Haft verstorben. Sept. 1956 nichtöffentliche Rehabilitierung durch die Zentrale Parteikontrollkommission der SED, 31. 3. 1990 öffentliche Rehabilitierung durch die Zentrale Schiedskommission der PDS.

Demme, Otto (NSDAP)
Staatsrat 1939-1945

geb. 12. 9. 1901 Ebeleben, gest. 19. 4. 1969 Lichtenfels

Sohn eines Klempnermeisters. Volksschule in Ebeleben; 1912-1921 Gymnasium in Sondershausen. 1922-1926 Studium der Rechtswissenschaften und Volkswirtschaft in Jena und Göttingen, dazwischen 1922-1923 Bankvolontär und -angestellter in Greußen. April 1926-Juni 1929 jurist. Vorbereitungsdienst in Jena, Eisenach, Sondershausen und Weimar; Juni 1929 zweite jurist. Staatsprüfung in Jena. Nach Vertretungstätigkeit bei verschiedenen Rechtsanwälten ab 1930 selbst. Rechtsanwalt in Weimar, hier vorwiegend Verteidigung von NSDAP-Angehörigen in polit. Prozessen. 1. 1. 1931 NSDAP (Mitgl.-Nr. 423 653). 1931-8. 5. 1933 Beisitzer, dann Leiter des Gau-Untersuchungs- und Schlichtungsausschusses der NSDAP. 28. 3.-1. 6. 1933 komm. Präsident der Thüringischen Staatsbank in Weimar, 1. 6. 1933-April 1945 Präsident. Ab 1934 ehrenamtl. Mitgl. der NSDAP-GL, Leiter des Außenpolit. Amtes. Ab 1937 Leiter des Fachamtes Finanzen und Kapital des Gauhauptamtes für den Vierjahresplan (bis 1939 zusammen mit Staatsrat Otto Eberhardt). *20. 4. 1939-12. 4. 1945 Staatsrat.* 1943-1945 Vors. des Verwaltungsrates der Wilhelm-Gustloff-Stiftung; 1944-1945 Gauwirtschaftsberater; Mitgl. zahlreicher Aufsichtsräte sowie des Beirates der

Sächs. Staatsbank in Dresden. 24. 4. 1945 Verhaftung durch US-Besatzungstruppen in Greiz; Internierung in Schwarzenborn bei Kassel und Darmstadt; Febr. 1947 Flucht aus dem Internierungslager Darmstadt, 3. 11. 1947 freiwillige Rückkehr in die Internierung (zunächst Lager Neuengamme, später Hamburg-Bergedorf); 5. 3. 1948 Entlassung aus der Internierung nach Neuenbeken (Kreis Paderborn). 22. 4. 1948 Einstellung eines Verfahrens vor dem Spruchgericht Hamburg-Bergedorf. Ab 25. 1. 1951 Zulassung als Rechtsanwalt beim AG Herford. Lebt bis 1968 in Herford, danach in Oberlangenstadt (Kreis Lichtenfels) und Lichtenfels.

Silberner Gauadler.

Dewes, Richard (SPD)
Dr. theol.
Minister seit 1994

geb. 12. 7. 1948 Marpingen-Alsweiler (Saarland)

Sohn eines Bergarbeiters. Volksschule in Alsweiler; Staatl. Internats- Aufbaugymnasium Lebach, 1968 Abitur. Ab 1965 Mitgl. der Jungsozialisten. 1968-1972 Studium der Rechtswissenschaften und der Kathol. Theologie in Saarbrücken und Tübingen. 1968 SPD, ab 1970 Ortsvereinsvors. 1972 erstes jurist. Staatsexamen. 1972-1973 Unterbezirksvors. der Jungsozialisten im Kreis St. Wendel. 1974-1975 Mitgl. des Kreistages St. Wendel. 1975 zweites jurist. Staatsexamen. 1975-1979 Regierungsrat in der Wissenschaftsverwaltung des Landes Baden-Württemberg und Justitiar an der Univ. Tübingen. 1976 Promotion zum Dr. theol. 1979-1985 Richter am Arbeitsgericht Stuttgart/Kammern Ludwigsburg, ab 1983 in Karlsruhe. 10. 3. 1985-1990 MdL Saarland. Febr. 1990-Juni 1991 Staatssekretär im Ministerium für Gesundheit und Soziales des Saarlandes; Juni 1991-Nov. 1994 Staatssekretär im Innenministerium des Saarlandes. *Seit 30. 11. 1994 Innenminister.*

Döbrich, Friedrich (DVP, DNVP, TLB, CNBLVP, FDP)
Staatsrat 1931-1932

geb. 13. 7. 1872 Unterharles, gest. 1. 3. 1953 Gut Neuhaus-Hohenstein bei Coburg

Sohn eines Landwirtes. Dorfschule Scherneck; Gymnasium Coburg. Studium in Coburg und Ausbildung zum Landwirt auf dem väterlichen Gut in Unterharles. 1898-1929 Pächter der Domäne Buchenhof bei Gleichamberg (Kreis Hildburghausen). 1914-1917 Kriegsteilnahme, 1918 im Kriegswirtschaftsamt Weimar. Juni 1920-Mai 1924 DVP. 6. 6. 1920-31. 7. 1932 MdR (Juni 1920-Mai 1924 Fraktion der DVP, nominiert durch den Reichslandbund; Mai 1924-Mai 1928 Fraktion der DNVP; Mai 1928-Juli 1932 Fraktion der CNBLVP). Mai 1924-Mai 1928 DNVP. 1928 Mitbegründer der CNBLVP. 1929-1932 Gutsbesitzer und Landwirt in Unterharles. 1930-1932 Vors. der Reichstagsfraktion der CNBLVP. Mitgl. der Landwirtschaftskammer Thüringen; Vorstandsmitgl. verschiedener landwirtschaftlicher Verbände. *22. 4. 1931-25. 8. 1932 Staatsrat für Meiningen.* Ab 1932

Gutsbesitzer und Landwirt in Lindigshof/Dermbach, ab 1939 auch in Neuhaus-Hohenstein bei Coburg; 1945 nach der Enteignung des Gutes Lindigshof im Zuge der Bodenreform in der SBZ Übersiedlung nach Neuhaus-Hohenstein. Mitbegründer der FDP in Oberfranken. Ab 1946 Vorstandsmitgl. im Milchhof Coburg sowie in verschiedenen landwirtschaftlichen Verbänden; 1947-1953 Vorstandsmitgl. des Milchwirtschaftsverbandes Bayern in München.

Drechsler, Erich (SPD, KPD, SED)
Prof. Dr. med.
Landesdirektor 1945-1946

geb. 10. 6. 1903 Gera, gest. 21. 11. 1979 Gera

Sohn des Thüringer SPD-Politikers Hermann Drechsler (gelernter Weber, Redakteur der »Reußischen Tribüne«, MdL Reuß, Regierungsmitgl. des Freistaates Reuß, Kreisdirektor in Gera, Stadtverordneter und Beigeordneter in Gera). 1909-1917 Volksschule in Gera. Ab 1917 SAJ. 1917-1919 Lehre als Dekorationsmaler; 1919-1921 Studium der Malerei und Graphik an der Akademie der bildenden Künste in Dresden. 1922-1931 freischaffender Kunstmaler und Graphiker. 1924-1933 SPD. 1931 Erwerb des Abiturs als Externer. 1931-1936 Medizinstudium in Jena. Juli 1936-März 1937 nach kurzer Tätigkeit als Landarzt Praktikant an der Medizinischen Poliklinik in Jena; 1937 Promotion zum Dr. med. an der Univ. Jena mit der Diss. »Erythrozyten-Senkungsgeschwindigkeit bei gynäkologischen Erkrankungen«; Approbation. April 1937-März 1945 Assistenz- und Stationsarzt an der Univ.-Nervenklinik Jena, dort auch Notdienstverpflichtung während des Krieges, dazwischen von Sept. 1939-Jan. 1940 Sanitätssoldat in Erfurt und Kassel. April 1945 komm. Leiter des Staatl. Gesundheitsamtes des Landkreises Gera. Mai 1945 KPD. *24. 7. 1945-3. 12. 1946 Landesdirektor des Landesgesundheitsamtes.* Ab 18. 1. 1946 Obermedizinalrat und Ärztlicher Direktor des Landeskrankenhauses Stadtroda; Ernennung zum Professor aufgrund seiner Verdienste auf dem Gebiet der Seuchenbekämpfung. April 1946 SED. 4. 12. 1946-31. 3. 1949 Leiter der HA Gesundheitswesen im Ministerium des Innern, ab 1947 im Ministerium für Arbeit und Sozialwesen; 17. 12. 1947 Ernennung zum Ministerialdirektor m. W. v. 1. 4. 1947. Ab 1947 Facharzt für Neurologie und Psychiatrie. 1. 5. 1949-3. 4. 1974 Direktor, ab 1970 ärztlicher Direktor des Landeskrankenhauses bzw. des Bezirksfachkrankenhauses für Neurologie und Psychiatrie Stadtroda, gleichzeitig auch Chefarzt der Neurologischen Abteilung bzw. der Abteilung für Schlaftherapie/Psychotherapie. 1950-1953 Mitgl. im LV bzw. im BV Gera der Gewerkschaft Gesundheitswesen, 1953-1958 und 1961-1968 Vors. des BV Gera der Gewerkschaft Gesundheitswesen. 1953-1954 Vors. des Korea-Hilfsausschusses des Bezirkes Gera. 1953-1973 Bezirksarzt für Neurologie und Psychiatrie; bis 1967 Mitgl. der Problemkommission bzw. des Fachausschusses für Psychiatrie beim Ministerium für Gesundheitswesen der DDR. 1954-1958 Mitgl. der SED-KL Stadtroda. Ab 1967 Mitgl. des Verbandes Bildender Künstler; 1968 Mitgl. des FDGB-Bundesvorstandes. Ab April 1974 Rentner.

Kim-Ir-Sen-Nadel (1954), Ehrentitel »Verdienter Arzt des Volkes« (11. 12. 1955), Fritz-Heckert-Medaille (1955), Medaille für die Teilnahme an den bewaffneten Kämpfen der Arbeiter in den Jahren 1918-1923 (1958), VVO in Silber (7. 10. 1963), Hufeland-Medaille in Gold (11. 12. 1967), Orden »Banner der Arbeit« (1969), VVO in Gold (1973).

Duchač, Josef (CDU)
Ministerpräsident 1990-1992

geb. 19. 2. 1938 Bad Schlag (Sudetenland)

Sohn einer Arbeiterfamilie. 1944-1957 Volksschule, Grundschule, EOS, 1957 Abitur. 1946 Umsiedlung der Familie aus dem Sudetenland nach Gotha. 1957-1958 Studium der Chemie und Mathematik am Päd. Institut Mühlhausen, Abbruch des Studiums auf eigenen Wunsch. 1958-1959 Arbeit im Postzeitungsvertrieb; 1959-1961 Arbeiter in den Thüringer Gummiwerken Waltershausen. Seit 1959 CDU. 1961-1964 Studium der Kunststoffverarbeitung und Wirtschaftswissenschaften an der Fachschule für Plast- und Elastverarbeitung Fürstenwalde, Examen als Chemieingenieur. 1964-1986 Schichtingenieur, Abteilungsleiter, stv. Auftragsleiter für ein Investvorhaben, Produktionsleiter und amtierender Betriebsleiter in den Gummiwerken Waltershausen; 1967-1973 Fernstudium an der TU Dresden und der TH Leuna-Merseburg, Examen als Dipl.-Ingenieurökonom. 1986-1989 Mitgl. des Rates des Kreises Gotha für Wohnungswirtschaft. 1986-Okt. 1989 stv. CDU-Kreisvors. in Gotha, Okt. 1989-1992 Vors. des Kreisverbandes Gotha; Dez. 1989-1990 Mitgl. des PV der CDU der DDR. 1. 1.-7. 6. 1990 Betriebsleiter der Gummiwerke Waltershausen. 8. 6.-14. 10. 1990 Regierungsbevollmächtigter für den Bezirk Erfurt, bis 7. 11. 1990 noch zuständig für die Bezirksverwaltungsbehörde. 24. 8.-3. 10. 1990 Landessprecher für das neu zu bildende Land Thüringen, nach Inkrafttreten des Ländereinführungsgesetzes mit Wiederherstellung der deutschen Einheit am 3. 10. 1990 Landesbevollmächtigter für Thüringen bis 7. 11. 1990. 25. 8. 1990-1992 stv. Vors. des CDU-Landesverbandes. 14. 10. 1990-30. 11. 1992 (Mandatsniederlegung) MdL. *8. 11. 1990-5. 2. 1992 Ministerpräsident (Rücktritt am 23. 1. 1992).* 15. 9.-31. 12. 1992 Mitarbeiter der Konrad- Adenauer-Stiftung in St. Augustin in Vorbereitung auf einen Auslandseinsatz; 1. 1. 1993-31. 12. 1994 Leiter der Außenstelle Portugal der Konrad-Adenauer-Stiftung in Lissabon; seit 1. 1. 1995 Leiter des Regionalbüros der Konrad-Adenauer-Stiftung für Nordwestrußland und die Republik Weißrußland in St. Petersburg.

Eberhardt, Otto (NSDAP)
Staatsrat 1936-1939

geb. 8. 6. 1890 Halle/Saale, gest. 31. 1. 1939 bei Bitterfeld

Sohn eines Arbeiters. Volksschule in Halle. Lehre als Schlosser, Maschinenbauer und Elektromonteur. Neben der Arbeit als Elektromonteur Besuch des Technikums und Weiterbildung zum Schiffsingenieur; Juni 1909 Maschinistenassistent in der Handelsmarine; 1912 Examen als Schiffsingenieur, danach kurzzeitiger Besuch einer Maschinenbauschule; ab 1913 Studium des Maschinenbaus am Technikum in Ilmenau. 1914 Praktikum als 2. Schiffsingenieur auf einem spanischen Handelsschiff, hierbei nach Kriegsbeginn am 4. 8.

1914 Verhaftung in Frankreich und Internierung bis 1919 (dort Bekanntschaft mit Fritz Sauckel); Okt. 1919 Rückkehr nach Dtld. Ab Nov. 1919 Schlosser in den Leunawerken, später Assistent des Leiters der dortigen Kraftwerke; März 1922-März 1928 Betriebsingenieur und maschinentechnischer Leiter in einem Grubenbetrieb in Halle/Saale; April 1928-15. 5. 1933 Leiter eines Bergwerksbetriebes und einer Montanwachsfabrik in Karlsbad. 1. 1. 1932 NSDAP (Mitgl.-Nr. 868 934). Ab Aug. 1932 Wirtschaftsberater der Thüringer Regierung; ab Mai 1933 Regierungsrat z.b.V. im Mitarbeiterstab des Ministerpräsidenten. Ab 21. 1. 1934 Gauamtsleiter für Wirtschaft der NSDAP-GL. 31. 1.-14. 9. 1934 geschäftsführender Vorstand der Sauckel-Marschler-Stiftung. Ab 15. 5. 1934 durch Privatdienstvertrag Referent im Range eines Regierungsrates im Finanzministerium. 28. 8. 1934-31. 1. 1939 Ministerialrat und Leiter der Vertretung Thüringens in Berlin sowie Gauwirtschaftsberater. 1935-1939 Aufsichtsratsvors. der Thüringischen Zellwolle A.G. Schwarza und der Saline Salzungen A. G. in Bad Salzungen. 30. 6. 1935 SS-Oberscharführer, 9. 11. 1935 Untersturmführer. *27. 2. 1936-31. 1. 1939 Staatsrat.* Ab 4. 11. 1936 Vors. des Finanzausschusses der Wilhelm-Gustloff-Stiftung und Verwaltungsratsvors. des Stiftungsbetriebes Berlin-Suhler Waffen- und Fahrzeugwerke; ab 1937 stv. Leiter des Gauhauptamtes für den Vierjahresplan und Leiter des Fachamtes Finanzen und Kapital (zusammen mit Staatsbankpräsident Otto Demme). 20. 4. 1937 SS-Obersturmführer, 22. 5. 1937 Hauptsturmführer. Juli 1937 Austritt aus der ev. Kirche. 12. 9. 1937 SS-Sturmbannführer. Ab 30. 1. 1938 Wehrwirtschaftsführer; ab 1938 Arisierungsbeauftragter für den Gau Thüringen. 30. 1. 1939 SS-Obersturmbannführer. 31. 1. 1939 bei einem Verkehrsunfall tödlich verunglückt.

Silberner Gauadler

von Eberstein, Friedrich Karl Freiherr (DNVP, NSDAP)
Staatsrat 1933-1934

geb. 14. 1. 1894 Halle/Saale, gest. 10. 2. 1979 Tegernsee

Sohn eines Offiziers. 1904-1912 Preuß. Kadettenkorps in Naumburg und Groß-Lichterfelde, aus gesundheitlichen Gründen kein Übertritt in den aktiven Militärdienst. 1913-1914 Studium der Nationalökonomie in Halle/Saale. Aug. 1914-1918 Kriegsfreiwilliger, ab 25. 11. 1915 Leutnant und Batterieführer. 1918-1920 DNVP. 1919-1922 mehrmals unterbrochene Lehre und Berufstätigkeit als Bankkaufmann in Halle/Saale. Mai 1919 Freikorps-Offizier im Zeitfreiwilligen-Regiment Halle/Saale und im Landesjägerkorps des Generals Maercker, März 1920-Juli 1920 während des Kapp-Putsches Dienst im Übergangsheer, April 1921 als freiwilliger Polizeiwachtmeister in Halle/Saale an der Niederschlagung des mitteldt. Aufstandes beteiligt. 1919-1924 Mitgl. des Stahlhelm-Bundes der Frontsoldaten, Mitbegründer der Stahlhelm-Ortsgruppe Halle/Saale; Mai-Sept. 1921 Kompanieführer und Regimentsadjutant beim freiwilligen Dt. Selbstschutz in Oberschlesien; Sept.-Okt. 1921 als polit. Flüchtling in Innsbruck. Okt. 1922-1923 Angehöriger des Notbundes Halle (Vorläuferorganisation der NSDAP), danach beim Frontbann Ludendorffs. 1923-1924 kfm. Angestellter in der Industrie, 1924-1926 Landwirtschaftsarbeiter. 17. 8.-30. 11. 1925 NSDAP (Mitgl.-Nr. 15 067), Parteiaustritt wegen Aufnahme einer Tätigkeit in der Heeresverwaltung. 1925-1926 SA. 1926-1927 Angestellter der Heeresverwaltung bei der Kommandantur des

Truppenübungsplatzes Ohrdruf, Entlassung wegen früherer NSDAP-Mitgliedschaft; 1928-1931 selbst. Fabrikant sowie Geschäftsführer eines Reisebüros in Gotha. Dez. 1928-1930 SS, ab 12. 4. 1929 Untersturmführer und Adjutant der SS-Staffel VIII Thüringen. 1. 2. 1929 Wiedereintritt in die NSDAP. Mai 1930-Jan. 1931 Stadtrat in Gotha. Juli 1930-Febr. 1933 SA, 1. 7. 1930-1. 2. 1931 Adjutant beim Stab des SA-Gausturmführers in Weimar. Ab 1. 2. 1931 Mitgl. der NSDAP-Reichsleitung. 1. 2.-15. 9. 1931 Adjutant beim Hauptquartiermeister im Stab des Obersten SA-Führers, 15. 9. 1931-1. 7. 1932 Oberführer und Gausturmführer München-Oberbayern, 1. 7. 1932-20. 2. 1933 beauftragt mit der Führung der SA-Gruppe Hochland in München. Ab 1. 9. 1932 SS-Gruppenführer, 15. 11. 1933-1. 4. 1936 Führer des SS-Oberabschnittes Mitte in Weimar. 5. 3. 1933-Mai 1945 MdR (1933-1936 WK 12 Thüringen, 1936-1945 WK 24 Oberbayern-Schwaben). *20. 10. 1933- 29. 12. 1934 Staatsrat.* März 1934-1. 4. 1936 Führer des SS-Oberabschnittes Mitte bzw. Elbe in Dresden. 13. 7. 1934-1939 Mitgl. des VGH. 17. 7. 1934-1. 4. 1936 Kreishauptmann von Dresden-Bautzen. 30. 1. 1936 SS-Obergruppenführer; ab 1. 4. 1936 Führer des SS-Oberabschnittes Süd in München. 7. 4. 1936-1. 10. 1942 Polizeipräsident von München; 15. 12. 1937-1945 Leiter der Polizeiabtlg. im Bayerischen Innenministerium, ab 28. 6. 1939 Ministerialdirektor. 1939-1943 Höherer SS- und Polizeiführer in den Wehrkreisen VII (München-Südbayern) und XIII (Nürnberg), 1943-1945 nur noch im Wehrkreis VII; ab 8. 4. 1941 General der Polizei, ab 1. 7. 1944 General der Waffen-SS sowie Kommandeur für Kriegsgefangenenwesen im Wehrkreis VII. 1944 Austritt aus der ev. Kirche. 20. 4. 1945 Entlassung aus allen Ämtern wegen Ablehnung der Verteidigung Münchens gegen die US-Armee. 8. 5. 1945 Verhaftung in München; bis 26. 10. 1948 Internierung in insgesamt 23 Lagern und Gefängnissen, zuletzt im Internierungslager Dachau; mehrmals Zeuge bei den Nürnberger Kriegsverbrecherprozessen. 15. 11. 1948 Einstufung in Gruppe III (Minderbelastete) durch die Spruchkammer München X, nach zwischenzeitlicher Einstufung in Gruppe II (Belastete) und mehreren Berufungsverfahren am 19. 2. 1953 rückwirkend zum 1. 9. 1950 Einstufung in Gruppe IV (Mitläufer) aufgrund des Gesetzes zum Abschluß der polit. Befreiung. Lebt nach 1948 in Tegernsee-Süd, zeitweise beschäftigt in der Rezeption der Spielbank Bad Wiessee. 28. 5. 1951 Einstellung eines Verfahrens wegen Beihilfe zum Mord u. a. durch das LG München.

Komturkreuz II. Klasse des Sächs.-Ernestinischen Hausordens mit Schwertern, Kriegsverdienstkreuz I. und II. Klasse mit Schwertern, Großkreuz des Ordens vom römischen Adler mit Schwertern (alles 1. Weltkrieg), Goldenes Parteiabzeichen, Silberner Gauadler, NSDAP-Dienstauszeichnung in Bronze und Silber.

Eggerath, Werner (KPD, SED)
Stv. des Ministerpräsidenten 1947
Minister 1947
Ministerpräsident 1947-1952

geb. 16. 3. 1900 Elberfeld, gest. 16. 6. 1977 Berlin

Sohn eines Stukkateurs und einer Textilarbeiterin. 1906-1914 Volksschule in Mönchengladbach und Rheydt. Lehre als Schlosser kriegsbedingt abgebrochen. Sept. 1918-März 1919 Kriegsteilnahme und Dienst im Grenzschutz. 1918-1931 Berufstätigkeit als Schlosser,

Heizer, Bergmann, Transportarbeiter, Kraftfahrer und Geschäftsführer eines Literaturvertriebes der KPD im Rhein-Ruhrgebiet sowie 1921-1927 in Holland. März 1924 KPD. 1929 Stadtverordneter in Neuß. Polit. Leiter der KPD-Ortsgruppe Neuß. 1931-Okt. 1932 Sekretär in der KPD-UBL Wuppertal; Okt. 1932-Jan. 1934 Studium an der Internationalen Lenin-Parteihochschule Moskau; Febr. 1934-1935 illeg. Parteiarbeit in Berlin, März-Sept. 1934 Mitgl. der illeg. Reichsleitung der RGO, danach Mitgl. der illeg. KPD-Reichsleitung. 21. 1. 1935 Verhaftung in Berlin, 28. 4. 1936 Verurteilung zu 15 Jahren Zuchthaus wegen »Vorbereitung zum Hochverrat« durch den VGH; bis 1944 Haft im Zuchthaus Münster, danach bis 7. 6. 1945 bei einem Bombensprengkommando in Bochum. Juni 1945 Gewerkschaftssekretär in Eisleben und Redakteur der »Eislebener Zeitung«; bis Okt. 1945 Landrat des Mansfelder Seekreises in Eisleben. 13. 10. 1945-7. 4. 1946 1. Sekretär der KPD-BL Thüringen. April 1946 SED; 7. 4. 1946-Sept. 1947 Landessekretär und (paritätischer) Vors. der SED-LL, Mitgl. des SED-PV. Juni-Okt. 1946 Mitgl. der Beratenden Landesversammlung (von der SED berufen); 20. 10. 1946-15. 10. 1950 MdL, 21. 11. 1946-25. 3. 1947 3. Landtagsvizepräsident. *27. 3.-14. 5. 1947 Stv. des Ministerpräsidenten (amtierender Ministerpräsident), 29. 5.-8. 10. 1947 Minister des Innern, 8. 10. 1947-25. 7. 1952 Ministerpräsident.* März 1948-Okt. 1949 MdVR, Okt. 1949-Okt. 1954 MdVK. 23. 5. 1952-20. 2. 1954 Staatssekretär im Ministerrat der DDR und Leiter der Koordinierungs- und Kontrollstelle für die Arbeit der örtlichen Staatsorgane; 20. 2. 1954-1. 3. 1957 Botschafter der DDR in Rumänien; 1. 3. 1957 Staatssekretär für Kirchenfragen bis zum Rücktritt aus gesundheitlichen Gründen am 15. 11. 1960. 1957-1960 Präsident des Friedensrates der DDR. Ab 1961 freischaffender Schriftsteller in Berlin; 1962-1963 SED-Parteisekretär im Berliner Bezirksverband des Dt. Schriftstellerverbandes. Präsidiumsmitgl. der Gesellschaft für kulturelle Verbindungen mit dem Ausland, des Friedensrates der DDR und der Liga für die Vereinten Nationen.

VVO in Silber (1955) und Gold (6. 5. 1965), Medaille für Kämpfer gegen den Faschismus 1933-1945 (3. 9. 1958), Verdienstmedaille der DDR (1959), Fritz-Heckert-Medaille (1959), Ernst-Moritz-Arndt-Medaille (1960), Orden »Banner der Arbeit« (1960), Nationalpreis III. Klasse (1960), Ehrenspange zum VVO in Gold (17. 4. 1970), Karl-Marx-Orden (28. 5. 1975).

Veröffentlichungen (Auswahl): Nur ein Mensch (Lebenserinnerungen, 1947), Marxismus und Arbeiterklasse (1947), 10 000 Kilometer durch das Sowjetland (1949), Wassereinbruch (Roman, 1960), Quo vadis Germania (1965), Die fröhliche Beichte (Lebenserinnerungen, 1975).

Ellenberger, Irene (SPD)
Ministerin seit 1994

geb. 20. 4. 1946 Wernigerode

Besuch der EOS in Blankenburg/Harz, 1964 Abitur. 1964-1965 Maurerlehre und Erwerb des Facharbeiterabschlusses. 1965-1971 Architekturstudium an der HS für Architektur und Bauwesen Weimar, Abschluß als Dipl.-Ingenieur. 1974-1990 Projektierungs-Ingenieur in Weimar. 1989-1990 Mitarbeiterin im Arbeitskreis für Sozialpolitik des Neuen Forum (ohne Mitgliedschaft); 13. 11. 1989 Gründungsmitgl. der Sozialdemokratischen Partei in der DDR (SDP) bzw. SPD in Weimar, 1990 Mitgl. des Bundesvorstandes. 18. 3.-3. 10. 1990 MdVK,

Mitgl. im Ausschuß für Familie und Frauen. Seit 14. 10. 1990 MdL, bis 1994 stv. Fraktionsvors. und Vors. des Ausschusses für Soziales und Gesundheit. *Seit 30. 11. 1994 Ministerin für Soziales und Gesundheit.*

Esau, Abraham (NSDAP)
Prof. Dr. phil. Dr. med. h. c.
Staatsrat 1933-1939

geb. 7. 6. 1884 Tiegenhagen (Westpreußen), gest. 12. 5. 1955 Düsseldorf

Sohn eines Hofbesitzers und Standesamtsvorstehers. 1890-1893 Volksschule in Tiegenhagen, 1893-1899 Realschule in Tiegenhof, 1899-1902 Oberrealschule in Danzig, 1902 Abitur. 1902-1905 Studium der Mathematik, Physik und Philosophie in Berlin, Besuch zusätzlicher Vorlesungen an der TH Berlin-Charlottenburg; 1905-1906 Studium der Physik an der TH Danzig; 1906-1909 Assistent am Physikalischen Institut der TH Danzig; 14. 3. 1908 Promotion zum Dr. phil. an der Univ. Berlin mit der Diss. »Widerstand und Selbstinduktion von Solenoiden für Wechselstrom«. 1909-1910 Militärdienst als Einjährig-Freiwilliger in der Funkerkompanie eines Telegraphen-Bataillons in Berlin. 1910-1912 Assistent am Physikalischen Institut der Univ. Halle/Saale; 1912-1925 Laborleiter und Oberingenieur bei der Gesellschaft für drahtlose Telegrafie (Telefunken) in Berlin, dort 1925 erstmalige Erzeugung von Ultrakurzwellen; 1913-1914 im Auftrag der Telefunken-Gesellschaft Aufbau und Leitung einer Großfunkstation in der dt. Kolonie Togo. Aug. 1914-1917 in französischer Kriegsgefangenschaft, 1917-1918 Internierung in der Schweiz. 1. 4. 1925 Berufung zum a. o. Professor für Technische Physik an die Univ. Jena, 1. 10. 1927 Ernennung zum o. Professor sowie zum Leiter des Institutes für Technische Physik, dort maßgeblich an der Entwicklung der UKW-Technik beteiligt; 1. 4. 1931-31. 3. 1932 Dekan der Mathematisch-naturwiss. Fakultät, 1. 4. 1932-1. 4. 1935 sowie 1. 11. 1937-1. 4. 1939 Rektor der Univ. Jena. 1. 5. 1933 NSDAP (Mitgl.-Nr. 2 907 651). *22. 10. 1933-20. 4. 1939 Staatsrat.* Mitgl. der Fachgruppe Rundfunk des Reichskultursenates und der Akademie für Dt. Staats- und Wirtschaftskunde; Dez. 1933 Führer des Dt. Rektorentages; 1934-1945 Stiftungskommissar der Carl-Zeiss-Stiftung; ab 1937 Fachspartenleiter für Physik und Maschinenbau im Reichsforschungsrat; ab 1937 Mitgl. der Akademie für Luftfahrtforschung; ab 1938 Mitgl. der Akademie der Naturforscher und Ärzte (Leopoldina) in Halle/Saale. 1939-1940 sowie 16. 12. 1941-25. 10. 1943 Leiter des Uran-Projektes beim Reichsforschungsrat, unterbrochen 1940-1941 durch Unterstellung des Projektes unter das Heereswaffenamt. 1. 4. 1939 Berufung zum o. Professor für militärische Fernmeldetechnik und Ordinarius für Technische Physik und Hochfrequenztechnik an die Wehrtechnische Fakultät der TH Berlin-Charlottenburg sowie Übernahme der komm. Geschäftsführung der Physikalisch-Technischen Reichsanstalt, ab 27. 11. 1941 Präsident der Physikalisch-Technischen Reichsanstalt. 1942-1945 Mitgl. der Preuß. Akademie der Wissenschaften; 1943-1945 Bevollmächtigter für Hochfrequenzforschung im Reichsforschungsrat. 1945-Sept. 1946 in amerikanischer Gefangenschaft; Sept. 1946 auf Verlangen der niederländischen Staatsanwaltschaft Auslieferung durch die amerikanischen Besatzungsbehörden und Gefangenschaft in Hertogenbosch (Holland); Anklage wegen angeblicher Verantwortung für die Plünderung der Philips-Werke in Eindhoven, 27. 4. 1948 Freispruch von der Anklage des wirtschaftlichen Kriegsverbrechens und Entlassung aus der Gefangenschaft. 27. 7. 1948

Einstufung in Gruppe V (Entlastete) durch die Spruchkammer Rendsburg. 1948-1949 Gastdozent an der Technischen Akademie Bergisch Land; 1. 3. 1949-1955 Honorarprofessor an der Rheinisch-Westfälischen TH Aachen, dort Leiter des Laboratoriums für Ultrakurzwellentechnik und Ultraschall; 1950 Mitgl. der Forschungsgemeinschaft des Landes Nordrhein-Westfalen; ab Ende 1952 Leiter des Institutes für Hochfrequenztechnik der Dt. Versuchsanstalt für Luftfahrt in Mülheim/Ruhr. Juni 1954 Ehrenpromotion zum Dr. med. h. c. an der Univ. Freiburg anläßlich seines 70. Geburtstages.

EK II (1918), Kriegsverdienstkreuz (11. 9. 1942), Ritterkreuz zum Kriegsverdienstkreuz (Okt. 1944), Ehrenbürger der TH Danzig (1944), Ehrensenator der Univ. Erlangen (1944).

Veröffentlichungen: Über 100 physikalisch-technische Fachveröffentlichungen und Vorträge.

Fickel, Ulrich (LDPD, FDP)
Dr. sc. nat.
Stv. Ministerpräsident und Minister 1990-1994

geb. 18. 4. 1941 Zwickau

1959-1963 Lehrerstudium (Fachrichtung Biologie und Chemie) an der Univ. Halle-Wittenberg. 1963-1967 Fachlehrer an einer POS und EOS. 1966 LDPD. 1967-1970 wiss. Assistent an der Univ. Halle-Wittenberg sowie zeitweise Lehrer an einer EOS; 1970-1990 Assistent und Oberassistent, ab 1989 Dozent an der PH Erfurt-Mühlhausen; 1976 Promotion zum Dr. rer. nat. an der PH Erfurt-Mühlhausen. 1981-1989 Vors. des LDPD- Kreisverbandes Mühlhausen. Seit 1990 stv. Landesvors. der FDP. 14. 10. 1990-16. 10. 1994 MdL. *8. 11. 1990-29. 11. 1994 Stv. Ministerpräsident und Minister für Wissenschaft und Kunst.*

Fischer, Curt (ptl.)
Dr. rer. pol.
Landesdirektor 1945

geb. 11. 6. 1911 Freiburg, gest. 24. 11. 1959 Grünwald

Sohn eines Kaufmanns. 1918-1931 Grundschule und Oberrealschule in Freiburg, Abitur. 1931-1935 Studium der Wirtschaftswissenschaften und Rechtswissenschaften an der Univ. und der HHS Berlin sowie in Frankfurt/Main und Freiburg; 20. 7. 1934 Examen als Dipl.-Kaufmann an der HHS Berlin. 1935-1936 wiss. Assistent am Betriebswirtschaftlichen Institut der Univ. Freiburg; 1936-1940 Verbandsprüfer und zweiter Geschäftsführer des Kartells der sanitärkeramischen Industrie in Heidelberg. 1940-1945 Wehrdienst als Verwaltungsbeamter, ab 1943 Gefreiter und Rechnungsführer (felddienstunfähig). 7. 5. 1942 Promotion zum Dr. rer. pol. an der Univ. Heidelberg mit der Diss. »Die GmbH in Vergangenheit, Gegenwart und Zukunft«. 1945 stv. Geschäftsführer der Ostthüringischen IHK Gera. *24. 7.-8. 11. 1945 Landesdirektor des Landesamtes für Wirtschaft.* 8. 11. 1945-31. 5. 1946 Leiter des Wirtschaftsstabes beim Landespräsidenten, dort zuständig für Interzonenverhandlungen; Ausscheiden aus dem thüringischen Landesdienst auf eigenen Wunsch. Juli 1946-1947 pers. und wirtschaftspolit. Referent des Hess. Ministerpräsidenten in Wiesbaden; 1947-1948 wiss. Berater des Direktors der bizonalen Verwaltung für Finanzen in Bad Homburg und Mitgl. der Sonderstelle Geld und Kredit sowie des wiss. Beirates der bizonalen Verwaltung für Finanzen; 1948-1949 Mitgl. des Antikartell-Ausschusses (»Josten-Ausschuß«) der Bizonen-Wirtschaftsverwaltung; Vors. des Betriebssteuer-Ausschusses der bizonalen Verwaltung für Finanzen und freiberufliche Tätigkeit als Wirtschaftsberater; 1. 3. 1950-1951 wiss. Berater im Privatsekretariat des Vizekanzlers und Bundesministers für Angelegenheiten des Marshall-Planes Franz Blücher; 1951-1952 stv. Geschäftsführer des Landesverbandes der Württembergisch-Badischen Industrie in Stuttgart. Ab 1952 freiberufliche Tätigkeit als Wirtschaftsexperte und Spezialist für Kartellfragen in Stuttgart, ab 1955 in München.

Veröffentlichungen: Die GmbH (1948) und andere wirtschafts- und finanzpolit. Schriften.

Frick, Wilhelm (NSDAP)
Dr. jur.
Minister 1930-1931

geb. 12. 3. 1877 Alsenz (Rheinpfalz), gest. 16. 10. 1946 Nürnberg

Sohn eines Bezirksoberlehrers. 1884-1896 Volksschule und Gymnasium in Kaiserslautern. 1896-1900 Studium der Philologie und Rechtswissenschaften in München, Göttingen und Berlin. 30. 7. 1900-1903 Rechtspraktikant (Referendar) in Kaiserslautern; 19. 11. 1901 Promotion zum Dr. jur. an der Univ. Heidelberg durch Ablegen einer mündlichen Prüfung ohne Einreichen einer Diss.; 1903 Assessorexamen für den höheren Justiz- und Verwaltungsdienst. 1904-1907 Regierungsakzessist bei der Regierung von Oberbayern und Amtsanwalt bei der Polizeidirektion München; 1. 10. 1907-31. 8. 1917 Bezirksamtsassessor in Pirmasens, ab Aug. 1914 komm. Leiter des Bezirksamtes Pirmasens; 1. 9. 1917-Mai 1919 Regierungsassessor und Leiter der Kriegswucher-Abteilung bei der Polizeidirektion München; Mai 1919-Sept. 1921 Leiter der Polit. Abteilung in der Polizeidirektion München, 19. 12. 1919 Beförderung zum Bezirksamtmann; Sept. 1921-Febr. 1923 Amtsleiter in der Polizeidirektion München; ab Febr. 1923 Leiter der Kriminalpolizei in der Polizeidirektion München. 9. 11. 1923 Verhaftung und anschließende Untersuchungshaft wegen seiner Dienstführung in der Polizeidirektion München während des Hitler-Putsches; 1. 4. 1924 Verurteilung zu 15 Monaten Festungshaft durch das Volksgericht München wegen Beihilfe zum Hochverrat, Strafaussetzung zur Bewährung und Haftentlassung sowie vorläufige Dienstenthebung und Einleitung eines Dienststrafverfahrens; 31. 7. 1924 Entlassung aus dem Staatsdienst durch Urteil der Disziplinarkammer München, 6. 11. 1924 nach Berufung Fricks Aufhebung der Dienstentlassung durch den Dienststrafhof München. 4. 5. 1924-Mai 1945 MdR (zunächst auf Liste der DVFP, WK 24 Oberbayern-Schwaben), ab 20. 5. 1928 Führer der NSDAP-Fraktion. 1. 9. 1925 NSDAP (Mitgl.-Nr. 10). 1926-1930 Oberamtmann beim Oberversicherungsamt München. *23. 1. 1930 Minister des Innern und Volksbildungsminister bis zum Ausscheiden aus der Regierung am 21. 4. 1931 nach Mißtrauensvotum des Landtages vom 1. 4. 1931,* 23. 1. 1930-21. 4. 1931 auch stv. Vors. des Staatsministeriums. 1. 2. 1932-30. 1. 1933 Regierungsrat I. Klasse beim Oberversicherungsamt München. 30. 1. 1933-20. 8. 1943 Reichsinnenminister, ab 1. 5. 1934 in Personalunion auch Preuß. Innenminister. 10. 10. 1933 Berufung zum NSDAP-Reichsleiter in seiner Eigenschaft als Fraktionsführer der NSDAP-Reichstagsfraktion. Ab 27. 9. 1938 Generalbevollmächtigter für die Reichsverwaltung; ab 30. 8. 1939 Mitgl. des Ministerrates für die Reichsverteidigung; 20. 8. 1943-1945 Reichsminister ohne Geschäftsbereich und Reichsprotektor in Böhmen und Mähren. Ende April 1945 Festnahme durch US-Besatzungstruppen in Kempfenhausen am Starnberger See; Anklage als Hauptkriegsverbrecher vor dem Internationalen Militärgerichtshof in Nürnberg, am 1. 10. 1946 zum Tod verurteilt und am 16. 10. 1946 in Nürnberg hingerichtet. 6. 10. 1948 postumer Vermögenseinzug durch Urteil der Spruchkammer Starnberg; 30. 3. 1960 postume Verhängung von finanziellen Sühnemaßnahmen aus Fricks Vermögen in Berlin durch die Spruchkammer Berlin.

Fritze, Eduard (DVP)
Dr. jur.
Staatsrat 1924

geb. 5. 6. 1871 Meiningen, gest. 4. 1. 1931 Meiningen

Sohn eines Rechnungsrevisors. 1877-1892 Bürgerschule und Gymnasium Bernhardinum in Meiningen. 1892-1895 Studium der Rechtswissenschaften in Heidelberg, Leipzig und Jena; 24. 9. 1895 erste jurist. Staatsprüfung in Jena (Prädikat »mit Auszeichnung«); 5. 10. 1895 Promotion zum Dr. jur. an der Univ. Jena mit der Diss. »Exceptio plurium litis consortium«; 1895-1900 jurist. Vorbereitungsdienst, 28. 9. 1900 zweite jurist. Staatsprüfung in Jena (Prädikat »mit Auszeichnung«). 1. 11. 1900-15. 1. 1901 Hilfsarbeiter im Herzogl. Staatsministerium in Meiningen; 16. 1. 1901-15. 2. 1903 Amtsanwalt bei den AG Saalfeld, Pößneck, Gräfenthal und Camburg; 16. 2. 1903-15. 10. 1904 Richter am AG Salzungen, dazwischen kurzzeitig Hilfsrichter am Gemeinschaftlichen Thüringischen OLG in Jena; 16. 10. 1904-31. 12. 1905 Richter am LG Meiningen, dazwischen kurzzeitig Hilfsrichter am OLG Jena; ab 1. 11. 1905 Mitgl. der Prüfungskommission für die zweite jurist. Staatsprüfung am OLG Jena; 1. 1. 1906-31. 9. 1919 Oberlandesgerichtsrat in Jena; ab 24. 3. 1906 stv. Mitgl. des Verwaltungsgerichts für Sachsen-Coburg-Gotha, ab 24. 9. 1907 Mitgl. der Kommission zur Entscheidung von Kompetenzstreitigkeiten zwischen Sachsen-Coburg und Gotha; ab 23. 12. 1916 Geh. Justizrat. 1. 10. 1919-4. 1. 1931 Präsident des LG Meiningen. Mitgl. der DVP. *21. 2. 1924 Staatsrat für Meiningen bis zum Rücktritt am 12. 4. 1924*; als Staatsrat beauftragt mit der Leitung der Geschäfte der Landesjustizverwaltung.

Frölich, August (SPD; SED)
Minister 1920-1921
Vors. des Staatsministeriums und Minister 1921-1924
Staatsrat 1923

geb. 31. 12. 1877 Sippersfeld (Rheinpfalz), gest. 22. 1. 1966 Weimar

Sohn eines Kleinbauern. 1883-1890 Volksschule in Sippersfeld. 1890-1894 Schlosser- und Dreherlehre in Enkenbach (Pfalz); 1894-1898 Wanderschaft und Berufstätigkeit in Kaiserslautern, Naumburg, Leipzig, Berlin und Braunschweig; in dieser Zeit Teilnahme an verschiedenen Bildungskursen. Ab 1895 Mitgl. des DMV, ab 1898 Betriebsvertrauensmann des DMV in Berlin, 1899-1901 Bezirksleiter in Berlin-Moabit, 1902-1906 Bevollmächtigter für Braunschweig; 1908, 1911 und 1914 Delegierter zu den Kongressen des DMV. 1. 1. 1900 SPD, 1905-1906 Vors. des Ortsvereins Lehndorf bei Braunschweig. 1905-1906 Gemeinderatsmitgl. in Lehndorf. Juli 1906-1915 und 1916-Nov. 1918 Sekretär bzw. Geschäftsführer des DMV in Altenburg. Okt. 1915-März 1916 Militärdienst im Landsturm. 1913-1918 Stadtverordneter in Altenburg. 1913-1919 Vors. der Preßkommission der »Altenburger Volkszeitung«. Nov. 1918 Vors. des Arbeiter- und Soldatenrates in Altenburg, Delegierter zum 1. Rätekongreß in Berlin. 13. 11. 1918-27. 3. 1919 Staatsrat und Mitgl. des Staatsministeriums des Freistaates Sachsen-Altenburg, Leiter der Ministerialabtlg. für Wirtschaft, 27. 3. 1919-1. 7. 1921 Vors. des Staatsministeriums bzw. ab Jan. 1921 der Gebietsregierung Sachsen-Altenburg und Leiter der 1. Ministerialabtlg. (Auswärtige Angelegenheiten, Militärsachen, Inneres) bzw. der Abtlg. für Inneres der Gebietsregierung. 1919-1921 Mitgl. der Altenburgischen Landesversammlung. 14. 7. 1919-12. 11. 1920 Mitgl. des Staatsrates von Thüringen. 20. 6. 1920-5./31. 3. 1933 MdL. *10. 11. 1920-6. 10. 1921 Wirtschaftsminister,* 12. 11. 1920-6. 10. 1921 auch stv. Vors. des Staatsministeriums, *7. 10. 1921-16. 10. 1923 Wirtschaftsminister, 18. 10. 1921-16. 10. 1923 Vors. des Staatsministeriums; nach Bildung der SPD/KPD-Koalitionsregierung 16. 10.-18. 10. 1923 Staatsrat für Altenburg, 18. 10. 1923-20. 2. 1924 Vors. des Staatsministeriums, 25. 10. 1923-20. 2. 1924 Minister des Äußern.* 4. 5. 1924-22. 6. 1933 MdR (WK 12 Thüringen). 1924-1933 Mitgl. des SPD-BV Großthüringen. Lebt nach der nationalsozialistischen Machtergreifung als Staatsminister a. D. und Kleingärtner in Weimar. 24. 6.-14. 7. 1933 Schutzhaft im Gerichtsgefängnis Weimar; 19. 11. 1938-7. 2. 1939 Haft in Weimar bis zur verjährungsbedingten Einstellung eines Strafverfahrens wegen Vorbereitung zum Hochverrat; 23. 7. 1944 Verhaftung im Rahmen der »Aktion Gitter« bzw. »Gewitter«, bis 11. 12. 1944 Haft in den Gestapo-Gefängnissen Weimar und Berlin sowie im Gestapo-Gefängnis des KZ Ravensbrück. 3. 7. 1945 Wahl zum Vors. des Weimarer Ortsvereins des Bundes demokratischer Sozialisten Thüringens, Mitgl. des erweiterten LV des Bundes demokratischer Sozialisten bzw. des SPD-LV. Aug. 1945-Okt. 1946 ehrenamtl. Tätigkeit in der Landesstelle des Roten Kreuzes bzw. im Gesundheitshilfsdienst des Landesgesundheitsamtes (Nachfolgeeinrichtung der am 1. 10. 1945 aufgelösten Landesstelle des Roten Kreuzes), Verwaltungsleiter des Gesundheitshilfsdienstes für den Stadt- und Landkreis Weimar. Ab Okt. 1945 Vors. der Parteikontrollkommission der Thüringer SPD; ab 29. 12. 1945 kurzzeitig geschäftsführender SPD-Landesvors. nach dem Rücktritt von Dr. Hermann Brill. 7. 4. 1946 Eröffnungsvors. des Thüringer Vereinigungsparteitages von SPD und KPD in Gotha; April 1946 SED, April 1946-Juli 1952 Mitgl. des Sekretariates des SED-LV. Juni-Okt. 1946 Mitgl. und Vizepräsident der Beratenden Landesversammlung (von der SED berufen). Ab 1946 FDGB. 20. 10. 1946-25. 7. 1952 MdL, 21. 11. 1946-25. 7. 1952 Landtagspräsident, ab 3. 11. 1950 auch Alterspräsident. Am 30. 6. 1947 durch ein polit. Attentat in Weimar leicht verletzt. 18. 3. 1948-7. 10. 1949 MdVR; 7. 10. 1949-27. 9. 1950 MdVK; 11. 10. 1949-10./11. 12. 1958 Mitgl. der Provisorischen Länderkammer bzw. der Länderkammer der DDR, 9. 11. 1950-10./11. 12. 1958 Vizepräsident und mehrmals Alterspräsident. Ab 1949 DSF und KB; ab 1950 Ehrenmitglied der FDJ. 1952-22. 1. 1966 Abg. des BT Erfurt. 1952-29. 5. 1960 Mitgl. der SED-BL Erfurt. 1953-1957 Vors. des Bezirksausschusses Erfurt der Volkssolidarität.

Ehrenbürger der Stadt Weimar (1952), VVO in Silber (6. 10. 1954) und Gold (22. 2. 1963), Held der Arbeit (1957), Medaille für Kämpfer gegen den Faschismus 1933-1945 (1958), Verdienstmedaille der DDR (1959), Orden »Banner der Arbeit« (1960).

Frommhold, Ernst (SPD, USPD, KPD, SED)
Landesdirektor 1946

geb. 21. 2. 1898 Altenburg, gest. 23. 4. 1969 Schulzendorf bei Königs-Wusterhausen

Sohn eines Werkmeisters. 1904-1912 Volksschule in Altenburg. 1912-1915 Lehre als Nähmaschinenschlosser in Altenburg. Ab 1912 SAJ. 1915-1917 Schlosser in Magdeburg und Berlin. Febr. 1916-1919 SPD. Jan. 1917-April 1919 Kriegsteilnahme und Militärdienst. 1919-April 1920 USPD. 1919-1926 Schlosser in Altenburg, Berlin und anderen dt. Städten. Untergauleiter des RFB. April 1920 KPD, Mitgl. der UBL Altenburg; 1923 Freispruch von einer gerichtlichen Anklage wegen Betätigung für die verbotene KPD. 1926-1927 arbeitslos; 1927-1929 Schlosser in Altenburg. 1929-Nov. 1932 Instrukteur der KPD-BL Großthüringen in der Rhön und in Gotha, dazwischen 1929-1930 Besuch der Reichsparteischule der KPD in Berlin-Fichtenau und der Internationalen Leninschule in Moskau; Nov. 1932-Febr. 1933 Sekretär für Landarbeit in der KPD-BL, Febr.-Nov. 1933 illeg. Parteiarbeit als Instrukteur in Erfurt, Zella-Mehlis und anderen Thüringer Orten; Aufbau der illeg. KPD-Unterbezirksorganisation in Erfurt. 24. 11. 1933 Verhaftung, 2 Jahre Untersuchungshaft in Erfurt und Kassel-Wehlheiden, danach Verurteilung zu 3 Jahren Zuchthaus; 18. 9. 1937-2. 5. 1940 Haft im KZ Buchenwald, hier Lagerältester und Mitarbeit im illeg. KPD-Parteiaktiv. Mai 1940-1941 Schlosser in Erfurt; 1941-1944 Maschinenmeister in Dresden; April 1944-Sept. 1944 und Febr. 1945-April 1945 Dienstverpflichtung in der OT in Frankreich und im Münsterland. Ab Mai 1945 komm. Geschäftsführer einer Druckerei in Altenburg. Mitgl. der KPD-UBL Altenburg. 18. 6. 1945-12. 3. 1946 Oberregierungsrat und Leiter des Zentralbüros sowie stv. Landesdirektor im Landesarbeitsamt in Weimar; *12. 3.-3. 12. 1946 Landesdirektor des Landesamtes für Wirtschaft.* April 1946 SED. 4. 12. 1946-15. 4. 1948 Leiter der HA Industrie und Brennstoffe im Ministerium für Wirtschaft, 20. 12. 1947 Ernennung zum Ministerialdirektor m. W. v. 1. 4. 1947; 15. 4. 1948-15. 7. 1949 Leiter der HA Wirtschaftsplanung beim Ministerpräsidenten; Juli 1949-Juni 1950 Direktor der Vereinigung Volkseigener Maschinen-Ausleihstationen (MAS) Thüringen; Juni 1950-Mai 1951 Leiter der Landesverwaltung der MAS des Landes Brandenburg in Potsdam; 1951 Besuch der Verwaltungsakademie in Forst Zinna; Sept. 1951-Febr. 1963 Leiter der Abtlg. für Bodenrecht bzw. der HA Agrar- und Bodenordnung im Ministerium für Land- und Forstwirtschaft der DDR. Ab Febr. 1963 Rentner.

VVO in Bronze (1955) und Silber (1958).

Fürth, Francis (Franz) (WP)
Staatsrat 1930-1932

geb. 3. 7. 1880 Hamburg, gest. 3. 3. 1961 Jena

Sohn eines Kaufmanns. Besuch der Volksschule. Seit 1907 in Rudolstadt, dort Besitzer eines Hotels. Mitgl. der WP. 10. 2. 1927-30. 7. 1932 MdL. *23. 1. 1930-25. 8. 1932 Staatsrat für Rudolstadt.* Nach 1933 Leiter der Unterabtlg. Gaststätten- und Beherbergungsgewerbe in der Wirtschaftskammer Thüringen.

Gaertner, Alphons (DDP/DStP, LDP)
Dr. rer. pol.
Regierungsdirektor 1945
Landesdirektor 1945

geb. 7. 2. 1892 Ottmarsheim (Elsaß), gest. 9. 11. 1949 Bonn

Sohn eines Bäckermeisters und Landwirts. 1898-1905 Volksschule in Ottmarsheim; 1905-1912 Gymnasium in Sasbach bei Aachen und Freiburg. 1912-1914 Studium der Volkswirtschaft und Staatswissenschaften in Straßburg und Freiburg. 1914-1917 Kriegsteilnahme, Entlassung aus dem Militär wegen einer schweren Verwundung. 1919-1920 Fortsetzung des Studiums; 1920 Promotion zum Dr. rer. pol. an der Univ. Freiburg mit der Diss. »Die Sozialversicherung in der Heimarbeit als sozialwirtschaftliches Problem«. 1919-1933 DDP/DStP. 1920-1921 Angestellter beim Stadtvorstand Apolda; Nov. 1921-1934 Geschäftsführer des Verbandes der Apoldaer Textilindustrie; 1921-1933 Mitgl. des Stadtvorstandes Apolda; 1927 und 1928 Mitgl. der dt. Delegation auf den Internationalen Arbeitskonferenzen in Genf als Sachverständiger für Probleme der Heimarbeit und Heimindustrie; 1934-1937 Sachbearbeiter für Heimarbeit und Heimindustrie beim Reichstreuhänder der Arbeit - Reichstreuhänderverwaltung für das Wirtschaftsgebiet Thüringen in Weimar; 1937-1945 Geschäftsführer der Vertragsgemeinschaft für Isolierflaschen in Berlin; 1943-1945 nebenamtl. Dienstverpflichtung als HA-Leiter bei der Reichsstelle für Glas-, Keramik- und Holzverarbeitung. April 1945 ehrenamtl. Beigeordneter beim Stadtvorstand Weimar. Ab 19. 5. 1945 beauftragt mit der Wahrnehmung der Leitung des Landesernährungsamtes und des Landeswirtschaftsamtes in Weimar; *12. 6.-24. 7. 1945 Regierungsdirektor, ab 16. 7. 1945 Landesdirektor des Landesamtes für Industrie, Handel und Gewerbe, ab 20. 7. 1945 des Landesamtes für Wirtschaft.* 9. 7. 1945 Gründungsmitgl. der Ortsgruppe Weimar der Demokratischen Partei Thüringens bzw. LDP, bis Jan. 1947 1. stv. Vors. Ab 24. 7. 1945 Präsident der Thüringischen Staatsbank bzw. ab 1947 der Landeskreditbank in Weimar. 29. 7. 1945-Juli 1948 1. stv. Vors. des LDP-Landesverbandes, April 1946-Juli 1948 Beisitzer im ZV, 1948 designierter Nachfolger des verstorbenen Parteivors. Dr. Wilhelm Külz. Juni-Okt. 1946 Mitgl. der Beratenden Landesversammlung (auf Vorschlag der LDP vom Landespräsidenten berufen); 20. 10. 1946-21. 7. 1948 MdL, 21. 11. 1946-21. 7. 1948 1. Landtagsvizepräsident. März-Juli 1948 MdVR, dort stv. Vors. des Wirtschaftsausschusses. 19. 7. 1948 Flucht nach Westberlin; lebt später in Schönau (Schwarzwald).

Gebhardt, Willy (SPD, KPD, SED)
Minister 1947-1952

geb. 20. 6. 1901 Niedersynderstedt bei Weimar, gest. 12. 5. 1973 Erfurt

Sohn eines städtischen Angestellten (Kraftfahrer und Schlosser). Besuch der Volksschule. 1916-1919 Schlosserlehre. 1919-1921 Werkzeugschlosser in Jena, 2 Jahre Besuch der gewerblichen Fortbildungsschule. Mitgl. des DMV; 1916-1920 SAJ. 1919-Jan. 1922 SPD. 1922-1925 Werkzeugschlosser in den Leuna-Werken. 1923-1933 KPD. 1925-1926 Fräser in den Zeiss-Werken Jena; 1926-1927 arbeitslos, ehrenamtl. Tätigkeit als Arbeiterkorrespondent des Thüringer KPD-Organs »Neue Zeitung« in Jena und Vors. des Erwerbslosenausschusses Jena; Ende 1927-1930 Redaktionsvolontär und Redakteur bei der »Neuen Zeitung«. 18. 3. 1930 Verurteilung zu 1 Jahr Festungshaft durch das Reichsgericht wegen Vorbereitung zum Hochverrat und Verstoßes gegen das Republikschutzgesetz, bis 5. 4. 1931 Strafhaft in der Festung Gollnow. 1931-1932 Organisationsleiter der Proletarischen Freidenker in Thüringen, danach Parteisekretär in Suhl. 31. 7. 1932-5./31. 3. 1933 MdL. 1933-1934 Schutzhaft im KZ Bad Sulza. 1934-1937 Bauarbeiter, Straßenbauer und Hilfsarbeiter, 1937-1944 Monteur für Hochspannungsarbeiten im Jenaer Elektrizitätswerk. 1938-1944 DAF. Juli 1944 Verhaftung im Rahmen der Aktion »Gitter« bzw. »Gewitter«, bis April 1945 Haft im KZ Buchenwald. 1945-1946 Betriebsratsvors. des Elektrizitätswerkes Jena. März 1946-Sept. 1946 Organisationssekretär der KPD- bzw. SED-KL Jena. April 1946 SED, Mitgl. des Sekretariates des LV. Sept. 1946-Okt. 1946 unbesoldeter Stadtrat in Jena, Dezernent für die städtischen Betriebe und Wiederaufbau. Okt. 1946-9. 10. 1947 Landrat des Landkreises Stadtroda. *9. 10. 1947-25. 7. 1952 Minister des Innern.* Ab 1949 DSF und KB, ab 1. 5. 1950 Ehrenmitgl. der FDJ. 1950-1953 Fernstudium an der SED-PHS »Karl Marx«. 15. 10. 1950-25. 7. 1952 MdL. 1. 8. 1952 Vors. des RdB Erfurt bis zur krankheitsbedingten Entbindung von dieser Funktion am 9. 10. 1962. Ab 14. 9. 1952 Mitgl. des Sekretariates der SED-BL. 3. 12. 1961-April 1972 Vors. des BV Erfurt der DSF. Nach dem Ausscheiden als Vors. des RdB weiterhin Abg. des BT Erfurt, dort u. a. Vors. der Ständigen Kommission für Innere Angelegenheiten, Volkspolizei und Justiz.

Ernst-Moritz-Arndt-Medaille (1954), VVO in Silber (6. 10. 1954) und Gold (21. 7. 1966), Ehrensenator der Friedrich-Schiller-Univ. Jena (3. 9. 1958), Verdienstmedaille der DDR (7. 10. 1959), Held der Arbeit (10. 7. 1961), Medaille für die Teilnahme an den bewaffneten Kämpfen der dt. Arbeiterklasse in den Jahren 1918-1923 (1966), Medaille für Kämpfer gegen den Faschismus 1933-1945 (1966), Ehrenspange zum VVO in Gold (26. 6. 1971).

Geier, Kurt (DVP)
Dr. jur.
Staatsrat 1925-1927

geb. 6. 3. 1879 Eisenberg, gest. 15. 11. 1950 Altenburg

Sohn eines Juristen und Geh. Oberregierungsrates. Volksschule und Gymnasium in Altenburg, 1898 Abitur. 1898-1901 Studium der Rechtswissenschaften und Volkswirtschaft in München, Freiburg, Berlin und Jena; Juni 1901 erste jurist. Staatsprüfung; 15. 11. 1901 Promotion zum Dr. jur. an der Univ. Jena mit der Diss. »Der Begriff der Einrede nach BGB«. 1901-1902 Militärdienst als Einjährig-Freiwilliger. 1902-1906 jurist. Vorbereitungsdienst im Herzogtum Sachsen-Altenburg und in Jena, Mai 1906 zweite jurist. Staatsprüfung. Mai

1906-Okt. 1906 Hilfsrichter an den AG Ronneburg und Altenburg; Okt. 1906-Febr. 1907 jurist. Hilfsarbeiter und stv. Landrat in Roda; Febr. 1907-1918 Bürgermeister in Ronneburg. 1910-1918 MdL Sachsen-Altenburg. 1914-1918 Kriegsteilnahme, zeitweise als Polizeidirektor in Kowno (Litauen). Ab 11. 9. 1918 2. Direktor der Herzogl. Landesbank in Altenburg, ab 1. 1. 1919 Regierungsrat und 2. Landesbankdirektor. Mitgl. der DVP. 20. 6. 1920-30. 7. 1932 MdL, 21. 2.-17. 7. 1924 2. Landtagsvizepräsident, 17. 7. 1924-9. 2. 1927 1. Vizepräsident, 21. 2. 1927-7. 12. 1929 2. Vizepräsident. Ab 1. 9. 1923 Oberregierungsrat und Leiter der Filiale der Thüringischen Staatsbank in Altenburg. *17. 12. 1925-29. 4. 1927 Staatsrat für Altenburg.* 29. 9. 1936 Versetzung in den Ruhestand auf eigenen Wunsch.

EK II (1914), Ritterkreuz II. Klasse mit Schwertern (1915), EK I (1916), Ritterkreuz II. Klasse (1918), Ehrenkreuz für Frontkämpfer (1935).

Gillessen, Heinrich (Zentrum, CDU)
Dr. jur.
Minister 1948-1950

geb. 17. 6. 1896 Eschweiler, gest. 3. 3. 1979 Aachen

Sohn eines Schlossers. 1902-1906 Volksschule in Köln-Mülheim; 1906-1915 Gymnasium in Köln. 1915-1918 Kriegsteilnahme. 1918-1920 Studium der Rechts- und Staatswissenschaften in Berlin, Bonn und Köln; 20. 11. 1920 erste jurist. Staatsprüfung; 25. 2. 1921 Promotion zum Dr. jur. an der Univ. Köln. 1921-1923 nach kurzer Tätigkeit im Staatsdienst jurist. Mitarbeiter einer Versicherung in Köln; 1. 7. 1923-Ende 1929 Justitiar und Prokurist einer Verbandwatte-Fabrik in Köln-Ehrenfeld. 1924-1926 Zentrum. 1930-1938 selbst. Steuerberater in Köln; 1939-28. 2. 1943 Buchhalter und Betriebswirtschaftler, später Prokurist einer Tuchfabrik in Euskirchen; März 1943-1945 Abteilungsleiter in der Wirtschaftsgruppe Bekleidungsindustrie in Berlin, ab Febr. 1944 in Sonneberg; nach Kriegsende 1945 Liquidator der Abteilung Sonneberg der Wirtschaftsgruppe Bekleidungsindustrie. Sept. 1945 CDU, ab Nov. 1945 Vors. des CDU-Kreisverbandes Sonneberg. 1. 2.-31. 10. 1946 Geschäftsführer der Thüringischen Bekleidungsindustrie beim Landesamt für Wirtschaft; ab 7. 11. 1946 besoldeter Stadtrat in Greiz, Leiter des Rechtsamtes, des Preisprüfungsamtes, des Standesamtes und der Sequesterabteilung in der Stadtverwaltung; Vorstandsvors. der Stadtsparkasse Greiz, ab 20. 11. 1947 auch deren komm. Direktor; Jan.-Sept. 1947 2. Vors. des Entnazifizierungsausschusses Greiz. 1947-1950 Vors. des CDU-Kreisverbandes Greiz. *26. 2. 1948 Minister für Versorgung bzw. ab 24. 2. 1950 für Handel und Versorgung bis zum Rücktritt am 24. 6. 1950.* Mitgl. der DWK. 15. 8. 1950 Flucht nach Westberlin, dann wohnhaft in Essen. Ab 1. 11. 1950 Mitgl. des Königsteiner Kreises (Vereinigung der Juristen, Volkswirte und Beamten aus der sowjetischen Besatzungszone). 6. 2. 1951 in Abwesenheit Verurteilung durch das LG Erfurt zu 8 Jahren Zuchthaus wegen angeblicher Wirtschaftssabotage. 15. 2. 1951-15. 1. 1953 stv. Geschäftsführer einer Textilmaschinenfirma in Günne bei Soest, anschließend beschäftigungslos; 1. 4. 1954-31. 8. 1956 Jurist in einem Unternehmen in Neuötting. Mai 1957 Verhaftung in Passau als mutmaßlicher DDR-Agent und Einleitung eines Strafverfahrens wegen »verräterischer Beziehungen«; 6. 5. 1958 Freispruch durch das Bayerische Oberste Landesgericht. Ab 1959 bis in seine letzten Lebensjahre Mitinhaber eines Bürobedarfsgeschäftes in Aachen.

Glöckner, Ernst Hermann (FVg, DDP/DStP, LDPD)
Staatsrat 1927-1929

geb. 15. 2. 1881 Gotha, gest. 29. 3. 1963 Sonneberg

Sohn eines Eisenbahn-Federschmiedes und einer Schneidermeisterin. Volksschule in Gotha. Schriftsetzerlehre und Besuch der Fortbildungsschule; privates Studium des dt. Zeitungswesens, des Staatsrechts und der Volkswirtschaft mit Fernkursen in Bremen, Wiesbaden und Frankfurt/Main. 1895-1900 Schriftsetzer beim »Gothaischen Volksblatt«. 1899-1909 Mitgl. im Verband Dt. Buchdrucker. 1901-1903 technischer Leiter von Druckereien in Bremen, Mainz und Frankfurt/Main. 1903-1905 Militärdienst. 1905-1910 FVg. 1905-1910 Schriftleiter beim »Gothaer Tageblatt«. 1909-1930 Mitgl. im Verband der Dt. Presse, 1910-1923 Mitgl. im Verband Dt. Schriftsteller. 1910-1920 Hauptschriftleiter der »Sonneberger Zeitung«. 1919-1920 MdL Freistaat Sachsen-Meiningen. 1920-1921 Direktionsmitgl. des Verbandes dt. Porzellangeschirrfabriken; 1921-1923 Gründer und Leiter der Exportfachzeitschrift »Puppe und Spielzeug«. 1923-1933 DDP bzw. DStP. 1923-1945 Syndikus des Verbandes Thüringer Spielwareninteressenten in Sonneberg, später der Wirtschaftsorganisation der Thüringer Spielzeug- und Christbaumschmuckindustrie, nach 1933 Geschäftsführer der Verwaltungsstelle Thüringen der Fachgruppe Spielwaren- und Christbaumschmuck-Industrie in der Wirtschaftsgruppe III. 1926-1929 Mitgl. des Stadtrates von Sonneberg. *30. 4. 1927-21. 8. 1928 und 6. 11. 1928-6. 5. 1929 Staatsrat für Meiningen.* 12. 4.-3. 7. 1945 von der US-Militärregierung eingesetzter Bürgermeister von Sonneberg. 1945-1946 Hauptgeschäftsführer der Wirtschaftsstellen der Thüringer Spielwaren- und Christbaumschmuckindustrie im Landesamt für Wirtschaft. Juli 1945 Mitbegründer der LDP in Thüringen. Ab 1. 10. 1946 Stadtrat in Sonneberg. 1. 1. 1957-11. 9. 1961 Mitarbeiter im Spielzeugmuseum Sonneberg.

Goldene Mitgliedsnadel der LDPD, Dr. Wilhelm-Külz-Ehrennadel in Gold.

Greil, Max (USPD, SPD)
Minister 1921-1924

geb. 31. 8. 1877 Lößnitz, gest. 13. 12. 1939 Weimar

Sohn eines Schuhmachers. Volksschule in Gera; 1892-1898 Lehrerseminar in Schleiz. 1898-1907 Volksschullehrer in Triebes; 1907-1. 6. 1919 Volksschullehrer in Gera. Nov. 1919-1922 USPD. Mitgl. des Gemeinderates Groß-Gera, Vors. des vom Arbeiter- und Soldatenrat eingerichteten Lehrerrates für das Gebiet Reuß. MdL Volksstaat Reuß. 1. 6. 1919-14. 10. 1921 Bezirksschulrat für das Gebiet Gera des Volksstaates Reuß. *14. 10. 1921-20. 2. 1924 Minister für Volksbildung.* 1922-1933 SPD. 10. 2. 1924-30. 7. 1932 MdL. Lebt nach seinem Ausscheiden aus dem Landtag als Staatsminister a. D. in Weimar.

Grosse, Georg (Zentrum, CDU)
Minister 1946-1948

geb. 13. 8. 1900 Nordhausen, gest. 10. 5. 1973 Bergisch Gladbach-Refrath

Sohn eines Postbeamten. Besuch der Volksschule und eines Internats-Gymnasiums der Lazaristen in Theux (Belgien), 1920 Abitur am Reformrealgymnasium in Weimar. Studium der Rechtswissenschaften und Volkswirtschaft in Jena. 1. 12. 1926-30. 11. 1928 Ausbildung zum Bankkaufmann, danach bei der Dresdner Bank in Leipzig tätig. 1926-1933 Zentrum; Bezirksleiter des Windthorst-Bundes in Leipzig. Ab 1. 4. 1935 Direktor der Dresdner Bank in Altenburg, 1939 Entlassung wegen der Pflege von Geschäftsbeziehungen zu jüdischen Kunden und Beihilfe zu deren Emigration; 1939-1941 Direktor eines Ton- und Schamottewerkes in Altenburg; 1941-1949 Mitinhaber und Geschäftsführer einer Glasgroßhandlung in Altenburg. 1945-1946 Präsident der IHK in Altenburg. Juli 1945 Mitbegründer der CDU in Altenburg sowie des Landesverbandes Thüringen, Juli 1945-April 1947 stv. CDU-Landesvors. Juni-Okt. 1946 Mitgl. der Beratenden Landesversammlung (von der CDU berufen); 20. 10. 1946-Sept. 1949 MdL. *4. 12. 1946 Minister für Versorgung bis zum Rücktritt am 23. 2. 1948.* April 1947-26. 8. 1949 Beisitzer im CDU-LV. 27. 8. 1949 Flucht nach Westberlin, später in Köln wohnhaft. Ab 1950 als Landesgruppensprecher für Thüringen Mitgl. im Hauptvorstand der Exil-CDU, Mitgl. des CDU-Landesverbandes im Rheinland. 1950- 1954 Vors. des Dt. Bundes (Interessenvertretung und Eingliederungshilfe für DDR-Flüchtlinge). 1954-1957 Direktor der Bank für Gemeinwirtschaft in Aachen; 1957-1961 Direktor der Bank für Gemeinwirtschaft in Köln; 1961-1967 Generalbevollmächtigter des Bankhauses Friedrich Simon in Düsseldorf. Ab 1967 im Ruhestand.

Günther, Kurt (NSDAP)
Staatsrat 1936-1945

geb. 31. 10. 1896 Gera, [Todestag und -ort unbekannt]

Sohn eines Weberei-Werkführers. 1903-1912 Mittelschule in Gera. 1913-1915 Ausbildung zum Vermessungs- und Kulturtechniker. 23. 10. 1915-10. 12. 1918 Kriegsteilnahme, ab Juli 1918 Fronteinsatz als Topograph und Trigonometer, Entlassung als Gefreiter. 1919 Vermessungstechniker bei der Gemeinnützigen Baugenossenschaft Gera; Aug. 1919-Dez. 1933 Angestellter in der Bauabtlg. einer Lederfabrik in Hirschberg/Saale. Sept. 1922 NSDAP, neben dem späteren NSDAP-Gauleiter und Reichsstatthalter von Sachsen, Martin Mutschmann, Mitbegründer und bis 1929 Schriftführer und Schatzmeister der Ortsgruppe Hirschberg/Saale. Sept. 1922-1. 8. 1927 SA-Mann. Nov. 1923 kurzzeitige Haft wegen Unterstützung des Hitler-Putsches; 1924 Bestrafung wegen Begünstigung der verbotenen NSDAP und unerlaubten Waffenbesitzes durch das AG Hirschberg/Saale. 15. 2. 1926 Wiedereintritt in die NSDAP nach Aufhebung des Parteiverbotes (Mitgl.-Nr. 30 179). Ab 1. 8. 1927 SA-Truppführer in Schleiz, ab 21. 3. 1929 Sturmführer in Schleiz, ab 1. 10. 1929 Standartenführer in Gera. 8. 12. 1929-31. 12. 1933 Mitgl. des Gemeinderates Tiefengrün. Sept. 1931-1935 Führer der SA-Brigade 41

(Thüringen-Ost), ab 1. 7. 1932 SA-Oberführer. 31. 7.-6. 11. 1932 und 21. 3. 1933-Mai 1945 MdR. Ab 10. 11. 1933 SA-Brigadeführer; 30. 6.-2. 7. 1934 Verhaftung im Zusammenhang mit dem »Röhm-Putsch«. 1934 Austritt aus der ev. Kirche. Ab 15. 9. 1935 Führer der SA-Gruppe Thüringen, ab 9. 11. 1935 Gruppenführer. Ab 25. 1. 1936 Mitgl. der Arbeitskammer Mitteldtld. *27. 2. 1936-12. 4. 1945 Staatsrat.* 1. 6. 1938-1945 Präsident des Rennvereins für Mitteldtld. in Gotha. Ab 9. 11. 1938 SA-Obergruppenführer. 15. 11. 1939 freiwillige Meldung zur Wehrmacht als Gefreiter, 8. 11. 1943 Entlassung als Oberleutnant d. R. Ab 4. 8. 1944 ehrenamtl. Richter am VGH.

EK II (18. 11. 1917), Reußische Silberne Verdienstmedaille mit Schwertern (25. 5. 1918), Ehrenkreuz für Frontkämpfer (18. 12. 1934), Spange zum EK II (1. 6. 1940), Infanteriesturmabzeichen in Silber (15. 11. 1941), Goldenes Parteiabzeichen.

Hartmann, Emil (SPD)
Staatsrat 1920-1921
Minister 1921-1924

geb. 19. 4. 1868 Bremsnitz, gest. 22. 3. 1942 Jena

Sohn eines Maurers. Volksschule in Bremsnitz, Neustadt/Orla und Rutha. 1892-1895 Tischlerlehre und Fortbildungsschule in Jena. 1895-1898 Berufstätigkeit als Tischler; 1898-1907 Lagerhalter. 1. 12. 1906 Mitbegründer des Sozialdemokratischen Vereins in Rudolstadt; Vors. des Sozialdemokratischen Vereins von Schwarzburg-Rudolstadt. 1907-1921 Geschäftsführer bzw. Vorstandsvors. des Konsumvereins Rudolstadt, ab 1913 des Konsumvereins »Saale« in Schwarza. 1. 1. 1909-27. 12. 1913 Mitgl. des Stadtrates in Rudolstadt, Mandatsniederlegung wegen Umzugs nach Schwarza. 1921-1933 Mitgl. des Generalrats des Zentralverbandes Dt. Konsumvereine. 20. 11. 1902-2. 12. 1905 und 8. 2. 1909-31. 3. 1923 MdL Schwarzburg-Rudolstadt bzw. Mitgl. der Gebietsvertretung Rudolstadt, 22. 2.-4. 3. 1912 Landtagsvizepräsident. 23. 11. 1918-1. 4. 1922 ehrenamtl. Mitgl. und Vors. des Gesamtministeriums des Freistaates Schwarzburg-Rudolstadt bzw. ab Jan. 1921 der Gebietsregierung Rudolstadt. 16. 12. 1919-20. 7. 1920 Mitgl. des Volksrates von Thüringen als Abg. des Freistaates Schwarzburg-Rudolstadt; 20. 6. 1920-5./31. 3. 1933 MdL. *10. 11. 1920-6. 10. 1921 Staatsrat für Rudolstadt; 7. 10. 1921-20. 2. 1924 Finanzminister.* 1. 7. 1924-1933 Reisevertreter der Großeinkaufsgenossenschaft Dt. Konsum-Vereine für Thüringen mit Sitz in Weimar. Ab 1936 Rentner.

Härtrich, Ernst (TLB, DNVP)
Dr. jur.
Staatsrat 1924-1925

geb. 18. 7. 1871 Poppenhausen, gest. 11. 6. 1928 Würzburg

Sohn eines Landwirtes. Besuch des Gymnasiums in Hildburghausen, 1893 Abitur. 1893-1896 Studium der Rechtswissenschaften in Jena; 4. 7. 1896 erste jurist. Staatsprüfung; 1. 8. 1896 Promotion zum Dr. jur. an der Univ. Jena mit der Diss. »Der Rechtsbesitz, romanistisch und germanistisch«. 15. 8. 1896–7. 2. 1902 jurist. Vorbereitungsdienst in Hildburghausen, Meiningen und Jena. 1. 10. 1896–1. 10. 1897 Militärdienst als Einjährig-Freiwilliger. 7. 2. 1902 zweite jurist. Staatsprüfung. 14. 2. 1902–1905 Gerichtsassessor im Herzogtum Sachsen-Meiningen und Vertreter eines Rechtsanwaltes in Meiningen; ab 1905 selbst. Rechtsanwalt und Notar in Meiningen. 17. 1. 1916–1923 MdL Sachsen-Meiningen bzw. Mitgl. der Gebietsvertretung von Sachsen-Meiningen; 16. 12. 1919–20. 7. 1920 Mitgl. des Volksrates von Thüringen als Abg. des Freistaates Sachsen-Meiningen; 20. 6. 1920–30. 7. 1921 MdL (Mitgl. der TLB-Fraktion). *15. 4. 1924 Staatsrat für Meiningen bis zum Rücktritt am 12. 12. 1925.*

Hennicke, Paul (NSDAP)
Staatsrat 1933–1945

geb. 31. 1. 1883 Erfurt, gest. 25. 7. 1967 Braunschweig

Sohn eines Gastwirtes. Volksschule in Erfurt. 1896–1900 Höhere Handelsschule in Erfurt, Erwerb des Einjährig-Freiwilligen-Reifezeugnisses; 1900–1902 Praktika als Maschinenschlosser in Erfurter Maschinenfabriken; 1902–1904 Höhere Maschinenbauschule in Dortmund, 1904–1906 Höhere Maschinenbauschule Einbeck, Abschluß mit Staatsprüfung. 1906–1907 Militärdienst als Einjährig-Freiwilliger. Ab Nov. 1907 Maschinenschlosser bei der Reichsbahn in Erfurt und Gotha, Ausbildung zum mittleren technischen Eisenbahnbeamten bei der Reichsbahndirektion Erfurt, technischer Reichsbahninspektor. Juni 1915–März 1917 trotz u. k.-Stellung als Reichsbahnbeamter Kriegsfreiwilliger, ab 1916 Leutnant der Landwehr, ab 1917 als Offizier zur Abwehr von Werkspionage in Erfurt. 1920 Freikorpsoffizier während des Kapp-Putsches in Gotha. 1920–1923 Mitgl. des Jungdt. Ordens. 1. 4. 1922 NSDAP (Mitgl.-Nr. 5400), Ortsgruppenführer, Bezirksleiter und Kreisleiter in Gotha; 1925 Parteiausschluß nach Konflikten mit Gauleiter Dr. Artur Dinter; 20. 5. 1926 Wiedereintritt in die NSDAP (Mitgl.-Nr. 36 492). 1927–11. 5. 1937 Ratsherr in Gotha, Führer der NSDAP-Stadtratsfraktion. 10. 2. 1924–10. 2. 1927 und 8. 12. 1929–14. 10. 1933 MdL. 24. 2. 1929 Eintritt in die SS als Sturmbannführer, 12. 4. 1931–9. 11. 1933 Standartenführer, beauftragt mit der Führung der 14. SS-Standarte in Gotha. 1931 und 1932 gerichtliche Verurteilungen wegen Körperverletzung und Beleidigung. *20. 10. 1933–12. 4. 1945 Staatsrat.* Ab 9. 11. 1933 SS-Oberführer und Führer der 14. SS-Standarte, 16. 11. 1933–1. 10. 1942 Führer des SS-Abschnittes XXVII. 12. 11. 1933–Mai 1945 MdR. 20. 4. 1934–30. 1. 1938 SS-Brigadeführer. 1934 Ernennung zum Reichsbahnrat. 10. 4. 1937–2. 4. 1938 komm. Polizeipräsident in Weimar. Ab 30. 1. 1938 SS-Gruppenführer. 2. 4. 1938 Ernennung zum Polizeipräsidenten in Weimar und formales Ausscheiden aus dem Reichsbahndienst. Ab Juli 1942 Einarbeitung beim Höheren SS- und Polizeiführer Rußland-Mitte. Ab 16. 9. 1942 Generalleutnant der Polizei. 19. 9. 1942–1. 5. 1943 SS- und Polizeiführer in Rostow/Don, ab 1. 5. 1943 SS- und Polizeiführer in Kiew; Jan. 1944 nach Auflösung der Dienststelle in Kiew Versetzung zur Führerreserve des Reichsführers SS zur Erfüllung von Sonderaufgaben (u. a. Bildung einer britischen Legion aus Kriegsgefangenen); ab 1. 6. 1944 Inspekteur für den Volkssturm im SS-Hauptamt; Frühjahr 1945 Anklage durch ein Wehrmachtsstandgericht in Weimar wegen Kritik an der Fortführung der Kampfhandlungen, Freispruch. 1. 6. 1945 nach Selbstanzeige Verhaftung durch US-Besatzungstruppen in Gotha; Kriegsgefangenschaft und Internierung in Ohrdruf, Kornwestheim, Neu-Ulm, Augsburg, Herrsching, Garmisch, Dachau (dort Zeuge im Buchenwald-Prozeß) und Regensburg; ab 27. 8. 1947 im Militärgefängnis Nürnberg als Zeuge in den Nürnberger Prozessen. 5. 5. 1948 Entlassung aus der Internierung nach Braunschweig. 16. 5. 1950 Verurteilung zu einem Jahr Gefängnis unter Anrechnung der Internierungszeit durch das Spruchgericht Bielefeld wegen »kenntnisbelasteter Zugehörigkeit zur SS«.

EK I und II (1. Weltkrieg), Ehrenbürger der Stadt Gotha (1. 5. 1933), EK I und II (2. Weltkrieg), Eisernes Kreuz am Weißen Band, Kriegsverdienstkreuz mit Schwertern II. Klasse (19. 8. 1941).

Herfurth, Emil (DNVP, NSDAP)
Dr. phil.
Staatsrat 1924-1927

geb. 21. 6. 1887 Saarburg (Lothringen), gest. 27. 12. 1951 Weimar

Sohn eines Postbeamten. 1895-1897 Volksschule in Apolda und Weimar; 1897-1906 Wilhelm-Ernst-Gymnasium Weimar, Abitur. 1906-1910 Studium der klassischen und dt. Philologie in Jena und München; 14. 11. 1910 Promotion zum Dr. phil. an der Univ. Jena mit der Diss. »De Senecae epigrammatis quae feruntur«; Mai 1911 Lehramtsprüfung für die Fächer Deutsch, Griechisch und Latein an höheren Schulen. Okt. 1911-Sept. 1913 Studienassessor an Gymnasien in Jena, Weimar und Arnstadt; Okt. 1913-Okt. 1932 Studienrat und Oberlehrer am Realgymnasium Weimar. 1918-1933 DNVP, Mitgl. des LV und PV. 11. 9. 1921-14. 10. 1933 MdL, Fraktionsvors. und Geschäftsführer der DNVP-Fraktion. 1922-1935 Stadtrat in Weimar. Vorstandsmitgl. des Schillerbundes, der Goethe-Gesellschaft, der Shakespeare-Gesellschaft und der Gesellschaft der Freunde des Nietzsche-Archivs in Weimar. *21. 2. 1924-29. 4. 1927 Staatsrat für Weimar.* 1926-1934 Mitgl. des Ausschusses der Wartburgstiftung; 1. 7. 1930-12. 8. 1931 während der Amtszeit des Volksbildungsministers Wilhelm Frick beauftragt mit der Wahrnehmung der Geschäfte eines Kurators der Landesuniv. Jena. 10. 10.-Dez. 1932 Studienrat am Wilhelm-Ernst-Gymnasium Weimar, beauftragt mit der Leitung des Gymnasiums; Dez. 1932-14. 9. 1945 Direktor des Gymnasiums, ab 1. 1. 1933 Oberstudiendirektor; neben dem Lehrerberuf schriftstellerisch tätig. Ab 10. 8. 1933 Mitgl. im Reichsverband dt. Schriftsteller; Mitgl. des Verbandes dt. Bühnenschriftsteller und der Reichsschrifttumskammer. Ab 4. 4. 1935 NSLB. 1. 5. 1937 NSDAP (Mitgl.-Nr. 5 669 788). 26. 8. 1945 kurzzeitige Verhaftung durch sowjetische Militärbehörden in Weimar. 14. 9. 1945 Entlassung aus dem Schuldienst im Zuge der Entnazifizierung.

Silberner Gauadler (26. 8. 1942), Kriegsverdienstkreuz 2. Klasse ohne Schwerter (30. 1. 1944).

Veröffentlichungen: Die Stunde der Erkenntnis (1917), Weimar und das Staatliche Bauhaus. Streitschrift (1920), Der Reichsgedanke im Wechsel der deutschen Geschichte (1923), Bekenntnis zu Goethe (1932) sowie mehrere andere Romane, Erzählungen, Bühnenwerke und Aufsätze.

Hermann, Karl (USPD, SPD, KPD, SED)
Minister 1921-1924

geb. 28. 11. 1885 Unkeroda, gest. 1. 10. 1973 Wutha

Sohn eines Gärtners. 1892-1900 Volksschule in Unkeroda. 1900-1903 Maurerlehre und gewerbliche Fortbildungsschule in Eisenach; Beitritt zum freigewerkschaftlichen Verband der Maurer. 1903-1907 Maurergeselle in Düsseldorf, Essen, Bochum und Eisenach. 28. 11. 1905-1918 SPD. 1907-Ende 1914 Leiter der Maurergewerkschaft in Eisenach; 1909 Besuch der zentralen Gewerkschaftsschule in Berlin; ab 1911 hauptamtl. Sekretär des Bauarbeiterverbandes in Eisenach. 1912-1914 ehrenamtl. Stadtrat in Eisenach. 2. 1. 1915-30. 9. 1918 Kriegsteilnahme, ab 11. 5. 1915 in russischer Gefangenschaft. Ab 9. 11. 1918 Vors. des Arbeiter- und Soldatenrates von Eisenach. 1918-1923 USPD. 1. 1. 1919-Okt. 1921 Schriftleiter der »Eisenacher Volkszeitung«. 1919-1920 MdL Freistaat Sachsen-Weimar-Eisenach; 16. 12. 1919-20. 7. 1920 Mitgl. des Volksrates von Thüringen als Abg. des Freistaates Sachsen-Weimar-Eisenach; 20. 6. 1920-13. 6. 1928 (Mandatsniederlegung wegen Wahl zum MdR) und 8. 12. 1929-23. 6. 1933 MdL. *7. 10. 1921-20. 2. 1924 Minister des Innern*, 18. 10. 1921-16. 10. 1923 auch stv. Vors. des Staatsministeriums. 1923-1933 SPD. 2. 1. 1924 Verhaftung während der Reichsexekution gegen Thüringen und Anklage wegen Untreue und Urkundenfälschung im Dienst, bis 23. 1. 1924 Untersuchungshaft; 23. 11. 1924 Verurteilung zu 1000 RM Geldstrafe oder vier Wochen Gefängnis; Nov. 1925 Aufhebung des Urteils in der Berufungsinstanz und Freispruch. 1. 3. 1924-31. 12. 1925 kommunalpolit. Sekretär bei der SPD-BL; ab Jan. 1926 Bezirksleiter des Verbandes sozialer Baubetriebe Hamburg-Berlin (Bauhütte) für den Bezirk Mitteldtld. in Leipzig, Juni 1933 fristlose Entlassung. 20. 5. 1928-12. 5. 1930 (Mandatsverzicht) MdR (WK 12 Thüringen). Okt. 1933-1939 Maurerpolier in Eisenach. 1933-1941 mehrmals in Schutzhaft. 1939-15. 8. 1944 Angestellter einer landwirtschaftlichen Maschinenfabrik in Wutha. 15. 8. 1944 Verhaftung im Rahmen der Aktion »Gitter« bzw. »Gewitter«, Aug. 1944-Mai 1945 Haft im SS-Gefängnis des KZ Ravensbrück, im Zuchthaus Berlin-Moabit und im KZ Sachsenhausen. 22. 7. 1945-4. 10. 1946 Oberbürgermeister von Eisenach. 1. 10. 1945 KPD; April 1946 SED. Juni-Okt. 1946 Mitgl. der Beratenden Landesversammlung (von der SED berufen). Okt. 1946-31. 3. 1948 Ministerialrat und Abteilungsleiter im Ministerium des Innern, ab Dez. 1946 Leiter der Landesbauverwaltung. 20. 10. 1946-15. 10. 1950 MdL; 1946-1948 Mitgl. des Kreistages Eisenach. 1. 4.-30. 9. 1948 Vors. des SED-KV Eisenach. 1. 10. 1948-1950 Oberbürgermeister von Mühlhausen. Ab 1950 Rentner in Wutha.

VVO in Silber (13. 12. 1965 zum 80. Geburtstag) und Gold (26. 2. 1971), Ehrenbürger von Eisenach (1966).

Veröffentlichungen: Die thüringische Gemeinde- und Kreisordnung (Mitautor; 1922), Die neue Gemeinde- und Kreisordnung (1926), Die Wohnungsfrage und die Bedeutung der sozialen Baubetriebe (1927), Die sozialen Baubetriebe im Bezirk Mitteldeutschland des Verbandes sozialer Baubetriebe (1927).

Herrmann, Max (NSDAP)
Staatsrat 1936-1945

geb. 18. 5. 1892 Ohrdruf, gest. 6. 8. 1951 Darmstadt

Sohn eines Postschaffners. 1898-1906 Volksschule in Ohrdruf. 1906-1909 Tischlerlehre in Ohrdruf. 1909-1912 Gesellenzeit in Eisenach, Arnsberg und im Rheinland; 1912-1913 Tischlerfachschule in Ilmenau; Werkmeister und Zeichner in einer Möbelfabrik in Frankfurt/Oder. 7. 8. 1914-Jan. 1919 Kriegsteilnahme, Entlassung als Gefreiter. 1919-1922 Betriebsleiter in der Tischlereifirma seines Schwiegervaters in Greußen, 1922 Übernahme der Firma; 20. 1. 1923 Meisterprüfung. 1. 6. 1930 NSDAP (Mitgl.-Nr. 259 616), 1931-1934 Ortsgruppenleiter in Greußen. 1932 Mitgl. des Kreisrates Sondershausen. Obermeister der Tischlerinnung Greußen-Ebeleben. Ab 28. 8. 1934 ehrenamtl. Präsident der Handwerkskammer Weimar und Mitgl. der NSDAP-GL als Gauamtsleiter und Führer der Handwerks-Gauorganisation bis zu deren Gleichschaltung mit der DAF; 12. 9. 1934-1945 Landeshandwerksmeister für den Bezirk Mitteldtld.; ab 1935 Leiter der Handwerkskammer-Abtlg. der Gauwirtschaftskammer. *20. 4. 1936-12. 4. 1945 Staatsrat.* Ab 9. 11. 1936 SS- Sturmbannführer ehrenhalber. Ab 1936 Stadtrat in Weimar; Mitgl. des Kreisrates Weimar. 1938 erfolglos vorgeschlagen in der »Liste des Führers zur Wahl des Großdeutschen Reichstages am 10. 4. 1938«. Ab 20. 4. 1939 SS-Obersturmbannführer. Aufsichtsratsvors. der Handwerksbau AG Thüringen sowie Mitgl. zahlreicher anderer Aufsichtsräte. 29. 4. 1945 Verhaftung durch US-Besatzungstruppen und anschließende Internierung in Ohrdruf, Schwarzenborn, Bad Hersfeld, Ziegenhain, Neustadt (Hessen), Kornwestheim, Ludwigsburg-Hohenasperg und Staumühle. 12. 3. 1948 Entlassung aus der Internierung nach Watenstadt bei Salzgitter; 21. 4. 1948 Verurteilung zu 3 000 RM Geldstrafe wegen Zugehörigkeit zur SS durch das Spruchgericht Hiddesen bei Detmold, Strafe durch die Internierungshaft als verbüßt erklärt.

EK II, Eisernes Kreuz für Frontkämpfer, Verwundetenabzeichen, Weimarische, Gothaische und Schwarzburger Verdienstmedaille (alles 1. Weltkrieg), Silberner Gauadler.

Hille, Fritz (NSDAP)
Staatsrat 1933-1945

geb. 3. 12. 1882 Brandoberndorf bei Waldsolms, gest. 26. 2. 1959 Gießen

Sohn eines Arztes. Volksschule und Gymnasium in Laubach, 1903 Abitur. 1903-1904 Militärdienst als Einjährig-Freiwilliger. 1904-1905 Studium der Theologie in Gießen. Juni 1905-April 1908 Volksschullehrer in Lich und Lindenstruth bei Gießen. 1908-1911 Studium der Philologie in Gießen; Okt. 1911-März 1912 Lehramtsreferendar am Gymnasium in Gießen. April 1912-Sept. 1933 Lehrer und Oberlehrer, ab 1925 Studienrat am Lehrerseminar Hildburghausen. Aug. 1914-Okt. 1918 Kriegsteilnahme, nach mehrmaliger Verwundung dauernde Lähmung eines Armes, Entlassung als Leutnant d.R. Bis 1925 Mitgl. des völkisch-sozialen Blocks in Südthüringen; 16. 7. 1925-22. 10. 1927 NSDAP, 12. 1. 1928 Wiedereintritt (Mitgl.-Nr. 10 750), 1935-1943 Reichsredner. Ab 1. 2. 1931 NSLB. Mitgl.

des Stadtrates in Hildburghausen, Vors. der NSDAP-Fraktion. 31. 7. 1932-14. 10. 1933 MdL, 23. 8.-26. 8. 1932 2. Landtagsvizepräsident, 26. 8. 1932-14. 10. 1933 Landtagspräsident. Okt. 1933-1945 Studienrat, ab Jan. 1934 Oberstudiendirektor und Leiter der Aufbauschule bzw. Dt. Heimschule Gotha. 1933-1945 NSKOV. *20. 10. 1933-12. 4. 1945 Staatsrat.* 10. 1. 1934 Eintritt in die SA als Obertruppführer, 20. 3. 1934 Sturmführer, 9. 11. 1934 Obersturmführer, 20. 4. 1935 Hauptsturmführer, 20. 4. 1936 Sturmbannführer, 20. 1. 1937 Obersturmbannführer. Ab April 1938 pers. Beauftragter des Volksbildungsministers für die Schulaufsicht in verschiedenen Landkreisen. 1939-1945 Leiter des Amtes für Kriegsopfer der NSDAP-GL und Gauobmann der NSKOV. 9. 11. 1942 SA-Oberführer. Mai-Sept. 1945 Hilfsarbeiter in der Landwirtschaft; 31. 8. 1945 Entlassung aus dem Schuldienst im Zuge der Entnazifizierung. 1. 10. 1945-15. 6. 1948 Internierung in Hammelburg, Dachau und Darmstadt; 11. 6. 1948 Einstufung in Gruppe II (Belastete) und Verurteilung zu 2 Jahren Arbeitslager unter Anrechnung der Internierungszeit durch die Lagerspruchkammer Darmstadt. Ab Juni 1948 als Fürsorgeempfänger in Trais-Horloff bei Gießen wohnhaft. Nach Gnadenerweisen des Hess. Ministerpräsidenten zunächst teilweise, ab 1958 vollständige Aufhebung der Rentensperre.

EK I und II, Hess. Tapferkeitsmedaille, Österreichisches Verdienstkreuz, Verwundetenabzeichen in Silber und Gold, Frontehrenkreuz, Ritter des Kgl. Hausordens von Hohenzollern mit Schwertern (alles 1. Weltkrieg), Silberner Gauadler, Goldenes Parteiabzeichen, Dienstauszeichnung der NSDAP in Gold, Silber und Bronze, Ehrenbürger von Hildburghausen (1935), Kriegsverdienstkreuz II. Klasse ohne Schwerter (1942).

Höfer, Ernst (TLB, CNBLVP)
Staatsrat 1925-1927

geb. 1. 5. 1879 Haina (Grabfeld), gest. 14. 6. 1931 Konstanz

Sohn eines Landwirtes. 1885-1893 Volksschule in Haina; 1893-1895 Privatunterricht in Eisfeld; 1895-1899 Lehrerseminar Hildburghausen. 1899-1901 Volksschullehrer in Gräfenthal, Exdorf und Römhild; 1902-1904 landwirtschaftliche Ausbildung und Gutsinspektor auf dem Rittergut Zschepplin bei Eilenburg; ab 1904 Landwirt in St. Bernhard bei Themar. 1905-1918 MdL Sachsen-Meiningen. Gründer der nationalen bürgerlichen und Bauernvereinigung in Meiningen. 1908-1909 Bezirksvors. des Bundes der Landwirte für Meiningen; ab 1912 Vors. der landwirtschaftlichen Berufsgenossenschaft Meiningen; 1914-1915 stv. Vors., 1915-1918 1. Vors. des Landwirtschaftsrates in Meiningen; Mitgl. des Dt. Landwirtschaftsrates. 11. 5. 1919 Gründungsmitgl. und 1921-14. 6. 1931 1. Vors. des TLB; Mitgl. des Bundesvorstandes des Reichslandbundes. 16. 12. 1919-20. 7. 1920 Mitgl. des Volksrates von Thüringen als Abg. des Freistaates Sachsen-Meiningen; 20. 6. 1920-14. 6. 1931 MdL. *17. 12. 1925-29. 4. 1927 Staatsrat für Meiningen.* Ab 1929 Ehrenvors. des Thüringer Junglandbundes. 1930-1931 1. Vors. der CNBLVP. 14. 9. 1930 Wahl zum MdR (Reichswahlvorschlag des Dt. Landvolkes), Mandatsverzicht.

Eisernes Kreuz am weiß-schwarzen Band.

Hüttenrauch, William (Willi) (SPD, KPD, SED)
Minister 1947-1950

geb. 10. 3. 1909 Weimar, gest. 23. 2. 1996 Berlin-Köpenick

Sohn eines Eisenbahnarbeiters. 1915-1925 Volksschule und Aufbauschule in Weimar, Erwerb der mittleren Reife. Ab 1925 SAJ, Mitgl. und später Vors. des Weimarer Bezirksausschusses. 1926 Besuch der Handelsschule sowie von Kursen an der Arbeiterhochschule; 1926-1929 Kaufmannslehre in Weimar. 1927-1933 SPD. 1929-1933 Abteilungsleiter in einer Druckerei; Bevollmächtigter der Verwaltungsstelle Weimar des Zentralverbandes der Angestellten. 1933 zeitweilig in Schutzhaft, danach illeg. polit. Arbeit in der Widerstandsgruppe um Kurt Nehrling in Weimar. 1933-1936 arbeitslos; 1936-1940 Angestellter in verschiedenen Weimarer Firmen. 1940-1945 Kriegsteilnahme. 1945 KPD. Aug.-Okt. 1945 Referent im Landesamt für Sozialwesen, ab 26. 10. 1945 Regierungsrat, ab Okt. 1945 Leiter der Entnazifizierung im Landesamt für Land- und Forstwirtschaft. April 1946 SED. Ab 30. 1. 1947 Oberregierungsrat und als Leiter der Abtlg. HV im Landesamt für Handel und Versorgung ständiger Vertreter des Landesdirektors, anschließend Leiter der HA Planung und Koordinierung im Ministerium für Wirtschaftsplanung bzw. Wirtschaft, Arbeit und Verkehr; *9. 10. 1947-21. 11. 1950 Minister für Wirtschaft.* Mitgl. der DWK. Nach dem Ausscheiden aus dem Ministeramt Delegierung an die SED-PHS in Kleinmachnow; ab 1951 im Außenhandel der DDR tätig, 6. 6. 1952-3. 2. 1953 Staatssekretär im Ministerium für Außen- und Innerdt. Handel, Okt. 1953-1962 Leiter des Bereiches RGW und 1. Stv. des Ministers für Innerdt.- und Außenhandel; 1956 Vors. der Regierungskommission für die Leipziger Messe; 1962-1968 stv. Leiter der DDR-Delegation in der ständigen Kommission des RGW; 31. 10. 1968-11. 3. 1972 Botschafter der DDR in der Mongolischen Volksrepublik. Ab 11. 3. 1972 im Ruhestand.

VVO in Silber (5. 10. 1958) und Gold (29. 4. 1969), Orden »Banner der Arbeit« (1959).

Jentsch, Hans-Joachim (CDU)
Dr. jur.
Minister 1990-1994

geb. 20. 9. 1937 Fürstenwalde

1957 Abitur. 1957-1961 Studium der Rechts- und Staatswissenschaften in Marburg; 1961 erste, 1966 zweite jurist. Staatsprüfung und Promotion zum Dr. jur. 1966 Eröffnung einer Rechtsanwaltspraxis in Wiesbaden, ab 1977 auch Notar. CDU-Kreisvors. in Wiesbaden, ab 1974 Mitgl. des CDU-LV Hessen. 1976-1982 MdB. Aug. 1982-1985 Oberbürgermeister von Wiesbaden. 1985-1990 Rechtsanwalt und Notar in Wiesbaden. 1987-1990 MdL Hessen, innenpolit. Fraktionssprecher. *8. 11. 1990-28. 5. 1991 Justizminister, 29. 5. 1991-10. 2. 1992 Minister für Justiz, Bundes- und Europaangelegenheiten, 11. 2. 1992-29. 11. 1994 Justizminister*; 10. 11.-29. 11. 1994 auch geschäftsführender Minister für Soziales und Gesundheit. Ab 1995 wieder Rechtsanwalt und Notar in Wiesbaden; ab 24. 8. 1995 Verfassungsrichter am Thüringer Verfassungsgerichtshof in Weimar.

Junghanns, Paul (DSRP, DSP, DvP, TLB, NSDAP)
Staatsrat 1932-1942

geb. 17. 6. 1879 Nödenitzsch, gest. 8. 1. 1942 Nödenitzsch

Sohn eines Bauern. Volksschule und Mittelschule in Schmölln. 1893-1896 Höhere Handelsschule in Gera; ab 1896 Ausbildung zum Landwirt auf dem väterlichem Hof in Nödenitzsch und Gütern in Westdtld. Bis 1900 Mitgl. der DSRP. 1900-1901 Militärdienst als Einjährig-Freiwilliger. 1900-1914 DSP. Ab 1907 selbst. Landwirt in Nödenitzsch. 1914-1918 DvP. Aug. 1914-Ende 1917 Kriegsteilnahme als Landwehroffizier, nach Verwundung Wirtschaftsoffizier bei der Militärverwaltung Ober-Ost in Litauen. 1919-1933 TLB; 1. 10. 1931 NSDAP (Mitgl.-Nr. 665 155), bereits ab 1930 Gauredner der NSDAP, ab 1. 10. 1931 landwirtschaftlicher Kreisfachberater der KL Altenburg. 31. 7. 1932-14. 10. 1933 MdL. *26. 8. 1932-8. 1. 1942 Staatsrat für Altenburg.* April-Juli 1933 2. stv. Vors. des TLB und komm. Präsident der Hauptlandwirtschaftskammer in Weimar; ab Juli 1933 Beisitzer im Vorstand des TLB sowie der Hauptlandwirtschaftskammer in Weimar. Aug. 1933-8. 1. 1942 Kreisbauernführer von Altenburg; 1933-Juli 1938 Präsident des Verbandes thüringischer landwirtschaftlicher Genossenschaften, danach leitende Tätigkeit in der Raiffeisen-Organisation. Verwaltungsratsvors. einer Hagel-Versicherungsgesellschaft und Mitgl. mehrerer Aufsichtsräte.

Kästner, Willy (DDP, WP, NSDAP, DBD)
Dr. jur.
Minister 1930-1932

geb. 16. 7. 1888 Hochheim, gest. 26. 11. 1974 Nordseebad Burhave

Sohn eines Landwirtes. 1896-1899 Volksschule in Hochheim; 1899-1908 Gymnasium Ernestinum in Gotha. 1908-1912 Studium der Rechtswissenschaften in Tübingen und Jena. März 1912-Okt. 1913 jurist. Vorbereitungsdienst in Thal, Gotha und Coburg. Okt. 1913-Sept. 1918 Militärdienst und Kriegsteilnahme als Offizier, ab Dez. 1916 in französischer Gefangenschaft. Nov. 1918-März 1920 Fortsetzung des jurist. Vorbereitungsdienstes in Gotha und Ohrdruf; 8. 5. 1920 zweite jurist. Staatsprüfung. Nov. 1918-Jan. 1928 DDP. Mai 1920-Juni 1921 Assessor am LG und AG Gotha, ab Aug. 1920 Assessor am Landratsamt Waltershausen. 30. 5. 1921 Promotion zum Dr. jur. an der Univ. Jena mit der Diss. »Das Disziplinarrecht der Gemeindebeamten in Thüringen«. Juli 1921-Sept. 1922 nach Auflösung des Landratsamtes Waltershausen Rechtsanwalt in Gotha; Okt. 1922-Juni 1924 Regierungsrat am Landratsamt Gotha; Juli 1924-23. 1. 1930 Rechtsanwalt in Gotha. Jan. 1928-1933 WP. *23. 1. 1930-25. 8. 1932 Justizminister, 23. 1. 1930-3. 5. 1931 Wirtschaftsminister,* 28. 4. 1931-25. 8. 1932 auch stv. Vors. des Staatsministeriums, *4. 5. 1931-25. 8. 1932 Volksbildungsminister und Minister des Innern.* Nach Ausscheiden aus dem Ministeramt wieder Rechtsanwalt und Notar in Gotha. 1. 5. 1933 NSDAP (Mitgl.-Nr. 2 766 183). Juni 1948 Widerruf der am 11. 12. 1945 erteilten Zulassung als Rechtsanwalt und Notar aufgrund der provisorischen Zulassungsordnung für die Rechtsanwaltschaft in der SBZ; nach Schließung der Rechtsanwaltspraxis Landwirt in Hochheim. Juni 1949 DBD. 1953 Übersiedelung nach Berlin-Zehlendorf, ab Febr. 1958 Rentner in Nordseebad Burhave.

Katzmann, Ernst (NSDAP)
Staatsrat 1933-1934

geb. 10. 11. 1897 Vieselbach, gest. 6. 6. 1968 Mannheim

Sohn eines Bezirksschornsteinfegermeisters. 1904-1912 Volksschule in Vieselbach. 1912-1915 Schornsteinfegerlehre im väterlichen Betrieb; 1913-1914 Baugewerkenschule in Weimar. 20. 6. 1917-28. 12. 1918 Kriegsteilnahme. 1919-1921 Gesellenführer im Thüringischen Schornsteinfegergesellenbund. 1921 Meisterprüfung. 1923 NSDAP, 1. 6. 1928 Wiedereintritt nach Aufhebung des Parteiverbotes (Mitgl.-Nr. 90 564); 1929-1932 Ortsgruppenleiter in Vieselbach. 14. 9. 1930-28. 3. 1936 MdR. 1933-April 1934 Leiter des Amtes für Handwerk und Gewerbe der NSDAP-GL; ab 19. 3. 1933 Vorstandsmitgl. des Mitteldt. Handwerkerbundes; 28. 3.-17. 8. 1933 ehrenamtl. Staatsbeauftragter der Landesregierung für die Handwerkskammern; Mai 1933-28. 5. 1934 Präsident der Handwerkskammer Weimar; Präsidialmitgl. des Reichsstandes des dt. Handwerks; stv. Vors. des Reichsinnungsverbandes im Schornsteinfegerhandwerk. Ab 1. 7. 1933 Bezirksschornsteinfegermeister in Weimar. *20. 10. 1933 Staatsrat bis zur Entlassung am 26. 8. 1934.* 1934 Landeshandwerksmeister. 17. 8. 1934 Verwarnung durch das NSDAP-Gaugericht und Aberkennung der Fähigkeit zur Bekleidung von Parteiämtern auf 3 Jahre; 20. 8. 1934 Enthebung von allen Ämtern in Partei, Staat und Wirtschaft wegen »Nichtbefolgung eines Führerbefehls« (hatte gegen die verordnete Einsetzung von Innungsmeistern protestiert). 1936-1945 Bezirkssportführer im NSRL; 14. 5. 1937-1945 Gauhauptstellenleiter Handwerk der DAF und Gauhandwerkswalter für Mitteldtld. 1. 7. 1938 Eintritt in die SA als Hauptsturmführer, ab 30. 1. 1939 Sturmbannführer. 1942-1945 NSDAP-Ortsgruppenleiter in Weimar. 1942-1945 stv. Präsident der Handwerkskammer Weimar; 1. 1. 1942-1. 2. 1945 (Amtsenthebung) geschäftsführender Vors. des Reichsinnungsverbandes im Schornsteinfegerhandwerk. 9. 11. 1943 SA-Obersturmbannführer. April 1945 als Angehöriger des Volkssturms Verhaftung durch US-Besatzungstruppen; 30. 4. 1945-27. 9. 1948 Internierung in Ludwigsburg und Kornwestheim; 13. 8. 1948 Einstufung in Gruppe I (Hauptschuldige) und Verurteilung zu 3 1/2 Jahren Arbeitslager unter Anrechnung der Internierungszeit durch die Lagerspruchkammer Ludwigsburg. Ab Sept. 1948 nach Entlassung aus der Internierung in Mannheim wohnhaft, bis Nov. 1952 arbeitslos. 20. 7. 1949 nach Berufung gegen das Spruchkammerurteil Rückstufung in die Gruppe II (Belastete) durch die Berufungskammer Karlsruhe. Ab Dez. 1952 Maurer, später Bezirksschornsteinfegermeister in Mannheim.

EK II (1. Weltkrieg), Goldenes Parteiabzeichen, Silberner Gauadler.

Kien, Karl (DNVP)
Staatsrat 1930-1931

geb. 10. 5. 1869 Steinhorst (Lauenburg), gest. 17. 3. 1943 Hildburghausen

Besuch der Volksschule. Buchbindermeister, ab 1938 auch Buchhändler in Hildburghausen. Mitgl. der DNVP. 20. 6. 1920-7. 12. 1929 MdL, 17. 7. 1924-10. 2. 1927 2. Landtagsvizepräsident. *23. 1. 1930 Staatsrat für Meiningen bis zum Rücktritt am 1. 4. 1931.*

von Klüchtzner, Wilko (DNVP)
Dr. jur.
Staatsrat 1924
Minister 1924-1927

geb. 14. 10. 1877 Haynrode (Eichsfeld), gest. 31. 12. 1955 Bückeburg

Sohn eines Offiziers und Rittergutsbesitzers. Bis 1888 Privatunterricht, 1888-1890 Pfarrschule in Großfurra, 1890-1891 Fröbelanstalt Keilhau, 1891-1893 (privates) Andreasinstitut in Weimar; 1893-1898 Realgymnasium in Weimar. 1899-1902 Studium der Rechtswissenschaften in Göttingen, Halle/Saale und Leipzig; 24. 5. 1902 erste jurist. Staatsprüfung am OLG Celle; 1902-Mai 1907 jurist. Vorbereitungsdienst in Großbodungen, Nordhausen, Heiligenstadt und Naumburg. 10. 8. 1904 Promotion zum Dr. jur. an der Univ. Leipzig mit der Diss. »Erbrechtliche Surrogation nach Bürgerlichem Gesetzbuch«; 21. 5. 1908 zweite jurist. Staatsprüfung (krankheitsbedingt verzögert). 23. 8. 1908-15. 12. 1909 Assessor am AG Langensalza; 15. 12. 1909-1. 11. 1910 Assessor am Landratsamt Hannoversch-Münden; 1. 11. 1910-1. 7. 1911 Hilfsrichter am AG Langensalza; 1. 7. 1911-Aug. 1914 Assessor bei den Landratsämtern Sondershausen und Ebeleben sowie stv. Landrat von Sondershausen, ab 1. 4. 1912 Regierungsassessor. Aug. 1914-Mai 1915 Dienst als Johanniter im Stab einer Infanteriedivision. Ab 1. 1. 1917 Regierungsrat; ab 14. 12. 1920 Leiter des Kommunalverbandes Schwarzburg-Sondershausen, 1. 10. 1922 Versetzung in den Wartestand durch das Thüringische Staatsministerium. *21. 2.-15. 4. 1924 Staatsrat für Sondershausen; 15. 4. 1924-29. 4. 1927 Finanzminister.* Ab 30. 4. 1927 im Wartestand, 1933 aufgrund des Gesetzes zur Wiederherstellung des Berufsbeamtentums rückwirkend vom 16. 4. 1924 in den Ruhestand versetzt. Lebt bis 1945 als Staatsminister a. D. auf seinem Gut in Haynrode, danach in Hohenlimburg (Westfalen), Tutzing, Buch am Ammersee und Bad Oeynhausen.

Ehrenritter des Johanniterordens (27. 2. 1911).

König, Walter (LDP, NDPD)
Dr. phil.
Minister 1950-1952

geb. 21. 1. 1893 Nordhausen, gest. 25. 12. 1977 Gera

Sohn eines Drogisten. 1899-1902 Mittelschule in Nordhausen; 1902-1911 Gymnasium in Nordhausen. 1911-1915 Studium der Mathematik, Naturwissenschaften und Philosophie in München, Freiburg und Göttingen. Sept. 1915-Okt. 1918 Kriegsteilnahme, danach bis Febr. 1920 in französischer Gefangenschaft, Entlassung als Gefreiter. 1920-1921 Fortsetzung des Studiums in Göttingen. Juni 1921-April 1923 Studienreferendar und -assessor am Realgymnasium in Nordhausen; Mai 1923-Sept. 1931 Studienassessor, ab 1. 4. 1926 Studienrat an der Aufbauschule Jüterbog. 1924 Promotion zum Dr. phil. an der Univ. Göttingen mit der Diss. »Über den Begriff des Naturgesetzes«. Okt. 1931-Sept. 1945 Lehrer am Kaiserin-Augusta-Gymnasium Berlin-Charlottenburg, ab 1943 Evakuierung nach Sachsen und Böhmen, Sept. 1945 Auflösung des Gymnasiums. 1934 NSLB. Nov. 1945-Mai 1947 Lehrer an einer Oberschule in Nordhausen. Nov. 1945-26. 10. 1948 (Parteiaustritt) LDP, 1946-1947 geschäftsführender

Vors. des LDP-Kreisverbandes Nordhausen. 1946-Okt. 1948 Stadtverordneter in Nordhausen; Dez. 1947 Mitgl. des Dt. Volkskongresses, ab März 1948 MdVR; 20. 10. 1946-26. 10. 1948 MdL. Ab 15. 5. 1947 stv. Schulrat am Kreisbildungsamt in Nordhausen, ab 1. 9. 1947 Schulrat. 1. 11. 1948 NDPD. 15. 4.-1. 8. 1949 Leiter der Abtlg. für Allgemeine Volkserziehung im Ministerium für Volksbildung. 1. 8. 1949-1952 Landesvors. der NDPD. 7. 10. 1949-Okt. 1963 MdVK. *25. 2. 1950-25. 7. 1952 Minister für/der Finanzen.* 17. 6. 1950-23. 4. 1977 Mitgl. im NDPD-Hauptausschuß; 1950-1954 Mitgl. des Nationalrates der NF. 1. 8. 1952-16. 11. 1958 stv. Vors. des RdB Gera.

VVO in Bronze (6. 5. 1955), Silber (22. 2. 1963) und Gold (20. 12. 1972), Orden »Banner der Arbeit« (16. 4. 1968).

Kolter, Max (Zentrum, CDU)
Dr. rer. pol.
Regierungsdirektor 1945
3. Vizepräsident und Landesdirektor 1945

geb. 16. 1. 1900 Luttom (Westpreußen), gest. 27. 12. 1945 Jena

Geboren unter dem Namen Max Serowicki als Sohn eines Fabrikarbeiters, nach 1933 Annahme des Geburtsnamens der Mutter. 1906-1914 Volksschule, 1915-1918 Internatsschule in Steyl (Holland). Juni-Dez. 1918 Militärdienst. 1920-1922 Gymnasium in Heiligenstadt, Abitur. 1922-1924 Bergmann, daneben bis 1927 Studium der Rechts- und Staatswissenschaften in Göttingen, Halle/Saale und Münster. 1926-1933 Zentrum. 1927-1930 Bergmann und Fabrikarbeiter. Funktionär der Christlichen Gewerkschaften. 1930-1934 arbeitslos. April 1936-Nov. 1938 Fortsetzung des Studiums in Halle/Saale und Examen als Dipl.-Volkswirt; Promotion nach Fertigstellung einer Diss. aus polit. Gründen zunächst von der DAF verhindert. 1938-1939 Sachbearbeiter beim Landeshandwerksmeister in Halle/Saale und beim Reichskommissar für Preisbildung in Berlin, 1939-1942 in der Preisüberwachungsstelle bei der Regierung Posen, 1942-1944 in der Preisstelle beim Thüringischen Wirtschaftsministerium. 1944 Promotion zum Dr. rer. pol. mit der Diss. »Die klassische Lohntheorie und die Lohngestaltung in der staatlich sozial geordneten Wirtschaft«. Ab 26. 4. 1945 Mitgl. im polit. Beirat des Oberbürgermeisters von Weimar als Vertreter der Christlichen Demokraten. Juli 1945 Gründungsmitgl. und bis Dez. 1945 Vors. des CDU-Landesverbandes. Ab 19. 5. 1945 mit der Wahrnehmung der Geschäfte des Vorstandes des Wirtschaftsministeriums beauftragt; *21. 6.-16. 7. 1945 Regierungsdirektor des Landesamtes für Land- und Forstwirtschaft, ab 16. 7. 1945 3. Vizepräsident und Landesdirektor des Landesamtes für Land- und Forstwirtschaft bis zur Amtsenthebung am 5. 11. 1945 aufgrund der Befehle Nr. 78 und 79 der SMATh.* Bis unmittelbar vor seinem Tod in der Univ.-klinik Jena in sowjetischem Arrest.

Korsch, Karl (SPD, USPD, KPD)
Prof. Dr. jur. habil.
Minister 1923

geb. 15. 8. 1886 Tostedt, gest. 21. 10. 1961 Belmont (Massachusetts,USA)

Sohn eines Stadtschreibers und späteren Meininger Bankdirektors. 1892-1898 Volksschule in Tostedt; 1898-1906 Gymnasium in Meiningen. 1906-1910 Studium der Rechtswissenschaften, Nationalökonomie und Philosophie in München, Genf, Berlin und Jena; ab Febr. 1909 Redakteur der »Jenaer Hochschulzeitung, Organ der Freien Studentenschaft«. 1910-1911 jurist. Vorbereitungsdienst in Meiningen; Aug. 1910 Promotion zum Dr. jur. an der Univ. Jena mit der Diss. »Die Beweislast beim qualifizierten Geständnis. Zugleich ein Beitrag zur Recht- und Tatfrage« (Prädikat »summa cum laude superato«). 1910-1911 Militärdienst als Einjährig-Freiwilliger. 1912 SPD. Jan. 1912-Mai 1914 wiss. Studien sowie Assistenz in einem Rechtsanwaltsbüro in London; ab 1912 Mitgl. der Fabian Nursery (Jugendorganisation der Fabian Society). Aug. 1914-Dez. 1918 Kriegsteilnahme, wegen Verweigerung des Waffendienstes degradiert. Ende 1918 Mitbegründer des Arbeiter- und Soldatenrates in Meiningen. Dez. 1918-März 1919 wiss. Mitarbeiter der Sozialisierungskommission für den Kohlenbergbau in Berlin; März 1919-1921 Herausgeber der sozialpolit. Schriftenreihe »Praktischer Sozialismus«. Juni 1919 USPD. Okt. 1919 Jurist. Habilitation an der Univ. Jena mit der Arbeit »Recht und Rechtsschutz im englischen Zivilprozeß«; ab Mai 1920 Privatdozent an der Jurist. Fakultät in Jena. Dez. 1920 KPD; Mitarbeit in der USPD- bzw. KPD-Presse. 30. 8. 1923 Ernennung zum Professor für Zivil-, Prozeß- und Arbeitsrecht an der Jurist. Fakultät der Univ. Jena. *16. 10. 1923 Justizminister bis zum Rücktritt aller kommunistischen Regierungsmitglieder am 12. 11. 1923;* bereits ab 8. 11. 1923 auf der Flucht vor den Truppen der militärischen Reichsexekution gegen Thüringen, im Dez. 1923 steckbrieflich gesucht und zeitweise in der Illegalität. 1924-März 1925 Chefredakteur des theoretischen Organs der KPD »Die Internationale. Zeitschrift für die Praxis und die Theorie des Marxismus«. 10. 2.-31. 7. 1924 (Mandatsniederlegung wegen Nachrückens als MdR) MdL. März 1924 Aberkennung der Professur durch die Thüringer Landesregierung, Aug. 1925 Wiederanerkennung aller Rechte als Professor nach Vergleich mit dem Land Thüringen, aber freiwilliger Verzicht auf eine Lehrtätigkeit an der Univ. Jena. 26. 7. 1924-20. 5. 1928 MdR (Nachfolgeabg.; WK 12 Thüringen). 30. 4. 1926 Ausschluß aus der KPD wegen Bildung der Splittergruppe »Entschiedene Linke«. 1. 7. 1933 formale Entlassung aus dem Univ.-dienst aufgrund des Gesetzes über die Wiederherstellung des Berufsbeamtentums. Herbst 1933 Emigration über Dänemark nach England, ab 1936 in den USA, dort umfangreiche Publikations- und Vortragstätigkeit. 1943-1945 Hochschullehrer für Soziologie an der Tulane University of Louisiana in New Orleans. Ab 1957 Hospitalisierung aufgrund einer unheilbaren Krankheit.

Veröffentlichungen (Auswahl): Arbeitsrecht für Betriebsräte (1922), Marxismus und Philosophie (1923), Karl Marx (2. Auflage 1967) sowie zahlreiche andere polit. und philosophische Schriften.

Krause, Louis (DNVP, WP, NSDAP, LDPD)
Staatsrat 1927-1930

geb. 25. 7. 1873 Lippersdorf, gest. 26. 3. 1961 Stadtroda

Sohn eines Gutsbesitzers. Nach Besuch der Volksschule Ausbildung zum Holzbildhauer und Besuch der Fachschule bis 1890. 1893-1895 Militärdienst. 1896-1957 selbst.

Holzbildhauer und Malermeister in Roda bzw. (ab 1925) Stadtroda. April 1915-Dez. 1918 Kriegsteilnahme, Entlassung als Sergeant. Mitgl. der DNVP, ab etwa 1927 WP. 20. 6. 1920-30. 7. 1921 und 10. 2. 1924-30. 7. 1932 MdL (1920-1921 und 1924-1927 DNVP-Fraktion, 1927-1932 WP-Fraktion). Ab 1921 Mitgl. des Gemeinderates Roda. *30. 4. 1927-22. 1. 1930 Staatsrat für Altenburg.* 1. 5. 1937 NSDAP (Mitgl.-Nr. 5 294 693). Schöffe beim AG Roda; Schöffe und Geschworener beim LG Gera; Mitgl. des Kreisverwaltungsgerichtes Stadtroda; Aufsichtsratsmitgl. der Oberen Saale AG; Vorstandsmitgl. des Mitteldt. Handwerkerbundes; 1939-1946 Vorstandsmitgl. der Kreis- und Stadtsparkasse Stadtroda. 1945-1953 Gründungsmitgl. und Vors. der LDP(D) in Stadtroda.

Kretschmer, Otto (SPD)
Minister seit 1994

geb. 23. 2. 1940 Kassel

Studium der Rechtswissenschaften in Marburg; 1966 erstes, 1970 zweites jurist. Staatsexamen. 1970-1975 Rechtsanwalt, dann Staatsanwalt und Richter im hess. Justizdienst. Ab 1974 SPD, ehrenamtl. Tätigkeit in verschiedenen Parteigremien. 1975-1977 pers. Referent und Pressereferent des hess. Justizministers; 1977-1990 Fachreferent in der Strafrechtsabtlg. und Referatsgruppenleiter in der Strafvollzugsabtlg. des hess. Justizministeriums; Nov. 1990 Abordnung nach Thüringen zum Aufbau der Staatsanwaltschaft Erfurt, ab Juni 1992 Leitender Oberstaatsanwalt. Mitbegründer der Arbeitsgemeinschaft sozialdemokratischer Juristen in Thüringen; jurist. Berater der Jüdischen Gemeinde in Erfurt. *Seit 30. 11. 1994 Minister für Justiz und Europaangelegenheiten.* Seit 2. 12. 1994 Vorstandsmitgl. der Vereinigung der Regionen Europas.

Krüger, Herman Anders (NLP, DDP)
Prof. Dr. phil. habil.
Staatsrat 1920-1921

geb. 11. 8. 1871 Dorpat (Estland), gest. 10. 12. 1945 Neudietendorf

Sohn eines Schuldirektors, Kirchenhistorikers und Predigers (Herrnhuter Richtung). 1876-1878 Vorschule in Königsfeld (Baden); 1878-1882 Lateinschule in Gnadenfrei (Oberschlesien), 1882-1886 Progymnasium in Niesky (Oberlausitz), 1886-1891 Pädagogium in Niesky, Abitur. 1891-1893 Studium der Theologie am Theologischen Seminar der ev. Brüderkirche Gnadenfeld, erstes theologisches Examen, nach Verweigerung der Probepredigt Abgang vom Seminar. 1893-1894 Lehrer in Königsfeld. 27. 10. 1894-13. 8. 1898 Studium der Geschichte, Geographie, Nationalökonomie, Kunstgeschichte und Germanistik in Leipzig; dazwischen Okt. 1894-Okt. 1895 Militärdienst als Einjährig-Freiwilliger und 1895-1896 Lehrer an der dt. Schule in Genua; 2. 11. 1898 Promotion zum Dr. phil. an der Univ. Leipzig mit der Diss. »Der junge Eichendorff« (Prädikat »summa cum laude«). Ab 1899 Lehrer an einer Fähnrichschule in Dresden, danach Assistent an der Sekundogeniturbibliothek in Dresden, ab 18. 3. 1901 Unterbibliothekar; 1. 4. 1902-30. 4. 1903 Assistent und Bibliothekar am Historischen Museum in Dresden. 1904 aus gesundheitlichen Gründen Übersiedlung nach Hannover. 1904-1909 NLP. 2. 11. 1905 Habilitation an der TH Hannover; 1905-1909 Privatdozent für dt. Literaturgeschichte an der TH Hannover, ab 3. 7. 1909 Professor. 12. 8. 1914-28. 11. 1918 Kriegsteilnahme, Entlassung als Hauptmann d. R. 1919-1929 DDP; als Nachfolgeabg. kurzzeitig Mitgl. der Dt. Nationalversammlung; 1919 MdL Freistaat Gotha; 16. 12. 1919-April 1920 stv. Mitgl. des Volksrates von Thüringen als Vertreter des Freistaates Gotha; 11. 9. 1921-7. 12. 1929 MdL, Fraktionsvors. *10. 11. 1920-6. 10. 1921 Staatsrat für Gotha*. 23. 4.-1. 8. 1921 Wahrnehmung der Geschäfte des Befehlshabers der Landespolizei. Ab 1. 6. 1921 Direktor der Gothaer Landesbibliothek, 1. 10. 1925 Versetzung in den Wartestand nach Wiederherstellung der Eigentumsrechte des Herzogs von Sachsen-Coburg und Gotha an der Landesbibliothek aufgrund eines Reichsgerichtsurteils; 1. 1. 1928-1. 10. 1934 Leiter der Landesbücherei Altenburg; 1. 1. 1935 Versetzung in den Ruhestand, danach weiterhin umfangreiche schriftstellerische Tätigkeit.

EK I und II (1. Weltkrieg).

Veröffentlichungen (Auswahl): Der junge Eichendorff (1903), Pseudoromantik (1904), Gottfried Kämpfer (Roman, 1904), Der junge Raabe (1911), Dt. Literaturlexikon (1914), Sohn und Vater. Eine Jugendrechenschaft (Autobiographie, 1921), Mannesrechenschaft (unveröffentlichte Autobiographie, um 1935) sowie zahlreiche andere literaturgeschichtliche Werke sowie Romane und Schauspiele.

Külz, Helmut (DDP/DStP, LDP)
Prof. jur. h. c.
Landesdirektor 1946
Minister 1946-1948

geb. 27. 7. 1903 Meerane, gest. 24. 9. 1985 Westberlin

Sohn des Politikers Dr. Wilhelm Külz (DDP/DStP, LDP). 1909-1913 Volksschule in Bückeburg; 1913-1922 Gymnasium in Zittau. 1922-1926 Studium der Rechts- und Staatswissenschaften in Marburg und Berlin; aktives Mitglied im Demokratischen Studentenbund; 1926 erste jurist. Staatsprüfung und Vorbereitungsdienst in Berlin. 1926-1933 DDP bzw. DStP. 1926-1927 Unterbrechung des jurist. Vorbereitungsdienstes für ein zweisemestriges Studium der Anglistik sowie der Rechts- und Staatswissenschaften an der Columbia University New York. Mai/Juni 1927 Hilfsarbeiter beim Sekretariat des Völkerbundes in Genf. Dez. 1928-Dez. 1929 Unterbrechung des jurist. Vorbereitungsdienstes für eine Ausbildung im englisch-südafrikanischen Recht in Windhoek (Südwestafrika). 1932 zweite jurist. Staatsprüfung und Niederlassung als Rechtsanwalt beim Kammergericht Berlin. 1932-1934 Fortsetzung der jurist. Zusatzausbildung in Windhoek, 1933 Erstes jurist. Berufsexamen (First Professional Law Examination) vor dem Berufsprüfungsamt in Pretoria. 1934-1940 Rechtsanwalt beim Kammergericht Berlin; ständiger jurist. Berater und späterer Testamentsvollstrecker des Schriftstellers Gerhart Hauptmann, ab 1935 Wahlverteidiger des KPD-Vors. Ernst Thälmann; ehrengerichtliche Bestrafung wegen der Vertretung von Juden und Regimegegnern. April 1940-April 1945 Kriegsteilnahme, ab Nov. 1942 Leutnant; April 1945-

Jan. 1946 in amerikanischer Kriegsgefangenschaft, Jan.-13. 2. 1946 in sowjetischer Kriegsgefangenschaft. März 1946 LDP. *19. 6.-3. 12. 1946 Landesdirektor des Landesamtes für Justiz; 4. 12. 1946 Minister für Justiz bis zum Rücktritt aus polit. Gründen am 31. 5. 1948.* Ab Juni 1947 Mitgl. des LDP-LV. 1948 MdVR, Vors. des Ausschusses für Justiz. Ab 1948 Rechtsanwalt in Berlin; 1948-1953 Ministerialdirektor in der Verwaltung für Wirtschaft des Vereinigten Wirtschaftsgebietes (Bizone) in Frankfurt/Main bzw. im Bundesministerium für Wirtschaft, 1950-1953 im Wartestand; 7. 7. 1953-31. 7. 1971 Senatspräsident des Bundesverwaltungsgerichtes, 23. 12. 1970-31. 7. 1971 dort auch Vizepräsident. Ab 1966 Lehrbeauftragter für Verwaltungsprozeß- und Verwaltungsrecht an der Univ. Gießen, ab 1968 Honorarprofessor; ab 1967 Gastvorlesungen an verschiedenen Univ. in Pakistan und Berater der pakistanischen Regierung in wasserrechtlichen Fragen. Begründer und bis Febr. 1952 Vors. des Königsteiner Kreises (Vereinigung der Juristen, Volkswirte und Beamten aus der sowjetischen Besatzungszone); 1972 Mitbegründer und erster Vors. des Arbeitskreises für Umweltrecht in Bonn; 1976 Mitbegründer und erster Vors. der Gesellschaft für Umweltrecht; Vors. der Dt.-Britischen Juristenvereinigung; Vizepräsident der Gesellschaft der Freunde Afrikas; Vors. der Gerhart-Hauptmann-Gesellschaft; Vors. des Rechtsausschusses der Internationalen Rheinschutz-Kommission.

Großes Verdienstkreuz mit Stern des Verdienstordens der BRD (1970).

Lasch, Kurt (NSDAP)
Staatsrat 1933-1934

geb. 29. 3. 1886 Reichenbrand, gest. 1. 11. 1977 Lohr am Main

Sohn eines Fleischermeisters. 1893-1900 Volksschule. 1900-1903 Lehre als Maschinenbauer und Besuch der Handwerkerschule und der Technischen Staatslehranstalten in Chemnitz. 5. 10. 1905-31. 10. 1919 Militärdienst und Kriegsteilnahme, Entlassung als Leutnant der Landwehr. 1. 11. 1919-31. 12. 1922 Oberpostsekretär in Chemnitz. März 1920 NSDAP. 1. 1. 1923-1. 6. 1930 (Beurlaubung) Obersteuerinspektor in Chemnitz. 1. 9. 1925-20. 8. 1927 Gründer und Führer der Stammabteilung der SA in Chemnitz. 30. 9. 1925 Wiedereintritt in die NSDAP nach Aufhebung des Parteiverbotes (Mitgl.-Nr. 19 706). 21. 8. 1927-31. 5. 1930 SA-Standartenführer und Führer der SA-Standarte I Chemnitz. Nov. 1929-1930 Stadtverordneter in Chemnitz, Fraktionsführer; Juni 1930-1933 MdL Sachsen, stv. Fraktionsführer. 1. 6. 1930-31. 5. 1931 SA-Brigadeführer und Führer der SA-Brigade I Chemnitz, 1. 6. 1931-30. 6. 1932 Oberführer im Gausturm Sachsen, 1. 7. 1932-15. 9. 1933 Brigadeführer in der Untergruppe Chemnitz, 15. 9. 1933-1. 10. 1934 Führer der SA-Gruppe Thüringen. *20. 10. 1933 Staatsrat bis zur Entlassung am 26. 8. 1934.* 12. 11. 1933-9. 4. 1938 MdR (WK 12 Thüringen). Ab 24. 12. 1933 SA-Gruppenführer; 30. 6. 1934 Verhaftung durch die SS in Weimar während des »Röhm-Putsches«, danach kurzzeitige Haft in Berlin. 1. 10. 1934-30. 9. 1936 Sozialreferent und Abteilungsleiter beim Stab des Obersten SA-Führers, ab 1. 10. 1936 Freistellung z. b. V. beim Obersten SA-Führer. 8. 11. 1934-1945 Beisitzer beim 5. Senat des VGH. 1937-30. 11. 1938 Ausbildungsleiter beim Stab der Landesgruppe Ostpreußen des RLB in Breslau. 1938 Beförderung zum Regierungs-Amtmann in der Reichsfinanzverwaltung bei fortdauernder Beurlaubung als Steuerbeamter. Ab 15. 11. 1940 Inspekteur des Selbstschutzes der RLB-Gruppe Rheinland, zuletzt im Range eines Generalluftschutzführers. Ab 20. 4. 1943 SA-Obergruppenführer. 1944 Beförderung zum Regierungsrat in der Reichsfinanzverwaltung, weiterhin beurlaubt. 1945 Verhaftung durch die US-Besatzungsarmee und Gefangenschaft bis Ende 1945. Nach Entlassung aus der Gefangenschaft bis Ende 1948 Straßenbau-Hilfsarbeiter in Duisburg, anschließend wegen Krankheit erwerbslos. 20. 10. 1949 Einstufung in Gruppe IIIa (Minderbelastete) durch den Haupt-Entnazifizierungsausschuß Duisburg. 1953 Übersiedlung nach Lohr am Main. 23. 4. 1954 nach erneutem Spruchkammerverfahren Einstufung in Gruppe II (Belastete) und Verhängung von Sühnemaßnahmen (Heranziehung zu Sonderarbeiten) durch die Hauptkammer München, da der Spruch des Entnazifizierungsausschusses Duisburg in Bayern nicht anerkannt wurde; 29. 4. 1955 nach Berufung Aufhebung des Spruchs der Hauptkammer München und Einstellung des Verfahrens aufgrund des Gesetzes zum Abschluß der polit. Befreiung in Bayern.

EK I und II (1. Weltkrieg), Ehrenkreuz für Frontkämpfer, Goldenes Parteiabzeichen (7. 11. 1933), Kriegsverdienstkreuz I. Klasse mit Schwertern (26. 5. 1943).

Lengemann, Jochen (CDU)
Minister 1990-1992

geb. 10. 1. 1938 Kassel

Sohn eines Studienrates. 1944-1950 Volksschule in Freyburg/Unstrut; 1950-1958 Realgymnasium in Kassel (1954-1955 Gastschüler in den USA), Abitur. 1956 CDU. 1958-1962 Studium der Rechtswissenschaften in Marburg, Bonn und Köln; 1962 erste jurist. Staatsprüfung; 1962-1967 Studium in Genf und Referendariat im Landgerichtsbezirk Kassel. 1. 11. 1964-1. 4. 1974 Stadtverordneter in Kassel. 1965-1966 stv. Kreisvors. der CDU Kassel-Stadt, 1966-1981 Kreisvors. 1967 zweite jurist. Staatsprüfung. 1967-1988 Mitgl. des LV der CDU Hessen. 11. 12. 1967-30. 4. 1968 Richter am LG Frankfurt/Main, 1. 5.-31. 12. 1968 und ab 1. 10. 1969 Richter am AG Kassel, 1. 1.-30. 9. 1969 Richter am LG Kassel. 1. 12. 1970-19. 11. 1990 MdL Hessen, 5. 12. 1972-30. 11. 1982 und 13. 9. 1988-19. 11. 1990 Vors. des Innenausschusses, 14. 12. 1976-9. 11. 1978 stv. Fraktionsvors., 1. 12. 1978-1. 12. 1982 und 13. 10. 1983-23. 4. 1987 Vizepräsident des Landtages, 1. 12. 1982-13. 10. 1983 und 23. 4. 1987-22. 7. 1988 Landtagspräsident. 1982-1988 Mitgl. des Präsidiums der CDU Hessen. *8. 11. 1990-11. 2. 1992 Minister für besondere Aufgaben;* 8. 11. 1990-11. 2. 1992 stv. Mitgl. des Bundesrates. 1991 Gründungsmitgl. der Historischen Kommission für Thüringen, seit 1992 Mitgl. des Vorstandes; seit 1992 Mitgl. der Historischen Kommission für Hessen. Autor und Herausgeber von Forschungsarbeiten zur Geschichte des Parlamentarismus in Thüringen und Hessen.

Veröffentlichungen (Auswahl): Das Hessen-Parlament 1946-1986. Biographisches Handbuch des beratenden Landesausschusses, der Verfassungberatenden Landesversammlung Groß-Hessen und des Hessischen Landtags, 1. bis 11. Wahlperiode (1986), Parlamente in Hessen 1808-1813. Biographisches Handbuch der Reichsstände des Königreichs Westphalen und der Ständeversammlung des Großherzogtums Frankfurt (1991), Landtag und Gebietsvertretung von Schwarzburg-Rudolstadt 1821-1923. Biographisches Handbuch (1994).

Lettau, Reinhard (ptl.)
Landesdirektor 1945

geb. 31. 12. 1902 Essen, gest. 3. 6. 1990 Karlsruhe-Durlach

Sohn eines Missionsgehilfen. Besuch der Volksschule und Realschule in Essen. Nach Lehre im Bauwesen kfm. Angestellter in Essen und Bochum; ab April 1926 Versicherungskaufmann, 1933-1944 Geschäftsführer und Organisationsleiter bei verschiedenen Versicherungsgesellschaften in Thüringen. Mai-Juli 1945 Polizeidirektor von Erfurt; ab 16. 7. 1945 mit der Bildung des Landesamtes für Sozialpolitik beauftragt; *9. 8. 1945 Ernennung zum Landesdirektor des Landesamtes für Sozialpolitik (unter dieser Bezeichnung nicht errichtet), 10. 8.-15. 10. 1945 Landesdirektor des Landesamtes für Sozialwesen.* Ab 22. 10. 1945 Präsident der LVA Thüringen, ab 19. 4. 1947 wegen eines Untersuchungsverfahrens beurlaubt, 28. 6. 1947 fristlose Entlassung aufgrund von Dienstvergehen. Sommer 1947 Flucht in die Westzonen; dort nach längerer Arbeitslosigkeit in der Stahlbranche tätig.

Leutheußer, Richard (NLP, DVP)
Dr. phil. h. c.
Vors. des Staatsministeriums und Minister 1924-1928

geb. 16. 7. 1867 Coburg, gest. 12. 4. 1945 Weimar

Sohn eines Musikdirektors und Organisten. Besuch der Vorbereitungsschule und des Gymnasiums Casimirianum in Coburg, 1887 Abitur. 1887-1890 Studium der Rechts- und Staatswissenschaften in Heidelberg, München und Berlin; 1890-1894 jurist. Vorbereitungsdienst. Juli 1892 NLP. 1894 zweite jurist. Staatsprüfung. 15. 3.-31. 12. 1894 Hilfsrichter am AG Coburg und LG Gotha; 1. 1. 1895-1. 4. 1898 Hilfsarbeiter beim Herzogl. Staatsministerium in Coburg; 1. 4. 1898-31. 7. 1900 Landratsamtsassessor am Landratsamt Waltershausen; 1. 8. 1900-31. 3. 1901 Richter am AG Waltershausen. Stadtrat in Waltershausen. 1. 4. 1901-14. 10. 1903 Staatsanwalt in Gotha, 15. 10. 1903-31. 9. 1905 Staatsanwalt in Coburg. 1. 10. 1905-31. 12. 1906 Regierungsrat und Vortragender Rat in der Coburger Abteilung des Staatsministeriums des Herzogtums Sachsen-Coburg und Gotha; 1. 1. 1907-Juni 1914 Landrat in Waltershausen. Jan. 1907-Nov. 1918 MdL Sachsen-Coburg und Gotha. 1907-1918 Vorstandsmitgl. des Nationalliberalen Landesverbandes der thüringischen Länder. 1. 7. 1914-1923 Oberverwaltungsgerichtsrat am Thüringischen Oberverwaltungsgericht in Jena; 24. 11. 1916-31. 1. 1917 und 31. 12. 1917-30. 4. 1918 beauftragt mit der Wahrnehmung der Geschäfte des Vorstandes der Coburger Abteilung des Staatsministeriums von Sachsen-Coburg und Gotha; ab 19. 7. 1917 Geh. Regierungsrat. 1919-1933 DVP, 1919-1930 Vors. des Landesverbandes. 6.6.1920-14.9.1930 MdR (WK 12 Thüringen). *21.2.1924-5.11.1928 Minister für Volksbildung und Justiz, 27.2.1924-5.11.1928 Vors. des Staatsministeriums.* 18.6.1926 Ehrenpromotion zum Dr. phil. nat. h. c. durch die Mathematisch-naturwiss. Fakultät der Univ. Jena in Würdigung seines Wirkens als Volksbildungsminister. 6. 11. 1928 Eintritt in den Wartestand, ab 1. 11. 1932 im Ruhestand. Mitgl. des Vorstandes der Wartburgstiftung, Mitgl. des Verwaltungsausschusses des Dt. Museums in München, 1931 Vors. der Stiftung Nietzsche-Archiv in Weimar, Vors. des Arbeitsausschusses Weimar zur Vorbereitung der Goethe-Feiern 1932.

Ehrenzeichen für Heimatverdienst des Herzogtums Sachsen-Coburg und Gotha (19. 7. 1918), Preuß. Verdienstkreuz für Kriegshilfe (4. 8. 1918), Goethe-Medaille für Kunst und Wissenschaft (1932).

Veröffentlichung: Von den sieben Einzelstaaten zum Einheitsstaat, in: Thüringer Jahrbuch. Politik und Wirtschaft, Kunst und Wissenschaft im Lande Thüringen (1) 1926.

Lieberknecht, Christine (CDU)
Ministerin seit 1990

geb. 7. 5. 1958 Weimar

1964-1972 POS in Großobringen; 1972-1976 EOS in Bad Berka, Abitur. 1976-1982 Studium der Theologie an der Univ. Jena, Examen als Dipl.-Theologin. Seit 1981 CDU. 1983-1984 Vikariat in der Ev.-Lutherischen Kirche in Thüringen, 1984 zweites theologisches Examen. 1984-1990 Pastorin im Kirchenkreis Weimar, ab 1985 im Pfarramt Ottmannshausen. Ab 1986 Mitgl. der Kommission für Kirchliche Jugendarbeit beim Bund der Ev. Kirchen in der DDR. 1989 Angehörige des Reformflügels der CDU der DDR (Mitautorin des »Briefes aus Weimar« vom 10. 9. 1989), ab Dez. 1989 Mitgl. des PV der CDU der DDR, ab Anfang 1990 stv. Vors. des CDU-Landesverbandes Thüringen. *8. 11. 1990-11. 2. 1992 Kultusministerin.* Seit 19. 3. 1991 (Nachfolgeabg.) MdL. Seit 1991 stv. Bundesvors. der Ev. Arbeitskreise der CDU, Mitgl. des Vorstandes der Konrad-Adenauer-Stiftung, Mitgl. des CDU-Bundesvorstandes und des Präsidiums der CDU Thüringen, seit Dez. 1991 Mitgl. des CDU-Parteipräsidiums. *11. 2. 1992-29. 11. 1994 Ministerin für Bundes- und Europaangelegenheiten.* Seit 1992 stv. Mitgl. der Synode der EKD, Mitgl. der Kammer für öffentliche Verantwortung des Rates der EKD. *Seit 30. 11. 1994 Ministerin für Bundesangelegenheiten in der Staatskanzlei.*

Liebler, Ralph (DDP/DStP, LDPD)
Dr. jur.
Minister 1950-1952

geb. 14. 9. 1901 Leipzig, gest. 21. 11. 1953 Stralsund

Sohn eines Schlossers, später kfm. Angestellter und Fabrikdirektor. 1907-1911 Volksschule in Leipzig; 1911-1921 Gymnasium in Leipzig und Aue sowie Oberrealschule der Franckeschen Stiftungen in Halle/Saale, Abitur. 1921-1924 Studium der Rechtswissenschaften in München, Tübingen und Leipzig; 1924-1928 jurist. Vorbereitungsdienst in Sachsen; Dez. 1928 zweite jurist. Staatsprüfung. Jan. 1929-1944 Rechtsanwalt in Zittau. Febr. 1929-1932 DDP bzw. DStP. 1930-1932 Stadtverordneter in Zittau. 1936 Promotion zum Dr. jur. an der Univ. Leipzig mit der Diss. »Der Schiffer als Vertreter des Schiffseigners nach Binnenschiffahrtsrecht«, aus polit. Gründen (»Halbjude«) Verleihung des Doktortitels erst am 22. 3. 1946. April-Dez. 1944 Zwangsverpflichtung in ein Arbeitslager der OT bei Paris, 21. 12. 1944 Verhaftung in Balingen nach unerlaubter Entfernung vom Arbeitseinsatz, bis März 1945 Untersuchungshaft in Tübingen, Stuttgart, Ansbach und Löbau. Juni 1945-Ende 1946 Polizeichef in Zittau, dann Vors. des Volksgerichtes in Zittau. Sept. 1945 LDP. Juni 1946 Anerkennung als »Opfer des Faschismus« (zurückgenommen im Juni 1948). Ab 1946 Stadtverordnetenvorsteher in Zittau. 1946-1950 MdL Sachsen, 1. Landtagsvizepräsident, Fraktionsvors. Okt. 1947-Jan. 1949 1. Stv. des LDP-Landesvors. in Sachsen. 1948-1949 MdVR; 1949-Nov. 1953 MdVK, Fraktionsvors. *25. 2. 1950-25. 7. 1952 Minister für/der Justiz.* März 1951-Aug. 1952 Beisitzer im LDPD-LV, Juli 1951-Aug. 1952 Mitgl. des Polit. Ausschusses des LV; Juni 1951-31. 5. 1953 Mitgl. des ZV der LDPD, ab 1952 auch des Hauptausschusses. 25. 7. 1952-30. 9. 1953 Stv. des Vors. des RdB Erfurt für Gesundheitswesen, Arbeit und Berufsausbildung. 25. 8. 1952-30. 9. 1953 stv. Vors. des LDPD-BV; 12. 10. 1952-30. 9. 1953 Mitgl. des Bezirksausschusses der NF. Dez. 1952-30. 9. 1953 Mitgl. der BL des KB. 30. 9. 1953 Rücktritt von allen Ämtern und Funktionen aus gesundheitlichen Gründen, danach Übersiedlung in das Ostseebad Prerow.

Loch, Hans (DDP, LDPD)
Dr. jur.
Minister 1948-1950

geb. 2. 11. 1898 Köln, gest. 13. 7. 1960 Berlin

Sohn eines Schlossers und Werkmeisters. 1905-1913 Volksschule in Köln; 1913-1916 Apostelngymnasium in Köln. 1916-Nov. 1918 Kriegsteilnahme; Okt. 1918 Abiturexamen während eines Genesungsurlaubs vom Militär. 1918-1923 Studium der Rechtswissenschaften und Philosophie in Bonn und Köln. 1919-1924 DDP, Austritt wegen »Tendenz zur Unternehmer- und Rechtspartei«. April 1923-1924 jurist. Vorbereitungsdienst an den AG Niederlahnstein und Bensberg, vorzeitige Beendigung des Referendariates aus gesundheitlichen Gründen. 1924 Promotion zum Dr. jur. an der Univ. Königsberg mit der Diss. »Der Garantievertrag«. 1924-1926 wiss. Hilfsarbeiter bei einem Rechtsanwalt in Berlin; 1927-1933 selbst. Verbands- und Steuersyndikus in Berlin, zwangsweise Aufgabe der Praxis wegen Assoziierung mit einem jüdischen Rechtsanwalt; 1933-1935 Geschäftsführer der Zündkugel-Industrie- und Handelsgesellschaft in Berlin, nach Schließung der Fabrik Übersiedlung nach Holland; 1936-1937 Technischer Direktor in Amsterdam; 1938-1939 Aufbau einer Futtermittelfabrik in Köln, Unterbrechung durch Kriegsbeginn. Aug. 1939-2. 4. 1945 Kriegsdienst in der Heeresverwaltung (Zahlmeister), Ausscheiden aus der Wehrmacht durch u. k.-Stellung für eine Tätigkeit am Kaiser-Wilhelm-Institut. April-Mai 1945 wiss. Mitarbeiter am Kaiser-Wilhelm-Institut in Stecklenberg (Ostharz); 1. 5.-31. 10. 1945 Landarbeiter am Zufluchtsort seiner Familie in Kleinfahner (Kreis Gotha). 14. 11. 1945 LDP. Nov. 1945-Febr. 1946 Verhandlungen mit der Thüringer Landesjustizverwaltung über die Aufnahme in den Justizdienst, 7. 3.-15. 10. 1946 Referendar am AG und LG Gotha. 21. 10. 1946-3. 6. 1948 Oberbürgermeister von Gotha. 15. 11. 1946 formale Entlassung aus dem jurist. Vorbereitungsdienst. Nov. 1947-Juli 1948 Beisitzer für Kommunalfragen im LDP-LV. Mitgl. der DWK. *4. 6. 1948-24. 1. 1950 Minister für Justiz.* 18. 1. 1949-Aug. 1952 Vors. des LDP(D)-Landesverbandes; 27. 2. 1949-Juli 1951 stv. Vors. der LDP. 12. 10. 1949 Minister für Finanzen der DDR bis zur Entbindung vom Ministeramt auf eigenen Antrag am 24. 11. 1955. 1949-1960 MdVK. 1949-1960 Mitgl. des Präsidiums des Dt. Friedensrates. Juli 1951-Aug. 1952 Mitgl. des Polit. Ausschusses des LDPD-LV; Juli 1951-Dez. 1952 gemeinsam mit Dr. Karl Hamann Vors. der

LDPD, nach der Verhaftung Hamanns Dez. 1952-Juli 1960 alleiniger Parteivors. 15. 11. 1950-13. 7. 1960 stv. Vors. des Ministerrates der DDR. 7. 1. 1954-13. 7. 1960 Vors. des Ausschusses für dt. Einheit und Mitgl. des Präsidiums des Nationalrates der NF.

VVO in Gold (6. 10. 1954), Orden »Banner der Arbeit« (7. 5. 1960).

Lukaschek, Hans (Zentrum, CDU)
Dr. jur.
3. Vizepräsident und Landesdirektor 1945-1946

geb. 22. 5. 1885 Breslau, gest. 26. 1. 1960 Freiburg/Br.

Sohn eines Lehrers und späteren Volksschulrektors. Gymnasium in Breslau und Patschkau, aus gesundheitlichen Gründen zweijähriger Besuch der Lehranstalt Fridericianum (deutsche Auslandsschule) in Davos. 1906 Abitur am Gymnasium Patschkau. 1906-1909 Studium der Rechts- und Staatswissenschaften sowie Volkswirtschaft in Breslau und Berlin; 1909-1914 jurist. Vorbereitungsdienst. 1910 Promotion zum Dr. jur. an der Univ. Berlin mit der Diss. »Die Organisation und die rechtliche Natur der Reichsbank«. Jan. 1914 zweite jurist. Staatsprüfung; danach Berufung in das Reichsjustizministerium und kurzzeitig Hilfsreferent im Reichspatentamt in Berlin. Mai 1914-1916 Magistratsassessor und Verwaltungsdezernent der Baupolizei in Breslau, daneben Dozent an der Breslauer HS für Kommunalwirtschaft. Mitgl. des Zentrums bis 1933. 1916-1919 Bürgermeister von Rybnik (Oberschlesien); 1919-17. 3. 1927 Landrat in Rybnik. Ab Okt. 1919 Verantwortlicher für die dt. Propaganda in Vorbereitung der im März 1921 durchgeführten Volksabstimmung in Oberschlesien; 15. 6. 1922-Jan. 1927 Mitgl. der Kommission für die Lösung dt.-polnischer Konflikte für Oberschlesien in Kattowitz. 17. 3. 1927-1929 Oberbürgermeister von Hindenburg; ab 1929 Oberpräsident der Provinz Oberschlesien und Regierungspräsident in Oppeln, 19. 5. 1933 Entlassung nach Konflikten mit dem preuß. Ministerpräsidenten Göring. 1934-1944 Rechtsanwalt am OLG Breslau. 20. 7. 1944 Verhaftung wegen Verbindungen zum »Kreisauer Kreis« um Helmuth James Graf von Moltke (Lukaschek war für die Zeit nach Hitlers Sturz als Landesverweser für Schlesien und Reichskommissar für die Ostprovinzen vorgesehen), Untersuchungshaft im Polizeigefängnis Berlin sowie im KZ Ravensbrück; 19. 4. 1945 in der letzten Sitzung des VGH Freispruch von der Anklage des Hochverrats aus Mangel an Beweisen, danach aber weiterhin in Gestapo-Haft. Juli 1945 Mitbegründer der CDU in Berlin. 1. 8.-26. 11. 1945 Justitiar bei der Reichsbank und beim Berliner Stadtkontor. *27. 11. 1945 3. Vizepräsident und Landesdirektor des Landesamtes für Land- und Forstwirtschaft, 19. 9. 1946 Amtsenthebung m. W. v. 10. 9. 1946 auf Befehl der SMATh.* April 1946-April 1947 Beisitzer im CDU-LV. 1947 Flucht nach Westberlin, dort Rechtsanwalt und Notar. 1947-1948 Amtsgerichtsrat in Königsstein/Taunus; 3. 4. 1948-30. 6. 1949 Vizepräsident des Dt. Obergerichtshofes für das Vereinigte Wirtschaftsgebiet (Bizone) in Köln; 1. 7.-23. 9. 1949 Präsident des Hauptamtes für Soforthilfe des Wirtschaftsrates der Bizone in Bad Homburg. 20. 9. 1949-20. 10. 1953 Bundesminister für Angelegenheiten der Vertriebenen. Nach Eintritt in den Ruhestand Übersiedlung nach Freiburg. Vizepräsident des Dt. Caritasverbandes, Präsident des Kathol. Vertriebenenwerkes, Präsident der Bundesversammlung der Landsmannschaft der Oberschlesier und Mitgl. des Zentralkomitees der dt. Katholiken.

Großkreuz des Bundesverdienstordens (1953).

Veröffentlichungen (Auswahl): Oberschlesische Dreistädteeinheit? (zus. mit K. Urbanek; 1929), Die Deutschen in Polnisch-Oberschlesien (o. J.), Das Schulrecht der nationalen Minderheiten in Dtld. (zus. mit P. Fischer und P. Weinhold; 1930), Die dt. Heimatvertriebenen in der BRD und ihre Bedeutung für Europa (1950), Die dt. Heimatvertriebenen als zentrales dt. Problem (2. Auflage 1952).

Mackeldey, Erich (TLB, NSDAP)
Staatsrat 1927-1930 und 1931-1945

geb. 22. 4. 1892 Schwarza, [Todestag und -ort unbekannt]

Sohn eines Landwirts. Besuch des Realgymnasiums, Abitur. Landwirtschaftliche Ausbildung und Verwaltung des väterlichen Gutes in Schwarza-Saalbahn. Vorstandsmitgl. des Landwirtschaftlichen Rates von Schwarzburg-Rudolstadt. 1914-1918 Kriegsteilnahme, Entlassung als Leutnant d. R. 1919 Mitbegründer und Vorstandsmitgl. des TLB und des Dt. Landbundes. 6. 6. 1920-23. 2. 1921 (Mandatsniederlegung) MdR (Hospitant in der DNVP-Fraktion; gewählt im WK 13 Thüringen auf dem Wahlvorschlag der vereinigten landwirtschaftlichen Berufsvereinigungen Thüringens). 20. 6. 1920-14. 12. 1923 MdL. 1921-6. 1. 1928 Geschäftsführer des TLB, 6. 1. 1928-1933 Hauptgeschäftsführer. Mitgl. des Kreisausschusses Rudolstadt und des Gemeinderates Schwarza. *30. 4. 1927-22. 1. 1930 und 22. 4. 1931-25. 8. 1932 Staatsrat für Weimar, 26. 8. 1932-12. 4. 1945 Staatsrat für Rudolstadt.* 1. 5. 1933 NSDAP (Mitgl.-Nr. 1 851 972). Ab Aug. 1933 Geschäftsführer der Krankenhilfe Thüringer Landwirte; 12. 7. 1937-1945 Leiter der Thüringischen land- und forstwirtschaftlichen Berufsgenossenschaft. SS-Scharführer. Juli 1945 Verhaftung durch die sowjetische Besatzungsarmee in Weimar und Internierung im Speziallager Nr. 2 Buchenwald; weiteres Schicksal unbekannt. 1960 vom AG München mit Todeszeitpunkt 31. 12. 1945 für tot erklärt.

Marschler, Willy (NSDAP)
Staatsrat 1930-1931
Minister 1932-1945
Ministerpräsident 1933-1945

geb. 12. 8. 1893 Liegnitz (Schlesien), gest. 8. 11. 1952 Karlsruhe

Sohn eines Mühlenbesitzers. 1899-1907 Volksschule in Liegnitz und Plauen. 1907-1910 kfm. Lehre bei einem Eisenhändler in Adorf (Vogtland) und Besuch der kfm. Fortbildungsschule. 1910-1914 kfm. Angestellter in Zeitz, Oelsnitz, Markneukirchen, Grünberg und Ilmenau. 21. 10. 1914-9. 12. 1918 Kriegsteilnahme. 1919-1923 Handlungsgehilfe und Eisenhändler in Halle/Saale und Ilmenau; ehrenamtl. Tätigkeit im Deutschnationalen Handlungsgehilfenverein und im Bühnenvolksbund. Nov. 1922 NSDAP, Mitgl. der von Fritz Sauckel geleiteten Ortsgruppe Ilmenau. 10. 2. 1924-14. 10. 1933 MdL (galt als »dienstältester Parlamentarier der Bewegung«), 7. 1. 1930-18. 12. 1931 2. Landtagsvizepräsident, 23. 8.-

26. 8. 1932 Landtagspräsident. 7. 12. 1925 Wiedereintritt in die NSDAP nach Aufhebung des Parteiverbotes (Mitgliedsnummer 24216), Gau- und Reichsredner, Gauschatzmeister, 1927 stv. Gauleiter. *23. 1. 1930 Staatsrat für Weimar bis zum Ausscheiden aus der Regierung am 21. 4. 1931 nach Mißtrauensvotum des Landtages vom 1. 4. 1931.* Ehrenamtl. Bevollmächtigter für Thüringen für die Gemeinnützige Aktiengesellschaft für Angestelltenheimstätten Berlin (Gagfah). 1931 Mitgl. des Stadtrates von Ilmenau. 10. 7. 1931-26. 8. 1932 Bürgermeister von Ohrdruf. *26. 8. 1932-12. 4. 1945 Finanzminister und Wirtschaftsminister.* 1. 4.-6. 10. 1933 SA-Sturmführer. *8. 5. 1933- 12. 4. 1945 Ministerpräsident.* 6. 10.-1. 12. 1933 SA-Sturmbannführer. 12. 11. 1933-Mai 1945 MdR (WK 12 Thüringen). 1. 12. 1933-9. 11. 1936 SA-Brigadeführer. 1936-1945 Landesjägermeister; ab 1936 Leiter des Landesfremdenverkehrsverbandes. *22. 1. 1936-12. 4. 1945 Volksbildungsminister.* 9. 11. 1936-30. 1. 1941 SA-Gruppenführer. 1937-1945 Leiter des Landesamtes für den Vierjahresplan; Gauobmann der DAF; ab 1. 7. 1937 Mitgl. des Beirates der Landesplanungsgemeinschaft. 15.3.1939 Austritt aus der ev. Kirche. 1939-1945 Leiter des Führerstabes Wirtschaft im Reichsverteidigungsbezirk Thüringen. Ab 30. 1. 1941 SA-Obergruppenführer, Ehrenrangführer der SA-Gruppe Thüringen. Ab 1. 1. 1944 nebenamtl. Leiter des Forst- und Holzwirtschaftsamtes. Leiter des Heimstättenamtes der NSDAP-GL. 30. 5. 1945 Gefangennahme durch US-Besatzungstruppen in Gera; bis Okt. 1946 Internierung in den Lagern Ohrdruf, Ziegenhain und Darmstadt. 10. 10. 1946 aufgrund einer schweren Krankheit Entlassung auf Bewährung aus dem Internierungslager Darmstadt. 1948/49 Verurteilung durch eine bayerische Spruchkammer; Sept. 1949 Ablehnung eines Gnadengesuchs durch den Minister für politische Befreiung in Bayern. Nach zwischenzeitlichem Aufenthalt in Dortmund bis Jan. 1950 wohnhaft in Ermershausen (Unterfranken), danach in Karlsruhe als kfm. Angestellter im Geschäft seiner Ehefrau.

EK II (1. Weltkrieg), Ehrenkreuz für Frontkämpfer, Goldenes Parteiabzeichen, Silberner Gauadler, Kriegsverdienstkreuz 2. Klasse ohne Schwerter (2. 10. 1940), Kriegsverdienstkreuz 1. Klasse ohne Schwerter (1. 5. 1942).

Meister, Johannes (NSDAP)
Dr. jur.
Staatsrat 1932-1945

geb. 24. 9. 1892 Dienstedt, gest. 8. 4. 1966 Vellmar

Sohn eines Pfarrers. Realgymnasium in Gera und Glauchau, 1913 Abitur. April 1913-Aug. 1914 Studium der Nationalökonomie und Rechtswissenschaften in Jena. Aug. 1914-Nov. 1918 Kriegsteilnahme, Entlassung als Unteroffizier. Ende 1918-Mai 1920 Fortsetzung des Studiums in Jena; 11. 5. 1920 erste jurist. Staatsprüfung. Juni 1920-Dez. 1922 jurist. Vorbereitungsdienst in Altenburg und Jena; 10. 4. 1922 Promotion zum Dr. jur. an der Univ. Jena mit der Diss. »Die geschichtliche Entwicklung der Gemeindeverfassung Altenburgs seit dem Grundgesetz vom 29. April 1831«; 14. 4. 1923 zweite jurist. Staatsprüfung. 2. 5. 1923-1. 4. 1927 Hilfsrichter an den AG Gotha, Eisenberg, Zeulenroda und Altenburg sowie den LG Rudolstadt und Altenburg, 1. 4. 1927-1. 4. 1933 Amtsgerichtsrat in Ebeleben. 1. 12. 1929 NSDAP (Mitgl.-Nr. 178 129), 1. 1. 1932-31. 3. 1933 ehrenamtl. Bezirksleiter von Ebeleben und Kreisleiter von Sondershausen, danach Kreisleiter ehrenhalber. *26. 8. 1932-12. 4. 1945 Staatsrat für Sondershausen.* 1. 4. 1933-1. 4. 1935 Oberbürgermeister von Meiningen. 21. 9. 1934-5. 9. 1935 beauftragt mit der Leitung des NSDAP-Ortsgerichtes für Meiningen-Stadt. Ab 1. 4. 1935 Oberbürgermeister von Nordhausen. Okt. 1936 Vertreter des Kreiswalters der Nationalsozialistischen Beamtenorganisation im Parteikreis Nordhausen/Südharz sowie Kreisleiter des Reichsbundes der Dt. Beamten. Ab 1937 NSKK-Standartenführer (ehrenhalber). 31. 3. 1942 vorzeitige Pensionierung wegen Vollinvalidität aufgrund der Folgen eines 1936 erlittenen Autounfalls. 28. 4. 1945 Verhaftung durch US-Besatzungstruppen, bis 9. 4. 1948 Internierung in Darmstadt und Wiesbaden; nach Entlassung aus der Internierung wohnhaft in Sontra und bei der Inneren Mission in Lippoldsberg-Bodenferde, ab März 1949 in Vernawahlshausen bei Hofgeismar. 23. 6. 1948 Einstufung in Gruppe III (Minderbelastete) mit neunmonatiger Bewährungszeit durch die Spruchkammer Hofgeismar; nach Ablauf der Bewährungszeit am 5. 7. 1949 Einstufung in Gruppe IV (Mitläufer) durch die Spruchkammer Kassel. 1949 Ablehnung eines Antrages auf Zulassung als Rechtsanwalt durch das hess. Justizministerium.

EK II, Altenburger Tapferkeitsmedaille (alles 1. Weltkrieg), Silberner Gauadler.

Moog, Leonhard (FVg, FVP, DDP/DStP, LDP, FDP)
Regierungsdirektor 1945
Landesdirektor 1945-1946
Minister 1946-1950

geb. 11. 10. 1882 Ansbach, gest. 6. 1. 1962 München

Sohn eines städtischen Gaswerkmeisters. 1888-1895 Volksschule in Ansbach. 1895-1898 kfm. Lehre und Besuch der Handelsschule in Ansbach. 1898-Sept. 1900 Buchhalter in einem Ansbacher Geschäftshaus; Okt. 1900-1905 Handelsvertreter in Weimar. Ab 1901 Mitgl. im Gewerkschaftsbund der Angestellten, 1902-1933 ehrenamtl. Vorstandsmitgl. der Ortsgruppe Weimar. 1905-1906 Handelsvertreter in Köln; ab 1906 wieder in Weimar. Sept. 1906-1910 FVg; 1910-1918 FVP. 1914-1918 Kriegsteilnahme. 1918-Dez. 1944 selbst. Wein-Handelsvertreter in Weimar. 1919-1933 DDP bzw. DStP, Vors. der Ortsgruppe Weimar und Vorstandsmitgl. des Landesverbandes. März 1919-Jan. 1933 Stadtrat in Weimar. 1920-1933 Gauvorsteher des Gewerkschaftsbundes der Angestellten, Aufsichtsratsvors. des Angestelltenbundes und stv. Aufsichtsratsvors. der gewerkschaftseigenen Dt. Wirtschaftsbank Berlin. 26. 2. 1925-10. 2. 1927 und 24. 8. 1928-7. 12. 1929 MdL (jeweils als Nachfolgeabg.). Ab 18. 4. 1945 Mitgl. des polit. Beirates beim Oberbürgermeister von Weimar; ab 12. 5. 1945 beauftragt mit der Wahrnehmung der Geschäfte des Vorstandes des Finanzministeriums; *12. 6.-16. 7. 1945 Regierungsdirektor des Landesamtes für Finanzen.* 9. 7. 1945 Gründungsmitgl. der Demokratischen Partei Thüringens bzw. des Landesverbandes der LDP, 29. 7. 1945-18. 1. 1949 1. Vors., 18. 1. 1949-Jan. 1950 Beisitzer im LV, 9. 7. 1945-Jan. 1947 1. Vors. der Ortsgruppe Weimar. 1945 Mitbegründer und Vors. des Gewerkschaftsbundes der Angestellten in Thüringen. *16. 7. 1945-3. 12. 1946 Landesdirektor des Landesamtes für Finanzen.* 26. 9. 1945-27. 2. 1949 Mitgl. des ZV der LDP, Febr. 1946-7. 7. 1947 Beisitzer im ZV, 7. 7. 1947-27. 2. 1949 stv. Parteivors., 14. 4. 1948-27. 2. 1949 Leitung der LDP zusammen mit den anderen stv. Parteivors. 20. 10.

1946-18. 1. 1950 MdL. *4. 12. 1946 Minister für Finanzen bis zur Amtsenthebung am 24. 2. 1950 (freiwilliger Rücktritt am 18. 1. 1950 wurde von Ministerpräsident Eggerath nicht angenommen);* 2. 9. 1947-7. 10. 1947 Wahrnehmung der Geschäfte des Ministerpräsidenten nach der Flucht von Dr. Rudolf Paul. 1948 MdVR; Mitgl. der DWK. Ab 15. 1. 1950 nach einem Krankenhausaufenthalt infolge eines Verkehrsunfalls in Westberlin verblieben. 8. 12. 1950 in Abwesenheit Verurteilung zu 15 Jahren Zuchthaus durch das Oberste Gericht der DDR wegen »Sabotage am demokratischen Aufbau«. Nach 1950 Wein-Handelsvertreter in München. Mitgl. der FDP, Vors. des FDP-Landesbeirates in Bayern. Vorstandsmitgl. des Königsteiner Kreises (Vereinigung der Juristen, Volkswirte und Beamten aus der sowjetischen Besatzungszone).

Mühlberg, Thilo (NSDAP)
Dr. phil.
Staatsrat 1933-1943

geb. 22. 1. 1878 Hemleben, gest. 26. 4. 1959 Georgenthal

Sohn eines Gutsbesitzers. Realgymnasium in Weimar, Abitur. Studium der Naturwissenschaften und Pharmazie in Berlin, Jena und Rostock; Promotion zum Dr. phil. Nach Tätigkeit als wiss. Hochschulassistent ab 1908 Geschäftsführer, um 1910 Mitinhaber der Farbwerke Dr. Wilhelm König GmbH in Ohrdruf. 1. 5. 1932 NSDAP (Mitgl.-Nr. 1 187 785); ab 9. 10. 1932 Referent für Industrie in der HA Wirtschaft der NSDAP-GL. Präsident der Mittelthüringischen IHK in Weimar. *20. 10. 1933 Staatsrat bis zum Rücktritt am 7. 5. 1943.* 6. 4. 1943 Verurteilung zu einer Geldstrafe von 2 000 RM durch das Sondergericht Weimar wegen Verstoßes gegen die Kriegswirtschaftsverordnung, daraufhin Rücktritt als Staatsrat. April 1945 kurzzeitige Verhaftung durch US-Besatzungstruppen; Febr. 1947 Enteignung der Dr. Wilhelm König K.G. Farbwerke Ohrdruf aufgrund der Befehle 124/126 der SMAD. Lebt nach der Enteignung als Rentner in Ohrdruf und Georgenthal.

Müller, Gustav Adolf (SPD, KPD, SED)
Landesdirektor 1946

geb. 21. 9. 1888 Leipzig, gest. 2. 12. 1948 Weimar

Sohn eines Buchbinders. 1894-1902 Volksschule in Leipzig; 1902-1904 Beamtenschule in Nerchau. 1904-1920 Versicherungsangestellter in Leipzig und Betriebsratsvors. bei der Allgemeinen Dt. Kreditanstalt. 1908-1910 Militärdienst. 1916-1933 SPD, Vors. der SPD für Groß-Leipzig und Mitgl. des engeren Bezirksausschusses. 1920-1933 Geschäftsführer des Allgemeinen Verbandes dt. Bankangestellter in Berlin. Mai 1928 Kandidatur zum Reichstag (WK 29 Leipzig); 1929-23. 6. 1933 MdL Sachsen. Bis 1933 Vors. der dt. Liga für Menschenrechte. 1. 5.-1. 8. 1933 polit. Haft im Polizeigefängnis Leipzig und im KZ Sachsenburg, nach Haftentlassung illeg. polit. Betätigung; 1. 8. 1934 erneute Verhaftung durch die Gestapo und Anklage wegen Beihilfe zum Hochverrat, Nov. 1935 Verurteilung zu 2 Jahren Zuchthaus, bis 8. 8. 1936 Haft in Leipzig, Dresden und im Zuchthaus Bautzen. Ab Aug.

1937 Angestellter in einer Leipziger Farbenfabrik, ab Okt. 1937 Geschäftsreisender dieser Firma mit Sitz in Sonneberg; Jan. 1938-Mai 1945 selbst. Handelsvertreter in Sonneberg. 1945 KPD. 1. 5.-14. 10. 1945 Direktor des Amtes für Arbeit des Landkreises Sonneberg; 14. 10.-9. 12. 1945 Aufbau des Amtes für Arbeit im Landkreis Heiligenstadt; Jan.-15. 2. 1946 wieder Direktor des Amtes für Arbeit in Sonneberg. 15. 2. 1946 Regierungsrat; 1. 4. 1946-18. 6. 1948 Oberregierungsrat und stv. Landesdirektor sowie Leiter des Zentralbüros des Landesamtes für Arbeit und Sozialfürsorge. April 1946 SED. *18. 6.-3. 12. 1946 Landesdirektor des Landesamtes für Arbeit und Sozialfürsorge.* 4. 12. 1946-15. 1. 1948 Leiter der HA Arbeit und Sozialfürsorge im Ministerium für Wirtschaft, Arbeit und Verkehr, ab 9. 10. 1947 im Ministerium für Arbeit und Sozialwesen; 18. 12. 1947 Ernennung zum Ministerialdirektor m. W. v. 1. 4. 1947. 1. 3.-10. 5. 1948 komm. Vizepräsident der Landeskreditbank (ehemals Thüringische Staatsbank), 10. 5.-20. 10. 1948 Vizepräsident, ab 20. 10. 1948 Präsident der Landeskreditbank.

Neubauer, Theodor (DDP, USPD, KPD)
Dr. phil.
Staatsrat 1923

geb. 12. 12. 1890 Ermschwerdt bei Witzenhausen, gest. 5. 2. 1945 Brandenburg-Görden

Sohn eines Gutsinspektors. Bis 1900 Grundschule in Witzenhausen, 1900-1901 Vorschule in Erfurt; 1901-1910 Gymnasium in Erfurt. 1910-1913 Studium der Geschichte und Philologie in Brüssel, Jena und Berlin; 4. 9. 1913 Promotion zum Dr. phil. an der Univ. Jena mit der Diss. »Die wirtschaftlichen und sozialen Verhältnisse der Stadt Erfurt vor Beginn der Reformation«. Mitgl. der Wandervogel-Bewegung, Teilnehmer des Jugendtreffens am 11./12. 10. 1913 auf dem Hohen Meißner bei Kassel. Nov. 1913 Prüfung für das Lehramt an höheren Schulen in den Fächern Geschichte, Französisch und Englisch; 1914 Lehramtskandidat am päd.-didaktischen Seminar des Domgymnasiums Magdeburg. Ab 8. 8. 1914 Kriegsfreiwilliger, ab Juni 1916 längerer Heilstättenaufenthalt nach einer Gasvergiftung, 19. 1. 1917 vorzeitige Entlassung aus dem Heeresdienst als Leutnant d. R. 20. 1.-31. 8. 1917 Lehramtskandidat am Kgl. Gymnasium in Erfurt; 30. 8. 1917 Erteilung der Anstellungsberechtigung für höhere Schulen; ab 1. 10. 1917 Studienassessor, ab 1. 12. 1918 Oberlehrer am Königin-Luisen-Lyzeum in Erfurt, 1. 6. 1920 Entlassung auf eigenen Antrag nach disziplinarischen Auseinandersetzungen wegen seiner Teilnahme am Generalstreik während des Kapp-Putsches. 1918-1920 DDP, bis Dez. 1920 USPD, dann KPD. 1. 6. 1921-1. 10. 1922 Oberlehrer an der städtischen Realschule in Ruhla, daneben aktive parteipolit. Betätigung. 11. 9. 1921-10. 9. 1924 (Mandatsniederlegung) MdL. 1. 10. 1922-19. 10. 1923 Studienrat am Realgymnasium in Weimar. *16. 10. 1923 Staatsrat für Gotha bis zum Rücktritt aller kommunistischen Regierungsmitglieder am 12. 11. 1923.* Ab 19. 10. 1923 Oberregierungsrat und vortragender Rat in der Polit. Abteilung des Ministeriums des Innern; Anfang Nov. 1923 nach der Reichsexekution gegen Thüringen Flucht aus Weimar und zeitweilige Illegalität in Leipzig, Kassel und Düsseldorf aufgrund polizeilicher Verfolgung. 26. 5. 1924 Versetzung in den Wartestand als polit. Beamter, nach einem mehrjährigen Dienststrafverfahren am 18. 11. 1932 durch die Dienststrafkammer Weimar zur Dienstentsetzung verurteilt. Redaktionelle Mitarbeit bei den kommunistischen Zeitungen »Freiheit« und »Ruhr-

Echo« in Düsseldorf und Essen sowie bei der »Internationalen Pressekorrespondenz«. 7. 12. 1924-31. 3. 1933 MdR (WK 22 Düsseldorf Ost bzw. Reichswahlvorschlag der KPD), 1929-1933 Finanzsachverständiger der KPD-Fraktion. 21. 2. 1933 Einleitung eines Verfahrens wegen Vorbereitung zum Hochverrat durch den Oberreichsanwalt aufgrund einer Publikation der KPD-Reichstagsfraktion; nach dem Reichstagsbrand am 28. 2. 1933 in der Illegalität. 3. 8. 1933 Verhaftung durch die Gestapo in Berlin, Haft im Polizeipräsidium Berlin, im Zuchthaus Brandenburg-Görden und in den KZ Lichtenburg und Esterwegen; Herbst 1933 Zeuge im Reichstagsbrand-Prozeß vor dem Reichsgericht in Leipzig; 10. 4. 1934 Einstellung des Hochverrats-Verfahrens, aber wegen Paßvergehens und Urkundenfälschung Verurteilung zu 7 Monaten Gefängnis; Strafverbüßung im Zuchthaus Plötzensee, danach Schutzhaft u. a. vom 7. 8. 1937-19. 9. 1939 im KZ Buchenwald, dort Mitgl. der illeg. Lagerleitung. Nach Haftentlassung unter polizeilicher Überwachung wohnhaft in Tabarz und Lagerhalter eines Automobilbetriebes in Gotha. Führende Rolle im kommunistischen Widerstand, ab 1943 Aufbau der Neubauer-Poser-Gruppe als illeg. KPD-BL für Thüringen. 14. 7. 1944 Verhaftung durch die Gestapo in Tabarz, Haft im Gestapo-Untersuchungsgefängnis in Weimar sowie im Kriminalgefängnis Berlin-Moabit; 20. 10. 1944 Anklage durch den Oberreichsanwalt, 8. 1. 1945 wegen Vorbereitung zum Hochverrat und Feindbegünstigung Verurteilung zum Tode und dauernden Ehrverlust durch den 1. Senat des VGH. 5. 2. 1945 Hinrichtung im Zuchthaus Brandenburg-Görden.

Veröffentlichungen (Auswahl): Die direkte Besteuerung in der mittelalterlichen Stadt Erfurt und die Verrechtsbücher, in: Mitteilungen des Vereins für die Geschichte und Altertumskunde von Erfurt (33) 1912; Die wirtschaftlichen und sozialen Verhältnisse der Stadt Erfurt vor Beginn der Reformation, in: Ebenda (34) 1913; Zur Geschichte der mittelalterlichen Stadt Erfurt, in: Ebenda (35) 1914; Wirtschaftsleben im mittelalterlichen Erfurt, in: Vierteljahresschrift für Sozial- und Wirtschaftsgeschichte XII, 1914 und XIII, 1915; Die Chronik des Cyriaksklosters zu Erfurt für die Jahre 1471-1473, in: Zeitschrift für die Kirchengeschichte der Provinz Sachsen (12) 1915; Das tolle Jahr von Erfurt. Hrsg. v. M. Wähler (1948); Dt. Außenpolitik heute und morgen (1932) sowie zahlreiche andere historische und päd. Aufsätze sowie polit.-publizistische Beiträge in sozialdemokratischen und kommunistischen Periodika.

von Oertzen, Helmuth (CDU)
Minister 1950

geb. 26. 9. 1888 Ludwigslust, gest. 27. 4. 1952 Erfurt

Sohn eines Oberforstmeisters. Vorschule und Realgymnasium in Mecklenburg, Holstein und Berlin, 1911 Abitur am Realgymnasium Malchin. 1911-1930 Offizierslaufbahn, vorwiegend im Militärtransportwesen; 1914-1918 Kriegsteilnahme; Entlassung aus dem Militär als Hauptmann d. R. 1930-1937 Zivilangestellter bei der Militärverwaltung in Heide (Schleswig-Holstein); 1937-Febr. 1950 Verwaltungsdirektor des Sanatoriums Tannenfeld bei Nöbdenitz in Thüringen. 1945 CDU, bis 1952 Mitgl. des geschäftsführenden LV. Ab 1947 als Vertreter der CDU in der Volkskongreßbewegung tätig. *25. 2.-20. 11. 1950 Minister für Verkehr.*

Ortlepp, Walter (NSDAP)
Staatsrat 1933-1945
Staatssekretär und Leiter des Ministeriums des Innern 1936-1945

geb. 9. 7. 1900 Gotha, gest. 23. 10. 1971 Aschaffenburg

Sohn eines Bankangestellten. 1902-1915 Realschule in Gotha; 1915-1918 Gymnasium Ernestinum bzw. Realgymnasium in Gotha, Abitur. 1918 Militärdienst. 1919-1922 Studium der Rechtswissenschaften in Göttingen und Jena. 1920-1924 Mitgl. des Jungdt. Ordens. 1922-1926 jurist. Vorbereitungsdienst. Sept. 1923 NSDAP, 1. 9. 1927 Wiedereintritt nach Aufhebung des Parteiverbotes (Mitgl.-Nr. 66 832). 1924-1925 Adjutant beim Frontbann. 1925-1930 SA, Adjutant des Gausturms Thüringen. Juli 1926 zweite jurist. Staatsprüfung. 1. 8.-31. 12. 1926 Hilfsarbeiter bei der Staatsanwaltschaft und am LG Weimar; 1. 1. 1927-30. 6. 1930 Hilfsrichter am LG Meiningen. Ab 1929 Stadtrat und besoldeter Ratsherr in Weimar, 1. 1. 1933-1935 Stadtratsvorsteher. 1. 7. 1930-31. 7. 1931 während der Amtszeit von Wilhelm Frick als Innenminister Regierungsrat und Leiter der Landeskriminalpolizeistelle bei der Polizeidirektion Weimar sowie stv. Polizeidirektor von Weimar. 4. 9. 1931 Beitritt zur SS als Untersturmführer. 1. 8. 1931-31. 8. 1932 Amtsgerichtsrat in Königsee, gleichzeitig Abordnung als Hilfsrichter zum LG Weimar. 31. 7. 1932-14. 10. 1933 MdL. Ab 1. 9. 1932 Polizeidirektor von Weimar, 1. 4. 1933-1. 2. 1936 Polizeipräsident von Weimar. 1. 10. 1932 SS-Hauptsturmführer, 20. 4. 1933 Sturmbannführer. Ab 1. 6. 1933 Leiter des Büros des Reichsstatthalters. *20. 10. 1933-12. 4. 1945 Staatsrat.* 9. 11. 1933 SS-Obersturmbannführer. 12. 11. 1933-Mai 1945 MdR. 15. 12. 1933 SS-Standartenführer; 1934-1941 SD; 9. 11. 1935 SS-Oberführer. 22. 1.-19. 4. 1936 Vertreter in der Leitung des dem Reichsstatthalter direkt unterstellten Ministeriums des Innern, *20. 4. 1936-12. 4. 1945 Staatssekretär und Leiter des Thüringischen Ministeriums des Innern.* 1. 1. 1936-12. 7. 1937 ehrenamtl. Leiter der Thüringischen land- und forstwirtschaftlichen Berufsgenossenschaft; 1936-1938 Präsident des Landesvereins des DRK, 1938-1945 General-Hauptführer des DRK im Wehrkreis IX. Ab 26. 1. 1937 Mitgl. des Stiftungsausschusses der Wartburgstiftung. Ab 1937 stv. Leiter des Landesamtes im Gauhauptamt der Vierjahresplan-Organisation. 20. 4. 1937 SS-Brigadeführer. 1939-1945 Gauverbandsführer des NS-Altherrenbundes der Dt. Studenten. 1942-1945 Leiter des Pers. Stabes des Generalbevollmächtigten für den Arbeitseinsatz und Beauftragter für die Reichsministerien im Arbeitsstab des Generalbevollmächtigten. 28. 5. 1945 Verhaftung durch US-Besatzungstruppen in Plauen; Internierung in den Lagern Ziegenhain, Darmstadt und Ludwigsburg; 13. 8. 1948 Einstufung in Gruppe I (Hauptschuldige) durch die Lagerspruchkammer Ludwigsburg und Verurteilung zu 4 Jahren Arbeitslager unter Anrechnung der Internierungshaft; 17. 8. 1948 vorläufige Haftentlassung bis zur Feststellung der Rechtskraft des Spruchkammerurteils. Aug. 1948-1953 Hilfsarbeiter in den Aschaffenburger Zellstoffwerken. 15. 8. 1950 nach Berufung gegen das Spruchkammerurteil Einstufung in Gruppe II (Belastete) und Herabsetzung der Arbeitslagerstrafe auf 3 1/4 Jahre (galt damit als verbüßt) durch die Zentral-Berufungskammer Nord-Württemberg in Stuttgart. 12. 9. 1951 Ablehnung eines Gnadengesuches durch den Ministerpräsidenten von Württemberg-Baden, jedoch Erlaß des Vermögenseinzuges. 1953-1960 jurist. Mitarbeiter in verschiedenen Aschaffenburger Anwaltskanzleien; 1. 2. 1960 Wiederzuerkennung der »wohlerworbenen Beamtenrechte«; 1962 Zulassung als Rechtsanwalt in Aschaffenburg.

Goldenes Parteiabzeichen, Silberner Gauadler

Oschmann, Isolde (KPD, SED)
Ministerin 1950-1952

geb. 20. 5. 1913 Berlin-Wedding

Tochter eines selbst. Handwerkers. 1919-1925 Volksschule in Berlin-Wedding, 1925-1929 Städtische Mädchen-Mittelschule in Berlin, Zeugnis der mittleren Reife. 1929-1932 Ausbildung zur Kindergärtnerin und Hortnerin am Sozial-Päd. Seminar des Vereins Jugendheim e. V. in Berlin-Charlottenburg. Ab März 1930 Mitgl. des KJVD. 1932-1933 Hausgehilfin und Erzieherin in einem Privathaushalt; Okt. 1933-April 1944 Arbeiterin und Angestellte in einem Elektrogerätewerk in Berlin-Moabit; Juli 1945-März 1949 Kindergärtnerin, später Referentin für Vorschulerziehung beim Bezirksamt Berlin-Treptow. Juli 1945 KPD, April 1946 SED. März 1949-Dez. 1950 Studium an der PHS »Karl Marx« der SED, nach späterer Absolvierung eines Fernstudiums an der PHS Examen als Dipl.-Gesellschaftswissenschaftler. 19. 12. 1950-1952 Landesvors. der Dt.-Polnischen Gesellschaft in Thüringen. *19. 12. 1950-25. 7. 1952 Minister für Volksbildung.* Ab 6. 7. 1952 Mitgl. der LL des KB. 1. 10. 1952-Okt. 1954 Instrukteur im Sektor Unterricht und Erziehung sowie stv. Leiterin der Abtlg. Volksbildung beim ZK der SED; Nov. 1954-Sept. 1971 Leiterin der Abtlg. bzw. des Sektors Vorschulerziehung im Ministerium für Volksbildung der DDR. 1963-1975 Mitgl. der Frauenkommission beim Politbüro der SED und Mitgl. der Ständigen Arbeitsgruppe der Veteranenkommission des ZV der Gewerkschaft Unterricht und Erziehung. Okt. 1971- Aug. 1973 Hauptreferentin für Vorschulische Erziehung im Ministerium für Volksbildung; Ernennung zur Oberstudienrätin. Ab Sept. 1973 Rentnerin, daneben noch wiss. Mitarbeiterin im Ministerium für Volksbildung; 17. 4. 1977-3. 4. 1982 Mitgl. des ZV der Gewerkschaft Unterricht und Erziehung.

Verdienstmedaille der DDR (1959), Dr.-Theodor-Neubauer-Medaille in Gold (1961), Clara-Zetkin-Medaille (8. 3. 1964), VVO in Gold (22. 5. 1973), Ehrenspange zum VVO in Gold (1978).

Papenbroock, Paul (DVFP, NSDAP)
Staatsrat 1936-1945

geb. 31. 3. 1894 Görslow (Kreis Schwerin), vermißt seit März 1945

Sohn eines Lehrers. 1900-1908 Volksschule; April 1908-Aug. 1914 Lehrerseminar in Weimar, Notexamen aufgrund des Kriegsbeginns. 29. 8. 1914-1919 Kriegsfreiwilliger, 1916-1917 Dienst im türkischen Heer, ab 8. 8. 1918 in englischer Kriegsgefangenschaft, Entlassung als Leutnant d. R. Okt. 1919-Juli 1920 Vorbereitungsdienst als Volksschullehrer; Juli 1920-Sept. 1927 Lehrer in Taubach bei Weimar. Nov. 1923 DVFP; 1924 NSDAP, 29. 8. 1925 Wiedereintritt nach Aufhebung des Parteiverbotes (Mitgl.-Nr. 17 261), 1924-1927 Kreisabschnittsleiter des Kreises Weimar-Süd und stv. Leiter der Ortsgruppe Weimar, 1925-1929 Gauredner. Okt. 1927-April 1933 Lehrer in Gotha-Siebleben. 1927-1933 NSDAP-Ortsgruppenleiter in Gotha, ab 1929 Reichsredner, kurzzeitig auch Ortsgruppenleiter in Eisenach und Mühlhausen. 8. 12. 1929-14. 10. 1933 MdL. Ab 17. 1. 1930 NSLB; ab

Juli 1933 Leiter des Amtes für Erzieher in der NSDAP-GL sowie Gauobmann des NSLB. 15.4. 1933-April 1938 Regierungsrat und Referent für das Volksschulwesen im Volksbildungsministerium, ab Juli 1934 Oberregierungsrat; Prüfungsvors. für die Volksschullehrer-Anstellungsprüfung; Lehrer an der Staatsschule in Egendorf. 22. 4.-28. 12. 1933 stv. Vors. des Thüringer Lehrerverbandes bis zu dessen Auflösung; Herausgeber der Zeitschrift »Thüringer Erzieher«. *27. 2. 1936-12. 4. 1945 Staatsrat.* 27. 11. 1936 Austritt aus der ev. Kirche. 29. 3. 1936-Mai 1945 MdR. April 1938-Okt. 1941 Regierungsoberschulrat im Volksbildungsministerium. 1. 9. 1938 Eintritt in die SA als Standartenführer. Sept. 1939-1945 Kriegsteilnahme, ab 1. 4. 1940 Oberleutnant, ab 1. 5. 1942 Hauptmann. 17. 10. 1941 Beförderung zum Regierungsdirektor. Ab Mai 1944 NS-Führungsoffizier beim Stab des Befehlshabers der Heeresgruppe West, ab 4. 1. 1945 bei der Kraftfahr-Ersatzabteilung 9 Hersfeld, zuletzt in der Tschechei, seit März 1945 vermißt. Aug. 1945 formale Entlassung aus dem Schuldienst im Zuge der Entnazifizierung. 1969 vom AG Groß-Gerau, Zweigstelle Rüsselsheim mit Todeszeitpunkt 31. 12. 1945 für tot erklärt.

EK II, Türkische Tapferkeitsmedaille (alles 1. Weltkrieg), Goldenes Parteiabzeichen, Silberner Gauadler, EK I (1. 6. 1944).

Paul, Rudolf (DDP/DStP, SED)
Prof. Dr. jur.
Landespräsident 1945-1946
Ministerpräsident 1946-1947

geb. 30. 7. 1893 Gera, gest. 28. 2. 1978 Frankfurt/Main

Sohn eines Baumeisters. 1899-1913 Volksschule und Realgymnasium in Gera, Abitur. April 1913-31. 7. 1914 Studium der Rechts- und Staatswissenschaften in Leipzig und Berlin. 4. 8. 1914-Dez. 1918 Kriegsteilnahme, zuletzt Leutnant der Fliegertruppe. Jan.-Sept. 1919 Fortsetzung des Studiums in Jena. Nov. 1919-1922 jurist. Vorbereitungsdienst in Gera; 12. 11. 1920 Promotion zum Dr. jur. an der Univ. Jena mit der Diss. »Die Entwicklung der Gemeindegesetzgebung im Freistaat Reuß j. L. während des 19. Jahrhunderts«; 1922 zweite jurist. Staatsprüfung. 1922-1933 DDP bzw. DStP, 1925-1933 Vors. des Landesunterverbandes Ostthüringen. Herbst 1923-Frühjahr 1924 Staatsanwaltsrat beim LG Gera und »politischer Staatsanwalt« für die LG-Bezirke Altenburg, Gera und Rudolstadt, 1924 von der bürgerlichen »Ordnungsbund«-Regierung aus dem Staatsdienst entlassen. 1924-1933 Rechtsanwalt und Notar in Gera. 1933 Entzug der Anwaltszulassung nach einem Disziplinarverfahren vor der Thüringer Anwaltskammer. 1934-1945 Landwirt auf eigenem Bauernhof in Ulrichswalde bei Stadtroda. Ab 7. 5. 1945 Oberbürgermeister von Gera, im Juli 1945 durch die SMATh bestätigt. Juni 1945 Mitgl. eines Gründerkreises für die Demokratische Partei Thüringens in Gera; stv. Vors. des Thüringen-Ausschusses. *16. 7. 1945-3. 12. 1946 Landespräsident.* 15. 10. 1945 Ernennung zum Protektor der Univ. Jena anläßlich der Wiedereröffnung der Univ. April 1946 SED, Mitgl. des LV. Ab Juli 1946 Honorarprofessor für Theorie und Praxis der Politik an der Rechts- und Wirtschaftswiss. Fakultät der Univ. Jena (nach seiner Flucht in die Westzonen Entzug der Professur durch das Ministerium für Volksbildung am 10. 3. 1948). *4. 12. 1946-1. 9. 1947 Ministerpräsident.* 20. 10. 1946-

24. 3. 1947 (Mandatsniederlegung) MdL. Juni 1947 Führer der ostdt. Ministerpräsidenten auf der Münchner Ministerpräsidentenkonferenz (6.-8. 6. 1947). 30. 7. 1947 formale Wiederzulassung als Rechtsanwalt und Notar. 1. 9. 1947 Flucht über Westberlin in die amerikanische Besatzungszone. Ab 1948 Rechtsanwalt und Notar in Frankfurt/Main.

Paulssen, Arnold (DDP/DStP)
Dr. jur. Dr. med. h. c.
Vors. des Staatsministeriums und Minister 1920-1921 und 1928-1930
Minister 1927-1928

geb. 25. 11. 1864 Sömmerda, gest. 19. 3. 1942 Weimar

Sohn eines kfm. Angestellten. Besuch der Volksschule in Sömmerda; 1875-1883 Gymnasium in Weimar, Abitur. 1883-1887 Studium der Rechtswissenschaften in Freiburg, Halle, Jena und Berlin. 1885-1886 Militärdienst als Einjährig-Freiwilliger. 1887-1891 jurist. Vorbereitungsdienst in Thüringen; April 1891 zweite jurist. Staatsprüfung. Mai 1891-April 1892 Gerichtsassessor und Hilfsarbeiter am Großherzogl. Hofmarschallamt in Weimar. 14. 7. 1891 Promotion zum Dr. jur. an der Univ. Jena mit der Diss. »Entschädigungsanspruch bei Aufhebung eines Arrests oder einer einstweiligen Verfügung«. April 1892-Dez. 1894 Hilfsrichter, ab April 1894 Richter am LG Weimar. Ab 1. 7. 1895 Finanzrat und vortragender Rat im Dept. der Finanzen des Großherzogl. Staatsministeriums in Weimar, Geh. Referendar beim Großherzog; ab Ende 1895 Großherzogl.-Sächsischer Staatsrat; 22. 9. 1899-31. 12. 1907 Geh. Legationsrat und stv. Bevollmächtigter zum Bundesrat für Sachsen-Weimar-Eisenach, Sachsen-Altenburg, Schwarzburg-Rudolstadt, Schwarzburg-Sondershausen und Reuß j. L., ab 1. 12. 1902 auch für Reuß ä. L. 1899-1908 nichtständiges Mitgl. des Reichsversicherungsamtes und der Reichsschuldenkommission; Mitgl. des Zentralkomitees vom Roten Kreuz. 1. 1. 1908-31. 12. 1912 Geh. Staatsrat und Chef des Großherzogl. Ministerialdept. des Innern und Äußeren. 24. 12. 1912 Ehrenpromotion zum Dr. med. h. c. an der Univ. Jena wegen seiner Verdienste um die Univ.-kliniken. 1912-1942 Mitgl., ab 1916 Vors. des Aufsichtsrates der Gothaer Lebensversicherungsbank. 1. 1. 1913-Mai 1919 gemeinsamer stv. Bevollmächtigter der thüringischen Staaten (außer Sachsen-Meiningen) zum Bundesrat, im Bundesrat Referent für direkte Steuern und kulturelle Fragen. Ab 11. 10. 1915 Wirklicher Geh. Rat mit dem Titel »Exzellenz«. 1919-1933 DDP bzw. DStP. 20. 5. 1919-17. 1. 1921 Vors. des Staatsministeriums des Freistaates Sachsen-Weimar-Eisenach und Leiter der Ressorts Kultus, Justiz und Finanzen. 14. 7. 1919-12. 11. 1920 Vors. des Staatsrates von Thüringen. 22. 3.-10. 4. 1920 während des Kapp-Putsches Reichskommissar für die durch Gemeinschaftsvertrag zusammengeschlossenen 7 thüringischen Einzelstaaten. 20. 6. 1920-30. 7. 1921 MdL. *10. 11. 1920-6. 10. 1921 Minister für Volksbildung und Justiz, 12. 11. 1920-6. 10. 1921 Vors. des Staatsministeriums.* 18. 1.-8. 10. 1921 Vors. der Gebietsregierung Sachsen-Weimar-Eisenach und Leiter der Ressorts Kultus, Justiz und Finanzen. 17. 3. 1923-30. 11. 1935 Vors. des Landesausschusses für das Dt. Volksopfer bzw. die Dt. Nothilfe; 1923-1930 Vors. der Stiftung Nietzsche-Archiv in Weimar. *30. 4. 1927-2. 11. 1928 Minister für Inneres und Wirtschaft,* 3. 5. 1927-2. 11. 1928 auch stv. Vors. des Staatsministeriums, *3. 11. 1928-22. 1. 1930 Wirtschaftsminister, 6. 11. 1928-22. 1. 1930 Vors. des Staatsministeriums und Volksbildungsminister, 7. 5. 1929-22. 1. 1930*

Finanzminister. 23. 1. 1930 Eintritt in den Wartestand, ab 1. 3. 1930 im Ruhestand. Mitgl. des Vorstandes der Dt. Schillerstiftung; stv. Mitgl. des Ausschusses der Wartburgstiftung; Mitgl. der Kaliberufungsstelle.

EK II am weiß-schwarzen Band, Roter Adlerorden II. Klasse mit Stern, Preuß. Kronenorden II. Klasse mit Stern, Bayerischer Michaelsorden II. Klasse mit Stern.

Peuckert, Rudolf (NSDAP)
Staatsrat 1933-1945

geb. 18. 8. 1908 Wiebelsdorf, gest. 3. 10. 1946 Dachau

Sohn eines Landwirtes. Volksschule in Wöhlsdorf; 1918-1922 Oberrealschule in Zeulenroda und Neustadt/Orla. 1923-1925 Landwirtschaftsschule in Altenburg, danach landwirtschaftliche Praktika in Thüringen und Schleswig-Holstein. 1926-1927 NSDAP, nach vorübergehendem Austritt auf Verlangen seiner Eltern Wiedereintritt am 1. 1. 1928 (Mitgl.-Nr. 73 255). 1928 Übernahme des väterlichen Gutes in Wiebelsdorf. Ab 1929 Gau- und Reichsredner der NSDAP; Jan.-April 1930 Ortsgruppenleiter in Wiebelsdorf, April 1930-1931 Ortsgruppenleiter in Auma, ab 10. 3. 1930 Kreisleiter des Kreises Auma-Weida (später Gera-Land); Leiter der bäuerlichen Landjugend in der HJ; ab 1. 9. 1932 Fachberater für Landwirtschaft der NSDAP-GL. 31. 7. 1932-14. 10. 1933 MdL. Ab 5. 4. 1933 komm. Vors. des TLB; Staatskommissar für die Hauptlandwirtschaftskammer. 10. 6. 1933 Eintritt in die SS. 29. 6. 1933-1945 Landesbauernführer; ab 13. 7. 1933 Präsident der Hauptlandwirtschaftskammer; Juli 1933 1. Vors. des TLB bis zu dessen Aufgehen im Reichsnährstand im Sept. 1934. *22. 10. 1933-12. 4. 1945 Staatsrat.* 12. 11. 1933-Mai 1945 MdR. 15. 4. 1934-1945 Mitgl. des Dt. Reichsbauernrates und Reichsbauernthings. 20. 4. 1934 SS-Sturmbannführer, 20. 4. 1935 Obersturmbannführer. 30. 8. 1935-1945 Leiter des Amtes für Agrarpolitik der NSDAP-GL. 15. 9. 1935 SS-Standartenführer. Ab 1939 Leiter des Landesernährungsamtes IX; ab März 1940 Leiter des Amtes Bauerntum und Ostland in der Reichsjugendführung; ab 20. 4. 1940 HJ-Hauptbauernführer. Bis 27. 1. 1941 Leiter des Referates Dt. Jugend im pers. Stab des Reichsbauernführers. 1. 5. 1941 Austritt aus der ev. Kirche. Ab 9. 11. 1941 Reichshauptamtsleiter der NSDAP. Sonderbeauftragter des Reichsbauernführers für das Bauerntum im Landdienst. Mai 1942-1945 Beauftragter für Landwirtschaft und Kriegsernährungswirtschaft für die besetzten Ostgebiete beim Generalbevollmächtigten für den Arbeitseinsatz; als Kriegsverwaltungschef Leiter der HA Arbeit im Reichsministerium für die besetzten Ostgebiete; bis Juni 1942 Stv. des Reichsbauernführers und Stabsleiter des Reichsamtes für Agrarpolitik in München. Ab 6. 11. 1942 Beauftragter für das Reichskommissariat Ukraine und die Wirtschaftsinspektionen Don-Donezk/Kaukasus. 23. 2. 1943 Einberufung zur Wehrmacht, dort Militärverwaltungschef im Wirtschaftsstab Ost. 18. 5. 1945 Verhaftung durch US-Besatzungstruppen in Gera und anschließende Internierungshaft; 3. 10. 1946 Selbstmord im Internierungslager Dachau.

Goldenes Parteiabzeichen, Silberner Gauadler, Ritterkreuz zum Kriegsverdienstkreuz (11. 8. 1944).

Pflomm, Karl (NSDAP)
Staatsrat 1934-1945

geb. 31. 7. 1886 Reutlingen, gest. 15. 2. 1945 Dresden

Sohn eines Tischlers. 1887 Übersiedlung der Familie in die USA, nach dem Tod des Vaters 1894 Rückkehr nach Dtld. 1892-1894 Besuch der dt. und englischen Schule in Pittsburgh, 1894-1900 Volksschule in Reutlingen. 1900-1904 Lehre als Kunst- und Bauglaser. 1904-1912 Bau- und Kunstglaser in Dtld. und der Schweiz; 1912-1914 Betriebsleiter einer Glasschleiferei und Spiegelfabrik in Stuttgart. Jan. 1915-Jan. 1919 Kriegsteilnahme, Entlassung als Unteroffizier d. R. April 1919-Juni 1929 Betriebsleiter, ab April 1923 Inhaber einer Glasschleiferei und Spiegelfabrik in Stuttgart. Nov. 1922-Ende 1923 NSDAP. Juli 1929-Jan. 1930 Aufenthalt in den USA. 17. 8. 1930 SS-Truppführer, Gründer und Führer der SS-Standarte Stuttgart. 1. 9. 1930 Wiedereintritt in die NSDAP (Mitgl.-Nr. 304 896). 18. 11. 1930-21. 1. 1931 SS-Untersturmführer, Führer des SS-Sturms 13 in Stuttgart; 21. 1. -19. 3. 1931 Sturmbannführer, Stabsführer der 13. SS-Brigade Stuttgart; 19. 3.-21. 5. 1931 beauftragt mit der Führung der 13. SS-Standarte Württemberg, ab 15. 5. 1931 Standartenführer; 21. 5. 1931-21. 3. 1932 Führer der SS-Standarte 13; 21. 3. 1932-26. 1. 1933 Stabsführer beim SS-Abschnitt X in Stuttgart; 26. 1.-6. 3. 1933 Stabsführer beim SS-Abschnitt IX in Kulmbach; 6. 3. 1933-15. 2. 1934 Stabsführer beim SS-Abschnitt XVIII in Weimar, ab 20. 4. 1933 auch Führer der 47. SS-Standarte, 9. 11. 1933-20. 4. 1936 Oberführer; 15. 2. 1934-1. 1. 1937 Führer des SS-Abschnittes XVIII in Weimar. *29. 12. 1934-15. 2. 1945 Staatsrat.* 27. 10. 1936 Kirchenaustritt. 20. 4. 1936 SS-Brigadeführer. 14. 5. 1936-13. 4. 1937 Polizeipräsident von Weimar. 29. 3. 1936-Mai 1945 MdR. 13. 4. 1937-8. 11. 1939 Polizeipräsident von Erfurt, ab Dez. 1938 Abordnung zum Aufbau der Polizeiverwaltung in Aussig. 27. 8. 1939 Ernennung zum Leutnant der Landwehr. 8. 11. 1939-5. 6. 1940 komm. Polizeipräsident von Dresden, ab 5. 6. 1940 Polizeipräsident bis zur Versetzung in den Ruhestand am 25. 11. 1944.

EK I und II, Silberne Württembergische Verdienstmedaille, Goldene Württembergische Tapferkeitsmedaille, Frontkämpferehrenkreuz, Verwundetenabzeichen (alles 1. Weltkrieg), Silberner Gauadler.

Pietzsch, Frank-Michael (CDU)
Dr. med.
Minister 1992-1994

geb. 24. 8. 1942 Wittenberg

Sohn eines Pfarrers. Bis 1953 Grundschule in Zahna, 1953-1956 Grundschule in Berlin; 1956-1960 »Gymnasium zum grauen Kloster« in Berlin, Abitur. 1960-1966 Studium der Humanmedizin an der Humboldt-Univ. Berlin, Examen als Dipl.-Mediziner; während des Studiums Mitgl. der Jungen Gemeinde. 1966-1971 Ausbildung zum Facharzt für Innere Medizin am Kreiskrankenhaus Belzig, 1971-1978 Leiter der Inneren Abtlg. der Kreispoliklinik Belzig. 1975 CDU. Ab 1978 Zweitfacharztausbildung für Radiologie an der Zentralklinik für Herz-

und Lungenkrankheiten in Bad Berka. 1981 Promotion zum Dr. med. an der Univ. Jena. 1985-1991 Oberarzt an der Abtlg. für kardio-vaskuläre Diagnostik der Zentralklinik in Bad Berka. 1985-1994 Stadtverordneter in Bad Berka. Febr. 1990-1994 Vors. des CDU-Kreisverbandes Weimar, seit 1994 Vors. des Kreisverbandes Weimar-Stadt. Seit 14. 10. 1990 MdL, 1990-1992 Vors. des Verfassungs- und Geschäftsordnungsausschusses, stv. Vors. des Ausschusses für Soziales und Gesundheit und sozialpolit. Fraktionssprecher. *17. 9. 1992-10. 11. 1994 Minister für Soziales und Gesundheit.* Seit 10. 11. 1994 Landtagspräsident. Ehrenamtl. Vors. der Stiftung »Daheim im Heim« und Mitgl. des Aufsichtsrates der Klinik-Neubau-GmbH Weimar.

Port, Erich (TLB)
Staatsrat 1924-1931

geb. 11. 12. 1891 Kleinreinsdorf, gest. 13. 5. 1964 Zwickau

Sohn eines Landwirts und Gutsbesitzers. Landwirt in Kleinreinsdorf. Mitglied des TLB. 20. 6. 1920-30. 7. 1921 MdL. *21. 2. 1924 Staatsrat für Reuß bis zum Rücktritt am 21. 4. 1931 wegen seines beabsichtigten Umzuges nach Sachsen.* 1933 nach Konkurs seines Landwirtschaftsbetriebes Rückzug aus der Politik und Übersiedlung nach Weißbach bei Zwickau, dort zeitweise als Vertreter einer Seifenfirma tätig.

Rennert, Louis (SPD)
Staatsrat 1921-1923

geb. 18. 1. 1880 Lauchröden, gest. 8. 10. 1944 Sonneberg

Sohn eines Tünchers. Nach Besuch der Volksschule Lehre als Maurer; bis 1907 Gesellenzeit. 1905-1907 Funktionär des Maurerverbandes in Eisenach, Okt. 1907-1914 Gewerkschaftsbeamter im Zentralverband der Maurer in Straßburg, 1914-17. 4. 1915 im Dt. Bauarbeiterverband in Meiningen. Mitgl. der SPD. 17. 4. 1915-3. 3. 1919 Kriegsteilnahme. März 1919-1. 1. 1920 Redakteur der Zeitung »Werra-Wacht« in Meiningen. 1919-1920 MdL Freistaat Sachsen-Meiningen; 16. 12. 1919-20. 7. 1920 Mitgl. des Volksrates von Thüringen. 1. 1. 1920-21. 1. 1921 SPD-Parteisekretär in Meiningen. 20. 6. 1920-30. 7. 1932 MdL. 21. 1. 1921-1. 4. 1922 beamteter Staatsrat in der Gebietsregierung Meiningen, Vorstand der Ministerialabtlg. für Wohlfahrtspflege; Verwalter der Abtlg. Landes-, Wohnungs- und Siedlungsamt des Thüringischen Ministeriums des Innern. *7. 10. 1921-16. 10. 1923 Staatsrat für Meiningen.* 1. 10. 1922-Jan. 1924 Kreisdirektor in Meiningen bis zur Amtsenthebung durch den Militärbefehlshaber im Zuge der Reichsexekution gegen Thüringen; 1. 6. 1924 Versetzung in den Wartestand. 1. 1. 1931-24. 3. 1933 Bürgermeister von Rauenstein, nach Amtsenthebung arbeitslos und Wohlfahrtshilfeempfänger; 1. 7. 1933 formale Entlassung aus dem Staatsdienst. Okt. 1935-1940 Vertreter für Nähmaschinen und Leiter einer Verkaufsstelle der Konsumgenossenschaft in Grümpen bei Rauenstein; ab Febr. 1941 Zentrallagerhalter der Verbrauchergenossenschaft Sonneberg. Herbst 1944 Verhaftung im Rahmen der Aktion »Gitter« bzw. »Gewitter« und kurzzeitige Haft im KZ Buchenwald.

Richter, Max (DVP)
Dr. phil. Dr. jur.
Staatsrat 1924-1925

geb. 19. 5. 1887 Kaitz bei Dresden, gest. 5. 10. 1978 Bad Brückenau

Sohn eines Tischlermeisters. Bis 1898 Volksschule in Kaitz und Dresden-Plauen; 1898-1907 Realgymnasium in Dresden, Abitur. 1907-1911 Studium der Rechts- und Staatswissenschaften sowie der Volkswirtschaftslehre in Leipzig; 1911 erste jurist. Staatsprüfung in Leipzig. 1912 Volontär am Statistischen Amt der Stadt Dresden. 26.2.1912 Promotion zum Dr. phil. an der Univ. Leipzig mit der Diss. »Die Wirtschaft der südafrikanischen Bantuneger«. März 1912-März 1915 Assistent an der Handelskammer Magdeburg. 15. 12. 1914 Promotion zum Dr. jur. an der Univ. Leipzig mit der Diss. »Die Erlöschungsgründe der gewerbepolizeilichen Erlaubnis bei Anlagen nach § 16 Gewerbe-Ordnung«. April-Juli 1915 stv. Syndikus der Kaufmannschaft Stettin; Aug. 1915-1919 Geschäftsführer des Verbandes Thüringischer Industrieller in Weimar; 1920-Mai 1922 Leiter des Verbandes dt. Luxus-Porzellanfabriken in Weimar. Mitgl. der DVP. 6. 6. 1920-4. 5. 1924 MdR (WK 13 Thüringen). Juni 1922-1932 Vorstandsmitgl. der Porzellanfabrik Kahla und Direktor der Hermsdorf-Schomburg-Isolatoren G.m.b.H. Berlin und Kahla; Mitgl. zahlreicher Aufsichts- und Verwaltungsräte. *15. 4. 1924-14. 12. 1925 Staatsrat für Altenburg.* Ab 1932 im Ruhestand; 1958-1959 wohnhaft in Eutin, danach in Malente und im Kurstift Bad Brückenau.

Veröffentlichung: Die Thüringische Industrie in der deutschen Volkswirtschaft und ihre Beziehungen zum Weltmarkt (1919).

Riedel, Karl (NLP, DVP, NSDAP, LDP)
Dr. jur.
Minister 1928-1930

geb. 3. 8. 1883 Aachen, gest. 24. 8. 1949 Jena

Sohn eines Medizinprofessors an der Univ. Jena. Vorschule und Gymnasium in Jena, 1903 Abitur. 1903-1904 Militärdienst als Einjährig-Freiwilliger. 1904-1908 Studium der Rechtswissenschaften in Halle, München, Bonn und Jena. Nov. 1908-Dez. 1913 jurist. Vorbereitungsdienst in Saalfeld, Meiningen und Jena; 19. 1. 1909 Promotion zum Dr. jur. an der Univ. Jena mit der Diss. »Die Wirkungen nichtiger Ehen im Verhältnis zu Dritten nach Paragraph 1344 BGB«; Dez. 1913 zweite jurist. Staatsprüfung in Jena. Bis 1914 Angestellter bei der Bank für Thüringen in Meiningen. Aug. 1914-Dez. 1918 Kriegsteilnahme, Entlassung als Hauptmann d. R. Juli 1916-1926 Amtsrichter in Sonneberg. Mitgl. der NLP, 1919-1933 DVP, bis 1926 Vors. des Kreisverbandes Sonneberg. Ab 1926 Mitgl. des Bundes Wiking; bis 1926 Führer des Sonneberger Kreisverbandes der Krieger- und Miltärvereine. Juli 1926-6. 11. 1928 Richter am AG Jena. *6. 11. 1928-22. 1. 1930 Minister des Innern und Justizminister*, 7. 5. 1929-22. 1. 1930 auch stv. Vors. des Staatsministeriums. Okt. 1932-1935 Mitgl. des Stahlhelm-Bundes der Frontsoldaten bzw. NSDFB. Ab 1. 7. 1930 wieder Amtsrichter in Jena, ab 1. 11. 1931 Amtsgerichtsdirektor. Ab 25. 10. 1933 förderndes

Mitgl. der SS. 1933-1945 Mitgl. des NS-Rechtswahrerbundes. Ab 1. 7. 1938 Mitgl. des NS-Altherrenbundes der Dt. Studenten. Nov. 1938 NSDAP (Mitgl.-Nr. 3 933 735; Parteiaufnahme rückwirkend zum 1. 4. 1936). Ab 21. 2. 1946 LDP. 2. 7. 1946 Entlassung aus dem Justizdienst im Zuge der Entnazifizierung. 1946-1948 Hilfsarbeiter in der Univ.-bibliothek Jena.

EK II (16. 9. 1914), Meininger Ehrenkreuz für Verdienst im Krieg 1914/15 (17. 5. 1915), Kaiserlich-Kgl. Militär-Verdienstkreuz III. Klasse (28. 8. 1915), EK I (1916), Mecklenburgisches Militär-Verdienstkreuz (11. 6. 1917), Verwundetenabzeichen (5. 7. 1918), Kreuz der Ritter des Hausordens von Hohenzollern mit Schwertern (2. 10. 1918), Österreichisches Militärverdienstkreuz, Ehrenkreuz für Frontkämpfer, Kriegervereins-Ehrenkreuz II. Klasse, Ehren-Nadel des Bundes Wiking (20. 1. 1926).

Rittweger, Roman (SPD)
Dr. jur.
Minister 1922-1923

geb. 6. 12. 1879 Thorn, gest. 6. 8. 1938 Innsbruck

Sohn eines Kaufmanns und Stadtrats in Thorn. 1887-1899 Vorschule und Gymnasium in Thorn, Abitur. 1899-1902 Studium der Rechtswissenschaften in München und Breslau; 1902-1908 jurist. Vorbereitungsdienst in Deutsch-Eylau, Thorn, Kiel und Posen. 1903-1904 Militärdienst als Einjährig-Freiwilliger. 9. 2. 1904 Promotion zum Dr. jur. an der Univ. Leipzig mit der Diss. »Die besonderen Einwendungen des Schuldners gegen ein Schuldanerkenntnis (im Sinne der Paragraphen 781, 782 BGB) nach altem und neuen Recht«; 24. 10. 1908 zweite jurist. Staatsprüfung. 1. 12. 1908-Nov. 1909 Assessor bei der Staatsanwaltschaft am LG I in Berlin; Nov. 1909-März 1910 Hilfsarbeiter beim Reichsmarineamt in Berlin; März 1910-Jan. 1911 Assessor am Gericht der II. Marineinspektion in Wilhelmshaven; Jan. 1911-Okt. 1913 Rechtsbeistand verschiedener Kriegsmarine-Behörden in Cuxhaven, ab Okt. 1912 Marine-Kriegsgerichtsrat; Okt. 1913-Febr. 1914 Kriegsgerichtsrat beim I. und III. Marinegeschwader Wilhelmshaven; Febr. 1914-Juli 1915 Kriegsgerichtsrat beim Kommandanten der Elbmündungs-Befestigungen in Cuxhaven. Juli 1915-Febr. 1916 Kriegsdienst beim Bayerischen Feldartillerieregiment, Entlassung als Hauptmann d. R. April 1916-April 1920 Kriegsgerichtsrat bei der I. Marine-Inspektion in Kiel und beim Führer der Ostsee-Minensuchverbände in Kiel. Nov. 1918-März 1933 SPD; Mitgl. des Reichsbanners. 1. 4.-31. 12. 1920 Beurlaubung vom Reichsdienst und Beamter im Oberpräsidium der Provinz Schleswig-Holstein in Kiel. 31. 12. 1920 Versetzung in den einstweiligen Ruhestand nach Aufhebung der Militärgerichtsbarkeit, Entlassung aus dem Reichsdienst auf eigenen Antrag. 19. 1.-13. 4. 1921 Minister der Justiz im Freistaat Mecklenburg-Schwerin. 31. 3. 1921 Ernennung zum Regierungsrat bei der Regierung der Provinz Pommern in Stettin; 17. 5. 1921 Entlassung aus dem preußischen Staatsdienst auf eigenen Antrag. 25. 5. 1921-1. 12. 1922 Ministerialrat im Ministerium des Innern von Mecklenburg-Schwerin; 1. 12.-20. 12. 1922 Ministerialrat und vortragender Rat im Thüringischen Ministerium des Innern. *20. 12. 1922-16. 10. 1923 Justizminister.* Jan. 1923-Febr. 1924 stv. Bevollmächtigter Thüringens zum Reichsrat; 6. 11.-15. 11. 1923 Ministerialrat und Abteilungsleiter im Ministerium des Äußern; ab 1. 12. 1923 Ministerialdirektor im Justizministerium, leitet das Ministerium nach Flucht und Rücktritt von Minister Karl Korsch am 8. 11./12. 11. 1923 bis zum Regierungswechsel im Febr. 1924; 1. 5. 1924 Versetzung in den Wartestand. 6. 11. 1924-25. 7. 1933 Rechtsanwalt in Weimar, auch Syndikus des Thüringer Polizeibeamtenverbandes. 1. 10. 1932 Versetzung in den Ruhestand als Landesbeamter auf eigenen Antrag. Okt. 1933 nach freiwilliger Aufgabe der Anwaltstätigkeit Übersiedlung nach München; 5. 8. 1938 Autounfall im Ötztal/Tirol mit Todesfolge.

Rücker, Walther (DStP, CDU)
Minister 1950

geb. 16. 12. 1905 Hagen-Haspe, gest. 3. 10. 1981 Hagen

Sohn eines Schmiedes. Volkschule und Oberrealschule in Hagen-Haspe, Zeugnis der Obersekundarreife. 1923-1925 Lehre als Bankkaufmann. 1925-1929 Bankbuchhalter in Hagen; 1929-1930 Beamter des Arbeitsamtes in Hagen. März 1930 Abiturexamen als Externer am Provinzialschulkollegium in Münster. 1930-28. 6. 1933 DStP. Mai 1930-März 1933 Studium der Theologie in Jena und Münster, nach zweimaliger Verhaftung wegen antinationalsozialistischer Propaganda Zwangsexmatrikulation und Studienverbot an dt. Hochschulen wegen »nationaler Unzuverlässigkeit«. 1933-April 1935 Härter in einer Auto- und Waggonfedernfabrik in Hagen-Haspe; 1935-1940 Vertreter einer Krankenversicherung in Düsseldorf, Hamburg, Erfurt und Jena. 10. 5.-8. 8. 1935 Untersuchungshaft wegen Verdachts auf Vorbereitung zum Hochverrat. 1938 Übersiedlung nach Erfurt. Ab 26. 3. 1940 Kriegsteilnahme, bis 28. 7. 1945 Kriegsgefangenschaft in Schleswig-Holstein. 1. 10. 1945-1946 Religionslehrer für die Oberschulen in Erfurt. Okt. 1945 CDU. Febr. 1946- Juni 1950 stv. Landessekretär der CDU. Juni-Okt. 1946 Mitgl. der Beratenden Landesversammlung (von der CDU berufen); 20. 10. 1946-15. 10. 1950 MdL, 21. 11. 1946-7. 7. 1950 2. Landtagsvizepräsident. März 1948-Okt. 1949 MdVR, Okt. 1949-Okt. 1950 MdVK. Juni-24. 10. 1950 2. Landesvors. der CDU. *7. 7.-20. 11. 1950 Minister für Handel und Versorgung.* 24. 10. 1950 Ausschluß aus der CDU aufgrund seines Widerstandes gegen den vom CDU-LV beschlossenen Rücktritt als Minister. Ab Nov. 1950 Kaufmann in Erfurt, später in Hagen.

Rutsch, Willi (CDU)
Minister 1950-1952

geb. 29. 3. 1904 Rathenow, gest. 13. 2. 1989 Erfurt

Sohn eines Angestellten. 1910-1915 Seminarübungsschule (Konvikt) in Heiligenstadt, 1915-1918 Mittelschule in Wiesbaden. 1919-1922 Lehre als Kaufmannsgehilfe in Friedland, danach zwei Semester Studium der Versicherungswirtschaft in Göttingen. Mai 1922-Aug. 1930 Kontorist, Kassierer und Handlungsbevollmächtigter in Göttingen.

1922-1930 Mitgl. im christlichen Gewerkschaftsverband in Göttingen. Aug. 1930-März 1940 Organisationsleiter, Revisor und stv. Bezirksdirektor einer Bestattungs- und Lebensversicherungsgesellschaft in Leipzig. Ab März 1940 Kriegsteilnahme, nach Verwundung Lazarettaufenthalt und Gefangenschaft vom 2. 2.-24. 10. 1945. März 1946-Juli 1950 Stadtgeschäftsführer und Stadtinspektor in der Kreisdirektion Meiningen der LVA Thüringen. Aug. 1946 CDU, bis Nov. 1950 Vors. der Ortsgruppe Meiningen und Mitgl. des KV Meiningen. 1946-1950 Mitgl. des Kreistages Meiningen. 1946-1950 Mitgl. des Verwaltungsrates Kommunaler Wirtschaftsunternehmen in Meiningen. Hauptschöffe am LG Meiningen. 1948-Nov. 1950 2. Vors. des CDU-Kreisverbandes Meiningen; Nov. 1950-Aug. 1952 Mitgl. des Geschäftsführenden LV. 15. 10. 1950-25. 7. 1952 MdL. Ab 1950 Mitgl. der DSF. Aug.-Nov. 1950 stv. Landrat des Kreises Meiningen und Dezernent für Finanzen, Verkehr und Industrie. 1950 Besuch der Landesparteischule der CDU in Weimar. 18.10.1952-3.10.1958 Mitgl. des CDU-Hauptvorstandes. *21. 11. 1950-25. 7. 1952 Minister für Handel und Versorgung.* 1. 8. 1952-Okt. 1963 Stv. des Vors. des RdB Erfurt für Finanzen und Verkehrswesen; Aug. 1952-Okt. 1963 Abg. des BT Erfurt. Aug. 1952-Febr. 1989 Mitgl. des CDU-BV. Aug. 1952-April 1955 Mitgl. des Bezirksausschusses der NF. Aug. 1954-8. 12. 1958 Abg. der Länderkammer der DDR, Mitgl. des Wirtschaftsausschusses. 1954 Besuch der Verwaltungsschule in Weimar. Ab April 1954 Vors. des Bezirks-Solidaritätsausschusses für Korea und Vietnam bis zu dessen Auflösung 1956. April 1955-Febr. 1989 Mitgl. des Bezirkssekretariates der NF. Febr. 1961-Febr. 1989 Mitgl. des CDU-KV Erfurt-Stadt. 1. 4. 1964-18. 10. 1977 Präses der Vereinigten Kirchen- und Klosterkammer Erfurt. Ab 1971 Mitgl. des Herausgeberkollegiums der Zeitschrift »Begegnung«; Mitgl. der Arbeitsgruppe »Christliche Kreise« beim Nationalrat der NF; Präsidiumsmitgl. des Friedensrates der DDR.

VVO in Bronze (29. 4. 1969), VVO in Silber (26. 4. 1974), Orden »Stern der Völkerfreundschaft« in Silber (30. 4. 1984).

Sattler, Georg (DNVP, NSDAP)
Dr. jur.
Minister 1924-1927

geb. 16. 10. 1879 Bad Blankenburg, gest. 19. 7. 1975 Gotha

Sohn eines Apothekers. 1886-1892 Volksschule; 1892-1899 Gymnasium in Rudolstadt, Abitur. 1899-1900 Militärdienst als Einjährig-Freiwilliger. 1900-1903 Studium der Rechtswissenschaften in Leipzig und Jena; April 1903-April 1907 jurist. Vorbereitungsdienst in Oberweißbach, Rudolstadt, Frankenhausen und Leutenberg; 23. 12. 1905 Promotion zum Dr. jur. an der Univ. Jena mit der Diss. »Die Eigentümerhypothek des BGB«; 19. 4. 1907 zweite jurist. Staatsprüfung. Mai 1907-1. 7. 1912 Assessor, ab 1. 10. 1908 Regierungsassessor im Ministerium von Schwarzburg-Rudolstadt. 1. 7. 1912-Aug. 1922 Landrat in Königsee. Aug. 1914-Nov. 1918 Kriegsteilnahme. Aug. 1922-Febr. 1924 Geschäftsführer des Verbandes Mittelthüringer Glasfabriken und der Gruppe Thüringen des Schutzverbandes dt. Glasfabriken in Ilmenau. *21. 2. 1924-29. 4. 1927 Minister für Inneres und Wirtschaft,* 27. 2. 1924-29. 4. 1927 auch stv. Vors. des Staatsministeriums. Mai 1927-Nov. 1929 Generaldirektor eines Glasunternehmens in Altenfeld/Rhön; 1. 4. 1930-Juli 1945 Präsident der Thüringischen Landesbrandversicherungsanstalt in Gotha; Mitgl. des Aufsichtsrates der Dt. Rückversicherungsgemeinschaft AG Berlin. 25. 7. 1938 NSDAP (Mitgl.-Nr. 3 933 737; Parteiaufnahme rückwirkend zum 1. 4. 1936). 26. 7. 1945 Versetzung in den Ruhestand auf eigenen Antrag, 17. 11. 1945 nachträgliche formale Entlassung aus dem öffentlichen Dienst im Zuge der Entnazifizierung; danach Rentner in Gotha. 29. 6. 1948 gemäß Befehl 43/1948 der SMAD Einstellung eines Gerichtsverfahrens beim LG Gotha wegen Förderung der NS-Gewaltherrschaft.

Sauckel, Fritz (NSDAP)
Vors. des Staatsministeriums und Minister 1932-1933
Reichsstatthalter 1933-1945

geb. 27. 10. 1894 Haßfurt, gest. 16. 10. 1946 Nürnberg

Sohn eines Postassistenten und einer Näherin. 1903-1906 Volksschule in Haßfurt; 1906-1910 Gymnasium in Schweinfurt, Zeugnis der mittleren Reife. 1910-1914 Ausbildung zum Seemann in der norwegischen und schwedischen Handelsmarine in Vorbereitung auf eine Kapitänslaufbahn. 3. 8. 1914 nach Kriegsausbruch während einer Reise nach Australien mit einem dt. Segelschiff von der französischen Marine gekapert; Aug. 1914-Nov. 1919 Zivilinternierung in Frankreich. Nach Entlassung aus der Internierung Lehre als Schlosser, Dreher und Maschinenbauer in Schweinfurt; 2 Jahre Besuch des Technikums in Ilmenau. 1919 Beitritt zum Dt.-völkischen Schutz- und Trutzbund, bis 1921 Gauleiter für Unterfranken. 1922-1923 SA-Mann. 1. 1. 1923 NSDAP. 1923 Bauernschaftsführer der Organisation Roßbach. 1924 Gründer und Schriftleiter der nationalsozialistischen Zeitung »Deutscher Aar« in Ilmenau. 6. 4. 1925 Wiedereintritt in die NSDAP nach Aufhebung des Parteiverbotes (Mitgl.-Nr. 1395), bis 30. 9. 1927 Gaugeschäftsführer und stv. Gauleiter in Thüringen. 1925 Wiedereintritt in die SA. 30. 9. 1927-1945 Gauleiter der NSDAP. 8. 12. 1929-14. 10. 1933 MdL, Fraktionsführer. *26. 8. 1932-7. 5. 1933 Vors. des Staatsministeriums und Minister des Innern. 5. 5. 1933-12. 4. 1945 Reichsstatthalter in Thüringen.* 12. 11. 1933-Mai 1945 MdR. 9. 9. 1934-30. 1. 1942 SS-Gruppenführer. 29. 11. 1935-20. 4. 1937 nach dem Tod des Reichsstatthalters Wilhelm Loeper Wahrnehmung der Geschäfte des Reichsstatthalters in Braunschweig und Anhalt. Dez. 1936 Austritt aus der ev. Kirche. Ab 21. 9. 1936 Leiter der Wilhelm-Gustloff-Stiftung - Nationalsozialistische Industriestiftung. Ab 9. 11. 1937 SA-Obergruppenführer. 1938 kurzzeitige Vertretung des erkrankten Reichsstatthalters in Sachsen, Martin Mutschmann. 1. 9. 1939-1. 12. 1942 Reichsverteidigungskommissar für den Wehrkreis IX mit Sitz in Kassel, 1. 12. 1942-April 1945 Reichsverteidigungskommissar für den neugebildeten Reichsverteidigungsbezirk Thüringen mit Sitz in Weimar. Ab 30. 1. 1942 SS-Obergruppenführer. 21. 3. 1942-1945 Generalbevollmächtigter für den Arbeitseinsatz. 1. 7. 1944-12. 4. 1945 Wahrnehmung der Befugnisse eines Oberpräsidenten für den (aus der Provinz Sachsen ausgegliederten) preußischen RB Erfurt aufgrund eines Führererlasses vom 1. 4. 1944. 10. 4. 1945 Flucht aus Weimar, 19. 4. 1945 Verhaftung durch die US-Besatzungsarmee in Oberbayern. 1. 10. 1946 nach Anklage durch den Internationalen Militärgerichtshof in Nürnberg wegen Kriegsverbrechen und

Verbrechen gegen die Menschlichkeit zum Tode verurteilt. 16. 10. 1946 Hinrichtung im Militärgefängnis Nürnberg.

Goldenes Parteiabzeichen, Silberner Gauadler, Coburger Ehrenzeichen.

Schieber, Walther (NSDAP)
Dr.-Ing.
Staatsrat 1939-1945

geb. 13. 9. 1896 Beimerstetten bei Ulm, gest. 29. 6. 1960 Würzburg

Sohn eines Schreiners (später Bahnmeister und Leimfabrikant). 1903-1914 Volksschule in Bopfingen und Reformrealgymnasium in Aalen, Abitur. 2. 8. 1914-30. 4. 1919 Kriegsfreiwilliger, zuletzt Leutnant d. R., ab Ende 1918 in russischer Kriegsgefangenschaft. 1919-1922 Studium der Chemie an der TH Stuttgart und in Jena; 1922 Promotion zum Dr.-Ing. an der TH Stuttgart mit der Diss. »Zur Kenntnis des kolloidalen Quecksilbers«. 1922 Kirchenaustritt. 1. 1. 1923-1935 Betriebschemiker, Prokurist und Betriebsleiter beim IG-Farben-Konzern in Wolfen, Bobingen, Rottweil, Premnitz und Dormagen. 1. 6. 1931 NSDAP (Mitgl.-Nr. 548 839). 1931 Ernennung zum Chemiereferenten beim NSDAP-Gauwirtschaftsberater Dessau-Anhalt, wegen Versetzung nach Rottweil keine Ausübung dieses Amtes. 1. 6. 1933 Beitritt zur SS, Wirtschaftsreferent im Stab des SS-Abschnittes Köln-Aachen. Ab 1935 Aufbauleiter der Zellwollewerke in Schwarza. Ab 13. 9. 1936 SS-Untersturmführer, bis 15. 2. 1937 Gas- und Luftschutzreferent im SS-Abschnitt XVIII. 1936-1943 Aufbauleiter und Vorstandsmitgl. der Kunstseide- und Zellwollfabriken in Lenzing (Österreich), Cottbus, Wildshausen und Ehingen. Ab 20. 4. 1937 SS-Obersturmführer, 10. 3. 1937-1. 4. 1942 Gas- und Luftschutzreferent im SS-Abschnitt XXVII; 29. 5. 1937 Hauptsturmführer, 12. 9. 1937 Sturmbannführer. Ab 1937 Referent für Textilindustrie beim Gauwirtschaftsberater Thüringen und Textilreferent im Wirtschaftsministerium; 1939-1943 Verwaltungsratsvors. der Wilhelm-Gustloff-Stiftung - Nationalsozialistische Industriestiftung und Betriebsführer der Gustloff-Werke in Weimar; 1937-1943 Verwaltungsratsvors. und Betriebsführer der Zellwolle AG in Schwarza; 1938-1944 Vorstandvors. des Dt. Zellwolle- und Kunstseideringes in Berlin; 1938-1943 Vorstandsvors. der Westfälischen Zellwolle AG in Wildshausen. Stv. Vors. der Wirtschaftskammer Thüringen und Leiter der Industrieabtlg. 1938 als Vors. des Vereins Dt. Chemiker Berufung zum Leiter der Fachgruppe Chemie im NSBDT. Ab 2. 2. 1939 komm. Gauwirtschaftsberater im Range eines Bereichsleiters der NSDAP-GL bis zur Amtsenthebung am 2. 9. 1944. 1939-1941 Leiter des Chemiereferates im Reichsministerium für Bewaffnung und Munition. 1. 4. 1939-31. 3. 1944 Leiter der Vertretung Thüringens in Berlin (»Thüringenhaus«) bis zu deren kriegsbedingter Auflösung. Ab 20. 4. 1939 SS-Obersturmbannführer. *20. 4. 1939-12. 4. 1945 Staatsrat.* 1940-1943 Aufbauleiter des Zellwollwerkes in Roanne (Frankreich). Ab 20. 4. 1940 SS-Standartenführer. 1940-1945 Beiratsmitgl. der Reichsgruppe Industrie, April 1942-Okt. 1944 zweiter stv. Leiter des Beirates; 1941-1945 Beiratsmitgl. der Wirtschaftskammer Oberdonau. 1941-1943 Aufbauleiter des Zellwollwerkes in Swynarde (Belgien) und der Erntebindegarn-Fabrik in Litzmannstadt. Ab 30. 1. 1942 SS-Oberführer. Ab Febr. 1942 Chef des Rüstungslieferamtes im Reichsministerium für Bewaffnung und Munition bzw. Rüstung und Kriegsproduktion bis zum Rücktritt am 31. 10. 1944 nach Auseinandersetzungen mit der NSDAP-Führung. Ab 21. 6. 1942 SS-Brigadeführer. 1943-1945 Aufsichtsratsmitgl. der Dresdner Bank. 1943-1944 Leiter der Zentralstelle für Generatoren beim Generalbevollmächtigten für Rüstung und Bewaffnung, Mitwirkung bei der Entwicklung von Windkraftanlagen. Leiter der Reichsfachgruppe Chemie im Hauptamt für Technik. 2. 9. 1944 Ausschluß aus der NSDAP. 13. 5. 1945 Verhaftung durch US-Besatzungstruppen bei München; Internierung in Garmisch, Augsburg, Wiesbaden, Kransberg und im Militärgefängnis Nürnberg. 4. 9. 1947-21. 6. 1948 Internierung in Neustadt (Hessen), hier Anfertigung von Berichten über die dt. Kriegswirtschaft für die Historical Division der US-Armee. 11. 3. 1948 Einstufung in die Gruppe II (Belastete) durch die Lagerspruchkammer Neustadt (Hessen) und Verurteilung zu 2 Jahren Arbeitslager unter Anrechnung der Internierungshaft. Nach Entlassung aus der Internierung Mitbegründer und -inhaber eines Chemielabors zur Herstellung von synthetischen Fasern in Bopfingen. 23. 3. 1950 Wiederaufnahme des Spruchkammerverfahrens auf Betreiben Schiebers durch die Zentralspruchkammer Hessen-Nord in Kassel; 13. 11. 1950 endgültige Einstellung des Verfahrens unter Aufhebung der Einstufung in Gruppe II durch die Zentralspruchkammer Hessen in Frankfurt/Main.

EK I und II (1. Weltkrieg), Goldenes Parteiabzeichen (30. 1. 1939), Totenkopfring und Ehrendegen der SS (1939), Silberner Gauadler, Ritterkreuz zum Kriegsverdienstkreuz (1943).

Schmückle, Karl (NSDAP)
Staatsrat 1934-1945

geb. 15. 5. 1895 Stuttgart, gest. 3. 4. 1970 Heidenheim/Brenz

Sohn eines Schriftsetzers und Kaufmanns. Besuch der Mittelschule in Stuttgart. 1910-1914 Unteroffiziersschüler. 1914-1918 Kriegsteilnahme als Flugzeugführer; 1921 Verabschiedung aus dem Militärdienst als Leutnant d. R. Bis 1921 Angehöriger eines Freikorps. Nach Besuch der Höheren Polizeischule 1925-1932 Offizier der Schutzpolizei in Thüringen, zuletzt Hauptmann. 1. 2. 1930 NSDAP (Mitgl.-Nr. 190 193). Ab 25. 9. 1932 Leiter des NS-Arbeitsdienstlagers auf dem Ellenbogen in der Rhön; 1932-1941 Führer des NS-Arbeitsgaues 23 (Thüringen); 6. 4. 1933-1934 Landeskommissar für den Arbeitsdienst und Führer des Landesarbeitsdienstes e. V. 1934 Beförderung zum Polizeimajor. *26. 8. 1934-12. 4. 1945 Staatsrat.* Ab 18. 12. 1935 Generalarbeitsführer. 29. 3. 1936-Mai 1945 MdR. Nov. 1939-1940 Inspekteur der Luftabwehr-Bautruppen und kommandierender General im Luftgau IV (Dresden); 1940-1942 Höherer RAD-Führer im Luftgau XII (Westfrankreich); 1. 9. 1941-15. 12. 1942 Führer des Arbeitsgaues Bayern-Oberland; ab April 1942 Höherer RAD-Führer im Luftgau IV; ab 15. 12. 1942 Führer des Arbeitsgaues XXX (München); ab 1. 7. 1944 Inspektor der im Wehrmachtseinsatz befindlichen RAD-Inspektion IV; ab April 1945 Ober-Generalarbeitsführer in der Außenstelle des OKW-Süd. Mai 1945 Gefangennahme durch US-Truppen in Mittersill (Oberösterreich); bis 21. 6. 1947 Internierung und Kriegsgefangenschaft in Dachau, Neu-Ulm und Garmisch. Lebt anschließend bis 1956 als Kaufmann in Sonthofen, von 1956-1970 in Fischen (Allgäu).

Silberner Gauadler, Goldenes Parteiabzeichen (1936), Kriegsverdienstkreuz 1. Klasse mit Schwertern (1942).

Schröder, Wilhelm (SED, DBD)
Minister 1950-1952

geb. 18. 10. 1913 Erfurt, gest. 2. 5. 1968 Dresden

Sohn eines Gärtnereiarbeiters. 1920-1928 Volksschule in Dittelstedt. 1928-1931 Lehre als Autoschlosser in Iserlohn, Gesellenprüfung. 1931-30. 8. 1939 Kraftfahrer und Geschäftsreisender einer Firma in Heldrungen, dazwischen 5. 2.-5. 5. 1939 Militärdienst. 1. 9.-30. 9. 1939 und Mai 1940-7. 5. 1945 Kriegsteilnahme, zuletzt als Feldwebel; 7. 5. 1945-April 1948 sowjetische Kriegsgefangenschaft, Juni 1947-März 1948 Besuch einer Antifa-Schule bei Moskau. April-Okt. 1948 SED, bis Sept. 1948 im Sekretariat der KL Eckartsberga zuständig für Angelegenheiten der DBD. Ab 1948 FDJ. Okt. 1948 DBD, Gründer und bis 30. 4. 1949 Sekretär des Kreisverbandes Eckartsberga, 1. 5. 1949-15. 11. 1950 Organisations- und Landessekretär der DBD in Thüringen; 1949 dreimonatiger Besuch der DBD-Zentralschule in Reinsdorf. 1949-1952 Mitgl. des LV der VdgB. 1950-1952 Mitgl. des DBD-LV. 31. 8.-15. 10. 1950 »Beauftragter« der DBD im Landtag; 15. 10. 1950-25. 7. 1952 MdL, 3. 11.-21. 11. 1950 Landtagsvizepräsident. *21. 11. 1950-15. 6. 1952 Minister für Land- und Forstwirtschaft.* 9. 7. 1951-6. 9. 1953 Mitgl. des PV der DBD. Ab 16. 6. 1952 Minister für Land-, Forst- und Nahrungsgüterwirtschaft der DDR bis zum Rücktritt aus gesundheitlichen Gründen am 15. 5. 1953. 1952-1963 Mitgl. des BV und Bezirkssekretariates Erfurt der DBD. 15. 10. 1953-4. 10. 1963 Stv. des Vors. des RdB Erfurt für Land- und Forstwirtschaft, Mitgl. des Bezirkslandwirtschaftsrates. 1953-1963 Abg. des BT Erfurt. 1958-1959 Besuch des Institutes für die Ausbildung von Landwirtschaftsfunktionären in Schwerin. 23. 9. 1963-2. 5. 1968 Vors. des DBD-BV Dresden. 1963-1968 Abg. des BT Dresden.

EK I und II (2. Weltkrieg); VVO in Bronze (1959) und Silber, Verdienstmedaille der DDR (1960), Ernst-Moritz-Arndt-Medaille, Thomas-Müntzer-Plakette.

Schuchardt, Gerd (SPD)
Dr.-Ing.
Stv. Ministerpräsident und Minister seit 1994

geb. 11. 3. 1942 Erfurt

Nach Besuch der Grundschule Berufsausbildung zum Funkmechaniker. Zwei Jahre Wehrdienst. Abitur im zweiten Bildungsweg an der Arbeiter- und Bauernfakultät in Halle. 1964-1969 Studium der Theoretischen Elektrotechnik und Regelungstechnik an der TH Ilmenau, Examen als Dipl.-Ingenieur. 1969-Okt. 1990 wiss. Mitarbeiter im Forschungszentrum des Kombinates Carl Zeiss Jena; 1975 Promotion zum Dr.-Ing. an der TU Dresden mit einer Diss. auf dem Fachgebiet Fertigungsmeßtechnik; 1983 Abschluß eines postgradualen Studiums als Fachingenieur für Mikroprozessortechnik. Jan. 1990 SPD, Mitgl. des LV. Seit 14. 10. 1990 MdL, 1990-1994 Fraktionsvors. Febr. 1991-Dez. 1994 stv. SPD-Landesvors.; SPD-Spitzenkandidat bei den Landtagswahlen am 16. 10. 1994. *Seit 30. 11. 1994 Stv. Ministerpräsident und Minister für Wissenschaft, Forschung und Kultur.* Ab Dez. 1994 SPD-Landesvors.

Nationalpreis der DDR für Wissenschaft und Technik (im Kollektiv; 1985)

Schultz, Hans-Jürgen (LDPD, FDP)
Dr. rer. nat.
Minister 1990-1991

geb. 6. 3. 1935 Virchow (Hinterpommern)

Sohn eines Uhrmachers. Nach Kriegsende Vertreibung der Familie aus Pommern und Niederlassung in der SBZ. Besuch der EOS in Neubrandenburg, 1954 Abitur. 1954-1959 Studium der Geographie, Pädagogik, Biologie und Mathematik in Greifswald, Examen als Dipl.-Geograph. 1959-1960 wiss. Assistent an der Univ. Greifswald; 1960-1969 wiss. Assistent und Oberassistent an der Univ. Jena; 1966 Promotion zum Dr. rer. nat. an der Univ. Jena. 1967-1990 LDPD, Mitgl. des ZV und des KV Jena. 1969-1974 wiss. Mitarbeiter für Stadt- und Territorialplanung beim Rat der Stadt Jena, 1974-1982 Sektorenleiter für Umweltschutz, Abfallwirtschaft und Ressourcenbewirtschaftung beim Rat der Stadt Jena; 1982-1990 Mitarbeiter im Forschungszentrum des Kombinates Carl Zeiss Jena, zuständig für Fragen der Verfahrenstechnik und Energieversorgung. Seit 1990 FDP. *8. 11. 1990 Minister für Wirtschaft und Technik bis zum Rücktritt aus gesundheitlichen Gründen zum 31. 10. 1991.*

Schuster, Franz (CDU)
Minister seit 1992

geb. 15. 7. 1943 Durlangen

1963 Abitur. 1963-1968 Studium der Wirtschaftswissenschaften, Rechtswissenschaften und Politikwissenschaft in Tübingen, Examen als Dipl.-Volkswirt. 1968-Dez. 1990 Mitarbeiter der Konrad-Adenauer-Stiftung in St. Augustin, zunächst zuständig für Erwachsenenbildung, dann wiss. Mitarbeiter beim Aufbau des Stiftungs-Instituts für Kommunalwissenschaften, ab 1971 Leiter dieses Instituts. Dez. 1990-Mai 1991 komm. Leiter der wirtschaftspolit. Abtlg. im Sächsischen Staatsministerium für Wirtschaft und Arbeit. *11. 2.-17. 9. 1992 Minister der Staatskanzlei, 17. 9. 1992-29. 11. 1994 Innenminister.* Seit 16. 10. 1994 MdL. *Seit 30. 11. 1994 Minister für Wirtschaft und Infrastruktur.* Aufsichtsratsvors. der Thüringer Landesentwicklungsgesellschaft, Aufsichtsratsmitgl. der Jenoptik GmbH, Mitgl. der Gewährsträgerversammlung der Hess.-Thüringischen Landesbank; Präsident des DRK Thüringen.

Seidenstücker, Friedrich (Fritz) (USPD, KPD, ISK, SED)
Landesdirektor 1946

geb. 27. 1. 1899 Weimar, gest. 8. 8. 1987 Weimar

Sohn eines Schneidemüllers. 1905-1913 Volksschule in Weimar. 1913-1915 Kunstglaserlehre und Besuch der Gewerbeschule, Abbruch der Berufsausbildung nach kriegsbedingter Stillegung des Ausbildungsbetriebes. 1913-1918 SAJ. 1915-1925 Lehre und Berufstätigkeit als Autogenschweißer in Weimar und Apolda, 1919 unterbrochen durch Gesellenwanderschaft. 1916-1933 DMV, Vors. des DMV-Jugendkartells und Leiter der DMV-Jugendgruppe in Weimar. 1916-1933 Mitgl. und später Vors. der Freien Turnerschaft in Weimar. 1917 Anklage wegen Hochverrats nach Antikriegspropaganda, aufgehoben aufgrund Mangels an Beweisen. 1918-1922 USPD; 1922-1925 KPD und Spartakusbund. 1919-1933 Mitgl. der Freidenker. 1923-1924 Besuch der Volkswirtschaftsschule in Jena; 1925-1937 Handelsvertreter einer Seifenfabrik, danach Inhaber eines Lebensmittelgeschäftes in Weimar. 1925-1933 ISK. 1931 Besuch der Arbeiter-Turn- und Sportschule Leipzig. 13. 12. 1937 Verhaftung durch die Gestapo, 14. 12. 1937-Dez. 1938 Untersuchungshaft im Polizeigefängnis Berlin und im Zuchthaus Plötzensee; 6. 12. 1938 wegen Vorbereitung zum Hochverrat Verurteilung zu 4 Jahren Zuchthaus durch den VGH; Dez. 1938-20. 1. 1942 Haft im Zuchthaus Untermaßfeld, Arbeitslager Griebo bei Coswig (Anhalt), Polizeigefängnis Berlin und Zuchthaus Plötzensee. 1942-1944 nach Haftentlassung wieder Inhaber eines Lebensmittelgeschäftes in Weimar. 5. 4.-Aug. 1944 Dienst in einer Strafkompanie der OT in Frankreich. 22. 8. 1944 Verhaftung im Rahmen der Aktion »Gitter« bzw. »Gewitter«, bis 28. 10. 1944 Haft im Gestapogefängnis Weimar; Nov. 1944-Mai 1945 Straflager der OT in Bremen. 1. 8.-8. 11. 1945 Sachbearbeiter im Landesamt für Land- und Forstwirtschaft; ab 8. 11. 1945 Leiter der Abtlg. für forstwirtschaftliche Erzeugung im Landesamt für Land- und Forstwirtschaft, ab 20. 11. 1945 Oberregierungsrat. 1. 10. 1945 KPD. *10. 1. 1946 Landesdirektor des Landesamtes für Handel und Versorgung bis zur Entbindung vom Amt auf eigenen Wunsch am 11. 6. 1946.* April 1946 SED, Mitgl. des KV Weimar. 20. 6. 1946 Erlaß des Befehls Nr. 284 der SMATh mit der Anweisung zur Amtsenthebung Seidenstückers wegen Nichterfüllung des Ablieferungssolls. Aug. 1946-21. 9. 1947 Leiter der Abtg. Landwirtschaftstechnik in der HA Land- und Forstwirtschaft des Ministeriums für Handel und Versorgung. 13. 9. 1947 Landrat des Landkreises Weimar bis zur Amtsniederlegung wegen Invalidisierung am 31. 12. 1950. 1950 Besuch der Landesparteischule der SED in Bad Blankenburg. 9.7.1951 im Ergebnis der Parteiüberprüfung Ausschluß aus der SED wegen seiner früheren Zugehörigkeit zum ISK. 1952-1956 Kraftfahrer bei der Großhandelsgesellschaft für Lebensmittel, danach Invalidenrentner in Weimar.

Medaille für Kämpfer gegen den Faschismus 1933-1945 (Aug. 1968; erster Antrag auf Verleihung wurde 1958 abgelehnt).

Sieckmann, Hartmut (FDP)
Minister 1990-1994

geb. 19. 8. 1943 Bautzen

Bis 1963 Berufsausbildung zum Werkzeugmacher mit Abitur. 1963-1969 Studium der Verfahrenstechnik und des Chemischen Apparatebaus an der TU Dresden, Examen als Dipl.-Ingenieur. 1969-1975 Versuchs- und Planungsingenieur im Kombinat Robotron; 1975-1987 Kombinatsbeauftragter für Umweltschutz und Wasserwirtschaft. 1976-1978 postgraduales Studium der Luftreinhaltung an der TH Leuna-Merseburg. 1987-1990 Abteilungsleiter im

Planungsbüro des Kombinates Robotron. 20. 1. 1990 Mitbegründer der FDP in Thüringen, bis Ende Juli 1990 Landesvors., ab Aug. 1990 stv. Landesvors.; ab 12. 8. 1990 Mitgl. des Bundesvorstandes. 14. 10. 1990-16. 10. 1994 MdL. *8. 11. 1990-11. 2. 1992 Umweltminister, 11. 2. 1992-29. 11. 1994 Minister für Umwelt und Landesplanung.* Seit 4. 2. 1993 Vors. des FDP-Kreisverbandes Weimar. Seit 1. 2. 1995 Umweltbeauftragter einer Firma für Recycling und Natursteine in Weimar.

Siekmeier, Heinrich (NSDAP)
Staatsrat 1938-1945

geb. 15. 12. 1903 Berenbusch, gest. 25. 12. 1984 Obernkirchen

Sohn eines Eisenbahnschaffners. 1910-1918 Volksschule in Petzen. 1. 4. 1918-20. 7. 1921 Schreiberlehrling und Kanzleigehilfe bei der Fürstlich-Schaumburg-Lippischen Hofkammer in Bückeburg; 1920 Besuch der Handelsschule. 21. 7. 1921-9. 12. 1926 Militärdienst, 1925-1926 Besuch der Heeresfachschule, Entlassung als Oberschütze d. R. 10. 12. 1926-1. 3. 1927 Hilfsarbeiter und zeitweilige Arbeitslosigkeit; 1. 3.-22. 7. 1927 Angestellter beim Landeskriminalamt in Weimar. 15. 4.-31. 5. 1927 Geschäftsführer des Verlages »Der Nationalsozialist«, Entlassung nach Differenzen mit dem Thüringer NSDAP-Gauleiter Dr. Artur Dinter. 27. 4. 1927 NSDAP (Mitgl.-Nr. 60 462). 1927-1930 SA. 22. 7. 1927-11. 8. 1933 hauptamtl. Geschäftsführer des Verlages »Der Nationalsozialist«; 22. 7. 1927-2. 1. 1934 NSDAP-Gaugeschäftsführer. 12. 8. 1933-31. 5. 1934 Leiter der Reichspropagandastelle Thüringen des Reichsministeriums für Volksaufklärung und Propaganda. 1. 6. 1934- 10. 6. 1936 Leiter des Organisations- und Personalamtes der NSDAP-GL. Ab 1935 Stadtrat in Weimar. 1935 Kirchenaustritt. 29. 3. 1936-10. 4. 1938 MdR. 10. 6. 1936-6. 11. 1941 Stv. des NSDAP-Gauleiters. 5. 7. 1936 Eintritt in die SS als Standartenführer. *20. 4. 1938-12. 4. 1945 Staatsrat.* Ab 11. 9. 1938 SS-Oberführer. 1940 Teilnahme am Frankreichfeldzug. Ab Herbst 1940 Leiter der Umsiedlungskommission für Volksdeutsche aus Rumänien; 1941-1944 Generalkommissar des Generalbezirkes Rostow/Don; Mobilmachungsbeauftragter der Thüringer NSDAP-GL; Landesgruppenleiter des Bundes Dt. Osten. 1. 4. 1943 Einberufung zur Wehrmacht als Leutnant, ab 1944 NS-Führungsoffizier. Ab Juni 1943 SS-Brigadeführer. 5. 6. 1945 Verhaftung durch US-Besatzungstruppen und Internierung in Ludwigsburg, März 1947 nach Flucht aus dem Internierungslager Festnahme in der Schweiz; 22. 5. 1948 Einstufung in Gruppe I (Hauptschuldige) und Verurteilung zu 5 Jahren Arbeitslager unter Anrechnung der Internierungshaft sowie vollständigem Vermögenseinzug durch die Lagerspruchkammer Ludwigsburg-Hohenasperg; 14. 12. 1948 vorzeitige Entlassung aus der Internierungshaft unter Aussetzung der Arbeitslagersühne durch Gnadenerlaß des württembergisch-badischen Ministerpräsidenten. Übersiedlung nach Evesen/ Petzen bei Bückeburg, ab 1950 wohnhaft in Wülpke bei Porta Westfalica, dort ab 1951 Bezirksinspektor einer Versicherungsgesellschaft. 28. 5. 1951 endgültige Aufhebung der Arbeitslagersühne sowie des Vermögenseinzuges durch Gnadenerlaß des württembergisch-badischen Ministerpräsidenten.

Goldenes Parteiabzeichen, Silberner Gauadler, Ehrenkreuz für Volkstumspflege, SS-Totenkopfring, SS-Ehrendegen, SS-Julleuchter.

Sklenar, Volker (DBD, CDU)
Dr. agr.
Minister seit 1990

geb. 6. 11. 1944 Mittweida

Besuch der Mittelschule. 1961-1964 Berufsausbildung als Feldwirt mit Abitur; 1964-1965 Betriebspraktikant im Gestüt Neustadt (Dosse) und Ausbildung zum Pferdezüchter. 1965-1970 Studium der Landwirtschaft in Jena, Examen als Dipl.-Landwirt. 1969-Aug. 1990 DBD. 1969-1972 Forschungsstudent an der Sektion Tierproduktion der Univ. Jena und Leipzig. 1972-1985 Produktionsleiter und Abteilungsleiter für Schweinezucht in der LPG(T) Großobringen. 1973 Promotion zum Dr. agr. 1985-1989 Abteilungsleiter für Tierproduktion in der Agrar-Industrievereinigung Berlstedt; Nov. 1989-1990 Direktor des Schweinemastbetriebes Neumark. Aug. 1990 CDU, Mitgl. des LV. Seit 14. 10. 1990 MdL. *8. 11. 1990-29. 11. 1994 Minister für Landwirtschaft und Forsten, seit 30. 11. 1994 Minister für Landwirtschaft, Naturschutz und Umwelt.* Mitgl. der Gemeindevertretung Großobringen, Abg. des Kreistages Weimar bzw. Weimarer Land. Aufsichtsratsmitgl. der Thüringer Landgesellschaft und der Landesentwicklungsgesellschaft; Mitgl. des Fördervereins Weimar-Schöndorf; Präsident des Landesverbandes für Blasmusik.

Stolze, Paul (DVP, NSDAP)
Dr. jur.
Minister 1924
Staatsrat 1938-1945

geb. 1. 5. 1874 Dienstedt, gest. 7. 11. 1958 Weimar

Sohn eines Pfarrers. 1881-1887 Volksschule; 1887-1895 Gymnasium, Abitur. 1895-1898 Studium der Rechtswissenschaften in Berlin, Leipzig, München und Jena; Juli 1898-Juni 1903 jurist. Vorbereitungsdienst in Roda, Eisenberg und Altenburg; 6. 7. 1898 Promotion zum Dr. jur. an der Univ. Jena mit der Diss. »Haftung der offenen Handelsgesellschaft und der einzelnen Gesellschafter wegen Forderung eines Gesellschafters gegen die Gesellschaft«. 1898-1899 Militärdienst als Einjährig-Freiwilliger. Juni 1903 zweite jurist. Staatsprüfung in Jena. Juli 1903-Sept. 1903 Assessor am AG Schmölln, Okt. 1903-Dez. 1905 Hilfsrichter an den AG Ronneburg und Altenburg, Jan. 1906-Sept. 1907 Hilfsarbeiter am AG Ronneburg und am Landratsamt Roda, Okt. 1907-Dez. 1908 Regierungsassessor beim Landratsamt Roda, Jan. 1909-Sept. 1911 Hilfsarbeiter beim Herzogl. Ministerium in Altenburg, Okt. 1911-März 1920 Vortragender Rat beim Herzogl. Ministerium in Altenburg bzw. im Ministerium des Freistaates Sachsen-Altenburg. Ab Mai 1918 Kriegsteilnahme als Offizier. März 1920 Versetzung in den Wartestand. Okt. 1920-21. 2. 1924 Regierungsrat, dann Oberregierungsrat und Ministerialrat im Thüringischen Finanzministerium. *21. 2. 1924 Minister für Finanzen bis zum Rücktritt am 7. 4. 1924.* Mai 1924-Juli 1925 Ministerialdirektor im Finanzministerium. Aug. 1925-Febr. 1930 Steuersyndikus bei der Mittelthüringischen IHK in Weimar. 1928-1931 DVP. März 1930-Aug. 1933 Ministerialdirektor im Finanzministerium; Staatskommissar und Verwaltungsratsvors. der Thüringischen Staatsbank, Verwaltungsratsvors. der Landeshypothekenbank AG. Stadtrat in Weimar. 1. 5. 1933 NSDAP. 1. 9. 1933-1. 5. 1939 Staatssekretär im Finanzministerium und Wirtschaftsministerium. *20. 4. 1938-12. 4. 1945 Staatsrat.* Ab 1. 5. 1939 im Ruhestand; Aufsichtsratsvors. der Landeshypothekenbank. 5. 7.-Aug. 1945 Haft in Weimar auf Veranlassung des Thüringer Regierungspräsidenten Dr. Hermann Brill. Nach Haftentlassung Rentner in Weimar.

Strampfer, Herbert (NSDAP, KPD, SED)
Minister 1950-1952

geb. 15. 9. 1913 Annaburg (Kreis Torgau)

Sohn eines Beamten. Besuch der Volksschule; 1924-1931 Oberrealschule in Hamburg. 1931-1933 Handwerkerschule für Elektrotechnik in Hamburg; 1933-1936 Höhere Technische Lehranstalt Hamburg, Examen als Elektroingenieur und Konstrukteur im Schaltanlagenbau. 1. 5. 1933 NSDAP (Mitgl.-Nr. 3 006 616). 1939-1943 Kriegsteilnahme, ab 1943 sowjetische Kriegsgefangenschaft in Stalingrad, dort Beitritt zum NKFD und BDO. 1945 Rückkehr aus der Kriegsgefangenschaft. 1945 KPD. Ab 17. 12. 1945 Redakteur des KPD-Organs »Thüringer Volkszeitung«; 17. 1. 1946-Febr. 1948 Leiter der Wirtschaftsabtlg. der KPD-BL bzw. SED-LL. April 1946 SED. Febr. 1948-20. 11. 1950 Betriebsdirektor der Kammgarnspinnerei Werra in Niederschmalkalden. *21. 11. 1950-2. 5. 1951 Minister für Industrie und Aufbau, 2. 5. 1951-25. 7. 1952 Minister für Wirtschaft und Arbeit.* Aug. 1952-1953 Leiter der Koordinierungs- und Kontrollstelle für Binnenhandel beim Ministerpräsidenten der DDR; Studium an der Dt. Akademie für Staats- und Rechtswissenschaften, Examen als Dipl.-Ökonom; 1953-1954 Staatssekretär und Leiter der Ständigen Kommission für Handel und Versorgung in Berlin; 1. 1. 1954-14. 7. 1955 Leiter der Staatl. Handelsinspektion beim Ministerium für Handel und Versorgung; 15. 7. 1955-30. 4. 1958 Leiter der HV Fahrzeugelektrik, später der HV Betriebs-, Meß-, Steuer- und Regeltechnik im Ministerium für allgemeinen Maschinenbau; 1. 5. 1958-15. 6. 1960 Hauptdirektor der VVB Optik. 1. 9. 1960-30. 6. 1967 Vizepräsident und 1. Sekretär der KdT. 1963-1968 Präsidiumsmitgl. des FDGB-Bundesvorstandes. 1. 7. 1967-30. 4. 1972 Hauptreferent in der Handelsvertretung der DDR in Moskau; 1. 5. 1972-30. 9. 1973 wiss. Mitarbeiter im Zentralinstitut für Information und Dokumentation. Seit Okt. 1973 Rentner in Berlin.

Nationalpreis der DDR (im Kollektiv; 1950), VVO in Silber (5. 12. 1973).

Tenner, Albin (USPD, KPD, KPO, SAPD)
Minister 1923

geb. 27. 2. 1885 Rauenstein, gest. 20. 1. 1967 Amsterdam

Sohn eines Porzellanmalers. Nach Besuch der Volksschule Lehre als Porzellanarbeiter, vorzeitiger Abbruch. 1899-1905 Studium auf einer Freistelle des Lehrerseminars Hildburghausen. Ab 1905 Volksschullehrer. Nach externem Abitur an der Oberrealschule in Sonneberg bis 1915 Studium der Mathematik und Naturwissenschaften. 1915-1918 Kriegsdienst als Dolmetscher und Leiter der Materialprüfstelle der Flugzeugwerft Gotha. 1918-Dez. 1920 USPD. Nov. 1918 Mitgl. des Meininger Arbeiter- und Soldatenrates. 4. 2. 1919-10. 5. 1920 als Volksbeauftragter Mitgl. des Volksrates des Freistaates Gotha, ab April 1920 Mitgl. der Landesregierung in Gotha; 14. 7. 1919-12. 11. 1920 Mitgl. des Staatsrates von Thüringen als Vertreter des Freistaates Gotha. 1920 MdL Freistaat Gotha; 20. 6. 1920-7. 12. 1929 MdL. Juni 1920 Reichstagskandidat (WK 13 Thüringen). Dez. 1920 KPD. 1920-1923 Volksschullehrer in Sundhausen; 1923 Kreisschulrat in Weimar. Ab 1923 Mitgl. des Zentralausschusses der KPD. *16. 10. 1923 Wirtschaftsminister bis zum Rücktritt der kommunistischen Regierungsmitglieder am 12. 11. 1923.* 1924-Jan. 1925 Vors. der KPD-Landtagsfraktion. 1925-1926 Schulrat in Gotha. Jan. 1925 Ausschluß aus der KPD, Okt. 1925 Wiederaufnahme; nach erneutem KPD-Ausschluß im März 1929 Beitritt zur KPO. 1929 nach Ausscheiden aus dem Landtag Übersiedlung nach Birkenwerder bei Berlin, dort vorwiegend mit wiss. Privatstudien beschäftigt. 1932 SAPD. Nach der nationalsozialistischen Machtübernahme kurzzeitig im KZ; Ende 1933 Emigration mit der Familie nach Amsterdam; in einer Gruppe um August Enderle weiterhin Betätigung für die SAPD. 22. 6. 1938 Ausbürgerung aus dem Dt. Reich zusammen mit seiner Familie. Gründer und bis 1952 Leiter einer Kosmetikfabrik in Amsterdam; während der dt. Besetzung der Niederlande im Untergrund.

Thiel, Reinhold (NSDAP)
Dr. phil. nat. h. c.
Staatsrat 1938-1945

geb. 23. 2. 1882 Ruhla, gest. 24. 3. 1979 Kassel

Sohn eines Kommerzienrates und Mitinhabers der Firma Gebr. Thiel in Ruhla. 1893-1897 Höhere Handelsfachschule in Erfurt, Zeugnis der mittleren Reife. Ab 1897 in der väterlichen Firma tätig, später dort Mitgesellschafter. 1904 Gasthörer an der HHS Leipzig. 1912-1945 kfm. Direktor, dann Betriebsführer der Firma Gebr. Thiel in Ruhla. 1918-1933 Vors. des Wirtschaftsverbandes der dt. Uhrenindustrie; 1926-1933 Präsident der IHK in Weimar, ab 17. 11. 1933 Präsident der Mittelthüringischen IHK in Weimar. 22. 6. 1929 Ehrenpromotion zum Dr. phil. nat. h. c. an der Univ. Jena aufgrund seiner Verdienste um die dt. Wirtschaft und die Univ. Vorstandsmitgl., später Vors. der Gesellschaft der Freunde der Univ. Jena. Bis Aug. 1931 1. Vors. des Verbandes der Mitteldt. Industrie. 1. 7. 1934 NSDAP (Mitgl.-Nr. 2 038 712). Nach kurzzeitigem Amtsverzicht ab 1934 wieder Präsident der Mittelthüringischen IHK; Präsident des Verbandes der Mitteldt. Industrie; Leiter der Bezirksgruppe Mitteldtld. im Reichsstand der Dt. Industrie; ab 1935 Präsident der Wirtschaftskammer Mitteldtld. 1936-1945 Mitarbeiter im Amt des Gauwirtschaftsberaters der NSDAP-GL. Leiter der Wirtschaftskammer bzw. Gauwirtschaftskammer Thüringen. *20. 4. 1938-12. 4. 1945 Staatsrat.* Ab 1939 Mitgl. der Rüstungskommission im Reichsverteidigungsbezirk IX b; Vertreter Thüringens im Beirat der Reichsgruppe Industrie; Wehrwirtschaftsführer. Aufsichtsratsmitgl. der Dt. Hypothekenbank in Weimar, der Gothaer Waggonfabrik, der Landeshypothekenbank und der Thüringischen Staatsbank; Vorstandsmitgl. der Thüringischen Rohstoff AG. 12. 4. 1945 Verhaftung durch US-Besatzungstruppen; bis 26. 9. 1947 Internierung in Darmstadt und Recklinghausen. 1947-1948 nach Entlassung aus der Internierung Handelsvertreter in Essen. 9. 1. 1948 Einstufung in Gruppe IV (Mitläufer) mit Vermögenssperre durch den Hauptentnazifizierungsausschuß Essen; nach Berufung Thiels am 10. 7. 1948 Einstufung in Gruppe V (Entlastete) durch den Berufungsausschuß Essen; 11. 1. 1949 Aufhebung des Spruches des Berufungsausschusses Essen durch den Sonderbeauftragten für die Entnazifizierung in Nordrhein-Westfalen und Einstufung in Gruppe IV (Mitläufer) ohne Vermögenssperre. 1948-1960 Geschäftsführer, später Aufsichtsratsvors. einer Maschinenbaufirma in Sand (Hessen). Ab 1960 Ruhestand in Kassel.

Ehrenbürger der Univ. Jena, Silberner Gauadler.

Toelle, Wilhelm (DVP, LDPD)
Minister 1927-1929

geb. 26. 6. 1876 Dannheim, gest. 4. 5. 1965 Erfurt

Sohn eines Pfarrers und späteren Oberkonsistorialrates. Dorfschule in Alkersleben; 1886-1895 Gymnasium in Arnstadt und Sondershausen, Abitur. 1895-1896 Militärdienst als Einjährig-Freiwilliger. 1895-1899 Studium der Rechts- und Staatswissenschaften in Jena, Leipzig und Halle; 15. 4. 1899 erste jurist. Staatsprüfung am OLG Naumburg. 8. 5. 1899-2. 6. 1903 jurist. Vorbereitungsdienst in Arnstadt, Erfurt, Ebeleben und Naumburg; 20. 2. 1904 zweite jurist. Staatsprüfung. 4. 3.-30. 9. 1904 Hilfsrichter am AG Ebeleben; 1. 10.-1. 11. 1904 Verwaltungsausbildung beim Landrat in Ebeleben; 1. 11. 1904-18. 8. 1905 Vertreter des Landrates in Sondershausen; 19. 8.-19. 12. 1905 Hilfsarbeiter im Ministerium von Schwarzburg-Sondershausen, 19. 12. 1905-27. 3. 1908 Regierungsassessor, 27. 3. 1908-24. 11. 1918 Regierungsrat und vortragender Rat. 21. 8. 1914-31. 12. 1917 Kriegsdienst als Hauptmann des Landsturms in Erfurt; ab 1918 Zurückstellung zum Dienst im Ministerium von Schwarzburg-Sondershausen. 24. 11. 1918-13. 12. 1919 Geh. Regierungsrat, 16. 12. 1919-1. 2. 1922 Staatsrat und Vorstand der Finanzabtlg. im Ministerium von Schwarzburg-Sondershausen bzw. ab Jan. 1921 in der Gebietsregierung Sondershausen; 22. 4. 1922-1. 4. 1923 Gebietsleiter von Sondershausen. 1. 2. 1922-30. 4. 1927 Ministerialdirektor im Thüringischen Finanzministerium. *30. 4. 1927 Finanzminister bis zum Rücktritt am 6. 5. 1929*, 6. 11. 1928-6. 5. 1929 auch stv. Vors. des Staatsministeriums. 7. 5. 1929 Versetzung in den Wartestand. 1930-1933 DVP. 1. 6. 1932 Versetzung in den Ruhestand aus gesundheitlichen Gründen. 12. 5. 1945-31. 12. 1948 Berater des Bevollmächtigten für das Thüringische Finanzministerium, dann Leiter der HA für Landesvermögens- und Schuldenverwaltung, Banken- und Sparkassenaufsicht sowie Preisaufsicht im Landesamt bzw. Ministerium für Finanzen. 16. 7. 1945 LDP.

Torhorst, Maria (Marie) (SPD, KPD, SED)
Prof. Dr. phil. Dr. paed. h. c.
Ministerin 1947-1950

geb. 28. 12. 1888 Ledde (Kreis Tecklenburg), gest. 7. 5. 1989 Berlin

Tochter eines Pfarrers. Besuch der dreiklassigen Volksschule in Ledde, 1903-1905 Internatsschule in Stift Keppel bei Siegen, 1905-1909 Privatunterricht in Ledde; 1909-1913

Höhere Mädchenschule in Bonn, Abitur. 1913-1918 Studium der Mathematik, Physik und Geographie in Bonn und Göttingen; Mitbegründerin einer Gruppe religiöser Sozialisten an der Univ. Bonn. 19. 12. 1918 Promotion zum Dr. phil. an der Univ. Bonn mit der Diss. »Die Randmenge einfach zusammenhängender ebener Gebiete«. 1919 Staatsexamen für das Lehramt an Höheren Schulen. 1920-1922 Lehrerin an kathol. Mädchen-Lyzeen in Bonn und Hersel sowie Aushilfskraft in der Bonner Studentenbücherei. Juli 1922 Erwerb des Handelslehrerdiploms an der Univ. Köln. 1923-1929 Leiterin der Handelsfachschule und kfm. Berufsschule eines Frauenvereins in Bremen, unterbrochen von einem längeren Kuraufenthalt in der Schweiz. 1928-1933 SPD. 1929-1933 Studienrätin an der Karl-Marx-Schule in Berlin-Neukölln; Vors. der Freien Lehrergewerkschaft für den Bezirk Berlin-Neukölln. Mai 1932-Okt. 1932 Studienaufenthalt in der Sowjetunion. 1933-1939 nach Entlassung aus dem Schuldienst Arbeitslosigkeit und Aushilfsbeschäftigung als Küchenhilfe in einer Diätküche, Sprechstundenhilfe am Hygienischen Institut der Univ. Berlin und Stenotypistin; 1939-1944 Archivangestellte bei der Dt. Gesellschaft für Betriebswirtschaft in Berlin. Okt. 1943 Verhaftung durch die Gestapo wegen illeg. Beherbergung eines jüdischen Kommunisten; anschließend zwei Monate Strafarbeit im Arbeitslager Hallendorf bei Braunschweig. 1. 8. 1944-30. 4. 1945 Sachbearbeiterin bei der Reichsgruppe Handwerk in Berlin; Mai-Aug. 1945 Mitarbeiterin im Abhördienst für ausländische Sender des Berliner Rundfunks. 1945 KPD. Aug. 1945-1946 Dezernentin für Neulehrerausbildung im Hauptschulamt des Magistrats von Berlin. April 1946 SED; 1946-1947 Hauptreferentin im Zentralsekretariat der SED. *29. 5. 1947-20. 11. 1950 Minister für Volksbildung.* 1948-1952 und 1960-1964 Mitgl. des Bundesvorstandes des DFD. 1949-1950 MdVR und MdVK. 1951 Leiterin einer Ausstellung über chinesische Kunst in Berlin. 1951-1952 Polit. Sekretärin in der dt. Abtlg. der IDFF in Berlin; 1952-1957 Leiterin der Abtlg. für Internationale Verbindungen im Ministerium für Volksbildung der DDR. 1957-1960 Präsidiumsmitgl. und stv. Vors. des Bundesvorstandes des DFD. 1958-1964 Leiterin der Auslandsabtlg. im Dt. Päd. Zentralinstitut. 1962 Berufung zur Professorin. Ab Ende 1964 freiberufliche wiss. Mitarbeiterin im Dt. Päd. Zentralinstitut bzw. der Akademie der Päd. Wissenschaften; Mitgl. der Schulkommission beim Politbüro der SED.

Clara-Zetkin-Medaille (1957), Verdienter Lehrer des Volkes (1958), VVO in Silber und Gold (1968), Karl-Marx-Orden, Orden »Großer Stern der Völkerfreundschaft«.

Veröffentlichungen: Pfarrerstochter, Pädagogin, Kommunistin. Aus dem Leben der Schwestern Adelheid und Marie Torhorst. Hrsg. v. Karl-Heinz Günther (1986) sowie mehrere Beiträge in erziehungsgeschichtlichen Sammelbänden sowie im »Jahrbuch für Erziehungs- und Schulgeschichte«.

Trautvetter, Andreas (CDU)
Minister seit 1992

geb. 21. 9. 1955 Pappenheim (heute Kleinschmalkalden)

1974 Abitur. 1974-1977 Militärdienst. 1977-1982 Studium der Mathematik in Jena, Examen als Dipl.-Mathematiker. 1979 CDU. 1982-1988 Informatiker und Programmierer im Forschungszentrum der Werkzeugindustrie in Schmalkalden. Ab 1984 Vors. des CDU-Ortsverbandes Pappenheim. Seit 1985 Mitgl. des Gemeinderates Kleinschmalkalden. 1988-1990 Hauptbuchhalter, dann Geschäftsführer des (VEB) Elektroinstallationen Pappenheim. Ab 1990 Schatzmeister des CDU-Kreisverbandes Schmalkalden. 1990 1. Beigeordneter beim Rat der Gemeinde Kleinschmalkalden; bei den Kommunalwahlen im Mai 1990 erfolglose Kandidatur als Bürgermeister von Kleinschmalkalden. Seit 14. 10. 1990 MdL, bis 1992 finanzpolit. Sprecher der CDU-Fraktion. *17. 9. 1992-29. 11. 1994 Minister der Staatskanzlei; seit 30. 11. 1994 Finanzminister.* Schatzmeister der CDU Thüringen, Mitgl. des CDU-KV Schmalkalden-Meiningen. Vors. des Vereins »Naturpark Thüringer Wald«; Mitgl. der Entwicklungsgesellschaft Südharz-Kyffhäuser; Mitgl. des Aufsichtsrates der Jenoptik GmbH und des Verwaltungsrates der Hess.-Thüringischen Landesbank.

Triebel, Friedrich (NSDAP)
Staatsrat 1934-1945

geb. 28. 7. 1888 Crawinkel, gest. 22. 9. 1960 Salzgitter

Sohn eines Zimmermanns. 1895-1902 Volksschule in Crawinkel. Dekorationsmalerlehre und Besuch der Fachschule. 1908-1910 Militärdienst. 1910-1914 Arbeit als Dekorationsmaler, zeitweise auch im Ausland, dann Geschäftsführer einer Firma in Oberhof. Aug. 1914-März 1918 Kriegsteilnahme. Ab 1919 Reichsbahnangestellter (Maler) in Gotha. 1. 2. 1929 NSDAP (Mitgl.-Nr. 112 983); Bezirksleiter Gotha-Land, bis 1930 stv. Ortsgruppenleiter in Gotha und Reichsredner. Ab Jan. 1930 Stadtverordneter, ab 1938 Ratsherr in Gotha. 14. 9. 1930-Mai 1945 MdR (WK 12 Thüringen). Jan. 1931-1940 Reichsbahninspektor. Ab 1. 10. 1931 Leiter des Amtes für NSBO der NSDAP-GL. *26. 8. 1934-12. 4. 1945 Staatsrat.* Gauobmann und Betriebszellenobmann der DAF. Ab 1. 5. 1937 SA-Standartenführer. Ab 1940 Reichsbahnoberinspektor. Ende 1940 Enthebung von allen Ämtern in NSDAP und DAF nach Konflikten mit Reichsstatthalter Sauckel. 1942-1945 Mitarbeiter im Zentralbüro der DAF. 24. 4. 1945 Festnahme durch US-Besatzungstruppen in Georgenthal; Internierung in Ohrdruf, Gotha, Bad Hersfeld, Schwarzenborn, Darmstadt und Ludwigsburg; 6. 7. 1948 Einstufung in Gruppe II (Belastete) und Verurteilung zu 3 Jahren Arbeitslager unter Anrechnung der Internierung sowie teilweisem Vermögenseinzug durch die Lagerspruchkammer Ludwigsburg. 7. 7. 1948 Entlassung aus der Internierung nach Watenstedt-Salzgitter; Hilfsarbeiter bei der Demontage von Industrieanlagen in Salzgitter. 29. 11. 1950 Aufhebung des Vermögenseinzuges durch Gnadenerlaß des Ministerpräsidenten von Württemberg-Baden, 19. 6. 1951 endgültige Aufhebung aller Sühnemaßnahmen unter Beibehaltung der Einstufung in Gruppe II durch Gnadenerlaß des Ministerpräsidenten von Württemberg-Baden.

Goldenes Parteiabzeichen, Silberner Gauadler.

Tyczka, Leonhard (Zentrum, CDU)
Dr. jur.
Landesdirektor 1945-1946

geb. 17. 4. 1905 Tarnowitz (Oberschlesien), gest. 18. 10. 1969 München

Sohn eines Lehrers und späteren Kaufmanns. 1911-1914 Volksschule in Tarnowitz; 1914-1923 Realgymnasium in Tarnowitz, Abitur. 1922-1923 kfm. Volontariat in einem oberschlesischen Industriebetrieb. 1923-1927 Studium der Rechts- und Staatswissenschaften in Breslau, daneben kfm. Weiterbildung. 20. 10. 1927-April 1931 jurist. Vorbereitungsdienst in Beuthen. 21. 7. 1928 Promotion zum Dr. jur. an der Univ. Breslau mit der Diss. »Die Tarifvertragsfähigkeit der Werkvereine«. 22. 4. 1931 zweite jurist. Staatsprüfung in Breslau. 1931-1933 Zentrum. 1. 6.-31. 12. 1931 Assessor am Generalkonsulat Kattowitz (Dt. Reichsvertretung für die gemischte Kommission für Oberschlesien); 1. 1.-15. 11. 1932 Assessor, Kreditreferent und Treuhänder bei der Landesstelle Oppeln (Dienststelle des Preuß. Ernährungsministeriums); 16. 11. 1932-15. 1. 1938 Landessyndikus und -kämmerer beim Provinzialverband Oberschlesien. 1935-1945 NSRB. 16. 1. 1938-7. 5. 1945 Vorstandsmitgl. der Ferngas Schlesien AG und der AG für Gas und Energie in Breslau. Frühjahr 1945 Flucht nach Thüringen. 1. 7. 1945 CDU. 16. 7.-8. 11. 1945 Regierungsrat und Leiter der Abtlg. Energiewirtschaft beim Landesamt für Industrie, Handel und Gewerbe; ab 31. 7. 1945 Oberregierungsrat, ab 27. 10. 1945 Ministerialdirektor. *8. 11. 1945 Landesdirektor des Landesamtes für Wirtschaft bis zum Rücktritt am 9. 3. 1946.* 1. 4. 1946-1948 kfm. und jurist. Vorstandsmitgl. der Thüringenwerk AG und der Saaletalsperren AG in Weimar. 1948 Flucht in die Westzonen. 1948-April 1949 Wirtschaftsjurist im Betrieb seines Bruders in Schwarzenfeld (Oberpfalz). Ab April 1949 Abteilungsleiter im Vorläufigen Hauptausgleichsamt, ab Aug. 1949 im Hauptamt für Soforthilfe beim Wirtschaftsrat des Vereinigten Wirtschaftsgebietes (Bizone); danach bis 1953 Direktor des Bundesausgleichsamtes in Bad Homburg; 1953-1. 9. 1959 Direktor der Kreditanstalt für Wiederaufbau in Frankfurt/Main; 1. 9. 1959-1. 9. 1969 Vorstandsmitgl. der Energieversorgung Ostbayern AG in Regensburg. Ab 1. 9. 1969 im Ruhestand. Vorstandsmitgl. der Arbeitgebervereinigung Bayerischer Elektrizitätsversorgungsunternehmen; Mitgl. des Fachausschusses Wirtschaft und Verwaltung der Vereinigung Dt. Elektrizitätswerke in Frankfurt/Main; Beiratsmitgl. der Bayerischen Hypotheken- und Wechselbank und der Gasversorgung Ostbayern GmbH Regensburg.

Vogel, Bernhard (CDU)
Dr. phil.
Ministerpräsident seit 1992

geb. 19. 12. 1932 Göttingen

Sohn eines Univ.-professors in Gießen. Volksschule in Gießen; humanistisches Gymnasium in Gießen und München, 1953 Abitur. 1953-1956 Studium der Politikwissenschaft, Geschichte, Soziologie und Volkswirtschaft in München und Heidelberg. 1956-1960 Tätigkeit in der Jugend- und Erwachsenenbildung in Mannheim; Schriftleiter der Schriftenreihe »Freiheit und Ordnung« sowie des Jahrbuchs »Civitas. Wissenschaftliches Jahrbuch für Christliche Gesellschaftsordnung«. 1960 Promotion zum Dr. phil. an der Univ. Heidelberg mit der Diss. »Die Unabhängigen in den Kommunalwahlen westdeutscher Länder, vornehmlich in Rheinland-Pfalz«. 1960-1967 wiss. Assistent am Institut für Polit. Wissenschaften der Univ. Heidelberg, ab 1961 Lehrbeauftragter. 1960 Beitritt zur CDU. 1963-1965 geschäftsführender Kreisvors. der CDU Heidelberg. 1964-1965 Mitgl. des Stadtrates in Heidelberg. 19. 9. 1965-1967 (Mandatsniederlegung) MdB (WK Neustadt/Weinstraße-Speyer). 1965-1967

Mitgl. des BV der CDU Pfalz, stv. Vors. des Kulturpolit. Ausschusses der CDU Rheinland-Pfalz; 1967-1975 Bezirksvors. der CDU Pfalz bzw. Rheinhessen-Pfalz, Mitgl. des LV der CDU Rheinland-Pfalz. Mai 1967-Dez. 1976 Minister für Unterricht und Kultus in Rheinland-Pfalz. 1968-1977 Präsident der Dt.-Französischen Gesellschaft Mainz, danach Ehrenpräsident. 1969-1976 Vors. des Bundeskulturausschusses der CDU. 1970 Vors. der Kultusministerkonferenz der Länder; 1970-1976 im jährlichen Wechsel Vors. bzw. stv. Vors. der Bund-Länder-Kommission für Bildungsplanung und Forschungsförderung. 1971-1988 MdL Rheinland-Pfalz. 1972-1976 Präsident des Zentralkomitees der dt. Katholiken, seit 1977 dort Mitgl. des geschäftsführenden Ausschusses. 30. 8. 1974-11. 11. 1988 Landesvors. der CDU Rheinland-Pfalz; seit 1975 Mitgl. des CDU-Bundesvorstandes. 2. 12. 1976 Ministerpräsident von Rheinland-Pfalz bis zum Rücktritt am 2. 12. 1988. 1976/77 und 1987/88 Präsident des Dt. Bundesrates. 1976-1988 Vors. der Rundfunkkommission der Ministerpräsidenten; 1979-1982 Bevollmächtigter der BRD für kulturelle Angelegenheiten im Rahmen des Vertrages über die dt.-französische Zusammenarbeit; 1979-1992 Vors. des Verwaltungsrates des ZDF, danach stv. Vors.; 1980-1984 Präsident des Bundesverbandes der Schutzgemeinschaft Deutscher Wald; Vors. des Stiftungsrates der Stiftung »Wald in Not«; 1980-1989 Vors. der Jerusalem-Foundation Dtld.; 1984-1992 Präsident des Maximilian-Kolbe-Werkes. 1. 3. 1989-22. 3. 1995 Vors. der Konrad-Adenauer-Stiftung. *Seit 5. 2. 1992 Ministerpräsident.* Seit 23. 1. 1993 Landesvors. der CDU Thüringen. Seit 16. 10. 1994 MdL, seit 10. 11. 1994 Alterspräsident des Landtages. Vizepräsident der Europäischen Demokratischen Union; Senator der Max-Planck-Gesellschaft; Vors. der Arbeitsgemeinschaft der kathol.-sozialen Bildungswerke.

Bundesverdienstkreuz am Band (1970), Bundesverdienstkreuz I. Klasse (1974), Großkreuz des St.-Gregorius-Ordens (1975), Großes Bundesverdienstkreuz (1976), Großes Bundesverdienstkreuz mit Stern und Schulterband (1980), Großkreuz des Bundesverdienstordens (1984), Verdienstorden von Rheinland-Pfalz (1990); Aachener »Ritter wider den tierischen Ernst« (1983).

Veröffentlichungen: zahlreiche politikwissenschaftliche und historische Publikationen; Mitglied der Schriftleitung von »Civitas. Wissenschaftliches Jahrbuch für christliche Gesellschaftsordnung«.

Wächtler, Fritz (NSDAP)
Minister 1932-1936

geb. 7. 1. 1891 Triebes, gest. 19. 4. 1945 Herzogenau

Sohn eines Uhrmachers und späteren Inhabers einer Uhren- und Schmuckwarengroßhandlung. Besuch der Volksschule in Triebes und Erfurt. April 1905-März 1911 Lehrerseminar in Weimar. Ab 19. 4. 1911 Schulamtskandidat in Vippachedelhausen, 5. 2. 1913 Staatsprüfung als Volksschullehrer; ab 3. 6. 1913 Lehrer an der einklassigen Volksschule in Vippachedelhausen. 1. 10. 1913-Frühjahr 1916 und Jan.-Nov. 1918 Militärdienst als Einjährig-Freiwilliger und anschließende Kriegsteilnahme, 1916-1918 verwundet; Entlassung als Leutnant d. R. Ab Febr. 1919 wieder Lehrer in Vippachedelhausen. 27. 2. 1926 NSDAP

(Mitgl.-Nr. 35 313), Gründer der Ortsgruppe Vippachedelhausen. 1926-1927 SA, Führer des SA-Bezirkes Weimar-Nord. 1928 Mitgl. im Kreisrat Weimar als einziger NSDAP-Angehöriger. 8. 12. 1929-14. 10. 1933 MdL. Jan. 1930-April 1931 Fachberater des Thüringischen Volksbildungsministers Dr. Wilhelm Frick. Ab 15. 6. 1932 NSDAP-Gauorganisationsleiter und stv. Gauleiter. *26. 8. 1932-22. 1. 1936 Volksbildungsminister,* 26. 8. 1932-13. 5. 1933 auch stv. Vors. des Staatsministeriums; *8. 5. 1933-22. 1. 1936 Minister des Innern,* 13. 5. 1933-22. 1. 1936 auch stv. Vors. des Staatsministeriums und stv. Ministerpräsident. 12. 11. 1933-19. 4. 1945 MdR (WK 12 Thüringen, ab 1936 WK 25 Niederbayern). 9. 11. 1934-30. 1. 1936 SS-Oberführer (ehrenhalber). Ab 26. 2. 1935 Beurlaubung von der Leitung des Volksbildungsministeriums und Ministeriums des Innern aus gesundheitlichen Gründen. 5. 12. 1935-19. 4. 1945 Gauleiter und Reichsstatthalter der Bayerischen Ostmark mit Sitz in Bayreuth. Ab Dez. 1935 Reichswalter des NSLB, Hauptamtsleiter des Amtes für Erzieher bei der NSDAP-Reichsleitung und Sachbearbeiter für Schulfragen beim »Stellvertreter des Führers«. 1936 Austritt aus der ev. Kirche. Ab 30. 1. 1936 SS-Brigadeführer, ab 20. 4. 1937 Gruppenführer. Ab 1. 5. 1938 komm. Oberbürgermeister von Bayreuth. Ab 1. 8. 1944 SS-Obergruppenführer. Am 19. 4. 1945 nach Flucht aus Bayreuth standrechtliche Erschießung durch ein SS-Kommando wegen »Feigheit vor dem Feind«. 17. 2. 1949 posthume Einstufung in Gruppe I (Hauptschuldige) durch die Hauptspruchkammer Ansbach unter Einziehung des Gesamtnachlasses.

EK II, Orden vom Weißen Falken, Verwundetenabzeichen (alles 1. Weltkrieg).

Weber, Otto (NSDAP, FDP)
Dr. jur.
Staatsrat 1932-1933 und 1936-1945
Minister 1933-1934

geb. 26. 6. 1894 Siegen, gest. 2. 4. 1973 Hannover

Sohn eines Kassierers und späteren Postdirektors. 1901-1905 Volksschule; 1905-1913 Gymnasium in Stolp und Eisenach. 1913-Aug. 1914 Studium der Theologie, Germanistik und Geschichte in Marburg und Leipzig. 2. 8. 1914-2. 12. 1918 Kriegsteilnahme als aktiver Offizier, ab Aug. 1915 Leutnant und Kompanieführer, 1915 schwer verwundet (Verlust eines Armes); bis zur Fortsetzung des Kriegsdienstes von Aug. 1916-April 1918 Angestellter in der Dt. Hypothekenbank in Meiningen und Berlin. Jan. 1919-Aug. 1920 Studium der Rechtswissenschaften in Jena. Aug. 1920-Juli 1923 jurist. Vorbereitungsdienst in Eisenach, Weimar und Jena; 12. 7. 1921 Promotion zum Dr. iur. utr. an der Univ. Jena mit der Diss. »Entwicklung der Gemeindeverfassung Eisenachs im 19. und 20. Jahrhundert«. 12. 7. 1923 zweite jurist. Staatsprüfung in Jena. Juli 1923-Juni 1925 Gerichtsassessor und Hilfsrichter am LG Weimar; Juli-Aug. 1925 Hilfsrichter am AG Eisenach; Sept. 1925-Juni 1926 Amtsgerichtsrat in Heldburg; Juni 1926-Febr. 1932 Landgerichtsrat in Weimar. 1. 6. 1931 NSDAP (Mitgl.-Nr. 554 987); ab 30. 11. 1931 Vors. des Untersuchungs- und Schlichtungsausschusses der Ortsgruppe Weimar. 1931-1932 SA, zuletzt Sturmführer. 5. 2.-1. 10. 1932 Hilfsrichter am OLG Jena. 31. 7. 1932-14. 10. 1933 MdL. *26. 8. 1932-7. 5. 1933 Staatsrat für Meiningen,* beauftragt mit der Leitung des Justizministeriums und stv. Bevollmächtigter zum Reichsrat. Ab 1. 10. 1932 Landgerichtsdirektor in Weimar. *8. 5. 1933 Justizminister bis zur Auflösung der dt. Landesjustizministerien zum 1. 1. 1935.* 1934-25. 8. 1935 NSDAP-Kreisleiter Weimar-Stadt. Ab 26. 5. 1934 Mitgl. der Akademie für Dt. Recht; bis 1. 12. 1934 Führer des Gaues Jena im BNSDJ, danach Mitgl. im Stab der Reichsführung des BNSDJ bzw. ab 1936 des NSRB. Ab 6. 8. 1934 RAD-Oberarbeitsführer (ehrenhalber). 14. 12. 1934-1. 6. 1935 komm. (preuß.) Regierungspräsident in Erfurt, 1. 6. 1935-12. 4. 1945 Regierungspräsident in Erfurt. 20. 4. 1936-2. 5. 1937 NSDAP-Kreisleiter für die Stadt Erfurt; danach Kreisleiter z.b.V. im Stab der GL. 18. 6. 1936 formale Entlassung als Thüringer Minister unter gleichzeitiger Ernennung zum *Staatsrat (bis 12. 4. 1945).* Ab 1936 Leiter des Landesamtes Erfurt im Gauhauptamt für den Vierjahresplan; ab 6. 11. 1936 Mitgl. im Reichsgruppenrat der Reichsgruppe Rechtswahrer der Verwaltung. 20. 4. 1937 Ernennung zum SS-Ehrenführer (Oberführer), ab 9. 11. 1940 Brigadeführer. 20. 5. 1945-3. 6. 1948 nach Verhaftung durch US-Besatzungstruppen Internierung in Ziegenhain, Darmstadt, Herrsching a. A., Garmisch und Staumühle; nach Entlassung aus der Internierung wohnhaft in Hohegeiß, dann bis 1954 in Braunlage. 1947 Einleitung eines Strafverfahrens gegen Weber durch die Thüringer Justiz wegen Verbrechens gegen die Menschlichkeit. 3. 8. 1949 wegen Zugehörigkeit zur SS Verurteilung zu 2 Jahren und 6 Monaten Gefängnis unter Anrechnung der Internierungszeit durch das Spruchgericht Bielefeld; 28. 10. 1949 Ablehnung der von Weber beantragten Revision des Spruchgerichtsurteils durch den Obersten Spruchgerichtshof in Hamm. Nach 1948 zunächst arbeitslos, später u.a. Nachtwächter, Lohnbuchhalter, Syndikus eines Kleinbetriebes, gerichtlich bestellter Liquidator eines Sägewerkes sowie Vormund und Vermögensverwalter. 8. 2. 1950 Einstufung in Kategorie III (Minderbelastete) durch den Entnazifizierungsausschuß im Verwaltungsbezirk Braunschweig; 8. 5. 1950 bis auf Änderung der Unterhaltsansprüche Zurückweisung der Berufung Webers gegen den Einreihungsbescheid des Entnazifizierungsausschusses; 18. 12. 1951 Überführung in Kategorie V (Entlastete) aufgrund des Gesetzes zum Abschluß der Entnazifizierung im Lande Niedersachsen. Ab 1954 in Hannover als »Regierungspräsident a. D.« wohnhaft. Ab Okt. 1956 vorübergehend Mitgl. der FDP.

Weimarischer Orden der Wachsamkeit oder vom Weißen Falken (1916), Waldecksches Offiziers-Verdienstkreuz, Silbernes Verwundetenabzeichen, EK I und II (alles 1. Weltkrieg), SS-Totenkopfring, SS-Ehrendegen, SS-Julleuchter, Silberner Gauadler (1937), Gauehrenzeichen, Kriegsverdienstkreuz II. Klasse (1942), Kriegsverdienstkreuz ohne Schwerter I. Klasse (30. 1. 1944).

Wetzstein, Herbert (LDPD)
Minister 1950

geb. 8. 2. 1898 Plauen, gest. 5. 10. 1960 Plauen

Sohn eines Textilkaufmanns. 1904-1908 Höhere Bürgerschule in Plauen; 1908-Juni 1916 Humanistisches Gymnasium Plauen, Abschluß mit Notreifeprüfung. Juli 1916-Febr. 1919 Kriegsteilnahme, Entlassung als Unteroffizier d. R. 1919-1920 Studium der Rechtswissenschaften und Volkswirtschaft in Leipzig und Jena, vorzeitiger Abbruch des Studiums wegen Eintritts in die väterliche Textilfirma nach dem Tod eines Mitinhabers. 1920 Besuch eines

Sonderlehrganges für ehemalige Kriegsteilnehmer an der Höheren Handelsschule in Plauen, daneben Berufsausbildung als Textilkaufmann. 1920-1923 Handlungsgehilfe in der väterlichen Firma in Plauen; 1923-1946 Mitinhaber der Firma Gebr. Wetzstein. 30. 7. 1945 Mitbegründer und 1. Vors. des Bezirksverbandes der LDP für Plauen und das Vogtland. Ab 1946 Stadtverordneter in Plauen. Jan. 1947-Febr. 1950 Oberbürgermeister von Plauen. Ab Okt. 1947 Bezirksverbandsbeisitzer im Geschäftsführenden LDP-LV Sachsen und stv. Kreisvors. von Plauen. März 1948-Okt. 1954 MdVR bzw. MdVK. Febr. 1949-1951 Mitgl. des LDP-ZV. *25. 2.-20. 11. 1950 Minister für Land- und Forstwirtschaft.* Dez. 1950-Febr. 1951 komm. geschäftsführender Vors. des LDP- Landesverbandes; ab Febr. 1951 1. Vors. des LDP(D)-Landesverbandes Sachsen.

Wiese, Carlfriedrich (KPD, SED)
Dr. jur.
komm. Landesdirektor 1946

geb. 28. 2. 1909 Hückeswagen (RB Düsseldorf)

Sohn eines Prokuristen und späteren Fabrikdirektors. 1915-1918 Volksschule in Hückeswagen; 1918-1927 Realgymnasium in Remscheid-Lennep, Abitur. 1927-1928 zweisemestriges Studium der ev. Theologie in Marburg, 1928-1932 Studium der Rechtswissenschaften in Marburg, Berlin und Köln; Anschluß an die kommunistische Studentengruppe. Mitgl. der Internationalen Arbeiterhilfe und Rechtsberater der Roten Hilfe; 1931 Mitgl. einer »Marxistisch-Leninistischen Vereinigung« an der Univ. Köln (zusammen mit Ossip K. Flechtheim). 1. 4. 1932-1935 jurist. Vorbereitungsdienst im OLG-Bezirk Düsseldorf. Nach 1933 illeg. Arbeit für die KPD im Unterbezirk Niederrhein in Düsseldorf. 1934 Promotion zum Dr. jur. an der Univ. Köln mit der Dissertation »Über die Rechtsnatur des strafrechtlichen Notstandes«; 1936 zweite jurist. Staatsprüfung. 1. 1. 1938-8. 11. 1944 nach zeitweiliger Arbeitslosigkeit kfm. Angestellter, Werbefachmann und Hilfsarbeiter in Apolda, Dresden und Klotzsche bei Dresden (wegen seiner »Mischehe« keine Beschäftigung im Staatsdienst oder als Anwalt möglich). 24. 6. 1940-17. 6. 1941 Militärdienst, Ausschluß aus der Wehrmacht aufgrund seiner »Mischehe«. 9. 11. 1944-7. 4. 1945 Zwangsdienstverpflichtung als Tiefbauhilfsarbeiter bei der OT in Osterode/Harz; 10. 4.-15. 5. 1945 Gärtnereigehilfe in einem Altersheim in Elende (Kreis Nordhausen). 16. 5.-22. 6. 1945 stv. Landrat des Kreises Grafschaft Hohenstein in Nordhausen, Entlassung durch die US-Besatzungsmacht wegen Betätigung für die nicht zugelassene KPD; 2. 7.-16. 12. 1945 nach dem Besatzungswechsel Wiedereinsetzung als 1. Stv. des Landrates des Kreises Grafschaft Hohenstein bzw. Nordhausen. 2. 7. 1945 KPD, Mitgl. der UBL Nordhausen als Referent für Landwirtschaft. Ab 24. 8. 1945 Regierungsrat. 18. 1. 1946-19. 9. 1946 Oberlandrat der Verwaltungsinspektion Ostthüringen in Apolda beim Landesamt für Kommunalwesen (offizielle Dienststellenbezeichnung »Oberlandrat Ost«). April 1946 SED. *1. 10.-3. 12. 1946 komm. Landesdirektor des Landesamtes für Land- und Forstwirtschaft;* 24. 2. 1947-6. 7. 1949 Ministerialdirektor und Leiter der HA Land- und Forstwirtschaft im Ministerium für Versorgung. 18. 2. 1948 Berufung zum (nebenamtl.) 1. Vors. der Thüringischen Landesanstalt zur Bekämpfung von Tierverlusten in Jena. 17. 8. 1949-30. 6. 1950 Leiter der HA für Erfassung und Aufkauf landwirtschaftlicher Erzeugnisse beim Ministerpräsidenten. 1. 7. 1950-31. 3.

1951 Abteilungsleiter in der SED-LL; 1. 4. 1951-31. 5. 1954 Bundessekretär im KB; 1. 6. 1954-31. 8. 1958 Generalsekretär der Gesellschaft für kulturelle Verbindungen mit dem Ausland; 1. 9. 1958-31. 7. 1962 1. Botschaftssekretär und Leiter der Kulturabtlg. der DDR-Botschaft in Polen; 1. 8. 1962-15. 3. 1963 Mitarbeiter im Ministerium für Auswärtige Angelegenheiten der DDR; 16. 3. 1963-31. 3. 1964 Redakteur bei Radio DDR; 1. 4. 1964-30. 6. 1982 wiss. Mitarbeiter im Sekretariat des Ministerrates der DDR. Seit Juli 1982 Rentner in Berlin.

VVO in Bronze (5. 10. 1964) und Silber (27. 2. 1974).

Woenne, Hugo (WP)
Staatsrat 1927-1930

geb. 22. 2. 1863 Gotha, gest. 19. 6. 1930 Gotha

Sohn eines selbst. Fleischermeisters. Besuch der Bürgerschule in Gotha. Ausbildung zum Fleischer im väterlichen Geschäft. 1884 Gründung eines eigenen Fleischereigeschäftes in Gotha. Ab 1890 Obermeister der Gothaer Freien Fleischerinnung, später Ehrenobermeister; ab 1913 Thüringer Bezirksvors. des Dt. Fleischerverbandes; 1915-1920 Vors. der Handwerkskammer Gotha. 1918 Stadtverordneter in Gotha. Bis zu seinem Tod 2. Vors. der Ortsgruppe Gotha der WP. Mitgl. des Verwaltungsrates bzw. Vorstandes der Landesanstalt für Viehversicherung. *30. 4. 1927-22. 1. 1930 Staatsrat für Gotha.*

Wolf, Walter (KPD, SED)
Prof. Dr. paed. h. c. Dr. paed. h. c.
Regierungsdirektor 1945
Landesdirektor 1945-1946
Minister 1946-1947

geb. 27. 2. 1907 Gotha, gest. 2. 4. 1977 Potsdam

Sohn eines Gürtlers und späteren Reichsbahn-Werkshelfers. 1913-1919 Volksschule in Gotha; 1919-1922 Oberrealschule in Gotha; 1922-1928 Dt. Aufbauschule in Gotha, Abitur. 1923 Austritt aus der ev. Kirche. Ab 1923 KJVD, Ortsgruppen- und Schulungsleiter in Gotha. 1928-1931 als Werkstudent und Stipendiat Studium der Erziehungswissenschaft, Psychologie, Philosophie und Geschichte in Jena; Mitgl. der kommunistischen Hochschulgruppe. 1930 KPD. 6. 3. 1931 Lehramtsprüfung für Volksschullehrer (Prädikat »mit Auszeichnung«). 27. 4. 1931-31. 12. 1933 Volksschulkandidat in Zechau-Leesen (Kreis Altenburg). 1931-1933 Mitgl. im Thüringer Lehrerverband. 26. 6. 1933 Wiedereintritt in die ev. Kirche. 1. 11. 1933 nach Abstimmung mit der illeg. KPD-Leitung Beitritt zur SA; weltanschaulicher Schulungsleiter in einem SA-Sturm. 24. 11. 1933 Anstellungsprüfung für den Volksschuldienst; 1. 1. 1934-31. 3. 1936 Volksschulanwärter und Hilfslehrer in Kulm (Kreis Schleiz). Ab 1. 2. 1934 NSLB; ab 2. 2. 1934 NSV, ab Juli 1936 Amtswalter. 1. 4. 1936-3. 11. 1937 Volksschullehrer in Zeulenroda. Ab 1. 5. 1937 NSDAP-Parteianwärter.

3. 11. 1937 Verhaftung wegen Vorbereitung zum Hochverrat und Verdachts auf illeg. kommunistische Betätigung, bis 15. 12. 1937 Haft im Gerichtsgefängnis Zeulenroda. 27. 11. 1937 fristlose Entlassung aus dem Schuldienst. 15. 12. 1937-April 1945 Schutzhaft im KZ Buchenwald. 4. 4. 1938 Freispruch im Hochverratsverfahren durch den Strafsenat des OLG Jena. Im KZ illeg. polit. Arbeit, Mitgl. des Dt. Volksfrontkomitees; nach der Befreiung des Lagers Mitgl. des internationalen Lagerkomitees und später des Dt. Komitees. Ab 12. 5. 1945 mit der Wahrnehmung der Geschäfte des Vorstandes des Thüringischen Volksbildungsministeriums beauftragt, *12. 6.-16. 7. 1945 Regierungsdirektor des Landesamtes für Volksbildung, 16. 7. 1945-3. 12. 1946 Landesdirektor des Landesamtes für Volksbildung.* 1945-April 1946 Mitgl. der KPD-BL als Referent für Kulturfragen. 9. 10. 1945 Ehrenpromotion zum Dr. paed. h. c. an der neugegründeten Sozialpäd. Fakultät der Univ. Jena, Verleihung der Ehrendoktorwürde zur Wiedereröffnung der Univ. am 15. 10. 1945. April 1946 SED, Mitgl. der LL. Ab 26. 4. 1946 mit der Wahrnehmung eines Lehrauftrages für dialektischen Materialismus an der Univ. Jena beauftragt. *4. 12. 1946-29. 5. 1947 Minister für Volksbildung.* Juni 1947-1. 9. 1949 Leiter des Institutes für dialektischen Materialismus an der Päd. Fakultät der Univ. Jena, ab 5. 4. 1948 Gründer und komm. Leiter der Gesellschaftswiss. Fakultät; 1. 9. 1949-1953 Professor für Theoretische Pädagogik an der Univ. Leipzig. 1950-1952 Mitgl. der SED-LL Sachsen, 1952-1953 Mitgl. der SED-BL Leipzig. 1. 9. 1953-1. 3. 1972 Professor mit Lehrstuhl für Allgemeine Pädagogik und bis 1965 Direktor des Instituts für Pädagogik an der PH Potsdam, erster Stv. des Rektors und Prorektor für päd. Ausbildung und gesellschaftswiss. Grundlagenstudium. 1954-1965 Mitgl. der SED-Parteileitung der PH Potsdam, Mitgl. der BL Potsdam. 1962-1973 Leiter der zentralen Forschungsgemeinschaft für Arbeitserziehung der DDR; ab 1970 o. Mitgl. der Akademie der Päd. Wissenschaften der DDR. 1972 Emeritierung, danach weiterhin an der PH Potsdam tätig. 27. 2. 1977 Ehrenpromotion zum Dr. paed. h. c. durch die Akademie der Päd. Wissenschaften in Anerkennung seines Lebenswerkes.

Orden »Banner der Arbeit« (1966), VVO in Gold (1972), Medaille für Kämpfer gegen den Faschismus 1933-1945, Ehrenspange zum VVO in Gold (1977).

Veröffentlichungen: Kritik der Unvernunft. Zur Analyse der nazistischen Pseudophilosophie (1946), Die Zentralschule und ihre Probleme (1947) sowie zahlreiche päd., historische und aktuell-polit. Beiträge in Sammelbänden, Fachzeitschriften und Zeitungen.

Zeh, Klaus (DA, CDU)
Dr.-Ing.
Minister 1990-1994

geb. 16. 11. 1952 Leipzig

1959-1967 POS; 1967-1971 EOS, Abitur. 1971-1975 Studium der Informationstechnik an der TU Dresden, Examen als Dipl.-Ingenieur. 1975-1978 Dozent für Datenverarbeitungstechnik im Kombinat Robotron in Leipzig. 1978-1979 Zusatzstudium der Ingenieurpädagogik. 1979-1982 Entwurfsingenieur im Funkwerk Erfurt. 1979-1983 Teilnahme an einem Fernkurs für Theologische Studien. 1982-1990 Problemanalytiker im VEB Mikroelektronik Erfurt, danach bis Nov. 1990 Geschäftsführer einer Firma. 1985-1989 außerplanmäßige Aspirantur an einem Institut der Akademie der Wissenschaften der DDR in Dresden; 1990 Promotion zum Dr.-Ing. an der TU Dresden. Ab Herbst 1989 Mitarbeit im DA, ab Febr. 1990 stv. Vors. des DA, ab Juni 1990 Vors. des Landesverbandes Thüringen; Aug. 1990-1992 nach Fusion des DA mit der CDU stv. Landesvors. der CDU. Seit 14. 10. 1990 MdL. *8. 11. 1990-29. 11. 1994 Finanzminister.* Seit 1992 Mitgl. des CDU- LV; seit 1993 Vors. des CDU-Kreisverbandes Nordhausen; Vors. der Zukunftskommission der CDU Thüringen. Seit 1994 Kuratoriumsmitgl. der Landeszentrale für polit. Bildung. Ab 14. 12. 1994 Vors. des Landtagsausschusses für Wissenschaft, Forschung und Kultur. Aufsichtsratsmitgl. der Jenoptik GmbH; bis Nov. 1994 Mitgl. der Gewährsträgerversammlung der Brandversicherung der Hess.-Thüringischen Landesbank, bis Dez. 1994 Aufsichtsratsmitgl. der Hess.-Thüringischen Landesbank.

Ziegler, Hans Severus (NSDAP)
Dr. phil.
Staatsrat 1933-1945

geb. 13. 10. 1893 Eisenach, gest. 1. 5. 1978 Bayreuth

Sohn eines Bankbesitzers in Eisenach. 1901-1904 Vorschule in Eisenach und Dresden; 1904-1914 Realgymnasium in Dresden und Zittau, Abitur. 1914 einsemestriges Studium der Literatur- und Kunstgeschichte in Cambridge. Sept. 1914-Febr. 1915 Kriegsfreiwilliger, vorzeitige krankheitsbedingte Entlassung aus der militärischen Ausbildung. 1915 Studium der Germanistik, Geschichte, Philosophie und Kunstgeschichte in Jena. 1915-1918 Kriegsdienst als Sanitäter im Reservelazarett Weimar, daneben Besuch von Privatvorlesungen bei dem völkischen Literaturhistoriker Adolf Bartels. Jan. 1919-1922 Studium der Germanistik, Geschichte, Philosophie und Kunstgeschichte in Greifswald; Gründung einer völkischen Studentengruppe. 1922-1924 Redakteur der von Adolf Bartels herausgegebenen Zeitschrift »Deutsches Schrifttum« in Weimar; Fortsetzung der literaturhistorischen Studien bei Bartels; 1924 Gründung des Wochenblattes »Der Völkische« (ab 1925 »Der Nationalsozialist«, ab 1930 als Tageszeitung erschienen, ab 1933 »Thüringische Staatszeitung«), bis 1933 dort Hauptschriftleiter. Febr. 1925 NSDAP (Mitgl.-Nr. 1317); bis 1929 stv. Gauleiter; Mitgl. der GL und bis 1942 Leiter des Gaukulturamtes; Theaterreferent in der NSDAP-Reichsleitung. 18. 12. 1925 Promotion zum Dr. phil. an der Univ. Greifswald mit der Diss. »Friedrich Hebbel und Weimar« (mündliche Doktorprüfung bereits am 24. 11. 1922). Mitgl. im Kampfbund für dt. Kultur. Jan. 1930-April 1931 während der Amtszeit Dr. Wilhelm Fricks als Volksbildungsminister ehrenamtl. Referent für Kunst und Theaterwesen im Volksbildungsministerium. 1. 4. 1933-1. 9. 1936 Künstlerischer Leiter des Schauspiels und Chefdramaturg am Deutschen Nationaltheater in Weimar sowie Staatskommissar für die thüringischen Landestheater. *20. 10. 1933-12. 4. 1945 Staatsrat.* 1933-1945 1. Vors. der Dt. Schillerstiftung; ab Mai 1935 stv. Präsident des dt. Bühnenvereins. Ab 1. 9. 1936 Generalintendant des Deutschen Nationaltheaters in Weimar. 28. 11. 1936 Berufung in den Reichskultursenat. 1938 Gestalter der Ausstellung »Entartete Musik. Eine Abrechnung« anläßlich der Reichsmusikwoche in Düsseldorf (gemeinsam mit dem Weimarer Generalmusikdirektor Paul Sixt). 1941-1945 1. Vizepräsident der Dt. Shakespeare-Gesellschaft. Ab 9. 11. 1942 Gauamtsleiter z. b. V. mit dem

Dienstrang eines NSDAP-Bereichsleiters. April 1945 Flucht vor den US-Besatzungstruppen an die Nordsee; 26. 5. 1945 fristlose Entlassung aus dem Amt des Generalintendanten m. W. v. 12. 4. 1945. 1945-Okt. 1951 Privatlehrer für englische Sprache in Essen. 17. 10. 1947 Einstufung in Gruppe IV (Mitläufer) sowie Verhängung einer Vermögenssperre durch den Entnazifizierungsausschuß Essen. Nach kurzer Tätigkeit in Frankfurt/Main von Mai 1952-Aug. 1954 künstlerischer Leiter einer privaten Schauspielbühne in Essen; Aug. 1954-1962 Lehrer und Erzieher am Internatsgymnasium auf der Nordseeinsel Wangerooge. Nach 1962 im Ruhestand und Übersiedlung nach Bayreuth; weiterhin schriftstellerisch und publizistisch tätig.

Goldenes Parteiabzeichen, Silberner Gauadler.

Veröffentlichungen (Auswahl): Praktische Kulturarbeit im Dritten Reich (1931), Das Theater des dt. Volkes (1934), Wende und Weg (1937), Entartete Musik. Eine Abrechnung (1938), Lyrische Gedichte (1940), Adolf Hitler aus dem Erleben dargestellt (1964), Wer war Hitler (1970) sowie zahlreiche Zeitungs- und Zeitschriftenbeiträge, nach 1945 u. a. in den »Deutschen Nachrichten« bzw. der »Deutschen Wochenzeitung«.

Zunkel, Gustav (NSDAP)
Dr. phil.
Staatsrat 1933-1934

geb. 19. 11. 1886 Ollendorf, gest. 8. 12. 1934 Weimar

Sohn eines Pfarrers. 1893-1898 Volksschule in Vieselbach; 1898-1906 Gymnasium in Weimar, Abitur. 1906-1911 Studium der Altphilologie und Geschichte in Berlin und Jena; 4. 1. 1911 Promotion zum Dr. phil. an der Univ. Jena mit der Diss. »Untersuchungen zur griechischen Geschichte der Jahre 395-386«; März 1911 Staatsexamen. 1911-1912 Militärdienst als Einjährig-Freiwilliger. 1912-1914 Studienreferendar, März 1914 Assessorexamen. 1. 4. 1914-1919 Lehrer am Gymnasium Alexandrinum in Jena. 1914-1918 Kriegsteilnahme, Entlassung als Leutnant d. R. 1919-1933 Studienrat am Realgymnasium in Weimar. 1. 1. 1928 NSDAP (Mitgl.-Nr. 73 654). 1929-1932 Stadtrat in Weimar. Ab 12. 2. 1929 SA-Oberführer und Führer des Gausturms Thüringen. Febr. 1930-April 1931 während der Amtszeit Dr. Wilhelm Fricks als Volksbildungsminister ehrenamtl. Fachberater für Höhere Schulen im Volksbildungsministerium. 14. 9. 1930-12. 11. 1933 MdR (Wahlkreis 12 Thüringen). Ab Sept. 1932 SA-Gruppenführer und Führer der SA-Gruppe Thüringen. *8. 5. 1933-8. 12. 1934 Staatsrat für Weimar, am 26. 8. 1934 in seiner Eigenschaft als Führer der SA-Gruppe Thüringen neu ernannt.* Ab 14. 9. 1933 Ministerialdirektor und Abteilungsleiter für Unterricht und Erziehung im Preuß. Ministerium für Wissenschaft, Kunst und Volksbildung. Nov. 1933 Abberufung als Führer der SA-Gruppe Thüringen; Aug. 1934 nach dem Ende des »Röhm-Putsches« Wiedereinsetzung. 8. 12. 1934 bei einem Verkehrsunfall tödlich verunglückt.

EK I und II, Großherzogl.-Sächs. Hausorden II. Klasse, Verwundetenabzeichen (alles 1. Weltkrieg).

[Dieter Marek]

Abb. 41 Dr. Arnold Paulssen,
Vorsitzender des Staatsministeriums
1920-1921 und 1928-1930

Abb. 42 August Frölich,
Vorsitzender des Staatsministeriums
1921-1924

Abb. 43 Dr. Richard Leutheußer,
Vorsitzender des Staatsministeriums
1924-1928

Abb. 44 Erwin Baum,
Vorsitzender des Staatsministeriums
1930-1932

Abb. 45 Fritz Sauckel,
Vorsitzender des Staatsministeriums
1932-1933

Abb. 46 Willy Marschler,
Ministerpräsident 1933-1945

Abb. 47 Dr. Hermann Louis Brill,
Regierungspräsident 1945

Abb. 48 Dr. Rudolf Paul,
Landespräsident 1945-1946
und Ministerpräsident 1946-1947

Abb. 49 Werner Eggerath,
Ministerpräsident 1947-1952

Abb. 50 Josef Duchač,
Ministerpräsident 1990-1992

Abb. 51 Dr. Bernhard Vogel,
Ministerpräsident seit 1992

VI Bibliographie der Verwaltungsdrucksachen

Die Bibliographie der Verwaltungsdrucksachen als eine Übersicht der periodisch erschienenen amtlichen Veröffentlichungen des Landes Thüringen seit seiner Gründung 1920 (einschließlich der Veröffentlichungen der Organe der Gemeinschaft der thüringischen Staaten 1919/20) bis 1995 schließt sich an die von Friedrich Facius erarbeitete bibliographische Übersicht »Die Verwaltungsdrucksachen der Thüringischen Staaten vom 18. Jahrhundert bis 1922« (in: Zeitschrift des Vereins für Thüringische Geschichte und Altertumskunde Neue Folge 33. Band, Jena 1938/39, S. 190-232, 467-475) an und setzt diese fort. Dieses bereits vor 60 Jahren erschienene Verzeichnis amtlicher Drucksachen in Thüringen geht allerdings über die Landesgründung hinweg und berücksichtigt den Zeitraum bis 1922, da die einzelstaatlichen Gesetzsammlungen, Amtsblätter und sonstigen amtlichen Veröffentlichungen erst mit Schluß des Jahres 1922 endeten; es stellt jedoch keine Überschneidung dar, weil die Verwaltungsdrucksachen der Gemeinschaft und des nachfolgenden Landes Thüringen vor 1922 in ihm keine Berücksichtigung gefunden hatten.

Vom Aufbau her folgt die Bibliographie der Verwaltungsdrucksachen des Landes Thüringen der vorangegangenen bibliographischen Übersicht. Als Sachgruppen wurden (in geringfügig geänderter Reihenfolge) gebildet:

1. Parlamentsdrucksachen
2. Gesetz-, Verordnungs- und Amtsblätter
3. Staatshandbücher
4. Statistische Veröffentlichungen
5. Ortsverzeichnisse.

Innerhalb der ersten beiden Sachgruppen gliedert sich die Übersicht entsprechend den historischen Perioden in der Entwicklung des Landes. Außerdem wurden bei Bedarf sachlich zusammengehörige Titelgruppen gebildet. Im allgemeinen ist die Abfolge der Titel innerhalb der Sachgruppen bzw. der Titelgruppen chronologisch. Veränderungen bei den Titelangaben werden angegeben. Bei den Parlamentsdrucksachen liegen nicht für alle möglichen Titelgruppen Veröffentlichungen vor.

Da die periodisch herausgegebenen Amtsdrucksachen im allgemeinen nicht in Buchform erschienen sind, können in der tatsächlichen Überlieferung einzelner Titel unterschiedliche Bindungen auftreten. Für die bibliographischen Angaben wurden die im Thüringischen Hauptstaatsarchiv Weimar verwahrten Exemplare mit deren Umfang und Bandeinteilung zugrundegelegt. Durch diese Angaben unterscheidet sich die vorliegende Bibliographie von der bibliographischen Übersicht zu den Verwaltungsdrucksachen der thüringischen Einzelstaaten vor 1922. Wie auch diese kann sie jedoch nicht den Zweck eines Bibliothekskataloges erfüllen und folgt demzufolge auch nicht bibliothekarischen Katalogisierungsregeln.

Zusätzliche Angaben erscheinen jeweils in [ ]; für bibliographische Ergänzungen - insbesondere Angaben zum Umfang - in gerader, für Erläuterungen und zusätzliche Inhaltsangaben in kursiver Schreibweise.

1. Parlamentsdrucksachen

VOLKSRAT VON THÜRINGEN 1919 BIS 1920

Verhandlungen des Volksrates von Thüringen 1919/20. Weimar [1920].

Drucksachen:
Verhandlungen des Volksrates von Thüringen. Drucksachen. [Nr. 1 bis 189].

Protokolle:
Stenographische Berichte über die Verhandlungen des Volksrates von Thüringen. Von der 1. Sitzung am 16. Dezember 1919 bis zur 31. Sitzung am 11. Juni 1920.

Index:
Inhaltsverzeichnis zu den Verhandlungen des Volksrates von Thüringen. *[Enthalten im Drucksachenband]*

LANDTAG VON THÜRINGEN 1920 BIS 1933

I. Landtag von Thüringen 1920-1921

Verhandlungen des Landtages von Thüringen. Weimar [1921].

Drucksachen:
Drucksachen des I. Landtages von Thüringen 1920-1921. Nr. 1 bis 486.

Protokolle:
Stenographische Berichte über die Sitzungen des I. Landtages von Thüringen.
Band I: Von der 1. bis zur 47. Sitzung (20. Juli 1920 bis 9. März 1921) [S. 1-1130]; Band II: Von der 48. bis zur 83. (Schluß-)Sitzung (11. März bis 30. Juli 1921) [S. 1131-2091].

Index:
Sachverzeichnis zu den Drucksachen und stenographischen Berichten des I. Landtages von Thüringen. [S. III-XXI]

II. Landtag von Thüringen 1921-1923

Verhandlungen des II. Landtages von Thüringen. Weimar [1923].

Drucksachen:
Drucksachen des II. Landtags von Thüringen 1921-1923.
Band I: Nr. 1 bis 712 [S. 1-936]; Band II: Nr. 713 bis 1413 [S. 937-1820].

Protokolle:
Stenographische Berichte über die Sitzungen des II. Landtags von Thüringen.
Band I: Von der 1. bis zur 40. Sitzung (6. Oktober 1921 bis 2. Februar 1922) [S. 1-1220]; Band II: Von der 41. bis zur 85. Sitzung (3. Februar bis 16. Juni 1922) [S. 1221-2452]; Band III: Von der 86. bis zur 128. Sitzung (17. Juni bis 20. Dezember 1922) [S. 2453-3680]; Band IV: Von der 129. bis zur 178. Sitzung (16. Januar bis 30. Mai 1923) [S. 3681-4932]; Band V: Von der 179. bis zur 212. Sitzung (31. Mai bis 14. Dezember 1923) [S. 4933-6026].

Index:
Sachverzeichnis zu den Drucksachen und stenographischen Berichten des II. Landtags von Thüringen. [S. III-XXVII]

III. Landtag von Thüringen 1924-1927

Verhandlungen des III. Landtages von Thüringen. Weimar [1927].

Drucksachen:
I. Abteilung: Drucksachen des III. Landtags von Thüringen (Vorlagen, Anträge, große Anfragen) 1924-1926.
Band I: Nr. 1 bis 380 [S. 1-640]; Band II: Nr. 381 bis 525 [S. 641-803].

Ausschußberichte:
II. Abteilung: Ausschußberichte des III. Landtags von Thüringen 1924-1926.
Band I.: Nr. 1 bis 258 [S. 1-688]; Band II: Nr. 259 bis 406 [S. 689-1320]; Anlagen A, B und C zu Nr. 337 *[Bericht des Untersuchungsausschusses zur Prüfung der Gesetzlichkeit und Lauterkeit von Maßnahmen thüringischer Polizeibehörden unter der Amtsführung des Staatsministers Dr. Sattler]* [S. 1-45; 1-154; 1-122].

Beschlüsse:
III. Abteilung: Beschlüsse des III. Landtags von Thüringen 1924-1927. Nr. 1 bis 345.

Protokolle:
IV. Abteilung: Stenographische Berichte über die Sitzungen des III. Landtags von Thüringen. *[Mit Inhaltsverzeichnis in jedem Band]*
Band I: Von der 1. bis zur 40. Sitzung (21. Februar bis 3. Juni 1924) [S. I-X, 1-1184]; Band II: Von der 41. bis zur 58. Sitzung (4. Juni bis 17. Oktober 1924) [S. I-VII, 1185-2040]; Band III: Von der 59. bis zur 92. Sitzung (13. Januar bis 17. März 1925) [S. I-IX, 2041-3196]; Band IV: Von der 93. bis zur 123. Sitzung (18. März bis 12. Juni 1925) [S. I-X, 3197-4356]; Band V: Von der 124. bis zur 153. Sitzung (13. Juni bis 18. Dezember 1925) [S. I-XIII, 4357-5484]; Band VI: Von der 154. bis zur 184. Sitzung (15. Februar bis 7. Juli 1926) [S. I-VIII, 5485-6508]; Band VII: Von der 185. bis zur 227. (Schluß-)Sitzung (8. Juli 1926 bis 6. Januar 1927) [S. I-XI, 6509-7485].

Index:
Sachverzeichnis zu den Vorlagen, Anträgen, Großen Anfragen, Ausschußberichten, Beschlüssen und stenographischen Berichten des III. Landtags von Thüringen. [S. III-XXX]

IV. Landtag von Thüringen 1927-1929

Verhandlungen des IV. Landtags von Thüringen. Weimar [1929].

Drucksachen:
I. Abteilung: Vorlagen, Anträge, Große Anfragen des IV. Landtags von Thüringen 1927/1929. *[Mit zeitlicher Inhaltsübersicht in jedem Band]*
Band I: Nr. 1 bis 288 [S. I-XI, 1-473]; Band II: Nr. 289 bis 377 [S. I-V, 475-638].

Ausschußberichte:
II. Abteilung: Ausschußberichte des IV. Landtags von Thüringen 1927/1928. *[Mit zeitlicher Inhaltsübersicht in jedem Band]*
Band I: Nr. 1 bis 182 [S. I-VI, 1-566]; Band II: Nr. 183 bis 348 [S. I-VIII, 567-1110].

Beschlüsse:
III. Abteilung: Beschlüsse des IV. Landtags von Thüringen 1927/1929. Nr. 1 bis 295. *[Mit zeitlicher Inhaltsübersicht]*

Protokolle:
IV. Abteilung: Stenographische Berichte über die Sitzungen des IV. Landtags von Thüringen. *[Mit Inhaltsverzeichnis in jedem Band]*
Band I: Von der 1. bis zur 41. Sitzung (21. Februar bis 5. November 1927) [S. I-X, 1-683]; Band II: Von der 42. bis zur 70. Sitzung (15. November 1927 bis 1. März 1928) [S. I-VII, 685-1479]; Band III: Von der 71. bis zur 102. Sitzung (20. März bis 23. August 1928) [S. I-VIII, 1481-2420]; Band IV: Von der 103. bis zur 145. Sitzung (16. Oktober 1928 bis 7. März 1929) [S. I-X, 2421-3087]; Band V: Von der 146. bis zur 178. Sitzung (4. Juni bis 15. November 1929) [S. I-VII, 3089-4052].

Index:
Sachverzeichnis zu den Vorlagen, Anträgen, Großen Anfragen, Ausschußberichten, Beschlüssen und stenographischen Berichten des IV. Landtags von Thüringen. [S. I-XIX]

Handbuch:
Handbuch des Landtags von Thüringen. Herausgegeben vom Landtagsbureau. Weimar 1928.
[Inhalt: Verfassung des Deutschen Reiches vom 11. August 1919 einschl. Sachverzeichnis; Verfassung des Landes Thüringen vom 11. März 1921 einschl. Sachverzeichnis; Geschäftsordnung für den Landtag von Thüringen vom 7. Juni 1928 einschl. Sachverzeichnis.]

V. Landtag von Thüringen 1930-1932

Verhandlungen des V. Landtags von Thüringen. Weimar [1932].

Drucksachen:
I. Abteilung: Vorlagen, Anträge, Große Anfragen des Fünften Landtags von Thüringen 1930/1932. Nr. 1 bis 347. *[Mit zeitlicher Inhaltsübersicht]*

Ausschußberichte:
II. Abteilung: Ausschußberichte des Fünften Landtags von Thüringen 1930/1932. Nr. 1 bis 229. *[Mit zeitlicher Inhaltsübersicht]*

Beschlüsse:
III. Abteilung: Beschlüsse des Fünften Landtags von Thüringen 1930/1932. Nr. 1 bis 219. *[Mit zeitlicher Inhaltsübersicht]*

Protokolle:
IV. Abteilung: Stenographische Berichte über die Sitzungen des Fünften Landtags von Thüringen. *[Mit Inhaltsverzeichnis in jedem Band]*
Band I: 1. bis 35. Sitzung (7. Januar 1930 bis 23. Mai 1930) [S. I-V, 1-1028]; Band II: 36. bis 96. Sitzung (2. Juni 1930 bis 29. Mai 1931) [S.I-X, 1029-2378]; Band III: 97. bis 142. Sitzung (16. Juni 1931 bis 15. Juli 1932) [S. I-IX, 2379-3747].

Index:
[Sachverzeichnis für I. bis IV. Abteilung nicht nachgewiesen]

VI. Landtag von Thüringen 1932-1933

Verhandlungen des VI. Landtags von Thüringen. Weimar [1933].

Drucksachen:
I. Abteilung: Vorlagen, Anträge, Große Anfragen. Nr. 1 bis 89. *[Mit zeitlicher Inhaltsübersicht]*

Ausschußberichte:
II. Abteilung: Ausschußberichte. Nr. 1 bis 26. *[Mit zeitlicher Inhaltsübersicht]*

Beschlüsse:
III. Abteilung: Beschlüsse. Nr. 1 bis 33. *[Mit zeitlicher Inhaltsübersicht]*

Protokolle:
IV. Abteilung: Stenographische Berichte über die Sitzungen des Sechsten Landtags von Thüringen 1. bis 11. Sitzung (23. August 1932 bis 14. Februar 1933). *[Mit Inhaltsverzeichnis]*

Index:
Sachverzeichnis zu den Vorlagen, Anträgen, Großen Anfragen, Ausschußberichten, Beschlüssen und Stenographischen Berichten des VI. Landtags von Thüringen. [S. I-IV]

VII. Landtag von Thüringen 1933

Verhandlungen des VII. Landtags von Thüringen. Weimar [1933].

Drucksachen:
I. Abteilung: Vorlagen, Anträge, Große Anfragen. Nr. 1 bis 22. *[Mit zeitlicher Inhaltsübersicht]*

Ausschußberichte:
II. Abteilung: Ausschußberichte. Nr. 1 bis 5. *[Mit zeitlicher Inhaltsübersicht]*

Beschlüsse:
III. Abteilung: Beschlüsse. Nr. 1 bis 19. *[Mit zeitlicher Inhaltsübersicht]*

Protokolle:
IV. Abteilung: Stenographische Berichte über die Sitzungen des Siebenten Landtags von Thüringen 1. bis 4. Sitzung (1. bis 16. Mai 1933). *[Mit Inhaltsverzeichnis]*

Index:
Sachverzeichnis zu den Vorlagen, Anträgen, Ausschußberichten, Beschlüssen und Stenographischen Berichten des VII. Landtags von Thüringen. [S. I–II]

BERATENDE LANDESVERSAMMLUNG 1946

Protokolle:
Niederschrift über die Sitzungen der Beratenden Landesversammlung Thüringen. - Erste bis Fünfte Sitzung (24. Juni bis 25. September 1946). *[Überliefert im Thüringischen Hauptstaatsarchiv Weimar; Nachdruck im Reprint: Akten und Verhandlungen des Thüringer Landtages 1946–1952, Band I. 1, S. 43–127.]*

THÜRINGER LANDTAG 1946 BIS 1952

1. Wahlperiode 1946–1950

Drucksachen:
Landtags-Drucksachen
[Abteilung I] 40 unnumerierte Drucksachen *[für 11. bis 14. Sitzung]* und Nr. 1 bis 686 *[für 15. bis 73. Sitzung]*; Abteilung II Landtagsbeschlüsse und Regierung. Nr. 1 bis 30.

Protokolle:
Stenographische Berichte über die Sitzungen des Thüringer Landtags. 1. bis 73. Sitzung (21. November 1946 bis 10. Oktober 1950). *[Mit Inhaltsverzeichnis in jedem Band]*
Band I: 1. bis 19. Sitzung (21. November 1946 bis 18. Dezember 1947) [S. 1–12 (1. Sitzung), 1–10 (2. Sitzung), 1–21 (3. Sitzung), 1–35 (4. Sitzung), 1–436 (ab 5. Sitzung)]; Band II: 20. bis 31. Sitzung (26. Juni bis 18. Dezember 1947) [S. 437–846]; Band III: 32. bis 44. Sitzung (28. Januar bis 21. Juni 1948) [S. 847–1220]; Band IV: 45. bis 53. Sitzung (22. Juli bis 11. Dezember 1948) [S. 1221–1498]; Band V: 54. bis 64. Sitzung (17. Februar bis 28. Dezember 1949) [S. 1499–1742]; Band VI: 65. bis 73. Sitzung (6. Januar bis 10. Oktober 1950) [S. 1743–2023].

Index:
Was geschah im Thüringer Landtag. Tätigkeit des Thüringer Landtages. Inhaltsübersicht zu den Verhandlungen der 1. bis 73. Sitzung. I. bis VI. Band. *[Enthält: Inhaltsverzeichnis; Gliederung nach der Art des Beratungsmaterials; Fachliche Gliederung; Landtags-Drucksachenverzeichnis.]*

Handbuch:
Handbuch des Thüringer Landtages. Herausgegeben vom Büro des Thüringer Landtages. Weimar 1. Auflage 1947; 2. Auflage 1948.
[Inhalt: Verfassung des Landes Thüringen vom 20. Dezember 1946; Die demokratische Kreisordnung vom 20. Dezember 1946 einschl. Stichwortregister; Die demokratische Gemeindeordnung vom 22. September 1946 einschl. Stichwortregister; Geschäftsordnung für den Thüringer Landtag vom 28. Januar 1947 einschl. Stichwortregister.]

2. Wahlperiode 1950-1952

Drucksachen:
Landtags-Drucksachen
[Abteilung I] Nr. 1 bis 89; Abteilung II Landtagsbeschlüsse und Regierung. Nr. 1 bis 3.

Protokolle:
Stenographische Berichte über die Sitzungen des Thüringer Landtags. 1. bis 18. Sitzung (3. November 1950 bis 25. Juli 1952).
Band I: 1. bis 8. Sitzung (3. November 1950 bis 14. September 1951) [S. 1-190]; Band II: 9. bis 15. Sitzung (22. September 1951 bis 5. Mai 1952) [S. 191-408]; Band III: 16. bis 18. Sitzung (18. Juni bis 25. Juli 1952) [S. 409-503].

Index:
Was geschah im Thüringer Landtag. Tätigkeit des Thüringer Landtages 2. Legislaturperiode. Inhaltsübersicht zu den Verhandlungen der 16. bis 18. Sitzung. III. Band. *[Enthält: Inhaltsverzeichnis; Gliederung nach der Art des Beratungsmaterials; Fachliche Gliederung; Landtagsdrucksachenverzeichnis. Index für I. und II. Band nicht nachgewiesen.]*

Reprint:
Akten und Verhandlungen des Thüringer Landtages 1946-1952. Frankfurt am Main 1992. Bd. I. 1: Sitzungsprotokolle Beratende Landesversammlung und Thüringer Landtag 1. Wahlperiode 1.-21. Sitzung; Bd. I. 2: Sitzungsprotokolle Thüringer Landtag 1. Wahlperiode 22.-45. Sitzung; Bd. I. 3: Sitzungsprotokolle Thüringer Landtag 1. Wahlperiode 46.-73. Sitzung; Bd. II. 1: Landtagsdrucksachen 1. Wahlperiode. 40 unnumerierte Drucksachen und Drucksachen Nr. 1-402.; Bd. II. 2: Landtagsdrucksachen 1. Wahlperiode. Drucksachen Nr. 403-686 und Abteilung II Nr. 1-30; Bd. III: Sitzungsprotokolle Thüringer Landtag 2. Wahlperiode 1.-18. Sitzung und Landtagsdrucksachen 2. Wahlperiode.

THÜRINGER LANDTAG SEIT 1990

1. Wahlperiode 1990-1994

Drucksachen:
Thüringer Landtag 1. Wahlperiode. Drucksachen.
Band 1: Nr. 1 bis 300 (1990-1991); Band 2: Nr. 301 bis 600 (1991); Band 3: Nr. 601 bis 900 (1991); Band 4: Nr. 901 bis 1200 (1991-1992); Band 5: Nr. 1201 bis 1500 (1992);

Band 6: Nr. 1501 bis 1800 (1992); Band 7: Nr. 1801 bis 2100 (1992-1993); Band 8: Nr. 2101 bis 2400 (1993); Band 9: Nr. 2401 bis 2700 (1993); Band 10: Nr. 2701 bis 3000 (1993-1994); Band 11: Nr. 3001 bis 3300 (1994); Band 12: Nr. 3301 bis 3645 (1994).

Protokolle:
Thüringer Landtag 1. Wahlperiode. Plenarprotokolle. Herausgeber und Verleger: Thüringer Landtag. Gera [1991-1994].
Band 1: 1. bis 20. Sitzung (25. Oktober 1990 bis 6. Juni 1991) [S. 1-1060]; Band 2: 21. bis 35. Sitzung (7. Juni 1991 bis 27. November 1991) [S. 1061-2380]; Band 3: 36. bis 50. Sitzung (28. November 1991 bis 8. April 1992) [S. 2381-3356]; Band 4: 51. bis 60. Sitzung (28. April 1992 bis 18. September 1992) [S. 3357-4336]; Band 5: 61. bis 75. Sitzung (14. Oktober 1992 bis 26. Februar 1993) [S. 4337-5556]; Band 6: 76. bis 85. Sitzung (18. März 1993 bis 30. Juni 1993) [S. 5557-6420]; Band 7: 86. bis 96. Sitzung (14. Juli 1993 bis 4. November 1993) [S. 6421-7380]; Band 8: 97. bis 104. Sitzung (25. November 1993 bis 21. Januar 1994) [S. 7381-8108]; Band 9: 105. bis 114. Sitzung (10. Februar 1994 bis 4. Mai 1994) [S. 8173-8832]; Band 10: 115. bis 125. Sitzung (26. Mai 1994 bis 8. September 1994) [S. 8833-9632]. *[Anmerkung: In der Zählung fehlen die Seiten 8109 bis 8172.]*

Index:
Register zu den Drucksachen der 1. Wahlperiode 1990 bis 1994. [S. 1-122]

Handbuch:
Thüringer Landtag. Handbuch 1. Wahlperiode 1990-1994. Herausgeber: Thüringer Landtag, Büro für Öffentlichkeitsarbeit. Weimar 1991.
[Inhalt: Biographien der Abgeordneten; Aufbau des Landtages; Wahlstatistik; Thüringer Landesregierung; Grundgesetz der BRD; Vorläufige Landessatzung Thüringens; Vorläufige Geschäftsordnung des Thüringer Landtages; Untersuchungsausschußgesetz; Thüringer Abgeordnetengesetz; Bannmeilengesetz; Ländereinführungsgesetz; Länderwahlgesetz.]

2. Wahlperiode 1994-1999

Drucksachen:
Thüringer Landtag 2. Wahlperiode. Drucksachen.
Bd. 1.: Nr. 1-330 (1994-1995); Bd. 2: Nr. 331-670 (1995).

Protokolle:
Thüringer Landtag 2. Wahlperiode. Plenarprotokolle. Herausgeber und Verleger: Thüringer Landtag. Gera [ab 1994].
Bd. 1: 1. bis 15. Sitzung (10. November 1994 bis 15. Juni 1995) [S. 1-1032]; Bd. 2: 16.-28. Sitzung (16. Juni bis 8. Dezember 1995) [S. 1033-2116].

Handbuch:
Thüringer Landtag. Handbuch 2. Wahlperiode 1994-1999 . Herausgeber: Thüringer Landtag. Erfurt 1995.

[Inhalt: Grundgesetz der BRD; Verfassung des Freistaates Thüringen; Geschäftsordnung des Thüringer Landtags; Landeswahlgesetz; Abgeordnetengesetz; Untersuchungsausschußgesetz; Petitionsgesetz; Gesetz über die Bannmeile des Thüringer Landtags; Wahlstatistik; Mitgliederverzeichnisse; Biographien der Abgeordneten; Struktur des Landtags; Landtagsverwaltung; Landesregierung.]

Periodika:
Thüringer Landtagskurier. Herausgeber: Der Präsident des Thüringer Landtags.
1 (1992) Nr. 1-5; 2 (1993) Nr. 1-5; 3 (1994) Nr. 1-5; 4 (1995) Nr. 1-5.

2. Gesetz-, Verordnungs- und Amtsblätter

2.1. Gesetzsammlungen

LANDESREGIERUNG 1920 BIS 1945

Gesetzsammlung für Thüringen. Herausgegeben vom Thüringischen Staatsministerium. Jahrgang 1 (1920) bis 25 (1944). *[Mit zeitlicher Übersicht und Sachverzeichnis in jedem Band]*

1 (1920) Nr. 1-31 [S. 1-276]; 2 (1921) Nr. 1-42 [S. 1-346]; 3 (1922) Nr. 1-59 [S. 1-586]; 4 (1923) Nr. 1-74 [S. 1-846]; 5 (1924) Nr. 1-53 [S. 1-454]; 6 (1925) Nr. 1-44 [S. 1-374]; 7 (1926) Nr. 1-47 [S. 1-462]; 8 (1927) Nr. 1-31 [S. 1-204]; 9 (1928) Nr. 1-30 [S. 1-356]; 10 (1929) Nr. 1-32 (S. 1-182); 11 (1930) Nr. 1-41 (S. 1-314); 12 (1931) Nr. 1-42 [S. 1-402]; 13 (1932) Nr. 1-53 [S. 1-238]; 14 (1933) Nr. 1-63 [S. 1-418]; 15 (1934) Nr. 1-43 [S. 1-152]; 16 (1935) Nr. 1-32 [S. 1-150]; 17 (1936) Nr. 1-28 [S. 1-120]; 18 (1937) Nr. 1-28 [S. 1-172]; 19 (1938) Nr. 1-27 [S. 1-128]; 20 (1939) Nr. 1-20 [S. 1-90]; 21 (1940) Nr. 1-11 [S. 1-54]; 22 (1941) Nr. 1-9 [S. 1-28]; 23 (1942) Nr. 1-8 [S. 1-22]; 24 (1943) Nr. 1-10 [S. 1-38]; 25 (1944) Nr. 1-8 [S. 1-28].

LANDESVERWALTUNG 1945 BIS 1946 UND LANDESREGIERUNG 1946 BIS 1952

Regierungsblatt für Thüringen. Jahrgang 1 (1945) bis 8 (1952). *[Mit zeitlicher Übersicht und Sachverzeichnis in jedem Band]*
Teil I: Gesetzsammlung [1945-1952]
Teil II: Amtsblatt [1945-1952]
Teil III: *[Dokumente des Alliierten Kontrollrats, der Sowjetischen Militäradministration, der Deutschen Wirtschaftskommission und der Deutschen Zentralverwaltungen]* [1946-1948]

Teil I: Gesetzsammlung
1 (1945) Nr. 1-2 Regierungsblatt für die Provinz Thüringen. Herausgegeben von der Präsidialkanzlei des Regierungspräsidenten für Thüringen; ab Nr. 3-15 Regierungsblatt für das Land Thüringen, Teil I: Gesetzsammlung. Herausgegeben von der Präsidialkanzlei des Prä-

sidenten des Landes Thüringen. [S. 1-66]; 2 (1946) Nr. 1-30 Regierungsblatt für das Land Thüringen, Teil I: Gesetzsammlung. Herausgegeben von der Präsidialkanzlei des Präsidenten des Landes Thüringen; ab Nr. 8 vom Präsidialamt des Präsidenten des Landes Thüringen; ab Nr. 18 vom Landesamt für Justiz, Gesetzgebungsabteilung; ab Nr. 28 vom Ministerium für Justiz, Gesetzgebungsabteilung. [S. 1-158]; 3 (1947) Nr. 1-21 Regierungsblatt für das Land Thüringen, Teil I: Gesetzsammlung. Herausgegeben vom Ministerium für Justiz, Gesetzgebungsabteilung; ab Nr. 3 vom Ministerium für Justiz. [S. 1-102]; 4 (1948) Nr. 1-19 Regierungsblatt für das Land Thüringen, Teil I: Gesetzsammlung. Herausgegeben vom Ministerium für Justiz. [S. 1-120]; 5 (1949) Nr. 1-16 Regierungsblatt für das Land Thüringen, Teil I: Gesetzsammlung. Herausgegeben vom Ministerium des Innern. [S. 1-74]; 6 (1950) Nr. 1-36 Regierungsblatt für das Land Thüringen, Teil I: Gesetzsammlung und Teil II: Amtsblatt *[in einer Ausgabe]*. Herausgegeben vom Ministerium des Innern; ab Nr. 6 vom Ministerium der Justiz. [S. 1-356]; 7 (1951) Nr. 1-38 Regierungsblatt für das Land Thüringen, Teil I: Gesetzsammlung und Teil II: Amtsblatt *[in einer Ausgabe]*. Herausgegeben vom Büro des Ministerpräsidenten. [S. 1-308]; 8 (1952) Nr. 1-23 Regierungsblatt für das Land Thüringen, Teil I: Gesetzsammlung und Teil II: Amtsblatt *[in einer Ausgabe]*. Herausgegeben vom Büro des Ministerpräsidenten. [S. 1-195].

Thüringische Rechtskartei in Loseblattform. Im amtlichen Auftrage herausgegeben von Karl Schultes, Ministerialdirektor im Ministerium für Justiz, unter Mitarbeit von Heinz Roesch. Weimar 1947-1949.
[Enthält in Band I-II die im Regierungsblatt des Landes Thüringen vom 2. Juli 1945 bis Mai 1949 erschienenen Gesetze und Verordnungen und die wichtigsten Erlasse, Bekanntmachungen und Anordnungen; Band I: Abschnitte A Verfassung, B Allgemeine Verwaltung, C Entnazifizierung und Wiedergutmachung, D Kommunalwesen, E Polizei, F Justiz, G Finanzen, H Bankwesen, I Wirtschaft; Band II: Abschnitte J Land- und Forstwirtschaft, K Handel und Versorgung, L Verkehr, M Arbeit und Sozialfürsorge, N Landes-Versicherungs-Anstalt, O Volksbildung, P Gesundheitswesen. Band III:. Gesetze, Direktiven und Befehle des Alliierten Kontrollrats sowie Befehle der SMAD und der SMATh (vom Juli 1945 bis März 1949) A Gesetze des Kontrollrats, B Direktiven des Kontrollrats, C Befehle des Kontrollrats, D Befehle der SMA-Deutschland, E Befehle der SMA-Thüringen. Band IV: Verordnungen, Anordnungen und Beschlüsse der Deutschen Wirtschaftskommission (DWK) und der Deutschen Verwaltungen (DV) in der sowjetischen Besatzungszone (vom Januar 1947 bis Oktober 1949); A Chronologische Übersicht, B Sachliche Übersicht.]

LANDESREGIERUNG AB 1990

Gesetz- und Verordnungsblatt für den Freistaat Thüringen. Herausgeber und Verleger: Thüringer Landtag. Ab Jahrgang 1 (1990). *[Mit zeitlicher Übersicht und Sachregister in jedem Band]*

1 (1990) Nr. 1 Gesetzblatt für das Land Thüringen. Herausgegeben vom Thüringer Landtag. [S. 1-4]; Nr. 1-2 Verordnungsblatt für das Land Thüringen. Herausgegeben von der Thüringer Staatskanzlei. [S. 1-24]; 2 (1991) Nr. 1 Gesetzblatt für das Land Thüringen. Herausgegeben vom Thüringer Landtag. [S. 1-2]. Nr. 1-2 Verordnungsblatt für das Land Thüringen. Herausgegeben von der Thüringer Staatskanzlei. [S. 1-28]; Nr. 2-29 Gesetz-

und Verordnungsblatt für das Land Thüringen. Herausgegeben vom Thüringer Landtag. [S. 3-679, Inhaltsverzeichnis S. I-XXI]; 3 (1992) Nr. 1-31 [S. 1-618, Inhaltsverzeichnis S. I-XXIV]; 4 (1993) Nr. 1-30 Gesetz- und Verordnungsblatt für das Land Thüringen; ab Nr. 31-39 Gesetz- und Verordnungsblatt für den Freistaat Thüringen. [S. 1-904, Inhaltsverzeichnis S. I-XXVIII]; 5 (1994) Nr. 1-35 [S. 1-236, Inhaltsverzeichnis S. I-XLVIII]; 6 (1995) Nr. 1-21 [S. 1-432, Inhaltsverzeichnis S. I-XXVII].

2.2. Verordnungs- und Amtsblätter

LANDESREGIERUNG 1920 BIS 1945

Amts- und Nachrichtenblatt für Thüringen. Herausgegeben vom Thüringischen Staatsministerium. Jahrgang 1 (1921) bis 25 (1945) *[Jahrgang 1 (1921) Regierungs- und Nachrichtenblatt gemeinsam, ab Jahrgang 2 (1922) in zwei Teilen].*

1 (1921) Nr. 1-47 [S. 1-530].
Teil I: Regierungsblatt *[Mit Sachverzeichnis in jedem Band]*
2 (1922) Nr. 1-103 [S. 1-612]; 3 (1923) Nr. 1-104 [S. 1-600]; 4 (1924) Nr. 1-104 [S. 1-472]; 5 (1925) Nr. 1-106 [S. 1-426]; 6 (1926) Nr. 1-104 [S. 1-434]; 7 (1927) Nr. 1-104 [S. 1-384]; 8 (1928) Nr. 1-104 [S. 1-402]; 9 (1929) Nr. 1-104 [S. 1-408]; 10 (1930) Nr. 1-104 [S. 1-378]; 11 (1931) Nr. 1-103 [S. 1-466]; 12 (1932) Nr. 1-105 [S. 1-488]; 13 (1933) Nr. 1-103 [S. 1-566]; 14 (1934) Nr. 1-103 [S. 1-496]; 15 (1935) Nr. 1-104 [S. 1-468]; 16 (1936) Nr. 1-102 [S. 1-440]; 17 (1937) Nr. 1-103 [S. 1-624]; 18 (1938) Nr. 1-103 [S. 1-422]; 19 (1939) Nr. 1-102 [S. 1-420]; 20 (1940) Nr. 1-58a [S. 1-334]; 21 (1941) Nr. 1-53 [S. 1-332]; 22 (1942) Nr. 1-52 [S. 1-240]; 23 (1943) Nr. 1-52 [S. 1-198]; 24 (1944) Nr. 1-50 [S. 1-150]; 25 (1945) Nr. 1-10 [S. 1-24].
Teil II: Nachrichtenblatt
2 (1922) Nr. 1-103 [S. 1-1412]; 3 (1923) Nr. 1-104 [S. 1-1016]; 4 (1924) Nr. 1-104 [S. 1-984]; 5 (1925) Nr. 1-106 [S. 1-1282]; 6 (1926) Nr. 1-104 [S. 1-1566]; 7 (1927) Nr. 1-104 [S. 1-1048]; 8 (1928) Nr. 1-104 [S. 1-1154]; 9 (1929) Nr. 1-104 [S. 1-1266]; 10 (1930) Nr. 1-104 [S. 1-1366]; 11 (1931) Nr. 1-103 [S. 1-1418]; 12 (1932) Nr. 1-105 [S. 1-1500]; 13 (1933) Nr. 1-103 [S. 1-890]; 14 (1934) Nr. 1-103 [S. 1-918]; 15 (1935) Nr. 1-104 [S. 1-682]; 16 (1936) Nr. 1-102 [S. 1-568]; 17 (1937) Nr. 1-103 [S. 1-546]; 18 (1938) Nr. 1-103 [S. 1-746]; 19 (1939) Nr. 1-102 [S. 1-406]; 20 (1940) Nr. 1-58 [S. 1-282]; 21 (1941) Nr. 1-53 [S. 1-232]; 22 (1942) Nr. 1-52 [S. 1-232]; 23 (1943) Nr. 1-52 [S. 1-1964; 24 (1944) Nr. 1-50 [S. 1-118]; 25 (1945) Nr. 1-10 [S. 1-22].

Sammlung der Schulgesetze und Verordnungen aus den Jahren 1920/21, die den Amtsbereich des Thüringischen Ministeriums für Volksbildung betreffen. Nr. 1-42. [S. 1-40]

Amtsblatt des Thüringischen Ministeriums für Volksbildung. Jahrgang 1 (1922) bis 22 (1943).

1 (1922) Nr. 1-19 [S. 1-280]; 2 (1923) Nr. 1-25 [S. 1-296]; 3 (1924) Nr. 1-17 [S. 1-168]; 4 (1925) Nr. 1-20 [S. 1-236]; 5 (1926) Nr. 1-22 [S. 1-292]; 6 (1927) Nr. 1-18 [S. 1-148]; 7 (1928) Nr. 1-16 [S. 1-162]; 8 (1929) Nr. 1-17 [S. 1-174]; 9 (1930) Nr. 1-19 [S. 1-150];

10 (1931) Nr. 1-21 [S. 1-138]; 11 (1932) Nr. 1-16 [S. 1-122]; 12 (1933) Nr. 1-21 [S. 1-216]; 13 (1934) Nr. 1-18 [S. 1-200]; 14 (1935) Nr. 1-21 [S. 1-188]; 15 (1936) Nr. 1-16 [S. 1-108]; 16 (1937) Nr. 1-18 [S. 1-158]; 17 (1938) Nr. 1-17 [S. 1-120]; 18 (1939) Nr. 1-18 [S. 1-144]; 19 (1940) Nr. 1-20 [S. 1-126]; 20 (1941) Nr. 1-19 [S. 1-108]; 21 (1942) Nr. 1-18 [S. 1-100]; 22 (1943) Nr. 1-16 [S. 1-94].

LANDESVERWALTUNG 1945 BIS 1946 UND LANDESREGIERUNG 1946 BIS 1952

Regierungsblatt für Thüringen. Jahrgang 1 (1945) bis 8 (1952).

Teil II: Amtsblatt. *[Herausgeber wie Teil I]*
1 (1945) Nr. 1 Regierungsblatt für das Land Thüringen, Teil II: Nachrichtenblatt; ab Nr. 2-11 Amtsblatt [S. 1-96]; 2 (1946) Nr. 1-40 [S. 1-524]; 3 (1947) Nr. 1-39 [S. 1-530]; 4 (1948) Nr. 1-36 [S. 1-386]; 5 (1949) Nr. 1-33 [S. 1-326]; 6 (1950) Nr. 1-36 Regierungsblatt für das Land Thüringen, Teil I: Gesetzsammlung und Teil II: Amtsblatt *[in einer Ausgabe]* [S. 1-356]; 7 (1951) Nr. 1-38 [S. 1-308]; 8 (1952) Nr. 1-23 [S. 1-195].
Teil III *[Herausgeber wie Teil I]*
1 (1946) Nr. 1-8 Regierungsblatt für das Land Thüringen, Teil III: Alliierte Kontrollbehörde, Kontrollrat; ab Nr. 9-13: Gesetze und Befehle des Alliierten Kontrollrats und Befehle der Sowjet-Militär-Administration. [S. 1-94]; 2 (1947) Nr. 1-10 [S. 1-48]; 3 (1948) Nr. 1-4 Regierungsblatt für das Land Thüringen, Teil III: Gesetze und Befehle des Alliierten Kontrollrats und Befehle der Sowjet-Militär-Administration; ab Nr. 5-20 Gesetze und Befehle des Alliierten Kontrollrats - Befehle der Sowjet-Militär-Administration - Verordnungen und Anordnungen der Deutschen Wirtschaftskommission sowie der Deutschen Verwaltungen für Gesundheitswesen, Inneres, Justiz und Volksbildung in der sowjetischen Besatzungszone Deutschlands. [S. 1-252]

Mitteilungsblatt des Landesamts für Volksbildung. Jahrgang 1 (1945) bis 2 (1946).

1 (1945) Nr. 1-3 [S. 1-22]; 2 (1946) Nr. 1 [S. 1-8].

Mitteilungsblatt des Ministeriums für Volksbildung / Land Thüringen. Jahrgang 1 (1949) bis 3 (1951)

1 (1949) Nr. 1-12 *[Nummern einzeln gezählt]*; 2 (1950) Nr. 1-12 [S. 1-104]; 3 (1951) Nr. 1-12 *[Nummern einzeln gezählt]*.

LANDESREGIERUNG AB 1990

Verordnungsblatt für das Land Thüringen. Herausgeber und Verleger: Thüringer Staatskanzlei. Jahrgang 1 (1990) bis 2 (1991).

1 (1990) Nr. 1-2 Verordnungsblatt für das Land Thüringen. [S. 1-22]; 2 (1991) Nr. 1-2 Verordnungsblatt für das Land Thüringen. [S. 1-28]. *[Fortgeführt im gemeinsamen Gesetz- und Verordnungsblatt für das Land, ab Nr. 31/1993 für den Freistaat Thüringen.]*

Thüringer Staatsanzeiger. Herausgeber: Thüringer Innenministerium. Ab Jahrgang 1 (1991). *[Mit einem amtlichen und einem öffentlichen Teil]*

1 (1991) Nr. 1-38 [Amtlicher Teil S. 1-784]; 2 (1992) Nr. 1-52 [Amtlicher Teil S. 1-1884]; 3 (1993) Nr. 1-51 [Amtlicher Teil S. 1-2327]; 4 (1994) Nr. 1-51 [Amtlicher Teil S. 1-3100]; 5 Nr. 1-51 [Amtlicher Teil S. 1-2204].

Justiz-Ministerialblatt für Thüringen. Ab Jahrgang 1 (1991).

1 (1991) Nr. 1-5 Herausgegeben vom Thüringer Ministerium für Justiz, Bundes- und Europaangelegenheiten [S. 1-135]; 2 (1992) Nr. 1-2 Herausgegeben vom Thüringer Ministerium für Justiz, Bundes- und Europaangelegenheiten; ab Nr. 3-9 vom Thüringer Justizministerium. [S. 1-128]. 3 (1993) Nr. 1-11 [S. 1-257]; 4 (1994) Nr. 1-11 [S. 1-179]; 5 (1995) Nr. 1-5 Herausgegeben vom Thüringer Ministerium für Justiz und Europaangelegenheiten [S. 1-84].

Gemeinsames Amtsblatt des Thüringer Kultusministeriums und des Thüringer Ministeriums für Wissenschaft und Kunst; ab Nr. 12/1994. Gemeinsames Amtsblatt des Thüringer Kultusministeriums und des Thüringer Ministeriums für Wissenschaft, Forschung und Kultur. Ab Jahrgang 1 (1991) *[Mit einem amtlichen und einem nichtamtlichen Teil].*

1 (1991) Nr. 1-7 [S. 1-328] 2 (1992) Sonderausgabe und Nr. 1-12 [S. 1-512]; 3 (1993) Nr. 1-13 [S. 1-512]; 4 (1994) Nr. 1-12 [S. 1-648]; 5 (1995) Nr. 1-12 [S. 1-644].

3. Staatshandbücher

Staatshandbuch für Thüringen 1926. Herausgegeben von der Präsidialkanzlei des Thüringischen Staatsministeriums. Weimar 1926. [S. I-XVI, 1-578]
[Enthält: 1. Allgemeines; 2. Der Landtag von Thüringen; 3. Das Staatsministerium; 4. Das Finanzministerium; 5. Das Ministerium für Inneres und Wirtschaft; 6. Das Ministerium für Volksbildung und Justiz; 7. Anhang.]

Staatshandbuch für Thüringen 1931. Herausgegeben vom Thüringischen Staatsministerium. Weimar 1931. [S. I-XVI, 1-569]
[Enthält: 1. Allgemeines; 2. Der Landtag von Thüringen; 3. Das Staatsministerium; 4. Das Finanzministerium; 5. Das Ministerium des Innern; 6. Thüringisches Wirtschaftsministerium; 7. Das Volksbildungsministerium; 8. Thüringisches Justizministerium; 9. Anhang.]

Freistaat Thüringen. Behördenverzeichnis 1994/95. 1. Jahrgang 1994. Halle/Saale 1994. [S. I-VII, 1-264]
[Enthält u. a.: Bund/Bundesländer/Bundesbehörden; Landtag/Parlamentarische Vertreter/ Rechnungshof; Verwaltung des Freistaates Thüringen; Die kreisfreien Städte des Freistaates Thüringen; Landkreis, Städte und Gemeinden des Freistaates Thüringen; Kirchen/Kirchliche Behörden, Religionsgemeinschaften im Freistaat Thüringen; Anhang.]

4. Statistische Veröffentlichungen

Statistisches Handbuch für das Land Thüringen 1922. Herausgegeben vom Thüringischen Statistischen Landesamt. Weimar 1922. [546 S.]
[Enthält: 1. Gebiet und Stand der Bevölkerung; 2. Berufliche und soziale Gliederung der Bevölkerung; 3. Bewegung der Bevölkerung; 4. Haushaltungen, Wohnhäuser und Wohnungen; 5. Landwirtschaft; 6. Forstwirtschaft und Jagd; 7. Bergbau; 8. Industrie und Gewerbe; 9. Verkehr; 10. Geld- und Kreditwesen; 11. Versicherungswesen; 12. Erwerbs- und Wirtschaftsgesellschaften; 13. Preise und Löhne; 14. Arbeitsverhältnisse; 15. Gewerkschaften; 16. Finanzwesen; 17. Rechtspflege; 18. Unterricht und Bildung; 19. Kirche; 20. Gesundheits- und Veterinärwesen; 21. Wahlen; 22. Geographische und meteorologische Angaben.]

Statistisches Taschenbuch für das Land Thüringen 1929. Herausgegeben vom Thüringischen Statistischen Landesamt. Weimar 1929. [95 S.]

Beiträge zur Statistik des Landes Thüringen. Herausgegeben vom Thüringischen Statistischen Landesamt. Heft 1-7. Weimar 1921-1929.
Heft 1: Aus den Ergebnissen der Volkszählung vom 8. Oktober 1919. 1921. [81 S.]; Heft 2: Johannes Müller: Die Verteilungsschlüssel für die behördlichen Lebensmittelverteilungen in Thüringen. 1921. [91 S.]; Heft 3: Die Wahlen zum Thüringer Landtag am 10. 2. 1924. Bearbeitet von Paul Goeths. 1924. [101 S.]; Heft 4: Die Wahlen zum Reichstag am 4. 5. 1924 im Lande Thüringen. Bearbeitet von Paul Goeths. 1924. [119 S.]; Heft 5: Die berufliche und soziale Gliederung der Bevölkerung des Landes Thüringen nach den Ergebnissen der Berufszählung vom 16. 6. 1925. 1927. [119 S.]; Heft 6: Industrie und Gewerbe, Handel und Verkehr im Lande Thüringen nach den Ergebnissen der gewerblichen Betriebszählung vom 16. 6. 1925. 1928. [83 S.]; Heft 7: Land- und Forstwirtschaft im Lande Thüringen nach den Ergebnissen der landwirtschaftlichen Betriebszählung vom 16. 6. 1925. 1929 [42 S.].

Vierteljahresberichte des Thüringischen Statistischen Landesamtes in Weimar. Herausgegeben von Johannes Müller. Jahrgang 1 (1922) bis 18 (1939). Jena, 1922-1928; Weimar, 1929-1932; Gotha, 1933-1939.
[Enthält: Zahlenübersichten, Aufsätze und Mitteilungen zu allen Bereichen des gesellschaftlichen, politischen und wirtschaftlichen Lebens.]

Berichte des Thüringischen Statistischen Amts Nr. 1 bis 5: Berichtszeit vom 27. August 1945 bis 5. September 1946. *[Maschinenschrift vervielfältigt]*

Volkszählung vom 1. Dezember 1945 in der sowjetischen Besatzungszone Deutschlands. Herausgegeben vom Statistischen Zentralamt. Berlin 1946. [46 S.]
[Enthält: 1. Die Bevölkerung in den Kreisen nach Gemeindegrößenklassen; 2. Die Bevölkerung nach Geburtsjahren; 3. Die Bevölkerung nach wichtigen Altersgruppen; 4. Die Haushaltungen in der SBZ, den Ländern, Provinzen und Großstädten; 5. Die vor 1933 geborene Bevölkerung (ohne Umsiedler) nach Berufstätigen und Nichtberufstätigen; 6. Die vor dem 1. 9. 1939 geborene Bevölkerung in der SBZ nach ihrem Wohnsitz im August 1939; 7. Die zur Bevölkerung (ohne Umsiedler) gehörenden Berufstätigen; 8. Die Zahl der gewerblichen Betriebe und der in ihnen be-

schäftigten Personen insgesamt sowie ihre Gliederung nach Größenklassen; 9. Gegenüberstellung der Ergebnisse der Volkszählung vom 17. Mai 1939 und vom 1. Dezember 1945; 10. Altersaufbau der Bevölkerung in der SBZ 1939 und 1945; 11. Die Verteilung der Bevölkerung auf Stadt und Land in der SBZ nach den Ergebnissen der Volkszählung vom 17. Mai 1939 und vom 1. Dezember 1945; 12. Der Frauenüberschuß in der SBZ nach Altersgruppen.]

Volks- und Berufszählung vom 29. Oktober 1946 in der sowjetischen Besatzungszone Deutschlands.
[Band 1: Amtliches Gemeindeverzeichnis; siehe unter Ortsverzeichnisse]; Band 2: Gemeindestatistik. Heft 4: Land Thüringen. Berlin 1948. [42 S.]

Statistisches Jahrbuch für Thüringen 1991. Herausgegeben vom Statistischen Landesamt Thüringen i.G. Erfurt 1991. [255 S.]
[Enthält: 1. Geographische und meteorologische Angaben; 2. Gebiet und Bevölkerung; 3. Bevölkerungsbewegung; 4. Gesundheitswesen; 5. Bildung und Kultur; 6. Wahlen; 7. Erwerbstätigkeit; 8. Land- und Forstwirtschaft; 9. Produzierendes Gewerbe; 10. Bautätigkeit und Wohnungswesen; 11. Handel und Gastgewerbe; 12. Verkehr; 13. Sozialleistungen; 14. Preise; 15. Löhne und Gehälter; 16. Versorgung und Verbrauch; 17. Geld und Kredit, Versicherung, öffentliche Finanzen; 18. Volkswirtschaftliche Gesamtrechnung; 19. Umweltschutz; 20. Zusammenfassende Übersichten.]

Statistisches Jahrbuch Thüringen. Herausgegeben vom Thüringer Landesamt für Statistik. Erfurt. Ab Jahrgang 1 (1993).
1 (1993) *[Enthält: Geographische und meteorologische Angaben; Kirchliche Verhältnisse; I. Gebiet und Bevölkerung; II. Bevölkerungsbewegung; III. Gesundheistwesen; IV. Bildung und Kultur; V. Rechtspflege und öffentliche Sicherheit; VI. Wahlen; VII. Erwerbstätigkeit; VIII. Land- und Forstwirtschaft; IX. Unternehmen und Arbeitsstätten; X. Produzierendes Gewerbe; XI. Bautätigkeit und Wohnungswesen; XII. Handel und Gastgewerbe, Fremdenverkehr; XIII. Verkehr; XIV. Geld und Kredit, Öffentliche Finanzen; XV. Öffentliche Sozialleistungen; XVI. Preise; XVII. Löhne und Gehälter; XVIII. Versorgung und Verbrauch; XIX. Volkswirtschaftliche Gesamtrechnung; XX. Umweltschutz.]* [537 S.]; 2 (1994) *[Enthält: Geographische und meteorologische Angaben; Kirchliche Verhältnisse; I. Bevölkerung; II. Wahlen; III. Erwerbstätigkeit; IV. Unternehmen und Arbeitsstätten; V. Land- und Forstwirtschaft; VI. Produzierendes Gewerbe; VII. Bautätigkeit und Wohnungen; VIII. Handel, Gastgewerbe, Reiseverkehr; IX. Außenhandel; X. Verkehr; XI. Geld und Kredit; XII. Rechtspflege und öffentliche Sicherheit; XIII. Bildung und Kultur; XIV. Gesundheitswesen; XV. Öffentliche Sozialleistungen; XVI. Öffentliche Finanzen und Steuern; XVII. Wirtschaftsrechnungen; XVIII. Löhne und Gehälter; XIX. Preise; XX. Volkswirtschaftliche Gesamtrechnungen; XXI. Umwelt; Europa- und Kommunalwahlen in Thüringen am 12. Juni 1994]* [527, 12 S.]; 3 (1995) *[Enthält: Geographische und meteorologische Angaben; Kirchliche Verhältnisse; I. Bevölkerung; II. Wahlen; III. Erwerbstätigkeit; IV. Unternehmen und Arbeitsstätten; V. Land- und Forstwirtschaft; VI. Produzierendes Gewerbe; VII. Bautätigkeit und Wohnungen; VIII. Handel, Gastgewerbe, Reiseverkehr; IX. Außenhandel; X. Verkehr; XI. Geld und Kredit; XII. Rechtspflege und öffentliche Sicherheit; XIII. Bildung und Kultur; XIV. Gesundheitswesen; XV. Öffentliche Sozialleistungen; XVI. Öffentliche Finanzen und Steuern; XVII. Wirtschaftsrechnungen; XVIII. Löhne und Gehälter; XIX. Preise; XX. Volkswirtschaftliche Gesamtrechnungen; XXI. Umwelt; Territoriale Gliederung.]* [547 S.].

5. Ortsverzeichnisse

Alphabetisches Verzeichnis der Stadtkreise, Landkreise und Gemeinden des Landes Thüringen. o. J. *[Stand nach 1918]* [88 S.]

Die neue Kreiseinteilung des Landes Thüringen vom Jahre 1922. Mit Ortsverzeichnis und den wichtigsten Zahlenangaben über die neuen Kreise und einer die neuen Kreisgrenzen enthaltenden Kartenskizze. Herausgegeben vom Thüringischen Statistischen Landesamt. Weimar 1922. [61 S.; 2. Aufl. 1922, 62 S.]

Ortsverzeichnis für Thüringen und die mit diesem Staate im Oberlandesgericht Jena vereinigten Preußischen Kreise Schleusingen, Schmalkalden und Ziegenrück. Alphabetisch geordnet mit Angabe der Kreise, der Bevölkerungszahl, der Amtsgerichte, der Postbestellorte und Gendarmeriestationen sowie mit Angabe der Gerichte und der zugelassenen Rechtsanwälte. Von Constantin Helmrich. Neubearbeitet von H. Eschner. Jena 1925. [148 S.]
[Enthält: 1. Die Neubildung des Freistaates Thüringen, 2. Alphabetisches Ortsverzeichnis, 3. Gerichte, 4. Rechtsanwälte, 5. Gerichtsvollzieher.]

Ortsverzeichnis des Landes Thüringen nach den vorläufigen Ergebnissen der Volkszählung vom 16. Juni 1925. Herausgegeben vom Thüringischen Statistischen Landesamt. Weimar 1925. [32 S.]

Amtliches Verzeichnis der Orte des Landes Thüringen mit den zuständigen Postanstalten und Einwohnerzahlen nach der Volkszählung vom 16. Juni 1925. Besonders zum Handgebrauch der Behörden bestimmt. Herausgegeben vom Thüringischen Staatsministerium. Weimar 1926. [64 S.]
[Enthält: 1. Die Stadtkreise, 2. Die Landkreise, 3. Alphabetisches Verzeichnis der Orte.]

Amtliches Verzeichnis der Orte des Landes Thüringen mit den zuständigen Postanstalten und Einwohnerzahlen nach der Volkszählung vom 16. Juni 1925 und sonstige Übersichten. Besonders zum Handgebrauch der Behörden bestimmt. Herausgegeben vom Thüringischen Staatsministerium. 2. neubearbeitete und erweiterte Auflage. Weimar 1928. [72 S.]
[Enthält: 1.-3. wie oben, 4. Alphabetisches Verzeichnis der Gemeinden mit der Bezeichnung »Stadt«, 5. Alphabetisches Verzeichnis der Gemeinden mit mehr als 5 000 Einwohnern, 6. Alphabetisches Verzeichnis der vormaligen Gemeinden, Gutsbezirke, Gemarkungen usw., die in anderen Gemeinden oder Forstbezirken der Landkreise aufgegangen sind, nach dem Stande vom 1. April 1928.]

Ortsverzeichnis des Landes Thüringen. Herausgegeben vom Thüringischen Statistischen Landesamt. Weimar 1931. [96 S.]
[Enthält: Flächen und Industrien nach dem Stande von Ende 1930; Handwerksbetriebe nach dem Stand vom Herbst 1930; Wohnungen nach den Ergebnissen der Wohnungszäh-

lung von 1927; Einwohnerzahlen und Haushaltungen nach den Ergebnissen der Volkszählung von 1925; Berücksichtigung des Gebietsaustausches mit Sachsen mit Ausnahme der Konfessionen.]

Ortsverzeichnis des Landes Thüringen nach den Ergebnissen der Volkszählung vom 16. Juni 1933. Herausgegeben vom Thüringischen Statistischen Landesamt. Weimar 1933.[56 S.]

Ortsverzeichnis des Landes Thüringen nach den Ergebnissen der Volkszählung vom 17. Mai 1939 (vorläufige Ergebnisse). Herausgegeben vom Thüringischen Statistischen Landesamt. Weimar 1940. [62 S.]

Gemeindeverzeichnis für Land und Gau Thüringen auf Grund der Ergebnisse der Volks-, Berufs- und Betriebszählung vom 17. Mai 1939. Mit einer Beilage. Herausgegeben vom Thüringischen Statistischen Landesamt. Weimar 1942. [115, 49 S.]

Volks- und Berufszählung vom 29. Oktober 1946 in der sowjetischen Besatzungszone Deutschlands. Bd. I. Amtliches Gemeindeverzeichnis. Berlin 1948. [104 S., 1 Karte] *[Enthält: 1. Allgemeine Übersichten; 2. Systematisches Verzeichnis der Gemeinden (Land Thüringen S. 46–55); 3. Alphabetische Verzeichnisse der Gemeinden und Kreise; 4. Karte: Stadt- und Landkreise der sowjetischen Besatzungszone (Stand: 1. Januar 1948).]*

Ortsverzeichnis des Landes Thüringen Gebietsstand 1949. Enthält alle selbständigen Gemeinden sowie die wichtigsten Wohnplätze und Ortsteile. Bearbeitet im Thüringischen Statistischen Landesamt. Weimar 1949. [81 S.]
Teil I: Systematisches Verzeichnis; Teil II: Alphabetisches Verzeichnis.

Ortsverzeichnis des Landes Thüringen Gebietsstand 1. August 1950. Enthält alle selbständigen Gemeinden sowie die wichtigsten Wohnplätze und Ortsteile. Herausgegeben im Statistischen Landesamt Thüringen. [Erfurt] 1950. [112 S.]

Alphabetisches Verzeichnis der Gemeinden der Deutschen Demokratischen Republik, die durch die Änderungen der Gemeinde-, Kreis- und Ländergrenzen ab 1. 7. 1950 in eine andere Gemeinde, in einen anderen Kreis oder in ein anderes Land eingegliedert worden sind, Gebietsstand 31. 8. 1950. Herausgegeben von der Staatlichen Plankommission; Statistisches Zentralamt. [Berlin] 1951. [112 S.]

Vorläufiges Verzeichnis der Gemeinden der Deutschen Demokratischen Republik nach der neuen Verwaltungsstruktur, Stand 10. Juli 1952. Herausgegeben vom Statistischen Zentralamt der Regierung der DDR. Berlin 1952. [100 S.]

Verzeichnis der Gemeinden und Ortsteile des Landes Thüringen (vorläufig), Stand: 1. Mai 1992. Herausgegeben vom Thüringer Landesamt für Statistik. Erfurt 1992. [222 S.] *[Enthält: Landesübersicht nach Kreisen; Systematische Übersicht der Gemeinden und Ortsteile nach Kreisen; Alphabetische Übersicht der Gemeinden und Ortsteile.]*

Schlüsselverzeichnis der Städte, Gemeinden und Verwaltungsgemeinschaften Thüringens, Stand: 1. 1. 1995 [mit Änderungsdienst Januar bis Dezember 1995]. Herausgegeben vom Thüringer Landesamt für Statistik. Erfurt 1995. [125, 7 S.]
[Enthält: A Landesübersicht nach Kreisen; B Systematisches Verzeichnis der Gemeinden; C Alphabetisches Verzeichnis der Gemeinden; D Systematisches Verzeichnis der Verwaltungsgemeinschaften und deren Mitgliedsgemeinden; E Gemeindegebietsveränderungen 1. 1. 1990 bis 31. 12. 1994.]

[Volker Wahl unter Mitarbeit von Karin Durand]

Stenographische Berichte

über die Verhandlungen des

Volksrates von Thüringen.

Von der 1. Sitzung am 16. Dezember 1919
bis zur 31. Sitzung am 11. Juni 1920.

(Inhaltsverzeichnis in den Drucksachen.)

Weimar / Druck der Hof-Buchdruckerei.

Stenographische Berichte

über die Sitzungen des

I. Landtages von Thüringen

Band I.

Von der 1. bis zur 47. Sitzung (20. Juli 1920 bis 9. März 1921).

(Sachverzeichnis in den Drucksachen.)

Weimar / Druck von Hermann Böhlaus Nachfolgern.

I. Abteilung:

Drucksachen

des

III. Landtags von Thüringen

(Vorlagen, Anträge, große Anfragen)

1924—1926.

Band I.

Nr. 1 bis 380 (Seite 1 bis 640).

Weimar / Druck von Hermann Böhlaus Nachfolgern.

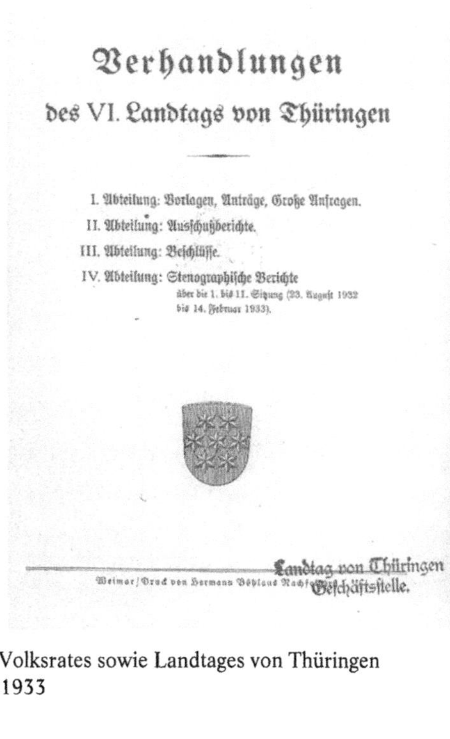

Verhandlungen

des VI. Landtags von Thüringen

I. Abteilung: Vorlagen, Anträge, Große Anfragen.
II. Abteilung: Ausschußberichte.
III. Abteilung: Beschlüsse.
IV. Abteilung: Stenographische Berichte
über die 1. bis 11. Sitzung (23. August 1932
bis 14. Februar 1933).

Weimar / Druck von Hermann Böhlaus Nachfolgern

Abb. 52 Protokolle und Drucksachen des Volksrates sowie Landtages von Thüringen 1919-1933

Stenografischer Bericht

der ersten konstituierenden Sitzung

des

THÜRINGER LANDTAGS

in der Landeshauptstadt Weimar

im Haus „Elephant" am 21. November 1946

Thüringer Landtag

(2. Wahlperiode)

Stenographischer Bericht

über die

18. Sitzung

Erfurt, 25. Juli 1952

Eröffnung der Sitzung 10.08 Uhr

Tagesordnung:

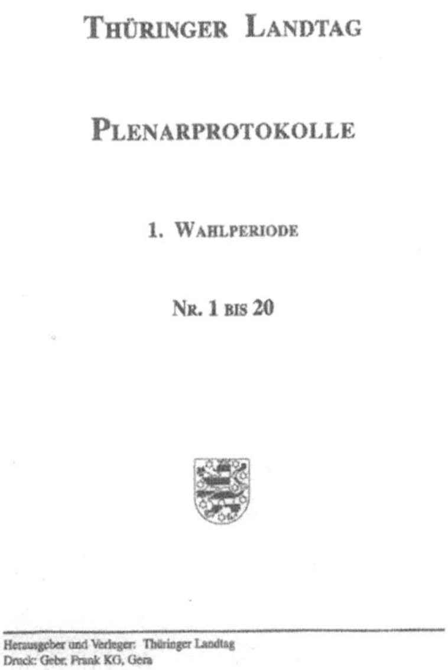

THÜRINGER LANDTAG

PLENARPROTOKOLLE

1. WAHLPERIODE

NR. 1 BIS 20

Herausgeber und Verleger: Thüringer Landtag
Druck: Gebr. Frank KG, Gera

Thüringer Landtag

(2. Wahlperiode)

Stenographischer Bericht

über die

18. Sitzung

Erfurt, 25. Juli 1952

Eröffnung der Sitzung 10.08 Uhr

Tagesordnung:

Abb. 53 Protokolle des Thüringer Landtages 1946–1952 und ab 1990

1

Gesetzsammlung für Thüringen

Jahrgang 1920.

Nr. 1.

27

Gesetzsammlung für Thüringen

1926	Ausgegeben in Weimar am 29. März 1926	Nr. 6

15

Gesetzsammlung für Thüringen

1936	Ausgegeben in Weimar am 21. Februar 1936	Nr. 5

Regierungsblatt

für die Provinz Thüringen

Erscheint bis auf weiteres nach Bedarf. — Bestellungen nur durch die Postanstalten. — Bezugspreis 1.80 RM. vierteljährlich. Anzeigenpreis 0.25 RM. die zweigespaltene, 0.50 RM. die ganze Grundzeile. Einzelnummer je Seite 2 Rpf.

Herausgegeben von der Präsidialkanzlei des Regierungspräsidenten für Thüringen

1945	Weimar, den 16. Juli	Nr. 1

Regierungsblatt

für das Land Thüringen

Erscheint bis auf weiteres nach Bedarf. — Bestellungen nur durch die Postanstalten. — Bezugspreis 1.80 RM vierteljährlich.

Anzeigenpreis 0.25 RM. die zweigespaltene, 0.50 RM. die ganze Grundzeile. Einzelnummer 20 Rpf.

Herausgegeben von der Präsidialkanzlei des Präsidenten des Landes Thüringen

Teil I: Gesetzsammlung

1945	Weimar, den 4. September	Nr. 3

REGIERUNGSBLATT

FÜR DAS LAND THÜRINGEN

Teil I: Gesetzsammlung

1947	Ausgegeben in Weimar am 7. November	Nr. 18

Abb. 54: Gesetzblätter des Landes 1920–1952

229

Erscheint wöchentlich zweimal, Mittwochs und Sonnabends. Bestellungen werden nur durch die Postanstalten angenommen.

Bezugspreis 1.80 RM vierteljährlich. Anzeigenpreis 20 Rpf für die zweigespaltene, 40 Rpf für die ganze Grundzeile.

Amts= und Nachrichtenblatt für Thüringen

I. Teil: Regierungsblatt

Die amtlichen Veröffentlichungen im Amts- und Nachrichtenblatt ergehen in der Regel ohne Beifügen des Namens eines Beamten. Auch die ohne Beifügen des Namens eines Beamten veröffentlichten Verfügungen sind von dem zuständigen Beamten in der Urschrift gezeichnet und in der Reinschrift vollzogen.

1925 Weimar, den 10. Juni Nr. 49

9

Erscheint wöchentlich zweimal, Mittwochs und Sonnabends. Bestellungen werden nur durch die Postanstalten angenommen.

Bezugspreis 1,80 RM vierteljährlich. Anzeigenpreis 20 Rpf für die zweigespaltene, 40 Rpf für die ganze Grundzeile.

Amts= und Nachrichtenblatt für Thüringen

II. Teil: Nachrichtenblatt

Die amtlichen Veröffentlichungen im Amts- und Nachrichtenblatt ergehen in der Regel ohne Beifügen des Namens eines Beamten. Auch die ohne Beifügen des Namens eines Beamten veröffentlichten Verfügungen sind von dem zuständigen Beamten in der Urschrift gezeichnet und in der Reinschrift vollzogen.

1925 Mittwoch, den 7. Januar Nr. 2

135

Amts= und Nachrichtenblatt für Thüringen

Erscheint wöchentlich zweimal, Mittwochs und Sonnabends. — Bestellungen werden nur durch die Postanstalten angenommen

Bezugspreis 1.80 RM vierteljährl. Anzeigenpreis 0.25 RM die zweigespalt., 0.50 RM die ganze Grundzeile. Einzelnummer je Seite 2 Rpf

Herausgegeben vom Thüringischen Staatsministerium

I. Teil: Regierungsblatt

1937 Weimar, den 21. April Nr. 30

97

Amts= und Nachrichtenblatt für Thüringen

Erscheint wöchentlich zweimal, Mittwochs und Sonnabends. — Bestellungen werden nur durch die Postanstalten angenommen

Bezugspreis 1.80 RM vierteljährl. Anzeigenpreis 0.25 RM die zweigespalt., 0.50 RM die ganze Grundzeile. Einzelnummer je Seite 2 Rpf

Herausgegeben vom Thüringischen Staatsministerium

II. Teil: Nachrichtenblatt

1937 Weimar, den 3. März Nr. 17

335

REGIERUNGSBLATT FÜR DAS LAND THÜRINGEN

Teil II: Amtsblatt

1947 Ausgegeben in Weimar am 12. August Nr. 26

REGIERUNGSBLATT FÜR DAS LAND THÜRINGEN

Teil III: Gesetze und Befehle des Alliierten Kontrollrats und Befehle der Sowjet-Militär-Administration

1947 Ausgegeben in Weimar am 7. Februar Nr. 1

Abb. 55 Amtsdrucksachen des Landes 1920–1952

Gesetz- und Verordnungsblatt
für das Land Thüringen

1992	Ausgegeben zu Erfurt, den 10. Januar 1992	Nr. 1

Gesetz- und Verordnungsblatt
für den Freistaat Thüringen

1993	Ausgegeben zu Erfurt, den 5. November 1993	Nr. 31

ISSN 0939-9135

Thüringer
STAATSANZEIGER

Nr. 48 / 1992 Montag, 30. November 1992 2. Jahrgang

INHALT

Abb. 56 Gesetz- und Verordnungsblatt sowie Staatsanzeiger des Landes bzw. Freistaates ab 1990

VII Verzeichnis der Archivbestände der Parlamente und Zentralbehörden des Landes Thüringen 1920 bis 1952 im Thüringischen Hauptstaatsarchiv Weimar

Das Verzeichnis der für die Geschichte des Landes Thüringen wichtigsten Archivbestände im Thüringischen Hauptstaatsarchiv konzentriert sich auf die archivalische Überlieferung des Landtags von 1920 bis 1933 und von 1946 bis 1952 sowie auf die der obersten Landesbehörden von 1920 bis 1952, wobei die historische Zäsur von 1945 für die Bildung und Abgrenzung der Archivbestände konstitutiv geworden ist. Weiterhin ist zu beachten, daß es sich bei den Ministerialbeständen in diesem Zeitraum (1920 bis 1945 und 1945 bis 1952) weitgehend um zusammengefaßte Bestände handelt, in denen die Registraturen von ministeriellen Vorgänger- und Nachfolgebehörden aufgegangen und enthalten sind. Dadurch sind unterschiedliche Provenienzen in einem jeden Bestand vorhanden, wobei in der Regel die zuletzt geführte Behördenbezeichnung für die Benennung des Bestandes herangezogen wurde. Die tatsächliche Behördenprovenienz ist immer nur in den überlieferten Einzelakten bzw. in besonderen Aktengruppen erkenntlich. Die Tektonik der im Hauptstaatsarchiv aufbewahrten Archivbestände des Landes Thüringen seit 1920 widerspiegelt insofern nicht das differenzierte Bild des Aufbaus und der Entwicklung der Landeszentralbehörden, wie es in der Übersicht über die Landesregierung und den Verwaltungsaufbau [Kap. IV, 2.] geboten wird.

Die nachfolgende Übersicht nennt zu jedem Archivbestand in [ ] den historischen Zeitraum des Bestehens der aktenbildenden Behörde, während die Zeitangaben die eigentliche Laufzeit der archivalischen Überlieferung erfassen. Diese können über die Grenzjahre des Bestehens der Parlamente und Zentralbehörden hinausgehen, wenn z.B. Vorgängerakten im Bestand überliefert sind. Der Umfang im Archiv wird mit laufenden Metern (lfd. m) Regalfläche angegeben. Die Angaben zum Inhalt richten sich nach der Gliederung des Bestandes, wobei sachliche Gesichtspunkte oder solche der Behördenstruktur zugrunde gelegt worden sind. Die Findmittel zu den Archivbeständen bestehen aus Findkarteien bzw. Findbüchern.

Die für archivalische Quellen vorgeschriebene Zitierweise verlangt als Archivsignatur neben der Angabe des Archivs [Thüringisches Hauptstaatsarchiv Weimar, abgekürzt ThHStA Weimar oder ThHStAW] die korrekte Bestandsbezeichnung, wie sie hier angegeben ist, und die numerische bzw. alphanumerische Signatur der betreffenden Archivalieneinheit.

Archivbestände 1920 bis 1945

Landtag von Thüringen [1920-1933]

Zeit: 1918-1934
Umfang: 21 lfd. m
Inhalt:
I. Allgemeine Geschäftsführung und Verwaltung. - II. Wahlen, Abgeordnete, Fraktionen. - III. Vorlagen, Anträge, Anfragen. - IV. Gesuche. - V. Ausschußberichte. - VI. Plenum: Einberufungen, Ältestenrat, Protokolle, Stenogramme und Drucksachen.

Thüringisches Staatsministerium - Präsidialabteilung [1920-1945]

Zeit: 1919-1946
Umfang: 7 lfd. m
Inhalt:
I. Bildung und Kreiseinteilung Thüringens, Ausscheiden des Gebietes Coburg. - II. Verfassung, Gesetzgebung. - III. Verfassungs- und Verwaltungsreform. - IV. Sitzungen, Beschlüsse, Regierungserklärungen. - V. Politische Angelegenheiten im Reich und in Thüringen. - VI. Vertretung Thüringens beim Reich, Reichsangelegenheiten. - VII. Volksrat und Landtag von Thüringen. - VIII. Angelegenheiten von Behörden, Kirchensachen. - IX. Beamte, Beamtenrecht. - X. Auszeichnungen, Lebensrettungen, Patenschaften. - XI. Gerichte und Gerichtsentscheide. - XII. Strafanträge, Dienststrafverfahren, Gnadensachen, Beschwerden, Gesuche. - XIII. Rechtsstreitigkeiten des Landes Thüringen, Auseinandersetzung mit den Fürstenhäusern. - XIV. Personalakten.

Stellvertretender Bevollmächtigter Thüringens im Reichsrat [1920-1934]

Zeit: 1919-1930
Umfang: 2 lfd. m
Inhalt:
I. Bildung Thüringens, vermögensrechtliche Auseinandersetzung mit den Fürstenhäusern. - II. Politische Lage im Reich und in Thüringen. - III. Reichshaushaltsplan, Reichsehrenmal, Fürsorgeangelegenheiten. - IV. Reichsgesetzgebung, Zentralstelle für die Umbildung der Länder.

Thüringisches Finanzministerium [1920-1945]

Zeit: 1919-1946
Umfang: 110 lfd. m
Inhalt:
I. Allgemeines und Personalangelegenheiten. - II. Angelegenheiten der Beamten, Angestellten und Arbeiter. - III. Bauabteilung. - IV. Forstabteilung. - V. Haushalt und Steuern. - VI. Staatliche Gewerbebetriebe und Beteiligungen. - VII. Landesvermögens- und -schuldenverwaltung . - VIII. Rechtsabteilung.

Thüringisches Ministerium des Innern [1920–1945]

[Provenienzen: Ministerium des Innern 1920–1924, Ministerium für Inneres und Wirtschaft 1924–1928, Ministerium des Innern 1928–1945]
Zeit: 1886–1949
Umfang: 178 lfd. m
Inhalt:
Abteilung A [Allgemeine Abteilung]: I. Allgemeine Organisations- und Verwaltungsangelegenheiten. - II. Dienstgebäude, Materialbeschaffung und Personalsachen. - III. Landesverwaltungsordnung, Landesverwaltungsgerichte. - IV. Grenzen und Vermessung. - V. Enteignungen. - VI. Beziehungen zwischen Reich und Ländern, Hoheitsangelegenheiten. - VII. Staatsangehörigkeitssachen, Ein- und Auswanderung. - VIII. Ausübung des Gnadenrechts. - IX. Aufsicht über Stiftungen, Vereine, Körperschaften des öffentlichen Rechts und sonstige gemeinnützige Anstalten. - X. Aufsicht über das private Versicherungswesen und die Thüringische Landesbrandversicherungsanstalt in Gotha. - XI. Gewerbesachen, Gewerbeaufsicht. - XII. Maß- und Gewichtswesen, Beschußwesen. - XIII. Natur- und Tierschutz, Heimatschutz und Denkmalpflege. - XIV. Lotterie-, Wett- und Spielwesen. - XV. Sammlungs- und Spendenwesen sowie Körperbehindertenfürsorge. - XVI. Kriegs- und andere Sachschäden. - XVII. Kriegsgräberfürsorge. - XVIII. Haushalts-, Kassen- und Rechnungswesen.

Abteilung C [Straßenbauwesen]: I. Straßenbauverwaltung. - II. Wegerecht. - III. Verkehrswesen. - IV. Straßenbautechnik. - V. Einzelne Straßen. - VI. Arbeitsbeschaffung. - VII. Sondermaßnahmen für thüringische Notstandsgebiete. - VIII. Freiwilliger bzw. Reichsarbeitsdienst.

Abteilung D [Gemeinde- und Kreisangelegenheiten]: I. Organisation der Abteilung, Besichtigungen. - II. Ordnung und Einteilung der Kreise und Gemeinden. - III. Gemeinde- und Kreisaufsicht. - IV. Kreis- und Gemeindefinanzen. - V. Personalangelegenheiten der Beamten, Angestellten und Arbeiter der Kreise und Gemeinden.

Abteilung E [Wohlfahrts- und Gesundheitswesen]: I. Organisation und allgemeine Angelegenheiten. - II. Fürsorge und Wohlfahrt: Grundsätzliches und besondere Formen der Fürsorge. - III. Fürsorge für Mütter, Kinder und Jugendliche. - IV. Sonstige Fürsorgebedürftige. - V. Fürsorge- und Erholungseinrichtungen für Kinder und Jugendliche. - VI. Gesundheitswesen. - VII. Personenstands- und Rassewesen.

Abteilung F [Veterinärwesen].

Abteilung G [Personal]: I. Allgemeine Verwaltungsangelegenheiten. - II. Beamte. - III. Angestellte (Tarifordnung, Besoldung, Dienstverhältnisse). - IV. Arbeiter. - V. Gemeinsame Angelegenheiten der Angestellten und Arbeiter.

Abteilung P [Polizei]: I. Organisation, Verwaltung, Personal. - II. Verkehrs- und Kraftfahrzeugwesen. - III. Paß- und Meldewesen. - IV. Kriminalpolizei. - V. Presse- und Vereinswesen. - VI. Tätigkeit und Überwachung von politischen Parteien und Organisationen in Thüringen. - VII. Sicherheitspolizei. - VIII. Druckschriften. - IX. Sammlung von Lageberichten und Denkschriften verschiedener staatlicher Dienststellen. - X. Überwachung der Arbeiterbewegung in Thüringen. - XI. Ausnahmezustand in Thüringen. - XII. Bürgerliche Organisationen. - XIII. Rechte Parteien und militaristische Organisationen. - XIV. Verschiedene Angelegenheiten.

Abteilung W [Wehrangelegenheiten]: Wehrangelegenheiten, insbesondere Unterbringung von Evakuierten.

Thüringisches Wirtschaftsministerium [1920-1945]

[Provenienzen: Wirtschaftsministerium 1920-1924, Ministerium für Inneres und Wirtschaft 1924-1928, Wirtschaftsministerium 1928-1945]
Zeit: 1920-1945
Umfang: 93,5 lfd. m
Inhalt:
I. Beamten- und Behördenangelegenheiten. - II. Ernährung und Landwirtschaft. - III. Preisbildung und Preisüberwachung. - IV. Umlegungen. - V. Verwaltung des staatlichen Grundbesitzes. - VI. Wohnungs- und Siedlungswesen. - VII. Wasserwirtschaft und Landeskultur. - VIII. Industrie, Handel und Gewerbe. - IX. Verkehr. - X. Arbeit. - XI. Bank- und Kreditwesen.

Thüringisches Volksbildungsministerium [1920-1945]

[Provenienzen: Ministerium für Volksbildung und Justiz 1920-1921, Ministerium für Volksbildung 1921-1924, Ministerium für Volksbildung und Justiz 1924-1928, Volksbildungsministerium 1928-1945]
Zeit: 1920-1945
Umfang: 220 lfd. m
Inhalt:
Abteilung A [Allgemeine Abteilung]: I. Angelegenheiten des Reiches und des Landes. - II. Angelegenheiten der inneren Organisation des Ministeriums. - III. Beamtenangelegenheiten. - IV. Haushalt. - V. Schulangelegenheiten. - VI. Jugend und Wohlfahrtspflege, Jugendschutz. - VII. Deutsches Auslandsschulwesen, Austausch von Lehrern und Schülern. - VIII. Privatschulen. - IX. Taubstummen- und Blindenwesen. - X. Kirchenangelegenheiten. - XI. Stiftungen.

Abteilung B [Schulabteilung]: I. Allgemeinbildende Schulen. - II. Höhere Schulen. - III. Berufs- und Fachschulen.

Abteilung C [Wissenschaft und Kunst]: I. Wissenschaft. - II. Kunst und Kultur.

Thüringisches Justizministerium [1920-1934]

[Provenienzen: Ministerium für Volksbildung und Justiz 1920-1921, Justizministerium 1921-1924, Ministerium für Volksbildung und Justiz 1924-1928, Justizministerium 1928-1934]
Zeit: 1922-1935
Umfang: 32 lfd. m
Inhalt:
I. Verfassung und Verwaltung. - II. Rechts- und Dienstverhältnisse der Beamten. - III. Dienstverhältnisse der Angestellten und Arbeiter. - IV. Zivilrecht, einschließlich Gerichtsverfassung. - V. Strafrecht. - VI. Finanzen. - VII. Beziehungen zur Universität. - VIII. Wohlfahrtspflege, Fürsorgewesen im allgemeinen. - IX. Wirtschaftsangelegenheiten. - X. Landwirtschaft. - XI. Auswärtige Angelegenheiten.

Archivbestände 1945 bis 1952

Thüringer Landtag [1946-1952]

Zeit: 1945-1952
Umfang: 14 lfd. m
Inhalt:
I. Beratende Landesversammlung. - II. Geschäftsführung und Geschäftsgang. - III. Landtagspräsident. - IV. Besondere Veranstaltungen, Konferenzen. - V. Landtagsabgeordnete, Wahlen. - VI. Personal des Landtagbüros, Personalakten. - VII. Landtagsgebäude, Regierungssitz. - VIII. Landtagsausschüsse, Landeswohnungsausschuß. - IX. Fraktionen des Landtages, Parteien und Massenorganisationen. - X. Vorschläge und Entwürfe von Gesetzen und Verordnungen, Beschlüsse des Landtages und der Regierung. - XI. Anträge, Große und Kleine Anfragen, Entschließungen. - XII. Eingaben und Beschwerden. - XIII. Zentralbehörden des Landes. - XIV. Thüringische Kreise und Gemeinden, Sozial- und Landesversicherungsanstalten. - XV. Außerthüringische Staatsorgane in der DDR. - XVI. SMAD und SMATh. - XVII. Staatsorgane in der BRD. - XVIII. Presse. - XIX. Entnazifizierung und Enteignung. - XX. Vermögensrechte des Landes Thüringen, Bankwesen. - XXI. Sondervorgänge. - XXII. Einzelne Arbeits- und Wirtschaftsangelegenheiten. - XXIII. Einzelne Angelegenheiten der Justiz. - XXIV. Einzelne Jugend- und Schulangelegenheiten. - XXV. Einzelne Bau- und Siedlungsangelegenheiten. - XXVI. Stenographische Berichte, Protokolle, Landtagsdrucksachen.

Land Thüringen - Ministerpräsident: Büro des Ministerpräsidenten [1945-1952]

[Provenienzen: Präsidialkanzlei 1945-1946, Präsidialamt 1946, Präsidialabteilung 1946-1950, Büro des Ministerpräsidenten 1950-1952]
Zeit: 1945-1952
Umfang: 46,5 lfd. m
Inhalt:
I. Allgemeine Verwaltung der Präsidialabteilung und Gemeinsames für die dem Büro des Ministerpräsidenten unterstellten Hauptabteilungen. - II. Verfassung und Staatsaufbau. - III. Zentrale Verwaltungsaufgaben des Ministerpräsidenten, Verkehr des Ministerpräsidenten mit den Hauptabteilungen und Büros in seinem Geschäftsbereich. - IV. Innere Verwaltung des Landes Thüringen. - V. Wirtschaft und Verkehr. - VI. Land- und Forstwirtschaft, Handel und Versorgung. - VII. Finanzwirtschaft. - VIII. Arbeit und Sozialwesen. - IX. Volksbildung und Justiz. - X. Landesförderungsausschuß für die deutsche Intelligenz, Kreisförderungsausschüsse für die deutsche Intelligenz in Thüringen.

Land Thüringen - Ministerpräsident: Büro des Ministerpräsidenten, Hauptabteilung Wirtschaftsplanung [1945-1952]

Zeit: 1945-1952
Umfang: 42,5 lfd. m
Inhalt:
I. Volkswirtschaftsplanung. - II. Industrieplanung, Berichte und Analysen. - III. Versorgungs- und Verteilungsplanung, Berichte und Analysen. - IV. Raum- und Strukturplanung. - V. Plan Wissenschaft und Technik. - VI. Abteilung Regionalplanung.

Land Thüringen - Ministerpräsident: Büro des Ministerpräsidenten, Hauptabteilung Innerdeutscher Handel, Außenhandel und Materialversorgung [1945-1952]

Zeit: 1945-1952
Umfang: 8 lfd. m
Inhalt:
I. Leitung. - II. Personal und Schulung. - III. Haushalt. - IV. Planung. - V. Operative Abteilung (Erfassung und Verteilung). - VI. Interzonen- und Außenhandel. - VII. Messen.

Land Thüringen - Ministerpräsident: Büro des Ministerpräsidenten, Hauptabteilung Erfassung und Aufkauf landwirtschaftlicher Produkte [1945-1952]

Zeit: 1945-1952
Umfang: 2,5 lfd. m
Inhalt:
I. Organisation und Allgemeines. - II. SMAD und SMATh. - III. Betriebsgewerkschaftleitung. - IV. SED-Betriebsgruppe. - V. Presse. - VI. Bodennutzung. - VII. Differenzierte Veranlagung zum Aufkommen landwirtschaftlicher Erzeugnisse. - VIII. Pflanzliche Erzeugnisse, Ernten. - IX. Erfassung und Zucht landwirtschaftlicher Nutztiere. - X. Pflichtablieferung landwirtschaftlicher Produkte. - XI. Erfassung und Aufkauf landwirtschaftlicher Produkte. - XII. Errichtung der »Freien Märkte«. - XIII. Be- und Verarbeitungsbetriebe landwirtschaftlicher Erzeugnisse.

Land Thüringen - Ministerpräsident: Büro des Ministerpräsidenten, Hauptabteilung Gesundheitswesen [1945-1952]

[Provenienzen: Landesgesundheitsamt 1945-1946, Ministerium für allgemeine Verwaltung 1946-1947, Ministerium des Innern 1947, Ministerium für Arbeit und Sozialwesen 1947-1950, Büro des Ministerpräsidenten 1950-1952]
Zeit: 1945-1952
Umfang: 14 lfd. m
Inhalt:
I. Leitung. - II. Personal und Schulung. - III. Haushalt. - IV. Planung. - V. Hygieneinspektion. - VI. Bekämpfung der Volkskrankheiten. - VII. Stationäre und ambulante Kranken-

versorgung. - VIII. Gesundheitsfürsorge in den Betrieben. - IX. Gesundheitsfürsorge für Mutter und Kind, Jugendfürsorge. - X. Kur- und Erholungswesen, Heilquellen. - XI. Apotheken und Arzneimittel. - XII. Medizinische Forschung.

Land Thüringen - Ministerpräsident: Büro des Ministerpräsidenten, Amt für Information [1950-1952]

Zeit: 1950-1952
Umfang: 11,5 lfd. m
Inhalt:
I. Amtsleitung, Personalakten. - II. Abteilung Informationskontrolle. - III. Abteilung Friedens- und Planpropaganda. - IV. Abteilung Kulturelle Fragen. - V. Abteilung Presse - Funk. - VI. Referat Druckgenehmigungen und Lizenzen. - VII. Korrespondenzabteilung. - VIII. Akten der Beauftragten des Amtes für Information in Stadt- und Landkreisen.

Land Thüringen - Ministerium der Finanzen [1945-1952]

[Provenienzen: Landesamt für Finanzen 1945-1946, Ministerium für Finanzen 1946-1950, Ministerium der Finanzen 1950-1952]
Zeit: 1945-1952
Umfang: 73 lfd. m
Inhalt:
I. Ministerbüro. - II. Allgemeine Abteilung. - III. Rechtsstelle. - IV. Haushaltsabteilung. - V. Landesvermögens- und Schuldenverwaltung (LVS). - VI. Kontroll- und Revisionsabteilung . - VII. Aufsicht über Banken, Sparkassen und Versicherungswesen.

Land Thüringen - Ministerium des Innern [1945-1952]

[Provenienzen: 1. Vizepräsident 1945-1946, Landesamt des Innern 1945, Landesamt für Kommunalwesen 1945-1946, Landesamt für allgemeine und innere Verwaltung 1946, Ministerium für allgemeine Verwaltung 1946-1947, Ministerium des Innern 1947-1952]
Zeit: 1945-1952
Umfang: 131 lfd. m
Inhalt:
I. Ministerbüro. - II. Hauptabteilung Staatliche Verwaltung. - III. Allgemeine Abteilung. - IV. Abteilung Organisation und Instruktion. - V. Hauptabteilung Personal. - VI. Abteilung Schulung. - VII. Hauptabteilung Amt für Neubürger. - VIII. Abteilung Vermessung. - IX. Amt zum Schutze des Volkseigentums.

Land Thüringen - Ministerium für Wirtschaft und Arbeit [1945-1952]

[Provenienzen: Landesamt für Industrie, Handel und Gewerbe 1945, Landesamt für Wirtschaft 1945-1946, Landesamt für Verkehr 1945-1946, Landesarbeitsamt 1945, Landesamt für Arbeit 1945, Landesamt für Arbeit und Sozialpolitik 1945, Landesamt für Sozialwesen 1945, Landesamt für Arbeit und Sozialfürsorge 1945-1946, Ministerium für Wirtschaftsplanung 1946-1947, Ministerium für Wirtschaft, Arbeit und Verkehr 1947, Ministerium für Verkehr 1947-1950, Ministerium für Arbeit und Sozialwesen 1947-1950, Ministerium für Wirtschaft 1947-1950, Ministerium für Industrie und Aufbau 1950-1951, Ministerium für Wirtschaft und Arbeit 1951-1952]
Zeit: 1945-1952
Umfang: 71 lfd. m
Inhalt:
I. Ministerbüro. - II. Abteilung Allgemeine Verwaltung. - III. Hauptabteilung Industrie und Brennstoffe. - IV. Amt für volkseigene Betriebe. - V. Hauptabteilung Aufbau. - VI. Hauptabteilung Verkehr. - VII. Hauptabteilung Arbeit und Sozialfürsorge.

Land Thüringen - Ministerium für Volksbildung [1945-1952]

[Provenienzen: Landesamt für Volksbildung 1945-1946, Ministerium für Volksbildung 1946-1952; Landesverwaltung für Kunstangelegenheiten 1951-1952]
Zeit: 1945-1952
Umfang: 74 lfd. m
Inhalt:
I. Ministerbüro. - II. Allgemeine Abteilung. - III. Schulen. - IV. Wissenschaft - V. Abteilung Kunst und Literatur. - VI. Volkshochschulen.

Land Thüringen - Ministerium der Justiz [1945-1952]

[Provenienzen: Landesjustizverwaltung 1945-1946, Landesamt für Justiz 1946, Ministerium für Justiz 1946-1950, Ministerium der Justiz 1950-1952]
Zeit: 1945-1952
Umfang: 15 lfd. m
Inhalt:
I. Organisation und Tätigkeit des Ministeriums. - II. Befehle der SMA und Angelegenheiten der Besatzungsmacht. - III. Gerichtsverfassung und -organisation. - IV. Zivilrecht und Zivilprozeß, einschließlich Familienrecht. - V. Grundbuchwesen und Registersachen. - VI. Strafrecht und Strafprozeß. - VII. Strafvollzug und Straferlaß. - VIII. Gesetze und Rechtsvorschriften. - IX. Grundlegung und Schutz der antifaschistisch-demokratischen Ordnung. - X. Angelegenheiten des Ministers. - XI. Allgemeine Angelegenheiten der Justiz.

Land Thüringen - Ministerium für Handel und Versorgung [1945-1952]

[Provenienzen: Landesamt für Industrie, Handel und Gewerbe 1945, Landesamt für Wirtschaft 1945-1946, Landesamt für Handel und Versorgung 1946, Ministerium für Versorgung 1946-1950, Ministerium für Handel und Versorgung 1950-1952]
Zeit: 1945-1952
Umfang: 11,5 lfd. m
Inhalt:
I. Gründung, Organisation, Tätigkeit und Auflösung des Ministeriums. - II. Querschnittsabteilungen. - III. Hauptabteilung Handel und Versorgung. - IV. Hauptabteilung Nahrungs- und Genußmittelindustrie.

Land Thüringen - Ministerium für Land- und Forstwirtschaft [1945-1952]

[Provenienzen: Landesamt für Land- und Forstwirtschaft 1945-1946, Ministerium für Versorgung 1946-1950, Ministerium für Land- und Forstwirtschaft 1950-1952]
Zeit: 1945-1952
Umfang: 65 lfd. m
Inhalt:
I. Ministerbüro. - II. Organisations- und Instruktionsabteilung. - III. Hauptabteilung Landwirtschaft. - IV. Hauptabteilung Forstwirtschaft. - V. Abteilung Wasserwirtschaft.

[Karin Johannes/Volker Wahl]

VIII Literaturverzeichnis

Bibliographien und Forschungsberichte

Bibliographie zur thüringischen Geschichte. Bearbeitet von Hans Patze u.a. (Mitteldeutsche Forschungen; Band 32/I und II). Köln 1965 und 1966.

Thüringen-Bibliographie [Berichtszeitraum seit 1961]. Herausgegeben von den Nationalen Forschungs- und Gedenkstätten der klassischen deutschen Literatur in Weimar, ab 1986 von der Universitätsbibliothek, heute Thüringer Universitäts- und Landesbibliothek Jena. Weimar 1969-1985, Jena 1986 ff.

Forschungen zur Geschichte Thüringens 1945-1965 (Literaturbericht). In: Wissenschaftliche Zeitschrift der Friedrich-Schiller-Universität Jena, Gesellschafts- und Sprachwissenschaftliche Reihe 16 (1967), H. 2/3, S. 161-394.

John, Jürgen und Gunther Mai, Thüringen 1918-1952. Ein Forschungsbericht. In: Nationalsozialismus in Thüringen. Herausgegeben von Detlev Heiden und Gunther Mai. Weimar/Köln/Wien 1995, S. 553-590.

Handbücher

Deutsche Verwaltungsgeschichte. Herausgegeben von Kurt G. A. Jeserich, Klaus Pohl und Georg-Christoph von Unruh. Band 5: Die Bundesrepublik Deutschland. Stuttgart 1987. [Darin S. 1218-1283: Georg Brunner, Die Verwaltung in der SBZ und DDR.]

Grundriß zur deutschen Verwaltungsgeschichte 1815-1945. Reihe A, Band 6: Provinz Sachsen. Bearbeitet von Thomas Klein. Marburg/Lahn 1975. [Darin S. 162-196: Regierungsbezirk Erfurt.]

Grundriß zur deutschen Verwaltungsgeschichte 1815-1945. Reihe A, Band 11: Hessen-Nassau. Bearbeitet von Thomas Klein. Marburg/Lahn 1979. [Darin S. 375-378: Kreis Herrschaft Schmalkalden.]

Grundriß zur deutschen Verwaltungsgeschichte 1815-1945. Reihe B, Band 15: Thüringen. Bearbeitet von Thomas Klein. Marburg/Lahn 1983.

Reich und Länder. Geschichte der deutschen Territorien. Band II: Die deutschen Länder vom Wiener Kongreß bis zur Gegenwart. Herausgegeben von Georg Wilhelm Sante. (Territorien-Ploetz) Würzburg 1971. [Darin S. 500-539: Friedrich Facius, Thüringen 1815-1945; S. 828-830: Werner John, Thüringen 1945-1952.]

SBZ-Handbuch. Staatliche Verwaltungen, Parteien, gesellschaftliche Organisationen und ihre Führungskräfte in der Sowjetischen Besatzungszone Deutschlands 1945-1949. Herausgegeben von Martin Broszat und Hermann Weber. München 1990. [Darin S. 167-189: Helga A. Welsh, Thüringen.]

Thüringen. Herausgegeben von Hans Patze in Verbindung mit Peter Aufgebauer. (Handbuch der Historischen Stätten Deutschlands; Band 9) Stuttgart 1989.

Darstellungen

Baudert, August, Sachsen-Weimars Ende. Historische Tatsachen aus sturmbewegter Zeit. Weimar 1923.

Blaschke, Karlheinz, Das Werden der neuen Bundesländer. In: Auf dem Weg zur Realisierung der Einheit Deutschlands. Herausgegeben von Alexander Fischer und Maria Haendcke-Arndt (Schriftenreihe der Gesellschaft für Deutschlandforschung; Band 35). Berlin 1992, S. 127-142.

Boblenz, Frank, Thüringer Kreis und Thüringer Städteverband. Ein Exkurs zum preußischen Thüringen bis 1919/20. In: Zeitschrift des Vereins für Thüringische Geschichte 49 (1995), S. 66-86 und 50 (1996), S. 217-239.

Brather, Hans-Stephan, Der »Frosch-Mäuse-Krieg« um die Exklave Ostheim vor der Rhön (1939-1945). Rivalisierende Gaufürsten im Gestrüpp ihrer Zuständigkeitsüberlagerungen. In: Thüringische Forschungen. Festschrift für Hans Eberhardt zum 85. Geburtstag am 25. September 1993. Herausgegeben von Michael Gockel und Volker Wahl. Weimar/Köln/Wien 1993, S. 533-562.

Creuzberger, Stefan, Die sowjetische Besatzungsmacht und das politische System der SBZ (Schriften des Hannah-Arendt-Instituts für Totalitarismus-Forschung; Band 3). Weimar/Köln/Wien 1996.

Dornheim, Andreas, Bernhard Post und Burkhard Stenzel, Thüringen 1933-1945. Aspekte nationalsozialistischer Herrschaft. Erfurt 1997.

Du Mont, Karl, Der Zusammenschluß Thüringens. Eine staatswissenschaftliche Untersuchung. Gotha 1927.

Eberhardt, Hans, Thüringens staatliche Einheit in Vergangenheit und Gegenwart. In: Hessisches Jahrbuch für Landesgeschichte 41 (1991), S. 1-10; erneut abgedruckt in: Schriften zur Geschichte des Parlamentarismus in Thüringen, Heft 1 (1992), S. 107-121.

Faber, Rolf, Dem Rechtsstaat verpflichtet. Gerichtsorgansation in Thüringen 1920-1995. In: Zeitschrift des Vereins für Thüringische Geschichte 49 (1995), S. 129-150.

Facius, Friedrich, Das Ende der kleinstaatlichen Monarchien Thüringens 1918. In: Festschrift für Friedrich Zahn, Band I. (Mitteldeutsche Forschungen; Band 50/I) Köln/Graz 1968, S. 50-64.

Facius, Friedrich, Die Verwaltungsdrucksachen der thüringischen Staaten vom 18. Jahrhundert bis 1922. Bibliographische Übersicht der periodisch erschienenen amtlichen Veröffentlichungen. In: Zeitschrift des Vereins für Thüringische Geschichte und Altertumskunde 41 (1939), S. 190-232, 467-475.

Fenske, Hans, Sachsen und Thüringen 1918-1933. In: Die Regierungen der deutschen Mittel- und Kleinstaaten 1815-1933. Herausgegeben von Klaus Schwabe. Boppard am Rhein 1983, S. 185-352.

Flach, Willy, Die staatliche Entwicklung Thüringens in der Neuzeit. In: Zeitschrift des Vereins für Thüringische Geschichte und Altertumskunde 42 (1940), S. 6-48.

Geschichte Thüringens. Herausgegeben von Hans Patze und Walter Schlesinger. (Mitteldeutsche Forschungen; Band 48) Band V/2: Politische Geschichte in der Neuzeit [1828 bis 1945, von Friedrich Facius]. Köln/Wien 1978.

Gottwald, Herbert, Der Thüringer Landtag 1946-1952. Ein politischer Abriß. (Schriften zur Geschichte des Parlamentarismus in Thüringen; Heft 5) Jena 1994.

Gottwald, Herbert und Gerhard Müller, Zur Geschichte des Parlamentarismus in Thüringen. Ein Abriß. In: Schriften zur Geschichte des Parlamentarismus in Thüringen, Heft 1 (1992), S. 8-41.

Gutsche, Willibald, Zu einigen Besonderheiten der Entstehung und Entwicklung des Landes Thüringen 1918-1952. In: Politische Studien 41 (1990), S. 639-655.

Häupel, Beate, Die Gründung des Landes Thüringen. Staatsbildung und Reformpolitik 1918-1923. (Demokratische Bewegungen in Mitteldeutschland; Band 2) Weimar/Köln/Wien 1995.

Hajna, Karl-Heinz, Länder - Bezirke - Länder. Zur Territorialstruktur im Osten Deutschlands 1945-1990. Frankfurt am Main u.a. 1995.

Heiden, Detlev und Gunter Mai (Hrsg.), Nationalsozialismus in Thüringen. Weimar/Köln/Wien 1995.

Heiden, Detlev und Gunter Mai (Hrsg.), Thüringen auf dem Weg ins »Dritte Reich«. Erfurt o. J.

Heil, Thomas, Die Verwaltungsgerichtsbarkeit in Thüringen 1945-1952. Ein Kampf um den Rechtsstaat. (Beiträge zur Rechtsgeschichte des 20. Jahrhunderts; Band 18) Tübingen 1996.

Henning, Friedrich, Kleine Geschichte Thüringens. (Thüringer Heimatbücherei; Band 15) Würzburg 1964.

Herbst, Richard, Thüringen und Mitteldeutschland. In: Thüringer Jahrbuch 1928. Politik und Wirtschaft, Kunst und Wissenschaft im Lande Thüringen. Leipzig 1928, S. 31-40.

Heß, Ulrich, Die Zentralverwaltungen der thüringischen Staaten von der Mitte des 19. Jahrhunderts bis zur Gründung des Landes Thüringen im Jahre 1920. In: Annali della Fondazione italiana per la storia amministrativa 2 (1965), S. 360-408.

Heß, Ulrich, Geschichte der Behördenorganisation der thüringischen Staaten und des Landes Thüringen von der Mitte des 16. Jahrhunderts bis zum Jahr 1952 (Veröffentlichungen der Historischen Kommission für Thüringen, Kleine Reihe Band 1). Jena/Stuttgart 1993.

Hussong, Ulrich, Der Regierungsbezirk Erfurt und die thüringische Frage in der Weimarer Republik. In: Mitteilungen des Vereins für die Geschichte und Altertumskunde von Erfurt 56 (1995), S. 143-175.

John, Jürgen, Aspekte und Probleme thüringischer Landesgeschichte von 1920 bis 1952. In: 44. Thüringischer Archivtag Erfurt 1995. Vorträge der Fachtagung Archive und Landesgeschichte. Herausgegeben vom Vorstand des Thüringer Archivarverbandes. Weimar 1996, S. 7-44.

John, Jürgen, Gedanken über künftige Forschungen zur Geschichte Thüringens. In: Jahrbuch für Regionalgeschichte und Landeskunde 17/II (1990), S. 21-49.

John, Jürgen, Grundzüge der Landesverfassungsgeschichte Thüringens 1918 bis 1952. In: Schriften zur Geschichte des Parlamentarismus in Thüringen, Heft 3 (1993), S. 49-113.

John, Jürgen, Vorgeschichte und Hintergründe der thüringischen Landesverfassung von 1946. In: Thüringische Forschungen. Festschrift für Hans Eberhardt zum 85. Geburtstag am 25. September 1993. Herausgegeben von Michael Gockel und Volker Wahl. Weimar/Köln/Wien 1993, S. 563-591.

John, Jürgen, Reinhard Jonscher und Axel Stelzner, Geschichte in Daten: Thüringen. München/Berlin 1995.

Jonscher, Reinhard, Kleine thüringische Geschichte. Vom Thüringer Reich bis 1945. Jena 1993.

Lengemann, Jochen, Landtag und Gebietsvertretung von Schwarzburg-Rudolstadt 1821-1923. Biographisches Handbuch (Veröffentlichungen der Historischen Kommission für Thüringen, Große Reihe, Band 1, Teil 1). Jena/Stuttgart 1994.

Lengemann, Jochen, Landtag und Gebietsvertretung von Schwarzburg-Sondershausen 1843-1923. Biographisches Handbuch (Veröffentlichungen der Historischen Kommission für Thüringen, Große Reihe, Band 1, Teil 3). Jena/Stuttgart/Lübeck/Ulm 1998.

Leutheußer, Richard, Von sieben Einzelstaaten zum Einheitsstaat. In: Thüringer Jahrbuch 1926. Politik und Wirtschaft, Kunst und Wissenschaft im Lande Thüringen. Leipzig 1926, S. 3-11.

Linck, Joachim, Siegfried Jutzi und Jörg Hopfe, Die Verfassung des Freistaats Thüringen. Kommentar. Stuttgart u.a. 1994.

Loening, Hellmuth, Kampf um den Rechtsstaat in Thüringen. In: Archiv des öffentlichen Rechts 75 (1949), S. 56-102.

Mentz, Georg, Die Umwälzung nach dem Kriege. In: Thüringen im und nach dem Weltkrieg, Band II. Leipzig 1921, S. 489-512.

Mielke, Henning, Die Auflösung der Länder in der SBZ/DDR. Von der deutschen Selbstverwaltung zum sozialistisch-zentralistischen Einheitsstaat nach sowjetischem Modell 1945-1952 (Beiträge zur Wirtschafts- und Sozialgeschichte; Band 66). Stuttgart 1995.

Overesch, Manfred, Hermann Brill in Thüringen 1895-1946. Ein Kämpfer gegen Hitler und Ulbricht. Bonn 1992.

Overesch, Manfred, Machtergreifung von links. Thüringen 1945/46. Hildesheim/Zürich/New York 1993.

Reuling, Ulrich, Reichsreform und Landesgeschichte. Thüringen und Hessen in der Neugliederungsdiskussion der Weimarer Republik. In: Aspekte thüringisch-hessischer Geschichte. Herausgegeben von Michael Gockel. Marburg/Lahn 1992, S. 257-308.

Rosenthal, Eduard, Die Entwicklung des Verfassungsrechts in den thüringischen Staaten seit November 1918 und die Bestrebungen zur Bildung eines Staates Thüringen. In: Jahrbuch des öffentlichen Rechts 9 (1920), S. 226-244.

Rosenthal, Eduard, Die Verfassung des Landes Thüringen vom 11. März 1921. In: Jahrbuch des öffentlichen Rechts 10 (1921), S. 366-385.

Rutz, Werner, Konrad Scherf und Wilfried Strenz, Die fünf neuen Bundesländer. Historisch begründet, politisch gewollt und künftig vernünftig? Darmstadt 1993.

Saemisch, Moritz, Gutachten des Reichssparkommissars über die Landesverwaltung Thüringens. [o.O.] 1929.

Schmitt, Karl (Hrsg.), Die Verfassung des Freistaats Thüringen. Weimar/Köln/Wien 1995.

Schmitt, Karl (Hrsg.), Thüringen. Eine politische Landeskunde. Weimar/Köln/Wien 1996.

Schneider, Friedrich und Armin Tille, Einführung in die thüringische Geschichte. Jena 1931.

Schultes, Karl, Gesetzgebung und Rechtsentwicklung im Lande Thüringen. Vom 8. Mai 1945 bis 31. Dezember 1946 (Thüringische Gesetze und Verordnungen, Sonderheft). Weimar 1947.

Seela, Reyk, Landtage und Gebietsvertretungen in den reußischen Staaten 1848/67-1923. Biographisches Handbuch (Veröffentlichungen der Historischen Kommission für Thüringen, Große Reihe, Band 1, Teil 2). Jena/Stuttgart/Lübeck/Ulm 1996.

Snell, Detlev, Die Führererlasse vom 1. April 1944 und das Schicksal des Regierungsbezirks Erfurt sowie des Landkreises Herrschaft Schmalkalden. In: Zeitschrift des Vereins für Thüringische Geschichte 49 (1995), S. 9-21.

Wahl, Volker, Der »Thüringen-Ausschuß« 1945. Dokumente zum Wirken eines vorparlamentarischen Gremiums auf Landesebene während der amerikanischen Besatzungszeit und nach dem Besatzungswechsel Juni/Juli 1945 (Schriften zur Geschichte des Parlamentarismus in Thüringen; Heft 9). Weimar 1997.

Wahl, Volker, Thüringens territoriale Neuordnung 1945. In: Zeitschrift des Vereins für Thüringische Geschichte 46 (1992), S. 215-254.

Welsh, Helga A., Revolutionärer Wandel auf Befehl? Entnazifizierungs- und Personalpolitik in Thüringen und Sachsen 1945-48. München 1989.

Witzmann, Georg, Die staatliche Einigung Thüringens. In: Thüringer Jahrbuch 1928. Politik und Wirtschaft, Kunst und Wissenschaft im Lande Thüringen. Leipzig 1928, S. 23-30.

Witzmann, Georg, Thüringen 1918-1933. Erinnerungen eines Politikers. Meisenheim am Glan 1958.

[Dieter Marek/Volker Wahl]

IX Karten- und Abbildungsnachweis

Karten

Einband Innenseite vorn: Thüringen am 1. Januar 1918
Einband Innenseite hinten: Freistaat Thüringen am 1. Januar 1998
(Entwürfe: Frank Boblenz)
Ausführung: Thüringer Landesvermessungsamt

Abbildungen

1. Abdankungsurkunde des Großherzogs Wilhelm Ernst von Sachsen-Weimar und Eisenach vom 9. November 1918
(ThHStA Weimar, Urkunde 1918 November 9)
Aufnahme: ThHStA Weimar

2. Ausfertigung des Gemeinschaftsvertrages der thüringischen Staaten durch den Freistaat Gotha vom 31. Mai 1919
(ThHStA Weimar, Thüringisches Staatsministerium - Präsidialabteilung Nr. 1, Bl. 201 und 202)
Aufnahme: ThHStA Weimar

3. Entwurf der Verfassung des Freistaates Thüringen vom Januar 1920 mit Korrekturen von Dr. Arnold Paulssen, Vorsitzender des Staatsrates von Thüringen
(ThHStA Weimar, Thüringisches Staatsministerium - Präsidialabteilung Nr. 17, Bl. 2)
Aufnahme: ThHStA Weimar

4. Ausfertigung des Reichsgesetzes über die Bildung des Landes Thüringen vom 30. April 1920 durch Reichspräsident Friedrich Ebert und Reichsinnenminister Erich Koch(-Weser)
(BArch Berlin, Ges 1/M62 Nr. 42, Bl. 151)
Aufnahme: BArch Berlin

5. Entwurf des Architekten Max Graumüller zur Gestaltung der Hoheitssteine des Landes Thüringen (1922/23)
(ThHStA Weimar, Landesamt für Denkmalpflege und Heimatschutz Nr. 401, Bl. 25)
Aufnahme: ThHStA Weimar

6. Notgeldschein des Landes Thüringen aus dem Jahre 1923 (Vorder- und Rückseite), gestaltet von Herbert Bayer (Staatliches Bauhaus Weimar)
(ThHStA Weimar, Notgeldsammlung)
Aufnahme: ThHStA Weimar

7. Ausfertigung eines Beschlusses des Thüringischen Staatsministeriums vom 14. Mai 1930 (ThHStA Weimar, Personalakten des Thüringischen Volksbildungsministeriums Nr. 6219, Bl. 1)
Aufnahme: ThHStA Weimar

8. Ernennungsurkunde für Fritz Sauckel als Reichsstatthalter in Thüringen vom 5. Mai 1933 (Die Wilhelm-Gustloff-Stiftung. Ein Tatsachen- und Rechenschaftsbericht über Sozialismus der Gesinnung und Tat in einem Nationalsozialistischen Musterbetrieb des Gaues Thüringen der NSDAP. Weimar 1938, S. 5)
Aufnahme: ThHStA Weimar

9. Schreiben des Reichs- und Preußischen Ministers des Innern, Heinrich Himmler, an den Reichsstatthalter in Thüringen, Fritz Sauckel, zur Übertragung der Befugnisse eines Oberpräsidenten für den Regierungsbezirk Erfurt vom 31. Mai 1944
(ThHStA Weimar, Der Reichsstatthalter in Thüringen Nr. 111, Bl. 124)
Aufnahme: ThHStA Weimar

10. Ernennung von Dr. Hermann Louis Brill zum Regierungspräsidenten der Provinz Thüringen durch die amerikanische Militärregierung am 9. Juni 1945
(ThHStA Weimar, Land Thüringen - Büro des Ministerpräsidenten Nr. 1079, Bl. 166)
Aufnahme: ThHStA Weimar

11. Karte der amerikanischen Militärregierung mit den politischen Grenzen der Provinz Thüringen im Juni 1945
(ThHStA Weimar, Land Thüringen - Büro des Ministerpräsidenten/Hauptabteilung Wirtschaftsplanung, Abteilung Regionalplanung Nr. 3)
Aufnahme: ThHStA Weimar

12. Bekanntmachung über die Einsetzung einer neuen Landesverwaltung durch die Sowjetische Militäradministration für das Land Thüringen am 16. Juli 1945
(ThHStA Weimar, Plakatsammlung Nr. S 85)
Aufnahme: ThHStA Weimar

13. Befehl Nr. 97/1945 der Sowjetischen Militäradministration für das Land Thüringen vom 26. November 1945 über die Wiederaufnahme des Lehrbetriebes an der Friedrich-Schiller-Universität Jena
(ThHStA Weimar, Land Thüringen - Büro des Ministerpräsidenten Nr. 601, Bl. 124)
Aufnahme: ThHStA Weimar

14. Vorspruch von Ricarda Huch für das »Goldene Buch des Landes Thüringen« vom 20. März 1946
(Archiv des Deutschen Nationaltheaters Weimar, Gästebuch des Deutschen Nationaltheaters)
Aufnahme: ThHStA Weimar

15. Titelblatt eines Druckes der Thüringer Landesverfassung vom 20. Dezember 1946 (Die Verfassung des Landes Thüringen. Mit Erläuterungen von Dr. Karl Schultes, Weimar. Weimar 1947)
Aufnahme: ThHStA Weimar

16. Ausfertigung der Verfassung des Freistaates Thüringen vom 25. Oktober 1993
(Archiv des Thüringer Landtages, Erfurt)
Aufnahme: ThHStA Weimar

17. Landeswappen 1921-1933, eingeführt durch Gesetz vom 7. April 1921 (Zeichnung von Adolf von den Velden)
(ThHStA Weimar, Urkunde 1921 April 7)
Aufnahme: ThHStA Weimar

18. Landeswappen 1933-1945, eingeführt durch Gesetz vom 15. August 1933 (Zeichnung von Ernst Müller-Gräfe)
(ThHStA Weimar, Urkunde 1933 August 15)
Aufnahme: ThHStA Weimar

19. Landeswappen 1945-1952, eingeführt durch Gesetz vom 13. August 1945 (Zeichnung von Franz Huth)
(ThHStA Weimar, Urkunde 1945 August 13)
Aufnahme: ThHStA Weimar

20. Landeswappen seit 1991, eingeführt durch Gesetz vom 30. Januar 1991 (Zeichnung von Peter Heß)
(ThHStA Weimar, Urkunde 1991 Januar 30)
Aufnahme: ThHStA Weimar

21. Präsidium des Volksrates von Thüringen (April 1920)
(Fotoatelier Louis Held, Weimar)
Aufnahme: Eberhard Renno, Weimar

22. Plenarsaal des Volksrates und Landtages von Thüringen im Weimarer Fürstenhaus (1920)
(Fotoatelier Louis Held, Weimar)
Aufnahme: Stadtmuseum Weimar

23. Konstituierende Sitzung des Thüringer Landtages am 21. November 1946 im Hotel »Elephant« Weimar
(ThHStA Weimar, Fotosammlung Ernst Schäfer)
Aufnahme: ThHStA Weimar

24. Konstituierende Sitzung des Thüringer Landtages am 3. November 1950 im Weimarer »Kreishaus«
(ThHStA Weimar, Fotosammlung)
Aufnahme: ThHStA Weimar

25. Sitzung des Thüringer Landtages im Erfurter Landtagsgebäude (1993/94)
(ThHStA Weimar, Fotosammlung)
Aufnahme: Thüringer Landtag, Erfurt

26. Staatsministerium 1920-1921
(Fotoatelier Louis Held, Weimar)
Aufnahme: Eberhard Renno, Weimar

27. Staatsministerium 1928-1929
(ThHStA Weimar, Fotosammlung)
Aufnahme: ThHStA Weimar

28. Staatsministerium 1930-1931
(Stadtmuseum Weimar)
Aufnahme: Stadtmuseum Weimar

29. Reichsstatthalter Sauckel und die Minister der Landesregierung 1933-1934
(Thüringische Staatszeitung - »Der Nationalsozialist« Nr. 200/1933 vom 26. August 1933, S. 1)
Aufnahme: ThHStA Weimar

30. Landesregierung 1946-1947
(ThHStA Weimar, Fotosammlung)
Aufnahme: ThHStA Weimar

31. Landesregierung 1990-1991
(Fotoarchiv Jens König, Erfurt)
Aufnahme: Jens König

32. Landesregierung 1994-1999
(Fotoarchiv Antje Kaunzner, Erfurt)
Aufnahme: Antje Kaunzner

33. Karte: Land Thüringen am 1. Mai 1920
(Entwurf: Frank Boblenz)
Ausführung: Thüringer Landesvermessungsamt

34. Karte: Land Thüringen am 1. Oktober 1922
(Entwurf: Frank Boblenz)
Ausführung: Thüringer Landesvermessungsamt

35. Karte: Provinz Thüringen am 16. Juni 1945 (ohne westsächsische Gebiete)
(Entwurf: Frank Boblenz)
Ausführung: Thüringer Landesvermessungsamt

36. Karte: Land Thüringen am 1. Juli 1952
(Entwurf: Frank Boblenz)
Ausführung: Thüringer Landesvermessungsamt

37. Karte: Bezirke Erfurt, Gera und Suhl am 25. Juli 1952
(Entwurf: Frank Boblenz)
Ausführung: Thüringer Landesvermessungsamt

50. Josef Duchač, Ministerpräsident 1990-1992
(Landesgeschäftsstelle der CDU Thüringen, Erfurt)
Aufnahme: Landesgeschäftsstelle der CDU Thüringen

51. Dr. Bernhard Vogel, Ministerpräsident seit 1992
(Thüringer Staatskanzlei, Erfurt)
Aufnahme: Thüringer Staatskanzlei

52. Protokolle und Drucksachen des Volksrates sowie Landtages von Thüringen 1919-1933
(Dienstbibliothek des ThHStA Weimar)
Aufnahmen: ThHStA Weimar

53. Protokolle des Thüringer Landtages 1946-1952 und ab 1990
(Dienstbibliothek des ThHStA Weimar)
Aufnahmen: ThHStA Weimar

54. Gesetzblätter des Landes 1920-1952
(Dienstbibliothek des ThHStA Weimar)
Aufnahmen: ThHStA Weimar

55. Amtsdrucksachen des Landes 1920-1952
(Dienstbibliothek des ThHStA Weimar)
Aufnahmen: ThHStA Weimar

56. Gesetz- und Verordnungsblatt sowie Staatsanzeiger des Landes bzw. Freistaates ab 1990
(Dienstbibliothek des ThHStA Weimar)
Aufnahmen: ThHStA Weimar

Die Auswahl der Abbildungen erfolgte durch Frank Boblenz, Wolfgang Bock, Dieter Marek und Katrin Weiß.

Die Herstellung der Reproduktionsvorlagen für die Abbildungen erfolgte in der Fotowerkstatt des Thüringischen Hauptstaatsarchivs durch Gabriele Krynitzki und Waltraud Siewert.

X Verzeichnis der Abkürzungen

A	Anteil
AB	Amtsbezirk
Abg.	Abgeordnete/r
Abtlg.	Abteilung
a. D.	außer Dienst
ä. L.	älterer Linie
AG	Amtsgericht
amtl.	amtlich
ANBl.	Amts- und Nachrichtenblatt für Thüringen
a. o.	außerordentlich
Aug.	August
B	Bezirk
b.	bei
B 90/GR	Bündnis 90/Die Grünen
BArch	Bundesarchiv
BDO	Bund Deutscher Offiziere
BFD	Bund Freier Demokraten
BGBl.	Bundesgesetzblatt
Bgl. L.	Bürgerliche Liste
BL	Bezirksleitung
Bl.	Blatt
BNSDJ	Bund Nationalsozialistischer Deutscher Juristen
BRD	Bundesrepublik Deutschland
BT	Bezirkstag
BV	Bezirksvorstand
BVB	Bezirksverband
bzw.	beziehungsweise
ca.	zirka
CDU	Christlich-Demokratische Union
CNBLVP	Christlich-Nationale Bauern- und Landvolkpartei (Deutsches Landvolk)
DA	Demokratischer Aufbruch
DAF	Deutsche Arbeitsfront
DAG	Deutsche Angestellten-Gewerkschaft
DBD	Demokratische Bauernpartei Deutschlands
DBU	Deutsche Biertrinker Union
DDP	Deutsche Demokratische Partei

DDR	Deutsche Demokratische Republik
Dept.	Departement
Dez.	Dezember
DF	Domänenforst
DFD	Demokratischer Frauenbund Deutschlands
DG	Domänengut
d.h.	das heißt
DIE GRAUEN	DIE GRAUEN - Seniorenpartei Graue Panther
Dipl.	Diplom
Diss.	Dissertation
DMV	Deutscher Metallarbeiter-Verband
DNVP	Deutschnationale Volkspartei
DP	Demokratische Partei [Thüringens]
d. R.	der Reserve
DRK	Deutsches Rotes Kreuz
DSF	Gesellschaft für Deutsch-Sowjetische Freundschaft (bis 1949 Gesellschaft zum Studium der Kultur der Sowjetunion)
DSP	Deutschsoziale Partei
DSRP	Deutschsoziale Reformpartei
DStP	Deutsche Staatspartei
DSU	Deutsche Soziale Union
dt.	deutsch
Dtld.	Deutschland
DvP	Deutschvölkische Partei
DVP	Deutsche Volkspartei
DWK	Deutsche Wirtschaftskommission
DVFP	Deutschvölkische Freiheitspartei
DZV	Deutsche Zentralverwaltung
EK I/II	Eisernes Kreuz I./II. Klasse
EKD	Evangelische Kirche in Deutschland
EL	Einheitsliste
EOS	Erweiterte Oberschule
ev.	evangelisch
FDGB	Freier Deutscher Gewerkschaftsbund
FDJ	Freie Deutsche Jugend
FDP	Freie Demokratische Partei
Febr.	Februar
fktl.	fraktionslos
Forum	Neues Forum
FS	Freistaat
FVg	Freisinnige Vereinigung
FVP	Fortschrittliche Volkspartei
GBl.	Gesetzblatt für das Land Thüringen
GBl. DDR	Gesetzblatt der DDR
geb.	geboren
Geh.	Geheimer

gen.	genannt
gest.	gestorben
Gestapo	Geheime Staatspolizei
GHT	Großherzogtum
GL	Gauleitung
Gm	Gemeinde/n
GS	Gesetzsammlung für Thüringen
GVBl.	Gesetz- und Verordnungsblatt für das Land bzw. den Freistaat Thüringen
HA	Hauptabteilung
Herzogl.	Herzoglich
hess.	hessisch
HHS	Handelshochschule
HJ	Hitlerjugend
HS	Hochschule
HT	Herzogtum
HV	Hauptverwaltung
IDFF	Internationale Demokratische Frauenföderation
IHK	Industrie- und Handelskammer
illeg.	illegal
ISK	Internationaler Sozialistischer Kampfbund
Jan.	Januar
j. L.	jüngerer Linie
jurist.	juristisch
K	Kreis
Kabt	Kreisabteilung
kathol.	katholisch
KB	Kulturbund der DDR (bis 1958 Kulturbund zur demokratischen Erneuerung Deutschlands, 1958-1972 Deutscher Kulturbund)
KdT	Kammer der Technik
kfm.	kaufmännisch
Kgl.	Königlich
KJVD	Kommunistischer Jugendverband Deutschlands
KL	Kreisleitung
komm.	kommissarisch
KPD	Kommunistische Partei Deutschlands
KPO	Kommunistische Partei (Opposition)
KV	Kreisvorstand
KZ	Konzentrationslager
L	Land
LAB	Landratsamtsbezirk
LDP	Liberaldemokratische Partei Deutschlands (Kurzform bis 1951)
LDPD	Liberaldemokratische Partei Deutschlands (Kurzform ab 1951)
lfd. m	laufende Meter (Archivalieneinheiten)
LG	Landgericht

LHS	Landeshauptstadt
LK	Landkreis/e
LL	Landesleitung
LL-PDS	Linke Liste - Partei des Demokratischen Sozialismus
LPG(T)	Landwirtschaftliche Produktionsgenossenschaft (Tierproduktion)
LV	Landesvorstand
LVA	Landesversicherungsanstalt
MdB	Mitglied des Bundestages
MdL	Mitglied des Landtages
MdR	Mitglied des Deutschen Reichstages (ab 1938 Großdeutscher Reichstag)
MdVK	Mitglied der Volkskammer
MdVR	Mitglied des Deutschen Volksrates
Mitgl.	Mitglied
Mitgl.-Nr.	Mitgliedsnummer
m. W. v.	mit Wirkung vom
NDPD	National-Demokratische Partei Deutschlands
NF/GR/DJ	Neues Forum/Grüne/Demokratie Jetzt
NKFD	Nationalkomitee Freies Deutschland
NLP	Nationalliberale Partei
NF	Nationale Front der DDR
Nov.	November
NPD	Nationaldemokratische Partei Deutschlands
NS	nationalsozialistisch
NSBDT	Nationalsozialistischer Bund Deutscher Technik
NSBO	Nationalsozialistische Betriebszellenorganisation
NSDAP	Nationalsozialistische Deutsche Arbeiterpartei
NSDFB	Nationalsozialistischer Deutscher Frontkämpferbund
NSKK	Nationalsozialistisches Kraftfahrkorps
NSKOV	Nationalsozialistische Kriegsopferversorgung
NSLB	Nationalsozialistischer Lehrerbund
NSRB	Nationalsozialistischer Rechtswahrerbund
NSRL	Nationalsozialistischer Reichsbund für Leibesübungen
NSV	Nationalsozialistische Volkswohlfahrt
o.	ordentlich
ÖDP	Ökologisch-Demokratische Partei
Okt.	Oktober
OKW	Oberkommando der Wehrmacht
OLG	Oberlandesgericht
OT	Organisation Todt
Ot	Ortsteil
P	Provinz
päd.	pädagogisch
PDS	Partei des Demokratischen Sozialismus
pers.	persönlich

PH	Pädagogische Hochschule
PHS	Parteihochschule
polit.	politisch
POS	Polytechnische Oberschule
preuß.	preußisch
ptl.	parteilos
PV	Parteivorstand
RAD	Reichsarbeitsdienst
RB	Regierungsbezirk
RdB	Rat des Bezirkes
RegBl.	Regierungsblatt für das Land Thüringen
RegNBl. SWE	Regierungs- und Nachrichtenblatt für Sachsen-Weimar-Eisenach
REP	DIE REPUBLIKANER
RFB	Roter Frontkämpferbund
RGBl.	Reichsgesetzblatt
RGO	Revolutionäre (auch: Rote) Gewerkschaftsopposition
RGW	Rat für gegenseitige Wirtschaftshilfe
RLB	Reichsluftschutzbund
RM	Reichsmark
S	Stadt/Städte
SA	Sturm-Abteilung
sächs.	sächsisch
SAJ	Sozialistische Arbeiterjugend
SAPD	Sozialistische Arbeiterpartei Deutschlands
SAPMO-BArch	Stiftung Archiv der Parteien und Massenorganisationen der DDR im Bundesarchiv
SB	Stadtbezirk
SBZ	Sowjetische Besatzungszone
SD	Sicherheitsdienst des Reichsführers SS
SED	Sozialistische Einheitspartei Deutschlands
selbst.	selbständig
Sept.	September
SK	Stadtkreis
SMAD	Sowjetische Militäradministration in Deutschland
SMATh	Sowjetische Militäradministration für Thüringen
SPD	Sozialdemokratische Partei Deutschlands
SS	Schutzstaffel
staatl.	staatlich
STATTPartei	STATT Partei, DIE UNABHÄNGIGEN Thüringens e. V.
Stv.	Stellvertreter
stv.	stellvertretend
T.	Teil
TH	Technische Hochschule
ThHStA	Thüringisches Hauptstaatsarchiv
ThStA	Thüringisches Staatsarchiv
thür.	thüringisch

TLB	Thüringer Landbund
TOB	Thüringer Ordnungsbund
TU	Technische Universität
u.a.	unter anderem
UBL	Unterbezirksleitung
UFV	Unabhängiger Frauenverband
u.k.	unabkömmlich
Univ.	Universität
unpag.	unpaginiert
USPD	Unabhängige Sozialdemokratische Partei Deutschlands
VdgB	Vereinigung der gegenseitigen Bauernhilfe
VEB	Volkseigener Betrieb
verh.	verheiratete
VerwB	Verwaltungsbezirk
VGH	Volksgerichtshof
VOBl.	Verordnungsblatt für das Land Thüringen
Vors.	Vorsitzende/r
VS	Volksstaat
VSPD	Vereinigte Sozialdemokratische Partei
VVB	Vereinigung Volkseigener Betriebe
VVO	Vaterländischer Verdienstorden der DDR
wiss.	wissenschaftlich
WK	Wahlkreis
WP	Reichspartei des deutschen Mittelstandes (Wirtschaftspartei)
z.B.	zum Beispiel
ZBl. DDR	Zentralblatt der DDR
z.b.V.	zur besonderen Verwendung
ZDF	Zweites Deutsches Fernsehen
ZK	Zentralkomitee
z.T.	zum Teil
ZV	Zentralvorstand
→	siehe weitere Angaben bei

Register

Personenregister

Kursive Seitenzahlen verweisen auf eine Kurzbiographie.

Ortsregister

Nordhausen
Nordhausen
Heiligenstadt
Eichsfeld
Sondershausen
Kyffhäuserkreis
Mühlhausen
Unstrut-Hainich-Kreis
Sömmerda
Sömmerda
Weimarer
Land
Apolda
6
1
5
3
Gotha
Gotha
Wartburgkreis
Bad Salzungen
Arnstadt
Ilm-Kreis
Saale-
Holzland-Krei
Schmalkalden-
Meiningen
Meiningen
4
Saalfeld
Saalfeld-
Rudolstadt
Hildburghausen
Hildburghausen
Sonneberg
Sonneberg
Saale-Orla-
Kreis

Freistaat Thüringen 1. Januar 1998

Landeshauptstadt:	Erfurt
Stadtkreise:	1 Erfurt
	2 Gera
	3 Jena
	4 Suhl
	5 Weimar
	6 Eisenach
Kreisstädte:	●

GPSR Compliance

The European Union's (EU) General Product Safety Regulation (GPSR) is a set of rules that requires consumer products to be safe and our obligations to ensure this.

If you have any concerns about our products, you can contact us on ProductSafety@springernature.com

In case Publisher is established outside the EU, the EU authorized representative is:

Springer Nature Customer Service Center GmbH
Europaplatz 3
69115 Heidelberg, Germany

Batch number: 10601344

Printed by Printforce, the Netherlands